DIE ÄGYPTISCHEN PERSONENNAMEN

VON

HERMANN RANKE

PROFESSOR EMER DER AGYPTOLOGIE AN DER UNIVERSITAT HEIDELBERG

BAND II

Einleitung. Form und Inhalt der Namen. Geschichte der Namen. Vergleiche mit andren Namen. Nachträge und Zusätze zu Band I. Umschreibungslisten.

WIPF & STOCK · Eugene, Oregon

Wipf and Stock Publishers
199 W 8th Ave, Suite 3
Eugene, OR 97401

Die Ägyptischen Personennamen, Band II
By Ranke, Hermann
Softcover ISBN-13: 978-1-6667-5511-4
Hardcover ISBN-13: 978-1-6667-5512-1
eBook ISBN-13: 978-1-6667-5513-8
Publication date 8/1/2022
Previously published by Verlag Von J. J. Augustin, 1952

This edition is a scanned facsimile of the original edition published in 1952.

VORWORT

Dem vor siebzehn Jahren erschienenen ersten Bande dieses Werkes, der ein alphabetisches Verzeichnis von etwa 12000 hieroglyphisch, hieratisch und demotisch geschriebenen agyptischen Personennamen enthielt mit Einschluß einer verhältnismäßig kleinen Zahl in ägyptischen Texten sich findender nicht-ägyptischer Namen, folgt endlich der zweite Band. Er bringt eine ausfuhrliche Einleitung — uber Manner- und Frauennamen, Haupt- und Beinamen sowie Bemerkungen zur Schreibung und zur sprachlichen Form der Namen u. s. w — und wendet sich dann dem angekundigten Hauptthema zu, einer Verarbeitung der Namen nach Form und Inhalt Daran schließt sich eine Skizze der Geschichte der Namen und ein kurzer Vergleich zwischen ägyptischen und akkadischen Personennamen. Es folgen 'Nachträge', die ich in der Zwischenzeit, namentlich wahrend meiner Tätigkeit am Universitäts-Museum in Philadelphia, gesammelt habe, sowie 'Zusätze und Berichtigungen' zum I. Band. Das Ganze wird durch Listen der in beiden Banden enthaltenen nicht-ägyptischen Namen sowie der Umschreibung ägyptischer Namen in fremde Sprachen zum Abschluß gebracht.

Genau genommen gehoren nicht-agyptische Namen, wenn auch in ägyptischem Gewande uberliefert, in ein Buch, das 'Aegyptische Personennamen' heißt, nicht hinein und sollten eigentlich gesondert behandelt werden. Ich habe diese deshalb nicht weiter gesammelt und vor allem die von G. Posener in seinem Buch Princes et Pays d'Asie et de Nubie (Bruxelles 1940) in hieratischer Schrift uberlieferten Fremdnamen unberucksichtigt gelassen.

Was im Übrigen die Beschrankung des Themas angeht, so gilt das im Vorwort zum ersten Bande Gesagte. Auf eine Scheidung der Namen nach der Herkunft ihres Trägers oder nach ihrer Verteilung auf die verschiedenen sozialen Schichten des Volkes mußte ich mangels brauchbarer Vorarbeiten verzichten. Sie wird später einmal vorgenommen werden müssen, ebenso wie eine nach den Abschnitten der ägyptischen Geschichte gegliederte Prosopographie, die — wie auch ausfuhrliche Genealogien — der Datierung von Denkmälern in der Zukunft noch wichtige Dienste leisten wird. Die Namen von Koniginnen sind, da sie sich im Wesentlichen nicht von den ubrigen Frauennamen ihrer Zeit unterscheiden, grundsätzlich aufgenommen worden. Dasselbe gilt, und aus dem gleichen Grunde, von den sogenannten „Personennamen" der Könige, den Namen also, die sie als Prinzen, vor ihrer Thronbesteigung, getragen haben. Nur die kunstlich gebildeten vier ersten Namen der großen Konigstitulatur sind nach wie vor unberucksichtigt gelassen, da sie ganz anderen Gesetzen unterstehen[1]). Ubrigens sind sie in H. Gauthiers fünfbändigem Werk „Livre des Rois d'Egypte"[2]) samtlich und in allen ihren Schreibungen aufgeführt.

Fur wesentliche Hilfe bei der Verzettelung des neuen Materials, besonders aus der seit der Veröffentlichung des ersten Bandes erschienenen oder mir damals nicht zugänglichen Literatur, bin ich Dr Walter Federn in New York zu lebhaftem Dank verpflichtet. Meinem Freund, John D. Cooney, dem Kurator der ägyptischen Abteilung des Brooklyner Museums, danke ich es, daß ich das reiche Namenmaterial in Gardiner's Veroffentlichung des „Wilbour Papyrus" (The Oxford Press 1941) habe benutzen konnen, ehe noch ein Exemplar dieses stattlichen Werkes in Deutschland erhaltlich war.

Mancherlei wertvolle Hinweise wahrend des Druckes danke ich Dr Elmar Edel und vor allem meinem Assistenten Dr. Gerhard Fecht, der mit unermudlicher Geduld die muhsame und langwierige Arbeit der Korrektur des zweiten Bandes mit mir geteilt hat.

---

[1]) Vgl G. F Thierry, De religieuze beteekenis van het Aegyptische Koningschap Deel I De titulatuur Leiden 1913, und Hugo Muller, Die formale Entwicklung der Titulatur der ag Konige, Gluckstadt 1938

[2]) Le Caire 1907—1917 (= Mémoires publiés par les membres de l'Inst franç d'arch orient du Caire, Band 17—21)

Zum Schluß erlaube man mir noch ein persönliches Wort. Wenn ich jetzt das ganze Buch uberschaue, so will es mir scheinen, als sei trotz aller aufgewendeten Zeit und Muhe doch erst der Grund gelegt worden zu dem Bau, der mir anfangs vorgeschwebt hat. Als musse die Einzelarbeit nun uberall erst recht anfangen Vielleicht finden sich fur solche eingehenderen Einzeluntersuchungen eher Mitarbeiter, die das nötige Interesse mit der notigen freien Zeit fur die so sehr lohnenden Arbeiten verbinden können. Es wäre die schonste Frucht, die ich mir fur meine Muhe wunschen konnte.

Zu einer Arbeit aber, die allerdings auch noch zur Grundlage gehört, fuhle ich mich selbst noch verpflichtet. Es ist das längst geplante und auch schon ziemlich weit geförderte Verzeichnis der zur Bildung der agyptischen Personennamen verwendeten Elemente der agyptischen Sprache – Nomina, Verba, Adjektiva, Götternamen, Ortsnamen u. s. w [1]) Ich habe es noch zuruckstellen mussen, hoffe aber in absehbarer Zeit es an anderer Stelle den Fachgenossen vorlegen zu können.

Freiburg im Breisgau, am 8 September 1952,
dem 42 Geburtstag meines in Rußland gefallenen Sohnes

---

[1]) Etwa in der Art der Elementliste in meinem Buche 'Early Babylonian Personal Names from the published tablets of the so-called Hammurabi Dynasty, Philadelphia 1905

INHALTSVERZEICHNIS

	Seite
Vorwort	V–VI
Inhaltsverzeichnis	VII–IX
Verzeichnis der Abkürzungen	XI–XIV
Einleitung	1–19
Vorarbeiten	1
Allgemeines	1
Bedeutung des Namens	2
Namengebung	2
Männer- und Frauennamen	3
Sekundäre weibliche Bildungen	5
Haupt- und Beinamen	6
Formvarianten	8
Sinnvarianten	8
Verwandtschaftsangabe	9
Gleichnamigkeit von Geschwistern und unterscheidende Beiworte	10
Zur Schreibung der Namen	12
Zur sprachlichen Form der Namen	18
Stammbäume	19

1. Abschnitt

DIE FORM DER NAMEN

Kapitel 1

Vollnamen

	Seite
A Wortnamen	20
I. Zahlwörter als Namen	20
II. Adjektiva als Namen	21
III. Substantiva als Namen	21
IV. Nominalformen des Verbums als Namen	22
Vorbemerkung. Die Formen des Verbums in den Wortnamen	22
1. Partizipien	22
a) Participia activi	23
b) Participia passivi	24
2. Relativformen	25
a) Der Gegenwart	27
b) Der Vergangenheit	28
3. Verbaladjektiva	29
B Satznamen	30–88
I. Verbalsätze	30
Vorbemerkung. Die Formen des Verbums in den Satznamen	31
1. Sätze, die aus Prädikat und Subjekt allein bestehen	33
a) Das Verbum in der Form śḏm·f	33
Nominales Subjekt, wieder aufgenommen durch ein Pronominalsuffix	33
Einfaches nominales Subjekt	34
Andere aktive Formen	38
Passive Formen	39
Imperativformen	40
Sätze mit r und dem Infinitiv	40
b) Das Verbum in der Form śḏm·n·f	40
c) Emphatische Formen	41
2. Erweiterte Verbalsätze	41
a) Erweitert durch einen Akkusativ	41
b) Erweitert durch einen Dativ	44
c) Erweitert durch präpositionelle Ausdrücke	45
d) Erweitert durch einen Genitiv	46
e) Erweitert durch einen Satz	47
f) Erweitert durch eine Apposition	47
II. Nominalsätze	48–85
1. Adverbiale Nominalsätze	48
a) Das Prädikat ist ein präpositioneller Ausdruck	48
α) Die Präposition 𓅓	48
β) Die Präpositionen 𓅓 und 𓅓	55
γ) Die Präposition 𓈖	56
δ) Die Präposition 𓂋	56
ε) Die Präpositionen 𓊹 und 𓊹	57
ζ) Die Präposition 𓉔	57
η) Die Präposition 𓐍	59
ϑ) Sonstige Präpositionen	60
b) Das Prädikat ist ein „Pseudopartizip"	60
α) 3. Sing. masc.	62
β) 3. Sing. fem.	63
γ) Dual- und Pluralformen	63
2. Nominale Nominalsätze	64–88
a) Das Subjekt ist ein Substantiv	64
α) Das Prädikat ist ein Substantiv	64
β) Das Prädikat ist ein Adjektiv	70
b) Das Subjekt ist ein Pronomen	82
α) Subjekt und Prädikat stehen unmittelbar nebeneinander	82
β) Subjekt und Prädikat sind durch eine „Kopula" getrennt	84
III. Ausrufe, die nicht einen vollen Satz bilden	85
Anhang. Verkürzte Vollnamen	89
1. Aus zwei oder mehr Worten bestehende Namen	89
2. Aus éinem Worte bestehende Namen	92

Kapitel II

Kurz- und Kosenamen

Seite

A Kurznamen .... 95—128
Vorbemerkung 95
I. Einfache Verkurzungen 97
1. Zwei oder mehr Worte des Vollnamens bleiben übrig 97
a) Vom Anfang des Vollnamens 97
b) Vom Ende des Vollnamens 100
c) Vom Anfang und Ende des Vollnamens .. 102
d) Ursprungliche Stellung im Vollnamen unsicher 103
e) Entsprechende Vollnamen bisher nicht bekannt 103
2. Nur éin Wort des Vollnamens bleibt übrig .. 111
a) Vom Anfang des Vollnamens 113
b) Vom Ende des Vollnamens 117
c) Aus der Mitte des Vollnamens 119
d) Ursprungliche Stellung im Vollnamen unsicher 120
e) Entsprechende Vollnamen bisher unbekannt 123
f) Sekundare weibliche Bildungen 124
3 Ob Kurznamen? 124
II. Starkere Verstummelungen 126
B Kosenamen 128
I. Bildung durch besondere Endungen 129
1. Die Endung 𓄿 129
2. Die Endung 𓇋 129
a) Angehängt an mehrteilige Vollnamen(?) . 131
b) Angehangt an Vollnamen, die aus éinem Worte bestehen 132
c) Angehangt an zweiteilige Kurznamen 133
d) Angehangt an Kurznamen, die aus éinem Worte bestehen 133
e) Angehangt an drei- oder mehrkonsonantige Stamme 136
Dazu weibliche Bildungen mit 𓏏 138
f) Angehangt an zweikonsonantige Stamme . 139
Dazu weibliche Bildungen mit 𓏏 140
Bildungen mit anlautendem 𓇋 141
g) Angehangt an einen einzigen Konsonanten 141
3. Die Endung 𓇋𓄿 141
4. Die Endung 𓇋𓄿𓇌 143
5. Die Endung 𓇌 143
a) Angehangt an Vollnamen 143
b) Angehangt an zweiteilige Kurznamen 144
c) Angehángt an Kurznamen, die aus éinem Worte bestehen 144
d) Angehangt an dreikonsonantige Stamme . 146
Dazu weibliche Bildungen mit 𓏏 147
e) Angehangt an zweikonsonantige Stamme . 148
Dazu weibliche Bildungen mit 𓏏....... 148
Fraglich, ob hierher 149
Bildungen mit anlautendem 𓇋 149
f) Angehangt an éinen Konsonanten 150
Dazu weibliche Bildungen mit 𓏏 151
6. Die Endung 𓇌𓄿 (?) 151
7. Die Endungen 𓇋𓅱(?) und 𓇌𓅱(?) 151
8. Die Endung 𓅱 152
a) Angehangt an Vollnamen 153
b) Angehangt an Kurznamen, die aus éinem Worte bestehen 153
Dazu weibliche Bildungen mit 𓏏 155
c) Angehangt an dreikonsonantige Stamme . 155
d) Angehangt an zweikonsonantige Stämme . 156
Dazu weibliche Bildungen mit 𓏏 157
e) Angehangt an éinen Konsonanten 157
9. Die Endung 𓅱𓇋 158
10. Die Endung 𓅱𓇌 bzw. 𓅱𓏭 158
11. Die Endung 𓏏𓐍𓂋𓏥, 𓏏𓐍𓏥, 𓏏𓐍 u. ä. 159
a) Angehangt an Kurznamen, die aus éinem Worte bestehen 159
b) Angehángt an 1 oder 2 Konsonanten 160
Anhang. Die Koseendung 𓈖𓂋𓏥 160
II. Bildung durch Wiederholung von Worten oder Wortteilen 161
1. Wiederholung ganzer Worte 163
2. Wiederholung mehrerer Konsonanten 163
3. Wiederholung des letzten Konsonanten 164
a) Ohne Anfugung von Koseendungen 164
α) Dreikonsonantige Stamme 164
β) Zweikonsonantige Stamme 164
γ) Einkonsonantige Stamme 166
b) Mit Anfugung von Koseendungen 167
α) Dreikonsonantige Stamme 167
β) Zweikonsonantige Stamme 167
αα) Endungen 𓇋, 𓇌 und 𓇋𓄿 167
ββ) Endungen 𓅱 und 𓅱𓇌........ 168
γγ) Endung 𓏏𓐍𓂋𓏥 169
γ) Einkonsonantige Stamme 169
αα) Endungen 𓇋, 𓇌 und 𓇋𓄿....... 169
Bildungen mit anlautendem 𓇋 170
ββ) Endungen 𓅱 und 𓅱𓇌 bzw 𓅱𓏭 171

2. Abschnitt:
DER INHALT DER NAMEN

Kapitel I
Namen profanen Inhalts

A. Namen, die direkte Bezeichnungen des Namentragers enthalten 173
 I. Zahlnamen 175
 II. Geschlechtsbezeichnungen 175
 III. Verwandtschaftsbezeichnungen 176
 IV. Geburtstagsnamen 176
 V. Eigenschaftsnamen und Ähnliches 177
 VI. Baum- und Pflanzennamen 180
 VII. Tiernamen 182
 VIII. Leblose Gegenstande als Namen 186
 IX. Berufs- und Tatigkeitsnamen u. Ä. 187
 X. Herkunftsnamen 191
 XI. Nomina unbekannter Bedeutung als Namen ... 194

B. Namen, die auf Äußerungen bei der Geburt zuruckgehen 198
 I. Namen mit Beziehung auf das Neugeborene ... 198
 II. Namen mit Beziehung auf das Verhaltnis zwischen Kind und Eltern 199
  1. Das Kind ist ersehnt 199
  2. Das Kind wird geliebt 199
  3. Freude über den Besitz des Kindes 199
  4. Wunsche fur Leben, Gesundheit u. a. des Kindes 200
 III. Namen mit Beziehung auf den „Herrn" bezw. „Vorgesetzten" des Namentragers oder Namengebers 200
 IV. Namen rechtlichen Inhalts 201
 V. Namen, die Ausrufe und Aussagen verschiedener Art enthalten 201
 VI. Namen, welche die Vorstellung von einer Wiedergeburt vorauszusetzen scheinen 206

Kapitel II
Mit dem Worte „Ka" zusammengesetzte Namen

1. Was ist der Ka? 211
2. Was tut oder erleidet der Ka? 212
3. Wo befindet sich der Ka? 213
4. Verschiedene Aussagen uber den Ka 213

Kapitel III
Namen religiosen Inhalts

A. Festnamen 216
B. Namen, die eine allgemeine Aussage über die Gotter bzw. die Konige enthalten 219
 Aussagen, die nur von Konigen vorkommen ... 223
C. Politisch-geschichtliche Namen mit Beziehung auf verschiedene Gottheiten 224
D. Namen, die Aussagen uber das Verhaltnis der Gotter zu Namengeber oder Namentrager enthalten .. 224

3. Abschnitt:
DIE GESCHICHTE DER NAMEN

Kapitel I
Die Namen des Alten Reiches

A. Die Namen der Fruhzeit 228
B. Die Namen der Pyramidenzeit 230

Kapitel II
Die Namen des Mittleren Reiches 233

Kapitel III
Die Namen des Neuen Reiches 237

Kapitel IV
Die Namen der Spatzeit 243

Kapitel V
Die Namen der griechisch-romischen Zeit 247

4. Abschnitt
DIE STELLUNG DER ÄGYPTISCHEN NAMEN INNERHALB DER PERSONENNAMEN ANDERER VÖLKER

I. Allgemeines 249
II. Vergleich der agyptischen mit den akkadischen Personennamen .... 250—256

Exkurs 1
Zu den Bildungen der Form ⬜𓏺𓎛 / 𓊃𓏤𓋴 257

Exkurs 2
Zur Schreibung der Namen 258
Nachtrage zu Band I .... 259—335
Zusatze und Berichtigungen zu Band I .. 336—405

ANHANG: LISTEN

I. Umschreibungen agyptischer Personennamen .. 406
 1. Keilschriftliche Umschreibungen 406
 2. Hebraische Umschreibungen 406
 3. Aramaische Umschreibungen 406
 4. Phonizische Umschreibungen 407
 5. Griechische Umschreibungen 407
 6. Koptische Schreibungen 409
II. Fremde Namen in hieroglyphischer Umschreibung
 1. Hettitische und churrische Namen 409
 2. Semitische Namen 410
 3. Nubische Namen 411
 4. Libysche Namen 411
 5. Persische Namen 412
 6. Griechische Namen 412
 7. Lateinische Namen 412
 8. Fremdnamen verschiedener Herkunft 413

VERZEICHNIS DER ABKÜRZUNGEN

(in Ergänzung zu Band I, S. IX—XVII)

Aberdeen (Catal Reid)	R W Reid, Illustr Catalogue of the Anthropolog Museum, Marischall College, Univ of Aberdeen, Aberdeen 1912
Albright, Vocalization	W F Albright, The vocalization of the Egyptian syllabic orthography, New Haven 1934
Ann Arch Anthrop	Annals of Archaeology and Anthropology issued by the Institute of Archaeology (University of Liverpool), Liverpool 1908 ff
Anthes, Deir el Medine	Rudolf Anthes, Die deutschen Grabungen auf der Westseite von Theben etc (Mitt Inst Kairo 12, 1 ff), Berlin 1943
Archaeologia	Archaeologia, Publ by the Society of Antiquarians of London, London 1773
Archiv Aeg Arch	Archiv fur Aegyptische Archaeologie, Wien 1938 ff
Archiv Orientalný	Archiv Orientalný, Journal of the Czechoslowak Oriental Institute, Prague
Bankfield Mus Notes	Bankfield Museum Notes No 4 Thomas Medgley, Egyptian Tablets, Halifax 1907
Bénédite, Miroirs	Georges Bénédite, Miroirs (Catalogue Général des Antiquités Égyptiennes du Musée du Caire, Vol 28), Le Caire, 1907
Berlin, Ausf Verz	Konigl Museen zu Berlin Ausfuhrliches Verzeichnis der agypt Altertumer, Berlin 1899
Bessarione	Bessarione 1—39 Rom 1896/7—1923
Birch, Account	S Birch, Account of coffins and mummies discovered ... in 1868—9 (Transactions of the Roy Soc of Literature X, n s , 1870
Bisson de la Roque, Tôd	Bisson de la Roque Tôd (1934 à 1936) Fouilles de l'institut français du Caire Tome XVII, Le Caire 1937
Borchardt, Denkm d AR	Ludwig Borchardt Denkmaler des Alten Reiches (außer den Statuen) I Catalogue Général des Antiquités Égyptiennes du musée du Caire, vol 57 Berlin 1937
Borchardt, Quellen	Ludwig Borchardt Quellen und Forschungen zur Zeitbestimmung der aegyptischen Geschichte Bd I u II Berlin 1917 u Kairo 1935
Boreux, Guide	Charles Boreux Guide-Catalogue sommaire I—II Musée National du Louvre, Département des Antiquités Égyptiennes, Paris 1932
K Bosse, Dissert	Kathe Bosse, Die Menschliche Figur in der Rundplastik der Agyptischen Spatzeit (Agyptische Forschungen, Heft 1) 1936
Boylan, Thot	Patrick Boylan, Thot the Hermes of Egypt London 1922
Bruckmann, Coll Barracco	F Bruckmann, La Collection Barracco Munchen 1895
de Buck-Gardiner, Coffin Texts	Adriaan de Buck / Alan H Gardiner The Egyptian Coffin Texts, Vol I ff Chicago 1935 ff
Budge, Fitzwilliam Mus	E A Wallis Budge, A Catalogue of the Egyptian Collection in the Fitzwilliam Museum Cambridge 1893
Bull Soc Ég Léningrad	Bulletin de la Société Égyptologique à l'Université d'État de Léningrad
Burchardt-Pieper, Konigsnamen	Max Burchardt und Max Pieper Handbuch der aegyptischen Konigsnamen, 1 Heft Die Konigsnamen bis einschließlich XVII Dynastie Leipzig 1912
Capart, Documents	Jean Capart, Documents pour servir à l'étude de l'art Égyptien, Bd I u II Paris 1927, 1931
Capart, Memphis	Jean Capart Memphis à l'ombre des pyramides Bruxelles 1930
Černý, Late Ramess Letters	Jaroslav Černý, Late Ramesside Letters (= Bibl aeg IX) Bruxelles 1939
(J J) Clère (Notes)	J J Clère, Notes d'Onomastique à propos du dictionnaire des noms de personnes de H Ranke (Revue d'Egyptologie III, 103—113), Le Caire 1938
Clère-Vandier	J J Clère et J Vandier, Textes de la Première Période Intermédiaire et de la XIème Dynastie (Bibliotheca Aegyptiaca X) Bruxelles 1948
Co Re Acad des Sciences U S S R	Comptes Rendues de l'Académie des Sciences de l'U S S R 1929
Coll Dattari	Collections Lambros et Dattari Antiquités égyptiennes, grecques et romaines (Catal de la vente à l'Hotel Drouot, Paris Juni 1912)
Coll Desnoyers	A Baillet, Notice sur la collection égyptienne de M l'abbé Desnoyers (Bibl Egyptologique, Band 16)
Coll Hoffmann	G Legrain, Collection H Hoffmann Catal des antiquités égyptiennes, Paris 1894
Como	F Ballerini, Antichità Egiziane nel Museo Civico di Como (Bessarione, ser. 3, vol 7, 210—237), Rom 1910
Cowley, Aram Pap	A Cowley, Aramaic Papyri of the fifth Century B C , Oxford 1923
D A N	siehe Fisher, D A N
Duell, Mereruka	Prentice Duell The mastaba of Mereruka I II (The Univ of Chicago oriental Inst Publ XXXI , XXXIX) Chicago
Dunham, Stelae	Dows Dunham, Naga-ed-Dêr Stelae of the first intermediate Period Boston 1937
Duringe, Cannes	Alfred Duringe, Étude sur quelques Monuments Égyptiens du Musée Archéologique de Cannes Lyon 1907
Edel, Untersuchungen	Elmar Edel, Untersuchungen zur Phraseologie der ag Inschr des Alten Reiches (Mitt Inst Kairo, Band 13), 1945
Emery, Hemaka	Walter B Emery, The Tomb of Hemaka Cairo 1938
Engelbach-Gunn, Harageh	R Engelbach-B Gunn Harageh (Egypt Research account 28) London 1923
Erémitage	Musée de l'Erémitage, Travaux du Department Oriental III, 1940
Erman, Ein Fall abgek Justiz	A Erman Ein Fall abgekurzter Justiz in Aegypten (Abh d preuß Ak d Wiss) Berlin 1913
Erman, Reden u Rufe	A Erman Reden, Rufe und Lieder auf Graberbildern des Alten Reiches (Abh d Preuß Ak d Wiss) Berlin 1919
Fakhry, Sept tombeaux	Ahmed Fakhry, Sept Tombeaux à l'Est de la Grande Pyramide de Guizeh Le Caire 1935.
Firth-Gunn, Teti Pyr Cem	Cecil M Firth/B Gunn Excavations at Saqqara Teti Pyramid Cemeteries I II Le Caire 1926
Firth-Quibell, Step Pyramid	Cecil M Firth/J E Quibell The Step Pyramid Vol I—II Service des Antiquités de l'Égypte Excavations at Saqqara Le Caire 1936

Fisher, D A N	Unveroff. Funde der Grabungen von Clarence S Fisher bei Drah-abu'l negga, im Univ - Museum, Philadelphia
Fisher, Minor Cemetery	Clarence S Fisher, The Minor Cemetery at Giza. University Museum, Philadelphia 1924
Frankfort-Pendlebury, The City of Akhenaten	H Frankfort/I D S Pendlebury The City of Akhenaten, Part II Eg. Ex Soc vol 40 London 1923 1933
GN	Gottername(n)
Gardiner, Hierat Pap Brit Mus , 3rd Series	Hieratic Papyri in the British Museum Third Series Chester Beatty Gift Edited by Alan H. Gardiner Vol I London 1935
Gardiner, Late Eg Stories	Alan H Gardiner Late Egyptian Stories, Part 1 (Bibliotheca Aegyptiaca I, 1), Bruxelles 1931
Gardiner, Miscellanies	Alan H Gardiner. Late-Egyptian Miscellanies (Bibliotheca Aegyptiaca VII) Bruxelles 1937
Gardiner, Pap (Chester) Beatty I	Alan H Gardiner: The library of A Chester Beatty The Chester Beatty Papyri No 1 Oxford 1931
Gardiner, Ramess Administr Doc	Sir Alan Gardiner, Ramesside Administrative Documents, London 1948
Garstang, tombs of the third dyn	John Garstang, Tombs of the third dynasty, Westminster 1904
Gauthier, Dict Geogr	H Gauthier. Dictionnaire des Noms Géographiques T I—VI Le Caire 1925—1929
Golénischeff, Érém. Imp	W. Golénischeff Erémitage impérial Inventaire de la Collection Égyptienne 1891
Grapow, Anreden	Hermann Grapow: Wie die Alten Aegypter sich anredeten, wie sie sich grußten und wie sie miteinander sprachen I—IV (Abh d. Preuß Ak d Wiss) Berlin 1939—1943
Grapow, Vergleiche	H Grapow, Die bildlichen Ausdrucke des Aegyptischen etc , Leipzig 1924
Griffith, High Priests of Memphis	F Ll Griffith Stories of the high priests of Memphis Oxford 1900
Gunn- Quibell, Step-Pyramid	irrig fur Firth- Quibell, Step-Pyramid
Holscher, Libyer u. Agypter	Wilh Holscher, Libyer u. Aegypter (Scharff, Aegyptol Forsch , Heft 4) Gluckstadt 1937
Hoffmann, Theoph. PN	K Hoffmann Die theophoren Personennamen des alteren Aegyptens (Sethe, Untersuchungen VII, 1) Leipzig 1915
Jéquier, Deux Pyramides	Gustave Jéquier· Deux pyramides du Moyen Empire. Fouilles à Saqqarah (Serv des Ant de l'Égypte) Le Caire 1933
Jéquier, Mast el-Fara'ûn	Gustave Jéquier Le Mastabat Faraoun (Service des antiquités de l'Egypte, Fouilles à Saqqarah) Le Caire 1928
Jéquier, Mon fun de Pépi II	Gustave Jéquier Le Monument funéraire de Pepi II, I—III (Service des Antiquités de l'Égypte, Fouilles à Saqqarah) Le Caire 1936, 1938, 1940
Jéquier, Pyramide d'Aba	G Jéquier, La pyramide d'Aba (Serv des Ant de l'Egypte, Fouilles à Saqqarah), Le Caire 1935
Jéquier, Pyram. de Neit et Apouit	Gustave Jéquier Les Pyramides des Reines Neit et Apouit (Service des antiquités de l'Egypte Fouilles à Saqqarah) Le Caire 1933
Junker, Gotterlehre	Hermann Junker· Die Gotterlehre von Memphis (Abh. der preuß Ak d Wiss , Phil - hist Klasse, 1939, Nr 23) Berlin 1940
Junker, Pap Lonsdorfer	H Junker, Papyrus Lonsdorfer I (Ak d. Wiss in Wien, Phil -hist Klasse, Sitzungsber , 197 Band, 2 Abhandlung), Wien 1921
Junker, Pyramidenzeit	Hermann Junker Pyramidenzeit Das Wesen der altaegyptischen Religion Einsiedeln 1949
Kees, Agypten	H Kees Kulturgeschichte des Alten Orients I Abschnitt Aegypten (in Handb der Altertumswiss 3 Abt , 1 Teil, 3 Band) Munchen 1933
Kees, Farbensymbolik	H Kees, Farbensymbolik in agyptischen religiosen Texten (Nachr Akad. Wiss Gottingen, Phil -Hist Kl 1943, Nr 11)
Kees, Gotterglaube	Hermann Kees Der Gotterglaube im alten Aegypten (Mitteilungen der Aeg -Vorderas Gesellschaft), Leipzig 1941
Kees, Opfertanz	Hermann Kees Der Opfertanz des aegyptischen Konigs, Leipzig 1912
Koefoed-Petersen, Recueil	Otto Koefoed-Petersen Recueil des inscriptions Hiéroglyphiques de la Glyptothèque Ny Carlsberg (Bibliotheca Aegyptiaca VI), Bruxelles 1936
Kuentz, Bataille de Qadech	Charles Kuentz La Bataille de Qadech Fasc. 1, 2, 3 (Mém de l'Inst. franç d'arch orient) Tome 55, 1—2 Le Caire 1928, 1934
Kuthmann, Ostgrenze	C Kuthmann. Die Ostgrenze Aegyptens (Diss) Berlin 1911
Lepsius, Konigsbuch	R Lepsius Das Konigsbuch der alten Aegypter Berlin 1858
Lieblein, Denkmäler	J Lieblein· Die aegyptischen Denkmäler in St Petersburg, Helsingfors, Upsala und Kopenhagen Christiania 1873
Liverpool Annals	siehe Ann Arch Anthrop
Liverpool, Katal Peet	Handbook and Guide to the egypt Collection of Liverpool, 2nd edition, Liverpool 1925
Luddekens, Totenklage	Luddekens, Die Totenklage bei den Aegyptern (Mitt Inst Kairo X)
Macramallah, Idout	R. Macramallah, Le Mastaba d'Idout (Service des Antiquités de l'Égypte, Fouilles à Saqqarah) Le Caire 1935
Mace-Winlock, Senebtisi	A C Mace/H E. Winlock. The Tomb of Senebtisi at Lisht (Publ of the Metrop Mus of Art, Eg Exp Vol I) New York 1916
Mackay, Bahrein and Hemamieh	Ernest Mackay, Lankester Harding and Flinders Petrie, Bahrein and Hemamieh (British School of Archaeology in Egypt, Vol 47) London 1929
Mastaba des špšš-pth	Unveroffentlicht, Abschrift fur das Wb von H Schäfer
Mélanges Dussaud	Mélanges syriens offerts à Monsieur René Dussaud Paris 1939 (Bibl archéol et hist du Haut Commissariat de la Républ. Française en Syrie et au Liban, Service des Antiquités, vol 30)
Mélanges Maspero	Mélanges Maspero Memoires publiés par les membres de l'institut français d'archéologie I Orient Ancien Le Caire 1934, 1935—38
Miscellanea Gregoriana	Miscellanea Gregoriana-Monumenti Vaticani di Archeologia e d'arte Bd VI Roma 1941
Mitt Kairo	Mitteilungen des Deutschen Instituts fur Aegyptische Altertumskunde in Kairo I ff Augsburg 1930ff
Mo'alla	Jean Vandier, Mo'alla. La tombe d'Ankhtifi et la tombe de Sébekhotep (Inst français d'Archéol orient Bibl d'Étude, Band 18), Le Caire 1950
Moller, Metallkunst	Georg Moller Die Metallkunst der Alten Aegypter Berlin 1925
Moller, Mumienet.	Georg Moller, Demotische Texte aus den Koniglichen Museen zu Berlin, Erster Band, Mumienschilder Leipzig 1913
H Th. Mohr, Mastaba	H Th Mohr The Mastaba of Hetep-Her-Akhti, Study of the Egyptian tomb chapel (Mededeelingen en Verhandelingen No 5 van het vooraziatisch-egyptisch Gezelschap „Ex Oriente Lux") Leiden 1943

Mond-Myers, Bucheum	Sir Robert Mond and Oliver H Myers, The Bucheum, Vol I—III (The Egypt Exploration Society) London 1934
Montet, Byblos et l'Egypte	P Montet Byblos et l'Égypte, Quatre campagnes de fouilles à Gebeil 1921—24 Paris 1928
H W Muller, Felsengraber	Hans Wolfgang Muller, Die Felsengraber der Fursten von Elephantine (Aegyptologische Forschungen, Heft 9) 1940
Muller, Egyptol Res	W Max Muller, Egyptological Researches, Vol I—III Washington 1906 1910 1920
Murray, Names and Titles	M A Murray. Index of Names and Titles of the Old Kingdom (British School of Arch in Egypt Studies Vol I) London 1908
Mus Munsterianum	Museum Munsterianum, collection de stèles égyptiennes etc, conservées à la Glyptothèque Ny Carlsberg à Copenhagen, par Valdemar Schmidt, Bruxelles 1910
Nachtr [1], N[1]	Nachtrage in PN I, S 414ff
Nachtr [2], N[2]	Nachtrage in PN II, S 259ff
Nantes (de Rougé)	J de Rougé, Notes sur les collections égyptiennes du Musée départem arch de la Loire-Inférieure (Mém de la Société nat des Antiquaires de France, 5e série, tome 3, 73—94), Paris 1882
Orientalia	Orientalia Commentarie periodice Pontificii Instituti Biblici Roma
PN I II	H Ranke, Die äg Personennamen, Band I II
Pap Rhind	Moller, Pap Rhind (PN I)
Pellegrini, Coni	A Pellegrini, I coni funebri del Museo archeol di Firenze (Bessarione, 2 ser Band III, 33—48 u 145—156), Rom 1902
Petrie, Antaeopolis	Flinders Petrie, Antaeopolis, The Tombs of Qau (British School of Archaeology in Egypt) London 1930
Petrie, Tombs of Courtiers	Siehe Petrie, Courtiers (PN I)
Petrie-Brunton, Sedment	F Petrie—G Brunton Sedment I II British School of Archaeology in Egypt 34—35 London 1924
Philadelphia, D A N	siehe Fisher, D A N
Polotsky, 11 Dyn	Jakob Polotsky, Zu den Inschriften der 11 Dynastie (Sethe, Untersuchungen, Bd 11) 1929
Posener, Première domin Perse	Posener, La première domination Perse en Égypte
Prisse	Pap Prisse (siehe PN I)
Quibell-Hayter, Teti Pyramid	J E Quibell/A G K Hayter Teti Pyramid, North Side Service des Antiquités de l'Égypte Excavations at Saqqara Le Caire 1927
Ranke, Grundsätzliches	Hermann Ranke. Grundsätzliches zum Verstandnis der aegyptischen Personennamen in Satzform (Sitzungsberichte der Heid Ak d Wiss) Heidelberg 1937
Ransom, Williams, Per-Neb	C L Ransom, The Tomb of Perneb New York, 1918
Reisner, Kerma	G A Reisner. Excavations at Kerma (Harvard African Studies V, VI) Cambridge (Mass) 1923
Reisner, Mycerinus	G. A Reisner Mycerinus The Temples of the third Pyramid at Giza Cambridge (Mass) 1931
Reisner, Naga-ed-Dêr	G A Reisner/A C Mace. The early dynastic cemeteries of Naga-ed-Dêr 1—2 (Univ of California Public, Egyptian archaeology) Leipzig 1908/9
Rendic Accad. Linc	Reale Accademia dei Lincei Rendiconti Rom
Revue de l'anc Eg	Revue de l'Égypte ancienne Paris 1925—31
Roeder, Naos	Gunther Roeder. Naos (Cat gén des Ant Égypt du Mus du Caire, Vol 51) Leipzig 1914
Rowe, Cyrenaica	Alan Rowe, A history of ancient Cyrenaica Service des Antiquités Le Caire 1948
Scharona Pap	Unveroffentlicht; fruher Berlin
Schott, Bucher gegen Seth	Siegfried Schott Bucher und Spruche gegen den Gott Seth (Urkunden des aegyptischen Altertums Urkunden mythologischen Inhalts, Heft 1) Leipzig 1929
Schott, Hieroglyphen	S Schott, Hieroglyphen Untersuchungen zum Ursprung der Schrift (Mainz, Akad d Wiss u der Literatur) 1951
Selim Hassan, Giza	Selim Hassan Excavations at Giza 1929—30ff Oxford 1932ff
Sethe, Burgschaftsurkunden	K Sethe Demotische Urkunden zum aegypt Burgschaftsrechte, vorzugl der Ptolemaerzeit (Abh. der phil-hist Klasse der Sachs Ak der Wissensch Bd 32) Leipzig 1920
Sethe, Nominalsatz	K Sethe: Der Nominalsatz im Aegyptischen und Koptischen (Abh der phil-hist Kl d Kgl Sächs Ges der Wissenschaften) Leipzig 1916
Sethe, Unters	Kurt Sethe· Untersuchungen zur Geschichte und Altertumskunde Aegyptens Iff Leipzig 1896ff
Shorter, Cat Eg Rel Pap	A W Shorter, Catalogue of Egyptian religious papyri in the British Museum etc, London 1938
Smith, Sculpture	W St Smith A history of Egyptian Sculpture and Painting in the Old Kingdom Second Edition (Museum of Fine Arts, Boston, U S A) Oxford Univ Press 1949
Sotheby, Cat etc	Verkaufs-Kataloge, herausgeg von Sotheby u Co, 34—35 New Bond Street, London
Spiegelberg, Aeg Sprachgut	Aegyptisches Sprachgut in den aus Aegypten stammenden aramäischen Urkunden der Perserzeit von Wilhelm Spiegelberg (aus Oriental Studien Theodor Noldeke gewidmet von Carl Bezold) Gießen 1906
Spiegelberg, Aegyptol. Mitt (1925)	W. Spiegelberg Aegyptologische Mitteilungen (Sitzungsber d Bayr Ak d Wiss) Munchen 1925
Spiegelberg, Demotische Studien	Wilhelm Spiegelberg Demotische Studien Iff. Leipzig 1908—1929
Spiegelberg, Eigennamen	W Spiegelberg Aegyptische und griechische Eigennamen aus Mumienetiketten der romischen Kaiserzeit (Demotische Studien 1) Leipzig 1901
Steckeweh-Steindorff, Qâw	Hans Steckeweh/Georg Steindorff Die Furstengraber von Qâw Veroffentlichungen der Ernst von Sieglin-Expedition, Bd VI Leipzig 1936
Steindorff, Aniba	Georg Steindorff Aniba I—II Service des Antiquités de l'Égypte Mission Archéologique de Nubie 1929—1934 Gluckstadt u Hamburg 1935, 1937
Steindorff, Walters	Catalogue of the Egyptian Sculpture in the Walters Art Gallery by George Steindorff. Baltimore 1946
Stolk, Ptah	Martin Stolk, Ptah (Berliner Diss)
Studies Griffith	Studies presented to F Ll Griffith Egypt Exploration Society Oxford Univ Press, 1932
Syria	Revue d'art oriental et d'archéologie Paris 1920 ff
Tell Edfou I II.	Fouilles Franco-Polonaises Rapports I Tell Edfou 1937 (von Bruyère u A) II Tell Edfou 1938 (von Michalowski u A)

Weigall, Antiquites of Lower Nubia	A E P Weigall, A Report on the Antiqu of Lower Nubia etc , Oxford 1907
Wiedemann-Poertner, Karlsruhe	A Wiedemann und B Portner, Aegyptische Grabreliefs aus der Großherzoglichen Altertumer-Sammlung zu Karlsruhe Straßburg 1906
Wilbour, Note books	Notizbucher von Charles Edwin Wilbour in der "Wilbour Library" des Brooklyn Museums Brooklyn, N Y Unveroffentlicht (Mitteilungen von W Federn)
Wilbour Pap	The Wilbour Papyrus, edited by Sir Alan H Gardiner, Vol I—IV Oxford 1948 u 1952
Winlock, Three Princesses	H E Winlock, The treasure of three Egptian Princesses (The Metropolitan Museum of Art, Departm of Egyptian Art, vol X) New York 1948
Wolf, Schones Fest von Opet	Walther Wolf. Das Schone Fest von Opet (Veroffentlichungen der Ernst von Sieglin-Expedition, Bd 5) Leipzig 1931
Wreszinski, Bericht	Walther Wreszinski Von Kairo bis Wadi Halfa (Bericht uber die photographische Expedition von Kairo bis Wadi Halfa) Schriften der Konigsberger Gelehrten Gesellschaft, 4 Jahr Geisteswissenschaftl Klasse Heft 2 Halle 1927
Wreszinski, Inschriften	siehe Wien, Wreszinski (PN I)
Wreszinski (-Schafer), Atlas III	Walther Wreszinski Atlas zur Altaegyptischen Kulturgeschichte Teil III Graber des Alten Reiches, bearbeitet von Heinrich Schafer Leipzig 1936

EINLEITUNG.

Vorarbeiten.

Als Grundlage und Fundgrube für alle späteren Studien über die ägyptischen Personennamen ist eine Arbeit zu nennen, die selbst nicht auf Namenforschung ausging, sondern auf Grund von Genealogien der ägyptischen Chronologie zu dienen versuchte: das zweibändige Werk der Norwegers J. Lieblein 'Dictionnaire de noms hiéroglyphiques', dessen Bände 1871 und 1891 in Christiania und Leipzig erschienen sind. Was Lieblein gab, war nicht nur ein alfabetisches Verzeichnis sämtlicher Personennamen, die in den von ihm aus allen, auch den kleinsten und verborgensten Sammlungen Europas ausgezogenen hieroglyphischen Texten vorkommen, sondern zugleich kurze Auszuge aus diesen Texten, welche die verwandtschaftliche Zusammengehörigkeit der in ihnen genannten Personen erkennen lassen. Für diese Zusammenhange, die uns z. B. über das Forterben eines Namens vom Vater auf den Sohn, vom Großvater auf den Enkel usw. belehren, hat das Lieblein'sche Werk noch heute seinen Wert behalten.

Die erste größere Arbeit, die wirklich Untersuchungen über ägyptische Personennamen enthält, war das stoff- und gedankenreiche Buch von Wilhelm Spiegelberg „Ägyptische und griechische Eigennamen aus Mumienetiketten der römischen Kaiserzeit"[1]). Es handelt zwar größtenteils von solchen ägyptischen Namen, die in griechischer Umschreibung überliefert sind, zieht aber auch die demotischen Formen und öfters auch Formen des Neuen Reichs in den Kreis der Betrachtung hinein und war deshalb fur das Verständnis der Namen der ägyptischen Spätzeit von großer Bedeutung. Spiegelberg hat ubrigens jederzeit eine lebhafte Neigung zur Erforschung der ägyptischen Personennamen aller Zeiten gehabt und sich auf seinen ausgedehnten Reisen eine große Sammlung bis dahin unveröffentlichter Namen angelegt, die er mir seinerzeit für den ersten Band dieses Buches zur Verfügung gestellt hat

Unsere Kenntnis und unser Verständnis der älteren ägyptischen Personennamen wurde wesentlich gefördert durch zwei von Adolf Erman veranlaßte Dissertationen, und zwar von Emil Levy[2]) und von K. Hoffmann[3]).

Beide Arbeiten beschäftigen sich ausschließlich mit den Personennamen religiösen Inhalts, aber während Levy sich auch in seinen Vorarbeiten im Wesentlichen auf dieses Teilgebiet beschränkt zu haben scheint, ist die von Adolf Erman nach dem Tode seines Schülers herausgegebene Arbeit von Hoffmann offenbar nur ein verhältnismäßig kleiner Teil eines groß angelegten Werkes, der die ägyptischen Personennamen als Ganzes umfassen sollte. Der Tod hat den vielversprechenden, im ersten Weltkrieg gefallenen jungen Fachgenossen aus der Arbeit abgerufen. Ich bin dann spater — durch meine Arbeiten über die altbabylonischen Personennamen seit Jahrzehnten für Namenforschung im Allgemeinen interessiert — in die Lücke getreten, worüber ich im Vorwort zum 1 Bande kurz berichtet habe.

Einzelaufsätze zur agyptischen Personennamenforschung, denen ich in den genannten größeren Veröffentlichungen zu Dank verpflichtet bin, sind an den entsprechenden Stellen angeführt

Allgemeines.

Die Quelle, aus der die in diesen beiden Bänden vorliegenden Namen geschöpft worden sind, ist, kurz gesagt, das ganze ägyptische Schrifttum. Von den ersten beschrifteten Rollsiegeln und ihren Abdrücken um 3000 v. Chr. bis zu den letzten hieroglyphisch und demotisch geschriebenen Texten der römischen Kaiserzeit, also durch etwa 3300 Jahre, kennen wir ägyptische Personennamen, und es ist ohne weiteres verständlich, daß während dieses gewaltigen Zeitraums, wie überall in der Geschichte der ägyptischen Kultur so auch auf dem Gebiet der Namengebung eine beständig fortschreitende Entwicklung und Umgestaltung stattgefunden hat. Ihr ist im dritten Abschnitt genauer nachgegangen worden.

---

[1]) Erschienen als Heft 1 von Spiegelbergs „Demotischen Studien", Leipzig 1901 Eine Angabe der älteren Literatur uber die griech Umschreibungen ägyptischer Personennamen findet sich dort auf S 26

[2]) E Levy, Über die theophoren Personennamen der alten Ägypter zur Zeit des Neuen Reiches (Dyn XVIII—XX), Teil I Berlin 1905

[3]) K Hoffmann, Die theophoren Personennamen des alteren Ägyptens (= Sethe, Unters 7, 1), Leipzig 1915

Die einzelnen Quellen sind von recht mannigfacher Art. Überwiegend sind, der Eigenart der erhaltenen ägyptischen Altertumer entsprechend, die Inschriften von Grabwanden, Grabsteinen, Grabstatuen, Opfertafeln und sonstigen Dingen, die den Bestattungsbrauchen ihr Dasein verdanken. Fur die Zeit des Alten Reiches (etwa 3000—2200) uberwiegen diese bei weitem alles Andere Im Mittleren Reich (2100—1800) uberwiegen zwar auch die Grabsteine, die in großer Zahl erhalten und durch ihre neue Gewohnheit, die ganze engere und weitere Verwandtschaft und Freundschaft des Verstorbenen namentlich zu verewigen fur uns ganz besonders ergiebig sind. Es kommen aber, außer literarischen Texten, — Marchen und Erzahlungen, die als Quelle fur Personennamen kaum eine Rolle spielen — auch auf Papyrus geschriebene Briefe und Kontrakte, Haushaltslisten von Tempeln und Palästen hinzu Dasselbe gilt für das Neue Reich (1580—1100) — so vor allem fur die im Vorwort erwähnten Steuerlisten und Verwaltungsurkunden des Papyrus Wilbour aus der Zeit Ramses des Funften — und fur die spatere Zeit, wenn auch immer die Inschriften von Grabwanden, Grabsteinen, Grabstatuen, zu denen sich seit dem Mittleren Reich die immer zahlreicheren Tempelstatuen gesellen, einen wesentlichen Bestandteil bilden.

Bedeutung des Namens

Über die Bedeutung des Namens bei den Ägyptern ist viel geschriebenen worden[1]). Wir wissen, daß fur die Ägypter wie fur andere Völker des alten Orients — vor allem die Babylonier und Assyrer — der Name zu dem Menschen, der ihn trug, ein ganz besonderes Verhaltnis hatte Wessen Name ausgetilgt oder vergessen wurde, der war selbst ausgetilgt und vernichtet, zu Nichts gemacht fur immer, als hätte er nie gelebt So erklaren sich die Ausmeißelungen von Namen, die uns nicht nur aus dem geläufigen Beispiel des den Amonpriestern verhaßten Konigs Amenophis-Echnaton, sondern schon von Königen der ersten und zweiten Dynastie[2]) zu Beginn der agyptischen Geschichte und auch aus gar manchen Fallen von Privatleuten[3]) genugsam bekannt sind. Wer also nach dem Ende dieses irdischen Daseins weiter leben wollte, der mußte unter allen Umstanden dafur sorgen, daß sein Name erhalten blieb. So sind Personennamen auf Grabsteinen nicht nur eine der Hauptquellen unserer Namenkenntnis, sondern sie gehören — neben den Besitzerangaben auf Rollsiegeln der 1. Dynastie — zum Ältesten, was wir uberhaupt an ägyptischer Schrift besitzen. In der lehrhaften Literatur wird diese Erhaltung des Namens, die also eine Art von Unsterblichkeit verburgt, verknupft mit einem rechtschaffenen Wandel auf Erden Von dem, der „die Wahrheit tut" heißt es in der 8 Klagerede des beredten Bauern (B308ff) „sein Name wird auf Erden nicht weggewischt, und man gedenkt seiner wegen des Guten".

Namengebung.

Leider besitzen wir in der ganzen ägyptischen Literatur vorptolemäischer Zeit keine einzige unmittelbare Nachricht über die Namengebung eines Ägypters oder einer Ägypterin und die mit ihr etwa verbundenen Bräuche. Von keinem ägyptischen Menschen während dieser dreitausend Jahre erfahren wir, wann und von wem er seinen Namen erhalten, und warum er gerade diesen und keinen anderen Namen erhalten hat. Mit der Gotterwelt freilich steht es anders, und da doch wohl anzunehmen ist, daß der Brauch der Namengebung bei den Göttern sich von dem der Menschen nicht wesentlich unterschied, so erhalten wir hier aus zwei mittelbaren Quellen uberaus wertvolle Auskunft auf unsere Fragen. Die eine findet sich in dem mythologischen Text des Neuen Reiches vom altgewordenen Sonnengott Re und seiner listigen, zauberkundigen Tochter Isis[4]), in dem der Sonnengott sagt „mein Vater hat meinen Namen erdacht" und an einer anderen Stelle „mein Vater und meine Mutter haben mir meinen Namen gesagt Er ist im Leibe verborgen bei (?) der Geburt, damit keinem Zauberer oder Zauberin (uber mich) Macht gegeben werde". Die andere Quelle betrifft die gottliche Erzeugung des agyptischen Konigs und ist uns in dreifacher Form uberliefert. In Dêr-el-Bahari sowohl wie in Luxor teilt Amon, und zwar schon unmittelbar nach der Empfängnis, den Namen des Konigs, „dieses deines Sohnes, den ich in deinen Leib gelegt habe"[5]) der koniglichen Mutter mit — in Luxor, unter ausdrucklicher Beziehung auf Worte, die die Königin bei der Empfangnis gesprochen hatte[6]). Im

---

[1]) Vgl H W Obbink, De magische beteekenis van den naam, inzonderheit in het oude Egypte, Amsterdam 1925

[2]) Siehe K Sethe, Die auf den Denkmalern der altesten geschichtl Dynastieen vorkommenden Konige, S 25

[3]) Am bekanntesten ist die Austilgung der Namen von Parteigangern der Hatschepsut durch Thutmosis III, aber schon in Grabern des Alten und Mittleren Reiches finden sich solche Ausmeißelungen gelegentlich

[4]) Moller, Hierat Lesestucke II, 30 Budge, Egyptian Literature (= Books of Egypt and Chaldaea, Vol I), London 1912, S 42—54 Vgl Erman (-Ranke) Agypten, S 301ff

[5]) Sethe, Urkunden 4, 221, 6f

[6]) Die Konigin sagt „wie gnadig (*ḥtp*) ist dein Herz gegen mich" etc Amon antwortet „Amon ist gnadig" (Amenhotp) ist der Name dieses Kindes , dieser Ausspruch, der aus deinem Munde gekommen ist" Vgl Gayet, Temple de Louxor I, Tf 63, Fig 204, fur das Wb verglichen von Sethe Siehe auch Grapow, Wie die alten Ägypter sich anredeten II (1940), S 17f

Märchen aber, das die Geburt von drei Königen der 5. Dynastie erzählt, die Söhne des Sonnengottes waren[1]), wird umständlich berichtet, wie drei von Re entsandte Göttinnen bei der Geburt Hilfe leisten, und wie eine von ihnen, die Isis, in Verbindung mit Zauberworten die Namen der Kinder ausspricht. Aus diesen, der mythologischen Sphäre entstammenden Berichten, können wir für das wirkliche Leben der Ägypter zweierlei entnehmen: Die Namengebung fand statt in unmittelbarer Verbindung mit der Geburt, und sie geschah durch den Vater (bezw. Vater und Mutter[2]) — vielleicht auch durch die Hebamme, wenn nicht in dem letztgenannten Beispiel diese Tätigkeit der Hebamme nur darum zugeschrieben wird, weil sie eine Göttin ist. Daß dieses Ergebnis durch die Form einer bestimmten Gruppe von ägyptischen Personennamen, den „Satznamen" bestätigt wird und in Angaben der hebräischen Literatur sowohl wie im heutigen Brauchtum Nubiens seine Parallelen hat, wird im Kapitel 1 B des 1. Abschnitts genauer ausgeführt werden[3]).

Zu dem so aus mittelbaren Quellen Erschlossenen stimmt der einzige magere Bericht über eine Namengebung in menschlicher Sphäre, dem wir nun tatsächlich auf den Grabsteinen eines Ehepaars aus dem Ende der Ptolemäerzeit, um die Wende unserer Zeitrechnung, begegnen[4]). Von dem Sohn, der den Beiden geboren wurde, heißt es hier in dem biographischen Teil auf dem Stein der Mutter: „Man gab ihm den Namen *ij-m-ḥtp*, und man nannte ihn *pꜣ-dj-bꜣśt·t*". Auf dem Stein des Vaters heißt es: „Die Majestät dieses Gottes Imhotep, des Sohnes des Ptah, beschenkte mich mit einem Sohn. Man nannte seinen Namen *ij-m-ḥtp*, und man sagte zu ihm: *pꜣ-dj-bꜣśt·t*, geboren von der *tꜣ-(n·t-)ij-m-ḥtp*." Auch nach diesen Berichten scheint die Namengebung sich an die Geburt angeschlossen zu haben, wenn sie auch in der Wahl der Namen ausgesprochen späte Sitte widerspiegeln[5]). Im übrigen verraten sie uns nur, daß das Neugeborene als eine Gabe der Gottheit angesehen wurde — eine Vorstellung, die wie später gezeigt werden wird, sich in Ägypten erst allmählich entwickelt hat.

Männer- und Frauennamen

Die Hauptmasse der Personennamen der Ägypter ist, wie das wohl bei den meisten anderen Völkern die Regel ist[6]), in Männer- und Frauennamen geschieden. Sei es nun, daß eine Person durch einen Wortnamen als *ʿꜣm* „der Asiat" bzw. *ʿꜣm·t* „die Asiatin", *dšr* „der Rote", oder *tꜣ-nš·t* „die Haarmacherin" oder als *ḥm-rʿ* „der Diener des Re", *mrj·t-imn* „die von Amon Geliebte" unmittelbar selbst bezeichnet wird, sei es daß sie einen Satznamen trägt, der in seiner Form auf das Geschlecht des Trägers Bezug nimmt, wie *ptḥ-m-sꜣ·f* „Ptah ist sein Schutz" oder *nb(·w) ḥr-ḫwj·t·ś* „Gold schützt sie" usw. Aber daneben findet man, wenn man den ersten Band meiner „Personennamen" durchblättert, eine überraschend große Menge von Namen, die sowohl von Männern wie von Frauen getragen worden sind. Eine gewisse Anzahl freilich scheidet bei genauerem Zusehen sofort wieder aus. Das sind die Fälle, in denen der männliche und der weibliche Name zwar in der Schrift gleich aussehen, in der Aussprache aber gewiß geschieden worden sind wie z. B. 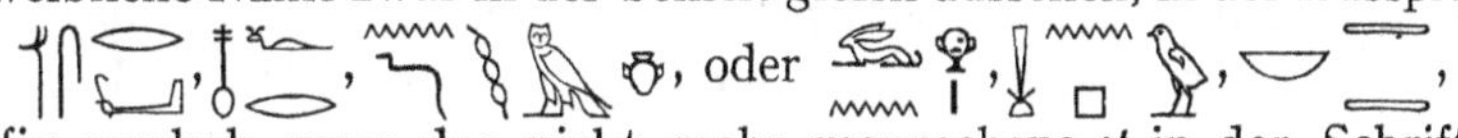, bei deren Femininformen gewiß, wie das so häufig geschah, zwar das nicht mehr gesprochene *·t* in der Schrift weggelassen worden ist, die aber doch durch ihre Vokale als weiblich kenntlich blieben und also, soweit sie von Frauen getragen wurden, besser durch *wśr(·t)*, *nfr(·t)*, *nḏm(·t)-ib* bzw. durch *wn(·t)-ḥr*, *śn(·t)-pw*, *nb(·t)-tꜣ·wj* wiedergegeben werden[7]).

Es bleiben aber eine große Menge von Namen, die wirklich völlig gleich ausgesprochen und doch von beiden Geschlechtern unterschiedslos getragen worden sind. Dazu gehören einerseits Satznamen, deren allgemeiner Inhalt zu dem Träger oder der Trägerin keine Beziehung aufweist, wie *wr-bꜣ·w-ptḥ* „der Ruhm (o. a.) des Ptah ist groß" und *mnṯ·w-htp(·w)* „Month hat sich gnädig erwiesen" oder *prʿꜣ-r-nḥḥ* „der König (daure) ewiglich!", andererseits aber Kurznamen wie *nfr-ṯs* „Gut ist der Spruch von . .", *nfr·w* „die Schönheit von . .", bei denen man nicht mehr sieht, ob der Name eines Gottes oder einer Göttin weggefallen ist, oder — und zwar der Zahl nach weitaus am häufig-

[1]) Erman, Die Märchen des Papyrus Westcar, Berlin 1890. Sethe, Ägypt. Lesestücke, S. 33ff.

[2]) Eine ungewöhnliche Anspielung auf die Mutter als Namengeberin findet sich in der Schreibung des späten Namens *dj-nj-bꜣśt t-irj t* (P. N. I 396, 22), bei der das *n j* mit 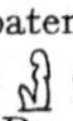 determiniert ist!

[3]) Dort wird auch die aus dem Neuen Reich überlieferte Erteilung eines ägyptischen Namens an eine syrische Sklavin durch ihre Herrin besprochen.

[4]) Sie sind beide im Britischen Museum, Nr. 1026 (886) und 1027 (147). Vgl. Guide (Sculpture) 1909, S. 275. Ferner Reinisch, Chrestomathie, Tf. 21 u. 20 und Lepsius, Auswahl, Tf. 16.

[5]) Wie wir sehen werden, ist das Geben zweier Namen alt, die Benennung eines Menschenkindes mit einem Gottesnamen aber vor dem Mittleren Reiche nicht zulässig. Und wenn das Kind, von dem doch ausdrücklich gesagt wird, der Gott Imhotep habe es geschenkt, mit zweitem Namen Petubastis „den die Göttin Bastet gegeben hat" heißt — und zwar wie wir zufällig erraten können nach seinem Großvater väterlicherseits — so ist das einst in diesem Namen pulsende Leben dem Bewußtsein offenbar schon völlig verloren gegangen!

[6]) Im Akkadischen sind Ausnahmen viel seltener, vgl. Abschn. 4.

[7]) Dasselbe gilt von PN I 10, 5, 11, 19, 15,21, 33, 19, 35, 9, 57, 2, 59, 2, 65, 20, 73, 23, 74, 14. 24, 79, 5, 80, 13, 81, 14, 85, 6, 90, 13, 129, 28, 142, 20 (?), 156, 9, 157, 8, 164, 18, 186, 22, 194, 1, 215, 9, 230, 5, 241, 8. 23, 252, 27, 254, 3, 265, 26, 273, 20, 308, 17, 309, 5, 310, 21, 312, 13. 14. 15, 317, 10, 321, 24 (?), 324, 7(?), 332, 4, 405, 5. Bei einigen dieser Namen können allerdings z. T. auch Kurznamen vorliegen.

sten — Kosenamen wie , was sowohl von *ḥm*-Gott N. N. wie von *ḥm·t*-Göttin N. N abgeleitet sein kann, oder wie *ꜥnḫ·w, ipp, bb·j, ꜥnkk·w* usw.

Untersucht man das Auftreten dieser doppelgeschlechtigen Namen genauer, so zeigt sich, daß sie im Alten Reich noch verhältnismäßig selten sind Von Satznamen in dieser Verwendung wie *ij-nfr·t* „möge die Schöne (Göttin) kommen!" oder *n-śḏr-kꜣ (·j)* „mein Ka hat nicht geschlafen"[1]), lassen sich kaum mehr als ein halbes Dutzend nachweisen[2]), auch Kurznamen sind ganz selten so verwendet[3]), und der Rest sind Kosenamen auf  bzw. 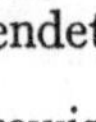 wie 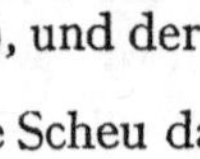, 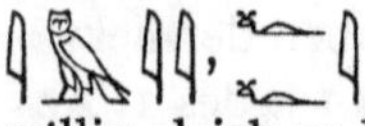 usw. Im Ganzen scheint noch eine gewisse Scheu davor bestanden zu haben, Knaben und Mädchen völlig gleich zu benennen[4]), und man darf wohl annehmen, daß das in der Frühzeit, aus der wir nur wenige Namen kennen, noch stärker der Fall gewesen ist.

Mit dem Beginn des Mittleren Reiches ändert sich das Bild vollkommen, und man gewinnt fast den Eindruck, als gehörte die Vorliebe, Mädchen und Knaben mit dem gleichen Namen zu belegen, zu den revolutionären Neigungen, die dieser Zeit eigen sind[5]). Nicht nur, daß die doppelt verwendeten Kurz- und Kosenamen jetzt auf Schritt und Tritt begegnen, sondern auch Satznamen, weltlichen sowohl wie religiösen Inhalts, werden von beiden Geschlechtern gleichmäßig getragen. Ich kann aus der großen Menge hier nur ein paar Beispiele anführen. So finden sich in dieser doppelten Verwendung: *iꜥḥ-mśj (·w)* „der Mond ist geboren", *ib(·j)-iꜥj (·w)* „mein Herz ist erfreut"[6]), *imn-ḥtp(·w)* „Amon hat sich gnädig erwiesen", *nb·j-pw-ptḥ* „Ptah ist mein Herr;", *ḏfꜣ(·j)-ḥꜥpj* „der Nil ist meine Nahrung" usw. Am Auffallendsten macht sich die neue Mode geltend, wenn auch die aus einem volleren Namen durch Kürzung entstandenen Namen von Göttern wie Month, Horus, Chons, *ḫntj-ḫtjj*, Chnum, „Sokar", Suchos, Thot[7]) und sogar von Königen wie *ḫꜥjkꜣ·wrꜥ*, Sesostris, *śḥtpibrꜥ* auch von Frauen getragen werden[8]) und der Name der Göttin Mut[9]) mehrfach auch als Männername erscheint — eine Unsitte, die während des Alten Reiches noch ganz undenkbar gewesen wäre.

Einige dieser doppelt verwendeten Namen des Mittleren Reichs geben uns einstweilen noch ungelöste Rätsel auf. Wenn  und *n-rḫ·tw·f, rn·f-ꜥnḫ(·w), rn·f-śnb·w* auch als Frauennamen vorkommen, so wird das so zu verstehen sein, daß das Suffix sich nicht auf den Namenträger, sondern auf einen Gott bezieht[10]), und das Entsprechende gilt für *rn·ś-ꜥnḫ·w* und *rn·ś-rjś·w* als Männernamen. Wird der Name 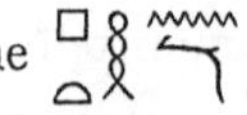 von beiden Geschlechtern getragen, so wird er das eine Mal in *nj-św-ptḥ*, das andere Mal in *nj-śj-ptḥ* aufzulösen sein. Aber was sollen wir dazu sagen, wenn Namen wie *iw·f-r-śnb, iw·f-śnb(·w)*, die wir nur mit „er wird gesund sein", „er kommt (oder komme), indem er gesund ist" übersetzen können, auch von Frauen, Namen wie *iw·ś-n·j* „sie gehört mir" auch von Männern getragen werden?![11]) Auch der berühmte Name „Antef", den wir jetzt *inj-jt·f* lesen und mit „der seinen Vater (wieder) gebracht hat" übersetzen möchten, zumal da sein weibliches Gegenstück *inj·t-jt·ś* „die ihren Vater (wieder) gebracht hat" unsere Deutung zu stützen scheint, ist mehrfach als Frauenname belegt! Auch *pꜣ-ntj-n·j*, das doch „der, welcher mir gehört" zu bedeuten scheint und von einem weiblichen Namen *tꜣ-ntj·t-n·j* „die, welche mir gehört" begleitet wird, ist als Frauenname ganz unerklärlich[12]). Auch *nfrj·t* als Männername ist seltsam, und ebenso

---

[1]) Bei  zeigt die doppelte Verwendung, daß „der Schöne ist gekommen" sich nur auf einen Gott, nicht auf das Kind beziehen kann!

[2]) An Ausrufen finden sich *rnp t-nfr t* und *ḫrd-n j* so verwendet Übrigens fällt es auf, daß auch den Namen einer Göttin enthaltende Namen schon von Männern getragen werden konnen, wie *ḥtp-ḥr-nfr t* und *špśś-ḥthr*

[3]) So  (wozu merkwürdigerweise ein Vollname vor dem *MR* fehlt), .

[4]) Diese Scheu herrscht in den europäischen Sprachen im Allgemeinen durchaus vor Es ist eine seltene Ausnahme, wenn im Deutschen z B Hansi, Friedel, Gustel als Kosenamen für beide Geschlechter verwendet werden, oder wenn im Französischen die Namen Claude (aus Claudius und Claudia!) oder René, bezw Renée (Renatus und Renata) für Männer und Frauen völlig gleich klingen, wobei im letzten Falle wenigstens das Schriftbild noch an eine ursprüngliche Verschiedenheit der Aussprache erinnert

Für die Entartung auf allen Gebieten scheint es mir bezeichnend, wenn im heutigen Amerika Mädchen sich gern Jim, Peter, Johnny usw, also mit Knabennamen nennen lassen, und auch im jüngstvergangenen Deutschland ist ähnliches zu beobachten gewesen (Heinrich Schäfer macht mich darauf aufmerksam, daß er „eine Großmutter kenne, die Peter gerufen wurde" — die Unsitte ist also älter als ich angenommen hatte) — Die Verwendung von Maria als zweitem Namen eines Knaben dagegen in Süddeutschland und Österreich (Karl Maria von Weber, Rainer Maria Rilke) gehört nicht in diesen Zusammenhang — es ist nie einer Mutter eingefallen, ihren Sohn Maria zu rufen!

[5]) Vgl Abschnitt 3

[6]) Eigentlich „gewaschen"

[7]) Auch  als Frauenname ist hier zu erwähnen

[8]) Amon allerdings nie!

[9]) Das anscheinend einmalige Vorkommen des Namens Hathor als Männername beruht wohl auf einer Flüchtigkeit des Steinmetzen Aber auch *ḥnw t* kommt im *MR* einmal als Männername vor!

[10]) Vgl auch *śnb f* als Frauennamen

[11]) Ob eine absichtliche Täuschung der Dämonen die Ursache für eine so seltsame Namengebung sein mag?! Derartiges ist uns aus dem heutigen Afrika überliefert Vgl Albert Schweitzer, Afrikanische Geschichten (1938), S 53 „Die Mutter hatte ein Tabu, daß ihr erstes Kind, wenn es ein Knabe wäre, sterben müsse Darum gab sie ihm, als es ein Knabe war, einen Mädchennamen, um das Tabu zu umgehen Oder es lag ein Fluch auf dem erwarteten Kind für den Fall, daß es ein Mädchen wäre Also gab sie ihm den Knabennamen"

[12]) Der Name ist sowohl hieroglyphisch (Z [2] zu I 114, 5) wie hieratisch als Name einer Frau belegt Ob bei *iw ś-n j*, das nur im Sinai einmal als Name eines Asiaten belegt ist, ein Fehler vorliegt?

sn·j-ꜥnḫ(·w) und *sn·j-msj·w*, die doch nichts anderes bedeuten können als „mein Bruder ist lebendig" o. a. und „mein Bruder ist geboren", als Frauennamen[1]).

Im Neuen Reich sind die Fälle eines solchen Doppelgebrauchs noch zahlreich nachweisbar, aber gegenüber dem Mittleren Reich erheblich zurückgegangen. In den weitaus meisten Fällen handelt es sich um Kosenamen, aber auch so bekannte Satznamen wie *imn-m-ḥb* „Amon ist im Feste", *imn-msj (·w)* „Amon ist geboren" und andererseits Namen wie *nfr-ptḥ* „Ptah ist gut" oder *św-m-pr-imn* „er[2]) ist im Hause des Amon" oder *śdm-imn* „Amon (er)hört" werden von beiden Geschlechtern getragen. Überraschend ist es, daß sogar Namen wie *ꜣś·t-m-ḥꜣ·t* „Isis ist an der Spitze" (?) oder *wꜣḏj·t-m-ḥb* „Uto ist im Feste" als Männernamen begegnen, während im Allgemeinen — auch im Mittleren Reich — die mit Göttern zusammengesetzten Namen von Männern, die mit Göttinnen zusammengesetzten von Frauen bevorzugt werden[3]). Und auch im Neuen Reich finden sich die Namen „Horus" und „Thot" noch von Frauen getragen — allerdings jetzt als die einzigen Namen von Göttern, die so verwendet werden[4]).

In der Spätzeit ist die Sitte des Doppelgebrauchs wieder seltener geworden, als sie selbst im Alten Reich gewesen war[5]), und in griechischer Zeit sind nur noch vereinzelte Beispiele erhalten. Das Bedürfnis, die Namen der Geschlechter reinlich zu scheiden, tritt deutlich hervor und begünstigt offenbar die Bevorzugung der mit *pꜣ-n-*, *pꜣ-šrj-n-*, *pꜣ-dj-* nebst ihren weiblichen Entsprechungen gebildeten Namen, die den Stempel des Geschlechts an der Stirn tragen. In der koptischen Zeit endlich, wo die ihrem Geschlecht nach eindeutigen griechischen, hebräischen, arabischen und lateinischen Namen überwiegen, finden wir auch unter den Namen ägyptischen Ursprungs nur noch ganz wenige, die von Männern und Frauen gleichmäßig getragen wurden. Es ist also wieder ein Zustand erreicht, wie wir ihn für die Frühzeit der ägyptischen Geschichte mit großer Wahrscheinlichkeit erschließen dürfen.

Sekundäre weibliche Bildungen.

Wir haben gesehen, daß Namen wie 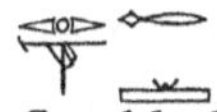 „Min ist groß" oder *imn-ḥtp(·w)* „Amon hat sich gnädig erwiesen" usw. auf Grund ihrer gegenüber dem Geschlecht der so genannten Person belanglosen Aussage, vor allem vom Mittleren Reiche an, sowohl von Männern wie von Frauen getragen werden konnten.

Nun gibt es aber, besonders wieder im Mittleren Reiche, einige merkwürdige Frauennamen, wie 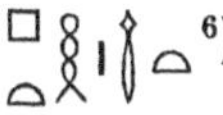 [6]) oder  [7]), die aussehen, als ob sie * *ptḥ-ꜥꜣ·t* und * *śbk-ḥtp·tj* gelesen werden sollten, d. h. als ob in ihnen der männliche Gottesname mit einer weiblichen Form des Adjektivs bzw. des Pseudopartizips verbunden wäre! Ich kann in diesen Namen nichts Anderes sehen als sekundäre weibliche Bildungen, die wir weiter nicht übersetzen können, dergleichen wir aber auch in anderen Sprachen finden[8]).

Wie diese Namen zu lesen sind, ist schwer zu sagen. Ganz abgesehen davon, daß wir bei dem Namen  nicht wissen, ob der Gottesname an erster oder zweiter Stelle zu lesen ist — auch 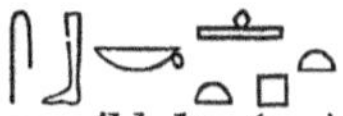 ist eigentlich ein unlesbares Gebilde. Am wahrscheinlichsten ist es noch, daß an die männliche Form *śbk-ḥtp(·w)* ganz mechanisch die weibliche Endung *·t* angehängt worden und so ein weibliches Gegenstück *śbk-ḥtp·t* fabriziert worden ist[9]). Der vorherrschenden Neigung der Zeit entgegen, welche die Unterschiede zu verwischen strebte, scheint hier ein Bedürfnis nach klarerer Scheidung zum Ausdruck gekommen zu sein.

Als ähnliche Bildungen zu Vollnamen sind vielleicht aufzufassen  (f *AR*) neben *mdw-nfr* (PN I 167, 27), 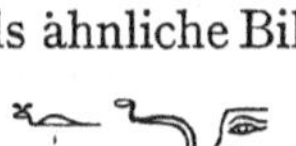 (f *MR*) neben *fnḏ* (m u. f *MR*)[10]), 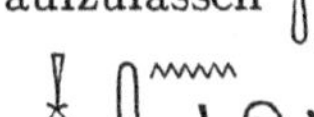,  (f *MR*)[11]) neben 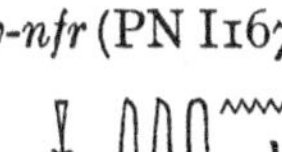 (m *MR*) und 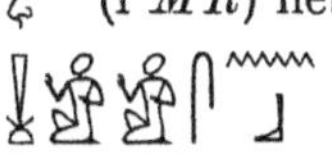 (f! *NR*).

---

[1]) In *dd w-śbk* „den Suchos gibt" als Frauennamen steckt doch wohl ein Versehen, und zu weiblichem , *tꜣ-n-nb(w)*, *tꜣ-n-hśr t* neben männlichem *tꜣ-n-nꜣ-hb w*, *tꜣ-n-ḫnś w* usw. ist zu bemerken, daß das Wort *tꜣ* „Junges" für beide Geschlechter gebraucht worden zu sein scheint.

[2]) D. h. der König.

[3]) Vgl. hierzu Lacau, Mél. Maspero I, 932 über die mit *-m-hꜣ t* zusammengesetzten Namen. Lacaus Versuch, die Ausnahmen durch die Annahme einer Göttin *wp t-wꜣ wt* zu erklären, will mir allerdings nicht recht einleuchten.

[4]) Wie ist *tꜣj f-ib(j)* „er kühlt mein Herz" o. a. als Frauenname zu verstehen?

[5]) Allerdings ist „Chons" noch mehrmals als Name einer Frau belegt!

[6]) Die Frau ist als „Asiatin" bezeichnet.

[7]) Daneben kommt das wohl gleichbedeutende 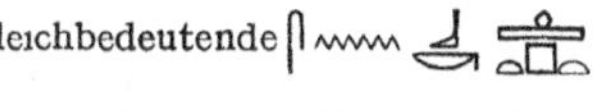 als Frauenname vor!

[8]) Im Deutschen sind Bildungen wie Henrike zu Heinrich, Friederike zu Friedrich, Josefa und Josefine zu Josef zu vergleichen, die von den lateinischen Formen Henricus, Fredericus, Josephus usw. aus gebildet sind. Ferner etwa modernes Richarda zu Richard, Carla zu Carl u. a.

[9]) Wichtig ist es, in diesem Zusammenhang festzustellen, daß  also *htp t*, im *MR* einmal als Var. zu *ḥtp-ḥthr* vorkommt!

[10]) Oder sind die Namen als *fnḏ(j)* bzw. *fnḏ(j) t* „der (bzw. die) mit der (großen o. a.) Nase" zu verstehen? Vgl. lat. Naso und *fnḏj* als Beiname des Thot, Wb I 578, 3.

[11]) Oder ist etwa *śn(·t) j-śnb tj* zu lesen?

In diesen Zusammenhang gehören wohl auch Frauennamen wie [hierogl.] neben dem Kurznamen *nfr-ḥtp*, [hierogl.] (f *MR* und *NR*) neben dem Kurznamen [hierogl.] (m *MR*, m u. f *NR*)[1]. Auch [hierogl.] (f Griech.) sieht so aus, als ob ein Kurzname vorliege und zu dem Gotte Imuthes ein weibliches Gegenstück gebildet worden sei[2]. Ob [hierogl.] (f *NR*) hierher gehört und der Frauen(!)name [hierogl.] (*NR*) ist zweifelhaft. Auch [hierogl.] (f *AR*) mag anders zu erklären sein, vgl. den mir noch unverständlichen Männernamen [hierogl.] *(MR)*

Wesentlich häufiger dagegen finden sich derartige weibliche Bildungen zu den verschiedenen Gruppen der Kosenamen, wo ich sie an ihrer Stelle angeführt habe[3]).

Hauptnamen und Beinamen.

Die eigentümliche Sitte, daß ein Mensch mehrere Namen führt[4]), ist uns in Ägypten schon seit der Pyramidenzeit bekannt. Der hohe Würdenträger der 3. Dynastie *ḫʿj-bȝ·w-skr* z. B., der sich in seinem Grabe in vollem Ornat darstellen läßt, hat es nicht für unter seiner Würde gehalten, den Nachkommen anzuvertrauen, daß er neben dem genannten „großen" Namen ([hierogl.]), der „es strahlt der Ruhm des (Gottes) Soker" o. ä. bedeutet, noch einen „kleinen Namen" ([hierogl.] [5])) geführt habe, mit dem er *ḥtś*, d. h. „die Springmaus" genannt wurde. Ähnliche Fälle von nebeneinander überlieferten „großen" und „kleinen" Namen kennen wir im Alten Reich nur wenige[6]). Etwas öfter freilich wird einer von 2 Namen einer Person als der „kleine" bezeichnet, so [hierogl.] neben *śšm-nfr*, [hierogl.] wieder neben *śšm-nfr*, [hierogl.] neben *nfr-ḥtp-ḥtḥr*[7]). Wir können dann nur vermuten, daß der unbezeichnet gebliebene eben der „große" Name gewesen ist. Zuweilen wird umgekehrt nur der „große" Name besonders bezeichnet, so *ftk-tȝ-nfr* neben *kȝ(·j)-ḫr-ptḥ*, *ḥtp-*[hierogl.] neben [hierogl.], aber hier ist es nicht so sicher, ob wir den unbezeichnet gebliebenen als den „kleinen" Namen aufzufassen haben, denn wir haben andere Fälle, in denen einem „großen" ein „schöner" Name ([hierogl.]) entspricht[8]). So heißt ein Mann z. B. mit „großem" Namen [hierogl.], mit „schönem" aber [hierogl.], ein anderer mit „großem" Namen *nfr*, mit „schönem" *idw*, ein dritter mit „großem" Namen *śbk-ḥtp(·w)*, mit „schönem" *ḥpj*. Hier steht dem „großen" Hauptnamen ein „schöner" Kosename gegenüber, der z. T., wie in dem zuletzt genannten Fall, durch eine kosende Abkürzung in der Kinderstube entstanden zu denken ist.

Gelegentlich kommt zu den 2 Namen sogar noch ein dritter hinzu. So führte der oben genannte *ttj-idwj* noch einen dritten Namen *ʿnḫ-nb·n-mrjjrʿ*, der sein Haupt- und Staatsname gewesen zu sein scheint, und den er sich wohl erst als Erwachsener bei der Thronbesteigung Phiops des Ersten beigelegt hat[9]). So heißt ein Hofarzt der 6. Dynastie, dessen Grabstein Junker herausgegeben hat[10]), *nj-ʿnḫ-pjpj*, mit „schönem" Namen *ir·n-ȝḫtj*, wozu als dritter Name noch die kosende Abkürzung *irj* hinzukommt. Junker, der noch andere Beispiele solcher Dreinamigkeit anführt, denkt bei diesen Doppelnamen an eine Nachahmung des Horus-Namens und des insibja-Namens der Könige, zu denen mehrfach noch ein dritter, anscheinend mehr volkstümlicher Name, wie [hierogl.] neben [hierogl.], [hierogl.] neben [hierogl.], [hierogl.] neben [hierogl.] hinzukommt, der zum Teil eine Verkürzung des einen der beiden Namen aufweist.

Eine seltene Ausnahme ist es, wenn einmal der „wahre" oder „richtige" Name *rn mȝʿ* [hierogl.] *nś-*... von einem zweiten Namen *śnb-pjpj* unterschieden wird[11]).

---

[1]) Oder ist *wȝ(j) t* zu lesen, und liegt eine Femininbildung zum Kosenamen *wȝ j* (PN I 75, 26) vor?

[2]) Bei [hierogl.] (f *MR*) konnte auch die Koseendung *t* (vgl. Kap. II B 11) vorliegen.

[3]) Zu der gleichen Erscheinung im Akkadischen s. Ranke, Early Bab. Personal Names, S. 9f. (Der Name *ali-waqartum* hat allerdings inzwischen eine andere Deutung gefunden, s. Stamm, Akkadische Namengebung, S. 285.)

[4]) Bei den Babyloniern kommt sie anscheinend nicht vor, jedenfalls wird sie von J. J. Stamm, Die akkadische Namengebung, nicht erwähnt. Dagegen findet sie sich häufig bei den sog. „Primitiven".

[5]) Zur Lesung *rn nḏś* siehe Murray, Saqq. Mast. I, Tf. I oben Mitte.

[6]) Vgl. Recueil 13, 109 ([hierogl.] und *nj-ʿnḫ-rʿ*). Der „große Name" allein z. B. Hildesheim 2393 u. 2396/7 *(AR)*.

[7]) Zu dieser Namenverstümmelung s. Kap. II A II.

[8]) Ausnahmsweise wird in der Zwischenzeit zwischen *AR* und *MR* einmal der Name *śnn j*, der als 2. Name eines *nfr-śšm-pjpj* überliefert ist, abwechselnd als der „große" und der „schöne" Name bezeichnet (Petrie, Dendereh Tf. 7 und 7A). Ob hier ein Versehen des Steinmetzen vorliegt?

[9]) Ähnlich Kees, ÄZ 64, 92f.

[10]) ÄZ 63, 59ff.

[11]) Davies, Deir-el Gebrâwi II, Tf. 10 u. S. 10.

Der „schöne" Name[1]) gehört, wie wir das schon an einigen Beispielen gesehen haben, häufig, aber keineswegs immer, in die Gruppe der Kurznamen oder der durch Anfugung einer besonderen Endung gebildeten Kosenamen, die in Kapitel II besprochen sind Oft aber ist er von den anderen Namen vollig verschieden. Es handelt sich dann in einigen Fallen — wie bei *ḥtś* „die Springmaus" als „kleinem" Namen — um Beinamen, die uns wenigstens ihrer wörtlichen Bedeutung nach verstandlich sind. So wenn ein *ỉkr·j* mit „schonem" Namen *nb·śn* „ihr (d. h. der Geschwister?) Herr", eine *ꜥnḫ·t* dagegen *mw·t-šrj·t* „die kleine Mutter" oder eine *wꜥtj·t-ḥ·t-ḥr (·w)* auch *sššš·t* „die *sššš·t*-Blume" genannt wird. Viele der auf S. 20ff. besprochenen Wortnamen mögen so entstanden sein.

Sehr häufig aber ist der „schone" Name ganz undurchsichtig und ohne erkennbaren Zusammenhang mit dem anderen Namen, dem wir ihn gesellt finden. So, wenn wir *ssj* als „schonen" Namen fur einen *ꜥnḫ-m-ꜥ-ḥr(·w), ibj* fur einen *mrr, mr·t·-jtf·ś* fur eine *ḏꜣj·t, msn·t* fur eine *ḥꜣ·t-kꜣ·w* antreffen usw. usw

Im Mittleren Reich treten die „schonen" Namen mehr und mehr zuruck und verschwinden endlich ganz. Aus der langen Zeit des Neuen Reiches ist kein einziger uberliefert. Erst die Spatzeit greift, wie in so vielen anderen Dingen, auch hier auf die Sitte der Vergangenheit zuruck[2]), und unter der 26. Dynastie finden sich wieder annahernd ebensoviele „schöne" Namen wie in der Pyramidenzeit. Gern werden sie — wie das auch schon im Alten Reich vorkam — so gebildet, daß sie den Namen des regierenden Konigs enthalten. So stehen als „schone" Namen z. B *wꜣḥibrꜥ-mr-ỉmn* neben *pꜣ-gmj, nfribrꜥ-m-ꜣḫ·t* neben *pꜣ-ỉrj(·w)-njt, mnḫ-ỉb-pśmṯk* neben *nś-ḥr(·w)*. Aber auch hier kommen alle möglichen anderen Kombinationen vor. Auch der „große" Name wird in der Spätzeit wieder hervorgeholt So in *ṯꜣj-ḥp-ỉm·w* für einen *pꜣ-wn, nś-ptḥ* fur einen *ptḥ-m-mꜣꜥ-ḫrw, smꜣtꜣ·wj-tꜣ·f-nḫt(·t)* fur einen *ỉꜥḥ-mśj(·w)* Einmal finden wir in der Spätzeit sogar einen „wahren" Namen und zwar *ꜥnḫ·f-ḫnś·w* fur einen *pꜣ-dj-wśỉr*. Hier wechselt der Ausdruck „sein wahrer Name (ist) *ꜥnḫ f-ḫnś·w*" mit „auch (genannt) *ꜥnḫ·f-ḫnś·w*".

Dieses „(auch) genannt", *ḏd·tw n·f* oder abgekürzt *ḏd (-w)*[3]) *n·f* [4]) findet sich als Einfuhrung eines zweiten oder Beinamens schon seit dem Alten Reich zu allen Zeiten und ist im Neuen Reich das allein Übliche Es fuhrt häufig, ganz wie der „schöne Name", Kurzformen oder Koseformen ein, die von dem Hauptnamen gebildet sind, oft aber haben diese Beinamen, ebenso wie der „schone" Name, mit dem Hauptnamen keinen erkennbaren Zusammenhang In vielen Fallen fehlt aber auch dieses *ḏd(·tw)-n·f*, und dieselbe Person wird in dem gleichen Text bald mit dem einen, bald mit dem anderen Namen genannt, sodaß es manchmal offen bleibt, welcher als Haupt- und welcher als Beiname anzusehen sei, und man gelegentlich zunachst wirklich an der Identität zweier scheinbar verschiedener Personen zweifeln konnte[5])

Eine seltenere Einfuhrung des Beinamens geschieht durch [6]) *niś·tw·f*, *niś·t·w* oder auch einfach [7]) *niś* „man ruft[8]) (ihn)" So heißt es bei einem *ḫnwt* genannten Mann des Alten Reichs „den man *intj* ruft". Dieses *intj* scheint eine Koseform zu *ḫnwt* zu sein und wurde also dem „schonen Namen" entsprechen Dasselbe wird im Neuen Reich bei den durch *ḏd(·tw) n·f* eingefuhrten Beinamen der Fall gewesen sein, nur daß der Ausdruck „schoner Name" aus der Mode gekommen war Im Mittleren Reich wird Beides einmal geradezu nebeneinandergestellt, wenn es von einem *ttj-m-sꜣ·f* heißt „sein schöner Name, bei dem die Leute (ihn) nennen, ist *ttj*" — wobei der „schöne Name", bei dem der Mann „(auch) genannt" wurde, zugleich eine aus seinem Vollnamen gebildete Kurzform darstellt[9])

Eine merkwürdige Ausnahme bedeutet es, wenn einmal, in der Zeit zwischen dem Alten und Mittleren Reich[10]), von einem Manne namens gesagt wird· *rn·f nfr ḫr ptḥ-skr ir...* „sein schöner Name bei (dem Totengott) Ptah-Soker ist *ir*...". Was dieser Zusatz „bei dem Totengott" hier fur einen Sinn haben soll, weiß ich nicht.

---

[1]) Wie Junker (AZ 63, 59ff) gesehen hat, ist es nicht immer leicht zu entscheiden, welcher von 2 Namen als der „schone" anzusehen ist, da die Worte *rn f nfr* bald vor, bald hinter dem „schonen" Namen stehen Vgl auch Kees, ÄZ 67, 93, Anm 1

[2]) Das fruheste uberlieferte Beispiel ist wohl *ḏd-ḏḥwtj-iw f-ꜥnḫ* als „schoner Name" eines *nḫt-tf-mwt*, wie es scheint noch vor der 25 Dynastie

[3]) Wohl unpersonliches Passiv

[4]) Spat begegnet auch die Schreibung (Lieblein 2434)! — Im *MR* ist auch als Schreibung belegt, u zwar Kairo 20213, wo 2 Bruder namens durch ihre Rufnamen *kd* und *ttj* unterschieden werden

[5]) So bei *mh* fur *imn-m-hb*, vgl AZ 44,87f

[6]) So, mit folgendem , Borchardt, Statuen I, 44

[7]) Z B *ḏꜣtj niś kꜣ(j)-nfr* „*ḏꜣtj* genannt *kꜣ(j)-nfr*", hier ohne formale Beziehung des einen Namens zum anderen

[8]) Wie wir auch vom „Rufnamen" sprechen, und wie im Englischen call „rufen" und „nennen" heißt

[9]) Quibell, Saqqara 1907—08, S 115 Die Schreibung unterscheidet sich allerdings etwas von dem des Vollnamens

[10]) Dunham, Naga-ed Dêr Stelae, Tf 10, 2 und S 31

Ich habe alle mir bekannten Fälle solcher Doppelnamigkeit im ersten Bande sowohl wie in den hier gegebenen Nachträgen[1]) aufgeführt. —

Aber noch Eins muß hier erwähnt werden. Bisweilen erscheinen auch, vor allem im Mittleren Reich, 2 Namen, einfach nebeneinander gesetzt, als Bezeichnung einer und derselben Person. In solchen Fällen kann der eine den „schönen" oder „kleinen" neben dem Hauptnamen darstellen[2]), aber sicher ist das nicht. Eine Anzahl solcher Doppelnamen findet sich z. B. auf dem Wiener Grabstein Nr 60[3]), der fur einen *ḫntj-m-ḥꜣ·t* = *mr·t*, Sohn des *ptḥ-ḥtp(·w)* = *ippj* und der *nb.t-tp-iḥ·w* = *nnj* beschrieben worden ist[4]). Diese Personen fuhren alle drei Doppelnamen, von denen die Kosenamen *ippj* und *nnj* als zu den betreffenden Hauptnamen gebildete Koseformen angesprochen werden könnten, während zwischen *mr·t* und *ḫntj-m-ḥꜣ·t* keine erkennbare Beziehung besteht. Von den sieben Geschwistern des Mannes aber fuhren fünf ebenfalls solche Doppelnamen: die Bruder *ḥw·t* = *nḥj*, *ḫntjḫtj-ḥtp(·w)* = *iw-śnb* und *śbk-ʿꜣ* = *śnb*, die Schwestern *itj* = *nj·t-*  und *ḥnw·t* = *nn-ʿ·j-śj* Bei allen diesen scheint zwischen dem einen und dem anderen Namen kein Zusammenhang zu bestehen Ähnliche Falle gibt es auch sonst, und ein wirkliches Verständnis dieser „Doppelnamen" ist noch nicht gelungen

Oft aber gehören, gerade im Mittleren Reich, zwei nebeneinander stehende Namen anscheinend eines und des selben Mannes in Wirklichkeit 2 verschiedenen Personen an, und zwar Vater und Sohn So ist ein , der vor dem Opfertisch einfach als  erscheint, offenbar „*ib-jʿ·w*, (Sohn des) *inj-jt·f*"[5]).

Form-Varianten[6])

Aus der Zeit Ramses des Zweiten sind uns vereinzelte Fälle bekannt, in denen der Name einer und derselben Person abwechselnd mit dem Namen des Gottes Amon und mit dem des Gottes Seth zusammengesetzt erscheint So wird der an 8. Stelle erscheinende Sohn des Königs im Ramesseum *imn-m-wiꜣ*, im Tempel von Derr dagegen *śtḫ-m-wiꜣ* genannt, und so ist sein „ältester Königssohn *imn-ḥr-ḫpš·f*" offenbar identisch mit dem *rpʿtj śtḫ-ḥr-ḫpš·f*, dessen keilschriftliche Wiedergabe durch *šutaḫapšap* aus den Texten des Hethiter-Archivs von Boğazköj bekannt geworden ist[7]). In beiden Fällen handelt es sich um Namen von königlichen Prinzen

Wie diese eigentümlichen Varianten zu erklären sind, weiß ich nicht. Ob die Formen mit Seth dem Ausland gegenüber bevorzugt wurden (*śtḫ-m-wiꜣ* im nubischen Tempel, *śtḫ-ḥr-ḫpš·f* in einem Brief an den hettitischen König)?

Sinnvarianten

Es ist eine sehr merkwurdige, allerdings ganz vereinzelte Erscheinung, daß von einem Namen gelegentlich nicht eine Lautvariante — wie das so oft begegnet — sondern eine Sinnvariante erscheint, daß also fur den Namen einer und derselben Person zwei Formen nebeneinander uberliefert sind, deren Inhalt im Wesentlichen gleich ist, die aber mehr oder weniger verschieden lauten.

So finden wir im Alten Reich (6. Dyn) eine Prinzessin[8]), als deren „schöner Name" ubereinstimmend „die *śššš·t*-Blume" angegeben wird, deren Hauptname aber das eine Mal *wʿtj·t-ḫ·t-ḥr(·w)*, das andere Mal *nb(·w)-ḫ·t-nb·tj* lautet, also zwei dreigliedrige Formen zeigt, von denen nur das mittlere Glied gleich ist, das erste und dritte aber von einander verschieden sind. Sieht man sich nun diese verschiedenen Glieder genauer an, so findet man, daß die ersten jeweils einen Beinamen der Göttin Hathor — „die Einzige"[9]) und „Gold", die dritten aber jeweils eine Bezeichnung des Königs — „der Horus" und „die beiden Herrinnen" — enthalten, daß der Sinn beider „die Hathor ist der Mutterleib des Königs"[10]) also auf das Gleiche hinauskommt.

Einfacher liegt es bei einem Vornehmen der gleichen Zeit, der mit „schonem Namen" *ḳꜣr* heißt, daneben aber sich

---

1) Auch die „Zusätze" in beiden Bänden sind zu beachten!

2) Wie z B Petrie, Dendereh, Tf 8, wo *nj-ib w-nśw t bbj* als Var von *nj-ib w-nśw t rn f nfr* 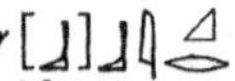 vorkommt, oder Annales 9, 95 vergl mit 137 (D 18). *iʿḥ-mśj(w) ḥnw t-tmḥ w* als Var von *iʿḥ-mśj(w) ḏd n š hnw t-tmhw*

3) Wreszinski, Inschriften, S 10 bis 12

4) Die Mutter wird auch einfach *nb t-tp-iḥ w* genannt

5) Kairo 20340 a3 und b

6) Siehe hierzu Ranke, ÄZ 58, 135ff

7) Vgl auch Lepsius, Konigsbuch Tf 34, 426d, wo *śtḫ-ḥr-ḫpš f* — leider ohne Quellenangaben — als Variante von *imn-ḥr-ḫpš f* angegeben ist

8) Auch *wʿtj t-ḫ t-ḥr(w)* ist die Tochter eines Konigs, s Duell, Mereruka I, S 3 u vgl ib II, Tf 120 usw

9) Vgl Wb 1, 278, 5ff u 279, 11

10) D h „die den Konig getragen hat"

sowohl *pjpj-nfr* wie *mrjjrʿ-nfr* nennen läßt[1]), d. h. „von König Phiops geliebt" — wobei der König das eine Mal mit dem  -Namen, das andere Mal mit dem  -Namen genannt wird[2]).

Einen dritten Fall kennen wir aus Dynastie 21, wo offenbar dieselbe Frau[3]) einmal *tꜣ-ḥn(·t)-ḏḥwtj*, ein anderes Mal *tꜣ-ḥn(·t)-nb-ḫmn·w* genannt wird, wo also in der Variante anstatt des Namens des Gottes Thot sein Beiname „der Herr von Schmun" erscheint.

Wie in diesem letzten Falle die betreffende Frau eigentlich genannt worden ist, bleibt unklar. Man möchte denken, daß sie neben dem feierlichen Namen „die, welche der Gott Thot schützt", noch einen einfacheren, uns zufällig nicht erhaltenen, „Rufnamen" gehabt habe, bei dem sie in Wirklichkeit von ihren Zeitgenossen genannt worden ist[4]). Jedenfalls legen die Beispiele des Alten Reiches eine solche Möglichkeit nahe, denn hier scheinen die „schönen" Namen *sšš·t* bezw. *kꜣr* doch die eigentlichen Rufnamen gewesen zu sein[5]), während die beiden anderen Formen jeweils wohl einen Haupt- und Staatsnamen wiedergeben, der nicht im täglichen Leben gesprochen sondern in offiziellen Urkunden geschrieben wurde, bei dem man also im Ausdruck wechseln konnte, wenn nur der Sinn des Namens gewahrt blieb.

Diese Beobachtung legt es nahe anzunehmen, daß von den vielgliedrigen Namen, besonders denen religiösen Inhalts, soweit sie nicht durch kosende Verkürzung gebrauchsfähiger gemacht wurden, eine große Anzahl nie wirklich gebraucht gewesen sondern durch kurze Beinamen der verschiedensten Art ersetzt worden sind

Verwandtschaftsangabe

Sethe hat in einem längeren Aufsatz die Entwicklung der Filiationsangabe in Ägypten aufgezeigt[6]) Sie verlauft, kurz gesagt, so, daß in der alteren Zeit der Name des Vaters, später der Name des Sohnes vorangestellt wird. Bezeichnen wir den Sohn als A, den Vater als B, so sagt man im Alten Reich zunächst „B sein Sohn A"[7]), und hieraus entwickelt sich „B's Sohn A", was noch im Mittleren Reich sich nicht selten findet. Da nun das Wort „Sohn" als selbstverstandlich bisweilen fortgelassen wird, so kann ein B A an sich sowohl einen Doppelnamen wiedergeben, wie ich sie aus der Wiener Stele angefuhrt habe, als auch „B's Sohn A" bedeuten. Nur die Kenntnis der Namen der Eltern kann in solchen Fällen Sicherheit geben Vom Neuen Reich an wird die uns geläufige Umkehrung, also „A Sohn des B" gewohnlich[8]) und bleibt in Gebrauch bis zum Ende der ägyptischen Geschichte.

Neben dem erwähnten Ausdruck „B's Sohn A" begegnet nun aber schon vom Mittleren Reiche an der Ausdruck „A erzeugt von () B" mit Angabe des Vaternamens und „A geboren von () C", mit Angabe des Namens der Mutter. Haufig wird auch  (eigentlich „gemacht von") zur Einfuhrung der Mutter gebraucht[9]), wahrend 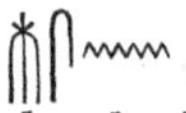 mit Bezug auf den Vater ganz selten vorkommt[10]). Ausnahmsweise wird der Name des Vaters wohl auch durch einfaches „des . ." angefügt Die Falle sind aber so selten, daß es sich um eine versehentliche Auslassung des  handeln könnte[11]).

Daß bei dem Ausdruck A Sohn des B gelegentlich[12]) das Wort „Sohn" weggelassen wird, sei nur erwähnt.

Seit dem *NR* wird anstatt „Sohn des" gelegentlich auch  [13]) *pꜣ-n* oder einfach  *pꜣ*[14]) „der (des)" gesagt. Dem entpricht  *tꜣ-n·t* „die von" für „Tochter von"[15]). Eine Eigentümlichkeit des *MR* ist es, daß sich hinter einem Personennamen gelegentlich die Bemerkung  bzw  „erzeugt von seiner (bzw ihrer)

---

1) Annales 17, 134 IV u 135 V

2) Der gleiche Wechsel von  und 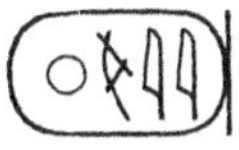 findet sich in den feierlichen Namen  (Annales 15, 252) und 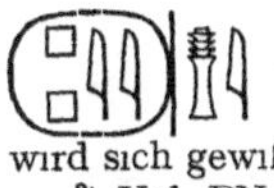 (PN I 132, 13) mit den entsprechenden Varianten Er wird sich gewiß in der Zeit haufiger gefunden haben

3) Vgl PN I 365, 24 25 u Anm 3

4) Oder sollte der Vollname „die Thot, der Herr von Schmun schutzt" gewesen und nur zwei verschiedene Kurzformen von ihm erhalten sein?

5) Vgl den „schonen Namen, bei dem die Leute ihn rufen", S 7

6) Sethe, Der Name Meruî-tensi und die Entwicklung der Filiationsangabe bei den Agyptern AZ 49, 95

7) Vgl Spiegel, AZ 71, 69

8) Wie ist diese auffallende Veranderung zu erklaren?

9) So Kairo 20051 und oft im *MR* Vgl Newberry, Bersheh I 9, 8 u I, 6 vgl auch I, 6 und I, 16 2, im *AR* Kairo 460 (Borchardt, Statuen II, 53): 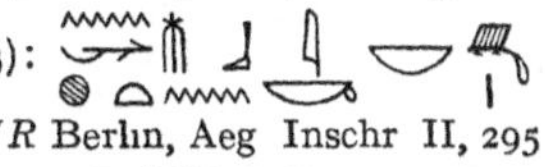

10) So im *NR* Berlin, Aeg Inschr II, 295 *(wśr* Sohn des *khd)*

11) Vgl im *MR*  Kairo 20115

12) So Spiegelberg, Graffiti Nr 270 vgl mit 272

13) So z B Ruckseite der Petersb Weisheit 107

14) So z B Spiegelberg, Graffiti 884 (2 Beispiele), Speleers, Recueil 156 (als Var zu )

15) So z B Hildesheim 1953 u 1955

Mutter" findet — der betreffende Name, der hier einzusetzen gewesen wäre, war offenbar dem Steinmetzen bzw. dem Verfasser seiner Vorlage nicht bekannt; oder sollte es sich um Findelkinder handeln?

Nicht selten wird andererseits allein der Name der Mutter angegeben. Diese Bezeichnung nach der Mutter scheint einen offiziellen Klang gehabt zu haben und findet sich z. B. dort, wo im Schwur der Name des Königs genannt wird[1]). — Ausnahmsweise wird im *MR* ein Mann gelegentlich überhaupt nicht mit seinem eigenen Namen sondern als „Sohn des NN" angeredet[2]).

Gleichnamigkeit von Geschwistern und unterscheidende Beiworte.

Wenn auch die ungeheure Menge von ägyptischen Personennamen, die einem namengebenden Elternpaar an sich zur Wahl standen, gewiß durch örtliche Sitte eine starke Beschränkung gefunden hat, muß es doch auffallen, daß die Fälle gar nicht selten sind, und zwar schon seit der Zeit des Alten Reiches[3]), in denen mehrere Geschwister den gleichen Namen führen. Einen einleuchtenden Grund für solchen Brauch — der z. B. in Babylonien unbekannt war — wußte ich nicht anzugeben, aber die Tatsache besteht.

Wie wir heute in Europa einen Sohn von seinem gleichnamigen Vater als „N. N. junior" unterscheiden und dann gelegentlich auch den Vater als „N. N. senior" bezeichnen, so sind Beispiele dafür, daß ein Sohn von seinem gleichnamigen Vater durch das Beiwort „der Jüngere" unterschieden wurde, aus dem Alten und dem Mittleren Reich zahlreich erhalten[4]). Das Wort, das hierfür gebraucht wird, wird im Alten Reich meist mit dem Zeichen 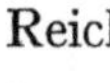, im Femininum gelegentlich (PN I 95, 17) , geschrieben. Ganz selten begegnet eine Schreibung 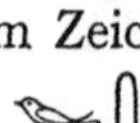 die uns zeigt, daß das Zeichen *nḏś, nḏś·t* zu lesen ist. In späteren Gräbern des *AR* finden wir daneben verschiedentlich auch  [5]), und diese Schreibung drängt im Mittleren Reiche das Alte  zurück und erscheint jetzt öfters[6]) als  bzw.  ausgeschrieben. Wir haben also in der älteren Zeit zwei Worte, *nḏś* und *nḫn*, die eigentlich beide der „der (bzw. die) Kleine" bedeuten, nicht *šrj, šrj·t*, wie ich das in PN I angenommen hatte. Vereinzelt kommt allerdings auch im Mittleren Reich schon  (PN I 51, 7) bzw. 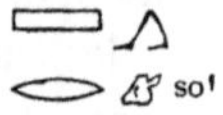 (PN I 198, 13) ausgeschrieben vor, und gelegentlich findet sich, bei Männern wie Frauen, im Mittleren Reich auch das Beiwort 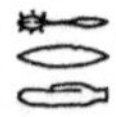 *ḫrd* „das Kind"[7]). Einmal ist auch 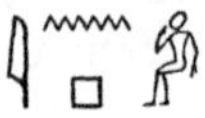 *inp* „das Kind" als Zusatz belegt[8]), während im Alten Reich wohl *nḏś* für , *nḫn* für  als Lesung anzunehmen sein werden. Vom Neuen Reiche ab scheint sich dann *šrj, šrj·t* durchzusetzen. In griechischer Zeit begegnet daneben einmal (PN I 253, 23) der (im Wb. fehlende) Zusatz  *ḫm* „der Kleine", der schon dem koptischen ϣⲏⲙ entspricht. Ein Zusatz bei Frauennamen endlich, der ebenfalls „die Jüngere" zu bedeuten scheint, aber immer ohne Wort- oder Deutzeichen geschrieben wird, ist  (PN I 285, 24; 291, 16) bzw.  (PN I 26, 12, mit unerklärtem  [9])), eigentlich auch „die Kleine"[10]).

Das entsprechende Wort für den „Älteren" ist meist *wr*, fem *wr·t*, geschrieben gewöhnlich  (seltener  [11]) bzw.  [12]), öfters aber auch  [13]). Vereinzelt findet sich dafür das Wort (*ʿ3* [14]), fem.  *ʿ3·t*, das ja schon früh zu einem Synonym von *wr* geworden ist. Dem „Kleinen" oder dem „Kinde" steht also der „Große" als der Ältere gegenüber[15]).

---

1) Sethe, Urk 4, 81, 1 Vgl auch das merkwürdige „*bb*, Sohn der *r3-in t* ist sein Name" in der 18 Dyn, Sethe, Urk 4, 2, 11

2) Bauer 133 u 187 Eine solche Bezeichnung ist öfters geradezu zum Personennamen geworden, vgl Abschn 2, Kap I A III

3) Für das *AR* s z B Davies, Deir-el Gebrawi I, S 9f u 12 Anm (3 Brüder namens *ḏʿw*) Junker, Giza III (3 Brüder namens *śšm-nfr*), für die 1 Zwischenzeit Petrie, Dendereh Tf 11 unten links (3 Brüder namens *śbk-ḥtp w*).

4) Ich gebe aus der Fülle der bekannten Fälle je einige Beispiele für die verschiedenen Zeiten *AR* PN I 74, 11 (und Anm 2!), Selim Hassan, Giza II, 87 u Tf 27, Junker, Giza VI, S 190 und 193, Abb 70, Borchardt, Statuen I, Nr 55 *MR* PN I 402, 2 und 3, 348, 1 und 2, 349, 2 und 3, 318, 7 u 8, 269, 22 und 23 — Dasselbe gilt für Töchter, die von ihrer gleichnamigen Mutter unterschieden werden Nach dem *MR* sind mir (ob zufällig?) keine sicheren Beispiele bekannt

5) Dunham, Naga-ed Dêr Stelae, Tf 15, 1, Petrie, Dendereh, Tf 11, Junker, Giza V, S 182, PN I 305, 7

6) PN I 21, 28, 34,3, 59, 23, 131, 13, 212,2, 311, 14, 327, 5, 349, 3, 429, 15

7) PN I 19, 21, 57, 4, 192, 2, 343, 5

8) PN I 209, 19

9) Oder ist 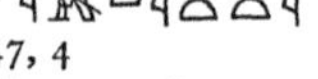 als zu verstehen?

10) Wb 5 147, 4

11) Z B 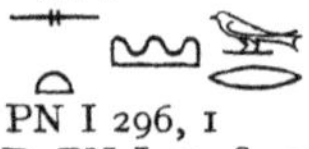

12) Z B PN I 296, 1

13) So z B PN I 53, 8, 131, 21, 180, 11 usw

14) So Dunham, Naga-ed Dêr, Tf 26, 1

15) Der Grund für die auffallende Tatsache, daß unsere Texte sehr viel mehr „Jüngere" als „Ältere" nennen, wird darin liegen, daß in der Mehrzahl der Fälle die Zusätze zwei Generationen, nicht zwei Brüder, einander gegenüberstellen, und daß dann bei dem Vater — aus dessen Grab der Text gewöhnlich stammt — das selbstverständliche Beiwort meist weggelassen wird

Die eingangs erwähnte Gleichnamigkeit[1]) von Geschwistern hat dazu gefuhrt, daß auch solche Geschwister gelegentlich durch dieselben Beiworte unterschieden worden sind[2]) Es kommt sogar seit dem Alten Reiche[3]), häufiger aber im Mittleren Reich[4]) vor, daß zwischen den ,,Älteren" und den ,,Jungeren" noch ein 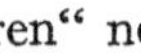 *hrj-ib*, d. h. ein ,,Mittlerer" eingeschoben wird. Diese Sitte erstreckt sich allerdings, soviel ich sehen kann, nur auf Sohne, nicht auf Tochter, und scheint nach dem Ende des Mittleren Reiches aufgegeben worden zu sein. Ausnahmsweise wird im Mittleren Reich einmal eine 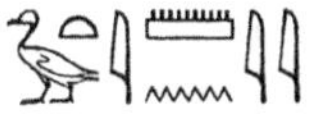 als  *šnw·t* ,,die Zweite" (PN I 286, 9) (neben einer  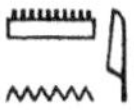), im Alten Reich ein 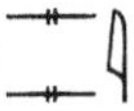 als 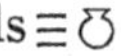 *ḫmt·nw* ,,der Dritte"[5]) bezeichnet. Der ,,Zweiten" wird wohl das seltene Beiwort  *kt* (PN I 273, 9) bzw.  *ktj* (PN I 61, 8) entsprechen, das doch wohl ,,die Andere" bedeutet[6]), und neben dem auch das männliche *kjj* ,,der Andere" vereinzelt[7]) belegt ist[8]).

Seltenere Beiworte sind das bisher nur aus dem Alten Reich belegte  *idw*, das wohl ,,der Jungling" bedeutet[9]) — so bei einem  (PN I 34, 9), bei einem 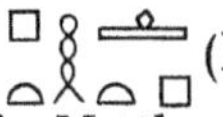 (PN I 141, 6) und bei einem *mrw* (PN I 162, 9) also bei besonders häufig vorkommenden Namen — und das im Mittleren Reich, ebenfalls bei besonders haufigen Manner-[10]) und Frauennamen[11]) gelegentlich sich findende  *wꜣḏ*, fem.  oder 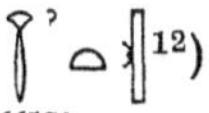[12]) *wꜣḏ·t*, also eigentlich ,,der (oder die) Grunende, Frische" o. ä., d. h. vielleicht auch ,,der (oder die) Junge"[13])

Bei gebräuchlichen Namen des Mittleren und Neuen Reiches, z. T. solchen, die von Mannern sowohl wie von Frauen getragen werden, erscheint mehrfach der Zusatz [14]) (einmal [15]) *ḥm·t* oder  *tꜣ-ḥm·t* (PN I 34, 3) ,,die Frau" und, als Gegensatz dazu, einmal  *ṯꜣj* ,,der Mann"[16]). In der Spatzeit findet sich fur einen Frauennamen einmal[17]) der Zusatz  *ḥwn·t* ,,das Madchen". Seltsam ist endlich der im Mittleren Reiche zweimal belegte Zusatz [18]) *ḥnw·t* bzw.  (Variante [19])) *tꜣ-ḥnw·t* ,,die Herrin", fur den ich keine Erklarung anzugeben weiß

Diesen auf das Alter und auf das Geschlecht bezuglichen Beiworten stehen einige andere von ganz verschiedener Art gegenuber.

Zunachst werden gleichnamige Geschwister im Alten und Mittleren Reich gelegentlich nach der Farbe ihrer Haare[20]) als  *km* ,,der Schwarze"[21]) und *dšr* ,,der Rote"[22]), von einander unterschieden[23]) In anderen Fallen spielt das Beiwort auf körperliche Gebrechen an, wie  *id* (PN I 424, 23), vielleicht ,,der Taube", ,,der Schwerhorige"[24]),  *nmw*[25]) (PN I 387, 3) ,,der Zwerg",  *ḏnb* (PN I 278, 4), ,,der Krummbeinige"[26]), seit dem Neuen Reiche

[1]) Vgl fur Europa im 17/18 Jahrhd Antiquary 50 (1940), 480

[2]) In den meisten Fallen enthalten unsere Texte nur einen Namen mit Zusatz, so daß sich nicht entscheiden laßt, welcher von beiden Fallen vorliegt Sichere Falle von Geschwistern sind im *MR* z B Kairo 20571d, 20045d 1 u 2, 20544c 1 u 2, 20457 u bis x, 20062 m u l Dabei wird der Zusatz ,,der Altere" ofters weggelassen, so Kairo 20577d 2 u 3, 20720 a 7, 10 u 9, 20231

[3]) Z B PN I 132, 1, 160, 25 *bwj hrj-ib*, *ḥsgj*, 297, 24, 406, 24

[4]) Z B PN I 7, 19, 211, 19, 241, 10

[5]) Vgl *ḫmt nw* als selbstandigen Namen, Abschn 2, Kap I A I

[6]) Wb 5, 110

[7]) In *ttj*, *kjj* PN I 384, 8 *(MR)* und *ipw*, *kjj* PN I 23, 22 *(NR)*

[8]) Ob auch 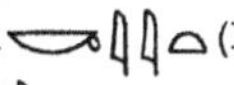 (PN I 69,4),  (PN I 224, 12, fem) und  (PN I 49, 11) hierhergehoren? Und was bedeutet der Zusatz (?)  *gꜣw t* (PN I 69, 5)?

[9]) Vgl  *id* ,,der Jungling", Wb 1, 151 Fur ein anderes *id* s den 2 Abschn, Kap I A V

[10]) Annales 36, 168 ( ) Ob auch PN I 8, 18 ( ) hierhergehort? Vgl auch PN I 5, 8

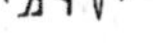

[11]) PN I 22, 7 (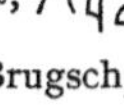), 49, 6 (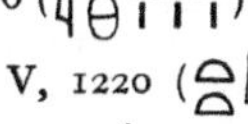), 54, 21 (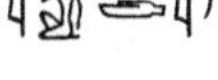), 311, 15 (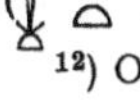), Brugsch, Thes V, 1220 (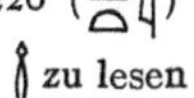)

[12]) Oder ist hier (PN I 54, 21)  zu lesen?

[13]) Ob hierher auch [illegible] (PN I 32, 6) gehort?

[14]) PN I 131, 14 ([illegible]), 209, 18 ([illegible]), 278, 2 ([illegible]), Lieblein 328 ([illegible]), PN I 234, 26 ([illegible]), 260, 14 ([illegible]) — die beiden letzten allerdings nur als Frauennamen gebraucht In der 18 Dyn auch PN I 34, 3 ([illegible]) und 384, 7 ([illegible])

[15]) In [illegible] (PN I 47, 27)

[16]) PN I 21, 2 ([illegible]) Hierher gehort wohl auch [illegible] (PN I, 33, 4) *inj*, der Mann"

[17]) PN I 46, 11

[18]) PN I 49, 8 ([illegible])

[19]) PN I 49, 10 [illegible]

[20]) Vgl den Namen [illegible] *dšr-šnj* ,,der Rothaarige", PN II, Auch [illegible] bzw [illegible] als Beiwort (PN I 315, 7, 173, 2) gehort gewiß hierher

[21]) *AR* PN I 38, 16, 41, 2, 171, 10, 238, 2, 299, 18, 326, 7 *MR* PN I 236, 26, 149, 2

[22]) PN I 44, 23, 141, 8, 238, 2

[23]) Beispiele von diesen Zusatzen bei Frauennamen sind mir nicht bekannt

[24]) Vgl Wb 1 151, 13 14

[25]) Wb 2 267, 4

[26]) Wb 5 576, 3 4

auch 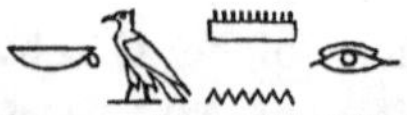 *kꜣmn* „der Blinde"[1]). Auch  *nmḥ·w* (PN I 171, 22[2]), fem.  *nmḥ·t* (PN I 148, 6; 42, 6) „die Waise" ist in diesem Zusammenhang zu erwähnen.

Wieder andere beziehen sich auf die volkische Herkunft der so bezeichneten Personen[3]) wie  *ʿꜣm*, fem.  *ʿꜣm·t*, „der Asiat", „die Asiatin"[4]), 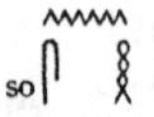 (PN I 34, 2) bzw.  (PN I 194, 2) *nḥśj* „der Nubier", 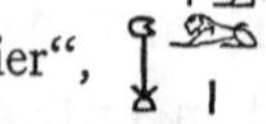 *ḫr* „der Syrer" (PN I 57, 2). Diese Beiworte treten aber, wie auch 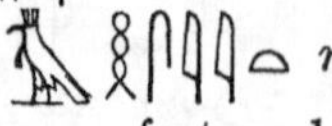 *nḥśj·t*[5]) „die Nubierin" gelegentlich vor dem eigentlichen Namen auf, sind also mit diesem nicht ganz so fest verbunden wie die bisher besprochenen.

Noch ein anderes Beiwort steckt in dem seit der ersten Zwischenzeit und dann im Mittleren Reich haufiger sich findenden Zusatz  *mꜣ*, fem. [6]),  (PN I 291, 19),  oder  (PN I 235, 8) *mꜣ·t*. Die letzte Schreibung sieht so aus, als ob „die Neue"[7]) gemeint sei — obwohl Wb 2, 25 f bei den Bildungen vom Stamm *mꜣwj* „neu sein" eine Schreibung mit  nicht gebucht ist![8]) — und als Bestätigung dafür könnte man es ansehen, daß Kairo 20577 d5 eine  „die neue (?) *ʿnk·w*" als Enkelin einer Frau *ʿnk·w* genannt zu sein scheint[9]) Daß dieses  als ein den besprochenen vergleichbarer Zusatz galt, dafur spricht jedenfalls die Tatsache, daß Kairo 20571 neben einer 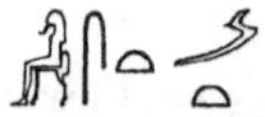 (c 3 u. 7) eine  und eine  (d) erwähnt werden[10]).

Ganz vereinzelt endlich und mir noch unklar in ihrer Bedeutung sind der Zusatz  *(ḳꜣj?)* hinter Männernamen des Mittleren Reichs[11]) sowie die bei dem uberaus haufigen Namen *sꜣ·t-ḥtḥr* sich findenden Zusatze 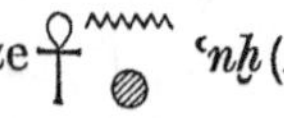 *ʿnḫ* (ÄZ 37, 92 oben),  (Kairo 20441, Z. 9) und 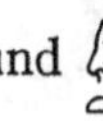 (Kairo 20051 h), von denen der letzte auf demselben Grabstein begegnet, auf dem wir schon eine *sꜣ·t-ḥtḥr*  angetroffen haben[12])[13]).

Einmal findet sich im Mittleren Reich (PN I 23, 9) der Zusatz  *tꜣ-mt·t* „die Verstorbene"![14])

Zur Schreibung der Namen

Wie der Wortschatz der Namen und ihre grammatische Form in den verschiedenen Abschnitten der ägyptischen Geschichte wechseln (s. Abschn. 3), so folgt auch ihre Schreibung jeweils der Sitte der Zeit. So wird *nb* „der Herr" im Alten Reich häufig noch  oder  geschrieben[15]), *ib* „das Herz" zuweilen [16]), *iw·f* „er ist" gelegentlich [17]), als ob das Wort „Fleisch" gemeint wäre, *nb(·w)* „Gold" einmal (PN I 192, 6) , *ḏfꜣ* „Speise"

[1]) PN I 104, 23, 418, 23 Vgl die Namen *kꜣmn* u *pꜣ-kꜣmn*

[2]) Wb 2, 268, 8 Ob auch  (PN I 42, 6, *NR*) hierher gehort?

[3]) Daß man den Namen eines Mannes oder einer Frau von nichtagyptischer Herkunft mit einem die Abstammung kennzeichnenden Zusatz versehen hat, wird gewiß viel ofter vorgekommen sein, als wir das bei der Art unserer Quellen erkennen konnen Ein Teil der in Abschnitt 2 zusammengestellten Namen geht auf solche Zusatze zuruck

[4]) Z B PN I 23, 17, 238, 15, 296, 22

[5]) Borchardt, Denkm des *AR* I, S 168 — So *ʿꜣm t* vorangestellt z B PN I 59, 4 — Was bedeutet  (PN I 13, 1, *NR*) als Zusatz?

[6]) Bei Lacau, Sarc 28017 nur  geschrieben

[7]) Vgl den Namen *mt-św-mꜣ* „siehe, er ist neu!" (?), PN I, 167, 14 Vgl Sethe bei Blackman, wo auch eine andere Erklarung zur Wahl gestellt wird

[8]) Vgl allerdings ÄZ 45 (1908), S 132 u Tf 7, Z 16

[9]) Wenn, wie wahrscheinlich, ein *sꜣ t f* vor dem Namen zu ergänzen ist Eine andere Enkelin derselben Frau heißt allerdings 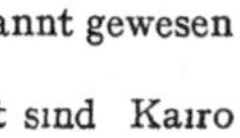, aber diese konnte ja nach ihrer zweiten Großmutter benannt gewesen sein

[10]) Die mir bekannten Belegstellen fur dieses Beiwort sind Kairo 20051 d 20321 f 20397 g l (2 mal) i (2 mal) m (2 mal) n (2 mal) 20553 c 20571 c 3 u 7 20577 d 4 u 5 20581 a u b 6 ÄZ 59, 46 mit Umschrift, S 10 Wien, Wreszinski, S 18, 13 Lacau, Sarc 28017

[11]) PN I 223, 3 (*rn-śnb*) und 281, 22 (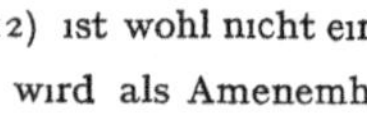).

[12]) Ein unlesbarer Zusatz erscheint hinter *śnb f* PN I 314, 13 — In 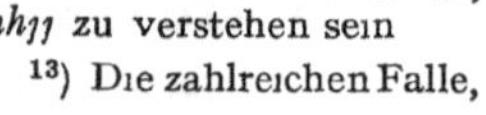 (PN I 28, 12) ist wohl nicht ein Beiwort „der Erbetene" zu sehen, sondern es wird als Amenemhets Sohn *nhjj* zu verstehen sein

[13]) Die zahlreichen Falle, in denen ein 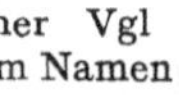 *ikr* „der Vortreffliche" als ehrendes Beiwort im *MR* sich, besonders auf Sargen, aber auch auf Grabsteinen (z B Kairo 20005 a 9), hinter dem Namen eines Verstorbenen findet, gehoren nicht hierher Vgl dazu Polotsky, 11 Dyn, S 63 f Seltener ist *ikr t* hinter dem Namen einer Frau, wie z B Kairo 20005 c Zu 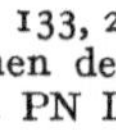 als Zusatz zu Namen der Spatzeit im Sinne von „der noch lebt" (im Gegensatz zu *mꜣʿ-ḫrw* als dem Verstorbenen) siehe ÄZ 44 (1907), 52 ff)

[14]) Vgl auch 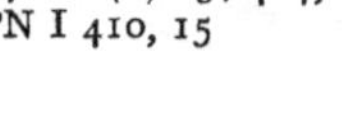 (PN I 273, 21, f Spat)?

[15]) PN I 15, 18, 133, 26, 183, 1 9 18, 186, 13, 187, 4 5, 192, 21 f, 414, 15! Die Namen der saitischen Restaurationszeit ahmen dies gelegentlich nach. PN I 88, 22

[16]) PN I 155, 17

[17]) PN I 14, 7 12 (?) 15, 414, 19 Auch dies wird in der Spatzeit nachgeahmt PN I 410, 15

gern, auch noch im Mittleren Reich, [1]), ohne das schließende usw.[2]). Die Setzung von Deutzeichen nimmt nach dem Alten Reiche zu und ist am ausgiebigsten in der Zeit des Neuen Reiches — und anderes mehr

Aber es gibt auch eine Anzahl von Besonderheiten der Schreibung, die den Personennamen eigentümlich sind, und die hier eingehender besprochen werden müssen.

Eine Hauptschwierigkeit für die Lesung bereitet die Schreibung der Gottesnamen[3]), die durchaus nicht immer an der Stelle stehen, an der sie im Namen gesprochen worden sind. Im Alten Reich ist die „ehrfurchtige" Voranstellung eines Gottesnamens in der Schrift die Regel[4]), und wo nicht das grammatische Verhältnis der Namenteile zueinander klaren Aufschluß gibt, wie etwa in *ḥm-rʿ* „der Diener des Re", da laßt sich eine sichere Lesung schlechterdings nicht feststellen. So wissen wir z. B. nicht, ob *ptḥ-wr* oder *wr-ptḥ*[5]), *ptḥ-ḥtp(·w)* oder *ḥtp-ptḥ*[6]) zu lesen ist usw.

Auch im Mittleren Reich steht der Gottesname noch oft[7]) „aus Ehrfurcht" an erster Stelle[8]), aber sehr häufig ist er, der revolutionären Gesinnung dieser Zeit entsprechend, bescheiden an die Stelle gerückt, die ihm in der Aussprache zukommt. So legen Schreibungen wie , , , , , usw. die Vermutung nahe, daß auch in den Namen des Alten Reiches das Eigenschaftsverbum an erster Stelle zu lesen ist, aber völlig sicher ist das nicht[9]).

Und wenn aus Schreibungen wie hervorgeht, daß es Namen gegeben hat, die das Wort *ḥtp* an erster Stelle enthielten, so wird das durch Umschreibungen wie *ḫatpimūnu* und ετπεμουνις für *ḥtp-imn* bestätigt und beweist nichts gegen die ebenfalls durch Umschreibungen (*Amanḫatpi* bezw. αμενωθης für *imn-ḥtp w*) gesicherte Tatsache, daß es in vielen anderen, in der Form des Pseudopartizipiums, an zweiter Stelle gestanden hat. Andererseits zeigen uns Schreibungen wie , daß in den Namen des Alten Reiches der Gottesname am Ende zu lesen und nicht etwa „Ptah ist es, der mir gegeben hat" zu verstehen ist. Ebenso wird die Lesung von Namen des Alten Reiches wie durch die Schreibungen des Mittleren Reiches sicher gestellt.

Im Neuen Reich ist es durchaus zur Regel geworden, den Gottesnamen an der ihm in der Aussprache zukommenden Stelle zu schreiben[10]), und die Ausnahmen, in denen er ehrfurchtsvoll vorangestellt ist, lassen — wie im Mittleren Reich — über die Lesung meist keinen Zweifel, aber es bleiben doch noch eine Anzahl von Fällen — so etwa , (PN I 163, 18), (PN I 166, 14), (PN I 330, 10), (PN I 301, 17), in denen eine Entscheidung schwierig ist.

In anderen Fällen wie , zeigen die daneben — z. T. als Varianten — vorkommenden Schreibungen , , wie in Wirklichkeit zu lesen ist, und auch aus den Schreibungen des Neuen Reiches , wird mit Sicherheit auf die entsprechende Lesung der älteren mit *kꜣj* zusammengesetzten Namen zu schließen sein, in denen dieses Wort hinter dem Gottesnamen steht. Bei und dagegen scheint es mir nicht unbedingt abzuweisen, daß beide Formen *nb(·j)-imn* und *imn-nb (·j)* nebeneinander

---

[1]) Z B PN I 11, 4, 150, 27, 406, 16ff Vgl auch 187, 2 *(NR)*

[2]) Ähnlich (PN I 412, 14), (PN I 139, 7), (PN I 165, 27) und PN I 202, 14) mit Schreibung der anlautenden, mit Schreibung des auslautenden Konsonanten

[3]) Daß ein Gottesname zuweilen doppelt zu lesen ist — und zwar das zweite Mal als Teil des Personennamens, sei nur im Vorübergehen erwähnt So steht Mogensen, Inscr hiérogl S 56 (= Kopenhagen, Mus Nat 3553) *imꜣḫw ḫr* als Var neben *imꜣḫw ḫr* .

[4]) Ausnahmen finden sich fast nur bei Gottheiten niederen Grades, wie *iḥy* (PN I 195, 12, 332, 9, 421, 10), *iwn* (PN I 239, 18), *mꜣʿt* (PN I 332, 11) oder Götterbeinamen wie *sꜣ tj* (PN I 163, 29, 239, 17, 416, 27), *wr t* (PN I 254, 15), *ntr t* (PN I 258, 20, 259, 2) und *wʿj* (PN I 412, 14) Ganz selten bei den großen Göttern wie Re (PN I 239, 24) oder Chnum (PN I 426, 27) Vgl auch die unregelmäßige Schreibung (PN I 64, 15) für *nj-ʿnḫ-mn(w)* Ausnahmsweise wird sogar ein niederes göttliches Wesen wie der heilige Ölbaum (*bꜣk*) vorangeschrieben PN I 422,23'

[5]) Vgl zu dieser Frage S 70 f

[6]) Vgl im *MR*, PN I 258, 6

[7]) Meist allerdings in Fällen wie , usw, in denen die Lesung aus grammatischen Gründen unzweifelhaft ist

[8]) Wie ist die Voranstellung von *rḫ wt* in *ʿnḫ-n j-rḫ wt* (PN I 64, 25) zu erklären?

[9]) Vgl S 70 ff

[10]) So z B neben *MR* .

existiert haben, und dasselbe gilt fur und [1]), und [2]), und .

Auch in der Spatzeit erscheint wie im Neuen Reiche der Gottesname im Allgemeinen an derselben Stelle wie im gesprochenen Namen. Die seltenen Ausnahmen lassen uber die Lesung meist keinen Zweifel zu[3]), außer etwa , das sowohl als *ptḥ-śmn-pśmṯk* „Ptah ist es, der den Psammetich festgesetzt hat", wie als *śmn-ptḥ- pśmṯk* „möge Ptah den Psammetich festsetzen!" o a. aufgefaßt werden könnte — mir scheint die erstere Auffassung den Vorzug zu verdienen.

In Fällen wie ist es mir fraglich, ob gegen die Regel der Gottesname vorangeschrieben ist, oder ob neben der Form *inj-imn-nꜣ·f-nb·w* „moge Amon seine Herren zuruckbringen!" eine zweite *ptḥ-inj-nꜣ·f-nb·w* „Ptah ist es, der seine Herren zurückbringt" anzunehmen ist. Dasselbe gilt fur neben .

Wie die Namen der Gotter, so werden auch die der Konige in der Regel „aus Ehrfurcht" vorangeschrieben. Das gilt für das Alte Reich ohne Ausnahme, einschließlich sogar der Worte fur „Konig" wie *nśw·t* und *nb·tj*[4]). Im Mittleren Reich kommen, wenn auch nicht haufig, Ausnahmen vor[5]) Dagegen werden jetzt gelegentlich Personen mit dieser Ehrung bedacht, die wir nicht als Konige kennen, und die wohl zu den großen Gaufursten jener Zeit gehorten, die sich ja auch sonst Sonderrechte, wie die Datierung nach ihren Regierungsjahren, angemaßt haben: (PN I 239,3) (292, 1), (PN I 286, 12) und (PN I 292, 13).

Vom Neuen Reich[6]) ab rücken auch die Königsnamen und die Worte fur König[7]) wieder an die ihnen im gesprochenen Namen zukommende Stelle, wahrend in der Spatzeit mit den alten Namenformen auch die alte Voranstellung gelegentlich wieder hervorgesucht wird[8]).

Das Wort für den „Ka"[9]) wird, obwohl dieser in den Namen mehrfach ganz wie ein gottliches Wesen behandelt wird, in den überaus zahlreichen Namen, in denen es begegnet, ohne Ausnahme an der Stelle geschrieben, die ihm nach der Aussprache der Namen zukommt[10]). B. Gunn hat dies für Ausnahmefalle bestritten[11]), aber wie mir scheint mit Unrecht. Die von Gunn als „Varianten" zitierten Beispiele und , und und , und erscheinen nie als Schreibungen des Namens eines und desselben Mannes und werden verschiedene Bildungen *mn-kꜣ(·j)* und *kꜣ(·j)-mn(·w)* usw. darstellen. Der Plural wird allerdings, wo es sich um die Kas eines Konigs handelt, vorangeschrieben , ebenso gelegentlich der Plural PN I 263, 11 (vgl Hoffmann, PN S. 23f.).

---

1) Auch *ḏḥwtj-nḫt(w)* und *nḫt-ḏḥwtj* Die Schreibung (I 210, 20) beruht wohl auf einem Fehler, fur *nḫt-imn*

2) Hier ist keilschriftliches *na-nāpa* fur zu beachten, vgl ubr S 71

3) PN I 13, 4, 40, 9 (?), 42, 9 u 14, 158, 1, 176, 5, 418, 14 — Vgl auch das mir noch unverstandliche (PN I 59, 25)

4) Z B PN I 177, 23, 180, 12—15 21f, 197, 14 26, 203, 2, 222, 5

5) Bei Konigsnamen PN I 66, 9, 73, 22, 259, 8 (immer Sesostris!) Beim Wort *nb wj* (so!) PN I 210, 22 Bei *itj t* „die Furstin" PN I 281, 8 — Die alten Konigsnamen (PN I 288, 16) bzw (PN I 288, 18) und (PN I 285, 3, 294, 20) werden auch im *MR* gelegentlich, wenn auch nicht immer (z B PN I 288, 16) vorangeschrieben Es ist ubrigens bemerkenswert, daß in den Personennamen fremde Gotter nie „aus Ehrfurcht" vorangeschrieben werden!

6) Vereinzelt schon im *MR*, vgl PN I 259, 8

7) So z B PN I 264, 14

8) Beispiele PN I 65, 14, 200, 6, 266, 5

9) Geschrieben , , oder vom *MR* ab auch , im Plur oder u a, vgl Engelbach, Annales 34, 157f Einmal (PN I 339, 11) findet sich die Schreibung !

10) Man beachte z B PN I 64, 4 vergl m 63, 26—64, 3 und 64,5, ebenso 239, 28 vergl m 239, 17ff — Die einzige Ausnahme konnte PN I 341, 6 sein, wenn mit zusammenzustellen und als *dwꜣ t-kꜣ(j?)* „die Verehrerin des (meines?) Ka" aufzufassen ware Aber auch dann konnte es sich um eine der unregelmaßigen Schreibungen des *AR* (hier aus kalligraphischen Grunden?) handeln, wie offenbar in neben .

11) Firth and Gunn, Teti Pyramid Cemeteries I S 127, Anm. 2.

Die Fälle dagegen, in denen im Alten Reich das Wort „mein (?) Vater“ wie ein Gottesname vorangestellt zu werden scheint, (PN I 64, 21) und (PN I 65, 2) werden nicht als *ʿnḫ-n·j-ỉtf(·j?)* bzw. *ʿnḫ-n·f-ỉtf(·j?)* aufzufassen sein, sondern als *ỉtf(·j)-ʿnḫ-n·j* (bezw. *n·f*) „mein (?) Vater ist es, der für mich (ihn) lebt“[1]) Im Gegensatz dazu kann die Schreibung nur fur *mr(j)·t-ỉtf·ś* „die von ihrem Vater Geliebte“ stehen, aber in diesem Falle handelt es sich um eine Prinzessin, deren Vater also ein Gott war[2])!

Eine zweite Schwierigkeit für die Lesung und das Verständnis einer Anzahl von Namen bietet die Tatsache, daß das Suffix der ersten Pers. sing. in der Schrift sehr stiefmutterlich behandelt wird. Im Alten Reich wird es fast[3]) ausnahmslos weggelassen. Auch im Mittleren Reich fehlt es oft genug, wird aber zum Gluck doch gelegentlich geschrieben, und erst aus seltenen Schreibungen dieser Zeit wie „mein Ka ist lebendig“ (neben im Alten Reich) erhalten wir einen gultigen Beweis dafur, daß das in Namen der älteren Zeit so überaus häufige Element *kꜣ* nicht allgemein und farblos als „der Ka“ sondern vom Namengeber gesprochen als „mein Ka“ aufzufassen ist[4]).

Dasselbe gilt auch in weitem Maße fur die Worte *ib* („Herz“)[5]) und *nṯr*[6]), *ỉtf* und *mw·t*[7]), *nb*[8]) und *nb·t*[9]), *śn* und *śn·t* sowie *rn*[10]), die oft, auch wo das Suffix nicht geschrieben ist durch „mein Herz“, „mein Gott“, „mein Bruder“, „mein Name“ usw. übersetzt werden mussen.

Aber es gilt auch fur andere Falle. So zeigen uns die Schreibungen , , des Mittleren Reiches, daß auch in , , das letzte als *n(·j)* aufzufassen ist, die entsprechenden Namen also durch „die ich vollendet habe“, „den er mir gegeben hat“, „möge er gesund sein für mich“[11]) wiederzugeben sind.

Andererseits erschließen uns Schreibungen wie (PN I 289, 20) „eine Tochter fur mich!“, (PN I 293, 5) „die Tochter eines Edlen fur mich!“, „ein Kind für mich!“ das Verständnis für eine Anzahl bisher unverstandlicher Namen wie (PN I 295, 17), , , und wohl auch (PN II), (PN II), (PN I 197, 3) und andere[12]) Im Mittleren Reich wird das Suffix der ersten Person Sing., wie einige Beispiele in den Anmerkungen gezeigt haben, öfters auch durch ein ı angedeutet[13]).

Im Neuen Reich ist die Ausschreibung durch [14]) viel häufiger[15]), aber auch jetzt bleibt das Suffix nicht selten

---

[1]) Gegen PN I 64, 21 u 65,2 Auch (64,22) und (65,1) werden *ptḥ-ʿnḫ-n·j* bzw *inp w-ʿnḫ-n·f* zu lesen sein! Ein sicher mit *ʿnḫ-n·j-* beginnender Namen ist, wie es scheint, nicht nachzuweisen Der Frauenname (PN I 36, 3) wird als *ỉtf ś-ỉnj(w)* „ihr Vater ist (wieder) gebracht worden“ aufzufassen und von u ä zu trennen sein

[2]) Vgl Z[2] zu 158, 18

[3]) Ausnahmen (PN I 67, 22 — im *MR* !), (PN I 430, 61), (PN I 232, 4,) (PN I 429, 8) Die Schreibung in der fruhen 5 Dyn (PN I 415, 18, Junker, Giza II, 166) ist mir sehr verdächtig!

[4]) Andere Beispiele fur ausgeschriebenes Suffix der 1 Pers sing im *MR* PN I 375, 14 (), 422, 15 (?), 223, 4 (), 277, 15 ()

[5]) So z B in , , wo schon der Sinn „in meinem Herzen“ erfordert

[6]) ausgeschrieben PN I 424, 26 (vgl 214, 13!), 214, 21

[7]) Vgl z B neben PN I 148, 20

[8]) Vgl neben

[9]) ausgeschrieben PN I 188, 15

[10]) Vgl neben , PN I, 223, 4

[11]) Ahnlich steht neben (PN I 314, 17)

[12]) Ob hierher auch (neben ,) gehort und mit „ein Gesunder fur mich!“ zu ubersetzen ist? Vgl B III

[13]) So z B auch PN I 309, 19, 345, 10

[14]) Ausnahmsweise auch , PN I 184, 20

[15]) Vgl z B neben *MR* , neben *MR* , neben , ferner PN I 299,7—9

unbezeichnet und kann nur durch den Sinn des Namens erschlossen werden wie etwa in „Amon ist in meinem Herzen" oder in „mein Gesicht ist auf den Herrn von Luxor (gerichtet)".

Eine eigentümliche Verschiedenheit zeigt die Schreibung der Gotternamen Re und Horus. Während im Alten Reiche die Schreibungen und ausnahmslos fur Konigsnamen vorbehalten bleiben, und die Namen gewöhnlicher Menschen sich mit den Schreibungen und begnugen müssen[1]), tritt das Mittlere Reich, seiner ganzen Neigung getreu, auch hier revolutionierend auf. Zwar finden sich noch Schreibungen mit [2]) und auch mit [3]), aber fur Horus ist durchaus das Gewohnliche, und für den Sonnengott finden sich oder [4]), [5]) und auch einfaches [6]) häufiger als die Schreibung ohne die Sonne[7]). Im Neuen Reich sind die verschiedenen Schreibungen mit der Sonne das Übliche geworden, und die alte Schreibung findet sich nicht mehr. Von der 20. Dynastie ab findet sich daneben gelegentlich auch die Schreibung [8]).

Daß die Gottin Mut vom Neuen Reiche an[9]) oft mit der „Geißel" geschrieben wird, findet sich in den Inschriften auch sonst[10]), ebenso die Schreibung fur den Seth[11]) oder die in der Spätzeit auftretende Determinierung eines Gottesnamens durch [12]), aber den Personennamen eigentümlich ist es, daß die Hathor im Mittleren Reiche gelegentlich (PN I 234, 27), in der 20. Dynastie gelegentlich [13]) geschrieben wird.

Eine weitere Eigentumlichkeit der Personennamen, für die ich keine Erklärung weiß, ist die merkwürdige Gepflogenheit, an gewisse Gottesnamen zuweilen, wenn auch keineswegs immer, ein anzufügen. Dieses findet sich mehr oder weniger häufig bei den Gottern Seth, Suchos, Re (auch *pꜣ-rꜥ*) und Horus, besonders oft dann, wenn sie an zweiter Stelle im Namen stehen[14]). Nur bei Horus findet sich dieses ofters auch in Fallen, in denen der Gottesname den Namen beginnt[15]). Ob es sich hier um eine lautliche Erscheinung[16]) oder nur um Schriftvarianten handelt ,weiß ich nicht zu sagen.

In der Frühzeit herrscht noch eine gewisse Willkür in der Setzung der Zeichen, die eine sichere Lesung oft erschwert[17]). In der Pyramidenzeit ist eine solche Willkür stark eingeschrankt, muß aber doch als Moglichkeit im Auge behalten werden[18]), während sie im Mittleren Reiche fast ganz verschwunden ist.

Die Deutzeichen des sitzenden Mannes und der sitzenden Frau am Ende eines Namens werden erst vom Neuen Reich ab regelmäßig gesetzt. In der älteren Zeit fehlen sie haufig ganz[19]). An ihrer Stelle tritt am Ende des Alten

---

1) Eine Ausnahme aus dem Ende des *AR* (PN I 171, 19) Zu beachten ist ubrigens die Schreibung mit sogar im Konigsnamen, wo dieser Teil eines Personennamens ist PN I 172, 12! — In der Saitenzeit wird das alte wieder hervorgesucht PN I 88, 26, 89, 1, 171, 19, 248, 7

2) Z B PN I 300, 27, 301, 9

3) So PN I 248, 13 und 32, 27 (?)

4) Z B PN I 217, 7, 220, 3 4, 304, 19

5) Z B PN I 160, 23 (?), 189, 12, 220, 4

6) PN I 166, 24, 189, 12

7) Alle 3 Schreibungen PN I 189, 12!

8) Z B PN I 218, 14

9) Die Schreibungen und (PN I 148, 13, 171, 15, 403, 11) sind im *AR* und *MR* Nechbet zu lesen!

10) Auffallend ist die Schreibung im *MR* PN I 148, 1, vgl 147, 4!

11) Vgl z B PN I 321, 17 ff ; 416, 22

12) So bei Chnum (PN I 126, 4) und Sothis (PN I 126, 9, 128, 5 beide Male vorangestellt!)

13) Mit einem wagerechten Strich durch den unteren Teil der beiden Zeichen, vgl PN II

14) Vgl meine (noch unveroffentlichten) „Bemerkungen zu den P N im Brooklyner Wilbour Pap".

15) PN I 251, 10 ff Fur Horus ist auch die in Sargtexten sich findende Schreibung (Wb III, 123 oben) zu vergleichen

16) Wie ich PN I 251, 10 ff angenommen habe Bei Seth konnte man die Schreibung (PN I 92, 19) zugunsten dieser Annahme anfuhren Oder sollte bei dem Ganzen, wie H Schäfer mir vorschlagt, das Hieratische (Ahnlichkeit von und) hineinspielen?

17) Man beachte die verschiedenen Schreibungen des gewohnlich *ḥmꜣ-kꜣ* gelesenen Namens in diesem Bande

18) So steht der Frauenname (PN I 135, 7) offenbar fur *prj-nfr t*, ! (PN I 9, 24) fur *ij-n-ẖnj t*

19) Hinter den Namen, die als Beischriften neben Reliefs des *AR* stehen, offenbar deswegen, weil das Reliefbild selbst fur das Deutzeichen eintritt In den gleichzeitigen Inschriften dagegen stehen sie schon fruh, so in der Schreiberliste Garstang, Tombs of the 3rd dyn , Tf 28 (nach Garstang, S 21, Dyn 4 oder 5) oder Sethe, Urk I, 38 f und ebenso in den Papyrustexten z B Moller, Hierat Pal I, Tf I, 1 Auf den bekannten Statuen der 4 Dyn steht das Deutzeichen merkwurdigerweise bei der Nofret, wahrend es bei Rahotp fehlt Am Ende des *AR* und im *MR* findet sich gelegentlich auch so als Deutzeichen verwendet

Reiches[1]) und im Mittleren Reiche[2]), besonders auf Särgen, welche Lebewesen darstellende Zeichen vermeiden, ein auf, das wohl dem Gebrauch der Zeichen bzw. als Suffixe der 1. Pers. Sing. seine Entstehung verdankt. Die in Kap. II B I 2a zusammengestellten Namen mit der scheinbaren Koseendung werden auf diese Weise ihre Erklärung finden.

An lautlichen Zusammenziehungen, deren Wiedergabe ein eigentümliches Schriftbild ergibt, ist neben dem bekannten , [3]), später , u. ä. und einfach für *n(j)-św-* bzw. *n(j)-śj-* auch bzw. für *n·ś* zu erwähnen in Namen wie *ḥn·t·n·ś*, *ḫwj·t·n·ś*, *śзb(·w)·n·ś* (PN I 299, 15), *ḳd(·w)·n·ś* (PN I 400, 15), *ḳd·t·n·ś* (PN I 337, 15)[4]).

Ferner im Alten Reich für die Verbindung von *m* mit der Koseendung in , [5]) (im Mittleren Reich dagegen), (neben), (im Neuen Reich u. a.[6])) und im Alten und Mittleren Reich für die entsprechende Verbindung von *n* und *·w* in (neben), (neben) und wohl auch . Die Zeichen werden auch gebraucht für *nj-wj* in u. ä., das doch wohl als *ḫnj-wj-kз(·j)* aufzufassen ist[8]), und die Zeichen für *nj-wj* „zu mir gehörig" in (PN I 172, 10) und (PN I 423[9]), 7[10]). Auch der Gebrauch von für *tj-wj* ist hier zu erwähnen in (PN I 320, 5; vgl. 429, 2), das ich als *śḫntj-wj-kз(·j)* auffassen möchte. Aus dem Neuen Reiche gehört hierher die Verwendung der Zeichen im Frauennamen (neben) für *nfr·t-ỉrj*, das, wie uns die keilschriftliche Wiedergabe *naptera* lehrt, zu *nftrj* geworden war.

An sonstigen ungewöhnlichen Schreibungen erwähne ich noch: im Mittleren Reich für *sз·t* „die Tochter" (PN I 285, 22ff.) und für den Gott *śbk*-Suchos (PN I 314, 20 und 21). Ferner die spielenden Schreibungen (PN I 292, 2), (PN I 293, 13), (PN I 284, 13) und (PN I 284, 14) für *sз·t-ḥr·w* (bzw. *śbk)-m-ḥз·t*, *sз-śbk-ʿnḫ(·w)* und *sз-śbk-wзḥ(·w)* sowie usw. für usw. (PN I 315, 2ff.), worin wohl nur reduplizierte Koseformen zum Stamme *śnb* zu erkennen sind[11]). Endlich für (PN I 19, 4)

Im Neuen Reich: das auch außerhalb der Namen sich findende für *bзk* „der Diener"[12]), die „syllabische" Schreibung mit bei *nh·t* „die Sykomore"[13]) und später gelegentlich mit unerklärtem für [14]) und für *hr(-ỉb)*[15]).

In der Spätzeit: für *ỉw·ś*[16]) (koptisch ⲉ̄ⲥ-), für *ḏd* (koptisch ϫⲉ-), für Amon, gelegentlich für [17]) und so wilde Schreibungen wie für *tз·ś-nḫt(·t)* und für *tз-ʿšз·t-ḳj*.

---

1) Z. B. Jéquier, Tomb. des partic., S. 25 *(D 6)*
2) So H. W. Müller, Felsengräber, Abb. 28
3) So schon im Alten Reich Jéquier, a. a. O., S. 31, fig. 38
4) Vgl. *śзb n f*, *śзb-wj-ptḥ* (PN I 141, 12)
5) Vgl. auch neben „sie ist gekommen (?)", PN I 15, 20
6) Vgl. auch PN I 276, 12, 427, 18
7) Vgl. PN I 25, 14
8) Ob auch (PN I 151, 16) und (PN I 425, 11) hierher gehören?
9) Vgl. auch (PN I 423, 6)?
10) Wie ist aufzufassen in (PN I 32, 7) bzw. (PN I 62, 10)?
11) So schon Erman, ÄZ 44, 106
12) PN I 90, 18, 91, 4 5 9 13 15, 104, 20 23. Bei *bзk·t* „Dienerin" findet sich diese Schreibung nie!
13) PN I 206, 22–26. Vgl. schon Erman, ÄZ 44, 107f.
14) PN I 173, 19. Auch kommt vor PN I 176, 18 19 (?)
15) PN II
16) Vielleicht auch einmal für *nś*, dem griech. εσ (etwa in εσμινις) entsprechend, in (PN I 46, 2). Hierher gehört wohl auch (PN I 179, 6), das in griech. Zeit neben vorkommt
17) PN I 110, 26

An spielenden Schreibungen ist noch für *nś* „Zunge" zu nennen (PN I 176, 5. 12). Über für *m* s. S. 19. Über das Auslassen von Präpositionen in der Schrift (und z. T auch in der Sprache) s. S. 48 u. 57.

Seit dem *MR* werden Gruppen der „syllabischen" Schrift auch in den Namen in steigender Häufigkeit verwendet.

Eigentlich „ptolemaische" Schreibungen, wie etwa × fur *wr* (PN I 4, 1) oder für *ḏd* (PN I, 410, 7; 411, 1. 12. 15f.) spielen in den Personennamen eine bewerkenswert geringe Rolle[1])

Von dem Zusammenfall der einst streng auseinandergehaltenen *k*-Laute zeugt für *ḳrr*- ⲕⲣⲟⲩⲣ „der Frosch", PN I 347, 13.

Zur sprachlichen Form der Namen.

Auch die sprachliche Form der Namen folgt im Allgemeinen dem Sprachgebrauch des Zeitabschnitts, dem sie angehören, und zwar im Wortschatz sowohl wie in der Wortform und Satzform. So steht, wie ich das im 3. Abschnitt ausgeführt habe, z. B. fur den Begriff „Diener" im Alten Reich das Wort *ḥm* Im Mittleren Reich tritt das Wort *bꜣk* daneben, um es dann bald ganz abzulosen. Im Neuen Reich kommt ein drittes Wort *ḫr* hinzu, das eigentlich den syrischen Sklaven bezeichnet, und dieses halt sich neben *bꜣk* bis in die griechisch-römische Zeit hinein. So findet sich andererseits das im Alten Reich noch gebräuchliche *nj-*, *nj·t-* „zugehörig zu" im Mittleren Reich nur noch selten und wird bald durch das schon alt belegte *nj-św-* bzw *nj-śj-*, das dann in eine gemeinsame Form *nś-* zusammenfallt, ganz abgelöst. Nur unter den kunstlich wiederbelebten Namen der 26. Dynastie taucht es ganz vereinzelt (PN I 172, 9) wieder auf.

Es ist bemerkenswert, daß sowohl der Artikel wie die Form *·w* des Suffixes des 3. Person Pluralis anstatt *·śn* vereinzelt schon in Namen des Mittleren Reiches vorkommen. Fur das Erste vergl. die Namen *pꜣ-ntj-n·j* bzw. *tꜣ-ntj·t-n·j* (I 364, 9), „der welcher (bzw die welche) mir gehört". Das Zweite findet sich in *śnb·w-r-ꜣw* (I 314, 4)[2]) „mögen sie Alle gesund sein!", neben dem aus dem Alten Reich ein *śnb·śn* belegt ist.

Was die Wortform angeht, so wird das artikellose aber determiniert zu denkende Nomen der älteren Zeit vom Mittleren Reich an zögernd, im Neuen Reich und später ganz allgemein mit dem männlichen *(pꜣ-)* oder weiblichen *(tꜣ-)* Artikel versehen, und sogar einige Götternamen (Aton, Re, Hathor) erhalten gelegentlich diesen Artikel. Typisch „neuägyptische" Formen wie die Erweiterung des Partizips durch finden sich seit dem späteren Neuen Reich und sind fur die Spätzeit bezeichnend.

Unter den Satzformen findet sich in der älteren Zeit eine, die in der gewöhnlichen Sprache selbst des Alten Reiches schon nicht mehr gebräuchlich gewesen ist. Ich meine die auf das Alte und Mittlere Reich beschränkten Satze der Bildung *ḫ'j·f-r'* (Χεφρην), die auf das Suffix der *śḏm·f*-Form noch einmal das volle Subjekt folgen lassen „moge er erglänzen, nämlich Re" im Sinne von „möge Re erglanzen"[3]). Häufig ist die Satzform *r'-ḥtp·w* oder *ḥtḥr-ḥtp·tj* „Re (oder Hathor) hat sich gnädig erwiesen", bei der das alte Pseudopartizip im unabhängigen Satze auftritt. Sie hat sich bis zum Ende der ägyptischen Geschichte erhalten. Andere Satzformen wie die Nominalsatze mit partizipialem Pradikat, z. B. *r'-mśj-św* „Re ist es, der ihn erzeugt hat" finden sich nicht vor der 18. Dynastie.

Und noch eine Einzelheit ist zu beachten: Der lautliche Übergang des *m* der Praposition , die ja im Koptischen als ⲛ̄ erscheint, zu *n* muß in der ägyptischen Vulgarsprache schon früh vor sich gegangen sein[4]). So finden wir , das doch nur als „Month ist im Tempel"[5]) verstanden werden kann, schon in der 18. Dynastie und , das, wie die von mir seinerzeit übersehene Schreibung [6]) zeigt, als „Mut ist im Geburtshause" gedeutet werden muß, ebenfalls im Neuen Reich Ich möchte deshalb auch bei den merkwürdigen Namen und (dieser aus der 18. Dynastie!) vermuten, daß das als zu verstehen ist, daß die Namen also durch „mein Herr (bzw Horus) ist ein Knabe" zu übersetzen sind, um

1) Man vergl das Namenverzeichnis in Aḥmed Kamal, Stèles ptolem et rom I, S 221ff

2) Auch die ohne *w* geschriebenen Formen von I 313, 13 und *śnb(w)-mi-ꜣw* (I 313, 1) gehoren hierher

3) Sethes Ubersetzung dieses Namens (Nominalsatz S 26) durch „sein Glanz ist Re" ist kaum haltbar, wenn auch die Agypter selbst spater — vgl die Schreibung im Pap Westcar I, 17 — ihn ähnlich verstanden zu haben scheinen Jedenfalls kann das *f* sich nicht auf das so benannte Kind beziehen — es sei denn, daß der Name fur einen Konig oder allenfalls einen Konigssohn gepragt worden ware [Vgl ubr den Exkurs I am Ende des Buches!]

4) Das einmal begegnende (Kairo 20102) ist wohl ein Fehler fur *imn-m-ḥꜣt*, da in diesem Namen das *m* ja bis zuletzt (vgl *pariamaḫū*, *mantimeḫē*, μεντεμης) erhalten geblieben ist

5) Dieselbe Bildung, mit bzw geschrieben, zeigen PN I 28, 4 218, 10 11 u a

6) Allerdings ist ein Übergang von m zu n gerade vor p sehr auffallend!

so mehr als in „Chons ist ein Jungling" eine parallele Bildung mit geschriebenem *m* sich anzubieten scheint

Von der 20. Dynastie ab mehren sich die Fälle, in denen ein für zu erwartendes eintritt. So steht neben für „Isis ist in Chemmis", neben für „der Starke[1]) ist im Frauenhause", (Spät) neben u. a. *(MR/NR)* für „Gold (bzw. die Goldene) ist in der breiten Halle"[2]).

Auf Grund dieser sicheren Beispiele mochte ich auch fur die folgenden Namen eine Wiedergabe der Präposition *m* durch *n* annehmen: „Isis ist der Nordwind", „der Große ist in *ḳ3ḥ*, „der Stern ist in der Stadt[3]) aufgegangen", „der Nordwind ist in (dem Lande) *w3w3·t*", „meine Sättigung ist das Brot des Amon"[4]), „die Starke ist an der Spitze (?)"[5]), „die zuerst entstand"[6]), „Horus packt den, der Unrecht gegen ihn tut (bzw. getan hat)".

Stammbäume.

Adolf Erman hat schon fruh bemerkt[7]), daß den Ägyptern der alteren Zeit das Gefuhl des Ahnenstolzes abgegangen ist Ein Vornehmer des Alten Reiches ruhmt sich selten, daß er von beruhmten Vorfahren abstamme[8]), und keiner der großen Herren des Mittleren oder Neuen Reiches sucht uns in seinen Grabinschriften zu beweisen, daß er sein Geschlecht auf die Zeit des Alten oder des Mittleren Reiches zuruckfuhren könne. Selbst daß ein Mann neben seinem Vater auch seinen Großvater nennt[9]), ist selten Vereinzelt finden sich allerdings in der Zeit zwischen Altem und Mittlerem Reiche ausfuhrlichere Stammbaume, und zwar in den Felseninschriften bei Elkab und bei Hatnub, in denen die Aufsichtsbeamten der Steinmetzen und die Priester des Tempels von Elkab ihre Vorfahren z. T. bis ins sechste Glied hinauf angeben[10]). Diese Menschen einer Verfallszeit scheinen zuerst das Bedurfnis empfunden zu haben, der Nachwelt zu uberliefern, daß sie mit der goldenen Zeit des Alten Reiches in Blutverbindung standen. Selbst im Neuen Reich sind größere Stammbäume noch selten, und wenn eine der Ausnahmen sich gerade in der Familie eines Malers des Amontempels findet, dessen Vorfahren alle das gleiche Amt ausgeubt hatten, so wird der Gedanke an die durch die Geschlechter hindurch vom Vater auf den Sohn weitergegebene Uberlieferung religioser Kunst dabei eine entscheidende Rolle gespielt haben. Erst als die Zeit agyptischer Größe endgultig voruber war, vor allem in den Jahrhunderten der Nubier- und Perserherrschaft und des dazwischenliegenden saitischen Reiches, werden langere Stammbäume häufiger, besonders innerhalb der Priesterfamilien[11]), die Grund haben, auf ihre uralte Herkunft besonderen Wert zu legen Da finden sich mehrfach die priesterlichen Vorfahren bis ins 16. und 17., ja bis ins 23 Glied hinein aufgefuhrt[12]), und ein Priester, der zur Zeit der 22 Dynastie in Memphis lebte, hat uns sogar eine Reihe von 60 Ahnen uberliefert, deren ältester zur Zeit der 11. Dynastie gelebt haben sollte. Merkwurdigerweise begegnen in dieser Reihe einige sonst nicht bekannte Namen, und es muß zweifelhaft bleiben, inwieweit ein strenger heutiger Ahnenforscher die Angaben dieses ahnenstolzen Priesters gutgeheißen hatte.

---

1) D h der Konig?

2) Vielleicht ist besser *t3-(n t-)nb w-m-wś ḫt* „die (Tochter) der *nb w-m-wśḫ t*" zu lesen

3) D h in Theben

4) Vgl die anderen Bildungen mit *ś3j j-m-* PN I 299, 6 ff

5) Oder sollte eine schlechte Schreibung fur „Schloß" o a sein? Vgl PN I 113, 20!

6) Eigentlich „die mit Existieren angefangen hat"

7) Zum Folgenden vgl meine Neubearbeitung von Ermans Agypten (1923), S 185f

8) Daß ein Mann sich als Urenkel des Konigs Snofru erkennen laßt, ist eine Ausnahme Vgl auch Junker, Giza VI, S 99

9) So im *MR* ein Mann namens *rdj-śbk* de Morgan, Catalogue I, 17, 90 bis

10) Merkwurdig ist die Darstellung von 59 Mannern einer (?) Familie in Mêr (Blackman, Meir III, 16ff, vgl Anthes, Hatnub S 108, Anm), deren Verhaltnis zu einander freilich unklar bleibt

11) Aber auch bei einem „Oberbaumeister" der Perserzeit, der 22 seiner in gleicher Eigenschaft tatigen Vorfahren bis zu Ramses II anfuhrt, LD III, 275a = Couyat-Montet, Hammamât Tf 22 u S 68f

12) Zum Folgenden siehe Borchardt, Quellen u Forschungen 2 (1935), S 93ff

I. ABSCHNITT

DIE FORM DER NAMEN

Ihrer Form nach laßt sich die Fulle der agyptischen Personennamen in zwei große Gruppen einteilen, in un gekürzte oder „Vollnamen“ und in solche Namen, die irgend eine Art von Verkurzung erlitten haben, und die ihrerseits wieder in zwei Unterabteilungen, „Kurznamen“ und „Kosenamen“ geschieden werden können Wie sich zeigen wird, läßt sich bei an sich kurzen Namen nicht in jedem einzelnen Falle mit Sicherheit entscheiden, ob eine Kurzform vorliegt oder nicht Ich habe in solchen Fällen den Namen unter die Vollnamen eingereiht, muß aber die Möglichkeit, daß es sich in Wirklichkeit um eine Kurzform handelt, offen lassen

KAPITEL I

VOLLNAMEN

A. WORTNAMEN.

Die ägyptischen Vollnamen lassen sich ihrer Form nach wieder in zwei große Gruppen scheiden, die von einander außerordentlich verschieden sind und offenbar auf ganz verschiedenartige Anlässe und Gewohnheiten zurückgehen.

Die erste dieser Gruppe, deren Namen ihren Trager selbst unmittelbar bezeichnen, nenne ich „Wortnamen“[1]). Zu ihnen gehören substantivierte Zahlwörter und Adjektiva, Nomina mit oder ohne folgenden Genetiv, sowie verschiedene Nominalformen des Verbums Von diesen Namen ist offenbar nur ein Teil dem Kinde ursprunglich schon bei der Geburt beigelegt worden. So etwa die Zahlnamen, die Mehrzahl vielleicht der Tier- und Pflanzennamen und sichtlich auch einige von denen, die leblose Gegenstände und Ähnliches bezeichnen wie etwa der auf die Kleinheit des Neugeborenen scherzhaft anspielende Name „die Spanne“. Dasselbe gilt aber auch von denen, die Nominalformen des Verbums enthalten und das Kind selbst bezeichnen als Einen „der zum Fest gekommen ist“ oder „von seinem Vater geliebt“ ist bezw. als Eine, die „von ihrer Mutter geliebt“ ist. Ebenso von Namen wie „den (bezw. die) mein Herz erbittet“ und „den (bezw. die) Gott NN gibt“ oder „gegeben hat“.

Anders ist es bei den meisten der adjektivischen und substantivischen Namen. Schon viele der Adjektive wie „der (bezw. die) Angenehme“, „der Freundliche“, aber auch „der Rote“ und „der Schwarze“ lassen sich als Bezeichnungen erkennen, die für einen heranwachsenden oder älteren Menschen zuerst gebraucht und erst spater, von älteren Anverwandten vererbt, auch neugeborenen Kindern beigelegt worden sein werden. Das Gleiche trifft ohne Ausnahme zu für die Namen, die Herkunft und Beruf angeben, und gewiß auch fur die meisten von denen, die eine Verwandtschaftsangabe enthalten.

I. ZAHLWÖRTER ALS NAMEN.

Eine ganz kleine Gruppe von Namen besteht aus substantivierten Ordinalzahlen Es finden sich im *AR* *śn·nw* (u. ä.) „der Zweite“ und *ḥmt·nw* (u. ä.) „der Dritte“. Im *MR* haben wir außer *pꜣ-ḥmt·nw* „der Dritte“ und *tꜣ-ḥmt·nw·t* bzw. „die Dritte“[2]) noch „der Vierte“, „die Vierte“ und bzw. „die Fünfte“[3]). Nach dem *MR* scheint diese Art von Namen merkwurdigerweise nicht mehr in Gebrauch gewesen zu sein.

---

[1]) Im Anschluß an J J Stamm

[2]) Es fällt auf, daß die Ordinalzahl von „drei“ hier schon den Artikel erhält.

[3]) Vgl „der Funfte“, „der Sechste“ als Hundenamen (?), AZ 65, 113.

II. ADJEKTIVA ALS NAMEN.

Zahlreicher sind die Namen, die aus substantivierten Adjektiven bestehen Hierher gehören diejenigen, die ihren Träger nach körperlichen Eigenschaften („der Schwarze", „der Rote", „der Taube", „der Blinde", „der Kahle", „der mit der Perucke") oder nach seinem Geburtstag („der vom 15. Monatstag") bezeichnen, und die ich im zweiten Abschnitt zusammengestellt habe.

Mehrfach finden sich auch Verbindungen eines Adjektivs mit einem Substantiv, so die mit *nj* bzw. *nj·t* + Gottheit (oder König) gebildeten, die den Trager als zu einem Gotte oder König „gehorig" bezeichnen, die seelische Eigenschaften ausdrückenden Zusammensetzungen mit *-ib* wie *wꜣḥ-ib* („der Geduldige", *nḏm·t-ib*, „die Fröhliche", *ḥr-ib* „der Zufriedene" und die zahlreichen Verbindungen mit *kꜣ* wie *wr-kꜣ* und *wr-t-kꜣ* „dessen (bzw. deren) Ka groß ist" usw. Auch *dšr-šnj* „der Rothaarige" gehört hierher.

III SUBSTANTIVA ALS NAMEN, AUCH MIT FOLGENDEM GENITIV ODER ADJEKTIV.

Weitaus am reichsten unter den Wortnamen ist die Gruppe derer, die aus einem Substantiv allein oder aus zwei Substantiven in Genitivverbindung bestehen. Zu ihnen gehoren diejenigen, welche ihren Träger nach seinem Geschlecht („der Knabe", „das Mädchen"), nach seinen verwandtschaftlichen Beziehungen („ihr Bruder", „die Schwester"), seinem Berufe bzw seiner Tatigkeit („der Priester", „der Töpfer", „die Mullerin") und nach seiner Herkunft („die Asiatin", „der Südlander" usw.), bezeichnen.

Ferner die als Menschennamen gebrauchten Pflanzen- und Tiernamen, wie „der Ölbaum", „die Maus" usw. und die recht zahlreichen ebenso gebrauchten Bezeichnungen verschiedener Gegenstände wie „das Messer", „das Ohr", „das Gold", „die Flamme" usw. Genaueres zu Beginn des 2 Abschnitts[1]).

Eine besondere kleine Gruppe bilden eine Anzahl von Namen meist der älteren Zeit, die aus einem Substantivum mit angehangtem Suffix der dritten Person Pluralis[2]) bestehen Es sind·

itj·šn	 (u a)	*(AR)*	„ihr Fürst"
nb·šn		*(AR/MR)*	„ihr Herr"
f ḥnw·t·šn		*(AR/MR)*	„ihre Herrin"
šn·šn	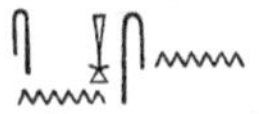	*(AR)*	„ihr Bruder"
f ḏfꜣ·t·šn		*(AR)*	„ihre Speise"

Sie werden im vierten Abschnitt besprochen und haben zum Teil im Akkadischen ihre auffallende Parallele.

Vereinzelt begegnen auch Substantiva mit dem Suffix der dritten Person Singularis als Namen, wie *nb·t·f*  „seine Herrin", *ḥnw·t·š* „ihre Herrin"

Zum Teil mag es sich bei allen diesen Namen allerdings um Kurzformen handeln, aber *ḥnw·t·šn* ist bisher der einzige Name, neben dem (nicht etwa als Variante!) einmal auch eine vollere Form 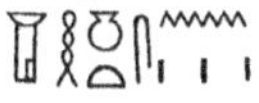 „Nephthys ist ihre Herrin" uberliefert ist.

Von Genitivverbindungen sind am haufigsten die Bildungen mit *ḥm* (bzw. *ḥm·t)*, später *bꜣk* (bzw. *bꜣk·t)*, und *ḥr* (bzw. *pꜣ-ḥr)* + Gottesnamen, also „Diener (bzw Dienerin), des Gottes NN" und die mit *sꜣ* (bzw. *sꜣ·t)-*, die den Träger als „Sohn (bzw. Tochter)" eines bestimmten Mannes (bzw. einer Frau)[3]) oder eines Gottes (bzw einer Göttin) bezeichnen. Hierher gehören auch Verwandtschaftsbezeichnungen, wie *mw·t-mw·t(·j)* „die Mutter meiner Mutter" und *šn·t-it·š* „die Schwester ihres Vaters". Ferner einige Zusammensetzungen mit *nb-* „der Herr" (wie *nb-ib, nb-irp, nb-iš·t)* und *nb·t-* „die Herrin" (wie *nb·t-it·f*), mit *dwꜣ* (bzw. *dwꜣ.t)-* „der Verehrer (bzw. die Verehrerin) eines Gottes" und mit *špš·t-* „die Haremsfrau" (wie *špš·t-nb·tj*). Fur alle diese Namen sind Kap IA des 2. Abschnitts zu vergleichen.

Seit dem *MR* findet sich daneben der mit dem Wortchen *nj* gebildete indirekte Genitiv. So in *s-nj-* Gott (bzw. König) NN und der entsprechenden Femininform *s·t-nj·t-*[4]). Ferner in *bꜣk-nj-* (bzw. *bꜣk·t-nj·t)-* Gott NN „der Diener

---

[1]) Einige zusammengesetzte Nomina kommen auch als Namen vor, wie *ftk* (bzw *ftk t)-tꜣ* (eine Art Diener), und *ḫntj-š* „der Pachter" (Junker, Gizah VI, S 15ff)

[2]) In einen anderen Zusammenhang gehort wohl , vgl S 39. Was aber ist *(MR)*?

[3]) Vgl auch *sꜣ-ib* „der Lieblingssohn" (?) und *sꜣ-t kꜣ(j)* „die Tochter meines Ka", sowie *ḥm-kꜣ(j)* „der Diener meines Ka"

[4]) Die genaue Bedeutung von *s* und *s t* in dieser Verbindung ist noch nicht ermittelt.

(bzw. die Dienerin) des Gottes NN", Namenformen, die seit dem *NR* endgultig an Stelle der Formen mit direktem Genitiv treten.

IV. NOMINALFORMEN DES VERBUMS ALS NAMEN.

Die Formen des Verbums in den Wortnamen.

Wie in den spater (Kap. I B) zu besprechenden Satznamen, so finden sich auch in einer größeren Anzahl von Wortnamen Verbalformen verwendet und zwar die nominalen Formen des Verbums. An solchen Nominalformen, die in verschiedener Weise immer den Namenträger bezeichnen, finden wir Partizipien, Relativformen und Formen des sogenannten „Verbaladjektivs".

1. Partizipien

An Partizipien finden sich aktive und passive Formen, und zwar mannliche sowohl wie weibliche, deren weitaus größte Zahl anscheinend als Partizipien der Vergangenheit aufzufassen sind. *ʾIj-m-ḥtp* bezeichnet den Sohn als einen „der in Frieden (d. h. glucklich) gekommen ist". Ebenso heißt *ij·t-n-ḥb* „die fur das Fest gekommen ist", *šdj·t-it·ś* „die ihren Vater errettet hat" — was auch immer der Sinn dieses letzten Namens gewesen sein mag. *Ḥsjj*-Gott N. N. heißt „der von Gott NN Gelobte", *mrj·t-itf·ś* „die von ihrem Vater Geliebte" usw. Bei diesen passiven Partizipien der Vergangenheit schreiben die verba tertiae infirmae im Alten Reich die mannliche Endung bald , bald , aber auch endungslose Schreibungen kommen vor. So steht (PN I 159, 25) neben (PN I 160, 14), als Variante neben (PN I 255, 3), und auch einfaches vor dem Gottesnamen, z. B. in ist gewiß als „der Gelobte" zu verstehen. Neben dem gewöhnlichen (PN I 155, 17) sich findendes (PN I 160, 5) ist doch wohl mit jenem gleichbedeutend, und auch Namen wie (PN I 156, 8) werden kaum etwas Anderes[1]) als „der von (König) *pjpj* Geliebte" bedeuten[2]).

Die weibliche Endung dieser passiven Partizipien der Vergangenheit wird selten geschrieben — so (PN I 161, 17), (PN I 267, 17) —, gewöhnlich aber schon im Alten Reich einfach mit , also (PN I 158, 18), *mr·t-mn·w* (PN I 159, 1), (PN I 267, 23) usw. Merkwürdig ist u. a., das als Name einer Prinzessin der 20. Dynastie belegt ist. Ob es „die wie der Nil Geliebte" heißen soll?

Im Neuen Reich finden sich auch in der mànnlichen Form Schreibungen ohne das *j* sehr haufig. Ganz vereinzelt kommen seit dem Neuen Reich Bildungen mit dem Artikel vor. So u. ä *pꜣ-ḥsj* „der Gelobte", „der Geliebte des Amon"[3]), u. ä „die von der Neith Erbetene" (?) und vielleicht *pꜣ-ꜣb(·w)-inḥr(·t)* „der von Onuris Erbetene".

Ob und durch „der Geliebte des Ptah (bzw. des Chons)" wiederzugeben sind, kann ich nicht entscheiden.

Zur Vokalisierung der mannlichen Form des passiven Partizips der Vergangenheit steht uns keilschriftliches *mai* (Dyn. 19) in *mai-amāna* = (dem griechisches μιαμουν entspricht) zur Verfugung.

Partizipia der Gegenwart fehlen im Passivum gänzlich. Fur das Aktivum vgl. die auf S. 24 zusammengestellten Beispiele.

---

1) An sich ware es allerdings moglich, daß ein Kurzname vorliegt, vgl PN I 156, 12 Eine Anzahl der mit *mr* gebildeten Namen sind mir noch unklar, so , .

2) Wie ist *(D 18)* zu verstehen?

3) Oder ist „Amon ist der Geliebte" zu ubersetzen? Vgl B II, 2a.

a) Participia activi.

Perfektisch.

ij-m-iˁj·t-ib[1]) *(MR)* „der als Erfreuung gekommen ist" o. ä.

ij-mi-rˁ u ä.[2]) *(NR)* „der wie die Sonne gekommen ist"

ij-n-ḥb u ä.[3]) *(MR)* „der für das Fest gekommen ist"

ij-r-nꜣ·t f u a *(NR)* „der zu seiner Stadt gekommen ist" (?)[4])

ij-ḥr-ḫrw(·j)[5]) *(AR)* „der auf meinen Ruf gekommen ist"[6])

ij-ḥr-nfr·t u. a *(MR)* „der mit schönen Dingen gekommen ist"

ij-ḏś·f *(MR)* „der (von) selbst gekommen ist"

f *ij(·t)-m-wꜣj* u. a. *(NR)* „die von fernher gekommen ist" (?)[7])

f *ij(·t)-m-wnw·t*[8]) *(NR)* „die zur (rechten ?) Stunde[9]) gekommen ist"

f *ij(·t)-mi-śbꜣ (?)* *(NR)* „die wie ein Stern (?) gekommen ist"

f *ij·t-n-nꜣ·t*[10]) *(MR)* „die für die Stadt gekommen ist" (?)

iwḥ-ib(·j) *(MR)* „der mich erfreut[11]) hat"

f *iwḥ·t-ib(·j)* u a.*(MR)* „die mich erfreut[11]) hat"

inj-it·f , u ä (m *AR—NR*, f *MR* u. *NR*[1])) „der seinen Vater (wieder) gebracht hat" (?)

inj-wꜣw (?) u. ä. *(NR)*. Ob hierher ?

inj-nb·f *(AR)* „der seinen Herrn (wieder) gebracht hat" (?)

inj-kꜣ·f u. a. *(AR* u *MR)* „der seinen Ka (wieder) gebracht hat" (?)

f *inj·t-itf·ś* , u ä *(AR* u *MR)* „die ihren Vater (wieder) gebracht hat"

f *inj·t-wꜣw (?)* *(MR)* Ob hierher ?

f *inj·t-ḥtp·w*[2]) *(AR)* „die Opfergaben gebracht hat" (?)

f *inj·t-kꜣ·ś* u. a. *(AR)* „die ihren Ka (wieder) gebracht hat" (?)

prj-ḥr-nfr·t *(AR)* „der wegen etwas Gutem (?) herausgekommen ist"

mśḏj-khꜣ *(AR)* „der das Gebrüll[3]) haßt" (?)

f *ḫwj·t-it·ś* u. ä. *(AR)* „die ihren Vater geschützt hat" (?)

śnˁˁ-ib(·j) u. a [4]) *(MR)* „der das (mein ?) Herz erfreut" o. a.

śnḏm-ib(·j) *(AR)* „der das (mein ?) Herz erfreut" o a.

śrwḫ-ib(·j)[5]) *(MR)* „der das (mein ?) Herz behandelt[6]) hat"

śśnb-ib(·j?) u a. *(MR)* „der das (mein ?) Herz (wieder) gesund gemacht hat"[7])

f *śtm t-ib(·j?)* *(MR)* „die das (mein ?) Herz getrostet[8]) hat"

---

[1]) So auch *-m-inb t (MR)*, *-m-mrj (AR)*, *-m-nśw t-bj t (NR)*, *-m-ḥtp (AR—Griech)*, *-m-śnb (MR)*, *-m-śḥś (MR)*, *-m-śgr (MR)*

[2]) So auch *-mi-śbꜣ (? NR)*

[3]) So auch *-n-ḫnj t (AR)*

[4]) Oder liegt hier das Beiwort eines Gottes, also ein Kurzname, vor ?

[5]) So auch *-ḥr-śꜣ (NR)*

[6]) Vgl Junker, Giza V, 155

[7]) Oder Beiwort einer Göttin, also Kurzname ?

[8]) So auch *-m-ḥtp (MR)*, *-m-tꜣ-p t (D 19)* — ob Beiwort einer Göttin ?

[9]) Oder sogleich, d h schnell ?

[10]) So auch *-n-ḥb*

[11]) Wörtlich „mein Herz benetzt"

---

[1]) Daß dieser Name mehrfach von Frauen getragen wird, ist sehr merkwürdig — und doch laßt er sich neben *inj t-itf ś* kaum anders verstehen!

[2]) Vgl den Männer(?)namen *(MR*, PN I 35, 20!)

[3]) Wb 5, 136, 14 Zum Inhalt vgl Pap Prisse I, 4

[4]) Der gleichgeschriebene Frauenname ist *śnˁˁ(t)-ib(j)* zu lesen

[5]) Vgl den ebenso geschriebenen Frauennamen *śrwḫ(t)-ib(j?)*

[6]) Wie ein Arzt einen Kranken behandelt, vgl das Folgende

[7]) Die Kreissende als Kranke aufgefaßt, die durch die Geburt gesundet

[8]) Wb 4, 343, 3 *(NR!)*

šdj-it·f (*AR—MR*) „der seinen Vater errettet hat“ (?)[1]

f *šdj·t-itf·s* (*AR/MR*) „die ihren Vater errettet hat“[1]

gmj-mw·t·f (*MR*) „der seine Mutter gefunden hat“

f *gmj·t-mw·t·s* (*MR*) „die ihre Mutter gefunden hat“

d'r-wḫ3 (*MR*) „der die Nacht (hindurch ?) gesucht hat“ (?)

Imperfektisch (?)

ʿnḫ-rn (*MR*) „dessen Name lebt“[2]

f *ʿnḫ·t-rn* u. ä. (*MR*) „deren Name lebt“[2]

f *ʿnḫ·t-k3* (*AR*) „deren Ka lebt“

w3ḥ-rn (*MR*) „dessen Name dauert“

w3ḥ-k3 (*MR*) „dessen Ka dauert“

w3š-k3 u. ä. (*AR*) „dessen Ka mächtig ist“

f *w3š·t-k3* (*AR*) „deren Ka mächtig ist“

w3ḏ-rn (*NR*) „dessen Name gedeiht“ o. a.

mr-ʿnḫ u. a (*MR* u. *Spät*) „der das Leben liebt“ (?)

mrr-nb·f (*D. 5*) „der seinen Herrn liebt“[3]

f *mrr(·t)-sgr* (*MR*) „die das Schweigen liebt“ (?)

hn-s·t u. ä. (*Spät*) „der den Rücken anlehnt“ (?)

f *ḫn(·t)-ib* (*MR*) „deren Herz frisch ist“

[1]) Auch „der (bzw. die) von seinem (bzw. ihrem) Vater Errettete“ oder „Aufgezogene“ wäre möglich.
[2]) Wörtlich „der (bzw. die) in Bezug auf den Namen Lebende“.
[3]) Oder *mrr(·w)-nb·f* „den sein Herr liebt“? Siehe S. 27.

šn-štj u. ä. (*AR* u. *MR*) „der an Geruch leidet“ (?)

f *šn·t-štj* (*AR/MR*) „die an Geruch leidet“ (?)

ḏd-nfr·t (*AR*) „der Gutes sagt“

b) Participia passivi.

Perfektisch

inj-ḥr(·w) u. a. (*MR*) „der von Horus Gebrachte“ (?)

mrj-ib(·j?) u. ä. (*AR*) „der (mein?) Liebling“

mrj-ipj (*AR/MR*) „der von *ipj* Geliebte“

f *mrj(·t)-ifj* (*AR*) „die von *ifj* Geliebte“

mrj-Gott N. N., König NN usw. „der von Gott (König) N. N. Geliebte“

mrj-itf u. ä. (*NR*) „der vom Vater Geliebte“

mrj-ʿš3 (*MR*) „der von der Menge Geliebte“ (?)

mrj-mnnfr (*NR*) „der von Memphis Geliebte“ (?)

mrj(?)-nb·f (*AR*) „der von seinem Herrn Geliebte“ (?)

mrj-nfr (*NR*) „der vom Guten Geliebte“

mrj(?)-nfr·t (m. u. f. *AR*) „der von der Schönen Geliebte“ (?)

mrj-nṯr·f (*D. 18*) „der von seinem Gott Geliebte“

mrj-k3(·j) (*MR*) „der von meinem Ka Geliebte“ (?)

f *mrj·t*-Gott N. N. usw.[1]) „die vom Gott N. N. Geliebte“

[1]) Ob hierher auch und (f. *MR*) gehören?

f *mrj·t*-König N.N. usw „die vom König N.N. Geliebte"

f *mrj·t-ib(·j?)* u. a *(AR)* „die (meine?) Herzgeliebte"

f *mrj·t-itf·s*[1]) *(AR—NR)* „die von ihrem Vater Geliebte"

f *mrj·t-mw·t·s* *(AR)* „die von ihrer Mutter Geliebte"

f *mrj(·t)-nfr·t* *(AR)* „die von der Schönen Geliebte" (?)

f *mrj(·t)-nṯr* *(D. 19)* „die von Gott Geliebte"

f *mrj·t-šps̀j·t* *(MR)* „die von der Dame Geliebte"

f *mrj·t-ḳd·t (?)* u. ä. *(NR)* „die von der Schöpferin Geliebte"[2]) (?)

f *mrj·t-k3·s* *(AR)* „die von ihrem Ka Geliebte"

f *mrj·t-k3j·t (?)* *(MR)* „die von *k3j·t*[3]) Geliebte" (?)

f *mrj·t-ṯnj* [4]) *(NR)* „die von (der Stadt) This Geliebte"

f *nḥj(·t)* *(MR)* „die Erbetene" (?)[5])

ḥsj-Gott N.N. usw. „der von Gott N.N. Gelobte"

ḥsj-nṯr·f *(NR)* „der von seinem Gott Gelobte"

ḥsj-t3-nb *(D. 18)* „der von jedem Land Gelobte"[6])

f *ḥsj·t*-Gott N.N u. a. *(D 18)* „die von Gott N.N. Gelobte"

f *ḫwj·t*-Gott N.N [7]) *(MR)* usw „die von Gott N N Geschützte"

f *ḫwj·t-itf·s* *(AR)* „die von ihrem Vater Geschützte" (?)[8])

šdj-Gott N N. *(AR)* usw. „der von Gott N.N. Errettete"

f *šdj·t-itf·s* u. a *(AR/MR)* „die von ihrem Vater Errettete" (?)[9])

2. Relativformen.

Von den Relativformen des Verbums kommen beide, die der Gegenwart, sowohl wie die der Vergangenheit, und zwar beide im masculinum wie im femininum, in den Personennamen zur Verwendung, vor allem in den Zeiten des *AR* und des *MR*.

Von sicheren Relativformen der Gegenwart sind vor allem zu nennen *mrr(·w)*, (so *AR*) *šdd(·w)*, fem. *(NR) šdd(·t)*, und das besonders im *MR* häufig zu Namenbildungen verwendete *dd·w*, fem. *dd·t*, dem die seit dem Ende des *NR* und vor allem in der Spätzeit überaus häufigen Bildungen mit , (griechisch πετε-) *p3-dj*, fem. , (griechisch τετε-), *t3-dj(·t)* entsprechen. Also *mrr(·w)-nśw·t* „den der König liebt", f *(NR) šdd(·t)-imn* „die (quam) Amon errettet", *dd·w-imn*, spät *p3-dj-imn*, griech. πετεαμουνις, fem. *dd·t-mw·t*, *NR* *t3-dj·t-mw·t* „den Amon gibt", „die (quam) Mut gibt".

---

[1]) Was bedeuten f (PN I 158, 17) und (PN I 159, 6)?

[2]) Oder ist *ḳd t-mr t* zu lesen?

[3]) Name einer Göttin?

[4]) Vgl *(Spät)*

[5]) Oder Kurzname?

[6]) Das klingt allerdings wie ein Beiwort des Königs — also Kurzname?

[7]) Vgl (f *AR*), vgl auch die Schreibung .

[8]) Oder „die ihren Vater geschützt hat"? Vgl S 28f.

[9]) Oder „die ihren Vater errettet hat"? Vgl S 28f Oder sollte an *šdj* „aufziehen" zu denken sein?!

Möglicherweise gehören hierher auch die Namen des *AR*, die ein [1] in Verbindung mit dem Namen eines Gottes zeigen (wie , PN I, 266, 16) und denen die Bildung mit im späten *NR* (, 266, 12) zu entsprechen scheinen, und die dann also *ḫwj(·w)*- zu lesen und mit „den der Gott NN schützt" zu übersetzen wären. Auch Bildungen wie *šts(·w)-ptḥ* „den Ptah erhöht" (?) *šdf3(w·)-ptḥ* „den Ptah ernährt" (?) sind hier zu erwähnen — wenn sich in ihnen auch Kurzformen verbergen könnten, wie in den Namen u. ä., neben denen eine volle Form wie *s'nḫ-ptḥ-mrjr'* „Ptah erhält (oder erhalte) den (König) *mrjr'* am Leben" vorkommt[2]). Endlich gehört hierher auch der Name *f* *ḳd·t·š*" die (quam) sie schafft", auf den ich gleich noch zurückkommen werde.

Sichere Relativformen der Vergangenheit[3]) sind z. B. *ḫwj(·w)·n-3ḫtj* „den der (Gott) *3ḫtj* geschützt hat", *ḫwj·t·n-sḫm·t* „die die (Göttin) Sachmet geschützt hat", und ebenso Namen wie *dbḥ(·w)·n(·j)* „den ich erbeten habe". Hierher gehört auch die Gruppe von Namen, die Gott NN geschrieben werden, wie , usw Junker, der erkannt hat, daß der von mir seinerzeit von diesem getrennt behandelte Name bzw. in diese Gruppe gehört, hat die Übersetzung „Gott NN hat mir getan (?)" vorgeschlagen[4]). Diese Auffassung scheint sich mir aber nicht halten zu lassen. Gegen sie spricht vor allem der Frauenname (I, 40, 25), den ich nur als „die (quam) sie gemacht hat"' also als eine Kürzung der bekannten Art für ein * *irj·t·n*-Göttin NN auffassen kann, und dem der Männername , (I, 40, 19 und 174, 3') *irj(·w)·n·š* „den sie gemacht hat" entspricht. Ebenso steht ein u. ä. (268, 12) *ḫwj(·w)·n·š* neben den oben erwähnten Formen *ḫwj(·w)·n*-Gott NN und *ḫwj·t·n*-Göttin NN[5]). Auch der Name *s'nḫ(·w)·n·š* (301, 8) gehört hierher, wie die entsprechende Form *s'nḫ(·w)·n·f* (301, 7) „den er am Leben erhalten hat" und der volle Name [6]) *s'nḫ(·w)·n-ptḥ* „den Ptah am Leben erhalten hat" zeigen, und ebenso gewiß auch (179, 9). Der letzte Name ist danach als *ḳd(·w)·n·š* „den sie geschaffen hat" aufzufassen, nicht als *nj-św-ḳd* „er gehört dem Schöpfer", wie ich es im Anschluß an Junker[7]) getan hatte[8]). Das wird schon durch die entsprechende weibliche Form , (337,15) gefordert, die doch nur als *ḳd·t·n·š* „die (quam) sie geschaffen hat", nicht aber als *nj-šj-ḳd·t* „sie gehört der Schöpferin" verstanden werden kann, und der ein präsentisches *ḳd·t·š* (337, 16) „die (quam) sie schafft" entspricht[9]). Dasselbe gilt für das Paar und f , die ich als *rdj(·w)·n·š* und *rdj·t·n·š·* auffasse. Hierfür spricht nicht nur der Umstand, daß wir sonst eine „Geberin" als bisher unbekannte Göttin der „Schützerin" und „Schöpferin" hinzufügen müßten, sondern auch die *MR*-Namen und f , die doch nur als *rdj(·w)·n·f-n·j* und *rdj·t·n·š-n·j* „den er (bzw. die sie) mir gegeben hat", aufgefaßt werden können, und in denen die Suffixe

---

[1]) Femininformen fehlen, bis auf , falls dies wirklich ein *ḫwj t-ḫntj3ḫtj* wiedergibt

[2]) Meine Übersetzungen PN I, 301 1 4 5 sind also zu streichen

[3]) LD II, 115c (= Couyat-Montet, Hammamat S 72) zeigt nur scheinbar Namen wie und , von denen usw Abkürzungen sein könnten In Wirklichkeit gehört das (das auch über steht!) dort nicht zu den Namen!

[4]) H Junker, die Götterlehre von Memphis (1940), S 26

[5]) Ein Name *ḫwj(w) n* + Gottin ist bisher noch nicht belegt Aber das wird Zufall sein, da umgekehrt *ḫwj t n* + Gott (I, 267, 25) vorkommt

[6]) Jéquier, Pyramide d'Oudjabten 22, fig 28

[7]) Giza I, 224 Das entsprechende gilt von den übrigen dort von Junker aufgezählten Namen, vgl die folgende Liste

[8]) Die Schreibung der Bildung *nj-šj* mit bzw ist im *AR* selten An sicheren Fällen kenne ich nur (177, 23) und (173, 13).

[9]) Junker, Gizah 7, erscheint merkwürdigerweise als Variante (?) von !

einen bestimmten Gottesnamen vertreten. Ebenso wird es mit stehen, das Junker mit „der zum Bunten Gehörige“ übersetzen möchte Denn wenn — angenommen es gäbe einen Gott (etwa Horus), der „der Bunte“, genannt wurde — allenfalls ein **nj-ššb*“ der zum Bunten Gehörige“ wiedergeben könnte, so ließen sich doch weder der weibliche Name noch der Mannesname auf diese Weise erklären. Ich nehme also in *ššb* ein transitives Verbum bisher unbekannter Bedeutung an und fasse die erwähnten Namen ebenfalls als Relativformen auf. Nach all diesem möchte ich auch die Gott NN + geschriebene Gruppe mit „den der Gott NN gemacht hat“ *(irj·(·w)·n-)* übersetzen und Namen der Spätzeit wie (I, 353, 22), „die (quam) Bastet gemacht hat“ oder (I, 101, 8), „den die Neith gemacht hat“ zum Vergleich heranziehen[1]). In, das einmal als Variante von auftritt, kann ich mit Junker[2]) nur eine mit gebildete Koseform sehen, wie wir sie gelegentlich auch sonst von Vollnamen gebildet finden (siehe unten). Eine andere Frage freilich ist es, ob wir in allen diesen Relativformen der Vergangenheit enthaltenden Namen Vollnamen zu sehen haben Bei einem von ihnen, und zwar gerade bei ist das zum mindesten zweifelhaft. Er kann auch eine Kurzform darstellen, zu Namen wie (I, 195, 9), „gut ist, was sie getan hat“[3]), der selbst wieder als eine Verkürzung zu Namen gehört wie (195, 10) „gut ist, was Hathor tut“ Nur eine Erweiterung unseres Materials kann zeigen, ob nicht auch andere von den im Folgenden aufgezählten Namen in ähnlicher Weise als Kurzformen aufgefaßt werden können oder müssen.

a) Relativformen der Gegenwart[4]).

šb(·w)-ib(·j) *(MR)* „den mein Herz wünscht“

f *šb·t-ib(·j)* u. a. *(MR)* „die (quam) mein Herz erbittet“

iwḥ·w-ip·t(?) *(D 5)* „den die *ip·t*..“

iwḥ·w-ppj (?) *(D 5)* „den *ppj*..“

ir(·w)-kꜣ-ptḥ [5]) *(AR)* „den der Ka des Ptah macht“ (?)

f *irj·t-kꜣ(·j)* *(AR)* „die mein Ka macht“ (?)[6])

f *wdb·t(j?)*[7]) *(AR/MR)* „die ich ... “ (?)

pꜣ-nḥm(·w)-ꜣš·t u a. *(Griech.)* „den Isis errettet“

pꜣ-hn(·w)-n·f *(NR)* „der, auf den man sich stützt“ (?)

pꜣ-hn(·w)-ḏḥwtj [1]) *(NR)* „den Thot schützt“ (?)

pꜣ-šdj(·w)-Gott NN [2]) *(Spät)* „den Bastet errettet“

pꜣ-dj(·w)-Gott NN etc *(Dyn 20—Griech.)* „den Isis (usw.) gibt“

mrr(·w)-ḥkꜣ [3]) *(NR)* „den der Herrscher liebt“

mrr(·w)-kd u. a *(AR u. MR)* „den der Schöpfer liebt“

ḥss(·w)-it·f *(D 19)* „den sein Vater lobt“

ḫwj(·w)-Gott NN [4]) *(AR, MR u D 22)* etc „den Ptah (usw.) schützt“

f *ḫwj·t(?)-ḫntjḫtjj* *(AR/MR)* „die (der Gott) *ḫntjḫtjj* schützt“ (?)

šḫntj(·w)-šššꜣ·t (?)[5]) *(AR)* „den (die Göttin) *šššꜣ·t* befördert“ o a.

1) Wenn Sethe AZ 57, 77 den Namen mit „vom Horizontbewohner geschaffen“ übersetzt, so scheint er meine Auffassung geteilt zu haben — Ebenso stehen übrigens die späten Bildungen mit *pꜣ-dj(w)-NN* und *tꜣ-dj t-NN* neben *rdj(w) f-n j* und *rdj t n š*

2) H Junker, Götterlehre, S 26

3) Männername!

4) In Klammern gesetzt sind hier und im Folgenden die hierher gehörenden Bildungen, die als „verkürzte Vollnamen“ im Anhang zu diesem Kapitel zusammengestellt sind

5) So auch Cheops *(AR)*

6) Oder Kurzname?

7) Vgl *wdb t n(j?)*

1) Der Schreiber dachte offenbar an *hn* „befehlen“, Wb 3, 101

2) So auch Mut *(Spät)*

3) So auch *nśw t (AR)*

4) ist vielleicht besser *ḫwj-wj-ptḥ-wr* zu lesen, s B I 2a

5) Oder *šḫntj-wj-ššꜣ t?* s S 41ff

ṯsj(·w)-ptḥ (?)[1]) *(AR)* „den Ptah erhebt“ (?)

sḏfꜣ(·w)-ptḥ[1]) *(AR)* „den Ptah ernährt“ (?)

šdd(·w)-isj [2]) *(AR)* „den (König) *isj* errettet“

f *šdd(·t)-imn* *(NR)* „die (quam) Amon errettet“

(f *ḳd·t·ś* *(AR)* „die (quam) sie (die Göttin) schafft“ (?))

f *tꜣ-ir(·t)-bꜣśt·t* *(D 22 u. Griech.)* „die (quam) Bastet macht“

f *tꜣ-ḥn(·t)ḏḥwtj* [3]) [4]) *(D 21)* „die (quam) Thot schützt“

f *tꜣ-dj(·t)*-Gott NN etc. *(D21ff.—Griech.)* „die (quam) Isis (etc.) gibt“

(f *tꜣ-dd·t·ś* u. a. *(NR)* „die (quam) sie (die Göttin) gibt“ (?)

(f *ṯsj·t·ś* *(AR)* „die (quam) sie (die Göttin) erhebt (?)

dd(·w)-ḥkn·w *(AR)* „den (der Gott) *ḥkn·w*[5]) gibt“

dd(·w)-Gott (König) NN [6]) *(AR)* „den der Herrliche (etc.) gibt“[7]) *(MR)*

f *dd·t*-Gott NN etc. „die (quam) Amon (etc.) gibt“ *(MR)*

(f *dd·t·ś* „die (quam) sie (die Göttin) gibt“, *MR)*

b) Relativformen der Vergangenheit.

f *ꜣb·t·n·j* *(MR)* „die ich erbeten habe“

f *inj·n·t-śḫm·t* *(NR)* „die die Sachmet gebracht hat“ (?)

irj(·w)·n-Gott NN (König) etc. *(AR)* „den der *ꜣḫtj* (usw.) gemacht hat“

(*irj(·w)·n·f* *(MR)* „den er gemacht hat“)

(*irj(·w)·n·ś* u. a. *(A Ru MR)* „den sie (die Göttin) gemacht hat“)

(f *irj·t·n·ś* *(AR)* „die sie (die Göttin) gemacht hat“)

f *wḏb·t·n(·j?)*[1]) *(AR)* „die ich getauscht habe“ (?)

(*mrj·w·n·f* *(MR)* „den er geliebt hat“)

f *mrj t·n-nb(·w)* *(NR)* „die (quam) Gold geliebt hat“

(f *mr·t·n·ś* [2]) *(AR)* „die (quam) sie geliebt hat“)

nḥj(·w)·n·j-n(·j) *(MR)* „den ich mir erbeten habe“

(f *nḥj·t·n·j* , *(MR)* „die (quam) ich erbeten habe“)

(*rdj(·w)·n·f-n·j* u. a. *(MR)* „den er mir gegeben hat“)

(*rdj·w·n·ś* , *(AR)* „den sie (die Göttin) gegeben hat“)

---

[1]) Wenn nicht Kurzformen von Namen wie „Ptah erhebt den “, „Ptah ernährt den “ vorliegen

[2]) Vgl *šdd(w?)-inḥr t*, PN I, 332, 1 *(MR)*

[3]) Vgl S 27 Anm 1

[4]) Eine Variante anscheinend desselben Namens ist *tꜣ-ḥn(t)-nb-ḫmn w*, „die der Herr von Schmun schützt“, vgl S 9

[5]) Der Gottesname (WB 3, 179) war allerdings bisher nicht vor dem *MR* (Urk V, 15) belegt!

[6]) Vgl den späten Namen *špśj-iir-dj-św*, PN I, 326, 4

[7]) Dies einer der wenigen Namen dieser Bildung im *AR* Im *MR*, wo die Bildung sehr häufig ist, finden sich neben , , , und auch die Schreibungen und . Was bedeuten die Frauennamen des *MR* mit wie (PN I, 404, 1), (404, 4) 403, 1), zu denen vielleicht auch die gleichzeitigen Männernamen (403, 6) und (404, 3) gehören? Und wie sind die *MR*-Namen , (daneben , PN I, 228, 7—9 u der *NR*-Name u a zu verstehen?

---

[1]) Vgl *wḏb t(j?)*, S 27

[2]) So ist gewiß auch der falschlich geschriebene Name, Dunham, Stelae, Taf 11, 1 zu berichtigen Vgl auch f (157, 4 *MR)* Ob auch , Junker, Giza V, S 142, Abb 38 denselben Namen wiedergibt?

(*rdj·t·n·ś* (MR/NR) „die (quam) sie (die Göttin) gegeben hat")

(f *rdj·t n·ś-n·j* u a. (MR) „die (quam) sie mir gegeben hat")

ḥn·n(·w)-śbk [1]) (D 6) „den (der Gott) Suchos (usw.) geschützt[2]) hat"

(f *ḥn·t·n·ś* (AR) „die (quam) sie (die Göttin) geschützt[2]) hat")

(f *ḥsj·t·n·s* (MR) „die (quam) sie (die Göttin) gelobt hat")

ḫwj(·w)·n Gott NN (König) etc. (AR u MR) „den Re (usw.) geschützt hat"

(*ḫwj·w·n·ś* (AR) „den sie (die Göttin) geschützt hat")

f *ḫwj·t·n-bꜣ* [3]) (AR) „die der heilige Bock geschützt hat"

(f *ḫwj·t·n·ś* (AR) „die (quam) sie (die Göttin) geschützt hat")

f *ḫm·t·n·śn* u.a (MR) „die (quam) sie nicht kannten"

(*śꜣb(·w)·n·f* (AR) „den er...")

(*śꜣb(·w)·n·ś* (AR) „den sie...")

śʿnḫ(·w)·n-ptḥ [4]) (AR u MR) „den Ptah am Leben erhalten hat"

(*śʿnḫ(·w)-n f* (AR) „den er am Leben erhalten hat")

(f *śʿnḫ(·w)·n·ś* u. ä (AR) „den sie am Leben erhalten hat")

(*śśnb(·w)·n·f* (D 12) „den er gesund gemacht hat")

(f *śśnb·t·n·f* (MR) „die er gesund gemacht hat")

kmꜣ·w·n(·j) (MR) „den ich erzeugt habe" (?)

kmꜣ(·w)·n·j-n(·j) u a. (MR) „den ich mir erzeugt habe" (?)

(*ḳd(·w)·n·ś* u a (AR) „den sie geschaffen hat")

(f *ḳd·t·n·ś* u. a. (AR) „die (quam) sie geschaffen hat")

km(·w)·n·j u a. (MR) „den ich vollendet habe" (?)

f *km·t n·j* u a. (MR) „die (quam) ich vollendet habe" (?)

(*ṯꜣj(·w)·n·ś* (AR) „den sie erhoben hat" o.ä.)

dbḥ(·w)·n·j u a (AR u. MR) „den ich erbeten habe"

3. Verbaladjektiva.

Endlich finden sich Namen, die aus einem Verbaladjektiv bestehen, eine sehr kleine Gruppe, die im Alten Reiche noch ganz gering vertreten ist Ich kenne bisher nur *ʿnḫ·tjfj* (PN I 68, 22[5])) und (PN I 47, 21), Namen, welche den Neugeborenen als „einen, der leben wird" bzw „einen, der vortrefflich sein wird" zu bezeichnen scheinen, während *wꜣḏ tjfj-n·j* „einer, der mir gedeihen wird" bedeuten könnte

Aus dem Mittleren Reich haben wir f *ʿnḫ·tjsj* [6]) u a. „eine, die leben wird", *ḥḳꜣ·tjfj* „einer, der herrschen wird", *śnb·tjfj* „einer, der gesund sein wird", f *śnb·tjśj* u. a „eine, die gesund sein wird" und f *ḏbꜣ·tjśj* „eine, die ersetzen wird".

---

[1]) So auch *wḫ* (D 6)

[2]) Das Wort *ḥn* „schützen", war allerdings aus dem AR bisher nicht mit Sicherheit belegt, siehe WB 3, 101, 7

[3]) So auch Sachmet (AR)

[4]) Zu der Schreibung vgl Kap II B I 2a

[5]) Vgl auch den Doppelnamen (?) (AR/MR)

[6]) PN I 68, 23 und 24

Freilich ist hierbei der Name 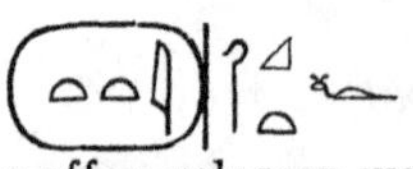 (PN I 385, 9) zu beachten, „(König) Teti ist einer, der herrschen wird". Die Möglichkeit muß also offen gelassen werden, daß nicht nur *ḥkꜣ·tjfj*, sondern auch andere der hier genannten Namen mit Verbaladjektiv- Formen als Kurznamen anzusehen sind[1]). Nach dem Mittleren Reich scheinen Namen dieser Bildung außer Gebrauch gekommen zu sein.

B. SATZNAMEN

I. VERBALSÄTZE

Über die vermutliche Entstehung der Satznamen, die das Ägyptische mit den alten semitischen Sprachen, also dem Akkadischen, Hebräischen, Südarabischen usw. gemeinsam hat, während sie den indoeuropäischen Sprachen fehlen[2]), habe ich in einem Sitzungsbericht für die Heidelberger Akademie von 1937[3]) eingehend gehandelt. Ich fasse die Ergebnisse meiner damaligen Ausführungen[4]) hier kurz zusammen und muß für alle Einzelheiten auf jenen Bericht verweisen.

Wir finden in gelegentlichen Äußerungen der ägyptischen Literatur[5]) sowohl wie des Alten Testaments[6]) eine Erinnerung daran, daß in Ägypten wie in Israel bei der Geburt eines Kindes von der Mutter, dem Vater oder der Hebamme gesprochene Sätze in dem Namen, den das Kind erhält, anklingen, in ihm gewissermaßen sich wiederholen, so daß ein bei der Geburt gefallener Ausspruch zum Anlaß des Namens selbst werden kann. Außerdem wird in einem Texte des Neuen Reiches berichtet, daß eine Ägypterin, die eine syrische Sklavin — offenbar auf dem Westufer des Nils — gekauft hatte und ihr nun der Sitte entsprechend einen ägyptischen Namen beilegte, sie *gmj·n j-ḫr-ı͗mn t·t*[7]) d. h. „ich habe im Westen (etwas) gefunden" genannt habe. Hier ist also bei dem Kauf einer erwachsenen Sklavin — als handle es sich um die Geburt oder die Adoption eines Kindes — ein Satz ausgesprochen und zugleich zum Namen geworden.

Hinzu kommt noch die Tatsache, daß im heutigen Nubien, wie H. Schäfer mitgeteilt hat[8]) die Geburt eines Kindes von zahlreichen, großenteils religiösen, Ausrufen der die Kreissende umgebenden Frauen begleitet ist — ohne daß freilich diese Ausrufe heute noch in Personennamen umgesetzt würden.

Wenn wir dies Alles in Rechnung ziehen und daraufhin die ägyptischen Satznamen[9]) genauer durchsehen, so ergibt sich, daß ihre weitaus größte Mehrzahl sich als Ausrufe oder Aussprüche bei der Geburt des Kindes erklären lassen, und daß viele von ihnen nur bei dieser Annahme eine befriedigende Erklärung finden.

Das gilt von einfachen Ausrufen wie „etwas Gutes!" oder „o (Göttin) Bastet!" sowohl wie von Sätzen, die einen Wunsch („möge ein Bruder herauskommen!", „möge Amon gnädig sein!"), eine dankbare Feststellung („ein Sohn ist es!", „Ptah hat sich gnädig erwiesen!") oder eine allgemeine religiöse Aussage („Amon ist groß", „es gibt keinen Größeren als Osiris" enthalten.

Die den Satz sprechende Person spricht dabei häufig in der 1. Person Singularis von sich selbst: „ach möchte ich doch leben!"[10]), „möge Ptah mir gnädig sein!", „möge Bastet mir eine Gefährtin geben!", noch häufiger aber in der 3. Person Singularis von dem erwarteten oder erhaltenen Kinde: „möge er wie die Sonne kommen!", „Ptah ist sein Schutz!", „möge Chons sie (eam) schützen zur Gesundheit!", „möge Amon sich ihrer erbarmen!" usw.[11])

Zuweilen sind es allerdings Mehrere, die den Satz sprechen wie in „Ptah ist unser Gebieter", „Horus hat uns nicht verlassen", „es ist unsere Schwester", „mögen wir Alle leben!" u. a., und dann werden wir uns entweder

---

[1]) Vgl. auch den mir noch unklaren Frauennamen   u. a. *(AR/MR und MR)?*

[2]) Vgl. auch Abschnitt 4, Anfang.

[3]) Grundsätzliches zum Verständnis der ägypt. Personennamen in Satzform, Philos.-histor. Klasse, Jahrg. 1936/37, 3. Abhandlung.

[4]) Sie waren eigentlich als Anregungen gedacht, haben aber die erhoffte Aussprache nicht herbeigeführt und scheinen von den Fachgenossen stillschweigend angenommen zu sein.

[5]) Vgl. oben S. 2f.

[6]) Z. B. Genesis 29,33: Lea gebar einen Sohn und sagte: „Jahwe hat gehört *(šamaʿ)*, daß ich zurückgesetzt bin" usw. Und sie nannte ihn *Šimʿōn* (Simeon)".

[7]) Die an sich mögliche Lesung *gmj(·t) n·j-ḫr-ı͗mnt·t* „die ich auf der Westseite gefunden habe" ist abzulehnen, da Wortnamen in Gestalt einer Relativform nach dem Mittl. Reich nicht mehr belegt sind.

[8]) „Nubisches Frauenleben" — in den Mitteil. des Semin. für oriental. Sprachen zu Berlin, Jahrg. 38 (1935), Abt. 3, S. 201ff.

[9]) Und ebenso die der altsemit. Sprachen, auf die ich hier nicht näher eingehe.

[10]) D. h. am Leben bleiben — ein in der Angst der Wehen getaner Ausruf.

[11]) Daß in einer Anzahl von Namen mit der 3. Pers. Sing. nicht das Kind sondern eine Gottheit oder der König gemeint ist — wie in „groß ist seine Kraft" oder „ich habe seine Siege gesehen!", sei hier nur erwähnt.

die beiden Eltern oder die Geschwister des Neugeborenen oder eine andere Mehrheit von Personen als die Redenden zu denken haben[1]).

Es scheint aber so gut wie sicher, daß die ägyptischen Satznamen auf Ausrufe und Aussprüche zurückgehen, die bei der Geburt des betreffenden Kindes gefallen sind[2]) Aber damit, daß diese Namensätze ursprunglich einmal Ausrufe gewesen sind, ist noch keineswegs die höchst merkwurdige Verwandlung erklärt von Ausrufen, die im erregten Augenblick geschehen und mit ihm verhallen, in Personennamen, die ihren Träger für die Zeit seines Lebens anhaften. Hier liegt ein psychologisches Problem vor, für das ich eine einwandfreie Lösung nicht geben kann Man könnte etwa denken, daß in den Zeiten „mythischen" Denkens die Gleichzeitigkeit bestimmter gesprochener Worte mit dem Erscheinen des Kindes als eine magische Einheit Beider gedeutet worden sei — aber hier muß ich die Entscheidung Berufeneren überlassen

Die Formen des Verbums in den Satznamen.

In den Satznamen der alteren Zeit begegnen fast ausschließlich 4 Formen des Verbums, zwei *śdm·f*-Formen — die eine mit pronominalem und nominalem Subjekt zugleich, die andere mit nominalem Subjekt allein — und zwei Formen des „Pseudopartizipiums", und zwar die 3. Person Singularis im Maskulinum und im Femininum. Von diesen 4 Formen ist die erste selten und fast ganz auf das Alte Reich beschränkt. Nur vereinzelt begegnet sie noch im Mittleren Reich und später. Die anderen 3 Formen sind häufig im Gebrauch und zwar bis in die Spätzeit hinein. Als Beispiel wähle ich das Verbum  *ḫ'j* „erglänzen", weil es das einzige ist, von dem wenigstens drei, wenn nicht alle vier Formen vorkommen:

1.  *ḫ'j·f-ptḥ* PN I 265, 13 *(AR)*

2  *ḫ'j-mꜣ'·t* PN I 264, 6 *(AR)*

3  *mn(·w)-ḫ'j(·w)*[3]) PN I 264, 8 *(NR)*

Vgl. aber z. B. 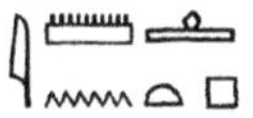 *imn-ḥtp(·w) (MR)*

4.  *mw·t-ḫ'j·tj* PN I 148, 15 *(NR)*

Daß bei der ersten Form wirklich *ḫ'j-f-ptḥ* und nicht *ptḥ-ḫ'j·f* zu lesen ist, zeigt die, wenn auch späte und entstellte[4]), Wiedergabe des nach dieser Form gebildeten Königsnamens 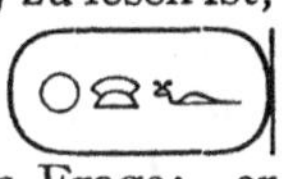 durch χεφρην mit völliger Sicherheit[5]). Für die Übersetzung kommen theoretisch 2 Möglichkeiten in Frage: „er erglänzt (bzw. möge erglänzen), o Ptah" und „er erglänzt (bzw. möge erglanzen), namlich Ptah". Bei der ersten ist eine Beziehung auf den neugeborenen Namentrager ausgeschlossen. Man sagt nicht *ḫ'j·f* von einem gewöhnlichen Menschen. Eine Beziehung auf den König wäre an sich möglich, und man könnte an einen Ausruf beim Feste denken (vgl. unten), an dem der König vor einem bestimmten Gotte erscheint. Die wechselnde Anrede „o Re", „o Min", „o Ptah" usw. könnte so eine Erklärung finden. Aber die Verba einer Anzahl von Namen dieser Gruppe wie *ḥsj·f-* „er lobt" oder „er belohnt", *ḫwj·f-* „er schützt" setzen doch eher einen Gott als Subjekt voraus, und in Namen wie *ḫwj·f-wj-ḫnm·w* „er schutzt (oder schütze) mich (namlich) Chnum"[6]) oder 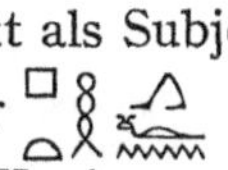 *iw·f-n·j-ptḥ* „er kommt (oder komme) zu mir, (nämlich) Ptah", ist die Beziehung des Suffixes auf den König ausgeschlossen. Außerdem finden sich, wenn auch verhältnismäßig selten, Frauennamen, die anstatt des Namens eines Gottes den einer Göttin enthalten, wie *ḫ'j·ś-nb·w (MR)*, *wbn·ś-nfr·t (MR)*, und an deren Bedeutung „sie erglanzt (nämlich) Gold", „sie leuchtet (nämlich) auf die Schöne"

[1]) Fur eine besondere Gruppe von Namen, die ein Suffix der 3 Pers Plur enthalten, siehe S 39

[2]) Ich spreche dabei nur von der Entstehung dieser Namen Als sie einmal vorhanden waren, haben sie sich naturlich von Geschlecht zu Geschlecht fortgeerbt, bis sie im Laufe der Geschichte (vgl Abschnitt III) von anderen abgelost worden sind

[3]) Die Schreibung laßt nicht mit Sicherheit erkennen, ob diese oder die zweite Form — also *ḫ'j-mn(w)* vorliegt

[4]) Die „Entstellung" dieser Umschreibung liegt nur in der Endung ν, welche die griechische Überlieferung hier (wie gelegentlich auch in anderen Fallen) anstatt des gewohnlichen ς des Nominativs an die agyptische Namenform angefugt hat Griechisches ρη entspricht, wie so oft, dem Namen des ägyptischen Sonnengottes *r'*, und χεφ ist eine durchaus respektable Umschreibung von (enttontem) ägyptischem *ḫ'j f* Wir haben keinen Grund, diese Aussprache nicht fur die alte zu halten.

[5]) Gegen die hier vorgetragene Auffassung ist der Exkurs I am Ende des Buches zu beachten!

[6]) Hierzu vielleicht auch 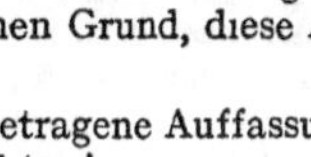, wenn das 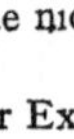 nicht zum Stamm gehort

nicht wohl gezweifelt werden kann[1]). So bleibt nur die zweite Möglichkeit, und wir müssen *ḫꜥj·f-rꜥ* mit „er erglänzt (oder erglänze), (nämlich) Re“ bzw „Re erglänzt (oder möge erglanzen)“ wiedergeben. Wir haben damit allerdings eine altertümliche Ausdrucksweise vor uns, die in der literarischen Sprache des Alten Reiches nicht mehr gelaufig war und uns nur in Personennamen — die ja auch in anderen Sprachen oft altes Sprachgut länger aufbewahren — erhalten ist. Umso verständlicher ist das fast vollige Verschwinden solcher Namen nach dem Mittleren Reich, in dem selbst sie nicht mehr häufig sind[2]).

Die zweite Form, fur die unser Paradigma *ḫꜥj-mꜣꜥ·t* steht, — also *śdm·f* mit nachgestelltem nominalem Subjekt —, bildet einen der Hauptbestandteile der agyptischen Satznamen vom Alten Reich bis in die griechisch-römische Zeit. Es ist die Frage, wie zu übersetzen ist. Zunächst ist zu beachten, daß vielfach dieselben Verben in der *śdm·f*-Form sowohl wie im Pseudopartizip gebraucht werden. So steht neben *ḫꜥj-mꜣꜥ·t* ein *mw·t-ḫꜥ·j·tj*, neben *ḥtp-imn* ein *imn-ḥtp(·w)*[3]), neben *iw-nfr* (PN I 15, 21) ein *nfr-iw(·w)* (PN I 194, 7). Da die Pseudopartizipia doch wohl (s. u) den abgeschlossenen Zustand bezeichnen, so werden die *śdm·f*-Formen präsentisch bzw. optativisch ubersetzt werden müssen[4]). Also *ḫꜥj-mꜣꜥ·t* „die (Göttin) *mꜣꜥ·t* erglänzt“ oder „möge erglänzen“, — neben *mw·t-ḫꜥ·j·tj* „die (Göttin) Mut ist erglänzt“, *ḥtp-imn* „Amon ist (oder sei) gnadig“ — neben *imn-ḥtp(·w)* „Amon ist gnädig gewesen“, *iw-nfr* „der Schöne (Gute?) kommt“ oder „möge kommen“ neben *nfr-iw(·w)* „der Schöne (Gute?) ist gekommen“. So z. B. auch *prj-śn(·j?)* „ein (mein?) Bruder kommt heraus (bzw. moge herauskommen)“. Welche von beiden Übersetzungsmöglichkeiten im Einzelfall vorzuziehen ist, wird sich kaum immer mit Sicherheit entscheiden lassen.

Ich habe mich in meinen Übersetzungsvorschlagen für den Optativ entschieden[5]), und zwar auf Grund folgender Überlegungen:

1. Es ist an sich naheliegend anzunehmen, daß in den Sätzen und *kꜣ·j-iḥꜣ·f* und *iḥꜣ-kꜣ·j* oder in und die verschiedenen Verbformen nicht ganz das Gleiche bedeuten. Macht man aber einen Unterschied, so scheint bei den ersten die Aussageform wahrscheinlicher als beim zweiten.

2. Bei den Namen mit *ꜥnḫ-* will mir die Aussage „König N. N. lebt“, „die Hathor lebt“ etwas blaß erscheinen. Denkt man sich die erste Gruppe als Ausruf bei einem Königfeste (etwa dem *ḥbśd*) „es lebe König Onnos!“ usw., das zweite als den Ausruf bei einem Götterfeste oder als einen Wunsch der Mutter „möge Hathor leben!“, nämlich für mich oder fur das Kind — wozu sich Namen wie *ꜥnḫ-n·f-inp·w* „möge Anubis für ihn leben!“, *ꜥnḫ-n·ś-pjpj* „möge Phiops für sie leben!“, *ꜥnḫ-n·n-mrjrꜥ* „möge *mrjrꜥ* für uns leben!“ u. a. als Parallelen anbieten —, so gewinnt das Ganze an Farbe und Leben.

3. Faßt man Namen wie *ḥtp-ḥtḥr* als „die Hathor ist gnädig“, so würde kein Unterschied bestehen zwischen diesem Namen und dem Namen *ḥtḥr-ḥtp·tj*, der sicher so bzw. „Hathor ist gnädig gewesen“ ubersetzt werden muß Es liegt also wiederum nahe, Namen wie *ḥtp-ḥtḥr* optativisch zu fassen und als vor bzw. wahrend der Geburt geschehene Ausrufe zu verstehen, während in *ḥtḥr-ḥtp·tj* die dankbare Feststellung nach uberstandener Geburt zu sehen wäre.

Eine Folge davon ware allerdings, daß Sätze wie *ij-śn·f* „möge sein Bruder (wieder) kommen!“ oder *prj-śn* „möge ein Bruder herauskommen!“ nur als vor der Geburt gesprochen gedacht sein könnten, also in einem Augenblick, in dem das Geschlecht des zu erwartenden Kindes noch nicht feststand. Aber dieser Einwand scheint mir nicht entscheidend zu sein. Ein solcher Ausruf ist natürlich nur dann zum Namen geworden, wenn der Wunsch wirklich erfüllt worden war.

---

[1]) Am ahnlichsten sind noch die von Sethe, Nominalsatz, S 59 § 85 besprochenen Nominalsätze mit betontem Pradikat Daß diese Namen schon zu Anfang des *NR* nicht mehr verstanden worden sind, zeigen die Schreibungen und im Pap Westcar (1, 17 und 4, 17f) fur bzw , die an „sein Glanz ist Re“ bzw. „sein Ruhm ist Re“ gedacht zu haben scheinen

[2]) Die einzigen mir bekannten Namen dieser Bildung aus dem *NR* sind *ꜥn ś-bꜣśt t* „Bastet ist schon“ o ä, und *šdj f-šdt j* „der (Gott) von *šd t* errettet“ (wenn PN I 331, 20 so zu lesen ist) Daß in der Spätzeit auch diese Namenbildung (in *ḫwj f-ḥp*, PN I 237, 18, vgl dazu *dd ś-ptpt*, PN I 137, 26?) wieder hervorgeholt wird, ist nicht verwunderlich Dagegen finden sich seit dem *NR* einige Fälle mit umgekehrter Wortfolge, deren Verbum nach Erman (Äg Gramm [4], S 260 oben) futurisch zu ubersetzen ist wie *pꜣ-rꜥ-kꜣmn f* „der (Gott) Re wird (die Feinde) blenden“, dann *wr t-wꜣḥ s* „die Große wird dauern“, *h-wbn f* „*h* (das heißt Konig Amenophis I?, vgl PN I 234, 12) wird erglanzen“, *wꜣḏj t-šdj ś* „Uto wird erretten“, *nb(j?)-wnn f* „der (mein?) Herr wird existieren“, *hr-n-imn-pnꜥ f* „das Antlitz Amons wird sich (gnadig) zuruckwenden“ Ob hierzu auch die beiden *AR*-Namen *kꜣ(j)-iḥꜣ f* und *kꜣ(j)-hj f* gehoren, die dann „mein Ka wird kampfen (bzw schlagen)“ zu ubersetzen wären?!

[3]) Fur diese beiden haben wir die Umschreibungen *ḫatpimunu* (aus assyr Zeit) bzw ετπεμουνις und ετφεμουνις und *amanḫatpi* (aus der Zeit der 18 Dyn) bzw αμενωθης Zur Lesung mit Vokal auch nach dem 3 Konsonanten sind auch Schreibungen wie (*NR*), zu beachten

[4]) Vgl Erman, Gramm [4] § 289ff und 293

[5]) Vgl schon „Grundsätzliches“, S 26f

4. Der Sinn scheint bei manchen dieser Namen für eine optativische Fassung zu sprechen. So ist für die Übersetzung „möge ein Beschützer herauskommen!", d. h möge der erhoffte Neugeborene ein Beschützer seiner — etwa verwitweten — Mutter sein! entschieden sinnvoller als „ein Beschützer kommt heraus" — wo man doch noch garnicht weiß, ob das Kind heranwachsen wird. Ähnlich steht es mit Namen wie *ỉj-nfr·t, ỉj-ḏfꜣ* „möge Nutzen (bzw. Speise) kommen!", *śnb-nb·f* „möge sein Herr gesund sein!" u. ä.

Eine andere Frage, die Junker[1]) bejaht hat, ist die, ob diese *śḏm·f*-Formen nicht vielmehr durch die Vergangenheit zu übersetzen sind, also *prj-śn* „ein Bruder kam heraus" oder „ist herausgekommen". Junker führt aus den Texten des Alten Reiches eine Anzahl von Stellen an, in denen *śḏm·f*-Formen in der Erzählung gebraucht werden, also als Vergangenheit aufzufassen seien. Ich bin nicht ganz sicher, ob die Erklärung jener Stellen richtig ist, und ob nicht vielmehr eine lebhafte Erzählung das in der Vergangenheit liegende Ereignis als gegenwärtig geschehend sieht — wie wir etwa in ähnlichem Fall sagen können: „da schickt er mich in die Nacht hinaus" —, wenn auch das Ereignis schon der Vergangenheit angehört. Aber abgesehen davon, daß der soeben unter 4. angeführte Grund gegen eine Übersetzung durch die Vergangenheit spricht, ist hier noch an etwas Anderes zu erinnern. In der Fülle der Namen des *AR* und des *MR* begegnet keine einzige *śḏmn·f*-Form[2]). Warum? Weil das *śḏmn·f* das Tempus der Erzählung ist. Und diese Sätze, die zu Namen geworden sind, wollen nicht etwas erzählen Sie wollen vielmehr entweder konstatieren — und zwar entweder eine unvollendete oder eine vollendete Handlung (bzw. einen vollendeten oder einen unvollendeten Zustand) — oder einen Wunsch aussprechen.

Die vollendete Handlung oder der vollendete Zustand aber wird in ihnen durch das „Pseudopartizipium" ausgedrückt, und damit kommen wir zur letzten Gruppe dieser Satznamen

Die dritte und vierte Form, als unabhängig gebrauchte Pseudopartizipia ohne Einleitung durch , bezeichnen „die abgeschlossene Handlung oder den dauernden Zustand" und sind durch die Vergangenheit zu übersetzen"[3]). Also *ỉmn-ḥtp(·w)* „Amon ist gnädig gewesen" — im Gegensatz zu *ḥtp-ỉmn, mw·t-ḫꜥ·tj* „(die Göttin) Mut ist erglänzt" — im Gegensatz zu *ḫꜥj-mꜣꜥ·t*, siehe oben Also haben wir auch die auf *-ꜥnḫ·w* und *-ꜥnḫ·tj, -śnb(·w)* und *-śnb·tj* endenden Namen anders zu übersetzen als die, in denen *ꜥnḫ-* bzw *śnb-* an erster Stelle steht. Sie werden mit „ist lebendig" bzw. „ist gesund" wiedergegeben werden müssen, die letzteren dagegen mit „möge leben" und „möge gesund sein".

Wie schon gesagt, fehlen Formen des Tempus *śḏm·n·f* in den Namen der älteren Zeit völlig. Sie begegnen erst im *NR* und sind dort sowohl wie in der Spätzeit selten, zu übersetzen sind sie mit dem Perfektum Also *mꜣꜣ·n·j-ỉmn* „ich habe den Amon gesehen" *(NR)*, *mꜣꜣ·n·j-nḫt·w·f* „ich habe seine Siege gesehen" *(NR)*, *gmj·n·f-ḥr-bỉk* „er hat Horus, den Falken, gefunden" *(Spät)*, *gmj·n·ś-ḥr(·w)* „sie hat den Horus gefunden" *(Spät)* — was auch immer diese letzten Namen bedeuten mögen.

Dagegen finden sich vereinzelt schon seit dem Mittleren Reich noch einige andere Formen des Verbums, deren Übersetzung keine Schwierigkeiten bereitet. So vor allem das Futurum, z B in *ỉw·f-r-ꜥnḫ, ỉw·f-r-śnb* „er wird leben" bzw. „er wird gesund sein"[4]) und *ỉw·ś-r-prj·t* „sie wird herauskommen" (alles *MR*), *bn-ỉw·f-r-mḥ-sp-śnw* „er wird nicht zweimal sein"[5]) o a. *(NR)*

1. Sätze, die aus Prädikat und Subjekt allein bestehen.

a) Das Verbum in der Form *śḏm·f*.

α) Nominales Subjekt, wiederaufgenommen durch ein Pronominalsuffix.

ỉw·f-n·j-ptḥ „Ptah kommt zu mir"

f *ỉw·ś-nfr·t* [6]) „die Schöne kommt"

ꜥnḫ·f-Gott N.N. „Gott N.N. lebt"

ꜥpr·f-ptḥ „Ptah stattet aus"

wnn·f-ptḥ „Ptah existiert"(?)

wnn·ś-nfr·t *(AR)* „die Schöne existiert"(?)

bꜣ·f-Gott N.N „Gott N.N. ist beseelt"

---

[1]) Giza II, S 165

[2]) Die n-Form erscheint nur als Relativform der Vergangenheit in den auf S 40 f besprochenen Wortnamen

[3]) Vgl Erman, Äg Gramm [4], § 331 a Gardiner, Grammar, § 311 Beachte allerdings § 313!

[4]) Vgl dazu inhaltlich die Formen des Verbaladjektivs, S 29

[5]) D h „so einen (Vorzüglichen) wird es nicht noch einmal geben"?

[6]) Vgl Urk I 169,8 und Montet, Mélanges Dussaud, S 191 ff

bꜣ·f-König N. N. „König N.N. ist beseelt“

nfr·f-Gott N. N. „Gott N.N. ist gut“

ḥp·f-Gott N. N.

ḥs·f-Gott N. N. [1]) „Gott N.N. lobt“

ḫꜥj·f-Gott N. N. „Gott N.N. erglanzt“

ḫꜥj·f-König N.N. „König N.N. erglanzt“

ḫwj·f-Gott N. N. [1]) „Gott N.N schützt“

f *ḫnś·w-ḫwj·f-śj-r-śnb* (*D 13*) „Chons schutzt sie zur Gesundheit“

ḏdj·f-Gott N.N. „Gott N. N. dauert“

ḏdj·f-König N.N. [2]) „König N.N. dauert“

Bei einigen wenigen Namen, die aus Nomen und *śḏm·f* zusammengesetzt sind, scheint allerdings das Nomen die erste Stelle einzunehmen. Ich denke an die Namen und (Varianten ,), die doch wohl *kꜣ(·j)-iḥꜣ·f* bzw. *kꜣ(·j)-ḥj·f* zu lesen sind. Fraglich ist es auch, ob in den weiblichen Namen , , das Wort *nfr·t* „die Schöne“ — ein Beiname der Hathor — aus Ehrfurcht in der Schreibung vorangestellt ist.

β) Einfaches nominales Subjekt[2]).

ij-ib(·j?) u. a. (*MR* u. *NR*) „möge mein Herz kommen“ (?)

f *ij-ꜥnḫ·t* (*MR*) „möge eine Lebendige kommen!“ (?)

ij-ꜥd [3]) u. ä. (*MR*) „möge ein Unversehrter kommen!“

ij-wꜣḏ (*MR*) „möge ein Frischer kommen!“ (?)

ij-wj-ptḥ (*MR*)[4]) „willkommen, Ptah!“

ij-wn (*AR*) ?

ij-mw (*AR*) „möge Wasser kommen!“ (?)

[1]) Vgl die Variante sowie die Schreibung (PN I 141, 4)!

[2]) Einschließlich negierter Sätze — Fur die Vokalisation dreiradikaliger Verben — mit Vokal auch nach dem 3 Radikal — ist neben den Umschreibungen *ḫatpimunu* und ετφεμουνις fur *ḥtp-imn* von Interesse die Schreibung (*Spät*) Ferner moglicherweise (*NR*), wenn hier nicht *śḏm-wj-imn* „möge A mich erhören“ und (*MR*), wenn hier nicht *ꜥnḫ-wj-snwśr·t* „wie lebendig ist Sesostris!“ o ä zu lesen ist Auch (*NR*) konnte hierher gehoren

[3]) So auch *ḫrtj* (*MR*)

[4]) So auch Amon, Month, beides *NR*

f *ij-mw·t* (*NR, Spät*) „möge (die Gottin) Mut kommen!“

ij-mrj, *ij-mrj(·t)* (m u. f *MR*)[3]) „möge ein Geliebter (eine Geliebte) kommen!“

f *ij-mrj·t* (*MR*)[4]) „möge eine Geliebte kommen!“

ij-mrw(·t?) u. ä. (m u. f *MR*) „möge Liebe kommen!“ (?)[5])

ij-mḥ (*AR*) „möge ...... kommen!“

ij-nfr, *ij-nfr(·t)* u. ä (*AR* u. *NR*[6]))[7]) „möge ein Schöner (eine Schöne) kommen!“

ij-nfr·t u. ä. (m u. f *AR*, f *NR*) „möge Nutzen kommen!“ o ä.[8])

[1]) Vgl auch *ḫwj-f-wj-ḫnm w*

[2]) Der Name *ḏdj f-ḥr(w)* wird im Pap Westcar (6, 22 usw) geschrieben!

[3]) Dieselbe Bedeutung wohl und (*AR*)

[4]) Dieselbe Bedeutung wohl (f *MR*) und (f *AR*)

[5]) Oder Kurzname?

[6]) Auch Frauenname

[7]) Dasselbe wohl (*MR*)

[8]) Als Frauenname kann es auch „möge eine Schöne kommen!“ bedeuten

ỉj-nšš (?) (*AR*) ?

ỉj-ḥs·wt u. a (*MR*) „mogen Belohnungen kommen!"

ỉj-ḥtp (*AR, NR* u. *Spat*) „moge Gnade kommen!" o ä.

ỉj-sꜣ [1]) (*MR/NR*) „moge ein Sohn kommen!"

ỉj-sꜣṯ·f (*D 6*) „moge seine Spende kommen!" (?)

ỉj-šn·f (*AR*) „moge sein Bruder kommen!"

ỉj-šnb (*MR*) „moge ein Gesunder (Gesundheit ?) kommen!"

ỉj-šmꜣ [2]) u. ä. (*AR* u. *MR*) (?)

ỉj-kꜣ(·j) (*AR*) „moge mein Ka kommen!"

ỉj-kꜣ·w(·j?) (*AR*) „mogen die (meine ?) Kas kommen!"[3])

ỉj-kj-kꜣ (*AR*) „moge ein andrer Ka kommen!" (?)

ỉj-twꜣj (*AR*) „moge ein Stutzender kommen!"

ỉj-ḏfꜣ u. ä (*AR*) „moge Speise kommen!"

f *ỉw-ꜥnḫ(·t?)* (*MR*) „moge eine Lebendige kommen!" (?)

f *ỉw-bnj(·t)* (*MR*) „moge eine Suße kommen!"

ỉw-nb·f (*AR*) „moge sein Herr kommen!"

ỉw-nfr, ỉw-nfr(·t) u a (m u f *MR*, m *D 20*) „moge ein Schoner (eine Schone) kommen!"

f *ỉw-šnb* [4]) (*MR*) „moge Gesundheit kommen!" (?)

[1]) So auch *sꜣ·t* (f *MR/NR*)

[2]) Vgl die Beischrift zu spielenden Knaben in Grabern des *AR*, Erman, Reden u Rufe, S 60 u Bull de l'Inst 30, 73—75

[3]) Oder Kurzname?

[4]) Ob fur ?

ỉnj-mnṯ·w (*NR*) „moge Month (wieder) bringen!"[1])

f *ỉḥꜣ-njt* (*D 1—2*) „Neith kampft" o a.

ỉḥꜣ-kꜣ(·j) (*D 2?*) „mein Ka kämpft" o a.

ꜥpr-ršp·w (*NR*) ?

ꜥnḫ-Gott NN (*Spat* u *Griech.*)[2]) usw. „Amon lebe!" usw.

ꜥnḫ-Konig NN (*MR*)[3]) usw „Amenemhêt I lebt!" usw.

ꜥnḫ-ỉwḏ·š (*AR*) „es lebt der, von dem sie es bestimmt"

f *ꜥnḫ-ỉb(·j?)* (*MR*) „mein Herz lebt" (?)

ꜥnḫ-ỉpj „*ỉpj* lebt"

ꜥnḫ-ỉrj(·w)·š u a. (*AR*) „es lebt der, den sie gemacht hat"

f *ꜥnḫ-ỉt(·j)* (*MR*) „mein Vater lebt"

ꜥnḫ-ỉtf(·j) u. a. (m u f *MR*) „mein Vater lebt"

ꜥnḫ-ỉtf(?)·f (*MR*) „sein Vater lebt"

ꜥnḫ-wj(?)snwšr·t (*MR*) „wie lebendig ist Sesostris!" o. ä (?)

f *ꜥnḫ-pꜣ-ỉr-dj-š(·t)* (*Spat*) „es lebt, der sie gegeben hat"

ꜥnḫ-pꜣ-ẖrd u. a (*Spat* u *Griech*) „das Kind[4]) lebt"

ꜥnḫ-pꜣ·f-ḥrj u a (*Spat* u *Griech*) „sein Vorgesetzter lebt"

[1]) Oder Kurzname?

[2]) So auch Onnofris (*Spat*), *wr·t* (*D 30*), *bꜣnbḏd·t* (*Spat*), *mꜣꜥ·t* (*AR*), Ptah (*Spat*), Mut (*NR* u *Spat*), Min (*Spat*), Mnevis (*Spat*), Month (*MR*) *nꜣ-hb·w* (*Griech*), Nut (*Spat*), (f *AR*), *nfr·t* (f *AR*), *nhjj* (*MR*), Hathor (f *AR*), Apis (m u f *Spat*, m *Griech*), Horus (*AR*, *Spat* u *Griech*), Harsiesis (*Spat*), *ḥkꜣ* (*Spat*), *ḥtm·t* (*Griech*), Chons (*Spat*), Somtus (*Spat*)

[3]) So auch (*AR*), (*AR*), *ḫꜥjkꜣrꜥ* (*MR*), Hophra, Necho, Osorkon, Pianchi (*Spat*), (f *MR*), Psammetich (*Spat*), Amenemhêt II, Psammetich II, *mrjj-rꜥ*, *špnwp·t* (f), Scheschonk, Takelothis, *nfr·f-rꜥ* (*AR*), *ḏd·f-rꜥ* (*AR*)

[4]) Es kann auch „(Horus) das Kind" (Harpokrates) gemeint sein

f *ꜥnḫ-mr·j(?)·ś* (*AR*) „es lebt der von ihr Geliebte" (?)

ꜥnḫ-nꜣ·f-nb·w (*Spät*) „seine Herren leben"

ꜥnḫ-nb·f (*Spät*) „sein Herr lebt"

ꜥnḫ-nḥ·t·f (?) (*Spät*) „es lebt sein Schutz" ?[1])

f *ꜥnḫ-rpj·t* (*AR*) „die Fürstin lebt" (?)

f *ꜥnḫ-ḥnw·t·ś* (*AR*) „ihre Herrin lebt"

f *ꜥnḫ-ḥtp* (*MR*) „der Gnädige lebt" (?)

ꜥnḫ-ḫwj (*MR?*) „der Beschützer lebt"

ꜥnḫ-śn(·j) (*MR*) „mein Bruder lebt"

ꜥnḫ-śnb·f (*MR*) ?

ꜥnḫ-kꜣ(·j) (*D 1*) „mein Ka lebt"

f *ꜥnḫ-kꜣ·ś* (*AR*) „ihr Ka lebt"

f *ꜥnḫ-tꜣ-ḥrj·t* [2]) u a. (*Spät*) „die Vorgesetzte lebt" (?)

f *ꜥnḫ-tꜣ·ś-ḥrj·t* (*Spät*) „ihre Vorgesetzte lebt"

f *ꜥnḫ-dd(·t)-ś·t* (*MR*) „es lebt die, die sie gegeben hat"

ꜥḳ-ḥr-nḫt (*MR*) „der starke Horus tritt ein" (?)

wꜣḥ-snwśr·t (*MR*) „Sesostris dauert"

f *wb(n)-nfr·t* (*MR*) „die Schöne leuchtet"

f *wbḫ-ḥtḥr* (*D 20*) „Hathor leuchtet"

wn-imn u. a. (*NR, Spät* u. *Griech*)[3]) „Amon existiert" (?)

wn-kꜣ·f (*AR*) „sein Ka existiert" (?)

wt-kꜣ(·j) u. a (*AR*) „mein Ka ist hoch"[4]) o. ä.

wḏꜣ-rmṯ(?rḫ·w?) (*AR*) „die Leute sind heil" o. ä.

wḏꜥ-nṯr(·j?) (*D 5*) „der (mein?) Gott richtet"

bw-tḥj-imn u. ä. (*NR*) „Amon sündigt nicht" (?)

f *prj-ꜥnḫ·ś* (*AR*) „ihr Leben kommt heraus" (?)

prj-pꜣ-nḥ (?) (*NR*) „der Erbetene (?) kommt heraus"

prj-pꜣw t (*NR*) „das Opferbrot kommt heraus"

prj-nb(·j) u a. (*AR*) „mein Herr kommt heraus"

prj-nfr u. a. (*NR*) „ein Schöner kommt heraus"

prj-nḏ·w (*AR*) „ein Beschützer kommt heraus"

prj-śn(·j?) u a (*AR*) „ein (mein?) Bruder kommt heraus"

prj-śn·n (?) (*AR*) „unser Bruder kommt heraus"

f *prj-śn·t(·j?)* (*AR*) „eine (meine?) Schwester kommt heraus"

prj-śnb (*AR*) „ein Gesunder kommt heraus"

prj-kꜣ(·j) (*Spät*) „mein Ka kommt heraus"

pḥn-ptḥ (?) (*AR*) „Ptah ...."

fḫ-mnṯ·w (*Griech*) „Month löst"

mn-imn [1]) (*NR* u. f *Spät*) „Amon bleibt"

mn-pśmṯk [2]) (*D 26*) „Psammetich bleibt"

f *mn-nꜣ·t* (*MR*) „die Stadt bleibt"

mn-kꜣ(·j) (*AR*) „mein Ka bleibt"

mr-kjj (*D 5*). Ob hierher?

1) Vgl Wb 2, 281, 10f u 13ff
2) Ob falsch für *tꜣ ś-ḥrj t?*
3) Ebenso Min (f demot) u Month (*spät*)
4) Vgl Wb 1, 377, 20.

1) So auch *iḥjj* (*AR*)
2) So auch Apries.

n-wn-nfw u. a (*NR*) „der Wind ist nicht vorubergegangen" (?)

n-śdr-kꜣ(·j) [1] u. a. (m u. f *AR*) „mein Ka schläft nicht"

f *nꜥj-wꜣj·t* (*Spat*) „die Ferne erbarmt sich" (?)

nw-îmn (*NR*) „Amon sieht"

f *nḥm-bꜣśt·t* [2] (*Spat*) „Bastet hat (?) errettet"

rḫ-îmn [3] (*NR*) „Amon weiß"

rd-ptḥ [4] (*AR*) „Ptah wachst" (?)

rdj-ptḥ u. a (*MR* u *Spat*) „Ptah gibt"[5]

hꜣj-kmt·[6] (*D 20*) „Ägypten zieht hinab" (?)

hn-ḥr(w) (*AR*) „Horus stimmt zu" (?)

hr-[7]*)îmn* [8] u. a. (*Spat*) „Amon ist zufrieden"

hd-śbk· (*D 20*) „Suchos greift an" o. ä.

ḥꜣm-kꜣ(·j) [9] (*AR*) „mein Ka fischt" (?)

ḥꜥꜥ-ptḥ (*Spat*) „Ptah jauchzt"

ḥn-ḏḥwtj (*MR*) „Thot schutzt" (?)

ḥsj-bꜣśt·t (*Spat*) „Bastet lobt"

ḥtp-îb(·j) (*AR*) „mein Herz ist zufrieden"

f *ḥtp-îb·ś* [1] (*AR*) „ihr Herz ist zufrieden"

ḥtp-îmn [2] u ä. (m u. f *Spat*) „Amon ist gnädig"

f *ḥtp-ît(·j)* (*MR*) „mein Vater ist gnadig" o. a.

ḥtp-nb(·j) (*AR* u. *MR*) „mein Herr ist gnädig" o. ä.

ḥtp-nḏm-.. (*MR*) „der ... ist gnadig" o.a.

ḥtp-rdj(·w)·n·f (*AR?*) „zufrieden ist, den er gegeben hat" (?)

ḥtp-snwśr·t sic (*MR*) „(König) Sesostris ist gnädig"

f? *ḥtp-sp·t* (*AR*) „(die Gottin?)[3]) *sp·t* ist gnadig"

f *ḥtp-sn·t* (*MR*) „*sn·t* ist gnadig"

ḥtp-śn·wj (*MR*) „die beiden Bruder[4]) sind gnädig" (?)

f *ḥtp-śn·t(·j)* (*MR*) „meine Schwester ist zufrieden" (?)

ḥtp-kꜣ(·j) (*AR* u. *MR*) „mein Ka ist gnädig (zufrieden?)"

ḫꜣj-îssj (*AR*) „König Asosi mißt zu" o. a.

f *ḫꜥj-bꜣḫj·t* [5] (*NR*) „es glanzt der Phallusschurz" (?)

f *ḫꜥj-bꜣśt·t* [6] (*NR*) „Bastet erglanzt"

f *ḫꜥj(?)-bb·t* (*NR*) „die Stadt *bb·t* erglanzt"?

---

1) Die Schreibung (f *AR*) ist wohl nur eine Schriftvariante, vgl Gunn, Studies S 89

2) So auch Mut (m *Spat*)

3) So auch *ꜥnw* Ob auch (*Spat*) hierher gehort? Oder ist *ḏḥwtj-(ḥr-)rḫ* zu lesen?

4) Vgl (*Spat*)

5) Oder Kurzname? Vgl auch (f *D 1—2*)!

6) Ob *hꜣj-(r-)km t?*

7) Oder *hr-îb?*

8) So auch Anubis (Griech), Bastet (f *Spat*, auch u), Neith (f *Spat*), *nśw t* (f *Spat*)

9) Ob hierher auch , Var u a (*D 1*) gehort?

---

1) Vgl auch *ḥtp-îb f (?AR)*

2) So auch *ꜥrjj t* (f *MR*), Uto (m u f *MR*), Osiris (*Griech*), *bꜣ* (*AR*), Bastet (*MR* u *Spat*), Ptah (*MR* u *Spat*), *mꜣꜥ t* (f *MR*), Mut (f *MR* u *D 22—Griech*), Neith (*Spat*), Nephthys (f *Spat*), (m u f *AR* u *MR*), *nfr t* (f *D 5*), Hathor (f *AR* u *MR*), *hk t* (f *AR* u *MR*), Chons (*MR*), Chnum (*AR*), Suchos (m u f *MR*, *Griech*), *śḫ t* (f *AR* u *MR*), Sachmet (*MR* u *D 19*), *śšꜣ t* (*AR*), Satis (f *MR*), *ḏd t* (f *MR*)

3) Vgl Wb 3, 441, 1

4) Horus u Seth?

5) Vgl Wb 1, 422, 5

6) So auch Mut u Min (*NR*), (f *NR*) Hierher wohl auch (f *NR*) u (f *AR*) Ob auch (*AR*)?

ḫʿj-bḫn·t u. a. *(NR)* „der Pylon erglanzt"

ḫʿj-mt(r) *(NR)* „die Flut erglanzt"

f *ḫʿj-nśw·t* [1] *(NR)* „der König erglanzt"

ḫʿj-ḥʿpj u. a.[2] *(Spät)* „der Nil erglanzt"

ḫʿj-tꜣ·wj *(NR)* „die beiden Länder erglanzen"

ḫwj-pśmṯk (?) *(D 27)* „Psammetich schutzt" (?)[3]

f *ḫwj-nb(·w)* [4] *(MR)* „'Gold' schutzt"

ḫnj-ptḥ (?) *(AR)* „Ptah . . ."

śꜣj-wj-kꜣ(·j?) *(D 6)* „wie satt ist mein Ka!" (?)

śꜣj-pꜣ-mwt dem *(Griech.)* „der Tod hat sich gesattigt" o. ä.

śjꜣ-ḥr(·w) *(D 6)* „Horus. . . ."

śʿnḫ-ʿntj [5] *(MR)* „(der Gott) *ʿntj* macht lebendig"

śrf-kꜣ(·j) u. ä. *(AR)* „mein Ka ist sorgsam" o. ä. (?)

śḥtp-mnṯ·w ? [6] *(MR)* „Month befriedigt" o. a. (?)

śdm-imn u. ä. (m. u. f. *NR)* „Amon erhort"

šmꜣ-ḥmn (?) *(AR/MR)*

šdj-nfrtm [7] u. a. *(Spät u. Griech.)* „(der Gott) *nfrtm* errettet"

ḳd-ptḥ *(D 19)* „Ptah erschafft"

tḫ-wj-mnṯwḥtp·w *(MR?)*[1] „wie trunken ist Mentuhotp!" (?)

f *dj-ʿn* [2] *(MR)* „der Schone gibt" (?)

ḏdj-wʿj , [3] *(AR)* „der Einzige dauert" o. a.

ḏdj-ttj *(AR)* „(König) Teti dauert" o. ä.

ḏd-ḏḥwtj *(D 19)* „Thot dauert" u. ä.

γ) Andere aktive Formen

Aktive Formen eingeleitet durch *iḫ(?)* und *ḥꜣ*.

iḫ-śdm(·j?) *(D 5)* „möchte ich doch hören!" (?)

ḥꜣ-ʿnḫ(·j) *(MR)* „o daß ich doch lebte!"[4]

ḥꜣ-ʿnḫ·f u. a. *(MR)* „o daß er doch lebte!"

f *ḥꜣ-ʿnḫ·ś* *(MR)* „o daß sie doch lebte!"

f *ḥꜣ-rḫ·n(·j)* *(MR)* „o wußte ich doch!"

Formen der ersten Person Singularis[5])

f *wn·j-ḥr-ꜣb·t-śj*[6]) *(MR)* „ich sehnte mich nach ihr" o. ä.

n-rḫ(·j)-św *(MR)* „ich kenne ihn nicht"

n-śḫꜣ(·j) u. a. *(AR)* „ich habe mich nicht erinnert" (?)

n-gmj(·j) *(AR)* „ich habe nicht gefunden" (?)

śḫꜣ(·j)-m(?)-itf(·j) *(D 20)* „ich gedenke meines Vaters"

f *śḫꜣ(·j?)-m-nfr·t* u. a. *(NR)* „ich gedenke an Gutes" (?)[7]

---

[1]) Hierher wohl auch u. a. (f. *NR)*
[2]) Hierher wohl auch u. a. *(Griech.)*
[3]) Oder ist *ḫwj-wj-pśmṯk* zu lesen? Vgl. B I, 2a
[4]) So auch Chons *(Spät)*
[5]) So auch Ptah, Min u. Month *(MR)* — oder sollte *ʿntj-* etc. *(ḥr-) śʿnḫ* zu lesen sein?
[6]) So auch Suchos *(MR)*
[7]) So auch Horus *(D 21)*, Chons *(D 18* u. *Spät)*.

[1]) Vgl. auch PN I 383, 1
[2]) So auch Osiris *(Spät?)*, Chnum u. Suchos *(MR)*
[3]) So auch (*pjpj*), *ptḥ (MR)*, (*mrjjrʿ*), Chefren, Sahure *(AR)*, Thot *(D 19*, als Name der Vorzeit)
[4]) D. h. „am Leben bliebe"
[5]) Ob *gm(j?)-nḫw* „ich habe einen Beschutzer gefunden" *(D 20 f)* hierher gehort?
[6]) So fur *śt*?
[7]) Oder Imperativ *śḫꜣ-m-nfr·t* „gedenke an Gutes!" (S. 40)?

Formen der dritten Person Pluralis

f *wr·śn*[1]) (*MR*) „sie sind groß" o. a.

f *wśr·śn*[2]) u. ä. (*MR*) „sie sind stark" o ä.

n-mn·śn (*MR*) „sie sind nicht geblieben" (?)

nn-hm·śn u a. (m u f *MR*) „sie werden wohl wissen"

hm·śn , (*MR*) „sie wissen (kennen) nicht"

śmh·śn (*MR*) „sie vergessen"

śnb·śn (*AR*) „sie sind gesund" (?)

gmj·w-hp u. ä. (*Spät*) „sie haben den Apis gefunden"

dj·śn u ä (*MR*) „sie geben"

f *dj·śn-r·f-śj* (*MR*) „sie[3]) geben auch sie (eam) noch!" o ä.

Passive Formen

Das Passiv *śdm·tw·f*.

iʿj·tw u. a. (m u. f *MR*) ?[4])

f *wšd·tw·ś* (*MR*) „sie wird begrußt" (?)

bw-rh·tw-iwn·f u. ä (*NR*) „man kennt sein Wesen nicht"

bw-rh·tw-hr·ś (?) (*D 12*) „man kennt ihr Antlitz nicht" (?)

n-irj·t(w)-rn·f (*AR*) „sein Name ist nicht gemacht worden"[5])

n-rh·tw·f u. a. (m u f! *MR*) „man kennt ihn[6]) nicht"

f *n-rh·tw·ś* u. a. (*MR*) „man kennt sie[7]) nicht"

[1]) Oder Nominalsatz *wr śn*?
[2]) So wird PN I 85, 19 zu lesen sein! Auch hier konnte ein Nominalsatz vorliegen, vgl N[2]
[3]) Die Gotter?
[4]) Oder Kurzname? Vgl unten *hp-iʿj tw*
[5]) D h „existiert nicht"
[6]) Ob den Vater bzw die Mutter?

n-śmh·t(w)·f u a (*MR* u. *NR*) „er[1]) ist nicht vergessen worden"

f *n-śmh·tw·ś* (*MR*) „sie[1]) ist nicht vergessen worden"

nn-śmh·tw·f (*MR*) „er[1]) wird nicht vergessen werden"

rśw·tw-(m-?)hnj(·t) (*D 20*) „man freut sich uber die Ruderfahrt" (?)

hp-iʿj·tw(?) (*MR*)[2]) [3])

f *htp·tw·ś* (?) , Var. (*AR*)?

f *km·t(w)·ś* u. a (*MR*) „sie wird vollendet" (?)

f *gmh·tw·ś* (*MR*) „sie[4]) wird erblickt" o a.

Das endungslose Passiv (?)

ʿś-śdm(·w)·f (*NR*) „der Rufende wird erhort (??)

f *whm(·w?)-nfr·t* u. ä. (*AR*) „Schönes ist wiederholt worden" (?)[5])

whm(·w?)-kꜣ(·j) u. ä. (*AR*) „mein Ka ist wiederholt worden" (?)[6])

mśj(·w?)-ꜣś·t[7]) (*Spat*) „Isis wurde geboren" (?)

mśj(·w?)-sꜣ u a (*AR*) „ein Sohn wurde geboren" (?)

f *mśj(·w?)-sꜣ·t* u ä (*AR*) „eine Tochter wurde geboren" (?)

[1]) Ob der Vater bzw die Mutter?
[2]) Oder sind es zwei Namen? Vgl oben *iʿj tw*
[3]) Ob auch die *MR*-Namen u a und f hierher gehoren? Ebenso f
[4]) Wohl eine Gottin
[5]) Auch *whm-nfr t* „die Schone wiederholt" oder *whm(t)-nfr t* „die Schones wiederholt" wäre moglich
[6]) Oder *whm-kꜣ(j)* „der meinen Ka wiederholt"?
[7]) So auch Amon (*NR*), Onnofris (*Spat*), *ntr* (f *NR*), Chons (*NR*)

Imperativformen.

Es ist auffallend, wie wenig sichere Imperativformen in den ägyptischen Satznamen erscheinen[1]). Im Alten Reich scheinen sie ganz zu fehlen, denn Namen wie *dwꜣ-ptḥ* usw. (PN I 398, 13 und 17—20), die ich früher als Imperative aufgefaßt habe, werden anders zu erklären sein[2]). Aus dem Mittleren Reich ist nur *mi-r·t* „komm doch!" mit einiger Wahrscheinlichkeit anzuführen, da die Auffassung von ⟨hierogl.⟩ als „ersetze sie!" sehr unsicher ist[3]). So bleiben nur einige wenige Namen des Neuen Reiches und der Spätzeit, die teils einen allgemeinen Anruf an Amon enthalten, teils zum Anschauen des Königs beim Feste auffordern. Auch ob der Name des Neuen Reiches ⟨hierogl.⟩ wirklich durch „stehe auf (als Zeuge) in der (Gerichts-)Halle!" wiederzugeben ist, bleibt unsicher. Wir wissen allerdings nicht, ob nicht ein Teil der scheinbaren *śḏm·f*-Formen als Imperative aufzufassen sind, ob also in Namen wie *ḥtp-imn* nicht gelegentlich auch ein „sei gnädig, Amon!" verborgen sein kann.

imj-imn (NR) „gib, Amon!"

imn-pnꜥ-tw (NR) „Amon, wende dich!" (?)

ptr-imn-mnw (?) u. ä. (Spät) ?[4])

ptr-pḥ-nꜣj (Spät) „siehe den, der dies erreicht hat" (?)

ptr-św-m-ḥbśd (D 20) „sieh ihn[5]) beim *ḥbśd*-Fest!"

ptr-św-m-kmt (D 20) „sieh ihn[5]) in Ägypten!"

f *mi-r·t* (MR) „komm doch!"[6])

f *śḫꜣ-m-nfr·t* (?) (NR) „gedenke an Gutes!" (?)[7])

Sätze mit *r* und dem Infinitiv.

iw·f-r-ꜥnḫ (MR) „er wird leben" (?)[8])

iw·f-r-bꜣk (NR) „er wird dienstbar sein" (?)[9])

iw·f-r-śnb (m u f! MR) „er wird gesund sein"

f *iw·ś-r-ꜥnḫ* u. ä. (MR) „sie wird leben"

f *iw·ś-r-prj·t* (MR) „sie wird herauskommen"

f *iw·ś-r-śnb* u. ä. (MR) „sie wird gesund sein"

itf(·j)-r-śśnb-ib(·j) (MR) „mein Vater wird mein Herz gesund machen"

bn-iw·f-r-mḥ-śp-śnw (D 20) „er wird nicht zwei Male füllen" (?)[10])

Das Verbum in der Form *śḏm·n·f*.

Es ist beachtenswert, daß die Form *śḏm·n·f* in den Personennamen so gut wie gar keine Rolle spielt: das erzählende Tempus hat in den Aussprüchen, die zu Namen werden, eigentlich keine Stelle. So fehlen Namen mit *śḏm·n·f*-Formen im Alten Reiche ganz[11]). Im Mittleren Reiche steht der Name ⟨hierogl.⟩ *rdj·n·f-n·j* „er hat mir gegeben"

---

[1]) Im Akkadischen sind sie viel häufiger, vgl. Abschnitt IV
[2]) Der Name *dwꜣt-ḥtḥr* (f AR) legt es nahe, daß es sich um Wortnamen handelt, die den Träger als „Verehrer" bzw. „Verehrerin" einer Gottheit bezeichnen
[3]) Vielleicht handelt es sich um ungenaue Schreibungen für ⟨hierogl.⟩ *dbꜣ·tj·śj* „eine die ersetzen wird"
[4]) Oder sollte *ptr-mnw-imn* zu lesen und „siehe die Denkmäler des Amon" zu übersetzen sein?
[5]) Den König
[6]) Eine Göttin ist wohl angeredet

[7]) Ob eine Gottheit angeredet ist?
[8]) Ob diese Namen jussivisch „er soll leben", „sie soll gesund sein" zu fassen sind?
[9]) Name eines *irj-ꜥt* des Amon)
[10]) D h „er wird nicht zum zweiten Mal da sein"?
[11]) ⟨hierogl.⟩ ist gewiß *mr ś-ꜥnḫ* zu lesen Wollte man ⟨hierogl.⟩ als *rdj·n f-ḥtp* „er hat Gnade gegeben" auffassen, so stände dieser Name sowohl der n-Form wegen wie auch seiner ganzen Bildung nach im AR allein — aber wie ist er sonst zu übersetzen?

allein[1]), abgesehen von dem Frauennamen, der aber, wie bekannt, präsentisch zu übersetzen ist: „ich weiß".

Erst im Neuen Reich und in der Spätzeit sind einige Beispiele zu belegen wie „er hat nicht im Stich gelassen!" oder „Bastet hat zugestimmt", die im Munde der glücklich entbundenen Mutter verstandlich sind, während die Situation, die zu Ausrufen gefuhrt haben mag wie „ich habe Amon gesehen" oder „sie hat den Horus gefunden" sich einstweilen weniger klar erkennen laßt.

f *bw-ḫꜣꜥ·n·f* (*NR*) „er hat nicht im Stich gelassen!"

mꜣꜣ·n·j-imn (*NR*) „ich habe Amon gesehen"

mꜣꜣ·n·j-nḫt·w·f u a (*NR*) „ich habe seine[2]) Siege gesehen"

mꜣ·n·n-wꜣḥibrꜥ (*D 26*) „wir haben Apries gesehen"

f *rḫ·n·j* (*MR*) „ich weiß"

f *hn·n-bꜣst·t* (*Spat*) „Bastet hat zugestimmt"

sḏm·n·f (?) (*D 19*) „er hat erhort" (?)[3])

f *gmj·n·j-ꜣś·t* u. a. (*Spat*) „ich habe Isis gefunden"

f *gmj·n·j-hr-imn·t·t* (*NR*) „ich habe im Westen gefunden" (?)[4])

gmj·n·f-ḥr-bik (*Spat*) „er hat Horus, den Falken, gefunden"

f *gmj·n·ś-ḥr(·w)* (*Spat*) „sie hat den Horus gefunden"

f *kꜣp·(n?·)j-śj* [ ][5]) (*D 18*) „ich habe sie (wie einen Vogel) gefangen" (?)

Emphatische Formen[1])

wr-ḏdd-bꜣ (*AR*) „groß ist es, daß der Bock dauert" o. a.[2])

mrr-w(j)-kꜣ(·j) (*AR*) „mein Ka wird mich lieben" (?)

nfr-ḏdd-ptḥ [3]) (*D 5*) „schön ist es, daß Ptah dauert" (?)

dd-mw·t-śnw·f (*MR*) „(die Gottin) Mut wird seinen Zweiten[4]) geben"

f *dd-ś* u a (*MR*) „sie wird geben" (?)[5])

2. Erweiterte Verbalsätze

a) Erweitert durch ein Akkusativobjekt

inj-imn-nꜣ·f-nb·w [6]) u ä. (*Spat*) „möge Amon seine Herren (zuruck)-bringen!"

f *inj-imn-nꜣ·ś-nb·w*, [7]) (*Spät*) „moge Amon ihre Herren (zuruck)-bringen!"

inj-wj-mn(·w) (*AR*) „Min möge mich (wieder) bringen" (?)

f *inj-ḥtḥr-nfr(·t)* (*AR*) „möge Hathor Gutes bringen!"[8])

[1]) Oder sollte *rdj (w) n j* „den er mir gegeben hat" zu lesen sein? — Die Namen und konnen kaum hierher gehoren, da *snb n j* bzw *śnb n f* „ich (bzw er) war gesund" als Name sinnlos erscheint Es sind vielleicht Kurznamen *śnb-n j-*, *śnb-n f-*, bei denen das Subjekt weggefallen ist Oder sollten wir „Gesundheit fur mich (bzw fur ihn)!" zu ubersetzen haben? *śnb j-n śn* „moge ich fur sie gesund sein (bzw bleiben)!" dagegen ist als Ausruf der Mutter nach der Geburt des zweiten oder dritten Kindes wohl verständlich

[2]) Wohl des Konigs oder Amons

[3]) Oder Kurzname?

[4]) Kaum *gmj(t) n j-ḥr-imnt t* „die ich im Westen gefunden habe", vgl S 28f

[5]) So nach einer Vermutung von Elmar Edel

[1]) Wohin gehoren die Frauennamen des *MR* und u a? Vgl auch den gleichzeitigen Mannernamen

[2]) Ob hierher auch die Bildungen mit *nfr-ḫww-* gehoren „schon ist es, wenn schutzt", die ich als „schon ist der, den schutzt" aufgefaßt habe?

[3]) PN I 201, 9 Zu diesen Bildungen vgl Edel, Untersuchungen S 52f

[4]) D h einen Zweiten wie er?

[5]) Oder fur *dd t ś*?

[6]) So auch Ptah (*Spat*), Vgl auch (f *Spät*)

[7]) Auch *nꜣ j-nb w* (f *Spat*)

[8]) Oder *ḥtḥr-inj(t)-nfr(t)* „Hathor ist es, die Gutes gebracht hat!"?

f *inj-śj(?)-mḥj·t-(r)-bnr-pꜣ-nfw* (Spät) „möge (die Göttin) *mḥj·t* sie (?) aus dem Bösen herausbringen!“ (?)

inj-ḥr(·w)-ḏr-tꜣ·wj (MR) „der Horus¹) dringt vor bis zum Ende der beiden Länder“ o. ä.

inj-śnfrw-iš·t·f²) (AR) „möge (König) Snofru seinen Besitz (wieder) bringen!“

f *inj·tn-śj* u. a. (NR/MR) „mögt ihr sie (wieder?)bringen!“

inj-f-it·f (MR) „möge er seinen Vater bringen!“

irj-imn-wḏꜣ-n-nf·w ³) (f D 26) „Amon macht das Heil für die Schiffer“ o. ä.

f *irj·ś-św* (MR) „möge sie ihn⁴) machen!“

f *ʿnḫ-mrj-śj* (AR) „es lebt, der sie geliebt hat“⁵)

ʿnḫ-mrj-św (AR) „es lebt, der ihn geliebt hat“

wnḫ-wj(?)-ptḥ (AR) „Ptah bekleidet mich“ (?)⁶)

bwpw-imn-ḫꜣʿ(·j) (D 22) „Amon hat mich nicht verlassen“

bwpw-ḥr(·w)-ḫꜣʿ·n (D 21 „Horus hat uns nicht verlassen“

mrj-imn-it·f ⁷) (Spät) „Amon liebt seinen Vater“

mrj-imn-mꜣʿ (D 20) „Amon liebt den (günstigen) Wind“

f *mrj-imn-dwꜣ(·w?)* u. ä. (D 20) „Amon liebt....“

f *mrj-ptḥ-ḥp* u. ä. (Spät) „Ptah liebt den Apis“ (?)¹)

f *mrj-bꜣśt·t-it·f·ś* ²) u. ä. (Griech.) „Bastet liebt ihren Vater“

mrj-ptḥ-imn (?) u. a. (Spät) „Ptah liebt den Amon“ (?)³)

mrj-ptḥ-mrjrʿ(?) (AR) „Ptah liebt (König) *mrjrʿ*“ (?)⁴)

mrj-ptḥ-śṯ·t-nb·t-ʿnḫtꜣ·wj „Ptah liebt die Satis von *ʿnḫtꜣ·wj*“

f *mrj-ś·t-imn* u. ä. (D 22ff.) „Amon liebt sie (eam)“

mrj-św-it·f ⁵) (NR) „sein Vater liebt ihn“

mrj·f-ʿnḫ (MR) „er liebt das Leben“

f *mrj·ś-ʿnḫ* ⁶) u. ä. (AR u. MR) „sie liebt das Leben“

f *mrj·ś-mꜣʿ·t(?)* (MR) „sie liebt die *mꜣʿ·t*“ (?)

f *mrj·ś-npḏw (?)* (D 27) „sie liebt Napata“ (?)⁷)

f *mrj·ś-ḫnś·w (?)* u. ä. (NR u Spät) „sie liebt den Chons“⁸)

f *mśj·ś-św (?)* (NR) „möge sie ihn gebären!“ o. a.

mḥ-imn-pr·f u. ä. (Spät) „möge Amon sein Haus füllen“ o. ä.

mśḏj-św-rʿ (NR) „Re haßt ihn“

---

¹) D h der König
²) Oder *śnfrw-inj-iš t f* „Snofru ist es, der seinen Besitz (wieder) gebracht hat“?
³) Auch Horus (m Spät)
⁴) Wen?
⁵) Oder „der von ihr Geliebte“ (*mrj ś*)?
⁶) Oder *wnḫ w-ptḥ* „den Ptah bekleidet“ (?)
⁷) So auch *it/ ś* (f Spät) und *mrj-ḥr(w)-it/ f* (D 30)

---

¹) Oder „Apis ist ein von Ptah Geliebter“?
²) So auch Ptah, Neith (f), (f), Hathor (f), alles Spät
³) Oder *ptḥ-mrj-imn* „Ptah ist von Amon geliebt“?
⁴) Oder *mrjrʿ-mrj-ptḥ* „M ist von Ptah geliebt“?
⁵) So auch Amon, Re, *śgr t* (f), sämtlich NR
⁶) So auch *śnb* und *tḫ(t)*, f MR
⁷) Oder *mrj-ś t-npḏw* „Napata liebt sie“?
⁸) Oder *mrj-ś t-ḫnśw* „Chons liebt sie“?

n-rḫ·jj-św (*MR*) „ich kenne ihn nicht“ (?)

f *nḥm-ś(·t)-ꜣś·t* [1]) u. a (*Spat* u. *Griech*) „Isis hat sie gerettet“

nḥm-św-mnṯ·w [2]) u. a. (*Spat*) „Month hat ihn gerettet“

nḫt·f-tꜣ-nb (*D. 18*) „er schutzt jedes Land“

rḫ-nṯr-šb·w·f (*NR*) „der Gott kennt seine Speise“ o. a

ḫwj-wj-ỉśj (?) [3]) u. a. (*MR*) „moge *ỉśj* mich schutzen!“ (?)[4])

ḫwj-wj-wr (?) (*AR* u. *MR*) „möge der Große mich schutzen“ (?)[5])

ḫwj·f-wj-ẖnm·w [6]) (*D 4*) „Chnum schutzt mich“

f *ẖdb-njt -ỉr·t-bỉn(·t)* (*Spat*) „moge Neith[7]) das bose Auge toten!“

śꜣj-wj-kꜣ(·j) (*D 6*) „Moge mein Ka mich sattigen“

śꜥnḫ-wj-ptḥ u. a. (*AR*) „Ptah erhalt mich am Leben“[8])

śꜥnḫ-ptḥ-mrjrꜥ (*D 6*)[9]) „Ptah erhält den (Konig) *mrjrꜥ* am Leben“

św₫ꜣ-wj-ptḥ [10]) (*AR*) „Ptah erhalt mich heil“

śmnḫ-wj-ptḥ [11]) (*AR*) „Ptah sorgt für mich“

śḫꜣ-ḥꜣtj·j-ỉmn u. a. (*NR*) „Mein Herz gedenkt Amons“

f *śṯꜣ-ś(·t)-ỉmn-pꜣ-ỉꜣtj* (*Spat*) Amon -*pꜣỉꜣtj* zieht es[1]) heraus“ o. ä.

śnfr-wj-ptḥ u. a. (*MR*)[2]) „Ptah macht mich schön“ o. a (?)

śdm-ḥr(·w)-ḫrw (*D 20 f.*) „Horus erhört die Stimme“ o. a

f *šdj-wj-ỉmn* (*NR*) „Amon errettet mich“

šdj-wj-rꜥ (*MR*) „Re errettet mich“ (?)[3])

šdj-ḥr(·w)-nꜥ·t·f (*NR*) „Horus errettet seine Stadt“

f *ḳꜣb ś-nb(·w)* (*D 21*) „moge sie das Gold verdoppeln!“ (?)

gmj·f-ś·t-kꜣp(·t?) (*Spat*) „er hat ... gefunden“

gmj·n·f-ḥr-bỉk u. a. (*Spat*) „er hat Horus, den Falken, gefunden“

f *gmj·n·ś-ḥr(·w)* (*Spat*) „sie hat den Horus gefunden“

f *grg-ꜣś·t-gbtjw* (*Spat*) „Isis hat Koptos gegrundet“

f *grg-mn(·w)-ỉpw* (*Spat*) „(der Gott) Min hat Achmim gegrundet“

f *ṯśj-ꜣś·t-pr·t* u ä. (*Spat*) „Isis verleiht Nachkommen“[4])

ṯśj-wj-ptḥ (*AR*) „Ptah richtet mich auf“ (?)[5])

f *dj-ꜣś·t-ỉꜣw* [6]) (*D 22*) „Isis gibt Alter“

---

1) Ebenso *wꜣ t*, Bastet, Mut, Re, *rꜥ-tꜣ wj-* alles Spat bzw Griech

2) Ebenso *rꜥ-tꜣ wj* (*Spat*)

3) So auch *wr* (*AR* u *MR*), Ptah (*AR*), Re (*MR*), Chnum (*MR*), Suchos (*AR* u *MR*)

4) Oder ist *ḫwj w-ỉsj* „den *ỉśj* schutzt“ usw zu lesen?

5) Dieselben Bildungen mit Ptah (*AR*), Re (*MR*), Horus (?*AR*) Chnum (*MR*), Suchos (*AR* u *MR*) und Psammetich

6) So auch *ỉḥjj* (*D 6*)

7) So auch Mut (?) u Chons

8) So auch Re (*MR*) und Hathor (f *AR*)

9) So auch (*AR*)

10) Auch *św₫ꜣ w-ptḥ* „Den Ptah heil erhalt“ (und ebenso *wnḫ w-ptḥ*, *śmnḫ w-ptḥ*) wäre theoretisch denkbar Vgl aber *šdj-wj-ptḥ!*

11) So auch *kꜣ(·j)*.

1) Das „bose Auge“

2) So auch *ḫꜥjkꜣ wrꜥ* u Suchos (*MR*)

3) Oder *šdj w-rꜥ* „den Re errettet“? So auch Ptah (*NR*), Month (*MR* u *D 18*), Cheops (*AR*)

4) So auch *bꜣšt t*, , Mut, *mḥj t*, Neith, Re, Apis, Chons — alles f *Spat*

5) Oder *ṯsj w-pth* „den Ptah aufrichtet“?

6) So auch Bastet (f *Spat*), Ptah (*Spat*).

f *dj-ꜣś·t·nśwj·t* (*Spät*) „Isis verleiht das Königtum“

f *dj-ꜣś·t-ḥbśd* u. ä. (*Spät*) „Isis verleiht Jubiläen“

f? *dj-ꜣś·t-śb(·w)* (*Spät*) „Isis gibt Nahrung“

dj-imn-wꜣś (*NR*) „Amon verleiht Glück“ o. ä.

f *dj-wꜣḏ·t-pꜣ-ṯꜣw* (*D 27*) „Uto verleiht die (Lebens-)Luft“

f *dj-bꜣśt·t-pꜣ-śnb* [1] (*Spät*) „Bastet gibt die Gesundheit“

dj-ptḥ-ʿnḫ [2] (*MR*) „Ptah gibt Leben“

f *dj-mꜣʿ(·t)-pꜣ-ʿnḫ* (*Spät*) „(die Göttin) *mꜣʿ·t* gibt das Leben“

dj-ḫnś·w-irj u. ä. (*D 21*) „Chons gibt einen Gefährten“

f *dj-śj-ꜣś·t* [3] (*Spät*) „Isis hat sie gegeben“

dj-św-ḫnś·w (*Spät*) „Chons hat ihn gegeben“

f *dj·ś-ḥtp* u. a. (*Spät*) „sie gibt Gnade“ (?)

b) Erweitert durch einen Dativ.

ij-n·j-bꜣ u. ä.[4]) „möge der Bock zu mir kommen!“

iw-pꜣ-n·j (*AR*) „dieser gehört mir“

iw-n·f-iḫ·t-jt·f (*AR*) „Möge die Habe seines Vaters ihm gehören!“

iw-n·f-śnb (*MR*) „Gesundheit gehört ihm“

f *iw-n·ś-jt·ś* (*MR*) „ihr Vater gehört ihr“ (?)[1])

f *iw-n·ś-śnb* (*MR*) „Gesundheit gehört ihr“

iw·f-n·j u. ä. (*AR* u. *MR*) „er gehört mir“

iw f-n·j-r-śn u. ä.[2]) (*MR*) „er ist mir zum Bruder“

iw·f-n·j-r-pśš (*MR*) „er ist mir zum Anteil“ (?)

iw·f-n-imn [3]) (*NR* u *Spät*) „er gehört dem Amon“

iw·f-n-mw·t·f (*AR*) „er gehört seiner Mutter“

iw·f-n-nꜣ-nb·w (*NR*) „er gehört den Herren“

f *iw·ś-n·j* u. ä. (*MR*)[4]) „sie gehört mir“

f *iw·ś-n·j-r-pśš(·t?)* u. ä (*MR* u. *NR*) „sie ist mir zum Anteil“

f *iw·ś-(n-?)itf·ś* (*MR*) „sie gehört(?) ihrem Vater“

f *iw·ś-n-pr·ś* u ä (*MR*) „sie gehört ihrem[5]) Hause“

f *iw·ś-n-mw·t·ś* (*MR*) „sie gehört ihrer Mutter“

f *iw·ś-n-. . .* (*MR*) „sie gehört . . .“

iw·f-n·j-ptḥ (*AR*) „Ptah kommt zu mir“ (?)

ʿꜣ·f-n-mw·t (*NR*) „möge er groß sein für (die Göttin) Mut“ o. ä

---

[1]) So auch Chons

[2]) So auch Mut (mit , f *Spät*)

[3]) So auch *imn t* (f *Spät*), *mrj* (f *MR*), (f *MR—Spät*) In den älteren Namen wird doch „möge sie geben!“ zu übersetzen sein

[4]) So auch Horus (*Spät?*), Suchos (*MR*), Thot (*AR*).

[1]) Oder sollte, nach einem Vorschlag von E Edel, „ihr gehört die Habe ihres Vaters“ (parallel zu *iw-n f-ḫ t-jt f*) zu verbessern sein?

[2]) Einmal — oder ist dies als *iw f-n n-śn* „er ist uns ein Bruder“ zu verstehen?

[3]) So auch Mut (*NR* und *Spät*), *nꜣ-nb w* (*NR*), *nw t f* (*AR*), Month (*NR*), Chons (*Spät*)

[4]) Einmal Name eines Sinaiten!

[5]) D h einer Göttin.

ʿnḫ-n·j-ỉt·f(·j) (*AR*) „mein Vater lebt für mich“

ʿnḫ-n·j-ptḥ [1] (*AR*) „Ptah lebt fur mich“

ʿnḫ-n·f-ỉnp·w (*AR*) „Anubis lebt fur ihn“

ʿnḫ-n·f-ỉt·f (*AR*) „sein Vater lebt fur ihn“

f *ʿnḫ-n·š-pjpj* u a.[2] (*AR*) „(König) *pjpj* lebt fur sie“

ʿnḫ-n·n-mrjrʿ [3] (*AR*) „(König) *mrjrʿ* lebt fur uns“

ʿnḫ·f-n-ḏḥwtj (*NR*) „er lebt fur Thot“

f *ʿnḫ·š-n-ɜś·t* [4] u. a. (*D 21* u. *Spat*) „sie lebt fur Isis“

f *ʿnḫ·š-n-mw·t·š* (*D 21*) „sie lebt fur ihre Mutter“

f *ʿnḫ·š-n·j* u a. (*AR* u *MR*) „sie lebt fur mich“

wr-n·j-ptḥ [5] (*MR*) „Ptah ist groß fur mich“

prj-n·j-ʿnḫ (*D 5*) „moge mir ein Lebendiger herauskommen“

f *prj-n·j-kɜ(·j)* (*AR*) „moge mir mein Ka herauskommen!“

nfr-n·j (?) u. à. (*AR* u f *MR*) „es geht mir gut“ (?)

rdj-n·j-ptḥ u a (*AR* u *MR*) „moge Ptah mir geben!“ (?)[6]

ḥtp-bɜśt·t-n-pɜ-rrś (?) (*D 25*) „Bastet sei dem ... gnadig“ (?)

ḥtp-n·j-bɜ [1] (*AR*) „moge der Bock mir gnadig sein!“

f *ḥtp-n·ś-mn(·w)* (*Griech.*) „moge Min ihr gnadig sein!“

f *ḫɜʿ·w-ś(·t)-n-ɜś·t* u. à.[2] (*Spat*) „man hat sie der Isis hingelegt“

ḫɜʿ(·w)-św-n-ỉmn [3] (*Spat*) „man hat ihn dem Amon hingelegt“

f *śnb·j-n·śn* (*MR*) „moge ich fur sie gesund sein!“

śnb·f-n·j u. a (*MR*) „moge er mir gesund sein!“

śnb·f-n-ṯɜ·w·f [4] (*MR*) „moge er gesund sein fur seine Jungen!“ (?)

f *śnb·ś-n·j* u. a. (*MR*) „moge sie mir gesund sein“

kɜb-n·f-rʿ u. à [5] (*NR*) „moge Re ihm (die Lebenszeit?) verdoppeln!“

f *dj-n·j-ỉḥ·t-ỉrj·t* [6] (*Spat*) „(die Kuh) *ỉḥ·t* hat mir eine Gefährtin gegeben“ o á

f *dgɜ·j-n-bɜśt·t* (*Spat*) „ich blicke auf Bastet“

c) Erweitert durch andere Prapositionalausdrucke[7]).

ỉj-ỉb(·j)-r·f (*MR*) „mein Herz kommt zu ihm“

ỉj·f-mỉ-rʿ (*D 18*) „er kommt wie die Sonne“

ỉw·f-r-ỉḫ (*NR*) „wozu ist er (nutze)?!“

---

[1]) Auch Phiops u Chefren (*AR*)
[2]) So auch Psammetich II und Scheschonk
[3]) Auch (*AR*), Mut (f *NR*)
[4]) So auch *pɜ-ỉtn* (*D 18*), Ptah (*D 22*), Mut (*D 21* u *Spat*)
[5]) So auch *nṯr* ((*MR*), Re (*AR*), Suchos (*MR*)
[6]) Besser vielleicht *rdj(w) n-ptḥ* „den Ptah gegeben hat“

[1]) So auch Ptah (*AR*), *nṯr j* (*MR*), Apis (*Spat?*), Horus (?*MR*) Suchos (*MR*)
[2]) So auch Bastet, *ḥʿpj*, Mut, Min (alles f *Spat*), das fehlt mehrfach
[3]) So auch Osiris (*Spat*)
[4]) Auch *śnb f-n-snwśr t*
[5]) Vgl auch den unklaren Namen ? u á (*NR*)
[6]) So auch Bastet (*Spat*), Hathor (*D 20*)
[7]) Erweiterung durch ein Adverb findet sich in (*Spat*) „hier ist er!“

f *iw·ś-r-iḫ* (*NR*) „wozu ist sie (nütze)?!“

f *iw·ś-m(?)-ḥs(·t)-mw·t* u. a. (*D 21*) „sie ist im Lobe der (Göttin) Mut“ (?)

ꜥnḫ-ppj-(m-)mnnfr (?) (*AR*) „(König) *ppj* lebt in Memphis“ (?)

ꜥnḫ·n-r-ꜣw (*MR*) „mögen wir alle leben!“

ꜥnḫ·f-r-nḥḥ (*NR*) „möge er[1]) ewiglich leben!“

mn-nfrib rꜥ-(m-)inb·w [2]) (*D 26*) „(König) *nfribrꜥ* bleibe in Memphis!“

f *nḫt-bꜣśt·t-ꜥr·w* [3]) u. ä. (*Spät* u. *Griech.*) „Bastet sei stark gegen sie“ o. a.

nḫt-ḥr-(m-)ḫbj·t (*Spät*) „Horus ist stark in Chemmis“ (?)

rwḏ·f-(r-)nḥḥ (*NR*) „er[4]) ist ewiglich fest“

ḥtp(·w?)[5])-r-ꜣw u. a. (m u. f, *MR*) „sie sind alle gnädig“ (?)

śnb·f-m-ꜥnḫ (*NR*) „er ist (sei) gesund im Leben“

śnb·f-r-nḥḥ (*NR*) „er[6]) ist (sei) ewiglich gesund“

śnb·n-r-ꜣw (*MR*) „mögen wir alle gesund sein!“

śnb(·w?)[5])-mi-ꜣw (*MR*) „mögen sie alle gesund sein“ (?)

śnb·w-r-ꜣw u. a (*MR*) „mögen sie alle gesund sein!“

f *śḏm-imn-ḥnꜥ-ꜣś·t* (*Spät*) „mögen Amon und Isis hören!“

---

[1]) Der König

[2]) Ebenso Amasis, Necho (Schreibung *inb-ḥḏ*)

[3]) So auch Mut (f), Horus, Chons — alls *Spät*

[4]) Der König

[5]) Die Endung *w* (anstatt *śn*) ist bisher allerdings vor *D 18* nicht belegt (Gardiner, Grammar § 34)!

[6]) So auch Ptah (*D 22*).

kr·f-r-imn u. a.[1]) (*Spät*) „er kommt zu Amon“

f *kr·ś-r-imn* u. ä.[2]) (*Spät*) „sie kommt zu Amon“

kꜣp·f-ḥꜣ-ꜣś·t [3]) (*Spät*) „er verbirgt sich hinter Isis“

f *kꜣp·ś-n-ḥꜣ-ꜣś·t* u. a. (*Spät*) „sie verbirgt sich hinter Isis“

ṯꜣj-imn-im·w u. ä.[4]) (*D 20* u *Spät*) „möge Amon sie[4]) ergreifen“ o. a.

d) Erweitert durch einen Genetiv[5]).

ꜣw-ib-n(j)-ḫwfw (*AR*) „Cheops ist fröhlich“ o. ä.

ꜣw-ib-ḥr(·w) (*MR/NR*) „Horus ist fröhlich“ o. ä.

(f *imn-ḏfꜣ·ś* (*AR*) „ihre Speise möge bleiben!“)

f *ꜥꜣ-mnḫ t-imn* (*Spät*) „groß an Vortrefflichkeit ist Amon“ (?)

(f *ꜥꜣ-mrw·t·ś* (*MR*) „groß ist ihre Liebe“)

ꜥnḫ-irj(·w) ptḥ (*AR*) „es lebt der, den Ptah gemacht hat“[6])

(*ꜥnḫ-wḏ(·w)·ś* (*AR*) „möge der leben, von dem sie es befiehlt!“[6]))

ꜥnḫ-ir·tj-ttj (*D 6*) „es leben die Augen des (Königs) *ttj*“

(f *ꜥnḫ-ḏfꜣ·ś* (AR) „es lebt ihre Speise“ (?))

f *nfr-ḥtp-ꜥnḳ·t* [7]) (MR) „schön ist die Gnade der Anukis“

---

[1]) So auch Neith (*Spät*)

[2]) So auch Amon (? *Spät*), Chons (*D 21* u *Griech.*), Month (*Spät*)

[3]) So auch Onuris und andere Götter und Göttinnen, sämtlich *Spät*

[4]) Die feindlichen Herrscher, vgl S ...

[5]) Auch Namen, in denen der Gottesname durch ein Suffix ersetzt ist, sind hier aufgenommen

[6]) D h der König

[7]) So auch *bꜣ* (*D 2?*), *wḫ* (*D 6*), Hathor (f *D 3?*) Vgl auch *nfr-ḥtp ś*

f *ḥtp-ib·š* (*AR*) „möge ihr Herz gnädig sein!“

ḥtp-ḥr-ꜣḫ·tj u. ä.[1]) (*AR*) „möge das Antlitz des Gottes *ꜣḫ·tj* gnädig sein!“

ḥtp-kꜣ-ḫwfw [2]) (*AR*) „möge der Ka des Cheops gnädig sein!“

ḫꜥj-bꜣ·w-ptḥ [3]) (*AR*) „möge die Macht des Ptah glänzen!“

ḫꜥj-mrr·w-ptḥ [4]) (*AR*) „möge erglänzen, den Ptah liebt“

šḫm-ꜥnḫ-ptḥ u. ä.[5]) (*AR* u. *Spät*) „von mächtigem Leben ist Gott NN“

špšj-ir(t·?)-ptḥ (*AR*) „herrlich ist, was Ptah tut“ (?)[6])

špšj-s(?)-ḥtḥr (*AR*) „herrlich ist der Mann der Hathor“ (?)[7])

špšš-wꜥb-ḥtḥr (*AR*) „herrlich ist der Priester der Hathor“ (?)[7])

špšš-kꜣ-rꜥ (*D 5*) „herrlich ist der Ka des Re“

špšš-kꜣ·w-mrjrꜥ (*AR*) „herrlich sind die Kas des (Königs) *mrjrꜥ*“

ḳn-ḫprj-štḫ u. ä. (*D 20*) „stark ist das Wesen des Seth“ (?)

f *dd-ꜥnḫ-ptḥ* (*MR*) „von dauerndem Leben ist Ptah“ (?)

e) Erweitert durch einen Satz.

wnj·f-dd·šn (*D 19*) „er eilt, wenn sie (es) sagen“

mrj-wḫ-ꜥnḫ·f (*D 6*) „(der Gott) *wḫ* will, daß er lebt“

mrj-ptḥ-ꜥnḫ-mrjrꜥ [1]) (*AR*) „Ptah will, daß (König) *mrjrꜥ* lebt“

mrj-rꜥ-ꜥnḫ(·f?) .. (*NR*) „Re will, daß er lebt“ (?)

nfr-iw-ḥtḥr (*AR*) „schön ist es, wenn Hathor kommt!“

dj-ptḥ-ꜥnḫ·š (f *MR*) „Ptah gebe, daß sie lebt“ o. ä.

dd-ꜣš·t-iw·f-ꜥnḫ [2]) u. ä. (*Spät* u. *Griech.*) „Isis hat gesagt: ‚er wird leben“

f *dd-ꜣš·t-iw·š-ꜥnḫ* [3]) u. ä. (*NR—Griech.*) „Isis hat gesagt: sie wird leben“

f *dd-ꜣš·t-wꜣḥ·š* [4]) (*Spät*) „Isis hat gesagt: sie wird dauern“

dd-mw·t-ꜥnḫ·f (*D 20*) „(die Göttin) Mut hat gesagt: er wird leben“

dd-ḥr(·w)-wꜣḥ·w ! (*Spät*) „Horus hat gesagt: sie werden leben“ (?)

f) Erweitert durch eine Apposition.

ꜥnḫ-mrjrꜥ-nb·n (*AR*) „es lebe (lebt?) unser Herr (König) *mrj-rꜥ*“

ꜥnḫ-nfrkꜣrꜥ-dr-šnd (*AR*) „es lebe (lebt?) König *nfrkꜣrꜥ*, der die Furcht vertrieben hat“

ꜥnḫ-nfrkꜣrꜥ-mrj-nb-iwnw (*AR*) „es lebe (lebt?) König Neferkerê, der vom Herrn von Heliopolis Geliebte“

---

[1]) So auch *nb tj* (f *AR*) u. *nfr t* (m u. f *AR*)

[2]) So auch Re (*MR*)

[3]) So auch Hathor u. *skr* (*AR*)

[4]) So auch *nb tj* (f *AR*)

[5]) So auch Re (*AR*).

[6]) Oder *špšj-irj(·w)-ptḥ* „herrlich ist der, den Ptah macht (d. h. der König)?

[7]) D. h. der König?

---

[1]) Vgl. auch PN I 157,9

[2]) So auch *iꜥḥ* (*Spät*), Amon (*Spät*), Amon u. Horus (*Spät*), Onuris (*NR—Griech.*), Atum (*Spät*), Osiris (*Spät*), Bastet (*D 22 f — Griech.*), Ptah (*D 20 f* u. *Spät*), Ptah u. Horus (*Spät*), Mut (*D 22* u. *Spät*), Month (*D 21 f* u. *Spät*), Neith (? *Spät*), *nfrtm* (*Spät*), *ḥꜥpj* (*Griech.*), Horus (*D 20—Spät*), (*D 25*), Chons (*NR—Griech.*), Somtus (*Spät*), Thot (*D 22—Griech.*).

[3]) So auch (f *D 22*), Bastet (f *Spät*), *mꜣꜥ t* (f *D 21 f*), Mut (*D 21—Spät*), Month (f *Spät*), *mḥj t* (f *Spät*), *nb t-imꜣ w* (f *Spät*), *ḥꜥpj* (f *Spät*), Chons (f *D 21—Spät*), Thot (f *Spät*)

[4]) So auch Amon (f *D 22*), Thoeris (? f *Spät*)

II. NOMINALSÄTZE

1. Adverbiale Nominalsätze (mit oder ohne Einleitung durch ).

a) Das Prädikat ist ein präpositioneller Ausdruck.

α) Präposition .

Unter den Präpositionen, die sich in Satznamen finden, deren Prädikat ein präpositionaler Ausdruck ist, ist die Präposition  die weitaus am häufigsten verwendete. Sie findet sich teils in Identitätssätzen wie *ptḥ-m-imn* „Ptah ist Amon“ oder *imn-m-ḥmw* „Amon ist das Steuerruder“, teils in Sätzen, die auf die Frage „wo ist ... ?“, antworten, wie *imn-m-wiꜣ* „Amon ist in der Prozessionsbarke“ oder *ʿꜣ-m-wꜣś·t* „der Große ist in Theben“ oder auch mehr übertragen, wie *nb·j-m-ib·j* „mein Herr ist in meinem Herzen“, *ʿšꜣ·t-m-ḥbśd* „die Menge ist beim *ḥbśd*-Fest“ usw. Das *m* wird seit dem Mittleren Reich[1]) häufig fortgelassen, und so werden auch Namen wie 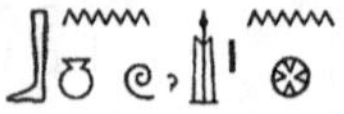 als *bnw-(m-)iwnw*,  als *pꜣ-ḫj-(m-)ḥꜣ·t*,  als *pꜣ-tꜣ-(m-)ḥrr(·wt)* usw. aufzufassen sein. Daß es sich dabei nicht immer um Flüchtigkeiten des Schreibers oder des Steinmetzen zu handeln braucht, zeigen die Umschreibungen des häufigen *NR*-Namens *imn-m-ipꜣ·t* „Amon ist im Frauenhaus“[2]), der in der 18. Dynastie keilschriftlich durch aman-appa und später griechisch durch αμενωφις wiedergegeben wird, das *m* der Präposition also offenbar schon frühzeitig eingebüßt hat.

In der Spätzeit findet sich öfters anstatt des  oder  ein geschrieben, ein Zeichen dafür, daß die im Koptischen sich findende Entwicklung des *m* zu *n* ⲛ̄ schon vollzogen war[3]).

Einige dieser Nominalsätze mit *m* gehören zu den häufigsten ägyptischen Männer- und Frauennamen besonders des Mittleren und Neuen Reiches und haben gewiß in ihren Zusammensetzungen, je nach dem örtlichen Auftreten, die Namen aller ägyptischen Götter gezeigt. Bei den Bildungen mit *-m-ḥb* „.. ist im Feste“ tritt neben die Gruppe der einen Gottesnamen enthaltenden Namen auch eine Anzahl solcher, die einen Stadtnamen enthalten wie Theben, Memphis usw.

Diese am häufigsten gebrauchten Bildungen stelle ich in der folgenden Liste voran, ohne die in ihnen sich findenden Gottesnamen alle einzeln aufzuführen. Wer sich über sie orientieren will, wird auf die Indices am Ende des Buches verwiesen.

Gott N N.-*m-wiꜣ(NR)* [4]) usw. „Gott N N. ist in der Prozessionsbarke“

Gott N.N.-*m-wśḫ·t*[5]) *(MR-Griech.)*  usw.[6]) „Gott N N ist in der weiten Halle“

Gott N.N.-*m-ḥꜣ·t* *(AR-Griech.)*  usw.[7]) „Gott N.N. ist an der Spitze“ (?)[8])

[1]) Vereinzelt schon im *AR*, so bei *ipj-m-sꜣ f*

[2]) D h in seinem so benannten Tempel von Luxor

[3]) Im *NR* scheint ausnahmsweise  für  eintreten zu können (vgl 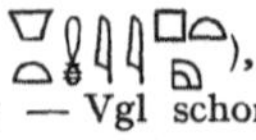), wie im Nag  für  stehen kann, vgl Wb 2, 37 — Vgl schon im *MR* Kairo 2001, Z 7 *iw mjtrw* für *iw-m-itrw*!

[4]) Neben Götternamen auch , *nh t*, 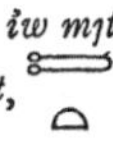, sämtlich f *NR*, auch  (*wohl* = *bik* „der Falke“, *mNR*)PNI 418, 12

[5]) Ob auch *ʿn tj-m-* 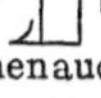 *(MR)* so zu lesen ist?

[6]) Neben Götternamen auch 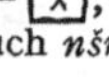, der Name eines Gaufürsten des *MR*!

[7]) Neben Götternamen auch *nśm t* (f *MR)*, *ḫʿj (NR)* und *kꜣ(j)*! *(AR)* Was bedeuten  *(MR)* und 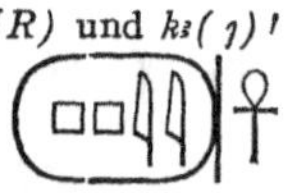  *(AR)*? Vgl auch 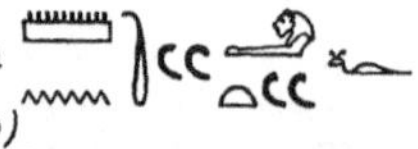 für *mnṯ w-m-hꜣ t f* „Month ist vor ihm“ (? *D 20)*

[8]) Zur Übersetzung s 2 Abschnitt Kap III A

König N N -*m-ḥꜣ·t*  *(MR)* „König N N. ist an der Spitze“ (?)

Gott N N.-*m-ḥb (D 11-Griech.)* 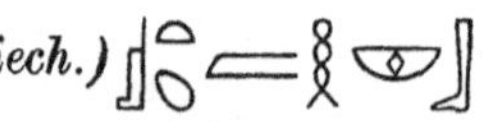 usw.[1]) „Gott N.N. ist im Feste“

König N N -*m-ḥb* *(NR)*  usw.[2]) „König N.N. ist im Feste“

Stadt N.N -*m-ḥb* *(NR)*  usw.[3]) „die Stadt N.N. ist im Feste“

[1]) Neben Götternamen auch *kꜣ j*! *(MR)* und *ṯꜣj* *(NR)* Auch  *(MR)* kommt vor — Was bedeutet   *(NR)*?

[2]) Auch die Königinnen Naptera und Teje kommen so vor

[3]) Vgl auch *tꜣ-m-ḥb* *(MR* u *NR)* „das Land ist im Feste“

Gott N.N.*-m-sꜣ·f* *(AR-Griech.)*[1] usw.[2]) „Gott N.N. ist sein Schutz"

f Gott N.N.*-m-sꜣ·ś* *(AR* bis *Griech.)* usw.[3]) „Gott N.N. ist ihr Schutz"

f *ꜣḫ·t-m-ḥnw·t(·j)* u ä *(AR)* „*ꜣḫ·t* ist meine Herrin"

f *ꜣś·t-m-p(r)-mś(·t)* u. a.[4]) *(Spät)* „Isis ist im Geburtshaus"

f *ꜣś·t-m(?)-mḥj·t* *(Spät)* „Isis ist (?) der Nordwind"

f *ꜣś·t-m-ḫbj·t* u ä[5]) *(D 21-Griech.)* „Isis ist in Chemmis"

f *iw·ś-m-ḥsj(·t)-mw·t* u. a *(D 21)* „sie ist im Lobe der (Göttin) Mut" (?)

ip-m-rꜥ u. a, Var. *(NR)* „*ip* ist Re" (?)

imn-m-iwn·t u. ä[6]) *(NR u D 22)* „Amon ist in Dendera"

imn-m-ib(·j) u. ä *(NR)* „Amon ist in meinem Herzen"

imn-m-ipꜣ·t *(NR*[7]*)-Spät)* „Amon ist in Luxor"

imn-m-ipw *(D 18)* „Amon ist in Achmim"

imn-m-in·t u. ä.[1]) *(NR u. Spät)*[2]) „Amon ist im Wüstental"

imn-(m-?)wśrḥꜣ·t *(NR)* „Amon ist in der *wśrḥꜣ·t*-Barke" (?)

imn-m-pr-mw·t u. ä. *(NR-Spät)* „Amon ist im Hause der Mut"

imn-m-mr·w·f (?) *(D 18)* „Amon ist auf seinen Seen" (?)

imn-m-mh-ib(·j) u ä *(MR u NR)* „Amon ist mein Liebling" (?)

imn-m-nw(-nb?) *(NR)* „Amon (existiert o. ä.) zu aller Zeit" (?)

imn-m-ḥmw [3]) *(NR)* „Amon ist das Steuerruder"

imn-m-ḫꜥ·w·f u. ä.[4]) *(MR)* „Amon ist bei seinem Aufstrahlen"

imn-m-š(mr?) [5]) *(NR)* „Amon ist auf dem See"

imn-m-kꜣ *(NR)* „Amon ist ein Stier"

imn-m-tꜣ-ḥw·t [6]) *(NR)* „Amon ist im Tempel"

imn-m-... *(MR)* „Amon ist in (?)..."

in-m-ꜣḫ·t u a *(MR)* „*in* ist im Horizont"

inp·w-m-ꜥnḫ *(AR)* „Anubis ist im Leben"

f *itm-m-nw-nb* *(NR)* „Atum (existiert o. a) zu aller Zeit"

f *ꜥꜣ-m-ib(·j)* *(NR)* „der Große ist in meinem Herzen"

f *ꜥꜣ-m-mšꜥ* [7]) *(NR)* „der Große ist im Heere" (?)

---

1) Aus dem *NR* liegt, wohl zufällig, kein Beleg vor

2) Neben den Götternamen auch *kꜣ j(?)*, und , alles *MR* Eine ungewöhnliche Bildung zeigen die Namen *mnt-m-sꜣ-snwśr t* „Month (?) ist der Schutz des Sesostris" *(MR)* und *imn-m-sꜣ-mnḫ-śbk* „Amon ist der Schutz des *mnḫ-śbk*" Der letzte wird von einem Knaben getragen, dessen Großvater *mnḫ-śbk* hieß! Vgl auch PN I 44, 25 (?) — Neben *m-sꜣ f* kommen auch , und *(MR u Spät)* vor — ob als flüchtige Schreibungen? oder für *-m-sꜣ(j)?* Auch die Schreibung *(MR)* ist mehrfach belegt

3) Neben Götternamen auch *wiꜣ* und *ttj*, beides *MR* Vgl auch (f *MR*)

4) So auch Mut *(NR u Spät)*

5) So auch Horus *(NR—Griech.)* und *tꜣ-ip t (Spät)*

6) So auch (f *MR* u *NR*)

7) Auch Frauenname Die gleiche Bildung mit *bn-św (D 20)*, *pꜣ-śbꜣ-ḫꜥ (D 21 ff.)*, *mw t (D 20)*

1) So auch *pꜣ-ꜥꜣ (NR)*, Mut (f *NR*)

2) Auch Frauenname Die gleiche Bildung mit *bn-św (D 20)*, *pꜣ-śbꜣ-ḫꜥ (D 21 ff.)*, *mw t (D 20)*

3) Vgl *(MR)* und *(ḥmw-m-śbk, MR)!*

4) So auch Min, Month, Horus, alles *MR*

5) So auch Horus *(MR/NR)*, Suchos *(MR)*

6) So auch *pꜣ-nḫt (D 20)*

7) Vgl *mr-m-mšꜥ f (NR)*

ꜥꜣ-m-nꜥ·t 1) *(D 20)* „der Große ist in der Stadt“2)

ꜥn(?)-m-ḥw·t-nṯr 3) *(D 20)* „der Schöne ist im Tempel“

ꜥn-m-ḥr u. a. *(Griech.)* ?

f *ꜥn-m-š* *(NR)* „der Schöne ist auf dem See“

ꜥnḫ-m-ḫntj·t *(Spät)* „Leben ist in ...“

ꜥnḫ-m-ṯnn·t u. a.4) *(AR)* „Leben ist im *ṯnn·t*-Heiligtum“

ꜥn·tj-m-mr u. ä. *(MR)* „(der Gott) *ꜥn·tj* ist auf dem Teich“ (?)

ꜥn·tj-m-ḏr f *(AR)* ?

ꜥntj-m-nḫw(·t) *(NR)* „Anath ist Beschützerin“

ꜥšꜣ·t-m-ḥbśd u. a. *(D 20)*5) „die Menge ist beim *ḥbśd*-Fest“

wꜣḥibrꜥ-m-ꜣḫ·t u. a.6) *(D 26)* „Apries ist im Horizont“

wꜣḥibrꜥ-(m-)mnnfr 7) *(D 26)* „Apries ist in Memphis“

wꜣḥibrꜥ-m(?)-ḫbj·t u. a. *(D 26)* „Apries ist in Chemmis“

wꜥj-m-kꜣ·w *(D 13)* ?

wrš-m-gꜣb *(D 20)* „der Wächter ist in ...“

1) So auch *wšb·t (D 20)*, *pꜣ-ꜥꜣ (D 20)*, *pꜣ-nḫw (NR)*, *pꜣ-j-nḫw (D 20)*, *pꜣ-nḫt (NR)*, *pꜣ-rꜥ (Spät)*, *pꜣ-hmw (NR)*, *pꜣ-šw (NR)*, *pꜣ-ṯꜣw (D 20)*, *ḥꜥj (D 20)*, *(NR)*, *šdw (D 20)*, *tꜣ-j-nḫt·t (D 20)*.

2) D. h. Theben.

3) So auch Month *(D 18)*, PN I 421, 4.

4) So auch *pꜣ-ꜥnḫ (Spät)*, also „der Lebendige“?

5) Vgl. *(NR)*, wohl *ꜥšꜣ(·t)-m-ḥb*.

6) So auch Psammetich, Ptah, (f *MR*), *nfribrꜥ (D 26)* Hathor (f *Spät*), Apis *(Spät)*, *(D 18)*, Thot *(Spät)*.

7) So auch Re *(NR)*, Amasis *(D 26)*.

wḫ-m-mr·f *(MR)* „(der Gott) *wḫ* ist auf seinem See“

wśir-m-rꜥ *(MR)* „Osiris ist Re“

wšb·t-m-nꜥ·t *(D 20)* „ist in der Stadt“

bin-m-wꜣś·t *(NR)* „der Schlechte ist in Theben“ (?)

f *bbj-m-ḥś·t* *(MR/NR)* „*bbj* ist in Gunst“1)

bn-św-m-ipꜣ·t u. a. *(D 20)* „er ist nicht im Harim“

bnw-(m-)iwnw „der Phönix ist in Heliopolis“

pꜣ-ꜥꜣ-m-wꜣś·t 2) u. a. *(D 20)* „der Große ist in Theben“

pꜣ-ꜥꜣ-m-pr *(D 20)* „der Große ist im Tempel“

pꜣ-ꜥꜣ-m-nn-nśw·t *(D 20)* „der Große ist in Ehnas“

pꜣ-ꜥꜣ-m-kꜥḥ *(NR* und *Spät)* „der Große ist in *kꜥḥ*“

*pꜥ-ꜥꜣ-m-tꜣ-ipꜣ·t*3) *(NR)* „der Große ist im Harim“

pꜣ-ꜥꜣ-m-tꜣ-wm·t u. a. *(D 20)* „der Große ist in der Umwallung“

pꜣ-ꜥn-m-ipꜣ·t 4) *(D 20)* „der Schöne ist im Harim“

pꜣ-nfr-m-nb(·j) *(D 20 f)* „der Schöne ist (mein?) Herr“

pꜣ-nfr-m-nḫw 5) *(NR)* „der Schöne ist ein Beschützer“

1) Name einer Sklavin.

2) So auch *pꜣ-nfr*, *pꜣ-nḫw*, *pꜣ-j-nb-nḫt*, *pꜣj-śbtj (?)*, *mꜣj*, Month, *mrjj*, , *nb·j*, *nḫt*, Chons (?), der Stier, *ṯꜣw (?)*, alles *NR*.

3) Vgl. *pꜣ-ꜥꜣ-m-ipꜣ·t*.

4) So auch *pꜣ-ꜥꜣ* u. *(NR)*. Vgl. auch (f *NR*)!

5) So auch *nfr* (ohne *pꜣ-*, *D 18*).

pꜣ-nfr-m-ḏd·t (*NR*) „der Schone ist in Busiris"

pꜣ-rʿ-m-nʾ·t[1] (*Spät*) „der Re ist in der Stadt"[2])

pꜣ-ḥkꜣ-m-nḫw[3]) (*D 18*) „der Herrscher ist ein Beschutzer"

pꜣ-sbꜣ-ḫʿj(·w)-m-ip·t[4]) u a. (*D 21ff*) „der Stern ist in Luxor aufgegangen"

f *pꜣ-tꜣ-(m-?)ḥrr·wt* (*NR*) „das Land ist in Blumen"

pꜣ-ṯꜣw-m-ꜣbw (*D 20*) „die (Lebens-)Luft ist in Elefantine"

pꜣj-nb-m(?)-ʿdd u. a (*NR* u *D 21*) „mein Herr ist ein Knabe" o a

pꜣj-sbtj-m-wꜣs·t so! (*NR*) „meine Mauer[5]) ist in Theben"

pi-m-rʿ u a (*D 18*) „*pi* ist Re"

pḥ·ṭ-m-nfr u a (*NR*). Ob hierher?

pḥtj-m(?)-imn (*D 20*) „Starke ist in Amon" (?)

ptḥ-m-imn (*NR*) „Ptah ist Amon"

ptḥ-m-mʿnḏ·t (?) (*NR?*) „Ptah ist in der *mʿnḏ·t*-Barke" (?)

ptḥ-m-mn·w[6]) u a. (*D 19*). Ob hierher?

ptḥ-m-mꜣʿ-ḫrw[7]) (*Spat*) „Ptah ist ein Gerechtfertigter"

mꜣj-m-ḥkꜣ[8]) (*NR*) „der Lowe[9]) ist Herrscher"

[1]) Vgl auch (*NR*), *pꜣ-ṯꜣw-m-nʾ t* (*D 20*), *pꜣj-nḫw-m-nʾ t* (*D 20*), *tꜣj-nḫt t-m-nʾ t* (m! *D 20*)
[2]) D h Theben
[3]) So auch Chnum (!, *D 18*)
[4]) So auch *pꜣ-nḫt* u Mut (*D 20*)
[5]) D h der Konig
[6]) So auch Mut (f *NR*)
[7]) So auch Re (*Spät*)
[8]) So auch Seth (*D 20*)
[9]) D h der Konig

mꜣj-m-ṯnj u ä. (*NR*) „der Lowe[1]) ist in This"

f *mw t-m-iwn·t*[2]) (*NR*) „(die Gottin) Mut ist in Dendera"

f *mw·t-m-p·t*[3]) (*NR*) „(die Gottin) Mut ist im Himmel"

f *mw·t-m-mr·š* u a.[4]) (*NR*) „(die Gottin) Mut ist auf ihrem See"

f *mw·t-m-ḫʿj(·t)*[5]) (*NR*) „(die Gottin) Mut ist im Aufstrahlen"

mn·w-m-inp·w (*NR*) „Min ist Anubis"

mn·w-m-šḥn·t u a (*MR*)[6]) „Min ist in der *šḥn·t*"

mnḥtp(·w)·m-ḥw·t-nb(·w) (*MR*) „*mnḥtp(·w)* ist in Hatnub" (?)[7])

mnṯ·w-m-iwn (?) (*D 20*) ?

mnṯ·w-m-iwnj (*MR*) „Month ist in Hermonthis"

mnṯ·w-m-mn(·w) u. ä (*D 19*) „Month ist Min"

mnṯ·w-m-mḥj·t, Var (*Spät*) „Month ist der (erfrischende) Nordwind" (?)

mnṯ·w-(m)ḥꜣ·t·f (*D 20*) „Month ist vor ihm" (?)

mnṯ·w-m-sꜣ-snwsr·t (*MR*) „Month ist der Schutz des Sesostris"

mnṯ w-m-š (?) ? (*MR*) „Month ist auf dem See" (?)

mnṯ·w-m-tꜣ wj u a (*NR*) „Month ist in den beiden Landern"

[1]) D h der Konig
[2]) So auch *no t j* (? *MR*)
[3]) So auch *nfr t* (*AR*), *nktti* (? *NR*), *nḏ t* (*AR*), *ḫʿj t* (*D 18*), *ḥtjj* (m *MR*)
[4]) So auch *nfr t* (*NR*), *hnw t* (f *AR* u *MR*), Horus (f! *NR*), *tnr* (! f *NR*)
[5]) So auch Min (*NR*)
[6]) Auch Frauenname
[7]) Oder ist *ḥtp-mn w-m-ḥw t-nb(w)* zu lesen?

f *(?) mr(j?)-m-ỉmꜣ* *(D 20)* „der Geliebte (?) ist ein Angenehmer" (?)

f *mrj*[1]*-m-nb(·w)* *(NR)* „der Geliebte ist 'Gold'"

mrj-m-ḥw·t *(NR)* „der Geliebte ist im Tempel" o. a.

mḥ-m-wꜣś·t *(NR)* „*mḥ* ist in Theben" (?)

f *(?) mḥj·t-m(?)-wꜣwꜣ·t* u. a. *(Spät)* „der Nordwind ist im Lande *wꜣwꜣ·t*" (?)

f *njt-m-tꜣ-ḥꜣ·t-wꜣḥibrꜥ* *(D 26)* „Neith ist an der Stirn (?) des Apries"

nb(·j)m-ꜣḫ·t *(AR)* „mein Herr ist im Horizont"

nb·j-m-ỉwn·t (?) *(NR)* „mein Herr ist in Dendera (?)"

nb·j-m-ỉb·j *(D 18)* „mein Herr ist in meinem Herzen"

nb(·j)-m-ỉtf(·j) *(D 18)* „mein Herr ist mein Vater"

nb·j-m-p *(NR)* „mein Herr ist in P"

*nb(·j)-m-św*ḥ·t (?)* *(AR)* „mein Herr ist ..."

nb(·j)-m-ḫm [2] *(AR)* „mein Herr ist in Letopolis"

f *nb·t(·j)-m-ỉwnw·t* *(AR)* „meine Herrin ist die Heliopolitanerin"

f *nb·t·j-m-nb(·w)* *(MR)* „meine Herrin ist 'Gold'"

f *nb(·w)-(m-?)ỉwnw* *(MR)* „'Gold' ist (in?) Heliopolis"

f *nb(·w)-m-ỉrj(·t)* *(NR)* „'Gold' ist (meine?) Gefährtin"

f *nb(·w)-m-ỉjḥ* *(NR)* „'Gold' ist die *ỉjḥ*-Pflanze" (?)

[1]) Ob *mrj(·t)* „die Geliebte" zu lesen ist?
[2]) So auch Horus *(MR)*

f *nb(·w)-m-wꜣḥ* *(MR)* „'Gold' ist das Grün" (?)

f *nb(·w)-m-wꜣḏ* *(MR)* „'Gold' ist der Papyrus" (?)

nb(·w)-m-p·t (?) *(MR)* „'Gold' ist im Himmel" (?)

f *nb(·w)-m-mꜣw·t* *(MR)* „'Gold' ist ..."

f *nb(·w)-m-nwnw·t (?)* *(D 18)* „'Gold' ist ..."

f *nb(·w)-m-nḫb·t* *(NR)* „'Gold' ist die Lotosknospe"

f *nb(·w)-m-ḫꜥj(·t)·ś* *(D 18)* „'Gold' ist in ihrem Erstrahlen"

f *nb(·w)-m-šꜣ·ś* *(NR)* „'Gold' ist in ihrem Gefilde"

f *nb(·w)-m-tḫ(·t)* *(MR)* „'Gold' ist in Trunkenheit" (?)[1])

nfw(?ṯꜣw?)-m-ꜥntj·w *(MR)* „die Luft ist Myrrhen"

nfr-m-ḥtp·w (?) *(NR)* ?[2])

nfr-m-ššn·t u. ä.[3]) *(NR)* „der Schöne[4]) ist am *ššn·t*-Fest"

f *nfr·ś-m-ỉb(·j)* *(MR?)* „ihre Schönheit (?) ist in meinem Herzen"

nfrkꜣrꜥ-m-pr-ỉmn u. ä.[5]) *(D 20)* „Ramses IX ist im Hause des Amon"

f *nfr·t-m-ỉwnw* *(NR)* „die Schöne ist in Heliopolis"

f *nfr·t-m-śṯ·t* u. a. *(NR)* „die Schöne ist in Asien" (?)

nḫw-m-mw·t (?) u. ä.[6]) *(NR)* ?

[1]) Oder „am *tḫ*-Fest"?
[2]) Vgl *(MR/NR)*
[3]) Auch ohne m
[4]) Oder „es ist schön.."?
[5]) So auch (m u. f *NR*), Sethos *(NR)*
[6]) Vgl auch *(D 20)*!

nḫt-m-mw·t u a *(NR)* ?

nś-m-nśw (?) u a *(AR)* ?

nṯr(·j?)-m-mr *(MR)* „der (mein?) Gott ist auf dem See"

nṯr·j-n·j-m-ḏw *(MR)* „mein Gott ist ein Berg[1]) für mich"

f *rʿ-m-nš(m)·t* *(D 18)* „Re ist in der *nšm·t*-Barke"

rʿ-m-rḫ *(D 18)* „Re ist ein Wissender" (?)

rʿ-m-kꜣ(·j) u. a *(AR)* „Re ist mein Ka"

rʿmśj(św-m-)pr-itm u. a *(NR)* „Ramses ist im Hause des Atum"

rʿmśjśw-m-pr-rʿ u a *(NR)* „Ramses ist im Hause des Re"

rn·f-m-ib(·j) *(MR)* „sein Name ist in meinem Herzen"

f *rn·ś-m-ib(·j)* u. ä. *(MR)* „ihr Name ist in meinem Herzen"

ḥ-m-pr-ptḥ *(NR)* „*ḥ* ist im Hause des Ptah"

ḥ(?)-m-ṯb·tjfj *(NR)* „*ḥ* ist in seinen Sohlen" (?)

f *ḥj-m-nṯr(·j?)* *(D 18)* „*ḥj* ist (mein?) Gott"

f *ḥw-m-pr·ś* *(D 20)* „Speise ist in ihrem Hause"[2])

f *ḥw-m-šnw·t* *(D 20)*[3]) „Speise ist im Kornspeicher"

f *ḥnw·t(·j?)-m-ꜣḫ·t* [4]) *(AR)* „die (meine?) Herrin ist im Horizont"

f *ḥnw·t(?)-m-mn* *(NR)* ?

f *ḥnw·t-m-šmʿw* *(D 19)* „die Herrin ist in Oberägypten"

[1]) D h ein starker Schutz, vgl Grapow, Vergleiche, S 52 f
[2]) Vgl den Anhang zu diesem Kapitel
[3]) Vgl *tꜣ-ʿꜣ t-m-tꜣ-šnw t (D 20)*
[4]) So auch Suchos (? f *MR*), *kꜣ j* (! *AR*)

ḥr(·w)-(m-?)ś·t-nb(·t) *(D 20 f)* „Horus ist an jeder Stätte (?)"

ḥr(·w)-m-.. [1]) *(MR)* ?

ḥr(·w)-m-ḳni-ꜣś·t u. a *(NR)* „Horus ist in der Umarmung der Isis"

ḥr(·w)-m-kꜣ·w.ś *(AR)* „Horus . . . "

ḥr-ḥtp(·w)-m-pr·f *(MR)* „*ḥr-ḥtp (·w)* ist in seinem Hause (?)"[2])

ḥr(·w?)-m-nb-tꜣ·w *(MR)* „Horus (?) ist der Herr der Länder"

f *ḥḥ-m-nʾ·t·ś* *(NR)* „*ḥḥ* ist in ihrer Stadt"

ḥś(·t)·f-m-iwnw *(D 18)* „sein Lob ist in Heliopolis"

ḥkꜣmꜣʿ·trʿ-m-pr-ḫnś·w *(D 20)* „Ramses IV. ist im Hause des Chons"

f *ḥtp·w-m-imn* *(D 18)* ?

ḫʿj-m-nʾ·t·f *(D 20)* „der Erstrahlende ist in seiner Stadt" (?)

ḫʿj-(m-?)ḫ·t·f *(D 20)* „der Erstrahlende ist in seinem Leibe" (?)[3])

ḫʿjkꜣwrʿ-m-ʿḥ *(MR)* „Sesostris III ist im Palaste"

ḫnś·w-m-rnp u. ä. *(D 21)* „Chons ist ein Jüngling" o. ä.

ḫnś·w-(m-?)ḥꜣ·t-nṯr-nb *(D 19)* „Chons ist an der Spitze (?) aller Götter"

ḫntj-m-smj t(?) *(MR)* „*ḫntj (ḫtjj?)* ist an der Begräbnisstätte" (?)

ḫtj-m-ḥw·t·f *(MR)* „*ḫtj* ist in seinem Schloß"

[1]) So auch Sopd (f *MR*)
[2]) Oder *ḥtp-ḥr(w)-m-pr f* „Horus ruht in seinem Hause" o. a.? Vgl aber *ḫnm-nḫt (nḫt-ḫnm?)-m-pr·f (MR)*
[3]) D. h. der Sonnengott ist im Leibe des Königs?

f *ś·t-ỉb-m-nfr·t-p·t* (*AR*) „*ś·t-ỉb*[1]) ist die Schönheit des Himmels“[2])

śꜣj·j-(m-)ỉśw·t·f (*D 20 f*) „meine Sättigung ist . . .“[3])

śꜣj·j-m-ỉmn (*NR*) „Amon ist meine Sättigung[4])“

śꜣj·j-m-ỉtf(·j?) (*NR*) „der (mein?) Vater ist meine Sättigung“

śꜣj·j-m-ptr·f (*NR*) „sein Anblick ist meine Sättigung

śꜣj(·j)-m-pꜣw·t-n(t)-ỉmn[5]) (*Spät*) „das Brot des Amon ist meine Sättigung“

śꜣj·f-m-pꜣ-ỉtn (*NR*) „der Aton ist seine Sättigung“.

f *śj-m-mr-n-mw·t* [6]) (*NR*) „sie ist auf dem See der (Göttin) Mut“[7])

f *śj-m-nb(·w)* (*NR*) „sie ist ‘Gold’“

św-(m-)ꜥwj-(n-)ỉmn u. a (*NR* u. *D 21*) „er ist in den Händen des Amon“

św-m-mr-n-ḥr(·w) (*NR*) „er ist auf dem See des Horus“[7])

śbk-m-ỉnw(?) u a. (*MR*) „Suchos ist . .“

śbk-m-ḫnt(·j?) (*AR*) „Suchos ist vor mir“ (?)

śbtj-m-ptḥ u a. (*NR*) „eine Mauer ist Ptah“

śn(·j?)-m-ỉꜥḥ u a. (m u. f *D 18*) „der (mein?) Bruder ist der Mond“

śn(·j?)-m-nṯr (*NR*) „der (mein) Bruder ist der Gott“

f *śn·t-m-nꜥ·wt(?)* (*AR*) ?

śn·w-m-šꜣ (*MR*) ?

śśwtw-m-ỉmn(?) (*NR*) ?

śtḫj-m-pr-ḏḥwtj (*NR*) „Sethos ist im Hause des Thot“

śtḫ-m-nꜥm(?) [1]) (*D 20*) „Seth ist ein Freundlicher“ (?)

śtḫ-m-ḥb·f (*D 18*) „Seth ist an seinem Feste“

šmś·w-m-ḫꜥw·f (*MR*) ?[2])

f *šdj-m-dwꜣ·t* (*NR*) „der Erretter ist in der Unterwelt“ (?)[3])

ḳn(·t)-m-ḫpš·f (*NR*) „Stärke ist in seinem[4]) Arm“

kꜣ(·j)-m-ỉb(·j) u. a. (*AR*) „mein Ka ist in meinem Herzen“ (?)[5])

kꜣ(·j)-m-ỉpw (*D 4*) „mein Ka ist . . .“

kꜣ(·j)-m-ꜥnḫ (*AR*) „mein Ka ist im Leben“

kꜣ(j)-m-ꜥḥ [6]) (*AR*) „mein Ka ist im Palast“

kꜣ(j)-m-wḥm(·j?) (*D 4*) „mein Ka ist mein Wiederholer“ (?)

f *kꜣ(j)-m-mꜣꜥ·t* (*MR*) „mein Ka ist die *mꜣꜥ t*“ (?)

kꜣ(·j)-m-mdw(·j) (*AR*) „mein Ka ist mein Stab“ (?)

f *kꜣ(·j)-m-nꜥ·t·ś* (*NR*) „mein Ka ist in ihrer Stadt“

---

[1]) Name des Sonnenheiligtums des König s Nefererkerê

[2]) D h „so schön wie der Himmel“ (? so nach H Schäfer)

[3]) Möglich wäre hier und in den 3 folgenden Namen auch die Übersetzung „ich sättige mich an “

[4]) So auch Suchos (*MR*)

[5]) Oder *śꜣj n(j)-m-* „ich habe mich gesättigt an “ (also Verbalsatz) ?

[6]) So (geschrieben) auch Amon, Isis, *ỉwnj t*, sämtlich f *NR*

[7]) D h der Mut bezw dem Horus ergeben

[1]) So neben (ob irrig für ?) *śtḫ-nꜥm* !

[2]) Vgl oben *ỉmn-m-ḫꜥ w f* usw ?

[3]) D h der Sonnengott auf seiner Nachtfahrt ? Vgl u a (m *D 20*) Oder ist an den als Krieger dargestellten Gott *šdw* zu denken ?

[4]) D h des Königs

[5]) Oder „ist mein Herz“ ?

[6]) Vgl (f *MR*)

kꜣ(·j)-m-nfr (*AR*) „mein Ka ist ein Schoner" (?)

kꜣ(·j)-m-nfr·t u. a (*AR*) „mein Ka ist Nutzen" (?)

kꜣ(·j)-m-nśw·t(?) (*AR*) „mein Ka ist der (des?) Konig(s?)" (?)

kꜣ(·j)-m-rꜥ (*D 18*) „mein Ka ist Re"

kꜣ(·j)-m-rḫ·w (*AR*) ?

kꜣ(·j)-m-rd·wj(·j?) u a. (*AR*) „mein Ka ist in meinen Fußen" (?)

kꜣ(·j)-m-hr·t (*AR*) „mein Ka ist in Zufriedenheit" (?)

kꜣ(·j)-m-ḥś·t u a (*AR*) „mein Ka ist in Belohnung" (?)

kꜣ(·j)-m-ś·t(·j?) (*AR*) „mein Ka ist mein Stellvertreter" (?)

kꜣ(·j)-m-śn·w(·j) (*AR*) „mein Ka sind meine Bruder" (?)

kꜣ(·j)-m-śḫm (*AR*) „mein Ka ist ein Machtiger" (?)

kꜣ(·j)-m-ḳd(·j?) u a. (*AR*) „mein Ka ist (mein?) Schopfer"

kꜣ(·j)-m-ṯnn·t u. a. (*AR*) „mein Ka ist in der *ṯnn t*"[1])

kꜣ·w-m-pr-ptḥ (*NR*) „Speisen sind im Hause des Ptah"

kꜣ-m-ỉmn (*NR*) „der Stier ist Amon"

f *kꜣ-m-pśḏ·t* (*NR*) „der Stier ist die Götterneunheit"

kꜣ-m-hrj-ỉb·śn u. a. (*NR*) „der Stier[2]) ist mitten unter ihnen"[3])

kꜣ-m-kmwj u a. (*MR*) „der Stier[2]) ist in Athribis" (?)

[1]) Oder „ist die (Gottin) *ṯnn t*" ?
[2]) D h der Konig
[3]) Den Feinden

tꜣ-wr·t-m-mḥ (?) (*NR*) „die Große . ."

f *tꜣ-wśr·t-m-pr-nśw·t* (*D 21*) „die Starke ist im Konigshause"

f *tꜣ-bj-m-mw·t(?)* (*Spat*) ?

f *tꜣ-nḫt t-m-pr-ꜣś·t* (*Spat*) „die Starke ist im Haus der Isis"

f *tꜣ-nḫt(·t)-m(?)-tꜣ-ḥꜣ·t* (*Spat*) „die Starke ist an der Spitze" (?)

f *tꜣ-m-rsf·w* (*NR*) „das Land ist beim Vogel- und Fischfang"

f *tꜣ-m(?)-hrw(·t?)-n·ś* u. a (*D 18*) ?

f *tꜣ-m-śwꜣḏ·ś* (*NR*) „das Land laßt sie grunen" (?)

tp-m-ꜥnḫ (*AR*) „der Kopf (ist?) im Leben"

f *tp-m-nfr·t* u a (*AR*) „der Kopf (ist?) in Gutem" (?)

tp-m-kꜣ·w (*AR*) ?

f *ttj-m-nṯr* (*NR*) „*ttj* ist Gott"

ttj-m-rꜥ u a (*MR/NR*) „*ttj* ist Re"

dj-św-m-ỉb(·j) (*NR*) „der ihn gegeben hat, ist in meinem Herzen"

dwꜣ-m-nfr-. (?) (*NR*) ?

f *dwꜣ-m-mr ś* u a (*NR*) „Preis ist auf ihrem See" (?)

ḏꜣḏꜣ-m-ꜥnḫ (*MR/NR*[1])) „der Kopf ist im Leben"

β) Die Prapositionen und .

ꜥn-m-ꜥ(·j) [2]) (*MR*) „der Schone ist in meinem Besitz" (?)

[1]) Literarisch, als Name eines Mannes des *AR* !
[2]) So auch *nhjj* (*MR*, geschrieben)

ꜥnḫ(·j)-mꜥ-ꜣḫ·tj [1] *(AR)* „mein Leben ist bei *ꜣḫ·tj*“

ꜥḳ-mꜥ-ptḥ *(MR)* „Speisen (o. a.) sind bei Ptah“

pꜣ-ꜥnḫ-mdj-ỉmn *(NR)* „das Leben ist bei Amon“

pꜣ-tꜣ-mdj-ỉmn *(D 20)* „das Land ist bei[2]) Amon“

pꜣ-ṯꜣw-mdj-mnṯ·w *(D 20)*[3]) „die (Lebens-)Luft ist bei Month“

pꜣ·f-ṯꜣw-(m-)ꜥ·wj-ꜣś·t *(Spät)*[4]) „seine (Lebens-)Luft ist in den Händen der Isis“

f *pꜣ·ś-ṯꜣw-(m-)ꜥ·wj-ꜣś·t* *(Spät)*[5]) „ihre (Lebens-)Luft ist in den Händen der Isis“

pśmṯk-(m-)ꜥ·wj-njt u. ä. *(Spät)*[6]) „Psammetich ist in den Händen der Neith“

śỉḥ(·j)-mꜥ-ḥmn *(MR)* „meine Würde ist bei (dem Gott) *ḥmn*“ (?)

γ) Die Präposition

pꜣ-ꜥnḫ-n-ḫnś·w *(Griech.)* „das Leben gehört dem Chons“ (?)

f *šr·t(·j)-n-ꜥnḫ* *(AR)* „meine Nase gehört dem Leben(?)“

kꜣ(·j)-n·j *(AR)* „mein Ka gehört mir“ (?)

nfr-n·j u. a. *(AR* u. f *MR)* „es geht mir gut“ (?)

[1]) So auch *ꜥn tj*(f), Ptah, *nṯr(·j)*, Re, Horus, *kꜣ(·j)*, König *ḏd frꜥ*, alles *AR*

[2]) D. h. in seinem Besitz?

[3]) So auch (mit Schreibung u. ä.) Amon *(NR)* und Mut *(D 22)*, der letztere Name einmal geschrieben (Später Sarg, R10), als ob *-m-ḏr·t* zu lesen wäre! Vgl. Wb 2, 177, 18 u. 19

[4]) So auch, mit verschied. Abkürzungen, Amon, Bastet, Min, Neith, Horus, Chons, Sopd, Sachmet, Schu, alles Spät

[5]) So auch Bastet, Mut, Min, („der Sehende“?), Chons, *tꜣ-nṯr·t*, alles Spät

[6]) ist wohl schlechte Schreibung dafür

δ) Die Präposition

ꜣḫ·t-ỉmn-'r·w *(Spät)*[1]) „das Auge des Amon sei gegen sie[2]) (gerichtet)“

ꜣḫ·tj-r-ḥꜣ·t·f *(NR)*[3]) „(der Gott) *ꜣḫ·tj* ist vor ihm“[4])

f *ꜣś·t-r-mr·ś* *(Spät)* „Isis ist an (?) ihrem Teich“[5])

f *iw-ỉb·j-r·ś* *(NR)* „mein Herz ist zu ihr (gewandt)“

ỉb(·j)-r·f u. ä. *(MR)* „mein Herz ist zu ihm (gewandt)“

f *ỉb·j-r·ś* *(MR* u. *NR)* „mein Herz ist zu ihr (gewandt)“

ỉmn-r-nḥḥ [6]) *(D 18)* „Amon (dauert) in Ewigkeit“

ỉr·t-n-ḥr-'r·w u. ä. *(Spät* u. *Griech.)*[7]) „das Auge des Horus sei gegen sie[8]) (gerichtet)“

ꜥnḫ-r-fnḏ·f u. ä. *(AR)* „Leben ist (sei) an seiner Nase“

ꜥnḫ-r-šr·t·f *(AR)* „Leben ist (sei) an seiner Nase“

f *mw·t-r-wỉꜣ* *(D 18)* „(die Göttin) Mut ist in der Barke“[9])

mn-ꜥꜣ-r-wśỉr *(Spät)* „es gibt keinen Größeren als Osiris!“

[1]) So auch *-ỉmn-(m-)ỉpꜣ·t-* (Spät). Vgl. auch (Spät)

[2]) Die fremden Herrscher, siehe 2. Abschn. Kap. III B VIII

[3]) So auch Amon *(NR)*, Atum *(NR)*, Neith *(Spät)*, *nfr·w* *(NR)*, *(NR)*. In diese Gruppe gehört wohl auch der Spät u. Griech. belegte Name u. ä. *pꜣ-wn-(r-)ḥꜣ·t·f* „das Licht ist vor ihm“

[4]) Sinn?

[5]) Vgl. oben die entsprechenden Namen mit *m*, der Sinn ist wohl der gleiche

[6]) So auch *ỉtf·w-* „die Väter“ *(AR/MR)*, Amenophis II., *pꜣ-dj-św* *(D 19)*, *pꜣ-pr-ꜥꜣ* *(NR)*, *pr ꜥꜣ* (m. u. f *D 19)*, Amenophis III., *nśw·t* *(D 18)*, *ḥm·t-nśw·t* (f *D 18)*, *ḥnw·t*(f *D 18)*, *ḥś(·t)·f* „sein Lob“ *(?NR)*, *ḥkꜣ* *(D 18)*, Ramses IV. *(D 20)*, Amenemhet I. (f *MR)*, Sethos *(NR)*, *śdj·t·j* *(MR)*, (f *MR)*, *dj-św* *(D 19)*, *dwꜣ* „Preis“? *(NR)*

[7]) Vgl. auch u. ä. (f *Spät)*

[8]) Die fremden Herrscher

[9]) Vgl. oben die entspr. Bildungen mit *m*

f *nb(·w)-r-ḳiš* (*AR*) ?

f *nfr·t-r-ḥꜣ·t* (*NR*) „die Schöne ist an der Spitze" (?)[1]

nfr·w-r-ḥꜣ·t·f (*NR*) „Schönheit (?) ist vor ihm"[2])

f *ḥꜣ·t-r-kꜣ·w* u. a. (*AR*) ?

ḥr·f-r-nʾt·f (*D 20f*) „sein Antlitz ist auf seine Stadt (gerichtet)"[3])

ḥr·f-r-nꜣt (*Spät*)[4]) „sein Antlitz ist auf (die Göttin) Neith (gerichtet)"

ḫnt-r-kꜣ(·ꜣ?) u. ä. (*AR*) ?

špr(·j)-r-ꜥnḫ (*AR*) „meine Rippe (ist) zum Leben (gewendet)?"

ε) Die Präpositionen und

ipj-ḥꜣ-iš·wt·f (*AR/MR*)[5]) „*ipj* (steht schützend) hinter seiner Habe"

ꜥnḫ-ḥꜣ·f u. ä. (*AR* u. *MR/NR*) „das Leben ist (als Schutz) hinter ihm"

f *ꜥnḫ-ḥꜣ·ś* (*AR*) „das Leben ist (als Schutz) hinter ihr"

f *pj(?)-r-ḥꜣ-rꜥ* (*NR*) „*pj*(?) ist hinter Re"(?)

f *nfr·t-ḥꜣ-mnkꜣ·wrꜥ* (*AR*)[6]) „Gutes ist (sei) hinter (König) Mykerinos"

rꜥ-ḥꜣ·j (*AR*)[7]) „Re ist (als Schutz) hinter mir"

f *kꜣ·w-ḥꜣ·ś* (*AR*) „die Kas sind (als Schutz) hinter ihr"

ζ) Die Präposition .

Die Präposition findet sich in Nominalsatz-Namen teils mit Substantiven, teils mit Infinitiven verbunden. Die letzteren gebe ich getrennt hinter den ersteren. Auch hier wird die Präposition in der Schrift oft weggelassen[8]), und auch hier mag es sein, daß sie — wie das — in manchen Fällen auch in der Aussprache weggefallen war. Aus fremden Umschreibungen läßt es sich zwar hier nicht nachweisen, da in der einzigen[9]) diesbezüglichen keilschriftlichen Transskription, die uns bisher bekannt geworden ist, — *šutaḫapšap* für *śtḫ-ḥr-ḫpš·f* — das *ḥ* der Präposition *ḥr* mit dem vorhergehenden *ḫ* und dem folgenden *ḫ* zu einem einzigen Laut zusammengefallen ist. Aber das häufige Fehlen der Präpositionen in der Schrift spricht doch für einen Ausfall auch in der Sprache, besonders vor dem Infinitiv, vor dem es ja schon im Neuägyptischen in der Schrift häufig wegfällt[10]), und im Koptischen — vgl. ⲉϥⲥⲱⲧⲙ aus *iw·f-ḥr-sḏm* — bekanntlich spurlos verschwunden ist.

Es ist bemerkenswert, daß Namen mit *ḥr* und dem Infinitiv erst im Mittleren Reich auftreten, dem eigentlichen Alten Reich fehlen sie noch ganz[11]).

imn-ḥr-pꜣ-mšꜥ (*Dyn 26*) „Amon ist beim (?) Heere"

imn-ḥr-ḫpš·f [12]) u. a. (*NR*) „Amon ist in (?) seinem[13]) Arm"

wn-ḏḥwtj-(ḥr-)sḏm (*Spät*) „Thot erhört" o. ä.

f *wśr(-ḥꜣ·t)*[14])*-ḥr-mw·ś* (*MR/NR*) „(die Barke) *wśr(-ḥꜣ·t)* ist auf ihrem Wasser"

1) Vgl. oben die Bildungen mit *m*.
2) Wem?
3) Gemeint sind gewiß Amon u. Theben.
4) Vgl. auch *ḥr·f-[r-?]pꜣ-wꜣḏ* „sein Antlitz ist auf das *wꜣḏ* (= Amulett in Papyrusform?) gerichtet" (*Spät*).
5) So auch *mꜣj* „der Löwe" (mit , *D 20*), König *mrjjrꜥ* (mit , *AR*), *htj*, *šnb* (? *MR*, mit), *kꜣ* „der Stier" (*MR*), König *kꜣkꜣj* (*AR*).
6) So auch *nb tj* (Königin *D 5*), *nśw t*, Chefren (mit statt *nfr t*), Cheops, Snofru — alles f *AR*.
7) So auch *kꜣ(·j)*, *AR*. Vgl. auch (*D 18*).
8) Vgl. S. 48.
9) Wenn *parihnâwa* (ÄZ 58, 133 f) wirklich, wie ich jetzt annehmen möchte, ein *pꜣ-rḫ-(ḥr-)nw* „der Wissende sieht" wiedergibt, so ist das ein zweites Beispiel, bei dem aber zufällig wieder ein *ḫ* dem *ḥ* vorangeht.
10) Vgl. Sethe, Verbum II, 569 f.
11) Das älteste Beispiel, *ipj-ḥr-śśnb f*, stammt aus der ersten Zwischenzeit.
12) So auch Baꜥal (*D 20*), Month (*NR*), Horus (*D 21*, ohne *ḥr*), Seth (*NR*).
13) Des Königs.
14) Oder ist *wśr(·t)* „die Starke" zu lesen?

wśr-ḥr-ḫpš·f ... u. ä. (D 20)[1] „Kraft ist in (?) seinem[2] Arm"

f wśrw-ḥr-ś·tw(?) ... (NR) „Reichtümer sind an ihrem (?) Ort" (?)

p₃-ʿn-(ḥr-)f₃j(·t) ... u. ä. (NR) „der Schöne ist auf der Tragbahre"

p₃-rʿ-ḥr-wnm·f ... NR)[3] „der Re ist auf seiner[2] Rechten"

m₃j-ḥr-prj ... (D 18) „der Löwe[4] ist auf dem Schlachtfeld"

mnw-ḥr-ḫtjw ... (MR) „Min ist auf der Treppe"

f nb-...-ḥr-iḥś(?) ... (Spät) ?

nb·j-ḥr-mšʿ·f ... (NR) „mein Herr ist bei (?) seinem Heere"

f nb·tj-ḥr-k₃w·ś ... (AR) ?

f nb(·w)-ḥr-mr(·t) ... (NR) „'Gold' ist auf dem Wege" (?)

f nb(·w)-ḥr-mḥ ... (NR) „'Gold' ist auf der Flut" (?)[5]

f nb(·w)-ḥr-š·ś ... (MR) „Gold ist auf ihrem See"[6]

f nb(·w)-ḥr-k₃w ... (MR) ?

nfr-ḥr-ptḥ-n-mrjrʿ ... (AR) „das Antlitz des Ptah ist schön (d. h. gütig) für (König) mrjrʿ"

rʿ-ḥr-k₃(·j) ... (AR) „Re ist auf meinem Ka" (?)

f ḥtḥr-ḥr-ś·t(?) ... (MR) „Hathor ist auf dem Thron" (?)

ḥr(·w)-ḥr-ḫ₃ś·wt ... (MR) „Horus[1] ist in den Fremdländern"

ḥr·j-ḥr-imn ... u. ä. (NR)[2] „mein Gesicht ist auf Amon (gerichtet)"

f ḥr(·j)-ḥr-ʿnḫ ... (AR) „mein Gesicht ist auf das Leben (gerichtet)"

ḥsj-ḥr-imnt·t ... u. ä. (NR) „der Gelobte ist im Westen"

śbk-ḥr-rḫḫ ... (MR) „Suchos ist beim rḫḫ-Fest"

śbk-ḥr-ḥb ... u. ä. (m u. f MR) „Suchos ist am Feste"[3]

f špśj(·t)-ḥr-itf·ś ... (NR). Ob hierher?

ḳd-ḥr-iḫ·wt·f ... (NR). Ob hierher?

k₃(·j)-ḥr-ś·t·f ... u. ä. (AR) „mein Ka ist auf seinem Platze" o. ä.

f k₃·ś-ḥr-tf·ś ... (AR) „ihr Ka ist auf ihrem Vater" (?)

k₃-ḥr-ḫnt ... u. ä (MR/NR) „der Stier[4] ist im Südlande" (?)

ttj-ḥr-pśḏntjw (?) ... (MR) „ttj ist am Neumondsfest" (?)

t₃w-ḥr-ḫt·f (?) ... (NR)[5] „die (Lebens-)Luft ist bei ihm"

dḥwtj-ḥr-ḥ₃t·f ... (NR)[6] „Thot ist vor ihm"

Hieran schließen sich Satznamen mit 𓁹 und dem Infinitiv:

f ₃ś·t-(ḥr-)śʿnḫ ... (Spät)[7] „Isis erhält am Leben"

---

[1] So auch nḫt, kn, tnr, alles NR und wohl als „der Starke" aufzufassen
[2] Des Königs
[3] So auch Month, Re, Horus, Seth (alles NR). Hierher wohl auch ... (D 18)
[4] D h der König
[5] Vgl Wb 2, 114 oben
[6] Vgl oben die entsprechenden Bildungen mit m

[1] D h der König
[2] So auch p₃-rʿ(f), nb-tp₃ t, n₃-ḥr w („die Gesichter"), nfr-ḥr, alles NR
[3] So auch ... (Bedeutung ?, f MR) Vgl oben die entsprechenden Bildungen mit m, mit denen dies gewiß gleichbedeutend ist
[4] D h der König
[5] Auch ohne 𓁹 und mit p₃- ohne 𓁹, beides D 20
[6] Vgl oben die entsprechenden und wohl gleichbedeutenden Bildungen mit -r-ḥ₃t f
[7] So auch Amon, wśr-ḥ₃ t, Mut, Month, mdw t(f), nb t-ḥtp(f?), Hathor, kn, Seth — alles D 20, das ḥr ist allerdings nie geschrieben!

iʿḥ-(ḥr-)wbn [1] *(Spät)* „der Mond leuchtet auf“

ip-ḥr-ḫnj·t *(MR)*[2] „*ip*[3]) ist auf der Ruderfahrt“

ipj-ḥr-śśnb·f *(AR/MR)* „*ipj*[3]) macht ihn gesund“

imn-(ḥr-)mꜣ *(NR)* „Amon sieht“

imn-ḥr-mꜣʿw *(NR)* „Amon segelt“ (?)[4])

imn-ḥr-min·w u. a. *(NR)* „Amon weidet“

imn-(ḥr-)rḫ [5]) *(NR)* „Amon weiß“ (?)

f *imn-ḥr-śśnb* *(D 18)* „Amon macht gesund“

imn-(ḥr-?)ḳnj(·t?) *(NR)* „Amon umarmt“ (?)

wśrmꜣʿ·trʿ-(ḥr-)śḫpr *(D 20)*[6]) „Ramses II läßt entstehen“ o. ä.

pꜣ-nṯr-(ḥr-)nw [7]) *(Spät)* „der Gott sieht“

pꜣ-rʿ-ḥr-sꜣw·f *(NR)* „der Re schützt ihn“

ptḥ-(ḥr-) śḫpr·j *(D 18)* „Ptah. . .[8])

nꜣ-ṯꜣ·w-ḫnś·w-(ḥr-)rd *(Spät?)* „die Jungen des Chons wachsen“ (?)

f *nb(·w)-ḥr-rdj(·t)* u. a. *(MR/NR)* „‘Gold’ gibt“

f *nb(·w)-ḥr-ḫw·j·t·ś* u. a. *(MR)* „‘Gold’ schützt sie“

ḥr(·w)-ḥr-nḫt u. ä. (m u f *MR*) „Horus ist stark“

ḥr(·w)-ḥr-ḫwj t·f *(MR)*[1]) „Horus schützt ihn“

ḥr(·w)-ḥr-śnʿʿ-ib(·j) *(MR)* „Horus erfreut mich“ o. ä.

ḥr(·w)-ḥr-ḥtp·j *(MR)* „Horus ist gnädig“ (?)

f *(?)ḥr(·w)-ḥr-dj·t-n·j* *(MR)* „Horus gibt mir“

śn·f-ḥr-ḥsj·t·f *(NR)*[2]) „sein Bruder lobt ihn“

kꜣ(·j)-ḥr-mr·t(·j) *(MR)* „mein Ka liebt mich“

f *tꜣ-ʿn·t-ḥr-. .* *(NR)* „die Schöne. .“

tꜣ-ḥr-śṯꜣ-n·f u. a. *(D 18)* „das Land zieht hin zu ihm“ (?)[3])

ttj-ḥr-mꜣꜣ-nfr·w-ptḥ *(MR)* „*ttj* sieht die Schönheit des Ptah“

ḏḥwtj-ḥr-mkj·t·f *(NR)* „Thot schützt ihn“

ḏḥwtj-(ḥr-)śdm u. ä.[4]) *(Griech.)* „Thot erhört“

η) Die Präposition .[5])

ʿn-mj-śbꜣ u. a. *(NR)* „der Schöne ist wie ein Stern“

---

1) So auch *pꜣ-św (D 20)*, Re *(NR)*

2) So auch Amon, Anubis, , Month (f), (f), Hathor (f) — sämtlich *MR*

3) *ʾIp* und *ipj* sind wohl Koseformen für den AR Königsnamen *pjpj* (H Schäfer)

4) Vgl Wb 2, 24, 1 u 2, 23, 16

5) So auch Onuris *(D 19)*, *pꜣ j-nb (NR)*

6) So auch Ptah *(D 18)*, *pꜣ-rʿ (D 20)*, *nfrḫpr w (-rʿ)* — mit ausgeschriebenem *(D 18)*, Ramses *(D 20)*, Chnum (mit)

7) So auch *pꜣ-wbḫ* („der Leuchtende“, d h der Sonnengott), *pꜣ-nfr (?)*, *pꜣ-rḫ* („der Wissende“), *tꜣ-wbḫ t* (? f), alles *NR* Vgl auch N² zu PN I 164, 26

8) PN I 319, 7.

1) Ob *(MR)* eine andere Schreibung desselben Namens ist?

2) So auch Thot *(NR)* Vgl auch u ä *(Spät)* „sein Vorgesetzter lobt“ *(Spät)*

3) Vgl Wb 4 353, 21 Oder „bringt herbei für ihn“ (Wb 4 353, 2)? Mit wird der König gemeint sein

4) So auch Re *(NR)*

5) In steht *mj-ipꜣ t* wohl für *m-ipꜣ t*, siehe S. 48, Anm 3.

*nb(·j?)-mj-r*ʿ (*D 18*)[1] „der (mein?) Herr ist wie Re“

*rḫ-mj-r*ʿ (*D 18*) „der Wissende ist wie Re“ (?)[2])

f! *wn·f-mj-p·t* (*D 18*) „er[3]) existiert wie der Himmel“ o. a.

f *ḥnw·t(·j?)-mj-r*ʿ u. a. (*D 18*) „die (meine?) Herrin ist wie Re“

f *ḥnw·t(·j?)-mj-śbȝj·t* (*NR*) „die (meine?) Herrin ist wie (die Göttin) *śbȝj·t*“

f *ḥnw·t(·j?)-mj-śbȝ* (*NR*) „die (meine?) Herrin ist wie ein Stern“ (?)[4])

f *ḥnw·t(j?)-mj-dwȝ w* (*NR*) „die (meine?) Herrin ist wie der Morgenstern“

*šmśj-mj-r*ʿ (*D 18*) „der Gefolgsmann (?) ist wie Re“ (?)

9) Sonstige Präpositionen

m-śȝ, ḥnʿ, ḫr, ḥr, tp (?)

ib(·j?)-m-śȝ-nśr (?) (*Spät*) ?

pȝ-ḥḳȝ-m-śȝ·śn (*D 18*) „der Herrscher ist hinter ihnen[5]) her“

mḥj·t-m-śȝ-nȝ-pḥ(·w)-św (*Spät*)[6]) (die Göttin) *mḥj·t* ist hinter denen her, die ihn[7]) angreifen

Ob hierher auch (*AR*) gehört?

f *mw·t(·j)-ḥnʿ·j* u. a (*MR*) „meine Mutter ist mit mir“

śn(·j)-ḥnʿ(·j) (*AR* u. *MR/NR*) „mein Bruder ist mit mir“

śnb-ḥnʿ(·j) (*MR*) „Gesundheit ist mit mir“

śnb-ḥnʿ·f (*MR* u *MR/NR*) „Gesundheit ist mit ihm“

f *śnb-ḥnʿ·ś* (*MR*) „Gesundheit ist mit ihr“

f *nfr-ḫr-ptḥ*[8]) (*AR*) „es ist gut bei Ptah“?

f *nfr·t-ḫr-nśw·t* (*AR*) „Gutes ist beim König“

*kȝ(·j)-ḫr-ib-r*ʿ (*AR*) „mein Ka ist beim (?) Herzen des Re“

kȝ(·j)-ḫr-ptḥ (*AR*)[9]) „mein Ka ist bei Ptah“

ʿ*n-ḫr-iȝw·t·f* u a (*NR*) „es ist schon bei ....“ (?)

ʿ*n-ḫr-śtḫ* (*D 20*) „es ist schon bei Seth“ (?)

ʿ*n-ḫr-tnj(?)* (*NR*) „es ist schon unter dem *tnj*-Baum“ (?)

tȝ-ḫr-rd·wj·fj u a (*D 20*) „das Land (liegt) unter seinen Füßen“[10])

tȝ-ḫr-śnḏ·t·f (*D 18*) „das Land ist in Furcht vor ihm“[10])

f *nb tj-tp-itf·ś* (*AR*) „der *nb·tj* ist auf ihrem Vater“ (??)

pȝ-ṯȝw-ḫt-imn (*NR*) „die Luft ist bei (?) Amon“

pȝ-ṯȝw-ḫt·f (*D 20*) } „die Luft ist bei (?) ihm“
ṯȝw-ḫt·f (*D 26*) }

b) Das Prädikat ist ein Pseudopartizip.

Satznamen mit einer Pseudopartizipform als Prädikat finden sich vom Alten Reich bis in die griechisch-römische Zeit hinein. Sehr mannigfach sind diese Formen allerdings nicht, und nach dem Mittleren Reich werden keine neuen

1) Vgl *nb j-r*ʿ!
2) Vgl Wb II, 445, 2
3) Wohl der König oder ein Gott
4) Oder Kurzschreibung des vorigen Namens?
5) Den Feinden.
6) So auch von Chnum (*NR*)
7) Wohl den König.
8) Oder ist *nfr(t)* zu lesen und der Name der folgenden Bildung zuzuzählen?
9) So auch *nśw t* u Re, beides *AR*
10) Gemeint ist der König

Bildungen mehr eingefuhrt Aber einige von ihnen erfreuen sich ganz besonderer Beliebtheit Dazu gehören seit dem Alten Reich vor allem die Namen auf *-ḥtp·w-* bzw. *-ḥtp·tj* ,,.. hat sich gnadig erwiesen", seit dem Mittleren Reich vor allem die auf *-mśj(·w)* ,,.. ist geboren", seit dem Neuen Reich die auf *-ḫʿj·w* bzw. *-ḫʿj·tj* ,,.. ist aufgeleuchtet" und *-mn(·w)* bzw. *-mn·tj* ,,.. ist geblieben", bei denen ich in der folgenden Liste wieder die einzelnen Gotternamen, die in diesen Verbindungen auftreten, nicht alle aufzahle, da ohnehin jeder neue Fund eine neue Verbindung bringen kann.

Andererseits gehoren zu den haufigsten Bildungen dieser Art die mit *-ʿnḫ·w* bzw. *-ʿnḫ·tj*, *-śnb.w* bzw *-śnb·tj* und *-rjś·w* bzw. *-rjś·tj* und einem Personennamen zusammengesetzten, die ich bei Besprechung ihrer Bedeutung im 2. Abschnitt, Kap. IB ausfuhrlich behandelt habe, und auf die ich darum hier nur hinweise

Daß in der älteren Zeit, wegen der ,,ehrenden" Voranstellung des Gottesnamens in der Schrift, bei der dritten Pers. masc. sg. nicht immer mit Sicherheit entschieden werden kann, ob z. B. als *ptḥ-ḥtp·w* oder als *ḥtp-ptḥ* gelesen werden muß, geht aus dem auf S 13 Gesagten hervor. Schon im Mittleren Reich aber haben wir, gar nicht selten, Falle, in denen das *·w* der Endung des Pseudopartizips ausgeschrieben wird, und hier sind dann z. B. ein ein [1]), oder ein usw. mit Sicherheit als Bildungen mit der Pseudopartizipform zu erkennen Die Femininform erscheint gewöhnlich als , gelegentlich als , wird aber in einzelnen Fallen schon im Mittleren Reich in der Schrift ganz fortgelassen Bei den Dual- und Pluralformen bleibt die Endung gewohnlich ungeschrieben, nur ausnahmsweise finden sich bei der Pluralform die Pluralstriche.

Pseudopartizipialformen von Eigenschaftsverben sind in das folgende Verzeichnis nicht mit aufgenommen; sie finden sich unten B II, 2a bei den Nominalsatzen mit adjektivischem Prädikat.

Gott NN-*ḥtp·w* [2]) usw. *(AR-Griech)* ,,Gott NN ist gnadig gewesen"

f Gottin NN-*ḥtp·tj* [3]) usw. *(AR-NR)* ,,Gottin NN ist gnadig gewesen"

---

[1]) Auch , in *bȝ-ʿnḫ w* und *(AR)* und in *mnṯ w-ḥtp w (NR)* sind anscheinend spielende Schreibungen zum Ausdruck der Endung *w*, und dasselbe gilt wohl von den Pluralstrichen in , u . Wie das in , , , , (alles *MR*) u a zu beurteilen ist, bleibt unsicher, es konnte sich hier um das als Ersatz des Personendeterminativs stehende handeln In und *(Spat)* scheint allerdings das die Endung zu vertreten

[2]) Außer den bekannten GN auch (f *D 18*), *(MR)*, (f *MR*), *(AR/MR)*, ?, *(MR)*, *(AR)*, *(MR)*, *(AR)*, *pȝ-bḫn (D 20)*, *(MR)*, *(AR)*, *(MR/NR)*, *(MR)*, *(D 18)*, *śbk-nḫt (MR* — ein Gaufurst ?), (m u f *MR—Spat)*, (f *D 18)*, *śn n (D 18)*, *(MR)*, *kȝ(j) AR*, *(AR/MR)* An Konigen *(MR)* und *śnfrw (AR* u *MR)*

[3]) Außer den bekannten Gottinnen auch *(MR)*, *nšm t (MR)*

Gott NN-*ij·w* [1]) usw. *(MR-Griech)* ,,Gott NN ist gekommen"

f Gottin NN-*ij tj* [2]) usw *(MR-Griech.)* ,,Gottin NN ist gekommen"

Gott NN-*mśj(w)* [3]) usw *(MR-Griech.)* ,,Gott NN ist geboren"

Gott NN-*ḫʿj·w* [4]) usw. *(NR-Spat[5])* ,,Gott NN ist aufgeleuchtet"

f Gottin NN *ḫʿj·tj* [6]) usw *(NR)* ,,Gottin NN ist aufgeleuchtet"

---

[1]) Außer GN auch (? *MR*), *imnhtp w (Spat)*, *itf j (D 18)*, *(D 18)*, *(MR)*, *kȝ(j)* f *AR*, *gmn (MR)*, *ṯȝw (D 6)*

[2]) So auch *mdw t* - Bei *nfr t-ij tj (NR)* scheint es fraglich, ob eine Gottin gemeint ist Vgl auch *mr t-itj-ij tj*

[3]) Außer GN auch *pȝ-ȝb (D 20)*, *ḫʿj-śbȝ w (D 20)* u *śbȝ (NR)*

[4]) Außer GN auch *(NR)*, *(MR* u *NR)*, *(NR)*, *(D 18)*, *wśr-hȝ t (NR)*, *pȝ-nb* u *pȝ j-nb (NR)*, u *(NR)*, *(NR)*, *nb (MR* u *NR)*, *nṯr* (m u f *MR* u *NR)*, u *(NR)*, *ḫrd (NR)*, *(MR)*, *śn* u *śn j* (m u f *MR* u *NR)*, *(Spat)*, *(MR* u *NR)*, *(NR)* An Konigen *ʿȝḫpr w (D 18)* und (m u f *D 18)*

[5]) Aus der Spatzeit ist nur *ptḥ-ḫʿj w* belegt

[6]) Außer bekannten Gottinnen auch ? *(D 20)*, *(D 20)* u *ḥnw t (NR)*

Gott NN-*mn(·w)* [1]) *(NR-Griech.)* „Gott NN ist geblieben"

f *nịt-mn·tị* *(MR)* „Neith ist geblieben"

König NN-*mn·w* [2]) usw *(NR* u. *Spät)* „König NN ist geblieben"

α) 3 Sing. masc

ỉʿḥmś-mn(·w)-(m-)ỉnb·w u a *(D26)* „Amasis bleibt in Memphis"

ỉʿḥmś-mn(·w)-m-ḥw·t-ʿꜣ·t *(Spät)* „Amasis bleibt im Palast" o. a.

ỉʿḥ-mśị(·w)-. . r *(Spät)* ?

ỉb(·ị)-ỉʿị·w u a (m u. f *MR)* „ich bin erfreut worden" o à

ỉmn-ỉw [3]) u. a. *(Griech)* „Amon ist gekommen"

ỉmn-nhsị(·w) [4]) *(NR)* „Amon ist erwacht"

ỉmn-hn·w *(NR)* „Amon hat zugestimmt"

ỉmn-hr(·w) [5]) *(NR)* „Amon ist zufrieden"

ỉhw-mḥ(·w) u a [6]) *(NR)* „das Lager ist angefüllt"

ỉtf-nʿị(·w) [7]) *(D 20)* „der Vater hat sich erbarmt" (?)

wpwꜣ wt-ỉw(·w) *(MR)*[8]) „*wpwꜣ wt* ist gekommen"

pꜣ-ỉhw-wḏꜣ(·w) u. a. *(NR)* „das Lager ist wohlbehalten"

pꜣ-ʿꜣ-ʿḳ·w *(D 18)* „der Große ist eingetreten" (?)

pꜣ-ʿn-h(r·w) [1]) *(D 20)* „der Schöne ist zufrieden"

pꜣ-ršw-wn(·w?) [2]) *(D 22)* ?

f *pꜣ·ś-šw-prị(·w)* u. à. *(Griech.)* „ihr Licht ist aufgegangen"

pḥ-św-ḫr(·w) u. à *(D 18)* „der ihn angriff, ist gefallen"

nꜣ·f-ʿꜣ(·w)-rwḏ(·w) *(Spät)* „seine Großen sind fest (stark) geworden" (?)

nꜣ·f-ṯꜣ w-rwḏ(·w) *(Spät)* „seine Jungen sind fest (stark) geworden" (?)

nb(·ị)-whm(·w) [3]) *(AR)* „mein Herr hat sich wiederholt"

nb(·ị?)-śmn(·w?) u. a *(NR* u. *Spät).* Ob hierher ? ?

nb(·ị?)-śtꜣ(·w?) u. a. *(NR).* Ob hierher ?

nfr-prị(·w) *(MR)* „ein Schöner ist herausgekommen"

ḥp-rnpị(·w) *(Spät)* „der Apis hat sich verjüngt"

ḥr(·w)-mnị(·w) [4]) (m u. f *NR)* „Horus ist gelandet" (?)

ḥḳꜣ-ršw(·w) u. a [5]) *(D 18)* „der Herrscher ist erfreut" o. a.

śn·ị-rịś(·w) [6]) u. a. (m u. f *MR* u. *NR)* „mein Bruder ist erwacht"

[1]) Außer GN auch *ỉw-ỉb ị (AR)*, *(NR)*, *wśr-ḥꜣ t (NR)*, *pꜣ-wỉꜣ (Spät)*, *pꜣ-ỉmịrꜣ-ỉh w (D 20)*, *pꜣ-ḥkꜣ (D 20)*, *pꜣ-śr (NR)*, *pr-ptḥ (Spät)*, (f *NR*), *(NR)*, *śn (D 18)*, *śn ị* und *kꜣ ị (AR?)*, *gr (NR)*

[2]) Diese die einzige Bildung aus dem *NR*, im übrigen nur in *D 26* belegt

[3]) So auch *pꜣ-bꜣ (D 26)*, der Apis *(Spät)*, *śn w* „die Brüder" *(AR?)*, *pꜣ-nfr (Griech)*

[4]) So auch *mịị (NR)*, *ʿꜣšịị t* (NR).

[5]) So auch Ramses *(D 19)*, *(D 5)*

[6]) So auch *pꜣ-ỉdhw* „das Delta" *(D 20)*, *pꜣ ś-pr* (m u f, *Spät)*

[7]) So auch *pꜣ-nb* ( ) *D 20*, *nb (NR)*

[8]) So auch *bnw* „der Phönix" *(AR/MR)*, Ptah *(AR/MR)*, *(MR)*, *nfr* (m u f *AR—MR)*, *nḫt (MR)*, Chons *(Griech)*, *sꜣ* „ein Sohn" *(MR)*, *śn(ị?)* „(m?)ein Bruder" *(MR* u *D 18)*, *kꜣ(ị)* „mein Ka" *(AR)*, *gmnị (AR)*, *tꜣ* „das Land" (f *D 18)*, *ṯꜣw* „die (Lebens-) Luft *(D 22)*, hierher auch (f *Griech)*?

[1]) So auch Seth *(D 20)*

[2]) Vgl u a (f *MR)*, *ʿꜣšịị t (NR)*

[3]) So auch *śn(ị)* „mein Bruder" *(AR)*, *kꜣ(ị)* „mein Ka" *(AR)*

[4]) So auch *pꜣ-ʿn* (? *Spät)*

[5]) So auch *tꜣ* „das Land" (f *D 23)*

[6]) So auch *bbị*, Amon, Thot!

śn(·j?)-ḫnj(·w) *(MR)* „der (mein ?) Bruder hat sich niedergelassen" o a.

śn(·j?)-ʿnḫ·w [1] u. ä. *(AR* u. *MR)* „mein (?) Bruder ist lebendig" o. ä.

śnfrw-iꜣw(·w)?[2]*)-m-n'·t* *(MR)* „Snofru ist alt geworden (?) in der Stadt"

śtḫ-ꜣb(·w) *(D 20)* „Seth ist erwunscht" ?

kꜣ(·j)-ʿpr(·w) u. ä *(AR* u. *Spat)* „mein Ka ist ausgerustet worden"

kꜣ(·j)-wꜣḥ(·w) [3] *(MR)* „mein Ka dauert" ?

kꜣ(·j)-śḏꜣ(·w) u a *(AR)* „mein Ka ist heil gemacht worden"

kꜣ(·j) ṯsj(·w) u. ä. *(AR)* „mein Ka ist (wieder) aufgerichtet worden" o a.

kꜣ(·j)-dmḏ(·w) *(AR)* „mein Ka ist (wieder) vereinigt worden"

kꜣ-ḥrj(·w) u a. „der Stier ist kampfbereit"[4])

tꜣ-ḫpr·w *(NR)* ?

β) 3. Sing. fem.

f *ꜣś·t-ršw·tj* [5] u. ä. *(Spät* u *Griech)* „Isis hat sich gefreut"

f *ʿprś·t-ḥr·tj* [6] u. ä. *(Spat)* „(die Gottin) *ʿpr-ś·t* ist zufrieden" o ä.

f *mw·t·j-ʿnḫ·tj* u. ä *(MR)* „meine Mutter ist lebendig" o a.

f *mw·t·j-rjś·tj* u ä. *(MR* u. *NR)* „meine Mutter ist erwacht"

f *nb·tḥw·t-iw·tj* [1] *(Spat)* „Nephthys ist gekommen"

f *nb·tḥw·t-tḫj·tj* *(Spat)* „Nephthys ist trunken geworden"

f *nfr·t-wʿj·tj* [2] *(D 18)* „die Schöne ist einzig"

f *ḥnw·t-gr·tj* *(NR)* „die Herrin hat geschwiegen" o a.

γ) Dualis m u. f und 3. Pluralis m u f.

ij·w-śnb·w u. a (m u. f *MR)* „die Kommenden sind gesund" (?)[3])

f *iwʿ·wt-ʿnḫ(·w)* *(MR)* „die Erbinnen sind lebendig" o a.

f *mw·wt-ʿnḫ(·w)* *(MR)* „die Mutter sind lebendig" o. a

nb·wj-ḥtp(·w) u. ä *(Griech)* „die beiden Herrn[4]) sind gnadig gewesen

nb·w-ḥtp(·w) *(NR)* „die Herrn haben sich gnadig erwiesen"

f *nfr·w-ij·w* *(Spat)*[5]) „die Schonen sind gekommen" (?)

f *rḫ·wj-ʿnḫ(·w)* , *(MR)* „die beiden 'Genossen'[6]) sind lebendig" o. ä

f *rḫ·tj-ʿnḫ(·w)* *(MR)* „die beiden Frauen[7]) sind lebendig" o a

rḫ·w-ʿnḫ(·w) (m u f *MR)* „die Leute (?) sind lebendig" o a

rḫ·w-śnb(·w) *(MR)* „die Leute (?) sind gesund" o. a

---

[1]) Vgl unten *mw t j-ʿnḫ tj*
[2]) Oder *tnj(w)* ?
[3]) So auch *imnjj* (einmal geschrieben , m u f, *nḫtj*, *ḥpw*, *tjj* (einmal), *sꜣ-śbk*, samtlich *MR*
[4]) Vgl H Schäfer, Leben, Ewigkeit und äg Kunst (19), S 110
[5]) Eine Erweiterung dieser Form zeigt *tfn t-ršw tj-ḏr-gmj ś* (f *Spat?)*
[6]) So auch *tꜣ-wr t (NR)*, geschr .

[1]) So auch Uto *(Spat)* u Hathor *(MR)* Ob hierher auch (f *NR*), (f *Spat)* und u a (f *MR* u *Spat)* „die Schone (eine Schone ?) ist gekommen" ?
[2]) So auch *ḥnw t* „die Herrin" *(NR* u *D 22)*
[3]) Oder sollte „sie sind gekommen, indem sie gesund sind" zu ubersetzen sein ?
[4]) D h der Konig als Horus u Seth
[5]) Vgl *nꜣ-nfr w-ij w* u , beides f *Spat)*
[6]) D h Horus und Seth
[7]) D h Isis u Nephthys

rḫ·wt-ʿnḫ(·w) 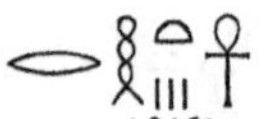 u. a. (m u. f *MR*) „die Frauen (?)[1]) sind lebendig" o a

f *rḫ·wt-šnb(·w)* 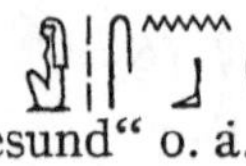 (*MR*) „die Frauen (?)[1]) sind gesund" o. ä.

f *ḫnw·wt (?)-šnb·w* 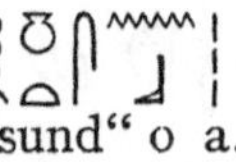 (*MR*) „die Herrinnen sind gesund" o a.

f *ẖrd·w-ʿnḫ(·w)*  u a. (*Spat*) „die Kinder sind lebendig" o a

šn·w-ʿnḫ·w  u. ä. (m u. f *MR*) „die Bruder sind lebendig" o. ä.

šn·w-ḥtp(·w)  (*MR*) „die Brüder sind zufrieden" o a

f *šn·wt-ʿnḫ(·w)*  (*MR*) „die Schwestern sind lebendig" o a.

2. NOMINALE NOMINALSÄTZE

a) Das Subjekt ist ein Substantiv

α) Das Prädikat ist ein Substantiv.

Sind sowohl Subjekt wie Prädikat im Nominalsatz Substantiva[2]) — bzw. substantivierte Adjektiva oder Verbalformen —, so liegen durchweg Identitatssätze vor, Satze also, die sich inhaltlich mit einem Teil der mit der Praposition  gebildeten Satznamen (S. 48ff.) decken.

Betrachtet man nun eine Anzahl von Namen wie *wšir-m-rʿ* „Osiris ist Re", *ptḥ-m-imn* „Ptah ist Amon", *mn·w-m-inp·w* „Min ist Anubis" oder *mnṯ·w-m-mn·w* „Month ist Min", die offenbar in Art eines Bekenntnisses einen bestimmten Gott einem anderen gleichsetzen, so muß man sich fragen, ob nicht auch Personennamen, welche die Namen zweier Gotter ohne ein verbindendes *m* nebeneinander setzen, ebenso zu verstehen sind. Ob also *šbk-inp·w*, *mnṯw-mn·w*, *ptḥ-šbk* usw. als „Suchos ist Anubis", „Month ist Min", „Ptah ist Suchos" usw. ubersetzt werden mussen. Diese Frage liegt um so näher, als neben *mnṯ·w-mn·w* tatsachlich ein *mnṯ·w-m-mn·w* vorkommt und z. B. in *bʿl-mnṯ·w*, *mn·w-imn*, *ḥr(·w)-mn·w*, *ḏḥwtj-iʿḥ* und auch *mw·t-ꜣš·t*, *nb·t-imꜣ·w-mḥj·t*, wenn wir sie durch „Baal ist Month", „Min ist Amon", „Horus ist Min", „Thot ist der Mond", „Mut ist Isis", „*nb·t-imꜣ·w* ist der Nordwind" ubersetzen durfen, mehr oder weniger einleuchtende Gleichsetzungen vorliegen wurden Auch bei Namen, die einen Gottesnamen und einen Königsnamen nebeneinander stellen, wie *pjpj-šbk*[3]) konnte man, wenn man an *ttj-m-rʿ* denkt, das doch wohl nur durch „König *ttj* ist Re" übersetzt werden kann, auf den Gedanken einer Gleichsetzung kommen Bei einigen der vorhin genannten Namen mag nun wirklich eine Identifizierung zweier Gotter miteinander vorliegen, aber auf alle Falle, in denen zwei Götternamen so nebeneinander gestellt als Personennamen erscheinen, kann eine solche Erklärung nicht zutreffen. In Namen wie 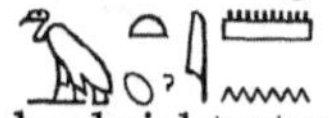 und  kann unmöglich eine Gleichsetzung der Göttin Mut mit den Göttern Amon bzw. Min beabsichtigt sein. Diese Namen, und gewiß manche von denen, die zwei männliche Gottheiten zusammenstellen, mussen also anders erklärt werden. Wie? ist allerdings schwer zu sagen. Das Nächstliegende wäre eine Erklarung als Abkurzungen von volleren Namen, in denen von zwei Göttern etwas ausgesagt worden war. Dem steht nur entgegen, daß im Mittleren Reich, aus dem die meisten dieser Zweigötter-Namen stammen, derartige Vollnamen nicht bekannt sind. Erst in der Spätzeit — und ganz vereinzelt im Neuen Reich — begegnen Namen wie *ḏd-imn-ḥr-iw·f-ʿnḫ* „Amon und Horus haben gesagt: er wird leben" oder *imn-ḥr(·w)-ir-dj-šw* „Amon und Horus sind es, die ihn gegeben haben", die wir zur Erklärung jener älteren Namen nicht heranziehen dürfen Die Frage ist also zur Zeit nicht einwandfrei und fur jeden einzelnen Fall zu lösen, und ich muß mich damit begnugen, jene Doppelnamen unerklärt zusammenzustellen. Es sind:

 u. a. (*MR*)

 (*NR*)

 u a. (*MR* u *NR*)

 u.a. (m u f *NR*)

**wšir-wnnfr*[4]) (*Spat*)[4])

 (*MR*)

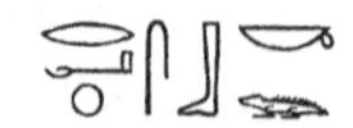 u. ä. (*MR*)

 u. ä (*MR*)

---

[1]) Das Wort fehlt im Wb!

[2]) Welches von beiden an erster Stelle zu lesen ist, bleibt z T unsicher, da der Gottesname, auch wo er an zweiter Stelle gesprochen wurde, oft „aus Ehrfurcht" in der Schrift vorangesetzt ist

[3]) Oder sollte hier wie in *wꜣḥibrʿ-ḥr-n-p* ein *mrj* „(ist) geliebt von" ausgefallen sein?!

[4]) Der Name ist nur in aramäischer Umschrift erhalten, s N[2]

(*NR*)
(*Griech.*)
(*MR*)
(*MR*)
u. ä. (*MR*)
u. a (*MR* u. *NR*)
f [1]) (*D 20*)
f (*D 20*)
(*MR*)
f (*MR*)
(*D 18*)
(*D20*)
(*NR*)
f (*Spat*)

(*Spat*)
(*MR* u. *NR*)
(*MR*)
u a. (*MR* u *Griech.*)
u. a (*NR*)
u. a (*D 20*)
f (*MR*)
u a (*MR*)
(*MR*)
(*MR*)
(*MR*)
(*D 18?*)
(*D 18*)
u. a. (*MR*)

Es folgen nun die sicheren Vollnamen dieser Gruppe:

f *ꜣś·t-ỉr-dj-ś(·t)* (*Spat* u *Griech*)[2]) „Isis ist es, die sie gegeben hat“

ỉʿḥ-ỉr-dj-ś(w) u. ä. (*Spat*)[3]) „der Mond ist es, der ihn gegeben hat“

ỉʿḥ-pꜣ-ʿꜣ(pꜣ?)-ʿꜣ (*Spat*) „der Mond ist der sehr Große“

ỉʿḥmśj(w)-mr(j)-ptḥ (*Spat*)[4]) „Amasis ist ein von Ptah Geliebter“

ỉʿḥmśj(w)-sꜣ-njt u. ä. (*Spat*)[5]) „(Konig) Amasis ist der Sohn der Neith“

[1]) Oder *mw t(j)-ꜣś t* „Isis ist meine Mutter“?

[2]) So auch *ỉʿḥ*, Amon, Atum, Bastet, Ptah, Mut, *mḥj t*, *ḥr-ib*, *ḥr(·t)-ib-tꜣ-mw t*, Horus von P, Chons, Somtus, Sachmet, alles *Spat* u. *Griech*

[3]) So auch Amon, Onuris, Atum, Osiris, Horus von P, Ptah, Month, *nfrtm*, Re, Apis, Horus, Horus von P, Harpokrates, *ḥkꜣ*, Chons, Somtus, *špś t*, Thot — samtlich *Spat* u *Griech*

[4]) So auch Apries, Psammetich, *nfribrʿ*, *ntrjḫprrʿ*, Re (*AR*)

[5]) So auch Apries, Psammetich, *nfribrʿ*, Neith, alles *Spat*

ỉʿḥ-tꜣj·f-nḫt(·t) u. ä.[1]) (*Spat*) „der Mond ist seine Starke“

ip-nb(·j?) (*MR*) „*ip* ist (mein?) Herr“

imn-inj-św (*D 20*)[2]) „Amon ist es, der ihn (wieder?-)gebracht hat“

imn-wꜣḥ-św u. ä. (*NR*) „Amon ist es, der ihn da gelassen (?) hat“

imn-wḏ-ʿnḫ·f (*Spat*)[3]) „Amon ist es, der befohlen hat, daß er lebe“

imn-pꜣ-jm „Amon ist das Meer“

imn-pꜣ-nfr (*NR*) „Amon ist der Gute (Schöne)“

imn-pꜣ-nḫt (*D 20*) „Amon ist der Starke“ o. a.

imn-pꜣ-ḥʿpj [4]) u. a. (*NR*) „Amon ist der Nil“

imn-pꜣ·j-idnw u. a.[5]) (*Spat*) „Amon ist mein Vertreter“ o ä.

imn-pꜣ·j-nḫt (*MR, spat*) „Amon ist meine Starke“

imn-pꜣ·j-ṯꜣw (*NR*) „Amon ist meine (Lebens-)Luft“

imn-pꜣ·f-.. (*Spat*) „Amon ist sein . . .“

imn-mnjw (*D 20*) „Amon ist Hirte“

imn-mśj-św [6]) (*D 18*) „Amon ist es, der ihn[7]) erzeugt hat“

imn-nb (*NR*) „Amon ist der Herr“ (?)[8])

[1]) So auch Atum, *wr t-hkꜣ w*, Ptah, *nśw t*, Horus, *ḥkꜣ*, Chons, Somtus, *krr*, Thot, alles *Spat* u *Griech*

[2]) So auch Suchos (*D 20*), Ptah (f! *D 19*)

[3]) So auch Ptah (*D 19* u *Spat*)

[4]) So auch Ptah (*NR*), Month (*NR*), Seth (*NR*)

[5]) Auch (PN I 27,15) ist wohl nur eine schlechte Schreibung dieses Namens.

[6]) So auch *pꜣ-rʿ*

[7]) Den Konig

[8]) Konnte auch Kurzform zu einem Namen wie die beiden folgenden sein

ỉmn-nb-ḥs·wt (*NR*) „Amon ist ein Herr der Belohnungen"

ỉmn-nb-tꜣ·wj (*NR*) „Amon ist Herr der beiden Länder"

ỉmn-nfr-nb·f (*D 19*)[1] „der gute Amon ist sein Herr" (?)

ỉmn-nḫw u. a (*NR*)[2] „Amon ist Beschützer"

ỉmn-hd·w (?) (*NR*) „Amon ist ein Angreifer" (?)

ỉmn-ḥʿpj u. ä. (*NR*) „Amon ist der Nil"

ỉmn-ḥr(·w)-ỉr-dj-ś(w) (*Spät*) „Amon und Horus sind es, die ihn gegeben haben"

ỉmn-ḳd u. a. (*NR*) „Amon ist der Schöpfer"

ỉmn-tꜣ·j-nḫt·t (*NR*)[3] „Amon ist meine Stärke"

ỉnjtf-nb(·j?) (*MR*) „*ỉnjtf* ist (mein ?) Herr"

ỉnjtf-ỉḳr-nb-ỉrj-r-ꜣw (*MR*) „*ỉnjtf-ỉḳr* ist ihrer aller Herr"

ỉnj-ḥr(·t)-ỉrj·f (*MR*) „Onuris ist sein Gefährte"

ỉnjḥr·t-ḥḳꜣ (*AR/MR*)[4] „Onuris ist Herrscher"

ỉḥꜣ-nfr-ỉmn (*NR*) „Amon ist ein guter Kämpfer"

f *ỉḥꜣ·t-tꜣ-nb(·t)-ʿnḫ* (*D 26*) „(die Göttin) *ỉḥꜣ·t* ist die Herrin des Lebens"

ỉssj-mrj-nṯr[5] (*AR*) „(König) *ỉssj* ist ein vom Gott Geliebter"

1) So auch Suchos (*MR*)
2) So auch Re (*D 20*)
3) So auch Horus (*D 21 f*)
4) So auch (*MR*), (*MR*)
5) So auch Sahurê (*D 5*), *nśw t* (*AR*)

ỉtf(·j)-ỉmn[1] u. ä. (*NR*) „Amon ist mein Vater"

ỉtf(·j)-śn·j (*MR*) „mein Vater ist mein Bruder"

ỉtm(·w)-rḫ-św dem[2] (*Spät*) „Atum ist es, der ihn kennt"

f *ʿnḳ·t-tꜣ(·ś)-nḫt·t*[3] (*D 20*) „Anukis ist ihre Stärke"

wꜣḥỉbrʿ-mr(j)-ỉmn (*D 26*) „(König) Apries ist ein von Amon Geliebter"

wꜣḥỉbrʿ-mr(j)-njt u. ä. (*D 26*)[4] „Apries ist ein von Neith Geliebter"

wꜣḥỉbrʿ-mr(j)-rʿ (*D 26*)[5] „Apries ist ein von Re Geliebter"

wꜣḥỉbrʿ-mrr(·w)-ptḥ (*D 26*) „(König) Apries ist einer, den Ptah liebt"

wꜣḥỉbrʿ-nb-pḥtj (*D 26*)[6] „(König) Apries ist ein Herr der Kraft"

f *wʿtj·t-ḫ·t-ḥr(·w)* u. ä. (*AR*) „die Einzige ist der Mutterleib des Horus"

f *wr(·t)-ḥkꜣ·w-nb·t-tꜣ·wj*[7] (*D 19*) „(die Göttin) *wr·t-ḥkꜣ·w* ist die Herrin der beiden Länder"

bwt(·j?)-grg (*NR*) „die Lüge ist (mein ?) Abscheu"

f *p·t·j-mnṯ·w* (*MR*) „(der Gott) Month ist mein Himmel" (?)

pꜣ-ʿn-bt (*D 20*) „(der Gott) *bt* ist der Schöne"

1) So auch Osiris (f *D 18*)
2) So auch Ptah (*Spät*)
3) So wird zu verbessern sein. Dieselbe Bildung mit , *mꜣjhsꜣ*, *mh t*, Horus
4) So auch Psammetich, *nfrỉbrʿ*
5) So auch Psammetich (?), Cheops (*AR*)
6) So auch Psammetich, *nfrỉbrʿ*
7) So auch (f *D 18*), *pꜣ-rʿ* (*D 20*)

pꜣ-ꜥnḫ-ỉr-ḥp (*Spät*) „der Lebendige ist es, der den Apis gemacht hat“ (?)

pꜣ-ꜥnḫ-mr-mnṯ·w (*Spät*) „Pianchi (?) ist ein von Month Geliebter“ (?)

pꜣ-ꜥšꜣ-ỉmn (*D 20*) ?

pꜣ-wꜥj-ỉmn (*NR*) „Amon ist der Einzige“

pꜣ-nb-pꜣ-ṯꜣw (*D 20*)[1] „der Herr ist die (Lebens-)Luft“

pꜣ-nb-mnṯ·w (*NR*) „Month ist der Herr“

pꜣ-nfr-nb (*D 20*) „der Gute (Schöne) ist (der) Herr“

pꜣ-nḫt(?)-ỉmn[2] (*NR*) „Amon ist der Starke“ (?)

pꜣ-rꜥ-pꜣ·w-ỉtf (*NR*) „der Re ist ihr (eorum) Vater“

pꜣ-rꜥ-nb·j (*NR*) „der Re ist mein Herr“

pꜣ-rꜥ-ḥsj-św (*NR*) „der Re ist es, der ihn[3] gelobt hat“

pꜣ-ḥj-ỉmn (*NR*) „Amon ist der Erhabene“

pꜣ-śr-ỉmn (*NR*) „Amon ist der Fürst“

pꜣ·j-ỉtf-ḫnś·w (*NR*) „Chons ist mein Vater“

pjpj-mrj-ḥbśd (*AR*) „(König) *pjpj* ist ein vom Jubiläum Geliebter“ (?)[4]

f *pjpj-mr(j)-ỉtf·ś* (*D 26*) „*pjpj* ist ein von ihrem Vater Geliebter“

f *pśmṯk-ỉrj-ś(·t)*[5] (*Griech.*) „Psammetich ist es, der sie gemacht hat“

[1] So auch *pꜣ-rꜥ* (*D 20*)
[2] So auch Chons
[3] Den König
[4] Oder *mr-pjpj-ḥbśd* „Phiops liebt das Jubiläum“ ?
[5] So auch (f *D 20*).

pśmṯk-nb-tꜣ(?) (?) *Spät* „Psammetich ist der Herr des Landes“ (?)

pśmṯk-sꜣ-ptḥ dem (*Spät*)[1] „Psammetich ist ein Sohn des Ptah“

pśmṯk-sꜣ-rꜥ (*Spät*) „Psammetich ist ein Sohn des Re“

pśmṯk-śnfr-tꜣ·wj (*Spät*) „Psammetich ist es, der die beiden Länder verschont hat“

ptḥ-ỉr-śꜥnḫ u. ä. (*Spät*) „Ptah ist es, der das Beleben gemacht hat“ (?)

ptḥ-pꜣ-mnjw (?) ? (*NR*) „Ptah ist der Hirte“ (?)

ptḥ-pꜣ-nḫw (?) (*NR*) „Ptah ist der Beschützer“

ptḥ-pꜣ-tnr u. ä. (*D 19*) „Ptah ist der Starke“

ptḥ-pꜣ-ḳd(·w) (*NR*) „Ptah ist der Schöpfer“

ptḥ-mn(n?)w·j(?) u. ä.[2] (*D 20*) „Ptah ist meine Festung“

ptḥ-nb-nfr·t (*AR, spät*) „Ptah ist Herr (Besitzer) von Gutem“

ptḥ-nb-smn (?) (*Spät?*) „Ptah ist Herr von ...“

ptḥ-śmn-pśmṯk (*Spät*) „Ptah ist es, der Psammetich festgesetzt hat“[3]

ptḥ-ṯsw n (*MR*) „Ptah ist unser Gebieter“

ptḥ-dj-ỉꜣw t (*D 19*) „Ptah ist es, der das Alter gibt“

mꜣj-ỉmn (*NR*) „Amon ist ein Löwe“

mꜣꜥ·t-ptḥ (*NR*) „Ptah ist die Wahrheit“ (?)[4]

[1] So auch *nfrtm*, Ramses, *ḫnmỉbrꜥ* (*Spät*)
[2] So auch Mut (f)
[3] Auf seinem Thron
[4] Oder Kurzname ?

f *mw·t-wḏ(·t)-ʿnḫ·ś* *(Spät)* „Mut ist es, die befohlen hat, daß sie lebt“

f! *mw·t-mw·t·f* *(D 20)* „Mut ist seine[1]) Mutter“ (?)

f? *mw·t-nb(·t)-nṯr·w* *(NR?)* „(die Göttin) Mut ist die Herrin der Götter“

f *mw·t·j-śn·t(·j)* *(MR)* „meine Mutter ist meine Schwester“

mn·w-msj-św *(D 18)* „Min ist es, der ihn gebracht hat“

mn·w-nb-ʿnḫ *(AR)*[2]) „Min ist ein Herr des Lebens“

mnṯ·w-pꜣ-nb *(NR?)* „Month ist der Herr“

mrj-ỉmn-rʿmśjśw u. a. *(S 20)*[3]) „Ramses ist ein von Amon Geliebter“

f *mrj-ptḥ-ḥp* *(Spät)* „der Apis ist ein von Ptah Geliebter“

mr(j)-ḥr-n-ptḥ *(AR)* „das Antlitz des Ptah ist ein geliebtes“ (?)

mrj(·t)-bʿr-ꜣś·t (?) *(NR)* „Isis ist eine von Baʿl Geliebte“ (?)[4])

f *mḥt-wr·t-nb(·t)-ʿnḫ* *(Spät)* „(die Göttin) *mḥ·t-wr·t* ist eine Herrin des Lebens“

f *mk·t(·j)-ỉtn* u. a.[5]) *(D 18)* „Aton ist (mein) Schutz“

f *njt-hkꜣ(·j?)*[6]) *(D 1—2)* „Neith ist (mein?) Zauber“

nb(·j?)-ỉmn u. a *(NR)* „Amon ist (mein?) Herr“

nb(·j?)-ʿnn-św u. a. *(NR)* „der (mein?) Herr ist es, der sich (in Gnaden) umwendet“

[1]) Wessen?
[2]) So auch Re *(AR)* Auch die Lesung *nb-ʿnḫ-mn w* usw wäre möglich
[3]) Vgl *rʿmśjśw-mrj-ỉmn!*
[4]) Oder Wortname „der von Baʿl u Isis Geliebte“
[5]) Ebenso *bꜣ* u Bastet (f *MR*), Re *(D 11)*
[6]) Oder *ḥkꜣ(·j?)-njt*

nb-mꜣʿ·t-ḥr(·w) *(NR)* „Horus ist Herr der *mꜣʿ·t*“

nb(·j?)-nśw·t-nḫt *(AR/MR)* „der (mein?) Herr ist ein starker König“

nb(·j?)-rʿ u. a *(NR)*[1]) „Re ist der (mein?) Herr“

nb(·j?)-ḳd *(NR)* „der Schöpfer ist der (mein?) Herr“

nb-kꜣ·w-ḥr(·w) *(AR)* „Horus ist ein Besitzer von Kas“

f *nb·t(·j?)-nb·w* *(MR)* „‘Gold’ ist meine Herrin“ (?)

f *nb·t-ḥw·t-ḥnw·t·śn* *(MR)* „Nephthys ist ihre (Plur.) Herrin“

f *nb·w-ỉb-nb·tj* *(AR)* „‘Gold’ ist das Herz des *nb·tj*“ (?)

f *nb·w-wnw·t* *(MR)* „Gold ist (die Göttin) *wnw·t*“ (?)

f *nb·w-ẖ·t-nb·tj* *(D 6)* „‘Gold’ ist der Mutterleib des *nb·tj*“

nfribrʿ-nb-ẖʿ(·w) *(Spät)* „Psammetich III ist ein Herr des Glanzes“

nfribrʿ-nb-ḳn(·t) *(Spät)* „(König) Psammetich III ist ein Herr der Stärke“

nfr-(ḥr-?)mr-wꜣś·t *(NR)* „der Schöngesichtige (?) ist ein von Theben Geliebter“

nkꜣw-mr(j)-nṯr·w [2]) *(Spät)* „(König) Necho ist ein von den Göttern Geliebter“

nṯr-mrj-mꜣʿ·t [3]) *(AR)* „der (Sonnen?-) Gott ist ein von der *mꜣʿ·t* Geliebter“?[4])

nṯr·n-mn·w(?) *(AR)*[5]) „Min ist unser Gott“ (?)

[1]) Vgl *nb j-mj-rʿ!*
[2]) So auch Cheops (m u f! *AR*)
[3]) So auch Re *(AR)*
[4]) Oder *mr-mꜣʿ t-nṯr* „die *mꜣʿ t* liebt den Gott (bzw Re)“?
[5]) So auch Re *(AR)*

rʿmśjśw-mrj-ỉmn-mrj-mj-rʿ *(D 19)*, „(König) Ramses II ist ein Geliebter wie Re" (?)

rʿmśjśw-nb-nfr *(D 20)* „Ramses ist ein guter Herr" (?)

rʿmśjśw-sꜣ-ḫpri *(D 19)* „Ramses ist der Sohn des *ḫprj*"

rʿmśjśw-mrj-ỉmn *(D 20)*[1] „Ramses ist ein von Amon Geliebter"

rʿmśjśw-mrj-ỉtm u. a. *(NR)* „Ramses ist ein von Atum Geliebter"

rʿmśjśw-mr(j)-n-rʿ u. a. *(D 19)* „Ramses ist ein Geliebter des Re"

rʿmśjśw-mrj-śtḫ u. a. *(NR)* „Ramses ist ein von Seth Geliebter"

rʿmśjśw-sꜣ-ỉtm *(D 19)* „Ramses ist ein Sohn des Atum"

ḥp-dj-ś(w) *(Spät)* „der Apis ist es, der ihn gegeben hat"

ḥr-pꜣ-mꜣj *(D 26)* „Horus ist der Löwe" (?)[2]

ḥr-pꜣ-śn *(Spät)* „Horus ist der Bruder" (?)[3]

ḥr(·w)-(ḥr-?)pꜣ-ḫpš dem *(Griech.)* „Horus ist in dem Arm"[4]?

f *ḥr-pꜣ-ẖrd-ỉỉr-ʿnḫ* *(Spät)* „Harpokrates ist es, der das Leben gemacht hat"

ḥr-pꜣ j-wn *(D 20 f)* „Horus ist mein…"

ḥr-nśw·t *(NR)* „Horus ist König"

ḥr-ḥkꜣ-ỉdb·wj-twt(·w) *(NR)* „Horus ist der Beherrscher der beiden Ufer, insgesamt"

ḥr-sꜣ-ꜣś·t u. a. *(MR/NR-Griech.)* „Horus ist der Sohn der Isis" (?)[5]

ḥr-sꜣ-ỉt·f *(D 25)* „Horus ist der Sohn seines Vaters" (?)

f *ḥr-tꜣ·ś-…* *(Griech.)* „Horus ist ihre…"

ḥr-mꜣj *(Spät)*[1] „Horus ist der Löwe" (?)

ḥrj-ḥr(·w) u. a. (m u. f *D 20*) „Horus ist der Oberste" (?)

ḫʿjkꜣ·wrʿ-nb-nṯr·w *(MR)* „Sesostris III. ist der Herr der Götter"

ḫʿjkꜣ·wrʿ-ḫwj-nʾ t·f u. a. *(MR)* „Sesostris III. ist es, der seine Stadt beschützt"

ḫwj·w·n-ptḥ-mrjrʿ *(AR)* „(König) *mrjrʿ* ist einer, den Ptah geschützt hat"

ḫnś w-ỉrj-ʿꜣ(·t) *(Spät)* „Chons ist es, der Großes getan hat"

ḫnś·w-ỉrj [2] *(D 21)* „Chons ist Gefährte" (?)

ḫnś·w-n·j-wʿj-nḫt *(D 19)* „Chons ist mir der starke Einzige" (?)

ḫnś·w-ḥꜣ·tj-nṯr-nb *(D 19)* „Chons ist der Erste von allen Göttern"

f *ḫntj(ḫtjj)-ỉtf·ś* *(MR)* „*ḫntj(ḫtjj)* ist ihr Vater"

ḫnm·w-kꜣ(·j) *(AR)* „(der Gott) Chnum ist mein Ka" (?)

śwtw(?)-tꜣ-ḥs·t u. a. *(NR)* ?

śn·j-ḫrtj *(MR)* „(der Gott) *ḫrtj* ist mein Bruder"

śr-ḏḥwtj u. à. *(Spät)* „Thot ist Fürst"

f *śḫm·t-ỉnj(·t)-śj* [3] *(D 18)* „Sachmet ist es, die sie (wieder-?)gebracht hat"

śtḫ-śdj-św *(D 20)* „Seth ist es, der ihn errettet hat"

[1] Vgl *mrj-ỉmn-rʿmśjśw!*
[2] Oder Kurzname „Horus der Löwe"?
[3] Oder ist *pꜣ-śn-ḥr(·w)* „der Bruder des Horus" zu lesen?
[4] Des Königs? Vgl PNI 322, 6
[5] Oder Kurzname „Horus, Sohn der Isis".

[1] So auch *ḥkꜣ (D 18)*
[2] So auch Suchos *(MR)*
[3] Vgl auch *(MR)!*

kꜣ-m-pḥtj·f-mnṯ·w u ä *(NR)* „Month ist ein Stier in seiner Kraft" o a

kꜣ(·j)-wḥm·w·n(·j) *(AR/MR)* „mein Ka ist es, den ich wiederholt habe"

kꜣ(·j)-nb(·j) *(AR)* „mein Ka ist mein Herr"

kꜣ(·j)-nb·f u a *(AR)* „mein Ka ist sein Herr"

kꜣ(·j)-rnn(·j) *(AR/MR)* „mein Ka ist mein Warter" o ä

kꜣ(·j)-ḥp u a. *(AR* u *AR/MR)* „der Apis ist mein Ka"

f *kꜣ·ś-tf·ś* *(AR)* „ihr Ka ist ihr Vater" (?)[1]

f? *tꜣ-ꜥꜣ·t-šdj(·t)-św(?)* [2] *(D 20)* „die Große ist es, die ihn (sie?)[3]) gerettet hat"

f *tꜣ-wr t-ꜣb(·t)-ś·t* *(D 20)* „Thoeris ist es, die sie gewunscht hat"

f? *tꜣ-wr·t-wꜣḥ(·t)-św* *(D 20)* „Thoeris ist es, die ihn (sie?)[3]) erhalten hat" o. a.

f? *tꜣ-wr·t-mr(·t)-ś·t* *(D 20)* „Thoeris ist es, die sie (eam) liebt"

f *tꜣ-wr·t-šdj(·t)-św* *(D 21* f) „Thoeris ist es, die ihn (sie?)[3]) gerettet hat" o ä.

f *ttj-irj·j (?)* u a. *(NR)* „*ttj* ist mein Gefahrte" (?)

ttj-nśw t-nfr *(NR)* „*ttj* ist ein guter Konig"

ttj-ḥkꜣ·tj fj *(D 6)* „(Konig) *ttj* ist einer, der herrschen wird"

ḏꜣꜣ-rꜥ *(MR)*. Ob hierher?

ḏfꜣ(·j)-ib(·j) *(AR)* „mein Herz ist meine Speise" (?)

ḏfꜣ(·j)-nn·t(?) *(D 3)*[4]) „*nn·t(?)* ist meine Speise"

ḏḥwtj-ir-rḫ-ś(w) u. ä *(Griech)* „Thot ist es, der ihn kennt"

ḏḥwtj-pꜣ-ḳnj ... u a *(MR/NR)* „Thot ist der..."

ḏhwtj-rḫ-nfr(t) *(NR)* „Thot ist es, der Gutes weiß" (?)[5])

β) Das Pradikat ist ein Adjektiv (mit oder ohne folgenden Genitiv), das Subjekt ein Substantiv oder eine Genitivverbindung.

Hier ist eine Vorbemerkung nötig über das Adjektivum in den Satznamen. Ich habe eine Zeitlang geschwankt, ob ich die Sätze mit adjektivischem Prädikat an dieser Stelle einreihen sollte. Diese „adjektivischen" Pradikate sind zum Teil[6]) vielleicht nichts anderes als die *śḏm·f*-Form vor nominalem Subjekt bzw das „Pseudopartizipium" einer bestimmten Gruppe von Verben, die wir als „Eigenschaftsverben" bezeichnen, und von denen, wahrscheinlich als alte Participia activi der Gegenwart, die sogenannten „Adjektiva"[7]) abgeleitet sind Das *nfr-* z. B. in *nfr-irj·t·n·f* „was er getan hat, ist gut" steht ganz parallel dem *ꜥnḫ-* in *ꜥnḫ-n·f-inp·w* „Anubis lebt fur ihn", und das *śnb(·w)* in *rn·f-śnb·w* „sein Name ist gesund" ganz parallel dem *-ḥtp·w* in *imn-ḥtp·w* „Amon hat sich gnädig erwiesen". Man könnte diese Satznamen also an den entsprechenden Stellen auf S 34ff. und 61ff. einreihen Eine erste Schwierigkeit aber ergibt sich schon daraus, daß vielfach — in der älteren Zeit mehr als spater — die Schreibung der Namen infolge der „ehrfurchtsvollen" Voranstellung des Gottesnamens Zweifel darüber laßt, ob z. B. ein „(der

[1]) Oder „der ihres Vaters"?

[2]) So auch *tꜣ-wr t* (f? *D 20)*

[3]) Wenn *św* zu lesen ist, wird der Konig, andernfalls die Namenträgerin gemeint sei

[4]) So auch *nśw t (AR)*, *ḥꜥpj* (m u f *MR)*, Chnum *(AR)*, *kꜣ j (AR)*.

[5]) Oder „der den Guten *(nfr)* kennt"? — Oder sollte vor *rḫ* ein *ḥr* zu ergänzen sein?

[6]) Allerdings sicher nicht in den Fallen, in denen das Subjekt ein Pronomen ist

[7]) Eine Ausbildung von wirklichen Adjektiven mannigfacher Art und Form, wie wir sie in den indo-europaischen und in den semitischen Sprachen kennen, ist dem Agyptischen fremd Die einzige Gruppe echter Adjektiva sind die von Prapositionen abgeleiteten Bildungen auf *j* (Erman, Grammatik[4], § 225, Gardiner, Grammar, § 79ff) Daß die anderen eigentlich Verbalformen darstellen, haben Erman wie Gardiner gefuhlt, s besonders Erman, a a O, § 220 und 271.

Gott) Suchos ist groß" als *ꜥꜣ-sbk* oder als *sbk-ꜥꜣ(·w)* gelesen werden soll Es gibt zwar Schreibungen genug, die die Form des Eigenschaftsverbums an erster Stelle zeigen, wie und im Alten Reich, und im Mittleren Reich, und noch im Neuen Reich begegnet bei dem Namen eines und desselben Mannes als Variante von , zeigt uns also, daß *ḳn-imn* (nicht etwa *imn-ḳn·w)* zu lesen ist. Man könnte sich also fragen, ob diese Stellung nicht für alle Falle zutreffend sei. Aber wir kennen aus der Spätzeit, in der — mit Ausnahme einiger Namen der 26. Dynastie[1]) — die Voranstellung des Gottesnamens aus Gründen der Ehrfurcht längst aufgegeben ist, z. B. *wḏꜣ-ḥr(·w)* und *ḥr-wḏꜣ(·w)*, also beide Bildungen, nebeneinander. Und die etwas späteren griechischen Umschreibungen οτευρις und αρυωτης lassen keinen Zweifel darüber, daß diese Namen wirklich, wie soeben transskribiert, gesprochen worden sind[2]) Da nichts dagegen spricht anzunehmen, daß die Existenz dieser beiden Formen *wḏꜣ*-Gott N N und Gott N. N. *-wḏꜣ (·w)* nebeneinander in die ältere Zeit hinaufreicht, so wüßte man in vielen Fallen nicht mit Sicherheit, ob ein gegebener Name unter die *sḏm* + Subjekt-Namen oder unter die Pseudopartizipien-Namen einzuordnen ware.

Dazu kommt aber noch ein sehr merkwurdiger anderer Umstand. Wir kennen aus mehreren Amarnabriefen die keilschriftliche Umschreibung des Namens eines agyptischen Statthalters in Syrien durch *ri-a-na-pa*[3]), in der wir nur ein *rīꜥa-nāpa* als Wiedergabe eines agyptischen *rꜥ-nfr* erkennen können, also des seit dem Alten Reich bekannten Namens , den wir ohne diese keilschriftliche Umschreibung *nfr-rꜥ* lesen und mit „Re ist gut (oder schon)" übersetzen wurden. An dieser Übersetzung scheint mir auch heute noch kein Zweifel möglich — denn „der gute Re" wäre als agyptischer Personenname nur als Kurzung eines diese Worte enthaltenden langeren Namens denkbar, wie sie uns schlechterdings nicht bekannt sind[4]) —, aber das *nāpa* in *rīꜥa-nāpa* kann nicht das von Erman[5]) postulierte *nfr·w*, also die prädikative Form des „Adjektivums", d h. das Pseudopartizip des Eigenschaftsverbums wiedergeben, sondern nur ein *nfr*, das sein *r* verloren hatte und also mit der attributiven Form des Adjektivs gleich lautete!

Wie das zu erklaren ist, kann ich nicht sagen. Wir sehen aber, daß diese uns in keilschriftlicher Umschreibung erhaltene Form eines pradikativen ägyptischen „Adjektivs" nicht etwa vollig allein steht Zwar Namen wie αρνουφις[6]) durfen wir hier nicht nennen, denn daß dieser Name nicht „Horus ist gut" bedeutet, sondern „der gute Horus" beweist der Name πετεαρνουφις „den der gute Horus gegeben hat", aus welchem die erste Form abgekürzt ist. Wohl aber steht neben *rīꜥa-nāpa*, wie mir scheint vollkommen gleichartig, ein griechisches νιτωκρις, das ägyptisch wiedergibt und bestimmt nicht „die vortreffliche Neith", sondern „Neith ist vortrefflich" o. a. übersetzt werden muß. Dieses νιτωκρις zeigt aber nicht die prädikative Form des Eigenschaftsverbums *iḳr·tj*, bei der das *t* erhalten geblieben ware, sondern die einfache feminine attributive Form des Adjektivs, die der einfachen maskulinen attributiven Form des Adjektivums *nāpa* = *nāfe* (später νογφε) entspricht

Im Zusammenhang hiermit ist es bemerkenswert, daß wir aus hieroglyphischen Schreibungen nicht eine einzige weibliche Pseudopartizipform eines Eigenschaftsverbums mit Sicherheit als pradikatives „Adjektivum" nachweisen können. Wir haben weder *-wr·tj* noch *-nfr·tj* noch *-nḏm·tj* in solchen Namen deutlich ausgeschrieben[7]), sondern finden stattdessen [8]), [9]), [10]) usw., Formen also, die der griechischem νιτωκρις zugrunde liegenden Form *njt-iḳr(·t)* genau zu entsprechen scheinen. Und so ist es sehr die Frage, ob wir in dem nur hieroglyphisch überlieferten Namen des Neuen Reiches, der sicher „sein Name ist gut" — nicht etwa „sein guter Name" — bedeutet, mit Erman[11]) ein *rn·f-nfr(w)* und nicht vielmehr eine dem *rīꜥa-nāpa* entsprechende Form zu sehen haben.

---

[1]) Siehe den 3 Abschnitt

[2]) Ebenso stehen Bildungen wie ναχθμινις *nḫt-mn(w)* neben θοτναχθης *ḏhw tj-nḫt(w)*

[3]) Einmal *ri-a-na-ap*, vgl hierzu Ranke, Keilschr Material, S 18 und Anm 1 Der Name ist jetzt auch agyptisch aus dem *NR* belegt, s Z² zu PN I, 219, 10

[4]) Eine ganz ausnahmsweise Bildung zeigt der Name eines Prinzen der 19 Dyn *imn-nfr-nb f* „der gute Amon ist sein Herr" (?)!

[5]) Grammatik⁴, § 471, Anm

[6]) Und vielleicht auch αροηρις fur *hr-wr*, denn mit dem ursprunglich *wrr* lautenden Stamme fur „groß sein" scheint es eine besondere Bewandtnis zu haben Es ist jedenfalls auffallend, daß die mannliche (αροηρις) und weibliche (εσοηρις, εποηρις) Form des Adjektivs *wr* in der griechischen Umschreibung vollig gleichlauten! Eine Ausnahme bildet υερ fur *wr(t)* in μεθυερ fur *mḥj t wr t*, vgl Wb 2, 122, 16

[7]) Vgl aber (f *NR)*, „die als Schone (eig indem sie schon ist) gekommen ist"!

[8]) Vgl auch *ip t-wr(t)* (griech εποηρις), *nšm t-wr t*

[9]) Vgl auch *mꜣꜥ t-nfr t* (neben *nfr-mꜣꜥ t!)*, *ꜣš t-nfr t*, *mhj t-nfr t*, *-nfr t*, *sḫm t-nfr t*

[10]) Vgl auch , (daneben die Schreibung , welche zeigt, daß nicht *-bnr tj* zu lesen ist!)

[11]) Äg Gramm⁴, § 471, Anm

Neben den eben erwähnten Formen *ꜣś·t-wr·t* usw. kommen allerdings auch, z. T. mehrfach und gut belegt, Schreibungen vor wie , , usw. oder , wo wir *nfr-ʿnḳ·t* usw. erwarten würden, und die so aussehen, als ob in ihnen auch an erster Stelle im Namen nicht die prädikative, sondern die attributive Form des Adjektivs gebraucht wäre! Ob in diesen Namen, die allerdings alle aus dem Neuen Reich stammen, das immer als fälschlich zugesetzt angesehen werden darf[1]), ist mir durchaus nicht sicher.

Den Hinweis auf eine Lösung unserer ganzen Frage geben vielleicht einige Namen des Neuen Reiches wie *imn-pꜣ-nfr*, *ʿnḳ·t-tꜣ-nḫt·t*, *ptḥ-pꜣ-tnr*, die nach Bildungen wie *pꜣ-nḫt-ḫnś·w* nur durch „Amon ist der Gute", „Anukis ist die Starke", „Ptah ist der Starke" o. ä. und nicht etwa durch „der gute Amon" usw. zu übersetzen sind. So könnte auch *rʿ-nfr* mit „Re ist der Gute"[2]) (oder „Re ist ein Guter"?), *njt-iḳr(·t)* mit „Neith ist eine Vortreffliche" o. ä. zu übersetzen sein, und wir hätten in Namen wie *nfr-imn* und *imn-nfr* vielleicht zwei Namen von ganz leicht verschieden gefärbter Bedeutung „Amon ist gut" und „Amon ist ein Guter" zu unterscheiden. *Ḥtḥr-nfr(·t)* und *nfr(·t)-ḥtḥr* könnte allerdings doch wohl Beides nur „Hathor ist eine Gute" o. ä. bedeuten.

Auf Grund aller dieser Überlegungen habe ich mich entschlossen, die Satznamen mit „adjektivischem" Prädikat einstweilen noch unter die Nominalsätze einzuordnen. Für die in der folgenden Liste gegebenen Übersetzungen — bei denen natürlich neben dem Indikativ auch immer der Optativ in Frage kommt, — glaube ich, mit den soeben gegebenen Einschränkungen, im Großen und Ganzen einstehen zu können. Auf Umschreibungen dagegen habe ich, wie man aus dem Gesagten verstehen wird, grundsätzlich verzichtet, auch in Fällen, in denen das „Adjektiv" mit Sicherheit an erster Stelle zu lesen ist. Zu einer endgültigen Lösung der ganzen verwickelten Frage bedarf es einer gründlichen Untersuchung über die Adjektiva und die Eigenschaftsverba im Ägyptischen, deren wir dringend bedürfen, die aber den Rahmen dieses Buches überschreiten würde.

(D 19) „der Mond ist herrlich" o. ä.[3])

(AR) „mein (?) Herz ist herrlich" (?)

(MR) „die Väter sind herrlich (verklärt?)" o. ä.

f und , *(NR)* „(die Göttin) Mut ist herrlich" o. ä.

[4]) *(AR)* „die Liebe des Ptah ist herrlich" o. ä.

(AR) „die Göttin des Nordwinds (?) ist herrlich" o. ä.

(AR) „der (mein?) Herr ist herrlich" o. ä.

f *(AR)* „(die Göttin) 'Gold' ist herrlich" o. ä.

f *(MR)* „Hathor ist herrlich" o. ä.

(NR) „die Familie ist herrlich" o. ä.(?)

[1]) Bei , das in der 21. Dyn. einmal (PN I 201, 15) als Frauenname vorkommt, ist das allerdings offenbar der Fall.

[2]) Vgl. Gardiner, Grammar, § 111, de Buck, Äg. Gramm. (1941), § 188.

[3]) Dieselbe Bildung mit *nśw·t*.

[4]) Ich gebe die folgenden Namen nach alphabetischer Anordnung der Adjektiva bzw. Eigenschaftsverba, gleichgültig ob sie an erster oder zweiter Stelle im Namen stehen. Es handelt sich um die folgenden Worte *ꜣḫ, imꜣ, ikr, ʿꜣ, ʿn, ʿšꜣ, ʿḏ, wꜣḥ-ib, wꜣš, wꜣḏ, wʿj, wʿb, wr, wśr, wḏꜣ, bnr, prj-ib, mꜣʿ, mꜣʿ-ḫrw, mnḫ(-ib), mrjtj, nʿj, nʿm, nfr, nḫt, nṯrj, nḏm, rwḏ, rm, ḫntj, śnb, śḫm, špś, špśś, kꜣj, kn, knr, kr, tnj, tnr, ḏśr*

(MR) „*ddj* ist herrlich (verklärt?)"

(MR) „Amenhotp ist nützlich für mich" (?)

(MR) „*ipj* ist freundlich"

[1]) *(AR/MR)* „Onuris ist freundlich"

[2]) *(AR)* „(König) *wśrkꜣ·f* ist freundlich"

(AR) „Onuris ist vorzüglich" o. ä.

u. a. *(MR)* „*in-jtf* ist vorzüglich" o. ä.

f , u. a. *(Spät)* „Neith ist vorzüglich" o. ä.

[3]) *(MR)* „sein Name ist vorzüglich" o. ä.

f (?) u. ä. *(D 12)* „Hathor ist vorzüglich" o. ä.

(MR) „*ḥḥ*[4]) ist vorzüglich" o. ä.

(NR) „*ṯꜣwt* ist vorzüglich"?

[1]) Ebenso Ptah, *hmn*, Suchos

[2]) Ebenso *mrjrʿ*, *śꜣhwrʿ*, *pjpj (AR)*

[3]) So auch *rn(j? AR/MR—NR)*

[4]) Der Urgott (Wb 3, 152, 11)?

u. ä. *(AR)* „(der Gott) *ꜣḫ·tj* ist groß"

[1]) *(MR* u. *NR)* u [2]) u. ä. *(MR)* „Amon ist groß"

(m u. f *MR)* „der (mein?) Vater ist groß"

f *(MR)* „die Große ist groß"

[3]) *(Spät)* „Osiris ist groß an Kraft"

u. a. *(D 20)* „der Wind ist groß" o. a.[4])

(Spät) „Ptah ist groß (in) Memphis" (?)

u. ä. *(D 20)* „der Löwe ist groß"

f [5]) *(D 19)* „(die Göttin) Mut ist groß"

f *(Spät)* „die Vortrefflichkeit Amons ist groß"

(MR) „seine Liebe ist groß"

f *(MR)* „ihre Liebe ist groß"

(NR) „der Gott ist groß"

u. a. *(NR)* „der Nil ist hoch" (?)[6])

(NR) „seine Gnade ist groß"

(NR) „Amon ist groß an Kraft in Theben"

(D 26) „die Stärke des (Königs) Apries ist groß"

f u. ä. *(MR)* „ihr Ka ist groß"

u. a. *(MR/NR* u. *NR)* „Teti ist groß"

u. ä. *(MR)* „der Erhabene (?) ist groß"

[1]) *(MR)* „der sich Erhebende (?) ist groß"

f [2]) u. a. *(Spät)* „ihre Stärke ist groß"

f ? *(D 19)* „die Große ist schön"

f [3]) *(Spät)* „Bastet ist schön"

(MR) „der mir gehört, ist schön"

[4]) *(D 18)* „der (mein?) Herr ist schön"

f *(NR)* „die Herrin ist schön"

u. a. *(D 19)* „Ramses ist reich an Jubiläen"

u. a. *(Griech.)* „Horus ist reich" o. ä.

f *(AR)* „der Himmel (?)[5]) ist heil" (?)

(D 1) „mein (?) Herz ist heil" (?)

(D 18) „der (mein?) Herr ist freundlich"

(AR) „Ptah ist mächtig"

[6]) *(AR)* „Chefren ist mächtig"

(D 18) „Amon gedeiht" o. a.

f *(MR)* „ihr Leben gedeiht" o. a.

(AR/MR) „der Festduft ist frisch"

(NR) „es gedeiht, wer ihm folgt"

f u. a. *(MR)* „ihre Kas gedeihen"

---

[1]) Ebenso Onuris *(MR)*, Ptah *(MR)*, Chnum (f *MR)*, Seth *(NR)*

[2]) Ebenso Anubis *(MR)*, *wpwꜣ wt (MR)*, *wḫ (MR)*, Ptah *(MR)*, Min (m u. f, *MR)*, Month *(MR)*, Horus *(MR* u. *NR)*, *ḥmn (MR)*, Chnum (m u. f *MR)*, Suchos (m u. f *MR)*, *(NR)*

[3]) Ebenso Horus *(Griech.)*

[4]) Gemeint ist wohl die (personifizierte?) Lebensluft, die die Götter verleihen

[5]) Ebenso Hathor *(MR)*

[6]) Oder „ein hoher Nil!" ?

[1]) Wohin gehören und was bedeuten die Namen (m u. f *NR)* und *(D 22)*?

[2]) Ebenso *tꜣ f-nḫt* (I, 182, 18)

[3]) Ebenso *mꜣʿw (NR)*, Mut (f *NR) mr wt f (MR)*, *mr wt ś* (f *MR)*, Hathor (f *D 20)*, Seth *(D 20)*, (m u. f *MR)*, *tꜣ š-nḫt t* (f *Spät)*, *tꜣ-ḫj t* (f *NR)* Vgl. auch ? (f *D 18)*

[4]) Ebenso (m u. f, *D 18)* Vgl. auch *nb(jꜣ)-ʿn-ib (D 20)*

[5]) Oder „die Ferne"?

[6]) Ebenso *ḫnty-ṯnn t (AR)* und *kꜣ-ḫʿfrʿ (AR)*

[1]) u ä (*NR*) „Amon ist einzig“

u ä [2]) (*NR*) „der (mein ?) Herr ist einzig“

(*Spät*) „der König ist rein“

[3]) (*Spät*) „Ptah ist rein“

f (*MR*) „mein Herr ist rein“

(*AR*)[4]) „die Kas der Hathor sind rein“

(*AR*) „mein Ka ist rein“

u. ä. (*AR*) „(der Gott) *ꜣḫ·tj* ist groß“

f [5]) u ä. (*NR, Spät u. Griech.*) „Isis ist groß“ (?)[6]

[7]) (*NR*), [8]) (*Spät*) „Amon ist groß“

(*NR*) „Amon ist groß“

u. a. (*NR*) „der starke Amon ist groß“

(*D 18*) „die Kraft des Amon ist groß“ o. ä.

f (*NR*) ?

(*Spät*) „Onnofris ist groß“

[9]), [10]) (*D 22, Spät u. Griech.*) „Osiris ist groß“

[11]) (*AR*) „der Ruhm (o. ä.) des Widders ist groß“

(*D 19*) und [1]) (*NR*) „der (mein ?) Herr ist groß“

u. a. (m u. f *MR*) „mein Herr ist groß“

(*AR*) „der Herr des Rechts ist groß“ (?)

(*MR* und m u f *NR*) „der Gute ist groß“ oder „der Große ist gut“

(*MR*) ?

u. ä. (*NR*) „der Nil ist groß“ (?)[2])

f u. ä. (*NR*) „die Herrin ist groß“

f (*MR*) ?

u a (*MR*) ?

(*AR*) „der Leiter ist groß“[3])

u. ä. (*AR*) „der Ka des Ptah ist groß“

[4]) (*AR*) „die Kas des Bocks sind groß“

[5]) (m u. f *MR*) „Ptah ist groß für mich“

(*NR*) „der Mond ist stark“

[6]) u. ä. und u. ä.[7]) (*NR*) „Amon ist stark“

f (*MR*) „(die Göttin) Mut ist stark“ (?)

(*NR*) „der Siegreiche ist stark“ (?)

(*MR*) „sein Name ist stark“ (?)

(König *AR*; *MR ?*) „sein Ka ist stark“

u. ä „die Kas des Chefren sind stark“

---

1) Was bedeuten (*NR*) und (*NR*)? Vgl Anm 2

2) Ob in das die Endung des Pseudopt ist? Und was ist Vgl Anm 1

3) So auch (f *NR*) Vgl auch (*MR/NR*)

4) Vgl *wʿb-kꜣ w-ḏdfrʿ*, Bisson de la Roque, Abou Roach I, S 30

5) So auch *ꜣḫ t* (f *NR*)

6) Oder Kurzname „die große Isis“

7) Oder ist *šr-imn* zu lesen? Vgl. PN I, 317, 3 So auch *pꜣ-ʿn*, Ptah (*NR*) *mꜣj* (*D 22*), Month (*NR*)

8) So auch Min (*NR*), Month (*MR* und f *NR*), *nb-kmwj* (*MR*), *ḫntj-ḫtjj* (*MR*).

9) So auch Horus (*NR*), Chnum (*MR*).

10) So auch Ptah (*AR* und m u f *MR*), Re (*AR*), *kꜣ* (*AR*)

11) So auch Ptah (*AR*, *MR* u *Spät* und f *MR*), Re (*AR*), Hathor (f *AR*), Horus (*AR*), *ḫntj-ḫtjj* (*MR*, auch f), Chnum (*MR*), Suchos (*MR* u m u f *NR*), Thot (*MR*)

1) Oder ist *nb(j)-šr* „mein Herr ist ein Fürst“ zu lesen?

2) Oder als Ausruf. „ein großer Nil!“?

3) Oder Kurzname? Vgl I 200, 5. ff

4) So auch Ptah u. Chefren (*AR*)

5) So auch *nṯr(j?)* (*MR*), Re (*AR*), Suchos (*MR*)

6) So auch Ptah (*NR*), *mꜣj-ḥsꜣ* (*MR*), Min (? *MR*), Mykerinos (*AR*), Month (*NR*), (*MR*), Apis (*Spät*), Chons (*D 22 f*), Seth (*NR*), Satis (*NR*)

7) So auch *imnḥtpw* (*NR*), Anubis (*D 5*), Anukis (*MR*), Bastet (*MR*), Ptah (*AR*), Month (*MR* u *NR*), *nšm t* (*MR*), *nṯr (j?)* (*AR*), Re (*MR*), Hathor (*MR*), Apis (*Spät*), Horus (*MR*), Chons (*MR*), Suchos (*AR* und m u f *MR*), Snofru (*MR*), Satis (*MR*), *kiš j* (*D 6*)

u. a.[1]) *(D 6)* „*gmn(·ı)* ist stark“

(NR) ?

f u ä. *(MR)* „der Erhabene (?) ist stark“

(MR) „starken Armes ist Amon“

u. ä. *(NR)* „Ramses ist stark an Kraft“

f [2]) *(D 18)* „Ptah ist stark fur mich“ (?)

(D 19) „(Konig) Ramses-Miamun ist reich an Jahren“

[3]) *(NR)* „die Stirn Amons ist stark“ (?)

(NR) „Ramses ist starken Armes“

[4]) *(NR)* „. . . . . ist stark“

(AR) „mein Ka ist stark“

(NR) „Amon ist heil“ (?)

(Spat) „Osiris ist heil“ o. a.

f , *(Spat)* „ihr Vorgesetzter (ihr Herr) ist heil“ o a.

, f u. ä. *(Spat)* „sein (ihr) Name ist heil“ o. ä.

(AR) „die Leute sind heil“ o. a.

[5]) u a., [6]) u a *(Spat u Griech.)* „Horus ist heil“ o. a

f *(D 18)* „die Stadt ist wohlbehalten“ o. a

---

[1]) Vgl u (f *AR* u *NR)*

[2]) Vgl *(MR)?*

[3]) So auch Horus *(MR)*

[4]) Ein unklares hohes Zeichen

[5]) So auch und *(Spat)*, Chons (m u f *Spat*), Schu (f *Spat* u *Griech.)*

[6]) Vgl auch *(Spat)*, u „mein Ka ist heil“ o a *(AR)*

(MR) „Ptah ist süß“ o ä

f *(D 18)* „(die Göttin) Mut ist süß (?)[1])

(D 19) „Ramses ist tapfer“

(MR) „Ptah ist wahr“ (?)

u a. *(Griech.)* „Thot ist wahr“ (?)

[2]) u ä. *(AR)* „Ptah ist gerechtfertigt“

(NR) „der Stier ist standhaft“ (?)

f [3]) *(Spat)* „Isis ist vortrefflich“

[4]) *(MR)* „Suchos ist vortrefflich“

f [5]) u a. *(Spat)* „Isis ist vortrefflich“

[6]) *(D 26)* „(König) Apries ist trefflichen Herzens“

(Spat) „der Horus[7]) ist vortrefflichen Herzens“

(NR) „wie sehr geliebt ist Amon!“

f *(NR)* „die Herrin ist barmherzig“

(D 20) „Seth ist freundlich“ o a

u ä *(D 6 u. MR)* „das Monatsfest ist schön“

f [8]) u a *(NR)* und [9]) *(Spat)* „Isis ist gut“

---

[1]) Oder „die Mutter ist süß“ ? Vgl Sethe, AZ 42, 135

[2]) So auch Re *(Spat)*, Horus *(MR—Spat)*, Chons *(Spat)*

[3]) So auch Amon (? *Spat)*, Mut (f *Spat)*, Re *(D 18)*, Suchos *(MR)*

[4]) Vgl *kꜣ(ı)-mnḫ (AR)*

[5]) So auch Mut (f *Spat)* und Re *(D 22 f)*

[6]) So auch Psammetich und Necho *(D 26)*

[7]) Gemeint ist wohl der regierende Konig

[8]) So auch Anukis (f *MR/NR)*, Bastet (f *NR)*, *mꜣ*ʿ *t* (f *NR* u *Spat)*, Mut (f *NR)*, *mḥı t* (f *MR* u *NR)*, (f *NR)*, (f *NR)*, Hathor *(AR)*, *šḫ t* (f *AR)*, Sachmet (f *NR* u *Spat)*, (f *D 18)*, (f *MR* u *MR/NR)* (f *D 18)*

[9]) So auch *ıʿḥ (NR)* Amon *(NR*, auch f *D 21)*, *ıḥı* u *ıḥıı (AR)*, Anukis (f *AR)*, (f *NR)*, Apries *(D 26)*, Pepi *(AR)*, Psammetich *(D 26)*, Ptah *(MR* u *NR*, auch f*)*, *mꜣ*ʿ *t (AR, NR* u *Griech.)*, Mut (f *D 18*, auch u a m u f *NR)*, Neith *(D 26)*, *nfrıbr*ʿ *(D 26)*, *ḥr(w)-mšn tı (MR)*, Chnum *(MR)*, Suchos *(Spat)*, *šḫ t* (f *MR)*, Sachmet (f *Spat)*.

f 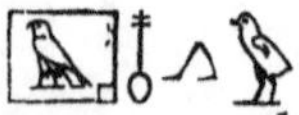 u. a *(AR)* „schön ist das Kommen der Hathor“ (?)[1])

 *(AR/MR)* ?

f 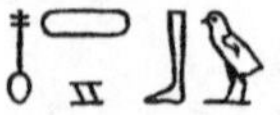 *(MR)* ?

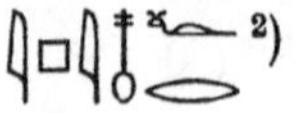 [2]) *(MR)*.  *(MR/NR* u. f *NR)*[3]) „*ipj* (bzw. *ipw)* ist gut“

 *(NR)*,  u. ä. *(MR)* „der Freundliche ist gut“ (?)

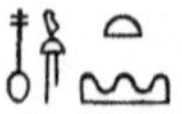 *(MR)* „der Westen ist gut“

 *(AR/MR)* „*in-itf* ist gut“

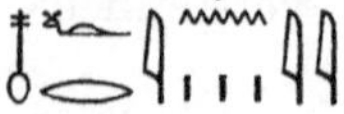 *(NR)* ?

 (König *D 5)* „der Diener des Re ist gut“ (?)

f  *(AR)* „der sie gemacht hat, ist gut“

f 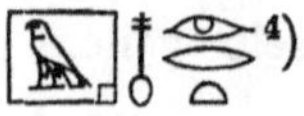 [4]) *(AR)* „was Hathor tut, ist gut“

f 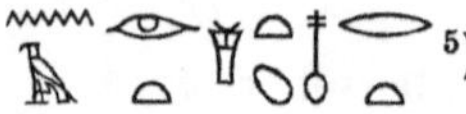 [5]) *(Spät)* „was Bastet tut, ist gut“

 u a *(AR)* „was er (sie) getan hat, ist gut“

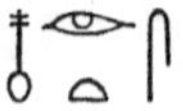 *(AR)* „was sie tut, ist gut“

 *(AR)* u.  u ä. *(MR* u. *NR)*[6]) „der (mein ?) Vater ist gut“

[illegible] *(AR)* „sein Arm ist gut“ (?)

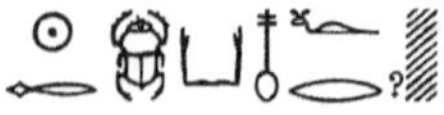 *(NR)* „. . . . Thutmosis' I. ist gut“

[1]) Dann wäre [illegible] zu verbessern Vgl auch PN I, 194, 9

[2]) So auch *iʿḥ (NR)*, Amon (m u f *NR)*, *ʿntj (AR)*, *bꜣ (D 6)*, Psammetich *(D 26)*, Ptah *(MR—Spät*, auch *f)*, Min *(AR—NR)*, Menre *(AR)*, *nfribrʿ (D 26)*, *nḥ (D 19)*, *nḫw (NR)*, *nśw t (AR)* *nšm t (MR)*, *nṯr (AR)*, Re *(AR* u *NR)*, [illegible] *(NR)*, Anukis *(MR/NR)*, Bastet *(NR)*, Hathor (f *AR)*, [illegible] *(NR)*, [illegible] *(D 18)*, Horus *(MR—Spät)*, Cheops *(AR)*, *ḫntj* (f ? *MR)*, Chnum *(AR* u *NR*, f *NR* u *Spät)*, Snofru *(AR)*, [illegible] (m u f *D 18)*, Thot *(NR)*

[3]) Auch [illegible].

[4]) So auch Ptah *(AR)*

[5]) Vgl dazu [illegible] (f *D 26)* „was sie tut, ist gut“.

[6]) Auch Frauenname!

 u. ä.[1]) *(NR)* „das *ʿb·t*-Fest ist schön“

[illegible] *(NR)* „das Leben ist gut“ (?)

f 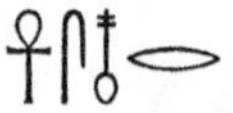 *(NR)* „ihr Leben ist gut“ (?)

 *(AR)* ?

f 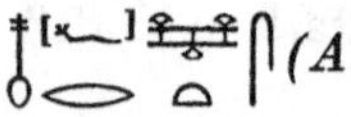 *(AR)* „ihr Weg ist schön“

f  *(AR/MR)* „ihr *wꜣḏ* ist schön“

 *(NR)* ?

 u. a. *(D 18)* „sein Aufleuchten ist schön“

 *(MR)* „das (Fest des) Enthüllen(s) ist schön“[2])

 *(AR)* „schön ist die Schnur“ (?)[3])

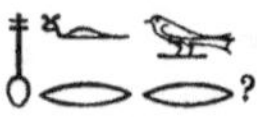 *(MR)* „der Große ist gut“ oder „der Gute ist groß“

f  *(MR)* und  u. ä. *(NR)* „die Große ist gut“

 *(AR)* „das Opfer ist gut“

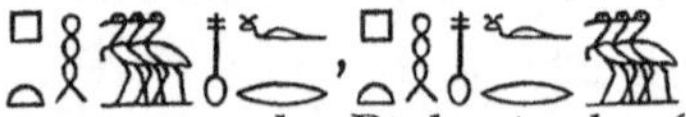 u. a *(AR)* „der Ruhm des Ptah ist schön“ o. ä.

 *(D 6)*[4]) „der Ölbaum ist schön“ (?)

f [illegible] *(Spät)* „der König von Unterägypten ist gut“ (?)

f  *(AR/MR)* „der Spelt ist schön“ (?)

 *(NR)* ?

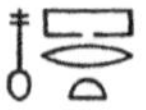 *(AR/MR)*, 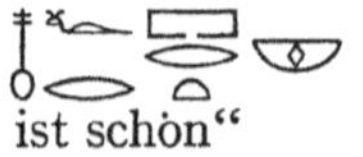 *(MR)* „die Prozession ist schön“

 *(NR)* „die *pr·t*-Jahreszeit ist schön“

 *(MR)* „das Neumondsfest ist schön“

[1]) Auch [illegible].

[2]) Oder Kurzname ?

[3]) Vgl Wb 1, 314, 18

[4]) Hierher auch [illegible] *(D 6)* ?

(AR) ?

f [1] *(NR)* ?

f *(MR)* „die Kleider sind schön" (?)[2]

f *(NR)* „der *mnḫ·t*-Monat[3]) ist schön" (?)

(MR) „der See ist schön"

(MR) ?

f *(NR?)* „Neith ist gut"

f *(AR)* ?

u. a und *(NR)* „der (bzw. mein) Herr ist gut"[4])

f *(NR)* „die Herrin ist gut" (?)[5])

u. a. *(NR)* „sein Herr ist gut"

(AR) „das Schreiten des (Königs) *ỉsśj* ist schön"

(D 18) „*rʿ-mśj·w* ist gut"

u a *(MR)* „das *rwḏ*-Gemach[6]) ist schön"

f *(MR)* „die Treppe ist schön" (?)[7])

(NR) „sein Name ist gut"

(AR, NR u *Spät*[8]) „das Jahr ist gut (schön)!"

(MR) „die Jahre des Sesostris sind schön"[9])

(D 5) „das Jauchzen ist schön" o a

„die Wohnung (?) ist schön" o. a (?)[10])

[1]) Vgl auch (f *AR)*

[2]) Oder Kurzname?

[3]) Vgl Wb 2, 88, 4, aber vielleicht ist anders zu lesen

[4]) Vgl auch *(NR)*

[5]) Oder Kurzname („die gute Herrin") ?

[6]) D h die Grabkammer? Vgl Gardiner, Recueil 34, 204

[7]) Oder Kurzname („mit schöner Treppe", etwa als Beiwort des Min) ?

[8]) Auch Frauenname

[9]) Besser vielleicht „Sesostris ist schön an Jahren".

[10]) Vgl Wb II, 484

(Spät) „(der Gott (?)) *ḥr-ỉb* ist gut"

(D 20) „der Ansturm (?) ist schön" o. a.

f u. á. *(AR/MR)* „der Tempel ist schön"

(MR) „die *ḥpw·t* der Hathor sind schön"

u. u. a. *(NR)* „sein Fest ist (bzw. seine Feste sind) schön"

[1]) *(AR)* „*ḫnw* ist schön"

f u. a *(NR)* „die Herrin ist gut" (?)

f *(MR)* „Horus, der Harpunierer (?), ist gut"

[2]) *(AR)* „das Antlitz des (Gottes) *ʿntj* ist schön"[3])

(AR) „das Antlitz des Ptah ist schön für (König) Merire" (?)

u ä *(AR)* „das Antlitz des Ptah ist schön" (?)[4])

[5]) u. a *(NR)* „der Vorgesetzte ist gut"

u. a *(D 18)* „der Altar ist schön"

f u a *(Spät)* und *(MR)* „ihr Antlitz ist schön"

f [6]) *(MR)* „die Gnade der Anukis ist schön"

f u a *(AR)* „ihre Gnade ist schön"

f *(AR)* „gut geht es dem, den sie schützt" (?)

(MR) „wie schön ist die Gnade!"[7])

f ? *(AR/MR)* „das Erscheinungsfest ist schön"

[1]) So auch Ptah (f *NR)*, Snofru *(AR)*

[2]) So auch *ḫntjḫtjj (AR)*

[3]) D h wohl (wie in den folgenden Namen) freundlich, gütig

[4]) Oder Kurzform eines Namens wie der vorige?

[5]) So auch *ḥkꜣ (NR)*, *ḥkꜣ t* (f *MR)*

[6]) So auch Re *(AR)*, Hathor (f *D 3)*, *wḫ (D 6)*

[7]) Ob Kurzname (nach Wegfall des Gottesnamens) ?

[1] *(AR)* „gut geht es dem, den Ptah schützt" (?)

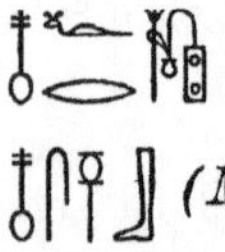 *(MR)* ?

(MR) „der 'Bunte' ist schön"

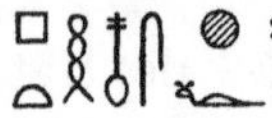[2] *(AR)* „das Lösen des Ptah ist schön"

f  *(AR/MR)* „das Halbmonatsfest ist schön"

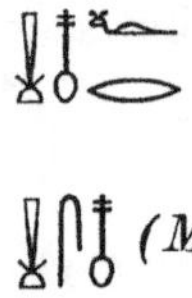 u. ä. (*MR*, m u. f *NR*) „der (mein ?) Bruder ist gut"

f *(MR)* „ihr Bruder ist gut"

f 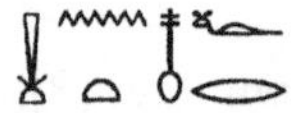 u. a *(NR)* „die Schwester ist gut"

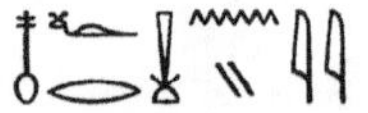 *(NR)* „mein Bruder ist gut" (?)

f 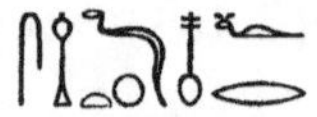 *(D 18)* „*šḥḏ·t* ist gut" (?)

[3] *(D 6)* „das Leiten des (Königs) Pepi ist schön"

 *(AR)*,  (f *AR*) „sein (bzw. ihr) Leiten ist schön"

 *(AR)* „das Hören ist schön" (?)

f 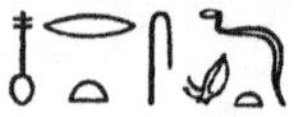 *(AR)* ?

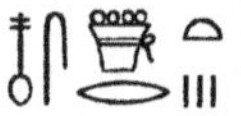 (m ? *MR*) „. . . . ist schön"

 *(AR)* „das Brennen (?) ist schön"

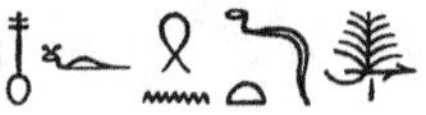 *(MR)* „die Akazie ist schön"

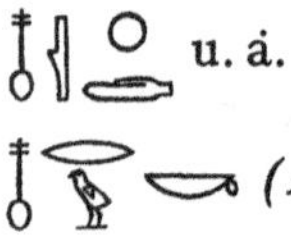 u. ä. (*AR* u. *NR*) „der Schöpfer ist gut" (?)

(AR) „wie gut ist mein Ka!"

[4] (König *AR*) „der Ka des Re ist gut (schön)"

[5] (König *AR*) „die Kas des Re sind gut (schön)"

[1]) So auch Hathor (f *AR*)
[2]) So auch *wḥ* *(D 6)*
[3]) So auch Psammetich *(D 26)*, Ptah, Re, Cheops u *šši t (AR)*
[4]) So auch Horus *(AR)* 'Sokar' *(Spät)*, Sahurê *(AR)*
[5]) So auch Horus *(AR)*

f  *(AR)* „ihre Kas sind gut (schön)"

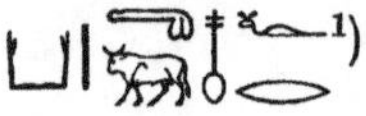[1] *(D 20)* „der Stier ist gut (schön)"

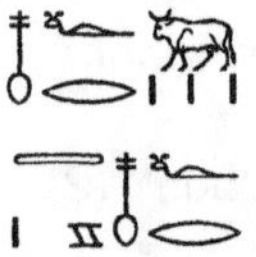 *(MR)* „die Stiere (?) sind gut (schön)"

(NR) „das Land ist gut (imstande ?)"

f  *(MR)* „schön ist das *tḫj·t*-Fest" (?)

 *(D 19)* ob hierher?

f 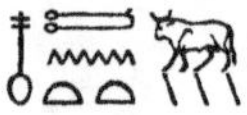 u ä. *(MR)* „die *ṯnt·t*-Kuhe (der Hathor) sind schön"

f 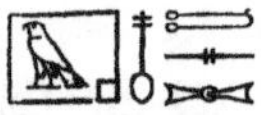 *(AR)* „der Spruch der Hathor ist schön (gut)"

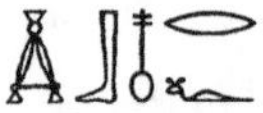 *(MR)* „der Ersatz ist gut" (?)[2])

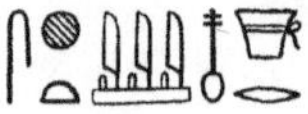 *(AR)* „das *ḏr(?)* der Feldgottin ist gut"

 *(MR)* „*ibw(?)* ist stark"

[3]) u. a (*MR* u. *NR*) und 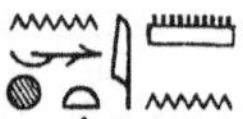[4]) u ä. (*NR* u. *Griech.)* „Amon ist stark (siegreich)"

[1]) Vgl auch PN I 338, 6!
[2]) Oder „ein guter Ersatz!"
[3]) So auch 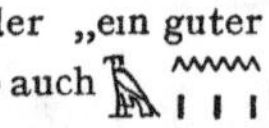 *(NR)*, *imn-(m-)ip; t (NR)*, *imn-n' t (NR)*, *imn-(nb)-nš tj-tš wj (NR)*  (f), Anubis (m u f *MR*), *initf (D 11)*, Onuris *(AR/MR-Spät)*, Atum *(D 20)*, *'ꜣ-šfj t (NR)*, *wnn-nfrw*, *wp-wꜣ wt (MR)*, *wḥ (MR)*, Osiris *(Spät)*, *pꜣ-ꜣbw-*, *pꜣ-nḥw-* (König) Pepi *(AR)*, Ptah *(MR-Spät)*, Min (*MR* u *NR*), Month (*MR* u *NR*),  (f *MR*), 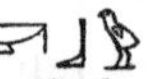 *(MR)*, *Nubkꜣwr' (MR)*, *Nfrkꜣr' (AR)*, *nṯr (MR)*, Re *(NR)*, Hathor (f *MR*), *ḥmn (MR)*, Horus *(MR-Griech)*, Haroeris *(MR)*, Horus *mnḫ-ib (Spät)*, 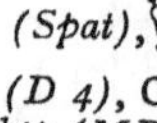 *(MR)* Harsaphes *(MR)*, Ramses IV *(D 20)*, Cheops *(D 4)*, Chnum *(MR-Spät)*, Sesostris *(MR)*, Suchos *(AR-Spät)*, *Sbk-ḥtp (MR)*, Thot *(AR-NR)*
Ferner *'n* (f *NR*), *'n tj* (m u f *MR*), *'n tj wj (MR)*, Onnofris *(NR)*, *wšrmꜣ' tr' (NR* u *D 22)*, *wšr-ḥꜣ t (NR)*, *wšrḥ' wr' (D 20)*, *pꜣ-imn (NR)*, *pꜣ-idnw (D 20)* *pꜣ-mdw (NR)*, *pꜣ-n-tꜣ-hw t (NR)*, *pꜣ-n-dhn t (D 20)*, *pꜣ-nb-n km t (D 21)*, *pꜣ-r' (D 20)*, *pꜣ-ḥtš (? D 20)*, *pꜣ-hr-n-imn (D 20)*, *pꜣ-ḥr-n-tꜣ-hꜣ t (NR)*, *pꜣ-šmn (D 20)*, *pꜣ-šnḏm (Griech)*, *pꜣ-ṯꜣj-m'bꜣ (NR)*, *pꜣ-ṯꜣw (NR)*, *pꜣ f-nb (D 22 f)*, *mꜣj (NR)*, *mnmꜣ' tr' (NR)*, *mn' t (f NR)*, *md t (NR)*, *nꜣ f-nb w (D 22)*, *n' t (f NR)*, *nb(j ? NR)*, *nbmꜣ' tr' (NR)*, *nfribr' (Spät)*, *nn(?* PN I 205, 21, *NR)*, Ramses *(NR)*, *ḥnw t* (f *NR*),  *(NR)*, *ḥḥ (NR)*, Chons *(D 20)*, Somtus *(NR)*, Sethos *(D 19)*,  u *šṯḥ (NR)*,  *(AR/MR* u *NR)*
[4]) So auch *imn-wꜣš t (D 20)*, 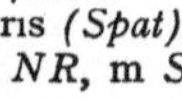 *(NR)*, Anubis *(Griech)*, *'ntj wj (MR)*, *wp-wꜣ wt (MR)*, Osiris *(Spät)*, Bastet *(Spät* u *Griech) pꜣ-itn (D 18)*, *mꜣ' t (AR)*, Mut (f *NR*, m *Spät*), Min *(NR-Griech)*, Month *(D 22* u *Griech)*,  *(MR)*, Horus *(MR, NR* u *Griech)*, Horus *-mnḫ-ib (Spät)*, Horus*-nꜣ-šn w (Spät)*, Chons *(Spät)*, Chnum(?) *NR*, Suchos *(MR* u *NR)*, Sopd *(MR* u *Spät)*, Seth *(NR)*, *kd·w (MR)*, Thot *(NR)*

(*NR*) „Amon ist stark in.. “

(*D 20*) „Amon ist (?) der Starke (Siegreiche)“

u. ä. (*D 20*) „der Große ist stark“

u. a. (m u. f *MR*) „der Krieger ist stark“ (?)

(*D 20*) „der größte der Stiere[1]) ist stark“

f u. a.[2]) (*Spät* u. *Griech.*) „Bastet ist siegreich über sie“

(*NR*) „der Erzieher ist stark“ (?)

(*MR*) „der Herr der Säulenhalle (?) ist stark“

[3]) (*Griech.*) „sein Herr ist stark“

u. ä. (*D 20*) „die Herren sind stark“

(*D 20*) „der Schöne (Gute) ist stark“

(*D 20*) „der Beschützer ist stark“

f (*Spät*) „meine Herrin ist stark (siegreich) über sie“

(*D 20*) „der Ansturm (?) ist stark“

(*Griech.*) „*ḥnb* ist stark“ (?)

u. (*Spät*), u. ä. (*Griech.*) „*ḥr-m-ḥb* ist stark“ o. ä.

u. a. (*MR* u. *NR*) „der Herrscher ist stark (siegreich)“

(*NR*) „Chons ist der Starke“

f (*Griech.*) „sie ist stark“ (?)

(*AR*) „ihr Schutz ist stark“

1) D. h. der König?
2) So auch Mut (f *Spät*), Chons (*Spät*)
3) So auch *ʿnḫ-š* (f *MR/NR*), *ḥr(w)-m-ḥb(?)t* (*Spät*) (*AR/MR*)

(*D 11*) „der Erhöher (?) ist stark“

(*MR*) „die Schlachtreihe ist stark (siegreich)“

u. (*MR*) „mein Ka ist stark“ (?)

(*AR*) „der Ka des Cheops ist stark“

(*MR*) „die Stiere sind stark“

(*D 20*) „Ägypten ist stark (siegreich)“

(*NR*) „jedes Land ist stark“ (?)

(*Spät*) „sein Wort ist stark“

(*D 18*) „die (Lebens)-Luft ist stark“

[1]) (*AR*) „der Name des Min ist göttlich“

u. ä. und f (*Spät*) „sein (bzw. ihr) Vorgesetzter ist göttlich“

(*AR MR*) „der Ka des Re ist göttlich“

(*NR*) und f (*Spät*) „Amon ist freundlich“

f (*MR*) ?

f [2]) und u. ä.[3]) (*NR*) „Edfu ist angenehm“

u. a. (*AR* u. *Griech.*[4])) „das Leben ist angenehm“ (?)

f (*NR*) ?

f [5]) (*NR*) „(die Göttin) Mut ist freundlich“

f (*Spät*) „angenehm ist das Sitzen“ (?)

u. a. (*MR*) „Suchos ist freundlich“

(*NR*) „der (mein?) Bruder ist freundlich“

1) So auch Re
2) So auch Mut (f *NR* u. *D 21*), Memphis (f *NR*), Horus (*D 22*), Chons-*pꜣ-ẖrd* (f *D 22*), *ššꜣt* (*AR*), *dmỉ* (*NR*)
3) So auch Mut (f *NR*)
4) Auch Frauenname
5) So auch *mḥꜣt* (f *D 18*), *nb t-ỉmꜣ* (f *NR*)

f (NR) ?

(D 19) „der Schweigende befindet sich wohl“ o a.

[1] u. ä. (NR) „das Land befindet sich wohl“ o. ä.

f (NR) „die (Lebens-)Luft ist angenehm“ (?)[2]

(MR) „Amenemhêt I. (?) ist stark“

f (MR) „*ḏd·t* ist stark“ (?)

(D 22) „Amon ist stark“

(D 3) „ihre Amulette sind stark“

(NR) „der große Herr ist der Starke“

[3] u. a. (NR) „(der Gott) *pꜣ-n-tꜣ-ḥ·t* ist wachsam“

(Spat) „Amon ist erhaben“ o a.

f (NR) „(die Göttin) Anath ist erhaben“ o ä.

(AR) „(der Gott) *iḥj* ist...“

(NR) „die Throne der Hathor sind vorn (?)“

f u. ä (AR) „ihre Kas sind...“

(MR) „*imnj*[4] ist gesund“

(MR) „gesund ist, der sie erzeugt hat“ (?)

(f MR) „seine (?) Habe ist wohlbehalten“ o. ä.

(f MR) „*it-nfr·w* ist gesund“ ö. ä.

[5] (MR) „sein Vater ist gesund“

(MR) „sein Vater ist gesund“

f (MR) „ ist gesund“

(Spat?) ?

u. ä. (m u f MR) ?

f (MR) „die Fernen sind gesund“

[1] (D 18) „Min ist gesund“

f (MR) „*mk·t* ist gesund“

[2] (AR—D 18) „sein Herr ist gesund“

(D 20) „der Gute (Schöne) ist gesund“

(MR) ?

(MR) „mein Name ist gesund“

u. ä (MR u. NR, f MR u Spat) „mein Name ist gesund“

[3] (MR) „*rn-śnb* ist gesund“[4]

f [5] (MR) „Horus ist gesund“

(MR) „das Gesicht ist gesund“ (?)

(MR) „ihr Sohn ist gesund“ (?)[6]

(MR) „die beiden Wüsten sind wohlbehalten“ (?)

u. a. (m u. f MR u. NR) „mein Bruder ist gesund“

(MR) „der Zweite ist gesund“ (?)

(D 12) ?

(AR) „gesund ist, der ihn gegeben hat“

---

[1]) So ist wohl auch statt (PN I 324, 10) zu lesen!

[2]) Vgl auch (NR, früh), mit der gleichen Bedeutung?

[3]) So auch *pꜣ-nḫt* (D 20) Vgl übr JEA 26, 129!

[4]) D h König Amenemhêt?

[5]) Vgl. (D 6) = *śnb-it(j)?*

[1]) So auch (f MR)

[2]) So auch *nb ś* (f MR)

[3]) Ebenso *ḫntjḫtjj-m-sꜣ f* (MR), *ḫtjj* (m u f MR), (f MR), *ttj* (MR u m u f NR), *ddj* (f MR)

[4]) Name des Dieners eines *rn-śnb*!

[5]) So auch *injt* (f MR), *hkꜣ* (f MR), *ḫʿjḫpr(rʿ)* (MR), *ḫʿjkꜣwrʿ* (MR), Sesostris (MR), *śʿnḫkꜣrʿ* (MR), *śḥtpib(rʿ)* (MR)

[6]) Vgl *śnb-sꜣ-nb w*

 u. ä. *(MR)* „der (mein?) Ersatz ist gesund“

[1] u. ä. *(AR u. Spät)* „das Leben des Ptah ist mächtig“[2]

[3] *(AR)* „Ptah ist mächtig“

 u. ä.[4] *(AR)* „der Ka des Re ist mächtig“[5]

 *(AR)* „was Ptah tut, ist herrlich“ (?)

 *(AR)* „. . . der Hathor ist herrlich“

 u. ä. *(AR u. Spät)* „Ptah ist herrlich“

f 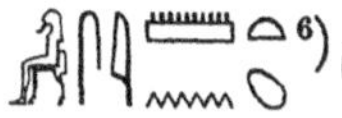[6] *(Spät)* „(die Göttin) *imn·t* ist herrlich“

 *(D 19)* „Re ist herrlich“

 *(AR)* „. . . . . der Hathor ist herrlich“

[7] *(AR)* „der Bock ist herrlich“

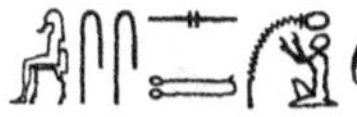 *(AR)* „die Wasserspende ist herrlich“

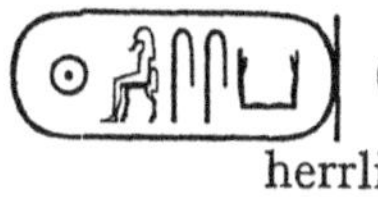 (König *D 5)* „der Ka des Re ist herrlich“

 *(AR)* „die Kas des (Königs) *mrjr‘* sind herrlich“

[8] *(D 22)* „Amon ist erhaben“

[9] *(AR)* „Anubis ist erhaben“

f  *(MR)* „ihr Ruhm ist erhaben“

 u. ä. *(AR)* „die Throne der Hathor sind erhaben“

---

[1]) So auch Re *(AR)*
[2]) Besser wohl: „Ptah ist mächtigen Lebens“ — oder „Besitzer von Leben“?
[3]) So auch Re *(AR)*, Hathor (f *AR)*
[4]) So auch Horus
[5]) „Re ist mächtigen Kas“?
[6]) So auch Mut (f *D 20)*, *ỉ b-ptḥ (Spät)*
[7]) So auch Ptah *(AR, AR/MR* u. *Spät)*, *nśw t (AR)*, Re *(AR)*, Hathor (m u. f *AR)*, Horus *(AR)*, Chnum *(AR)*, *kdw (AR)*
[8]) So auch Onuris *(AR/MR* u. *Spät)*, *iḥjj* (f *AR)*, *mꜣ‘ t (AR)*, Re *(D 18)*
[9]) So auch Ptah *(AR)*, Neith (f *D 11)*,  *(NR)*, Suchos *(AR)*, Thot (f *MR)*

f  *(MR)* „die Flaggenmasten sind hoch“ (?)

 *(AR/MR)* „die Macht des Re ist erhaben“

[1] u. 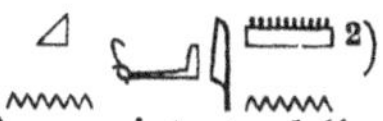[2] u. ä. *(NR u. D 21)* „Amon ist stark“

[3] u. ä. *(NR)* „Amon ist stark“

[4] *(NR)* „der Schöne ist stark“

 u. ä. *(D 20)* „das Wesen (?) des Seth ist stark“

 u. ä. und 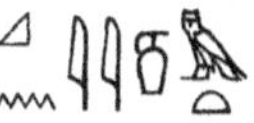 u. ä. *(NR)* „. . . . ist stark“

 *(D 20)* „. . . . . ist stark“

 u. ä. *(D 18)* ?

 *(NR)* „die (Lebens-)Luft ist stark“ (?)

[5] *(D 20)* „Seth ist stark (?)“

[6] *(NR)* „Ba‘al ist . . .“

[6] *(NR)* „Chons das Kind ist . . .“

 *(Spät)* „(König) Apries ist alt (geworden)“ (?)

[7] u. ä. *(NR)* „Amon ist stark“

 *(D 19)* „Horus ist stark“

 *(Spät)* „Horus ist prächtig“ o. ä.

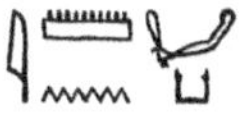 *(D 18)* „der Ka des Amon ist heilig“ o. ä.

---

[1]) So auch *pꜣ-‘n*, *nb(jj?)*, Re — alles *NR*
[2]) So auch *pꜣ-ḥkꜣ (D 18)*, Ramses *(D 20)*, Horus *(NR* u. *Spät)*, Seth *(D 20)*
[3]) Wohl nur graphische Varianten des vorigen Namens, so auch bei Min *(NR)*
[4]) So auch *wr* „der Große“ *(Spät)*
[5]) Vgl. auch 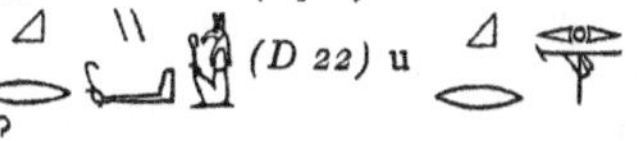 *(NR?)*?
[6]) Ob hierher?
[7]) So auch Ptah *(NR)*, Mut (f? *D 20)*, Month *(NR)*, Chons *(D 20)*, Seth *(D 22)*

Ich schließe hieran eine Anzahl von spaten Namen, die das Eigenschaftsverbum in der bekannten, in ihrem Ursprung freilich noch immer nicht sicher erklarten Form mit anlautendem [1]) enthalten. Die ältesten Beispiele stammen aus der Zeit der 22. Dynastie, die letzten aus griechisch-romischer Zeit. Das anlautende *n* wird gelegentlich nur mit geschrieben, zuweilen aber auch ganz fortgelassen[2]).

nꜣ-ꜥ-tꜣ·f-nḫt·t [3]) „seine Starke ist groß"

f *nꜣ-ꜥꜣ-tꜣ š-nḫt(·t)* u. a „ihre Starke ist groß"

f *nꜣ-ꜥn-nꜣ·š-ḫrj·w* [4]) u. a „ihre Vorgesetzten sind freundlich" o a

f *nꜣ-mnḫ-ꜣś·t* [5]) [6]) u. a. „Isis ist vortrefflich"

f *nꜣ-mnḫ š* „sie ist vortrefflich"

f *nꜣ-nfr-ḥr·š* [7]) u a. „ihr Antlitz ist schon (gutig?)"

nꜣ-nḫt·f dem u. ä. „er ist stark"

nꜣ-nḫt f-ꜣr·w dem „er ist stark gegen sie"

f *nꜣ-nḫt·š* dem „sie ist stark"

Die spaten Namen *nꜣ-šḫpr-ḫꜥpj* [8]) und gehoren wohl nicht in diese Gruppe[9]).

Dagegen gehören zu den Nominalsätzen mit adjektivischem Praedikat auch die mit *nj-* „zugehorig zu" und folgendem Substantiv gebildeten Namen So heißt z B *nj-imꜣ·t-ptḥ* eigentlich „Ptah ist zur Anmut gehörig", d. h. „Ptah ist ein Besitzer von Anmut" o. a. Unter diesen Namen bilden eine besondere Gruppe die mit *nj-św-* bzw. *nj-śj-* „zu ihm (bzw zu ihr) gehörig" zusammengesetzten wie etwa *nj-św-ꜣḫ·tj*, eig „er ist zu (dem Gott) *ꜣḫ tj* gehorig" oder *nj-śj-nb(·w)* „sie ist zu (der Gottin) 'Gold' gehorig", also „er gehort zu *ꜣḫ tj*", „sie gehort zu 'Gold', die besonders vom spaten Neuen Reiche ab uberaus zahlreich sind. Ferner die wesentlich selteneren mit *nj-wj-* „ich gehöre zu " bzw. *nnk* (fur *nj-ink*)- „mir gehort" gebildeten wie *nj-wj-nṯr* „ich gehore dem Gott"[10]) und *nnk-św* „mir gehört er" (PN I 172, 22). Fur diese Bildungen mit *nj-* siehe Band I 170, 30—180, 2 und 422, 16—423, 7 sowie die Nachtrage in Band II.

b) Das Subjekt ist ein Pronomen.

α) Subjekt und Pradikat stehen unmittelbar nebeneinander.

Das Pronomen steht meist an zweiter Stelle, indem das Pradikat des Satzes mit Nachdruck vorangestellt ist. So begegnen *św* und *śj*, *ntf* und *ntś* in der Bedeutung „er" bzw „sie", *tꜣ(j)* und *tw* in der Bedeutung „diese", *nn* in der Bedeutung „dies" und ebenso anscheinend *nw*, vor allem aber *pw*[11]) in der abgeblaßten Bedeutung „es". Für gewohnlich bestehen die so gebildeten Satze nur aus zwei Worten[12]), dem Pradikat und dem Pronomen. Ausnahmsweise ist das Prädikat aber auch ein Genitiv-Ausdruck wie in *nj-(i)nk-św*, *s-św-nj-ḏ t f*, *kꜣ-św-nb·f* und vielleicht in den noch unklaren Namen und *štꜣ-imn-pw*. Oder der Satz ist auch durch einen prapositionellen Ausdruck erweitert wie in *śnb-śj* (bzw *św*) *-m-ꜥ j* Einmal erscheint das *św*, ahnlich wie sonst die Kopula *pw*, zwischen Pradikat und Subjekt eingeschoben und zwar in , was wohl eigentlich „(m)ein Herr ist er, (nämlich) Month" bedeutet.

Nur *św*- und vereinzelt *śj*- „er" bzw. „sie" finden sich auch an erster Stelle im Satze, und dann folgt haufig ein Identitatssatz oder eine Ortsangabe, die aus mehreren Worten besteht wie *-m-pr-imn* „im Hause des Amon" usw.

---

1) Vgl Erman, AZ 44, 109f, v Calice, AZ 63, 143f, Sethe, ÄZ 64, 63f Ferner Spiegelberg, Demot Gramm § 117 Sethe, Nominalsatz, S 31

2) PN I, 169, 21

3) PN I 182, 18!

4) Vgl PN I 62, 6

5) Eine Variante (Koefoed-Petersen, Recueil 61) schreibt merkwurdigerweise

6) So auch Amon (m u f), *pꜣ-rꜥ*, Mut (f), Re

7) So auch Chons, Sachmet (f), *Re* und *k -ptḥ* Vgl auch .

8) Ebenso .

9) Vgl auch PN I 169, 18.

10) Ebenso *nj-wj-rdj* „ich gehore dem Geber" u *nj-wj-ḫwfw* „ich gehore dem Cheops" PN I 423, 6 u 7

11) Vereinzelt anscheinend *pj* wie in *ḥnw·t-pj* und in dem noch unerklarten Namen *wnt·t-pj* (f MR)

12) In *nn-ꜥ j-śj* scheint die Negation eines solchen Satzes vorzuliegen

f *ỉw-pw* *(AR)* ?

f *ỉnk-śj* *(MR/NR)* „mir gehört sie"

ỉnk-św *(MR)* „mir gehört er"

ỉḫ-ntf *(D. 20)* „was ist er?!"

f *ỉḫ-ntś* *(D 20)* „was ist sie?!"

f *ỉḫ-tꜣj* *(D. 20f.)* „was ist diese?!"

f *ꜥꜣ-śj* *(NR)* „groß ist sie"

f *wꜣḏ-wj-śj* *(MR)* „wie frisch ist sie!"

f *wꜥj·t-pw* *(MR)* „es ist eine Einzige"

f *wnt·t-pj* *(MR)* ?

wr-nn ? *(MR)* „groß ist dies!"

wr-św *(NR)* „groß ist er"

bw-ḳn-ntf *(NR)* „er ist nicht stark"

bn-pw *(D. 18)* „es ist ein Sohn!"

bn-ḳn-ntf *(NR)* „er ist nicht stark"

f *bn t-pw* *(NR)* „es ist eine Tochter!"

m-pw *(Spät)* „wer ist es?"

f *mw·t(j)-pw* *(MR)* „es ist meine Mutter"

f *mw·t·j-nw* *(MR)* „das ist meine Mutter"(?)

mnmꜣꜥtrꜥ-pw *(D 20)* „es ist (König) Sethos I."[1])

mnṯ·w-św u. a (m u f *MR*) „er[2]) ist Month"

mrj-nn *(AR)* „dies ist ein Geliebter!" (?)

f *mrj(t)-śj* *(NR)* „sie ist eine Geliebte"

f *mrj t-tw* *(MR)* „diese ist eine Geliebte"

[1]) Sinn?
[2]) Gemeint ist wohl der König, ob Ausruf bei einem Feste?

mṯn-św *(AR)* „er ist ein Führer" (?)

nb-ỉwj-pw *(D 12)* „es ist ein Herr von …" (?)

nb(·j?)-św *(MR)* „(mein?) Herr ist er"[1])

nb(·j?)-św-mnṯ·w *(MR)* „mein (?) Herr ist er, (nämlich) Month"

nb·n-pw *(NR)* „es ist unser Herr" (?)[2])

nfr-nn u. a. *(AR u. NR)* „gut ist dies"

f *nfr·t-tꜣj* *(Spät)* „diese ist eine Schöne"

f *nfr t-tw* u. a *(NR)* „diese ist eine Schöne"

f *nn-·-śj* *(MR)* ?

n(j)-nk-św *(MR)*[3]) „mir gehört er!"

nḫt-pw *(MR)* „es ist ein Starker"

nḫt-św *(NR)* „er ist stark"

nḏś-pw *(MR)* „es ist ein Kleiner"

f *ḥb-pw* *(MR)* „es ist ein Fest!"

f *ḥnw t(j)-pj* *(MR)* „es ist meine Herrin"

f *ḥnw·t j-pw* u a *(MR)* „es ist meine Herrin"

f *ḥnw·t-tw* *(NR)* „diese ist eine Herrin"

f *ḥtp-śj* *(AR/MR)* „sie ist gnädig(?)[4])

ḫnś w-św *(D 18)* „er ist Chons[5])"

f *ḫntj-ḫtj-pw* *(MR)* „es ist *ḫntjḫtj*"[5])

ḫsḫs-św *(D 20)* „er ist ein ganz Schwacher!" (?)

[1]) Oder Kurzname, vergl das Folgende
[2]) Oder Kurzname?
[3]) Vgl auch die Schreibung in PN I 422, 20
[4]) Vgl Sethe, Nominalsatz, S 57
[5]) Gemeint ist wohl der König, vgl die häufige Bezeichnung des Königs als „die Sonne" und den König als „Mond inmitten der Sterne", Sethe, Urk 4 18, 10.

s-š(w)-nj-ḏ·t·f (*AR*) „er ist ein Mann seines Stiftungsguts“(?)

s3(·j)-pw (*AR*) „es ist mein Sohn“

f *s3·t(j)-šj* (*MR*) „sie ist meine Tochter!“

f *šj(?)-m-nb(·w)* (*NR*) „sie ist Gold“(?)

św-im3 (*D 18*) „er ist freundlich“

św-(m-)ʿ·wj-imn u.ä. (*NR u. D21*) „er[1]) ist in den Händen Amons“

św-p3-ʿnḫ u.ä. (*NR*) „ihm gehört das Leben“

św-p3-ʿnḫ (*NR*) „er ist das Leben“ o. a.

św-p3-rʿ (*D 20*) „er ist der Re“

św-p3-dmj (*NR*) „ihm gehört die Stadt“

św-m-pr-imn (*m u. f NR*) „er ist im Hause Amons“

f *sw-m(?)-ptj(?)* (*NR*) hierher?

f *św-m-mr-n-3s·t* [2]) (*NR*) „er ist auf dem See der Isis[3])

św-m-n'·t u. a. (*NR*) „er ist in der Stadt“

św-m-nb(·j?) (*D 20*) „er ist mein (?) Herr“

św-m-t3-ḥsj·t (?) u. ä. (*NR*) „er ist im Lob“ o. ä. (?)

św-mn(·w) (*Griech.*) „er ist (der Gott) Min“

św-mnṯ·w (*NR*) „er ist (der Gott) Month“

św-mśj(·w?) (*NR*) „er ist geboren“ (?)

f! *św-n-mw·t* (*NR*) „er gehört der (Göttin) Mut“ (?)

śn j-pw [4]) (m u. f! *MR*) „es ist mein Bruder“

f *śn·t(·j?)-pw* (*MR*) „es ist (m?)eine Schwester“

f *śn·t·n-pw* (*MR*) „es ist unsere Schwester“

f *śnb-śj-m-ʿ·j* u. ä. (*MR*) „sie ist gesund in meiner Hand“

śnb-św-m-ʿ·j (*MR*) „er ist gesund in meiner Hand“

śt3-imn-pw (*Spät*) ?

š3j-nn (*Spät*) „dies ist Schicksal“ (?)

k3(·j)-pw (*AR*) „es ist mein Ka“

ks-św-(n-)nb·f (*AR*) „er ist ein Soldat seines Herrn“ (?)

f! *t3(·t)-nw* (*MR*) „das ist ein Junge!“(?)[5])

ṯmḥ-nw (*MR*) „das ist ein Libyer!“(?)

β) Subjekt und Prädikat sind durch getrennt[6]).

Gewöhnlich handelt es sich um 2 Substantiva — das eine davon meist ein Eigenname —, die so untereinander gleichgesetzt werden. Aber es kommen auch Adjektiva vor wie in *im3-p(w)-wr*, *špśj-pw-ptḥ*, die dann vielleicht besser durch „ein Angenehmer“, „ein Herrlicher“ wiedergegeben werden, vgl. S. 72.

im3-pw-wr (*AR*) „der Große ist freundlich“

ink-pw-m3ʿ (*MR*) „ich bin ein Wahrhaftiger“ (?)[7])

ʿnḫ(·j?)-pw-ptḥ (*MR*) „Ptah ist (mein?) Leben“

ptḥ-pw-w3ḥ u. ä. (*MR*) „Ptah ist ein Dauernder“ (?)

1) Gemeint ist hier und in den meisten der folgenden Namen wohl der König

2) So auch *iwnj·t(?* f NR), Amon, Horus (NR)

3) D. h. „er ist der Isis ergeben“

4) Vgl. auch (MR)

5) D. h. „Diese Tochter ist (uns so lieb wie) ein Junge“ o. a.? (W. Federn)

6) Einmal scheint das *pw* am Ende des Satzes zu stehen (MR), wenn die Lesung *it(·j)-śn(·j)-p(w)* „mein Vater ist mein Bruder“ (?) das Richtige trifft. Oder ist *it(j)-pw-śn(j)* aus kalligraph. Gründen so geschrieben?

7) Oder *ink-pw-(m-)m3ʿ(·t)* „ich bin es wirklich!“?

f *mꜣꜥ·t-pw-ptḥ* (*MR*) „Ptah ist die Wahrheit“

nb·j-pw-pjpj u. ä. (*D6*) „(König) *pjpj* ist mein Herr“

nb·j-pw-ptḥ (m u. f *MR*) „Ptah ist mein Herr“

nb(·j)-pw-snwśrt (*MR*) „Sesostris ist mein Herr“

nb(·j)-pw-śnb·j (*MR*) „*śnb·j*[1]) ist mein Herr“

nṯr(·j)[2])*-pw-ptḥ* (*MR*) „Ptah ist mein (?) Gott“

nṯr(·j)[2])*-pw-nśw* (*AR*) „der König ist mein (?) Gott“

f *ḥmꜣt·t*[3])*-pw-tpj·t* (?) (*MR*) ?

f *ḥnw·t(·j?)-pw-wr·t* (*MR*) „meine (?) Herrin ist die Große“

ḫrd(?)-pw-ptḥ (*AR*) „Ptah ist ein Kind“ (?)

špśj-pw-ptḥ[4]) u. ä. (*AR*) „Ptah ist herrlich“

kꜣ(·j)-pw-inp·w[5]) u. a (*AR*) „Anubis ist mein Ka“ (?)[6])

kꜣ(·j)-pw-tpj (*AR*) „mein Ka ist der erste“ (?)

f *tꜣ-pw-šrj(·t)-(n·t-)ḫꜣꜥ-św* (*NR*, *Spät*) „diese ist die Tochter des *ḫꜣꜥ(·w)-św*

III. AUSRUFE, DIE NICHT EINEN VOLLEN SATZ BILDEN[7]).

Zwischen die eigentlichen Wortnamen, die eine direkte Bezeichnung des Namenträgers selbst enthalten, und die eigentlichen Satznamen, die aus einer Aussage bestehen, sei es über den Namenträger, sei es über eine Gottheit, den König, ein Fest oder sonst etwas, schieben sich eine Anzahl von Namen, die eine eigentümliche Gruppe für sich bilden[8]). Sie sind großenteils insofern Wortnamen, als sie aus einem einzigen Substantiv mit einem Adjektiv oder einem adjektivischen oder präpositionalen Zusatz bestehen wie *rnp·t-nfr·t* „ein gutes Jahr!“ oder *sꜣ-n·j* „ein Sohn für mich!“, aber sie sind nicht als direkte Bezeichnungen des Namenträgers zu verstehen. Das Kind wird nicht als „ein gutes Jahr“ oder „ein Sohn für mich“ bezeichnet, sondern ein bei der Geburt geschehener Ausruf dieser Art wird zum Namen des Kindes. Es findet also die gleiche Verwendung eines Ausspruchs als Personennamen statt wie bei den ägyptischen Satznamen, und sie werden deshalb hinter diesen eingereiht.

Zum Teil scheinen es spontane Ausdrücke der Freude zu sein über die glücklich erfolgte Geburt wie „ein guter Morgen!“, „ein guter Tag!“, „eine gute Zeit!“, „ein gutes Erwachen!“, „ein guter Anfang!“ (vielleicht der Name eines Erstgeborenen) oder „eine gute Botschaft!“, „ein gutes Lösen!“, „eine gute Landung!“ und ganz allgemein „etwas Gutes!“ Zum Teil glauben wir Wünsche für das Heranwachsen des Kindes zu erkennen wie in „eine gute Lebenszeit!“, „ein gutes Alter!“, „eine gute Stütze!“, „ein guter Stab!“ Zuweilen wird auch das Kind selbst bezeichnet, z. B. in „eine Sache für meinen Herrn!“, „ein Kind (und ebenso: ein Sohn, eine Tochter, ein Junges) für mich!“, „die Tochter eines Edlen für mich!“, oder „ein gutes Heilmittel!“, „ein Heilmittel für die Mutter (ebenso: für die Müde, für mich!“[9]) Auch fromme Ausrufe begegnen dabei wie „die Ewigkeit für den, der ihn gegeben hat!“, „der König (bzw. die Königin usw.) lebe ewiglich!“ Andere klingen sehr seltsam wie „das ganze Haus!“, „alle Götter!“, „alle Leute!“, „alle Frauen!“ oder „Kinder für ihre Mutter!“, „Kinder für mich!“, „Brot für mich!“, „Gold für die Frauen!“, „Gold und Lapislazuli!“, und endlich die sehr primitiv anmutenden Ausrufe „das Ende zum Guten!“, „die Zunge zum Guten(?)“, „die Rippe zum Leben“, „die Nase dem Leben zu!“, während „Luft für die Nase!“ schon eher zu verstehen ist als ein Schrei der im Ringen nach Atem halb erstickenden Mutter

Im Einzelnen ist in Übersetzung und Erklärung noch manches unsicher. Parallelerscheinungen in anderen Sprachen sind selten. Über ähnliche Namen im Akkadischen siehe Abschnitt IV.

---

1) Wer ist gemeint?

2) Oder *nṯrj* „ist göttlich?“

3) Vgl Wb 3, 95, 3

4) So auch Min (*MR/NR*), *ḏd-špśj* (*AR*)

5) So auch Ptah (*AR* u f *MR*), *nśw·t* (*AR*), Re (*AR*), Horus (?*AR*) Zu dieser Gruppe ist Mélanges Maspero I, 550 zu vergleichen, wo steht hinter „er gibt Speisen () denen, die ihm folgen, und ernährt den, der ihm anhängt!“

6) Oder „mein Ka ist (der des) Anubis“?

7) Daß einige von diesen Bildungen doch als volle Nominalsätze aufzufassen sind, zeigt das Nebeneinander von *pꜣ-n(·j)* und *iw-pꜣ-n(·j)*, vgl S 44

8) Vgl schon Ranke, Grundsätzliches, S 21, Anm 2

9) Die Geburt des Kindes scheint hier als ein Heilmittel für die gleichsam kranke Kreißende gedacht zu sein

f *ȝw·t-ib-n-ḫwfw* u. a. *(AR)* „Freude für (König) Cheops!“

f *i-ȝś·t*[1]) *(MR)* „o Isis!“

i-ib·j *(MR)* „o mein Herz!“

f *i-wrj* *(MR)* „o *wrj*!“[2])

i-mrj-ptḥ *(MR)* „o *mrj-ptḥ*!“[2])

f *i-nbj* *(MR)* „o *nbj*!“[2])

i-śn *(D 20)* „o Bruder!“

iȝwj-nfr u. a. *(MR u NR)* „ein gutes Alter!“

iwn-nfr *(AR)* „eine gute Stütze!“ (?)

imn-r-nḥḥ[3]) *(D18)* „Amon(dauert) ewiglich!“

ink-n(·j) *(MR)* „für mich!“ (?)

iḫ·t-n-nb(·j) *(AR)* „eine Sache für meinen Herrn!“

ʿȝb·wt-n(·j) *(MR)* „eine Spende für mich!“

ʿȝm-n·j (?) *(MR)* „ein Asiat[4]) für mich!“

ʿḥʿw-nfr *(D 18)* „eine gute Lebenszeit!“ (?)

wp·t-nfr(·t) ? *(D 19)* „eine gute Botschaft!“

bw-nfr *(AR)* „etwas Gutes!“

pȝ-n(·j) *(AR)* „dieser (gehört) mir!“

pr-r-ȝw *(D 18)* „das ganze Haus!“ (?)

pḥ-r-nfr(·t?) u. a.[1]) *(AR)* „das Ende zum Guten!“ (?)

f *pḫr·t-nfr·t* u. a *(D6)* „ein gutes Heilmittel!“

f *mw-ḥr-ib(·j)* *(MR)* „Wasser auf mein Herz!“[2])

f *mw·t·j-it·j* *(MR)* „meine Mutter! mein Vater!“ (?)

f *mšʿ-nfr* *(D26)* „eine gute Reise!“ o. a.[3])

mšʿ(?)-śbk *(D 21)*. „eine glückliche Reise!“ (?)

f *mšm(·t)-nfr(·t)* *(NR)* „ein guter Gang“ (?)

mdw-nfr *(AR)* „ein guter Stab!“[4])

f *md(·t)-nfr·t* *(AR)* „eine gute Rede!“ (?)

n·n-pȝ (?) *(AR)* „uns (gehört) dieser!“ (?)

f *n-rn·ś* *(AR/MR)* „sie hat keinen Namen“ o. ä.

f *nb·w-n-rḥ·wt* u. a. *(MR)* „Gold für die Frauen!“

nb·w-ḥr-ḫśbd *(D 18)* „Gold und Lapislazuli!“

nfr-n·j [ ] u. a. (m u. f *AR* u *MR*) „ein Schöner für mich!“[5])

f *nfr·t-n-ḏ·t* *(NR)* „eine Schöne für das Stiftungsgut!“ (?)

f *nfr·t-n·j* *(D18)* „eine Schöne für mich!“ (?)

f *nfr(·t)-ḥȝ-nśw·t*[6]) u. a. *(D 4)* „Gutes (zum Schutz) hinter den König!“

---

1) So auch Bastet (f *Spät*), Mut (m u f *Spät*), Month *(NR)*, Apis *(Spät)* Vgl auch *(D 20)*, (f *MR*) und u a *(Spät)*?

2) Hier scheinen Menschen angerufen zu werden, vgl PN I, 82,20, 160, 14, 187, 5 Oder ist der letzte Name als „o mein Herr!“ aufzufassen?

3) So auch *it w* (, *AR/MR*), *šhtpibrʿ* (f) und *śdȝtȝ (MR)* und *nśw t*, *ḥm t-nśw t*, *ḥnw t*, *ḥkȝ*, *ḥkȝmȝʿtrʿ*, Sethos — sämtlich *NR*

4) D. h. „ein Sklave“? So W. Federn.

1) Vgl auch *(AR) pḥ wj-(r-)nfr(t?)?*

2) Vgl Z² zu I 147, 1

3) Vgl Wb 2, 157, 7 Ob beides Schreibungen desselben Namens sind?

4) D h wohl für das Alter, vgl Wb 2, 178, 11

5) An sich könnte es auch heißen „es geht mir gut“ Vgl aber *nfr t-n j*

6) So auch *nb tj* u Chefren (ebenfalls f) Oder ist *nfr t* als „die Schöne“, ein Beiname der Hathor, aufzufassen und zu übersetzen „die Schöne (steht zum Schutz) hinter . “? Vgl. Sethe bei Borchardt, Sahure II, S 86

nḥḥ-n-ỉt (*NR*) „die Ewigkeit für den Vater!" (?)

nḥḥ-n-dj-św (*NR* u. *Spät*) „die Ewigkeit für den, der ihn gegeben hat!"

nś-r-nfr(·t?) (*AR*) „die Zunge zum Guten!" (?)

n·ṯn-nw (?) (*MR*) „euch (gehört) dies!" (?)

f! *n·ṯn-św* (*MR*) „euch (gehört) er!"

nṯr·w-r-ꜣw[1] (*MR*) „alle Götter!"

rìś-nfr , u. a. (m. u. f. *MR*) „ein gutes Erwachen!"

f *rn-ỉrj-r-ꜣw* (*MR*) „ihrer aller Name!"

f *rn·j-n·j* , (*MR?*) „mein Name (gehört) mir"

f *rnp·t-nfr·t* , u. a. (*AR*[2])—*Griech.*) „ein gutes Jahr!"

f *rḫ·w (?)-r-ꜣw·śn* (*MR*) „alle Leute!" o. ä.

rḫ·w-r-ḏr·śn u. ä. (*AR/MR* u. *MR*[3])) „alle Leute!" o. ä.

f *rḫ·w-twt(·w)* u. ä. (*MR*) „alle Leute" o. ä.

f *rḫ·wt-twt(·w)* u. a. (*MR*) „alle Frauen!"

hꜣw-nfr u. a. (m. u. f. *NR*) „gute Zeit!"

hrw-nfr u. ä. (*AR—MR*[3])) „ein guter Tag!"

hꜣ-n·j u. ä. (*AR*)[3]) „o daß mir doch . . !"

f *ḥꜣ·t-nfr·t* u. a. (*MR* u. *NR*) „ein guter Anfang!"

ḥbśd-ꜥꜣ (*D 12*) „ein großes Jubiläum!"

[1]) Vgl. auch (*MR*)!
[2]) Auch Männername
[3]) Auch Frauenname

ḥkꜣ-n.j(?) (*AR*) „ein Zauber für mich!" (?)

ḥtp-n-kmt (*Spät*) „Friede für Ägypten!" (?)

ẖrd-nn (?) (*D 18*) „ein Kind für uns!" (?)

ḫnt(·j)-r-kꜣ(·j) u. a. (*AR*) „meine Nase (ist) auf meinen Ka (gerichtet)?"

ẖrd-n·j u. a. (*D 6* u. *AR/MR*[1])) „ein Kind für mich!"

ẖrd·w-n-mw·t·śn (*MR*) „Kinder für ihre Mutter!"

ẖrd·w-n(·j) (*MR*) „Kinder für mich!"

sꜣ(·j)-mrj(·j) (*D 3*) „mein geliebter Sohn!"

sꜣ-n(·j) (*AR*) „ein Sohn für mich!"

f *sꜣ·t-n-mw·t·f* (*MR*) „eine Tochter für seine Mutter!"

f *sꜣ·t-n·j* (*MR*) „eine Tochter für mich!"

f *sꜣ·t-s-n(·j)* u. ä. (*AR* u. *MR*) „die Tochter eines Edlen für mich!"

f *sp-n-wrḏ·t* (*MR*) „ein Heilmittel für die Müde!"

f *sp-n-mw·t* u. a. (*MR*) „ein Heilmittel für die Mutter!"

sp-n(·j) (*AR*) „ein Heilmittel für mich!"

f *sp-nfr* (*NR*) „ein gutes Heilmittel!"

śꜣḥ-tꜣ-nfr u. a. (*NR*) „eine gute Landung!"

śpr-r-ꜥnḫ (*AR*) „die Rippe zum Leben!"[2])

śpr-r-nfr (*AR*) „die Rippe zum Guten!"[2])

śfḫ-nfr (*D 6* u. *MR*) „ein gutes Lösen!"[3])

[1]) In *MR* auch Frauenname
[2]) Sinn? Ob *śpr(·j)* zu lesen ist?
[3]) D. h. Entbinden

f *śmd·t-nfr(·t)* (*NR*) „ein gutes Halbmonatsfest!" (? vgl. S. 78)

śnb-n·j u. ä [1]) (m u. f *MR*) „Gesundheit für mich!"[2])

śnb-n·f (*MR*) „Gesundheit für ihn!"[2])

śnb-r ḏbꜣ(·j) (*MR*) „ein Gesunder zum Ersatz für mich!" (?)

śšm-nfr (*AR* u. *AR/MR*) „ein schönes Leiten!" (?)

f *śnḏ·t-n-mnʿ·t* (*MR*) „Furcht für die Amme!" (?)[3])

śmś-nfr u. ä. (*AR* u. *NR*) „ein guter Diener" (?)

šri-bin u. ä (*D 18*) „ein schlimmes Kind"[3])

šrj-nfr u ä. (*NR*) „ein gutes Kind"

f *šr·t-n-ʿnḫ* (*AR*) „die Nase dem Leben (zugewendet o a)"[4])

ḫnw-nfr (*NR*) „die schöne Heimat!" (??)

kꜣ(·j)-n(·j) (*Dyn. 1*) „mein Ka (gehört) mir"

kjj-nfr (*NR*) „noch ein Guter!" o. ä

f *t-n·j* u ä. (*MR* u. *D 18*) „Brot für mich!"

t-n·j-ḫʿꜣ·w u. ä. (m u. f *MR*) „Brot für mich, ihr Kinder!" (?)

ṯꜣ-n·j u ä. (*D 6*)[1]) „ein Junges für mich!"

ṯꜣ-nfr u. ä (*NR-Griech.*) „ein gutes (schönes) Junges"

f *ṯꜣw-n-ij-mr* [2])(*MR/NR*) „(Lebens)Luft für *ij-mr*!"

ṯꜣw-n-fnḏ (*D 18*) „(Lebens-)Luft für die Nase!"

ṯꜣw-n-mw·t(?) [3]) (*MR/NR*) „(Lebens-)Luft für die Mutter!"(?)

f *dwꜣ·t-nfr·t* u ä (*MR* u. *NR*) „ein guter Morgen!"

dwꜣ·w-r-nḥḥ u. ä. (*NR*) „Lobpreis ewiglich!" (?)

---

[1]) Die Schreibung konnte auch *śnb n* (vgl I, 314, 14) zu lesen sein!

[2]) Kaum *śnb n j* und *śnb n f* Beim zweiten wäre auch *śnb(·j)-n f* „möge ich gesund sein für ihn!" möglich, vgl *śnb j-n śn* S 45

[3]) Ursprünglich Spitznamen?

[4]) Vgl Kairo 20164 *ḏd t n nfw n ʿnḫ r šr t* NN! Vgl Grapow, Anreden I, 39?

---

[1]) Im *MR* auch Frauenname — ob *ṯꜣ(·t)-n·j*?

[2]) So auch *iptw* (f *MR/NR*), *ꜣmj* (*NR*), *wpwꜣwttꜣjnḫtt* (*NR?*), *mi* (f *NR*), *rnn* (*NR*), *ḥj* (*NR*), *ṯj* (*NR*), *tj* (f *NR*)

[3]) So auch (f *MR*)

ANHANG

Verkürzte Vollnamen.

Wir kennen aus allen Zeiten der ägyptischen Geschichte eine Gruppe von Namen religiösen Inhalts, die zwischen den unverkürzten Vollnamen und den eigentlichen Kurznamen steht, und die ich als „verkürzte Vollnamen" bezeichnen will. Sie mögen hier als Anhang zu den Vollnamen ihren Platz finden.

Unter diesen „verkürzten Vollnamen" verstehe ich Namen, bei denen nichts Wesentliches verloren gegangen ist, bei denen aber der ursprünglich in ihnen vorhandene Name einer Gottheit oder des Königs durch ein Suffix, also durch ein *·f* „sein" oder *·ś* „ihr" oder durch das absolute Pronomen *św* „er" bzw. „ihn" oder *śj* „sie" ersetzt worden ist. Namen also wie *nfr-irj t.ś* „gut ist, was sie tut" neben *nfr-irj·t-ḥtḥr* „gut ist das, was Hathor tut" oder wie *pꜣ·f-ḥr* „sein Diener" neben *pꜣ-ḥr-n-ḫnś·w* „der Diener des Chons".

Solchen Formen bin ich allerdings bisher nie[1]) als Varianten des entsprechenden unverkürzten Vollnamens begegnet. Daß sie aber häufiger gewesen sein müssen, als wir das heute erkennen, können wir wenigstens aus einem merkwürdigen Beispiel des Alten Reiches erschließen Eine Frau der frühen Pyramidenzeit, die den klangvollen Namen *nfr-ḥtp-ḥtḥr* führte, d. h. „schön ist die Gnade der Hathor", wird mit „kleinem" Namen *tpś* genannt. Die Form dieses „kleinen" Namens ist — da ein *·ś* nicht als Kosesuffix vorkommt — nur verständlich unter der Annahme, daß der Vollname zunächst zu *nfr-ḥtp·ś* verkürzt worden war, was „schön ist ihre Gnade" bedeutet, und bei dem nur der Eingeweihte wußte — diesem aber auch kein Zweifel darüber blieb —, daß mit „ihre" die Göttin Hathor gemeint sei. Hieraus konnte dann, unter Wegfall von *nfr*, ein *ḥtp·ś* und daraus durch weitere Verstümmelung ein *tpś* (eigentlich *tp·ś*) entstehen.

Die hier erschlossene Zwischenform *nfr-ḥtp·ś* ist nun in der Tat mehrfach (PN I 198, 19) als selbständiger Name belegt, und ihrer Bildung entspricht eine ganze Anzahl von anderen, die am besten wohl als ähnlich verkürzte Vollnamen verstanden und erklärt werden. Sie zerfallen in zwei Gruppen, solche, die aus zwei oder mehr Worten, und solche, die aus einem einzigen Worte bestehen.

Ich gebe jeweils zunächst Namen, für die uns mehr oder weniger ähnliche unverkürzte Namen zum Vergleich zur Verfügung stehen, und dann solche, zu denen solche unverkürzte Formen noch fehlen.

1. Aus zwei oder mehr Worten bestehende Namen.

f *ꜥꜣ-śj (NR)* „groß ist sie!" Vgl *ꜥꜣ-ḥtḥr (MR)*

ꜥnḫ-irj(·w)·ś *(AR)* „es möge leben der, den sie macht!" Vgl *ꜥnḫ-irj(·w)-ptḥ*

bw-ḫꜣꜥ·f (NR) „er läßt nicht im Stich"; vgl *bwpw-ḥr(·w)-ḫꜣꜥ·n*

pꜣ-ṯꜣw-ḫt·f (NR) „die (Lebens-)Luft ist bei (?) ihm" Vgl. *pꜣ-ṯꜣw-ḫt-imn*

pꜣ·ś-pr-mḥ(·w) (Spät) „ihr Haus ist voll" (?); vgl *pr-ptḥ-mn(·w)*

nꜣ-irj·t·ś-nfr *(D. 26)* „was sie tut, ist gut"; vgl. *nꜣ-irj·t-bꜣśt·t-nfr*

f *nꜣ-mnḫ·ś* *(Spät)* „sie ist vortrefflich"; vgl *nꜣ-mnḫ-ꜣś·t*

f *nꜣ-nfr-ḥr·ś* *(Spät)* „ihr Antlitz ist schön" o. a.; vgl. *nꜣ-nfr-śḫm·t*

nꜣ·f-ṯꜣ·w-(ḥr-)rd (Spät) u. a. „seine Jungen wachsen", vgl *nꜣ-ṯꜣ·w-ḫnś·w-(ḥr-)rd*

nfr-irj t·ś (AR) „gut ist, was sie tut", vgl *nfr-irj·t-ḥtḥr*

f *nfr-wꜣ·t·ś (AR)* „ihr Weg ist schön"; vgl. *nfr-wꜣ·wt*

nfr-ḥb·f (NR) „schön ist sein Fest", vgl den Kurznamen *nfr-ḥb*

f *nfr-ḥr·ś (Spät)* „schön ist ihr Antlitz", vgl *nfr-ḥr-ptḥ (AR)*

---

[1]) Die einzige Ausnahme bildet der Name des 1 Königs der 5 Dyn *wśr-kꜣ f*, dem nach Ausweis der griech Wiedergabe bei Manethos ουσερχερης in der Spätzeit ein volleres *wśr-kꜣ-rꜥ* entsprochen zu haben scheint

f *nfr-ḥtp·ś (AR)* „schön ist ihre Gnade", vgl *nfr-ḥtp-ḥtḥr*

f *nfr-ḫwj·w·ś (AR)* „gut geht es dem, den sie beschützt"; vgl. *nfr-ḫwj·w-ḥtḥr*

nfr-śšm·f *(AR)* „gut ist sein Leiten", vgl. *nfr-śšm-ptḥ* usw.

f *nfr-śšm·ś (AR)* „gut ist ihr Leiten" o a , vgl. *nfr-śšm-śšꜣ·t*

f *hr(-ib)·ś (Spät)* „sie ist zufrieden", vgl *hr-(ib-) bꜣśt·t*

f *ḥtp-ib·ś* [1] *(AR)* „ihr Herz sei gnädig!" Vgl den Kurznamen *ḥtp-ib*

f *ḥtp-ḥr·ś (AR)* „ihr Antlitz sei gnädig!" Vgl *ḥtp-ḥr-nfr·t*

śꜣj·j-m-ptr f (NR) „ich sättige mich an seinem Anblick" o ä.; vgl *śꜣj·j-m-imn* „ich sättige mich an Amon"

św-m-pr-imn (NR) „er ist im Hause des Amon"; vgl. *rꜥmśjśw-m-pr-rꜥ* „Ramses ist im Hause des Re"

św-m-nꜣ·t *(NR)* „er ist in der Stadt (d h. Theben)"; vgl *pꜣ-nḫt-m-nꜣ t* „der Starke ist in der Stadt"

špśś-kꜣ·f *(AR)* „sein Ka ist herrlich" o ä.; vgl. *špśś-kꜣ-rꜥ*

tꜣ·w-ir·t-ꜣr·w (Spät) „ihr (eorum) Auge ist gegen sie[2]) (gerichtet)"; vgl. *ir·t-n·t-ḥr(·w)-ꜣr·w* „das Auge des Horus ist gegen sie (gerichtet)"

ṯꜣw-ḫt·f u. a. *(D. 20)* „die (Lebens-) Luft ist abhängig von ihm", vgl *ṯꜣw-ḫt-imn* (PN I 431, 14)

dj·f-ꜥnḫ *(Spät)* „möge er Leben verleihen!" Vgl. *dj-ptḥ-ꜥnḫ*

dj·f-pꜣ-ṯꜣw *(Spät)* „möge er die (Lebens-)Luft geben!" (N[2]) Vgl *dj-wꜣḏ·t-pꜣ-ṯꜣw*

[1]) Vgl auch *ḥtp-ib(?)* f

[2]) Die fremden Herrscher, vgl II Abschnitt, Kap III, VIII

dj·ś-ḥtp „möge sie Gnade geben!" *(Spät)* Vgl *dj-bꜣśt·t-pꜣ-śnb*

f *dmḏ-kꜣ·w·ś (AR)* Vgl den Kurznamen *dmḏ-kꜣ·w*[1])

An weiteren Namen gehören wohl hierher.

f *ij-mr·t·f (AR)* „möge seine Liebe kommen!"

iw-m-bꜣ·w·ś (AR) *(AR)* „es ist in ihrer Macht" (?)

f *iw·ś-n-pr·ś (NR)* „sie gehört ihrem Hause" (?)[2])

ir·t f-(hr-)nw (NR) „sein Auge sieht"

ꜥꜣ-pḥtj·f *(NR)* „groß ist seine Kraft"

ꜥꜣ-mr·t f (MR) „groß ist seine Liebe"

f *ꜥꜣ-mrw·t·ś* *(MR)* „groß ist ihre Liebe"

ꜥꜣ-ḥtp·f *(NR)* „groß ist seine Gnade"

f *ꜥꜣ-ḥtp·ś* *(MR)* „groß ist ihre Gnade" (N[2])

f *ꜥꜣ-kꜣ·ś* *(MR)* „groß ist ihr Ka"

ꜥn-mr·t·f *(NR)* „schön ist seine Liebe"

f *ꜥn-mr·t·ś* *(NR)* „schön ist ihre Liebe"

f *ꜥn-tꜣ·ś-nḫt·t* *(Spät)* „schön ist ihre Stärke"

ꜥnḫ-wḏ(·w)·ś (AR) „es lebt der, von dem sie es bestimmt" o a.

wꜣḥ·f-dj·f *(MR)*) „so wahr er dauert, gibt er" (?)[3])

[1]) Vgl aber auch *kꜣ(·j)-dmḏ(·w)*, PN I 430, 10!

[2]) D h die Namenträgerin gehört dem Tempel einer Göttin? Oder steht *n* für *m*? Also „sie (die Göttin) ist in ihrem Tempel?"

[3]) So Hoffmann, Personennamen, S 36 Oder „möge er dauern und geben!"?

wꜣḏ-šmśj-św (*NR*) „es gedeiht, wer ihm folgt" o. a.

f *wꜣḏ-kꜣ·w·ś* (*MR*) „ihre Kas gedeihen" o. a.

wśr-ḥr-ḫpš·f (*Dyn. 20*) „Stärke ist in (?) seinem Arm"

bw-nḫt·f (*NR*) „er[1]) ist nicht stark"

bw-rḫ·tw-ỉwn·f u. a. (*NR*) „man kennt sein Wesen nicht"

f *bw-rḫ·tw-ḥr·ś (?)* (*D 12*) „man kennt ihr Antlitz nicht" (?)

bw-ḫꜣꜥ·f (*NR*) „er läßt nicht im Stich"[2])

bn-ḫꜣꜥ·f-wj(?) (*NR*) „er läßt mich (?) nicht im Stich"[2])

bw-ḳn·tw·f (*NR*) „er wird nicht besiegt" o. a.[3])

bn-ḳn-tw·f [4]) (*NR*) „er wird nicht besiegt" o. ä.

f *pꜣ·ś-šw-prj(·w)* u. a. (*Griech.*) „ihr Licht ist aufgegangen" (?)[5])

mꜣꜣ·n·j-nḫt·w·f (*NR*) „ich habe seine[6]) Stärke gesehen"

n-pḥ·f (*AR*) „er ist nicht angekommen" (?)

n-ḫfꜥ·f (*AR*) „er hat nicht gepackt" o. a.[7])

n-tꜣ-wꜣj-r·f u. a. (*D 18*) „es gibt kein Land, das fern von ihm wäre"

f *nꜣ-ꜥꜣ-tꜣ·ś-nḫt(·t)* (*Spät*) „ihre Stärke ist groß"

nꜣ-ꜥꜣ-tꜣ·f-nḫt(·t) (*Spät*) „seine Stärke ist groß"

nꜣ-nḫt·f-ꜣr·w (*Griech.*) „er ist stark gegen sie (eos)" o. a.

[1]) Vgl. *nḫt·f*; vielleicht aber doch der Namenträger, dann hier zu streichen!
[2]) Vielleicht futurisch zu übersetzen, vgl. Erman, Neuägyptische Gramm.², § 765.
[3]) Vgl. Wb 5 44, 1.
[4]) Das zweite ist wohl fehlerhaft.
[5]) Oder *pꜣ·ś-šw-(ḥr-)prj(·t)* „ihr Licht geht auf"?
[6]) Gemeint ist der König oder Amon, vgl. *mꜣꜣ·n·j-ỉmn*.
[7]) Vgl. *ḫfꜥ·f* (*AR*).

nfr-ỉrj·t·n·f (*AR*) „gut ist, was er getan hat"

f *nfr-ỉrj·t·n·ś* (*AR*) „gut ist, was sie getan hat"

f *nfr-wꜣḏ·ś* (*AR/MR*) „ihr *wꜣḏ* ist schön"

nfr-wbn·f (*D 18*) „schön ist es, wenn er aufleuchtet"

nfr-prj·f (?) (*AR*) „schön ist es, wenn er aufgeht" (?)

nfr-ḥb·f (*NR*) „schön ist sein Fest"

f *nfr-kꜣ·w·ś* (*AR*) „schön sind ihre Kas"[1])

f *nfr·ś-m-ỉb(·j)* (*MR?*) „ihre Schönheit (?)[2]) ist in meinem Herzen"

nfr·w-r-ḥꜣt·f (*NR*) „Schönheit (?) ist vor ihm"

nn-wꜣj·f (*D 18*) „er wird nicht fern sein"

nn-wꜣj(·f?)-r·f (*D 18*) „er wird nicht fern von ihm sein" (?)

nn-ḫm·śn u. a. (*MR*)[3]) „sie werden wohl wissen" o. ä.

nḫt-tꜣ·f-md·t (*Spät*) „sein Wort ist stark"

f *nḏm-ṯꜣw·ś* (*MR*)[4]) „ihr (Lebens-)Hauch ist süß" o. ä.

rwḏ-śꜣ·w·ś (*AR*) „ihre (Amulett-) Knoten sind fest"

rwḏ·f-(r-)nḥḥ (*NR*) „möge er[5]) ewig stark sein!"

ršw·tw(?)-(m-)ptj·f (*NR*) „man freut sich an seinem Anblick"

rdj(·w)·n·f-n·j (*MR*) „den er mir gegeben hat" (?)

[1]) Vgl. PN I 200, 21.
[2]) Vgl. Wb 2, 259, 11.
[3]) Auch Frauenname, einmal als Name eines Mannes ist wohl nur fehlerhafte Schreibung.
[4]) Vgl. *nḏm(·t?)-ṯꜣw* (f *NR*).
[5]) Gemeint ist gewiß der König.

f *rdj·t·n·ś·n·j* (*MR*) „die sie mir gegeben hat“[1])

ḥr(-ib)·ś-n·f (*Spat*) „sie ist mit ihm zufrieden“

f *ḥr(-ib)·ś-n·ś* (*Spat*) „sie ist mit ihr zufrieden“

f *ḥw-m-pr·ś* (*D 20*) „Speise ist in ihrem[2]) Tempel“

f *ḥw-m-nꜣ·t·ś* (*NR*) „Speise ist in ihrer[2]) Stadt“

ḥr·f-r-nꜣ·t·f (*NR*) „sein Antlitz (ist) auf seine Stadt (gerichtet)“[3])

f *ḥr·ś-nfr* (*MR*) „ihr Antlitz ist schön“(?)

ḥs(·t?)·f-m-iwnw (*D 18*) „seine Gunst (?) ist in Heliopolis“

ḥs(·t?)·f-r-nḥḥ (*NR*) „seine Gunst (dauert) ewiglich!“ o. ä.

f *ḫwj·ś-ij·ś* (*D 20*) „moge sie schutzen und kommen!“ (?)

f *śꜣj(·j)-m-kꜣ·w·ś* (*NR*) „ich sattige mich an ihrer[4]) Speise“ (?)

św-pꜣ-ꜥnḫ (*NR*) „er ist das Leben“ o a

św(?)-pꜣ-dmi (*NR*) „ihm gehort die Stadt“ (?)[5])

śnb·f-r-nḥḥ (*NR*) „moge er ewig gesund sein!“

f *ḳꜣj-bꜣ·w·ś* (*MR*) „ihr Ruhm ist hoch“ o a

f *kꜣ(·j)-m-nꜣ·t·ś* (*MR*) „mein Ka ist in ihrer[4]) Stadt“

f *tꜣ-ḥr-nḥ-n·ś* (*NR*) „das (ganze?) Land bittet fur sie“ (?)[6])

tꜣ-ḥr-śṯꜣ-n·f [1]) (*D 18*) „das (ganze?) Land zieht zu ihm[2]) hin“

tꜣ-ḫr-rd·wj·fj (*D 20*) „das Land (liegt) unter seinen[2]) Fußen“

tꜣ-ḥr-śnḏ·t·f (*D 18*) „das Land ist in Furcht vor ihm[2])“

f *dj-śn-r·f-śj* (*MR*) „mogen sie[3]) sie[4]) doch geben!“

f *dwꜣ-m-mr·ś* (*NR*) „ . . . . in ihrem See“(?)

Wohin gehoren und was bedeuten die folgenden Namen?

ij-ꜥnḫ·f (*AR*)

mr-ḥtp·f (*AR*)

rḫ-pḥtw·f (?) (*D 20*)

ḫntj-kꜣ·w·f (*AR*)

f *ḫntj(·t?)-kꜣ·w·ś* (*AR*)

f *śḏm-p·ś* (?) (*NR*)

šmśj-św [5]) (*NR*)

f *tꜣ-m-śwḏ(?)-ś(t)* u. a (*NR*)

2 Aus einem Worte bestehende Namen

f *ꜣḫ·ś* u a (*AR—NR*) „sie erglanzt“ o. a Vgl. *ꜣḫ-ḥtḥr* (*MR*) u. a.

inj f (*MR*) „er möge bringen“ o. a Vgl *inj-śnfrw-iš·t·f* (*AR*)

ꜥnḫ f u. a. (*AR—Spat*) „er lebt“ o. a Vgl. *ꜥnḫ-ḥr(·w)* (*AR*) usw.[6])

f *ꜥnḫ·ś* (*AR, MR, Spat*) „sie lebt“ o. ä. Vgl. *ꜥnḫ-ḥtḥr* (*AR*)[6])

1) So ist gewiß gegen PN I, 228, 19 zu ubersetzen
2) Eine Gottin wird gemeint sein
3) Gemeint sind wohl Amon und Theben
4) Eine Gottin wird gemeint sein
5) Oder liegt eine Zusammensetzung mit *śꜣw* „Sattigung“ vor?
6) Ob die (kranke?) Konigin oder eine Prinzessin gemeint ist?

1) Die Variante beruht wohl auf einem Versehen
2) Bezieht sich auf den Konig
3) Mehrere Gotter sind gemeint, vgl Namen wie I, 431, 20
4) Die so benannte Tochter
5) Vgl auch (*D 19*) I, 328, 18 und oben S 91!
6) Ob *ꜥnḫ f* und *ꜥnḫ ś* hier einzuordnen sind, ist fraglich, es kann sich auch um unverkurzte Vollnamen handeln, die sich auf die Namentrager beziehen

wḏꜣ·f (*Spat*) „er ist heil" o. a Vgl *wḏꜣ-ḫnś·w* u a.

pꜣ·f-iw u. a (*NR* u *Spat*[1])) „sein Hund", vgl. *pꜣ-iw-n-ḥr(·w)*.

pꜣ·f-ḫr (*Spat*) „sein Diener"; vgl *pꜣ-ḫr-n-ḫnś·w*.

nꜣ-nḫt·f (*Griech.*) „er ist stark"; vgl. *nꜣ-nfr-ḫnś·w*

f *nꜣ-nḫt·ś* *Griech*) „sie ist stark"; vgl *nꜣ-nfr-śḫm·t* (*Spat*)

nḫt·f (*MR—Spat*) „er ist stark" (?)[2]), vgl *nḫt-nb·tj* (*MR*) usw.

f! *rdj·f* , (*AR* u. *MR*)[3]) „er gibt" o a. Vgl. *rdj-ptḥ* (*MR*)?

hn·n·f (*D 20*) „er hat zugestimmt" (?), vgl *hnn-bꜣśt·t* (*Spat*)

f *hr·ś* (*Spat*) „sie ist zufrieden" o a. Vgl.

ḥsj·f (*AR*) „er lobt", vgl. *ḥsj-ꜣḫ·tj*

ḥtp·f u. a (*AR*) „er ist gnadig" o a. Vgl. *ḥtp-nb* (*·j*)[4])

f *ḥtp·ś* (*MR*) „sie ist gnadig" o a Vgl. *ḥtp-ḥtḥr* (*AR*) usw [4])

śꜣb·f (*D 1*) Vgl *śꜣb-wj-ptḥ* (?)

śwꜣḏ·f (*NR*) „er laßt gedeihen"; vgl *śwꜣḏ-ptḥ* (*MR*)

śnb·f (*MR—Spat*) „er sei gesund" o a. Vgl *śnb-nb·f*?[5])

f *śnb·ś* u. a (*MR*) „sie sei gesund" o. a [6]) Vgl *śnb-*

šdj·f[1]) (*AR*) „er errettet" o a Vgl. *šdj-ptḥ*

f *šdj·ś*[2]) (*AR* u. *MR*) „sie errettet" o. a Vgl *šdj·f*[3])

f *tꜣ-idj·t·ś* (*NR*) „die sie gegeben hat"; vgl *tꜣ-idj·t-śtḫ* (N[2])

f *tꜣ·f-iw(·t)* (*Spat*) „seine Hundin"[4]); vgl. *pꜣ-iw-n-ḥr(·w)*

f *tꜣ·f-dn(i·t?)* (*Spat*) „sein Anteil" (?); vgl *tꜣ-dni·t-n·t-itm* (*Griech*)

ṯsj f (*AR*) „er richtet auf" o. a. Vgl *ṯsj-wj-ptḥ*

f *dd·t·s* [5]) (*MR*) „die sie gibt" o a Vgl *dd·t-ꜥnḫ·t* u a.

An weiteren Namen gehoren vielleicht hierher

ind·f (*MR*) „er ist betrubt" (?)[6])

itj·f (*AR*) „er ergreift" (?)

ꜥn·f (?)[7]) (*D 20*) „er ist schon" o. a (?)

ꜥk·f (*MR*) ?

f *ꜥk·ś* (*MR*) ?

wk·f (*MR*) ?

wgj·f (*D.13*) „er kaut"[8])

mrw·f (?) [9]) (*MR*) ?

rjś·f (*MR*) „er erwacht" o a

f *rdj t·n·ś* (*MR/NR*) „die sie gegeben hat"

f *rdj·t·n·ś-n·j* (*MR*) „die sie mir gegeben hat"

hr·ś-n·f (*Spat*) „sie ist mit ihm zufrieden" o a

---

1) (*Griech*, PN I 127, 10) ist wohl entstellt aus *pꜣ-iwiw-(n-)ḥr(w)*

2) Fur die Spatzeit kommt *nḫt f* auch als Kurzname in Betracht zu Namen wie PN I 212, 15ff

3) Neben diesem Frauen(!)namen steht der Manner(!)name *rdj ś* (*MR*), fur den ich eine unverkurzte Form nicht angeben kann

4) Oder Kurzname, vgl *mr-ḥtp f* und *nfr-ḥtp ś*

5) Z T gewiß Kurzformen zu Namen wie *śnb f-n j* Merkwurdigerweise ist *śnb f* im *MR* auch als Frauenname belegt!

6) Z T gewiß Kurzform zu *śnb ś-n j* u a

1) Oder *šdj(w) f* „den er errettet"?

2) Oder *šdj(w) ś* „den sie errettet"?

3) Vgl aber auch (f *AR*)!

4) D h unterwurfige Dienerin

5) Hierher wohl auch , (f *MR*)

6) Vgl Wb 1, 102, 16

7) Auch andere Lesungen (*ptr, nw*) kommen in Frage

8) Vgl Wb 1, 376, 1

9) Ob fur *mrw t f*, also Kurzname zu Namen wie *ꜥꜣ-mrw t f*?

f *hr·ś-n·ś* (*Spät*) „sie ist mit ihr zufrieden"

f *ḥsj·t·n·ś* [1] (*MR*) „die sie gelobt hat"

ḥśr·f (*AR*) ?

ḥkȝ·f (*AR*) „er bezaubert" (?)[2]

f *ḥtp·tw·s (?)* u. a. (*AR*) „möge sie zufrieden gestellt werden" (?)[3]

*ḫf*ʿ*·f* [4] (*AR*) „er packt" o. a

ḫm·w·ś (*MR*) „einer, den sie nicht kennt"

ḫm(·w)·śn u. a. (*MR*) „einer, den sie nicht kennen"

f *ḫm·t·n·śn* u. a (*MR*) „eine, die sie nicht kennen" o. ä.

f *sȝṯ·f* (*AR*) „er spendet (Wasser)"

śȝb(·w)·n·f (*AR*) vgl *śȝb·f* und *śȝb-wj-ptḥ* [5]

śȝb(·w)·n·ś (*AR*) vgl. das vorige

*s*ʿ*nḫ(·w)·n·f* (*AR*) „den er am Leben erhalten hat"[6]

1) Vgl *ḥsj-t-r*ʿ (*D 18*)

2) Vgl Wb 3, 177, 7 Oder Kurzname „sein Zauber" ?

3) Vgl Wb 3, 192, 9

4) Vgl *n-ḫf*ʿ *f*

5) In *śȝb* scheint sich ein bisher unerkanntes transitives Verbum zu verstecken, also „möge Ptah mich " und „den er (bzw sie) gemacht hat".

6) Vgl. , PN I 301, 6!

*s*ʿ*nḫ(·w)·n·ś* (*AR*) „den sie am Leben erhalten hat"

f *s*ʿ*nḫ·ś* (*MR*) „möge sie am Leben erhalten"[1]

f *śḫrj·s* (*MR*) „möge sie vertreiben" (?)

śśnb(·w)·n·f (*MR*) „den er gesund erhalten hat"

f *śśnb·t·n·f* (*MR*) „den sie gesund erhalten hat"

śśṯ·f (*AR*) ?

f *ḳd·t·n·ś* (*AR*) „die sie erschaffen hat" (?)

f *ḳd t ś* (*AR*) „die sie erschafft" (?)

ḳd·ś u. a (*AR*) „sie erschafft" o a [2]

km f (*MR*) „er vollendet" (?)

f[3] *km·ś* (*MR* u *NR*) „sie vollendet" (?)

f *gmj·ś* u. a. (*MR*[4]) „sie findet" (?)

ṯḥ·f (*AR/MR*) „er freut sich" o. a [5]

dwȝ·f(?) (*NR*) „er preist" (?)

1) Vgl *s*ʿ*nḫ-wj-ḥthr* (f *AR*)

2) Name eines Mannes!

3) Der Name ist mehrfach auch für Männer belegt!

4) Der Name begegnet in der Spätzeit einmal als der eines Mannes!

5) Vgl Wb 5, 389, 5 und 395, 5

KAPITEL II

KURZ- UND KOSENAMEN

Es ist begreiflich, daß die oft aus langeren Satzen bestehenden schwerfälligen Personennamen der Ägypter im täglichen Gebrauch — besonders aber im Munde der Kinder selbst — vielfach gekurzt und abgeschliffen und andererseits die so verkurzten Formen gern durch kosende Endungen wieder verlangert worden sind Etwas Ahnliches sehen wir ja bei vielen anderen Volkern auch[1])

Ich unterscheide danach zwei Hauptgruppen· Namen, die einfach durch Verkurzung oder Verstummelung des Vollnamens gebildet sind, nenne ich K u r z n a m e n. Namen dagegen, bei denen an die verkurzten Formen — bei Wortnamen sogar gelegentlich an den Vollnamen selbst — besondere Koseendungen angefugt, oder bei denen ein Teil des Namens, anscheinend in liebkosender oder diminutiver Absicht, verdoppelt worden ist, bezeichne ich als K o s e n a m e n.

In einigen Fallen findet sich bei den Verstummelungen an die verstummelte Form noch eine Koseendung angehangt Hier greifen also die beiden Namenarten ineinander uber. Ich habe aber diese Falle von den einfachen Verstummelungen nicht trennen wollen und sie daher mit zu den Kurznamen gezahlt.

A KURZNAMEN

Ehe ich zu den Kurznamen selbst übergehe, habe ich zunachst noch eine Anzahl von Fällen zu besprechen, in denen ein Name eine gewisse Verkürzung erfahrt, ohne doch eigentlich als Kurzname angesehen werden zu können

Zunächst ist hier zu erwahnen, daß das am Schlusse von Königsnamen stehende Wortchen *rʿ* Re in Personennamen des Mittleren und Neuen Reiches öfters fortgelassen wird. So steht *šḥtp-ib* fur *šḥtpibrʿ* in *rwḏ-šḥtpib* (PN I 221, 20), *nj·t-šḥtpib* (PN I 318, 5), *šḥtpib-(r-)nḥḥ* und *šḥtpib-šnb·w*[2]) (PN I 318, 3 und 4), *ḫʿjḫpr* für *ḫʿjḫprrʿ* in *ḫʿjḫpr-šnb·w* (PN I 264, 19, als Variante von *ḫʿjḫprrʿ-šnb·w), nfrḫpr·w* und sogar *nfrḫpr* fur *nfrḫpr·wrʿ* in *nfrḫpr·w-ḥr-šḫpr* (PN I 199, 12) und *ʿ3ḫpr·w* fur *ʿ3ḫpr·wrʿ* in *ʿ3ḫpr·w-mšj(·w)*. Daß es sich hier um eine wirkliche Verkurzung in der Aussprache handelt, legt die keilschriftliche Form *manaḫpija*[3]) nahe, die wohl ein aus *mnḫprrʿ* verkurztes *mnḫpr* mit angefugter Koseendung wiedergibt Auch das Ausfallen des Wörtchens *s3* in *pšmṯk-s3-njt* (PN I 136, 22) wird ahnlich zu beurteilen sein.

Viel zahlreicher sind diejenigen Fälle, in denen eine im Personennamen enthaltene Präposition, vor allem *m*, aber auch *n*, *r* und *ḥr*, wegfällt, und bei denen es sogar meistens fraglich bleibt, ob wir es mit einer sprachlichen Erscheinung oder nur mit einer Angelegenheit der Schrift zu tun haben. Bemerkenswert ist es immerhin, daß im Alten Reich ein solcher Ausfall von Prapositionen noch so gut wie gar nicht vorkommt[4]), und daß er auch im Mittleren Reich noch verhaltnismäßig selten ist Erst im Neuen Reich, also zu einer Zeit, in der schon ein beträchtlicher Verfall der Sprache eingesetzt hat, mehren sich die Falle, und in der Spätzeit, in der immer willkürlicher mit der Schrift umgegangen wird, nehmen sie uberhand

In einem einzigen Falle haben wir schon aus dem Ende der 18. Dynastie den Beweis dafur, daß in einem solchen Namen die Praposition *m* nicht gesprochen worden ist, und zwar in der keilschriftlichen Wiedergabe des Namens *imn-m-ip3(·t)* „Amon ist im Frauenhaus" durch *amanappa*, also durch ein lautliches Bild, das in der Ausstoßung des *m* schon der griechischen Wiedergabe durch αμενωφις gleicht. Aber es ist kaum anzunehmen, daß dieser uns zufällig greifbare Fall vereinzelt dastand, und es mag sehr wohl sein, daß bei vielen der Namen, in denen eine Präposition in der Schrift fehlt, sie auch in der Aussprache in Wegfall gekommen war.

---

1) Fur das Akkadische vgl J J Stamm, Die akkadische Namengebung (1939), S 111ff mit weiterer Literaturangabe

2) Hier konnte allerdings der Personenname *šḥtpib* vorliegen!

3) Ranke, Keilschr Mat, S 12

4) Das einzige mir bekannte Beispiel ware 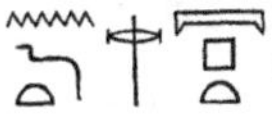, wenn dieser Name wirklich fur *nḏ t-m-p t* „die Beschutzerin ist im Himmel" (?) steht und es sich nicht nur um ein Versehen des Steinmetzen handelt Ob  (PN I 132, 3) als „(Konig) *pjpj* ist in Memphis" (vgl PN I 63, 20!) aufzufassen ist, (und ebenso PN I 73, 4, 217, 18) ist zweifelhaft Es konnten Kurznamen vorliegen In PN I 57, 18 haben wir vielleicht eine schlechte Schreibung fur *ʿr(w)-ptḥ-r-mnnfr*

Das *m* fällt — gelegentlich, nicht immer — in den folgenden Verbindungen fort: *m-ipꜣ·t (imn-, nḫt-imn-, ḫʿj-), m-ʿ·wj*[1]) *(pꜣ·f-ṯꜣw-, pꜣ·š-ṯꜣw, pšmṯk-, św-), m-wꜣw(ij·t-), m-wꜣš·t(pꜣ-ʿꜣ, mꜣj-, nḫt-imn-, ḫʿj-), m-wiꜣ* (Horus-, *ḫʿj-, ḥw·tj-), m-pꜣ-wiꜣ(tꜣ-ʿn·t-), m-wšḫ·t* ([2])), *m-p·t(nḏ·t-), m-pr-itm* (Ramses-), *m-pr-mw·t* (Amon-), *m-ptj·f(ršw-), m-mꜣʿ-ḫrw* (Ptah-, Re-), *m-mw·t(nḫw-), m-mnnfr (ʿꜣ-ptḥ-?,* Hophra?-, *pjpj-?,* Re-?), *m-mḥj·t(ṯꜣw?-), m-nwnw(ḫʿj-), m-rnp(ḫnš·w-), m-ḥꜣ·t* (Isis[2])-, Amon[2])-), *m-ḥb* (Amon-, *nḫt-ḥr-,* Horus[2])-, Suchos[2])-), *m-ḫbj·t* (Isis-, Hophra-, Horus-), *m-sꜣ·f(ipj-*[2]), Horus-), *m-sꜣ·š(šw·t·f-?)*[2]), *m-št·t(nfr·t-), m-š* (Suchos-), *m-trj(ḫʿj-).* Man sieht, daß lautliche Verhaltnisse, etwa Assimilation, dabei keine erkennbare Rolle spielen Gerade bei *m-ipꜣ(·t),* wo der Ausfall des *m* schon für die 18 Dyn. gesichert ist, laßt sich kein lautlicher Grund für ihn einsehen

Das *n*, und zwar das genitivische sowohl wie das dativische, fallt in den folgenden Verbindungen fort: *n-ꜣš·t(ʿnḫ·š-, šp-), n-wn(šp-), n-bꜣšt·t(irj·f-ʿꜣ-, ḫꜣʿ·w-š·t-, šp-), n-ptḥ(irj·f-ʿꜣ-, irj·f-nfr?-), n-mw·t(iw·š-, ʿnḫ·f-, ʿnḫ·š-, bš-, šp-), n-n'·t-nḫt·t(imn-), n-špd·t(šp-), n-njt(irj·f-ʿꜣ-), n-*  *(tꜣ-), n-mn·w(šp-)*[3]), *n-ḥb(ij·t-), n-ḥšr·t(ṯꜣ-), n-ḫnš·w(ʿnḫ·š-), n-nf·w(irj-bꜣšt·t-wḏꜣ-)* Hier liegt bei der Mehrzahl der Falle (folgendes *b, p, m, n*) die Annahme einer Assimilation nahe, aber Falle wie *n-ꜣš·t, n-ḫnš·w, n-ḥb* u. a. schließen eine solche aus, und gerade das letzte Beispiel stammt aus dem Mittleren Reich. Die übrigen finden sich alle im späten Neuen Reich und in der Spatzeit[4]).

Bei einer Anzahl von Verbindungen können wir allerdings sehen, daß der Wegfall des *n* lediglich als eine Erscheinung der Schrift zu werten ist, da selbst die entsprechenden griechischen Umschreibungen das *n* noch zeigen. So steht *pꜣ-iw-ḥr(·w)* neben πινυρις, *ir·t-ḥr-ir·w* neben ιναρως und die zahlreichen Fälle wie  und  usw. neben ψενησις und ψεναπις, σενμωνθης, und σενυρις, die ohne Ausnahme das *n* aufweisen[5]). Umgekehrt ist das *n* von *pꜣ-n-* und *tꜣ-n(·t)-* „der von . .“, „die von . .“ gewiß schon früh in der Aussprache weggefallen, wenn wir es bisher auch nur durch die griechischen Umschreibungen wie παυσιρις, ταησις usw. fur die Zeit nach Alexander nachweisen können.

Das Nebeneinander von Namen wie *bꜣk-imn* und *bꜣk-n-imn, bꜣk·t-imn* und *bꜣk·t-n·t-imn* usw und ebenso von *s-šbk* und *s-n-šbk* wird hier nicht zu nennen sein, da Formen mit und Formen ohne das Genitivwörtchen sehr wohl von Anfang an nebeneinander bestanden haben können[6]).

Das *r* fallt in den folgenden Verbindungen gelegentlich fort: *r-imn(krj·f-), r-n'·t·f(ij-), r-mnnfr(ʿr·w-ḥp-), r-pšš (iw·f-n·j-), r-nḥḥ(pꜣ-prʿꜣ, prʿꜣ-, pšmṯk-mn-, nbmꜣʿ·trʿ-mn-, rwḏ·f-, šḥtpib-), r-ḥꜣ·t(pꜣḥrjpḏ·t-?), r-ḥꜣ·t·f(imn-,* 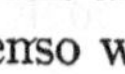 *-), r-šnb(iw·š-?), r-ṯꜣj(·t) (ir·tj-)* Hier wird die Erklarung darin liegen, daß das *r* schon früh vokalisch geworden und daher in der Schrift fortgelassen ist Dies gilt besonders für die Verbindung *r-nḥḥ* >**ener**, fur die — ebenso wie für *r-pšš* — das Fehlen des *r* schon aus dem Mittleren Reich bezeugt ist.

Die Praposition *ḥr* endlich fehlt gelegentlich in den folgenden Verbindungen· *ḥr-ḫpš·f* (Mont-, Horus-, *ḳn-), ḥr-mhw(**-), ḥr-kꜣ·w(*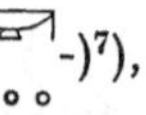*-)*[7]), *ḥr-rdj·t(*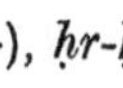*-), ḥr-ḫnj·t(*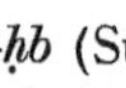*-), ḥr-ḥb* (Suchos-) und *ḥr-iḫ·wt·f(ḳd-).* Zum Teil ist das *ḥ*, das das *r* schon fruh verloren haben muß, mit der folgenden Spirans zusammengefallen — wie *šutaḥapšap* fur *štḥ-ḥr-ḫpš·f* zeigt —, zum Teil kommt aber hier die Tatsache in Betracht, daß das *ḥr* vor dem Infinitiv auch in der gewohnlichen Sprache die Tendenz hat fortzufallen[8]). Dies gilt fur *ḥr-rdj·t* und *ḥr-ḫnj·t,* und auf Grund dieser Fälle mochte ich auch in den folgenden Namen, die erst durch diese Annahme verstandlich werden, den Wegfall eines *ḥr* vermuten: *ir·t·f-(ḥr-)nw, pꜣ-wbḫ-(ḥr-)nw, pꜣ-nfr-(ḥr-)nw, pꜣ-rḫ-(ḥr-)nw* „sein Auge (usw.) sieht“[9]); *pꜣ-šw-(ḥr-)wbn, rʿ-(ḥr-)wbn* „die Sonne leuchtet“; *pꜣ·j-nb-(ḥr-)rḫ* „mein Herr weiß“[10]), *pꜣ·š-šw-(ḥr-)prj(·t)* „ihr Licht geht auf“; *rʿ-(hr-)šdm* „Re (er)hört“[11]); *nꜣ-ṯꜣ·w-ḫnš·w-(ḥr-)rd* „die Jungen des Chons wachsen“. Endlich möchte ich auch in 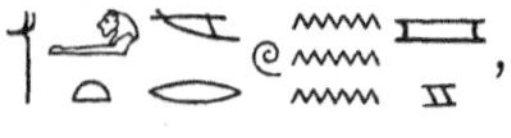, in  und in *pꜣ-ʿn-(ḥr)-fꜣj·t* den Ausfall eines *ḥr* annehmen und „die

---

[1]) Hier ist das *m* allerdings niemals ausgeschrieben, wohl aber aus dem Sinn der Namen mit Sicherheit erschlossen, vgl Spiegelberg, Agypt Sprachgut in den aram Urk, S 20 Daß es auch in der Aussprache wegfiel, zeigt die aram Wiedergabe von *pꜣ f-ṯꜣw-(m-) ʿ wj-n-njt* (PN I 128, 2)

[2]) Diese Falle stammen aus dem *MR*

[3]) Hier zeigt griechisches σπεμμινις, daß tatsachlich eine Assimilation stattgefunden hat

[4]) Ob auch 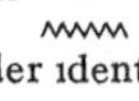 und 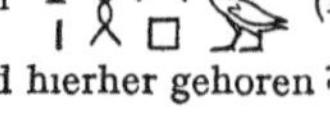 (PN I 252, 8 und 11) miteinander identisch sind und hierher gehoren?

[5]) Hierher gehort wohl auch 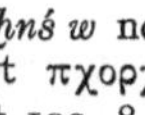 = μανεθως, vgl Spiegelberg, OLZ 1928, 649

[6]) So vielleicht auch *pꜣ-ḥr-ḫnš w* neben *pꜣ-ḥr-n-ḫnš w,* griechisch ist nur die Form ohne *n* bezeugt πχορχωνσις

[7]) S PN I 191, 24, vgl mit 192, 8

[8]) Vgl Erman, Neuag Grammatik, § 431

[9]) Ob auch 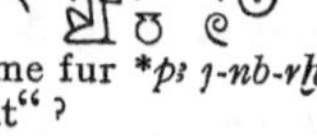 *(D 20)* hierher gehort?!

[10]) Oder Kurzname fur **pꜣ j-nb-rḫ-šw* (vgl *ptḥ-rḫ-šw)* „mein Herr ist es, der ihn kennt“?

[11]) Zur Vokalisation ist αρσυθμις fur zu vergleichen

wśrḥꜣ·t-Barke ist auf dem Teich" bzw. „Horus ist auf dem Thron seines Vaters" und „der Schone ist auf der Tragbahre" ubersetzen[1])

Die eigentlichen Kurznamen zerfallen in solche, bei denen zwei oder mehrere Worte des Vollnamens erhalten geblieben sind, und solche, die aus einem einzigen Restworte bestehen. In sich habe ich diese beiden Gruppen, soweit das möglich ist, nach der Stellung angeordnet, die der erhaltene Teil ursprunglich im Vollnamen eingenommen hatte.

Bei den zum Vergleich herangezogenen Vollnamen[2]) ist ein Unterschied gemacht worden, je nachdem der betreffende Kurzname als Beiname (bzw. als Variante) des herangezogenen Vollnamens belegt ist oder nicht Im ersteren Fall habe ich den Ausdruck „zu" gebraucht „*Wśr-kꜣ·w* zu *wśr-kꜣ·w-ḫʿj·fr*ʿ" bedeutet also z. B., daß von einem Manne namens *wśr-kꜣ·w-ḫʿj·fr*ʿ die Form *wśr-kꜣ·w* als Kurzname[3]) belegt ist. Dagegen bedeutet „*wr-bꜣ·w* vgl. *wr-bꜣ·w-bꜣ* u.a." nur, daß der Kurzname *wr-bꜣ·w* aus einem Vollnamen der Art *wr-bꜣ·w-bꜣ* entstanden zu denken ist.

Die große Familie der Kurznamen besteht zum weitaus größeren Teil aus einfachen Verkurzungen, wahrend eine kleine Anzahl nur als starkere Verstümmelungen erkennbar ist. Ich beginne mit den einfachen Verkurzungen.

I. EINFACHE VERKÜRZUNGEN.

1. Zwei oder mehr Worte des Vollnamens bleiben übrig.

a) Vom Anfang des Vollnamens.

Sehr merkwurdig scheint es, daß mehrfach dreiteilige Namen hinter der Präposition  *m* „in" abgeschnitten worden sind. So finden sich , 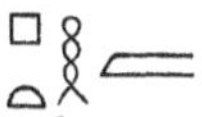, , [4]). Es ist fraglich, ob bei so vielen und verschiedenen Fallen immer, wie man zunachst vermuten konnte, an eine Fluchtigkeit des Schreibers oder des Steinmetzen gedacht werden darf. Dagegen sprechen jedenfalls die weiter unten zusammengestellten Kosenamen, die an die so auffallend abgehackten Kurzformen eine Koseendung anfugen: , , 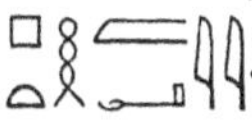.

ꜣw-ib  *(MR* u *NR)* vgl. f *ꜣw-ib-n·j-ḫwfw (AR)*

ij-wj  *(MR)* vgl. *ij-wj-ptḥ*[5])

ij-m  [6]) *(MR)* vgl. *ij-m-wnw·t* usw.

ij-n·j  u a. *(AR)* vgl. *ij-n·j-bꜣ* usw.

f *iʿj·š-ib* 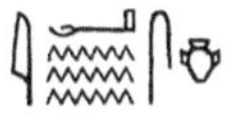 *(MR)* vgl *iʿj·š-ib-* 

iw-n·f  *(MR)* vgl *iw-n·f-śnb*

f *iw-n·š*  *(AR)* vgl *iw-n·š-it·š* u. a *(MR)*

iw·f-r ,  *(AR* u. *Spat)* vgl. *iw·f-r-ʿnḫ (MR)*

imn-wꜣḥ[1]) 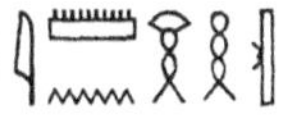 *(MR)* vgl. *imn-wꜣḥ-św (NR)*

imn-m-pr 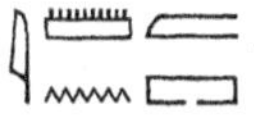 u à *(NR)* vgl *imn-m-pr-r*ʿ u a.

inj-mnṯ·w 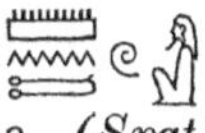 *(NR?)* vgl *inj-imn-nꜣ·f-nb·w* u. a. *(Spat)*

ir-ʿꜣ 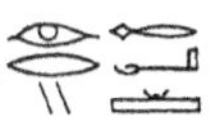 *(Spat)* vgl. *ir f-ʿꜣ-n-bꜣśt·t* u a.

ir·w-kꜣ  [2]) *(AR)* vgl *ir·w-kꜣ-ptḥ* u. a

ir-nfr·w 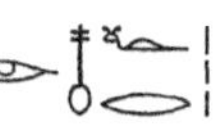 *(NR)* vgl *ir-nfr·w-mw·t*[3])

f *ir·tj(?)-bꜣśt·t*  *(D 22)* vgl *ir·tj(?)-imn-ʾr·w (Spat)*

ʿꜣ-mr·t  *(MR*u *D20)* vgl. *ʿꜣ-mr·t·f (MR)*

ʿꜣ-ḥtp 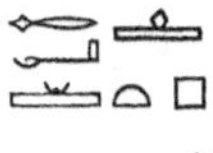 *(D 20)* vgl *ʿꜣ-ḥtp·f*

ʿꜣ-ḫpr-kꜣ  *(D 18)* vgl. *ʿꜣ-ḫpr-kꜣ-r*ʿ

---

[1]) Ob auch *wꜣḥibrʿ-ṯsj t* hierhergehort und als *wꜣḥibrʿ-(ḥr-)ṯsj t* „Hophra erhebt" anzusehen ist? Auch  steht vielleicht fur das mir noch unverstandliche 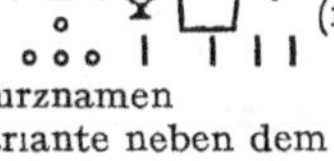 (f *MR*).

[2]) Bzw weniger stark verkurzten Kurznamen

[3]) Wo der Kurzname einfach als Variante neben dem Vollnamen erscheint, ist nichts weiter bemerkt worden Die verhaltnismaßig seltenen Falle dagegen, in denen der Kurzname als Beiname oder „schoner Name" bezeichnet ist (vgl oben S 6 ff), habe ich besonders angegeben

[4]) Vgl auch  *(MR)?*

[5]) Wo die Zeit des verglichenen Vollnamens dieselbe ist wie die des Kurznamens, ist sie nicht besonders angegeben

[6]) Vielleicht liegt nur eine Fluchtigkeit des Steinmetzen vor

[1]) Oder ist *wꜣḥ-imn* zu lesen?

[2]) Ob hierher auch *(AR)* gehort?

[3]) Auch *ir t-nfr w* (f *Dyn 18)* ist zu vergleichen

f ꜥnḫ-n·ś u. a. (AR, MR, Spät) vgl. ꜥnḫ-n·ś-pjpj (AR) u. a.

wꜣḥ-ib-rꜥ (D 20) zu wꜣḥibrꜥ-śnb(·w)

wꜣḥ-kꜣ[1]) u. a. (MR u. MR/NR) vgl. wꜣḥ-kꜣ-rꜥ

wr-bꜣ·w (AR) vgl. wr-bꜣ·w-bꜣ u. a.

wr-n·j (MR) vgl. wr-n·j-ptḥ usw.

wśr-ḥꜣ·t (NR) zu wśr-ḥꜣ·t-rꜥ

wśr-kꜣ (AR) vgl. wśr-kꜣ·f (König, D 5) und wśr-kꜣ-rꜥ (König, D 6)

wśr-kꜣ·w (AR) zu wśr-kꜣ·w-ḫꜥj·f·rꜥ

f wṯs·t-kꜣ·w u. a. (AR) vgl. wṯs·t-kꜣ·w·ś

f bꜣśt·t-iir u. ä. (Spät) vgl. bꜣśt·t-iir-dj-ś·t

bw-ir(·w?) (Spät) vgl. bw-ir·w-ḥꜥr-mw·t

bw-ir·w-thj (Spät) vgl. bw-thj-imn?

bw-thj (NR) vgl. bw-thj-imn

pꜣ-ꜣb·w (NR) vgl. pꜣ-ꜣbw-inḥr·t

pꜣ-idḥ·w (D 20 f) vgl. pꜣ-idḥ·w-mḥ(·w)

pꜣ-nb-n-km·t (D 20) vgl. pꜣ-nb-n-km·t-nḫt(·w)

pꜣ-nfr u. a. (NR) vgl. pꜣ-nfr-m-wꜣś·t usw.

pꜣ-nḥm (NR) vgl. pꜣ-nḥm-ꜣś·t (Griech.)

pꜣ-ntj (?) (MR) vgl. pꜣ-ntj-n·j

pꜣ-šd u. a. (NR)[2]) vgl. pꜣ-šd-ḫnś·w

pꜣ-ṯꜣw (NR) vgl. pꜣ-ṯꜣw-m-ꜣbw u. a.

pꜣ-dj-n·j (Spät) zu pꜣ-dj-n·j-ꜣś·t

pꜣ-dj-św (?), u. ä. (Spät) vgl. pꜣ-dj-św-r-nḥḥ (NR)

pꜣ·f-ṯꜣw u. a. (Spät u. Griech.) vgl. pꜣ·f-ṯꜣw-(m-)ꜥ·wj-imn usw.

ptḥ-m , (NR u. Spät) vgl. ptḥ-m-ḥb

mꜣꜥ-ḫrw (AR) vgl. mꜣꜥ-ḫrw-ptḥ

mn-ḫpr (NR) zu mnḫprrꜥ-śnb(·w)

mn-kꜣ·w u. a. (AR bis NR) vgl. mn-kꜣ·w-rꜥ (König D 4) usw.

mn-ṯb·wt u. a. (AR) vgl. mn-ṯb·wt-ḫwfw

mnṯ(·w)-m (MR) vgl. mnṯ·w-m-ḥꜣ·t u. a.

mr-ib u. ä. (AR u. D 26) vgl. mr-ib-ptḥ (D 26)

mr-pjpj (AR) vgl. mr-pjpj-it·ś u. a.

mr-ptḥ (?)[1]) (AR) vgl. mr-ptḥ-ꜥnḫ-mrjrꜥ(?)[1])

f mr-njt u. a. (Spät) vgl. mr-njt-it·ś

mrr·wj[2]) (AR, MR)[3]) vgl. mrr-wj-kꜣ(·j)

mḥ-ḫnś·w (NR, Spät) vgl. mḥ-ḫr(·w)-m-pꜣ-irj-r·f (?)

nꜣ-ꜥnḫ (Spät) vgl. nꜣ-ꜥnḫ-n-mw·t (f NR)

f nꜣ·ś-ṯꜣ·t u. a. (Spät) vgl. nꜣ·f-ṯꜣ·w-rd

nj-wj (AR) vgl. nj-wj-nṯr

nj-św[4]) u. a. (AR u. MR[3])) zu nj-św-ptḥ

nj-kꜣ·w (AR) vgl. nj-kꜣ·w-rꜥ usw.

nb(·j?)-m (AR) vgl. nb(·j?)-m-ꜣḫ·t u. a.

---

[1]) Auch Frauenname.

[2]) Wie ist es zu verstehen, daß der Name 3mal als Frauenname belegt ist? Sollte die weibliche Kurzform zu einem Vollnamen wie *ḫnś w-pꜣ-šd „Chons ist der Erretter" gehören?

[1]) Oder ist ptḥ-mr und ptḥ-mr-ꜥnḫ-mrjrꜥ zu lesen? Auch ein Vollname „der von Ptah Geliebte" kommt in Frage.

[2]) Oder Kosename auf ?

[3]) Auch Frauenname.

[4]) Als rn-nfr bezeichnet.

nb-mꜣꜥ·t u. ä. *(NR)* vgl. *nb-mꜣꜥ·t-rꜥ*

nb-ḥp·t u. ä. *(MR* u. *NR)* vgl. *nb-ḥp·t-rꜥ* (König *D 11)*

nb(·j)-pw *(MR*[1]*))* zu *nb·j-pw-snwśr·t*

nb(·j)-św *(MR)* vgl. *nb(·j)-św-mnṯ·w*

nb-kꜣ·w u. a.[2]) *(MR)* vgl. -*kꜣ·w-rꜥ*

nfr-ib *(Spät)* vgl. *nfr-ib-rꜥ*

nfr-nmt·wt *(AR* u. *NR)* vgl. *nfr-nmt·wt-issj*

nfr-rnp·w·t u. a. *(MR* u. *NR)* vgl. *nfr-rnp·wt-snwśr·t (MR)*

nfr-ḥb u. a. *(AR* u. *NR)* vgl. *nfr-ḥb·f (NR)*[3])

nfr-ḥr *(AR* bis *NR)* vgl. *nfr-ḥr-n-ptḥ* u. a.

nfr-ḥtp u. a. *(AR* bis *Spät)*[4]) vgl. *nfr-ḥtp-wḥ (MR)* u. a.

nfr-ḫw·w [5]) *(AR)* vgl. *nfr-ḫw·w-ptḥ* u. a.

nfr-śf[ḫ] *(AR)* vgl. *nfr-śfḫ-ptḥ*

nfr-śšm u. a. *(AR)* vgl. *nfr-śšm-ptḥ* u. a.

nfr-kꜣ u. ä. *(AR)* vgl. *nfr-kꜣ-rꜥ* (Könige *D 2* u. *3)*

nfr-ṯs u. a. *(AR)*[1]) vgl. *nfr-ṯs-ḥtḥr*

f *nfr·t-ḥꜣ* *(AR)* vgl. *nfr·t-ḥꜣ-ḫwfw* u. a.

nḥm-św *(Spät)* vgl. *nḥm-św-mnṯ·w* u. a.

nḫt-bꜣśt·t *(Spät)* zu *nḫt-bꜣśt·t-ʾr·w*

nṯr·j-pw *(MR)* vgl. *nṯr·j-pw-ptḥ*

[1]) Auch Frauenname

[2]) (f *MR*) ist wohl fehlerhafte Schreibung hierfür

[3]) Oder Vollname „das Fest ist schon" ?

[4]) Im *MR* und *NR* auch als Frauenname belegt

[5]) Ob *(AR)* und *(Spät)* Schreibungen desselben Namens sind ?

ḥr-ib *(Spät* u. *Griech.)* vgl. *ḥr-ib-imn* u. a.

ḥtḥr-ḥr *(MR)* vgl. *ḥtḥr-ḥr-ś·t*

ḥr(·w)-ꜥšꜣ *(Griech.)* vgl. *ḥr(·w)-ꜥšꜣ-iḫ·t*

f *ḥr(·w)-m* [1]) *(MR)* vgl. *ḥr(·w)-m-wśḫ·t* u. a.

ḥkꜣ-mꜣꜥ·t *(NR)* vgl. *ḥkꜣmꜣꜥ·trꜥ-m-pr-ḫnś·w*

ḥtp-ib *(AR)* vgl. *ḥtp-ib·ś*

ḥtp-n·j u. ä. *(AR, MR* u. *D 18*[2])*)* vgl. *ḥtp-n·j-bꜣ (AR)* usw.

ḥtp-ḥr *(D 1)* vgl. *ḥtp-ḥr-nfr·t* (f *AR)*

f *ḫꜣꜥ-ś(·t)* *(D 20/21)* vgl. *ḫꜣꜥ·w-ś·t-n-ꜣś·t (Spät)*

ḫꜥj-bꜣ·w *(AR)* vgl. *ḫꜥj-bꜣ·w-skr*

ḫꜥj-kꜣ *(MR)* vgl. *ḫꜥj-kꜣ-rꜥ (AR)*

ḫꜥj-kꜣ·w u. a. *(MR)* vgl. *ḫꜥj-kꜣ·w-rꜥ*

f *ḫꜥj·t* *(NR)* vgl. *ḫꜥj·t-m-p·t* u. a.

ḫwj-wj u. a. *(AR* u. *MR)* vgl. *ḫwj-wj-wr* usw.

ḫwj·f-wj (König *D 4)* zu *ḫwj·f-wj-ḫnm·w*

ḫpr-kꜣ u. ä. *(MR)* zu *ḫpr-kꜣ-rꜥ*

ḫntj-ś·wt *(AR)* zu *ḫntj-ś·wt-ḥtḥr*

f *s·t-n·t* *(MR)* vgl. *s·t-n·t-inḥr·t* u. a.

śꜥnḫ-wj (śꜥnḫ·w?) *(AR)* vgl. *śꜥnḫ-wj (śꜥnḫ·w?)*-*ptḥ* usw.

śꜥnḫ-ptḥ [3]) *(AR* bis *NR*[4])*)* vgl. *śꜥnḫ-ptḥ-mrjrꜥ*

św-m-mr *(D 18)* vgl. *św-m-mr-n-ꜣś·t* u. a.

śbꜣk-wj (?) u. ä. *(AR)* ob von **śbꜣk-wj*-Gott NN ?[5])

[1]) Die Lesung ist durch Photogr. gesichert

[2]) Auch Frauenname

[3]) Ebenso *śꜥnḫ-rꜥ (AR* u. *MR)*, *śꜥnḫ-ḥr·w (MR)*, *śꜥnḫ-ḫnm·w (AR* bis *NR*, auch *f)*, *śꜥnḫ-śbk (MR*, auch f), *śꜥnḫ-gmn (AR)*

[4]) *MR* auch *f*

[5]) „Möge Gott NN mich glücklich stimmen!" (Wb 4, 86, 18) ?

śmn-ptḥ (?)[1] u. a *(NR* u *Spat)* vgl. *śmn-ptḥ-pśmṯk (Spat)*

śnfr-wj u. a *(MR*[2]) u *NR)* zu *śnfr-wj-ḥʿjkɜ·wrʿ* u a

śḥtp-ib u a. *(MR*[2]) u *NR)* vgl *śḥtp-ib-rʿ*

śḥtp-śḥtp-ib (?)[3]) *(MR)* ob von **śḥtp-śḥtpibrʿ* o a.?

śḫm-ʿnḫ (AR) vgl. *śḫm-ʿnḫ-ptḥ* u. a.

śḫm-kɜ u. a. *(AR)* vgl. *śḫm-kɜ-rʿ* u. a.

śḫntj-w(j) *(AR)* vgl. *śḫntj-wj-kɜ(·j)*

śṯɜ-ir·t (?)[4]) *(Spat)* vgl. *śṯɜ-ir·t-bin·t?*

f *špśj-pw*, Var. *(D 19)* vgl *špśj-pw-mn(·w) (MR/NR)*

špśś-kɜ *(AR)* vgl. *špśś-kɜ·f* (Konig *D 4*)

šdj-wj *(MR)* vgl *šdj-wj-mnṯ·w* u a.

kɜ(·j)-pw u. a. *(AR)* vgl. *kɜ(·j)-pw-rʿ* u. a.

f *tɜ-n·t (?)* *(MR)* vgl. *tɜ-n·t-it·ś* u a.?

f *tɜ-n·t-imn* *(Spat)* zu *tɜ-n·t-imn-nb-nś·t-tɜ·wj*

f *tɜ-nt·t* *(MR)* vgl. *tɜ-nt·t-n·j*

f *tɜ-ḳɜj(·t)* *(NR)* vgl. *tɜ-ḳɜj·t-gbɜ*

f *tɜ-dj·t* *(NR)* zu *tɜ-dj·t-mw·t*

ṯɜj-ḥp *(Spat)* vgl. *ṯɜj-ḥp-ʾm·w*

f *ṯsj-imn·t*[5]) *(NR)* vgl. *ṯsj-bɜśt t-pr·t* u. a. *(Spat)*

f *ṯsj-mw·t* *(Spat)* zu *ṯsj-mw t-pr·t*

dj-imn *(Spat)* vgl. *dj-imn-wɜś*

---

1) Oder ist *ptḥ-śmn* und *ptḥ-śmn-pśmṯk* zu lesen?

2) Auch Frauenname Der Name *śnfr-wj* begegnet zuerst bei dem Konig 'Snofru' der 4 Dyn

3) Oder liegt Dittographie vor?

4) Oder ist *śṯɜ-wḏɜ t* zu lesen?

5) Ebenso *ṯsj-tɜ-mḥj t* *(D 18)*

f *dj-n·j-mw·t*[1]) *(D 19)* vgl. *dj-n·j-bɜśt·t-irj·t* u. a.

dwɜ-nj *(AR)* vgl *dwɜ-nj-rʿ* u. a.

dmḏ-kɜ·w *(AR)* vgl. f *dmḏ-kɜ·w·ś*

ḏśr-kɜ u. ä *(NR)* zu *ḏśrkɜrʿ-śnb(·w)*

f *ḏd-mw·t*[2]) *(D 21)*[3]) zu *ḏd-mw·t-iw·ś-ʿnḫ*

ḏd-mnṯ·w[4]) *(NR)*[5]) zu *ḏd-mnṯ·w-iw·f-ʿnḫ*

ḏd-kɜ-rʿ *(Spat)* zu *ḏdkɜrʿ-śnb(·w)*

b) Vom Ende des Vollnamens.

imn-(m-)ipɜ·t-ir·w *(Spat)* vgl. *nḫt-ḫnś·w-ir·w*

inj-św *(MR)* vgl. *śnb-inj-śj?*[6])

ir-dj-św *(Spät)* vgl. *imn-ir-dj-św* usw.

irj·t-ptḥ *(AR)* zu *nfr-irj·t-ptḥ*

f *irj·t-nb(·w)*[7]) *(AR)* vgl. *nfr-irj·t-ḥtḥr*

f *irj·t·ś* *(AR/MR)* vgl. *nfr-irj·t·ś*

ʿ·wj-ḫnś·w *(Spat)* vgl. *pɜ·f-ṯɜw-m-ʿ·wj-ḫnś·w*

ʿšɜ-ḫbśd u a. *(NR)* vgl *rʿmśjśw-ʿšɜ-ḥb·w*

---

1) Was soll das ?

2) Ebenso *(NR u Spat)*, *(Spat)*, *(D 21 u Spat)*, *(Spat)*

3) Der Name begegnet von *NR* bis *Griech*, auch als Mannername.

4) Ebenso *(D 20)*, *(Spat)*, u. a *(Griech)*, *(Spat)*, *(Spat)*, ? *(Spat)*, u a *(Spat)*, u a (auch Frauenname, *D 21* bis *Griech*)

5) Der Name ist auch spat belegt

6) Der Name ist unsicher

7) Ebenso (f *AR/MR*), u a *(AR)*, (f *AR/MR*)

wśr-pḥ·tj (*D 19*) vgl *rʿmśjśw-wśr-pḥ·tj*

f *wḏꜣ(·t)-ꜣḫ·t* (*NR*) vgl. *nś-tꜣ-wḏꜣ·t-ꜣḫ·t*

bꜣ-nb-ḏd·t (*Spat*) vgl *nś-bꜣ-nb-ḏd·t*

bꜣ-ḏd(·t) (*Spat*) vgl. *ʿnḫ-bꜣ-ḏd·t*

bꜣ·w-ptḥ (*AR*) zu *nfr-bꜣ·w-ptḥ*

bꜣ·w-śkr (*AR*) vgl. *ḫʿj-bꜣ·w-skr*

pꜣ-mnḫ (*Griech.*)[1] vgl *pꜣ-dj-pꜣ-mnḫ* (*Spat*)

pꜣ-n(·j) u. a. (*AR*) vgl. *iw-pꜣ-n(·j)*

pꜣ-nfr-ḥr u. a. (*NR* u. *Griech*) vgl. *nś-pꜣ-nfr-ḥr*

pśš(?)-mw·t u. a. (*Spat*) vgl. *tꜣ-pśš·t-n·t-mw·t* (f *D 21f*)?

f *m-ʿnḫ* (*MR*) vgl *śnb·f-m-ʿnḫ*[2])

f *m-mr·ś* (*MR*) vgl *tnr(·t)-m-š·ś* (*NR*)?

m-nfr (*NR*) vgl *pḥ·f-m-nfr(·t)*

f *m-ḥb* (*NR*) vgl. *imn-m-ḥb* usw.

m-ḥꜣ·t u. a. (*MR* u. *Spat*[3])) vgl *imn-m-ḥꜣ·t*, *śś·t-m-ḥꜣ·t* usw.

m-sꜣ·f u. a (*MR*) vgl *ptḥ-m-sꜣ·f* u. a

f *m-sꜣ ś* (*MR*) vgl *ptḥ-m-sꜣ ś* u. a.

m-tḫw(?) (*D 21*) vgl. -*m-tḫ* (*MR*)?

mꜣʿ·t-ptḥ (*NR*) zu *rʿmśjśw-mꜣ·ʿ·t-ptḥ*

mꜣ·ʿ·t-rʿ[4]) u. a. (*AR* u. *Spat*) vgl. *nj-mꜣ·t-rʿ*

mꜣ·ʿ·t-rʿ (*NR*) vgl. *nb-mꜣ·ʿ·t-rʿ*

f *mnṯ·w-iw·ś-ʿnḫ*[5]) (*Spat*) zu *ḏd·mnṯ·w-iw·ś-ʿnḫ*

---

1) Vgl allerdings (*Griech*) *pꜣ-n-mnḫ!*

2) Der Frauenname *m-ʿnḫ* konnte auf ein bisher nicht belegtes **śnb·ś-m-ʿnḫ* zuruckgehen

3) Als Frauenname

4) So auch (*AR*).

5) Ob nur Nachlässigkeit des Schreibers?

mśj-św (*NR*) vgl. *rʿ-mśj-św* u. a.

nb-nṯr·w u a (*Spat*[1])) zu *nś-nb-nṯr·w*

nb-tꜣ·wj u a (*MR* u *NR*[2])) vgl *sꜣ·t-nb-tꜣ·wj* (*NR*)

nfrkꜣrʿ-ḥbśd (*D 6*) vgl. *mr-pjpj-ḥbśd*

f *nfr·w-rʿ*[3]) u. ä (*NR*) vgl *nfr-nfr·w-rʿ*

nḥm-ʿwꜣj (*NR*) vgl *nś-nḥm·t-ʿwꜣj* (f *Spat*)[4])

r-ꜣw (*D 18*) vgl *śnb·n-r-ꜣw* (*MR*) u. a

r-ptḥ (*NR*) vgl *krj·f-r-ptḥ* (*D 22*)

r-ḥꜣ·t (*Spat*) vgl. *nfr·t-r-ḥꜣ·t* (f *NR*)

ḥꜣ-iś·t·f (*AR*) vgl. *kꜣkꜣj-ḥꜣ-iś·t·f*

ḥꜣ-iś·wt·f (*AR*/*MR*) vgl *kꜣ-ḥꜣ-iś·wt·f*[5])

ḥp-im·w erhalten in aram חפימו[6]) vgl. *ṯꜣj-hp-im·w*

ḥr-ir·w (*Griech*) vgl. *ir·t-n(·t)-ḥr-ir·w*

ḥr-nḏ-it·f u. a. (*Griech*) vgl *pꜣ-dj-ḥr-nḏ-it·f*

ḥr-smꜣ-tꜣ·wj (*Spat*) vgl. *pꜣ-dj-ḥr-smꜣ-tꜣ·wj*

ḥr-ššnḳ (*D 22?*) vgl. *mr-ptḥ-mrjr* (*AR*)?

ḥr-n-ḥp (m u. f *Spat*) vgl. *nfr-ḥr-ptḥ* usw (*AR*)?

ḥr-nfr·t (*AR*) vgl *prj-ḥr-nfr·t*

f *ḥr-ḥb* (*MR*) vgl *śbk-ḥr-ḥb*

---

1) Der Name begegnet auch im *NR*

2) Als Frauenname

3) So auch die Frauennamen *nfr w-iʿḥ* (*D 18*), *nfr w-imn* (*MR*), *nfr w-ʿnk t* (*MR*), *nfr w-ptḥ* (*MR* u *NR*), *nfr w-njt* (*D 26*), *nfr w* (*MR*), *nfr w-śbk* (*NR*) und den Mannernamen u. ä (*NR*)

4) Der Kurzname scheint allerdings auf eine (sonst nicht bekannte) mannliche Gottheit *nhm-ʿwꜣj* hinzuweisen

5) PN I, 338, 8

6) Cowley, Aram Pap Nr 73, 16

ḫwj-n'·t·f (*MR*) vgl. *ḥ'jkꜣ·wr'-ḫwj-n'·t·f*

f *ḫntj·t-bꜣ·w* (*AR*) vgl *sꜣ·t-ḫntj·t-bꜣ·w* (*MR*)

sꜣ-šš·t (*D 21*) zu *ḥr-sꜣ-šš·t*

kꜣ·w-ptḥ[1]) u. ä. (*AR*) vgl. *nj-kꜣ·w-ptḥ*

f *tp-iḥ·w* (*D 18*) vgl. *sꜣ·t-tp-iḥ·w*

c) Vom Anfang und Ende des Vollnamens.

Gelegentlich wird auch ein Wort in der Mitte des Namens weggelassen. Ist dies nur eine Präposition wie bei fur *imn-m-pr-mw·t*, (PN I 28, 10) fur *imn-m-ḥꜣ·t*, und fur *imn-m-ḥb* und *ḏḥwtj-m-ḥb*[2]) oder bei fur *ḥr-m-ḫbj·t* oder neben (*AR*), so kann man im einzelnen Falle zweifeln, ob nicht eine fluchtige Schreibung vorliegt[3]), aber sicher ist dies durchaus nicht Von dem Namen , der gelegentlich u a geschrieben wird, also in diese Gruppe gehort, wissen wir aus der keilschriftlichen Umschreibung *aman-appa*, daß er schon zu Ende der 18. Dynastie ohne die Präposition *m* gehört worden ist[4]). Ebenso zeigt die keilschriftliche Wiedergabe von *sṯḫ-ḥr-ḫpš·f* durch *šutaḫapsap*, daß die Präposition *ḥr*, die ihr *r* schon verloren hatte, mit dem *ḫ* von *ḫpš·f*[5]) zu einem Laute zusammengefallen war. So werden wir auch ein und neben *imn-ḥr-ḫpš·f* und *mnṯ·w-ḥr-ḫpš·f* ernst zu nehmen haben. Und bei anderen Namen, bei denen wir denselben Ausfall einer Präposition beobachten, wie bei und neben *ij-n-ḥb* und *ij·t-n-ḥb* oder bei neben *ij-r-n'·t·f* kann dasselbe der Fall gewesen sein[6]).

Aber es wird gelegentlich auch ein Nomen in der Mitte des Namens ausgelassen. So steht *sḫm-ptḥ* neben *sḫm-'nḫ-ptḥ* (*AR*).

Bei den folgenden Namen ist es immerhin wahrscheinlich, daß wirkliche Kurzformen vorliegen:

ir-wḏꜣ-nf·w (*Spät*) vgl. *ir-imn-wḏꜣ-nf·w* u a

ir·t-ir·w u. a. (m u. f *Spät* u *Griech.*) vgl. *ir·t-n·t-ḥr-ir·w*

'r-wꜣ·w (*Spät*) vgl. *'r-imn-nꜣ-ntj-wꜣ·w*

wꜣḥibr'-ḥr-n-p (?) (*Spät*) vgl. *i'ḥmsj(·w)-mrj-ptḥ?*

wn-imn u a (*NR* bis *Griech.*) vgl. *wn-mdj·j-imn* und *wn-n·j-imn* (*NR* u *Spät*)

wḏ-'nḫ·f (*MR*) vgl. *wḏ-imn-'nḫ·f*[1]) (*Spät*)?

f *wḏ-'nḫ·s* (*MR*) vgl. *wḏ-mw·t-'nḫ·s* (*Spät*) ?[1])

pꜣ-ḥtp (*MR*) vgl *pꜣ-r'-ḥtp(·w)?* (*NR*)

pꜣ·f-njt (*Spät*) vgl. *pꜣ·f-ṯꜣw-m-'·wj-njt*

psmṯk-njt[2]) (*Spät*) vgl *psmṯk-sꜣ-njt*

mr-mrjr'[3]) (*D 6*) vgl. *mr-ptḥ-mrjr'*

mr-šnb·f u. a. (*MR*) vgl. *mr-wḥ-'nḫ·f* (*AR*)?[4])

f *mr-šnb·š* , u. ä. (*MR*) vgl *mr-wḥ-'nḫ·f* (*AR*)?[4])

---

[1]) Ebenso *kꜣ w-* (*MR*), *kꜣ w-nb tj* (f *AR*), *kꜣ w-ṯnn t* (*AR*), *kꜣ w š* (*AR*).

[2]) Ob (*NR*) fur *imn-m-iwnw* „Amon ist in Heliopolis" steht? Vgl *imn-n-iwn t*

[3]) So etwa bei fur *imn-m-wiꜣ* auf einer spaten Bronzegruppe des Metrop Mus in New-York (26 7 854) oder bei (Koefoed-Petersen, Recueil 61, 973), das doch wohl fur *ḥr-f-r-pꜣ-wꜣḏ* steht „sein Antlitz ist auf das *wꜣḏ*-Amulett gerichtet"

[4]) Seine griech Wiedergabe durch αμενωφις zeigt bekanntlich dasselbe

[5]) Übrigens auch noch mit dem *ḫ* von *sṯḫ*

[6]) Auslassung einer Praposition findet sich auch in fur *wsr-ḥꜣ t-ḥr-mrw* „die *wsr-ḥꜣ t*-Barke ist auf dem See"

[1]) Oder sind die Namen *imn-wḏ-'nḫ f* und *mw t-wḏ(t)-'nḫ f* zu lesen?

[2]) Hier liegt aber vielleicht nur Nachlässigkeit des Schreibers vor!

[3]) Kaum „der von *mrjr'* Geliebte".

[4]) Oder sollten Vollnamen vorliegen: *mr(j)-šnb f* (*šnb š*) „ich wunsche, daß er (sie) sich wohl befindet" o ä?

f *n3-3š·t* (*Spät*) vgl *n3-mnḫ-3š·t?*

n-wšj-r·f (*D 18*) vgl. *n-t3-wšj-r·f*

f *ḥdb-ir·w* (*Spät*) vgl *ḥdb-b3št·t-ir·w*

f *ḫ3ʿ-3š·t*[1]) (*Spät*) vgl. *ḫ3ʿ·w-š·t-n-3š·t*

ḫntj-m-s3·f [2]) (*MR*) vgl. *ḫntj-ḫtjj-m-s3·f*

f *ḥdb-ir·t-bin·t* [3]) u. a (*Spät*) vgl *ḥdb-mw·t-ir·t-bin·t* u. a.

št3-ir·t-bin(·t) u. a. (*Spät* u. *Griech.*) vgl. *št3-š(·t)-imn-p3-i3·tj*[4])

t3j-im·w u a (*Spät*) vgl *t3j-imn-im·w* usw.

t3(j)-t3 (?) [5]) (*NR*) vgl. *t3j-ḥr(·w)-p3-t3*

f *tsj-pr·t* (*Spät*) zu *tsj-mw·t-pr·t*

dj-i3w·t (*Spät*) vgl. *dj-ptḥ-i3w·t*

dd-iw·f-ʿnḫ (*Spät*) vgl *dd-imn-iw·f-ʿnḫ* usw.

d) Ursprüngliche Stellung im Vollnamen unsicher

inj-inḥr·t (*AR/MR*) vgl. *inj-nfr-ḥtḥr* (*AR*) und *inj-šnfrw-iš·t·f* (*AR*)

wšr-ḥ3·t [6]) u. a (*NR*) vgl. *wšrḥ3·t-mšj(·w)* und *nḫt-wšrḥ3·t*

f *ḥsj-šw* (*Spät*) vgl. *ḥsj-šw-nb·f* (*NR*) und *p3-rʿ-ḥsj-šw* (*NR*)

ttj-iš·t·f (*AR*) vgl. *k3k3j-ḥ3-iš·t·f* und *inj-šnfrw-iš·t·f*

dj-imn (*Spät*) vgl *dj-imn-w3š* (*NR*) und *p3-dj-imn* (*Spät*)

dj-ḫnš·w (*D 22*) vgl *dj-ḫnš·w-irj* (*D 21*) und *p3-dj-ḫnš·w* (*NR* bis *Griech*)[7])

e) Entsprechende Vollnamen bisher nicht bekannt.

Ich stelle hier eine große Anzahl von Namen zusammen, die ihrer Bildung nach als Kurznamen angesehen werden müssen, wenn sich auch bisher keine Vollnamen, von denen sie gebildet worden sind, nachweisen lassen. Zum größten Teil sind sie deutlich als Beiworte von Göttern oder Königen erkennbar wie *ʿ3-pḥ·tj* „der Kraftreiche", *3ḫ-mn·w* „der mit herrlichen Denkmälern" o. ä., *nb-imn·t* „der Herr des Westens", *nb·t-nḥ·t* „die Herrin der Sykomore", *ḥnw·t-iwn·t* „die Herrin von Dendera" und viele andere.

3ḫ-mn·w u ä (*NR*) „mit herrlichen Denkmälern", Königsbeiwort[8]) (vgl *p3-3ḫ-mn·w, nfr·t-mn·w*)

ip·t-š·wt (*Spät*) Name des Tempels von Karnak

f *imj·t-p·t* (*Griech*) „die im Himmel Befindliche", Beiwort einer Göttin

imn-m-nw-nb (*NR*) „Amon zu jeder Zeit" (?)[1])

inj-pḥ·wj·šn (*NR*) „der ihr[2]) äußerstes Ende erreicht hat", Königsbeiwort?

itj-t3·wj (*D 18*) „der die beiden Länder in Besitz genommen hat", Königsbeiwort

ʿ3-b3·w u ä. (*D 18*) „groß ist der Ruhm von..." (?)[3])

---

[1]) Ebenso (f), , m, sämtlich *Spät*

[2]) Diese Kurzform ist an drei verschiedenen Stellen belegt!

[3]) So ist gewiß anstatt zu lesen, vgl Spiegelberg, AZ 59, 152

[4]) Dieser Name „möge Amon *p3-i3 tj* es entfernen!" beweist, daß bei dem bekannten Namen *št3-ir t-bin t* ein Gottesname in der Mitte weggelassen ist Das gleiche Nebeneinander zeigen PN I 278, 16 und 17ff

[5]) PN I 394, 27

[6]) Auch Frauenname

[7]) Ebenso (f *Spät*), (*Spät*) und (f *Griech*)

[8]) Auch Name eines Teils des Karnaktempels, Wb 1, 14, 13

---

[1]) Ob *wn* „es existiert" o a vorher ausgefallen ist?

[2]) Der Fremdländer?

[3]) Oder „der Hochberühmte" als Gottes- oder Königsbeiwort?

ꜥꜣ-pḥ·tj u. ä.[1]) (*NR* u. *Spät*[2])) „der Kraftreiche" o. ä., Gottes- und Königsbeiwort

ꜥꜣ-mk·t u. ä. (*NR*) „groß ist der Schutz von . . ." (?)[3])

ꜥꜣ-nrw u. ä. (*NR*) „groß an Schrecken", Gottes- und Königsbeiwort

ꜥꜣ-nḫt u. ä. (*NR*) „groß an Stärke", Gottes- und Königsbeiwort

ꜥꜣ-ḫꜥ·w (*NR*) „groß an Glanz", Gottesbeiwort?

ꜥb-kꜣ·w u. ä.[2]) (*MR*) „Horn der Stiere", Gottesbeiwort?

ꜥn-ḥtr (*D 18*) „mit schönem Gespann", wohl Königsbeiwort

wꜣḥ-wj (*MR*) „wie dauernd ist . . . !" (?)

wn-tꜣ-wꜣ·t u. ä. (*NR*) „der den Weg öffnet", Gottesbeiwort?

wḥm-mn·w (*MR*) „der wiederholt Denkmäler errichtet", Königsbeiwort

wḥm-ms·wt u. ä. (*MR*) „der von neuem geboren wird", o. ä., Horusname Amenemhêts des Ersten

bnr-mrw·t u. ä. (*NR*) „süß ist die Liebe . .", vgl. *ꜥꜣ-mrw·t·f*, *ꜥn-mrw·t·s* (*MR*)

pꜣ-ꜣḫ-mn·w (*D 20 f*) „der mit glänzenden Denkmälern" (vgl. *ꜣḫ-mn·w* oben)

pꜣ-ỉr-sḫr·w u. ä. (*NR*) „der Weisung erteilt" o. ä., Beiwort des Gottes Chons

pꜣ-sḏm-nḥ·t (*NR*) „der die Bitte erhört", Gottes- und Königsbeiwort

pjpj-mn(?)-nfr (*AR*) vgl. *ꜥnḫ-pjpj-m-mnnfr?*

1) Ob hierher auch (*Griech.*) gehört?
2) Auch Frauenname
3) Oder „der an (Zauber-?)Schutz Große" als Gottesbeiwort?

f *pr-ḫmn·w* (*Spät*) „Haus der 8 (Urgötter)", Name des Tempels von Hermopolis

mꜣj-n-ḥḳꜣ·w u. ä. (*NR*) „der Löwe der Herrscher", Königsbeiwort[1])

f *mj-nfr(·t?)* (*NR*)[2]) vgl. *ḥnw·t-mj-šbꜣ?*

mn-ỉꜣw (*MR*) „bleibend an Ruhm" o. ä., Gottesbeiwort?[3])

mn-ꜥnḫ (*MR*) „bleibenden Lebens", Gottesbeiwort?

mn-m-ṯr(·t) (*D 20*) „der im Weidenbaum Bleibende", wohl Gottesbeiwort[4])

f *mn-ḥꜣ·t* (*Spät*) „mit bleibender Stirn" (?); Beiwort einer Göttin

mn-ḥb·w (*AR*) „es bleiben die Feste . . ." (?)[5])

mn-ḥtp u. ä. (*MR*) „es bleibt die Gnade . ." (?)

mn-tḫn·w u. ä. (*NR*) „mit bleibenden Obelisken", Königsbeiwort?

mr-ỉwnw u. ä. (*NR*) „der von Heliopolis Geliebte", Gottes- oder Königsbeiwort?

mr-ỉpꜣ·t[6]) u. ä. (*NR*) „der vom Harim[7]) Geliebte", Beiwort Amons? des Königs?

mr-wꜣs·t u. ä. (*NR*) „der von Theben Geliebte", Beiwort Amons? des Königs?

mrj-rmṯ·f u. ä. (*NR*) „der von seinen Leuten Geliebte", wohl Beiwort eines Königs

f *ms·t-ḥr(·w)* (*NR*) „die den Horus geboren hat", Beiwort einer Göttin[8])

mkj-nꜣ·t·f (*D 18*) „der seine Stadt beschützt", wohl Königsbeiwort

1) Vgl. auch *mꜣj-m-ḥḳꜣ* „der Löwe ist Herrscher" (*NR*).
2) Doch nicht *mj·t-nfr·t* „die schöne Katze"?
3) Vgl. *ỉꜣw-ptḥ* (*AR* u. *MR*), aus **mn-ỉꜣw-ptḥ?*
4) Vgl. unten *ḥꜥj-m-ṯr·t*
5) Oder „mit dauernden Festen", als Gottesbeiwort?
6) Vgl. auch *mr-m-ỉpꜣ·t* (*NR*), woraus *mr-ỉpꜣ·t* verstümmelt sein konnte
7) Oder von der Göttin *ỉp·t*, Wb 1, 68, 7?
8) Vgl. unten *sḫꜣ·t-ḥr(·w)*.

mkj-rmṯ·f (*NR*) „der seine Leute beschützt“, wohl Königsbeiwort

nb-ꜣbḏw u. ä. (*MR*) „der Herr von Abydos“, Beiwort des Osiris

f *nb-ꜣḫ·t* (*Spät*) „der Herr des ‘Horizonts’“, Gottesbeiwort

nb-iw·w [1]) u. a. (*MR*) „der Herr der Inseln“, Gottesbeiwort?

nb-imn·t u. ä. (*D 20*) „der Herr des Westens“, Beiwort des Osiris

nb-imnt·t u. ä. (*NR*) „der Herr des Westens“, Beiwort des Osiris

nb-irw·t u. a. (*MR*) „der Herr der *irw·t*-Bäume“[2]), Gottesbeiwort

nb-iḥ·w(?kꜣ·w?) u. a. (*MR*) „der Herr der Rinder (?Stiere?)“, Gottesbeiwort?

nb-ꜥnḫ u. ä. (*MR* u. *Griech.*) „der Herr des Lebens“, Gottesbeiwort

nb-bw-nb (*NR*) „der Herr aller Leute“, Königsbeiwort?

nb-p·t u. ä.[3]) (*MR*) „der Herr des Himmels“, Gottesbeiwort

nb-mrw·t·f u. ä. (*NR*) „der Herr seiner Liebe“ (Beliebtheit?)?

nb-mḥj·t (*NR*) „der Herr des Nordwinds“, Gottesbeiwort

nb-n-p·t (*NR*)[4]) „der Herr des Himmels“, Gottesbeiwort

nb-n-mꜣꜥ·t [5]) u. a. (*NR*) „der Herr der Wahrheit (oder des Rechts)“, Gottes- (und Königs-?)Beiwort

nb-n-ḥp·t (*NR*) „der Herr des *ḥp·t*-Geräts“, Beiwort des Re

---

[1]) Vgl. auch (*MR*)?
[2]) Vgl. Wb 1, 114, 16 und unten *nb(·t?)-irw·t*
[3]) Vgl. unten *nb-n-p·t*.
[4]) Vgl. oben *nb-p·t*
[5]) Vgl. unten *nb·t-mꜣꜥ·t*.

nb-n-ḫr u. a. (*D 19*) „der Herr von Syrien“, Beiwort des Königs

nb-n-km·t u. a. (*D 18*) „der Herr von Ägypten“, Beiwort des Königs

nb-n-tꜣ-nb (*D 19*) „der Herr jedes Landes“, Beiwort des Königs

nb-nꜣ·t [1]) (*MR*) „der Herr der Stadt (d. h. Thebens?)“, wohl Beiwort des Amon

nb-nfr·w (*MR*) „der Herr der guten Dinge“[2]) o. a., ob Gottes- oder Königsbeiwort?

nb-nfr·t [3]) (*MR*) „der Herr des Guten“, wohl Königsbeiwort

nb-nḥḥ u. a. (*MR* u. *NR*)[4]) „der Herr der Ewigkeit“, Gottesbeiwort

nb-ḥw(?) (*MR*) ob „Herr des Ausspruchs“,[5]) als Beiwort des Sonnengottes?

nb-sn·t [6]) u. a. (*MR*) „der Herr von ...“

nb-šiꜣ (*MR*)[7]) „der Herr der Erkenntnis“, Beiwort des Sonnengottes

nb-šwmnw u. a. (*MR*[8]) u. *NR*) „der Herr der Stadt *šwmnw*“, Beiwort des Gottes Suchos

nb-šḫw·t(?) (*MR*) „der Herr der Vogelfalle“ (?)[9]), wohl Beiwort des Horus

nb-štꜣ , , u. a. (*NR*) „der Herr von ..“[10])

nb-kꜣ·w (*NR*) „der Herr der Speisen“, Gottes- und Königsbeiwort

---

[1]) Vgl. unten *hnw·t-n(·t)-nꜣ·t*
[2]) Vgl. Wb 2, 259, 1 u. vgl. auch u. a. (*NR*).
[3]) Vgl. unten *nb·t-nfr·t*
[4]) Vgl. unten *nb·t-nḥḥ*
[5]) Wb 3, 44, 7, vgl. unten *nb-šiꜣ*
[6]) Vgl. Wb 3, 458, 5 (?) und unten *nb(·t?)-sn·t*
[7]) Ob hierher auch (*MR*)? Vgl. auch oben *nb-ḥw*
[8]) Auch Frauenname
[9]) Ein Wort für „Vogelfalle“ fehlt im Wb
[10]) Vgl. und unten *nb·t-štꜣ*

nb-tꜣ·w (MR) „der Herr der Länder", wohl Königsbeiwort

nb-tḫn·w (NR)[1] „der Herr der Obelisken", Königsbeiwort

nb-ṯnj (NR) „der Herr von This", Gottesbeiwort

nb-dwꜣ·w (NR) „der Herr der Morgenfrühe", wohl Gottesbeiwort

nb-ḏw·w (NR)[2] „der Herr der Berge", Gottesbeiwort

nb-ḏfꜣ·w u. ä. (NR) „der Herr der Speisen", Gottes- oder Königsbeiwort

f nb·t-ỉꜣ·t-ỉꜣbt·t (MR) „die Herrin der östlichen ỉꜣ·t", wohl Beiwort einer Göttin

f nb·t-ỉwn (NR) „die Herrin des ỉwn-Pfeilers" (?)

f nb·t-ỉwn·t[3] (MR u. NR) „die Herrin von Dendera", Beiwort der Göttin Hathor

f nb·t-ỉwnw (NR)[4] „die Herrin von Heliopolis", Beiwort der Göttin ỉw·ś-ꜥꜣ·ś

f nb·t-ỉmꜣ(·t) (MR) „die Herrin der Anmut", Beiwort einer Göttin oder Königin

f nb·t-ỉmꜣ·w (D 18) „die Herrin von ỉmꜣ·w", Beiwort einer Göttin

f nb·t-ỉmn·t (NR)[5] „die Herrin des Westens", Beiwort einer Göttin

f nb(·t)-ỉn(r) (NR) „die Herrin des Steins", Beiwort einer Göttin

f nb(·t?)-ỉrw·t (MR)[6] „die Herrin (?)[7] der ỉrw·t-Bäume", wohl Beiwort einer Göttin

f nb·t-wnš·w (NR) „die Herrin der Weinbeeren" o. ä.[8], wohl Beiwort einer Göttin

[1]) Vgl. oben mn-tḫn·w
[2]) Vgl. unten hnw·t-ḏw·w
[3]) Vgl. unten hnw·t-ỉwn·t
[4]) Vgl. unten hnw·t-ỉwnw
[5]) Vgl. oben nb-ỉmn·t
[6]) Vgl. oben nb-ỉrw·t
[7]) Die Lesung nb·t hier ist nur aus der Tatsache erschlossen, daß es sich um Frauennamen handelt
[8]) Vgl. schon Junker, Giza I, 253

f nb(·t)-wḏꜣ·t u. a. (Spät) „die Herrin des wḏꜣ·t-Auges", wohl Beiwort einer Göttin

f nb·t-mꜣꜥ·t[1] (MR) „die Herrin der Wahrheit (oder des Rechts)", wohl Beiname einer Göttin

f nb(·t)-n'·t[2] (MR) „die Herrin der Stadt", Beiwort einer Göttin?

f nb(·t)-n'·t-ỉnw (?) (MR) „die Herrin der Stadt des ỉnw[3])"? Wohl Beiwort einer Göttin

f nb·t-nbś (MR) „die Herrin des nbś-Baums", Beiwort einer Göttin[4])

f nb·t-nfr(·t) (NR) „die Herrin des Guten"?[5])

f nb·t-nn-nśw·t u. a. (MR) „die Herrin von Ehnas", Beiwort einer Göttin

f nb·t-nh·t (MR—NR) „die Herrin der Sykomore", Beiwort verschiedener Göttinnen

f nb(·t)-nḥj·t (Griech.) „die Herrin der Ewigkeit" (?)[6], wohl Beiwort einer Göttin

f nb·t-nḥḥ u. a. (MR)[7] „die Herrin der Ewigkeit", Beiwort einer Göttin

f nb(·t)-rꜣ-ỉn·t (MR) „die Herrin von rꜣ-ỉn·t"[8], Beiwort einer Göttin

f nb·t-hꜣ·t (?) u. a. (MR) „die Herrin von ...", Beiwort einer Göttin?

f nb(·t)-hbj (D 18) „die Herrin von hbj" (?)

f nb·t-hꜣnw (D 19) „die Herrin der Flut", Beiwort einer Göttin

f nb(·t)-hꜣj·t (?) u. a. (Griech.) „die Herrin des Musizierens" o. ä., wohl Beiname einer Göttin

[1]) Vgl. oben nb-n-mꜣꜥ·t, unten hnw·t-n(·t)-mꜣꜥ·t
[2]) Vgl. oben nb-n'·t
[3]) Für ỉnw = 'Sokaris' siehe Wb 1, 94, 8
[4]) Wohl der Gemahlin des Sopdu in Saft-el Henne, vgl. Sethe, Urgeschichte 66
[5]) Vgl. oben nb-nfr·t. Oder Vollname „die gute Herrin"?
[6]) Vgl. Wb 2, 290, 3
[7]) Vgl. oben nb-nhh
[8]) Vgl. die weitere Abkürzung rꜣ-ỉn·t (AR u. f. NR).

f *nb·t-ḥtp* (*NR*) „die Herrin der Gnade" (?), wohl Beiwort einer Göttin

f *nb·t-ḫpr* (*D 22*) hierher?

f *nb·t-s3w* (*MR*) „die Herrin von Sais", Beiwort der Göttin Neith

f *nb(·t)-sn·t* (*MR*)[1]) „die Herrin von . ."

f *nb·t-snj (śnj?)* u. a. (*MR*)[2]) „die Herrin von. . . .", Beiwort einer Göttin

f *nb·t-śb3·w* , (*MR*) „die Herrin der Sterne", Beiwort einer Göttin

f *nb·t-śḫ·t-n·t-rʿ* u. a. (*MR*) „die Herrin des 'Feldes des Re'", Beiwort einer Göttin

f *nb·t-št3* (*NR*)[3]) „die Herrin von. . "

f *nb·t-ḳjś* (*MR*) „die Herrin von Kusae", Beiwort der Göttin Hathor[4])

f *nb·t-kpnj* , u. a. (*MR*)[5]) „die Herrin von Byblos", Beiwort der Göttin Hathor

f *nb t-t3* u. a. (*MR* u. *NR*) „die Herrin des Landes", wohl Beiwort der Königin

f *nb·t-t3·wj* (*MR* u. *NR*) „die Herrin der beiden Länder", Beiwort der Königsgemahlin

f *nb·t-tp-iḥ·w* u. a. (*MR*)[6]) „die Herrin von Atfih", Beiwort der Hathor

f *nb(·t)-tḫ·t* (*MR*) „die Herrin der Trunkenheit", Beiwort der Hathor

f *nb(·t)-ḏnḥj·t* (*Spät*)[7]) „die Herrin von. . .", Beiwort einer Göttin?

---

[1]) Vgl. oben *nb-sn t*
[2]) Sethe (Achtung, S. 46, Anm.) möchte hier überall *nb t-kpnj* (vgl. unten) lesen!
[3]) Vgl. und oben *nb-št3*
[4]) Bzw. ihrer Vorgängerinnen in Kusae, vgl. Sethe, Urgeschichte 57 u. 60
[5]) Hierher gehört wohl auch , PN I, 189, 18. Vgl. oben *nb-snj*
[6]) Vgl. unten *hnw t-tp-iḥ w*
[7]) Ob hierher auch (f. *Griech.*) gehört?

f *nfr-irw* (*NR*) „schön ist die Gestalt". . (?)[1])

nfr-w3 wt u. a. (*AR* u. *MR*) „schön sind die Wege. . ."[2])

nfr-mś·wt u. ä. (*AR/MR*) „von schöner Geburt"[3]), gewiß Königsbeiwort

nfr-mn·w [ ] , u. a. (*MR* u. *NR*) „schön sind die Denkmäler. . ."[4])

nfr-mk·t(?)[5]) (*AR*) „gut ist der Schutz. . "; vgl. *mk·t-rʿ* u. *mk·t-b3št·t* (*MR*)

nfr-ḥ3·t u. a. (*NR*) „mit schönem Vorderteil", ob Beiwort einer Götterbarke?

nfr-ḫʿ·w , u. a.[6]) (*MR*) „schön ist der Glanz . ."[7])

nfr-ḫwj·t u. a. (*AR* bis *NR*) „schön ist der Schutz. ."

nfr-ḫnj·t u. ä. (*AR* u. *MR*) „schön ist die Ruderfahrt. . ."

nfr-sḥ·wj (?)[8]) (*MR*) „schön sind die beiden Zelte. ." (?)[9])

nfr-śmn (*AR*) „schön ist das Feststellen. . ." (?)

nfr-śn·wt [10]) (*NR*) „mit schönen Flaggenmasten" (?), ob Beiwort eines Tempels?

nfr-śḫr·w u. a. (*NR*)[11]) „mit guten Plänen" o. ä., wohl Beiwort eines Gottes

nfr-śḏm (*AR*) „schön ist das Erhören. . ."

nfr-k3·w u. a. (*AR*) „schön sind die Kas. . ."[12])

---

[1]) Oder *nfr(·t)-irw* „die an Gestalt Schöne" als Beiwort einer Göttin, vgl. Wb. 1, 113, 15
[2]) Vgl. *nfr-w3 t(w3 wt?) ś!*
[3]) Vgl. Wb. 2, 141, II b
[4]) Oder Königsbeiwort
[5]) Oder ist *nfr-mk t(j)* „gut ist mein Schutz" zu lesen?
[6]) Auch Frauenname
[7]) Oder „der mit schönem Glanz"? Vgl. unten *nfr t-ḫʿ w*
[8]) Oder ist *sh w* („gut sind die Ratschläge ") zu lesen?
[9]) Vielleicht Vollname?
[10]) Vgl. auch (*NR*)
[11]) Vgl. unten *nfr t-śḫr w*
[12]) Vgl. *nfr-k3-rʿ*, *nfr-k3-ś3ḥwrʿ*.

f *nfr·t-mn·w* (*MR*)[1] „mit schönen Denkmälern“, ob Beiwort einer Göttin?

f *nfr·t-ḥsw·t* (*NR*) „mit schönen Belohnungen“? Beiwort einer Göttin?

f *nfr·t-ḫꜥ·w* (*NR*)[2]) „die mit schönem Glanze“[3]), wohl Beiwort einer Göttin

f *nfr·t-ḫnw* (*NR*) „mit schönem Ruheplatz“ (?)[4]), Beiwort einer Göttin

f *nfr·t-sḫr·w* u. ä. (*D 18*)[5]) „mit guten Plänen“ o. ä., wohl Beiwort einer Göttin

nḥm-mꜣꜥ·tjw ? (*NR*) „der die Gerechten in Schutz nimmt“, wohl Beiwort eines Gottes

rḫ-pḥ·tj·f u. ä. (*NR*) „der seine (eigene) Kraft kennt“, Königsbeiwort

nḥm-mšꜥ·f u. ä. (*NR*) „der seine Soldaten errettet“, Beiwort eines Königs

ḥd-nḫt·w u. ä. (*NR*) „der die Starken bekämpft“ o. ä., wohl Beiwort eines Königs

f *ḥd·t-kꜣš* (*NR*) „die Nubien bekämpft“, Beiwort der Göttin Hathor

ḥꜣ·t-mšꜥ (*MR*) „Spitze des Heeres“ (?)

f *ḥ(w)·t-mḥ·t* (*Griech.*) „der Tempel der (Göttin) *mḥ·t*“?

ḥwj-nḥšj (*AR*) „der den Südländer schlägt“, wohl Beiwort des Königs

f *ḥnw·t-iwn·t* [6]) (*NR*) „die Herrin von Dendera“, Beiwort der Göttin Hathor

f *ḥnw·t-iwnw* u. ä.[7]) (*NR*) „die Herrin von Heliopolis“, Beiwort einer Göttin

f *ḥnw·t-idb·wj* (*NR*) „die Herrin der beiden Ufer (Ägyptens)“, Beiwort der Königin

f *ḥnw·t-idḥ·w* (*NR*) „die Herrin der Deltasümpfe“, Beiwort einer Göttin

f *ḥnw·t-wꜥ* (*D18*) „die Herrin des Einzacks(?)“[1]) wohl Beiwort einer Göttin

f *ḥnw·t-wḏb·w* u. ä. (*NR*) „die Herrin des Uferlandes“ o. ä., wohl Beiname einer Göttin

f *ḥnw·t-pꜣ-swꜣw* (*D 19*) „die Herrin des Bezirks“ o. ä., wohl Beiwort einer Göttin

f *ḥnw·t-pꜣ-ḥrj* (*D 19*) „die Herrin des *ḥrj*-Gewässers“[2])

f *ḥnw·t-mḥj·t* u. ä. (*NR*) „die Herrin des Nordwinds“, Beiwort einer Göttin

f *ḥnw·t-mt(r)* [3]) (*D 19*) „die Herrin der Flut“, Beiwort einer Göttin

f *ḥnw·t-n(·t)-ꜥš-n·s* (*NR*) „die Herrin, zu der man ruft“, wohl Beiwort einer Göttin

f *ḥnw·t-n(·t)-mꜣꜥ·t* [4]) (*NR*) „die Herrin der Wahrheit (oder des Rechts)“, wohl Beiwort einer Göttin

f *ḥnw·t-n(·t)-nʾ·t* [5]) (*NR*) „die Herrin der Stadt (d. h. Thebens)“, wohl Beiwort einer Göttin

f *ḥnw·t-n·t-ḫnw* u. ä. (*NR*) „die Herrin der Residenz“, wohl Beiwort der Königin

f *ḥnw·t-nfr·w* (*D21*) „die Herrin der Schönheit“, wohl Beiwort einer Göttin

f *ḥnw·t-nṯr·w* (*NR* u. *D 21*)[6]) „die Herrin der Götter“, Beiwort einer Göttin

f *ḥnw·t-rꜣ-iwn·tjw* (?) (*NR*) „die Herrin der ....“, wohl Beiwort einer Göttin

---

1) Vgl. oben *sḫ-mn·w* u. *nfr-mn·w*
2) Vgl. oben *nfr-ḫꜥ·w*
3) Bzw. „mit schönem Erscheinen (bei der Prozession)“
4) Oder „mit schönem Ausspruch“?
5) Vgl. oben *nfr-sḫr·w*
6) Vgl. oben *nb·t-iwn·t*
7) Vgl. oben *nb·t-iwnw*.

1) Das Wort ist in diesem Sinne bisher allerdings nur Griech. belegt
2) Vgl. Wb 3, 149, 4. Es ist der Name einer Prinzessin — ob Vollname?
3) Vgl. unten *tꜣ-ḥnw·t-pꜣ-mt(r)*
4) Vgl. oben *nb·t-mꜣꜥ·t*
5) Vgl. oben *nb-nʾ·t*
6) Vgl. oben *nb-nṯr·w*.

f *ḥnw·t-ḫꜣ·t* (*NR*) „die Herrin des Altars", wohl Beiwort einer Göttin

f *ḥnw·t-sḫm·w* (?) [1] (*NR*) „die Herrin der Sistren"

f *ḥnw·t-š-dš(r)* ? ? (*D 18*) „die Herrin des roten Sees", wohl Beiwort einer Göttin

f *ḥnw·t-šꜣ* (*NR*) „die Herrin der *šꜣ*-Pflanze"[2]), wohl Beiwort einer Göttin

f *ḥnw·t-šn·w* u. a.[3]) (*NR*) „die Herrin der Bäume", Beiwort einer Göttin

f *ḥnw·t-šdw* (*D 18*) „die Herrin des Ackers" o. a., wohl Beiwort einer Göttin

f *ḥnw·t-tꜣ* (*D 19*) „die Herrin des Landes", Beiwort von Göttinnen und Königinnen

f *ḥnw·t-tꜣ-mḥw* u. a. (*D 18*) „die Herrin von Unterägypten", wohl Beiwort von Königinnen (und Göttinnen?)

f *ḥnw·t-tꜣ-nb* u. a. (*NR*) „die Herrin jedes (Flach)Landes", wohl Beiwort von Königinnen

f *ḥnw·t-tꜣ-tm·w* (*D 18*) „die Herrin des ganzen Landes", wohl Beiwort von Königinnen

f *ḥnw·t-tꜣ·wj* u. ä. (*NR* bis *Spät*) „die Herrin der beiden Länder", Beiwort von Königinnen und Göttinnen[4])

f *ḥnw·t-tp-iḥ·w* ?[5]) (*NR*) „die Herrin von Atfiḥ", Beiwort der Hathor

f *ḥnw·t-ṯꜣw* (*NR*) „die Herrin der (Lebens-)Luft", Beiwort einer Göttin

f *ḥnw·t-ṯmḥ* u. a. (*D18*) „die Libyer-Herrin"[6])

[1]) Das Zeichen sieht etwas anders aus. Den Namen trägt eine Prinzessin — also wohl doch Vollname!
[2]) Vgl. Wb 4, 400, 10ff
[3]) Vgl. auch *nḫt-ḥr(·w)-nꜣ-šn·w*
[4]) Die letzten 4 Namen sind vielleicht doch attributive Vollnamen, um so mehr als die letzten 3 von Prinzessinnen getragen werden
[5]) Vgl. oben *nb·t-tp-iḥ·w*
[6]) Name einer Prinzessin — also wohl Vollname!

f *ḥnw·t-dmj·t* [1]) (*NR*) „die Herrin der Stadt (oder des Hafens?)", Beiwort einer Göttin?

f *ḥnw·t-dmj·w* u. a. (*NR*) „die Herrin der Städte", Beiwort einer Göttin?

f *ḥnw·t-ḏw·w* u. ä.[2]) (*NR*) „die Herrin der Berge", Beiwort einer Göttin

ḥr(·w)-ikš (*Griech.*) „der Horus von Nubien"

ḥr(·w)-ꜥšꜣ-iḫ·t (*Griech.*) „der reiche Horus" (?)[3])

ḥr(·w)-pꜣ-n-ꜣś·t (*D 21* bis *Griech.*) „Horus, der (Sohn) der Isis"[4])

ḥr(·w)-n-p (*Spät*) „der Horus von Buto"

ḥr(·w)-n-tꜣ-mḥw (*MR*) „der Horus von Unterägypten"

ḥr-n-bꜣśt·t (*NR*) „das Antlitz der Bastet"[5])

ḥr-nfr (*NR*) „das schöne Antlitz", wohl Gottesbeiwort[6])

ḥr-ḥj (*NR*) „das Antlitz des *ḥj*"[7])

f *ḥrj(·t)-ib-ipw* (*NR*) „die in Achmim Wohnende", Beiwort einer Göttin

f *ḥrj·t-ib-mnnfr* (*NR*) „die in Memphis Wohnende", Beiwort einer Göttin

ḫꜥj-m-iw [8]) (*D 19*) „der in der Wohnung erglänzt" o. a., wohl Gottesbeiwort

ḫꜥj-m-ipꜣ·t u. a. (*NR*) „der im Harim (oder in Luxor) erglänzt", wohl Beiwort des Amon

[1]) Vgl. Wb 5, 456, 8. 9
[2]) Vgl. oben *nb-ḏw·w*
[3]) Abgekürzt zu […] (*Griech.*)
[4]) Vgl. *ḥr-pꜣ-šrj-n-ꜣś·t*
[5]) Ob „ich blicke auf" o. ä. weggefallen ist?
[6]) Vgl. *ḥr-ꜥn* als Gottesbeiwort in *nś-pꜣ-ḥr-ꜥn*. Auch *ḥr·j-ḥr-nfr-ḥr* ist zu vergleichen
[7]) Vgl. *ḥj* als Gottesnamen PN I 233, 22ff
[8]) Wohl für […], Wb 1, 49, 6

ḫʿj-m-wꜣś·t u. a. (*NR* u. *Spät*) „der in Theben erglänzt“, Götter- und Königsbeiwort

ḫʿj-m-wiꜣ u. a. (*NR*) „der in der (Prozessions-)Barke erglänzt“, Götterbeiwort

ḫʿj-m-wśḫ·t u. ä. (*NR*)[1] „der in der (Tempel- oder Palast-) Halle erscheint“, Götter- oder Königsbeiwort

ḫʿj-m-b[ḫn·t] [2] „der im Pylon erglänzt“, wohl Gottesbeiwort

ḫʿj-m-p·t u. a. (*NR*) „der im Himmel erglänzt“, Gottesbeiwort

ḫʿj-m-mꜣʿ·t (*NR*) „der in Wahrheit erglänzt“ o. a., Beiwort Amenophis’ III und verschiedener Götter

ḫʿj-m-mꜣnr u. a. (*NR*) „der im *mꜣnr*[3]) erglänzt“, Gottesbeiwort?

ḫʿj-m-mn·w (*NR*) „der von Denkmälern erglänzt“, wohl Königsbeiwort

ḫʿj-m-mnnfr (*NR*) „der in Memphis erglänzt“, Königs- oder Gottesbeiwort

ḫʿj-m-nnw u. a. (*NR*) „der im Urwasser erglänzt“, Götterbeiwort

ḫʿj-m-ḥꜣ·t u. a. (*D 18*) „der an der Spitze erglänzt“, Gottesbeiwort?

ḫʿj-m-ḥḏ(·t) u. ä. (*NR*) „der in der Weißen (Krone) erglänzt“, Königsbeiwort

ḫʿj-m-ś·t (*NR*) „der auf dem Thron erglänzt“, wohl Götter- und Königsbeiwort

ḫʿj-m-śbꜣ·w u. ä. (*NR*) „der unter den Sternen erglänzt“, wohl Gottesbeiwort

1) Auch Frauenname
2) So nach Černý. Vgl. auch *ḫʿj-bḫn·t*
3) Vgl. Wb 2, 30, 1 u. 6. Ob *mꜣnr* = *mꜣrw*, die Haltestelle bei Götterprozessionen?

ḫʿj-m-ṯnr [1]) (*NR*) „der als Starker[2]) erglänzt“, wohl Königs- oder Gottesbeiwort

ḫʿj-m-ṯr·t [3]) u. ä. (*NR*) „der in der Weide erscheint“, Gottesbeiwort

f *ḫʿj-nfr·w* (*MR*) „es erglänzt die Schönheit...“ (?)[4])

ḫʿw-n-ḥr(·w) (*Spät*) „Waffen des Horus“ (?)

f *ḫntj·t-nb(·w)* (*AR*) vgl. *wꜣś-kꜣ-ḫntj-ṯnn·t*?

śbk-šd·t·j u. ä. (*MR*) „der Suchos von Krokodilopolis“

śmn-wꜣś·t (*NR*) „der Theben in Ordnung bringt“ o. a., wohl Beiwort des Königs oder eines Gottes

śmn-tꜣ·wj u. a. (*NR*) „der die beiden Länder in Ordnung bringt“, Königsbeiwort

śḥtp-nb·wj (*Spät*) „der die beiden Herren[5]) befriedet“, Gottesbeiwort

f *śḫꜣ·t-ḥr(·w)* u. ä. (*MR*) „die des Horus gedenkt“, Beiwort einer göttlichen Kuh als Amme des Horuskindes[6])

śḫpr-km·t (*NR*) „der Ägypten erhält“ wohl Königsbeiwort[7])

f *špś·t-kꜣ·w* u. a. (*AR*)
f *špśś·t-kꜣ·w* (*AR*)[8])
„die mit herrlichen Kas“, wohl Beiworte von Göttinnen

šmś-św (*NR*) „der ihm folgt“[9])

ḳꜣj-iꜣ·t (*MR*) „der mit hohem Traggestell“, Gottesbeiwort[10])

1) Für .
2) Oder „in Stärke“
3) Vgl. oben *mn-m-ṯr·t*
4) Ob für *ḫʿj(·t)-m-nfr·w* „die in Schönheit erglänzt“ als Beiwort einer Göttin?
5) D. h. Horus und Seth
6) Wb 4, 235, 7ff. Vgl. auch oben *mś·t-ḥr(·w)*
7) Vgl. *śḫpr-tꜣ·wj* Wb 4, 241, 33
8) Vgl. *špśś-kꜣ·f* (König *D 4*)
9) Ob „gut geht es dem“ o. a. zu ergänzen ist?
10) Vgl. Wb 5, 3, 3

ḳȝj-ḫpš (*D 20*) „der mit erhobenem Arm (Schwert?)“, wohl Gottes- oder Königsbeiwort

ḳȝj-gbȝ (*NR*) „der mit erhobenem Arm“, wohl Gottesbeiwort[1])

ḳȝj-ḏr·t (*NR*) „der mit erhobener Hand“, Gottesbeiwort[1])

f *ḳȝj·t-šn·wt* u. a. (*MR*) „mit hohen Flaggenmasten“, ob Beiwort eines Tempels?[2])

ḳd-iḫ·wt·f u. a. (*NR*) „der seine Dinge geschaffen hat“ o ä., wohl Gottesbeiwort

ḳd-nmḥ·w (*D 19*) „der die Geringen schafft“[3]), Königsbeiwort

ḳd-nḥḥ (*NR*) „der die Ewigkeit geschaffen hat“, wohl Gottesbeiwort

ḳd-ḥȝ·t·f (*NR*) „der seinen Anfang[4]) geschaffen hat“ (?), Gottesbeiwort?

kȝ-wsir (*Spät*) „der Ka des Osiris“

f? *kȝ-nfr·w(t)* (*Spät*) „der Stier der Mädchen“[5]), Gottesbeiwort

grg-mnnfr (*D 18*) „der Memphis gegründet hat“ (?), Gottesbeiwort?[6])

grg-tȝ·wj (*NR*) „der die beiden Länder gegründet hat“, Königsbeiwort

f *tȝ-rhnj* (*NR*) „das Land des (heiligen) Widders“?[7])

f *tȝ-ḥnw·t-pȝ-mt(r)* (*D 19*)[8]) „die Herrin der Flut“, Beiwort einer Göttin

f *tȝ-ḥnw·t-ḏw·wj* (*Spät*) „die Herrin der beiden Berge“, wohl Beiwort einer Göttin

f *tȝ-šȝʿ(·t)-m-ḫpr* u. a. (*Spät*) „die zuerst entstanden ist“ o. ä., Beiwort einer Göttin

ṯȝw-n-ȝnj u. ä. (*NR*)[9]) „die (belebende) Luft des *ȝnj*“

ṯȝw-(n-?)mḥj(·t) (*NR*) „die Luft des Nordwinds“, Bezeichnung eines Festes

dj-imn-ḫnš·w (*NR* u. *Spät*) „mögen Amon und Chons geben...“

f *dwȝ·t-tȝ·wj(?)*[10]) (*NR*) ?

dr-ḥšf u. ä (*AR*) „der das Strafen beseitigt“ (??), Gottes- oder Königsbeiwort?

dr-šnḏ u. ä (*AR*) „der die Furcht vertreibt“, wohl Beiwort des Königs

2 Nur ein Wort des Vollnamens bleibt übrig[11]).

Unter den folgenden Namen ist eine Gruppe auf den Seiten 123ff. besonders beachtenswert: diejenigen, die aus einem alleinstehenden Gottesnamen bestehen[12]). Schon Konrad Hoffmann hat gesehen, daß die Auffassung, ein Menschenkind werde von den Ägyptern als „Gott (oder Göttin) N. N.“ bezeichnet, unmöglich sei, und hat diese

---

[1]) Vgl Wb 5, 3, 3

[2]) Oder einer Göttin? Vgl Wb 4, 152, 13 14

[3]) D h vornehm werden laßt, Wb 5, 73, 19 20.

[4]) D. h sich selbst am Anfang?

[5]) D h der die Madchen begattet

[6]) Oder verkurzt aus einem Vollnamen wie die späten *grg-sš t-gbtjw*, *grg-mn(w)-ipw*?

[7]) Oder sollte *tȝ-(n t-)rhnj* „die zum Widder Gehorige“ zu lesen sein? Vgl .

[8]) Vgl oben *ḥnw t-mt(r)*

[9]) Ebenso u ä (auch Frauenname), , f , , , samtlich aus dem *NR* Vgl dazu *ȝnj-mn*, *ȝnj-nḫt*, *mj-mn*, *hj-mn*, *hj-nfr* u a, *ṯj-nfr*, *ṯj-(nfr-) m-ḥb* Die auf *ṯȝw-n-* folgenden Namen scheinen alle gottliche bzw vergottete Wesen zu bezeichnen, die dem Menschen die Lebensluft spenden (Griech.) und (Spät) scheinen in einen anderen Zusammenhang zu gehoren, vgl PN I 413, 13

[10]) Vgl *dwȝ-tȝ wj* als Name des Konigsschiffes im *AR*, z B Sethe, Urk I 236, 15

[11]) Eigennamen, auch wenn sie aus mehreren Worten bestehen, sind als ein Wort gerechnet Der Artikel ist nicht als Wort gezahlt

[12]) Auch die mit *nb-*, *nb t*, *ḥnw t-* gebildeten Kurznamen von S 105ff gehoren dazu.

Namen richtig als Kurzformen erklärt[1]). Es ist aber wichtig zu beachten, daß aus der langen Zeit des machtvollen Alten Reiches derartige Kurzformen nicht überliefert sind[2]). Der Gedanke, daß ein Mensch — wenn auch nur als Abkürzung des Vollnamens — den Namen einer Gottheit führe, muß den Ägyptern dieser Zeit ebenso unerträglich gewesen sein, wie es für die Christen aller Jahrhunderte undenkbar gewesen ist, ihre Kinder Jesus zu nennen[3]). Im Mittleren Reich ist das völlig anders geworden, und niemand nimmt einen Anstoß daran, seinen Sohn Ptah oder Min, seine Tochter Neith oder Hathor zu nennen. Dazwischen liegt die furchtbare Katastrophe, in der das Alte Reich seinen Untergang gefunden hat. Und wie auch sonst die Anzeichen des Verfalls mit der 6. Dynastie beginnen, ja bis unter die 5. Dynastie sich zurückverfolgen lassen, so stammen aus dem Ende des Alten Reichs auch die ersten vereinzelten Beispiele solcher Kurznamen, die für ihre Träger bzw. für deren sie so benennende Eltern etwas Revolutionäres gehabt haben müssen Es sind dies die in dieser Zeit je einmal belegten Namen , 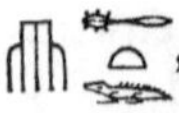,  und Neith Das letzte Beispiel stammt aus der Provinz (Scheich Said), die anderen drei aus Gise, also aus der Reichshauptstadt *Nfr-tm* und *ḫntj-ḫtj* gehören den mehr volkstümlichen Göttern an, bei denen man den Anfang einer solchen Ketzerei eher verstehen möchte, aber Neith, die große Göttermutter, ebenso entehrt zu finden, ist auffallend, und noch merkwürdiger ist es — und noch dazu in der Residenz — bei dem Reichsgott Horus[4])

Das Neue Reich ist in seiner Skrupellosigkeit dem Mittleren gefolgt — die überaus zahlreichen Kurznamen mit *nb-*, *nb·t-*, *ḥnw·t-* stammen fast alle aus dieser Zeit — und laßt, wie schon das Mittlere, auch Königsnamen für gewöhnliche Menschen als Kurznamen zu, und auch die Spätzeit hat hier keine Änderung gebracht[5]). Isis und Bastet, Neith und Nephthys, Anubis und Thot sind bis in die ptolemäische Zeit als Menschennamen gebräuchlich geblieben Manche von ihnen, wie Ἆπις, Ἶσις, Μουθις, Αθυμις, Ανουβις, Ὧρος sind auch in griechischer Umschrift überliefert, und Horus und Anubis begegnen uns sogar noch im christlichen Ägypten in den koptischen Formen ϩⲱⲣ und ⲁⲛⲟⲩⲡ.[6])

Es wäre sehr auffallend, wenn, wie ich früher annahm (PN I 79, 19), unter diesen aus einem Gottesnamen allein bestehenden Kurznamen auch der später von den Griechen durch οννωφρις wiedergegebene Name *wnn-nfr* sich schon im Alten Reich finden sollte. Wir kennen keinen einzigen mit diesem Beinamen des Osiris zusammengesetzten Personennamen vor dem Neuen Reich[7]), und der Name selbst ist in der ganzen ägyptischen Literatur nicht vor dem Mittleren Reich belegt, wo er in seiner vollen Schreibung als 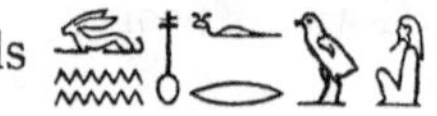 also *wnn-nfr·w*[8]), erscheint. Der etwa ein halbes Dutzend Mal in Grabschriften des Alten Reiches vorkommende Name 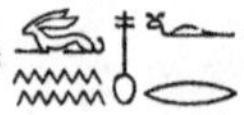 kann also mit jenem *wnn-nfr·w* nicht identisch sein und muß anders erklärt werden. Wie? ist allerdings eine schwierige Frage. Am nächsten liegt es, ihn mit dem Frauennamen des Alten Reiches  (PN I 202, 2) zu verbinden. Hätten wir diesen allein, so würde man sein *·š* auf die Namenträgerin beziehen können und „die Gute (Göttin) ist für sie da" oder „möge für sie da sein", also *wn-n·š-nfr·t*[9]) lesen und übersetzen und wäre in Versuchung, unser  in *wn-n*()*-nfr* aufzulösen und als „der Gute (Gott) ist für mich da" o. ä. zu verstehen. Das ist aber aus zwei Gründen bedenklich. Einmal deswegen weil 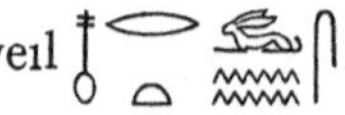 nicht getrennt werden kann von den *MR*-Namen  und [10]) und der erste von diesen wiederholt als Frauenname bezeugt ist. Das *·f* kann sich in ihnen also nur auf den Gott, nicht auf den Namenträger beziehen, und dasselbe wird für 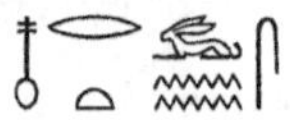 gelten müssen. Sodann aber kennen wir aus dem Neuen Reich den von den genannten gewiß nicht trennbaren Namen 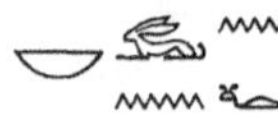, der uns

---

[1]) K Hoffmann, Personennamen, S 61 Er gab schon einige Zitate von nachweislichen Kürzungen aus dem *MR*  als Var von *si-rrw t*,  als Var von *mnṯ w-ḥtp(w)*

[2]) Zu den ganz seltenen Ausnahmen gehören die Frauennamen 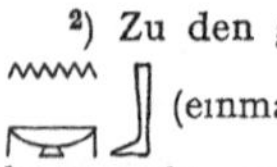 (einmal schon in der 4 Dyn !) und 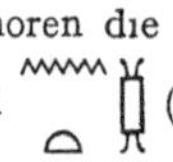 (Dyn 6, wenn hier nicht eine Kolumne links fehlt!) und der Männername . Zu PN I, 245, 18, 272,15 u 303,20 siehe die Zusätze in Band II

[3]) Die einzige Ausnahme, soweit ich sehe, macht ein nubischer Barbar, der Abt Jesu, der im 11 Jahrhdt Bischof von Sai im Sudan war (ÄZ 44,72)! — Bezeichnend ist demgegenüber die Beliebtheit des Namens der menschlichen Gottesmutter Maria als Mädchenname.

[4]) Ob hier ein Fehler vorliegt?

[5]) Nur vor Re als Kurznamen scheint man sich nach dem *NR* gescheut zu haben, und der Name des Osiris wird niemals so verwendet! Merkwürdigerweise ist dagegen *wnn-nfr* vom *NR* bis in die christliche Zeit als Menschenname gebräuchlich Ja, er lebt in dem katholischen Heiligen Onuphrius und in den aus seinem Namen gebildeten Verstümmelungen Nufer, Nuffer, Nuefferli usw (Heintze-Cascorbi, Die deutschen Familiennamen 7 [1933]) in deutschen und Schweizer Familiennamen noch heute fort!

[6]) Vgl die lange Anm 5 bei Hirzel, Name, S 67f

[7]) Der älteste ist *nš-wnnfr*, PN I 174, 10

[8]) Sein Ursprung und seine Bedeutung sind noch immer nicht geklärt Die Übersetzung von H Kees (Götterglaube, S 114, Anm 1) „existierend an Gute (Schönheit)" ist wenig befriedigend

[9]) Eine Redensart *wn n* „für jemanden da sein" scheint allerdings bisher nicht belegt zu sein

[10]) Der Name (PN I 217, 11) ist nicht ganz sicher.

— da *nb* im Neuen Reich niemals „aus Ehrfurcht" in der Schrift vorangestellt wird — zeigt, daß der Gottesname in diesen Namen an erster Stelle, also *ptḥ-wnn·f, ḥr(·w)-wnn·f, nfr·t-wnn·ś* zu lesen ist. Sie werden also als „der Gott (bzw. die Göttin) N. N. existiert" oder „wird (immer) sein" o. a. aufgefaßt werden müssen, was immer sich der Ägypter auch bei einem solchen Ausspruch gedacht haben mag. Damit scheint die Möglichkeit einer Verbindung mit unserem zu entfallen. Oder sollten wir eine etwas verschiedene Bildung annehmen und doch *wnn-nfr* „der Gute (Gott) existiert" bzw. „wird sein" übersetzen? Auch *wn-n(·j)-nfr* „der Gute (Gott) existiert für mich" oder, auf den Sohn bezogen, „ein Guter (Schöner) ist für mich da" wäre dann schließlich nicht ganz ausgeschlossen[1]).

Zu einer sicheren Lesung und Deutung läßt sich, solange der Name so allein steht, nicht kommen, da die sonst mit *wn* zusammengesetzten Namen des Alten Reiches , und ( ), an sich von unklarer Bedeutung[2]), uns nicht weiter helfen[3]). Daß das Wort *wn* schon im Alten Reich ein häufiges Bildungselement von Namen gewesen sein muß, zeigen die Koseformen und .

a) Vom Anfang des Vollnamens.

ꜣw *(MR)* vgl.[4]) *ꜣw-ib(-n-ḫwfw)*

ꜣb *(AR)* vgl. *ꜣb-ib (MR)*

ꜣḫ *(AR)* vgl. *ꜣḫ-*

i *(MR*[5]) bis *Spät)* vgl. *i-mrj-ptḥ, i-bꜣśt·t* usw.

iꜣw *(MR)* vgl. *iꜣw-ptḥ (AR)*

ij *(NR)* zu[4])

f *iꜥ(·t?)*[6]) *(MR)* vgl. *iꜥ-ib*

iꜥ·t u. a.[7]) *(MR)* vgl. *iꜥ·t-ib*

iꜥ·t-ib u. ä. (m. u. f. *MR* u. *NR)*[8]) vgl. *ij-m-iꜥ·t-ib*

iw·f u. a. *(AR* u. *MR)* vgl. *iw·f-n·j*

f *iw·ś* *(MR)* vgl. *iw·ś-n-mw·t·ś*

iw·f u. a. *(MR* bis *NR*[4])) vgl. *iw·f-ḏḥwtj (MR)*

ip u. a. *(MR*[1])) vgl. *ip-ḥr-ẖnj·t*

ipj *(AR, spät)* zu *ipj-ḥr-śśnb·f*

imꜣ *(AR)* vgl. *imꜣ-śꜣḥwrꜥ* u. a.

imꜣ u. a. *(AR* u. *Griech.*[1]))[2]) desgl.

f *imj* *(NR)* vgl. *imj-imn*

imn *(MR)* zu *imn-m-ḥꜣ·t*

inj u. ä. *(MR*[1]))[3]) zu *inj-it·f*

f *inj·t* *(AR)* vgl. *inj·t-kꜣ·ś* usw.

in *(MR)* zu *in-ḥtp(·w)*

f *irj·t* *(AR)* zu *(AR)*[4])

f *irj·ś* *(MR)* vgl. *irj·ś-św*

f *irj·t* u. ä. *(NR)* vgl. *irj·t-nfr·t* u. a.[5])

ir·tj (?) , *(AR)* vgl. *ir·tj(?)·śn (D 11)*

f *iḫ·t* *(Griech.)* vgl. *iḫ·t-nfr·t* u. a.

iḫꜣ *(MR)* zu *iḫꜣ-nḫt*

iḫ *(MR)* vgl. *iḫ-ntf* u. a. *(NR)*?

ꜥꜣḫprkꜣrꜥ *(D 18)* vgl. *ꜥꜣḫprkꜣrꜥ-śnb(·w)*

ꜥpr u. a. *(D 18* u. *Spät*[1])) vgl. *ꜥpr-bꜥr (NR)*

---

1) E. Edel macht mich hierzu auf Erman, Reden u. Rufe S. 44 aufmerksam, wo *wnn-nfr(-w?)* „es wird sein, indem es schon ist" als Antwort eines Handwerkers überliefert ist, die etwa „es wird schon sein" zu bedeuten scheint.

2) Oder sollte als „ein lebendiger (Sohn) ist da" zu verstehen sein?!

3) Auch der *MR*-Frauenname und die gleichzeitigen Männernamen , und sind mir nicht wirklich verständlich.

4) Über den Unterschied von „vgl." und „zu" siehe oben S. 97.

5) Auch Frauenname.

6) Identisch mit dem folgenden?

7) Männer- und Frauenname!

8) Vgl. auch *iꜥ t-hꜣ tj* (f *NR*).

---

1) Auch Frauenname.

2) Dieser und der vorhergehende Name sind wohl identisch.

3) Vgl. auch *(MR)*.

4) Als „schöner Name" bezeichnet.

5) Oder Vollname „die Genossin"?

f *ꜥnḫ·t* (*AR, MR, Griech.*) vgl. *ꜥnḫ·t-kꜣ* (*AR*), *ꜥnḫ·t-rn* (*MR*) u a.

ꜥšm (*MR*) vgl. *ꜥšm-mw·t*

wꜣḏ u. a. (*AR* bis *Spät*) vgl. *wꜣḏ-nfr* (*AR*) usw

f *wꜣḏ·t* u. a (*AR* u. *MR*) vgl. *wꜣḏ·t-hꜣw* (*MR*) u. a

f *wꜥb·t* u. a. (*NR*) vgl. *wꜥb-* (*NR*)?[1])

wp (*AR*) zu *wp-m-nfr·t*

f *wn* (*MR*) vgl. *wn(·j?)-ḥr-ꜣb·t·ś*

wnn·f u. ä. (*MR*) vgl. *ptḥ-wnn·f*

f *wnn·ś* (*AR*) vgl *nfr·t-wnn·ś*

wśr (*NR*) zu *wśr-imn*

wḏ u. ä. (*MR*[2]) u *NR*) vgl. *wḏ-ꜥnḫ·ś* (*MR*)

bꜣk u. ä.[3]) (*MR* bis *Spät*) vgl. *bꜣk-n·j-ptḥ* usw.

f *bꜣk·t* u. ä. (*MR* u. *NR*) zu *bꜣk·t-imn*

bn (*D 18*) vgl *bn-ꜥnt, bn-pw* u. a.

pꜣ-ꜣbw (*NR*) vgl *pꜣ-ꜣb(·w)-inḥr·t*

pꜣ-ꜥn u. ä. (*NR*) vgl. *pꜣ-ꜥn-m-ipꜣ·t* u. a.

pꜣ-nḥm (*NR*) vgl. *pꜣ-nḥm-ꜣś·t* (*Griech.*)

pꜣ-nḫw (*NR*) vgl. *pꜣ-nḫw-m-wꜣś·t*

pꜣ-nḫt u ä. (*NR* u *D 22*) vgl. *pꜣ-nḫt-m-ipꜣ·t*

pꜣ-nś (*Spät*) vgl *pꜣ-nś-kꜣj-šwtj*

pꜣ-rn (*NR*) vgl. *pꜣ-rn-nfr*

pꜣ-ḥꜣ (*Spät*) vgl. *pꜣ-ḥꜣ-imn* (*Griech.*)?

pꜣ-ḫj (*NR*) vgl *pꜣ-ḫj-(r-?)ḥꜣ·t*

pꜣ-ḫr (*Spät*) vgl. *pꜣ-ḫr-ḫnś·w* u. a

pꜣ-śmn (*D 20*) vgl. *pꜣ-śmn-nḫt* u. a.

pꜣ-šrj u. a (*D 19* bis *Griech*), vgl *pꜣ-šrj-n-imn* usw.[1])

pꜣ-dj , u a (*D 22* bis *Griech*) vgl. *pꜣ-dj-ꜣś·t* usw

pꜣ-dbḥ·w u a (*Spät*) vgl *pꜣ-dbḥ·w-n-bꜣśt·t*

pꜣj-śbtj (*D 20*) vgl *pꜣ·j-śbtj-m-wꜣś·t*

prj , (*MR* u. *Spät*)[2]) vgl. *prj-im* (*MR*), *prj-n·ś-bꜣśt·t* (f *Spät*)

p(t)r (*D 22*) vgl. *ptr-św-m-ḥbśd* (*D 20*)

pḥ (*MR*) vgl. *pḥ-r-nfr* (*AR*)?

pḥn (*AR*) zu *pḥn-wj-kꜣ(·j)*

f *ptr* u ä. (*MR*) vgl. *ptr-św-m-ḥbśd* (*D 20*)?

mꜣꜣ·n·j , u. a. (*NR*)[2]) vgl *mꜣꜣ·n·j-nḫt·w·f* u. a.

mnḫprrꜥ u. ä. (*NR*) vgl. *mnḫprrꜥ-śnb(·w)*

mnkꜣrꜥ u a. (*Griech.*) vgl *mnkꜣrꜥ-m-ḥb*

mnḫ u. a (*MR* u. *NR*) vgl. *mnḫ-śbk* (*MR*)

mnṯ·w (*MR*[2]) bis *Spät*) zu *mnṯ·w-htp* (*MR*)[3])

f *mr* u. a. (*MR*) vgl. *mr-śnb·ś*[4])

f *mr·t* , u a (*AR*[5]) bis *NR*) vgl *mr·t-ib* (*AR*) usw.

mr·f (*MR*) vgl *mr f-ꜥnḫ*

---

[1]) Also sekundare Femininbildung? Oder ein Vollname „die Reine“?
[2]) Frauenname
[3]) Auch wird hierher gehoren

[1]) In einzelnen Fallen wird ein Vollname „das Kind“ vorliegen
[2]) Auch Frauenname
[3]) Berlin 7313 — wenn nicht eine Fluchtigkeit des Steinmetzen vorliegt!
[4]) Mit Ausfall des Gottesnamens in der Mitte
[5]) Hierher wohl auch (f *AR*), als defektive Schreibung

f *mr·š* u. ä (*MR*) vgl. *mr·š-ʿnḫ*

mr·j 1) u. a (*AR* u *MR*) zu und zu

mr·jj 1) u. a (*AR* bis *Spät*) vgl *mr·jj-ptḥ* usw.

mr·jj·f (*AR*) vgl *mrjj·f-nb-m-ḥm·f* (*NR*)?

f *mr·jj·t* u ä (*AR/MR* bis *NR*) vgl. *mrjj·t-ptḥ* usw

mrjtj (*NR*) vgl. *mrjtj-wśj-ỉmn* u a.

mrr u ä. (*AR* u. *MR*2)) vgl. *mrr-wj-kꜣ(·j)*3)

f *mḥj(·t)* (*D 20f*) vgl. *mḥj·t-nḏm·t* (Nachtr.2))

f *mś·t* u ä. (*Spät*) vgl. *mś·t-nṯr* (*NR*)

f4) *mk·t* u ä. (*MR* u. *Spät*) vgl. *mk·t-ḥr-ḥb*, *mk·t(·j?)-bꜣ* u. a.

nj (*AR*) vgl. *nj-ptḥ* usw

n(j)ś(·w) , u. ä (*D 18*) vgl. *nś-ptḥ* usw.

nb u. ä. (*AR* u. *NR*2)) vgl. *nb-ỉb*, *nb-ꜣbḏw* usw.

nb·wj , , (*MR* u. *NR*) vgl *nb·wj-ḥtp(·w)* (*Griech.*)

f *nb·t* u. ä (*AR* bis *NR*) vgl. *nb·t-ỉtf*, *nb·t-wnš·w* usw

nfr (*AR*) zu *nfr-mrjjrʿ*

nn , (*MR*1)) vgl. *nn-mwt·f* u. a.

nḥ u a (*NR*1)) vgl *nḥ-ʿnḫ* u a.

nḫt (*AR*) zu *nḫt-pjpj*

nṯr·wj (*AR/MR* u *MR*2)) vgl. *nṯr-wj-ḥtp(·w)*

1) Die so geschriebenen Frauennamen sind gewiß als defektive Schreibungen für bzw aufzufassen

2) Auch Frauenname

3) Zum Teil mögen auch geminierte Koseformen vorliegen, vgl S 165

4) Einmal als Männername

nḏm·w (*MR*) zu (?)

rʿmśjśw (*NR*) zu *rʿmśjśw-mrjj-śtḥ*

rwḏ 1) u. a. (*AR* bis *NR* u. *Griech.*) vgl. *rwḏ-ỉb* u a.

rḫ·wj u. a (*AR/MR* u. *MR*1)) vgl *rḫ·wj-ʿnḫ·w* u. a.

rdj (*MR*)2) vgl. *rdj-śbk* usw.

f *hr·t* (*Spät*) vgl. *hr·t-bꜣśt·t*

ḥ(w) (*NR*) vgl. *ḥ(·w)-m-pr-ptḥ* u a

ḥpt u. a (*MR*1) u *Spät*) vgl. *ḥpt-rḫ·w*

f3) *ḥnw·t* u a. (*AR* bis *NR*) vgl. *ḥnw·t-wʿ·tj* usw.

f *ḥn·t* , u a (*AR* u *MR*) vgl *ḥn·t-n·j* u.a.

ḥḥ u. ä. (*NR*) vgl. *ḥḥ-n-nḥw* (?)

ḥsj (*AR* bis *MR*)1) vgl *ḥsj-ḫnś·w* (*AR*)4)

ḥsjj (*AR* u *NR*) zu *ḥsjj-rʿ* (*AR*)

ḥknw (?) (*AR*1) u *MR*) vgl *ḥknw(?)-ḥḏ·t* u. a

ḫꜣj u a. (*AR* u. *MR*) vgl. *ḫꜣj-ỉssj*

ḫꜣʿ u. a (*NR*) vgl *ḫꜣʿ-mnṯ·w* (*Spät*)

ḫꜣm (*NR*) vgl *ḫꜣm-ḥr(·w)* (*Spät*)

ḫʿj u. a. (*MR* bis *Spät*1)) vgl *ḫʿj-nfr·w* (*MR*) usw.

ḫw·t u a (*AR/MR* u. *MR*1)) zu *ḫw·t-ḫntjḫtjj*

ḫwj (*AR/MR*) zu *ḫwj-wj*

f *ḫwjj·t* u a (*MR*) zu *ḫwjj·t-ḫntjḫtjj*

ḫprkꜣrʿ (*MR* u *NR*) vgl *ḫprkꜣrʿ-śnb(·w)*

1) Auch Frauenname

2) Ob (f *AR*, *früh*) eine alte Schreibung dieses Namens darstellt (vgl Sethe, Verbum I, 456)?

3) Im *MR* einmal (irrig?!) als Männername belegt

4) Zum Teil gewiß auch Kosename auf , vgl S 135

ḫm u. a (*MR*[1])) vgl *ḫm(·w)·śn*

f *ḫntj·t* u. ä (*AR*) zu *ḫntj·t-kꜣ*

ẖrd·w (*MR*) vgl. *ẖrd·w-ꜥnḫ(·w)* u. a.

s (*NR*) vgl. *s-ỉmn* u. a.

f *s·t* u. a. (*MR*) vgl. *s·t-ỉmn* u. a.

f *sꜣ·t* (*MR*) vgl. *sꜣ t-ꜣś·t* usw.

sp , (*MR* u. *Griech.*) vgl. *sp-n-wrḏ·t(f)* u a.

f *sn·t* u ä. (*AR* bis *MR*) zu *sn·t-ỉnḥr·t* (*MR*)

śꜣb (*AR*) vgl. *śꜣb-wj(?)-ptḥ*

f *śꜣḥ* u. a. (*NR*) vgl *śꜣḥ-tꜣ-nfr*

śꜥnḫ u. a (*MR*[1])) vgl *śꜥnḫ-ptḥ* u. a.

f *śwt* (*NR*) vgl. *śwt-ꜥꜣ?*

śbtj (*D 18*) vgl. *śbtj-m-ptḥ*

śmn [2]), u ä. (*MR* u *NR*) vgl. *śmn-ptḥ* u. a.

f *śmr·t* (*AR*) vgl. *śmr·t-kꜣ* u. a.

śnj (*MR/NR*) zu *śnj-śnb(·w)*

śn·w , u. a (*MR* u *NR*[1])) vgl. *śn·w-ꜥnḫ(·w)* u. a.

f *śn·wt* u. ä. (*MR*)[3]) vgl. *śn·wt-ꜥnḫ(·w)*

śnꜥꜥ u a (*MR*[1])) vgl. *śnꜥꜥ-ỉb*

śnb u. a. (*AR* bis *Spat*) zu[4]) *śnb-ỉmnmḥꜣ·t* (*MR*)

śnfr u. a. (*MR*) vgl. *śnfr-wj-ptḥ*

śnḏm u a (*AR*) vgl *śnḏm-ỉb*

śrwḫ (*MR*) vgl. *śrwḫ-ỉb*

śḥtp (*MR*) vgl *śḥtp-śbk* u. a.

śtj u a (*NR*)[1]) vgl. *śtj-mśj(·w)* u. a.

śṯḥjj u. a (*NR*) vgl. *śṯḥjj-m-pr-ỉmn* u. a.

śḏꜣ u a. (*MR*) vgl. *śḏꜣj-ḥr*

śḏd (*MR*) vgl. *śḏd-wꜣ*

f *śḏd·t* (*MR*) vgl *śḏd·t-wꜣ*

špśj (*MR*) vgl *špśj-pw-ptḥ*

špśś (*AR* u *MR*) vgl *špśś-ptḥ* u a.

šmś (*MR*) vgl. *šmś-mrw* u. a.

šd u. a (*MR* u. *NR*) vgl *šd-ptḥ* u a.

f *šd·t* (*Spat*) vgl. *šd·t-mw·t*

ḳꜣj u ä. (*MR* u. *NR*[2])) vgl. *ḳꜣj-ỉꜣ·t* u. a.

f *ḳꜣj·t* u. a (*NR*) vgl. *ḳꜣj·t-śn·wt*

ḳnjj u. a. (*NR*) vgl *ḳnjj-ỉmn* u. a.

ḳnw u. ä. (*NR*) vgl. *ḳnw(?)-m-wꜣś·t*

f *ḳr·ś* (*Spat*) vgl *ḳr·ś-r-ỉmn*

ḳd u. a. (*NR*)[2]) vgl *ḳd-nḫḫ* u a

kꜣp·f (*D 23*) vgl. *kꜣp·f-ḥꜣ-ꜣś·t* usw.

f *kꜣp·ś* u. ä. (*Spat*) vgl. *kꜣp·ś-ḥꜣ-ꜣś·t* u. a.

f *kt*[3]) (*MR*) vgl. *kt-ỉrj·t* (*NR*)?

f *ktj*[3]) (*MR*) vgl *ktj-pꜥ·t*

gmj u ä (*MR* u. *NR*) vgl. *gmj-mw·t·f*

gmnj (*AR* u. *MR*) zu *gmnj-m-hꜣ·t* (*AR*)

grg u a (*AR* bis *D 21*)[2]) vgl *grg-mnnfr* (*D 18*)

f *tꜣ* (*NR*) zu *tꜣ-dj·t-mw·t*

f *tꜣ-ꜥšꜣ·t* (*NR*) vgl. *tꜣ-ꜥšꜣ·t-wḫś(?)-m-nꜣ·t*

---

[1]) Auch Frauenname
[2]) Hier konnen auch Schreibungen fur die *śmn*-Gans vorliegen
[3]) Einmal auch als Mannername belegt (?)
[4]) Als Beiname bezeichnet.

[1]) Die Schreibung des Sethnamens mit dem Seth-Tier ist als Kurzname nicht belegt!
[2]) Auch Frauenname
[3]) Oder Vollname „die Andere" ?

f *tꜣ-mr(·t)* (*D 21*)[1]) vgl *tꜣ-mr·t-ỉmn* (*Spät*)

f *tꜣ-rḫ·t* (*NR*) vgl *tꜣ-rḫ·t-ꜥn*

f *tꜣ-ỉmn·t* (*NR*) vgl. *tꜣ-ỉmn·t-ḫꜣw·t*[2])

f *tꜣ-šrj·t* (*Spät*) vgl *tꜣ-šrj·t-nt-ꜣś·t* usw.

f *tꜣ-gm·t* u. a. (*Spät*) vgl *tꜣ-gm·t-ꜣś·t*

f *tꜣ-dj(·t)* u. a. (*Spät*) vgl. *tꜣ-dj(·t)-ꜣś·t* usw.

f *tꜣjj* u. a. (*Spät*) vgl *tꜣj-ḫnw·t-nḫt·t-ʾr·w* usw.

f *tꜣ·śn* u. a. (*NR*) vgl *tꜣ·śn-nfr·t*

tnr(tl) u. a. (*NR*[3])) vgl *tnr(tl)-ỉmn* u. a.

ttj (*MR*) zu[4]) *ttj-m-sꜣ·f*

ṯꜣ u. ä. (*NR*) vgl *ṯꜣ-nfr* u. a.

ṯꜣj u. ä. (*D 19* u. *Griech.*) vgl. *ṯꜣj-ỉmn-ʾmw* usw.

ṯꜣw (*NR*) vgl *ṯꜣw-n-ꜣnj* usw

f *ṯnt* (*MR*) vgl. *ṯnt-ỉb(?)*

ṯs (*MR*) vgl. *ṯs-tꜣ-mḥj·t* (*D 18*)?

f *dj-nb(·w)* (*MR*) vgl *dj-ptḥ-ꜥnḫ*

f *dj-ḥr(w)* (*Spät*) vgl *dj-ḫnś·w-ỉrj* (*D 21*)

dwꜣ (*D 19*) vgl. *dwꜣ-m-mr·ś* u. a.

f *dwꜣj·t* , (*MR* u. *NR*) vgl. *dwꜣj·t-nfr·t*

dmj (*MR*) vgl. *dmj-wḏꜣ(·w)*

dmḏ u. a. (*AR*) vgl. *dmḏ-kꜣ·w*

dd (*MR* u. *NR*[3])) vgl. *dd-ỉmn* usw.

dd·w u. a. (*MR*[3])) vgl *dd·w-ỉmn* usw.

f *dd·t* , u. a. (*MR* u. *NR*) vgl *dd·t-ỉmn* usw.

---

1) Vgl auch , (f *NR*)
2) Die beiden Namen, die PN I, 367, 14 zusammenstehen, sind zu trennen!
3) Auch Frauenname.
4) Als „schöner Name" bezeichnet

ddtw (?) u. a. (*MR*[1])) vgl *ddtw(?)-ỉmn* u. a.

ḏbꜣ u. a. (*MR*) vgl *ḏbꜣ-nfr*

ḏśr [2]) (König, *D 3*) vgl *ḏśr-kꜣ-rꜥ* (*NR*)

f *ḏśr(·t?)* (*MR*)

ḏśrkꜣrꜥ (*NR*) vgl. *ḏśrkꜣrꜥ-śnb(·w)*

ḏd [3]) (*AR*) zu *ḏd-kꜣ-rꜥ* (König, *D 5*)

ḏdkꜣrꜥ (*Spät*) vgl *ḏdkꜣrꜥ-śnb(·w)*

ḏdj u. ä. (*AR*)[4]) zu

b) Vom Ende des Vollnamens[5]).

ꜣ·t (*D 18*) vgl. *ḥn-ỉꜣ·t* (*Spät*)?[6])

f *ỉj·tj* u. ä.[7]) (*AR* bis *NR*) vgl. -*ỉj·tj* (*MR*) usw

f *ỉpꜣ·t* (*NR*) vgl *ỉmn-m-ỉpꜣ·t*

f *ỉmn·t* (*MR*) vgl *ṯs-ỉmn·t* (*NR*)

f *ỉn·t* (*AR* u. *D 19*)[8]) vgl *nb·t-rꜣ-ỉn·t* (*MR*), *ỉmn-m-ỉn·t* (*NR*) u. a.

ỉrj u. a. (*MR* u. *NR*) vgl. *nb-ỉrj* u. a.

f *ỉr·w* u. a. (*Spät*) vgl *nḫt-ꜣś.t-ỉr·w* u. a.

ỉr·tj(?)·śn (*D 11*) vgl f *mr-ỉr·tj(?)·fj* und f *mr-ỉr·tj(?)·śj?*

ỉśj u. a. (*MR*) vgl. *sꜣ-ỉśj* u. a

ỉś·t·f (*AR*) vgl. *ỉnj-śnfrw-ỉś·t·f*

---

1) Auch Frauenname
2) So in der Königsliste von Sakkara. Daß ein Kurzname vorliegt (also nicht *ḏśr* „der Erhabene" o. a.) scheint aus der griech. Form τοσορϑος hervorzugehen. Vgl. auch im Turiner Königspapyrus
3) Im Turiner Königspapyrus
4) Auch f *MR*
5) Wo eigentliche Vollnamen fehlen, werden vollere Kurznamen zum Vergleich herangezogen
6) Oder ist *ꜣ·t* „der Rücken" Vollname?
7) Ob auch die Schreibungen , hierher gehören?
8) Auch als Männername (*AR*/*MR*) belegt

ỉt·j u. a. (*MR* u. *NR*)[1] vgl *ʿnḫ-ỉt·j* (*MR*) u. a.

ỉdḥ(·w) [2] (*NR*) vgl *ḥnw·t-ỉdḥ(·w)*

f *jm* (*NR*) vgl *ỉmn-pꜣ-jm* (*Spät*)

ʿnw u. a. (*MR*)[3] vgl *ỉj-n·j-ʿnw*?

ʿnḫ·w (*MR*) zu[4] *ỉmnjj-ʿnḫ·w*

f *ʿnḫ·tj* u. a. (*MR* u. *Griech.*) vgl. *šn·t·j-ʿnḫ·tj* u. a.

ʿḏr (*NR*) vgl *pꜣ·f-ʿḏr*

f *wꜣ·t* u. a. (*MR*) vgl *ỉt·f-wꜣ·t* (*NR*)?

wỉꜣ u. a. (*MR* u. *NR*[1])) vgl *ỉmn-m-wỉꜣ* usw.

f *wʿj·tj* (*NR*) vgl. *ḥnw·t-wʿj·tj*

wnn·f (*MR*)[1] vgl. *ptḥ-wnn·f*

wnnnfr …, … u. a. (*AR* bis *Griech.*) vgl. *nš-wnnnfr* (*NR* bis *Spät*)[5]

f *wnn·š* (*AR*) vgl. *nfr·t-wnn·š*

f *wšr·t* (*D 18*) vgl *sꜣ·t-wšr·t* (*MR*)

f *wḏꜣ·t-ꜣḫ·t* (*NR*) vgl *nš-tꜣ-wḏꜣ·t-ꜣḫ·t* (*D 21f.*)

f *bḥd·t* u. ä. (*NR*) zu *nḏm-bḥd·t*

f *pꜣ·š-ḥrj* (*Spät*) vgl. *ʿnḫ-pꜣ·f-ḥrj* und *ʿnḫ-tꜣ·š-ḥrj·t*

f *pr·t* (*Spät*) vgl *ṯs-ḫnš·w-pr·t* usw.

pšš u. a. (*MR*)[1] vgl. *ỉw·f(ỉw·š)-n·j-r-pšš*[6]

[1] Auch Frauenname
[2] Ob hierher auch … (lies …) gehört (*D 22*)? Die Schreibung mit … ist bisher (Wb 1, 155) nur Griech. belegt.
[3] Auch f *MR*
[4] Als „schöner Name" bezeichnet
[5] Vgl. oben S. 112f.
[6] Vgl. auch PN I, 137, 6

mj …, … u. a. (*NR*)[1] vgl. *ptḥ-mj* u. a.

f *mnnfr* (*NR*) vgl. *nḏm-mnnfr* u. a.

mrw·t·f (*MR*) vgl. *ʿn-mrw·t·f*

nꜣ·f-nb·w (*Spät*) vgl *inj-ỉmn-nꜣ·f-nb·w*

nwnw(?)[2] (*NR*)[3] vgl. *ḥʿj-m-nwnw(?)*

nb·wj (*Spät*) zu *šḥtp-nb·wj*

f *nfr·tj* (*NR*) vgl *ỉj-nfr·tj*

nn (*MR*) vgl. *nfr-nn* (*AR* u. *NR*)

nnj (*AR*) zu[4] *pjpj-nnj*

f *nḥḥ* (*MR*) vgl. *ḥnw·t-r-nḥḥ*

nḫt·w (*NR*) vgl *mꜣꜣ·n·j-nḫt·w·f*[5]

f *(ỉ)r·w* (*Spät*) vgl. *ỉr·t-n·t-ḥr(·w)-(ỉ)r·w* u. a.

f *rꜣỉn·t* u. a. (*AR* u. *NR*) vgl *pꜣ-n-rꜣỉn·t* (*NR*)

rwḏ·w (*AR*) zu *wr-rwḏ·w*

f *rnnwt·t* …, … u. a. (*NR*) vgl. *sꜣ·t-rnnwt·t* u. a.

rhn·j u. ä. (*NR*) vgl. *pꜣ-n-rhnj*

f *rš·tj* (*NR*) vgl *mw·t(·j)-rš·tj*

rkḥ (*AR*) vgl. *šbk-ḥr-rkḥ* (*MR*)

f *h(ꜣ)nw* (*NR*) vgl. *nb·t-h(ꜣ)nw*

ḥj (*NR*) zu *ṯꜣw-n-ḥj*

ḥb·f (*D 18*) vgl *nfr-ḥb·f*

ḥp …, … u. ä.[6] (*AR* bis *NR*) vgl *nj-mꜣʿ·t-ḥp* (f *AR*) u. a.

[1] Zu diesem Kosenamen siehe S. 144
[2] Vgl. Wb 2, 214
[3] Hierher auch PN I, 206, 12 … (f *MR*)?
[4] Als „schöner Name" bezeichnet
[5] Der unverkürzte Vollname etwa **mꜣꜣ n j-nḫt·w-ỉmn* o. ä.
[6] Auch Frauenname

ḥr-pꜣ-bik (*Griech.*) vgl. ψεναρπβηχις, πετεαρπεβηκις

ḥsw u. a. (*MR* u *NR*) vgl. *ỉj-ḥsw* (*MR*)?[1])

ḥḳꜣ·tjfj (*MR*) vgl. *ttj-ḥḳꜣ·tjfj* (*D 6*)

ḥtp (*MR*) zu *ḥrjš·f-ḥtp(·w)*

f *ḥtp·f* (*D1*) vgl. *ꜥꜣ-ḥtp·f* (*NR*), *mr-ḥtp·f* (*AR*)

f *ḥtp·tj* (*MR* u. *NR*) vgl. *ḥtḥr-ḥtp·tj* u. a

f *ḥd·t* (*Spät*) vgl. *ḫꜥj-m-ḥd·t* (*NR*)

ḫꜣw·t u. ä. (*NR*)[2]) vgl *nfr-ḫꜣw·t*

ḫꜥj·w u. a. (*NR*) vgl. *ỉmn-ḫꜥj·w* u. a.

f *ḫꜥj·tj* (*AR*) vgl. -*ḫꜥj·tj* (*NR!*) u. a.

f *ḫbj·t* u a (*Spät*) vgl. *ḥr-m-ḫbj·t*

snwśr·t u a. (*MR*[2]), *NR* u. *Griech.*) vgl. *ꜥnḫ-snwśr·t* u a.

sꜣ·f (*AR* u *Griech*) zu (Griech.) *mnṯ·w-m-sꜣ·f*

sꜣṯ·f (*AR*) vgl. *ỉj-sꜣṯ·f*

sḫsḫ (*MR*) vgl *ỉj-m-sḫsḫ*

śnb (*AR*) zu *. . . w-śnb(·w)*[3])

śḥn·t (*MR*)[2]) vgl *mn(·w)-m-śḥn·t*

f *šꜥ* (*Spät*) vgl *pꜣ-n-šꜥ(·t)*

šw (*Spät*) vgl. *wḏꜣ-šw* (*Spät*) u a

f *špś·wt* (*MR*) vgl *ḥꜣ·t-špś·wt* u. a.

ššnḳ u a (*Spät* u. *Griech*) vgl. *ꜥnḫ-ššnḳ*

f *šdj·ś* (*AR* u. *MR*) vgl *wꜣdj·t-šdj·ś* (*NR*)[4])

f *kꜣ·ś* (*AR* u. *D 22f.*) vgl. *ỉnj·t-kꜣ·ś* (*AR*), *ꜥꜣ-kꜣ·ś* (*MR*)

1) Oder Kosename auf ?
2) Auch Frauenname
3) Junker, Gîza V, S 6f
4) Vgl. allerdings auch das mir unverständliche f (*AR*)!

f *kꜣ·w·ś* (*AR*) vgl. *ꜥnḫ-kꜣ·w·ś*

f *kꜣjj·t* u. ä. (*MR*) vgl *mr·t-kꜣjj·t?*

gmn(·j) (*AR*) zu *śꜥnḫ-gmn(·j)*

f *tꜣ(·j?)-nḫt·t*[1]) (*Griech.*) vgl. *ꜥnḳ·t-tꜣ(·j)-nḫt·t* (*D20*)?

tꜣ·j-nḫt·t (*NR*) vgl. *ꜥnḳ·t-tꜣ(·j)-nḫt·t* (*D20*)?

tꜣ·f-nḫt·t u. ä. (*Spät*) vgl *ỉmn-tꜣ·f-nḫt·t* u. a.

f *tꜣ·ś-nḫt·t* u. ä (*Spät* u. *Griech*) vgl. *ꜣś·t-tꜣ·ś-nḫt·t* u a.

ṯnj u. ä. (*D 18*) vgl. *śḫ·t-ṯn* (f *MR*)?

ṯnn·t (*AR*) vgl. *kꜣ(·j)-m-ṯnn·t* u. a.

ṯr(·t) u. ä (*NR*) vgl. *ḫꜥj-m-ṯr·t* u a.

f *dp·t* u. ä. (*MR* u. *NR*) vgl *mr·t-dp·t* (f *MR*)[2])

ḏḥwtj (*NR*) zu *mrjj-ḏḥwtj*

c) Aus der Mitte des Vollnamens.

ỉb·w (*MR*) vgl. *nj-ỉb·w-nśw·t* (*AR*)

ỉr (*Spät*) vgl. *ỉmn-ỉr-dj-św* usw

f *ỉr(·t)* (*Spät*) vgl. *ꜣś·t-ỉr-dj-ś·t* usw.

ỉr·tj(?) (*AR*) zu *nj-ꜥnḫ-ỉr·tj(?)-pjpj*

wśj (*NR*)[3]) vgl. *mrjtj-wśj-ỉmn?*

fꜣj(?) u a. (*Spät*) vgl *nś-pꜣ-kꜣ-fꜣj-ꜥ?*

f *mj* (*MR* u. *NR*)[4]) vgl *rḫ-mj-rꜥ*, *·ỉw-mj-nn* u. a.

f *mrw·t* u. ä. (*AR* u. *MR*) vgl. *ꜣḫ-mrw·t-ptḥ* (*AR*)

f *nmt·wt* (*MR*) vgl. *nfr-nmt·wt-ỉśsj* (m *AR*)

śfḫ (*AR/MR?*) vgl. *nfr-śfḫ-ptḥ*

1) Oder *tꜣ-n·t-nḫt·t* „die zur Starken Gehörige", also Vollname?
2) PN I, 399, 19
3) Auch Frauenname
4) Spät auch als Männername

f *šḫ·t* (*MR*) vgl. *nb·t-šḫ·t-n·t-rʿ*

kꜣ·w (*AR*) vgl. *mn-kꜣ·w-rʿ* usw.

thj (*NR*) vgl *bw-thj-imn*

d) Stellung im Vollnamen unsicher.

ꜣnj (*MR* u *NR*[1])) vgl. *ꜣnj-nḫt·w, šdj-šw-ꜣnj*

f *ꜣś·t* u. ä (*MR* bis *Griech.*) vgl. *ꜣś·t-m-ḥb, sꜣ·t-ꜣś·t* usw.

iʿh u. a (*MR*[1]) u *NR*) vgl *iʿḥ-m-ḥb, sꜣ·t-iʿh* u a.

iw (*MR*)[1]) vgl *iw-ʿnḫ, nfr-iw* u a.

ib (*AR/MR*) vgl. *mr-ib, ib(·j)-r·f* u. a

imn (*MR* bis *Spat*) vgl *imn-m-ḥꜣ·t, inj-imn nꜣ·f-nb·w, sꜣ-imn* usw.

injḥr·t u a. (*MR* u. *NR*) vgl. *injḥr·t-ḫʿj(·w), sꜣ-injḥr·t* usw.

f *inp·w* u a. (*MR* u. *Griech.*) vgl. *inp·w-m-sꜣ·ś* (*MR*), *nj-kꜣ·w-inp·w* (*AR*) u. a.

iḳr u a (*MR* u *Griech*) vgl. *iḳr-ʿnḫ, rn·f-iḳr* u a.

it·f (*D 6* bis *Spat*)[1]) vgl *it·f-nfr, ʿnḫ-it·f* u a.

f *it·ś* (*NR*) vgl *it·ś-rś·w, mr·t-it·ś* u. a.

ʿ·wj u a (*MR* u *NR*)[1]) vgl *ʿ·wj·j-rdj·t·ś* (?*MR*) u *pꜣ·f-ṯꜣw-m-ʿ·wj-ꜣś·t* usw (*Spat*)

ʿꜣ u a. (*MR* u *NR*)[1]) vgl *ʿꜣ-injḥr-t* usw, *iw·f-ʿꜣ*

ʿpr·f (*AR*) vgl.

f *ʿn* u. a (*AR* u *NR*) vgl. *ʿn-pꜣ-ntj-n·j* (*MR*) u a, *ttj-ʿn* (*D 18*)[2])

ʿnḫ u. a (*AR* bis *Spat*)[1]) vgl *ʿnḫ-n·j-ptḥ* (*AR*), *śnb·f-m-ʿnḫ* (*MR*) u a.

---

[1]) Auch Frauenname
[2]) Oder ist auch *ʿn-ttj* zu lesen?

ʿntj u a (*MR*[1]) u. *MR/NR*) vgl. *ʿntj-m-wśḫ·t, nj-ʿnḫ-ʿntj*

f *ʿntj·wj* (*MR*) vgl. *ʿntj·wj-m-ḥꜣ·t*[2])

ʿšꜣ u a (*MR*) vgl. *ʿšꜣ-iḫ·wt* u. *rʿmśjśw-ʿšꜣ-ḥbśd* (*NR*)

wꜣḥ u. a. (*MR* u. *NR*) vgl *wꜣḥ-snwśr·t* u. a., *ptḥ-pw-wꜣḥ*

wꜣḥibrʿ u. ä. (*Spat* u *Griech*) vgl. *wꜣḥibrʿ-m-ꜣḫ·t, ʿnḫ-wꜣḥibrʿ* u a.

f *wꜣḏj·t* (*Spat*) vgl. *wꜣḏj·t-m-ḥb, sꜣ·t-wꜣḏj·t* (*MR*)

wbn (*AR* u. *MR*[1])) vgl. *wbn-rś* (*MR*), *pꜣ-šw-wbn·w* (*D 20*)

wpwꜣw·t (*MR/NR*) vgl. *wpwꜣw·t-m-ḥꜣ·t, sꜣ-wpwꜣw·t* u a.

f *wrl* , u. ä. (*NR*[3])) vgl. *wrl-ḥtp·tj, bꜣk-n-wrl*

wḫ (*MR*) vgl *wḫ-m-sꜣ·f, sꜣ·t-wḫ* u. a.

wśr u. ä (*AR* bis *NR*)[1]) vgl. *wśr-kꜣ·w-ḫʿjfrʿ, rʿmśjśw-wśr-pḥtj, rʿ-wśr*[4]) u. a.

wśrmꜣʿ·trʿ (*D 19*) vgl. *wśrmꜣʿ·trʿ-nḫt(·w), šḫpr-wśrmꜣʿ·trʿ* u. a.

wḏꜣ u. ä. (*AR* u *Spat*) vgl. *wḏꜣ-rḫ·w* (*AR*), *ḥr-wḏꜣ(·w)* (*Spat*) u. a

f *wḏꜣ·t* u ä (*Spat*) vgl *wḏꜣ·t-ꜣḫ·t, nś-wḏꜣ·t-ḏḥwtj* u. a

f *bꜣśt·t* u a. (*MR, NR* u. *Griech.*) vgl. *bꜣśt·t-ir-dj-św* (*Spat*), *wśr-bꜣśt·t* (*MR*) u a

bś u ä. (*NR* u. *Spat*) vgl. *bś-n-mw·t, tꜣ-n·t-bś* u. a.

pꜣ-itn (*D 18*) vgl. *pꜣ-itn-m-ḥb* u. a

pꜣ-ʿꜣ u. ä. (*NR*)[1]) vgl. *pꜣ-ʿꜣ-m-in·t, nś-pꜣ-ʿꜣ* u. a

---

[1]) Auch Frauenname
[2]) Bildungen mit *ʿntj wj* an 2 Stelle sind wohl nur zufallig nicht belegt
[3]) Auch Mannername
[4]) Oder ist *wśr-rʿ* zu lesen?

pꜣ-ꜥnḫ u a *(D 21f)* vgl *pꜣ-ꜥnḫ-mdj-imn, św-pꜣ-ꜥnḫ (NR)* u a

pꜣ-wiꜣ u a. *(NR*[1]*)* u. *Spat)* vgl. *pꜣ-wiꜣ-mn(·w), pꜣ-kꜣ·w(?)-pꜣ-wiꜣ*

pꜣ-nb u. a. *(NR)* vgl *pꜣ-nb-n-km·t-nḫt(·w), mnṯ·w-pꜣ-nb* u. a.

pꜣ-rꜥ u a. *(NR)* vgl. *pꜣ-rꜥ-m-ḥb, ꜥnḫ·f-n-pꜣ-rꜥ (Spat)* u. a.

pꜣ-tꜣ (Spat) vgl *pꜣ-tꜣ-mdj-imn (D 20), ṯꜣj-ḥr(·w)-pꜣ-tꜣ (Spat)*

pw (AR/MR bis *NR)*[1]) vgl. *ptḥ-kꜣ(·j)-pw (AR), ptḥ-pw-wꜣḥ (MR)* u. a.

pśmṯk (Spat u. *Griech.)* vgl. *psmṯk-sꜣ-njt, nfr-ššm-pśmṯk* u a.

ptḥ (MR bis *Spät)* vgl *ptḥ-m-ḥꜣ·t (AR/MR), sꜣ-ptḥ* usw.

mꜣjḥsꜣ (MR) vgl. *mꜣjḥsꜣ-ḥtp(·w), sꜣ·t-mꜣjḥsꜣ* u. a.

mꜣꜥ u. ä. *(AR* u. *MR)* vgl. *mꜣꜥ-m-ḥb, it·f-mꜣꜥ*

f *mꜣꜥ·t (MR)* vgl *mꜣꜥ·t-pw-ptḥ, nj-mꜣꜥ·t-ptḥ (AR), nfr-mꜣꜥ·t (AR)* u. a.

f *mwt* u ä. *(MR*[2]*)* bis *Spat)* vgl. *mwt-m-sꜣ·f, bꜣk-n-mwt* usw

mn u. ä *(MR* bis *Spat)*[1]) vgl. *mn-ḥtp, pr-ptḥ-mn(·w)* u a[3])

mnḫprrꜥ (NR) vgl. *mnḫprrꜥ-śnb(·w)*

mn(·w) (MR bis *Spat)* vgl *mn(·w)-m-ḥꜣ·t, sꜣ-mn(·w)* usw

mnṯ·w u. a *(MR*[1]*)* bis *Spat)* vgl. *mnṯ·w-m-ḥꜣ·t, sꜣ-mnṯ·w* usw

f *mr (NR)* vgl. *pꜣ-n-mrw, pꜣ-n-mr-n-ꜥb*

mḥj·t u a. *(D 19* u. *Griech)* vgl *mḥj·t-ḫꜥj·tj (NR), pꜣ-dj-mḥj·t (Spat)* u. a

[1]) Auch Frauenname
[2]) Auch als Mannername belegt!
[3]) Auch *mn* „der Soundso“ mag an einigen Stellen in Betracht kommen.

mś u a *(NR)*[1]) vgl *mś-nṯr, rꜥ-mśj-św, ptḥ-mśj(·w)* usw

f *njt* u. a *(AR* bis *Griech)* vgl. *njt-m-ḥb (MR), mrj-njt-it·ś (Spat), ḳr·ś-r-njt (Spat)* usw

nw (NR) vgl. *nw-imn, pꜣ-nfr-(hr-)nw* u a.

f *nb·tḥ·t* u. ä *(MR* bis *Spat)* vgl *nb·tḥ·t-ḫnw·t·śn (MR), ḥtp-nb·tḥ·t (Spat)* u. a.

nb·w (MR) vgl *nb·w·śn (MR), inj-imn-nꜣ·f-nb·w* u. a. *(Spat!)*

nbkꜣ·wrꜥ u ä. *(MR)* zu (?) *nḫt-nbkꜣ·wrꜥ*[2])

nfr u. ä *(D 1* bis *Spat)* vgl. *nfr-iw, rꜥ-nfr* usw.

nfribrꜥ u. a. *(Spat* u. *Griech.)* vgl. *nfribrꜥ-m-ꜣḫ·t, ꜥnḫ-n·ś-nfribrꜥ* u. a.

nfrtm u. a *(AR* u. *MR)* vgl. *nfrtm-m-sꜣ·f (MR), sꜣ·t-nfrtm (NR)*

f *nfr·t* u. a *(AR* bis *NR)* vgl *nfr·t-ntś, ij-nfr·t* u a.

nfr·w u. a. *(AR/MR* bis *NR)*[1]) vgl *nfr·w-imn* u a *(MR), ir-nfr·w-mwt* u. a. *(NR)*

nh·t u a. *(MR* u *NR)*[3]) vgl. *nh·t-m-wiꜣ, sꜣ-nh t* u. a.

nḫw u a. *(NR)* vgl. *nḫw-m-mwt, pꜣ-nfr-m-nḫw*

nḫt u. a *(AR* bis *NR)*[1]) vgl. *nḫt-wpwꜣw·t, pꜣ-nb-n-km·t-nḫt(·w)* u a

nkꜣw u. a *(Spat)* vgl *nkꜣw-mrj-nṯr·w, mnḫ-ib-nkꜣw* u a

nṯr u a *(NR)*[1]) vgl. *nṯr-mśj(·w), wr-n·j-nṯr* u. a

nṯr·w u a *(MR*[1]*)* u *NR)* vgl *nṯr·w-ḥtp(·w), mwt-nb·t-nṯr w* u. a

nḏm u a *(AR* bis *NR)* vgl. *nḏm-ib, śn-nḏm* u. a

[1]) Auch Frauenname
[2]) Vgl Muller, Felsengraber, S 105, Anm 1
[3]) Zum Teil wohl auch Vollname „die Sykomore“.

rʿ u. a. *(MR* u. *NR*[1]*)* vgl. *rʿ-ḥtp(·w)*, f *mrj·t-rʿ* usw.

rʿmśjśw u. a. *(NR* u. *D 22)* vgl. *rʿmśjśw-m-pr-rʿ*, *mrj-ỉmn-rʿmśjśw* usw.

rn·ś *(MR)* vgl. *rn·ś-rś(·w)*, *wḏ3-rn·ś* *(Spät)* u. a.

rnp·t *(MR)* vgl. *rnp·t-nfr·t*, *nfr-rnp·t* u. a.

rḫ *(D 18)* vgl *rḫ-mj-rʿ*, *ptḥ-rḫ-św* u. a.

rś(·w) , u. ä *(MR*[1]*)* u. *NR)*[2]) vgl. *rś·w-nfr*, *ỉt(·j)-rś·w* u. a.

rš u ä *(MR* u. *D 26)* vgl. *rš-ptj·f* *(NR)*, *wbn-rš* (f *MR)* u a.

h3b *(AR)* vgl. *h3b-św (MR)*, *ỉr-h3b·ś* (f *MR)*

hn *(NR)* vgl. *hn-nḫt·w*, *p3-hn-n·f* u. a.

ḥ3 u. ä. *(MR* bis *Spät)* vgl *ḥ3-ʿnḫ·f* usw. *(MR)*, *k3p·f-ḥ3-3ś·t* u. a. *(Spät)*

ḥ3·t u. ä. *(MR*[1]) bis *Spät)* vgl. *ḥ3·t-nfr·t*, *ỉmn-m-ḥ3·t* usw.

ḥʿpj u. a [3]) *(NR)* vgl *ḥʿpj-ʿ3* u a., *ḥʿj-ḥʿpj*

f *ḥ(w)·t* u a. *(MR)* vgl *ḥ(w)·t-ỉj·tj*, *mrjj-m-ḥ(w)·t* u. a.

f *ḥ(w)tḥr* u ä. *(MR*[4]) bis *Spät)* vgl. *ḥ(w)tḥr-ỉj·tj*, *s3·t-ḥ(w)tḥr* usw.

ḥb *(MR)* vgl. *ḥb-pw*, *ỉmn-m-ḥb* u a.

ḥr(·w) u. a *(AR* bis *Griech.)*[1]) vgl *ḥr(·w)-mśj(·w)*, *b3·f-ḥr(·w)* usw

ḥs u ä. *(AR, MR* u. *Spät*[1]*))* vgl. *ḥs-3ḫ·tj*, *p3-rʿ-ḥsj-św* u a

ḥḳ3 u a. *(AR/MR* u. *MR*[1]*))* vgl. *ḥḳ3-ỉb*, *s3-ḥḳ3* u a.

ḥk3 *(Spät)* vgl. *ḥk3-m-ḥ3·t*, *p3-dj-ḥk3* u. a.

ḥtp u. a. *(AR* bis *Griech.)*[1]) vgl. *ḥtp-3ḫ·tj*, *ỉmn-ḥtp(·w)* usw.

ḫʿjḫprrʿ *(MR)* vgl *ḫʿjḫprrʿ-ʿnḫ(·w)*, *mrj-ḫʿjḫprrʿ* u. a.

ḫʿjk3·wrʿ *(MR)*[1]) vgl. *ḫʿjk3·wrʿ-m-ʿḫ·t*, *śnfr-wj-ḫʿjk3·wrʿ* u. a.

ḫwj u. ä *(MR)* vgl *ḫwj-ʿnḫ·w*, *nfr-ḫwj* u. a.

ḫprk3rʿ u ä. *(MR* u. *NR)* vgl. *ḫprk3rʿ-śnb(·w)* *(NR)*, *s3·t-ḫprk3rʿ*

ḫnś·w *(MR* bis *Spät)*[1]) vgl. *ḫnś·w-m-s3·f*, *b3k-n-ḫnś·w* usw.

ḫntjḫtjj u. a. *(AR* u. *MR*[1]*))* vgl. *ḫntjḫtjj-m-ḥ3·t*, *wr-ḫntjḫtjj* u. a.

ḫnmỉbrʿ u. ä. *(Spät)* vgl. *ḫnmỉbrʿ-s3-ptḥ*, *mn-ḫnmỉbrʿ* u. a.

sm3t3·wj u. ä. *(D 19* bis *Griech.)* vgl. *sm3t3·wj-t3·f-nḫt·t*, *ʿnḫ-sm3t3·wj* u. a.

skr u. ä. *(MR)*[1]) vgl. *skr-m-ḥb*, *ʿnḫ·j-m-ʿ-skr*

śbk[2]) u. a. *(AR/MR* u. *MR*[1]*))* vgl. *śbk-m-ḥ3·t*, *nḫt-śbk* usw.

śpd·w *(MR)* vgl *śpd·w-m-s3·f*, *s3-śpd·w* u. a.

śmḫ *(MR)*[1]) vgl. *śmḫ·śn*, *n-śmḫ·tw·f*

śn *(MR* u. *NR)*[3]) vgl *śn-ỉj·w*, *ỉw·f-n·j-r-śn* usw.

śnb u ä *(AR* bis *Spät)*[1]) vgl. *śnb-nb·f*, *ỉw·f-r-śnb* usw.

śnbk[4]) *(MR)* vgl. *śnbk-m-s3·f*

śḥtpỉbrʿ u a *(MR)*[1]) vgl. *śḥtpỉbrʿ-ʿnḫ·w*, *s3·t-śḥtpỉbrʿ* u. a

f *śḫm·t* u. a *(NR* u *Spät)* vgl *śḫm·t-m-ḥb*, *s3·t-śḫm·t* u a.

---

[1]) Auch Frauenname

[2]) Ob auch (f *MR)* hierher gehört?

[3]) Hierher auch *(Spät)*?

[4]) Das einmalige scheinbare Vorkommen als Mannesname (als Variante von *s3-ḥtḥr)* beruht vielleicht auf einem Versehen des Steinmetzen!

---

[1]) Auch Frauenname

[2]) Vgl unten *śnbk*

[3]) Zum Teil wohl auch Vollname „der Bruder".

[4]) Wohl für *śbk*, siehe Anm 2.

šṯ (*MR* u. *NR*) vgl *šṯ-m-wỉ3*, *s3-šṯ* u. a.

f *štj·t* u a (*MR* bis *Spät*) vgl *štj·t-ḥtp·tj*, *s3·t-štj·t* u. a.

ḳn u. a. (*NR*) vgl *ḳn-ỉmn*, *ꜥn-ḳn* usw.

k3 , u a (*AR* bis *Spät*)[1]) vgl *k3(·j)-ỉj·w*, *w3ḥ-k3* usw.

t3 (*NR*)[2]) vgl. *t3-m-ḥb*, *mn-t3* u. a.

t3·wj u. ä (*NR* u *Spät*)[1]) vgl. *t3·wj-w3j(·w)*, *mn-t3·wj* u. a.

f *tfn·t* u. a. (*MR*, *Spät* u. *Griech.*) vgl. *tfn·t-ršw·tj-ḏr-gm·j(·t)·š*, *mr-tfn·t*[3])

ṯhj , u a (*MR*)[1]) vgl *ṯhj-ḥr(·w)-bs*, *s3-ṯhj*

ḏf3 u.a. (*AR*)[1]) vgl. *ḏf3(·j)-k3(·j)*, *ỉj-ḏf3* u. a.

ḏḥwtj u. a (*MR* bis *Griech.*)[1]) vgl. *ḏḥwtj-m-wsḫ·t*, *s3-ḏḥwtj* usw.

e) Entsprechende Vollnamen bisher unbekannt.

ỉm3·w [4]) (*MR*) (ob Kosename auf *·w?*)

f *ỉmj* (*NR*) „gib!“ (?)

f *ỉmw·š* (*MR*) „ihr Schiff“ (?)

ꜥpr·tj (*D 18*) vgl. *ꜥpr-bꜥl*[5])

ꜥnḫ·tw (*NR*) „man lebt“ (?)

ꜥḥꜥ·f (*NR*) „(in) seiner Zeit“

f *w3ḏ·t* [6]) (*MR*)

f *w3ḏ·tj* (*NR*)

p3-ỉt (*D 19*) „der Vater“[7])

[1]) Auch Frauenname
[2]) Der Name begegnet auch als verstümmelte Form für *t3j*, siehe S 127
[3]) Aus dem *MR* und *NR* sind mit *tfn t* zusammengesetzte Namen bisher nicht belegt!
[4]) Das Zeichen ist nicht sicher zu lesen
[5]) Man würde an eine Verkürzung aus **ꜥštrt-ꜥpr tj* o a denken — aber es ist ein Mannesname!
[6]) Anscheinend der Gauname, Wb I, 269, 5
[7]) Ob Vollname?

p3šb3ḫꜥjnn᾽·t u. ä. (*D 21*) Königsname

p3-špšj (*NR*) vgl. *špšj-rꜥ* u a

p3·j-nfr·w (*NR*) „mein Nutzen“(?)

p3·j-nḫt (*D 21*) „mein Starker“[1])

pḏ·tjw u.a (*NR*) „Bogenschützen“, „Barbaren“[2])

m3ꜥ·tj , (*NR*) „die beiden Wahrheiten“? „der Wahrhaftige“?

f *mr·š-gr* , (*NR*) ob hierher?[3])

mrj , (*MR*[4]) u. *Spät*) ob hierher?

f *msj·s* (*NR*) „sie gebiert“?

n3·š-nḫt·w (*Griech.*) „ihre Siege“ (?)[5])

nbpḥtjrꜥ (*D 18*) Name des Königs Amosis

f *nb·t·š* (*D 18*) „ihre Herrin“

nb·w·šn (*MR*) „ihre Herren“[6])

ršp·w (*NR*) der syrische Gott Reschef

rṯnw u. a. (*NR*) „Syrien“

ḥꜥꜥỉbrꜥ u ä. (*Spät*) Königsname

f *ḥtp·tw·š* (?) , Var. (*AR*) „möge sie befriedigt werden!“ (?)[7])

f *ḫwj·t* (*Griech.*) Name einer Göttin[8])

sꜥnḫk3rꜥ (*MR*) Königsname

[1]) Wohl von einem Gott gesagt, vgl *ỉꜥḥ-t3 f-nḫt t*, *mḥj t-t3 š-nḫt t*
[2]) Ob Teil eines Wortnamens? Oder war der König als Besieger der Barbaren genannt?
[3]) Vgl auch (f *NR*), mit dem Namen der Göttin *mr š-gr* zusammengesetzte PN sind bisher nicht bekannt.
[4]) Auch Frauenname
[5]) Von einer Göttin gesagt?
[6]) Vgl *nb šn* und *ỉnj-ỉmn-n3 f-nb w* (*Spät*).
[7]) Für *ḥtp tw*-Göttin NN?
[8]) Wb 3, 246, 7

f *śnb·tj* *(MR)* vgl *śnb·tj·śj* ?[1])

f *śgrḥ·t* *(NR)* wohl Beiwort einer Gottin ?[2])

śtpnrʿ u. ä *(NR)*[3]) Name Konig Ramses des Zweiten

tꜣ·f-dnj(·t) ? *(Spat)* „sein Anteil“(?)[4])

f *dndn·t* *(NR)* „die Wutende“ — wohl Beiwort einer Gottin[5])

f) Sekundäre weibliche Bildungen

Zu einteiligen Kurznamen wie *wꜣḏ, ḥs, ḥtp* usw. scheinen ganz mechanisch weibliche Formen mit *·t* wie *wꜣḏ·t, ḥs·t, ḥtp·t* usw. gebildet worden zu sein, denen keine auf *·t* endenden Vollnamen entsprechen[6]). Ähnliches findet sich ja auch bei den Personennamen anderer Volker.

Diese im Grunde unorganischen Feminin-Bildungen werden hier unter allem Vorbehalt besonders zusammengestellt. Fur ähnliche Erscheinungen bei den Kosenamen s. u. S 140, 147, 157.

ip·t *(MR* u. *NR)* vgl *ip (MR)*

ikr·t *(MR)* vgl. *ikr*[7])

wꜣḏ·t u a. *(AR* u *MR)* vgl. *wꜣḏ*[8])

wiꜣ·t *(MR* u *NR)* vgl *wiꜣ*

whm·t (?) (?) *(AR)* vgl. *whm-nfr·t*

pśš·t *(AR/MR)* vgl. *pśš (AR* u. *MR)*

mrr·t u. ä. *(AR* u *MR)* vgl *mrr (MR)*

ḥs·t *(AR)*[9]) vgl. *ḥs (AR)*

ḥtp·t [10]) u ä *(AR* bis *Spat)* vgl. *ḥtp (AR* bis *Griech.)*

ḫnm·t [11]) u a. *(MR* u *NR)* vgl *ḫnm·w (MR)*

śꜣb·t *(AR)* vgl *śꜣb (AR)*

śʿnḫ·t *(AR)* vgl *śʿnḫ (MR)*

śbk·t *(MR)* vgl *śbk (MR)*

śnb·t u. a *(AR* bis *MR)* vgl *śnb (AR* bis *Spat)*

ḳd·t *(AR* u. *NR)* bisher ohne männliche Entsprechung

ḏfꜣ·t[12]) *(AR)* vgl. *ḏfꜣ (AR)*

3. Ob Kurznamen?

Ich schließe hier eine Anzahl von Namen an, deren Auffassung als Kurznamen mir durchaus nicht gesichert, aber doch moglich zu sein scheint

ꜣḫ-n·ś *(NR)* „es ist nutzlich fur sie“ o a[13]) Vgl *ꜣḫ(?)-n·j-imnḥtp (MR!)*

iw-ib *(MR)* ob fur * ? Dann ware *iw-ib·j-r·f* zu vergleichen

iw-n·f *(MR)*

f *iw·n·ś* u. a *(MR)*

{ vgl (I, 421, 6, *AR)*

f *iwnw·j·t (?)* [14]) *(MR)* „die Heliopolitanerin“ (?) ob Beiwort einer Gottin?

inj-ʿnḫ *(AR/MR)* „der Leben gebracht hat“ (?)

f *inj·t-ḥʿpj* *(MR* u *D18)* „die der Nil gebracht hat“[15])

---

[1]) Merkwurdigerweise ist neben haufigem *śn(j)-śnb(w)* ein **śn t j-śnb tj* nie belegt!

[2]) Vgl *śgrḥj t* als Beiwort der Sachmet, Wb 4, 324, 13

[3]) Auch Frauenname

[4]) Vgl *dnj t-n t-ḫnś w* (m u f, *Spat)*

[5]) Kaum Vollname!

[6]) Zu solchen sekundaren Bildungen, die aber gewiß nicht nur Sache der Schrift sind, vgl Junker, Giza V, S 184

[7]) Vollnamen wie *njt-ikr t* sind erst seit der Spätzeit belegt

[8]) Zum Teil mogen auch Vollnamen in Betracht kommen, vgl Wb 1, 268

[9]) Oder einfache Abkurzung? Aber Namen wie *hs t-rʿ* sind erst seit *D 18* bezeugt

[10]) Auch Vollnamen kommen in Betracht, vgl Wb 3, 194ff.

[11]) Oder Vollname „die Amme“? Vgl Wb 3, 381.

[12]) Vgl allerdings *ḏfꜣ t* „Speise“, Wb 5, 571 und den PN *ḏfꜣ t śn*

[13]) Es ist ein Mannesname!

[14]) Vgl Wb 1, 54, 9 Oder Herkunftsname „die Frau aus Heliopolis“?

[15]) Ob Vollname fur ein Kind, das zur Zeit der Uberschwemmung geboren ist?

f *ỉnj·t-kꜣ·w* *(MR)* „die die Stiere gebracht hat“ (? haben?)

ỉrj-nfr u. a. *(AR* u *NR)*

f *ỉrj(·t?)-šj* *(MR)* „die sie gemacht hat“ (?)

ỉrj-św *(NR)* „der ihn gemacht hat“ (?)

ỉrw-nfr(·t?) *(NR)*

f *ỉrj·t-nfr(·t)* *(NR)* „die Gutes tut“ (?)

f *ỉrj·t-nfr·w* *(D 18)*

f *ꜥnḫ·t-kꜣ* *(AR)* „deren Ka lebt“ (?)

wꜣš-kꜣ *(AR)* „dessen Ka mächtig[1]) ist“(?)

f *wꜣš·t-kꜣ* *(AR)* „deren Ka mächtig ist“ (?)[2])

f *wmt·t-kꜣ* *(AR)* „deren Ka *wmt*[3]) ist“ (?)[2])

wr-rwḏ·w *(AR)* „mit großen Sehnen“[4])

f *wr-ḥs(·t?)* *(NR)* „groß ist die Belohnung...“(?)

wr-kꜣ *(AR)* „dessen Ka groß ist“(?)

f *wr·t-kꜣ* *(AR)* „deren Ka groß ist“ (?)[2])

f *wśr·t-kꜣ* *(AR)* „deren Ka stark ist“(?)[2])

pꜣ-nb-ꜥḳ·w „der Herr der Einkünfte“ o. a Ob Gottesbeiwort?

pꜣ-rn-nfr *(NR)* „der schöne Name“

pꜣ-ḳn u ä. *(D 20)* „der Starke“; ob Gottesbeiwort? Vgl *ỉmn-ḳn*, *pꜣ-rꜥ-ḳn*[5])

pꜣ-thw *(NR)* „der Frevler“(?); vgl *bw-thj-ỉmn*[5])

mnḫ-kꜣ *(AR)* „vortrefflich ist der Ka...“

---

[1]) Vgl Wb 1, 262, 10

[2]) Oder sekundäre Femininbildungen zu *wꜣš-kꜣ*, *wmt(?)-kꜣ*, *wr-kꜣ*, *wśr-kꜣ*?

[3]) Vgl Wb 1, 307, 8 Oder ist *wtṯ* (Wb 1, 381) zu lesen?

[4]) Vgl Wb 2, 410, 5, ob Vollname?

[5]) Oder Vollname?

f *mr-wj* *(NR)* „es liebt mich ...“ o. a (?) Vgl *mrr-wj-kꜣ(·j)* *(AR)*

f *mr(·t?)-nꜥ·t* *(AR)* „die von der Stadt Geliebte“ (?)[1])

mr-nśw·t[2]) *(AR)* „der König will...“ (?)

mr-ḥtp·f *(AR)*

mr-ḫwfw[2]) *(AR)* „Cheops will..“ (?)

mr-ḫnś·w[2]) *(Spät)* „Chons will...“ (?)

mr-tfn·t u. ä. *(Spät* u. *Griech.)* „Tefêne will...“ (?)

f *mr(·t)-gꜣ·wt-śšn·w* *(Spät)* „die Lotosbündel liebt“; ob Beiwort einer Göttin?[3])

f *nb-kꜣ* u ä *(AR)* vgl und

nfr-ḥtp·w u. ä *(AR* u. *NR)* „schön an Opfergaben“ Gottesbeiname?

f *nfr·t-kꜣ* *(AR)* „deren Ka schön ist“ (?)[4])

f *nh·t-nfr·t* *(MR)* „die schöne Sykomore“; ob Beiwort der Hathor?

rn-nfr u a *(D 18)*[5]) „der schöne Name“

rwḏ-śtꜣ·w *(AR)* „fest sind die Rampen...“(?)

ḥꜣ·t-nfr·w u a. *(NR*[5]) u. *Spät)* „das Beste des Getreides“ (?)[6])

f *ḥwn·t-kꜣ* *(AR)* „deren Ka jung ist“(?)[7])

ḥrj-mr·w *(AR)* „der auf den Teichen Befindliche“ (?), ob Beiwort eines Gottes?[8])

---

[1]) Ob Beiname einer Göttin? Oder Vollname?

[2]) Vgl die Namen *mr-wḫ-ꜥnḫ·f*, *mr-ptḥ-ꜥnḫ-mrjjrꜥ* *(AR)* Aber auch an *mr-ptḥ-mrjjrꜥ* „Ptah liebt den M“ ist zu erinnern, und schließlich können auch Vollnamen mit defektiver Schreibung (Sethe, Verbum II, 933, 5) vorliegen, also „der von NN Geliebte“

[3]) Oder Vollname, auf die Namenträgerin bezogen?

[4]) Oder sekundäre Bildung zu **nfr-kꜣ* (vgl *nfr-kꜣ-rꜥ*)?

[5]) Auch Frauenname

[6]) Vgl Wb 2, 261, 4

[7]) Oder sekundäre Fem.-Bildung zu **ḥwn-kꜣ*

[8]) Vgl *ḥrj-š·f*

f *ḫntj·t-kꜣ* u. a. *(AR)* „deren Ka vorn ist" o. ä.[1])

ḫrp-rḫj·t *(MR)* „der Leiter der Menschen"; ob Beiwort des Königs?[2])

ś·t-kꜣ u. a. *(AR)*[3]) vgl. *ś·wt-kꜣ·w*

ś·wt-ʿnḫ *(AR)* „die Sitze des Lebens"(?)

f *ś·wt-kꜣ·w* *(AR)* „die Sitze der Kas" (?) vgl. *ś·t-kꜣ* und *kꜣ·w-ś·wt*

śkm-iś t·j *(AR)* „der meine Habe vollendet"(?)[4])

f *šꜣʿ(·t)-ḫprj* *(Spät)* „die zuerst entstanden ist", Beiwort einer Göttin[5])

f *špś·t-rḫj·t* *(Spät)* „die Fürstin der Menschen" o. a. (?) Ob Beiwort einer Göttin?

ḳd-s u. ä. *(D 19)* „der einen Edlen geschaffen hat"[6])

f *kꜣ·w-ś·wt* *(AR)* vgl. *ś·wt-kꜣ·w*

f *tꜣ-šꜣʿ(·t)-m-ḫpr* u. a. *(Spät)* „die zuerst Entstandene"; Beiwort einer Göttin[7])

dmḏ-rḫ·w „der die Leute vereinigt" (?)

ḏd-ḥr u. ä. *(Spät u. Griech.)*[3])

II. STÄRKERE VERSTÜMMELUNGEN

Wie viele der uns unerklärlichen kurzen Namen aus Vollnamen bis zur Unkenntlichkeit verstümmelt sein mögen, läßt sich nur ahnen. Sie gehen gewiß — wie wir das ähnlich bei den Personennamen aller Völker kennen[8]) — auf Selbstbezeichnungen der Kinder oder auf Benennungen durch ihre Geschwister und Eltern zurück, denen die langen Vollnamen zu schwer oder zu umständlich auszusprechen waren. Aber in einzelnen Fällen sind uns doch Vollname und Verstümmelung nebeneinander bezeugt, so daß wir einen gewissen Einblick in die hier waltenden Kräfte gewinnen können.

Zunächst ist etwa der Name *(MR)* zu nennen, der an der Grenze zwischen einfachen Kurznamen und stärkeren Verstümmelungen steht. Wir wissen, daß er aus *ḫʿj-ḫpr-rʿ-śnb(·w)* zusammengezogen worden ist. Hier sind also von vier Namenelementen nur das zweite und vierte übrig geblieben. Eine starke Zusammenziehung anderer Art zeigt . Es findet sich als Variante von , das doch gewiß als eine Schreibung von *bw-rḫ·tw* anzusehen und als Kurzform zu Namen wie *bw-rḫ·tw-iwn·f* aufzufassen ist. Auch *nn-ꜣś·t*, das sich in der Spätzeit einmal als Variante von *gmj·n·ś (?)-ꜣś·t*[9]) findet, wird hierher gehören[10]).

Am hübschesten läßt sich die Verstümmelung verfolgen bei dem oben S. 89 schon erwähnten Namen *tpś*, der über *ḥtp·ś* und *nfr-ḥtp·ś* aus dem volltönenden Frauennamen *nfr-ḥtp-ḥtḥr* entstanden ist. Hier ist zunächst der Name der Göttin Hathor durch das Suffix *·ś* ersetzt und dann von dem schließlich übriggebliebenen *ḥtp·ś* noch der erste Konsonant fallen gelassen[11]). Ähnlich liegt es, wenn von dem Namen *ḥtp-n·j-ptḥ*, nach Wegfall des Gottesnamens und Vernachlässigung des anlautenden *ḥ* und *t* nur noch ein *pnj* übrig geblieben ist.

---

1) Vgl. *ḫntj(·t?)-kꜣ·w·ś* (f *AR*), oder sek. Bildung zu *ḫntj-kꜣ*?
2) Oder Spottname (also Vollname)?
3) Auch Frauenname.
4) Oder Vollname, auf den Neugeborenen bezogen?
5) Vgl. *tꜣ-šꜣʿ(·t)-m-ḫpr* (f *Spät*) und Wb 4, 406, 5.
6) Vollname?
7) Vgl. oben *šꜣʿ(·t)-ḫprj*.
8) Ich kannte z. B. eine deutsche Dorothea, die „Dittel", eine Lisbeth, die „Nibot" (!) genannt wurde.
9) PN I 351, 25. Die Schreibungen und sind wohl in bzw. zu verbessern!
10) Ob in dem späten *ḏd-ḫj* für *ḏd-ḫnś·w-iw·f-ʿnḫ* auch eine Namenverstümmelung vorliegt, oder ob in die bekannte Schreibung von „das Kind" (Wb 3, 217) und eine Anspielung auf Chons als das Götterkind steckt, kann ich nicht entscheiden.
11) Sehr merkwürdig ist es allerdings, daß aus einem *ḥtp·ś*, das — wie immer wir es uns auch vokalisiert zu denken haben — bestimmt keinen Tonvokal zwischen t und p gehabt haben kann, ein *tp·ś* geworden sein soll, das wir uns doch kaum anders als *t-'pś* betont denken können. Sollte der Ton bei dieser verstümmelten Form seine Stelle gewechselt haben? Oder sollte der Name mit einem — in der Schrift nicht wiedergegebenen — Alef prostheticum ausgesprochen worden sein? — Eine ähnliche Schwierigkeit scheint bei dem folgenden *pn·j* für *ḥtp-n·j* vorzuliegen. Einfacher steht es bei *tpw* als „schönem" Namen eines *śḥtp·w*, dessen Name seinerseits auf ein *śḥtp* + Gott N. N. zurückgehen wird.

In anderen Fällen ist das *t* des so häufigen Namenelements *ḥtp* ausgestoßen worden. Dem Mund der ägyptischen Kinder scheint das *tp* ähnliche Schwierigkeiten gemacht zu haben wie den Gefährten meiner Knabenzeit das *tk* im Namen des gefeierten Feldmarschalls Moltke[1]), und so ist aus dem schweren *ḥatpe* ein *ḥape* o. a. geworden. Und daran hat man dann gern noch eine Koseendung gehängt. So finden wir (mit der Variante) als Stummelform zu *ḫnm-ḥtp(·w)*, *ḥpj* als „schönen Namen" zu dem „großen Namen" *śbk-ḥtp·w*, und *ḥp·w* zu *imn-ḥtp·w*[2]).

Im Neuen Reich[3]) wird der häufige Name *imn-m-ḥb* durch Weglassen des Gottesnamens und des schließenden *b*[4]) zu *mh*[5]), und der noch häufigere Name *imn-ḥtp(·w)* gar zu *ḥj* verstümmelt, so daß bei letzterem nur der Konsonant *ḥ*, versehen mit der Koseendung *·j* übriggeblieben[6]). Die Aussprache dieser Form scheint durch keilschriftliche Wiedergabe[7]) als *ḫaja* überliefert zu sein. Ähnlich findet sich um die gleiche Zeit *rj* als Beiname zu einem an sich schon gekürzten[8]) *rm*, *tj* als Beiname eines *ptḥ-m-ḥ3·t*, *tj* als Beiname für die Frauennamen *nfr·t-irj*[9]) und *nfr·t-ij·tj*[10]), und *tj* für einen noch unklaren mit *t3-n·t-* beginnenden Frauennamen. Aus dem Alten Reich gehört in diesen Zusammenhang wohl auch *bj*, das einmal als verstümmelter Beiname neben dem selbst schon von einem *śbk* enthaltenden Vollnamen gebildeten Kosenamen *śbkj*, , das ebenso neben *ḫ'j-b3·w-ḫnm·w* und , das ebenso neben *nj-'nḫ-ḫnm·w* steht. Gelegentlich ist auch nur ein einziger Konsonant ohne Koseendung übriggeblieben, so in dem wie das Wort *t3* „die Erde" aussehenden Namen *t*, als Beinamen eines Ägypters des Neuen Reiches, der eigentlich *t3j* „der Mann" hieß.

Auch die Form , die sich als Variante des Königsnamens der 5. Dynastie *nj-wśr-r'* findet[11]), hat nur einen Konsonanten des langen Namens übriggelassen, dem dafür aber ein in dem Vollnamen nicht enthaltenes vorgesetzt worden ist. Ein solches anlautendes bei Erhaltung eines einzigen Konsonanten des Vollnamens findet sich nun in einer ganzen Reihe von Fällen, meist allerdings unter Anfügung einer Koseendung an den Restkonsonanten.

So steht *ib·j* als verstümmelte Form neben *ś3b·n·f (AR)*, *ib·j* neben *śrb-jḫn (D. 18)*, *ip·j* neben *ḥtp-ib·ś* (f *AR*), *ḥtp-3ḫ·tj (AR)* als „schöner Name" neben [12]) *(MR)*, *ip·j* neben *p3-nḥśj (NR)*, *ip·j* neben *imn-m-ip3·t (NR)*, *ip·t* neben *śpś·t-k3·w (AR)*, *if·j* als „schöner Name" neben *śśm-nfr (AR)*, *in·j* neben *'nḫ(·j)-m-'-ḥr·w (AR)* und neben *ḥnw·t j* (f *MR*), *in·j* neben *imn-m-in·t (NR)*, *ir·j* als „schöner Name" neben *ir·n-3ḫ·tj (AR)*, *ir·j* neben *wśrḫ'·wr'-nḫt·w (D. 20)*, *iś·j* neben *mr·ś-'nḫ* (f *AR*), *it·j* neben *nfr-m3'·t (AR)*, *it·j* neben *snwśr·t-śnb·w*[13]) *(MR)*.

Eine Erklärung für dieses anlautende in den genannten Namen habe ich nicht, es sei denn, daß es sich —

---

[1]) Sie sprachen ihn „Molkte"! Daneben hörte man auch „Molke", was dem ägyptischen Beispiel noch genauer entspricht.

[2]) Vielleicht ist hierher auch *(AR)* zu stellen, wenn es zu *śbk-ḥtp(·w)* („schöner Name" eines *nj-'nḫ-ptḥ*) gehört.

[3]) Zum Folgenden vgl. Sethe, AZ 44, 87ff.

[4]) Zu diesem Wegfall des b ist griech. αρμαις für *ḥr-m-ḥb* zu vergleichen.

[5]) Ähnlich wird in ptolem. Zeit aus *m3-ḥḏ* „die Säbelantilope" ein Wort *mh* (Wb II 121, 11) gebildet!

[6]) Auch , also mit verdoppelter Koseendung, ist einmal als Beiname eines *imn-ḥtp(·w)* bezeugt.

[7]) Ranke, Keilschr. Mat., S. 9.

[8]) Vgl. *b'l-rm*, PN I 93, 26.

[9]) Daß das *t* hier gesprochen wurde, zeigt die keilschriftliche Wiedergabe naptera.

[10]) Das wir danach etwa als **naftēte* o. ä. auszusprechen haben.

[11]) Ob bzw. in dem Namen *in j-'nḫ w* (PN I 33, 6) Varianten desselben Königsnamens sind?

[12]) Die Lesung dieses Namens ist mir nicht bekannt.

[13]) Diese beiden Namen gehören allerdings hierher nur unter der Voraussetzung, daß das *t* in *m3' t* und *wśr t* in ihnen noch gesprochen wurde, was zum mindesten für das *MR* sehr unwahrscheinlich ist. Vielleicht steckt in *itj* ein (scherzender?) Beiname „der Fürst". Aber wie steht es mit als Variante von *imn-m-ḥ3 t (NR)*, wo im *NR* das *t* von *ḥ3 t* doch längst verloren gegangen war?!

wofür sich allenfalls fremde Parallelen anführen ließen[1]) — um eine lallende Verstummelung der Namen im Kindermund handelt.

Eher ließe sich ein solches Anlauts-*i* verstehen in verstummelten Formen, bei denen nicht einer, sondern zwei Konsonanten des Vollnamens erhalten geblieben sind wie in dem merkwurdigen 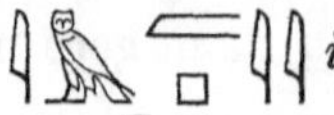 *imp·j* und in  *int·j*, zwei Formen des Alten Reiches, die als „schöne Namen“, zu den Vollnamen 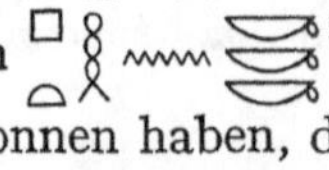[2]) bzw. *šnḏm-ib* überliefert sind. Hier konnte der verkurzte Name mit einer Doppelkonsonanz begonnen haben, das anlautende *i* also als Aleph prostheticum aufzufassen sein. Fur diese letztere Vermutung wäre man versucht, die griechische Wiedergabe αχθοης fur den Namen *ḫt·j (MR)* zu zitieren, wenn nicht gerade dieser agyptisch immer 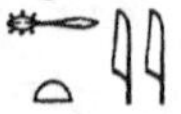 u. ä. und niemals mit einem anlautenden  geschrieben wurde!

Seltsam ist 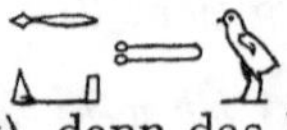 *ʿmṯ* als verstümmelte Form von *iʿḥ-mśj(·w)* in der 18 Dynastie[3]). Hier ist zunächst das *i* fortgefallen[4]), dann das *ḥ*, das vor dem *m* in der Aussprache ahnliche Schwierigkeiten gemacht haben mag wie das *t* vor dem *p*, und endlich ist das *ś* durch ein *ṯ* ersetzt worden, das sonst wohl für ein semitisches ס steht, wahrend ägyptisches  einem ש zu entsprechen pflegt[5]).

Gewiß gehören auch die auf S 166f aufgezählten Lallnamen, die aus nichts als einem verdoppelten Konsonanten mit oder ohne Kosesuffix bestehen, samtlich unter diese verstummelten Formen. Nachweisen können wir es immerhin für eine Anzahl von Fallen, so  *t·t (MR)*, das einmal als „schoner Name“ einer *mw·t·j-ʿnḫ·tj* — also als Stummelform eines Namens, der zwei *t* enthielt — bezeugt ist; ferner fur 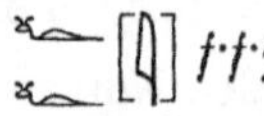 *f·f·j*, den „schonen Namen“ eines *nfr-ḫr-šnfr·w*,  *n·n·j*, den „schönen Namen“ eines  und  *r·r·j*, den „schönen Namen“ einer *rrw·t*, samtlich aus dem Alten Reich. Auch das merkwürdige  *(bb-ib?)*, das einmal als Variante von *šnḏm-ib (AR)* belegt ist, wird in diesen Zusammenhang gehören.

Eine Zusammenziehung liegt endlich auch in griechischem μισφρης vor, das für den Namen Thutmosis' III. *mn-ḫpr-rʿ* uberliefert ist[6]).

Ähnliche Stummelformen, zu denen noch keine Vollnamen belegt sind, mögen (neben vielen andern!) auch in den folgenden Namen stecken:

 *(AR)* mit  *(AR)* und  u a. *(MR)*[7]) — ob zu Namen, die den des Gottes *wp-wꜣ·wt* enthalten?[8])

f  *(MR)* vgl. *inhmn* „der Granatapfelbaum“?

f  *(MR)* mit  u.a *(MR)*

 *(NR)* vgl. *bw-ḳn·tw·f*

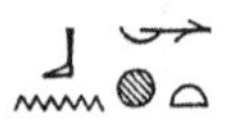 *(NR)* vgl. *bw-nḫt·f?*

B. KOSENAMEN

Neben den Namen, die durch eine einfache Verkurzung oder stärkere Zusammenziehung und Verstümmelung vollerer Namenformen gebildet werden, steht eine sehr große Gruppe von solchen, die sich, sei es durch Anfügung von besonderen, in ihrer ursprunglichen Bedeutung meist nicht mehr erkennbaren Endungen, sei es durch Wieder-

[1]) Ich kannte eine ‘Marie’ getaufte Hollanderin, die „Iti“ genannt wurde, und einen Karl, der sich „Iwi“ nennen ließ

[2]) Das sieht so aus, als sei dieser Name nicht *nj-kꜣ w-pth*, sondern *nj-pth-kꜣ w* gesprochen und das *n* vor dem *p* in *m* verwandelt worden, es sei denn wir wollten eine Zwischenform *nj-ptḥ* mit Ausstoßung des *kꜣ w* (vgl I 172, 14) annehmen Auch die Formen  *imp* und  *imp j* sind belegt — Vgl übrigens den Namen *sꜣ·t-imꜣ-pjpj* neben *sꜣ t-impjj (MR)*!

[3]) Vgl auch 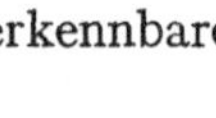 *ʿmj* als Beiname eines *rʿ-msj(w)*, mit Erhaltung des *ʿ* und *m*!

[4]) Vgl koptisch ⲟⲟϩ und ⲁⲁϩ neben ⲓⲟϩ.

[5]) Vielleicht steckt auch in  *ṯfw*, das als „schoner Name“ eines *ššm-nfr (AR)* uberliefert ist, nichts anderes als eine Verstummelung des Vollnamens, bei der der Kindermund das *š* (oder das *ś?*) durch ein *ṯ* ersetzt hat

[6]) So schon Sethe, AZ 57, 78

[7]) Auch Frauenname

[8]) So schon Sethe, AZ 57, 58 und Lacau in Mélanges Maspero I, 933.

holung eines einzelnen oder mehrerer Konsonanten, sei es auch durch eine Kombination dieser beiden Vorgange, als Kosenamen kennzeichnen. Die Endungen werden z. T. an Kurzformen der soeben besprochenen Art, z T aber auch an eine Folge von sonst nicht als Kurzformen belegten drei oder zwei Konsonanten, ja auch an einen einzigen Konsonanten angehängt. Sie finden sich aber gelegentlich auch an Vollnamen angefugt, und zwar vor allem an Wortnamen, die aus einem oder zwei Worten bestehen. Vereinzelt erscheint ein  sogar am Ende von Satznamen. In diesem Fall ist es allerdings bisweilen zweifelhaft, ob dieses  wirklich als Koseendung aufgefaßt werden darf, und ob es nicht vielmehr als Schreibung des Personen-Determinativs (vgl S. 131) angesehen werden muß.

Es scheint, daß im Gebrauch der verschiedenen Koseendungen eine gewisse Willkur möglich gewesen ist. So finden sich im Mittleren Reich  als Variante von 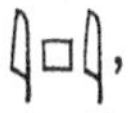, *ḥpw*  und *ḥpjw*  als Varianten von *ḥpj* , *ḥnjw·t*  als Variante von  *ḥnj·t*, und mehrfach wechseln  und  als Endungen des gleichen Namens. Aber im Großen und Ganzen werden doch die verschiedenen Endungen, deren Bedeutungsnuance sich wohl ursprünglich voneinander unterschieden haben wird, streng auseinandergehalten.

I. BILDUNG DURCH BESONDERE ENDUNGEN.

1. Die Endung .

Das Vorkommen einer Koseendung *·ꜣ* ist zu allen Zeiten selten, scheint mir aber durch die folgende Liste und die dort angegebenen Vergleichungen fur die Zeit vom Alten bis zum Neuen Reich einigermaßen gesichert zu sein. Allerdings kenne ich keinen Fall, in dem eine solche Form auf *·ꜣ* als Beiname oder „schoner Name" oder auch nur als Variante eines ohne dieses *·ꜣ* geschriebenen Namens uberliefert wäre[1])

Die Vokalisation dieser Endung kennen wir nicht. Auch uber ihre Herkunft und Bedeutung laßt sich nichts Bestimmtes sagen. Es scheint aber nicht unmoglich, daß sie mit dem enklitisch nachgesetzten Wörtchen  *ꜣ* zusammenhängt, mit dem unser Wörterbuch beginnt.

inb·ꜣ  *(AR)* vgl *inb, inb·w* (I, 36, 23 u 25)[2])

isꜣ  *(AR)* vgl. *is·j, is·jj, is·w* (I, 45)

ik·ꜣ  *(AR)* vgl. *ik, ik·j, ik·jj, ik w* (I, 47—48)

f *wp·ꜣ*  *(MR)* vgl. *wpꜣ·j, wpꜣ·jj* (I, 78)

wk·ꜣ  *(MR)* vgl *wk, wk·j, wk·f* (I, 87)

f *mn·ꜣ*  *(NR)* vgl. *mn, mn·j, mn·jj* (I, 149 151)

nj-ptḥ·ꜣ (?)[3])  *(AR)* vgl. *nj-ptḥ*

nḫ·ꜣ  *(D 18)* vgl. , 

hb·ꜣ  *(MR)* vgl. *hb, hb·j* (I, 229)

sꜣb(·w) n·j·ꜣ(?)[4]) 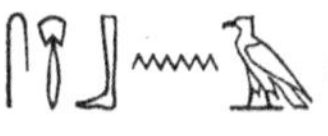 *(AR)* vgl. 

f *sḫ·t·ꜣ*  *(NR)* vgl *sḫ·t*, 

kn·ꜣ  *(NR)* vgl *kn·j* und die Bildungen mit *kn-* (I, 334f)

gḥs·ꜣ [5]) *(AR)* vgl *gḥs·w* (I, 352)

ṯn·ꜣ (?)  *(AR* u. *NR)* vgl. *ṯn·j (MR* u *NR)*

f *dd·ꜣ*  *(MR)* vgl *dd, dd·j, dd·jj* (I, 401, 3. 402, 1 12)

2 Die Endung .

Die haufigste aller Koseendungen des Alten und Mittleren Reiches, die sich vereinzelt auch im Neuen Reich und in der Spatzeit noch findet, ist 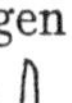. Neben diesen Kosenamen auf  finden sich schon im Alten Reich, und sehr

[1]) Der Name *hbꜣ*  *(AR)* als „kleiner Name" eines *ššm-nfr* wird anders zu verstehen sein Es handelt sich vielleicht um den *hbꜣ*-Fisch, Wb III 62, 13

[2]) Es wird kaum eine unorthographische Schreibung von *inbꜣ* „der Stumme" (Wb 1, 96) vorliegen.

[3]) Oder ist  und  *(AR*, I, 16, 9) zu vergleichen?

[4]) Zur Lesung vgl S 27

[5]) Oder sollte hier  statt  zu lesen sein?

häufig im Mittleren Reich, solche auf , die weiter unten besonders aufgeführt sind. Es ist die Frage, in welchem Verhältnis diese beiden Endungen zueinander stehen. Hier ist zunächst zu beachten, daß sich im Alten wie im Mittleren Reich, wenn auch nicht sehr häufig, und als Varianten des Namens einer und derselben Person finden. So begegnen uns im Alten Reich und , und , im Mittleren Reich und , und sowie und , und als Schreibungen des Namens jeweils der gleichen Person[1]). Das spricht dafür, daß beide Endungen nahe miteinander verwandt gewesen sein müssen. Bemerkt man nun weiter, daß Kosenamen mit der Endung vor der 5. Dynastie überhaupt zu fehlen scheinen[2]), daß dagegen solche mit der Endung nach dem Mittleren Reich fast ganz verschwinden, so drängt sich die Vermutung auf, daß beide Schreibungen eine und dieselbe Endung wiedergeben sollen. Wir wissen ja, daß ein einfaches *j* nicht nur im Neuen, sondern auch schon im Mittleren und Alten Reich, und zwar im Altägyptischen gerade auch am Ausgang der Worte, mit geschrieben werden konnte[3]). Ich möchte es darum für wahrscheinlich halten, daß in unseren Kosenamen beide Endungen als einfaches *·j* aufzufassen sind, und daß es sich bei der Schreibung nur um eine altertümlichere, konservative, bei der Schreibung dagegen um die modernere Wiedergabe des Lautes handelt, die seit dem Neuen Reich dann fast ganz durchgedrungen ist[4]). Trotzdem habe ich die beiden Gruppen geschieden und habe, wo ich nicht die hieroglyphischen Zeichen gebe, auch die Umschreibung *·jj* für beibehalten. Teils um eine schnelle Übersicht des Materials zu erleichtern, teils aber deshalb, weil beide Formen so lange nebeneinander bestehen bleiben, und weil den wenigen obenerwähnten Varianten von Namen mit und gegenüber die weitaus größere Masse der Namen konstant entweder die eine oder die andere Schreibung zeigt.

Über Ursprung und Bedeutung der Koseendung *·j* wissen wir nichts Sicheres. Der verführerische Gedanke, es handele sich ursprünglich um das Suffix der ersten Person Singularis, und diese Namenformen gingen etwa auf ein „mein (lieber) N. N.“[5]) zurück, läßt sich kaum aufrecht erhalten[6]) Zum mindesten wäre den Ägyptern schon im Alten Reich ein solcher Ursprung nicht mehr bekannt gewesen, denn eine Schreibung dieser Koseendung mit dem Deutzeichen des Mannes oder der Frau ist nie nachzuweisen. Eher könnte vielleicht „etwas wie eine Deminutivendung“ vorliegen, wie Sethe einmal[7]) gemeint hat, aber nachweisen läßt sich ein solcher Ursprung nicht

Was die Vokalisation dieser Koseendung in der 18 Dynastie angeht, so scheint sie von den Babyloniern als *-ja*[8]) gehört worden zu sein, wenn wir die Umschreibungen *ḫa-ja, ma-a-ja* (Variante *ma-ja)* und *ta-aḫ-ma-ja* zu Recht mit , , [9]) identifizieren Der Name der Gemahlin Amenophis des Dritten wird allerdings durch *te-i-e*, also *teje*, wiedergegeben[10]), aber hier kann das *'je'* durch Vokalassimilation an das *e* der Tonsilbe aus *ja* entstanden sein.

Von griechischen Umschreibungen ägyptischer Kosenamen auf *·j* kennen wir αχθοης für , ακωρις für .

Für die Anfügung der Endung an Kosenamen, die durch Gemination gebildet sind, siehe weiter unten.

Daß es sich bei der Endung wirklich um eine Koseendung handelt, geht aus den zahlreichen Stellen hervor, in denen Bildungen mit als „schöner Name“ neben dem Vollnamen stehen, wie etwa neben *ꜥnḫ-ḫnm(·w)*, neben *kꜣ(·j)-whm·w*, neben *mrr-w(j)-kꜣ(·j)* usw. Das kann, wie man sieht, an das erste sowohl wie an das zweite Wort des Vollnamens angefügt werden.

---

1) Vgl auch als „schönen Namen“ eines !

2) Unser Material für die Zeit der 3 und 4 Dyn ist allerdings noch so wenig umfangreich, daß endgültige Schlüsse sich daraus kaum ziehen lassen

3) Vgl Sethe, Verbum I, § 121ff

4) Das scheint auch Sethes Ansicht gewesen zu sein, s ÄZ 57, 77

5) Wie im Englischen Kosenamen mit anlautendem N gebildet werden — Ned zu Edward, Noll zu Oliver, Nanny zu Ann usw — die auf ein altes mine Ed(ward) usw zurückgehen

6) Dasselbe gilt für die Koseendung *-ja* in akkadischen Personennamen, die dem Suffix der 1 Ps sing im obliquen (!) Kasus gleichlautet

7) ÄZ 44, 91

8) Ranke, Keilschr Mat, S 9 12 18

9) Gegen die letztere Gleichung s allerdings Ranke, ÄZ 73, 93

10) Ranke, Keilschriftl Mat, S 18

Häufig freilich finden wir in allen Zeiten, bei Namen von Männern sowohl wie von Frauen, die Form mit dem Kosesuffix nicht neben dem Vollnamen, sondern als Variante einer schon aus dem — zu postulierenden — Vollnamen gebildeten Kurzform. So stehen die Namen [hieroglyphs] neben den gleichen Formen ohne 𓇋, also [hieroglyphs] usw. bis [hieroglyph]. Es muß dabei allerdings die Möglichkeit offen bleiben, daß in manchen dieser Fälle, besonders den dem Mittleren Reich angehörenden, nicht das Kosesuffix sondern eine Ersatzschreibung für das Personendeterminativ vorliegt. Dies gilt vor allem für die freilich nicht sehr häufigen Fälle, in denen auch Vollnamen mit oder ohne das 𓇋 als Varianten nebeneinander erscheinen, da die Anfügung eines Kosesuffixes an einen Vollnamen — mit Ausnahme allenfalls der Wortnamen[1]) — an sich wenig Wahrscheinlichkeit besitzt. Immerhin bleiben Fälle genug, nach denen es scheint, daß gelegentlich der einfache Kurzname und die Koseform mit 𓇋 bei einer und derselben Person gleichmäßig nebeneinander in Gebrauch gewesen sind.

a) Angehängt an mehrteilige Vollnamen (?).

Ich gebe zunächst eine Liste von zweifellosen mehrteiligen Vollnamen, an deren Ende sich gelegentlich ein 𓇋 angefügt findet, die aber daneben auch ohne dieses 𓇋 belegt sind[2]). Wie man sieht, stammen die meisten von ihnen aus dem späteren Alten Reich, der ersten Zwischenzeit und dem Mittleren Reich, gehören also einer Zeit an, in der der Verdacht besteht, daß ein dem Namen folgendes 𓇋 anstelle eines Personendeterminativs gebraucht sein könnte[3]). In einigen Fällen könnte auch das Suffix der ersten Person Singularis — so in [hieroglyphs] „schon ist mein Ersatz"? — vorliegen, oder der Auslaut der dritten Person Sing. masc. des Pseudopartizipiums könnte so geschrieben sein, so in den auf -ʿnḫ(·w), -snb(·w), -ḥtp(·w), -nḫt(·w) ausgehenden Namen.

Unter den Namen des Neuen Reiches sind diejenigen auszusondern, die auf einen Gottesnamen endigen, also bȝk-n-ptḥ, bȝk-n-ḥr(·w), pȝ-n-pȝ-rʿ, pȝ-n-ḏḥwtj, pȝ-šd(·w)-ḥr(·w), da bei Namen dieser Zeit sich gelegentlich hinter denselben Gottesnamen, auch wenn sie am Anfang des Namens stehen, ein solches noch unerklärtes 𓇋 findet[4]). Bei der ganzen Gruppe muß also das Vorliegen einer Koseendung, die man ja an sich nach einem Vollnamen eigentlich nicht erwarten würde, durchaus zweifelhaft bleiben. Ich habe trotzdem alle mir bekannten Fälle hier zusammengestellt.

[hieroglyphs] (AR/MR)

[hieroglyphs] (D 6)

[hieroglyphs] (AR/MR u. MR)

[hieroglyphs] [5]) (AR)

[hieroglyphs] (MR)

[hieroglyphs] [6]) (NR)

[hieroglyphs] (D 21)

f [hieroglyphs] (AR)

[hieroglyphs] (Spät)

[hieroglyphs] (Spät)

---

[1]) Wie [hieroglyphs] neben [hieroglyphs], [hieroglyphs] neben [hieroglyphs].

[2]) Die Fälle, in denen beide Formen als Varianten des Namens der gleichen Person belegt sind, nehme ich voraus. Es sind [hieroglyphs] (D 6), [hieroglyphs] (Spät), [hieroglyphs] (Spät), [hieroglyphs] (Spät), [hieroglyphs] (Spät), [hieroglyphs] (Spät), [hieroglyphs] (MR), [hieroglyphs] (Spät), [hieroglyphs] (MR).

[3]) Vgl. oben S. 17.

[4]) Genaueres in meinem ungedruckten Aufsatz über die Namen des Wilbour Pap. in Brooklyn. Ob auch pȝ-n-mȝʿ(·t) hierher gehört?

[5]) Vgl. Junker, Götterlehre S. 26.

[6]) So! Ein [hieroglyph] ist zu ergänzen.

[1] (AR/MR)

(NR)

(D 22†)

(D 20)

(D 20)

(D 12)

(Spät)

(NR?)

(Spät)

(MR)

(MR)

(D 11)

(MR)

(MR)[2]

u. ä. (MR)

(AR)

(MR)

(Spät)

(Spät)

(MR)

(AR/MR)

(MR)[3]

(D 12)

(AR/MR)

[1]) Dahinter folgt das Pers. Det.! Also mag die Endung des Pseudopt. vorliegen.
[2]) Auch Frauenname.
[3]) Vgl. (NR)

(MR)[1]

[2] (NR)

u. a. (AR/MR)

(MR)

Dazu kommen aus dem Wilbour Papyrus, also Dyn. 20:

b) Angehängt an Vollnamen, die aus einem Wort bestehen[3])

* (MR u. NR)

[4]) (MR)[5])

u. a. (AR u. MR)[6])

u. ä.[7]) (AR bis MR/NR)[6])

(AR)

*f (MR)

(MR)

[8]) (NR)

(MR)

[1]) Dazu eine zweifelhafte Stelle aus dem *AR*.
[2]) Oder sollte die Wiedergabe eines **san-nāfi* vorliegen?
[3]) Bei den mit einem * bezeichneten Namen findet sich die Variante ohne .
[4]) Gehört doch wohl zu einem noch nicht belegten Vollnamen *isr* „die Tamariske", vgl. (MR).
[5]) Auch Frauenname.
[6]) Im *MR* auch Frauenname.
[7]) Daß das hier nicht Determinativ-Ersatz sein kann, zeigt der Name !
[8]) *Pз-nb* kann allerdings auch Kurzname sein, vgl. *pз-nb-nfr* usw.

u. a. *(MR)*[1])

(MR)

(MR)

(AR)

[2]) *(AR)*

(MR)

[3]) *(AR)*

f , *(MR)*

[4]) *(MR)*

(AR)

[5]) *(AR/MR)*

[6]) *(AR)*

? *(AR)*

[7]), *(AR* u *MR)*

(AR/MR u *MR)*

c) Angehängt an zweiteilige Kurznamen.

(MR) Var von !

(Spat) vgl. *ʿnḫ-wnnfr* u a.

f , Var. [8]) *(AR)* vgl. *mꜣʿ-ḫrw-ptḥ*

f *(MR)* vgl *sꜣ-nb·t-iwn·t?*

(AR) vgl. *nfr-ḥr-šnfrw* usw.

(AR) vgl *nfr-ḫnj·t*[1])

(AR/MR) vgl *nfr-šfḫ-ptḥ*

(AR) vgl *nfr-kꜣ-rʿ* (Konig)

f *(Spat)* vgl. *ḥr-ib-imn* usw

f [2]) *(AR)* vgl *š t-ib-m-nfr·t-p·t* u a

(NR) vgl *nš-pꜣ-ḳꜣj-šw·tj*

Ohne einen entsprechenden Kurznamen steht bisher *(AR/MR)*[3]) Vgl ferner *(NR)*[4]) und f , welch letzteres vielleicht nicht hierher gehort.

d) Angehängt an Kurznamen, die aus éinem Worte bestehen[5])

ibd·j [6]) *(AR)* vgl.[7]) *ꜣbd, ꜣbd·w*

ꜣḫ·j u ä *(AR)* vgl *ꜣḫ-mrw·t-ptḥ* u a

iꜣm·j (?) ? *(AR)* vgl *iꜣm-šꜣḫwrʿ* u. a.

iʿ·j-j *(MR)* vgl. *iʿj-ib*

iw·f·j *(AR)*[8]) vgl. *iw·f-n·j*

iwḥ·j *(AR)* vgl *iwḥ-ib (MR)*

ip·j *(AR* u. *MR)*[8]) vgl *ip-ḥr-ḫnj·t*[9])

imn·j *(MR* u. *Spat)* zu[7]) *imn-m-ḥꜣ·t (MR)*

inj·j u a *(AR* u. *MR*[8])) vgl *inj-itf* usw.[10])

---

[1]) Warum dieser Männername zu dem (als Frauenname belegten) weiblichen Wort *msh t* gebildet erscheint, wahrend doch der mannl Name *msḫ* vorkommt, verstehe ich nicht

[2]) Vgl .

[3]) Ob zu *ḥmt nw*?

[4]) Der Name *šntr* „der Weihrauch" ist bisher erst im *NR* belegt

[5]) Zu f *šsb t* „die *šsb t*-Pflanze" oder „das *šsb t*-Schiff", vgl Wb 4, 410, 5 u 7

[6]) Der entsprechende Vollname ohne das Suffix ist bisher nicht belegt

[7]) Zu *kd* „der Maurer"?

[8]) Hier konnte das auch Suffix sein, das Ganze also Vollname „wahr ist meine Stimme", vgl Junker, Giza V 184 Das in der Variante fehlerhaft?

[1]) Der Name einer Gottheit ist zu erganzen

[2]) Das zweite fehlerhaft?

[3]) Oder ist das hier Endung des Pseudopt ?

[4]) Neben *(AR* bis *NR)*

[5]) Bei den mit einem * bezeichneten Namen findet sich die Variante ohne .

[6]) Wie ist daneben (m *AR)* zu beurteilen?

[7]) Zum Unterschied von „vgl" und „zu" siehe oben S 97 Die als Beiname oder „schoner Name" bezeugten Formen sind als solche gekennzeichnet

[8]) Auch Frauenname

[9]) Vgl auch *ipj* S 149

[10]) Vgl auch als Var zu *(MR)*

inp·j (*MR*), (f *MR* u. *Griech.*) vgl *inp·w-m-ḥꜣ·t* usw.

irj·j u. a. (*AR* u. *MR*[1])) zu *ir·n-ꜣḫ·tj* (*AR*)[2])

ir·t·j (*AR*) vgl *nfr-ir·t-ptḥ*

ir·tj(?)*·j* (*AR*) vgl (*MR*)

iš·t·j (*AR*) vgl. *kꜣkꜣj-ḥꜣ-iš·t·f*

iḳr·j , (*AR* u *MR*) vgl. *iḳr-ʿnḫ* u. a. (*MR*)

ʿꜣ·j (*AR/MR*) zu *ʿꜣ-šbk*[2])

f *ʿn·j* (*MR*) vgl. *ʿn-mrw·t·š*

ʿnḫ·j [1]), [3]) (*AR* u *MR*) zu *ʿnḫ-ḫnm*(*·w*)

wꜣḏ·j u. ä. (*AR* bis *NR*)[4]) vgl. *wꜣḏ-nfr* usw.

f (?) *wp·t·j* (*MR*) vgl *wpt* (m u f *MR*)

wn·j (*AR* u *MR*) vgl *wn-ʿnḫ* u. a.

wn·j· (*NR*) vgl. *wn-tꜣ-wꜣ·t* u. a.

* *wr·j* , (*AR* u. *MR*) vgl. *wr-ꜣḫ·tj* usw.

whm·j (*AR*) zu *kꜣ*(*·j*)*-whm*(*·w*)

wšr·j , [5]) (*AR* u *MR*) vgl *wšr-kꜣ·w-ḫʿj·fr*ʿ usw

* *wḏꜣ·j* (*AR* u *Spät*) vgl *wḏꜣ-rḥ·w* u. a

f *bꜣk·t·j* (*D 19*) vgl *bꜣk·t-ꜣš·t* usw

bw·j (*AR/MR*) vgl *bw-nfr* (*AR*)

bš·j , [1]) u ä (*NR* u *Spät*) vgl *bš-n-mw·t*

f *p·t·j* , (*MR*) vgl *ḥnw·t-m-p·t* (*MR*)

pꜣ-ʿnḫ·j (*Spät*) vgl. *pꜣ-ʿnḫ-m-ṯnn·t* u. a. ?[1])

f *pw·j* (*MR*) vgl. *šn·j-pw* usw.

prj·j (*AR* u *MR*[2])) vgl *prj-ḥr-nfr·t* usw

pr·t·j (*AR*) vgl *prt*

pḫ·j (?) (*AR*) vgl *pḫ-r-nfr*

pš·j (*MR*) vgl *iw·f-n·j-r-p*(*s*)*š*

mn·j (*AR* bis *NR*)[3]) zu *mn-ʿnḫ-pjpj* (*AR*)

mn(*·w*)*·j* (*D 18*)[4]) vgl. *mn*(*·w*)*-ḥtp*(*·w*) usw.

mr·j u a. (*AR*) zu *mrr-w*(*j*)*-kꜣ*(*·j*) und zu f *mrw·t*

f *mr·j* (*MR*) vgl. *mr-iʿḥ* usw.

f *mr·t·j* (*AR*) zu *mr·t-it·š* usw.

*f *mr·š·j* (*MR*) vgl. *mr·š-mꜣʿ·t* u. a.

*f *mrr·j* (*AR*) vgl. *mrr-w*(*j*)*-kꜣ*(*·j*), *mrr-šgr* (*MR*)

mḥ·j u. ä. (*AR* u. *NR*) vgl *mḥ-ib-mnṯ·w* (*MR*) u. a.

mš·j (*AR*) vgl. *mš-sꜣ* u. a.

f *nʿ·j* (*MR*) vgl. *nʿʿ-ib?*

nb·j u ä. (*AR* u. *AR/MR*)[2]) zu *nb·j-pw-pjpj* (*AR*)

f *nb t·j* , u a. (*AR* bis *MR*) vgl *nb·t-nfr·t* usw.

* *nfr·j* [5]), (*AR* u. *MR*) vgl. *nfr-iw* usw.

nn j[6]) u. ä (*MR*)[2]) vgl. *nn-šḏr-kꜣ*(*·j*) (*AR*) usw.

nn·j[6]) (*MR*)[2]) vgl. *nfr-nn* usw.

nḫḫ·j (*MR*) vgl. *nḫḫ* (f *MR*)

---

[1]) Auch Frauenname
[2]) Als „schöner Name" bezeichnet
[3]) Einmal erscheint als Var von und (f *MR*)
[4]) Im *MR* Frauenname
[5]) Ob hier das *r* schon verloren gegangen ist?

[1]) Oder einfach Kurzname, vgl *ir-pꜣʿnḫj-knkn·f?*
[2]) Auch Frauenname
[3]) Im *MR* auch Frauenname
[4]) Als „schöner Name" bezeichnet
[5]) Auch Frauenname
[6]) Hier könnten auch geminierende Kosenamen vorliegen, vgl S 167

* *nḫt·j* u. ä. (*AR* bis *NR*) vgl. *nḫt-sꜣ·ś* usw.

nṯr·j [1]) (*AR*) vgl. *nṯr-nḫt(·w)* u. a. (*MR*)

nḏm·j (*MR*) vgl. *nḏm-ib* u. a

rꜥ·j u. a (*MR* u *NR*[2])) vgl. *rꜥ-nfr* usw.

rwd·j (*AR*) Vollnamen bisher unbekannt

rwḏ·j (*AR*) vgl. *rwḏ-ib* u a.

rn·ś·j (*AR* u. *MR*) vgl. die Männernamen *rn·ś-ꜥnḫ·w* usw. und *rn·ś*!

rś·j u. a. (*AR* bis *NR*[3])) vgl. *rś-nfr* (*MR*) u. a.

rdj·j (*MR*) vgl. *rdj-n·j-ptḥ* u a

hn·j (*AR*) vgl. *hn-ḥr* (*AR*), *hn-ꜥnḫ* (f *MR*)

ḥꜣ·j (*AR*) vgl *kꜣ-ḥꜣ-iś·wt·f* (*MR*) u. a.

ḥꜣ·t·j (*NR*) zu *imn-m-ḥꜣ·t*

ḥb·j , (*AR*) vgl *ḥb-pw* (*MR*)

* *ḥp·j* [3]), u. a. (*AR* u. *MR*) vgl *dwꜣ-ḥp* u. a.

f *ḥp·t·j* (*AR*) vgl. *ḥp·t-kꜣ*

ḥm·j u. a. (*AR*[3]) bis *MR*) zu *ḥm·t-rꜥ* (*AR*) und zu *ḥm-ꜥnḫ* (*AR*)

* *ḥr(·w)·j* , (*MR* bis *Spät*)[4]) vgl. *ḥr(·w)-m-ḥꜣ·t* usw.

ḥr·j (*MR*) vgl *ḥr(·j)-ḥr-ꜥnḫ*

ḥs·j (*AR* bis *MR*)[3]) vgl. *ḥs-ꜣḫ·tj* usw.

* *ḥḳꜣ·j* u. a. (*MR*)[3]) vgl. *ḥḳꜣ-ib* u. a.

ḥkn·j (*AR* u. *MR*[3])) vgl. *ḥknw*[6])-*kꜣkꜣj* u a.

1) Vgl auch (f *NR*)
2) Vgl aber auch unten S 145
3) Auch Frauenname
4) Als „schöner Name" bezeichnet
5) Im *MR* und *NR* auch Frauenname
6) Ob *ḥkn-wj-kꜣkꜣj*?

ḥtp·j u. a (*AR* bis *MR*[1]) zu *Spät*) vgl *ḥtp-ib* usw

ḫꜣ·j (*AR*) vgl. *ḫꜣ-issj*

ḫꜣḫ·j (*AR*) vgl *iś-ḫꜣḫ*

f *ḫꜥj·j* (*Spät?*) vgl *ḫꜥj-m-wꜣś·t* (*NR*) usw.

ḫwj·j (*AR*) zu *ḫwj(·w)·n-ḥr(·w)*[2])

ḫwj·j (*MR*) vgl. *ḫwj-wj-wr* usw.

ḫm·j , u ä. (*MR*) vgl. *ḫm(·w)·śn*, *ḫm·t·n·śn*

ḫntj·j [3]) (*AR*) vgl. *ḫntj-ś·wt* usw.

ḫn-j (*AR*) zu *ḫn-ꜥnḫ*[2])

ḫnm·j (*MR*) vgl. *ḫnm(·w)-m-ḥꜣ·t* usw.

ḫnj·t·j (*AR/MR*) vgl. *ḫnj·t-nfr(·t)*

f *s·t·j* (*AR*) vgl. *s·t-n·t-ḥtḥr* u. a.

sꜣ·j (*MR*) vgl. *sꜣ-ꜣś·t* usw.

f *sꜣ·t·j* , u ä.[4]) (*AR* u *NR*) vgl. *sꜣ·t-s-n·j* usw.

sp·j (*MR*) vgl. *sp-n·j* u. a.

śꜣb·j (*AR*) vgl *śꜣb-wj(?)-ptḥ*

śꜣḥ-j (*AR*) vgl. *śꜣḥwjrꜥ* (König *D 5*)

śfḫ·j (*AR* u. *AR/MR*) vgl. *nfr-śfḫ-ptḥ*

**śn·j* u. a. (*AR* bis *Spät*)[1]) vgl. *prj-śn* usw.

f *śn·t·j* u. a.[5]) (*AR* bis *MR*) vgl *śn·t-it·ś* u. a.

f *śnw·j* u. ä (*MR*) vgl. *śn·w-ꜥnḫ(·w)* u a

1) Im *MR* auch Frauenname
2) Als „schöner Name" bezeichnet
3) Hierher auch , u ä (*AR*)?
4) Auch und (f *MR*) gehören wohl hierher, vgl die entsprechenden Schreibungen von *sꜣ t* PN I, 285, 22 24 286, 6 8 usw
5) Auch gehört wohl hierher

* *šnb·j* (*AR* bis *NR*)[1]) vgl *šnb-nb·f*, *rn·f-šnb* (*w*) usw.

šnd·j [2]) (König *D 2*) vgl *dr-šnd* (*AR*)

šḥtp·j (*MR*) vgl *šḥtp-pjpj* (*D 6*) usw

ššm·j (*AR*) vgl *nfr-ššm-ptḥ* u a.

* *šth·j* (*NR*) vgl. *šth-ḥr-ḫpš·f* usw

šdd·j (*MR*) vgl *šdd-wꜣ*

špš·j u a (*AR* u *NR*)[3]) vgl *špš-pw-ptḥ*

šmš·j (*MR*) vgl *šmš-nfr* (*AR*) u a

šr·t·j (*MR*) vgl *šr·t-n-ꜥnḫ* (*AR*)

šd j u a (*AR* u *MR*) vgl *šd-it f* (*AR*) u. a

ḳꜣ·j (*AR*) vgl *ḳꜣ(j)-inp·w* usw

ḳn·j (*MR*) vgl *ḳn-imn* usw (*NR*)

kꜣ·j , [4]) (*AR* u *MR*) zu *kꜣ(·j)-pw·nsw·t*[5])

gm·j (*MR*) vgl. *gmj·n(·j)-kꜣ(·j)* u. a.

gmn·j (*AR* u. *MR*) zu *sꜥnḫ-gmn* und zu *gmn-m-ḥꜣ·t*

tp·j (*AR* u *MR*) zu *tp-m-nfr·t* (*AR*)[6])

ṯnf·j (*AR*) vgl *pꜣ·š-ṯnfj* (*D 22ff.*)?[7])

ṯsj·j (*AR*) vgl. *ṯsj-wj-ptḥ*

dmḏ·j (*AR/MR*) vgl. *dmḏ-rḥ·w*

dšr·j (*AR*) vgl *dšr-šnj*

dd·j u. ä. (*MR* u *D 19*) vgl *dd(·w)-inḥr·t* usw.

ḏf(ꜣ)·j (*MR*) zu *ḏfꜣ(·j)-ḥꜥpj*[7])

ḏḥwtj·j (*NR*) vgl. *ḏḥwtj-m-ḥb* usw.

ḏd·j (*MR*) vgl *ḏd·w* (f *MR*)?[8])

ḏd·j , u a u ä. (*AR* u. *MR*) vgl. *ḏd-wꜥj*

e) Angehängt an drei- und mehrkonsonantige Stämme.

An Kosenamen auf zu Stämmen mit mehr als drei Konsonanten ist nur eine ganz kleine Gruppe vorhanden, deren Angehörige z. T. unägyptischer Herkunft verdächtig sind: , , [9]) (Name eines Mannes aus „Punt", *AR*), , (*MR*), (*MR*). (*D. 6*).

Im Folgenden stelle ich Bildungen zusammen, die das angefügt zeigen an drei-, zwei- und einradikalige Stämme, die uns als namenbildende Elemente sonst nicht bekannt sind. Bei den einradikaligen sowohl wie bei einer Anzahl der zweiradikaligen handelt es sich gewiß um verstümmelte Namen, wie ich sie auf S. 126ff behandelt habe.

Die Namen sind, wie auch die der Abschnitte a bis d, meist Männernamen, z. T. aber werden sie von Männern und Frauen unterschiedlos getragen. Dabei besteht natürlich auch die Möglichkeit, daß die Femininendung in der Schrift weggelassen ist. Das braucht aber durchaus nicht immer so gewesen zu sein. Jedenfalls finden sich Femininbildungen mit *·t*, die jeweils in einer besonderen Liste folgen. Diese zeigen das z. T. hinter der Femininendung, wie , z. T. vor ihr, wie u. a Es ist wohl anzunehmen, daß

1) Im *MR* u *NR* auch Frauenname

2) So auf der Liste von Abydos, die Liste von Sakkara hat statt dessen , Berlin 8433 (aus d Spätzeit) .

3) Auch Frauenname

4) Als Beiname bezeichnet

5) Als „schöner Name" bezeichnet

6) Vgl auch Wb 5, 380f

7) Als Kosename bezeichnet

8) Die Namen mit *ḏd-* beginnen allerdings erst im späten *NR*! Ob eine Schreibung von vorliegt?

9) Variante ohne , es könnte also Ersatz des Deutzeichens sein

das ·*t* stets an die Koseendung angefügt worden ist, und daß Schreibungen wie , kalligraphisch bedingt sind und ein *dfḏj·t*, bzw. *wꜣḏ·j·t* wiedergeben sollen.

iꜣr·j (*MR*)[1]

iwb·j (*MR*)

iwp·j (*MR*)

iwr·j [2] (*AR*)

iwt·j (*AR*)

iwd·j (*AR/MR* u *MR*)

ibꜣ·j u. a. (*MR*)

ipr·j (*AR*)

ipt·j [3] (*AR* u. *AR/MR*)

ifꜣ·j

imb·j (*AR*)

imp·j [4] (*AR* u *MR*)[1]

imḥ·j (*AR*)

imṯ·j (*AR*)

inḫ·j (*AR*)

inš·j (?)[5] (*AR*)

int·j (*AR*)[1]

ind·j (*AR/MR*)

irt·j (*AR*)

išf·j [6] (*AR*)

išṯ·j (*AR*)

ikn·j (*NR*)

[1]) Auch Frauenname
[2]) Ob verstummelt aus Namen wie *iw f-n·j-r-psš*?
[3]) Vgl auch (*NR*)
[4]) Siehe auch S 128.
[5]) Oder *in(r) j*?
[6]) Vgl. verschiedene Worte *išf*, Wb 1, 134f.

f *itꜣ·j*.(?)[1] (*AR*)

iṯꜣ·j (*AR/MR* u *MR*)[2]

ʿnḏ·j (*MR*)

f *wpꜣ·j* (*MR*)

wnm·j (?) siehe *kk·j* S. 170

wnḫ·j [3] (*AR*)

wnś·j (*MR*)

wḥꜣ·j (*AR* u *AR/MR*)

mꜣd·j (*MR*)

mnt·j (*MR*)

mnṯ·j (?) (*AR*)

nnk·j [4] (*AR*)

nng·j (*AR*)

nhꜣ·j [5] (*MR*)

ngr·j (*AR*)

ndꜣ·j (*AR*)

rsr·j (*MR*)

hpt·j (?) (*AR*)

ḥꜣg·j [6] (*AR*)

ḫnw·j u a (*MR*)[2]

ḫnt·j (*AR*)[2]

ḫrw·j (?) (*Spät*)

[1]) Oder ist *it j* zu lesen?
[2]) Auch Frauenname
[3]) Vgl unten *ḫwn j* (?)
[4]) Ob zu *nj-n k-św* (*MR*)?
[5]) Var , das also Deutzeichen?
[6]) Vgl Wb 3, 34, 18

f *ḥḏr·j* (?) (MR)

ḫwn·j[1] (MR)

ḫwt·j (AR)

ḫśf·j (AR)

ḫtm·j[2] (NR)

ḫnm·t·j[3] (AR)

św3·j (AR)

śdḥ·j (MR)

śtḳj (MR)

š3ft·j (?) (AR)

šnr·j (AR)

šnt·j (MR)

ḳnb·j (MR)

ḳhw·j (AR)

k3r·j (MR)

kbś·j (MR/NR)

kmś·j (MR)

f *krḥ·j* (MR)

t3n·j (MR)

tnr·j (MR)

ṯ3wt·j (AR)

ṯwt·j (AR)

ṯfr·j[4] (AR)

1) Oder ist *wnḫ·j* zu lesen? Siehe oben

2) Ob zu einem Vollnamen **ḫtm* „das Siegel“ oder „der Verschluß“?

3) Das feminin (?) *t* ist auffallend. Ob hierher auch (m *AR*) gehört?

4) Vgl. *ṯfrr* „gewaltig“ o. a., Wb 5, 366, 12

ṯmś·j[1] (AR/MR)

ṯnt·j[2] (AR u. MR)

dfḏ·j[3] (AR)

ḏ3r·j (MR)

ḏ3t·j u. a. (AR u. MR)

Hierzu weibliche Bildungen mit *t*:

(MR)

(MR)

(MR)

(MR)

(AR)

[4] (MR)

(MR)

(MR)

(AR/MR)

, (MR)

, [5] (AR/MR u. MR)

[6] (AR)

[7] (NR)

(MR)

, , (AR)

(AR)

1) Ein Name **ṯmś* „der Rote“ (vgl. Wb 5, 369, 7 ff.) ist bisher nicht belegt

2) Auch Frauenname

3) Vgl. (AR), (AR) und Sethe, AZ 39, 135.

4) Lies *wnt·t·j*?

5) Kaum Kurzform zu Namen mit *-ḥtp·tj*

6) Lies *śmd·j·t*?

7) Vgl. (NR), ob Fremdname?

f) Angehängt an zweikonsonantige Stämme.

Bei der folgenden Gruppe läßt es sich meist nicht entscheiden, ob die beiden Konsonanten, an die das j angefügt ist, ein zweikonsonantiges Wort enthalten, oder ob eine Verstümmelung aus mehrkonsonantigem Bestande vorliegt. Gesondert gebe ich auf S. 141 diejenigen der hierhergehörigen Namen, deren erster Konsonant ein j ist, die also aus einem einzigen starken Konsonanten zwischen zwei j bestehen, da bei ihnen der Verdacht naheliegt, daß das erste j nicht als Radikal eines Wortes, sondern als „Alef prostheticum“ aufzufassen ist.

ꜣn·j (*AR*)
ꜣr·j (*AR*)
ꜣt·j (?) [1] (*Spät*)
jb·j (*MR*)
ʿm·j (*MR*)[2]
ʿḥ·j (*MR*)
ʿk·j (*MR*)[2]
wk·j (*MR*)
f *wt·j* (?) (*MR*)
bt·j , [2] (*MR* u. *D 18*)
bd·j (*MR*)[2]
pn·j [3] (*AR*)
ps·j (*AR/MR*)
f *ft·j* (*AR/MR*)
mk·j [4] (*MR*)
mg·j (*MR*)
f *mt·j* (*MR*)
mṯ·j (*MR*)
f (?) *mḏ·j* (?) (?)[5] (*MR*)

[1] Vgl *ḥn-ꜣ t?*
[2] Auch Frauenname
[3] Ob zu *pn w* „die Maus“? Vgl auch S 148
[4] Ob die *MR*-Namen mit *mk·t(j?)*- zu vergleichen sind? Oder *mkj-n' t j* (*D 18*)?
[5] Oder ?

nḫ·j u. a. (*AR* bis *D 18*)[1]
f *nk·j* (*NR*)
f *nt·j* (*AR*)
f *rꜣ·j* (?) (*NR*)
rw·j , [2] u. a. (*AR* bis *NR*)
rt·j u. a. (*AR* bis *NR*))
hb·j [3] (*MR*)
ht·j (*AR*)
ḥn·j (*AR/MR*)
ḥn·j [4] (*AR* u. *MR*[2]))
ḥnw·j (*MR*)[5]
f *ḥk·j* [6] (*MR*)
f *ḥk·j* (*MR*)
ḥt·j (*AR*)
ḫt·j (*AR*)
ḫt·j [2], u. a. (*AR/MR* u. *MR*)
sp·j , u. a (*MR*)
sš·j (*NR*

[1] Ob *nḫ-ʿnḫ(w)* (*AR*) zu vergleichen ist?
[2] Auch Frauenname
[3] Vgl *sꜣ t-hb t* (f *MR*) u *nb(t?)-hbj* (f *D 18*) Sicher mit *hb* „Ibis“ zusammengesetzte Namen sind nicht vor der Spätzeit belegt.
[4] Variante (*MR*)
[5] Variante ohne j
[6] Ob = *ḥkꜣ j*?

šb·j [1] *(AR/MR)*

f *šp·j* *(AR)*

f *šg·j* *(MR)*

ḳm·j *(MR)*

ḳr·j , [2] *(AR* u. *MR)*

f *ḳh·j* *(MR)*

ḳt·j *(MR)*

f *kw·j* *(AR* u *MR)*

kb·j *(MR)*[3]

km·j u. a. *(AR* bis *NR)*[4]

f *kn·j* *(MR)*

kr·j *(MR)*

kt·j (?) *(MR/NR* u. *D 18*[3]*)*

f *gf·j* [5] *(AR)*

tꜣ·j u a. *(AR* u *NR*[3]*)*

tw·j , *(AR*[3]*)* u. *MR)*

tf·j *(AR)*

tr j *(MR)*

f *tḳ·j* *(Griech.)*

tk·j *(MR)*

f *tṯ·j* *(MR)*

ṯꜣ·j *(AR/MR* u. *MR)*

ṯf·j *(AR)*[3]

ṯm·j *(AR)*

ṯn·j[6] *(MR* u. *NR)*

[1] Vgl *šb t* „Schilfrohr", Wb 4, 82.
[2] Ob zu *ḳꜣr* (S. 133) gehörig?
[3] Auch Frauenname
[4] Im *MR* auch Frauenname
[5] Ob für *gjf t* „die Meerkatze"?
[6] Oder liegt ein einfacher Kurzname (aus Namen, die *ṯnj* 'This' enthalten) vor?

ṯr·j *(AR/MR)*[1]

ṯt·j , u a. *(AR bis MR*[1]*)*

f *dw·j* u. a *(MR* u. *NR)*

f *dt·j (?)* *(MR)*

ḏm·j *(AR/MR)*

Hierzu weibliche Bildungen mit :

(AR) — *(MR)*

u. ä. *(AR)* — *(AR)*

(AR) — *(AR)*

(Spät) — , *(AR)*

[2] *(AR)* — [1] *(AR)*

, Var. *(AR)* — *(MR)*

(AR) — *(AR)*

(AR) — [3] *(AR)*

(AR) — *(AR)*

(MR) — *(MR)*

u. ä. *(MR)* — *(MR)*

u. ä *(AR* u. *MR)* — *(MR)*

(AR)

, *(AR)* — *(AR)*

(AR) — *(AR)*

(MR) — *(AR/MR)*[4]

(AR) — *(AR)*

(AR) — *(AR)*

[1] Var ohne
[2] Var .
[3] I 268, 3
[4] Oder Vogelname (Wb 5, 499, 5)?

Bildungen mit anlautendem 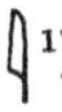[1]).

ỉꜣ·j 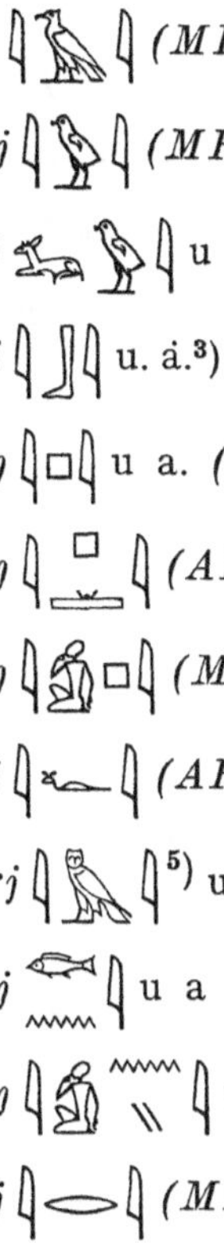 *(MR* u. *NR*[2]*))*

ỉw·j *(MR* u *NR)*

f *ỉwj* u a. *(MR)*

ỉb·j u. ä.[3]) *(AR* bis *Spat)*

ỉp·j u a. *(AR*[2]), *MR*[2]) u. *Spat)*[4])

f *ỉp·j* *(AR)*

ỉp·j *(MR)*[2])

ỉf·j *(AR* u. *MR)*

ỉm·j [5]) u ä. *(AR* u. *MR)*[2])

ỉn·j u a *(AR* bis *NR)*[2])

ỉn·j u. a. *(NR)*

ỉr·j *(MR)*

ỉr j (?)  *(MR)*

f *ỉḥ·j*  *(AR* u. *Spat)*

ỉḥ·j  *(MR* u. *Griech.)*

ỉḫ·j  *(AR)*

ỉs·j  *(AR)*

ỉś·j 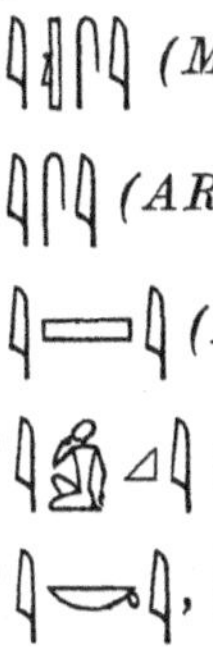 *(MR)*

ỉś·j *(AR* u. *MR)*[2])

ỉš·j *(AR)*

ỉḳ·j *(MR)*

ỉk·j, [6]) *(MR)*[2])

ỉt·j 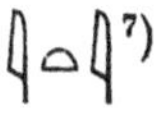[7]) *(AR* bis *MR)*[2])

ỉt·j (?)  *(AR*, Nachtr.[2])[8])

ỉṯ·j 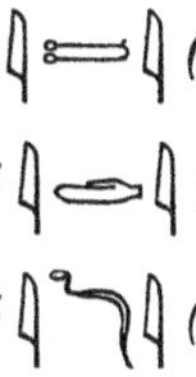 *(AR)*

ỉd·j *(AR* u. *MR*[2]*))*

ỉḏ·j *(AR)*

g) Angehangt an einen einzigen Konsonanten.

ꜣ·j  *(NR)*

ỉ·j  u. a. *(MR)*[2])

f *ʿ·j* [9]) *(MR)*

f *b·j*  *(MR)*[10])

p·j  *(MR)*

Dazu die weiblichen Bıldungen mıt *·t·* 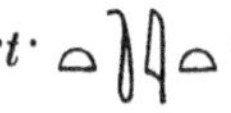 und , beide aus dem Alten Reich.

3. Die Endung .

Eine Koseendung  ist bisher ım Alten und Mittleren Reich[11]) nicht mit Sicherheit nachzuweisen. Im Neuen Reich enden zwar zahlreiche Namen auf , aber bei den meisten von ihnen — wie etwa bei 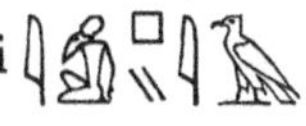,  , , , aber auch bei ,  und vielen anderen — handelt

[1]) Vgl S 139

[2]) Auch Frauenname

[3]) Sıehe auch S 149

[4]) Sıehe auch S 149

[5]) Eınmal *(AR)* „schoner Name" eınes Mannes, der mıt „großem Namen *rmn-wj-kꜣ(j)* hıeß

[6]) Hıerher wohl auch  *(NR)*

[7]) Hıerher gehoren wohl auch 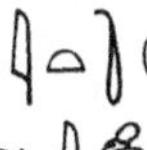 (f *MR)*, 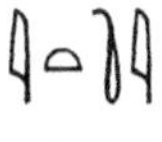 (m u f, *AR* u *MR)*, 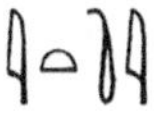 (f *MR* u *NR)*,  (m u f *MR* u *Spat)* Doch konnen teılweıse auch Schreıbungen fur *ỉtj* „der Furst" vorlıegen

[8]) Belegt als Varıante von 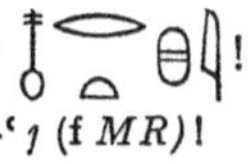!

[9]) Vgl allerdıngs *śnb-śj-m-ʿj* (f *MR)*!

[10]) Vgl auch  u S 150

[11]) Der Name  *(AR/MR)* ıst wohl anders zu erklären Vgl allerdıngs , S 129 — Zur Rolle des  ın der „syllab" Schrıft, s Burchardt, Altkanaan Fremdworte, § 16

es sich um „syllabisch“ geschriebene Namen, deren dritter bzw. zweiter Konsonant ein *i* war, die also *ipi*, *pti*, *ḫ̱ti*, *kri* bzw. *bi*, *ti* usw. zu lesen sind. Ob in diesen Namen eine Koseendung *i* oder ein Radikal *i* vorliegt, läßt sich in den meisten Fallen nicht entscheiden. Daß auch Ersteres in Betracht kommen kann, zeigt *rʿj* als Beiname eines *nbmꜣʿ·trʿ-nḫt (ʿw)*. Dem schließt sich eine Reihe von nicht „syllabisch“ geschriebenen Namen des Neuen Reiches an[1]), in denen das ganz wie eine Koseendung aussieht, und die ich im Folgenden zusammenstelle. Man könnte vermuten, daß das hier das ältere — im Neuen Reich fast ganz verschwundene — als Koseendung vertritt, um so mehr als und einmal als Varianten erscheinen. Aber auch an die alte Koseendung (S. 129) ist zu erinnern.

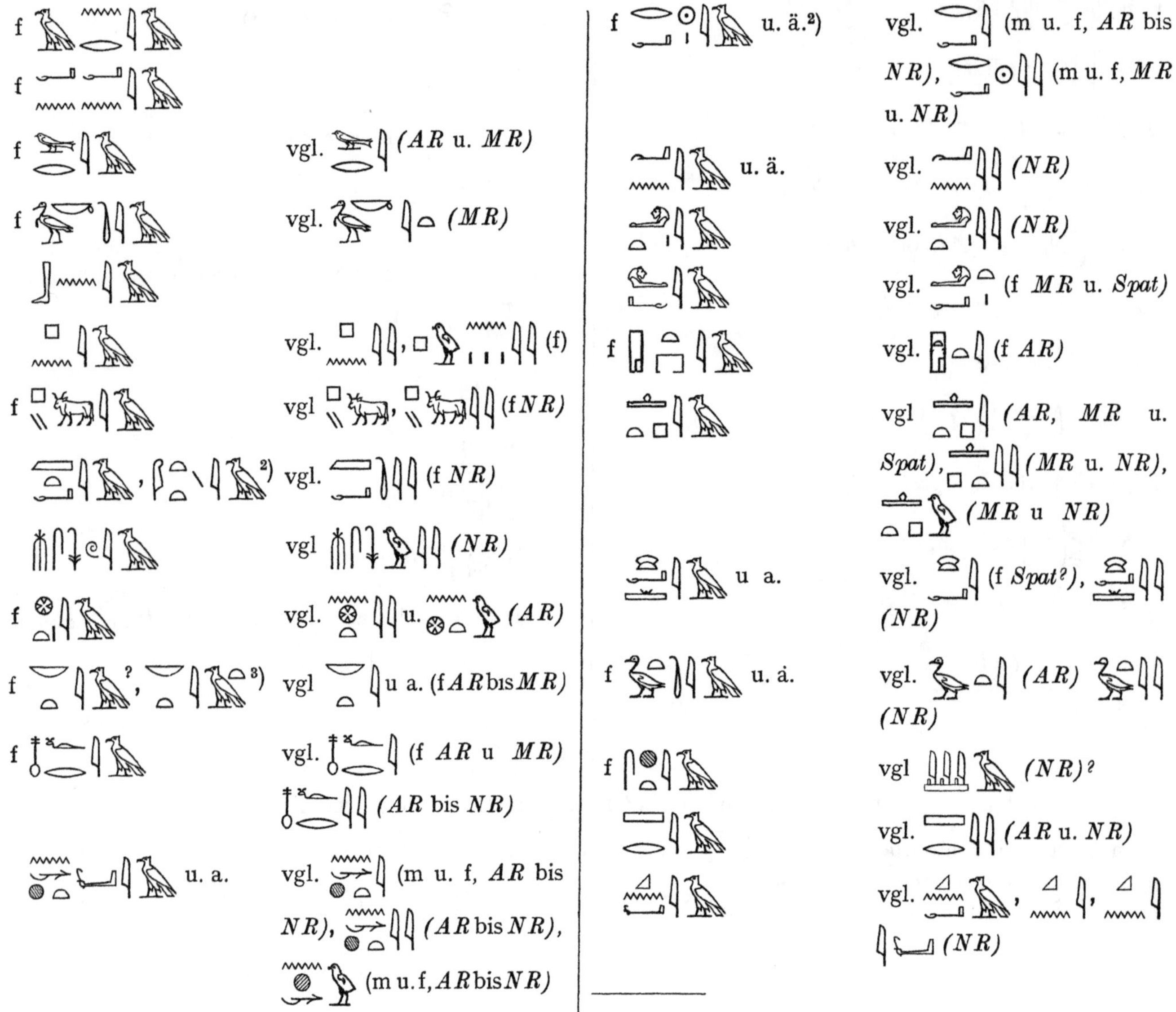

1) Auch die Namen (f) und (m u f) und sind hier zu erwähnen — Merkwürdig ist als Var von (PN I, 222, 13)!

2) Auch Frauenname.

3) Vgl. auch die merkwürdige Schreibung (f)!

4. Die Endung

Wie diese Endung lautlich zu beurteilen ist, weiß ich nicht. Sie findet sich fast nur in „syllabisch“ geschriebenen Namen, einmal – in PN I 233, 10 – als Variante neben einfachem . Zweimal, in und , findet sich bzw. als Variante von [1].

Die mir bekannten Beispiele dieser scheinbaren Haufung zweier Koseendungen sind[2]:

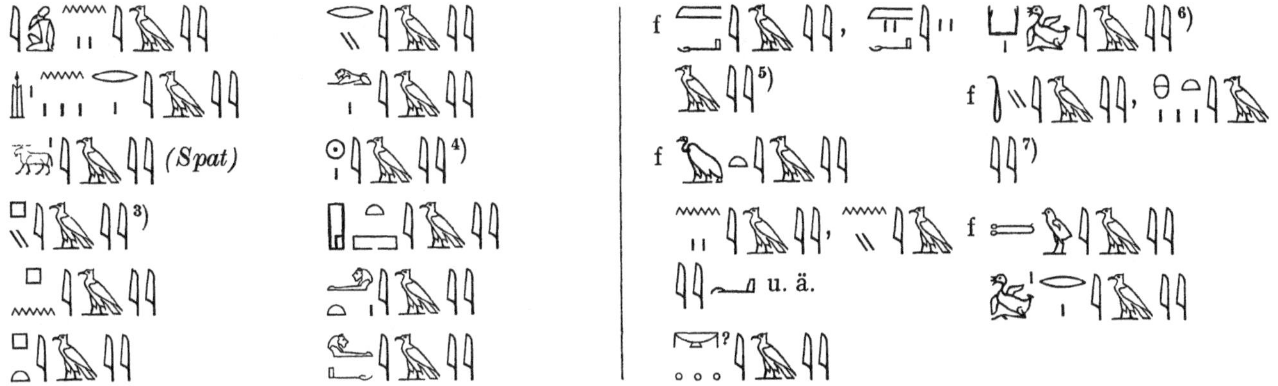

(Spat)
4)
3)
f
6)
5)
f
f
7)
f
u. ä.
?

5. Die Endung [8].

Zum Verhältnis dieser Endung zur Koseendung s. oben S. 129f. Auch bei dieser Endung finden sich, wenn auch nur sehr vereinzelt, Falle, in denen Formen mit und Formen ohne sich als Varianten des Namens einer und derselben Person finden. Ich habe notiert neben , neben , neben , neben .

a) Angehängt an Vollnamen.

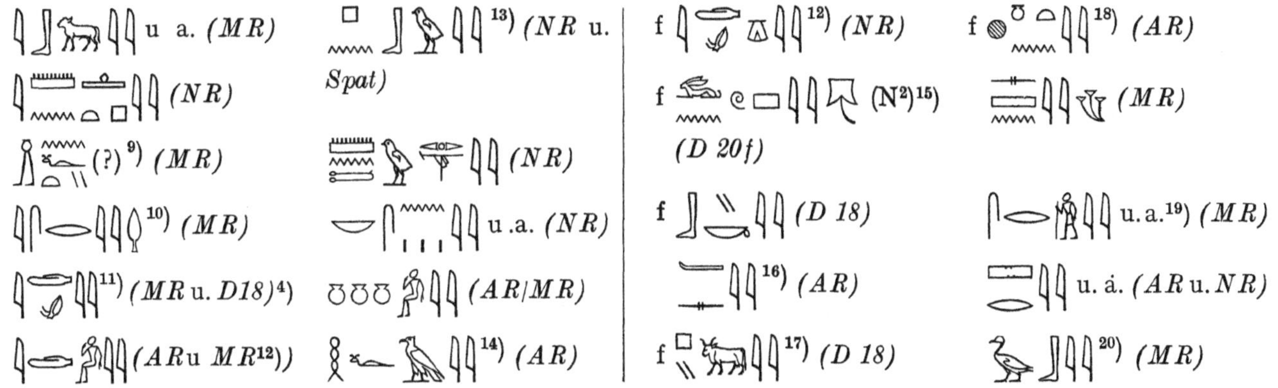

u a. (MR)
13) (NR u. Spat)
f 12) (NR)
f 18) (AR)
(NR)
f (N²)15) (D 20f)
(MR)
(?) 9) (MR)
(NR)
10) (MR)
u .a. (NR)
f (D 18)
u. a.19) (MR)
11) (MR u. D18)4)
(AR/MR)
16) (AR)
u. ä. (AR u. NR)
(ARu MR12))
14) (AR)
f 17) (D 18)
20) (MR)

---

1) Vgl auch die Schreibung , PSBA 7 (1885), 203

2) Wo nicht anders bemerkt, sämtlich aus dem *NR*

3) Vgl auch .

4) Auch Frauenname

5) Vgl auch .

6) Wohl Koseform zu „der Wagenlenker“

7) Vgl auch .

8) Schreibungen mit \\ anstatt finden sich selten, und zwar in *MR* Vgl I, 31, 12 34, 16 52, 24 316, 22

9) Ob = *inj-it f jj?*

10) Vgl S 132 Oder „der zur Tamariske Gehorige“ ?

11) Auch !

12) Vgl *idg* „eine Art Kleid“, Wb 1, 155, 14

13) Vgl (*D 18*) u (*NR*)

14) Siehe oben .

15) Vgl *wnš š*, S 164

16) Ein Name **bhs* ist bisher nicht belegt, vgl aber *bḥs-km (MR)*

17) Vgl (f *NR*) u (f *D 18*)

18) Lies *ḥnw t j?*

19) Vgl oben S 133 .

20) Der Vollname wird „die *gbb*-Gans“ bedeutet haben Der Name des Erdgottes ist vor der Spätzeit in PN nicht belegt

b) Angehängt an zweiteilige Kurznamen.

(*NR*) vgl. *ỉj-r-n'-t-f*

(*NR*)[1] vgl *ỉʿḥ-m-ḥb* (*MR*)[2])

(*NR*) vgl. *ỉmn-m-ḥ3·t* u a.[2])

(*MR*) vgl (Konig *D 9/10*)

(*NR*) vgl *ptḥ-p3-ḥʿpj* u a

u. a.[3]) (*NR*) vgl. *ptḥ-m-ḥ3·t* u. a.[2])

(*MR*) vgl. *śnb-św-m-ʿ(·j)*

(*NR*) vgl *rʿ-mś(j)-św* u. a.

(*NR*) vgl. *nb-t3·wj* und *ỉmn-nb-t3·wj* (?)

u. ä. (*NR*)[4]) vgl. (f *D 18*) ?[1])

Ob in (*NR*) eine Koseform zu *ỉmn-pnʿ*.. (PN I, 27, 14) vorliegt?

c) Angehängt an Kurznamen, die aus éinem Worte bestehen.

f *ỉbd·j·t* [5]) (*MR*) vgl [6]) *3bd* (*AR*)

3ḫ·j (*NR*) vgl. *3ḫ-mw·t* u. a

3ḫ·t·j u ä. (*MR*) vgl. *ỉn-m-3ḫ·t* (*AR*) u. a.

f *3ś·t·j* u. ä. (*NR*) vgl. *3ś·t-wr·t* usw.

ỉ3m·j (*MR*) vgl. *ỉ3m-ỉb* u a

f *ỉ3m·j* (*NR*) vgl.

ỉj·j u a. (*AR* bis *NR*)[1]) vgl *ỉj-m-ḥtp* usw.

ỉʿj·j , (*AR* u. *MR*) vgl. *ỉʿj-ỉb* u. a.

ỉw·f·j (*AR/MR*) vgl. *ỉw·f-n·j* u. a.

ỉw·f·j (*D 18*) vgl *ỉw·f-śnb(·w)* u. a (*MR*)

ỉp·t·j u. ä. (*MR*)[1]), (*NR* u. *Spät*) vgl. *ỉmn-m-ỉp(3)·t* (*NR*)

ỉmn·j , (*AR* bis *NR*)[2]) zu *ỉmn-m-ḥ3·t*

ỉn·j [3]) (*D 6*) vgl. *ỉnj-ỉt·f* usw

ỉn·j (*NR*) zu *ỉmn-m-ỉn(·t)*[4])

ỉn·j (*NR*) vgl *ỉmn-m-ỉn·t* u. a.

f *ỉn·t·j* u. a (*D 19*) zu *mw·t-m-ỉn·t*

ỉr·j [5]) (*AR* bis *Griech*)[6]) zu *nfr-ỉrj·t-ptḥ* (*AR*)

ỉr·j (*Spät*) vgl *ỉmn-ỉr-dj-św* usw.

ỉrj·j (*D 20*) vgl. *nb-ỉrj* usw

ỉr·t·j u. a (*AR*) vgl. *nfr-ỉr·t-ptḥ* usw.

ỉḥ3·j (*NR*) vgl. *ỉḥ3-nfr* u. a

ỉḳr·j (*MR*) vgl *ỉḳr-ʿnḫ* u. a.

ỉtf·j (*MR*) vgl. *ỉt·f-ʿnḫ(·w)* u. a.

f *ʿ·j* (*NR*) vgl *śnb-śj-m-ʿ·j* (*MR*)?

ʿ3·j (*MR*[1]) u *NR*) vgl. *ʿ3-ỉmn* usw.

f *ʿ3·t·j* (*NR*) vgl *mw·t-ʿ3·t* u a.

ʿn·j (*D 18*) vgl. *ʿn-m-š* u. a.

ʿnḫ·j u. a.[7]) (*AR*[1]) bis *NR*) zu *ʿnḫ-ḫnm(·w)* (*AR*)[8])

---

[1]) Auch Frauenname

[2]) Es konnten aber auch Koseformen zu *ỉʿḥ-mś(j)(·w)*, *ỉmn-mś(j)(·w)*, *ptḥ-mś(j)(·w)* vorliegen

[3]) Keilschriftlich vielleicht als *taḫmaja* wiedergegeben, vgl Ranke, Keilschr Mat , S 18 und ÄZ 73, 93

[4]) Ein mit *nḥm-ʿ* gebildeter Name ist mir nicht bekannt Ob Koseformen zu *nḥm(·t)-ʿw3j* (Wb 2, 297, 7) vorliegen? Vgl PN I, 208, 5

[5]) Oder Nisbe „die zum Monat Gehorige"?

[6]) Zum Unterschied von 'vgl.' und 'zu' siehe oben S 97

[1]) Auch Frauenname

[2]) Im *MR* auch Frauenname

[3]) Vgl auch u ä (*MR*, m u f)

[4]) Als Beiname bezeichnet

[5]) Vgl auch (*MR*)

[6]) *Spät* u *Griech.* auch Frauenname

[7]) Vgl auch !

[8]) Als „schoner Name" bezeichnet

wȝḏ·j u. a. (*AR* u. *MR*[1])) vgl *wȝḏ-nfr* (*AR*), *wȝḏ-ḥȝw* (*MR*) u. a.

f *wiȝ·j(·t?)* , u. a. (*MR* u. *NR*) vgl *ỉmn-m-wiȝ* usw.

wꜥ·j (*AR*) vgl *wꜥj-ꜥnḫ·w* (f? *MR*)

f *wꜥb·j(·t?)* (*NR*) vgl. (*NR?*)

wn·j (*MR*)[2]) vgl. *wn-ḥr-* u. a.

f *wnn·j(·t?)* (*NR*) vgl *nfr·t-wnn·ś*

f *wrl·j* (*NR*) vgl. *bȝk·t-wrl*

whm·j (*D 11*) vgl

bȝk·j (*NR*) vgl *bȝk-ỉmn* usw.

pȝ-nś·j (*D 22*) vgl. *pȝ-nś-ḳȝj-šw tj* (*Griech.*)

pȝ-šd·j (*NR*) vgl *pȝ-šd(·w)-ḫnś·w*

pr·j (*AR* u. *MR*[2])) vgl. *prj-ḥr-nfr·t* u a.

ptḥj , (*NR* u. *Spät*) vgl. *ptḥ-m-wiȝ* usw.[1])

f *mȝꜥ·t·j* (*D 18*) vgl. *bȝk-n-mȝꜥ·t* u a.

f *mw·t j* u a (*MR* u *NR*) vgl *mw·t-m-ḥb* usw.

mn·j (*MR*[2]) u *NR*) vgl *mn-ꜥnḫ* u. a.

mn(·w)·j[3]) (*NR*) vgl. *mn(·w)-m-ḥb* usw.

mnṯ·w·j (*NR*) vgl. *mnṯ·w-m-wȝś·t* usw.

mrj·j (*NR*) vgl *mrj-ỉmn* usw.

mrr·j (*MR*) vgl. *mrr-ḳd* u. a.

f *mrr·j·t* (*MR*)

mḥj u a (*NR*) vgl *mḥ-ỉmn* u a

---

1) Sethes Vermutung (AZ 44, 91), daß Formen wie von Namen stammen mussen, die den Gottesnamen an 2 Stelle haben, laßt sich mit unserem Material kaum widerlegen, trifft aber gewiß nicht das Richtige

2) Auch Frauenname

3) Oder „der zu Min Gehorige“ ?

mś·j u a. (*AR* bis *NR*[1]) zu *ḏḥwtj-mśj(·w)* (*NR*)[2])

nꜥ·t·j (*AR*) vgl *mr-nꜥ·t*

f *njt·j* (*NR*) vgl. *njt-m-ḥȝ·t* u. a

nb·j , u. a (*AR* bis *NR*) vgl. *nb-ꜥnḫ-mn·w* (*AR*) usw

f *nb·j* (*MR* u. *NR*) vgl *nb(·w)-m-ȝḫ·t* usw.

nfr·j , u. a (*AR* bis *NR*) vgl. *nfr-ỉw* usw.

nmt·j , u a (*MR*) vgl. *nmt·w*, *nfr-nmt·wt-ỉssj* u a

nn·j u. a (*MR*)[3]) vgl. *nn-mwt·f* usw.

nḥm·j (*NR*) vgl *nḥm-ꜥwȝj* u. a.

nḫt·j[4]) (*AR* bis *NR*) vgl *nḫt-wpwȝ·wt* usw.

nś·j (*D 22*) vgl *nś-ỉmn* usw.

rꜥ·j (*MR* u. *NR*)[3]) vgl. *rꜥ-ḥtp(·w)* usw.

rm·j (*NR*) vgl. *bꜥl-rm*

rḫ·j (*AR*) vgl. *n-rḫ·f*

ḥȝ·j u a (*AR* bis *Spät*)[3]) vgl. *ḥȝ-ỉš·t·f* (*AR*), *ḥȝ-ꜥnḫ·f* (*MR*) u. a.

ḥȝ·t·j , [3]) (*NR*) vgl *ỉmn-m-ḥȝ·t*, *ḥȝ·t-nfr·w* usw.

ḥb·j (*MR*[3]) u. *NR*) vgl. *ỉmn-m-ḥb* usw[5])

ḥp·j , (*AR* bis *NR*)[6]) vgl *ḥp-nfr* (*D 18*) u. a.

ḥp·t j (*MR*) vgl *nb-ḥp·t*

ḥnw·j (*AR, MR, D 21*) vgl. *ḥnw-nfr* (*AR*)

---

1 Im *MR* auch Frauenname, ob *mśj(·t)* zu lesen?

2) Als Beiname bezeichnet

3) Auch Frauenname

4) Ob auch der von Mannern und Frauen getragene Name (*MR*) einfach *nḫt j* (oder *nḫt t j?*) zu lesen ist?

5) Oder „der zum Fest Gehorige“ (d h am Fest Geborene)?

6) Im *MR* auch als Frauenname belegt.

ḥr·j (*NR* u. *Spät*) vgl. *ḥr(·w)-m-ꜣḫ-bj·t* usw.

ḥr·j (*Spät*) vgl. *ḥr·f-r-njt* u. a.

ḥkꜣ·j u. ä. (*MR*) vgl *ḥkꜣ·f* (*AR*)

ḥtp·j u. ä. (*MR*[1]) u *NR*) vgl. *ḥtp-ptḥ*, *imn-ḥtp(·w)* usw.

ḫꜣm·j (*NR*) vgl *ḫꜣm* (*NR*), *ḫꜣm-ḥr* (*Spät*) u. a

ḫꜥ·j u a (*NR*) vgl *ḫꜥ·j-inḥr·t* usw.

ḫwj·j u. ä. (*AR* bis *MR*/*NR*)[2]) vgl *ḫwj-wj-ptḥ* usw.

ḫnś·w·j (*NR*) vgl. *ḫnś·w-m-ḥb* usw

ḫntj·j (?) (*NR*) vgl. *ḫntjḫtj-m-ḥꜣ·t* u. a.

ḫnm·j (*MR*) vgl. *ḫnm(·w)-ḥtp(w)* usw

ḫt·j [3]) (*AR*/*MR* u. *MR*) vgl. die mit *ḫntj-ḫtj* zusammengesetzten Namen

s·j (*D 18*) vgl. *s-n-wśr·t* usw.

f *sꜣ·t·j* , (*MR* u. *NR*) vgl. *sꜣ·t-ꜣś·t* usw.

śꜥnḫ·j u. ä (*AR* u. *MR*) vgl *śꜥnḫ-wj-ptḥ* u. a.

śbꜣ·j[4]) (*NR*) vgl. *ꜥn-mj-śbꜣ*

śbk·j (*AR* u. *MR*) vgl. *śbk-nḫt(·w)* usw.

śmn·j (*NR*) vgl *śmn-ptḥ* u a.

śn·j u. ä. (*MR*[1]) u. *NR*) vgl *śn(·j)-ḫnꜥ(·j)* usw.

f *śn·t·j* (*MR*) vgl. *śn·t-it·ś* u a.

śnw·j (*MR*) vgl. *śn·w-ꜥnḫ·w* u. a.

śnfr·j (*AR*/*MR*) vgl. *śnfr-wj-ptḥ*

śndm·j (*MR*) vgl. *śndm-ib*

śḫm·t·j (*NR*) vgl. *śḫm·t-m-ḥb* u. a.

śgr·j (*NR*) vgl. *mr-śgr*

śtḫ·j (?) (*D 19*) vgl *śtḫ-ḥr-ḫpš·f* usw.

śtj·j (*D 6*) vgl. *śtj-ꜥnḫ* u. a

š·j , (*AR*) vgl. *š-nfr·t* (f *AR*)?

špś·j (*AR*) vgl *špśj-ptḥ* usw.

f *šmś·j*[1]) (*MR*) vgl *šmś-mrw*?

šd·j (*MR*[2]) u *NR*) vgl. *šdj-wj-mnṯ·w* usw.

ḳꜣ·j u. a (*AR* bis *NR*[2])) vgl *ḳꜣj-inp·w* usw.

ḳd·j u. a (*AR* u. *NR*) vgl. *ḳd-ḥr-iḫ·wt·f* (*NR*) u. a.[3])

kꜣ·j , u ä. (*AR* bis *NR*[2])) vgl. *kꜣ(·j)-pw-nśw·t* usw.

f *gm·j* (*Griech*) vgl *gm(j)-imn* usw.

tꜣ·j u. a. (*NR*) vgl *tꜣ-m-ḥb* u. a

tnr(tl)·j u. a. (*NR*)[2]) vgl. *tnr(tl)-imn* usw.

ṯb·j (*AR*/*MR*) vgl *mn-ṯb·wt-ḫwfw* (*AR*)

f *ṯḥn·j* (*NR*) vgl *ṯḥn·t* (*Spät*)

dwꜣ·j (?) (*NR*) vgl. *dwꜣ-m-mr·ś* (?)

d) Angehängt an dreikonsonantige Stämme[4])

iḥr·j (*NR*)

ipn·j (*NR*)

imp·j u a (*AR* u. *MR*[2]))[5])

---

[1]) Auch Frauenname

[2]) Im *MR* auch als Frauenname belegt,

[3]) Zum Teil vielleicht nur Kurzname, vgl aber auch und (m u f, *MR*)

[4]) Oder *dwꜣ j*.

[1]) Lies *šmś j(t)*?

[2]) Auch Frauenname

[3]) Oder zu *ḳd* „der Maurer“?

[4]) Die einzige Bildung mit einem vierkonsonantigen Stamm ist u a (*AR*/*MR*)

[5]) Vgl oben S 128

iḥr·j u. ä. *(D 20f.)*

wpꜣ·j u. ä. *(MR)*

bng·j , [1] *(D 18)*

f *mꜣn·j* *(NR)*

mnw·j *(D 18)*

nbꜣ·j , *(AR/MR* u. *NR)*

nfḫ·j u. ä. *(NR)*

nmḫ·j *(D 27)*

nḥr·j *(MR)*

nkr·j *(D 18)*

rmn·j , *(MR)*

rnr·j (?) [2] *(NR)*

rsf·j *(MR)*

hkr·j [3] *(Spät)*

ḥfꜣ·t·j *(AR)*

ḫnr(ḫl)·j *(NR)*

ḫrt·j *(AR, spät)*

ḫtr·j *(MR)*

sšt·j *(D 18)*

f *śnr(śl)·j* *(NR)*

śḥdr·j *(MR)*

śdt·j *(D 20f.)*

šnʿ·j *(MR)*

ḳdf·j *(AR)*

---

[1]) Hierher wohl auch *(NR)*

[2]) Vgl n l Syr (Burchardt, Fremdworte 622) — also „der Mann von *rnr*"?

[3]) Ob „der zum *hꜣ k-r*-Fest Gehörige (d h. an ihm Geborene)"?

krs·j [1] *(NR)*

dbn·t·j *(MR)*

dfḏ·j [2] *(AR)*

ḏdt·j *(D 26)*

Dazu die weiblichen Bildungen mit [3])

ʿꜣj·t *(NR)*

ʿnḫ·j·t [4] *(MR)*

bꜣk·j·t u a. *(NR)*

prj·t u ä.[5] *(MR)*

nfr·j·t , u a. *(MR)*

hni·j·t (?) *(MR)*

ḥp·j·t *(MR)*

ḥnw·j·t *(MR)*

ḥsj·j·t , *(MR* u. *D 19)*

ḥkn·j·t *(MR)*

śn·j·t *(MR)*

śnw·j·t (?) *(AR)*

śr(w)ḏ·j·t *(AR)*

ṯtꜣ·j·t (?) [6] *(MR)*

---

[1]) Vgl .

[2]) Vgl oben S 138 .

[3]) In einigen Fällen — wie in zu *imn-m-ipꜣ t*, zu *imn-m-in t*, zu *imn-m-iwn t* — scheint die weibliche Endung verloren zu gehen, während sie in anderen — so vor allem zu *imn-m-hꜣ t*, vgl aber auch zu *mw t-m-in t* — offenbar erhalten bleibt, ohne daß sich dabei eine Regel erkennen ließe Vgl Sethe, ÄZ 44, 92

[4]) Hierher auch *(MR)*?

[5]) Ob auch und (f *MR)* hierher gehören?

[6]) Var allerdings 4mal !

c) Angehängt an zweikonsonantige Stämme.

f ꜣš·t·j (?) (NR)

ꜥb·j (MR)

ꜥm·j u. ä. (NR)

f wꜣ·j (NR)

f wk·j (MR)

pn·j , [1] (AR)

f mꜣ·j [2] (MR)

mḥ·j [3] (NR)

nḥ·j [4], u. ä. (MR u. NR)

rh·j (AR)

rs·j (MR)

hꜣ·j (MR)

hn·j (MR)

ḥm·j u. ä.[5] (NR)

ḥm·j [6] (MR)

ḥn·j u. ä. (AR u. MR)[7]

f ḥnw·j·t u. ä.[8] (MR)

f ḥḳ·j [9] (MR)

f ḥk·j (MR)

f ḫm·j [10] (NR)

1) Ob zu pn w „die Maus"? Vgl. oben S. 139.
2) Ob zu den mit mꜣj „der Löwe" gebildeten Namen? Diese sind allerdings alle Männernamen!
3) Vgl. S. 127.
4) Auch Frauenname, vgl. nḥ t n j (f MR).
5) Vgl. auch u. , beide NR.
6) Ob zu den mit [Zeichen] gebildeten Namen?
7) Auch Frauenname.
8) Vgl. auch (f MR).
9) Ob zu den mit ḥkꜣ- gebildeten Namen?
10) Vgl. ḫm t n šn (f MR)?

f ḫn·j (AR)

ḫš·j (MR)

ḫd·j (AR)

sṯ·j [1] (AR)

šn·j (AR)

ḳm·j u. ä. (MR)

kw·j (MR u. NR)[2]

kb·j (NR)

f kf·j (NR)

km·j (NR)

km·t·j (?) (MR)[2]

kš·j (D 13)

gḥ·j (AR/MR)

f tp·j (NR)

ṯm·j (AR)

f ṯn·j (AR)

ṯr·j (Spät)

ṯš·j (MR)

ṯt·j (AR u. MR)

dꜣ·t·j (?) (AR)

Dazu die weiblichen Bildungen mit [Zeichen]:

wp·j·t , Var. (MR)

mḳ·j·t (MR)

hr·j·t (Spät)

1) Ob zu sṯj „der Duft"?
2) Auch Frauenname.

ḥn·j·t , u. ä. *(MR)*

ḳmj·t *(MR)*

tnj·t *(MR)*

Fraglich, ob sie hierher gehören, ist es bei den folgenden Namen des Neuen Reichs, da bei ihnen das auch Radikal sein konnte

f *ꜣbj*

ꜣnj , [1] [2]

ỉỉj (?)

jpj

ʿrj

f *wśj* [3]

f *bkj*

f *btj* [4]

f *bṯj*

f *bdj*

pꜣj (?)

pnj , f

prj , f

f *mrj (?)*[5]

f *nỉj (?)*

f *ntj* [6]

f *rnj* [7]

rtj

ḥrj , , f

f *ḫtj*[8]

f *śnj* [9]

śrj ,

śgj [10]

štj *(MR!)*

ḳḥj u. a.

krj , [2]

f *tnj* , f *ṯỉj (?)*

, *ṯrj* ,

trj f , f , u.a.,

Bildungen mit anlautendem (einschließlich der weiblichen Formen)

ỉꜣ·j *(MR u. NR[1]))*

ỉw·j u. a. *(MR u. NR[1]))*

ỉw·j u. a. *(MR u. NR[1]))*

f *ỉb·j·t* *(MR)*

ỉb·j [2]) *(AR bis D 18)*[3])

ỉp·j [4]) *(AR bis Spät)*[3])

f *ỉf·j* *(NR)*

ỉm·j u. a. *(AR bis NR)*[5])

ỉm·j [6]) *(MR?)*

ỉm·j *(MR?)*

ỉn·j u. a. *(AR u. MR)*

f *ỉn·j·t* *(D 20ff.)*

ỉr·j *(AR)*

ỉr·j u. a. *(MR u. NR)*

ỉr·j *(NR u. Spät)*[7])

---

[1]) Spät auch f

[2]) Auch Frauenname

[3]) Ob *mrjtj-wśj-ỉmn* (m. *NR*) zu vergleichen ist?

[4]) Vgl. auch f .

[5]) Oder *mỉrj*? Vgl. Burchardt, Fremdworte § 57

[6]) Vgl. auch f .

[7]) Ob zu *rn ś-ʿnḫ(w)* u. a.?

[8]) Oder ist *ḫttj* zu lesen? Vgl. S. 168

[9]) Vgl. auch und . Ob zu Namen mit *śn t*-gehörig?

[10]) Ob zu Namen mit *śgr*?

---

[1]) Auch Frauenname

[2]) Hierher auch u. a. *(MR u. NR)* u. u. a. *(NR u. Spät)*

[3]) Im *MR* auch Frauenname

[4]) Hierher auch u. a. *(MR bis Spät,* auch f) und gewiß auch , , , , alle *NR*. findet sich einmal als Var. von , also einer Form ohne das anlautende !

[5]) Im *AR* u. *MR* auch Frauenname

[6]) Vgl. Buto u. *ỉmtj*, Wb 1, 78, 16

[7]) Hierher gehört wohl auch *(NR)*

ỉh·j  (*Spät*)

ỉḥ·j  (*AR* u *MR*)

f *ỉḫ·j*  (*NR*)

f *ỉs·j* 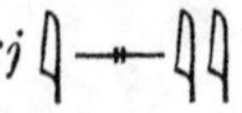 (*AR*)

ỉš·j 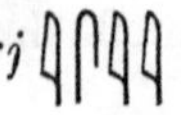 (*AR*),  (f *MR*)

ỉk·j  u a. (*MR*)

ỉk·j  (*Spät*)

ỉt·j  u a (*AR* u *MR*[1]))

ỉt·j 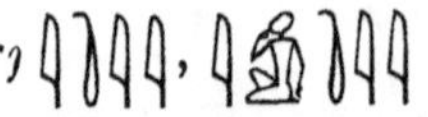 u a (*MR*)[1])

f *ỉt·j*  (*MR*)

ỉt·j  (*D 18*)

ỉṯ·j 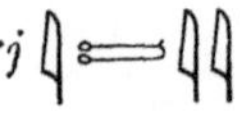[2]) (*AR* u. *MR*[1]))

f *ỉṯ·j*  (*D 18*)

ỉd·j 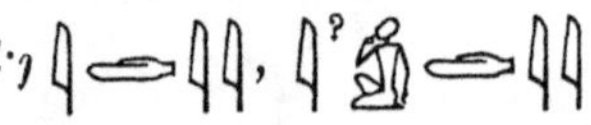 (*MR*)[1])

f) Angehängt an einen einzigen Konsonanten.

ỉ·j u. a [3]) (*MR* u. *NR*)[1])

ỉ·j[4]) (*AR* bis *MR/NR*)[1])

ỉ·j[5]) u a. (*MR* bis *Spät*)[6])

f *w·j* (*MR* u *NR*)

b·j[7]) u. a. (*AR* bis *NR*)[8])

f *b·j*[9]) u a. (*NR*)

1) Auch Frauenname

2) Vgl auch 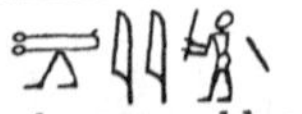 (*D 18*)

3) Hierher gehören wohl auch Schreibungen wie 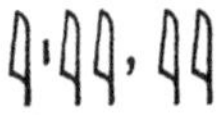 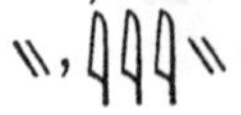 (m u f, *MR* u *NR*)

4) Einmal als Var von 

5) Oder ist *ỉs j* zu lesen? Die Schreibung  deutet auf *ỉsw* „der Alte“!

6) Im *MR* u *NR* auch Frauenname.

7) Vgl oben S 141

8) *MR* u *NR* auch Frauenname

9) Oder *bw j*?

b·j  (*NR*)

b·j  u. a. (*NR*)

f *b·j* 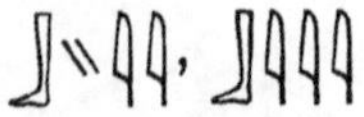 (*NR*)

p·j[1]) (*MR* u. *D 18*)[3])

p·j[2]) (*MR* u. *NR*)[3])

p·j (*NR*)[3])

m·j 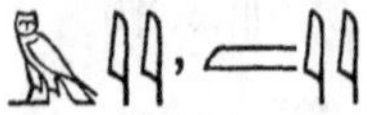 (*AR* bis *NR*)[4])

m·j 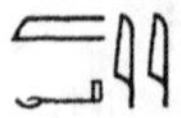 u. a. (*NR*)[3])

f *m·j*  (*NR*)

n·j 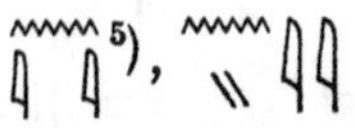 (*AR* bis *D 18*)

f *n·j*  (*NR*)

f *n·j*[6])  u. a. (*NR*)

r·j 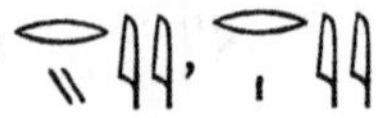 (*NR*)[7])

f *r·j* 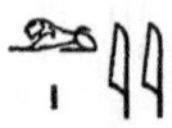 (*NR*)

ḥ·j (*NR*)

f *ḥ·j*[8]) (*AR*)

ẖ·j (*MR*)[3])

s·j[9]) (*AR*)

š·j 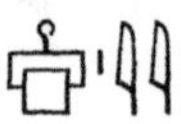 (*NR*)

1) Oder *pj* „der Floh“?

2) Oder *pw j* (vgl *ms‘-ỉ-pw-ptḥ* u a)? Oder zu ?

3) Auch Frauenname

4) Im *MR* auch f

5) Zu *nj-‘nḫ-‘ntj*

6) Oder *nw j*?

7) Einmal belegt als Beiname eines !

8) Vgl auch  (f *AR*)

9) Vgl auch  (lies 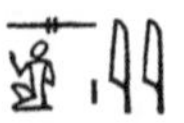??), *AR*!

t·j (*NR*)[1])

t·j [2]) (*MR* u. *NR*)[3])

t·j (*NR*)[4])

ṯ·j [5]) (*AR* u. *NR*[1]))

d·j (*MR*)

Dazu die weiblichen Bildungen mit :

p·j·t (*MR*)

n·j·t (*NR*)

r·j·t (*MR*)

ḥ·j·t (*AR*/*MR*)

t·j·t [6]) (*MR*)

6. Die Endung (?).

Eine kleine Anzahl von Namen des Neuen Reiches zeigt hinter der Endung (?) noch ein . Es sind die folgenden: , , , , . Daß es sich dabei wirklich um eine Koseendung handelt, ist durchaus nicht sicher. Eine Umschreibung dieser Namen weiß ich nicht vorzuschlagen.

7. Die Endungen (?) und (?).

Ob eine besondere Koseendung vorhanden war, muß zweifelhaft bleiben. Wir finden zwar (*Spät*), (f. *MR*) und (*MR*) neben den uns geläufigen Schreibungen und sowie und , aber diese Formen sind doch zu vereinzelt, um das Vorhandensein einer besonderen Koseendung sicherzustellen. Das in ihnen könnte z. B. eine Schriftvariante zu (vgl. S. 141f) darstellen, und durch *i* wiederzugeben sein.

Eine Wiedergabe durch *i* kommt auch in Frage für die Namen , f. , f. , f. , f. , , und f. , die alle dem Mittleren Reiche angehören[7]). Merkwürdig ist allerdings die Schreibung , die sich neben[8]) findet, und in der das ganz wie eine Koseendung aussieht[9]).

Bei den Frauennamen des Neuen Reiches , , , , , liegt gewiß „syllabische" Schreibung vor, die mit einem Kosesuffix nichts zu tun hat[10]). Eher könnte ein solches in Frage kommen bei dem Männernamen (Dyn. 20ff.), da dieser als Variante von begegnet.

---

1) Einmal Beiname einer *nfr t-ij tj*.

2) Auch Frauenname.

3) Im *NR* einmal Beiname eines Ptah-*m-ḥꜣt*. — Hierher gehören wohl auch (*MR*), (f. *MR*), u. a. (m. u. f. *MR* u. *NR*), (f. *NR*). Das letzte könnte aber auch *tꜣ j* zu lesen und Koseform zu Namen wie *tꜣ-m-ḥb* u. a. sein.

4) Einmal Variante von , ein andermal Beiname einer .

5) Ob hierher auch (*D. 11*)? Oder ist *ṯꜣj* „der Mann" zu lesen? Vgl. auch (f. *MR*).

6) Hierher auch (*MR*)?

7) und (als f.) sind auch im Neuen Reich belegt.

8) Nicht etwa als Variante!

9) Vgl. auch die Endung oben S. 143.

10) Dasselbe gilt für den späten Frauennamen (Varr. , u. a.), PN I 17, 24.

Endlich gibt es noch eine kleine Gruppe von Namen, fast ausschließlich des Mittleren Reiches, die ein  als Endung aufzuweisen scheinen Es sind: , 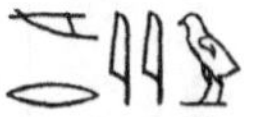 *(NR)*, f 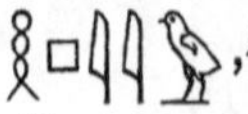, 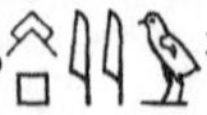[1]) (m u. f) und f 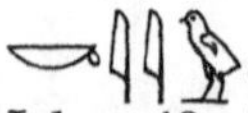, zu denen noch drei Feminina mit  hinzukommen 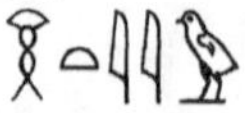, 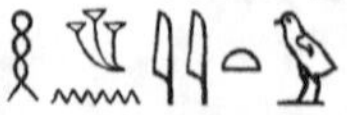 [2]), 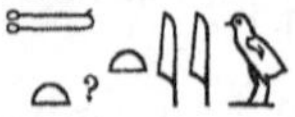. Ich weiß nicht, wie diese zu beurteilen sind

Anhang.

Ganz vereinzelt findet sich eine Verdoppelung der Koeseendung , und zwar in  bzw. 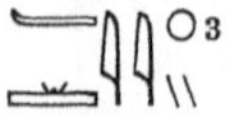 [3]) *ḥ·j·j* (PN I 234, 2). Die erste Schreibung begegnet einmal anstatt des oben besprochenen einfachen  als Beiname eines *imn- htp(·w)*.

8. Die Endung .

Eine weitere Koseendung, die zu allen Zeiten der agyptischen Geschichte bei Männer- wie bei Frauennamen ihre Vertreter hat, ist die Endung  Wir kennen eine Anzahl von Fallen, in denen ein Name mit angefügtem  als Variante zu dem gleichen Namen ohne das  erscheint. So steht im Mittleren Reich  neben 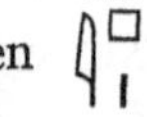  neben , im Neuen Reich  neben 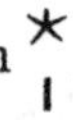; andererseits im Mittleren Reich 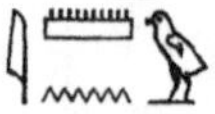 (?) neben *imn-m-ḥ3·t*, im Neuen Reich 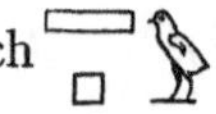 neben *špś·t*, in der Spätzeit 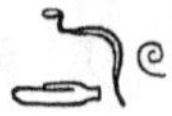 neben *ḏd-m3ꜥ·t-iw·ś-ꜥnḫ*. Als Beiname steht im Alten Reich einmal 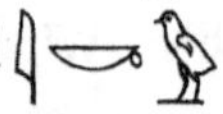 neben *wr-k3·w-b3*[4]), im Neuen Reich *ḥp·w*[5]) neben *imn-ḥtp(·w)* und *nḫt·w* neben *mnm3ꜥ·trꜥ-nḫt(·w)*. Und im ausgehenden Alten Reich wird einmal 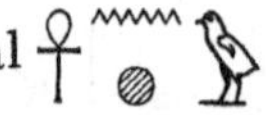 *ꜥnḫ·w* ausdrücklich als der „schöne Name" eines *ꜥnḫ-mrjrꜥ-nb·n* bezeichnet[6]).

Wo der Endung *·w* ein *m* vorangeht, wird im Alten Reich gelegentlich  *mw* geschrieben, so in  *hm·w*,  *ḫnm·w*, 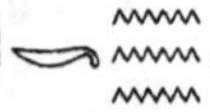 *śšm·w*. Geht ein *n* voraus, so schreibt man gelegentlich  u. ä.[7])

Über Ursprung und Bedeutung dieser Endung weiß ich nichts Sicheres zu sagen Merkwurdig ist es aber, daß neben den Schreibungen mit einfachem  sich andere finden, die wie Plurale aussehen, freilich ohne daß sich je das eine als Variante des anderen in dem Namen der gleichen Person nachweisen ließe. So findet sich [8]) und [9]) u. ä. (beides *MR)* neben  u. ä *(AR* bis *NR)*,  *(MR)* neben  *(MR* und *NR)*[5]), [illegible][10]) *(MR)* neben [illegible] *(AR* und *MR)*, [illegible] (f *MR)* neben [illegible] (f *MR)*, [illegible] u. ä *(MR)*[5]) neben [illegible] *(MR)*, [illegible][11]) u. ä *(AR* bis *NR)*[12]) neben [illegible] *(AR* bis *NR)*, [illegible][13]) *(MR)* neben [illegible] *(MR)*, [illegible] u. ä.[14]) *(MR* und *NR)* neben [illegible] *(MR* und *NR)*,

---

[1]) Einmal als Var zu [illegible]

[2]) Als Var zu [illegible]

[3]) Oder ist hier *ḥjhj* zu lesen?

[4]) Also mit dem gleichen anlautenden [illegible], das ich oben S 127 besprochen habe!

[5]) Auch Frauenname

[6]) Ebenso stehen, wenn auch nicht als Varianten im Namen der gleichen Person, [illegible] und [illegible] neben [illegible], [illegible] neben [illegible] usw Vgl auch [illegible] *(AR)* neben [illegible] *(D 3)*

[7]) Vgl [illegible], Var [illegible] *(AR)?*

[8]) Siehe PN I, 25, 14, Anm 2

[9]) Siehe ib, Anm 1

[10]) Vgl auch f *MR* [illegible] (PN I 68, 8) In *MR* [illegible] (PN I 427, 17) und in [illegible] *(NR*, PN I 155, 3) scheinen spielende Schreibungen des Pseudopt vorzuliegen Aber wie ist f *MR* [illegible] (PN I 260, 21) zu beurteilen?

[11]) Dies konnte auch einfacher Kurzname sein zu Namen wie *nfr w-hbj* In [illegible] (f *MR* und *NR)* lieg wohl eine sekundare Feminbildung dazu vor

[12]) Im *MR* und *NR* auch Frauenname

[13]) Vgl allerdings den Namen [illegible] *(D 18)*!

[14]) Oder einfacher Kurzname zu Vollnamen wie *inj t-ḥtp w(AR)?*

und (*MR*) neben (f *MR*), (*MR*) neben (*MR*)[1]), (*MR*) neben [2]) (*AR, MR* und *Griech.*). Ob hier trotzdem eine spielende Schreibung des Kosesuffixes vorliegt oder vielmehr wirkliche Pluralformen gemeint sind, muß ich dahingestellt sein lassen[3]).

Weitere scheinbare Pluralformen, zu denen Gegenstücke mit einfachem fehlen, sind die folgenden:

iḥj·w	(*MR/NR*)	vgl. *iḥj-m-sꜣ·f* (*AR*) u. a.?
iḳr·w	[4]) (*MR*)	vgl. *iḳr·jj* (*MR*)
wꜣḏ·w	(*NR*)	vgl. *wꜣḏ·j* (*AR* und *MR*)
wiꜣ·w (?)[5])	(*MR*)	vgl (f *NR*)
hnnj·w (?)	, u.a. (*MR*)	vgl. *ḥnn·jj* (*AR* und *MR*)
kt·w	[6]) (*MR*)	vgl *kt·jj* (f *MR*)

Auch von der Endung kennen wir weder Bedeutung noch Vokalisation Sie wird aber gewiß gut ägyptischen Ursprungs gewesen sein. Sie findet sich an Vollnamen sowohl — allerdings nur Wortnamen[7]) — wie an drei-, zwei- und einradikalige Stämme angehängt.

a) Angehängt an Vollnamen.

[8]) (*AR*) vgl. *ꜣbd*

u. a. (*MR*)[1]) vgl *ib*

(*AR*) vgl. *inb* u. *inb·ꜣ*

u. a. (*AR* u. *MR*) vgl.

u. a. (*AR* u *MR*[2]) vgl.

(*MR*) vgl *iḥꜣ*

(*AR*) vgl *bḫn*

(*D 6*) vgl *nbś*

[9]) (*AR*) vgl. *nh·t*

(*AR*) vgl. *nḫb* „Lampe"[1])

(*MR*) vgl *ḥtr·j*, ob zu *ḥtr* „der Zwilling"?

(*MR*) vgl *ḥdr*

(*AR*) vgl *sš* (*NR!*)

(*AR*) vgl *šmꜣ*

(*AR*) vgl *šnḏ* „die Akazie"[1])

(*MR*) vgl *gḥś* „die Gazelle"[1])

b) Angehängt an Kurznamen, die aus einem Worte[2]) bestehen

ꜣb w (*AR*) vgl. *ꜣb-ib*

iꜣm w (*AR/MR*), u a. (*AR* bis *NR*), (*D 18*) vgl *iꜣm·j*

ij·w , (*AR* u *MR*) vgl *ij-m-htp* usw.

---

1) Auch Frauenname

2) Im *MR* auch Frauenname

3) Auch das merkwürdige (*MR*) ist hier zu erwähnen

4) Vgl auch (*MR*)

5) Die Lesung ist nicht sicher Namen mit *wiꜣ* sind vor dem *NR* nicht mit Sicherheit belegt! Vgl auch die späten Namen *nś-wiꜣ w*(?) und *nś-nꜣ-wiꜣ w* (?)

6) Vgl auch ( ) D 11

7) Wie ist als Var zu (*MR*) zu beurteilen?

8) Dazu eine sekundäre Femininform u a (*AR*)

9) Oder liegt hier eine Var von (*NR*), PN I, 267,2 vor?

1) Bisher als PN allerdings noch nicht belegt!

2) Der einzige mir bekannte Fall, in dem ein aus 2 Worten bestehender Kurzname die Koseendung erhalten hat, ist (*AR*), das — wie die andere Koseform (*Spät*) bestätigt — zu dem etwa aus *iw f-r-ʿnḫ* (*MR*) oder ähnlichen Vollnamen verkürzten (bisher nur Spät belegt) zu gehören scheint

ỉꜥj·w , u. ä. *(MR)* vgl. *ỉꜥj-ỉb* u. a.

ỉw·w *(AR* u. *AR/MR)* vgl. *ỉw-m-bꜣ·w·ś* u. a.

ỉwḥ·w *(AR)* vgl. *ỉwḥ·j*

ỉmn·w *(MR)* vgl. *ỉmn·j*

f *ỉt·w* *(MR)* vgl. *ỉt·j*

ꜥꜣ·w *(MR*[1]) u. *NR)* vgl. *ꜥꜣ·j*

ꜥbꜥ·w *(D 18)* vgl. *ꜥbꜥ*

ꜥnḫ·w , u. a. *(AR* u. *MR*[1]))[2]) vgl. *ꜥnḫ·j*

wn·w , *(AR* u. *MR*[1]) vgl. *wn·j*

wnḫ·w [3]) *(AR* u. *D 19)* vgl. *wnḫ-wj-ptḥ*

whm·w u. ä. *(MR* u. *D 18)* vgl. *whm·j*[4])

f *wśḫ·w* [5]) *(MR)* vgl. *wśḫ-kꜣ (AR)?*

wśỉr·w *(D 18)* vgl. *wśỉr-ḥtp(·w) (MR)* u. a.

wḏꜣ·w u. a. *(AR* u. *MR*[1])) vgl. *wḏꜣ·j*

bꜣk·w *(D 6)* vgl. *bꜣk·j*

pr·w *(AR)* vgl. *pr·j*

ptḥw *(Spät)* vgl. *ptḥj*

f *mwt·w* *(MR* u. *NR)* vgl. *mwt·j*

mn·w[6]) u. a. *(MR* u. *NR)* vgl. *mn·j*

mr·w u. a. *(AR* bis *NR)*[7]) vgl. *mr·j*

mḥ·w u. a. *(AR* bis *NR)* vgl. *mḥ·j*

mś·w u. a. *(AR* u. *NR*[1])) vgl. *mś·j*

---

[1]) Auch Frauenname

[2]) Vielleicht auch einfache Kurzform von Namen mit *-ꜥnḫ(·w)*

[3]) Oder ist *wnḫ-wj* zu lesen? bzw. *wnḫ·w* („den ... kleidet") als Kurzname?

[4]) Oder *whm·w* „der Sprecher", also Vollname?

[5]) Vgl. auch den Namen *wśḫ·w* mit dem Deutzeichen eines Schiffs *(MR, früh)*. Vielleicht sind beides Kosenamen auf *w* zu einem bisher nicht belegten Vollnamen *wśḫ* „das Breitschiff"

[7]) Oder liegt hier ein Substantiv *mnw* vor? Vgl. [Hieroglyphen] (PN I, 151, 12)

[8]) Im *MR* auch Frauenname

nꜥ·t·w *(AR)* vgl. *nꜥ·t·j*

nb·w[1]) , *(AR* u. *MR)* vgl. *nb·j*

nfr·w *(AR* bis *NR)* vgl. *nfr·j*

nmt·w u. a. *(MR)* vgl. *nfr-nmt·wt (AR* u. *NR)*

nḫt·w u. ä. *(AR* bis *NR)*[2]) vgl. *nḫt·j*[3])

nś·w *(MR)* vgl. *nś·j* (f *D 18)*

nḏm·w u. ä. *(MR)* vgl. *nḏm·j*

rn·w u. ä. *(AR/MR* bis *NR)*[4]) vgl. *rn(·j)-ỉḳr* usw. ?[5])

rdj·w *(AR)* vgl. *rdj·j*[6])

hꜣ·w *(MR)* vgl. *hꜣ·j* ?[7])

ḥꜣ·w *(AR* u. *MR)* vgl. *ḥꜣ·j*

ḥp·w , , u. a.[8]) *(AR* bis *D 18)*[4]) vgl. *ḥp·j*

ḥm·w *(AR)* vgl. [Hieroglyphen]

ḥr·w *(AR/MR?)* vgl. [Hieroglyphen]

ḥkꜣ·w *(MR)* vgl. *ḥkꜣ·j*

ḥtp·w u. ä. *(MR*[4]) u. *NR)* vgl. *ḥtp·j*[9])

f *ḥtp·tj·w* *(MR)* vgl. *ḥtḥr-ḥtp·tj*

ḫꜥj·w *(MR)* vgl. *ḫꜥj·j*

ḫm·w *(AR* u. *MR*[4])) vgl. [Hieroglyphen]

ḫnm·w , *(AR* u. *MR*[4])) vgl. *ḫnm·j*

ḫr·w *(AR)* vgl. *nj-ꜥnḫ-ḫrj-bꜣk·f?*

---

[1]) Oder sollte hier die alte Nominal-Endung vorliegen?!

[2]) Im *MR* auch Frauenname

[3]) Oder Kurzform zu Namen *NN-nḫt·w*?

[4]) Auch Frauenname

[5]) Oder liegt ein Wort *rnw* vor?

[6]) Oder *rdj-wj* zu lesen?

[7]) Oder ist *hꜣw* Kurzname? Vgl. *nfr-hꜣ·w (AR)*

[8]) IM *NR* ist allerdings für den Namen des Apis auch eine Schreibung mit *w* bekannt, vgl. Wb 3, 70

[9]) Z. T. mögen einfache Kurzformen zu Namen mit *-ḥtp·w* vorliegen.

ḫt·w , *(MR)*[1]) vgl. *ḫt·j*

sȝ·w *(MR)* vgl.

sȝṯ·w u ä. *(AR* u *MR)* vgl. *špśś-sȝṯ*[2])

śȝb·w[3]) *(AR)* vgl. *śȝb·j*

śȝḫ·w[4]) *(AR)* vgl. *śȝḫ-wj-rʿ* (König *D 5*)

śȝḫ·w *(AR/MR)* vgl. *śȝḫ* *(MR/NR)*

f *śbk·w* *(MR)* vgl. *śbk·j*

śmn·w (?) ? *(MR)* vgl. *śmn·j*

śnb·w u. ä *(MR*[1]) u. *D 18)* vgl. *śnb·j*[5])

śḥtp·w *(AR)* vgl *śḥtp·j*

śšm·w[6]) , *(AR)* vgl. *śšm·j*

śtȝ·w u ä. *(NR)* vgl *nb-śtȝ*

ḳrf·w *(Spät)* vgl. *ḳr·f-r-ptḥ?*

kȝ·w *(MR)* vgl. *kȝ·j*

f *km·w* , *(MR)* vgl *km·t·n·j*

ṯȝ·w *(AR/MR)* vgl. *ṯȝ·j*

ṯs·w *(AR)* vgl. *ṯs·j*

dj·t·w *(MR)* ob hierher?

ḏfȝ·w *(AR)* vgl *ḏfȝ(·j)-kȝ(·j)* u.a.

Dazu weibliche Bildungen mit :

pr·w·t *(MR)*

nb·w·t *(MR)*

nḏm·w·t *(MR)*

ḥȝ·w·t *(AR)*

[1]) Auch Frauenname

[2]) Oder liegt ein (bisher unbekanntes) Wort **sȝṯ w* „der Spender“ vor? Dann wäre es ein Vollname Vgl aber auch .

[3]) Oder *śȝb-wj* (Kurzname zu *śȝb-wj-ptḥ*)?

[4]) Oder *śȝḫ-wj* als Kurzname?

[5]) Oder einfache Kurzform zu Namen auf *-śnb w*

[6]) Kaum Vollname *śšm w* „der Führer“.

ḥtp·w·t (?) *(MR)*

ḫnt·w·t u a.[1]) *(AR)*

s(ȝ)ṯ·w·t *(MR)*

ḳd·w·t [2]) *(AR/MR)*

c) Angehängt an dreikonsonantige Stämme.

f *iwb·w* *(MR)*

f *iwn·w* *(MR)*

iwn·w ,[3]) u. ä. *(AR* bis *NR)*

f *iwr·w* *(MR)*

iwt·w *(MR)*

iwd·w [4]) *(MR)*

imb·w [5]), u. a.[6]) *(MR)*

iḥj·w *(AR)*

igś·w *(AR)*

itt·w *(D 18)*

idḫ·w *(AR)*

ʿȝȝb·w *(MR)*

ʿnk·w *(MR)*[7])

wnt·w *(MR)*[5])

wśw·w *(MR)*

bwȝ·w[8]) *(MR)*

bhn w *(AR)*

piṯ·w *(MR)*

[1]) Vgl *ḫntj-it ś?*

[2]) Vgl *ḳd j*

[3]) Frauenname, *MR*, vgl *ḥm-iwn*

[4]) Vgl *iwd j (MR)*

[5]) Auch Frauenname

[6]) Vgl *imb* u *imb j*

[7]) Vgl *ʿnk j*, *ʿnk k*

[8]) *Bwȝ* „der Vornehme“ (Wb 1, 454, 15) ist bisher als PN nicht belegt

mtw·w (?) (*D 6*)

mṯn·w (?) (*AR*)

f *mdḥ·w*[1]) (*MR*)

nšf·w (*MR*)

hnḳw (*AR*)

šmg·w (*AR*)

šrḥ·w (*AR*)

šḥk·w (*MR*)

šṯꜣ·w (*AR*)

twḫ·w[2]) (*NR*)

ṯmb·w (*MR*[3]) u. *NR*)

f *ṯtw·w* (*MR*)

dbšwt (?) (*MR*)

d) Angehängt an zweikonsonantige Stämme

f *ꜣk·w* (*D 11*)

ib·w [4]), u. ä (*AR* bis *NR*)

ip·w , u. a. (*MR* bis *Spät*)[4])

if·w (*AR*)

f *in·w* (*MR*)

in·w[5]) (*MR*)[4])

ir·w (*MR* u. *Spät*)[4])

f *ir·w* (*Spät*)

f *ir·w*[6]) (*AR*/*MR*)

iḥ·w (*AR*)

[1]) Vgl PN I, 168, 5 u 6
[2]) Ob *tḫ* zu lesen?
[3]) Auch Frauenname
[4]) *MR* und *NR* auch Frauenname
[5]) Oder ist *inn w* zu lesen?
[6]) Oder *irr w?*

is·w (*AR*)

f *iš·w* (*MR*)

iš·w (*AR*)

iš·w (?)[1]) (*MR*)

ik·w [2]) (*AR* u. *MR*)[3])

ik·w (?)[4]) (*MR*)[3])

it·w (*AR* u *MR*[3]))

iṯ·w (*AR* bis *NR*)[5])

f *id·w* (*MR*)

ʿn·w (*MR*)

ʿk·w (*MR*)[3])

f *wꜣ·w* (*MR*)

bi·w [6]) (*AR* u. *MR*[3]))

bk·w [7]) (*NR*)

bt·w (*MR*)[3])

bṯ·w u. a (*AR?* u. *D 18*)

pꜣ·w u. a. (*MR*)[3])

f *pw-w* (*MR*)

pr·w (*AR*)

f *pt w* (*MR*)

pṯ·w (*AR*)

mꜣ·w (*AR*)

[1]) Oder ist *iš* zu lesen?
[2]) Dies ist als verstummelter Beiname eines *wr-kꜣ w-bꜣ* belegt, vgl S 152
[3]) Auch Frauenname
[4]) Oder ist *ik* zu lesen? Vgl die Var
[5]) Im *MR* vielleicht auch Frauenname
[6]) Siehe oben S 150 u vgl auch (f *MR*)
[7]) Ob Koseform zu den mit *bꜣk-* gebildeten Namen?

mḫ·w  u a. *(AR)*

mk·w  *(MR)*

mṯ·w 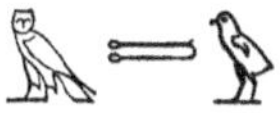 *(AR)*

rm·w (?)  *(AR)*

ht·w  *(MR)*

ḥw·w (?)  *(D 6)*

ḥf·w  *(MR)*[1])

ḥm·w[2])  *(AR)*

ḥn·w ,  u. a *(AR u MR*[3]))

ḥk·w  *(MR)*[3])

ḥt·w  *(MR)*[3])

f *ḥd·w (?)*  *(MR)*

ḫf·w  *(AR)*

ḫm·w  u. a [4]) *(AR u. MR)*[3])

sb·w 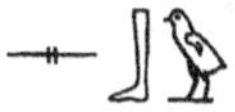 *(MR)*

šb·w  *(MR)*

f *kḫ·w*  *(MR)*

kb·w 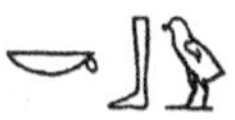 *(MR)*

kr·w  *(MR)*

kḫ·w 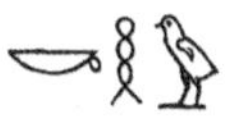 *(MR)*[3])

kś·w , [3]) *(MR)*

k·t·w (?)  *(D 11)*

f *tj·w (?)*  *(MR)*

f *ṯt·w*  *(MR)*

ṯꜣ·w  u a *(AR u. MR)*

[1]) Vgl *ḥfꜣ j*
[2]) Siehe auch S 154
[3]) Auch Frauenname.
[4]) Vgl. auch S 154.

f *ṯi·w (?)* *(AR u. D 18*[1]))

ṯb·w [2]) *(AR/MR)*

ṯf·w *(AR)*

ṯm·w *(MR)*

ṯn·w u. a [3]) *(AR u. MR)*

ṯt·w *(AR u. MR*[1]))

Dazu die weiblichen Bildungen auf .

ꜣd·w·t (?)  *(MR)*

ip·w·t  *(D 6)*

ir·w·t  *(AR)*

ir·w·t  *(AR)*

ꜥnḫ·w·t  *(MR)*

mṯ·w·t 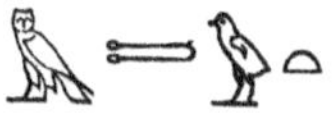 *(AR)*

śm·w·t *(AR)*

šf·w·t (?) u a. *(MR)*

km·w·t (?) [4]) *(MR)*

ṯt·w·t *(AR)*

e) Angehangt an éinen Konsonanten.

i·w *(MR*[1]) bis *Spat)*

f *i·w·t* *(MR)*

f *j·w (?)* *(MR)*

(AR)

r·w (?) *(NR)*

ḥ·w *(AR u MR*[1]))

[1]) Auch Frauenname
[2]) Vgl *mn-ṯb wt (AR)*
[3]) Vgl 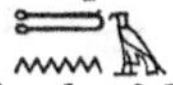 *(AR)*
[4]) Ob hierher? Der Name wird auch von Männern getragen.

9. Die Endung .

Bei einer Gruppe von Namen aus dem Alten und Mittleren Reiche scheint es, als ob die Koseendung  eine Erweiterung durch ein  erfahren habe, als ob also eine Häufung von Kosesuffixen stattgefunden habe, wie wir sie auch bei den Kosenamen anderer Völker beobachten können[1]).

ꜣbd·wj 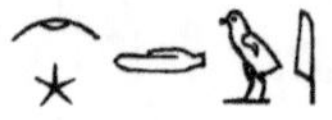 *(AR)* vgl. *ꜣbd·w*

f *j·wj (?)*  *(AR/MR)* vgl. 

ip·wj  *(MR)* vgl. *ip·w*

inḫ·wj  *(MR)* vgl. *inḫ, inḫ·j*

f (?) *ik·wj*  *(MR)* vgl. *ik·w*

iṯꜣ·wj  *(AR/MR)* vgl. *iṯꜣ·j*

id·wj  *(AR)* vgl. *id·w*

wšb·wj 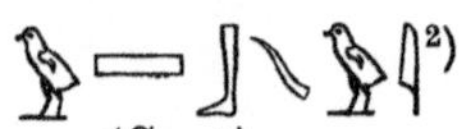 *(MR)* vgl. *wšb-imn-it f (Spät)*

mg·wj  *(MR)* vgl. *mg·j*

nḏm·wj (?) 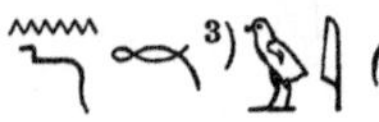 *(AR)* vgl. *nḏm·w*

f *ḥp·wj*  *(AR/MR)* vgl. *ḥp·w*

ḥr·wj  *(D 6)* vgl *ḥr·w*[4])

ḥs·wj  *(MR)* vgl. *ḥs·w*

f *ḥd·wj*  *(AR/MR)* vgl *ḥd·w*

ḫnm·wj  *(MR)* vgl. *ḫnm·j*

ḫt·wj  *(AR)* vgl *ḫt·w*

sꜣ·wj  *(AR)*

f *śr·wj*  *(MR)* vgl. *śr·j*

f *śḫt·wj*  *(MR)*

śšm·wj  *(D 6)* vgl. *śšm·w*

kꜣ·wj  *(MR)* } vgl *kꜣ·w*[8])

f *kꜣ·wj·t*  *(D 11)* }

f *kr·wj*  *(MR)* vgl. *kr·w*

ṯꜣ·wj  *(MR)* vgl *ṯꜣ·w*[9])

ṯt·wj  *(AR)* vgl. *ṯt·w*

10. Die Endung  bzw. .

Neben den Namen mit der Endung  finden sich, in noch kleinerer Anzahl, einige Namen, die auf  bzw.  ausgehen, also die gleiche Endung in verschiedener Schreibung zeigen. Bezeichnenderweise finden sich hierunter auch ein paar Beispiele aus dem Neuen Reich und aus der Spätzeit.

i·wj  *(MR*[10]) u. *Spät)*

f *ip·wj*  *(MR)*

in·wj (?)  *(MR)*

ꜥꜥ·wj (?) 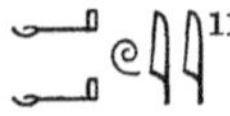 *(MR)*

f *mwt·wj (?)*[12]) 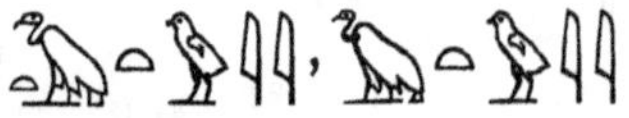 *(NR)*

f *nb·wj*  *(NR)*

nś·wj [illegible] u. ä. *(Spät)*

f *ḥp·wj* [illegible] u. ä. *(MR)*

---

[1]) Vgl Ranke, Early Babylonian Personal Names (1905), S 17f.

[2]) Auffallend ist das Zeichen des Horns hinter *wšb* Vgl *wšb* „Kampfstier" (Wb I, 373, 4)?

[3]) Lies [illegible]!

[4]) P, N, I 253, 24

[5]) Auch an *hs w* „der Gelobte" oder *ḥś w* „der Sänger" mit Endung [illegible] konnte man denken

[6]) Belegt als Beiname eines *nḫt-nfrkꜣrꜥ* — ob ein lautlicher Zusammenhang besteht?

[7]) Ob hierher gehörig? Das [illegible] statt [illegible] im *MR* ist sehr auffallend

[8]) P, N, I 341, 23

[9]) PN I 388, 15

[10]) Auch Frauenname

[11]) PN I, 403, 3

[12]) Oder *mw t(j)-twj* „diese ist meine Mutter"?

ḥtp·wj [1], u. a (*MR*)

śnb·wj u. a. (*MR*)[1]

dj·wj (*D 18*)

1. Die Endung , , u. ä.

Diese im Mittleren Reich bei Männer- und Frauennamen nicht seltene Koseendung tritt vereinzelt schon gegen Ende des Alten Reiches auf und ist schon in der 18 Dynastie sehr selten geworden[2]). Daß sie sich im Neuen Reiche fast gar nicht mehr findet, ist besonders zu beachten, da die Gruppe gerade in der „syllabischen Schrift" ganz gelaufig ist. Ihre Lesung als *·t* ist sicher[3]) Über Herkunft und Bedeutung aber laßt sich wieder nichts Sicheres ermitteln. Auch ob sie einheimisch agyptisch ist oder etwa von auswärts stammt, ist nicht zu entscheiden. Doch denkt man unwillkürlich an die „westsemitische" Koseendung *-atu(m)*, die unter den Namen der Hammurapi-Dynastie, also ungefahr um die gleiche Zeit wie die Endung unter den agyptischen Namen, eine Rolle spielt und danach wieder verschwindet[4])

Da in der „syllabischen Schrift" gelegentlich zur Wiedergabe der Feminin-Endung *·t* in semitischen Worten verwendet wird[5]), kann man bei einigen der folgenden Frauennamen — wie etwa *ḥnw·t*, *ḫwj·t*, *šbk·t*, *śn·t*- zweifeln, ob diese oder die Koseendung gemeint ist. Andererseits ist zu erwägen, ob bei Mannernamen des Mittleren Reiches wie und , die ein als Endung zeigen, nicht auch die Koseendung *·t* vorliegt.

Den Beweis, daß in wirklich eine Koseendung zu sehen ist, bietet bisher nur ein einziger Text des Mittleren Reiches, in welchem ein *ḥḳ3-ib* der Ältere mit „schönem Namen" (u. a.), also *ḥḳ3·t*, genannt wird.

An einen Vollnamen angehangt findet sich diese Endung ganz selten, und zwar in (f! *MR*), wo es an den Namen *iwnw·t* „die Heliopolitanerin" angefugt ist, und in (f *MR*), falls hier wirklich eine Koseform zu *ḥfn* „die Kaulquappe" vorliegt, und das nicht als Feminin-Endung aufzufassen ist. Als Suffix an Kurznamen, die aus mehr als einem Worte bestehen, kann ich *·t* bisher nicht nachweisen.

a) Angehangt an Kurznamen, die aus éinem Worte bestehen.

f *3b·t* [6]) (*MR* u *D 18*) vgl *3b-ib*, *3b·t-ib*[7])

iwḥ·t (*MR*) vgl *iwḥ·j*

wr·t (*D 6*) vgl. *wr·j*

p3-nḫt·t (?) (*D 20*) vgl *p3-nḫt-m-ip3 t* u a.

f *mr t·t*[8]) u. a (*MR*) vgl. *mr·t-it·ś* usw

f *mś·t* [6]) (*MR*) vgl *mś-nšm·t* (?)

f *nb·t* [6]) (*MR*) vgl *nb(·w)-ij·tj* usw

nḫt·t u a. (*MR*)[1]) vgl *nḫt·j*

h3w·t (?) ? (*MR*) vgl. *h3w-nfr* (*NR!*)?

f *ḥḳ·t* [9]) (*MR*) vgl *ḥḳ·t-nfr*

ḥḳ3·t u a. (*MR*) zu[10]) *ḥḳ3-ib* ʿ3

f *ḥtp·t* , u a[6]) (*MR*) vgl *ḥtp·j*

---

[1]) Auch Frauenname

[2]) Nur ist auch in der Spatzeit belegt, aber es ist die Frage, inwieweit bei diesem Namen uberhaupt die Endung *t* und nicht eine „syllabische" Schreibung von *it* vorliegt In der Spatzeit ist die alte Koseendung jedenfalls nicht mehr lebendig gewesen

[3]) Die Vokalisation wäre nach Albright (a a O, S 63) *ti*

[4]) Vgl H Ranke, Early Babylonian Personal Names of the Hammurabi Dynasty (Philadelphia 1905), S 14ff Ich habe fur diese Endung damals einen vokativen Charakter vermutet

[5]) So sicher in dem Frauennamen , vgl Burchardt, Fremdworte, § 130 und PN I 97, 22

[6]) Hier konnte auch die Femininendung *t* vorliegen

[7]) Oder ist *3b t* einfach Kurzname zu *3b t-ib*?

[8]) Oder ist *mr t* zu lesen? Dann ware es einfacher Kurzname

[9]) Oder Kurzname zu *ḥk t-nfr*?

[10]) Als „schoner Name" bezeichnet

ḥtp·w·t , (*MR*) vgl. *ptḥ-ḥtp·w* usw ?[1])

f (?) *ḫwj·t* [2]) (*MR*) vgl. *ḫwj·j*

šbk·t , u. ä.[2]) (*MR*)[3]) vgl. *šbk·j*

šnw·t·t , (m! *MR*) vgl. *šn·w-ʿnḫ·w*, *šnw·t-ʿnḫ·w*

f *kmt·t* (*MR*) vgl. *km·t·n·j*

f *dj·t*[4]) (*MR*) vgl *dj-šj-nb(·w)* u. a.

b) Angehangt an einen oder 2 Konsonanten.

i·t (?) , Var. (*MR*)

f *i·t* (?) u ä. (*AR* bis *Spat*)[5])

f *ib·t* [6]) u ä. (*MR*)

ip·t u. ä. (*MR*)[3])

f *in·t* [6]) (*AR/MR*)

f *it·t* , u. ä.[6]) (*MR*)

f *id·t* u ä[6]) (*MR*)

f *wj·t* (?)[7]) (*MR*)

f *bw·t* (?)[8]) u. a., Var. ! (*MR*)

f *p·t* [6]) (*MR*)

f *pj·t* [6]) (*MR*)

ḥn·t u. ä. (*MR*)[3])

f *šn·t* [9]) (*MR*)

kt·t (*MR*)

f *ṯ·t* u. ä. (*MR*)

f *ṯw·t* (*MR*)

f *ṯt·t* (*MR*)

Anhang: Die Koseendung bzw. .

Die hier zu besprechende Koseendung des Neuen Reiches, die nach Analogie des Gebrauchs dieser Schreibung bei einer Anzahl von „syllabisch“ geschriebenen Worten und Eigennamen wohl als *·l* zu deuten ist[10]), unterscheidet sich von den bisher besprochenen Koseendungen insofern, als sie nicht wie diese an bestimmte Kurznamen oder gar Vollnamen angehängt werden kann. Sie findet sich nur in den 4 Verbindungen bzw. [11]), , und und scheint zur kosenden Abkürzung einiger Götternamen gebraucht worden zu sein.

Das gilt mit Sicherheit, wie schon Erman gesehen hat, von *wr·l*, das als kosende Abkürzung für *wr(·t)* bzw *tꜣ-wr(·t)* „die große (Göttin)“ bezeugt ist. Wir haben nicht nur nebeneinander die Namen und „die Dienerin der Großen“, sondern [12]) und sind Berlin 7291 geradezu als Varianten des Namens eines und desselben Mannes belegt. So werden also auch [13]) und als „der Diener der Großen“, [14]) bzw.

[1]) Oder Haufung der Koseendungen *w* und *t*? Es handelt sich um einen Mannernamen!

[2]) Liegt ein Frauenname vor, so könnte das *·t* auch Femininendung sein

[3]) Auch Frauenname

[4]) Oder *dj·t·t*?

[5]) Im *MR* u *NR* auch Frauenname

[6]) Hier konnte das *t* auch Femininendung sein

[7]) Ob hierher? Vgl (*MR*)

[8]) Ob *bt*?

[9]) Oder Schreibung fur *šn t* „die Schwester“?

[10]) Burchardt, Fremdworte, § 81, vgl Erman, ÄZ 44, 109

[11]) Einen Beleg fur die von Erman a a O zitierte Schreibung kenne ich nicht

[12]) So! Auf dem sehr fluchtig beschriebenen Grabstein Berlin 7291

[13]) Dieser Name ist merkwurdigerweise mit dem Zeichen der Fremden determiniert!

[14]) Ob das PN I 158, 20 gegebene zweite Zitat wirklich aus der Spätzeit stammt, kann ich nicht nachprufen, da die Nummer des Brit Mus. offenbar falsch angegeben ist.

(PN I 82, 28) als „die von der Großen Geliebte“ bzw. „die Große hat sich gnädig erwiesen“ aufzufassen sein. Der abgekürzte Name ist als Frauenname, als Männer- und Frauenname überliefert[1]).

Dasselbe gilt wohl auch von dem ebenfalls von Männern und Frauen getragenen Namen *ḥl*, der uns einmal als Beiname einer Frau belegt ist, die den Kurznamen *ḥtḥr* trug[2]). Es wird also eine kosende Kurzform für den Namen der Göttin Hathor gewesen sein[3]).

Über den bisher nur als Männernamen überlieferten Namen *šl* können wir nichts Bestimmtes sagen, da bisher eine vollere Form, zu der er gehörte, nicht überliefert ist. Nach dem soeben Ausgeführten könnte *šl* etwa eine kosende Kurzform für den Namen des Suchos, der Sachmet oder einer anderen Gottheit darstellen, deren Name mit *š* beginnt sowohl wie und werden also als Kurznamen aufzufassen sein, zu denen die oben jeweils an ihrer Stelle erwähnten Formen , und , und sowie als Koseformen gehören.

Ob auch [4]) *kl* als Kurzform für einen längeren Namen aufzufassen ist, muß ich dahingestellt sein lassen. Eine ägyptische Gottheit, deren Name mit *k* beginnt, weiß ich jedenfalls nicht zu nennen. Die Variante scheint auf fremden Ursprung des Namens zu deuten. Auch hier finden sich Koseformen, deren seltsames Aussehen und die Vermutung einer fremden Herkunft zu stützen scheint.

Über Herkunft und ursprüngliche Bedeutung der Endung *·l* wissen wir ebensowenig wie über ihre Vokalisation.

II. Bildung durch Wiederholung von Worten oder Wortteilen.

Ob die Wiederholung ganzer Worte, wie ich sie im Folgenden unter 1. aufgezählt habe, wirklich in kosendem Sinne gemeint war, muß dahingestellt bleiben. An sich wäre es möglich, daß z B. *ʿ3-ʿ3* und *wr-wr* etwa „der sehr Große“, *mrj-mrj* „der sehr Geliebte“ oder ähnlich bedeutet haben[5]). Die Vermutung aber, daß es sich auch hier, wenigstens zum Teil, um eine Art von Koseformen handele, liegt nahe, da die Wiederholung einer Silbe (2) und vor allem die Wiederholung des letzten Konsonanten (3) offenbar in kosender Absicht geschehen ist, und da wir auch in der Sprache selbst der Geminierung zu dem gleichen Zwecke begegnen[6]).

Für die kosende Wiederholung einer Silbe kennen wir zwei sichere Beispiele Ein Mann namens , also *Minḥatpe* oder *Ḥatpe-min*, hat im Neuen Reich den Beinamen , also etwa *Ḥatḥat*[7]), und in griechischer

---

[1]) Eine ungewöhnliche Schreibung zeigt der Name (f *NR*), = *wrl-ʿnḫ(tj)* „*wrl* lebt“ (?)

[2]) Einmal merkwürdigerweise als Beiname eines *mrj-rʿ*!

[3]) Ob auch *ḥj-* in dem *MR*-Namen *s3 t-ḥj* (PN I 283, 17, 291, 11 und Anm.) — bzw *ḥ* — in *s3 t-ḥ*, das sich einmal als Var von *s3 t-ḥj* findet — als eine Kurzform für den Namen der Hathor aufzufassen ist?! Und ebenso in I, 234, 14? — Dasselbe gilt von in (PN I 234, 18 u Anm, vgl 425, 24?), und ähnlich haben wir und als Abkürzung für Hathor (PN I 234, 27ff) Diese für uns so seltsame Sitte, einen Gottesnamen kosend abzukürzen, scheint den Ägyptern geläufig gewesen zu sein So ist *ḏḥj* in *s3 t-ḏḥj (NR)* doch wohl eine Koseform von *ḏḥwtj* Auch in dem in Satznamen des *AR* mehrfach begegnenden (z B PN I 22, 17 18) und in , das in (PN I 92, 11) erscheint, sowie in in dem Namen *(D 6)* werden die verstümmelten Namen von Gottheiten stecken! — Vgl auch *(D 18)*, was offenbar = *wpw3 wt-mśj(w)* ist, *wpj* also Verstümmelung des Gottesnamens *wp-w3 wt* — Von dem oben erwähnten verschieden ist als Abkürzung des Namens einer männlichen Gottheit (des vergotteten *ỉmn-ḥtp w*), vgl I 234, 15—17

[4]) Als Männer- und Frauenname im *NR* belegt, einmal als Beiname eines .

[5]) Bei einigen Farbworten scheint auch die Wiederholung eines oder zweier Konsonanten eine Verstärkung zum Ausdruck zu bringen wie *tmś š* „sehr rot“ oder „ganz rot“ neben *tmś* „rot“ und *w3ḏ3ḏ* „ganz grün“ o a neben *w3ḏ* „grün“ Vgl Kees, Farbensymbolik (1943), S 453

[6]) Vgl *ỉbỉb* (eigentlich „Herz-Herz“), „der Liebling“

[7]) Die an sich mögliche Lesung *ḥt t* scheint mir weniger wahrscheinlich.

Zeit wird eine 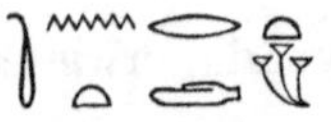 *tꜣ-n(·t)-rwḏ* mit Beinamen auch  (Variante ) *nj-nj* genannt Hierher gehort, ihrer Bildung nach, auch  als Koseform zu den Namen der beiden Konige der sechsten Dynastie, wenn diese Form wirklich — wie aus der griechischen Umschreibung φιωψ¹) = *ĕpjōp(ĕj)* hervorzugehen scheint — *pjpj* zu lesen ist²).

Die kosende Wiederholung des letzten Konsonanten³) findet sich, bald mit, bald ohne angefugte Koseendung, sowohl bei dreikonsonantigen (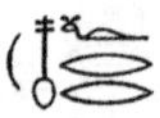, 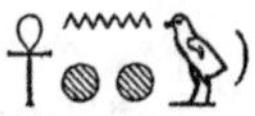) wie bei zweikonsonantigen Stämmen (,  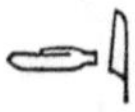). Unter den letzteren bilden wieder die mit  anlautenden Namen eine besondere Gruppe Von einem der zu ihnen gehörenden besitzen wir eine griechische Umschreibung. Es ist  bzw.  *ip·p(·j)*, der Name, den auch drei Hyksos-Könige getragen haben, und der in ihren Denkmälern teils ⁴), teils 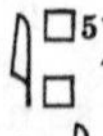⁵) geschrieben und griechisch durch απωφις, αφωφις u. a. wiedergegeben wird⁶). Wir werden uns danach Namen wie  oder den Königsnamen  als Akoki und Asosi, bzw. in älterer Aussprache etwa als Akaki und Asasi o. a. ausgesprochen zu denken haben.

Die kosende Wiederholung eines einzigen Konsonanten, ohne besondere Koseendung, findet sich in *ii* 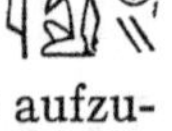 fur  (PN I 5, 1 Zusatz) im Mittleren Reich und in  für *nṯrjḫprrꜥ-mr-ptḥ*, das doch wohl als *pp* aufzufassen ist, in der 21. Dynastie. Von einem langen, vielkonsonantigen Namen ist in dem letzteren Falle, offenbar in der Aussprache des kleinen Kindes, nur ein einziger Konsonant ubriggeblieben, der dann — wie wir das ganz ähnlich aus vielen Sprachen kennen⁷) — lallend verdoppelt wird⁸). Wahrend Beispiele hierfur selten sind, findet sich haufig die lallende Wiederholung eines einzigen Konsonanten mit angefugter Koseendung, und zwar sowohl als Variante eines diesen Konsonanten enthaltenden Vollnamens — z B. in 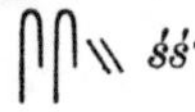 *šš·j* fur *mrj-imn-rꜥmśjśw (NR)* — wie mit ausdrücklicher Bezeichnung als Beiname zu einem solchen. Letzteres z B. in dem bekannten  *mm·j* zu *kꜣ-gm·n·j* im Alten Reich, in  *tt·j* zu *ꜥꜣ-ptḥ (MR)* sowohl wie zu *imn-ḥtp·w (NR)* und zu *šftw* (f *MR)* oder in  *kk·j* zu *śn·nw-kꜣ (AR)* In 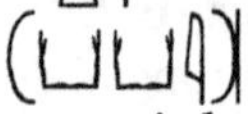 *kꜣkꜣ·j* als Beinamen des Königs der fünften Dynastie *nfr-ir-kꜣ-rꜥ* ist ein ganzes Wort des vierteiligen Namens wiederholt und dann mit der Koseendung versehen worden.

Mehrfach sind diese Formen als „schöner Name" bezeichnet, wie  für *ḫntj-kꜣ(·j?)*,  *bb·j* fur *nb·t* und mehrere andere ein *b* enthaltende Vollnamen,  *ff·j* für *nfr-ir·w·s* und *nj-ꜥnḫ-śnfrw*. So werden wir gewiß auch eine Bildung wie 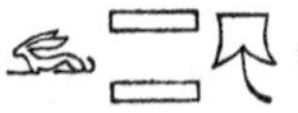 *wnš·š* als eine Art Koseform zu *wnš* „der Wolf" aufzufassen und etwa mit „Wolfchen" zu ubersetzen haben. Dies liegt um so naher, als diese Bildung sich einer Gruppe von Worten der agyptischen Sprache einzugliedern scheint, welche kleine Tiere bezeichnen, und bei denen die Wiederholung des letzten Konsonanten doch wohl eine Art von liebkosender Verkleinerung anzeigt⁹).

Über die Vokalisierung dieser letzten und Hauptgruppe der reduplizierenden Kosenamen laßt sich nur sagen, daß ein Vokal — ob der Tonvokal? — zwischen den beiden gleichen Konsonanten gestanden haben muß¹⁰). Der

¹) Wozu φιως wohl nur eine schlechtere Variante bildet

²) Vgl Sethe, Pyr IV, 23, mit den beiden Hauptnamen, *mrj-rꜥ* und *nfr-kꜣ-rꜥ* hat die Form *pjpj* allerdings keine Verbindung!

³) Diese Erscheinung begegnet auch in der akkadischen Namengebung gelegentlich, s Stamm, a a O, S 112

⁴) Berlin 7798 Mariette, Mon div 38

⁵) Annales 7, 117

⁶) Ed Meyer, Ag Chronologie, S 86 — Der zu Beginn des *NR* unvermittelt auftauchende, seiner Herkunft und Bedeutung nach unklare Name der den Sonnengott befehdenden Gewitterschlange 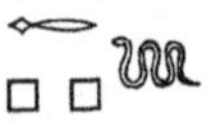 *ꜥꜣpp* (im *NR* 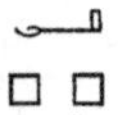 *ꜥpp)*, deren Namen die Griechen auch durch απωφις u a wiedergeben, scheint eine gleiche Bildung aufzuweisen, hat aber mit dem PN 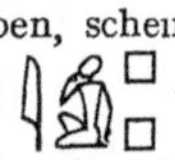 usw offenbar nichts zu tun

⁷) So kenne ich im Deutschen Nini fur Eugenie, Didi fur Diedrich, Lulu fur Luise, Lili fur Selma, Nannele fur Marianne, und Andere werden zahlreiche ahnliche Bildungen beibringen konnen So steht im Franzosischen (und auch bei uns) Mimi fur Marie, im Englischen Bobby fur Robert Auch daddy fur father, sissy fur sister sind Bildungen der Kinderstube, die in diesen Zusammenhang gehoren — Zu den agyptischen „Lallnamen" vgl Erman in der Festschrift fur Leemans

⁸) In *hh* scheint ein Kosename fur eine Gottin, etwa die Hathor, zu stecken, vgl I, 234, 14 u Z 2 u II

⁹) Solche Worte sind z B *ḫpr r* „der Skarabaus", *ꜥf f* „die Fliege", *kr r(w)* „der Frosch" Vgl Recueil 35, 228 Gardiner, Grammar, § 274, Obs 2 Hommel, „Diminutivbildungen durch Wiederholung des letzten Radikals" in der Festschrift fur Ed Sachau (1915), S 17f Hommel erinnert auch an *ḥdr r* „Schweinchen" in dem Ortsnamen  (Petrie, Medum, Tf 21) und gibt eine Anzahl von Parallelen aus dem Akkadischen

¹⁰) Vgl Erman, Grammatik⁴, § 129

Name 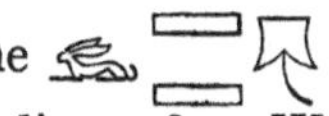 wird also etwa **wenšāš* oder **wănšeš* o. a. ausgesprochen worden sein, wobei die zweite Möglichkeit die größere Wahrscheinlichkeit für sich hat.

1. Wiederholung ganzer Worte.

inn-inn (?)[1])  u. a *(NR)*

f *irj-irj*[2])  *(Spät)*

f *irwj-irwj*  *(Spät)*

ꜥꜣ-ꜥꜣ  *(MR)*

ꜥš-ꜥš 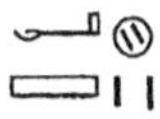 *(Spät)*

wr-wr  *(NR)*

f *bnḫ-bnḫ (?)*  *(MR)*

mrj-mrj  u a. *(NR)*

mrjw-mrjw  u a *(NR)*

f (?) *mrw-mrw*  *(MR)*

rdj-rdj  *(MR/NR)*

ḥꜣ't-ḥꜣ't  u. ä *(Spät)*

ḥp-ḥp  *(Spät)*

ḳꜣj-ḳꜣj [3]) u a *(NR)*

kꜣj-kꜣj  u. ä. *(Spät)*

kꜣ-kꜣ'j 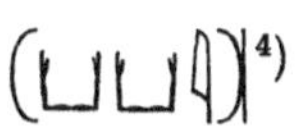[4]) *(D 5)*

ṯꜣj-ṯꜣj 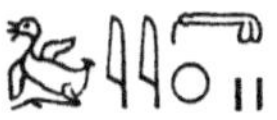 *(NR)*

2 Wiederholung mehrerer Konsonanten

iꜣiꜣ  *(NR)*

ꜥmꜥm [5]) *(AR)*

ꜥnꜥn'i [1]) *(NR)*

ꜥḏꜥḏ  *(MR)*[2])

bjbj  *(MR)*[3])

bwbw  *(MR)*[3])

pjpj[4]) 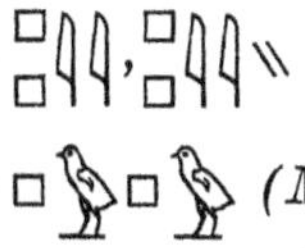 u a *(MR* und *NR)*[3])

f *pwpw* *(MR* und *NR)*

pnpn'jj [1]) *(NR)*

mjmj *(MR)*

f *mrwrw*  *(MR)*

njnj (?) 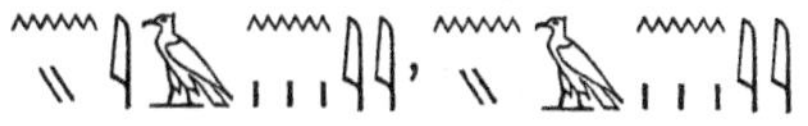 *(NR)*

f *njnj* , Var [5]) *(Griech.)*

rwrw (?) [6]) *(Spät u. Griech.)*

hkjkj 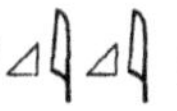 *(MR)*

ḫtḫt [7]) *(NR)*

f *šmšm*  *(Spät)*

šnb'nb'j 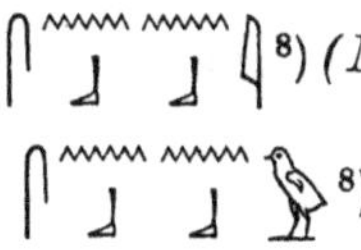[8]) *(MR)*

šnb'nb'w [8]) *(MR)*

štjtj (?)[9])  *(NR)*

f *kwkw* 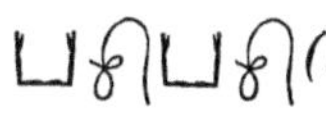 *(Spät)*

kfkf 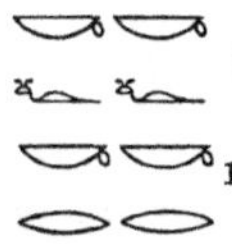 *(NR)*

krkr [10]) *(AR)*

---

1) Oder ist *inn n* zu lesen?

2) Oder ist *irj j* zu lesen? Dazu die Varianten (?) , 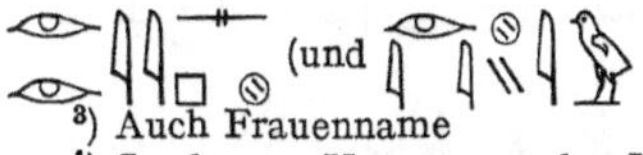 (PN I 42, 20)

3) Auch Frauenname

4) In diesem Kosenamen des Königs *nfr-ir-kꜣ-rꜥ* ist zu dem verdoppelten Wort *kꜣ* noch das Kosesuffix hinzugefügt — Sethe wollte (ÄZ 42, 143) den Namen als „der Ka meines Kas" auffassen — kaum wahrscheinlich

5) Oder liegt eins der Worte *ꜥmꜥm*, Wb I 186 vor?

1) Hier ist außerdem noch ein Kosesuffix angefügt

2) Oder ist *ꜥḏꜥḏ* Wb I 241 zu vergleichen?

3) Auch Frauenname

4) Vgl S 162 Oder ist *pp jj* zu lesen?

5) Beiname einer *tꜣ-n(t)-rwḏ*

6) Spät einmal Var von , was seinerseits Kurzform zu einem Namen wie *ir t-n(t)-ḥr-'r w* sein wird

7) Beiname eines *mn(w)-ḥtp(w)*, vgl S 161.

8) Hier ist außerdem noch ein Kosesuffix angefügt.

9) Oder ist *šttj* zu lesen?

10) Ob hierher?

gfgf (*AR*)

tjtj , u ä[1]) (*AR* u *MR*)[2])

ṯȝȝwȝw (?) (*MR*)

f *ṯỉṯỉ* (*NR*)

djdj (*MR*)

f *dbḥ·bḥ·t* (*MR*)

3 Wiederholung des letzten Konsonanten[3]).

a) Ohne Anfügung von Koseendungen.

α) Dreikonsonantige Stämme.

f *ỉmm·m* (?)[4]) (*MR*)

f *ỉrn·n* (*D. 18*)

f *ʿnḫ·ḫ·t* (*MR*)

f *ʿnk·k(·t?)* (*MR*)

f *ʿnk·k·t* (*MR*)

wȝḏ·ḏ (*MR*)

f *wʿb·b·t*[5]) (*MR*)

wnš š[6]) (*MR*)

f *wgm·m·t*[7]) (*MR*)

f *wḏȝ·ȝ·t* (*AR/MR*)

bȝḳ·ḳ (*D 6*)

f (?) *pỉt·t* (*MR*)

nfr r , [8]) (*AR* u *NR*)

[1]) Im *AR* erscheint einmal als „schöner Name" einer *nḏ t-m-p t*!
[2]) Auch Frauenname
[3]) Wo der letzte Konsonant ein ist, besteht die Möglichkeit, daß das folgende die Femininendung ist, daß der betr Name also hier auszuscheiden hat
[4]) Oder ist *ỉmm m* zu lesen? Oder etwa *ỉmw* (vgl PN I 26, 4)?
[5]) Oder sollte die „unrichtige Schreibung" für *wʿb* (Wb I 283) vorliegen?
[6]) S oben S 162
[7]) Vgl *wgm* „(Korn) mahlen" o a, Wb I 377, 9
[8]) Oder ist dies *nfr r w* zu lesen?

f *nfr·r·t* (*MR* u. *D. 18*)

nḥm·m (*MR?*)

ḥkn·n (*AR*)

ḫfȝ·ȝ (*MR*)

ḫnm·m [1]) (*NR*)

ḫnś·ś (?) (*D. 18*)

śnb·b , u. a[2]) (*MR* u. *NR*[3]))

f *śnb·b·t* , u. a. (*MR*)

f *šȝb·b* (*MR*)

ḳbś·ś (*MR*)

f *kmt·t* (*MR*)

f *trk·k* [4]) (*D. 18*)

β) Zweikonsonantige Stämme.

ȝb·b (*AR*)

ỉw·w[5]) (*MR*)

ỉb·b (*AR/MR* u *MR*[3]))

ỉp·p (*AR*[3]), *MR* u. *Spät*)

ỉp·p (*MR*[3]))

f *ỉm·m* (*MR*)

ỉm·m (?) (*D 18*)

f *ỉn·n* , (*MR* u. *NR*)

f *ỉn·n* (*MR*)

ỉn·n u. ä. (*MR*[3]))

[1]) Ein Wort *ḫnm* mit dem Deutzeichen scheint nicht bekannt zu sein
[2]) Spielend auch , (*MR*) geschrieben, als ob es „mein (?) Bruder *bb*" hieße!
[3]) Auch Frauenname
[4]) Ob Fremdname?
[5]) Ob hierher?

in·n (NR)

in·n (?) (NR[1]))

ir·r u. ä. (D 18)

f *iś·ś* (MR)

iś·ś (?)[2]) (NR)

f *ik·k* (MR)

it·t [3]), , [1]) u. ä. (AR u. MR)

f *it·t (?)* (MR)

f *it·t (?)* (MR)

iṯ·ṯ (D. 18)

id·d , , (MR[1]) u. NR)

jt·t (NR)

f *ʿm·m* (MR)

ʿn·n [4]) (NR)

f *wn·n* (NR)

wr·r (D. 20 f)

f *pr·r* (MR)

mꜣ·ꜣ[5]) (AR)

mn·n , u. a.[6]) (NR)

f *mr·r* (MR)

mḥ·ḥ (AR)

mḥ·ḥ u. a. (NR)

[1]) Auch Frauenname
[2]) Oder *iśw-iśw*?
[3]) Einmal (MR) als „schöner Name" zu *nfr-ḥtp* belegt
[4]) Hierher wohl auch die *NR*-Namen und ; auch (Griech.)?
[5]) Ob zu *mꜣj* „der Löwe"? Das Wort *mꜣꜣ* „sehen" kommt in PN des *AR* nicht vor.
[6]) Wie ist die Schreibung (NR) zu verstehen?

nn·n (?) (Spät)

rn·n , u. a. (NR[1]) u. Spät)

rś·ś (D. 20 f)

ḥj·j[2]) , u. a. (NR)

ḥp·p (MR)

ḥn·n u. ä. (MR)

f *ḥn·n·t*[3]) (AR)

f *ḥs·s·t*[4]) (Spät)

f *ḥk·k·t* (MR)

ḫꜣ·ꜣ (AR)

ḫm·m u. ä. (MR[1]))

f *ḫm·m·t* u. ä. (MR)

f *śb·b (·t?)* (MR)

f *śb·b·t* (MR)

śn·n , u. a. (AR/MR u. MR)

ḳn·n u. a.[5]) (NR)

ḳr·r[6]) (AR/MR)

f *kb·b* (MR)

km·m (NR)

kr·r (MR)

kš·š (D. 18)

gr·r (D. 18)

[1]) Auch Frauenname
[2]) Vgl. Seite 127, Anm. 6
[3]) Ob hierher? Oder ein Subst. *ḥnn·t*?
[4]) Oder Kurzname zu **ḥss·t-mw·t š.* o. ä. (vgl. *ḥss w-it f, D 19*)?
[5]) Merkwürdigerweise auch mit dem Artikel (D 20)!
[6]) Oder Vollname?

tn·n [1]), u. a [2]) *(NR u Spät)*

f *tn·n* u ä. *(MR)*

ṯn·n [1]), u a [3]) *(NR)*

ṯt·t *(MR*[1]*))*

γ) Einkonsonantige Stämme (einschließlich der weiblichen Bildungen).

i·i (?) *(MR*[1]) u. *NR)*

f *i·i* , [4]) *(MR*[5]*))*

f (?) *i·i t (?)* *(MR)*

i·i(?), iw·iw(?) u a.[6]) *(MR* u *Spät)*

ꜥ·ꜥ [1]), *(NR)*

w·w *(MR)*

b·b *(AR, MR*[1]) u *Spät)*

f *b·b·t* , u. a *(MR)*

b·b u. a. *(D 18* u. *Spät*[1]*))*

p·p [7]) *(MR* u. *Spät)*

p·p [8]) *(D 21)*

f *p·p·t (?)*[9]) *(MR)*

f *f·f (?)* *(Spät)*

m·m[1]) *(MR*[2]*))*

f *m·m·t* *(MR)*

f *n·n* *(MR)*

n·n , u. ä *(NR* u. *Spät)*

f *n·n (?)* , u. a. *(MR)*

r·r , *(MR*[2]) u. *Griech.)*

r r[3]) , , u a.[4]) *(NR* u *Spät)*

f *r r t* [5]) *(MR)*

ś ś *(MR* u *Dyn 19*[6]*))*

f *š š* *(AR)*

š·š *(Dyn. 26)*

k k *(MR*[2]) u. *Dyn. 18)*

k·k *(MR)*

f *k·k t* *(MR)*

f *g g* *(NR)*

f *t·t* [7]) *(MR* u. *NR)*

ṯ ṯ(?)[8]) , u ä. *(MR, NR*[2]) u. *Griech.)*

ṯ ṯ *(Dyn. 20 f.)*

---

[1]) Auch Frauenname

[2]) Auch und (f *NR)* gehören hierher Vgl aber auch die mit *tnn-* zusammengesetzten nubischen Namen der Spätzeit

[3]) Auch *(D 18)*

[4]) Einmal Beiname eines

[5]) Hierher gehören auch die *NR*-Namen , , und .

[6]) Oder = *iwiw* „der *iwiw*-Hund“ ?

[7]) Hierher wohl auch u a und (beide f *MR* und *NR)*

[8]) Beiname eines *nṯrꜥḫprrꜥ-mr-ptḥ*

[9]) Oder *pꜣpꜣ t?*

[1]) Hierher wohl auch *(MR)* und *(NR)*

[2]) Auch Frauenname

[3]) Oder Vollname *rr* „das Schwein“ ?

[4]) Hierher vielleicht auch (f *Spät)*

[5]) Auch ein Vollname *rr t* „die Amme“ oder „die Sau“ wäre möglich

[6]) Als Koseform des Namens Ramses' II , s Sethe, ÄZ 41, 55

[7]) Hierher wohl auch die Frauennamen des *MR* , u a, , u a. und des *NR* u a, sowie u a (m u f, *MR* und *NR)*, *(NR)* und u a (m u f, *MR* und *NR)*

[8]) Oder *ṯwṯw?* Z T scheint allerdings einen semitischen Namen wiederzugeben, vgl ÄZ 56, 69 f

ṯ·ṯ (*AR* u. *Dyn. 11*)

ṯ·ṯ u. a.[1]) (*NR*)

d d[2]) (*Dyn. 1, MR*[3]) u *Dyn. 18*)

d·d (?) , u. a (*MR* u *Dyn. 18*)

f *d d·t*[4]) (*MR*)

b) Mit Anfügung von Koseendungen.

α) Dreikonsonantige Stämme.

ỉmr·r·j[5]) (*NR*)

ʿnḫ·ḫ·w (*MR*)

wȝš·š·j (*D 6*)

bȝk·k·j (?) , (*D 18*)

nwr·r·w (*AR*)

f *nfr·r·w* (*D 18*)

ḫnm·m·j (*AR*)

śnb·b·j , [6]) u. ä. (*MR*)

f *śnb·b·j·t* (?) (*MR*)

śnb·b·w , u ä (*MR*)

β) Zweikonsonantige Stämme.

αα) Bildungen mit den Endungen , und .

ȝb·b·j (*AR*)

ỉp·p·j , (*MR*)

ỉḫ·ḫ·j [7]) (*AR*)

ỉs·s·j (*König D 5*)

ỉd·d·j (*Spät*)

ʿm m·j (*MR*[1]))

wn n·j [2]) (*AR*)

pȝ-ḫr·r·j[3]) (*D. 19*)

pḥ ḥ·i (*NR*)

f *mm m·j* (*MR*)

mn·n·j (*MR*)

mr r·j (?)[4]) , u a.[5]) (*AR* bis *MR*)[1])

f *mr·r·j·t*[5]) (*MR*)

mḥ ḥ·j u. a. (*NR*)

mg·g·j u a (*MR*)[1])

mt·t·j (*AR*)

mṯ·ṯ·j (*AR*)

nn n·j (?)) , (*MR*[1]) und *MR/NR*)

rn·n·j (?) (*D. 18*)[1])

hn·n·j (*MR*)

ḥb·b·j (*MR*)

ḥp·p·j (*MR*)

f *ḥn·n·j* (*MR*)

ḥn·n·j u. a. (*AR* u. *MR*)

ḥn·n·j·t (*AR*)[1])

ḥs·s·j (*AR*)

ḥs·s·j (*AR*)

ḥk·k·j (*MR*)[1])

ḥk·k·j (*MR*)

---

1) Hierher auch (*NR* u *Spät*) und u. a (m u f, *MR* u *NR*)
2) Oder Kurzname zu *dd*-Gott N N
3) Auch Frauenname
4) Oder Kurzname zu *dd·t*-Gott N N
5) Oder *ỉmr-ỉmr j*?
6) Zur Schreibung s S 17
7) Einmal „schöner Name" eines *hnti-kȝ(·j)*.

1) Auch Frauenname
2) Oder zu Namen wie *ptḥ-wnn·f*
3) Vgl *ḫrr·j*
4) Oder zu Namen wie *mrr-wj-kȝ(·j)*.
5) Hierher auch (*D 20*)?

f *ḥk·k·j·t* 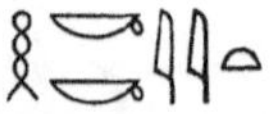 *(MR)*

ḫm·m·j  u. a. *(MR)*

f *ḫm·m·j·t(?)*  *(MR)*

ḫr·r·j[1])  u. a *(NR)*

ḫt·t·j  *(AR)*

ḫḏ·ḏ·j  *(AR)*

ḫw·w·j  *(AR)*

ḫt·t·j 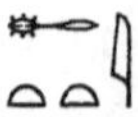 u a *(AR* u. *MR)*

sn·n·j  *(MR)*

sk·k·j  *(NR)*

šn·n·j 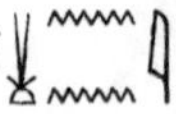 u. a. *(AR*u. *MR)*

šn·n·j 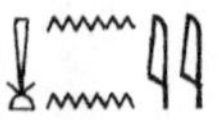 u ä. *(AR* u. *MR)*

f *šd·d·j(·t?)*  *(MR)*

ḳr·r·j 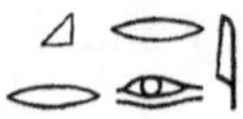 u. ä. *(D 6)*

f *tp·p·j* 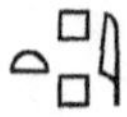 *(AR)*

tn·n·j  *(D. 18)*

f *tn·n·j·t* 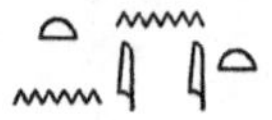 *(MR)*

ṯt·ṯ·j 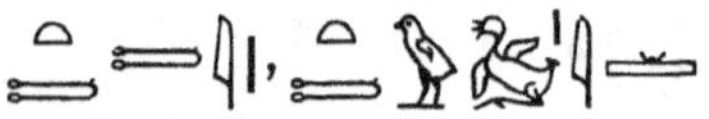 *(MR* u. *D 18)*

ṯȝ·ȝ·j  *(MR)*

ṯn·n·j 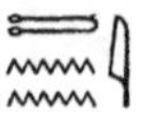 *(AR* u *MR)*

ṯr·r·j 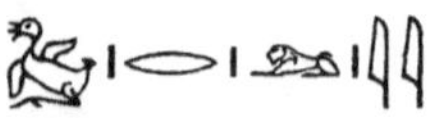 u á *(NR)*

f *ṯt·t·j*  u. a. *(MR)*

ṯt·t·j 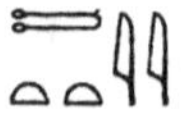 *(AR)*

ββ) Bildungen mit der Endung  bzw. 

f *ỉȝ·ȝ·w*  *(MR)*

f *ỉb·b·w*  *(MR)*

[1]) Dies und *pȝ-ḫr r j* sind die einzigen sicheren Bildungen dieser Art, die von einem Vollnamen abgeleitet sind!

ỉp·p·w  *(MR)*

f *ỉn·n·w* 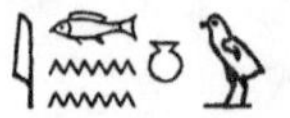 *(MR)*

ỉš·š·w  *(AR)*

ỉš·š·w 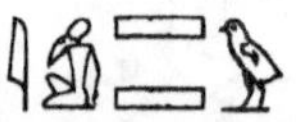 *(MR)*

ỉt·t·w  *(MR)*[1])

f *ʿḥ·ḥ·w*  *(MR)*

wr·r·w  *(MR)*

bt·t·w  u. ä. *(MR)*

f *pt·t·w*  *(MR)*

mr·r·w  u. a. *(AR* u. *MR*[1]))

f *mr·r·w·t*  *(AR)*

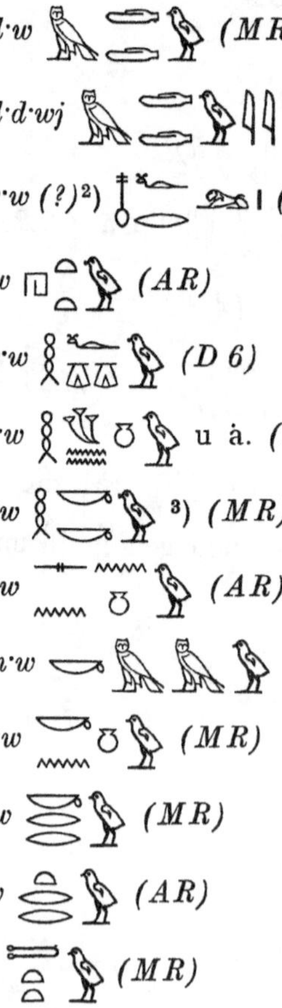

md·d·w *(MR)*

md·d·d·wj *(AR)*

f *nfr·r·w (?)*[2]) *(D 18)*

ḥt·t·w *(AR)*

ḥfg·g·w *(D 6)*

ḥn·n·w u á. *(MR*[1]))

ḥk·k·w [3]) *(MR)*

f *sn·n·w* *(AR)*

km·m·w *(MR)*

f *kn·n·w* *(MR)*

kr·r·w *(MR)*

tr·r·w *(AR)*

ṯt·t·w *(MR)*

[1]) Auch Frauenname
[2]) Oder ist einfach *nfr r* zu lesen? Vgl S 164
[3]) Variante 

γγ Bildungen mit der Endung

Die einzige sichere Bildung, die hierher gehört, ist u ä, was im Mittleren Reich als Männer- und Frauenname belegt ist. Dazu kommt vielleicht noch der Name *ḥd·d·t* (f *MR*), bei dem aber die Moglichkeit besteht, daß nicht das Kosesuffix *·t*, sondern die Femininendung vorliegt.

γ Einkonsonantige Stämme

αα Bildungen mit den Endungen , und [1]).

Von den zu dieser Gruppe gehorenden Namen sind als Varianten vollerer Namen oder als zu diesen ausdrücklich bezeichnete Beinamen belegt: zu , zu *kꜣ-gmnj*, zu *nj-ꜥnḫ-ḫnm·w*, zu *rꜥ-mśj-św*[2]), zu *mrj-imn-rꜥmśjśw* und zu *šḥtpib*[3]), zu mehreren mit *nfr-ššm-* beginnenden Namen und zu dem aus einem solchen gebildeten Kosenamen *ššm·j*, zu *śn·nw-kꜣ* und zu *imn-ḥtp(·w)*, *ꜥꜣ-ptḥ*, *šftw*, *kꜣ(·j)-m-ḳd (AR)* und *ḏꜣwj-ꜥ* (Dyn. 18)[4]).

Als „schone Namen" sind belegt: zu *nj-ib·w-nśw*, zu *nb·t*, zu *ḥtp-nb·w* und zu *pḫr·t-nfr·t*[5]), zu *nj-ꜥnḫ-śnfrw* und zu *nfr-ir·w·ś*, zu *ꜥnḫ-n·ś-pjpj* (f *AR/MR*), *rdj-n·f-ḥtp (AR)* und *pjpj-nn-kj (AR)*, zu *mr·t-it·s*, *(tj·tj?)* zu *nḏ·t-m-p·t*[6]), *ttj·t* zu *sṯw·t (MR)*[7]).

Der Name ist, auf der Tafel von Abydos, schon als Königsname der ersten Dynastie belegt. Wenn er wirklich mit der griechisch überlieferten Form αϑωϑις (bzw. αϑωϑης) zu identifizieren ware, so ergäbe das einen Einblick in die Vokalisation dieser Namen. Die Form αϑωϑις wird aber eher den Namen eines der auf folgenden Konige *(ittj?)* oder wiedergeben sollen[8]).

i·i·j (*NR* u *Spat*?[9]))

w·w·j (?) [10]) *(AR)*

b·b·j [11]) *(AR—D 18)*[12])

f *b·b·t·j* *(AR)*

b·b·j *(AR—D 18)*[1])

p·p·j *(AR—NR)*[1])

f *p·p·i* *(NR)*

p·p j u. a.[2]) (*MR* u. *NR*)[3])

p·p·j *(Spat)*

f f·j *(AR)*[3])

f f j (?) ? *(AR)*

m·m·j (*AR* u. *MR*[3]))

f *m·m·j·t* *(AR)*

m·m·j , *(AR)*

f *m·m·j·t* *MR)*

1) Von Bildungen mit kenne ich nur *(AR)*
2) Im Namen Ramses' II, vgl AZ 42, 144
3) Vgl Z[2] zu I, 320, 11
4) In den beiden letzten Beispielen war also das *d*, bzw *ḏ* schon zu *t* geworden
5) Hier scheint das *p* im Kindermund durch *b* ersetzt worden zu sein
6) Ob hier der Kosename lautlich mit dem Vollnamen etwas zu tun hat? Die beiden Feminin-*t* sind doch gewiß nicht mehr gesprochen worden!
7) Das *ṯ* ist also zu *t* geworden
8) Vgl Ed Meyer, Äg Chronol, Tf zu S 125 — Ob das der Abydos-Tafel eine spate Wiedergabe des Namens ist?!
9) Auch Frauenname
10) Oder ist zu lesen?
11) Vgl auch *(NR)* und , u a (f *Spat*)
12) Im *MR* auch Frauenname

1) Im *AR* und *MR* auch Frauenname
2) Hierher wohl auch u a (m und f *NR*).
3) Auch Frauenname

f *m·m·j* (?)[1])  (*AR*)

f *m·m·j*  (*NR*)

n·n·j 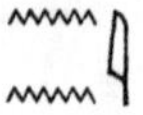 (*AR* u *NR*)

f *n·n·j* 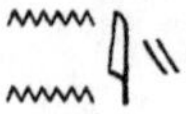 [2]) (*MR*)

r·r·j  [3]) (*AR* u. *MR*[4]))

ḥ·ḥ·j 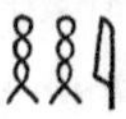 (*AR*)[4])

ḫ·ḫ·j  (*AR*)

ḫ·ḫ·j 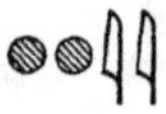 (*MR*)

s·s·j  (*AR* u. *NR*)

š·š·j 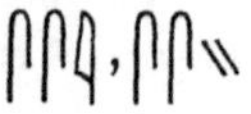 (*AR—NR*)[5])

š·š·j·t 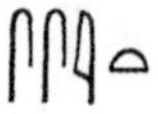 (*MR*)

ḫ·ḫ·j  (*AR*)

f *ḫ·ḫ·t j* 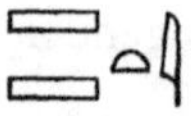 (*AR/MR*)

ḫ·ḫ·j 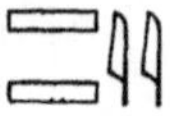 (*AR* u. *MR*)

ḳ·ḳ·j  u. a (*MR*[4]))

k·k·j  u ä.[6]) (*MR*[4]))

g·g·j  (*AR*)

t·t·j 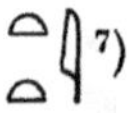 [7]) (*AR—NR*)[4])

t·t·j 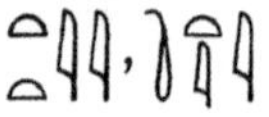 (*MR* u *NR*)[4])

f *t·t·j* 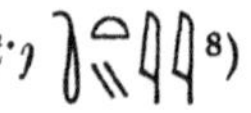 [8]) (*NR*)

f *t·t·j* 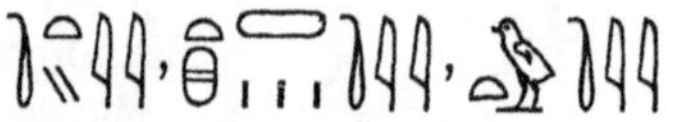 (*NR*)

ṯ·ṯ·j 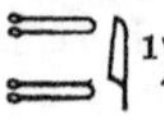 [1]) (*AR* u. *MR*[2]))

f *ṯ·ṯ·t·j* (?) 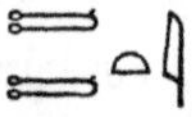 (*AR*)

d·d·j  u. ä.[3]) (*AR* u. *MR*)[2])

d·d·j 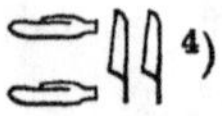 [4]) (*MR*)

ḏ·ḏ·j  (*MR*)

Bildungen mit anlautendem  [5]).

f *iw·w·j*  (*MR*)

ib·b·j  u a. (*AR* u. *MR*[2]))[6])

f *ib·b·j·t*  (*MR*)

ip·p·j 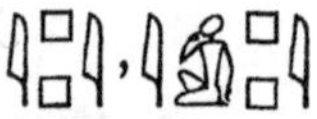 [7]) (*MR*)[2])

if·f·j  [8]) (*AR*)

in·n·j 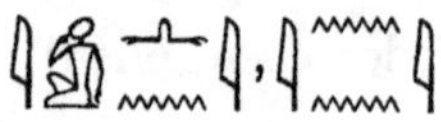 u. ä. (*MR* u. *NR*)

ir·r·j 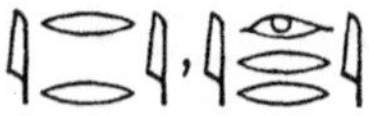 u. ä.[9]) (*AR/MR* u. *MR*)

iḫ·ḫ·j  (*D 6*)

is·s·j 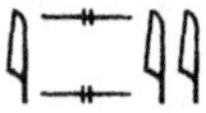 [10]) (*AR*)

---

[1]) Besser wohl *mim j* Vgl auch , N²

[2]) Hierher auch [illegible] (f *NR*) und [illegible] (m *NR*)

[3]) Hierher auch [illegible] (f *NR*)?

[4]) Auch Frauenname

[5]) Im *MR* auch Frauenname

[6]) Hierher wohl auch [illegible] (f *NR*) und [illegible] (f *Spät*)

[7]) Z T wohl auch einfache Kurzform zu Namen, die den Namen des Königs *ttj* enthalten

[8]) Weiter gehören hierher die Frauennamen [illegible] (*MR*) und [illegible] sowie [illegible] (*NR*) Ferner [illegible] [illegible] (f *NR*), [illegible] (*MR*), [illegible] (f *MR*), [illegible] [illegible] u a (m u f *AR—NR*)

[1]) Vgl  (f *D 18*)

[2]) Auch Frauenname

[3]) Vgl [illegible] (f *NR*)

[4]) Vgl [illegible] (*NR*)

[5]) Daß in diesen Namen das anlautende [illegible] nicht als Radikal aufzufassen ist, zeigen [illegible] und [illegible] als Varianten des Namens eines und desselben Mannes

[6]) Der Name ist einmal als „schöner Name" eines *šibw* bezeugt

[7]) Diese Schreibung findet sich wiederholt (Berlin 7798 Mariette, Mon div 38) für den von den Griechen απωφις umschriebenen Namen einiger Hyksoskönige

[8]) Varianten [illegible] und [illegible]

[9]) Hierher auch 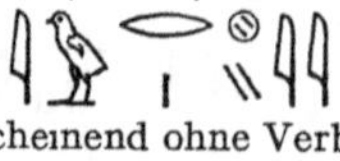 u ä (*NR*)?

[10]) So heißt, anscheinend ohne Verbindung mit seinem Vollnamen, der König 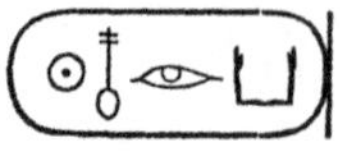 der 5 Dynastie

ỉk·k·j (*MR*)

ỉk·k·j (*MR*)[1]

ỉt·t·j [2] (*AR*)[1]

• f *ỉt·t·j* (*MR*)

ỉd·d·j [3] (*MR*)

ββ) Bildungen mit der Endung bzw. ,

b·b·w , (*MR*[1])

b·b·wj (*MR*[1])

p·p·w , (*MR* u. *D 18*)[1]

---

1) Auch Frauenname

2) Je einmal als „schöner Name" zu *šdw* und zu (beides *AR* belegt), deren *d* also schon in *t* übergegangen war

3) Hierher wohl auch u. a. (*Spät*)

f *p·p·w·t* (?) (*MR*)

m·m·w (*MR*)

n·n·w (*MR*)

f *r·r·w* (?) ? (*MR*)

f *r·r·w·t* (*AR* u. *MR*)

š·š·w (*MR*)

f *ḳ·ḳ·w·t* (*MR*)

k·k·w (*MR*)[1]

f *k·k·wj* (*MR*)

t·t·w (*AR*, *MR*[1]) u. *Griech.*)

ṯ·ṯ·w (*AR* u. *MR*)

---

1) Auch Frauenname

2. ABSCHNITT

DER INHALT DER NAMEN

Wie ihrer Form nach die ägyptischen Vollnamen sich in zwei große Gruppen, die der Wortnamen und die der Satznamen, scheiden, so ergeben sich auch ihrem Inhalt nach ganz von selbst zwei Hauptgruppen. Die eine umfaßt die Namen profanen Inhalts im weitesten Sinne des Wortes, d. h. alles, was nicht mit eigentlich religiösen Vorstellungen zu tun hat. Die Namen der anderen Gruppe sind eben durch solche religiöse Vorstellungen geprägt. Während die der ersten uns in die ägyptische Kinderstube hineinschauen lassen, in der zärtliche Eltern ihre Sehnsucht nach einem Kinde, ihre Freude über das Neugeborene und ihre Sorge um sein Leben und seine Gesundheit zum Ausdruck brachten, ihr Kind — ganz ähnlich wie wir das heute tun — als „Frosch“ oder als „Goldkugelchen“, als „Maus“ oder als „Heuschreck“ bezeichneten, gewähren uns die Namen der zweiten Gruppe einen Einblick in den Glauben der Ägypter, deren Welt von unzähligen starken und hilfreichen Göttern erfüllt, aber auch von bösen Geistern gefährdet war. Aus den Namen beider Gruppen zusammen erwächst vor unsern Augen ein Bild der ägyptischen Familie, des Verhältnisses der Eltern zu den Kindern, das das Wenige, was uns sonst über diese Dinge überliefert ist, in willkommener Weise ergänzt und um wertvolle Züge bereichert.

Ein Mittelding zwischen den Namen religiösen und denen profanen Inhalts bilden die Namen, die mit dem eigentümlich schillernden Worte ‚Ka‘ gebildet sind — ich habe sie deshalb zwischen beide in die Mitte gestellt.

KAPITEL I

NAMEN PROFANEN INHALTS

Wollen wir in dieser ersten Gruppe wieder Unterabteilungen einführen, so lassen sie sich vielleicht am einfachsten nach zwei Hauptgesichtspunkten ordnen. Es gibt Namen, die sich ausdrücklich auf die Geburt des Kindes und auf sein Verhältnis zu den Eltern beziehen oder eine allgemeine Äußerung enthalten, die sehr wohl bei der Geburt getan sein kann, Namen also, die wir uns aus der Situation der Geburt heraus entstanden und unmittelbar bei oder kurz nach der Geburt dem Kinde beigelegt zu denken haben. Hier finden sich sowohl Satz- wie Wortnamen in reicher Fülle. Und es gibt andere, und zwar ausschließlich Wortnamen, bei denen das nicht der Fall ist, und die zum Teil Benennungen enthalten[1]), die auf ein neugeborenes Kind schlechterdings nicht passen. Auch sie mögen im Laufe der Zeit, indem sie vom Großvater oder einem anderen Mitglied der Familie auf ein Neugeborenes übertragen wurden, schon bei der Geburt beigelegt worden sein, entstanden sind sie aber ursprünglich als Bezeichnungen für Erwachsene. Während die zweite dieser Hauptgruppen ihre mehr oder weniger zahlreichen Vertreter zu allen Zeiten der ägyptischen Geschichte gehabt hat, haben die der ersten ihre Blütezeit im *AR* und *MR* und treten vom *NR* ab hinter den Namen religiösen Inhalts stark zurück. Ich beginne mit den ausschließlich Wortnamen enthaltenden Namengruppen.

A. NAMEN, WELCHE DIREKTE BEZEICHNUNGEN DES NAMENTRÄGERS ENTHALTEN.

Unter dieser Überschrift fasse ich mehrere Gruppen von Namen zusammen, die ihrer ganzen Art nach auf kennzeichnende Beiworte zurückzugehen scheinen, und deren Entstehung großenteils nicht mit der Geburt ihres ersten Trägers zusammengefallen sein kann. Zwar Bezeichnungen wie „der Zweite“, oder „der Dritte“, allenfalls auch „der Schwarze“, oder „der Rote“, auch manche von den Tiernamen — wie „der Frosch“, „die Kaulquappe“ — und andere Bezeichnungen wie „die Handbreite“, oder „das Goldkugelchen“ mögen ursprünglich dem Neugeborenen beigelegt worden sein. Aber schon Namen wie „der Taube“, „der Lahme“ oder „der Freundliche“, „der Standhafte“ kennzeichnen sich deutlich als Bezeichnung älterer Personen, und dasselbe ist erst recht der Fall bei der

---

[1]) Ich denke vor allem an die Herkunfts- und Berufsnamen, S 187ff

Gruppe der Berufs- und Herkunftsnamen. In ihnen — und gewiß auch in den meisten der übrigen Namen dieses Abschnitts — haben wir Bezeichnungen zu sehen, die ursprünglich einem Erwachsenen beigelegt worden sind, und die erst später — etwa dadurch, daß das zum Namen gewordene Beiwort vom Großvater auf den Enkel sich vererbte — auch einem Kinde schon bei der Geburt gegeben werden konnten.

Eine Anzahl der zunächst gruppenweise zusammengestellten Namen sind uns sogar noch als unterscheidende Beiworte von Menschen bekannt, die als Hauptnamen einen anderen Namen getragen haben[1]).

So finden sich an Geschlechtsbezeichnungen:

nn·t(?)[2]) „das Kind“ als „schöner Name“ einer *ḥtp·t (AR)*

ṯ3j „der Mann“ als Beiname eines *bʿkw3j·t*[3]) *(D. 11)*

ṯ3j „der Mann“ als Beiname eines *nb·šn·jj (NR)*

an Verwandtschaftsbezeichnungen:

p3-n-j3 „der (Enkel[4])) des *j3*“ als Beiname eines *wśr-ḥ3·t (NR)*

(i)t-šrj „der kleine Vater“ als „schöner Name“ eines  *(AR)*

mw·t-šrj·t „die kleine Mutter“ als „schöner Name“ einer *ʿnḫ·t (AR)*

an Eigenschaftsnamen:

ʿš3-iḫ·wt „der Reiche“ als Beiname eines *nḫ-nfr (NR)*

p3-br(?)[5]) „der Blinde“ (?) als Beiname eines *p3-dj-imn-m-ip3·t (Spät)*

mr·j „der Geliebte“ als „schöner Name“ eines *mrj-ttj*[6]) *(AR)*

mr·j „der Geliebte“ als „schöner Name“ eines *mrr-wj-k3 (·j) (AR)*

mr·j(·t) „die Geliebte“ als „schöner Name“ einer *mrw·(·t) (AR)*

mr·j „der Geliebte“ als Beiname eines *kbj (MR)*

mr·jj „der Geliebte“ als „schöner Name“ eines *ḫwj (AR)*

mr·jj „der Geliebte“ als Beiname eines *s3-nh·wt (MR)*

šrj (·t) „die Kleine“ als Beiname einer *iʿḥ-mśj·w (NR)*

kśmtj (?) „der Taube“ o. ä. (?)[1]) als Beiname eines *iw-śnb (NR, früh)*

t3-nḏm·t „die Angenehme“ als Beiname einer *iʿḥ-ḥtp(·w) (NR)*

d3g „der Zwerg“ als Beiname[2]) eines *rn·f-śnb (MR)*

an Pflanzennamen:

inb „die *inb*-Pflanze“ als Beiname eines *ʿnḫ-m-ṯnn·t (AR)*

sššš·t „die *sššš·t*-Blume“ als „schöner Name“ einer *wʿtj·t-ḫ·t-ḥr·w (D 6)*[3])

sššš·t „die *sššš·t*-Blume“ als „schöner Name“ einer *nb·w-ḫ·t-nb·tj (D 6)*[3])

an Tiernamen:

p3-iʿnj „der Pavian“ als Beiname eines *ḏd-ḥr (Spät)*

p3-wnš „der Wolf“ als Beiname eines *imn-nḫt (NR)*

ḥb3 „der *ḥb3*-Fisch“ als „kleiner Name“ eines *ššm-nfr (AR)*

an Bezeichnungen lebloser Gegenstände:

iʿb (?)[4]) „die Gabel“ (?) als Beiname einer *ʿnḫ-dd-śt (MR)*

fnḏ „die Nase“ als Beiname einer *iwḥ·t-ib* (Prinzessin *MR)*

śd „der Schwanz“ als Beiname eines *p3-n-ʿnk·t (NR)*

kś „der Knochen“ als Beiname einer *nś-t3-nb·t-išr.w (NR)*

an Berufs-, Tätigkeitsnamen u. ä.

iḥ3 „der Kämpfer“ als „schöner Name“ eines *nfr-wnt (AR/MR)*[5])

1) Es ist dabei zu beachten, daß die Inschriften gerade den Hauptnamen häufig mit „(auch) genannt“ einführen Daraus geht hervor, daß das Beiwort zum gebräuchlichen Rufnamen geworden war, neben dem der andere nur ein mehr oder weniger künstliches Dasein führte

2) PN I 413, 15

3) Ein fremder Fürst

4) Sein Großvater hieß *j3*!

5) Wenn wir in 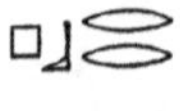 (lies ?) koptisches ⲡⲃⲗⲗⲉ erkennen dürfen

6) Hier liegt ein einfacher Kurzname vor

1) Die Bedeutung ist nur aus dem Deutzeichen (PN I 348, 19) geraten

2) Das *d3g* steht ohne Verbindung hinter *rn f-śnb*, ist aber gewiß als Beiname aufzufassen Der Vater heißt anders, eine Tochter heißt *d3g t*

3) Es handelt sich wohl um eine und dieselbe Prinzessin, deren Name „die Einzige (bzw ‚Gold-‘ beides Beiworte der Hathor!) ist der Mutterleib des Königs“ bedeutet Vgl hierzu S 8

4) PN I 19, 17, vgl Wb I, 40,8 und 176,16

5) Z[1] zu PN I 423, 26.

ꜥḏd-ꜥꜣ „der Page“ o. ä. als Beiname eines *nfr-ḥtp (NR)*

pꜣ-irj[1]) „der Gefährte“ als Beiname eines *imn-m-ipꜣ·t (NR)*

pꜣ-wꜥb „der *wꜥb*-Priester“ als Beiname eines *ꜥꜣḫprwrꜥ-śnb(·w) (D 18)*

pꜣ-ḥrj-pḏ·t „der Truppenoberst“ als Beiname eines *imn-nb (NR)*

pꜣ-śr „der Fürst“[2]) als Beiname eines *iꜥḥ-mśj·w (NR)*

pꜣ·w-ḥrj „ihr (eorum) Vorgesetzter“ als Beiname eines *ptḥ-mśj·w (NR)*

nb·śn „ihr (eorum) Herr“ als „schöner Name“ eines *is·j (AR)* und eines *iḳr j (AR)*

ḥnw·t-ṯmḥw „die Herrin der Libyer“ als Beiname einer *iꜥḥ-mśj·w*[3]) (Prinzessin, *D 18)*

ḫnmś „der Freund“ als Beiname eines *nb·wj* (Prinz, *D 18)*

ḳd „der Maurer“ als Beiname eines *ꜥꜣ-ptḥ (MR)*

an Herkunftsnamen

ꜥꜣm „der Asiat“ als Beiname eines *iꜥḥ-mśj(·w) (NR)*

pꜣ-n-irś „der (Mann) aus *irś*“ als Beiname eines *ipj (NR)*

pꜣ-n-skrj·t „der (Mann) von *skrj·t*“ als Beiname eines *iꜥḥ-mśj(·w) (NR)*

pꜣ-nḥśj „der Neger“ als Beiname eines *ip·jj (NR)*

pꜣ-nḥśj „der Neger“ als Beiname eines *nfribrꜥ-śnb(·w) (Spät)*

pꜣ-ḫr(j) „der Syrer“ als Beiname eines *iḫꜣ-nfr-imn (NR)*

pꜣ-ḫr(j) „der Syrer“ als Beiname eines *pꜣ-n-pꜣ-iḫw (NR)*

ḫr(·j) „der Syrer“ als Beiname eines *s-ꜥꜣ (NR)*

tꜣ-ṯḥn·t „die Libyerin“ als Beiname einer *nfr·t-irj (NR)*

I. ZAHLNAMEN

Verhältnismäßig wenig vertreten sind die Namen, welche das Kind in der Reihe der Geschwister zahlenmäßig bezeichnen[4]), wobei eine Benennung als „der Erste“ erklärlicherweise nicht nachgewiesen ist. So haben wir die Namen „der Zweite“, „der Dritte“, „der Vierte“, „der Fünfte“, vgl. S. 20. Hierher gehört auch *ḥrj-ib*  „der Mittlere“ (und *ḥrj·t-ib* „die Mittlere“) — nämlich von 3 Geschwistern —, was uns schon (S 11) als Beiwort zum Namen begegnet ist, und vielleicht 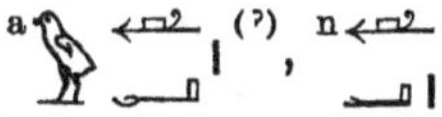 *wꜥj* „der Einzige“. Der letzte Name könnte zur Voraussetzung haben, daß die Mutter bei der Geburt des Knaben gestorben ist[5]).

II GESCHLECHTSBEZEICHNUGEN

Wie sich Bezeichnungen wie „der Mann“, „die Frau“, „der Jüngling“, „das Mädchen“ als unterscheidende Zusätze bei häufigen Namen finden (S 11), so begegnen, allerdings nur vereinzelt, auch Personennamen, die ihre Träger einfach nach seinem Geschlecht bezeichnen.

id 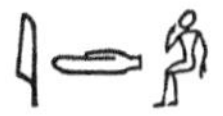 *(AR)* „der Knabe“

f *idjj·t*  *(AR)* „das Mädchen“

f *id·t*  *(AR)* „das Mädchen“

ꜥḏd  *(D 20)* „der Jüngling“

ꜥḏd-śrj  *(D 20)* „der kleine Junge“

f *ꜥḏd(·t)-śrj(·t)*  *(D 20)* „das kleine Mädchen“

ḥꜥꜣ [6]) *(MR?)* „der Knabe“

f *ḥm·t*  *(MR)* „die Frau“

ẖjj [7]) *(MR)* „das Kind“

ẖrd  *(MR* u. *Spät)* „das Kind“

f *ẖ(r)d·t*  *(AR)* „das Kind“

f *tꜣ-ḥm·t*  *(MR)* „die Frau“

ṯꜣj  *(MR* u. *NR)* „der Mann“

---

1) Z[1] zu PN I 101, 17.
2) Spitzname?
3) Auch Beiname einer Königin, Annales 9, 95
4) Wie es bei den Römern so häufig geschah, vgl Quintus, Sextus usw
5) Vgl *f wꜥj t-pw*, S 83
6) Vgl Wb 3, 42, 1
7) Vgl Wb 3, 217

III VERWANDTSCHAFTSBEZEICHNUNGEN.

Andere Namen drücken das Verhältnis des Neugeborenen zu den Mitgliedern der Familie aus. So wird das Kind einfach „der Bruder“, oder „die Schwester“, einmal auch „die Tochter“[1]) oder, mit Bezugnahme auf die schon vorhandenen Geschwister, „ihr Bruder“ genannt[1]). Bei Namen wie „die Mutter meiner Mutter“ könnte die S. 206 ff. besprochene Wiedergeburtsvorstellung zugrundeliegen und ebenso bei „die Schwester ihres Vaters“[2]). Aber was mag „die zu ihrem Vater Gehörige“ bedeuten?

Hieran schließen sich die Filiationsnamen, die ihren Träger als „Sohn des (oder der) NN“, bzw. als „Tochter des (oder der) NN“ bezeichnen. Diese Namen tauchen in der ersten Zwischenzeit[3]) unvermittelt auf. Warum sie im Alten Reich gänzlich fehlen[4]), weiß ich nicht zu erklären Im *MR* sind sie überaus verbreitet. Sie halten sich vereinzelt bis in die Spätzeit, sind aber schon im *NR* selten. Auch Bildungen mit *pꜣ-n-* „der des “ kommen vereinzelt (z. B. PN I 110, 28) als Filiationsnamen vor.

f *mw·t-mw·t(·j)* *(MR?)* „die Mutter meiner Mutter“

f *mw·t-šrj·t* *(AR)* „die kleine Mutter“ (?)

śn , *(MR—Spät)* „der Bruder“[5])

śn-(n-?)it *(MR)* „der Vaterbruder“

f *śn·t* *(AR—NR)* „die Schwester“[5])

f *śn·t-it·ś* , u. ä *(AR* u. *MR)* „die Schwester ihres Vaters“

f *tꜣ-n·t-it·ś* *(AR/MR)* „die zu ihrem Vater Gehörige“

In diesem Zusammenhang möchte ich auch die eigentümlichen Namen der Spätzeit erwähnen, die das Neugeborene als „Sklavenkind“ *(pꜣ-mś-ḥm, pꜣ-mś-ḥm·w, pꜣ-mś-ḥm·t)* oder, ob im Gegensatz zu den vorigen Namen?, als *pꜣ-mś-pr* „das Kind des Hauses“[6]) bezeichnen Wie die Namen *pꜣ-irj (NR)* und *tꜣ-irj·t (NR* u. *Spät)* „der Genosse“, „die Genossin“ (bzw. Gefährte, Gefährtin) zu verstehen sind, ist mir nicht klar.

Und noch einer merkwürdigen Namengruppe wird hier vielleicht am besten gedacht. Es sind die oben S. 21 erwähnten Wortnamen, die ein Suffix der 3 Person Pluralis bzw. dessen Aequivalent aufweisen. Namen also, die[7]) das so benannte Kind zu mehreren anderen Personen, am wahrscheinlichsten wohl zu seinen Geschwistern, in Beziehung setzen und als deren „Fürst“, „Herr“, „Herrin“, „Bruder“ oder „Speise“ zu bezeichnen scheinen Zu den meist dem *AR* und *MR* zugehörigen Namen wie *ḥnw·t·śn, ḏfꜣ·t·śn* treten die vor allem im *NR* üblichen Bildungen mit *irj*[8]), die zum Teil mit denselben Substantiven zusammengesetzt erscheinen, wie u. ä. *(MR* u. *NR)* u. ä *(NR)* — aber auch u. a *(NR)* und andere, die ebenfalls „der Herr von ihnen“ (eig „der zugehörige Herr“), „die Schönste von ihnen“ usw. zu bedeuten scheinen und gelegentlich zu Formen wie „ihrer aller Herrin“ u. a erweitert wurden.

IV GEBURTSTAGSNAMEN.

Unter den „Festnamen“ wird später (S 208 ff.) eine größere Anzahl von Namen besprochen werden, die aus einem bei einem Feste getanen Ausruf zu bestehen scheinen, und deren Träger wahrscheinlich an einem der zahlreichen Festtage des ägyptischen Jahres das Licht der Welt erblickt haben Hier ist nur eine verschwindend kleine Gruppe von Namen zu nennen, die ausdrücklich ihre Träger mit einem bestimmten Tage des Jahres in Verbindung bringen.

Dazu gehören mit Bestimmtheit die *AR*-Namen 15 *nt·j*[9]) , [10]) und 15 *ntj·t* „der (bzw. die) zum 15 Monatstag Gehörige“, d. h der (bzw. die) am 15 Tage des Mondmonats, also in seiner Mitte, Geborene und *pꜣ-n-św-pśḏ* „der vom 9. Monatstage“ *(Spät)*. Hierher möchte ich aber auch den *MR*-Frauen-

---

[1]) PN I, 285, 11 — wenn hier nicht ein Kurzname vorliegt

[2]) Vgl aber auch Junker, Giza V, 18 „heute bezeichnet man in Ägypten gelegentlich mit „Schwester ihres Vaters“ eine Tochter, die sehr selbständig auftritt und sich im Haushalt Geltung zu verschaffen weiß“!

[3]) PN I, 286, 16 (allenfalls noch späte Dyn 6) Die S 286, 4 5 11 gegebenen Zitate gehören alle in die erste Zwischenzeit, nicht ins *AR*

[4]) Die einzige Ausnahme wäre PN I, 294, 19 *(sꜣ t-tkḫw?)*, wenn die betreffende Berliner Scheintür wirklich (vgl Ausf Verz S 59 unten) in die 5 Dyn gehört PN I, 282, 10 (Dyn 3!) und 289, 13 sind dagegen nur scheinbare Ausnahmen In Wirklichkeit werden hier keine Filiationsnamen vorliegen, sondern die Namen werden *sꜣ(j)-mrjj* und *sꜣ t(j) — mr t(j)* „mein geliebter Sohn“ und „meine geliebte Tochter“ zu lesen sein

[5]) Hier könnten natürlich auch Kurznamen vorliegen

[6]) Siehe die Nachträge in diesem Bande

[7]) Soweit nicht etwa Kurzformen vorliegen

[8]) Für *irj* anstatt eines Suffixes seit dem *MR* siehe Erman, Gramm [4] § 233 u Junker, Giza VI, 99

[9]) Die Lesung ist unsicher, vgl Wb 4, 147 und 2, 198 Nach E Edel wäre etwa *mḏ-dj-ntj* zu lesen

[10]) I 308, 5 423, 4. 428, 26.

namen rechnen[1]), der gewiß „die zum 6. Monatstag Gehörige“, d. h. die an ihm Geborene, bezeichnet.

Andererseits scheinen in diesen Zusammenhang zu gehören die Namen (f *NR*) und [2]) (m *AR*), die einfach durch „Neujahr“ und „die 5 Epagomenen“ wiederzugeben sind. Ob hier Abkürzungen aus vollem Namen wie „die zum Neujahr Gehörige“ vorliegen? Aber auch dann ist der letztere Name unverständlich, da das Kind doch nur an éinem der Zusatztage geboren sein kann!

V EIGENSCHAFTSNAMEN UND ÄHNLICHES

Eine größere Gruppe von Namen bezeichnet ihren Träger — wie wir das ähnlich in vielen anderen Sprachen finden — nach seinem Alter oder seinen Besitzverhältnissen („der Reiche“, „der Elende“), oder nach Besonderheiten körperlicher und geistiger Art. So nach seiner Haarfarbe („der Schwarze“, „der Rote“), nach körperlichen Gebrechen — wie Taubheit, Stummheit, Blindheit, Zwergenwuchs, Linkshändigkeit — oder nach verschiedenen geistigen Vorzügen. Die letzteren, die doch wohl in beifälligen oder ehrenden Beinamen ihren Ursprung haben, könnten uns lehren, welche Eigenschaften die Ägypter an einem Manne oder einer Frau besonders geschätzt haben, wenn — wir sie nur besser verstanden! Zwar daß man ein Mädchen oder eine Frau „die Schöne“, und vielleicht sogar „die Schönste der Stadt“ und „die Schönste der Frauen“, oder „die Süße“ und „die das Herz freundlich Stimmende“ nennt, leuchtet uns ein. Und wir mögen in unseren Übersetzungen das Richtige treffen — wenn auch bei einem Mann „der Süße“ schon weniger wahrscheinlich klingt und vielleicht zeigt, daß *bnr* in diesen Namen eher durch „gütig“ oder ähnlich als durch „süß“ wiederzugeben ist. Auch „der (und die) Angenehme“ *(nḏm)* „der (und die) Fröhliche“ *(nḏm-ib, p3-3w-ib)*“, „der (und die) Zufriedene“ *(ḥr-ib)*, „der Herzerfreuende“ *(śnḏm-ib)*, „der Freundliche“ *(w3ḥ-ib)* „der Aufmerksame“ *(śpd-ḥr)*, mögen im Ganzen richtig übersetzt sein und uns zeigen, daß Frohsinn und Zufriedenheit, Aufmerksamkeit und freundliche Gesinnung den Besitzer dieser Eigenschaften seinen Mitmenschen empfahlen. Aber das ist auch fast alles. Von eigentlich männlichen Eigenschaften ist nur „der Standhafte“ *(rwḏ-ib,* schon im *AR)* und vielleicht „der Kraftreiche“ *(ʿś3-ḳn)*, zu nennen, und es fällt auf, daß selbst im Neuen Reich ausgesprochen kriegerische Eigenschaften in den Namen kaum einen Niederschlag gefunden haben. Nur *iḥ3* und *iḥ3wtj* „der Kämpfer“ sind hier zu nennen und die mit dem ersten Wort zusammengesetzten Namen wie „der große Kämpfer“, „der gute Kämpfer“, „der starke *(nḫt* und *ḳn)* Kämpfer“, aber auch hier könnten, wie *iḥ3-nfr-imn* „Amon ist ein guter Kämpfer“ zeigt, Verkürzungen von theophoren Vollnamen vorliegen. Man würde gern den *NR*-Namen *p3-ṯnr (tl)*, den ich „der Starke“ übersetze, in diesem Sinne auffassen, umsomehr als das Wort in den Texten vielfach vom tapferen Krieger gebraucht wird[3]), aber es macht doch stutzig, daß daneben auch *t3-ṯnr·t* „die Starke“, begegnet, was doch eher für „tüchtig“ o. ä., als für „tapfer“ zu sprechen scheint. Allerdings haben wir noch 2 andere Namen, die „die Starke“ zu bedeuten scheinen *(t3-wśr·t* und *t3-nḫt·t)* — aber hier könnten auch Kurznamen vorliegen, die Eigenschaften von Göttinnen enthalten. Und was mit „dessen Name frisch“ oder „der frisch an Jahren ist“, mit „der (oder die) sich vergnügt“ oder „die Buntherzige“ gemeint sein könnte, das entgeht uns ganz. Von so merkwürdigen Namen wie „der Aufrührerische“ *(bšṭ)* „der Müde“ *(wrḏ)* und vielleicht „die Unwillige“ gar nicht zu reden. Im letztgenannten Namen könnte vielleicht ein neckendes Beiwort stecken, und auch für „die Schlimme“ mag das der Fall sein. Ob „der Lebensstarke“ *(wśr-ʿnḫ)* richtig übersetzt ist, und was es bedeuten soll, stehe dahin. Unsicher ist auch die Bedeutung bei „die Reine“ *(t3-wʿb·t)*, „die Feste“ *(t3-rwḏ·t)*, „die mit erhobenem Arm“ *(ḳ3j·t-gb3)*, „die angenehm Lebende“ *(nḏm·t-ʿnḫ)*, und bei *w3ḏ* (bzw. *w3ḏ·t)-ḥ3w*, habe ich auf jeden Übersetzungsversuch verzichten müssen. In einigen Fällen mögen Kurzformen vorliegen, deren Vollnamen in eine ganz andere Umgebung gehören.

i3w u. a.[4]) *(AR)* „der Alte“

f *i3·t* *(AR)* „die Alte“ (?)[5])

i3r·tj *(AR)* „der mit der Perücke“[6])

i3s *(AR)* „der Kahle“ (?)[7])

f *i3s·t* *(D 6)* „die Kahle“

f *im3·t* (vgl. *t3-im3·t)* „die Freundliche“ (?)

[1]) PN I, 300, 19. Die dort gegebene Lesung ist nicht gesichert.

[2]) So ist Jéquier Tombeaux de particuliers, S. 54 unten nach einer glänzenden Vermutung von E. Edel zu lesen anstatt

[3]) Vgl. Wb V, 383.

[4]) Hierher gehören wohl auch *(AR* und *MR) i3w* und *i3w t*, sowie

[5]) Auch andere Bedeutungen sind möglich. Vgl. Wb I, 26f.

[6]) Vgl. Wb I, 11, 18 u. 32, 3.

[7]) Vgl. Wb I, 33, 8.

ỉmr (*AR/MR*) „der Taube“ (?)[1]

ỉḳm (*AR/MR*) „der Traurige“ (?)[2]

ỉd u ä (*AR u. MR*) „der Schwerhörige“ o. a.

f *ỉd(·t)* (*MR*) „die Schwerhörige“ o. a.

ꜥšꜣ-ỉḫ·wt , u. ä. (*NR u. Spät*) „der Reiche“

ꜥšꜣ-ḳnj (*NR*) „der Kraftreiche“

f *ꜥšꜣ·t-nb(·w)* (*NR*) „die an Gold Reiche“

f *ꜥšꜣ·t-šrj·w* (*Spät*) „die Kinderreiche“

wꜣḥ-ỉb (*AR u. MR*) „der Freundliche“ o. ä.

wꜣḏ-rn (*NR*) „dessen Name frisch ist“

wꜣḏ-rnp·wt u. a (*NR*) „der frisch ist an Jahren“

wꜣḏ-hꜣ·w u. a. (*MR*) ?

f *wꜣḏ(·t)-rnp·wt* (*Dyn. 18*) „die frisch ist an Jahren“[3]

f *wꜣḏ·t-hꜣ·w* u a. (*MR*) ?[4]

wr (*MR*) „der Große“ od „d Ältere“[5]

f *wr·t* (vgl. *tꜣ-wr·t*) (*MR u NR*) „die Große“ od. „die Ältere“[6]

wśr-ꜥnḫ (*MR u. NR*) „der Lebensstarke“ (?)

wśḫ-nmt·t u. a (*NR*) „der Weitausschreitende“[7]

wḏꜣ-ḥr u a (*MR u Spät*) „der mit hellem Gesicht“ (?)[8]

1) Wenn nicht eine Schreibung von *mrj* vorliegt!
2) Vgl Wb I, 136, 18
3) Auch als ein Beiname der Königin Hatschepsut Ob und nur Varianten dieses Namens sind?
4) Zu den Bildungen mit *wꜣḏ* gehört vielleicht auch der Königsname der 2 Dyn *wꜣḏ-nś* (griechisch τλας) („der mit frischer Zunge“?)
5) Auch ein Kurzname kann vorliegen, vgl PN I, 80, 14ff
6) Oder Abkürzung von Namen wie PN I, 82, 9ff
7) Ob Kurzname? Vgl auch Zusatz zu PN I, 87, 6!
8) Oder Abkürzung eines Satznamens?

f *bnj·t* (vgl *pꜣ-bnr* u *tꜣ-bnj·t*) u. ä. (*MR*) „die Süße“ (?)[1]

br (vgl. *tꜣ-br·t*) u ä. (*Griech.*) „der Blinde“

bšṯ u. a. (*MR*) „der Aufrührerische“

pꜣ-ꜣw-ỉb (*Griech.*) „der Fröhliche“

pꜣ-ꜣḫ-rꜣ·f (*Spät*) „dessen Mund *ꜣḫ* ist“

pꜣ-ỉꜣbj (vgl. *śmḥj*) (*NR*) „der Linke (d. h. Linkshändige)“

pꜣ-ꜥꜣ-ẖ·t (*NR*) „der mit großem Bauch“ (?)

pꜣ-wꜥr (*D 20*) „der Flüchtling“

pꜣ-wrḏ (*D 22*) „der Müde“ (?)

pꜣ-bnj (vgl. *bnj·t*) (*NR*) „der Süße, der Gütige“ o. a.

pꜣ-mnḫ (*Griech*) „der Vortreffliche“[2]

pꜣ-nfr-ꜥḥꜥ (*D 20*) „der mit glücklicher Lebenszeit“ (?)

pꜣ-nfr-šꜣj·t (*D 20*) „der mit glücklichem Geschick“

pꜣ-nmw (vgl. *nmw*) (*D 18*) „der Zwerg“

pꜣ-nḏm (vgl *tꜣ-nḏm·t*) u. ä. (*NR u. D 21*) „der Angenehme“ o a.[3]

pꜣ-šp (vgl. *špj*) (*Spät*) „der Blinde“

pꜣ-ḳrj (vgl. *tꜣ-ḳrj·t*) (*D 20*) „der Vagabund“ o. ä

pꜣ-kꜣmn (vgl *tꜣ-kꜣmn·t*) u. a. (*NR*) „der Blinde“

1) Oder liegt die Abstraktform „Süßigkeit“ (Wb I, 463, 11) vor? Vgl auch
2) Vielleicht besser *pꜣ-n-mnḫ* „der zum Vortrefflichen Gehörige“ o ä Vgl. PN I, 108, 10
3) Nach WB II, 378f ist *nḏm* als attributives Adjektiv von Menschen allerdings nicht belegt Ob eine Abkürzung vorliegt?

pꜣ-twꜣ (vgl. *twꜣ*) *(D 18)* „der Geringe, Arme"

pꜣ-trỉ u. ä. *(D 20)* „der Geachtete" o. ä

pꜣ-ṯnr (tl) (vgl. *tꜣ-ṯnr·t*) *(NR)* „der Starke, Tüchtige"

f *pt·j(·t)?* u. ä. *(MR)* ob hierher ?[1]

fnḏj *(D 12)* „der mit der (großen ?) Nase"

f *mꜣ·t* u. a. *(MR)* „die Neue" (?)[2]

mn-ỉb *(AR)* „der Standhafte"

f *mḥꜣ(·t)-ỉb* u. ä *(NR)* „die das Herz freundlich stimmt"[3]

f *nꜥꜥ(·t)-ỉb* *(MR)* „die Buntherzige"[4]

nfr-mdḥ·w *(MR)* „der mit schönen Kopfbinden"[5]

f *nfr·t-n(·t)-nỉw·t* *(MR)* „die Schönste der Stadt"

f *nfr·t-rḫ·wt*[6] u. ä. *(MR)* „die Schönste der Frauen"

nmw (vgl. *pꜣ-nmw*) *(D 18)* „der Zwerg"

nḏm-ỉb *(AR u. MR)* „der Fröhliche" o. ä.

f *nḏm·t* (vgl. *pꜣ-nḏm*) *(MR u. NR)* „die Angenehme" o. a.

f *nḏm(·t)-ỉb* *(AR u. MR)* „die Fröhliche" o. ä.

f *nḏm·t-ꜥnḫ* *(Griech.)* „die angenehm Lebende" (?)[7]

nḏś *(AR)* „der Kleine" od. „der Jüngere"[8]

rwḏ-ỉb *(AR)* „der Standhafte" o. a

[1]) Siehe PN I 142, 14 u vgl den Männernamen *(MR)*
[2]) Begegnet auch als Beiwort, s S 12
[3]) Vgl Wb II, 130, 15
[4]) Als gute Eigenschaft WB II, 208, 9
[5]) Ob Beiname eines Gottes? Dann Kurzname
[6]) Das Wort fehlt im WB
[7]) Vgl Wb II, 379, 19
[8]) Vgl den häufigen Gebrauch als Beiwort, S 10.

ḥr-ỉb etc. *(AR u. Spät)* „der Zufriedene"

f *ḥḏn·t* *(MR)* „die Unwillige" (?)[1]

śpd-ḥr *(D 18)* „der Aufmerksame" o. ä.

śmḥ(j) (vgl. *pꜣ-ỉꜣbj*) *(AR/MR)* „der Linke (d. h. Linkshändige)"

śnḏm-ỉb u. ä. *(AR)* „der Herzerfreuende"

śḏꜣ-ḥr u. a. *(MR)* „der sich Vergnügende" (?)

f *śḏꜣ(·t)-ḥr* *(MR)* „die sich Vergnügende" (?)

špjj (vgl. *pꜣ-šp*) *(AR)* „der Blinde"

šrj u. ä. *(AR u. NR)* „der Kleine" oder „der Jüngere"[2]

f *šrj·t* u. ä *(AR bis Griech.)* „die Kleine" oder „die Jüngere"[2]

ḳꜣj-ꜥ *(D 1)* „der mit hohem Arm" o. ä.

ḳꜣj-ḏꜣḏꜣ (vgl. *tꜣ-ꜥꜣ·t-ḏꜣḏꜣ*) *(NR)* „der mit hohem Kopf" (?)

km *(AR u. NR)* „der Schwarze"[3]

f *km·t* *(MR)* „die Schwarze"[4]

kṯ *(Spät)* „der Kleine"[5]

f *tꜣ-ỉmꜣ(·t)* (vgl *ỉmꜣ·t*) u. a *(NR)* „die Freundliche" (?)

f *tꜣ-ꜥꜣ·t-ḏꜣḏꜣ* (vgl. *ḳꜣj-ḏꜣḏꜣ*) *(NR)* „die Großköpfige"

f *tꜣ-wꜣj·t(?)* u. ä *(NR—Griech.)* „die Ferne" (?)

f *tꜣ-wꜥb·t* u. a. *(NR)* „die Reine" (?)[6]

[1]) Vgl Wb III, 214, 4ff (bisher allerdings nur neuägyptisch belegt!)
[2]) Für den Gebrauch als Beiwort zum Namen s S 10
[3]) Als Beiwort S 10 Auch die geschriebenen Namen *(AR u MR)* gehören wohl hierher
[4]) Auch geschrieben
[5]) Vgl koptisch ⲔⲞⲨϪⲒ Das Wort fehlt im Wb.
[6]) Vgl. auch *pꜣ-wꜥb* unter den Berufsnamen

f *tꜣ-wr·t* (vgl *wr·t*) *(MR—Spät)* „die Große" oder „die Ältere"[1])

f *tꜣ-wśr·t* u. ä. *(NR)* „die Starke" o. ä

f *tꜣ-bín·t* u. ä *(NR)* „die Schlimme"

f *tꜣ-bnj(·t)* (vgl. *bnj·t*) *(NR)* „die Süße" o. ä.

f *tꜣ-br·t* (vgl. *br*) u. ä *(Griech.)* „die Blinde"

f *tꜣ-bg(j·t)* *(D 20)* „die Müde" o. a.

f *tꜣ-nfr·t* *(NR u. Griech.)* „die Schöne"[2])

f *tꜣ-nḫt(·t)* *(MR)* „die Starke"

f *tꜣ-rwḏ·t* *(NR—Griech.)* „die Feste, die Gedeihende" o. a [3])

f *tꜣ-nḏm·t* (vgl *pꜣ-nḏm*) u. ä. *(NR)* „die Angenehme" o. a.

f *tꜣ-ḳꜣj(·t)-gbꜣ* u. ä. *(NR)* „die mit erhobenem Arm"[4])

f *tꜣ-ḳrj(·t)* (vgl *pꜣ-ḳrj*) *(D 20)* „die Vagabundin" o. ä

f *tꜣ-kꜣmn(·t)* (vgl. *pꜣ-kꜣmn*) *(NR)* „die Blinde"

f *tꜣ-ṯnr(·t)* (vgl. *pꜣ-ṯnr*) *(NR)* „die Starke", „die Tüchtige" o ä.

twꜣ (vgl. *pꜣ-twꜣ*) *(D 6)* „der Arme, Geringe"[5])

f *tḫj·t* *(AR)* „die Trunkene" (?)

dꜣg, dlg *(MR u D 20)* „der Zwerg"[6])

f *dꜣg·t, dng·t* u. ä. *(MR)* „die Zwergin"[6])

dšr *(AR u. MR)* „der Rote"[7])

dšr-šnj *(AR)* „der Rothaarige"

ḏꜣḏꜣ·j[8]) *(MR u. Griech.)* „der mit dem (großen) Kopf"

VI. BAUM- UND PFLANZENNAMEN[9]).

Daß Menschen nach Pflanzen und Bäumen genannt werden, findet sich in zahlreichen Sprachen. Besonders für Mädchen sind Blumennamen beliebt, wie etwa Rose im Deutschen, Fleur im Französischen, Viola im Italienischen, Violet im Englischen, von den vielen chinesischen und japanischen Blumennamen gar nicht zu reden. Dabei wird die Schönheit der Blumen das tertium comparationis sein, und so mögen auch im Ägyptischen Namen wie „die Lotosblume" und manche andere noch nicht identifizierte Blumen ihre Erklärung finden Bei „Papyrus" oder „Schilfrohr" oder „Flachs" mag die schlanke, biegsame Gestalt, bei Bäumen wie Tamariske, Ölbaum, Akazie der hohe, kräftige Wuchs Anlaß zur Namengebung gewesen sein. Aber es können im Einzelfalle auch ganz andere Gründe vorgelegen haben, die sich unserem Ahnungsvermögen entziehen.

f *íꜣm·t* *(AR/MR)* vgl Wb I 79, 3[10])

ínb *(AR)* eine Acker- oder Gartenpflanze[11])

ínś·t *(MR)* eine eßbare Pflanze (?)[12])

ísj *(MR)* „das Schilfrohr"[13])

ísr *(AR/MR)* „die Tamariske"

íśr *(NR)* vgl. *íśr*, Art Pflanze, Wb I 132, 2

ꜥꜣb *(MR)* Art Baum, Wb I 167, 6

f *btj* *(MR)* ob *btj* „Spelt" (Wb I 486)?

---

1) Auch Abkürzung von Namen, die den Namen der Göttin *tꜣ-wr t* enthalten, kommt in Frage

2) Z T vielleicht Kurzname Vgl PN I, 364, 2 3

3) Vgl Wb II, 411, 14

4) Ob Beiname einer Göttin? Dann Kurzname

5) Wb V, 248, 1ff

6) Oder „der (bzw die) Schwerhörige" o ä ? Vgl Wb V, 470, 2 3

7) Vgl den Gebrauch als Beiwort S 11

8) Koptisch noch als ϫⲓϫⲱⲓ erhalten

9) Einige der mit determinierten Wörter können auch etwas aus Holz gemachtes bedeuten und waren dann unter den „leblosen Gegenständen" (S 186f) einzureihen

10) Der Fruchtbaum *íꜣm* bzw *ímꜣ* (männl Dattelpalme?) ist masc Ob in dem Namen eine sekundäre Femininbildung (vgl S 5) vorliegt?

11) Wb I 95, 13

12) Wb I 100, 1 Es könnte aber auch *ínś t* „der Unterschenkel" (Wb I 99, 18) oder ein anderes Wort vorliegen

13) Wb I 127, 21 Auffallend ist allerdings die Schreibung mit der Buchrolle, die aber von *ís* „alt" übernommen sein könnte

bꜣḳ (*D 6*) „der Ölbaum"

pꜣ-śnr(śl?) (vgl *śnr*) (*NR*) eine Pflanze (?), vgl Wb IV 167, 2

pꜣ-ḳrn (*NR*) ?

pꜣ-ḏp[ḥ?] (vgl *tꜣ-ḏpḥ*) [?] (*NR*) „der Apfel" (?)

f *prj·t* (*AR/MR*) „die Frucht" (?)[1]

mḥj (*NR*) „der Flachs"[2]

mḥj (*NR*) „der Flachs"

nbś (*AR* u. *MR*) ein Fruchtbaum, Wb II 245

nḥmn (*AR/MR*) ?

nšw (?) (*NR*) eine Pflanze[3]

nšw (?) (*NR*) eine Pflanze[3]

f(?) *rr·t (?)* (*Spät*) eine Pflanze (?)

f *rdw·t* (*MR*) „die *rdw·t (?)*-Pflanze[4]"

f *ḥrr·t* (vgl. *tꜣ-ḥrr·t*) (*Spät*) „die Blume"

ḫs(ꜣ)·w (*AR*) Teil eines Baumes, Wb III 332

ḫt , , (*AR—Spät*) „das Holz", „der Baum"

sš (*AR*) Ob für *sššn*?[5]

sšn , u ä (*AR* u *AR/MR*) „die Lotosblume"

sšn·w (*MR*) „die Lotosblumen[6]"

f *sšš·t* u ä. (*AR*) eine Blume[7]

[1]) Vgl Wb I 530, 9ff

[2]) Wb II 31, 1ff Es ist wohl nur eine Variante des folgenden Namens, nicht das Wort *mꜣḥ* „der Kranz" (Wb II 31, 1), das kein *j* enthält

[3]) Vgl Wb II 334, 17 (?)

[4]) Es liegt wohl der Name der durch das Zeichen dargestellten Pflanze (bezw Frucht) vor Vgl auch Wb II 463, 8 u 11 Oder ist *rdm t* (Wb II 469, 2) zu lesen?

[5]) PN I 298, 3 Vgl auch Wb III 485, 3

[6]) Zu den Pluralnamen s S 124ff

[7]) Wb III 486, 17 — allerdings als masc gegeben Ob sekundäre Femininbildung als Name?

sššn (*AR*) „die Lotosblume"

śnr(śl?) (vgl *pꜣ-śnr*) (*NR*) „die *śl(?)*-Pflanze" (?)

śṯf (?) [1]) (*AR*) eine Pflanze (?)

šꜣw·t (*MR*) eine Pflanze, Wb IV 400, 15

f *šꜣb·t* u ä. (*AR/MR*) eine Pflanze, Wb IV 410, 7

šnḏw [2]) (*AR*) „die Akazie"

f *ḳbw* (*MR*) eine Pflanze, Wb V 25, 7

kjkj [3]) (*NR*) eine Pflanze, vielleicht Rhizinus (Wb V 109, 2)

f *gꜣw·t-sšn·w* (*Spät*[4])) „das Lotos-Bündel"

f *tꜣ-gꜣw·t-sšn·w* (*NR*) „das Lotosbündel"

f *tꜣ-ḥrr·t* (vgl. *ḥrr·t*) [5]) (*Spät*) „die Blume"

f *tꜣ-ḏpḥ* (*NR*[6])) „der Apfel"

f *tfrr(·t?)-wꜣś·t* (*D 21* f) „die blaue Blume von Theben" (?)[7])

f *tḫ(w)* (*NR*) eine duftende Pflanze, Wb V 325, 10

ṯf (*ṯfwj?*) [8]) (*AR*) „der Papyrus"

f *ṯhf·t(·j?)* u. ä. (*MR*) ein Teil des Spelts[9])

[1]) Oder ist *ṯf* zu lesen?

[2]) Auffallend ist das , aber gemeint ist doch wohl das männliche Wort *šnḏ*, Wb IV 520, 9 Oder sollte ein Kosename auf *w* vorliegen (Vgl S 152ff)?

[3]) Der Name wird von Männern und Frauen getragen

[4]) Fehlt im Wb, vgl aber V 153, 3

[5]) Was bedeutet das Deutzeichen?

[6]) Oder ist „die mit dem Apfel" (*tꜣ-n·t-ḏpḥ*) zu lesen? Vgl. *pꜣ-ḏph* (?) für *pꜣ-n-ḏph*?

[7]) Vgl *tfrr* „blau sein" (vom Feld mit blauen Blumen) Wb V 300, 4 Oder sollte „Theben ist blau (von Blumen)" zu verstehen sein?

[8]) Hierher vielleicht auch . PN I 390, 11 (*NR*)

[9]) Wb V 389, 10, als Haarwuchsmittel verwendet

ḏ3b u. a. *(MR* u *NR)* ?[1])

ḏʿʿ *(AR)* „der Zweig" (?)[2])

ḏʿḏʿb *(D 20)* „die *ḏʿḏʿb* Pflanze"[3])

VII TIERNAMEN[4]).

Wie fast in allen Sprachen, so finden sich auch im Ägyptischen eine Anzahl von Personen-Namen, die ihren Träger einem bestimmten Tiere gleichzusetzen scheinen. Daß einige solcher Tiernamen als Beinamen eines Mannes oder einer Frau neben dem Hauptnamen belegt sind, und so den Ursprung auch dieser Gruppe verraten, haben wir oben (S 174) schon gesehen. Sehr groß ist die Anzahl dieser Tiernamen als Personennamen nicht. Überblicken wir das folgende Verzeichnis, so finden wir im Ganzen kaum mehr als drei Dutzend verschiedene Vertreter der Tierwelt, deren Namen auf Menschen übertragen worden sind Löwe und Stier, Krokodil und Nilpferd, Esel und Böckchen, Antilope, Gazelle und Steinbock, Wolf und Hund, Katze und Sau, Meerkatze und Pavian, Maus und Springmaus, Schlange und Skorpion, Frosch, Kaulquappe und Chamaleon, Gans, Schwalbe und Taube, ein paar andere Vogel- und Fisch-Arten, Heuschreck und eine kleine Zahl noch unidentifizierter Tiere — das ist alles[5]) Daß einige dieser Tiernamen — wie Katze und Maus — sich durch den ganzen Verlauf der ägyptischen Geschichte verwendet finden, andere in bestimmten Zeiten beliebt gewesen zu sein scheinen, zeigen die den Namen beigefügten Zeitangaben.

Warum die Ägypter solche Tiernamen und gerade die Namen der hier verzeichneten Tiere, ihren Kindern beigelegt haben, ist eine Frage, die sich nicht einheitlich wird lösen lassen, denn sehr verschiedene Beweggründe können ursprünglich für solche Namengebung Anlaß gewesen sein Der Wunsch, daß das Kind die Eigenschaften des betr. Tieres — wie etwa die Stärke des Löwen oder Stiers, die Schlankheit und Behendigkeit der Antilope und Gazelle — erhalte, und der scherzende Vergleich des winzigen Neugeborenen mit Tierchen wie Frosch und Kaulquappe, Fisch und Heuschreck oder auch Maus, sind nur zwei von sehr zahlreichen Möglichkeiten, die hier in Betracht kommen. Wer weiß, ob nicht manchen dieser „profanen" Tiernamen doch eine religiöse oder „abergläubische" Vorstellung zugrunde liegt. So könnte bei Namen wie „Krokodil" und „Nilpferd" ursprünglich der Wunsch vorgelegen haben, daß dem so Genannten, wenn er einmal ins Wasser gerät, diese gefürchteten Tiere kein Leid antun dürfen, weil er ihresgleichen ist Und entsprechende Vorstellungen könnten zu Namen wie „Schlange" und „Skorpion" geführt haben. Bei „Katze", „Meerkatze" und „Hund", für das *NR* auch bei „Gans" müssen wir uns daran erinnern, daß diese Tiere zu den Schoß- und Lieblingstieren der Ägypter gehört haben, in ihnen also eine Art von kosenden Bezeichnungen zu sehen sein konnte.

Abkürzungen dieser Tiernamen, die ja selbst nur aus einem einzigen Wort bestehen, finden sich begreiflicherweise nicht, und auch Koseformen, die von Tiernamen abgeleitet sind, lassen sich kaum belegen , Variante [6]), könnte hierher gehören. Und ebenso , das vielleicht mit Hilfe der Kose-Endung von gebildet ist. Nur in dem Namen *wnš·š* (vgl. S. 164) haben wir wohl mit Sicherheit eine Koseform zu *wnš* „der Wolf", also einen „Wölfel" zu erkennen.

Dagegen kann es sein, daß es sich bei mehreren der im Folgenden genannten Namen im Einzelfalle nicht um einen eigentlichen Tiernamen, sondern um die Abkürzung eines Vollnamen handelt. So stehen *m3j* und *p3-m3j* neben Vollnamen wie *m3j-m-w3s·t* „der Löwe (ist) in Theben" oder *nś-p3-m3j* „der zum Löwen Gehörige", in denen mit dem „Löwen" entweder der König oder ein Gott gemeint ist. Dasselbe gilt für , was wohl gelegentlich den Träger als „der Stier" bezeichnen mag, was aber auch Kurzform sein kann für *k3-m-w3s·t* „der Stier ist in Theben" (wobei wieder „Stier" gleich König) und andere mit *k3* „Stier" zusammengesetzte Namen. Ähnlich findet sich neben *p3-iwiw* (der Hund) ein voller Name *p3-iwiw-n-ḥr·w* „der Hund des Horus", wobei „Hund" eine Bezeichnung für einen unterwürfigen Diener ist. Andererseits gibt es eine Anzahl von Personennamen, die ihrem Konsonantengerippe nach sehr wohl Tiernamen sein könnten, bei denen uns aber das Fehlen eines Wort-

1) Vgl *ḏ3b wt*, Art Früchte (in einer Opferliste), Wb V 522, 7 und den Namen *ḏ3b·t*, PN I 405, 2 3.

2) Vgl *ḏʿʿ*, offizinell verwendet, Wb V 535, 10 u 11

3) Sonst nicht bekannt

4) Siehe schon Ranke, Tiernamen als Personennamen bei den Ägyptern, Ä. Z. 60, 76-83.

5) Dazu kämen vielleicht Giraffe, Hirsch (als Fremdname) und Kalb Auch die Milchkuh ist nicht ganz sicher

6) Wenn wirklich von einem — bisher nur spät belegten — PN *ḥf3w* „die Schlange" gebildet

oder Deutzeichens über ihre wahre Bedeutung im Unklaren läßt So könnten *sr* z. B. „der Widder", *šꜣj·t* „die Sau", *pj* „der Floh" zu übersetzen sein, aber sicher ist das nicht. Sie können Kurz- oder Kosenamen sein, die von Vollnamen ganz anderer Bedeutung abgeleitet sind. Ähnlich könnte *imꜣ·t* an sich „das Mähnenschaf" bedeuten, wahrscheinlicher ist es aber wohl, daß in diesem Namen eine Kurzform von Vollnamen vorliegt, die das Wort *imꜣ* „angenehm" enthalten.

Wie vorsichtig man übrigens in der Erklärung solcher Namen sein muß, zeigt die uns aus Arabien überlieferte Nachricht, daß man ein Kind „Mäuschen" genannt habe, weil seiner Mutter bei der Geburt eine Maus über den Leib gelaufen sei[1]).

iꜥn (vgl. *pꜣ-ꜥꜥn*) *(AR)* „der Pavian"

iw (vgl. *pꜣ-iw*) *(AR* bis *NR)* „der *iw*-Hund"[2])

iwiw *(MR* und *Spät)*[3]) „der *iwiw*-Hund"

f *iwiw(·t)* *(AR/MR)* „die *iwiw*-Hündin"

in *(AR* bis *NR)* „der *in*-Fisch"

f *in·t* *(AR* und *MR)* „der *in·t*-Fisch)"

ꜥꜣ *(D 20)* „der Esel"

ꜥꜣ-ḳn (vgl. *pꜣ-ꜥꜣ*) *(MR/NR)* „der starke Esel" (?)[4])

ꜥbd *(MR)* „der *ꜥbd*-Vogel"[5])

f *ꜥmrjj·t* *(MR)* „die Milchkuh" (?)[6])

f *wiꜣjj·t* *(MR)* ?

wnš (vgl. *pꜣ-wnš*) *(MR)* „der Wolf"

f *wnš·t* (vgl *tꜣ-wnš·t*) *(AR* u. *MR)* „die Wölfin"

whr (?) (?) *(Spät)* „der Hund" (?)

wḥꜥ *(AR)* „der *wḥꜥ*-Fisch"

wt *(AR)* „der *wt*-Vogel"

[1]) Vgl Wetzstein, Ausgewählte griech u latein Inschr etc (Abh Preuss Akad, phil hist Kl 1863), S 336 Ich kannte einen ägyptischen Jungen, der bei seiner Geburt „Duktûr", d h „Doktor" genannt wurde, weil sein Vater damals in der Grabung von ‚Doktor' Reisner Vorarbeiter war!

[2]) Vgl Wb 1, 48

[3]) In *iwiw wr*, PN I, 16, 22

[4]) Oder liegt doch eine ungenaue Schreibung des Hyksos-Königsnamens *ꜥꜣ-ḳn-n-rꜥ* vor? Vgl Borchardt, Quellen II, S 106, Anm 3

[5]) Sonst nicht bekannt

[6]) Vgl Wb I, 187, 4

wḏꜥ *(MR)* „der Kranich" (?)[1])

bik *(MR)* „der Falke"

f *bwt* *(AR)* „der *bwt*-Fisch"

f *bb·t* *(MR)* „der *bb·t*-Fisch"

bḥs-km *(MR)* „das schwarze Kalb"[2])

bśbś (vgl *pꜣ-bsbs*) *(Griech.)* „die *bśbś*-Gans"[3])

pꜣ-ijr *(MR/NR)* „der Hirsch" (?)[4])

pꜣ-iw (vgl. *iw*) *(NR* und *Spät)* „der *iw*-Hund"

pꜣ-iwiw (vgl. *iwiw*) *(NR* u. *Spät)* „der *iwiw*-Hund"

pꜣ-ib *(D 20)* „das Böckchen"

pꜣ-ꜥꜣ (vgl *ꜥꜣ-ḳn*) *(NR)* „der (dieser?) Esel"[5])

pꜣ-ꜥꜥn (vgl *-iꜥn*) u. ä. *(Spät* u. *Griech.)* „der Pavian"

pꜣ-wnš (vgl. *wnš*) u. ä. *(NR)* „der Wolf"

pꜣ-whr (vgl *whr*) *(Spät)* „der Hund"

pꜣ-bśbś (vgl *bśbś*) *(Spät)* „die *bśbś*-Gans" (?)[6])

[1]) Vgl Wb 1, 407, 14

[2]) Oder ist *km* Beiwort „der Schwarze"? Vgl S 11

[3]) Vgl die Darstellung einer solchen Gänse-Art Berlin 1108 *(AR)*

[4]) Ob Hebräisch אַיָּל?

[5]) Zur Schreibung vgl PN I, 113, 13

[6]) Auffallend ist das Vierfußer-Deutzeichen!

pꜣ-mꜣ-ḥḏ u. a [1]) *(D 25)* „die Sabelantilope“

pꜣ-mꜣj u à *(Spät)* „der Lowe“

pꜣ-mjw *(D 19—Spät)* „der Kater“

pꜣ-msh (vgl. *msḥ)* [2]) *(Spät)* „das Krokodil“

pꜣ-mśkꜣ *(D20)* „der *mśkꜣ*-Fisch“ (?)

pꜣ-ḥf(ꜣw) *(Griech.)* „die Schlange“

pꜣ-ḳrr (vgl *ḳrr)* *(D 19—Griech)* „der Frosch“

pꜣ-kꜣrj *(NR)* „das *kꜣrj*-Tier“

pꜣ-gf (vgl. *gꜣf)* *(NR)* „die Meerkatze“

pꜣ-ṯṯ* koptisch erhalten in **πϫⲁϫ „der Sperling“

pnw (vgl. *tꜣ-pnw·t)* *(AR-Griech)* „die Maus“

mꜣj (vgl *pꜣ-mꜣj)* u. à. *(AR—NR)* „der Lowe“

f *mjj·t* (vgl *tꜣ-mj·t)* [3]) *(AR u. MR)* „die Katze“

f *mjw·t* *(AR u MR)* „die Katze“

mjmj [4]) *(MR)* „die Giraffe“ (?)

f *mjmj(·t)* *(D 18)* „die weibl Giraffe“ (?)

f *mn·t* (vgl *tꜣ-mn·t)* *(MR)* „die Schwalbe“

f *mnw·t* *(MR)* „die Taube“

msḥ (vgl *pꜣ-msḥ)* *(MR)* „das Krokodil“

---

[1]) Zur Schreibung vgl Sethe, Pyr 806c

[2]) Aramaisch פמסח (Spiegelberg, Agypt Sprachgut, S 13), griech πεμσαις u a, vgl PN I, 164, 14ff — Spiegelberg fuhrt fur die hieroglyphische Schreibung Maspero als Gewahrsmann an — aber woher stammt das Zitat?

[3]) Den Namen mochte ich als „*mj t*, die Jungere“, nicht als „die kleine Katze“, auffassen

[4]) Vgl auch *(NR)*

msḥ-š *(MR)* „das See-Krokodil“ [1])

f *msḥ·t* *(MR)* „das Krokodil-Weibchen“

nrꜣw *(D 18)* „der Steinbock“

f *rꜣ(·t)* [2]) *(MR)* „die *rꜣ*- Gans“

ḥbꜣ *(AR)* „der *ḥbꜣ*-Fisch“ (?)[3])

ḥfn u a *(AR)* „die Kaulquappe“

ḥfnr[4]) *(MR)* „die Kaulquappe“ (?)

f *ḥfrr (·t ?)*[5]) *(Spat)* „die Kaulquappe“

f *ḥm·t* [6]) *(MR)* „das *ḥmt*-Tier“

ḥtr u. a *(MR)* „das Rindergespann“[7])

f *ḥtr (·t?)* u a. *(MR)* „das Rindergespann“[7])

ḥtś *(D 3)* „die Springmaus“[8])

ḥḏr *(MR)* „das *ḥḏr*-Tier“[9])

f *ḥḏr·t* *(AR? u. MR)* „das weibl. *ḥḏr*-Tier“

sꜣnhm *(NR)* „der Heuschreck“

śꜣk *(NR)* „das Eselsfullen“

f *śꜣk·t* *(NR)* „das weibl Eselsfullen“

sjw *(D 20)* „der Widder“

śmn u. à. *(NR)* „die *śmn*-Gans“

---

[1]) Vgl , Kairo, 20141f

[2]) Im Index bei Lange-Schafer ist als Name genommen Vgl aber Wb 2, 393

[3]) Vgl Wb 3, 62, 13 Die Tatsache, daß *hbꜣ* als „kleiner Name“ vorkommt, spricht fur die Deutung

[4]) Nach Sethe (Zahlworter, S 13f) ware *hfl* zu lesen

[5]) Ob = *hfnr* ? (PN I, 239, 13) ? Vgl Wb 3, 75 *(hfrn)*

[6]) Das Wortzeichen zeigt einen kleinen etwa einer Ratte ahnlichen, langschwanzigen Vierfußer

[7]) Unter den PN I, 260, 22 gesammelten Belegen ist Verschiedenes zusammengekommen Die Zitate aus dem *NR* und der griech Zeit gehoren nicht hierher

[8]) Zur Identifizierung vgl die Ausfuhrungen von M Hilzheimer bei Borchardt, Sahure II, S 172

[9]) Das Tier, das in der Publikation wohl nur zufallig einer Hyane ahnelt, ist noch nicht identifiziert Fur die merkwurdigen Pluralformen PN I 261 als Frauennamen vgl S 152

f *śmn·t* u ä (*MR* u. *NR*) „die weibl. *śmn*-Gans"

f *śmn·t-ỉmn* [1] (*MR*) „die Gans des Amon"

śṯw [ ] (*AR/MR*) „die *śṯw*-Schlange"

f *špn·t* (*MR*) „der *špn·t*-Fisch"

ḳrr (vgl. *pꜣ-ḳrr*) ? (*D 20*) „der Frosch"

kꜣ u. ä. (*MR*) „der Stier"[2]

kꜣỉrj (vgl *pꜣ-kꜣỉrj*) (*NR*) „das *kꜣỉrj*-Tier"

f *kjj·t* u. ä. (*MR*) ?

f *kf·t* u a. (*MR*) ?

kr (*NR*) ob ein Tier?

f *krnp·t* (vgl *tꜣ-krnp·t*) kopt. erh. in ϭⲣⲟⲙⲡⲉ „die Taube"

krr (vgl. *pꜣ-ḳrr*) (*Griech.*)[3] „der Frosch"

gỉf, *gwf* (vgl. *pꜣ-gf*) , u a. (*AR*) „die Meerkatze"

f *g(ỉ)f·t* (vgl *tꜣ-gỉf·t*) (*MR*) „die weibl Meerkatze"

f *gḥś·t* , u a (*MR*) „die Gazelle"

f *tꜣ-ỉw(·t)* (*Spät*) „die *ỉw·t*-Hündin"

f *tꜣ-ˁꜣ·t* (*D 20*) „die Eselin"

f *tꜣ-wnš·t* (*NR*) „die Wölfin"

f *tꜣ-whr(·t)* (vgl. *whr*) u. a (*Spät* u *Griech.*) „die Hündin"

f *tꜣ-bhs(t)* (vgl. *bhs-km*) , (*NR*) „das weibl Kälbchen"[4]

f *tꜣ-bśbś(·t)* (vgl. *bśbś*) erhalten in koptisch ⲧⲃⲁⲥⲃⲥ „die *bśbś*-Gans"

[1] Ob Kurzname aus **nfr-śmn t-ỉmn* o a ?

[2] Es könnten auch Kurzformen vorliegen von Namen wie PN I, 337, 3ff Auffallend ist es, daß dieser Name auch als Frauenname begegnet!

[3] Eine sonst nicht belegte späte Schreibung für *ḳrr*

[4] Vgl Wb I, 469, 11

f *tꜣ-pnw·t* (vgl *pnw·t*) u. ä [1]) (*NR* u. *Spät*) „die Maus"

f *tꜣ-pn..* (*Spät*) ?

f *tꜣ-mj·t* (vgl *mj·t*) (*NR* u. *Spät*) „die Katze"

f **tꜣ-mn·t* (vgl *mn·t*) erhalten in Kopt. ⲧⲃⲏⲛⲉ „die Schwalbe"

f *tꜣ-rt(?)*[2] (*Dyn. 20*) ?

f *tꜣ-rr(·t)* (*D 18*) „die Sau"[3]

f *tꜣ-śꜣk·t* (vgl. *śꜣk·t*) (*D 20*) „das weibl. Eselsfüllen"

f *tꜣ-ḳr(·t?)* (*Griech.*) ?

f *tꜣ-ḳrr(·t)* (vgl. *ḳrr*) (*Spät*) „der weibl. Frosch"

f *tꜣ-kꜣỉrj(·t)* u. ä (*NR*) „das weibl. *kꜣỉrj*-Tier"

f *tꜣ-gỉf·t* (vgl *gỉf·t*) (*Dyn. 18*) „die Meerkatze"

f *tꜣ-ṯṯ(·t)* (vgl. *ṯṯ*) , (*NR*)[4] „das Sperlingsweibchen"

f *ṯꜣ·t* u. a. (*AR* u. *MR*) „das junge Vögelchen" (?)[5]

f *ṯsm·t* (*MR*) „die Windhündin"

ṯṯ (vgl. *tꜣ-ṯṯ·t*) [6] (*D 20*) „der Sperling"

dbj (*MR*) „das Nilpferd"

f *dbj·t* (*AR*) „das weibl. Nilpferd"[7]

f *ḏꜣr·t* (*AR*) „das Skorpionweibchen"

ḏnf (*AR*) „das Chamäleon"[8]

[1] Ob auch (*Spät*) für *tꜣ-pnw·t* steht?

[2] Ob *tꜣ-rr·t* zu lesen ist?

[3] Z T könnte aber auch *tꜣ-(n t-)rr t* vorliegen

[4] Vgl Wb 5, 413, 14

[5] Vgl Wb 5, 339 unten

[6] Vgl I 395, 19?

[7] Nach Kees, Götterglauben, S 14, Anm 2 „wohl im gutmütigen Sinne als ‚Dicke'"

[8] So nach Junker, Giza 5, S. 80, Anm. 4

VIII. LEBLOSE GEGENSTÄNDE ALS NAMEN.

Wenn bei der Verwendung von Tiernamen als Menschennamen noch gewisse Möglichkeiten für die Erklärung einer solchen Sitte erkennbar schienen, so tappen wir bei dem Versuch einer Erklärung für die Wahl der im Folgenden aufgezählten Namen, die sämtlich leblose Gegenstände bezeichnen, fast ganz im Dunkeln. Am ehesten lassen sich noch Namen verstehen wie „Korn“ und „Getreidekorn“, „Kugelchen“ und „Tropfen“ (?), bei denen vielleicht, wie bei „Kaulquappe“ und „Frosch“, die Kleinheit des Neugeborenen den Vergleichspunkt abgegeben hat. Aber wie kam man zu den übrigen Bezeichnungen? Wir können nur feststellen, daß sie mit einer gewissen Vorliebe aus bestimmten Gebieten gewählt worden sind. So häufen sich, besonders für Mädchen — wie wir das auch aus dem Akkadischen kennen[1]) — die Bezeichnungen, die dem Gebiet des Schmuckes („Rotstein“ und „Blaustein“, „Fayence“, „Gold“, „Gelbe Farbe“, „Perlenkette“, „Troddel“ o. ä., „Armband“, „Kugel“) oder der Tracht angehören („Haarflechte“, „Öl“, „Salbe“, vielleicht „Natron“, „Knoten“, verschiedene Kleidungsstücke). Seltsamerweise finden sich eine größere Anzahl von Behältern als Namen verwendet: „Sack“, „Beutel“, „Kessel“, „Schlauch“, sowie mehrere Worte für Töpfe und Krüge. Auch die Verwendung verschiedener Schiffsarten — daneben „Welle“ und „Steuerruder“ — fällt auf. Bei „Ohr“ und ähnlichen Namen könnte die Größe oder die besondere Beschaffenheit des betreffenden Körperteils Anlaß zu der Benennung gegeben haben, — aber über ein Raten kommen wir hier nicht hinaus. Vereinzelt stehen „Messer“, „Weißbrot“, „Harfe“ (?).

ỉbw (zw. *AR* u. *MR*) „das Armband“ o. ä.[2])

ỉmw [3]) (*AR* u. *MR*) „das Lastschiff“ (?)

f *ỉnś·t* (*MR*) „das Bein“ (?)[4])

f *ỉḥ3·t* (*AR*) „das Kriegsschiff“ (?)

f *ỉś*ꜥ*·t* [5]) (*AR*) „das Messer“

ꜥ*š* (*D 20*) „der (Bier-)Krug“

f *wḥ3·t* (*AR*) „der Kessel“ (?)

wsm (*AR*) ein Körperteil (?)[6])

b3w (*AR* u. *MR*) Art Schiff (?)[7])

b3ḳ·t (*AR* u. *MR*)[8]) „das (Oliven?)-Öl“[9])

f *bnn·t* (*MR*) „die Kugel“

bḫn (*AR*) ein Wort für Kopf (?)[10])

[1]) Vgl. J. J. Stamm, die akkadische Namengebung (1939), S. 256

[2]) Bisher nicht belegt

[3]) Vgl. auch (f*MR*) „ihr Lastschiff“ (?)

[4]) Vgl. S. 146 und Anm. 3

[5]) Die Schreibung war bisher nur aus dem Totenbuch bekannt, vgl. Wb IV, 417

[6]) Vgl. *wsmw*, Wb I, 357, 15

[7]) Wb I, 418, 5f. Oder „Art Gefaß“? Ebenda 418, 7

[8]) Als Männer- und Frauenname belegt

[9]) Oder „das Ölgefaß“ (Wb I, 424, 11)?

[10]) Vgl. den Frauennamen und den Tierkopf als Deutzeichen von *bḫn·t*, Wb I, 471, 13.

p3-3šḫ (?) [1]) (*Spät*) „die Sichel“ (?)

p3-ḫrp (*D 20*) „das Schwert“

mśḏr (*AR*) „das Ohr“

mšṯ (*D 6*) „Art Schmuck, Troddel“[2])

mkś (*AR*) „das Zepter“ (?)

mdḥ u. ä. (*MR* u. *NR*) „die Kopfbinde“

nwd (*AR*) „die Salbe“

f *nb·w* (*AR* bis *Spät*) „das Gold“[3])

npn·t [4]) (*MR*) „das Getreidekorn“

f *nś·t* u. a. (*D 6*) „der Thron“

nš (*Spät*) „das Korn“[5])

nṯrj (*D 6*) „das Natron“ (?)

h(3)nw (*NR*) „die Welle“

hnw (*AR*) „der Topf“ (?)

[1]) Lies ? Vgl. Wb I, 19, 18

[2]) Wb II, 158, 11, bisher nur ohne Deutzeichen belegt

[3]) Z. T. mögen auch Kurzformen der mit „Gold“ = Hathor gebildeten Namen vorliegen

[4]) Männer- und Frauenname

[5]) Vgl. Wb II, 338, 6 und 16

f *ḥmꜣg·t* (*MR*)[1] „der (rote) *ḥ*-Edelstein"

ḥmw[2] (*AR* u. *MR*) „das Steuerruder"

f *ḥḏ* (*MR*) „das Silber"

f *ḫśbḏ* (*NR*) „der Blaustein"

ḫśdd[3]) (*AR*) „eine Art Schurz"

f *snb·t*[4]) (*AR*) „die Mauer"? „die Flasche"?

f *śwj·t* (*MR*) „das Kügelchen" oder „die Perle"[5])

f *śmd·t* (*AR*) „die Perlenkette" (?)[6])

śṯꜣ (zw. *AR* u. *MR*) „das Schleppschiff"[7])

f *śdj·t* (*AR*) ein Kleidungsstück (?)[8])

śdw u. a. (*AR* u. *MR*[9])) „der Schlauch"

ḳꜣr (*AR*) „der Sack" o. ä.

f *ḳbj* , (*MR*) „der *ḳbj*-Krug"

f *kfn(?)* (*NR*) vgl. *kfn*- „Gebäck"[10])

knj (*NR*) „die gelbe Farbe" (?)

f *krf·t* (*AR* u. *MR*) „der Beutel"

kfꜣ (*Spät?*) „der Hintere"

t-ḥḏ u. a. (*MR*) „das Weißbrot"

f *tꜣ-śhr(·t)* u. a. (*D 20*) „das *śhr·t*-Mineral"

f *tp* (*MR*)? (vgl. S. 179, Anm. 1!)

f *ṯnf·t* (*MR*) „der *ṯnf·t*-Krug"[11])

ṯnm (*MR*) „der Kessel" o. ä.[12])

f *ṯhn(·t?)* (*Spät*) „die Fayence"

f *ṯs·t* (*AR*) „der Knoten"

dfḏ (*AR*) „der Tropfen" (?)[13])

ḏꜣꜣ (*MR*) „die Haarflechte"[14])

ḏꜣḏꜣ (*NR*) vgl. *ḏꜣḏꜣ·t*, „die Harfe"?[15])

IX. BERUFS- UND TÄTIGKEITSNAMEN U. Ä.

Die Namen dieser Gruppe sind sämtlich so geartet, daß sie nicht als Bezeichnung eines neugeborenen Kindes entstanden sein können. Sie können wohl auf ein Neugeborenes übertragen worden sein, wenn der Großvater oder die Großmutter oder ein anderes Glied der Familie denselben Namen schon trug oder getragen hatte, aber ihrer Entstehung nach sind sie Beinamen von Erwachsenen. Bei einigen von ihnen könnte man auf den Verdacht kommen, daß es sich um scherzende oder spottende Beinamen handelt, so wenn ein Mann oder eine Frau des einfachen Volkes „Fürst" oder „Fürstin" genannt wird, oder wenn einer „Wesir" heißt, also den höchsten Titel nach dem Könige zu tragen scheint[16]). Aber im Übrigen handelt es sich gewiß um ursprüngliche Beinamen, durch die ihr Träger seiner Stellung bzw. seinem Beruf und seiner Tätigkeit nach wirklich bezeichnet wurde, und die sich dann auf Leute ganz anderer Art fortgeerbt haben, gerade so wie bei uns ein „Weber" in Wirklichkeit Schuhmachermeister und ein „Schäfer" Ägyptologe sein kann.

In diesen Namen zieht nun das bunte Bild der ägyptischen Gesellschaft in zahlreichen Vertretern, vom höchsten Beamten bis zum niedrigsten Diener, an uns vorüber.

---

1) Vgl. *ḥmꜣgw*, S. 195
2) Männer- und Frauenname
3) So ist gewiß zu lesen, vgl. Wb III, 339, 2 und 3
4) Vgl. Wb III, 458, 7 10—11
5) Wb IV, 65, 15 und 71, 1. Hierher gehört vielleicht auch die Schreibung , PN I, 302, 20
6) Vgl. Wb IV, 365, 4
7) Das Wort scheint bisher sonst nicht belegt zu sein
8) Vgl. Wb IV, 365, 9
9) Als Männer- und Frauenname belegt.
10) Wb 5, 32, 16
11) Vgl. Wb V, 381
12) Vgl. Wb V, 381, 8
13) Vgl. *dfdf t* Wb V, 448, 6?
14) Vgl. Wb V, 520, 7. Dazu eine Feminin-Bildung und eine Nisbebildung (PN I, 404, 25 ist wohl eine schlechte Schreibung des letzteren!)
15) Wb V, 533, 5
16) Auch der „Vorgesetzte der beiden Länder" und die „Vorgesetzte der Vorgesetzten" könnten hierher gehören

Neben den Spitzen der Zivilbehörden, wie dem „Schatzhausvorsteher“ und den „Vorstehern“ der Speicher und der Rinderherden finden wir ihre bescheideneren Kollegen in der Zivilverwaltung, den „Haremsvorsteher“ und „Schiffsvorsteher“ und den einfachen „Hausvorsteher“. Das Militär ist vertreten vom „Ersten des Heeres“ über den „Truppenoberst“ und „Truppenvorsteher“, den „Festungskommandanten“ und den „Standartenträger“ bis zum einfachen „Wagenlenker“ und „Krieger“ oder „Soldaten“. Ähnlich ist es bei der Geistlichkeit. Die Titel der höchsten Priester von Heliopolis, Memphis und Hermopolis („der Größte der Schauenden“, „der Größte der Handwerker“ und „der Größte der Fünf“) kommen ebenso als Personennamen vor wie die einfachen Bezeichnungen des „Gottesdieners“, des „Reinen“, des „*ḥrj-tꜣ*-Priesters“ (?), des „Räucherers“. Und neben diesen zivilen, militärischen und geistlichen Beamten steht eine Fülle von Handwerkern und Gewerbetreibenden: der „Töpfer“ oder „Maurer“, der „Gärtner“ und der „Zimmermann“, der „Schiffer“ und der „Vogelfänger“, der „Balsamierer“ und der „Steinbohrer“, der „Schmelzer“ und die „Müllerin“. Und wenn wir einen Mann finden, der „Obergoldschmied“ heißt, so wird es gewiß auch den Namen „Goldschmied“ gegeben haben, nur daß er uns zufällig, wie so manche andere — etwa der Müller, der Bäcker, der Seiler, der Graveur — zufällig nicht erhalten ist. Die Landwirtschaft ist vertreten durch den „Pächter“, den „Viehhirten“ und die „Viehhirtin“, den „Mäher“ und den „Feldarbeiter“. Auch „Kaufmann“ kommt als Personenname vor, und verschiedene Bezeichnungen für den „Tänzer“. Wie die höchsten Beamten des Staates, so finden wir auch die, die auf der sozialen Stufenleiter am niedrigsten stehen, den „Wasserträger“ und den „Sprenger“, den „Sackträger“ und die „Sackträgerin“, den „Türhüter“ und den „Pförtner“.

Wie mit den Männern, so ist es auch mit den Frauen. Hier steht sogar eine „Königsmutter“ an der Spitze, deren Vorkommen als Personenname freilich schwer zu erklären ist. Und dann geht es von der „Größten der Haremsfrauen“ und der „Ersten der Damen“[1] über die „Königsfavoritin“ und die „Haremsfrau des Königs“, die „Gottesfrau“ und die einfache „Dame“ und „Haremsfrau“ hinab, bis zur „Musikantin“ und „Tänzerin“, zur „Bürgerin“, „Vogelfängerin“ (?) und „Wächterin“ (?), zur „Amme“ und „Dienerin“. Wenn einmal das Wort „Diebin“ als Name erscheint, so könnte es sich wieder um eine Bezeichnung von ursprünglich neckender oder spöttischer Art handeln.

ꜣsḫ·w „der Mäher“[2]

iꜣr·t·j (*AR*) „der Perückenmacher“

imj-rꜣ-iḥ·w (*Spät*) „der Vorsteher der Rinder (herden)“

imj-rꜣ-pr [3] (*MR*) „der Hausvorsteher“

imj-rꜣ-ḫnr·t (*MR*) „der Haremsvorsteher“

ihb·w (*AR*) „der Tänzer“ (?)[4]

itj (*MR*) „der Fürst“

f *itj(·t)* (*AR*) „die Fürstin“[5]

f *iṯꜣ·t* (*AR*) „die Diebin“[6]

f *ꜥnḫ(·t)-niw·t* u. ä. (*MR*) „die Bürgerin“ o. ä.[7]

wꜥb-ḏḥwtj (vgl. *pꜣ-wꜥb*) (*MR/NR*) „der *wꜥb*-Priester des Thot“ (?)[1]

wbꜣ-inr (*NR*) „der Steinbohrer“[2]

wr-mꜣ·w (*NR*) „der Größte der Schauenden“[3]

wr-ḫrp-ḥmw·t (*NR*) „der Größte der Handwerker“[4]

wr-djw u. ä. (*Spät*) „der Größte der Fünf“[5]

f *wr·t-ḫnr* (*Spät*) „die Größte der Haremsfrauen“[6]

wrš-nfr u. a. (*Griech.*) „der gute Wächter“ (?)

[1]) Dieser Name findet sich mehrfach schon im *MR*, also lange vor der Königin Hatschepsut, die ihn dann berühmt gemacht hat.
[2]) Das nomen agentis war bisher nicht belegt, vgl. aber Wb I, 19, 15ff.
[3]) Daneben eine merkwürdige (ob richtige?) Schreibung .
[4]) Vgl. Wb I, 118, 12ff.
[5]) Ob Spottname einer Dienerin?
[6]) Das fem. war bisher nicht belegt, vgl. aber Wb I, 151, 1.
[7]) Vgl. Wb I, 201, 1.

[1]) Oder sollte der Name „Thot ist rein“ bedeuten?
[2]) Ob künstliche Bildung? Der Name kommt nur im Märchen des Pap. Westcar vor!
[3]) Titel des Oberpriesters des Re in Heliopolis, vgl. Wb I, 329, 7 — Junker (Pyramidenzeit, S. 20) übersetzt jetzt „der den Großen schaut“.
[4]) Titel des Oberpriesters des Ptah in Memphis, vgl. Wb III, 86, 1.
[5]) Titel des Oberpriesters des Thot in Hermopolis, vgl. Wb V, 420, 11.
[6]) Vgl. Wb III, 297, 12.

wtj *(MR)* „der Balsamierer" (?)[1]

pꜣ-ꜣʿ [2] „der Dolmetscher"

pꜣ-ỉmj-rꜣ-ỉḥ·w u. a. *(NR u. Griech.)* „der Vorsteher der Rinder(herden)"

pꜣ-ỉmj-rꜣ-pr-ḥḏ *(Dyn. 20)* „der Schatzhausvorsteher"

pꜣ-ỉmj-rꜣ-mšʿ *(NR u. Spät)* „der Truppenvorsteher"

pꜣ-ỉmj-rꜣ-nfw(·w) *(Dyn. 19)* „der Vorsteher der Schiffer"

pꜣ-ỉmj-rꜣ-ḫtm *(NR)* „der Festungskommandant"[3]

pꜣ-ỉmj-rꜣ-šnw·t u. ä. *(NR)* „der Speichervorsteher"

pꜣ-ỉmj-rꜣ-šnw·tj *(D 20)* „der Vorsteher der beiden Kornspeicher"

pꜣ-ỉn(·w)-mw u. a. *(Spät)* „der Wasserträger"[4]

pꜣ-ỉr(·w)-kꜣp(?) , u. a. *(Spät)* „der Räucherer"[5]

pꜣ-ỉr(·w)-kꜣp-nb·t *(D 22)* „der Räucherer von ‚Gold' (d. h. der Hathor)"

pꜣ-ỉr(·w)-swn(·t) u. ä. *(D 20)* „der Kaufmann"[6]

pꜣ-ỉrj-ʿꜣ *(Spät)* „der Türhüter"[7]

pꜣ-ʿḥwtj *(NR)* „der Feldarbeiter"[8]

pꜣ-ʿḥꜣ *(NR)* „der Krieger"[9]

pꜣ-ʿḥꜣ-nfr *(NR)* „der gute Krieger"

[1]) Vgl. Wb I, 379, es kommen aber auch eine Anzahl anderer Worte in Betracht

[2]) So wird wohl anstatt zu lesen sein! Vgl. Wb I, 3, 1

[3]) Vgl. Wb III, 352, 11

[4]) Wb I, 92, 2

[5]) Der Ausdruck *ỉrj-kꜣp* für „räuchern" ist im Wb nicht belegt

[6]) Vgl. Wb IV, 68, 4

[7]) Vgl. Wb I, 164, 17

[8]) Vgl. Wb I, 214, 7

[9]) Wb I, 216, 2 Vgl. auch die fehlerhafte (?) Schreibung so!, PN I, 103, 11

pꜣ-ʿḥꜣwtj *(NR)* „der Krieger"[1]

pꜣ-wʿb (vgl. *tꜣ-wʿb·t*) *(NR)* „der *wʿb*-Priester"

pꜣ-wn(·w?) u. a. *(Spät)* „der Pförtner"[2]

pꜣ-wn(·w)-ʿ·t *(D 27)* „der Pförtner der Kammer"[3]

pꜣ-wr-djw (vgl. *wr-djw*) , u. ä. *(Griech.)* „der Größte der Fünf"

pꜣ-wrš (vgl. *wrš-nfr*) *(D 20 f.)* „der Wächter" (?)

pꜣ-mšʿ *(Spät)* „der Soldat"[4]

pꜣ-nb-pꜣ-hꜣw (?) *(NR)* „der Herr der Halle" (?)[5]

pꜣ-nb-n-ỉpꜣ·t *(NR)* „der Herr des Frauenhauses"[6]

pꜣ-rḫtj *(NR)* „der Wäscher"

pꜣ-ḥꜣtj-ʿ (vgl. *ḥꜣtj.t-ʿ*) *(NR)* „der Fürst"

pꜣ-ḥm-nṯr (vgl. *ḥm-nṯr*) u. a. *(NR u. Spät)* „der Priester"

pꜣ-ḥrj u. a. *(NR u. Spät)* „der Vorgesetzte"[7]

pꜣ-ḥrj-pḏ·t u. ä. *(NR)* „der Truppenoberst"[8]

pꜣ-śr (vgl. *śr*) u. ä. *(NR)* „der Fürst"[9]

pꜣ-ḳd(·w) *(NR)* „der Töpfer" oder „der Maurer"

[1]) Vgl. Wb I, 217, 8

[2]) Vgl. Wb I, 312, 13 Vgl. aber auch I 165, 2!

[3]) Titel eines Hausbeamten (?), vgl. Wb I, 160, 5

[4]) Vgl. Wb II, 155, 15 Das ? dort ist zu streichen

[5]) Ob für steht? Vgl. Wb II, 470, 1

[6]) Das klingt wie eine Bezeichnung des Königs, also vielleicht Kurzname!

[7]) Vgl. Wb III, 141, 18 Zum Teil konnten auch Kurzungen der folgenden Namen vorliegen

[8]) Vgl. Wb I, 571 oben Was bedeutet einmal der Zusatz (PN I, 115, 28)?

[9]) Ob z. T. Spottname (vgl. oben *ỉtj t*)? Es kann auch ein Kurzname vorliegen, vgl. PN I, 117, 14ff

pꜣ-kꜣpw u. ä. (*Spät* u. *Griech.*) „der Vogelfänger"[1]

pꜣ-kꜣm(·w) (*D 22*) „der Gärtner"[2]

pꜣ-kṯ(n?) (vgl. *kṯn*) (*NR*) „der Wagenlenker"

pꜣ-ṯꜣj-śrj·t (*NR*) „der Standartenträger"[3]

pꜣ-ṯpr (*D 20*) „der Schreiber" (?)

pꜣ-ṯnf (vgl. *tꜣ-ṯnf·t*) (*D 22 ff*) „der Tänzer" (?)[4]

ftk-t (*AR*) „eine Art Diener"[5]

f *ftk·t-t* (*AR*) „eine Art Dienerin"

f *mw·t-nśw·t* u. ä. (*NR*) „die Königsmutter"[6]

mni·w (*mîn·w*) (*MR* u. *NR*) „der Viehhirt"

f *mni.w(.t)* (*MR*) „die Viehhirtin"

mni·w-nfr (*D 20*) „der gute Hirte"

f *mnꜥ·t* u. ä. (*MR* u. *NR*) „die Amme"[7]

mṯn u. ä. (*D 3*) „der Führer (auf dem Wege)"[8]

mḏḥ·w (*MR*) „der Zimmermann"

nb·w (*AR*) „der Schmelzer"[9]

1) Vgl Wb V, 105, 3
2) Vgl Wb V, 106, 10
3) Vgl. Wb IV, 192, 13.
4) Vgl Wb V, 380, 11 Das Wort ist in dieser Bedeutung bisher allerdings erst Griech belegt Das Wb (V, 381, 4) trennt davon (ob mit Recht?) die Schreibungen mit Die älteste Schreibung sieht aus, als ob eine Bildung mit *pꜣ-n-* vorläge, „der des Tänzers"?
5) Vgl Wb I, 581, 8 Der Ausdruck kommt sonst nur in den Pyr Texten, als Bezeichnung eines Dieners des Re vor, es handelt sich aber gewiß um eine im Haushalt des *AR* geläufige Dienerbezeichnung Der Name erscheint einmal mit dem Zusatz „der gute *ftk-t*"?
6) Ob Spottname?
7) Was bedeuten die Namen *mnꜥ t-nḫt* (PN I, 151, 8) u *mnꜥ t·ś* (PN I, 421, 1)?
8) Besondere Bezeichnung der Beduinen-Scheichs
9) Das Subst ist sonst nicht belegt, vgl aber Wb II, 236, 6ff — Aber was bedeutet *nbw f* (PN I, 192, 25)?

nfw (*AR* u. *MR*) „der Schiffer"[1]

f *nḏ·t* (*AR*) „die Müllerin"[2]

f *rpw·t* (*NR*) „die Dame"

f *rpw·t-nśw·t* (*AR*) „die Königsfavoritin"[3]

ḥꜣ·t-mšꜥ (*MR*) „der Erste des Heeres"[4]

f *ḥꜣ·t-špś·wt* u. ä. (*MR* u. *NR*) „die Erste der Damen"[5]

f *ḥꜣtj·t-ꜥ* (vgl. *pꜣ-ḥꜣtj-ꜥ*) u. ä. (*MR* u. *Spät*) „die Fürstin"[3]

ḥm-nṯr (vgl *pꜣ-ḥm-nṯr*) (*AR*) „der Gottesdiener"

ḥm-šrj (*NR*) „der kleine Diener"

f *ḥm·t-šrj·t* u. ä (*NR, Spät*) „die kleine Dienerin"

f *ḥm·t-nṯr* (*NR*) „die Gottesfrau"[6]

ḥrj (vgl. *pꜣ-ḥrj*) (*Dyn. 18*) „der Vorgesetzte"[7]

ḥrj-pḏ·t (vgl. *pꜣ-ḥrj-pḏ·t*) (*Spät*) „der Truppenoberst"

ḥrj-nbj·w [8] (*NR*) „der Obergoldschmied"

f *ḥrj(·t)-ḥrj·w* (*Spät*) „die Vorgesetzte der Vorgesetzten" (?)

ḥrj-tꜣ·wj (*Griech.*) „der Vorgesetzte der beiden Länder"[9]

ḫnw (*AR* u. *MR*) „der Sackträger"

f *ḫnw·t* (*AR*) „die Sackträgerin"

1) Auch hier begegnet ein *nf w f* „sein Schiffer" (PN I, 193, 10)!
2) Wb II, 270, 14
3) Ob Spottname?
4) Dieser Titel scheint sonst nicht bekannt zu sein
5) Wb III, 20, 17f
6) Seit Dyn 18 Titel der Königin als „Gottesfrau" des Amon Ob für gewöhnliche Frauen als Spottname gebraucht?
7) Auch als Abkürzung der folgenden Namen möglich
8) Das Deutzeichen der Frau muß auf einem Versehen des Steinmetzen beruhen!
9) Ob Titel eines Gottes?

f *ḫnm·t* (*AR*) „die Wärterin" (?)[1]

ḫntj-š u a (*AR*) „der Pächter"[2]

sš (*NR*) „der Schreiber"

sš-ḳd (*NR*) „der Maler"[3]

śr , u a. (*AR* bis *NR*) „der Fürst"

śmr (*MR*) „der Höfling" o. a.

śk-wśḫ·t (*MR*) „der die Halle fegt" o. ä.

śtj-mw (*AR*) „der Wasserausgießer", „Sprenger"

f *špś·t* , u. ä (*MR* u. *NR*) „die Dame", „die Haremsfrau"

f *špś·t-nb·tj* (*AR*) „die Haremsfrau des Königs"

šmś·w u. ä (*MR* u. *Dyn. 18*) „der Gefolgsmann"[4]

f *škr·t* (*AR*) „die Haremsfrau"

ḳr (*NR*) „der Bettler" (?)[5]

ḳd·w , (*AR* u *MR*) „der Töpfer, Maurer"

kꜣp·w (*AR*) „der Räucherer"

kꜣrj (vgl. *tꜣ-kꜣrj·t*) (*MR*) „der Gärtner"[6]

kśkśw·· .. (*MR*) „der Tänzer" ?[7]

f *kkr(·t)* (*Spät*) „die Tänzerin" (?)

kṯ(n) (vgl. *pꜣ-kṯn*) (*NR*) „der Wagenlenker"[8]

f *tꜣ-ʿḥwtj(·t)* (*Dyn. 21*) „die Feldarbeiterin"

f *tꜣ-nš·t* , u. ä. (*Spät*) „die Haarmacherin"

f *tꜣ-ḥm·t* (*NR*) „die Dienerin"

f *tꜣ-ḫnr·t* (*NR*) „die Haremsdame" (?)

f *tꜣ-sꜣw(·t)* u. a (*NR*) „die Wächterin" (?)[9]

f *tꜣ-šwj·t* (?) (*NR*) „die Verkäuferin"[10]

f *tꜣ-šmʿj·t* (?) (*NR*) „die Musikantin" (?)

f *tꜣ-kꜣp(·t)* [11] (*Spät*) „die Vogelfängerin" (?)

f *tꜣ-kꜣrj(·t)* (vgl. *kꜣrj*) (*D 20*) „die Gärtnerin"

f *tꜣ-ṯnf(·t)* (vgl *pꜣ-ṯnf*) (*Spät*) „die Tänzerin"

f *tptj(·t)* ? (*MR*) ?[12]

ṯꜣtj (*NR*) „der Wesir"

X. HERKUNFTSNAMEN[13]

Daß bei Personen nicht-ägyptischer Herkunft ihr völkischer Ursprung durch ein Beiwort („der Asiat", „der Neger", „der Syrer") gelegentlich gekennzeichnet wurde, haben wir oben (S 175) gesehen Derartige Herkunftsbezeichnungen finden sich nun aber auch vielfach als Hauptnamen. Daneben treten, besonders häufig im Neuen Reich, Namen auf, die ihren ägyptischen Träger nach seinem Geburtsort oder seiner engeren Heimat bezeichnen. Zum Ausdruck dafür werden hauptsächlich *pꜣ-n-* „der von" und *tꜣ-n(·t)-* „die von" (dem Orte soundso Stammende) gebraucht. Eigentliche Nisbe-Bildungen scheinen merkwürdigerweise, wie schon Grapow gesehen

[1]) Vgl Wb III, 293, 11 Das Wort ist allerdings erst seit dem *NR* belegt Dasselbe gilt für *ḫnm t* „die Dirne" (Wb III, 292, 16) u für *ḫnm t* „der rote Edelstein" (ib 294, 4)
[2]) Vgl Junker, Giza VI, S 15ff
[3]) Es ist nicht ganz sicher, ob ein Name oder ein Titel vorliegt
[4]) Was bedeutet (*MR*) ?
[5]) Vgl Wb V, 54, 4
[6]) Vgl Wb V, 108
[7]) Vgl Wb V, 142, 4
[8]) Für die Schreibung ohne *n* vgl Wb V, 148 und die keilschriftliche Wiedergabe durch kuzi, Ranke, Keilschr Material, S 23
[9]) Oder *tꜣ-minw t* „die Hirtin" ?
[10]) Vgl Wb IV, 434, 5 Man denke an die Frauen, die in ihren Buden am Nilufer Waren feil halten (Erman-Ranke, Ägypten, Taf 40, 1)
[11]) Vgl *pꜣ-kꜣp w*, aber vielleicht Abkürzung von Namen wie PN I, 371, 1
[12]) Vgl den Frauentitel (*MR*), Wb V, 295, 2
[13]) Zum Folgenden siehe H Grapow, Ägyptische Personenbezeichnungen zur Angabe der Herkunft aus einem Ort, ÄZ 73, 44ff.

hat, sich kaum zu finden[1]) Dagegen begegnet vereinzelt der Ausdruck *sꜣ-* und *sꜣ·t-*, also „Sohn von“ bzw. „Tochter von“ mit folgendem Herkunftsort, als werde die Stadt als „Mutter“ ihrer Einwohner gedacht, und einmal *s-n-* „der Mann von“, in *s-n-wꜣś·t* „der Mann von Theben“. Auffallend und mir nicht recht erklärlich ist es, daß wir unter ägyptischen Personen-Namen zweimal den Namen „die Ägypterin“ *(sꜣ·t-km·t* und *tꜣ-nt-km·t)* finden! Ob die Betreffenden diese Namen im Auslande erhielten? Vielleicht außerhalb Ägyptens geboren waren?

f *iꜣb·tj·t* *(AR)* „die Östliche“[2])

f *iwnj·t* *(MR)* „die Heliopolitin“ (?)

ikš (vgl *pꜣ-ikš)* *(Dyn. 22)* „der Nubier“

f *ikš(·t)* *(MR)* „die Nubierin“

ꜥꜣm (vgl *pꜣ-ꜥꜣm)* u. ä *(MR* u. *NR)* „der Asiat“

f *ꜥꜣm·t* (vgl *tꜣ-ꜥꜣm·t)* *(MR* u *NR)* „die Asiatin“

pꜣ-(n-)ꜣbḏw *(Dyn. 18)*[3]) „der (Mann) aus Abydos“[3])

pꜣ-n-ꜣbw *(NR)* „der (Mann) von Elefantine“

pꜣ-n-iw-m-itr(w) *(NR)* „der (Mann) von Gebelên“

pꜣ-n-iwnj *(NR)* „der (Mann) von Hermonthis“

pꜣ-n-iwnw *(NR)* „der (Mann) von Heliopolis“

pꜣ-(n-?)imr *(NR)* „der (Mann) von Amurru“

pꜣ-(n ?)imtr *(Griech)* „der (Mann) von *imtr*“

pꜣ-(n·?)irś (vgl. *tꜣ-n·t-irś)* *(NR)* „der (Mann) von *irś*“

pꜣ-n-idḥ·w *(D 20)* „der (Mann) vom Delta“

pꜣ-n-pꜣ-idḥ·w *(D 20)* „der (Mann) vom Delta“

pꜣ-(n-?)jrꜣmn (?) *(Griech)* „der (Mann) von *jrꜣmn (?)*“

pꜣ-(n·?)jś *(NR)* „der (Mann) von *jś*“

pꜣ-ikš (vgl. *ikš)* *(Dyn. 22)* „der Nubier“

pꜣ-ꜥꜣm (vgl. *ꜥꜣm)* *(Dyn. 18)* „der Asiat“

pꜣ-ꜥpr *(NR)* „der *ꜥpr* Mann“[1])

pꜣ-n-iḳn *(MR)* „der (Mann) von *iḳn*“

pꜣ-n-p *(Dyn. 22 f)* „der (Mann) von Buto“

pꜣ-n-pꜣ-rwḏ *(D 20)* „der (Mann) vom Uferbezirk“

pꜣ-n-miꜥm *(NR)* „der (Mann) von Anibe“

pꜣ-n-mnnfr (vgl. *tꜣ-n·t-mnnfr)* *(NR)* „der (Mann) von Memphis“

pꜣ-n-niw·t (vgl *tꜣ-n·t-niw·t)* *(NR—Griech)* „der (Mann) von der Stadt (= Theben)“

pꜣ-n-rꜣ-in t *(NR)* „der (Mann) von *rꜣ-in·t*“

pꜣ-n-sꜣw (?) *(Dyn 26)* „der (Mann) von Sais“

pꜣ-n-skrj·t *(NR)* „der (Mann) von *skrj·t*“

pꜣ-n-šḫ·t-rꜥ *(Spät)* „der (Mann) von *šḫ·t-rꜥ*“

---

[1]) Die einzigen sicheren Nisbeformen sind, wie es scheint, *ḫr j* (der Syrer), *mḏꜣ j (f mḏꜣj t)* der „*mḏꜣ*-Mann“, *štt(j) t* „die Asiatin“, vielleicht auch *kiśtj t* „die Frau von Cusae“, wenn nicht im letzten der Name einer Göttin steckt Ob auch *nḥśj* „der Südländer“ eine alte Nisbebildung ist? — Namen dagegen wie *iwnj t* (Dyn 20ff), *iwntj t* *(MR)* „die von Hermonthis“, „die von Dendera“, werden nicht die Trägerin des Namens nach ihrer Herkunft bezeichnen sondern Kurznamen sein, die Bezeichnungen von Göttinnen enthalten, bei denen ja solche Nisbebildungen bekannt sind Vgl Grapow a a O S 46 Dasselbe gilt wohl von *ḏwft(j) t* (), was nicht eine „Frau des Gaues *ḏw-ft*“, sondern seine Göttin (vgl Wb 5, 545, 8) bezeichnen und also auch ein Kurzname sein wird Ebenso ist *ṯnj* (PN 1, 391, 20) gewiß eine Abkürzung, nicht etwa *ṯnj(j)* „der Thinit“

[2]) Ob hierher gehörig?

[3]) Namen eines Sklaven

[1]) Vgl Wb 1, 181, 17

pꜣ-(n-)kꜣš u. a. *(Spät)* „der (Mann) von Nubien"

pꜣ-n-tꜣ-bḫn·t *(Spät)* „der (Mann) von *tꜣ-bḫn·t*"[1]

pꜣ-n-ṯnj u a *(NR)* „der (Mann) von This"[2]

pꜣ-n-ḏrtj *(NR)* „der (Mann) von Tuphium"[3]

pꜣ-nḥśj (vgl *nḥśj*) u a[4] *(NR u Spät)* „der Sudlander", „der Neger"

pꜣ-rk *(NR)* „der Lykier"

pꜣ-ḫr(·j) (vgl *ḫrj*) [5] *(NR)* „der Syrer"

pꜣ-šꜣśw (vgl *tꜣ-šꜣśw(·t)*) *(NR)* „der Beduine"

pꜣ-mḏꜣj *(Dyn. 18)* „der *mḏꜣ* (-Mann)"[6]

mḏꜣj *(Dyn. 20)* „der *mḏꜣ* Mann"

mḏꜣj-s *(Dyn. 18)* „der *mḏꜣ*-Mann"

f *mḏꜣj-s·t* *(MR)* „die *mḏꜣ*-Frau"

f *mḏꜣj·t* *(MR)* „die *mḏꜣ*(-Frau)"

nḥśj (vgl. *pꜣ-nḥśj*) *(MR—Spat)* „der Sudlander", spater „der Neger"

nḥś(j)-nfr u. a. *(MR)* „der gute Sudlander"

ḫrj (vgl *pꜣ-ḫrj*) u a *(NR)* „der Syrer"

ḫr(j)-šrj *(Spat)* „der kleine Syrer"[7]

[1] Eine sonst nicht bekannte „der Pylon" genannte Ortschaft

[2] Griechisch als πατινις, koptisch als ⲡⲁⲧⲓⲛⲉ erhalten

[3] Vgl Gauthier, Dict géogr VI, 130

[4] Hebräisch פינחס und von da aus in die europaischen Sprachen ubergegangen (Pinkus usw)

[5] Wb 3, 232

[6] Der Name eines Sklaven

[7] Oder sollte schon das Koptische ϩⲣ̄ϣⲓⲣⲉ „der Knabe" vorliegen? Die Deutzeichen scheinen nicht in Ordnung zu sein

f *ḫrj·t* [1] *(Dyn 18)* „die Syrerin"

s-n-wꜣś·t *(NR)* „der Mann von Theben"

sꜣ-ibšk *(NR)* „der Sohn von Abusimbel"

sꜣ-p *(MR)* „der Sohn von Buto"

sꜣ-pwn·t (vgl. *sꜣ·t-pwn·t*) u. ä. *(MR)* „der Sohn von Punt", „der Puntier"

sꜣ-smj·t *(MR)* „der Sohn der Wuste" (= Beduine ?)

f *sꜣ·t-iwn·t (?)* *(MR)* „die Tentyritin" (?)[2]

f *sꜣ·t-pwn·t* (vgl *sꜣ-pwn·t*) *(MR)* „die Tochter von Punt", „die Puntierin"

f *sꜣ·t-km t* *(MR)* „die Tochter Ägyptens", „die Ägypterin"

f *śṯtj·t* *(AR)* „die Asiatin"

šmꜣ *(AR)* „der Landfremde"

f *šmꜣ·t* *(AR)* „die Landfremde"

f *ḳiś·t·t* *(D 6)* „die (Frau) von Kusae" (?)

f *ḳdmj·t (?)* [3]*(MR)* „die Ostlanderin" (?)

f *kdmj·t* *(MR)* ob fur *ḳdmj·t*?

f *tꜣ-ꜥꜣm·t* (vgl *ꜥꜣm·t*) *(Spat)* „die Asiatin"

f *tꜣ-mḏꜣj(·t)* (vgl *mḏꜣj·t*) *(NR)* „die *mḏꜣ*-Frau"

f *tꜣ-n(t)-ꜣbw* *(NR)* „die (Frau) von Elefantine"

f *tꜣ-n·t-iwnw* u. a *(NR)* „die (Frau) von Heliopolis"

[1] Zur Wiedergabe der Feminin-Endung durch s Burchardt, Fremdw § 130

[2] Die Voranstellung des Stadtnamens in der Schrift ist bedenklich Ob irrig fur *sꜣ t-nb t-iwn t* „die Tochter der Herrin von Dendera (= Hathor)"? Vgl PN I, 187, 23 und 291, 14 17!

[3] Zur Schreibung siehe PN I, 337, 19 mit Anmerkung

f *tꜣ-n·t-iwn·t* u. ä. *(NR)* „die (Frau) von Dendera“

f *tꜣ-(n·t-)ipw* *(NR)* „die (Frau) von Achmim“

f *tꜣ-(n·t-?)irś* (vgl. *pꜣ-n-irś*) *(NR)* „die (Frau) von *irś*“

f *tꜣ-n·t-w* *(MR)* „die (Frau) vom (Land ?)-Bezirk“ (?)[1])

f *tꜣ-n·t-bḥd·t* *(NR)* „die (Frau) von Edfu“

f *tꜣ-n·t-pr-nb(·w)* *(Spät)* „die (Frau) von *pr-nb(·w)*“

f *tꜣ-(n·t-)mnnfr* (vgl. *pꜣ-n-mnnfr*) *(MR* u. *NR)* „die (Frau) von Memphis“

f *tꜣ-n·t-niw·t* (vgl. *pꜣ-n-niw·t*) *(NR)* „die (Frau) von der Stadt (= Theben)“

f *tꜣ-n·t-ḥw·t-nb(·w)* u. ä. *(NR* u. *Spät)* „die (Frau) von Hatnub“

f *tꜣ-n·t-ẖnw* u. a. *(MR)* „die (Frau) von der Residenz“

f *tꜣ-n·t-km·t* *(Griech.)* „die (Frau) von Ägypten,“ „die Ägypterin“

f *tꜣ-n(·t)-gbtjw* u. ä. *(Spät)* „die (Frau) von Koptos“

f *tꜣ-n·t-ḏśr(w)* u. a. *(NR)* „die (Frau) von Dêr-el-Bahari“[2])

f *tꜣ-nḥśj(·t)* (vgl. *pꜣ-nḥśj*) u. ä. *(NR)* „die Südländerin, Negerin“

f *tꜣ-ḫrj(·t)* (vgl. *pꜣ-ḫrj*) u. a. *(NR* bis *Spät)* „die Syrerin“

f *tꜣ-ḫtꜣ(·t?)* *(NR)* „die Hettiterin“ (?)

f *tꜣ-šꜣśw(·t)* *(Dyn. 20)* „die Nomadin“

f *tꜣ-kꜣš(·t)* u. ä. *(Spät)* „die Nubierin“

f *tꜣ-ṯmḥ·t* u. ä. *(NR)* „die *ṯmḥ*-Libyerin“

f *tꜣ-ṯḥn(w)·t* *(Dyn. 18)* „die *ṯḥn·w*-Libyerin“

ṯmḥ *(MR)* „der *ṯmḥ*-Libyer“

f *ṯmḥ.t* *(NR)* „die *ṯmḥ*-Libyerin“

XI. NOMINA UNBEKANNTER BEDEUTUNG ALS NAMEN.

Ich stelle hier eine Anzahl von Namen zusammen, die ihrer Schreibung nach Nomina — meist wohl Substantiva, z. T. aber vielleicht auch Adjektiva — wiederzugeben und also eine appellative Bezeichnung des Namenträgers zu enthalten scheinen, deren Bedeutung aber bisher lexikalisch unbekannt oder wenigstens nicht sicher greifbar ist.

ꜣwꜣw *(MR)*

f *iꜣꜣ·t* [3]) *(AR/MR)*

iwfrt (?)[4]) *(MR)*

iwd [5]) *(NR)*

ibś u. ä.[6]) *(MR)*

f? *ibt* *(MR)*

f *ifr·t* u. ä.[7]) *(MR)*

f *imt·t* *(MR)*

iḥd *(MR)*

iś [8]) *(AR)*

f *iśm·t* *(AR)*

f *išp·t* *(AR)*

ꜥꜣw [9]) *(MR)*

1) Vgl. Wb I, 243, 2
2) Vgl. Wb 5, 616, 5f.
3) Vgl. Wb I 27, 10ff. — Oder ist *iꜣm·t* zu lesen?
4) Vgl. *ifr·t*
5) S. Zusatz² zu I 54, 10
6) Vgl. Wb I 64, 18

7) Vgl. *iwfrt*
8) Das Zeichen stellt einen „breiten Stampfer“ dar, vgl. Junker, Giza II, 190
9) Vgl. *ꜥ* mit dem gleichen Wortzeichen, Wb I 159?

ʿ3ḳ (MR)

f *ʿ3šj·t* (MR)

ʿj3 [1] (MR)

f *ʿf3·t* [2] (AR)

ʿnbš (?) (MR)

wḥ3 [3] (AR—MR)

wš3j (Spät)

f *wkm·t* (MR)

bìtj (MR)

f *bwb·t* (Spät)

f *bhnw* (AR)

f *bhbj·t* (Spät)

p3-sbjg3 (?) (Spät)

p3-śrj (NR)

p3-śrp (Spät)

p3-ḳjr (Spät)

p3-ḳbš (Spät)

p3-kmj (Griech.)

p3-knf (NR)

p3-kr[4] (NR)

p3-krw (?) (NR)

p3-kś (NR)

p3-gr (Spät)

p3-grgr (Spät)

p3-trtr (Griech.)

[1] Das Zeichen hat die Form eines sitzenden langohrigen Hundes.
[2] Vgl *ʿf3j* „Pflanze" und „Lagerplatz", Wb I 182, 8 und 9.
[3] Vgl Wb I 347, 2ff
[4] Vgl *t3-kr(t?)*

p3-ḏì (?) (NR)

p3-ṯf [1] (NR)

pwbś (?) (Spät)

pnʿ (MR)

pḥḳ (Spät)

f *pḳr·t* (MR)

pt (MR)

mʿww (?) (MR)

mrmr (AR)

f *msn·t* (?) [2] (AR)

mšd·w [3] (AR)

nhr (AR)

nšj (NR)

f *nšʿ·t* (NR)

f *nšʿr* (?) (NR)

ntj3 (NR)

hnj (NR)

hnn (NR)

f *hnhn·t* (MR)

htr (AR)

hbn (AR)

f *ḥbgg·t* (MR)

f *ḥm3g·w*[4] (AR)

ḥmg·w (MR)

hnb3 (?) (AR)

[1] Lies *p3-ṯnf*?
[2] Ob Herkunftsname?
[3] Vgl Wb I 136. II 158, 13.
[4] Vgl das Folgende und *ḥm3g·t*, S. 187.

f *ḥnk·t* (*MR*)

ḥndd (*MR*)

f *ḥrrm·t* (*NR*)[1]

ḥtjjt (?)[2] (*MR*)

ḫft(*ḫtf*?) (*MR*)

f *ḫm·t* (*AR*)

f *ḫnd·t* (*Griech.*)

ḫsmn (*AR*)

f *śwj·t*[3] (*MR*)

f *śwjt·t* (*MR*)

f *śwdn·t* (*MR*)

śpȝ (*AR*)

f *śfg·t* [4] (*AR* u. *MR*)

śtȝ·w (*NR*)

śdḫ (*MR*)

f *šȝf·t* (*AR*)

f *šȝš·t* (*MR*)

f *šȝšj·t* (*MR*)

šȝd (*AR*)

šnb (*AR*)

f (?) *ḳȝb·t*[5] (*MR*)

ḳhd (*NR*)

ḳwḳw [6] (*MR*)

ḳwḳwt (?) [7] (*MR*)

f *ḳf·t* , u. a. (*MR*)

ḳfdd (*MR*)

f *ḳrf·t* (?) (*MR*)

ḳrm (*MR*)

ḳrš (*MR*)

f *ḳḳr* (*NR?*)

kȝr·t[1] (*NR*)

kȝśḥ (?) (*MR*)

kbś , [2] (*MR*)

f *kf·t* (*MR*)

kfȝ·t[3] (*NR*)

kmḥ (*MR*)

f *kmḥ·t* (*NR*)

krḥ[4] (*MR*)

krkr (*D 5*)

f *kḥb·t* (*AR*)

f (?) *kḥf·t* (*MR*)

f *khn·t* (*MR*)

kḥkḥ (*MR*)

kśmt (?) (*NR*)

f *kšm·t* , (*MR*)

f *gjg·t* (*NR*)

gwȝ (*MR*)

f *gwȝ·t* (*MR*)

gbgb (*MR*)

---

1) Die PN I 254, 5 gegebene Deutung „die Blume der Mut" ist ganz unsicher.
2) Der Name ist der eines Mannes!
3) Vgl das Folgende
4) Vgl Wb IV 118, 6—8
5) Möglicherweise „die Brust", vgl aber auch Wb V 11, 9—10.
6) Vgl. „Art Früchte", Wb V 21, 14
7) Ob richtig? Name eines Mannes

1) Vgl *tı-kȝr·t*
2) Männer- und Frauenname
3) Femininbildung zu *kfȝ*?
4) Vgl *tı-krh*(*t*?).

gfgf[1] (*AR*)

f *gnw·t* (?) (*MR*)

f *gng·t* (?) (*AR/MR*)

f *tꜣ-ꜣgm(·t?)* (*NR*)

f *tꜣ-ꜥbꜥ·t*[2] (*NR*)

f *tꜣ-bṯ(·t?)* u. a (*Spat*)

f *tꜣ-pꜣꜥr·t* (?) (*NR*)

f *tꜣ-rwḏ·t*[3] (*NR*)

tꜣrf?, trf? (*NR*)

f *tꜣ-hr·t* u. a (*Spät*)

tꜣ-ḥšḥd (?) (*D 21 f.*)

f *tꜣ-šp·t* (*D 22*)

f *tꜣ-šṯ·t* (*Spat*)

f *tꜣ-ḳrj(·t?)* (*NR*)

f *tꜣ-ḳd·t*[4] (*MR*)

f *tꜣ-kꜣr·t*[5] (*NR*)

f *tꜣ-kmj(·t?)* (*MR*)

f *tꜣ-kmj(·t?)* (*NR*)

tꜣ-kr(·t?)[6] (*NR*)

f *tꜣ-krỉ* (?) , (*NR*)

f *tꜣ-krh(·t?)*[7] (*NR*)

f *tꜣ-grmj(·t?)* (*Spat*)

f *tꜣ-ḏꜣb(·t?)*[8] (*Spät*)

1) Ob Koseform (vgl S 164) zu *gjf* „die Meerkatze"?
2) Vgl PN I 60, 2ff
3) Vgl Wb II 413, 10 u 12f
4) Vgl Wb V 79, 9?
5) Vgl *kꜣr t* u Wb V 94, 1 Die Namen und sind wohl hiermit identisch
6) Vgl *pꜣ-kr*
7) Vgl *krh*
8) Vgl *ḏꜣb t*

f *tꜣj-ẖb·t* (*Spat*)

f *tꜣj-tf·t(?)* (*Spat*)

f *t(j?)hj·t* (*MR/NR*)

f *ṯhn·t* (*MR*)

ṯhf[1] (*AR/MR*)

f *ṯhf·t*[1] (*MR*)

ṯhṯh (*AR*)

ṯkj ? (*Spat*)

dfḏj (*AR*)

f *dfḏj·t* (*AR*)

dndn·w[2] (*AR*)

dgm (*D 6*)

ḏꜣ[3] (*MR*)

f *ḏꜣb·t* (*MR*)

ḏꜣf (*MR*)

f *ḏꜣf·t* (*MR*)

ḏꜣf[4] (*MR*)

ḏꜥꜥm[5] (*AR*)

ḏꜥw (*AR*)

ḏꜥḥ (*AR*)

f *ḏwḥ·t* (*MR*)

ḏmj (*AR/MR*)

f *ḏmj·t* [6] (*AR*)

f *ḏrp(·t?)* (*MR*)

1) Vgl Wb V 389, 10?
2) S Wb V 472 fur verschiedene Nomina des Stammes *dndn*
3) Manner- und Frauenname Ob = *ḏꜣꜣ*? Vgl auch .
4) Vgl Wb V 522, 14
5) Vgl als Bezeichnung des Gottes Geb, Wb V 535, 14
6) Vgl PN I 405, 10

B. NAMEN, DIE AUF ÄUSSERUNGEN BEI DER GEBURT ZURÜCKGEHEN.

I. NAMEN MIT DIREKTER BEZIEHUNG AUF DAS NEUGEBORENE.

Hier finden sich zunachst eine Anzahl von meist mannlichen, zum Teil aber auch weiblichen Namen, die auf die Ankunft des Kindes direkt Bezug nehmen[1]). Sie bezeichnen es zum Teil in attributiver Form durch aktive Partizipien der Vergangenheit oder der Gegenwart (vgl S 22ff.) als eines, das „auf meine Stimme" *(AR)*[2]), „in der Stunde"[3]), (f *NR)*, „in Frieden" (d h glucklich)[4]), oder „eilends"[5]), „schweigend", „zum Feste" (auch fem), „zur Ruderfahrt"[6]), „von selbst"[7]), „mit Gutem"[8]), „als Erfreuung"[9]), (alles *MR)*, im *NR* auch „als eine Schone",[10]) „wie Re" oder „wie ein Stern"[11]), „gekommen ist". Der Name *ij-hr-sꜣ* „der nachher gekommen ist" bezeichnet vielleicht ein nach dem Tode des Vaters geborenes Kind (vgl. Postumus)[12]). Andere Namen sprechen dieselben oder ähnliche Gedanken in Form eines Satzes aus, wobei meist nicht zu entscheiden ist, ob es sich um eine einfache Aussage oder um einen Wunsch handelt So *ij f-mj-rꜥ (NR)* „er kommt (moge kommen) wie Re" und ferner im *MR* *ij-ꜥnḫ·t* „eine Lebendige kommt", *-ꜥḏ* „ein Unversehrter", *-wꜣḏ* „ein Frischer" (o. a) *-mrjj*, „ein Geliebter"[13]), *-mrjj·t* „eine Geliebte", *-nfr* „ein Schoner", *-nfr·t* „Gutes"[14]), *-śn·f* „sein Bruder", *-śnb* „ein Gesunder" oder „Gesundheit"[15]), *-twꜣ* „ein Stutzender"[16]) „kommt" oder „möge kommen" oder *śn(·j)-ij(·w)* „mein(?) Bruder ist gekommen" *(MR)*. Das *NR* fugt hinzu *ij-irj* „ein Gefahrte kommt"[17]) [18])

Anstatt des Verbums *ij* „kommen" wird gelegentlich zu entsprechenden Bildungen auch  *iw* „kommen" (in *iw-nb·f, iw-nfr, iw-śnb*[19]) bzw *sꜣ-iw, sꜣ·t-iw·tj* „ein Sohn (eine Tochter) ist gekommen") und, noch drastischer auf die Geburt bezogen, *prj* „herauskommen" (in *prj-nfr, prj-nfr·t, prj-śnb)* gebraucht. Auch die *AR*-Namen *prj-n·j-ꜥnḫ* „Leben kommt (komme) heraus fur mich", *prj-n·j-kꜣ(·j)* „mein Ka kommt heraus fur mich", *prj-nb·j* „mein Herr kommt heraus", *prj-śn(·j?)* „ein (mein ?) Bruder kommt heraus", *prj-śn·t, prj-nḏ·w* „ein Beschutzer (?) kommt heraus" und die des *MR nfr-prj(·w)* „ein Schöner ist herausgekommen"[20]) o a , *iw ś-r-prj·t* „sie wird herauskommen" werden in diesen Zusammenhang gehoren. Aber was bedeutet der Name der schonen Berliner Holzstatue der 5. Dyn *prj-ḥr-nfr·t* ?[21]) Ob auch *ij-r-n(w)·t·f (NR)* „der zu seiner Stadt gekommen ist" sich auf das so benannte Kind beziehen kann, bezweifle ich. Aber die Bedeutung dieses Namens ist mir nicht klar[22]). In den Frauennamen des *NR ij·t-m-wꜣ·w* „die von fernher gekommen ist"[23]) und *ij·t-m-tꜣ-p·t* „die aus dem Himmel gekommen ist" liegen wohl Beiworte von Göttinnen, also abgekurzte Personennamen, vor.

Die Namen *inj(·w)-ḥꜥpj* bzw. *inj·t-ḥꜥpj (MR* u. *NR)* sind kaum anders zu verstehen als daß in ihnen das Kind als „den (bzw. die) der Nil bringt" bezeichnet ist, und konnten darauf Bezug nehmen, daß das Kind zur Zeit der Nilschwelle auf die Welt gekommen war Es liegt nahe, die gleiche Bildung zu sehen in den beruhmten Namen „Antef" oder „Intef" der 1 Zwischenzeit und ihn sowie sein weibliches Gegenstuck als *inj(·w)-it·f* bzw *inj·t-it·ś* „den (bzw. die) sein (bzw. ihr) Vater gebracht hat"[24]). Was darunter zu verstehen ist, bleibt freilich einstweilen

---

1) Der Name *śn(j?)-mśj(w)* „ein (mein ?) Bruder ist geboren!", *(NR)* ist merkwurdigerweise einmal als Name einer Frau belegt

2) II, Nachtr

3) D h „in dieser Stunde, jetzt" Oder schon wie im Koptischen „sofort" ?

4) Der Name *ij-m-htp* (griechisch Ιμουϑης), den der beruhmte Baumeister und Wesir Zosers in der 3 Dyn trug, gehort zu den verhaltnismaßig wenigen, die durch die ganze agyptische Geschichte hindurch bis in die griechisch-romische Zeit in Gebrauch geblieben sind.

5) Wohl von einer schnellen, leichten Geburt

6) Zu diesen beiden Festnamen s S 208

7) Auch von einer leichten Geburt ?

8) Das Kind scheint als Bringer guter Dinge gedacht

9) *m-iꜥw-ib*

10) II, Nachtr

11) Oder „wie der Morgenstern" Der Vergleichspunkt ist nicht klar

12) Ob *ij-m-inb t (MR)* „der in der Festung gekommen ist" ein in einer Festung (etwa in Assuan oder am 2 Katarakt) geborenes Kind bezeichnet ?

13) Ob 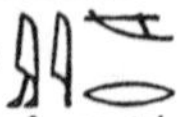 und  Varianten desselben Namens sind ? Vgl auch *ij-mr t f*, PN I 9, 21

14) So, da der Name von Männern und Frauen getragen wird Bei den Frauennamen ist naturlich auch die Übersetzung „eine Schone" moglich

15) An „Gesundheit" mochte man denken, da der bedeutungsgleiche Name *iw-śnb* (PN I, 15, 22) mehrfach von Frauen getragen wird.

16) Kaum „ein Armer" Das Kind wird wohl als kunftige Stutze der (verwitweten ?) Mutter angesehen

17) Auch der Name *wšd tw ś* „sie wird begrußt" gehort vielleicht hierher, wenn in ihm eine Begrußung des neugeborenen Kindes gemeint ist, und ebenso *gmh tw ś* „sie wird erblickt" oder „moge sie erblickt werden" — wenn auch letzterer Name sich eher auf eine Gottin beziehen mag

18) Was bedeuten die *AR*-Namen *ij-mw, ij-mh, ij-htp, ij-ḏfꜣ(j?)*, in denen gesagt zu werden scheint, daß „Wasser", „Flachs", „Gnade", „Speise" kommt ?! Dazu im *MR ij-hsw t* Belohnung (Gunst ?) kommt (vgl Wb 3, 157)

19) Vgl S 34 Wie sich hierzu die Namen *nfr-iw* (PN I, 194,7m u f !), *nfr t-iw* (201,13, fem) und *śnb-iwt* (312,16) verhalten, ist mir nicht klar

20) Oder „schon ist, der herauskommt" ?

21) Ob „moge das Antlitz der Schonen erscheinen" ?

22) Vielleicht fehlt zwischen *ij* und *r* ein Gottesname, etwa Amon.

23) Ob Bezeichnung der Hathor ?

24) An sich wäre auch die Ubersetzung „der seinen (bzw der ihren) Vater gebracht hat" moglich Die weibliche Form ist im *AR* und *MR*, die mannliche vom *AR* bis ins *NR* belegt Zu beachten ist allerdings der merkwurdige Name 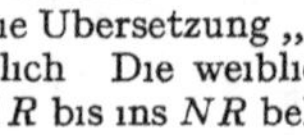 *(MR)*, (PN I, 36,11) Sollte hier 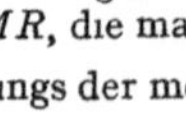 fur 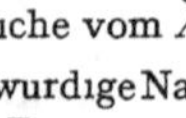 stehen, so ließe er sich nur mit „er bringt seinen Vater" oder „moge er seinen Vater bringen" ubersetzen Man konnte dann daran denken, daß man in dem Neugeborenen die Wiederkunft des Vaters gesehen habe — aber eine solche Wiederkunft des Vaters in der Tochter ware doch zum mindesten sehr seltsam! — Die ganze Frage wird dadurch noch weiter verwickelt, daß im *MR* und im *NR* 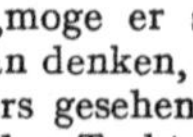 mehrfach auch als Frauenname vorkommt, und daß Bildungen wie * *inj-mw t f* oder * *inj t-mw t ś* nicht belegt sind!

noch ebenso dunkel wie bei den gleich gebildeten Namen des *AR inj(·w)-kꜣ·f* „den sein Ka gebracht hat“ und *inj·t-kꜣ·ś* „die ihr Ka gebracht hat“, *inj(·w)-nb·f* „den sein Herr gebracht hat“.

Anders steht es bei den anscheinend ebenso gebildeten Namen des *MR gmj(·w)-mw·t·f* und *gmj·t-mw·t·ś*, die doch wohl nicht „der seine (bzw die ihre) Mutter gefunden hat“ sondern „den seine (bzw. ihre) Mutter gefunden hat“ ubersetzt werden mussen. Es konnte sich hier wie bei Moses und der Tochter Pharaos um Findelkinder handeln, und der einer syrischen Sklavin im *NR* von ihrer Herrin (die sie auf der Westseite gekauft hatte) beigelegte Name *gmj(·t*[1]*)·n·j-hr-imnt·t* „die ich im Westen gefunden habe“ ließe sich fur eine solche Vermutung heranziehen.

II. NAMEN MIT BEZIEHUNG AUF DAS VERHÄLTNIS ZWISCHEN KIND UND ELTERN.

Ich stelle hier eine Anzahl von Namen zusammen, die ein Wiederhall sind von der Sehnsucht der Mutter, die sich ein Kind gewunscht hat, von der Liebe, mit der die Eltern ihr Kind empfangen haben An sie schließen sich solche, die stolz und freudig das Besitzverhaltnis betonen, und wieder andere, die Wunsche fur Leben und Gesundheit des Kindes enthalten.

1 Das Kind ist ersehnt

	dbḥ(·w)·n(·j)	„den ich erbeten habe“[2] *(AR u MR)*	f	*wn·j-ḥr-ꜣb·t-śj*	„ich habe sie gewünscht“ *(MR)*
f	*nḥj·t·n·j*	„die ich erbeten habe“[2] *(MR)*		*hꜣ-n·j*	„ach hätte ich doch!“[4] *(AR u. MR)*
	nḥj(·w)·n·j-n·j	„den ich mir erbeten habe“[2] *(MR)*		*hꜣ-ꜥnḫ·f*	„ach lebte er doch!“ *(MR)*
f	*ꜣb·t·n·j*	„die ich gewunscht habe“ *(MR)*	f	*hꜣ-ꜥnḫ·ś*	„ach lebte sie doch!“ *(MR)*
	pꜣ-ꜣb·w	„der Ersehnte“ (?)[3] *(NR)*			

2 Das Kind wird geliebt

f	*iw-ib·j-r·ś*	„mein Herz steht nach ihr“ *(MR)*		*ḥss(·w)-it f*	„den sein Vater lobt“ *(NR)*
	ib(·j)-r·f	„mein Herz steht nach ihm“ *(MR)*		*rn·f-m-ib(·j)*	„sein[6] Name ist in meinem Herzen“ *(MR)*
f	*ib·j-r·ś*	„mein Herz steht nach ihr“ *(MR)*	f	*rn·ś-m-ib(·j)*	„ihr[6] Name ist in meinem Herzen“ *(MR)*
	mrj-św-it·f	„moge sein Vater ihn lieben!“ *(NR)*	f	*ꜥnḫ-n·ś-it·ś*	„moge ihr Vater fur sie leben!“ *(Spat)*
f	*mrj·t-itf·ś*[5]	„die von ihrem Vater Geliebte“ *(AR—NR)*	f	*iw-n·ś-itf·ś*	„ihr Vater gehort ihr“ *(MR)*
f	*mrj·t-mw·t·ś*	„die von ihrer Mutter Geliebte“ *(AR)*			

Auch der einfache Name *imj-ib* „der Liebling“ *(D 5)*[7] gehort hierher.

3. Freude uber den Besitz des Kindes.

	pꜣ-ntj-n·j[8]	„der mir gehört“ *(MR)*		*sꜣ(·j)-pw*	„mein Sohn ist es!“ *(AR u. MR)*
f	*tꜣ-ntj·t-n·j*	„die mir gehort“ *(MR)*		*km(·w)·n·j*	„den ich vollendet habe“ (?[10]) *MR)*
f	*ink-śj*	„mir gehort sie!“ *(MR)*	f	*km·t·n·j*	„die ich vollendet habe“ (? *MR)*
	nj-nk-św	„mir gehort er!“ *(MR)*	f	*mśj·t·n·j*	„die ich geboren habe“ *(MR)*
	iw·f-n·j	„er gehort mir“ *(MR)*	f	*iw·ś-n-pr·ś*	„sie gehort ihrem Hause“ (? *MR)*
f	*iw·ś-n·j*	„sie gehört mir“ *(MR)*		*n·n-tj-św*	„uns (gehort) er!“ *(MR)*
f	*n·tn-św*	„euch gehort er!“[9] *(MR)*	f	*n·n-tn* (?)	„uns (gehort) diese!“ (? *MR)*
f	*iw·ś-n-mw·t·ś*	„sie gehort ihrer Mutter!“ *(MR)*		*n·tn-nw* (?)	„euch gehort dies!“ (? *MR)*
	iw·f-n-mw·t·f	„er gehort seiner Mutter!“ *(AR)*		*n·n-pꜣ*	„uns (gehort) dieser!“ *(AR)*

1) So vielleicht besser als *gmj n j-hr-imnt t* „ich habe im Westen (etwas) gefunden“

2) Da das „Erbitten“ sich wohl nur auf eine Gottheit beziehen kann, stehen diese Namen denen mit eigentlich religiosem Inhalt sehr nahe

3) Es konnte auch ein Kurzname vorliegen, vgl *pꜣ-ꜣb(w)-inhr t* „der von Onuris Ersehnte“ (?)

4) Namlich ein Kind! Manner- u Frauenname

5) PN I 158, 18 171, 17

6) Moglich ware auch die Beziehung auf eine Gottheit

7) II, Nachtr

8) Dieser Name erscheint allerdings (durch Versehen?!) in einem Text (Pap) Kahun II, 10) 3mal als Name einer Frau!

9) Ausruf der Eltern an die Geschwister oder der Hebamme an die Eltern? Aber Frauenname!

10) Ob sich in diesem und dem folgenden Namen die Freude uber ein ausgetragenes Kind, bzw uber die Vollendung der langen neun Monate ausspricht?

4. Wünsche für Leben, Gesundheit u. ä. des Kindes.

	ʿnḫ-r-fnḏ·f / *ʿnḫ-r-šr·t·f*	„Leben (sei) an seiner Nase!“[1]) *(AR)*
	ʿnḫ-ḥꜣ·f	„Leben sei (als Schutz) hinter ihm!“ *(AR* u. *MR/NR)*
f	*ʿnḫ-ḥꜣ·ś*	„Leben sei hinter ihr!“ *(AR)*
	ʿnḫ-nfr	„möge der Schöne leben!“ *(MR)*
	prj-śnb	„möge ein Gesunder herauskommen!“ *(AR)*
	prj-n·j-ʿnḫ	„möge mir ein Lebender herauskommen!“
	mrj-św-ʿnḫ	„möge das Leben[2]) ihn lieben!“ *(AR)*
	mrj·f-ʿnḫ	„möge er das Leben lieben!“ *(AR* u. *MR)*
f	*mrj·ś-śnb*	„möge sie die Gesundheit lieben!“ *(MR)*
f	*mrj·ś-ʿnḫ*	„möge sie das Leben lieben!“ *(MR)*
	ʿnḫ·f-n·j	„möge er für mich leben!“ *(MR)*
f	*ʿnḫ·ś-n·j*	„möge sie für mich leben!“ *(AR* u. *MR)*
f	*ʿnḫ·ś-n-mw·t·ś*	„möge sie für ihre Mutter leben!“ *(D 21)*
	śnb·f-n·j	„möge er mir gesund sein!“ *(MR)*
	śnb·f	„möge er gesund sein“ *(MR* bis *Spät)*[3])
f	*śnb·ś*	„möge sie gesund sein“ *(MR)*[3])
f	*śnb·ś-n·j*	„möge sie mir gesund sein!“ *(MR)*
f	*śnb·ś-ʿnḫ·ś*	„möge sie gesund sein und leben!“ *(MR)*
	śnb-hnʿ·f	„Gesundheit (sei) mit ihm!“ *(MR)*
	śnb-hnʿ·ś	„Gesundheit (sei) mit ihr!“ *(MR)*
	śnb·f-m-ʿnḫ[4])	„möge er gesund sein im Leben!“ *(NR)*
	wḏꜣ-ʿnḫ·ś	„möge ihr Leben gedeihen!“ *(MR)*
	śnb·f-n-ṯꜣ·w·f	„möge er gesund sein für seine Jungen!“ (?)[5]) *(MR)*
	ʿnḫ-ntj-n·j	„möge leben, der mir gehört!“ *(MR)*
	ʿnḫ·tjfj	„einer, der leben wird“ (auch *MR)*
f	*ʿnḫ·tjśj*	„eine, die leben wird“ *(MR)*
	pꜣ-ntj-ỉw f-ʿnḫ	„der, welcher lebt“ (leben wird?) *(Spät)*
	ỉw·f-ʿnḫ	„er lebt“ *(MR)*[3])
f	*ỉw·ś-ʿnḫ*	„sie lebt“ *(MR)*[3])
	ỉw·f-r-ʿnḫ	„er wird leben“ *(MR)*
f	*ỉw·ś-r-ʿnḫ*	„sie wird leben“ *(MR)*
	śnb·tjfj	„einer, der gesund sein wird“ *(MR)*
f	*śnb·tjśj*	„eine, die gesund sein wird“ *(MR)*
	ỉw·f-r-śnb	„er wird gesund sein“ *(MR)*
f	*ỉw·ś-r-śnb*	„sie wird gesund sein“ *(MR)*
	nn-mwt·f	„er wird nicht sterben!“ *(MR)*
	pḥ·f-m-nfr·t	„möge er Gutes erreichen!“ (?)[6])
f	*ʿnḫ ś-nfr*	„ihr Leben ist schön“ o. ä. *(MR)*

III. NAMEN, DIE DIE WORTE *nb* „HERR“ ODER *ḥrj* „VORGESETZTER“ BZW. *ḥrj t* „VORGESETZTE“ ENTHALTEN[7]).

Eine Anzahl von Namen, anscheinend profanen Inhalts[8]), sind mit *nb·j*[9]) (oder *pꜣ·j-nb)* und *nb·f* „mein Herr“ bzw. „sein Herr“, einige wenige auch mit *nb·ś* „ihr Herr“ gebildet, sie gehören aber offenbar ihrer Bedeutung nach nicht einer und derselben Gruppe an. Ich gebe zunächst eine Liste

prj-nb(·j)	„möge mein Herr herauskommen!“ *(AR)*
ỉw-nb·f	„möge sein Herr kommen!“ *(AR)*
ꜣḫ-nb(·j)[10])	„mein Herr ist herrlich“ o. ä. *(AR)*
ḥtp-nb(·j)	„möge mein Herr gnädig sein!“ *(AR* u. *MR)*
pꜣ·j-nb-rḫ(·w)[11])	„mein Herr weiß“ (?) *(NR)*
ʿnḫ-nb·f[12])	„möge sein Herr leben“ *(Spät)*
śnb-nb·j	„möge mein Herr gesund sein“ *(MR)*
śnb-nb·f	„möge sein Herr gesund sein“ *(AR* bis *D 18)*
ỉp-nb(·j))[13]	„*ỉp* ist mein Herr“ *(MR)*
ỉmnmḥb-nb(·j)	„*ỉmnmḥb* ist mein Herr“ *(NR)*
ỉnỉtf-nb(·j)	„*ỉnỉtf* ist mein Herr“ *(MR)*

In den letzten drei Namen spricht der Namengeber (oder die Namengeberin) anscheinend von bestimmten Personen als „mein Herr“, ohne daß wir recht sehen können, was gemeint ist. Es handelt sich vielleicht um mächtige,

[1]) Vgl. Gardiner, Grammar § 118, 1.

[2]) Oder „der Lebendige“ (als Gottesname)?

[3]) Hier könnten auch Kurznamen vorliegen, vgl. PN I, 314.

[4]) Ob *śnb f-n-ʿnḫ (MR)* dasselbe ist?

[5]) Ob der medizin. Ausdruck, 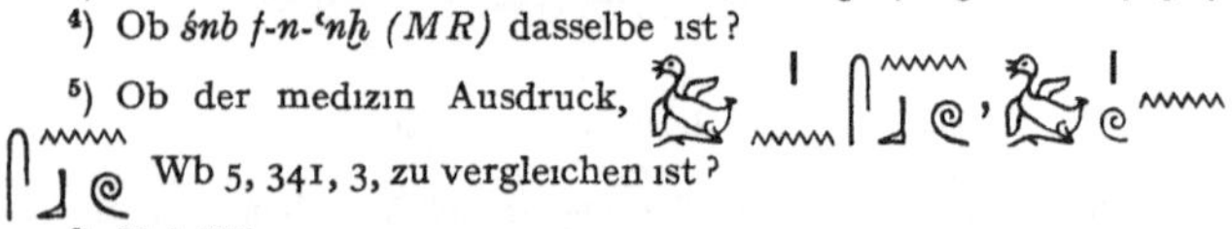 Wb 5, 341, 3, zu vergleichen ist?

[6]) Vgl. Wb 1, 534, 19.

[7]) Zu trennen hiervon sind die auf S. 21 u. 176 besprochenen Namen, die den Träger selbst als „Herr“ bzw. „Herrin“ zu bezeichnen scheinen.

[8]) Zu den Namen, in denen *nb j* bzw. *nb f* und *nb t j* sich auf eine Gottheit bzw. den König bezieht (vgl. S. 217), gehören auch *nb(j)-ʿn-św*, *nb(j)-wʿj(w)*, *nb(j)-wnn f*, *nb(j)-m-ꜣḫ t*, *nb(j)-m-ib j*, *nb j-mśj(w)*, *pꜣ j-nb-mśj(w)*, *nb(j)-nfr* usw.

[9]) Das Suffix der ersten Person ist häufig nicht ausgeschrieben. Vgl. dazu S. 15.

[10]) Die Lesung des Vogels in PN I, 3, 1 ist nach der Photogr. Heidelberg 74a 35 nicht völlig gesichert. Vgl. aber *ꜣḫ-nb t (AR)* und *ꜣḫ-ḥtḥr* (f *MR*).

[11]) Was bedeutet , PN I, 127, 1 *(NR)*? Ob „mein Herr ist (n. für m!) ein Jüngling“?

[12]) PN I, 64, 26 (so ist zu lesen!)

[13]) Ob hier an den Personennamen *ỉp* (PN I, 21, 29) oder an eine Gottheit *ỉp* zu denken ist (vgl. PN I, 22, 1), bleibt fraglich.

einflußreiche Personen, deren Schutz in diesen Namen angerufen wird[1]). Dasselbe könnte für die vorangehenden Namen „möge sein Herr leben“, „möge mein (bzw. sein) Herr gesund sein“, „möge ihr Herr heil sein“, zutreffen. Bei *ḥtp-nb(·j)* „mein Herr ist gnädig“, ist dies schon zweifelhafter, da *ḥtp* in Namen sonst nur von Gottheiten gebraucht wird[2]). Und in *ꜣḫ-nb(·j)* „mein Herr ist herrlich“ kann doch mit „Herr“ wohl nur ein Gott gemeint sein. In „möge sein Herr kommen“ und „möge sein Herr herauskommen“ endlich scheint eine Beziehung auf den neugeborenen Knaben fast unabweislich — aber warum sollte er „sein Herr“ genannt, und als wessen „Herr“ könnte er gedacht sein?

Ihrer Bedeutung nach noch unklare Bildungen mit *nb-* bzw. *nb·t-* sind:  *(MR)*, , 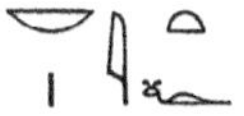 *(AR, MR)*,  *(NR)*, 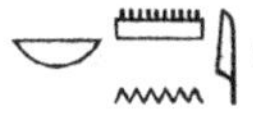 und 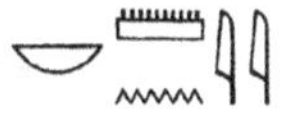 *(NR)*,  *(NR)*, 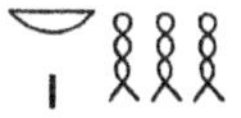 *(MR)*,  und f  *(NR)*.

In der Spätzeit, in der Bildungen mit *nb* „Herr“ selten sind[3]), treten dafür Namen auf, die das Wort *pꜣ-ḥrj* (bzw. *tꜣ-ḥrj·t*) „der (bzw. die) Vorgesetzte“ enthalten. Es sind die folgenden:

ʿnḫ-pꜣ·f-ḥrj	„möge sein Vorgesetzter leben!“
f *ʿnḫ-tꜣ·ś-ḥrj·t*[4])	„möge ihre Vorgesetzte leben!“
f *wḏꜣ-pꜣ·ś-ḥrj*	„möge ihr Vorgesetzter heil sein!“
pꜣ·f-ḥrj-(ḥr-)ḥs·t(·j?)	„sein Vorgesetzter lobt mich“ (?)
f *tꜣ·ś-ḥrj(·t)-(ḥr-)ḥs·t(·j?)*	„ihre Vorgesetzte lobt mich“ (?)
pꜣ·f-ḥrj-nṯrj(·w?)	„sein Vorgesetzter ist göttlich“
f *tꜣ·ś-ḥrj·t-nṯrj(·tj?)*	„ihre Vorgesetzte ist göttlich“
	Dazu kommt noch
f *tꜣ·ś-śpśj·t-ḥr·tj*	„ihre Herrin ist zufriedengestellt“

In diesen Namen wird von dem (bzw. der) „Vorgesetzten“ oder „Herrin“ des Kindes gesprochen, denen Leben und Heil gewünscht, und von denen gesagt wird, daß sie den Namengeber „loben“, bzw. daß sie „göttlich“ sind. Trotz des letzten Ausdrucks scheint es mir wahrscheinlich, daß hier von menschlichen Vorgesetzten und nicht von Gottheiten die Rede ist. Aber entscheiden läßt sich die Frage kaum.

IV. NAMEN RECHTLICHEN INHALTS.

Eine kleine Gruppe von Namen des späten *AR* scheint dem neugeborenen Sohne — etwa gegen mißgünstige Verwandte des Vaters oder der verwitweten Mutter oder gegen hochgestellte Vorgesetzte — den ihm von rechtswegen zukommenden Besitz sichern, oder den ihm schon streitig gemachten oder gar entrissenen Besitz wiedererstatten zu sollen. In „König NN-*ḥꜣ-iś·t·f*“[5]) „König NN (steht schützend) hinter seiner Habe“ wird etwaigen unberechtigten Ansprüchen gegenüber offenbar mit der Macht des regierenden Königs gedroht, der für das Recht des noch unmündigen Kindes eintreten wird. Auch der Name *iw-n·f-iḫ·t-it·f* „die Habe seines Vaters gehört ihm“ wird in diesen Zusammenhang einzureihen sein. Ferner *nj-nk-iś·t(·j)* „meine Habe gehört mir!“ (f *AR*, I 422, 19) und der mir noch nicht verständliche Name *śkm-iś·t·j* (*AR*, I 421, 8). Bei dem Namen *śnfrw-inj-iś·t·f*[6]) „Snofru ist es, der seine Habe (wieder) gebracht hat“, der aus der 6. Dyn. überliefert ist, fällt es auf, daß die Aussage von einem Könige der 4. Dyn. gemacht wird, der etwa 400 Jahre vor dem Namenträger geherrscht hat. Vielleicht erklärt es sich dadurch, daß der Besitz der Familie, in die das so benannte Kind hineingeboren wurde, auf eine Schenkung des alten Königs zurückging. Möglich aber auch, daß ein Name der 4. Dyn., der von Geschlecht zu Geschlecht sich fortgeerbt hatte, uns zufällig erst aus der 6. Dyn. überliefert worden ist[7]).

V. NAMEN, DIE AUSRUFE UND AUSSAGEN VERSCHIEDENER ART ENTHALTEN.

Auch hier sind zunächst einige Namen anzuführen, die sich zwanglos als Äußerungen der Mutter (oder des Vaters) bei bzw. kurz vor oder nach der Geburt des Kindes verstehen lassen.

---

[1]) In dem Namen *initjikr-nb-irj-r-ꜣw* „Antefoker ist ihrer aller Herr“ (vgl. S. 66) würde dann der Schutz eines solchen Mächtigen (ob der bekannte bei Theben bestattete Wesir damit gemeint ist?) für die ganze Familie in Anspruch genommen werden.

[2]) Vgl. allerdings den mir in seiner Bedeutung noch nicht verständlichen Frauennamen *ḥtp-śn t*!

[3]) Sie gehören, wie schon die Schreibung zeigt (*ʿnḫ-nb f*, *wḏꜣ-nb ś*) zu den in der Spätzeit wieder künstlich belebten Namen des *AR*.

[4]) Vgl. Wb 3, 142, 1. Auch (ob fehlerhaft?) *ʿnḫ-tꜣ-ḥrj t*.

[5]) PN I, 342, 19; 421, 18. Auch mit *kꜣ-ḥꜣ-iś wt f* (PN I, 338, 8, *MR*) ist offenbar der als „Stier“ bezeichnete König gemeint. Vgl. auch *ḥkꜣ-ḥꜣ-iś t f*.

[6]) PN I 35, 23 wird so zu lesen sein!

[7]) Zum Vorstehenden vgl. meinen Beitrag zur Festschrift für Gustav Radbruch (1948).

ỉw-ỉb(·j)-mn(·w) *(AR)* „mein Herz ist standhaft geblieben" o. ä.

ỉw-mj-nn *(MR)* „so ist es!" (?)

ỉw·f-nj-r-śn *(MR)* „er wird mir ein Bruder sein"¹)

ỉw·f-n·n (?)-śn *(MR)* „er ist ein Bruder für uns"²)

ỉw·f-śn(·j ?) *(MR)* „er ist mein (?)Bruder"

ỉw·f-r-ỉḫ *(D 20)* „wozu ist er nütze?"

f *ỉw·ś-r-ỉḫ* *(D 20)* „wozu ist sie nütze?"

ỉb·j-ỉʿj(·w) u. ä. *(MR)*³) „ich bin erfreut worden"

f *ỉb(·j ?)-ḥtp(·w)* *(MR u. NR)* „mein Herz ist zufrieden gestellt" o. ä.

f *ỉnj·tn-śj* u. ä. *(MR/NR)* „bringt sie her!"⁴)

f *ỉḫ-ntś* *(D 20)* „was ist sie?"

f *ʿnḫ-ỉb(·j)* *(MR)* „möge mein Herz leben! (?)"

ʿnḫ-ỉtf(·j) *(MR)*³) „möge mein Vater leben! (?)"⁵)

ʿnḫ-ỉtf·f *(MR)* „möge sein Vater leben!"

f *wʿj·t-pw* *(MR)* „es ist die Einzige!"⁶)

bn-pw *(D 18)* „es ist ein Sohn (?)"⁷)

f *bn·t-pw* *(NR)* „es ist eine Tochter!"

nb·n-pw *(NR)* „es ist unser Herr"⁸)

¹) Ob der Bruder als der natürliche Beschützer der Mutter gemeint ist?
²) Ausruf der älteren Geschwister? Allerdings würde *r* (oder *m*) fehlen!
³) Auch Frauenname
⁴) Anruf der Mutter an die sie umgebenden Frauen? Die Übersetzung ist fraglich wegen der Varr. des Namens (u. ä.). Vielleicht liegt eine schlechte Schreibung vor, und es ist „euch gehört sie" zu verstehen. Vgl. S. 87
⁵) Vielleicht, indem er in dem Kinde wieder auflebt? Vgl. S. 206f.
⁶) Etwa Ausruf des Vaters, nachdem die Mutter bei der Geburt gestorben ist
⁷) Oder „er ist es nicht!" (?)
⁸) Ob eine Gottheit oder der König gemeint ist?

nfr-nn u. ä. *(AR u. NR)* „gut ist dies!"

nfr-ḏbꜣ(·j) u. a. *(MR)* „mein Ersatz ist gut"¹)

f *ḏbꜣ·tjśj* *(MR)* „eine, die ersetzen wird"¹)

f *ḏbꜣ-śt* *(MR)* „ersetze sie! (?)"¹)

*nḏm-ỉb(·j ?)*²) *(AR u. MR)* „ich bin fröhlich" (?)

nḏś-pw *(MR)* „es ist ein Kleiner!"³)

ḥꜣ-ʿnḫ(·j) *(MR)* „ach lebte ich doch!"⁴)

ḥꜣ-ʿnḫ·f u. ä. *(MR)* „möchte er doch leben!"

f *ḥꜣ-ʿnḫ·ś* u. ä. *(MR)* „möchte sie doch leben!"

f *ḥnw·t·j-pw* u. a. *(MR)* „es ist meine Herrin"⁵)

śn(·j ?)-pw *(MR)* „es ist (m ?)ein Bruder!"⁶)

f *śn·t(·j ?)-pw* „es ist (m ?)eine Schwester!"⁶)

f *śn·t·n-pw* *(MR)* „es ist unsere Schwester!"⁶)

f *śnb·j-n·śn* u. a. *(MR)* „möge ich gesund sein (bzw. bleiben) für sie!"⁷)

f *śnb-śj-m-ʿ·j* u. ä. *(MR)* „sie ist gesund in meiner Hand"⁸)

śnb-św-m-ʿ·j u. ä. *(MR)* „er ist gesund in meiner Hand"⁸)

ʿnḫ-rn *(MR)* „einer, dessen Name lebt"

*ʿ*nḫ-rn·f* (αγχοριμφις) *(Griech.)* „möge sein Name leben!"

f *ʿnḫ·t-rn* *(MR)* „eine, deren Name lebt"

¹) Etwa für eine verstorbene Schwester. Aber auch ein „Ersatz" für die im Kindbett gestorbene Mutter käme in Frage
²) Auch Frauenname
³) Zu *nḏś* vom kleinen Kinde s. die Belegstellen zu Wb 2, 284, 8
⁴) D. h. „bliebe ich doch am Leben!" (?)
⁵) Oder liegt ein Kurzname vor?
⁶) Vgl. die Wiedergeburtsnamen S. 206f.? Der Name *śn(·j)-pw* wird merkwürdigerweise von Männern und Frauen getragen. — Was bedeutet *śn(·j)-pw-m-ḥsw·t* und *śn(·j)-pw-śnb·j*?!
⁷) Nämlich für die schon vorhandenen Kinder? (PN I 313, 7), die Mutter spricht!
⁸) Die Mutter oder die Hebamme spricht.

wꜣḥ-rn (*MR*) „einer, dessen Name dauert“

wꜣḏ-rn (*MR*) „einer, dessen Name frisch ist“ (?)

wḏꜣ-rn·f (*Griech.*) „möge sein Name heil sein!“

f *wḏꜣ-rn·ś* (*Spät*) „möge ihr Name heil sein!“

ꜥꜣ·kwj (*D 26*) „ich bin groß geworden!“[1]

f *ꜥꜣ·tj* u. a. (*MR* u. *NR*) „sie ist groß geworden!“

f *ỉw·ś-ꜥꜣ·ś* (*MR*) „sie wird immer größer“

wr-św (*NR*) „er ist groß!“

ỉw·f-ꜥꜣ (*Spät*) „er ist groß!“[2]

ỉw·f-dj (*Spät*) „hier ist er!“

f *ḥr·ś-nfr* (*MR*) „ihr Gesicht ist schön“

Die Namen *ꜥnḫ-pꜣ-ẖrd* „das Kind lebt (bzw. lebe)“ — was auch in griechisch-römischer Zeit noch vorkommt und in der Umschreibung χαποχρατης belegt ist — und vor allem *ꜥnḫ-ẖrd-nfr* „es lebe das schöne Kind!“ beziehen sich wohl auf das Horuskind und haben also religiösen Inhalt.

Daneben finden sich kurze Ausrufe ganz allgemeiner Art, die nicht einmal Sätze bilden und ebenfalls in der Wochenstube ihren Ursprung gehabt haben werden:[3])

ỉꜣw-nfr u. ä. (*MR* u. *NR*) „ein schönes Alter!“

ỉḫ·t-n-nb(·j) „eine Sache für meinen Herrn!“

ꜥḥꜥ-nfr (*D 18*) „eine schöne Lebenszeit!“

wpw·t-nfr(·t) (*D 19*) „eine gute Botschaft!“

wrš-nfr u. a. (*Griech.*)[4]) „gute Zeit!“ o. a.

bw-nfr u. a. (*AR*) „etwas Gutes!“

f *pḫr t-nfr·t* u. ä. (*D 6*) „ein gutes Heilmittel!“

f *mšꜥ-nfr* u. ä. (*Dyn. 20*) „eine gute Reise!“ o. a.

mšꜥ·t[5])*-śbḳ·t* [6]) (*Dyn. 21*) „glückliche Reise!“

mdw-nfr (*AR*) „eine gute Rede!“

f *nb(·w)-ḥr-ḫśbḏ* (*Dyn 18*) „Gold und Lapislazuli!“

nfw(ṯꜣw ?)-n-fnḏ·t(·j) (*Dyn. 18*) „Luft für meine (?) Nase!“

nfw(ṯꜣw ?)-nḏm (*NR*) „süße Luft!“

nḥḥ-n-ỉt·f (*NR*) „die Ewigkeit für seinen Vater!“ (?)

nḥḥ-n-dj-św u. ä. (*NR*) „die Ewigkeit für den, der ihn gegeben hat!“

f *rn-n·j* , (*MR*) „ein Name für mich!“ (?)[7])

rnp·t-nfr·t u. ä. „ein gutes Jahr!“

hꜣw-nfr u. ä. (*NR*) „eine gute Zeit!“[8])

hrw-nfr u. ä. (*AR—NR*)[9]) „ein guter Tag!“

ḥb-ꜥꜣ (*D 12*) „ein großes Fest!“[10])

ḫnw-nfr (*NR*) ob hierher?

ẖrd-n·j u. a. (*AR/MR*) „ein Kind für mich!“

ẖrd·w-n·j (*MR, früh*) „Kinder für mich!“ (?)

---

1) Durch Kindersegen?

2) Oder sollte das Wort *ꜥꜣ* „hier“, Wb 1, 164, 7—9 vorliegen? Vgl den folgenden Namen

3) Vgl schon Ranke, Grundsätzliches, S 21, Anm 2

4) Vgl aber S 188 und siehe Wb 1 336, 2

5) Das Infinitiv- *t* deutet auf einen Stamm IVae inf, vgl. Wb 2, 156

6) Die Schreibung mit ist im Wb nicht belegt.

7) Oder *rn ỉ-n j* „mein Name (gehört) mir!“?

8) Masc u fem

9) Im *MR* auch Frauenname.

10) Vgl. die Festnamen S. 208ff.

s-n·j (*MR*) „ein Edler für mich!“

sꜣ-n·j (*AR*) „ein Sohn fur mich!“[1])

f *sꜣ·t-nj* (*MR*) „eine Tochter fur mich!“

f *sꜣ·t-n-mw·t·f* (*MR*) „eine Tochter fur seine Mutter!“[2])

f *sꜣ·t-s-n·j* u. a. (*AR* u *MR*) „die Tochter eines Edlen fur mich!“[3])

f *sp-n-mw·t* (*MR*) „ein Heilmittel fur die Mutter“[4])

f *sp-n-wrḏ·t* (*MR*) „ein Heilmittel fur die Mude!“[4])

f *sp-nfr* (*NR*) „ein gutes Heilmittel!“[5])

sꜣḥ-tꜣ-nfr u. a (*NR*) „eine gute Landung!“[6])

śfḫ-nfr u. ä (*AR* u. *MR*) „ein schönes Lösen (d h Entbinden)!“

śnb-n·j u ä (*MR*) „Gesundheit fur mich!“[7])

f *śnḏ·t-n-mnꜥ·t* (*MR*) „Furcht fur die Amme!“

śrj-nfr (*NR*) „ein guter Kleiner!“

śrj-bin (*NR*) „ein boser Kleiner!“

kjj-nfr (*NR*) „noch ein Guter!“

f *tꜣ-n·j* (*MR* u. *NR*) „Brot fur mich!“

tꜣ-n-ḥꜥꜣ·w u. ä.[8]) (*MR* u *NR*) „Brot fur die Kinder!“

ṯꜣ-nfr u. a (*NR—Griech*) „ein gutes Junges!“

f *dwꜣj·t-nfr·t* (*MR*) „ein schoner Morgen!“

Es folgen andere Ausrufe und Äußerungen, deren Bedeutung zum Teil noch unklar bleibt:

f *imn-ḏfꜣ·ś* (*AR*) „möge ihre Speise dauern!“ o. ä.

f *ꜥnḫ-ḏfꜣ·ś* (*AR, früh*) „ihre Speise lebt“ o. ä.

f *ꜥnḫ-mr(·w)·ś* (*AR*) „es lebt der, den sie liebt“ (?)

f *ḥr·j-ḥr-ꜥnḫ* (*AR*) „mein Gesicht ist auf das Leben gerichtet“ o a.

śpr(·j)-r-ꜥnḫ (*AR*) „meine Rippe wird leben“ (?)

f *śr·t(·j)-n-ꜥnḫ* (*AR*) „meine Nase gehört dem Leben“ (?)

n-mn·śn (*AR*) „sie sind nicht geblieben“

mśj(·w?)-sꜣ u. ä (*AR*) „ein Sohn wird (?) geboren“

f *mśj(·w?)-sꜣ·t* u. a. (*AR*) „eine Tochter wird (?) geboren“

pḥ(·j?)-r-nfr[9]) (*AR*) ?

f *mi-r·t̲* (*MR*) „komm doch!“[10])

f *mw·t(·j)-ḥnꜥ·j* u a (*MR*) „meine Mutter ist mit mir“

śn(·j)-ḥnꜥ(·j) u. a. (*AR* u. *MR/NR*) „mein Bruder ist mit mir“

ink-pw-(m-?)mꜣꜥ (*MR*) „ich bin ein Gerechter“ (?)[11])

ir tj(·j)-wn·w (*D 12*) „meine Augen sind geoffnet worden“

śnb-hnꜥ(·j) (*MR*) „Gesundheit ist mit mir“

---

1) PN I 295, 17

2) Sinn? Auch *sꜣ t-n(t)-mw t f* „die Tochter seiner Mutter“ bliebe unklar

3) PN I 239, 6

4) Durch die Geburt wird die Mutter gesund, vgl unser „eines Kindes genesen“

5) Vgl Wb 3, 435, 10ff

6) Vielleicht Ausruf bei einem Feste

7) Masc und fem

8) Der Name wird von Mannern und Frauen getragen Die Schreibung enthalt wohl ein fehlerhaftes . Oder sollte es „Kinder sind Brot fur mich!“ heißen?

9) Sethe (bei Borchardt, Sahure II, S 123) ubersetzte „das Hinterteil dem Guten zugekehrt“ Vgl *pḥ t-m-nfr t*, PN I 135, 23

10) Hier ist vielleicht eine Gottin angeredet

11) Oder *ink-pw-(m-) mꜣꜥ(t)* „ich bin es wirklich“?

śnb-ḥnʿ·f (*MR* u *MR/NR*) „Gesundheit ist mit ihm"

f *śnb-ḥnʿ·ś* u a (*MR*) „Gesundheit ist mit ihr"

f *śḫ3-m-nfr·t* (*NR*) „gedenke an Gutes!" (?)[1]

iw·f-n·j-r-pšš(·w ?) u. a (*MR*) „er wird mir ein (gerechter) Teiler (?) sein"[2]

f *iw·ś-n·j-r-pšš(·t ?)* u. a. (*MR* u *NR*) „sie wird mir eine (gerechte) Teilerin (?) sein"[2]

3ḫ-it·w (*MR*) „die Väter sind herrlich" o. a.

3ḫ-ḫrj·w (*NR*) „die Unteren[3] sind herrlich" o. a

it(·j ?)-nfr[4] (*NR*) „mein (?) Vater ist gut"

śn(·j ?)-nfr[4] u. ä (*MR* u. *NR*) „mein (?) Bruder ist gut"

it(·j ?)-ʿ3[4] u ä (*MR* u. *NR*) „mein (?) Vater ist groß"

ʿnḫ·n-r-3w[5] (*MR*) „mögen wir alle leben!"

śnb·n-r-3w (*MR*) „mögen wir alle gesund sein!"

śnb·w-r-3w (*MR*) „mögen sie alle gesund sein!"

it(·j)-r-śśnb-ib(·j) (*MR*) „mein Vater wird mein Herz gesund machen"

ij·w-śnb(·w)[4] u. ä. (*MR*) „sie kommen, indem sie gesund sind" o ä.

rn(·j ?)-nfr[4] u. ä (*D 18*) „mein (?) Name ist schön"

1) Ob eine Göttin angeredet ist, der man geopfert hat?
2) Vgl Wb 1, 554, 2
3) Oder „die Hausgenossen"? Vgl Wb 3, 342
4) Alle diese Namen werden von Männern und Frauen getragen!
5) Zu diesem und den beiden folgenden Namen vgl Lacau in Bulletin de l'Inst 30, 892

rn·f-nfr[1] (*NR*) „sein Name ist schön"

f *rn·ś-nfr* (?) (*MR*) „ihr Name ist schön" (?)

rn·f-wśr (*MR*) „sein Name ist stark" o ä.

rn·f-ikr (*MR*) „sein Name ist vortrefflich" o a.

iw·f-b3k·w(·j ?) (*NR*) „er ist meine (?) Abgabe" (?)

f *t3-hr-nḥ(·t)-n·ś* (*NR*) „das Land bittet für sie"[2]

iḥw-mḥ(·w) u. ä. (*NR*) „das Feldlager[3] ist gefüllt"

p3·ś-pr-mḥ(·w) (*Spät*) „ihr Haus ist gefüllt"[4]

p3-iḥw-wḏ3(·w) (*NR*) „das Feldlager[5] ist heil"[6]

gr-mn(·w) u ä. (*NR*) „der Schweigende[7] ist standhaft geblieben"

nḏm-gr (*D 19*) „der Schweigende[7] ist angenehm"

p3-idn·w-nḫt(·w) (*Dyn. 20*) „der Vertreter ist stark (geworden ?)"

f *nḏm-bḥd-t* (*NR*) „Edfu ist angenehm"

f *nḏm-mnnfr* (*NR*) „Memphis ist angenehm"

nḏm-dmj (*NR*) „die Stadt ist angenehm"

dmj-wḏ3(·w) (*NR*) „die Stadt ist wohlbehalten"

Die letzten vier Namen haben den Anschein, als habe die Liebe zur engeren Heimat hier einen Ausdruck gefunden; mit der „Stadt" wird der Geburtsort des Namensträgers gemeint sein

1) In den folgenden Namen könnte sich *rn f-* und *rn ś* auch auf eine Gottheit beziehen
2) Ob die Königin gemeint ist, und ob der Name ihre Erkrankung oder die Erwartung eines Thronfolgers voraussetzt?
3) Oder „die Hürde"?
4) Ob dieser Name, der von Männern und Frauen getragen wird, sich auf den Tempel einer Göttin bezieht, in dem die Menge feiert?
5) Oder „die Hürde"
6) Vgl die ähnlichen Ausrufe Urk 4, 656, 15f!
7) Vgl Wb 5, 180, 10

VI. NAMEN, DIE DIE VORSTELLUNG VON EINER WIEDERGEBURT VORAUSZUSETZEN SCHEINEN[1])

Es finden sich im Alten und Mittleren Reich eine Reihe von Personennamen, die ein Pseudopartizip des Verbums *ʿnḫ* „leben" an zweiter Stelle enthalten[2]), wie *mw·t·j-ʿnḫ·tj* (f *AR*), (*AR*), (*MR*) *śn·j-ʿnḫ(·w)*, *it(·j)-ʿnḫ(·w)*, *śn·t·j-ʿnḫ·t(j)* (f *MR*), und deren Sinn durch die gewöhnliche Ubersetzung „meine Mutter lebt", „mein Bruder lebt" usw. kaum ausreichend wiedergegeben ist. Was soll es bedeuten, wenn eine junge Mutter bei der Geburt ihres Tochterchens ausruft „meine Mutter lebt!"? Es ist ja gewiß nicht nur fur uns, sondern auch fur die alten Ägypter eine erfreuliche Tatsache gewesen, wenn die Großmutter die Geburt des ersehnten Enkelkindes noch erlebt hat — aber daß man die Feststellung dieser Tatsache zu dem bedeutsamen Satze werden ließ, der nun dem Kinde als Name sein Leben hindurch bleiben sollte, das werden wir doch schwerlich annehmen durfen. Wie anders, wenn wir den Satz auffassen als „meine Mutter ist (wieder) lebendig (geworden)"! Mit einem Schlage ware der so verstandene Name bis zum Rande mit Bedeutung gefullt. Die verstorbene Großmutter des Kindes lebt in der Enkelin wieder auf! Oder mit anderen Worten: sie ist in ihr wiedergeboren. Entsprechend wurden die anderen genannten Namen aussagen, daß der Vater oder ein fruh verstorbener Bruder oder eine Schwester des Namensgebers oder der Namengeberin in dem so genannten Kinde von neuem ins Leben getreten sei.

Auffallend ist es allerdings, daß der Name *it(·j)-ʿnḫ(·w)* „mein Vater lebt" auch als Frauenname vorkommt. Und daß auch ein Name *it·ś-ʿnḫ·w*[3]) als Frauenname mehrfach belegt ist. Er mußte nach dem soeben Ausgefuhrten mit „ihr Vater ist (wieder) lebendig (geworden)" ubersetzt werden und der merkwurdigen Auffassung Ausdruck geben, daß in einem Madchen der Großvater wiedergeboren werden konne[4]). Aber die diesbezuglichen Anschauungen der Ägypter sind uns zu wenig bekannt, als daß wir wegen dieser Namen die vorgetragene Auffassung fur unmöglich erklaren mußten[5]).

Diese Gruppe von Namen steht nun nicht allein. Sie wird durch zwei weitere ergänzt, deren Namen anstatt des Wortes *ʿnḫ* „leben" die Worte *riś* „erwachen" und *whm* „wiederholen" enthalten[6]). Und während ein *mw·t·j-riś·tj* sowohl „meine Mutter wacht", wie „meine Mutter ist (wieder) erwacht"[7]) bedeuten kann, laßt sich ein *śn(·j)-whm(·w)* (*AR*) nicht anders als „mein Bruder hat sich wiederholt" (eigtl. „ist wiederholt worden") ubersetzen, bestatigt also fur alle diese Namen, was ich fur die Ubersetzung von *ʿnḫ·w* bzw *ʿnḫ·tj* vorgeschlagen habe. Auch in diesen Namen durfen wir also doch wohl die Feststellung der Wiedergeburt eines verstorbenen Familiengliedes im Neugeborenen sehen

Nun steht aber neben dieser verhaltnismäßig kleinen Gruppe von Namen, in denen von Vater, Mutter oder Geschwistern des Namengebers ausgesagt wird, daß sie „(wieder) lebendig (geworden) sind", eine sehr viel größere von solchen, bei denen dieselben Aussagen gemacht werden von Personen, die mit ihrem eigenen Namen genannt

---

1) Vgl schon Ranke, Grundsätzliches S 21 f — In dem Aufsatz von G Thausing, „Die Auferstehung im Sohne" (WZKM 46 [1939], 170 ff) habe ich vergeblich nach einem Beitrag zu diesem Thema gesucht

2) Anders steht es — im Gegensatz zu der Grundsätzliches S 22, Ende von Anm 4 vorgetragenen Vermutung — mit Namen, in denen die *śdm f*-Form von *ʿnḫ* am Anfang steht, und deren zweites Glied ein Gottes- oder Konigsname ist, wie *ʿnḫ-ptḥ* (PN I, 138, 20), *ʿnḫ-hthr* (65, 24), *ʿnḫ-wniś*, *ʿnḫ-n n-mrjjrʿ* (65, 7) usw Sie gehoren zu den Bekenntnisnamen „Ptah lebt", „Hathor lebt" usw bzw den Festnamen „(Konig) Unas lebt (oder lebe")!, „(Konig) Menre lebt (oder lebe) fur uns!" usw, die ich auf S 212 und 210 besprochen habe, und deren letztere wohl auf Ausrufe bei Konigsfesten, wie dem *hb-śd* zuruckgehen In ihnen steht zwar auch der Gottes- bzw Konigsname in der Schrift voran, aber sie werden fast immer ohne ein hinter dem geschrieben Die Schreibungen (Mar Mast, S 306 und Jéquier, Tomb de Partic Taf VII oben links) und (LD II, 117 f) konnten auch als *ʿnḫ-wj-* „wie lebendig ist. !" aufzufassen sein

3) Die Schreibung fur einen Frauennamen (PN I, 51, 10) beruht doch wohl auf einem Fehler!

4) Ebenso ist *injtf-ʿnḫ(·w)* — vgl das Folgende — als Frauenname (und bisher sogar nur als solcher!) belegt

5) In seinen καϑαρμοί (383 f) sagt Empedokles, indem er — doch wohl im Anschluß an orientalische Ideen — von verschiedenen Arten der Wiedergeburt spricht, daß er selbst fruher einmal schon ein Jungling und (!) ein Madchen gewesen sei (ἤδη γάρ ποτ' ἐγὼ γινόμην κοῦρός τε κόρη τε)

6) Auch sie finden sich vor allem im *MR*, bleiben aber bis ins *NR* hinein im Gebrauch

7) Daß die Toten schlafen, ist ja eine dem Ägypter geläufige Vorstellung gewesen

sind Also z. B.  *ij-ꜥnḫ(·w) (MR)*, 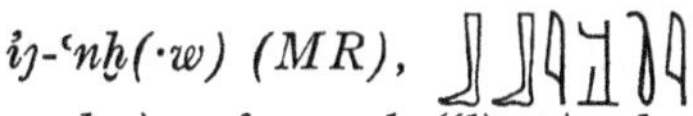 *bb·j-riś·tj* usw , also „der NN ist (wieder) lebendig (geworden)“ oder „die NN ist (wieder) aufgewacht“[1]). Auch diese Namen scheinen nur dann einen rechten Sinn zu bekommen, wenn man meiner Uberzeugung folgt und zugleich annimmt, daß unter dem oder der NN eben ein verstorbenes Glied der Familie zu verstehen ist, das in dem Neugeborenen wieder auflebt Naturlich gilt dies alles nur fur die Entstehung dieser Namen. Daß im Laufe der Zeit die Bedeutung abblaßte und ein Kind etwa   genannt wurde, nicht nach seinem verstorbenen Großvater  sondern nach einem Verwandten, der selbst schon 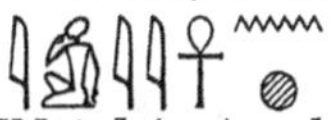 hieß, ist gewiß anzunehmen. Jedenfalls habe ich bisher kein Beispiel gefunden, in dem ein solcher NN-*ꜥnḫ(·w)* sich mit Bestimmtheit auf einen Großvater oder sonstigen alteren Verwandten NN zuruckfuhren ließe. Dagegen kenne ich Falle aus dem *MR*, in denen ein NN-*ꜥnḫ·w* sich als Name des Sohnes oder der Tochter eines bzw. einer NN nachweisen läßt[2]). Ist meine Auffassung richtig[3]), so mußte man annehmen, daß in diesen Fallen der Vater vor der Geburt des Kindes gestorben war.

Man sollte vermuten[4]), daß das bisher Gesagte auch von einer vierten Gruppe von Namen gelte, die anstatt der Worte *ꜥnḫ, riś, whm*, das Wort *śnb* „gesund sein“ enthalten, wie  *it·j-śnb(·w)* auf der einen, NN-*śnb(·w)* auf der anderen Seite In der Tat stehen die Bedeutungen der agyptischen Worte *ꜥnḫ* „leben“ und *śnb* „gesund sein“[5]) einander so nahe[6]), daß man versucht ist, auch diese Namen mit „mein Vater (bzw NN) ist (wieder) gesund geworden“ im Sinne von „ist wieder lebendig geworden“, zu übersetzen Das scheint aber doch nicht das Richtige zu treffen. Auf dem Grabstein 20571 des *MR* in Kairo finden wir jedenfalls einen Tischdiener *(wdp·w)* namens , der nicht nach einem verstorbenen Verwandten sondern nach seinem Herrn genannt gewesen zu sein scheint, der den ganz seltenen „schonen Namen“  trug[7]) Hier scheint *-śnb(·w)* doch „ist gesund“ zu bedeuten, vielleicht zugleich im optativischen Sinne, wie der Zusatz *ꜥnḫ(·w), wḏꜣ(·w), śnb(·w)* hinter Königsnamen[8]).

Sollte die Vorstellung, daß ein Verstorbener in einem jüngeren Gliede der Familie wiedergeboren wird — wie die vorher erwähnten Namen das doch sehr wahrscheinlich machen — wirklich in Ägypten existiert haben, so stande diese Tatsache im alten Orient nicht allein Daß in einem neugeborenen Kinde ein verstorbener Mensch, vor allem der Großvater, wieder auflebe oder in ihm wiedergeboren werde, scheint auch altbabylonische Auffassung gewesen zu sein. Wir haben zwar auch dafur keine direkten Beweise, aber der Ursprung der schon lange[9]) beobachteten babylonischen Sitte, einen Knaben wohl nach dem Großvater, niemals aber nach dem Vater zu nennen, laßt sich gewiß nur so erklaren, daß die — an den Namen in eigentumlicher Weise gebundene — Seele des Großvaters nach dem Tode in den Enkel ubergehen, jener also in diesem wiedergeboren werden konnte, wahrend der Vater, wenn ich mich einmal so ausdrucken darf, seine Seele selbst brauchte, den mit ihr aufs engste verbundenen Namen also nicht hergeben konnte[10]) In Israel ist die Sitte der „Papponymie“ nach Martin Noth[11]) erst seit dem 6 Jahrhundert bekannt und steht vielleicht unter agyptischem Einfluß. Spater hat sie sich dann stark ausgeweitet und zeigt ihre Auswirkung noch heute in dem bei orthodoxen Juden bestehenden Brauche, ein Kind nur nach einem Verstorbenen nennen zu lassen[12]) Fur die Araber wissen wir von Wetzstein[13]), daß „der Enkel sehr oft wie der Großvater genannt wird, um wie man sagt, den Namen des verstorbenen Großvaters zu beleben“[14])

---

[1]) Das Wort *whm* ist in dieser Verbindung bisher nicht belegt Dagegen finden sich einige ahnliche Bildungen, die das *ꜥnḫ* — an 1 Stelle aufweisen wie *ꜥnḫ-ij-ib (MR)*, *ꜥnḫ-ppj* (I 63, 23, f! *MR*), vgl auch *ꜥnḫ-n j-iwj* (I 64, 27, *MR*), und die wohl als „moge NN leben!“ zu ubersetzen sind NN ware dann etwa als ein Hoherstehender oder Vorgesetzter aufzufassen

[2]) So hat Kairo 20019 a u g ein *snwśr t* einen Sohn *snwśr t-ꜥnḫ(w ?)*, Kairo 20265 *b 3* eine *ḫtjj* eine Tochter *ḫtjj-ꜥnḫ(w)* Hier wurde man allerdings *ḫtjj- ꜥnḫ tj* erwarten! Oder sollte doch *ꜥnḫ-ḫtjj* zu lesen sein ?

[3]) Vereinzelt kommt allerdings auch das Umgekehrte vor In Kairo 20345 a + d ist *sꜣ-śbk-ꜥnḫ(w)* der Vater eines *sꜣ-śbk*!

[4]) Wie ich das fruher (Grundsatzliches S 22) auch getan habe

[5]) Es entspricht dem „ursemitischen“ Wort, das Akkadisch als *šalāmu*, arabisch als سلم usw erscheint, vgl v Calice, Grundlagen der agyptisch-semitischen Wortvergleichung (1936), S 80

[6]) Vgl den Zusatz 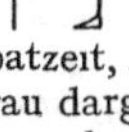 im Sinne von „der noch lebt“ hinter Personennamen der Spatzeit, AZ 44, 53f

[7]) *Kmś* ist ohne Frau dargestellt, war also wohl Junggeselle Es werden nur „Bruder“ von ihm erwahnt Der Zweite, der ihm Gaben bringt, ist eben jener *kmś-śnb(w)*, der wohl des wohlhabenden Mannes Lieblingsdiener war und in seinem Hause geboren sein mag

[8]) Vgl Gardiner, Grammar § 213 — Was bedeuten die Namen *rn f-śnb w* und *rn ś-śnb w* ?

[9]) Vgl H Ranke, Early Babylonian Personal Names (Philadelphia 1905) S 5

[10]) In Agypten sind die Falle, in denen ein Sohn nach dem Großvater benannt wird, zwar sehr haufig, daneben kommt aber auch vielfach die Benennung des Sohnes nach dem Vater, der Tochter nach der Mutter vor

[11]) M Noth, die Israelitischen Personennamen im Rahmen der gemeinsemitischen Namengebung (Stuttgart 1928) S 56f

[12]) Vgl M Gudemann „Die superstitiose Bedeutung des Eigennamens im vormosaischen Israel“ in Festschrift fur Moritz Steinschneider, Leipzig 1896, S 2f — Daß man sich in Israel um Christi Geburt gelegentlich nicht scheute, einen Sohn auch nach dem lebenden Vater zu nennen, zeigt die Geschichte des Zacharias (Ev Luc 1, 59)

[13]) Wetzstein, Ausgewahlte griech und latein Inschriften, gesammelt auf Reisen in den Trachonen und um das Haurangebirge (= Abh Berl Akad, phil hist Kl 1863), S 338

[14]) Daß sich die gleiche Vorstellung auch bei vielen „Naturvolkern“ findet, sei nur erwahnt Vgl L Lévy-Bruhl, L'âme primitive (Paris 1927), S 409ff

Für Ägypten könnte man versucht sein, aus dem hier gegebenen Gesamtbefunde zu schließen, daß eine entsprechende Vorstellung zwar existiert hat, in geschichtlicher Zeit aber schon im Abklingen war, wenn nicht das fast völlige Fehlen der hierher gehörigen Namen im *AR* und ihr zahlreiches Auftreten im *MR* dagegen sprache.

KAPITEL II

MIT DEM WORTE „Ka"[1]) ZUSAMMENGESETZTE NAMEN

Zwischen den Namen rein profanen und denen rein religiösen Inhalts steht eine in der Zeit des *AR* und *MR*[2]) sehr stattliche Gruppe von Namen, die das ebenso bekannte wie schwer definierbare Wort *kꜣ* enthalten, das man mit „Doppelganger", „Genius" u ä. wiederzugeben pflegt[3]), und das nach H. Kees[4]) „den Gesamtumfang der Eigenschaften" eines Menschen darstellt. Noch vorsichtiger druckt sich H. Bonnet aus. Er sagt[5]), wir ahnen im Ka „eine verborgene Kraft, die die tote Materie belebt und beseelt, die selbst unsichtbar und zeitlos doch wieder in zeit- und raumgebundene Körper eingeht, die diese leitet und lenkt und damit bald als Schutzgeist und Genius, bald als Schicksal und Charakter sich dartut, bald auch mit anderen Lebens- und Schicksalsmächten wie dem Namen sich berührt und dann wieder selbst in der Speise als lebenerhaltende Kraft eingeschlossen erscheint " „Und so" — fugt Bonnet hinzu — „gewinnt der Begriff Ka eine Weite, die ihn jeder unserer Denkformen entgleiten läßt[6])."

Für dieses mannigfache, durchaus nicht auf eine einzige Formel zu bringende, Schillern des „Ka" bieten die in den Personennamen sich findenden Aussagen über ihn eine vollkommene Bestätigung. Aber ehe ich diese Aussagen, in sachliche Gruppen geordnet, vorfuhre, bedarf es einiger Vorbemerkungen.

Die Vorstellung vom Ka des Menschen — nicht etwa nur des Konigs — ist in Ägypten offenbar uralt. Zusammensetzungen mit ihm finden sich schon in Privatnamen der ersten und zweiten Dynastie[7]), und wir haben keinen Grund anzunehmen, daß die Vorstellung nicht in vorgeschichtliche Zeit zurückgeht. Die Vermutung von Kees, der „gewöhnliche Mensch" scheine „erst in Nachahmung des Konigs zu einem Ka-Besitzer zu werden"[8]) ist nicht zu halten.

Ferner ist zu betonen — was ja eigentlich aus dem Gesagten schon folgt —, daß der Ka nicht etwa ein göttliches Wesen im eigentlichen Sinne ist, wie es die Götter Re, Ptah, Hathor usw. sind. Das geht schon äußerlich daraus hervor, daß die Schriftzeichen für den Ka, sei es nun 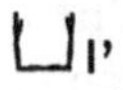, ,  oder , nicht etwa — wie die der Götter — „aus Ehrfurcht" vorangeschrieben werden, sondern an der Stelle zu stehen pflegen, die dem Wort in den gesprochenen Namen zukommt[9]).

1) Unsere Vokalisierung des Wortes ist bekanntlich falsch Mehrere keilschriftliche Umschreibungen sichern fur die Zeit der 18 Dyn eine Aussprache mit u, vgl Ranke, Keilschriftl Material, S 60 Ich behalte aber die eingeburgerte Vokalisierung bei

2) Aus dem *NR* sind Namen dieser Gruppe selten So haben wir außer den Konigsnamen *ḏsr-kꜣ-rꜥ* und *ꜥꜣ-ḫpr-kꜣ-rꜥ* einige Privatnamen wie *kꜣ(ỉ)-pw, kꜣ(ỉ)-nfr, kꜣ(ỉ)-m-rꜥ, kꜣ(ỉ)-mśỉ(w), ḏsr-kꜣ-ỉmn* (PN I, 409) u a In der Spatzeit, die das *AR* nachahmt, werden sie wieder hervorgesucht So finden sich *nfr-kꜣ-skr, kꜣ(ỉ)-ꜥpr(w), kꜣ(ỉ)-nfr, kꜣ(ỉ)-mśỉ(w), ḏd-kꜣ-rꜥ* (als Abkurzung) u a

3) Zu den verschiedenen Ubersetzungen siehe H Kees, Agypten S 319

4) Gotterglaube, S 85

5) AZ 75, 41

6) Daß der Ka auch unserem „Gewissen" entsprechen kann, zeigt Erman, Reden u Rufe, S 51

7) So 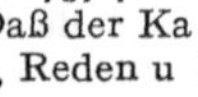 Petrie, RT I, Tf 12, 1 (= 17, 26) und 17, 28,  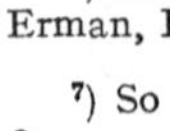 ebenda 32, 16, 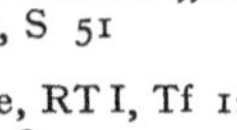 ebenda Tf 15, 16 u 25, 53—56 RT II Tf 20, 161—163,  (Frau) I, Tf 26, 77 — vgl mit PN I 82, 19, 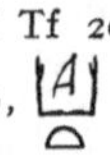 (Frau) RT II, Tf 26 u 29, 61 — vgl mit PN I, 159, 14, 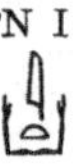 RT I, Tf 31 u 33, 5,  RT II, Tf 19, 153 (vgl mit PN I, 68, 18) und zahlreiche andere Namen

8) A a O S 320 Ahnlich schon Steindorff, AZ 48, 159 Übertragungen von derartigen Vorrechten des Konigs auf Privatpersonen finden sich kaum vor dem Ende des *AR* Fur den *bꜣ* oder die „Seele" scheint eine solche Ubertragung in der Tat vorzuliegen (vgl Ranke, AZ, 75, 133), aber im Gegensatz zum *kꜣ* kommt der *bꜣ* in Namen des *AR* und *MR* uberhaupt nicht vor!

9) Zur Schreibung der Zeichen fur den Ka in den Namen vgl B Gunn's Ausfuhrungen bei Firth and Gunn, Teti Pyramids I, Text S 127, Anm 2 Vereinzelt kommen allerdings Vorausstellungen des *kꜣ*-Zeichens vor Ich denke dabei nicht an Falle wie  , wo das 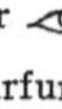 nur darum vor  steht, weil der ganze Ausdruck „Ka des Cheops" aus Ehrfurcht vorangestellt ist Auch nicht an die im Kurznamen *š wt-kꜣ w* neben 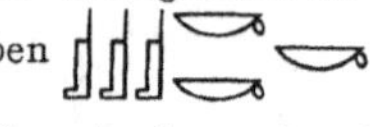 sich findende Schreibung , da hier das *kꜣ w* sich auf die „Kas" eines Konigs oder einer Gottheit beziehen wird Aber es gibt andere Falle wie f 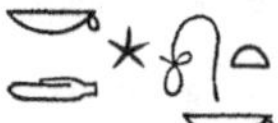, der, verglichen mit f   doch wohl *dwꜣ t kꜣ(ỉ?)*, 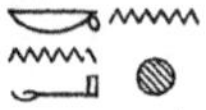 der nach  u a doch *nỉ-ꜥnḫ-kꜣ(ỉ)* zu lesen sein wird Wenn man mit diesen Schreibungen der Pyramidenzeit den bald , bald , bald  geschriebenen Namen eines hohen Beamten der 1 Dyn vergleicht, so mochte man in diesen vereinzelten Vorausstellungen des *kꜣ* eher Reste jener anscheinend willkurlichen Reihenfolge in der Setzung der Zeichen eines Wortes erblicken, die fur die alteste Zeit der agyptischen Schrift so bezeichnend ist, als die Vorausstellung des *kꜣ* als eines gottlichen Wesens So wird es auch kein Zufall sein, daß aus dem *MR* eine solche Vorausstellung des *kꜣ*-Zeichens in Namen nicht mehr bekannt ist*)

*) Ob hierher auch die Schreibungen (der Name eines

Ich beginne mit den Namen, die nicht von dem Ka eines Menschen, sondern von dem eines Gottes handeln oder von dem eines Königs, der ja nach ägyptischer Auffassung eine Art Gott auf Erden war.

Hier sind zu nennen *nj-kɜ-rʿ, nj-kɜ-ḥp, nj-kɜ-nbtj, nj-kɜ-nśw t,* Namen, die den Re, den Apis, den König als „Besitzer eines Ka" bezeichnen[1]) Ferner *wɜḏ-kɜ-rʿ*[2]), *wɜš-kɜ-ḫʿjfrʿ* und *wɜš-kɜ-ḫntj-ṯnn·t* (PN I, 417, 16 17)[3]), *nfr-kɜ-rʿ*[4]) und *nfr-kɜ-śɜḥwrʿ, śḫm-kɜ-rʿ*[5]) (bzw *-ḥr·w)* und *nḫt-kɜ-ḫwfw,* die den Ka des Re, des Horus bzw. der Könige Cheops, Chefren und Sahure als „frisch", „gut" (oder „schön") „mächtig", „stark" bezeichnen. Ebenso der mir der Bedeutung nach unverständliche Königsname der 12 Dyn *ḫpr-kɜ-rʿ*, der auch — offenbar als Kurzform zu Namen wie *śnb-ḫpr-kɜ-rʿ-* als Privatname häufig vorkommt[6]) Weitere Namen sind *ḥtp-kɜ-rʿ* (bzw. *-ḫwfw)* und die Königsnamen *ḫʿj-kɜ-rʿ*[7]), *śʿnḫ-kɜ-rʿ*[8]), *ḏśr-kɜ-rʿ*[9]) und *ḏd-kɜ-rʿ*[10]), in denen ausgesagt wird, daß der Ka des Re (oder des Cheops) „gnädig ist", „erglänzt", „am Leben erhält", „heilig (o a.) ist", „dauert". Endlich gehören hierher die Namen mit dem merkwürdigen Ausdruck *irw-kɜ-* wie *irw-kɜ-ptḥ*[11]), (bzw. *-ḫwfw),* die ihren Träger vielleicht als den „Diener" des Ptah bzw. Cheops bezeichnen[12]).

An diese Gruppe schließen sich die Königsnamen *špśś-kɜ·f* und *wśr-kɜ·f* „sein Ka ist herrlich" bzw. „stark", bei denen sich das Suffix nicht auf den menschlichen, (wenn auch prinzlichen) Namenträger beziehen sondern einen Gottesnamen vertreten wird *Špśś-kɜ-rʿ* ist ja (in der Liste von Sakkara) als Name eines Königs der 5 Dyn. und *wśr-kɜ-rʿ* (in Abydos) als der eines Königs der 6 Dyn gut überliefert. Auch in *ʿɜ-kɜ ś* (f *MR*) „ihr Ka ist groß" geht das Suffix gewiß nicht auf die Trägerin des Namens, sondern vertritt die Hathor oder eine andere Göttin.

Auf jeden Fall gehören in diesen Zusammenhang die Namen, in denen von „Kas" im Plural die Rede ist, denn der gewöhnliche Mensch unterscheidet sich vom König und von den Göttern im Allgemeinen auch dadurch, daß er nur einen, nicht mehrere Kas besitzt[13]). So haben wir *nj-kɜ·w-rʿ* „ein Besitzer von Kas ist Re", und die gleiche Aussage findet sich von Anubis, Ptah[14]), Horus, Chnum, Hathor, Neith, dem *ḏd*-Pfeiler, der *ṯnn·t*[15]) und dem Könige *(nśw·t* und *nbtj).* Ferner *wr-kɜ·w-ptḥ* „groß sind die Kas des Ptah"[16]) (und dasselbe vom *bɜ*, dem heiligen Bock) *wʿb-kɜ·w-ḥtḥr* „rein sind die Kas der Hathor", *ḫʿj-kɜ·w-rʿ* „die Kas des Re erglänzen"[17]), *wśr-kɜ-w-ḫʿjfrʿ* „stark sind die Kas des Chephren"[18]) und den ältesten von allen diesen, *mn-kɜ·w-rʿ* „es bleiben die Kas des Re"[19]), den Namen des Erbauers der 3. Pyramide von Gise, der uns griechisch als Μυκερινος überliefert ist[20]).

Es folgen zunächst wieder eine Anzahl von Namen, in denen der Gottesname durch ein Suffix vertreten wird, wie *ḫntj-kɜ·w·f* und *ḫntj-kɜ·w·ś* „vorn befindlich sind seine (bzw ihre) Kas". So finden sich noch die Frauennamen *ʿnḫ-kɜ·w·ś, wɜḏ-kɜ·w·ś (MR)*[21]) und *dmḏ-kɜ·w·ś* „ihre Kas leben" bzw „sind frisch", „sind vereinigt" — wobei das Suffix sich auf eine Göttin beziehen wird Ebenso in dem mir noch unklaren Frauennamen *wṯś·t-kɜ·w·ś*[22]).

Endlich gehören hierher eine Anzahl von Kurznamen, bei denen der Gottesname ganz weggefallen ist[23]), wie *nfr-kɜ·w* und *nfr t-kɜ·w, wśr-kɜ·w* (siehe S. 98 u 107 Anm. 6), *špśj-kɜ·w, špśj·t-kɜ·w* und *špśś·t-kɜ·w, wṯś t-kɜ·w* (vgl. *wṯś·t-kɜ w·ś), ʿšɜ·t-kɜ·w* (f, *MR*), *dmḏ-kɜ·w* (vgl *dmḏ-kɜ·w·ś),* wohl auch 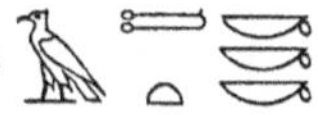 *ɜṯ·t-kɜ·w, ij-kɜ·w, nwḥ-kɜ·w* und die mir noch unverständlichen Namen  (PN I, 428, 16) und  *śn·t-kɜ·w,* 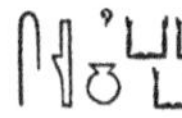 *śḳd-kɜ·w* und  *wʿj-m-kɜ·w* (? Dyn. 13). Der Name  (f, PN I 430, 11) scheint zu heißen „die Kas sind (oder seien) hinter ihr."

Prinzen der 4 Dyn) und  gehoren und diese *wʿb-kɜ* bzw *wśr-kɜ* zu lesen und als Kurznamen zu Namen wie   und *wśr-kɜ-rʿ* zu stellen sind?

[1]) Ob hierher auch  etc *nj-kɜ-ʿnḫ* „Besitzer eines Ka ist der Lebendige" gehoren?

[2]) In dem Konigsnamen der ersten Zwischenzeit , Weill, Décrets royaux, Tf IV = IX

[3]) Dazu die Kurzform *wɜš-kɜ*

[4]) Als Konigsname schon fur die 2 Dyn uberliefert, ebenso *nfr-kɜ-skr* (Konigsliste von Sakkara)

[5]) Dazu die Kurzform *śḫm-kɜ*, die wohl auch in dem spaten  (PN I, 320, 2) steckt

[6]) Dazu die weiter verkurzte Form *ḫpr-kɜ*

[7]) Dazu die Kurzform *ḫʿj-kɜ*

[8]) Dazu die Kurzform *śʿnḫ-kɜ*

[9]) Dazu die Kurzform *ḏśr-kɜ*

[10]) Als Name des Konigs Asosi der 6 Dyn und dann wieder als der des Schabaka, aber spat auch — als Abkurzung — Name von Privatleuten

[11]) Dazu die Kurzform *irw-kɜ*

[12]) So Sethe bei Borchardt, Sahure II, S 90 Anm 2

[13]) Vereinzelt kommen *kɜ w* allerdings auch von einem einzelnen Menschen vor, so Lacau, Mélanges Maspero I, 930 (von einer 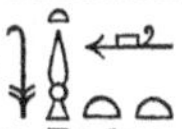 der 1 Zwischenzeit) Ferner, wie mir E Edel zeigt, Erman, Reden, S 10 u 43 (spätes *AR*) und Urk I 189, 14 u 190, 10 (Ende *D* 5) Auch Annales 43, 490 499

[14]) Daneben die Abkurzung *kɜw-ptḥ*

[15]) Daneben die Kurzform  *kɜ w-ṯnn t*

[16]) Daß so, nicht „groß an Kas ist Ptah" zu ubersetzen ist, zeigen die im folgenden genannten Suffixnamen

[17]) Der Name Sesostris' III, daneben die Kurzform *ḫʿj-kɜ w*

[18]) Mit der abkurzenden Variante *wśr-kɜ w*

[19]) Daneben die Kurzform *mn-kɜ w*

[20]) Was bedeutet 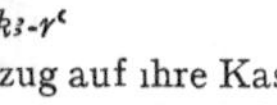 *nb-kɜ w-rʿ*? Ob „die Kas des Re sind golden"? Daneben die Kurzform *nb-kɜ w*

[21]) Vgl oben *wɜḏ-kɜ-rʿ*

[22]) Ob „eine in bezug auf ihre Kas Erhobene (ist die Gottin NN)"?

[23]) Auch *kɜ w* allein kommt im *AR* als Kurzname vor

Ganz unklar sind endlich f *ḥз·t-r-kз·w*, f *ḥз·t-kз·w* und 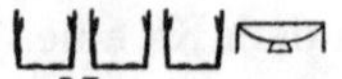 *kз·w-nb·w (MR).*

Als ähnliche Kurzformen sind auch eine Gruppe von Namen anzusehen, die ich früher (Band I, passim) für attributive Vollnamen gehalten habe Ich meine Namen wie *wзš-kз*[1]) und *wśr-kз*, die nicht mit „dessen Ka mächtig (bzw. stark) ist" zu übersetzen sein werden, sondern aus längeren Formen wie *wзš-kз-ḫʿfrʿ*, *wśr-kз·f* (dies wieder aus *wśr-kз-rʿ* o ä)[2]) verkürzt worden sind. Neben diesen männlichen Formen finden sich die weiblichen *wзš·t-kз* und *wśr·t-kз*, die allerdings kaum als eigentliche Verkürzungen, etwa aus *wзš·t-kз* + Gottesname erklärt werden können. Wäre das der Fall, so müßte *wзš-kз* + Gottheit als „ein an Ka Mächtiger ist der Gott NN", *wзš·t-kз* + Gottheit als „eine an Ka Mächtige ist die Göttin NN" aufgefaßt werden. Dagegen aber sprechen Bildungen wie *wśr-kз·f*, die zeigen, daß im Vollnamen das *kз* mit dem folgenden Gottesnamen im status constructus-Verhältnis gestanden hat. Es handelt sich bei den genannten Formen also anscheinend um sekundäre, mechanisch gebildete Femininformen, wie sie sich ja auch sonst unter den ägyptischen Personennamen finden[3]). In diesen Zusammenhang gehören gewiß auch die Frauennamen des *AR* *ʿnḫ·t-kз*, *ḏd·t-kз*, 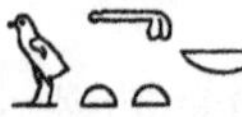 *wmt·t-kз*, , [4]) *wḫ·t-kз*, *ḥwn·t-kз*[5])  *nb·t-kз*[6]) und die Paare *wr-kз* und *wr·t-kз*[7]), *nfr-kз*[8]) und *nfr·t-kз*, *ḫntj-kз* und *ḫntj·t-kз*[9]) sowie die Männernamen 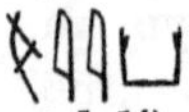[10]) *mrjj-kз*, *wšḫ-kз*[11]), *špśś-kз*[12]) (vgl. *špśś-kз·f* und f *špśj·t-kз·w*, f *špśś·t-kз·w)*, *ḥtp-kз*[13]), 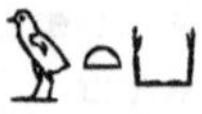 bzw.  *wt-kз*[14]) und *śʿnḫ-kз*[15]).

Vielleicht gehört hierher auch das Paar  und 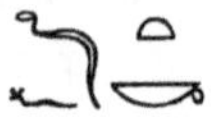 (PN I, 432, 5) *dfз-kз* bzw. *dfз·t-kз*, in welchem Falle die Übersetzung bei PN I, 406, 18 zu streichen wäre.

Wenn ich nun zu den Namen übergehe, die auf den Ka eines gewöhnlichen Menschen Bezug haben, so mögen zunächst einige attributive Namen vorweggenommen werden, die uns über den Ka selbst nichts Näheres aussagen. Ich meine Namen wie f  *mr·t-kз·ś*, „die von ihrem Ka Geliebte", [16]) *sз·t-kз(j)*, „die Tochter meines Ka" und das Paar  *śmr-kз(·j)* und  *śmr·t-kз(·j)*, die „der Freund (bzw. die Freundin) meines Ka" zu heißen scheinen, und neben denen ein 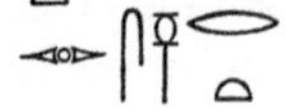 *śmr·t-mn(·w)* und  *śmr·t-ḏd·frʿ* steht[17]).

Die Fülle der übrigen mit *kз* zusammengesetzten Namen sind der Form nach fast ausschließlich Satznamen. Sie lassen sich in 3 Hauptgruppen ordnen, die auf die folgenden Fragen antworten: 1. Was ist der Ka? 2. Was tut oder erleidet der Ka? 3. Wo befindet sich der Ka? In eine letzte Gruppe sollen verschiedene andere Aussagen über den Ka zusammengefaßt werden.

Nur eine Bemerkung muß ich noch vorausschicken. Ein Name wie  sieht auf den ersten Blick so aus, als sei er *kз-ʿnḫ(·w)* zu lesen und mit „der Ka ist lebendig" o. ä zu übersetzen Aber eine solche allgemeine Aussage von „dem Ka" ist an sich in einem Namen unwahrscheinlich, dem Satze würde jede prägnante Bedeutung fehlen. Es ist vielmehr *kз(·j)-ʿnḫ(·w)* „mein Ka ist lebendig" o ä zu lesen — das Suffix der 1. Person Singularis ist nur, wie auch in den Inschriften des *AR* so häufig[18]), in der Schrift fast nie wiedergegeben worden —, und das „mein" ist auf den Namengeber zu beziehen. Einen Beweis hierfür geben entsprechende Schreibungen des *MR*, in denen ein  hinter dem *kз* erscheint. So z. B. gerade in dem Namen *kз·j-ʿnḫ(·w)*, der hier 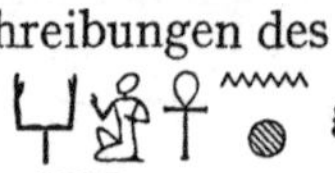 geschrieben wird. Aber auch im *AR* findet sich vereinzelt eine Schreibung des Suffixes, so in  *kз·j-nb·f* „mein Ka ist sein Herr" (PN I, 430, 6) das natürlich mit 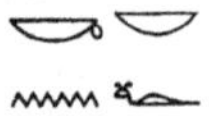 (ib. 340, 7) zusammengehört[19]) und vielleicht auch in 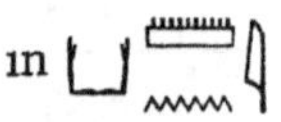

[1]) Vgl *wзš* als Aussage von einem Gott in *wзš-ptḥ* und als Sinnparallele *śḫm-kз-rʿ*

[2]) Als Sinnparallele ist *nḫt-kз-ḫwfw* zu vergleichen

[3]) Siehe oben S 5f

[4]) Vgl Wb I, 352?

[5]) Vgl dazu oben *wзḏ-kз w š*

[6]) Der Frauenname 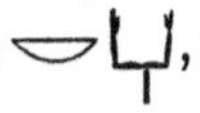, Kairo 20521 b wird wohl auch *nb t-kз* zu lesen sein

[7]) Vgl oben *wr-kз w-bз*

[8]) Vgl dazu den Königsnamen der 6 Dyn *nfr-kз-rʿ*

[9]) Daneben steht allerdings der mir unverständliche Name , , zu dem unten  zu vergleichen ist Vgl auch oben *ḫntj-kз w f* und f *ḫntj t-kз-w š*

[10]) Vgl den bekannten König 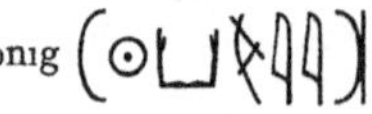 und f 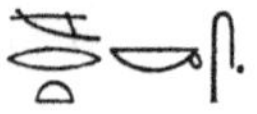

[11]) Ob *wšḫ* = berühmt?

[12]) Danach ist PN I, 327, 1 zu berichtigen

[13]) Vgl *ḥtp-kз-rʿ*

[14]) Vgl Wb I, 377 *wt* „alt sein, groß sein"?

[15]) Vgl *śʿnḫ-kз-rʿ*

[16]) Die Vorstellung, daß der Ka den Sohn erzeugt *(śtj)*, findet sich auch in den Sprüchen des Ptahhotpe, Prisse 7, 11 (vgl die jüngere Fassung)

[17]) Wohin gehört und was bedeutet f 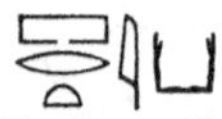?

[18]) Erman, Aeg Grammatik[4], § 142 Gardiner, Eg Grammar § 34

[19]) Die Übersetzung ist danach zu ändern

(Var. und), und , die doch wohl als *kꜣ·j-mn(·w)* „mein Ka ist geblieben" o. ä., *kꜣ·j-wḏꜣ(·w)*, „mein Ka ist heil", *nfr-kꜣ·j* „mein Ka ist gut" aufzufassen sind, und in denen das Suffix der 1. Person durch wiedergegeben ist[1]).

1. WAS IST DER Ka?

Hier steht zunächst eine Gruppe von Namen, die den Ka anscheinend mit einem Gotte identifizieren wie , *kꜣ(·j)-pw-ptḥ*, wenn wir dies richtig mit „Ptah ist mein Ka"[2]) übersetzen. Dieselbe Aussage findet sich auch von Anubis, von Re und von dem König ( ). Ihnen entsprechen dem Sinne nach die Namen *kꜣ(·j)-m-nśw·t* „mein Ka ist der König" und *rꜥ-m-kꜣ(·j)* „Re ist mein Ka" mit dem Gegenstuck aus der 18. Dyn. *kꜣ(·j)-m-rꜥ* „mein Ka ist Re", in denen an Stelle des das der Identität auftritt. Ferner (f. *MR*) *kꜣ(·j)-m-mꜣꜥ·t* „mein Ka ist die (Göttin) *mꜣꜥ·t*", *kꜣ(·j)-m-nfr* „mein Ka ist der Gute (Schöne)" und *kꜣ(·j)-m-nfr·t* „mein Ka ist die Gute (Schöne)"[3]), *kꜣ(j·)-m-śḫm* „mein Ka ist der Mächtige" *kꜣ(·j)-m-ḳd*[4]) „mein Ka ist der Schöpfer", *kꜣ(·j)-m-ṯnn·t* „mein Ka ist die (Göttin) *ṯnn·t*"[5]).

Ob auch *ḫnm(·w)-kꜣ(·j)* „Chnum ist mein Ka" *f* , *nb(·w)-kꜣ(j)* „Gold ist mein Ka"[6]) und der späte Name *kꜣ(·j?)-wśir* „mein Ka ist Oriris (?)[7]) hierher gehören? Wie in allen diesen Namen der Ka des Namengebers mit einer Gottheit gleichgesetzt wird, so wird er auch, ganz als ob er ein Gott wäre, als der „Schutz" bzw. der „Herr" des Namenträgers bezeichnet. So in *(MR)* und [8]) (f *MR*) „mein Ka ist sein (bzw. ihr) Schutz"[9]) und (PN I, 430, 6) bzw. „mein Ka ist sein Herr".

Daß der Ka den Menschen „macht", ihm also eine Art Schöpferrolle zugewiesen wird, scheint außer den schon erwähnten *sꜣ·t-kꜣ(·j)* und *kꜣ(·j)-m-ḳd(·j?)* auch hervorzugehen aus Namen wie und f , wenn diese mit „mein Ka ist es, der mich (bzw. sie) gemacht hat" übersetzt werden dürfen. Auch *kꜣ(j)-irj-ib(·j)* „mein Ka ist es, der mein Herz gemacht hat" (?)[10]) gehört vielleicht in diesen Zusammenhang.

Ganz wie ein Gott behandelt ist der Ka endlich in den Namen *ꜥnḫ(·j)-m-ꜥ-kꜣ(·j)* „mein Leben ist in der Hand meines Kas" — neben usw. —, „Groß ist der Ruhm (?) meines Kas"[11]) — neben u. a. — und *kꜣ(·j)-wḏ-ꜥnḫ(·j)* „mein Ka ist es, der befohlen hat, daß ich lebe" — neben *ptḥ-wḏ-ꜥnḫ·f*[12]) „Ptah ist es, der befohlen hat, daß er lebt" *(Spät)*.

---

1) Vgl auch (PN I, 436, 7)?

2) Was der Ägypter bei einer solchen Aussage gedacht bzw empfunden haben mag, bleibt allerdings unklar Aber mit der grammatisch ebenso moglichen und im Grunde auf etwas sehr Ähnliches hinauslaufenden Übersetzung „mein Ka ist der des Ptah" wurde es nicht besser stehen Die Namen , (PN I, 180, 12—15) werden (entgegen ebenda S 340, 8—9 u Anm 3) doch von usw nicht zu trennen und als *nj-kꜣ-nśw t* usw „der Konig ist Besitzer eines Kas" usw zu lesen bzw zu ubersetzen sein

3) D h die Gottin Hathor? Es ist allerdings ein Mannername! Vgl Anm 5

4) Oder „mein Ka ist mein Schopfer *(kd j)*"

5) *Ṯnn t* ware dann die (bisher erst seit Dyn 18 belegte) Gottin (Wb 5, 381), nicht das (bisher seit dem *MR* belegte) Heiligtum in Memphis (Wb 5, 382), wie der schon erwahnte Name *nj-kꜣ·w-ṯnn·t* nahelegt Allerdings ist *kꜣ(·j)-m-ṯnn·t* ein Männername (vgl Anm 3) Sollte also in dem — auch von einem Prinzen getragenen — Namen doch das Heiligtum stecken? Vgl auch Junker, Giza 4, S 4

6) Die letzten beiden Namen konnten auch *kꜣ(·j)-ḫnm·w* (bzw *-nb w)* zu lesen sein

7) Zu Oriris als *bꜣ* des Konigs (?) vgl ÄZ 77,85 und Sethe, Pyr 215 Kommentar S 153 S Schott macht mich hierzu auf Sethe, Pyram 610d sowie 102b und 587b aufmerksam

8) So bei J J Clère 112, 42

9) Vgl z B und

10) Aber was soll die Aussage „mein Ka hat mich (bzw mein Herz) gemacht" als Name?!

11) In der Schrift wird der Ka allerdings auch in diesen Namen nicht, wie die Namen der Gotter, durch Vorausstellung ausgezeichnet!

12) So ist gewiß zu lesen anstatt *wḏ-ptḥ-ꜥnḫ·f* (PN I, 88, 12)!

2. WAS TUT ODER ERLEIDET DER Ka?

Da ist zunächst eine kleine Gruppe, die vom „Kommen“ und „Bleiben“ des Ka spricht: f  *kꜣ(·j)-ỉj(·w)* „mein Ka ist gekommen“1) und  *ỉj-kꜣ(·j)* „mein Ka kommt (oder möge kommen)“2) 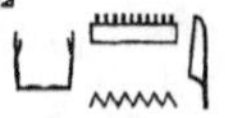 *kꜣ·j-mn(·w)* „mein Ka ist geblieben (d. h. hat ausgeharrt?)“3) und  *mn-kꜣ(·j)* „mein Ka bleibt (oder möge bleiben)“4)  *prj-n(·j)-kꜣ(·j)* „mein Ka kommt mir heraus (oder Optativ)“5). 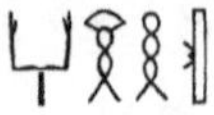 *(MR) kꜣ(·j)-wꜣḥ(·w)* „mein Ka hat ausgedauert“ o. ä. und  *wꜣḥ-kꜣ(·j) (m u f MR)* „mein Ka dauert“ oder „möge dauern“6).

Sodann einige Namen, nach denen der Ka „sich wiederholt hat“, „wach“ und „lebendig“ ist:  *kꜣ(·j)-whm(·w)* „mein Ka hat sich wiederholt“ und  *whm-kꜣ(·j)* „mein Ka wiederholt (sich)7), ,  *(MR) kꜣ·j-ʿnḫ(·w)* „mein Ka ist lebendig“,  *kꜣ(·j)-riś(·w)* „mein Ka wacht“ — mit denen die Gruppe  *śn(·j)-whm(·w),*  *(MR) śn(·j)-ʿnḫ(·w)*  *(NR) śn·j-riś(·w)* und das Paar 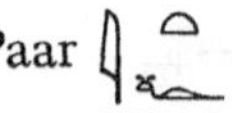  *(MR) ỉt(·j)-ʿnḫ(·w)* und  (f *NR) ỉt(·j)-riś(·w)* zu vergleichen sind Auch der Name 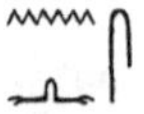 ,  *n-śḏr-kꜣ(·j),* „mein Ka schläft nicht“ (oder „hat nicht geschlafen“?) gehört in diesen Zusammenhang8) Hieran schließt sich eine Gruppe von Namen, die auszusagen scheinen, daß der Ka des Namengebers in den richtigen Zustand versetzt worden ist: *kꜣ(·j)-śḏꜣ(·w)* „mein Ka ist (wieder) heil gemacht worden“9),  *kꜣ(·j)-ʿpr(·w)* „mein Ka ist ausgerüstet worden“ o ä.,  *kꜣ(·j)-śśm(·w)* „mein Ka ist (recht) geleitet worden“ o. ä.,  *kꜣ(·j)-ṯnj(·w)* „mein Ka ist erhoben (aufgerichtet) worden“, 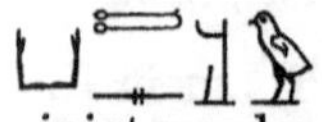 *kꜣ(·j)-ṯsj(·w)* „mein Ka ist aufgerichtet worden“10)  *kꜣ(·j)-dmḏj(·w)* „mein Ka ist vereinigt worden“11).

Einige wenige Namen scheinen sich auf das Verhalten des Ka zu seinen (oder des Namenträgers) Feinden zu beziehen. Es sind die nach altertümlicher Art (s oben S. 34) gebildeten Namen  *kꜣ(·j)-ỉḥꜣ·f* „mein Ka kämpft“12) und , 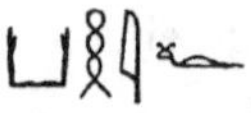 *kꜣ(·j)-ḥ(w)j·f* „mein Ka schlägt“ und vielleicht  *ỉḥꜣ-wj-kꜣ(·j)* „wie kämpft mein Ka!“13). In diesen Zusammenhang wurde der Name  *n-ḫftj-kꜣ(·j)* „mein Ka hat keinen Gegner“ am besten einzureihen sein.

Zum Schluß folgt eine größere Gruppe von Namen, die etwas aussagen über das Verhalten des Ka zum Namengeber. Es sind die folgenden: 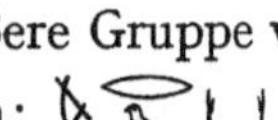 *mrj-wj-kꜣ(·j),*  *mrr-wj-kꜣ(·j)* und 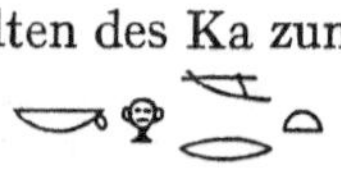 *kꜣ(·j)-ḥr-mr·t(·j),* die wohl alle drei mit „mein Ka liebt mich“ zu übersetzen sind14), 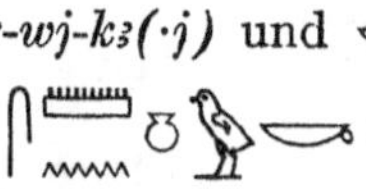 *śmn-wj-kꜣ(·j)* „mein Ka läßt mich bleiben“ o. ä., 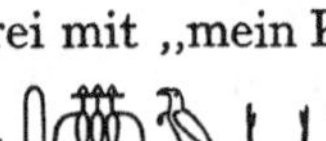 bzw. 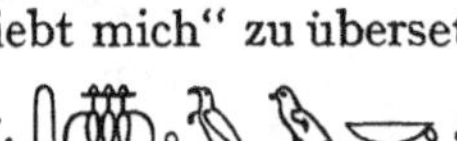 *śḫntj-wj-kꜣ(·j)* „mein Ka läßt mich vorwärts kom-

1) Vgl  *(MR)*

2) Vgl .

3) Vgl  *ỉw-ỉb(·j)-mn(·w)* (PN I, 414, 17)

4) Oder liegt ein Kurzname vor? Vgl den Königsnamen der 8 Dyn [illegible] in der Abydosliste

5) Oder sollte doch eine n-Form vorliegen („mein Ka ist herausgekommen“? Vgl [illegible] Auch das späte [illegible], gehört vielleicht hierher

6) Vgl aber den Namen des Herakleopoliten-Königs [illegible]! Also ist [illegible] doch wohl Kurzname

7) Vgl *whm·w n f* „den er wiederholt hat“?

8) Vgl Junker, Giza II, S 111

9) Vgl *kꜣ(·j)-wḏꜣ(·w)* Oder von *śḏꜣ* „bringen“: „mein Ka ist gebracht worden“?

10) Vgl oben *f wṯs t-kꜣ·w* und *f wṯs t-kꜣw·ś*

11) Vgl oben *dmḏj-kꜣ wś* und *nwh-kꜣ·w*

12) Zum „kämpfenden“ oder „streitenden“ Ka vgl Pap Westcar 7, 25 [illegible] „möge dein Ka streiten gegen deinen Feind!“

13) Doch wohl nicht „mein Ka bekämpft mich“?!

14) Die genauen Nuancen sind schwer zu treffen *Mrr-wj-kꜣ j* kann auch heißen „mein Ka wird mich lieben“ Oder sollte eine Relativform vorliegen *mrr w-kꜣ(j)* „den mein Ka liebt“? Vgl auch [illegible] [illegible] *(MR) kꜣ(j)-mrj-f* „mein Ka liebt“(?)

men (?)“[1]) *śmnḫ-wj-k3(·j)* „mein Ka sorgt für mich“[2]) [3]) *śnm-wj-k3(·j)* „mein Ka speist mich“, *rmn-wj-k3(·j)* „mein Ka trägt mich“ o. o., (PN I, 425, 19) *ḥ3m-wj-k3(·j)* „mein Ka fängt mich“ (?)[4]). Dazu kommen zwei mir noch ganz unverständliche Namen *(pḥn-wj-k3(·j)* „mein Ka . . . mich“[5]) und *śpḫ(?)-wj-k3(·j)* „mein Ka . [6]) mich“. Zu *k3(·j)-ḥr-mrt(·j)* ist endlich noch *k3(·j)-m-ḥs·t(·j)* zu stellen, das doch wohl bedeutet „mein Ka ist meine Belohnung“.

3 WO BEFINDET SICH DER Ka?

Die Namen *k3(·j)-ḥr-ptḥ*, *k3(·j)-ḥr-nśw·t* (PN I, 430, 8) und *k3(·j)-ḥr-ib-rʿ* scheinen zu bedeuten „mein Ka ist bei Ptah“ bzw „beim König“ und „beim Herzen des Re“, ohne daß ich über den Sinn dieser Aussagen etwas vorzutragen wußte. Jedenfalls aber wird der Ka in ihnen **nicht** mit einem Gotte oder dem Könige identifiziert

Ganz allgemein besagt der Name (?) *k3(·j)-m-śt·f* und wohl auch *k3(·j)-ḥr-ś·t·f*[7]) „mein Ka ist an seiner Stelle“, während *k3(·j)-m-ib(·j)* „mein Ka ist in meinem Herzen“[8]) zu bedeuten scheint. Ist dies richtig, so wäre es recht verführerisch, den Namen (PN I, 430, 2) *k3(·j)-m-ḥ3tj(·j)* zu lesen und ebenfalls als „mein Ka ist in meinem Herzen“ zu verstehen Allerdings bliebe die Schreibung ohne unregelmäßig, und so ist es doch wohl als *k3(·j)-m-ḥ3·t* „mein Ka ist an der Spitze“, „ist vorne“ o. a. zu verstehen. Was damit gemeint ist, bleibt fraglich[9]). Vielleicht will aber der Name , (PN I, 430, 9) *k3(·j)-pw-tpj*[10]) „mein Ka ist der erste“ etwas Ähnliches besagen.

Aber wir haben noch genauere Angaben über den Aufenthaltsort des Ka. *k3·(j)-m-3ḫ·t* „mein Ka ist im Horizont“[11]), *k3(·j)-m-ʿḥ* „mein Ka ist im Palaste“ — diese beiden allerdings Namen von königlichen Prinzen! — und den *MR* Frauennamen *k3(·j)-m-niw·t·ś* „mein Ka ist in ihrer[12]) Stadt“.

Wie *k3(·j)-m-ipw* zu beurteilen ist, wage ich nicht zu sagen[13]), (f *MR*), dagegen sieht wie *k3(·j)-m-ḥb[·f]* aus „mein Ka ist an seinem Feste“ — aber was kann das bedeuten?

4. VERSCHIEDENE AUSSAGEN ÜBER DEN Ka.

Ich nenne zunächst eine kleine Gruppe von Namen, die eine Eigenschaft des Ka anzugeben scheinen, wie *k3(·j)-wʿb(·w)* „mein Ka ist rein“ (?), *k3(·j)-wśr* „mein Ka ist stark“ (?), und (PN I, 430, 3), *k3(·j)-wḏ3(·w)* „mein Ka ist heil“, *k3(·j)-mnḫ(·w)* „mein Ka ist vortrefflich“, *k3(·j)-nfr* „mein Ka ist gut“[14]) Bei einigen von diesen ist allerdings auch eine andere Erklärung möglich.

Eine andere Gruppe scheint zum Ausdruck zu bringen, wem der Ka gehört, so *k3(·j)-nj-nb·tj*,

---

1) Vergl allerdings und Ob das Kurznamen sind?

2) Wb 4, 137, 14ff Vgl auch unten *k3(·j)-mnḫ*

3) So Clère 111, 35, 36

4) Dazu gehört *k3(·j)-ḥ3m(·w) n(·j)* „mein Ka ist es, den ich gefangen habe“ (?) und vielleicht auch der berühmte , Var u a der 1 Dyn, falls nämlich das Wort *ḥ3m* auf ein älteres *hm3* zurückgehen sollte Vgl auch *k3(·j)-gmj(·w) n(·j)* „mein Ka ist es, den ich gefunden habe“ Der Sinn aller dieser Namen entgeht mir

5) Oder ist doch *pḥ n-wj-k3(·j)* zu lesen „mein Ka hat mich erreicht“? Ein Verbum begegnet Petrie, Athribis, Tf 6

6) Ob an *śḫp* „herbeibringen“ zu denken ist?

7) Kaum „mein Ka ist auf seinem Throne“

8) Möglich wäre auch die Übersetzung „mein Ka ist mein Herz“

9) Vgl S 217, Anm 9

10) So ist wohl besser zu lesen als *k3(·j)-tpj*

11) Oder ist *k3(·j)-m-3ḫtj* „mein Ka ist der Horizontische“ zu lesen und der Name zu den auf S 54f aufgezählten zu stellen? Vgl Junker, Giza IV, 4

12) D h einer Göttin?

13) Ob „mein Ka sind diese“? Vgl *k3(·j)-m-rḫ·w*, S 23 An *ipw* Achmim ist gewiß nicht zu denken Vgl aber auch den ebenfalls noch unverständlichen Namen des *NR*

14) Vgl *k3(·j)-m-nfr*, S 55

kꜣ(·j)-nj-nśw·t „mein Ka gehört dem König"[1], f *kꜣ(·j)-nj-nb(·w)* „mein Ka gehört 'Gold'"[2], *kꜣ(·j)-nj-ꜥnḫ* „mein Ka gehört dem Lebendigen" (?)[3].

Andere Aussagen stehen vereinzelt:

	kꜣ(·j)-m-ꜥnḫ	„mein Ka ist im Leben (? d. h. ist lebendig ?)"
oder	*kꜣ(·j)-m-ꜥnḫ(·j)*	„mein Ka ist mein Leben" ?[4])
	ḏfꜣ(·j)-kꜣ(·j)	„mein Ka ist meine Speise (?)[5])"
(f *MR*)	*ꜥnḫ-kꜣ(·j)-m-ìt(·j)*	„mein Ka lebt in meinem Vater" (?)
(PN I, 430, 1)	*kꜣ(·j)-m-ḥr·t*	„mein Ka ist zufrieden" (?)
	kꜣ(·j)-gmj(·w)·n·j	„mein Ka ist es, den ich gefunden habe" (?)[6])
	kꜣ(·j)-ḥꜣm(·w)·n(·j)	„mein Ka ist es, den ich gefangen habe" (?)[7])
	kꜣ(·j)-pw-tpj (?)	„mein Ka ist der erste" (?)[8])
	ìnj-kꜣ·f	„der seinen Ka gebracht hat"
oder	*ìnj(·w)-kꜣ·f*	„den sein Ka gebracht hat"
f	*ìnj·t-kꜣ·ś*	„die ihren Ka gebracht hat" oder „die (quam) ihr Ka gebracht hat"[9])

Zum Schluß gebe ich, in alphabetischer Ordnung, eine Anzahl von mit *kꜣ* zusammengesetzten Namen, die ich nicht zu übersetzen wage:

f	(*AR*)	*ìwn-kꜣ*
	(*D 1—2*)	*ìp-kꜣ(?pj-kꜣ?)*[10])
f	(*AR*)	*ìṯ·t-kꜣ(·j?)*[11])
f	(*AR* u. *MR*)	*ꜥ·ś-n-kꜣ(·j?)*
	(*Spät*)	*pꜣ-n-kꜣ-n-ḥt-nṯr* (?)
	(*Spät*)	*prj-kꜣ(·j)*?[12])
[13])	(*MR*)	*prḥ-kꜣ(·j)*
f	(PN I, 424, 17)	*nḫb·wt(?)-kꜣ*
f	(*AR*)	*rpw·t-kꜣ*
f	(*AR*)	*ḥp·t-kꜣ*
	(*MR*)	*ḥpjj-kꜣ*
	(*MR*)	*ḥpj-wj-kꜣ(·j?)*

---

[1]) Wörtlich „mein Ka ist der des Königs" usw

[2]) D h der Hathor

[3]) Oder ist hier doch *nj-ꜥnḫ-kꜣ(·j)* zu lesen „mein Ka ist ein Besitzer von Leben"? Für siehe S 211

[4]) Junker (Giza IV, 4) denkt an „mein Ka ist der des Lebenden" wobei mit „der Lebende" ein bestimmter Gott gemeint wäre

[5]) Für eine andere Auffassung s S 210

[6]) Vgl B Gunn in Firth and Gunn, Teti Pyramids I, Text S 126ff

[7]) Zu diesem und dem vorhergehenden Namen vgl S 213 u Anm 4

[8]) Vgl S 85

[9]) Zu den beiden letzten Namen sind und f (*MR*) zu vergleichen Aber was ist der Sinn dieser Namen?!

[10]) Ill London News, Jan 2 1937 (Frühzeit)

[11]) Wb I, 24 Vgl *ꜣt t-kꜣw*, S 414 Junker, Giza III, 177, 12!

[12]) „Mein Ka kommt heraus"? Vgl *prj-n j-kꜣ(·j)*, S 45

[13]) Ob die Lesung sicher ist?

		*(AR)*	*ḥn-kꜣ(·j?)*
	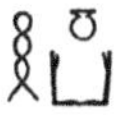	*(Dyn. 1)*[1]	*ḥnw-kꜣ*
f		*(AR)*	*ḥr(·j)-n-kꜣ(·j)?*[2]
		*(Dyn. 22)*	*ḥr-kꜣj* (?)
f		*(MR)*	
	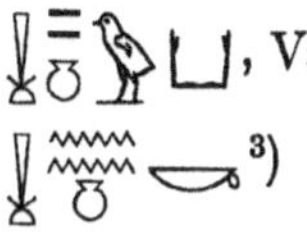, Var. [3]	*(AR)*	*śn·nw-kꜣ(·j)?*
		*(AR)*	*śḫntj-kꜣ(·j)*[4]
f		*(AR)*	*kꜣ(·j?)-ꜣmn·t*[5]
		*(MR)*	*kꜣ-. . . . mrr·j*
		*(AR)*	*kꜣ(·j)-m-rḫ·w*[6]
f	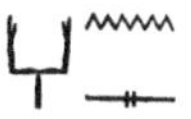	*(MR)*	*kꜣ(·j)-n·ś?*
		*(AR)*	*kꜣ·j-ng?*
		*(AR/MR)*	*kꜣ(·j)-rnn(·j)*[7]
f		*(AR)*	*dn·t-kꜣ?*
f		*(AR)*	*ḏfꜣ·t-kꜣ*[8]?

Zusammenfassend läßt sich uber das, was aus den mit einiger Sicherheit deutbaren Namen uber den Ka des gewohnlichen Ägypters zu entnehmen ist, etwa Folgendes sagen:

Der Ka wird mehrfach deutlich als ein hoheres Wesen gedacht, das in ahnlicher Weise wie die Götter über dem Menschen waltet. Wenn auch die Gleichsetzung mit bestimmten Gottheiten (Ptah, Anubis, Re, Gold, *mꜣ*ʿ*·t)* nicht vollig sicher ist und der Ka in der Aussage, daß er „bei Ptah“ sich befinde, ausdrucklich von einer wirklichen Gottheit unterschieden wird, so wird doch vom Ka genau wie von den großen Göttern Ägyptens gesagt, daß er der „Schutz“ oder der „Herr“ des Kindes sei. Hier ist es der Ka der den Namen gebenden Mutter oder des Vaters, dem eine solche Rolle zugeschrieben wird. Die Namen „mein Ka ist sein Schutz“, „mein Ka ist sein Herr“ können wohl nicht anders gedeutet werden Andererseits aber ist das Leben des Menschen „in der Hand“ seines eigenen Ka, und sein Ka „hat befohlen, daß er lebt“, ganz wie dasselbe von Ptah, Re oder den anderen großen Göttern ausgesagt wird.

Daneben aber scheint der Ka dem Menschen naher zu stehen als die Himmlischen, indem er ihn nicht nur „liebt“, sondern auch „speist“, „trägt“, „vorwarts kommen läßt“ — Äußerungen wie sie von den Göttern nicht gemacht werden.

In einigen Namen will es so scheinen, als ob der Ka des Namengebers in dem neugeborenen Kinde wiederauflebe, so in „mein Ka hat sich wiederholt“, „mein Ka ist erwacht“ oder „möge mein Ka herauskommen!“ In anderen wieder scheint der Ka des Vaters oder der Mutter als Erzeuger des Kindes gedacht zu sein, so wenn ein Mädchen „die Tochter meines Ka“ genannt wird. Dem aber scheint wieder ein Name wie „mein Ka lebt in meinem Vater“ schroff gegenuber zu stehen.

In einer kleinen Anzahl von Namen endlich konnte man versucht sein, den Ka mit dem „Gewissen“ zu identifizieren oder dem „Gotte in mir“, wie man im Neuen Reich sagte, so in „mein Ka ist gut“ oder „mein Ka ist rein“ — besonders wenn man den letzteren Namen mit der gleichen Aussage der zur Rechenschaft herangezogenen Leute[9]) vergleicht, die „ich habe ein reines Gewissen“ zu bedeuten scheint.

[1]) Petrie, Royal Tombs, Tf 17, 26 u 28

[2]) Vgl Sethe bei Borchardt, Sahure II, 113 Gegen Hoffmanns (Theoph Namen S 21) Deutung „Horus ist Besitzer des Ka“ *(nj-kꜣ-ḥr·w)* ist einzuwenden, daß Horus in PN des *AR* sonst nie einfach geschrieben wird

[3]) Nach Clère, S 107

[4]) Ob verstummelt aus *śḫntj-wj-kꜣ(·j)* (S 212)?

[5]) Ob hierher?

[6]) Ob „mein Ka sind die Leute“? Vgl *kꜣ(·j)-m-ỉpw*, S 54

[7]) Ob „mein Ka ist mein Warter“?

[8]) Vgl aber S 210

[9]) Vgl Erman, Reden und Rufe, S 51

Das Ergebnis ist also recht enttäuschend: aus den Hunderten von Personennamen, die mit dem Worte *kꜣ* zusammengesetzt sind, wird unser Verständnis dieses geheimnisvollen Wesens nicht erheblich gefördert, und die Namen rätselhaften Inhalts sind weit zahlreicher als die einigermaßen verständlichen!

KAPITEL III

NAMEN RELIGIÖSEN INHALTS.

A. FESTNAMEN.

Aus der Fülle der Personennamen religiösen Inhalts läßt sich, mit mehr oder weniger Sicherheit, eine Gruppe von Namen herauslösen, die ich als „Festnamen" bezeichnen möchte[1]).

Die *MR*-Namen  *ij-n-ḥb* „der zum Fest gekommen ist" und f.  *ij·t-n-ḥb* „die zum Fest gekommen ist"[2]) und ebenso wohl auch  bzw.  „der (bzw. die) zum Fest Gehörige" nehmen offenbar auf die Tatsache Rücksicht, daß die Geburt des so benannten Kindes an einem Festtage stattgefunden hatte, daß es also gewissermaßen „zum Fest" angekommen war[3]). Und wenn wir nun, ebenfalls im *MR*, Namen begegnen, wie *imn-m-ḥb* „Amon ist im Fest" d. h. „Amon feiert ein Fest"[4]) und *sbk-ḥr-ḥb* „Suchos ist am[5]) Feste" oder im *NR* Namen wie *stẖ-m-ḥb f* „Seth ist in seinem Feste (bzw. feiert sein Fest)" oder, mit Weglassung eines bestimmten Gottesnamens, *nfr-ḥb f* „sein Fest ist schön"[6]), so ist es klar, daß wir es hier mit Sätzen zu tun haben, die bei Götterfesten gesprochen worden sind. Wenn solche an Götterfesten getanen Ausrufe — die uns ohne diese Namen fast gänzlich unbekannt geblieben wären — zu Personennamen werden, so wird der Anlaß dazu der gewesen sein, daß das zuerst so genannte Kind eben an dem Tage, an dem der betreffende Festruf erschallte, geboren worden ist. Während der Ausdruck *-m-ḥb f* bisher nur in Zusammenhang mit Seth und nur ein einziges Mal zur Zeit der 18. Dyn. belegt ist und auch *-ḥr-ḥb* verhältnismäßig selten begegnet[7]), kommt *-m-ḥb* in Verbindung mit einer großen Anzahl von Göttern und Göttinnen vor, und zwar vom *MR* bis in die griechische Zeit. Auch die Namen *tꜣ-m-ḥb (MR u. NR)* „das Land ist im Feste"[8]) und f. *wꜣś·t-m-ḥb (NR)* „Theben ist im Feste" gehören hierher, und gewiß auch f. *ḥb-pw (NR)* „es ist ein Fest"![9]) Andere Namen geben Ausrufe wieder, die auf ein bestimmtes Ereignis beim Götterfest Bezug nehmen. So *ip* (etc.) *-ḥr-ẖnj·t* „der Gott *ip* (etc.) ist auf der Ruderfahrt"[10]) mit den Sinnvarianten *ꜥntj-m-mr* „(der Gott) *ꜥntj* ist auf dem See", *wḫ-m-mr·f* „(der Gott) *wḫ* ist auf seinem See", *imn-m-š*[11]) „Amon ist auf dem See", „*imn-m-wiꜣ* „Amon ist in der (Prozessions-)Barke"[12]), *pꜣ-ꜥn-mni(·w)* „der Schöne ist gelandet", die sich wohl alle auf die Fahrt beziehen, in der das Bild der Gottheit an einem bestimmten Festtage in feierlicher Prozession auf dem Nil oder über den zu ihrem Tempel gehörigen heiligen See gerudert wurde, bzw. am Ufer gelandet war.

Der Name *imn-m-in·t* „Amon ist im Wüstental" bezieht sich offensichtlich auf das große in den Monaten Pachons und Epiphi gefeierte „Talfest" des Amon[13]) bei Dêr-el-Bahari auf der Westseite von Theben. Ebenso *pꜣ-ꜥn-(ḥr-)fꜣj·t* „der Schöne ist auf der Tragbahre!" auf die in Prozession von Priestern getragene Gottesstatue.

Der Name *pḥ-św-ḫr(·w)* „der ihn angriff, ist gefallen" enthält den frohlockenden Ausruf der Menge, wenn bei den Mysterienspielen des Gottes der feindliche Angreifer zu Boden geworfen ist[14]). Ähnlich steht es gewiß mit dem

---

1) Siehe schon Ranke, Grundsätzliches, S. 23f. und vgl. Levy, Theoph. Personennamen, S. 28ff.

2) Zur Übersetzung vgl. schon Gunn in Engelbach-Gunn, Harageh (1923), S. 28, Anm. 6.

3) Vgl. Edw. Schröder, Namenkunde, S. 90, wonach in Deutschland Namen wie Ostarhild, Ostertag, Paasche u. a. Kindern gegeben wurden, die zu Ostern geboren waren.

4) Die Übersetzung „Amon ist in festlicher Stimmung", „ist fröhlich" (Wb. 3, 58) wäre hier wohl zu blaß und würde das Charakteristische verwischen.

5) Für *ḥr* in Zeitangaben siehe Wb. 3, 132, 15.

6) Vgl. auch  *(MR)* „schön ist das Erscheinungsfest" — was sich sowohl auf die Prozession bei einem Götterfest wie auf das Thronbesteigungsfest des Königs beziehen kann. *Nfr·t-ḫꜥw (NR)* ist wohl eine sekundäre Femininbildung.

7) In Verbindung mit *mk·t*.

8) Vgl. *tꜣ-m-ḥb* als jubelnden Ausruf der die Mutbarke ziehenden Mannschaft. Ähnlich 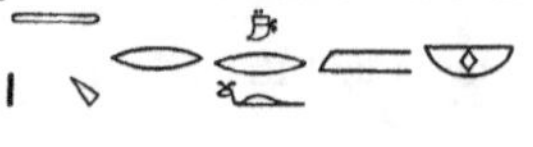 „das ganze Land ist im Feste!" zu Beginn der Begrüßung des Festzuges in Luxor und 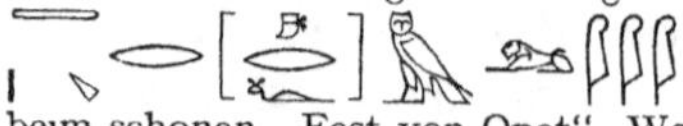 „das ganze Land ist in Freude!" beim schönen „Fest von Opet", Wolf, S. 55, 56, 58, und als ähnlichen Ausruf *iḥꜣj sbj k ḫr(·w)*, AZ 38, S. 21 oben, den Erman mit „hurrah, dein Feind ist gefallen!" übersetzt hat.

9) Gehört hierher auch der in der Spätzeit häufige Name *nḫt-ḥr(·w)-m-ḥb* „stark (siegreich) ist der Horus am Feste"?

10) Vgl. auch *pjpj-ḥr-ẖnj·t* im *MR*, von dem vergötterten König der 6. Dyn.

11) Oder ist auch *-m-mr* zu lesen?

12) Vgl. auch *tꜣ-ꜥn·t-(m-)pꜣ-wiꜣ* (f. *Spät*) und dazu den Beginn des „Jubelliedes" beim Fest von Luxor 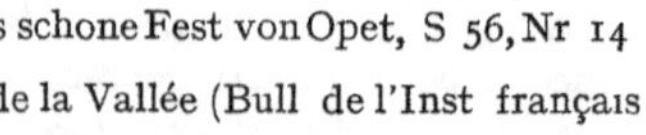 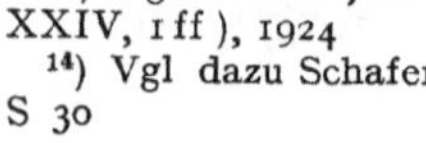, Wolf, das schöne Fest von Opet, S. 56, Nr. 14.

13) Vgl. Foucart, La belle Fête de la Vallée (Bull. de l'Inst. français XXIV, 1ff.), 1924.

14) Vgl. dazu Schäfer, die Mysterien des Osiris (Sethe, Unters. 4), S. 30.

Namen *ḫnm·w-m-šꜣ-nꜣ-pḥ(·w)-św* „Chnum verfolgt seine Angreifer", und auch der *NR*-Name *iw·w-n-imn* „sie gehoren dem Amon" bezieht sich vielleicht auf die niedergeworfenen Feinde, wenn auch fur ihn noch andere Erklärungen moglich sind[1])

Auch die Namen *imn-* (etc) *-m-wśḫ·t*[2]) „Amon (etc) ist in der Säulenhalle" und *imn-nḫt-m-wbꜣ* „der siegreiche Amon ist im Vorhof" werden auf festliche Ereignisse Bezug nehmen, bei denen die Statue des Gottes in einem bestimmten Raum des Tempels erschien Von dem großen Fest der Wiederauffindung eines neuen Apis zeugen die Namen der Spatzeit *ꜥr·w*[3])*-ḥp-r-mn-nfr* „man hat den Apis nach Memphis gebracht", *ꜥr*[3])*-ptḥ-ḥp* „Ptah hat den Apis heraufgefuhrt" und *ḥp-iw(·w)* „der Apis ist (wieder) gekommen!" Von dem Wiedereintreffen des heiligen Reihers in Heliopolis zeugt der aus der ersten Zwischenzeit stammende Name *bn·w-iw(·w)* „der Phonix ist wiedergekommen!"[4]) Einen ahnlichen Festruf enthalt wohl auch der spate Name *ꜥnḫ-mr-wr* „es lebt (oder lebe) der Mnevis (-stier)!" Vielleicht gehoren hierher auch die Namen *ꜥꜣ-šfj·t-m-wꜣś·t* „der sehr Angesehene"[5]) ist in Theben", *nḫt-imn-[m-?]wꜣś·t* „Amon ist siegreich in (?) Theben", *pꜣ-ꜥn-m-ipꜣ·t* „der Schone ist in Luxor".

Ferner muß hier die große Gruppe von Namen genannt werden, die von einem Gott[6]) oder einer Göttin aussagt, daß er oder sie *-m-ḥꜣ·t* „an der Spitze" oder „vorn" sei, obwohl ihrem endgultigen Verstandnis noch immer Schwierigkeiten entgegenstehen Sie beginnt mit einzelnen Beispielen (*ꜥntj-*[7]), *ptḥ-*, Hathor-) schon im *AR*, ist sehr haufig im *MR* (hier auch der beruhmte Konigsname Amenemhet) und im *NR* und halt sich vereinzelt bis in die griechisch-romische Zeit hinein Pierre Lacau hat in einem ausgezeichneten Aufsatz in den Mélanges Maspero[8]) wahrscheinlich zu machen versucht, daß dieses  vielmehr als *m-ḥꜣ·t(·j)* im Sinne von „vor mir" aufzufassen und die betreffende Gottheit durch diese Namen als Fuhrer (guide) des so genannten Kindes anzusehen sei. Ich glaube, daß diese Erklarung sich nicht halten laßt[9]) Wir werden vielmehr auch sie als Ausrufe zu verstehen haben, die dem Gotte gelten, welcher bei einem Feste die Prozession der Gotter einleitet[10])

Sicher aber ist unter die Festnamen eine große Gruppe von Namen zu rechnen, die von der Geburt eines Gottes berichten[11]). Sie beginnt im *MR* mit Namen wie *iꜥḥ-mśj(·w)* „der Mond ist geboren"[12]), ist im *NR* uberaus haufig vertreten — man denke nur an den auch von Konigen getragenen Namen *ḏḥwtj-mśj(·w)* „der Gott Thot ist geboren", griechisch Θοτμωσις, der sich in der Form Thutmosis eingeburgert hat —, und bleibt bis in die Zeit der griechisch-romischen Herrschaft hinein lebendig In der Ptolemaerzeit wurden fur diese Feiern des Geburtstags

[1]) Neben *iw f-n-imn* „er (d h der Namentrager) gehort dem Amon" konnte sich *iw w-* auch auf die Gesamtheit der Kinder beziehen

[2]) Vgl den Namen *wꜣhkꜣ-m-wśḫ t*, in dem der (verstorbene!) Gaufurst wie ein Gott behandelt wird! Es ist wohl an seine Statue zu denken

[3]) Das Wort *iꜥr* in seiner transitiven Bedeutung (Wb I, 41, 24), die in Texten erst in der griech -rom Zeit belegt ist

[4]) Vgl AZ 78, 54

[5]) Ein haufiger Beiname des Amon, Wb 4, 458, 17

[6]) Merkwurdig ist die zweimal belegte Variante 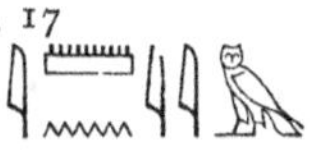 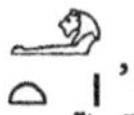, fur den Namen *imn-m-hꜣ t* (PN I, 31, 20)!

[7]) Ein Name *ꜥntj-m-hꜣ t* nach Lacau (Mélanges Maspero I, 931) schon in der 5 Dyn

[8]) I, 929—937

[9]) Mir scheint, daß Lacau die von K Hoffmann (Theoph Personennamen, S 29) zur Diskussion gestellte Ubersetzung „Gott N ist im Anfang" zeitlich verstanden, so daß der Gott N damit zum Urgott erklart wurde, mit Recht ablehnt Der Name *gmn(j)-m-hꜣ t* laßt sich mit dieser Auffassung nicht vereinen, auch ware es zum mindesten sehr auffallend, daß gerade der Gott Re in dieser Verbindung nicht ein einziges Mal belegt ist Aber auch gegen Lacaus Vorschlag erheben sich gewichtige Bedenken Das schwerste, das Lacau selbst nennt, ist das keilschriftliche *mantimeḫē*, wenn der in allen Abschriften der Assurbanipal-Annalen *ma-an-ti-me-an-ḫi-e* geschriebene Name wirklich so zu lesen und mit *mnṯ w-m-hꜣ t* zu identifizieren ist Fur diese Gleichung spricht die geschichtliche Situation, in der der Name erscheint, philologisch aber ist die Schreibung (Steindorff dachte seinerzeit — Beitr z Assyr I, 354f — an einen Irrtum des Schreibers, dem bei 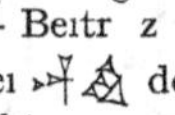 der Name des Gottes Assur vorgeschwebt habe!) bisher nicht einwandfrei erklart worden Sind Lesung und Gleichung richtig, dann kann allerdings kein agyptisches *-m-hꜣt j* vorliegen, da das t in der Umschreibung zum Vorschein kommen mußte Ferner ist es doch bedenklich, daß in dieser so zahlreiche und haufige Namen umfassenden Gruppe das Suffix der ersten Person nicht ein einziges Mal ausgeschrieben sein sollte, bes im *MR*, wo doch in entsprechenden Fallen gelegentlich gern ein  gesetzt wird Vor allem aber ist es mir fraglich, ob die agyptische Sprache den Begriff des „Fuhrers" im Sinne von Leitens durch ein „an der Spitze sein" „vorn sein" ausdrucken wurde *M-hꜣ t* wird von Personen gesagt, die vorne sind, an der Spitze stehen, deshalb die Ersten oder die Besten sind, aber der Gedanke des Fuhrers derer, die hinter ihnen sind, scheint in diesen Worten nie enthalten zu sein Im Gegenteil wird der sehr ahnliche Ausdruck *r-hꜣ t* „vor jemand sein" geradezu im Sinne von „befehligt werden (von jemand)" gebraucht, vgl Wb 3, 23, 5! — Der einzige Name, der mich in meiner Auffassung nicht ganz sicher werden läßt, ist der von Lacau fur seine Erklarung besonders herangezogene Name , der sich in einem Grabe der 5 Dynastie bei Gise findet Seiner ganzen Form nach mußte er *kꜣ(j)-m-hꜣ t* zu lesen sein und zu den mit *kꜣ* zusammengesetzten Namen gehoren, die den Ka wie einen Gott behandeln (S 211) „Mein Ka ist an der Spitze" im Sinne eines Ausrufes bei einer Gotterprozession ist aber unsinnig Andrerseits geht es nicht wohl an, diesen einen Namen von allen ubrigen der gleichen Bildung, die auch sonst schon im *AR* sich findet, abzutrennen und anders verstehen zu wollen Sollte also vielleicht doch fur alle noch eine ganz andere Bedeutung vorliegen?! Gerade beim Ka, der so oft als Schutz hinter dem Menschen gedacht ist, wäre jedenfalls Lacaus „vor mir" besonders unwahrscheinlich Zu der ganzen Frage ist auch der Ausdruck *-r-hꜣ t f* in 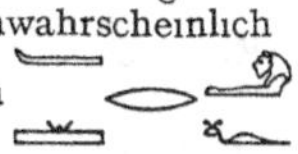 (*NR*) „*h* ist vor ihm (wem ?)" (PN I 234, 17) zu beachten, sowie der *AR* Name  (I 63, 21), dessen Lesung und Bedeutung mir nicht klar sind Vgl endlich auch den spaten Namen  (I 64, 8)

[10]) So schon E Levy, Theophore Personennamen, S 28—29

[11]) Ob der *NR*-Name *mrjjrꜥ-mśj(w)* sich auf das Geburtsfest des vergotteten Phiops bezieht?

[12]) Der Name ist als der des Begrunders der 18 Dynastie griechisch durch Αμωσις, als der des Konigs der 26 Dynastie durch Αμασις wiedergegeben Vgl ubr auch *iꜥh-wbn w* „der Mond ist aufgeleuchtet", (*Spat*)

des Gottes sogar besondere „Geburtshäuser" im Bezirk der größern Tempel errichtet[1]). Hier wurde die Geburt des Götterkindes festlich begangen, und dabei wird der Ruf, „der Gott (NN) ist geboren" eine besondere Rolle gespielt haben[2]). Es ist merkwürdig, daß diese Aussage in den Namen nie von einer weiblichen Gottheit begegnet, während man doch denken sollte, daß die Geburt der Neith und der Hathor ebenso gefeiert worden ist, wie die des Re, des Ptah oder des Amon. Eine wirklich befriedigende Erklärung weiß ich hierfür nicht anzugeben. In ptolemäisch-römischer Zeit gilt das Geburtshaus jedenfalls immer einem männlichen Götterkind, auch in Dendera, wo Hathor nicht etwa als Kind, sondern als Mutter erscheint.

Die bisher besprochenen Festnamen finden sich zum größten Teil erst in Texten des *MR* — bzw. der ersten Zwischenzeit — und bei einer flüchtigen Musterung der älteren Namen konnte es scheinen, als ob derartige Festnamen im *AR* noch selten gewesen seien Das wäre merkwürdig, da im *AR* die religiösen Feste im Leben des Volkes doch gewiß auch schon eine Rolle gespielt haben Bei genauerem Zusehen erweist sich aber der erste Eindruck als trügerisch. Es ist zum mindesten möglich, daß Namen wie *ptḥ* (etc.) *-ḫ'j·f* „Ptah (etc) erglänzt" — darunter der durch den König der 4 Dyn. berühmt gewordene *r'-ḫ'j·f* „Re erglänzt" und *mn(·w)* (etc.) *-ḏdj·f* „Min (etc) dauert" auf Ausrufe an Götterfesten zurückgehen Dasselbe gilt von Namen wie *ḫ'j-inp·w* „Anubis erglänzt", *ḫ'j-bȝ·w-ptḥ* (etc.) „der Ruhm (o ä.) des Ptah (etc) erglänzt", *ḳȝj-inp·w* (etc.) „Anubis (etc.) ist erhaben" oder von Namen wie *'ȝ-ȝḫtj* und *wr-ȝḫtj* „groß ist der Horizontische (d. h Horus)" *wr-bȝ·w-ptḥ* (etc.) „der Ruhm (o. ä) des Ptah ist groß", zu denen der berühmte Ausruf „groß ist die Artemis der Epheser!"[3]) eine willkommene Parallele bildet Aus dem *NR* ist hier der Name *imn-ḫ'j·w* (PN I, 30, 19) „Amon ist erschienen!" zu nennen, dessen Worte uns geradezu als die Anfangsworte eines Jubelliedes, beim großen Amonfest von Luxor überliefert sind[4]). Auch *'ȝ-ptḥ-m (?)-mn-nfr* „Ptah ist groß in (?) Memphis" *(Spät)* gehört wohl hierher und sicherlich Namen wie f *ȝś·t-ḫ'j·tj* „Isis ist erschienen" und die späten Namen *ip·t* (bzw. *iḥ·t)-wr·tj* „*ip·t* (bzw *iḥ·t)* ist groß". Auch *wȝḏ-wj-śj* „wie blühend ist sie!" bezieht sich vielleicht eher (als Ausruf beim Feste[5]) auf eine Göttin als (wie ich PN I angenommen hatte) auf das neugeborene Töchterchen. Vgl auch *špśś-sȝṯ* „die Wasserspende ist herrlich" *(AR)*[6])

Neben den Götterfesten waren gewiß für das Leben des Volkes auch die Königsfeste von Bedeutung, und auch von ihnen haben die Personennamen wenigstens einige sichere Spuren hinterlassen. Am deutlichsten ist der Name *ptr-św-m-ḥbśd* „sieh ihn beim Jubiläumsfest" aus dem *NR*, der sich nur als Ausruf eines Teilnehmers am *ḥbśd*-Fest des Königs verstehen läßt „Sieh ihn", d. h. den König, so ruft er hingerissen vor der goldglänzenden Erscheinung des Herrschers, seinen Mitfeiernden zu. Gewiß gehören hierher auch die Namen *pjpj-mr-ḥbśd* „(König) Phiops ist einer, der das Jubiläum liebt" *(AR)*, *r'mśjśw-'šȝ-ḥbśd* „Ramses ist reich an Jubiläen" *(NR)* und der späte Name f *dj-ȝś·t-ḥbśd* „Isis hat ein Jubiläum gegeben!" Auch andere Namen, die einen Königsnamen enthalten, können sehr wohl auf ähnliche Ausrufe beim Fest zurückgehen, an denen der selten geschaute Herrscher sich den Augen des Volkes zeigte So vor allem Namen wie *'nḫ-* König NN, *śnb-* König NN[7]), *ḏdj-* König NN und *'nḫ-mrjjr'-nb·n*, die wir gewiß am besten durch „der König NN lebe!" bzw. „sei gesund", „dauere"[8]) und „es lebe unser Herr *mrjjr'*!" wiedergeben Aber auch die Namen *nfr-mrjjr'* „(König) *mrjjr'* ist schön", *nfr-ḥr-* König NN „das Antlitz des Königs NN ist schön", *ḫ'j-mrr·w-ptḥ* „es erglänzt (oder erglänze) der, den Ptah liebt!" *(AR)*[9]) *issj-mr-nṯr* „(König) Asosi ist einer, der den Gott liebt", *ḫ'j-nśw·t* „der König erglänzt"![10]) *(NR)*, *špśś-nśw·t* „der König ist herrlich" (o ä) *(AR)*, *-ḫ'j·f* und König NN *ḏdj·f (AR)* „König NN erglänzt" bzw. „dauert", *nḫt-ḥr-ḫpš·f (NR)* „Sieg ist auf seinem Schwerte" ist man versucht in diesen Zusammenhang zu rücken[11]).

Im *NR* finden wir eine Anzahl vielleicht hierher gehöriger Namen, die sich auf einen der Könige *imn-ḥtp(·w)* „Amenophis" zu beziehen scheinen, die ihn aber auffallenderweise nie mit seinem vollen Namen sondern immer mit

---

1) So in Edfu, Dendera, Kom-Ombo, Philae, vgl Baedeker, Ägypten 1928

2) Der älteste dieser Namen *i'ḥ-mśj(·w)* „der Mond ist geboren" geht offenbar auf ein Neumondfest zurück, das an sich nicht mit einem bestimmten Tempel verbunden gewesen zu sein braucht

3) Apostelgeschichte 19, 28

4) W Wolf, das schöne Fest von Opet, S 56, Nr 14

5) Vgl *wȝḏ-wj-pȝ-hkȝ* als Anfang eines Jubelliedes beim schönen Fest von Opet, Wolf, S 63 u 64

6) Ob Namen wie „ich habe den Amon gesehen" (PN 143, 22, *NR*), „ich habe die Isis gefunden" (331, 25, *Spät*), „der Schöne ist vor mir" (61, 14, Griech), „Nephtys ist trunken geworden" (189, 5, *Spät)* auch auf Götterfeste bezug nehmen?

7) Merkwürdigerweise fehlen Namen wie *wḏȝ*-König NN!

8) Vgl auch *ttj-r-nḥḥ* „Teti (dauere) ewiglich!" und *ttj-m-ḥb* „Teti ist im Feste" — allerdings aus dem *NR*, wo der König Teti der 6 Dyn schon als Gott verehrt wurde Ähnlich *'ȝ-ppj (MR)*

9) Bei dem ebenso gebildeten Namen *ḫ'j-mrr w-nbtj* wird ein Gott „den der König liebt" gemeint sein

10) Auch Blackman nahm an, daß die „appearance of the king" wahrscheinlich der Name einer Episode des *śd*-Festes war, vgl Studia Aegyptiaca I = Analecta Orientalia 17 (1938), S 8, Anm 2

11) Andere Namen, die möglicherweise hierher gehören, sind *nj-'nḫ*-Gott (bzw König) NN „Gott (bzw König) NN besitzt Leben", *nḫt*-König NN „König NN ist stark (bzw siegreich)" Ferner Gott NN *-mśj-św* „Gott NN ist es, der ihn erzeugt hat" — darunter der berühmte Königsname *r'-mśj-św*, der keilschriftlich durch *ria-mašeša*, griechisch durch Ῥαμεσσης u ä wiedergegeben ist, und den wir ‚Ramses' auszusprechen pflegen Auch *mrj-św-r'* „Re liebt ihn" oder „möge ihn lieben", *mn(·w)-msj-św* „(der Gott) Min ist es, der ihn herbeigebracht hat", *kȝb-n f-r'* „Re möge ihm (die Lebenszeit o a) verdoppeln!" werden hierher gehören.

der kosenden Abkürzung  bzw.  , also *ḥj* (Ḥaja?) bzw *ḥ* (Ḥa?) nennen. So *ḥj-mn(·w)* „*ḥj* bleibt“ o. ä., *ḥ-wbn·f* „*ḥ* erglanzt“, *ḥ-m-pr-ptḥ* „*ḥ* ist im Hause des Ptah“, während *ḥj-m-nṯr* den Konig geradezu als Gott bezeichnet[1]).

Unklar ist mir noch, ob die Namen f *3ś·t-m-ḫbj·t* „Isis ist in Chemmis“ *(Spat* u *Griech)* und *w3ḥibr'-m-ḫbj·t* „(Konig) Apries ist in Chemmis“ *(Spat)* zu den Festnamen gehoren, und wie sie zu verstehen sind.

B NAMEN, DIE ALLGEMEINE AUSSAGEN ÜBER DIE GÖTTER (BZW. DIE KÖNIGE) ENTHALTEN[2])

Bei der weitaus großten Zahl der Personennamen, die eine allgemeine Aussage uber die verschiedenen Gotter oder Konige enthalten, ist die Beziehung auf ein Gotter- oder Konigsfest nicht ohne weiteres zu erkennen, wenn sie auch bei dem einen oder andern der folgenden Namen vorgelegen haben mag Zu ihrer Erklärung genugt die Annahme eines zur Zeit der Geburt besonders stark empfundenen Gefuhls, das in den betreffenden Worten oder Sätzen zum Ausdruck kommt

Es ist nicht ganz leicht, in die Fülle der hier in Betracht kommenden Namen eine gewisse Ordnung zu bringen, und ein Anderer wird vielleicht andere Gruppen aufstellen[3]) Ich gebe zunachst Aussagen, die sowohl von den Göttern wie von den — eben als Gotter auf Erden angesehenen — Königen gemacht werden. Am Schluß stelle ich Aussagen zusammen, die sich nur von Königen finden

Die Götter sind herrlich u. ä.[4]).

3ḫ-nb·t (etc.)	„Gold (etc) ist herrlich“ (auch *MR* u *NR)*
šps̀j-pw-ptḥ (etc)	„Ptah (etc.) ist herrlich“
šps̀j-ptḥ (etc.)	„Ptah (etc) ist herrlich“
špś-b3 (etc)	„der (heilige) Bock (etc) ist herrlich“.

Die Götter (oder Konige) sind stark, machtig, siegreich.

śḫm-ptḥ (etc)	„Ptah (etc) ist mächtig“
nḫt-ḫwfw	„Cheops ist stark (siegreich)“
nḫt-śbk (etc)[5])	„Suchos (etc.) ist stark“ *(MR* bis *Griech.)*
ḳ3j-śḫm-r'	„die Macht des Re ist hoch“ o ä. *(AR/MR)*
wśr-'-imn	„stark ist der Arm des Amon“ *(MR)*
wśr-imnḥtpw	„(Konig) Amenophis ist stark“ o. ä. *(NR)*
nḫt-imn- (m-) ip3·t	„Amon ist stark in Luxor“ o. ä. *(NR)*
nḫt-imn- (m-) w3ś·t	„Amon ist stark (siegreich?) in Theben“ o. ä *(NR)*
ḳn-imn (etc)	„Amon (etc) ist stark“ *(NR* u. *Spat)*
wr-ḳn-imn	„die Kraft des Amon ist groß“ *(NR)*
(p3-) 'n-ḳn (·w)[6])	„der Schöne ist stark“ *(NR)*
ḳn-p3-ḥḳ3	„der Herrscher ist stark“ *(NR)*
'3-ḳn-w3ḥibr'	„Konig Apries ist groß an Kraft“ *(Spat)*
'3-pḥtj-f	„seine Stärke ist groß“ *(NR)*
nb-pḥtj-w3ḥibr'	„Konig Apries ist ein Herr der Kraft“ *(Spät)*
iḥ3-nfr-imn	„Amon ist ein guter Kampfer“ *(NR)*
nḫt-hr (·w)-m-ḥb	„stark ist der Horus am Feste“ (? *Spat* u. *Griech.)*
f *'n-t3ś-nḫt (·t)*	„der Schone ist ihre Stärke“ *(NR)*
ḫdb-mw·t (etc.) *-ir·t-bin·t*	„Mut tötet das böse Auge!“ *(Spät)*

1) Vielleicht handelt es sich doch um den nach seinem Tode vergotteten ersten Amenophis Vgl auch *ḥj-mśj(·w)* und *ḥ-mśj(·w)* „*ḥj* (bezw *ḥ)* ist geboren!“ und *ḥ-r-ḥ3·t·f* „*ḥ* ist vor ihm“ Ob letzteres auf den Konig vor Amon geht? Vgl Wolf, Fest von Opet S 64, wo von dem regierenden Konige *(ḥḳ3 nfr)* gesagt wird *iw·f (r?) ḥ3·t imn r ḫntj·f* „wenn er vor Amon ist, um ihn (nach Karnak) zu rudern“ In 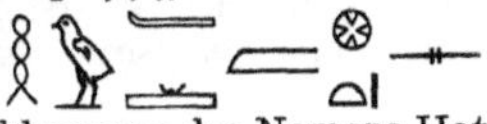 „ *ḥ* ist in ihrer Stadt“, konnte *ḥ* eine Abkurzung des Namens Hathor sein

2) Aussagen uber den *k3* und die *k3·w* der Gotter sind gesondert behandelt, siehe S 208ff

3) Vgl fur die Zeit des *AR* und *MR* schon K Hoffmann, Die Theophoren Personennamen des Ältern Agyptens (Leipzig 1915) S 1ff

4) Im Folgenden sind die Namen des *AR* ohne Zusatz gelassen

5) Vgl Griech νεχθανουπις, νεχθμινις, νεχθμωνθης, νεστοηρις Ob daneben auch *śbk* (etc) *-nḫt (·w)* anzunehmen ist?

6) I 62, 4 u 102, 28.

Die Gotter dauern u. a

mn·w (etc.) *-ḏdj·f* „Min (etc.) dauert“

wr-ḏdd-bꜣ (etc) „die Dauer des (heiligen) Bocks (etc) ist groß“[1])

ptḥ-pw-wꜣḥ „Ptah dauert“[2])

ptḥ-wn·f „Ptah existiert“ (?) *(MR)*

ptḥ-wnn·f „Path wird sein“ *(MR)*

wn-ỉmn (etc.) „Amon (etc.) existiert“ *(NR* bis *Griech)*

wnn-ỉmn „Amon wird sein (?)[3]) *(NR* u. *Spat)*

ỉmn-m-ỉpꜣ·t-mn(·w) „*ỉmn-m-ỉpꜣ·t* bleibt“ u. ä. *(NR)*

pꜣ-ḥḳꜣ-mn(·w) „der Herrscher bleibt“ *(NR)*

pr-ptḥ-mn(·w) „das Haus des Ptah bleibt“ *(Spat)*

pꜣ-dj-św-r-nḥḥ „der ihn gegeben hat, daure ewig!“ *(NR)*

ʿꜣḫprwrʿ (etc)*-r-nḥḥ* „(Konig) Amenophis II (etc) daure ewig!“ *(NR)*

Die Götter leben und verleihen Leben

ʿnḫ-ỉnḥr·t (etc.)[4]) „Onuris lebt“ oder „es lebe Onuris (etc.)!“

ẖnm (·w)-ʿnḫ·f „Chnum lebt“

nj-ʿnḫ-ptḥ (etc) „Ptah (etc) besitzt Leben“

nj-ʿnḫ-pjpj (etc.) „(König) *pjpj* (etc.) besitzt Leben“

nb-ʿnḫ-mn(·w) (etc.) „Min (etc.) ist ein Herr des Lebens“

śḫm-ʿnḫ-ptḥ (etc.) „Ptah (etc) ist mächtig an Leben“ (?)

ỉnp(·w)-m-ʿnḫ „Anubis ist im Leben“ (?)

mn-ʿnḫ-pjpj[5]) „möge das Leben des (Konigs) Phiops bleiben!“ (?)[6])

ʿnḫ-pjpj-m-mnnfr „(Konig) Phiops lebt (lebe?) in Memphis“

ʿnḫ-pjpj-m-ḥꜣ·t oder

ʿnḫ-m-ḥꜣ·t-pjpj 

śʿnḫ-ptḥ-mrjjrʿ „Ptah erhält (erhalte) Merire am Leben“[7])

dj-ptḥ-ʿnḫ „Ptah gibt (gebe) Leben“ *(MR)*

f *dj-mw·t-pꜣ-ʿnḫ* „(die Gottin) Mut gibt (gebe) das Leben“ *(Spat)*[8])

mrj-wḫ-ʿnḫ·f „(der Gott) *wḫ* will, daß er[9]) lebt“

ỉmn-wḏ-ʿnḫ·f „Amon ist es, der befohlen hat, daß er[10]) lebt“ *(Spät)*

f *mw·t-wḏ(·t)-ʿnḫ·ś* „Mut ist es, die befohlen hat, daß sie[10]) lebt“ *(Spat)*

Die Gotter sind gesund und verleihen Gesundheit

śnb-mn(·w) etc „Min (etc) ist (sei) gesund“ *(NR* und *Spat)*[11])

wḏꜣ-wśỉr (etc) „Osiris ist heil“ o a *(Spat* u. *Griech.)*[12])

ḥr(·w) -wḏꜣ(·w) „Horus ist heil geworden“ ?[12]) *(Spat* u. *Griech.)*

ỉpj-hr-śśnb·f „*ỉpj* macht ihn[13]) gesund“ *(AR/MR)*

---

1) Wortlich „es ist groß, daß der *bꜣ* dauert“ Nach Gunn, Teti Pyramid Cemeteries, Tf 62, Text S 157 Vgl Gardiner, Grammar, S 143, § 188, 3

2) Wortlich „Ptah ist ein Dauernder“

3) Oder *wn-n j-ỉmn* „Amon existiert fur mich“ o a ?

4) Diese Namen stehen PN I unter dem Gottesnamen, also *ỉnhr t-ʿnḫ(w)* etc !

5) I 132, 2

6) Oder, „bleibenden Lebens ist *pjpj*“

7) Dies konnte sehr wohl ein Ausruf beim Fest gewesen sein, vgl S 216

8) Was bedeuten die Namen *ʿnḫ-m-ṯnn t* („Leben ist im *ṯnn t*-Tempel“) und *ʿnḫ-m-ḫntj t (spat)* („Leben ist im Saulensaal“) ? Auch der spate Frauenname *ʿꜣ-ʿnḫ(w ?)* „der Große ist lebendig“ oder „groß ist das Leben“ konnte hierher gehoren

9) Ob der Namenträger gemeint ist ? Oder der Konig ?

10) Hier ist wohl der Namentrager gemeint Vgl S 227

11) Was mit dem „gesund sein“ der Gotter eigentlich gemeint ist, weiß ich nicht Es ist bemerkenswert, daß solche Aussagen von Gottern vor dem *NR* nicht vorkommen Ich kenne nur 3 derartige Namen *śnb-ỉmn (Spat)*, *śnb-mn w (NR)* und *śnb-śbk-* so wird PN I, 305, 12 zu lesen sein — *(D 20)* An schlechte Schreibungen fur *śśnb-* wird man kaum denken durfen

12) Auch *wḏꜣ* in Verbindung mit Gottern begegnet zuerst im *NR* Seine Stellung sowohl vor *(wḏꜣ-ḫnśw = usiḫanša, wḏꜣ-hr w =* οτευρις) wie nach dem Gottesnamen *(hr-wḏꜣ w =* ἁρυωτης, ϩⲉⲣⲟⲧⲟϫ) ist durch keilschriftliche bzw griechische Umschreibungen gesichert Aber was ist mit diesen Namen eigentlich gemeint ? Bei Gott NN-*wḏꜣ (w)* konnte man an einen Ausruf bei der Auferstehung des Gottes am Mysterienfest denken, aber gerade von Osiris ist diese Zusammensetzung bisher nicht belegt

13) Den Konig ? oder den Sohn ?

imn-ḥr-śsnb(·j?)	„Amon macht (mich?) gesund" *(NR)*
dj-bꜣśt·t-pꜣ-śnb	„Bastet gibt (gebe) die Gesundheit" *(Spät)*
irj-imn (etc.) *-wḏꜣ-n-nif·w*	„Amon (etc.) verleiht (verleihe?) den Schiffern Heil"[1]

Die Götter lieben und werden geliebt.

ꜣḫ-mrw·t-ptḥ	„herrlich (o. ä.) ist die Liebe (Beliebtheit?) des Ptah"
f *ij-mrw·t·f*	„seine Liebe kommt (oder komme)"
ꜥꜣ-mrw·t·f	„seine Liebe (Beliebtheit?) ist groß" *(MR)*
ꜥn-mrw·t·f	„seine Liebe (Beliebtheit?) ist schön" *(MR)*
f *ꜥn-mrw·t·ś*	„ihre Liebe (Beliebtheit?) ist schön" *(MR)*
mrjtj-wśj-imn	„wie sehr beliebt ist Amon" *(NR)*

Die Götter (oder Könige) sind gut[2], freundlich.

nj-imꜣ·t-ptḥ	„Ptah besitzt Freundlichkeit"
imꜣ-śbk	„Suchos ist freundlich" (auch *MR)*
imꜣ-śꜣḥwrꜥ	„(König) Sahure ist freundlich"
nfr-Gott (Göttin) NN	„gut ist Gott (Göttin) NN" *(AR* bis *Griech.)*
f Göttin NN-*nfr·t*	„Göttin NN ist gut" (auch *NR* bis *Griech.)*
nfr-ḥr-n-Gott NN	„gütig (o. ä.) ist das Antlitz des Gottes NN"
nfr-ḥr-śnfrw	„gütig (o. ä.) ist das Antlitz des (Königs) Snofru"
f *nfr-ḥr-ptḥ*	„es ist gut bei Ptah"
nfr·t-ḥr-nśw·t	„Gutes ist beim König"
nfr-irj·t-Gott NN	„gut ist, was Gott NN tut"
nfr-irj·t·ś	„gut ist, was sie tut"
nfr-irj·t·n·f	„gut ist, was er getan hat"
f *nfr-irj·t·n·ś*	„gut ist, was sie getan hat"
f *ꜥn*-Göttin NN	„Göttin NN ist gütig" o. a. *(NR* u. *Spät)*

Die Götter (oder Könige) sind gnädig.

nj-ḥtp-ẖnm (·w)	„Chnum besitzt Gnade"
ḥtp- Gott NN	„Gott NN ist (sei) gnädig"[3] *(AR* bis *Griech.)*
f *ḥtp-nbtj*	„der König ist (sei) gnädig"
ḥtp-śnfrw	„(König) Snofru ist (sei) gnädig" *(MR)*
Gott NN-*ḥtp(·w)*	„Gott NN hat sich gnädig erwiesen"[4] *(AR* bis *Griech.)*
Göttin NN -*ḥtp·tj*	„Göttin NN hat sich gnädig erwiesen" (auch *MR, NR)*
ḥtp-ḥr- Gott NN	„das Antlitz des Gottes NN ist (sei) gnädig"
f *ḥtp-ḥr-nbtj*	„das Antlitz des Königs ist (sei) gnädig"
f *ḥtp-ḥr·ś*[5]	„ihr Antlitz ist (sei) gnädig" (auch *Spät)*
f *ḥtp-ib·ś*[5]	„ihr Herz ist (sei) gnädig"
nfr-ḥtp- Gott NN	„schön ist die Gnade des Gottes NN" (auch *MR)*
nfr-ḥtp·ś[5]	„schön ist ihre Gnade"
ꜥꜣ-ḥtp·f[5]	„seine Gnade ist groß"
ꜥn-św-imn	„Amon wendet sich (gnädig) zurück[6]" *(NR)*
f *ꜥn-ś(·t)-bꜣśt·t*	„Bastet wendet sich (gnädig) zurück" *(NR)*
ꜥn·f[5]*-św*	„er wendet sich (gnädig) zurück" *(NR)*

[1] Amon, der Gott des Windes, ist Schutzherr der Schiffer.

[2] Wann *nfr* mit „gut", wann mit „schön" zu übersetzen ist, bleibt oft fraglich. Das Gleiche gilt von *ꜥn*.

[3] Bei diesen Namen ist oft nicht zu entscheiden, ob *ḥtp-* oder *-ḥtp(·w)* zu lesen ist. Sichere Lesungen mit *ḥtp-* vor dem Gotternamen sind im *AR* noch ganz selten *(ḥtp-nbj, ḥtp-nfr·t, ḥtp-sp·t)* und werden erst im *MR* häufiger. Ob auch *ḥtp-ꜥnḫ (MR)* hierher gehört: „der Lebendige ist (sei) gnädig"?

[4] In *śbk-nḫt-ḥtp·w (MR)* scheint ein Gaufürst *śbk-nḫt* als Gott behandelt zu sein. Vgl. den gleichnamigen Gaufürsten von El Kab, J. J. Tylor, Tomb of Sebek-nekht.

[5] Hier ist der Name einer bestimmten Gottheit durch das Suffix ersetzt, vgl. S. 89.

[6] So wird doch trotz der Schreibung mit  zu verstehen sein.

Die Götter (oder Könige) sind froh, zufrieden

	ḥr-ỉmn	„Amon ist (sei) zufrieden" *(NR)*
	ḥr-rʿmśjśw	„Ramses ist (sei) zufrieden" *(NR)*
f	Göttin NN *-ḥr·tj*	„Göttin NN ist zufriedengestellt" *(Spät)*
f	*ꜣś·t-ršw·tj*	„Isis ist erfreut" o. a. *(Spät* u. *Griech.)*
f	*tꜣ-ʿn·t-(m-) ḥtp*	„Die Schöne[1]) ist in Frieden" *(NR)*

Die Götter kommen (zu Hilfe)

	ptḥ-ỉw	„Ptah ist gekommen" *(AR/MR)*
	ỉw·f-ḏḥwtj	„Thot kommt" *(RM)*
f	Göttin NN *-ỉj·tj*	„Göttin NN ist gekommen" *(MR* bis *Griech.)*
	ỉmn-m-wꜣś·t-ỉj·w	„der Amon von (?) Theben ist gekommen"
	ỉj-wj-ỉmn	„willkommen, Amon!" *(NR)*

Die Götter (oder Könige) beschützen und erretten.

	nj-ḫw·t-ptḥ	„Ptah besitzt Schutz"
	nfr-ḫww(·w)-NN Gott NN	„gut geht es dem, den Gott NN schützt"
	ḥr(·w)-ḫwj·f	„Horus beschützt" (auch *MR)*
	nḫt-sꜣ·ś	„ihr Schutz ist stark"
	šdj·w[2])-Gott NN	„den Gott NN errettet" (? auch *MR, NR)*
	šdj·w[2])*-ḫwfw*	„den (König) Cheops errettet (?)"
	ḫnś·w-šdj·f	„Chons errettet" *(NR* und *Spät)*
f	*wꜣḏj·t-šdj·ś*	„Uto errettet" *(NR)*
	nḥm-mwt	„Mut hat errettet" (? *Spät)*

Die Götter beschenken die Menschen.

	dd-mw·t-śn·nw·f	„(die Göttin) Mut gibt (gebe) seinen Zweiten" *(MR)*
	dj-ỉmn-wꜣś	„Amon gibt (gebe) Glück" o. ä. *(NR)*
	ỉmj-ỉmn	„gib, Amon!" *(NR)*
f?	*dj-ꜣś·t-šb·w*	„Isis gibt (gebe) Nahrung" *(Spät)*
f	*dj-wꜣḏj·t-pꜣ-ṯꜣw*	„Uto gibt (gebe) den Atem" *(Spät)*
	dj-Gott (Göttin) NN-*ỉꜣw(·t)*	„Gott (Göttin) NN gibt (gebe) Alter" *(Spät)*
	ỉrj-ḥp-ỉꜣw·t	„der Apis macht (mache) Alter" *(Spät)*
	dj-ḫnś·w-ỉrj	„Chons gibt (gebe) einen Gefährten" *(Spät)*
f	*dj-ꜣś·t-nśwj·t*	„Isis gibt das Königtum" *(Spät)*[3])
	ṯsj-Gottheit NN-*pr·t*	„Gottheit NN schafft[4]) Nachkommen" *(Spät)*

Namen, die wie ein Bekenntnis anmuten.

nṯr(·j?)-pw-ptḥ	„Ptah ist (mein?) Gott" *(MR)*
mꜣʿ·t-pw-ptḥ	„Ptah ist die Wahrheit (das Recht)" *(MR)*
ḥr(·w)-ḥḳꜣ-ỉdb·wj-twt(·w)	„Horus ist Herrscher der beiden Länder insgesamt" *(NR)*
ptḥ-m-ỉmn	„Ptah ist Amon" *(NR)*
ỉpw-m-rʿ	„*ỉpw* ist Re" (? *NR)*
pwj-m-rʿ	„*pwj* ist Re" (? *NR)*
ỉmn-wʿj(·w)	„Amon ist der Einzige" *(NR)*
pꜣ-wʿj-ỉmn	„Amon ist der Einzige" *(NR)*
mn-ʿꜣ-r-wśỉr	„es gibt keinen Größeren als Osiris" *(NR)*

---

1) D. h. Hathor.

2) Oder *šdj-wj-* „NN (bzw. Cheops) errettet (errette) mich"?

3) Ob Festname? Aber auch „Isis gebe (wieder) ein (einheimisches) Königtum!" wäre denkbar. Dann wäre dieser Name den auf S. 224 zusammengestellten einzureihen.

4) Besser vielleicht: hat geschaffen (eig. „geknotet").

Verschiedene auf die Götter bezogene Aussagen und Ausrufe.

	nj-mꜣʿ·t-Gott (Göttin) NN	„Gott (Göttin) NN besitzt die *mꜣʿ·t*“ *(AR)*
	nfr-śfḫ-Gott NN	„schön ist das Lösen[1]) des Gottes NN“ *(AR)*
	nfr-ṯs-ḥtḥr	„gut ist der Spruch der Hathor“ *(AR)*
	kꜣj-ś·wt-ḥtḥr	„hoch sind die Throne der Hathor“ *(AR)*[2])
	iw-m-bꜣ·w·ś	„es ist in ihrer Macht“ (?) *(AR)*
	ʿꜣ-riś(·w)	„der Große ist erwacht“ *(MR)*[3])
f	*bw-rḫ·tw-ḥr·ś*	„man kennt ihr Antlitz nicht“[4]) *(MR)*
	bw-rḫ·tw-iwn·f	„man kennt sein Wesen nicht“ *(NR)*
	imn-m-ḥmw	„Amon ist das Steuerruder“ *(NR)*
	imn-ḥr-mìn	„Amon weidet“ *(NR)*
	śḏm-imn	„Amon hört (höre?)“ *(NR)*
	nw-imn	„Amon sieht (möge sehen?)“ *(NR)*
	ḳd-imn	„Amon baut (d. h. schafft)“ *(NR)*
	imn-m-kꜣ	„Amon ist ein Stier“ *(NR)*
	kꜣ-m-imn	„der Stier ist Amon“ *(NR)*
	itm-r-ḥꜣ·t·f	„Atum ist vor ihm“ *(NR)*[5])
	iʿḥ-riś(·w)	„der Mond ist erwacht“[6]) *(NR)*
	ḏd-bꜣśt·t-nꜣ·w-md·wt	„Bastet hat ihre (eorum)[7]) Worte gesagt“ *(Spät)*
f	*pꜣ·ś-św-prj(·w)*	„ihr[4]) Licht ist aufgegangen“ *(Griech.)*
	mrj-ptḥ-ḥp	„der Apis ist von Ptah geliebt“ *(Spät)*

Aussagen unklarer Bedeutung.

nj-ḥp·t[8])*-rʿ*	„Re ist Besitzer des *ḥp·t*-Geräts“[9]) *(AR)*
nb-ḥp·t-rʿ[10])	„Re ist ein Herr (d. h. Besitzer) des *ḥp·t*-Geräts“ *(MR)*
ptḥ-ʿpr·f	„Ptah stattet aus“ o. ä. *(AR)*
siꜣ-ḥr(·w)[11])	„Horus erkennt“ (?) *(AR)*
iḥjj-ḫntj (*ḫntj-iḥjj?*)	„(der Gott) *iḥjj* ist vorn“ (?) *(AR)*
iḥjj-m- .[12])*-mrjjrʿ*	„(der Gott) *iḥjj* ist .... *mrjjrʿ*“ *(AR)*

Aussagen, die nur von Königen vorkommen[13]).

ꜣw-ib-n-ḫwfw	„Cheops freut sich“ o. ä.
ḫꜣj-issj	„(König) *issj* mißt (?)[14])
issj-mr-nṯr	„(König) *issj* ist ein Geliebter (?) des Gottes“[15])
iʿḥmś (etc.) *-mr-imn*	„Amasis (etc.) ist ein Geliebter des Amon“ *(Spät)*
wꜣḥibrʿ-mrr(·w)-ptḥ	„Apries ist einer, den Ptah liebt“ *(Spät)*
rʿmśjśw-sꜣ-itm(·w)	„Ramses ist ein Sohn des Atum“ *(NR)*
rʿmśjśw-sꜣ-ḫprj	„Ramses ist ein Sohn des Chepre“ *(NR)*
iʿḥmś-sꜣ-njt	„Amasis ist ein Sohn der Neith“ *(Spät)*
wꜣḥibrʿ-(m-)mnnfr	„Apries ist in Memphis“ *(Spät)*
wꜣḥibrʿ-m-ꜣḫ·t	„Apries ist im Lichtreich“ *(Spät)*[16])
ḥj-śm[17])	„(König?) *ḥj* hat erhört“ (?) *(NR)*
ḳn(·t)-m-ḫpš·f[18])	„Stärke (?) ist in seinem Arm (Schwert?)“ *(NR)*

[1]) Meine Deutung auf das Entbinden (PN I 199, 20) stößt auf die Schwierigkeit, daß nur Götter, nicht Göttinnen in dieser Verbindung belegt sind. Ob Lösen von Unreinheit o. a. gemeint ist?
[2]) Vielleicht Festname.
[3]) Vielleicht Ausruf bei der Auferstehung des Osiris.
[4]) Das Suffix bezieht sich gewiß auf eine Göttin.
[5]) D. h. vor dem König? Festname?
[6]) Ob Ausruf bei einem Neumondfest?
[7]) Aber wessen?
[8]) Die Schreibungen ohne ⌓ (PN I, 173, 3) sind wohl nur ungenau.
[9]) Zu dem Schiffergerät *ḥp·t* vgl. Wb 3, 67 und Kees, Opfertanz, S. 74ff.
[10]) Name eines Königs der 11. Dynastie.
[11]) PN I, 426, 12.
[12]) Hier steht ein unklares Zeichen. Sethe wollte (nach persönl. Mitteilung) *m-rw·t* lesen.
[13]) Vgl. auch S. 218.
[14]) Ob „möge (reichlich) zumessen“? Oder Kurzname?
[15]) Ob der Sonnengott gemeint ist?
[16]) D. h. Apries ist zum Gott geworden, also gestorben?
[17]) Vgl. *mtr-śm* „Mitras hat erhört“ und *śm-bʿr* „Baal (hat?) erhört“.
[18]) Die Suffixe in den folgenden Namen beziehen sich offenbar auf den jeweils regierenden König.

kn (·t?)-ḥr-ḫpš·f	„Stärke (?) ist auf seinem Arm (Schwert)[1]) *(NR)*
rwḏ·f- (r-)nḥḥ	„möge er ewig fest sein" *(NR)*
m33·n·j-nḫt·w·f	„ich habe seine Siege gesehen" *(NR)*

C. POLITISCH-GESCHICHTLICHE NAMEN MIT BEZIEHUNG AUF VERSCHIEDENE GOTTHEITEN.

Ich stelle hier eine kleine Anzahl von Namen verschiedenen Inhalts zusammen, die sich in irgendeiner Weise auf geschichtliche Vorgänge beziehen und gleichzeitig mit bestimmten Gottheiten in Verbindung gebracht werden. Wie die Aussage, daß Isis die Stadt Koptos, Min die Stadt Achmim „gegründet" haben, in den Namenschatz der ägyptischen Spätzeit gelangt sind, ist mir nicht klar. Bei dem „Wiederbringen der Herren" ist aber offenbar an die erhoffte Rückkehr einheimisch ägyptischer Könige gedacht, die durch fremde Herrscher vertrieben worden waren, und dasselbe mag mit dem „Heraufführen der Fernen" gemeint sein. Daß auch in den Bildungen mit dem Wunsche, daß die Götter bestimmte nicht genannte Leute „ergreifen", ihr Auge (feindlich) gegen sie richten oder „stark" bzw. „siegreich" gegen sie sein möchten, ähnliche „revolutionäre" Namen zu sehen sind, hat M. Guentsch-Ogloueff kürzlich erkannt[2]). Hier werden mit den Ungenannten fremde Herrscher gemeint sein, deren Verhaßtheit beim Volke auf diese heimliche Weise einen eigentümlichen Ausdruck gefunden hat[3]).

	3ḫ·t-imn-ʾr·w	„möge das glänzende (Auge) des Amon gegen sie (gerichtet) sein!" *(Spät)*
	inj-imn-n3·f-nb·w	„möge Amon[4]) seine[5]) Herren wiederbringen!" *(Spät)*
f	*inj-imn-n3·ś-nb·w*	„möge Amon ihre[5]) Herren wiederbringen!" *(Spät)*
	ir·t-n·t-ḥr(·w)-ʾr·w	„das Auge des Horus sei gegen sie (gerichtet)!" *(Spät u. Griech.)*
	ir·tj (?)-imn-ʾr·w	„die beiden Augen des Amon seien gegen sie (gerichtet)" *(Spät)*
f	*ʿr-imn-n3-ntj-w3j*	„möge Amon die Fernen heraufführen!" *(Spät)*
f	*nḫt-b3śt·t-ʾr·w*	„möge Bastet stark gegen sie sein!" *(Spät u. Griech.)*
	mḥ-ḥr(·w)-m-p3-irj-ʾr·f	„möge Horus den packen[6]), der ihn angriff!" *(D 22)*
	ẖdb-ḫnś·w-ʾr·w	„möge Chons sie töten!"
f	*grg-3ś·t-gbtjw*	„Isis hat Koptos gegründet" *(Spät)*
f	*grg-mn(·w)-ipw*	„Min hat Achmim gegründet" *(Spät)*[7])
	ṯ3j-Gott NN-*im·w*	„Möge Gott NN sie ergreifen!" *(Spät u. Griech.)*

D. NAMEN, DIE AUSSAGEN ÜBER DAS VERHÄLTNIS DER GÖTTER ZU NAMENGEBER UND NAMENTRÄGER ENTHALTEN.

Während die bisher angeführten allgemeinen Aussagen über die Götter und über den ihnen an Macht und Wesen ähnlichen König uns gewissermaßen nur die offizielle Auffassung der Ägypter über das unvergängliche Leben, über die Kraft und Herrlichkeit, aber auch über die Güte und Hilfsbereitschaft dieser übermenschlichen und doch sehr nach menschlicher Art vorgestellten[8]) Wesen vermitteln, läßt eine andere große Gruppe der Namen religiösen Inhalts uns tiefer in das Glauben und Hoffen, in das Vertrauen und die Dankbarkeit hineinschauen, die der einzelne Ägypter seinen Göttern — und bis zu einem gewissen Grade auch dem Könige als dem Gott auf Erden — dargebracht hat. Das sind die Namen, die sich unmittelbar und ausdrücklich auf den Namengeber selbst beziehen oder auf das Kind, dem er den betreffenden Namen beilegt. Daß im Allgemeinen die Beziehung auf den Namengeber durch das Suffix der 1. Person, die auf den Namenträger durch das der 3. Person Singularis zum Ausdruck gebracht wird (vgl. S. 30), sei hier nur noch einmal in Erinnerung gebracht. Vereinzelt findet sich auch hier eine Zusammenfassung des Namengebers mit den übrigen Gliedern seiner Familie zu einem „wir"[9]).

---

1) Vgl. die Namen *imn* (bzw. *śtḫ*)-*ḥr-ḫpš·f*.

2) Bulletin de l'Inst. français d'archéol. orient. 40 (1941), 117ff. — Ob auch die Bildungen mit *ẖdb*- Gott NN -*ir·w*, *bn-iw·w-th3*- Gott NN und *bw-ir·w-hʿr*- Gott NN in diesen Zusammenhang gehören — wie M. G.-O. meint —, kann ich nicht entscheiden.

3) Vgl. meinen Beitrag zur Festschrift für Gustav Radbruch (1948).

4) Dieselbe Bildung mit Ptah. Vgl. Mitt. Kairo 12, 133, Anm. 1.

5) Das Suffix bezieht sich auf die Namenträger.

6) Oder „Horus hat gepackt"?

7) Ob *šdj-ḥr(·w)-niw·t·f* *(NR)* „möge Horus seine Stadt erretten!" in diesen Zusammenhang gehört? Und wie ist *p3-śb3-ḫʿj(·w)-n-niw·t* *(D 21)* „der Stern ist in der Stadt (d. h. Theben) aufgegangen" (griech. durch ψουσεννης wiedergegeben) zu verstehen?

8) Es ist bemerkenswert, daß tierische Züge der Götter sich in den Namen gar nicht finden, auch keine eigentlich schrecklichen, furchtbaren Züge kommen vor.

9) So in *bwpw-ḥr(·w)-ḫ3ʿ·n* „Horus hat uns nicht verlassen". Vgl. den schon erwähnten (S. 218) Namen „es lebe unser Herr *mrjjrʿ*!", bei dem der Namengeber sich mit den anderen Festteilnehmern zusammenschließt.

Solche Klange persönlicher Gottesverbundenheit finden sich zahlreich schon im Alten Reich. Neben den oben erwähnten Namen, in denen ausgesagt wird, daß die Gottheit „lebt", „gnädig", „groß", „stark" ist usw, finden wir andere mit ausgesprochener Beziehung auf den Geber oder den Trager des Namens. *Ḥtp-n·j*-Gott NN, *ꜥnḫ-n·j* (und daneben *ꜥnḫ-n·f-*, *ꜥnḫ-n·ś-*), *wr-n·j*, *wśr-n·j*, *ỉj-n·j-*, *ỉw·f-n·j*-Gott NN besagen: Die Gottheit „ist mir gnädig"[1]) „lebt fur mich" (bzw fur ihn, für sie)", ist fur mich „groß" oder „stark"[2]) „kommt zu mir" — wobei immer auch die Möglichkeit einer Ubersetzung als Wunschsatz, also „sei mir gnädig" usw. im Auge behalten werden muß. Ebenso *rdj-n·j-ptḥ* „Ptah gibt mir" und *rdj·n·f-n·j* „er hat mir gegeben" *(MR)* und dazu die späten Namen *pꜣ-dj-n·j-ꜣś·t* „den Isis mir gegeben hat" und f *dj-nj-bꜣśt·t-ỉrj·t* „Bastet gibt mir eine Gefahrtin". Oder die Mutter sagt *wnḫ-wj*[3])*-ptḥ* „Ptah kleidet mich", *śꜥnḫ-wj*-Gott NN „Gott NN erhalt mich am Leben" und ebenso *śwḏꜣ-wj-* „macht mich heil", *śnfr-wj-* „macht mich schon (?)[4]) *(MR)*, *śmnḫ-wj-* „sorgt fur mich", *ṯsj-wj-* „richtet mich auf" u. Ä. Aus der Spatzeit gehoren ferner dazu die Namen *nḫt·(·t)·f*-Gottin NN „die Göttin NN ist seine Stärke"[5]) und Gott NN-*tꜣ·f* (bzw *tꜣ·ś)-nḫt(·t)* „Gott NN ist seine (bzw ihre) Starke", von denen einer, „Amon ist seine Stärke", in keilschriftlicher Umschreibung als Amunu-tapunaḫti uberliefert ist. Aus dem *NR* haben wir *śḏm·ś-n·j* „sie hört auf mich", wobei das „sie" doch wohl auf eine Gottin zu beziehen ist[6]), und *pnꜥ-św-n·j-ỉmn* „Amon wendet sich mir (wieder) zu" und aus dem *MR* das schöne *nṯr j-n·j-m-ḏw* „mein Gott ist ein Berg fur mich"[7]).

Gerade daß die Gottheit den Menschen schutzt und aus der Not errettet, ihn nicht im Stich laßt, wird häufig in dieser personlichen Weise zum Ausdruck gebracht Die Aussage Gott NN *-m-sꜣ·f*[8]) (bzw *m-sꜣ·ś)* „Gott NN ist sein (bzw. ihr) Schutz" findet sich sehr zahlreich vom *AR* bis in die Spatzeit Das Kind wird durch diese Namen offenbar unter den Schutz eines bestimmten Gottes gestellt Ähnliches besagen *ḥr(·w)-ḫwj·f*[9]) „Horus ist sein Beschutzer" und der Name einer Prinzessin des *MR* *ḫnśw-ḫwj·f-śj-r-śnb* „Chons beschützt (oder beschutze) sie zur Gesundheit". Entsprechend wird das Kind auch als *ḫwj·n-* (bzw *ḫwj·t·n-)* Gott NN „den (bzw die) Gott NN beschützt hat" oder *ḫwj-* (bzw. *ḫwj·t-)* Gott NN „den (bzw. die) Gott NN schutzt" bezeichnet. Dazu kommen aus dem *NR* *mkj-wj-ỉmn* „Amon schutzt mich" und *wn-mdj·j-ỉmn* „Amon ist mit mir". Etwas anders ist die Schattierung bei Namen, die von einem „Erretten" sprechen, also offenbar auf eine Bitte aus der Not antworten. So *šdj-św*-Gott NN „Gott NN errette(t) ihn" *(NR)*[10]) und das vielleicht schon perfektisch zu übersetzende *nḥm-św* (bzw. *ś·t)* Gott NN „Gott NN hat ihn (bzw. sie) errettet"[11]). Auch das alte *šdj-wj*-Gott (bzw. König) NN „NN errettet mich" gehört vielleicht hierher[12]), jedenfalls aber das späte *bwpw-ỉmn-ḫꜣꜥ(·j)* „Amon hat mich nicht verlassen!", das den Dank der aus ihren Schmerzen und Ängsten erlosten Mutter zum Ausdruck bringt.

Der Ägypter weiß, daß die Gotter seine Herren sind, und weiß sich und sein ganzes Leben durchaus von ihnen abhängig. So haben wir schon im *AR* die Namen *ptḥ-ṯsw·n* „Ptah ist unser Gebieter" und *ꜣḫ·t-m-ḥnw·t(·j)* „*ꜣḫ·t*[13]) ist meine Herrin", im *MR* *wr·t-ḥnw·t(·j)-pw* „die Große ist meine Herrin", im *NR* den häufigen Namen *ỉmn-nb·j* oder *nb·j-ỉmn* „Amon ist mein Herr" und den einmal für einen Prinzen belegten Namen *ỉmn-nfr-nb·f*, der „der gute (oder schone) Amon ist sein Herr" zu bedeuten scheint Oft tritt auch *nb·j* „mein Herr" geradezu an Stelle eines bestimmten Gottesnamens wie in *nb·j-m-ꜣḫ·t*, *-m-ỉbj*, *-m-wꜣś·t*, *-m-wỉꜣ*, *-m-ḫm* „mein Herr ist im Lichtreich" bzw. „in meinem Herzen" „in Theben", in „der Barke", „in Letopolis" oder in *nb(·j)-nꜥ(·w)*, *-nfr*, *-nḫt(·w)*, *ḳn(·w)* „mein Herr ist gutig" bzw „gut", „stark", „siegreich" u. a. Und so wird umgekehrt der Namentrager zu allen Zeiten ausdrücklich als „Diener" bzw. „Dienerin" eines Gottes bezeichnet. Die betreffenden Worte sind im *AR* und *MR* *ḥm-*[14]), fem. *ḥm·t-*, im *NR* und spater *bꜣk*, fem *bꜣk·t-* bzw mit Artikel *pꜣ-bꜣk-*, fem. *tꜣ-bꜣk·t-*, wozu in der Spatzeit vereinzelt noch *ḫr-* und *pꜣ-ḫr-*, eigentlich „der Syrer", d. h. „der syrische Sklave" hinzukommt[15]). Andererseits finden wir im *AR* die vielfach variierte Gruppe *ꜥnḫ(·j)-m-ꜥ*-Gott (bzw König) NN „mein Leben ist in der

---

1) Hier ist eine Auffassung als Wunsch besonders naheliegend Vgl *htp n j nśw t n km t* „moge der Konig Agyptens mir gnadig sein!", Sinuhe 165ff

2) Was hier das „groß" bzw „stark" fur mich bedeuten soll, ist nicht recht klar

3) Da das *j* nie ausgeschrieben wird, ware auch eine Auffassung als Relativform (also *wnḫ w-pth* „den Ptah kleidet" usw moglich, sie scheint mir aber weniger wahrscheinlich zu sein

4) Oder sollte die von der Spatzeit ab belegte Bedeutung „heilen" (Wb IV 163, 10) fur *śnfr* schon hier anzunehmen sein?

5) Die wie „seine Mutter ist stark" aussehende Schreibung (PN I 212, 17) ist nur eine unorthographische Schreibung fur *nḫt (t) f-mwt* „die Gottin Mut ist seine Starke"

6) Also nicht „sie gehorcht mir", PN I 323, 23

7) Zum „Berg" als Bild des Schutzes vgl Wb 5, 544, 18 und Grapow, Bildliche Ausdrucke, S 52f

8) Ob die Schreibung *ỉnp w-m-sꜣ(j)* „Anubis ist mein Schutz" (PN I 37, 11) richtig ist?

9) Wenn nicht *hr(w)-ḫwj f* durch „Horus schutzt" zu ubersetzen ist

10) Auch hier entspricht ein *šdj-ptḥ* „ein von Ptah Erretteter".

11) Bei dem Dank fur das „Erretten" des Kindes steht vielleicht das Wissen um — wenn nicht die Erfahrung von — Totgeburten im Hintergrund *Nhm-mw t (Spat)* ist wohl eine Kurzform

12) Wenn nicht *šdj(w)-NN* durch „den NN errettet" zu ubersetzen ist

13) Das Wort ist geschrieben, als wäre es der „Horizont" bzw das Lichtreich" Es wird sich aber doch wohl um eine Gottin handeln, die „die Glanzende" genannt wird

14) Die Auffassung von *hm* in Personennamen, die Sethe, Komm zu den Pyr texten I, S 179 vortragt, ist unhaltbar

15) Vgl auch den *spaten* hybriden Namen *ꜥbd-mw t* „der Knecht der (Gottin) Mut" und *tꜣ-ḫr t-(n t-) mn w* „die Dienerin des (Gottes) Min" In der *Spatzeit* begegnet auch der Ausdruck *ỉw* und *pꜣ-ỉw* bzw *pꜣ-ỉwiw* „der Hund" als Bezeichnung des ergebenen Dieners einer Gottheit, vgl P N I 100, 9 u 11, II, Nachtrage

Hand[1]) des NN", im *NR św-m-ʿ·wj-ỉmn* „er ist in den Händen Amons", in der Spatzeit das oft vertretene *pꜣ·f* (bzw *pꜣ·ś)-ṯꜣw-m-ʿ·wj*-Gott NN „sein (bzw ihr) Atem ist in den Handen des Gottes NN".

Aber es ist bemerkenswert, daß die Furcht vor der Gottheit in den Namen gar keine Rolle zu spielen scheint. Der fromme Agypter fuhlt sich dem Gotte, dem er dient, nah verbunden[2]) und attributive Namenbildungen mit *nj-* oder mit *nj-św-*, fem *nj-śj* (spater in beiden Geschlechtern zu *nś* verkurzt und im Griechischen durch **εσ-** bzw **σ-** wiedergegeben), die den Trager oder die Trägerin als zu einem bestimmten Gotte „gehörig" bezeichnen, sind von der 4. Dynastie bis in die Romerzeit uberaus haufig vertreten[3]). Sie werden vom *NR* ab durch die ebenfalls sehr zahlreiche Gruppe der Bildungen *pꜣ-n* (bzw. *tꜣ-n·t)*-NN[4]) ergänzt, die ihren Träger als „den des (bzw. die des) Gottes NN", d. h. eben als ihm in besonderer Weise zugetan bezeichnen Etwas Ahnliches scheinen schon die im *MR* nicht seltenen Bildungen *s-n* (bzw *s·t-n·t)*-Gott NN „der Mann (bzw. die Frau) des Gottes NN" auszudrucken[5]), zu denen der beruhmte Königsname *s-n-wśr·t* „der Mann der (Göttin) *wśr·t*" gehort, der uns griechisch als Σεσωστρις überliefert ist. „Mann" und „Frau" scheint hier etwas Ähnliches zu bedeuten wie „Diener" und „Dienerin", und das Gleiche gilt von den späten Bildungen *tꜣ-rmṯ·t-n·t* Gott NN „die Frau des Gottes NN". Dazu kommen seit dem *NR* noch die Bildungen *ỉw·f*[6])*-n*-NN „er gehört dem Gotte NN".

Bei einem so engen Verhältnis zwischen dem Menschen und der Gottheit, der er sich zugehörig fuhlt, kann es nicht wundernehmen, daß er sich auch ihrer Liebe gewiß fuhlt *Mrjj* (bzw. *mrjj·t)*-Gott (bzw Konig) NN „der (bzw. die) von Gott (bzw König) NN Geliebte"[7]) ist denn auch eine schon im *AR*[8]) gelaufige, im *MR* und *NR*[9]) weiter ausgebreitete und auch in der Spätzeit noch vertretene Gruppe von Namenbildungen Im *AR* haben wir daneben *ꜣḫ-mrw·t-ptḥ* „herrlich (oder nützlich?) ist die Liebe des Ptah", im *MR ʿꜣ-mrw·t·f* „groß ist seine Liebe" und die Bildungen *mr(·w)·n·f* und *mr·t·n·ś* „den er (bzw sie) geliebt hat", im *NR mrr(·w)-ḥḳꜣ* „den der Herrscher liebt", *mrjtj-njt* „der Liebling der Neith", *mrj-nṯr·f* „der von seinem Gott Geliebte" Hieran schließen sich Namen wie *mr*-Gott NN-*ỉt·f* (bzw. *ỉt·ś)* „Gott NN liebt seinen (bzw ihren) Vater" *(Spat* und *Griech.), mr-śt*-Gott NN „Gott NN liebt sie", *mr-św-rʿ* (bzw *-śgr·t)* „Re (bzw *śgr·t)* liebt ihn" *(NR)* Einmal ist auch *mrj·t-mj-ḥʿpj* „die wie der Nil Geliebte" (?) als Name einer Prinzessin der 20. Dynastie uberliefert

Andererseits kommt, wenigstens im *NR*, auch die Liebe zur Gottheit zum Ausdruck, in dem Ausruf *mrjtj-wśj-ỉmn* „wie sehr geliebt ist Amon!"

Merkwürdig scheint es, daß daneben ein Menschenkind auch als von der Gottheit „gelobt" bezeichnet wird, aber die Tatsache ist gut bezeugt[10]). Wir haben *ḥsjj-rʿ* „der von Re Gelobte" im *AR*, *ḥs·t-rʿ* „die von Re Gelobte" im *NR*, und auch in *ḥst·n·ś* „die (quam) sie gelobt hat" *(MR)* ist gewiß an das „Lob" einer Gottin zu denken[11]).

Der Mensch kann im *MR* auch „Gefahrte" *(śbk-ỉrj·j* „Suchos ist mein Gefahrte"[12]), im *NR* sogar „Bruder" *(śn-n-rʿ, śn-n-mw·t, śn-ḏḥwtj* „der Bruder des Re", „der Gottin Mut", „des Thot") eines Gottes genannt werden[13]). Vor allem aber beginnt mit dem Zerfall des Alten Reiches eine Menge von Namen[14]), die ihre Träger als „Sohn" *(sꜣ-*, später *pꜣ-šrj-n-)* bzw. „Tochter" *(sꜣ·t-*, später *tꜣ-šrj·t-n·t)* eines Gottes oder einer Göttin bezeichnen[15]). Über die vermutliche Entstehung und die Geschichte dieser auffallenden Bezeichnung — die sich ubrigens ebenso auch in Babylonien und Assyrien findet — habe ich an anderer Stelle berichtet[16]). Ihrem Inhalt nach wird sie die Trager des Namens — in ahnlicher Weise wie die *nj-św-* und die *-m-sꜣ·f* Namen — dem besonderen Schutze der betreffenden Gottheit empfohlen haben, die wie ein Vater oder wie eine Mutter fur sie sorgen wird. Dem entsprechen im *NR* die Satznamen *ỉt(·j)-wśỉr* „Osiris ist mein Vater" und *pꜣ·j-ỉt-ḫnś·w* „mein Vater ist Chons", und ein ahnlich inniges Verhältnis kommt auch zum Ausdruck in *NR*-Namen wie *ʿꜣ-m-ỉb(j)* „der Große ist in meinem Herzen",

---

[1]) So wird im Hinblick auf die im Folgenden genannten Namen des *NR* und der *Spatzeit* zu ubersetzen sein

[2]) Ob in den Namen PN I 214, 10ff 𓊹 *nṯr (j)* „mein Gott" zu lesen ist, ist nicht auszumachen Zu Petosiris wird (58, 31) von seinen Kindern von „den Wegen deines Gottes Ptah" gesprochen, auf denen er gewandelt sei Vgl auch Urk VII 4, 14!

[3]) In PN I, 173ff, II, Nachtr sind etwa 150 verschiedene Bildungen angefuhrt

[4]) Vgl I 105, 20ff 357, 22ff II, Nachtr

[5]) Vgl I 279, 1ff 21ff 427, 23ff II, Nachtr

[6]) Sichere Bildungen mit *ỉw ś-n*-Gott NN scheinen nicht belegt zu sein Ein unsicherer Fall PN I 15, 3 Vgl aber auch **אסנת**, Ασεννεϑ, war ein *ỉw ś-n-njt* „sie gehort der Neith" wiedergeben konnte Ob die *NR* Namen *ʿnḫ f* (bzw *ʿnḫ ś)-n*-Gott NN als „sein (bzw ihr) Leben gehort dem NN" oder „er (sie) lebt fur NN" zu denken sind, kann ich nicht entscheiden Was bedeutet *ʿnḫ ś-ppj*?

[7]) Zu den verschiedenen Schreibungen siehe S 24f

[8]) Was bedeutet „geliebt ist das Antlitz des Ptah"?

[9]) Im *NR* finden sich vereinzelt auch *mr(w) n-ptḥ* (bzw *-ḫnś w)* *mr t n-nb(w)* „den Ptah (bzw Chons) geliebt hat", „die (quam) ‚Gold' d h Hathor geliebt hat" Auch *tꜣ-mr t*-Gott NN „die von Gott NN Geliebte" kommt vereinzelt vor

[10]) Vgl „du Gelobter" als Anrede an den Gutsverwalter in der 4 Klage des beredten Bauern

[11]) Was die *AR* Namen *ḥs-ꜣḫtj* (bzw *-wr t, rʿ)* bedeuten, ist mir nicht klar Ob es Kurznamen sind?

[12]) Dazu *Spat ḫnś w-ỉrj(j)* „Chons ist mein Gefahrte"

[13]) Dazu gehoren als Erganzung die Namen, die ein Madchen als *ỉrj t-mw t* „die Gefahrtin der (Gottin) Mut" — oder sollte es „die Gefahrtin der Mutter" heißen? —, *ỉrj t-ḥnw t-mtr* „die Gefahrtin der Herrin der Tiefe" bezeichnen Welche Vorstellung mag diesem Namen zugrunde liegen?

[14]) PN I, S 280, 8 295, 7 118, 7—119, 11 368, 7—370, 6, dazu PN II, Nachtrage

[15]) Bildungen mit *šrj-* bzw *šrj t-* ohne Artikel sind selten Vgl aber *šrj-rʿ* und *šrj t-rʿ* sowie *šrj t-n t-ꜣrś t* (II, Nachtr) aus dem *spaten NR*

[16]) Vgl S 233 u Anm 3

dj-św-m-ib(·j) „der ihn gegeben hat, ist in meinem Herzen“, *ḥr·j-ḥr*-Gott NN „mein Gesicht ist auf den Gott NN gerichtet“[1], *sḫ3-ḥ3tj·j-imn* „mein Herz gedenkt (oder gedenke) Amons“ und dem spaten *ḥr·f-r-nj t* „sein Gesicht ist zur Neith hingewendet“. Aber auch die *AR*-Gruppe *nfr-ḥr-ptḥ* (etc.) „es ist gut bei Ptah (etc.)“ besagt wohl schon dasselbe. Ob die *MR*-Namen *rn·f* (bzw. *rn·ś)-m-ib(·j)* „sein (bzw. ihr) Name ist in meinem Herzen“ hierher gehören, bleibt fraglich, da das Suffix der 3. Pers Sing. sich auch auf den Namenträger beziehen kann. Ähnlich steht es mit *ptḥ-rḫ-św* „Ptah ist es, der ihn kennt“, wobei das „ihn“ vielleicht doch eher auf den Konig geht.

Ist der Gott der Vater des Menschen, so kann man auch sagen, daß er ihn „gemacht“, d. h. erzeugt hat. So in den Namen des *AR* wie *ir·w·n-ptḥ* „den Ptah gemacht hat“, so auch in den Frauennamen des *NR 3ś·t* (bzw. *nb·w) -irj(·t)-ś(·t)* „Isis (bzw. „Gold“, d h. Hathor) ist es, die sie gemacht hat“ oder in den spaten Namen der Form *p3-ir(·w)-iʿḥ* „den der Mond gemacht hat“. Geläufiger ist der Gedanke, daß Kinder — wie alles Gute, vgl. S. 222 — ein Geschenk der Gotter sind. Dies besagen in der Spätzeit die großen Gruppen von Namen wie *imn-iir-dj-św(ś·t)* „Amon ist es, der ihn (bzw. sie) gegeben hat“ (griechisch αμονορταισις und Varianten) und die überaus haufigen Bildungen nach dem Schema *p3-dj(·w)*-Gott NN bzw. *t3-dj·t*-Gott NN „den (bzw. die) Gott NN gegeben hat“, die assyrisch durch *puṭi-* oder *puṭu-*[2]), neubabylonisch durch *paṭ-* oder *paṭa-*[3]), griechisch durch πετε- bzw. τετε- mit folgenden Gottesnamen wiedergegeben werden. Dasselbe ist der Sinn der im *MR* gebräuchlichen Bildung *dd(·w)* (bzw. *dd·t)*-Gott NN „den (bzw. die) Gott NN gibt“.

Merkwurdig sind einige Namen des *AR*, die einen Gott oder den König als die „Speise“ oder „Nahrung“ des Namengebers bezeichnen, wie *ḏf3(·j)-ḫnm(·w)* „(der Gott) Chnum ist meine Speise“ usw., und denen sich im *NR ś3j·j-m-imn* „ich sattige mich an Amon“ (oder „Amon ist meine Sättigung“) anschließt. Sie erhalten ihre Erklarung wohl durch den spaten Namen *ś3j(·j) -n-p3·t -n(·t)-imn* „ich sattige mich an dem *p3·t*-Brot[4]) des Amon“ und werden wohl bedeuten, daß die Gottheit den so Sprechenden nicht darben laßt — im *AR* in materiellem[5]), im *NR* und später dann vielleicht in einem mehr vergeistigten Sinne.

Die Bedeutung der beiden späten Namen *gmj·n·f-ḥr-bik* und *gmj·n·ś-ḥr(·w)* „er hat Horus, den Falken gefunden“ und „sie hat den Horus gefunden“, entgeht mir. Dagegen lassen sich zwei andere merkwurdige Gruppen der Spätzeit, wie mir scheint, erklaren. Das Schema der einen lautet. *ḫ3ʿ ·w-św* (bzw. *ś·t)-n*-Gott NN[6]), wortlich „sie haben (oder man hat) ihn (bzw. sie) dem Gotte NN hingelegt“, was Griffith[7]) durch “she (bzw. he) is abandoned to” God NN erklaren wollte. Ich mochte eher vermuten, daß es sich bei dieser Namenbildung ursprunglich um Kinder handelt, die vor oder in einem Tempel ausgesetzt waren[8]), und die in eine — etwa kinderlose — Familie aufzunehmen als ein frommes Werk gegolten haben mag.

Die andere Gruppe von Namen hat ihre altesten Vertreter schon im Neuen Reich. Sie lauten *ḏd-mw·t-ʿnḫ·f* und *ḏd-3ś·t-w3ḥ·ś*, also „Mut sagt, daß er lebt“ bzw. „Isis sagt, daß sie dauert“. Die gewöhnlichere, auch noch in das spate *NR* zuruckgehende Form ist *ḏd*-Gott NN *-iw·f* (bzw *iw ś)-ʿnḫ*[9]) „Gott NN sagt, daß er (bzw. sie) lebt“. Ich habe fruher schon[10]) wahrscheinlich zu machen gesucht, daß diese Namen vielmehr mit „Gott NN hat gesagt: er (bzw sie) wird leben!“ zu ubersetzen sind, was grammatisch zulassig ist, und wodurch der sonst dunkle Sinn verstandlich wird Sie werden auf orakelartige Gotteraussprüche[11]) zuruckgehen, welche werdende Mutter in Angst und Sorge um das Leben des ersehnten Kindes im Tempel ihres Heimatgottes eingeholt haben[12]), und deren sie sich in Dankbarkeit erinnerten, als das Kind glucklich geboren war Wenn innerhalb dieser Gruppe Namen vorkommen, wie *ḏd-imn-ḥr(·w)-iw·f-ʿnḫ* oder *ḏd-ptḥ-ḥr(·w)-iw·f-ʿnḫ* „Amon und Horus (bzw. Ptah und Horus) haben gesagt ‚er wird leben!‘“, so wird entweder anzunehmen sein, daß beide Gotter in dem gleichen Tempel verehrt worden sind, oder daß die verangstigte Mutter, um ihrer Sache ganz sicher zu sein, in zwei verschiedenen Heiligtümern um einen Spruch nachgesucht hat[13]).

[1]) Vgl auch Griech *ʿn-m-ḥr(j)* „der Schone ist vor mir“?

[2]) Ranke, Keilschriftl Material, S 33f

[3]) Ebenda, S 39f Die weiblichen Formen sind keilschriftlich noch nicht nachgewiesen

[4]) Es muß allerdings betont werden, daß das Wort *p3 t* sonst nur „als Speise der Gotter und der seligen Toten und als ihnen dargebrachte Gabe“ (Wb 1, 495) gebraucht wird, nicht als ein gewohnliches Wort fur Brot!

[5]) Vgl auch *MR ḏf3 w-m-ʿ-ptḥ* „Speise ist in der Hand des Ptah“ o a

[6]) Isis, Bastet, Min, Mut sind bisher in dieser Verbindung bekannt

[7]) Catalogue of the Rylands Papyri (1909), Vol III 209, Anm 3

[8]) Zur Aussetzung von unerwunschten Kindern ist die Mosesgeschichte, Genesis 2, 1ff zu vergleichen

[9]) Einen Namen dieser Gruppe — mit *p3-nṯr* „der Gott“ an Stelle eines bestimmten Gottesnamens — in hebräischem Gewande hat Spiegelberg bekanntlich in dem beruhmten צפנתפענח Genesis 41, 45 nachgewiesen, vgl AZ 42 (1905), 84

[10]) Orientalist Lit Zeitg 29 (1926), 733ff Vorher ähnlich schon Sethe, Burgschaftsurkunden 334, 5

[11]) Zum Orakelwesen in der agyptischen Spatzeit vgl Walter Otto, Priester und Tempel im hellenist Ágypten I, 397 u Anm 4 II, 337

[12]) Wie Rebekka vor der Geburt ihrer Zwillingssohne von Jahwe ein Orakel erbittet und erhalt, Genesis 25, 21ff

[13]) Die Schreibung  so! (PN I 411, 18) beruht wohl auf einem Fehler des Malers Oder sollte  fur  stehen und zu ubersetzen sein „Horus hat gesagt sie werden dauern!“?

3. ABSCHNITT

DIE GESCHICHTE DER NAMEN

Es ist eine bemerkenswerte Tatsache, daß die Personennamen der Ägypter in jedem der Hauptabschnitte der ägyptischen Geschichte, im Großen und Ganzen gesehen, ein durchaus eigentümliches Gepräge zeigen. Schon an der Gestalt des Namens selbst, nicht nur an seinen Schriftzeichen, deren Form sich wie die der Kunst im Lauf der Zeiten ändert, kann man in den allermeisten Fällen erkennen, wann ungefähr sein Träger oder seine Trägerin gelebt hat. In den drei großen Epochen des Mittleren Reiches, des Neuen Reiches und der sogenannten Spätzeit zeigt sich jeweils in Form und Inhalt eine merkliche Veränderung der Namen gegenüber den vorhergegangenen Epochen. Die erste für uns erkennbare Ausprägung der Namen hat im Alten Reich, vor allem in seiner Pyramidenzeit, ihren Niederschlag gefunden. Worin sie selbst wieder sich von ihrem Vorgänger unterschieden hat, bleibt uns verborgen, da das Auftreten der Schrift und mit ihm die erste Überlieferung von Namen ziemlich genau mit dem Anfang des Alten Reiches zusammenfällt. Daß in der Namenbildung — wie auch sonst in der ägyptischen Kultur — die Zeitwenden nicht ganz mit denen der politischen „Reiche" sich decken, daß die Besonderheiten des Mittleren Reiches schon gegen Ende des Alten beginnen und z. T. bis in die 18. Dynastie, also die erste Dynastie des Neuen Reiches sich erstrecken, wird im Folgenden noch zu besprechen sein. Selbst die Namen der griechisch-römischen Zeit[1]), in der Ägypten also von Fremden beherrscht wurde, zeigen z. T. noch ein besonderes Gepräge, das sie von denen der „Spätzeit" abhebt. Erst in christlicher Zeit sind fremde, vor allem griechische, aber auch römische und hebräische Namen in größerem Maßstabe eingeströmt, denen sich später auch Arabisches noch anschließt, aber bis ans Ende dieser „koptischen" Zeit ist noch ein beträchtlicher Rest vom ägyptischen Namenschatz lebendig geblieben, der in seiner Vokalisierung den griechisch geschriebenen Formen ägyptischer Namen der hellenistischen Zeit nahesteht.

Allerdings gibt es auch Namen des Alten Reiches, die weder mit dem Mittleren noch mit dem Neuen Reich abgestorben sind und bis in die Spätzeit, ja in die Zeit der griechisch-römischen Herrschaft, sich erhalten haben, aber ihre Zahl ist klein[2]). Auch die des Mittleren Reiches, die bis zuletzt am Leben geblieben sind, sind nicht sehr zahlreich, während ein solches Fortleben von Namen des Neuen Reiches ziemlich häufig belegt ist[3]). Von denen, die in christlicher Zeit noch in Gebrauch sind, lassen sich die meisten nur in die Spätzeit, einige in das Neue Reich, ganz wenige bis in das Mittlere Reich zurückverfolgen.

KAPITEL I

DIE NAMEN DES ALTEN REICHES

A. DIE NAMEN DER FRÜHZEIT

Aus der Zeit vom Ende der Vorgeschichte bis zum Anfang der 4. Dynastie, also aus den ersten mehr als vier Jahrhunderten der ägyptischen Geschichte, besitzen wir leider nur eine sehr geringe Zahl von Personennamen. Aber das Wenige, was wir aus der 3. Dynastie besitzen[4]), und das, was wir von Namen der 1. und 2. Dynastie mit einiger Sicherheit erkennen können[5]), zeigt, daß der Namenschatz in allem Wesentlichen schon von derselben Art war, wie er uns aus den Gräbern bei Gise von der 4. Dynastie an in immer reicherem Umfang vor Augen tritt. Für die Namen der beiden ersten Dynastien sind, außer ganz vereinzelten anderen[6]), unsere beiden Hauptquellen

[1]) Es handelt sich dabei durchaus um einheimisch-ägyptische Namen. Fremde, also griechische und römische, Namen sind auch damals nur wenige eingedrungen, nicht einmal so viel wie etwa syrische Namen in den Jahrhunderten des Neuen Reichs.

[2]) Zu ihnen gehört *ỉj-m-ḥtp*, der berühmte Name des großen Weisen und Baumeisters der 3. Dynastie, des Erbauers der Stufenmastaba von Sakkara, der in griechischem Gewande als Ἰμούθης erscheint und durch alle Zeiten zu den häufigen Namen der Ägypter gehört hat. In christlicher Zeit ist er allerdings verschwunden.

[3]) So z. B. PN I 3, 18; 14, 5; 30, 12; 154, 7; 183, 26; 248, 7; 249, 10; 279, 1; 280, 8; 284, 11; 345, 28; 380, 16; 407, 13.

[4]) Vor allem bei Garstang, Mahasna and Bet Khallaf (1903).

[5]) Die am Anfang des Palermosteins erhaltenen 7 Namen von unterägyptischen Königen vor Menes haben dagegen ein sehr fremdartiges Aussehen!

[6]) Quibell, Archaic Mastabas (1923). Ferner einige Grabsteine aus Abu Roasch, deren Kenntnis ich P. Montet verdanke.

die Siegelabdrücke und die Grabsteine von Beamten und anderen Privatleuten, vor allem aber königlichen Haremsfrauen, die Petrie in der Umgebung der Königsgräber bei Abydos gefunden und in den beiden Bänden The Royal Tombs of the First Dynasty, part I (London 1900) und The Royal Tombs of the Earliest Dynasties, part II (1901) veröffentlicht hat[1]).

Bei vielen der Grabsteininschriften freilich, deren einziger Zweck es doch gewesen war, den Namen des dort Beigesetzten „lebendig zu erhalten", ist eine sichere Lesung nicht zu erzielen. Teils weil sie verwittert oder nur bruchstückweise erhalten sind, teils aber auch, weil die archaischen Formen mancher Zeichen ihre Lesung zweifelhaft machen. Bei den Abdrücken der Rollsiegel macht die Lesung weniger Schwierigkeiten, dagegen ist es bisweilen nicht sicher, ob eine bestimmte Gruppe als Name oder als Titel anzusehen ist.

Trotz dieser Einschränkungen lassen sich in dem an sich spärlichen Material wenigstens einige Vertreter der uns aus der Pyramidenzeit geläufigen Namengruppen mit Sicherheit feststellen.

So haben wir Satznamen religiösen Inhalts[2]), wie die Frauennamen „die (Göttin) Neith ist erhaben" (RT II, Tf. 27 und 30, 123), „Neith kämpft" o. ä. (ibid. Tf. 26 und 28, 51), sowie den Namen einer Königin der 1. Dynastie „Neith ist gnädig" o. ä. (RT I, Frontispiece). Ferner Wortnamen religiösen Inhalts, wie „die von Neith Geliebte", „den Neith gegeben hat" (RT I, Tf. 31 und 33, 9), „die zu Neith Gehörige" (RT I, Tf. 32, 15) und „die von Neith Errettete", was sowohl als Name einer Königin (RT I, Frontispiece), wie einer der Haremsfrauen (RT I, Tf. 32, 14) belegt ist. Ebenso sind mit dem Worte „Ka" zusammengesetzte Namen (vgl. S. 208ff.) mehrfach bezeugt[3]), und auch Namen, die aus einer einfachen Verbalform bestehen, wie *ḥtp·f*[4]) (RT II, Tf. 26 und 29, 63) und *šꜣb·f*[5]) (RT I, Tf. 30 und 31, 48).

Es finden sich aber auch Wortnamen profanen Inhalts wie *msḥ·t*[6]) „das Krokodil" (RT II, Tf. 26 und 29, 64), „der Schöne" (ibid. I, Tf. 12, 6), „die Schöne" (als Name einer Zwergin) (ibid. I, Tf. 31 und 35, Nr. 36 und 37) und in der 3. Dynastie *mṯn* „der Führer (?)", und der Name des berühmten *ij-m-ḥtp* („der in Frieden gekommen ist" o. ä.). Auch die Königsnamen *kꜣj-ꜥ* „der mit erhobenem Arm" und *ḏꜣḏꜣ·j* „der mit dem (großen?) Kopf" werden hierher gehören.

Die große Gruppe der Kurznamen endlich ist vertreten durch Beispiele wie *ḥtp-ḥr* (ibid. I, 4, 6), *mrj·t* (ibid. II, Tf. 27, 106), *ꜣp* (ibid. I, Tf. 31 und 34, 23), *ḥp* (ibid. Tf. 32, 7)[7]).

Eigentliche Kosenamen scheinen unter den Privatleuten zu fehlen, finden sich aber auffallenderweise unter den Königsnamen der 1. und 2. Dynastie, und zwar gerade unter den allerersten. Die gewöhnlich als „Athotis" I bis III zusammengefaßten Namen , 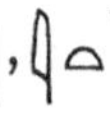 und  der Königsliste von Abydos zeigen typische Koseformen, und der erste von allen, der berühmte Reichseiniger Menes, trägt nach derselben Liste, in der er als 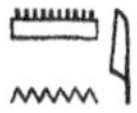 erscheint, einen Kosenamen auf , der von einem mit dem Worte *mn* „bleiben", „dauern" gebildeten Vollnamen hergeleitet zu sein scheint. Andere Namen der 1. — wie *bꜣw-nṯr*  — und der 2. Dynastie — wie  *nb-kꜣ* — sind wohl als Kurznamen anzusehen. Der Name eines Zwergen  *dd* (RT II, Tf. 26 und 28, 58) gehört anscheinend zu der auf S. 166f. besprochenen Gruppe der geminierenden Kosenamen. Es fällt auf, daß Neith die einzige Gottheit ist, die in diesen Namen begegnet. Ihre Bedeutung für die älteste Zeit Ägyptens ist ja bekannt, und neben dem Vorwiegen von Frauennamen unter dem uns Erhaltenen mag der ebenfalls bekannte Einfluß Unterägyptens auf das Königtum der Frühzeit[8]) eine Rolle spielen, aber merkwürdig ist es doch, daß weder Ptah noch Re noch Horus unter den Namen von Privatleuten auch nur ein einziges Mal vorkommen[9]).

Die ältesten mit Re zusammengesetzten Namen, die wir kennen, sind die Horusnamen zweier Könige der 2. Dynastie *rꜥ-nb(j)* „Re ist mein Herr"[10]) und *nfr-kꜣ-rꜥ* (griechisch νεφερχερης) „gut ist der Ka des Re"[11]), und es wäre denkbar, daß das Tragen eines mit Re zusammengesetzten Namens in der Frühzeit ein königliches Vorrecht gewesen ist, aber wie erklärt sich das Fehlen aller übrigen Götter in diesen Namen? Ich weiß dafür keine hinreichende Erklärung.

---

1) Siegelabdrücke I, Tf. 15—27. II, Tf. 12. Grabsteine I, Tf. 30—32. II, Tf. 26 u. 27.

2) Satznamen profanen Inhalts lassen sich merkwürdigerweise aus der Frühzeit bisher nicht nachweisen.

3) Z. B. PN I, 78, 2.

4) Allerdings Name einer Frau!

5) Vgl. dazu RT I, Tf. 32, 6?

6) Die Deutung des Zeichens als Krokodil ist nicht völlig sicher, auf jeden Fall aber ist es das Zeichen eines Tieres. In RT II, Tf. 26 und 29A, 80 liegt vielleicht das Zeichen eines Fisches vor, in Tf. 27 und 30, 127 könnte ein Vogelname stecken.

7) Vgl. auch *bꜣw-nṯr* als Königsnamen in der 1. Dynastie.

8) Vgl. Newberry, PSBA 34, 298.

9) Wenn RT, I, Tf. 26 und 29, 70 *ḥtp-ḥr-ꜣḫtj* (vgl. PN I, 258, 24) zu lesen ist, so wäre Horus als „der vom Lichtland" wenigstens einmal belegt.

10) Auf der Statue Kairo 1.

11) Ein anderer König der 2. Dyn. heißt *nfr-kꜣ-skr* (bei Afrikanus verstümmelt σεσωχρις) „schön (oder gut) ist der Ka des (Gottes) *skr*", während der Name der Gattin des letzten Königs der 2. Dyn. *nj-mꜣꜥ-t-ḥp* „der Apis ist ein Besitzer von *mꜣꜥ-t*" schon ganz in den Umkreis der Namen der Pyramidenzeit hineingehört.

B. DIE NAMEN DER PYRAMIDENZEIT

Wenn wir uns nun dem Namenschatz der ersten großen Zeit der ägyptischen Geschichte zuwenden — denn die „Frühzeit" bildet ja für unser Erkennen nur eine Art Vorstufe zur „Pyramidenzeit" als der eigentlichen Vertreterin des Alten Reiches —, so muß sogleich Eines mit aller Deutlichkeit betont werden: von der Mannigfaltigkeit der Namen, deren Träger während dieser fünf Jahrhunderte in dem langgestreckten Niltal gelebt haben, lernen wir nur einen kleinen Ausschnitt kennen. Ganz Oberägypten bleibt bis in die 5. Dynastie hinein fast[1]) vollständig stumm, und dasselbe gilt fast ausnahmslos für die Städte und Dörfer des weit ausgebreiteten Deltas. Wie der ägyptische Bauer des Alten Reichs in Sais oder Bubastis sich nannte, wissen wir ebensowenig wie wir über die Namen der damaligen Bewohner von Hermopolis oder Dendera oder Ombos irgendwelche Kenntnis besitzen. Was wir einigermaßen kennen, sind die Namen derjenigen Vornehmen der Pyramidenzeit und ihrer Untergebenen — Handwerker, Arbeiter, Diener —, die sich in der Umgebung der Königspyramiden bei Gise und bei Sakkara haben bestatten lassen, und für die Zeit der großen 4. Dynastie sind wir sogar fast nur auf die verhältnismäßig wenigen Gräber von Gise angewiesen! Es sind also die Bewohner der alten Reichshauptstadt Memphis und ihrer Umgebung, vor allem auch der Pyramidenstädte der Könige der 4. bis 6. Dynastie, von deren Namen wir wirklich reichere Kunde haben. Erst in der ausgehenden 5. und in der 6. Dynastie wird dieser Vorrat aus der oberägyptischen Provinz in gewissem Maße ergänzt.

Eine Folge dieser Tatsache ist es, daß in den Namen religiösen Inhalts aus dieser Zeit der Gott Ptah von Memphis weitaus am stärksten vertreten ist. Die mit ihm zusammengesetzten Namen sind fast ebenso zahlreich wie die mit den Namen der beiden ihm an Bedeutung am nächsten stehenden Gottheiten, des Re und der Hathor[2]), gebildeten zusammen. Es folgen Horus — z. T. unter seinem Beinamen *ꜣḫ·tj* „der vom Lichtland" und der auch durch seinen heiligen Bock vertretene Chnum[3]), dann der Min von Koptos und, mit einigem Abstande, der krokodilgestaltige Wassergott Suchos, der Gott der Gräberstadt Anubis, der memphitische Totengott „Sokar" und *wḫ*, der Gott von Kusae. In einigen Fällen verwendet finden sich noch *iḥj*, der Sohn der Hathor, *ʿntj*, der Falkengott von Hierakon, der Apis und die Rechtsgöttin *mꜣʿ·t*. So bedeutende alte Götter wie Thot, Harsaphes, *ḫntj-ḫtj* und Sopd, so große Göttinnen wie Bastet, Uto, Sachmet und Nechbet sind kaum vertreten. Am auffallendsten ist es, daß die uralte Neith von Sais, die in den Namen der Frühzeit geradezu allein herrschte, so gut wie vollständig verschwunden ist[4]), obwohl ihre Priesterinnen in den Grabinschriften der Pyramidenzeit noch zahlreich begegnen[5]).

Es ist klar, daß aus diesem einseitigen Befunde über die Bedeutung der einzelnen Gottheiten im Glauben des Alten Reichs keine allgemeineren Schlüsse gezogen werden können. Nur das wird man sagen dürfen, daß die zuletzt genannten Gottheiten, einschließlich des Thot[6]) und der Neith, in der Reichshauptstadt Memphis keine besondere Verehrung genossen zu haben scheinen.

Bemerkenswert ist es, daß Osiris und Isis völlig fehlen. Der Grund dafür ist gewiß der, daß die Namen dieser Totengottheiten den Ägyptern des Alten Reiches zur Bildung von Namen der Lebenden nicht geeignet erschienen sind[7]).

Eine Eigentümlichkeit der religiös gefärbten Namen des Alten Reiches ist die, daß neben den bekannten Götternamen auch uns sonst nicht oder kaum geläufige Beinamen wie „der Große", „der Beschützer" *(ḥnw* und *ḫwj)*" und „die Beschützerin *(ḥn·t* und *nḏ·t?)*", „der Lebendige", „der Schöpfer", „der Geber", „der Erzeuger *(wtṯ)*" eine Rolle zu spielen scheinen[8]).

Während wir also über die Bedeutung der großen und kleinen Götter für den Glauben des Alten Reiches aus den Namen nichts oder doch nur wenig Greifbares erfahren, erhalten wir aus ihnen eine gute Vorstellung von dem, was die Ägypter des Alten Reiches über ihre Götter gedacht, und wie sie das Verhältnis der Menschen zu ihnen angesehen haben. Was hierüber aus den uns erhaltenen Wort- und Satznamen des Alten Reiches zu entnehmen ist, ist gewiß

---

1) Eine Ausnahme bilden die Gräber von Tehne u. Deschasche.

2) Z. T. unter ihrem Namen „Gold", bzw. „die Goldene", auch *nfr·t* ist wohl ein Beiname der Hathor.

3) Es ist mir nicht ganz sicher, ob in den Namen *bꜣ* oder *ḫnm w* zu lesen ist. Ich habe Ersteres nur dann angenommen, wenn ein  vor dem Bock geschrieben steht.

4) Die einzige mir bekannte Ausnahme ist der Frauenname „die zu den Kas der Neith Gehörige" (I, 423, 5).

5) Vgl. Murray, Names and Titles, Tf. 28.

6) Der Mondgott begegnet anscheinend nur ein einziges Mal, unter dem Namen Chons in der alten Schreibung , unter der 5. Dynastie (I, 255, 1).

7) Der *AR*-Name 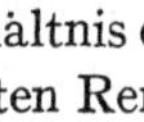 kann (gegen PN I, 79, 19!) mit dem später von den Griechen durch ὀννωφρις wiedergegebenen gleich aussehenden Namen nichts zu tun haben. Dieser Beiname des Osiris ist vor dem *MR* (wo er voll ausgeschrieben als 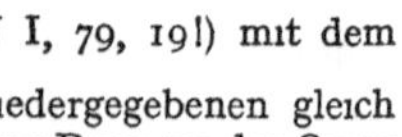 erscheint) nicht belegt. Er ist übrigens seiner Bildung und Bedeutung nach immer noch unklar. Kees' Übersetzung „existierend an Gute (Schönheit)" (Götterglaube, S. 114, Anm. 1) scheint mir wenig befriedigend.

8) Ganz eindeutig erklärt sind die betr. Namen noch nicht. Zur Kontroverse s. Junker, Giza I, 224. Auch die durch den Namen des Sesostris bekannte Schlangengöttin *wśr·t* „die Starke" erscheint vereinzelt schon in Namen des *AR*.

fur ganz Ägypten bezeichnend gewesen, auch für die Teile des Landes, von denen uns aus dieser Zeit Personennamen fehlen

Wir lernen daraus, daß die Gotter als „herrlich *(ꜣḫ)*“, „groß *(ʿꜣ* und *wr)*“, „lebendig *(ʿnḫ* und *nj-ʿnḫ-, -m-ʿnḫ)*“, „machtig *(? wꜣš)*“, „stark *(wśr* und *-wśr·tj)*“ und „an der Spitze *(-m-ḥꜣ·t)* stehend (?)“[1]), aber auch als „schonen Antlitzes *(nfr-ḥr-)*“, „freundlich *(nj-ỉmꜣ·t-)*“, „gut *(nfr, -nfr·tj)*“, „herrlich an Liebe *(ꜣḫ-mrw·t-)*“, „gnadig *(ḥtp* und *ḥtp·tj)*“ und „gnadigen Antlitzes *(ḥtp-ḥr-)*“ angesehen werden, daß sie „beseelt *(bꜣ)*“, von „großem Ruhm *(wr-bꜣ·w)*“ und „großer Dauer *(mn-, wr-ḏdd)* sind, und daß sie „erglanzen *(ḫʿj)*“[2]) Sie sind „gerechtfertigt *(mꜣʿ-ḫrw)*“[3]), „gut ist ihr Wesen *(?nfr-šśm-)*“, ihr „Losen *(nfr-śfḫ-)*“[4]) und „was sie tun *(nfr-irj·t-)*“. Den Menschen „beschutzen *(ḫwj)*“ sie und „bringen ihm Gutes *(ỉnj-nfr)*“; er empfangt das „Leben aus ihrer Hand *(ʿnḫ-m-ʿ-)*“ und „hat es gut bei *(nfr-ḫr-)* ihnen“, obwohl sie doch „im Himmel *(-m-p·t)*“ sind Aber die Beziehung der Gottheit zum Namentrager wird auch unmittelbarer ausgesprochen Sie ist „sein (oder ihr) Schutz *(-m-sꜣ·f* bzw. *-m-sꜣ·ś)*“, sie „lebt fur ihn *(ʿnḫ-n·f-* und die Mutter wunscht in ihrer schweren Stunde, daß der Gott „zu ihr komme *(ỉj-n·j-* und *ỉw·f-n·j-)*“, daß er „fur sie lebe *(ʿnḫ-n·j-)*“, „ihr (ein Kind) gebe *(rdj-n·j-)*“, daß er sie „lebendig erhalte *(śʿnḫ-wj-)*“ und „gedeihen lasse *(śwꜣḏ-wj-)*“.

Dementsprechend wird das Kind als „der (oder die) der Gottheit „Zugehörige *(nj-, nj·t-)*“ oder von ihr „Beschutzte *(ḫwjw·n-, ḫwj·t·n-)*“ und „Geliebte *(mrj-)*“[5]), merkwurdigerweise auch als der von ihr „Gelobte“ oder „Belohnte *(ḥsj-)*“[6]) aber auch als ihr „Diener *(ḥm-* und *ḥm·t-*[7]); vgl. auch *irw-kꜣ*[8])*)*“ bezeichnet[9]). Vereinzelt taucht auch schon die Bezeichnung *s-*, bzw *s·t-* einer Gottheit auf[10])

Neben Namen, die derartige Aussagen uber die himmlischen Götter und ihr Verhaltnis zu den Menschen enthalten, steht schon in der Pyramidenzeit eine bunte Menge von solchen, die teils ganz Entsprechendes, teils Ahnliches von dem auf Erden lebenden Gotte, dem Konig Ägyptens, aussagen. Auch er ist „freundlich *(ỉmꜣ)*“, „gut“, „gnädig“ und „lebendig *(nj-ʿnḫ-)*“, und wenn auch nicht er selbst, so ist doch sein Ka „mächtig *(wꜣš-)*“ wie die Gotter. Auch sein Wesen (?) ist gut *(nfr-šśm-)* und „Gutes ist bei ihm *(nfr·t-ḫr-)*“; auch er „lebt fur“ das Kind *(ʿnh-n·ś-)*, und es wird als „zu ihm gehorig *(nj)*“[11]) bezeichnet Und wahrend Aussagen uber die Gotter wie „groß ist der (Gott) vom Lichtland! *(wr-ꜣḫ·tj)*“ oder „Ptah ist freundlich *(nj-ỉmꜣ·t-ptḥ)*“ nur die Moglichkeit offen lassen, daß sie auf Ausrufe bei Gotterfesten zuruckgehen, finden sich bei den mit Königsnamen zusammengesetzten Namen mehrere, die uns mit aller Deutlichkeit in den frohlichen Trubel bei den Konigsfesten, sei es nun dem des Jubilaums, des Geburtstags oder des Regierungsantritts des Herrschers oder welchem auch immer, hineinschauen lassen. „Der König besitzt Jubilaen! *(nj-ḥbśd-)*“, und „liebt“ sie *(mr-ḥbśd)*, „des Konigs Leben bleibe bestehen! *(mn-ʿnḫ-)*“, er „lebe“ und „sei gesund“, „daure *(ḏdj)*“, „der Konig ist (oder sei) froh! *(ꜣw-ỉb-nj-)*“ — das sind gewiß alles Ausrufe bei Festen. Hier finden sich auch sinngemaß einige der wenigen ágyptischen Personennamen, die eine erste Person Pluralis enthalten, wie „es lebe unser Herr, der Konig!“ und „der Konig lebe fur uns!“, deutlich Ausrufe der feiernden Menge, ebenso wie „schön sind die Schritte des Königs! *(nfr-nmt·wt)*“, dem Herrscher zugerufen, wenn er vor dem Gotte herschreitet oder von einem seiner Throne sich zu dem anderen begibt Auch Namen wie „Gott NN will, daß der König lebt! *(mr-*Gott NN *-ʿnḫ-)*“, „Gott NN liebt den Konig! *(mrj-*Gott NN —)“, „Gutes (zum Schutz) hinter den Konig! *(nfr·t-ḥꜣ-)*“, „es lebe der König in Memphis! *(ʿnḫ-*Konig NN *-m-mnnfr)*“, „Re erhalte den König am Leben! *(śʿnḫ-rʿ-*Konig NN)“ sind gewiß so zu erklären[12]) Vielleicht auch „der Konig ist ein Besitzer von Recht *(nj-mꜣʿ·t-)*“ und „der Konig ist ein Besitzer von Fremdlandern *(nj-ḫꜣś·wt)*!“

Andererseits nennt man Kinder auch vom Konig „geliebt“ *(mrj-, mr·t-)*“, aber bezeichnenderweise nicht von ihm „gelobt“. Das Letztere ist eine Bestätigung dafur, daß diese Namen wirklich den Neugeborenen beigelegt worden sind Gelegentlich wird auch, wohl mißgunstigen Verwandten gegenuber, der König als derjenige angerufen,

---

1) Die Bedeutung von *-m-ḥꜣ t* ist noch nicht endgultig geklart, s o S 217, Anm 9

2) Ursprunglich eine Aussage vom Sonnengott, die dann auf andere Gotter, die bei der Prozession (?) „aufleuchten“, ubertragen ist?

3) Was sich die Ägypter bei dieser Aussage (von Ptah) gedacht haben, weiß ich nicht

4) Ob auf eine leichte Geburt zu beziehen?

5) Ob 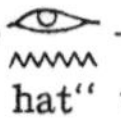 + Gottesname als *irj (w) n-* „den (der Gott NN) gemacht hat“ und 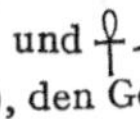 + Gottesname als *ʿnḫ-irj (w)-NN* „es lebt (oder lebe), den Gott NN macht“ aufzufassen ist, bleibt fraglich, vgl S 28 Auch  und 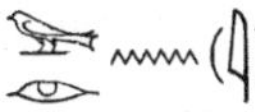 sind trotz Junker (Gotterlehre, S 26) noch nicht endgultig geklart

6) Das wurde man eher beim Konig als bei einem einfachen Menschen erwarten

7) Diesem im *AR* durchaus vorherrschenden Ausdruck stehen zwei vereinzelte aber gesicherte Fälle gegenuber (PN I, 91, 6), in denen schon das sonst vom *NR* ab gelaufige Wort *bꜣk* gebraucht wird Vgl S 240

8) Wenn Sethes Auffassung dieses Ausdrucks (bei Borchardt, Sahure II, 90, Anm 2), der im Wb fehlt, richtig ist

9) In den mit *iꜣw-* und *dwꜣ-* (bzw *dwꜣ t-)* zusammengesetzten Namen scheint irgendwie vom Preise der Gottheit die Rede zu sein

10) Vgl S 234, Anm 3

11) Bemerkenswerterweise wird das Kind nie „Diener“ eines Konigs genannt!

12) Was „der Konig ist ein Besitzer von Herzen *(nj-ib w-)*“ bedeuten soll, ist mir nicht klar

der die Rechte, besonders das Eigentumsrecht, des Neugeborenen schützt (König NN *-ḥꜣ-iš·t·f* und *inj-* König NN *-iš·t·f*)

Es fallt auf, daß neben den zahlreichen Namen bestimmter Gotter und bestimmter Könige in einigen Namen der Ausdruck *nṯr* „der Gott" begegnet wie in *nj-wj-nṯr* „ich gehore zum Gotte", *nṯr-wśr*[1]) „der Gott ist stark", *nṯr-nfr*[1]) „der Gott ist gut" wobei allerdings fraglich bleibt, ob anstatt „der Gott" nicht vielmehr *nṯr(·j)* „mein Gott" zu lesen und also doch auch hier ein bestimmter Gott gemeint ist.

Eins aber ist bemerkenswert: die Furcht spielt in diesen Namen gar keine Rolle, weder die Furcht vor den Gottern[2]) noch die vor dem Konig[3]) Es ist ein durchaus patriarchalisches Verhältnis des Menschen zu den uber ihm stehenden Wesen, das in allen diesen Namen zum Ausdruck kommt.

Neben den Namen mit religiosem Inhalt im engeren Sinne steht nun im Alten Reich eine uberaus große Gruppe von Namen, die Aussagen uber den „Ka" des Konigs oder des gewöhnlichen Menschen enthalten[4]), und die ich auf S 208ff. eingehend besprochen habe. Ich muß hier auf das dort Gesagte verweisen.

Im Gegensatz zur Fruhzeit sind die Namen der 4. bis 6 Dynastie reich an solchen profanen Inhalts. Die Bezeichnungen des Neugeborenen nach seiner Haarfarbe oder nach seiner Zahl in der Reihe der Geschwister, seine Benennung nach einem Tier, einer Pflanze, einem leblosen Gegenstand sind in dieser Zeit der agyptischen Geschichte ebenso gebräuchlich wie Eigenschaftsnamen „der Freundliche" o a *(wꜣḥ-ib)*, „der Fröhliche" o ä. *(nḏm-ib)*, „der Beharrliche" *(rwḏ-ib)*, „der Zufriedene" *(hr-ib)*, die uns etwas von dem verraten, was der Ägypter an seinen Mitmenschen geschatzt hat[5]) Haufig sind auch Namen wie „der in Frieden gekommen ist" *(ij-m-ḥtp)*, „der leben wird" *(ʿnḫtjfj)*, „eine, die von ihrem Vater, ihrer Mutter, geliebt wird" *(mr·t-it·ś* bzw. *-mw·t·ś)*[6]) usw. Oft findet sich auch unter diesen profanen Namen die Form eines Satzes „möge ein Schöner, eine Schöne kommen!" *(ij-nfr, nfr·t)*, „er wird nicht sterben!" *(n-mwt·f)*, „mein Herz hat ausgeharrt!" *(iw-ib·j-mn·w)* — oder die eines Ausrufs „etwas Gutes!" *(bw-nfr)*, „ein schöner Tag!" *(hrw-nfr)*, „ein Kind fur mich!" *(ẖrd-n·j)* usw., wie ich sie auf S 85ff zusammengestellt habe. Unter den letzteren sind so altertümlich anmutende wie „Leben an seine Nase!" *(ʿnḫ-r-fnḏ·f* bzw. *-šr·t·f)*[7]), „das Hinterteil zum Guten!" und „die Zunge zum Guten!" *(pḥ-* bzw. *nś-r-nfr)*; sie begegnen nur in der Pyramidenzeit

Haufig sind schon in dieser Zeit Kurznamen, bei denen der volle Name ohne Rucksicht auf den Sinn der Worte zerstuckelt wird, wie in *ij-n·j* oder *ḥꜣ-iš·t·f* und sogar *iš·t·f*, bei denen eine Übersetzung durch „moge zu mir kommen!" bzw „hinter seiner Habe" und „seine Habe" sinnlos ware Bei der offenbaren Durchsichtigkeit und Verstandlichkeit der Vollnamen mußte eine solche Mißhandlung auffallen — das Argste ist  *nb·j-m-* „mein Herr ist ." oder „mein Herr ist in .." — wenn nicht in dem gedankenlosen Geplapper des fur den Sinn der Worte noch verstandnislosen Kindermundes die Erklarung zu finden ware. Immerhin ist es merkwurdig, daß solche abgehackten Formen von den Erwachsenen nicht nur ubernommen, sondern auch in ihre Grabinschriften aufgenommen worden sind Dasselbe gilt fur die schon in der Pyramidenzeit sehr zahlreiche Gruppe der durch Anfugung der Endung  bzw  und  oder durch Gemination mit oder ohne angehängte Endung gebildeten Kosenamen. Eine genauere Untersuchung wird voraussichtlich einmal zeigen, daß der offizielle Gebrauch solcher aus der Kinderstube stammenden Namenformen in der 4. Dynastie — wenn uberhaupt — noch selten vorkommt[8]) und sich erst gegen Ende des Alten Reiches in erschreckender Weise gehauft hat. Ich glaube, daß Junker das Richtige gesehen hat, wenn er[9]) in der Tatsache, daß der hochste Würdentrager der 6. Dynastie *gmn(·j)-kꜣ(·j)* in seiner stattlichen Mastaba sich an Allen sichtbarer Stelle auch *mm·j*, also mit einem Lallnamen der Kinderstube nennen laßt, einen Ausdruck der allgemeinen Auflockerung jener Zeit erkennen will

---

1) Bzw *wśr-nṯr*, *nfr-nṯr*

2) Wie der — doch wohl als Kurzform aufzufassende — Name 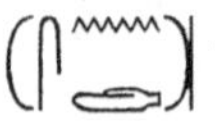 bzw , bei Africanus Σεθενης, eines Konigs der 2 Dynastie zu erklaren ist, wissen wir nicht

3) Er ist es vielmehr, der „die Furcht vertreibt" (PN II, Nachtr)

4) Bei der ungeheuren Menge dieser Namen, die wir von der 5 Dyn an kennen, konnte man auf die Vermutung kommen, daß ein fruheres Vorrecht der Konige (nämlich einen Ka zu haben) sich auf weite Teile des Volkes ausgedehnt habe (vgl Steindorff AZ 48, 159), aber unser Material aus der Zeit vor der 5 Dyn ist zu durftig, um sichere Schlusse zuzulassen

5) Auch das noch unklare *hkꜣ-ib* (wortlich „der Herzensherrscher" o a) mag zu diesen Eigenschaftsnamen gehoren

6) Der haufige Name *inj-it f* „der seinen Vater (wieder?-) gebracht hat" mit der seltenen weiblichen Entsprechung *inj t-it ś* sowie die Namen *inj-nb f* „der seinen Herrn (wieder-?) gebracht hat" und das Paar *inj-kꜣ f* und *inj t-kꜣś* sind ihrer Bildung wie ihrer Bedeutung nach noch unklar

7) Vgl auch *šr t-n-ʿnḫ* „die Nase fur das Leben!(?), *tp-m-ʿnḫ* „der Kopf im Leben!" (?) und *tp-m-nfr t* „der Kopf im Guten!" (?)

8) Es ist allerdings beachtenswert, daß derartige Koseformen von Konigen der 5 Dynastie — vgl *kꜣkꜣj*, *inj*, *isj*, *issj* — schon als offizielle Namen verwendet worden sind!

9) AZ 63, 63

KAPITEL II

DIE NAMEN DES MITTLEREN REICHES

Das Mittlere Reich ist, trotz seiner verhaltnismaßig kurzen Dauer von etwa 250 Jahren, derjenige Abschnitt der agyptischen Geschichte, aus dem uns die großte Menge von Personennamen uberliefert ist Die Hauptmasse stammt von dem erst in dieser Zeit hervortretenden ägyptischen Mittelstande — also von Priestern, Handwerkern und kleinen Grundbesitzern — die beim Osiristempel von Abydos ihre Grab- und Denksteine errichtet haben, und zwar von Leuten, die aus allen Gegenden des Landes diese heilige Statte aufgesucht hatten. Dazu kommen die stattlichen Hallengraber der oberagyptischen Gaufursten und sehr zahlreiche Grabsteine und Sarge vor allem aus Oberagypten aber auch aus dem Delta sowie Papyrusurkunden wie das Rechnungsbuch des königlichen Hofes aus der 13 Dynastie[1]) Fur das Mittlere Reich erhalten wir also einen sehr viel besseren und allgemeiner gultigen Einblick in den tatsächlichen Namenbestand Ägyptens als fur das Alte Reich

Überblickt man die ägyptischen Personennamen als ein Ganzes, so rucken, gegenuber denen des Neuen Reiches und der Spätzeit, die Namen des Mittleren Reiches sehr nahe an die des Alten heran. Dasselbe gilt ja fur die Kunst und alle anderen Erscheinungen der agyptischen Kultur, und wir fassen darum noch heute[2]) gern das Alte und Mittlere Reich als „die altere Zeit“ dem Neuen Reich gegenuber zusammen. Bei genauerem Zusehen aber zeigt doch das Mittlere Reich auch in seinem Namenbestande eine Anzahl wichtiger Zuge, die es wesentlich von der Zeit des Alten Reiches unterscheiden. Die Änderungen werden meist deutlich erkennbar schon in der sog. „ersten Zwischenzeit“ und lassen sich in Spuren z T. bis in die Zeiten des absinkenden Alten Reiches hinein verfolgen Ich will die wichtigsten dieser Neuerungen hier an die Spitze stellen.

Wir sahen, daß im Alten Reich ein Kind gern als „Diener“ oder „Dienerin“ eines Gottes oder einer Göttin bezeichnet worden ist. Ganz genau wissen wir nicht, welche Vorstellung sich einst mit solchen Namen verbunden hat, auf jeden Fall aber wird in ihnen das Kind als der Gottheit unterstellt und damit wohl in besonderer Weise ihrer Gunst und ihres Schutzes teilhaftig und bedurftig gedacht worden sein Gott und Mensch verhalten sich zu einander wie Herr und Diener, nicht etwa wie Vater und Sohn. Diese letztere Beziehung gilt allein fur den Konig, der ja selbst seit der 1 Dynastie mit dem Falkengotte Horus gleichgestellt und seit der 5 Dynastie in einem seiner amtlichen Titel als „Sohn des (Sonnengottes) Re“ bezeichnet wird Einen Menschen „Sohn des Re“ oder auch „Sohn“ irgend einer anderen Gottheit zu nennen, ware im Alten Reich eine unvorstellbare Lasterung gewesen Und nun ereignet sich das Erstaunliche die Texte des Mittleren Reiches wimmeln von Personennamen, die ihren Träger als „Sohn“ bzw „Tochter“ eines Gottes oder einer Gottin bezeichnen! Etwa 40 solche mit verschiedenen Gottheiten zusammengesetzte „Sohn-“ und mehr als 50 „Tochter-“Namen sind uns uberliefert, und unter ihnen erscheint wirklich mehrfach der eben noch als unvorstellbar bezeichnete „Sohn des Re“, dem mehrere „Tochter des Re“ an die Seite treten Hier ist also eine Wandlung vollzogen, die zwischen der geistigen Haltung des Alten und des Mittleren Reiches eine tiefe Kluft erkennen laßt

Das politische Chaos, in dem das Alte Reich zu Ende der 6 Dynastie versank, ist verbunden mit einer Auflockerung der religiosen Vorstellungen, auf denen eben dieses Alte Reich, sein Staat und seine Gesellschaft aufgebaut gewesen war Mit dem Zusammenbruch des Konigstums ging, gewiß schon langere Zeit vorbereitet, ein Zusammenbruch des naiven Gotterglaubens und der unbedingten Ehrfurcht vor dem Konige, der ja zu den Göttern gehorte, Hand in Hand Als aber langsam ein neuer Staat und eine neue Gesellschaft wieder entstanden, da hatte sich die Einstellung der Menschen den Gottern und dem Konige gegenuber von Grund aus geandert.

Von der Entwicklung selbst, die in das Dunkel der Wirren fallt, konnen wir uns nur eine ungefahre Vorstellung machen Wir wissen[3]), daß vor Beginn der 11. Dynastie regierende Fursten des 13 und 15 oberagyptischen Gaues sich als „Sohne“ ihres Gaugottes bezeichnet haben, und von einem von ihnen, daß auch sein nicht regierender Sohn die gleiche Eigenschaft fur sich in Anspruch genommen hat Dasselbe wird auch fur die anderen großen Gaufursten des Landes gegolten haben. Von da aus aber ist es nur ein Schritt weiter, wenn ein Gaufurst seinem Kinde den Namen „Sohn des Gottes NN“ beilegt Beispiele dafur sind uns nicht bekannt, sie werden aber angenommen werden mussen, da wir schon zur Zeit der Kampfe zwischen der 10 und 11 Dynastie[4]) einen Arzt und Sachmetpriester finden, dessen Mutter — vielleicht selbst die Tochter eines Sachmetpriesters — *sꜣ·t-sḫm·t* „die

[1]) Herausgegeben von A Scharff, AZ 57, 51ff

[2]) Die Forschung der alteren Zeit kannte den Begriff „Mittleres Reich“ uberhaupt noch nicht

[3]) Vgl zum Folgenden meinen Beitrag „Agypter als Gotterkinder“ in der Corolla Ludwig Curtius (1937), S 180ff

[4]) So nach mundlicher Angabe von R Anthes, vgl allerdings seine „Felseninschriften von Hatnub“, S [illegible]

Tochter der Sachmet" hieß[1]). In der Zwischenzeit muß also die „Demokratisierung" ursprünglicher Sonderrechte des Königs, wie in manchen anderen so auch in diesem Punkte, auf weitere Kreise des Volkes sich ausgedehnt haben. Zur Zeit der 12. Dynastie scheint es, als habe man geradezu geschwelgt in der revolutionären Vorstellung, daß die Kinder der Vornehmen und Beamten, ja zuletzt selbst des einfachen Mannes, Götterkinder seien, wie es in früherer Zeit nur die Könige gewesen waren.

Neben den Göttern finden sich auch die Namen einiger Könige des Alten Reichs in derselben Verwendung. Es sind Snofru, Cheops, „Pepi" und „Teti"[2]), deren „Söhne" und „Töchter" im Mittleren Reich erscheinen, und die wohl — das werden wir hieraus schließen dürfen — um diese Zeit an bestimmten Orten göttliche Verehrung genossen haben. Ihnen schließt sich *ḫtjj*, der Name der Herakleopolitenkönige an[3]). Wenn wir einem „Sohn des *ḫprkꜣr*[4])" begegnen, so wird dabei allerdings nicht an einen vergöttlichten Sesostris I. zu denken sein, sondern der Vater des Namenträgers wird, wie so mancher seiner Zeitgenossen, den Namen dieses Königs getragen haben.[5])

Anders ist es bei dem Namen 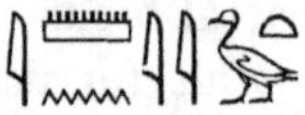 „die Tochter des Ameni", aus dessen Schreibung hervorgeht, daß mit dem Kosenamen „Ameni" einer der Könige des Namens „Amenemhet" gemeint sein muß. Und ebenso scheinen mächtige Gaufürsten sich göttliche Ehren angemaßt zu haben. Das zeigen Namen wie , „die Tochter des *nḫt-mn·w*", 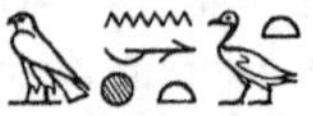 „die Tochter des *nḫt-ḥr(·w)*"[6]), und 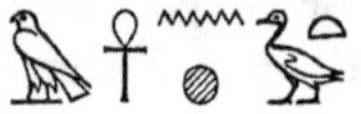 „die Tochter des *ḥr-ꜥnḫ(·w)*", in denen der Name des Fürsten vorangeschrieben ist, als sei es der eines Gottes.

Mit der veränderten Einstellung des Menschen zu seinen Göttern hängen verschiedene andere Neuerungen eng zusammen. Ist der Mensch ein Kind des Gottes, so ist es nicht mehr als billig, daß er auch als von ihnen „geliebt" *(mrjj-)* bezeichnet wird. Das beginnt in der 6. Dynastie („der von Ptah Geliebte") und verbreitet sich im Mittleren Reich, wo dieselbe Aussage mit Bezug auf Ptah[7]), Re und Horus gemacht wird.

Die nahe Beziehung zu der Gottheit als Vater bzw. Mutter des Kindes scheint auch in der Auffassung sich zu spiegeln, daß das Neugeborene von den Göttern „gegeben" wird. Sie ist dem Alten Reich anscheinend noch nicht geläufig[8]), im Mittleren Reich aber sind die Namen, die ein Kind als von einer Gottheit „gegeben" *(dd·w-* bzw. *dd·t)* bezeichnen, überaus zahlreich[9]). Derselbe Gedanke wird variiert in Namen wie *rdj-ptḥ* „möge Ptah geben!"[10]), *rdj(w)·n·f-n·j* „den er mir gegeben hat" und *rdj·t·n·š-n·j* „die (quam) sie mir gegeben hat".

Noch auffallender ist es, daß im Mittleren Reich die Bezeichnung eines Menschen als „Diener" oder Knecht einer Gottheit fast ganz vermieden wird. Von den acht mit *ḥm-* und *ḥm·t-* gebildeten Namen des Alten Reiches ist ein einziger[11]) noch einmal im Mittleren Reich belegt, und von den mehr als 30 Namen des Neuen Reiches, die die jüngeren Worte für „Diener" *bꜣk-* und *bꜣk·t-* verwenden, ist im Mittleren Reich nicht einer[12]) zu finden! Die Ägypter des Mittleren Reiches, die sich als „Söhne" und „Töchter" der Götter fühlten, scheinen von einer Dienerstellung ihnen gegenüber nichts haben wissen zu wollen[13]).

Eine weitere Neuerung ist der Gebrauch von Götternamen als Menschennamen. Auch hier wäre es etwa zur Zeit der 4. Dynastie undenkbar gewesen, ein Menschenkind mit dem Namen eines Gottes zu nennen. Aber mit dem allmählichen Niedergang des Alten Reiches, vor allem seit der 6. Dynastie, tauchen, wenn auch ganz vereinzelt noch, Fälle auf, in denen dieses Undenkbare Wirklichkeit geworden ist! Neith, die alte große Göttin, wird jetzt in der Tat so respektlos behandelt, und dasselbe gilt für *nfr-tm*, sowie für „Gold" als Beinamen der Hathor[14]). Im Mittleren Reich aber nehmen derartige Personennamen überhand. Die Namen von mehr als 20 großen und von

[1]) Das zweite Beispiel vor der 12. Dynastie wäre *sꜣ·t-tnj* „die Tochter des Erhabenen" (nach J. J. Clère „wahrscheinlich in die 11. Dynastie, vielleicht an ihr Ende gehörig") — wenn dieser Name nicht vielmehr als „Tochter" — d. h. „Einwohnerin" — der Stadt This zu verstehen ist. Vgl. oben S. 192.

[2]) PN I, 293, 21; 292, 15; 288, 16. 18; 294, 20.

[3]) PN I 293, 3.

[4]) PN I 292, 17.

[5]) Dasselbe gilt erst recht für *sꜣ-* (und *sꜣ·t)-İmnjj* (PN I 280, 24; 286, 8). — Wie ist der Frauenname *nj·t-šhtpib* „die zu *šhtpib(rꜥ)* — d. i. Sesostris I. - Gehörige" (PN I 318, 5) zu beurteilen?

[6]) Vgl. auch  (PN I 292, 2)? — Ob in 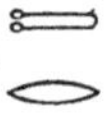  (PN I 294, 23) der Name einer Gottheit oder eines Fürsten steckt, weiß ich nicht.

[7]) Hier auch im Frauennamen *mrjj·t-ptḥ*.

[8]) Eine vereinzelte Ausnahme scheint der späte *AR*-Name *rdj(w)-n·j-ptḥ* „den Ptah mir gibt" zu sein.

[9]) PN I 401, 8—20; 402, 14—403, 2; 403, 6—20. Vgl. auch *nb(w)-ḥr-rdj(t)* „Gold gibt" *(MR/NR)*.

[10]) So ist 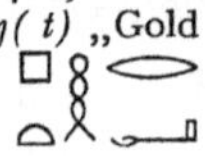 doch wohl zu lesen. Hieße es *ptḥ-rꜥ* (Hoffmann, Personennamen, S. 67), so wäre wohl ein ⊙ zu erwarten.

[11]) *Hm-wr* „der Diener des Großen". Wie 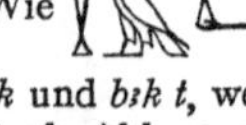 (PN I 239, 29) aufzufassen ist, weiß ich nicht.

[12]) Wenn demgegenüber die Namen *bꜣk* und *bꜣk·t*, wenn auch ganz selten, begegnen, so werden wir sie nicht als Abkürzungen, sondern als Vollnamen „der Diener", „die Dienerin" aufzufassen haben.

[13]) Die im *MR* häufigen Namen, in denen der Träger als *s-* „Mann" bzw. *s·t-* „Frau" einer Gottheit bezeichnet wird, sind in ihrer genauen Bedeutung („der, die Zugehörige"?) noch nicht erfaßt. Die Idee des „Dieners" liegt jedenfalls dem Worte *s*, das u. a. auch den Edelgeborenen bezeichnet, fern.

[14]) Daß 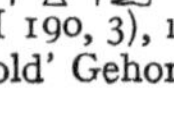 schon in der 4. Dyn. als Frauenname vorkommen soll (P N I 190, 3), ist sehr auffallend. Ob an der Stelle *nj(·t)-nb(w)* „die zu 'Gold' Gehörige" zu lesen ist?!

doppelt soviel kleineren Göttern und Göttinnen treten als Menschennamen auf. Selbst „Re“ erscheint einmal in dieser Reihe, und „Month“ und „Hathor“ gehören zu den häufigeren Personennamen dieser Zeit. Es ist uns schwer vorstellbar und für die geistig-religiöse Verfassung der Ägypter dieser Zeit offenbar bezeichnend, daß man hiervor nicht zurückgeschreckt hat[1]), wenn es auch natürlich nicht so zu verstehen ist, daß man ein Kind nun als den Gott Horus oder die Göttin Neith bezeichnet und somit diesen Gottheiten gleichgestellt habe[2]). Es handelt sich vielmehr um Abkürzungen längerer Namen, die den betreffenden Gottesnamen enthalten hatten. Aber diese Kurzformen sehen nun doch ganz so aus wie die Namen der Götter selbst, und eben das hatten die Ägypter der Glanzzeit des Alten Reiches, offenbar aus religiöser Scheu, vermieden. Auch bei den Thronnamen der Könige des Mittleren Reiches trägt man kein Bedenken, sie als Personennamen zu verwenden[3])

Was die zur Bildung der Namen verwendeten Götternamen betrifft, von denen uns dank der reicheren Quellen sehr viel mehr überliefert sind als im Alten Reich, so kehren die großen Götter des Alten Reiches ohne Ausnahme wieder, aber es zeigen sich einige Verschiebungen, die bei dem Reichtum des für das Mittlere Reich zur Verfügung stehenden Materials nicht allein auf Zufall beruhen werden. Auch im Mittleren Reich steht merkwürdigerweise der Ptah von Memphis an erster Stelle, anscheinend eine Erbschaft des Alten Reiches, und auch jetzt steht ihm die Hathor, wenn wir ihre Bezeichnung als „Gold“ dazurechnen, zunächst, aber der Sonnengott Re ist stark zurückgetreten. Statt seiner folgt der dem Ptah an Häufigkeit der Verwendung ganz nahekommende Horus und, mit einigem Abstand, der Krokodilgott Suchos. Nach ihm schieben sich die im Alten Reich noch fast ganz fehlenden Götter Amon und Month von Theben, zusammen mit Min von Koptos, noch vor Onuris und Anubis. Erst dann kommen, ungefähr gleichmäßig vertreten, Re und Thot, *ḫntjḫtj*, Wepwawet und die Kataraktengöttin Anukis, denen die Schar der Kleineren sich anschließt. Unter diesen sind Chons und Mut, die Götter von Theben, auch Sachmet von Memphis, Sopdu, der Gott des Ostens, und die Kataraktengöttin Satis, sowie der Mond *(iʿḥ)* noch mehrfach, der Rest ganz vereinzelt vertreten. So große Göttinnen wie Bastet und Neith finden sich ganz spärlich, Seth und Nephthys nur je einmal. Osiris fehlt noch immer ganz[4]), auch seine Gemahlin Isis begegnet nur zweimal[5]), wogegen auffallenderweise der Kurzname „Isis“ als Frauenname schon im Mittleren Reich mehrfach nachzuweisen ist!

Unter den Aussagen über die Götter, die im Wesentlichen denen des Alten Reiches gleichen, treten die, daß die Götter „leben“ und „gnädig sind“, am meisten hervor. Daneben aber findet sich, fast ebenso häufig, ihre Bezeichnung als „stark“ *(nḫt)* oder „kräftig“ *(wśr)*, die das Alte Reich noch kaum kannte[6]). Ich glaube, wir müssen darin einen eigentümlichen Zug des Mittleren Reiches erkennen, das durch langwierige und schwere Kämpfe begründet war, und dessen Herrschaft — ganz anders gefährdet als die der mächtigen Könige des Alten Reiches — durch nie lockernde Energie seiner Herrscher zusammengehalten werden mußte Persönliche Kraft steht darum besonders hoch im Ansehen[7]), und was man beim Menschen und besonders beim Könige liebt, das findet man bei den Göttern wieder. Daneben treten die Größe *(ʿꜣ)* und Güte *(nfr)* und der Schutz *(sꜣ)* der Götter hervor.

Und nun mehren sich die Aussagen, die sich auf Götterfeste beziehen. Zu den im Alten Reich noch vereinzelten, jetzt sehr viel häufigeren *-m-ḥꜣ·t*-Namen, deren Bedeutung noch nicht völlig geklärt ist, treten ganz einwandfreie, die von dem Gotte oder der Göttin aussagen, daß sie „am Fest“ *(-m-ḥb*, seltener *-ḥr-ḥb)*, „in der breiten Halle (des Tempels)“ *(-m-wśḫ·t)*, „bei der Ruderfahrt“ *(-ḥr-ḫnj·t* u ä.) oder „auf ihrem See“ *(-m-mr, -m-mr·f, -ḥr-š·ś)*, vereinzelt auch „auf dem Thron“ *(-ḥr-ś·t)* oder „beim *rkḥ*-Fest“ *(ḥr-rkḥ)* erscheinen[8]). Auch die Feste der Göttergeburt *(-mśj·w)* machen sich jetzt zum ersten Mal bemerkbar, die später in den Namen eine so große Rolle spielen. Es sind Horus von Edfu (PN I, 247, 5)[9]) und Chnum (PN I, 275, 18), die zuerst in dieser Rolle mit Namen genannt werden, während *nṯr(·j?)-mśj(·w)* (PN I, 214, 15) und *nb(·j?)-mśj(·w)* „mein (?) Gott — bzw. mein (?) Herr —

[1]) Die Babylonier und Assyrer müssen in diesem Punkt durch ihre ganze Geschichte hindurch anders empfunden haben, da sie dergleichen Kurznamen durchaus vermeiden Vgl J J Stamm, Namengebung, S 117 u Anm 3 Auch Baʿal und Astarte, Reschef und Dagon und andere syrische Götternamen kommen m W nie als Menschennamen vor Man denke nur, daß ein heutiger Abdallah mit Kurznamen Allah genannt würde!

[2]) Das zeigt schon die merkwürdige Tatsache, daß die Namen des memphitischen Totengottes „Sokar“ und des thebanischen Mondgottes Chons — der letztere sogar mehrfach — im *MR* auch als Frauenname begegnen!

[3]) So begegnen *śhtpibrʿ* (Amenemhet I), *ḫʿjkꜣ wrʿ* (Sesostris III) und *ḫprkꜣrʿ* (Sesostris I) als Personennamen Die sehr häufigen Namen Amenemhet und Sesostris sind hier nicht zu nennen, da sie schon vor der Thronbesteigung der so genannten Könige als Personennamen geläufig waren

[4]) PN I, 10, 2 wird das „Osiris“ nicht zum Namen gehören, bei 308, 16 ist die Lesung ganz unsicher

[5]) PN I 4, 4 II, Nachtr

[6]) *Wśr* wird in Namen des Alten Reiches nur vom „Ka“ des Königs gebraucht, im *MR* ist es nicht nur bei Göttern sondern auch bei Göttinnen häufig *Nḫt* findet sich im *AR* merkwürdigerweise von der Göttin *mꜣʿt* (PN I 424, 20, vgl 210, 14?) Im übrigen ein spätes Beispiel (Thot) 408, 7, ein unsicheres (Suchos) 304, 15 Vom König (Cheops) schon in Dyn 4 268, 8, von seinem „Ka“ 424, 21, von Phiops 132, 7 Auch der im *MR* sehr häufige Kurzname *nḫt* erscheint nicht vor der 6 Dyn

[7]) Vgl meine Zusammenstellung einiger Zeugnisse für das *MR* bei Erman, Ägypten[2], S 631, Anm 6

[8]) Auch „Min (erscheint) auf der Treppe“ (PN I 152, 8) und „Min (erscheint) in der *śhn t*“ (PN I 151, 25) gehören hierher Daß *śhn t* nicht nur das „Klettergerüst“ (Wb), sondern auch ein Gebäude oder einen Raum (in dem das Gerüst aufgestellt wurde?) bezeichnet, geht schon aus den Deutzeichen und aus der Bezeichnung des Min als *m-śhn t* „in der *śhn t*“ (befindlich) hervor

[9]) Derselbe wohl auch einfach „Horus“, PN I 249, 1.

ist geboren!" als Ausruf bei dem Geburtsfest irgendeines Gottes zu passen scheinen. Diese Festnamen, nach denen das am Tage des Festes geborene Kind benannt wird, zeigen uns die zunehmende Bedeutung der Götterfeste für das Leben der Ägypter. Daneben spielen auch die Königsfeste noch eine gewisse Rolle, wenn auch nicht mehr so wie im Alten Reich. Am häufigsten sind die Ausrufe, die den König als „lebend" und „gesund" bezeichnen, daneben werden sein Schutz *(ḫwj)*, seine Güte *(nfr)*, Gnade *(ḥtp)*, Dauer *(wꜣḥ)* und Kraft *(wśr, nḫt)* genannt, bzw. gewünscht. Ein so persönliches Bekenntnis wie „der König ist mein Herr!" *(nb·j-pw-)* erklingt jetzt zum erstenmal und ebenso der im Neuen Reich so oft wiederholte Wunsch, daß der König „ewiglich" *(-r-nḥḥ)* dauern möge.

Ein anderes Kennzeichen des Mittleren Reiches sind die Namen rein profanen Inhalts. Waren solche schon im Alten Reich nicht selten, so sind sie jetzt außerordentlich häufig geworden, und die lebhafte Phantasie dieser Zeit kommt in ihren neuen Bildungen besonders stark zur Geltung. Merkwürdig, aber es ist so: die Menschen, die sich nicht mehr als Diener, sondern als Kinder der Götter fühlen, geben ihren eigenen Kindern mit Vorliebe Namen, die keinerlei Beziehung auf religiöse Dinge haben. Wir finden viele Wortnamen wie „Liebling", „Herzenswunsch", „die das Herz erfreut *(ỉwḥ·t)*" oder „die ich gewünscht *(ꜣb)*", „die ich erbeten *(nḥ)* habe". Ferner: „der (oder die) leben wird", „der herrschen wird"[1]), „der eilends (oder auch „schweigend", „als Herzerfreuer", „mit Gutem"), gekommen ist" u. a.; auch „die der Nil gebracht hat"[2]). Vielleicht noch zahlreicher sind die Satznamen wie „er (sie) gehört mir!", „sie gehört ihrer Mutter!", „euch gehört er" oder „es ist ein Starker" bzw. „ein Kleiner", „sie ist eine Einzige"[3]) oder „es ist mein Herr" bzw. „meine Mutter", „meine Schwester", „meine Herrin", „ich bin es wirklich!"[4]). Oder „mein Ersatz ist gut!"[5]), „mein Herz ist auf ihn (sie) gerichtet"[6]); „ein Bruder ist gekommen!", „ein Schöner ist herausgekommen", „möge ein Geliebter kommen!", „ach daß er (sie) lebte!" usw. usw. Auch einfache Ausrufe wie „ein guter Tag!", „ein guter Anfang!"[7]), „ein Heilmittel gegen den Tod"[8]) oder so merkwürdige wie „Kinder für ihre Mutter!" und „Brot für die Knaben!" sind nicht selten.

Besonders beliebt sind in dieser Zeit die Namen, in denen gesagt zu werden scheint, daß Vater, Mutter oder Geschwister oder auch mit Namen genannte Angehörige in den Neugeborenen wiederaufleben *(ꜥnḫ* bzw. *śnb)* oder „erwachen" *(rśỉ)*, über die das auf S. 206f. Gesagte nachzulesen ist. Auch von dem „Namen" ist in den Personennamen des Mittleren Reiches oft die Rede, ohne daß wir noch recht verstehen, was „der (oder sein) Name lebt" oder „ist gesund" oder „ist teuer *(ỉḳr)*" eigentlich heißen soll, und was „ihrer Aller Name *(rn-ỉrj-r-ꜣw)*" als Personenname zu bedeuten hat. „Sein Name ist in meinem Herzen" konnte vielleicht andeuten, daß der wahre Name, den nur Vater und Mutter kennen[9]), dem Zugriff der Dämonen entzogen werden soll, und derselbe Gedanke mag dem seltsamen „er hat keinen Namen" zugrunde liegen. Viele dieser profanen Namen des Mittleren Reiches — wie „ich kenne ihn nicht!", „man vergißt ihn (sie) nicht!", „sie wissen wohl" u. a., — in denen vielleicht wichtige Zeugen für den Geist der Zeit verborgen sind, verschließen sich leider noch hartnäckig einem wirklichen Verständnis.

Wie im Alten, so finden wir auch im Mittleren Reich Namen nach Tieren, Pflanzen, Gegenständen verschiedener Art nicht selten im Gebrauch.

Zwei Gruppen von Wortnamen profanen Inhalts aber treten im Mittleren Reich neu auf, die Herkunftsnamen und die Abstammungsnamen.

Die Menschen des Alten Reiches, die wir kennen lernen, sind fast ohne Ausnahme[10]) Ägypter. Im Mittleren Reich finden wir häufig den Namen „der Asiat" *(ꜥꜣm)*, auch „die Asiatin" begegnet mehrfach — sei es nun, daß diese zunächst als Beinamen anstelle eines heimischen Namens gegebenen Namen wirklich noch Asiaten oder von Asiaten abstammende Menschen bezeichneten, sei es, daß sie nur aus irgendeinem Grunde[11]) als Beinamen gegeben wurden. Bald haben sie sich dann natürlich, wie alle anderen Namen, von Einem auf den Anderen fortgeerbt. Das Gleiche gilt von „der Südländer" *(nḥśj)* und „die Südländerin", „der (Mann) vom Lande *ỉḳn*" *(pꜣ-n-ỉḳn)*, „die Nubierin" *(ỉkšj·t)*, „der Sohn von Punt" *(sꜣ-pwn·t)* und „der Libyer" *(ṯmḥ)*[12]). Daneben werden aber jetzt vereinzelt auch gute Ägypter nach ihrer engeren Heimat benannt, wie „der von der Ufergegend (o. ä.)" *(pꜣ-n-ỉdbj)*[13]) oder „der Sohn von Buto" *(sꜣ-p)*[14]).

---

1) Spottname?

2) Bezieht sich gewiß auf eine Geburt zur Zeit der Nilschwelle.

3) Da die Mutter bei der Geburt starb?

4) *ỉnk-pw-(m-?)msꜥ(t?)*: der Vater scheint staunend sich selbst in dem Sohn wiederzuerkennen, der „ganz wie der Vater" aussieht.

5) Wohl Beziehung auf ein verstorbenes Kind.

6) Oder bezieht sich das Suffix hier auf eine Gottheit? Vgl. S. 56.

7) Wohl ein erstgeborenes Kind.

8) *Sp-n-mwt*, dasselbe wird wohl *sp-n-wrḏ.t*, eigentl. „ein Heilmittel gegen Ermüdung" bedeuten, mit *wrḏ* als Deckwort für „sterben" wie in *wrḏ-ỉb* als Beiwort des Osiris. Der Gedanke wird der sein, daß das Neugeborene die Mutter vom Tode, dem sie sich nahe genug fühlte, „geheilt" hat.

9) Vgl. den Namen des Re, der in seinem Leibe verborgen ist, „damit nicht ein Zauberer oder eine Zauberin Macht gewinnen" über ihn. Erman (-Ranke), Ägypten S. 307.

10) Ausnahmen: ein Mann aus „Punt" (PN I 254, 7), ein Libyer (PN I 84, 16). Es ist bemerkenswert, daß die beiden anderen bei Borchardt, Sahure II, Blatt 1 (vgl. S. 73) genannten Libyer gut ägyptische Namen tragen, vgl. auch W. Hölscher, Libyer und Aegypter (1937), S. 17.

11) Etwa, weil die Träger in Asien gewesen waren.

12) Vgl. auch *sꜣ.t-ṯḥnw* „die Tochter des Libyers".

13) Vgl. auch *sꜣ-smj.t* „der Sohn der Wüste".

14) Vielleicht auch „die Ostländerin" (PN I 337, 19). — Merkwürdig ist *sꜣ.t-km.t* „die Tochter Ägyptens"!

Häufiger und fast ganz auf das Mittlere Reich beschränkt sind die Abstammungsnamen, die einen Menschen, als habe er keinen eigenen Namen, nach seinem Vater oder seiner Mutter bezeichnen. So finden wir „der Sohn des *mnṯ·w-wśr*“ und „der Sohn des *śbk-ʿnḫ (·w)*“, „die Tochter des *imꜣ-pjpj*“ und „die Tochter der *ʿnḫ·tjśj*“ und andere mehr[1]) Aus dem Alten Reich kennen wir ganz wenig sichere Fälle dieser Art[2]), in der 18. Dynastie leben sie noch eine Weile fort, verschwinden dann aber ganz[3]). Ob hier ein ausländischer Einfluß vorliegt? Im heutigen Arabischen sind derartige Namen ja an der Tagesordnung (Ibn-Saud, Ibn-ʿAli usw.) und werden durch andere ergänzt, die ihren Träger nach seinem Sohn als „Vater des NN“ — Abu'l Hassan, Abu-Said usw. — bezeichnen. Diese letztere Art der Namensform kam im Alten Ägypten nicht vor

Zu den Kosenamen auf 𓇋 (bzw. 𓇌) und 𓅱 tritt im Mittleren Reich eine kleine Gruppe von Namen mit einer Koseendung *·t*, über die ich auf S 159 gesprochen habe Sie ist für diese Zeit allein charakteristisch und ist bald nach Beginn des Neuen Reiches[4]) wieder verschwunden Geminierende Kosenamen, mit und ohne weitere Endungen, sind auch im Mittleren Reich besonders beliebt

KAPITEL III.

DIE NAMEN DES NEUEN REICHES

Auch der Beginn des Neuen Reichs bedeutet nicht einen starken Einschnitt für die Geschichte der Namen, ebensowenig wie der des Mittleren Reiches. Aber während dort das Neue sich über die erste Zwischenzeit vielfach bis in die Verfallszeit der 6. Dynastie zurückverfolgen ließ, finden wir beim Neuen Reich das umgekehrte Verhältnis. Eigentümlichkeiten der Namengebung des Mittleren Reiches überdauern die Hyksoszeit und reichen zum Teil bis tief in die 18 Dynastie hinein. Das Neue folgt nicht etwa unmittelbar auf die Vertreibung der fremden Herrscher sondern macht sich deutlich geltend erst seit dem Ende der 18. bzw. dem Beginn der 19 Dynastie. Die zweite „Zwischenzeit“ hat hier — wie auf anderen Gebieten der ägyptischen Kultur — eine ganz andere Bedeutung als die erste. In der ersten vollendet und vertieft sich der Niedergang, den das Alte Reich unter dem letzten Könige der 6. Dynastie erfahren hatte, dessen Ursachen aber bis in die zersetzenden Bestrebungen um die Mitte der 5. Dynastie zurückreichen. In der zweiten bereitet sich der Aufstieg Ägyptens zur Vormacht des alten Orients vor, der, erst durch die Großtaten der Thutmosis und Amenophis entschieden, unter Amenophis III. seinen Höhepunkt erreicht Jetzt erst zeigt sich deutlich, daß das Gesicht Ägyptens sich gründlich verändert hat, mehr als es im Mittleren Reich gegenüber dem Alten der Fall gewesen war[5]).

Das Neue ist vor allem zweierlei· Ägypten ist zu einem erobernden und seine Eroberungen befestigenden Militärstaat geworden, dem fremde Völker, Nubier und Syrer, unterworfen sind. Und die Ägypter, die ihre Befreiung von der Herrschaft der Hyksos und ihr siegreiches Vordringen nach Nordosten und nach Süden dem neuen Reichsgott Amon-Re von Theben verdanken, sind ein frommes Volk geworden, in dem die Priester der zahllosen Götter eine steigend größere Rolle spielen als in der älteren Zeit. Dazu kommt eine dritte Neuerung mehr äußerlicher Art. Eine jüngere Form der Sprache, das schon im Mittleren Reich vom Volk gesprochene „Neuägyptisch“, hat die alte klassische Sprache des Mittleren Reiches verdrängt und ist seit der Revolution des Echnaton auch zur Kanzlei- und Literatursprache geworden. Alles dies findet seinen Niederschlag auch in der Namengebung des Neuen Reiches, am äußerlich auffallendsten das Letzte, mit dem ich darum hier beginnen will.

Das Neuägyptische verhält sich bekanntlich in einem Punkte zur älteren Sprache wie das Italienische zum Lateinischen. aus einem Demonstrativpronomen hat sich der „Artikel“ entwickelt. Während im Mittleren Reich dieser vom Volk längst schon gesprochene Artikel noch kaum bemerkbar wird, verschwinden im Lauf der 18. Dynastie die artikellosen Wortnamen immer mehr Ein Mann heißt jetzt *pꜣ-ʿꜣm* (schon Dynastie 18) anstatt *ʿꜣm* „der Asiat“ oder *pꜣ-wnš* anstatt *wnš* „der Wolf“, eine Frau *tꜣ-irj·t* anstatt *irj·t* „die Gefährtin“ oder *tꜣ-mj·t* anstatt *mj·t* „die Katze“ usw Auch besonders beliebte Götter wie Re und Aton, vereinzelt auch Amon, oder Göttinnen wie *wr·t* und *wśr·t*, vereinzelt sogar „die Hathor“ müssen sich den Artikel vor ihrem Namen gefallen lassen. Auch mit dem

---

1) Weitere Beispiele s PN I 280, 12 14 17 usw u II, Nachtr

2) PN I 286, 4 5 11 16, 289, 13, 294, 19 Sie stammen wohl alle aus dem Ende des *AR* PN I 282, 10 (Dyn 3) ist gewiß als *sꜣ(j)-mrjj* „mein geliebter Sohn“ zu verstehen

3) Beispiele PN I 280, 14 (Prinz) 294, 8 (Prinzessin) 284, 24, 289, 2 3, 291, 25, 292, 6 Fraglich 282, 22, 283, 8, 290, 6 Ein einziger Fall auch Dyn 19 287, 13

4) Die letzten Beispiele stammen aus der frühen 18 Dyn

5) Genauere Untersuchungen werden später einmal auch die Namen der 19 und der 20 Dyn in ihrer Besonderheit gegeneinander und gegen die 18 Dyn abheben müssen

aus dem Demonstrativum entwickelten Possessivpraefix *pꜣ-n-* bzw. *tꜣ-n·t-* „der von“ bzw „die von“ beginnt nun eine große Anzahl charakteristischer Wortnamen des Neuen Reiches [1]) Es sind Herkunftnamen wie *pꜣ-n-iwnj* „der (Mann) von Hermonthis“ und *pꜣ-n-mi'm* „der (Mann) aus Anibe“, *tꜣ-n·t-ꜣbw* „die (Frau) von Elefantine“, *tꜣ-n·t-bḥd·t* „die (Frau) von Edfu“ usw. Ferner Abstammungsnamen wie *pꜣ-n-śn-ḥr(·w)* „der (Sohn) des *śn-ḥr(·w)*“, *tꜣ-n·t-bꜣk-n-mw·t* „die (Tochter) des *bꜣk-n-mw·t*“ usw, religiös gefarbte Namen wie *pꜣ-n-imn* „der zu Amon Gehörige“, *tꜣ-n·t-ꜣś·t* „die zu Isis Gehörige“ usw. Endlich finden sich auch eine Art von Spitznamen wie *pꜣ-n-ṯb* „der mit der Sohle“ oder *pꜣ-n-ḏꜣḏꜣ* „der mit dem (dicken?) Kopf“, *tꜣ-n·t-nꜣ-ḥrr·w* „die mit den Blumen“, *tꜣ-n·t-ḏpḥ* „die mit dem Apfel“, *tꜣ-n·t-ḥtj·t* „die mit der (dicken?) Kehle“ u. a. m.

Dazu kommt, daß das Neuägyptische eine Anzahl alter Worte fallen gelassen[2]) und durch andere ersetzt hat So stehen *bꜣk* und *bꜣk·t* „Diener“ und „Dienerin“ jetzt fur alteres *ḥm* und *ḥm·t*, *bw* und *bn* „nicht“ fur älteres *n* und *nn*[3]), *šrj* „Sohn“ und *šrj·t* „Tochter“ vereinzelt[4]) fur älteres *sꜣ* und *sꜣ·t*, die aber noch durchaus die Regel bleiben. Andere Bildungen der alteren Zeit verschwinden ganz[5]) oder treten — wie die mit *rn* „der Name“ gebildeten — stark zuruck. Von den in der alteren Zeit uberaus haufigen Namen, die das Wort „Ka“ enthalten, sind nur in der 18 Dynastie noch ein paar letzte Reste vorhanden[6]).

Von einem eigentlich kriegerischen Geist — der wohl uberhaupt der Natur des ägyptischen Bauernvolks im Grunde fremd ist — ist auch in der Zeit des ägyptischen Militärstaats in der Namengebung erstaunlich wenig zu spüren. Namen wie *'ḥꜣ* und *pꜣ-'ḥꜣ*, *pꜣ-'ḥꜣwtj* „der Kampfer“ und *'ḥꜣ-'ꜣ*, *'ḥꜣ-nfr* und *pꜣ-'ḥꜣ-nfr*, *'ḥꜣ-ḳn* „der große[7]) (bzw. gute oder schone und starke) Kämpfer“ sind hier zu nennen, und auch von dem neuen Reichsgott Amon wird ausgesagt, daß er ein „guter Kämpfer“ sei (PN I, 44, 10) Vom Konig heißt es „der Löwe ist auf dem Schlachtfeld“ (PN I, 144, 10) oder „der Stier ist kampfbereit“ (PN II, Nachtr) oder „mein Herr ist bei seinem Heere“ (PN I, 423, 16). Er wird als „der von (?) seinem Heer Geliebte“ *(mr-m-mš'·f)* oder „der Beschutzer seiner Soldaten“ (PN I, 208, 8) bezeichnet, und auch der Frauenname „der Große ist im Heere“ (PN I, 57, 20) mag sich auf den König beziehen, aber derartige Namen sind ganz vereinzelt. Was sonst an Personennamen des Neuen Reiches an militarische Dinge erinnert wie die Wortnamen „der zum Feldzug (PN I, 107, 6), zum Kastell (PN I, 110, 16), zum Feldlager (PN I, 107, 13) Gehorige“ und „die zum Feldlager Gehörige“ (PN I, 359, 16)“[8]), die vielleicht während eines Feldzugs geborenen Kindern gegeben worden sind, oder wie die Berufsbezeichnungen — und ursprunglichen Beinamen — „der Truppenvorsteher“[9]) (PN I, 100, 18), „der Festungsvorsteher“ (PN I, 100, 20), „der Truppenoberst“ (PN I, 115, 27)[10]), sind nicht gerade als Kennzeichen eines besonders kriegerischen Volkes zu werten. Einzig die Namen *hd-nḫt* bzw. *pꜣ-hd-nḫt* und *hd-nfr*, wenn ich sie als den stolzen Ausruf „der siegreiche Angriff!“ bzw. „der schone Angriff!“ (PN II, Nachtr) uber einen auf dem Kriegszug geborenen Knaben richtig deute, ließen sich etwa dafur anfuhren, aber sie stehen vollig allein, und ihre Deutung ist keineswegs sicher.

Weit stärker ist der Niederschlag, den die vertiefte Frömmigkeit der Ägypter des Neuen Reiches in ihren Namen gefunden hat, und zwar je später innerhalb dieser Periode umso mehr. Es kommen da Klänge zum Vorschein, die sich in ihrer Innigkeit von dem nuchternen Sinn der alteren Zeit deutlich unterscheiden. So „Amon ist in meinem Herzen“ (PN I, 27, 17)[11]), „Amon ist mein Vater“ (PN I, 51, 9), „Chons ist mein Vater“ (PN I, 420, 4), „Amon ist mit mir“ bzw. „ich habe den Amon“ (PN I, 78, 25)[12]), „mein Gesicht ist auf Amon[13]) gerichtet“ (PN I, 252, 15), „möge Amon sich mir wieder zuwenden!“ (PN I, 133, 5)[14]), „mein Herz moge Amons gedenken!“ (PN I, 319, 4), „Amon ist mein Genugen“[15]) (PN I, 299, 6) und vor allem „wie sehr geliebt ist Amon!“ (PN I, 161, 26)[16]).

---

[1]) Die Anfänge dieser Bildung gehen ins *MR* zuruck, vgl *pꜣ-n-ikn* „der (Mann) vom Lande *ikn*“, *pꜣ-n-'nḫ f* „der (Sohn) des *'nḫ f*“ sowie *pꜣ-ntj-n j*, wenn ich diesen — auch von Frauen getragenen! — Namen richtig mit „der mir gehort“ ubersetze Ferner *tꜣ-n t-mnnfr* „die (Frau) von Memphis“, *tꜣ-n t-nb (w)* „die zu ‚Gold‘ Gehorige“, *tꜣ-n t-sš* „die vom Neste“ (?), *tꜣ-n·t-it ś* „die zu ihrem Vater Gehorige“ (sogar vor dem *MR*!), *tꜣ-n t-w* „die vom Distrikt“ o a, *tꜣ-n t-ḫnw* „die von der Residenz“ Vgl auch 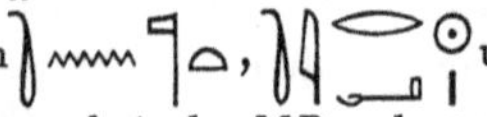 und PN I 362, 8 und 18

[2]) Schon im Namenschatz des *MR* sind eine Anzahl von Bildungselementen der Namen des *AR* verschwunden Es fehlen dort *śšm*, *śꜣb*, *irw-kꜣ*, *špśś*, *nb tj* (als Bezeichnung des Konigs) Ganz selten geworden sind *špśj* (PN I 326, 8), *prj*, selten auch das alleinstehende *nj* bzw *nj t* (PN I 180, 20, 181, 2, 318, 5)

[3]) Die allerdings unter der 18 Dyn sich noch halten · PN I, 168, 24, 169, 3, 204, 21 f

[4]) PN I 329, 15, 429, 16

[5]) So die mit *rdj*, *ḫwj*, *hm*, *śhtp*, *śḫm*, *dd w* und *dd t* (Ausnahme PN I, 401, 11), *ḏfꜣ* Die Namen mit *s-* und *s t-* verschwinden nach der 18. Dyn

[6]) PN I 339, 9 22, 340, 10

[7]) Wenn *'ḥꜣ-'ꜣ* nicht als „*'ḥꜣ* der Altere“ zu verstehen ist!

[8]) Vielleicht auch „der vom Zelte“, PN I, 101, 22 Auch die Satznamen „das Feldlager ist wohlbehalten“ (PN I 102, 21) — eine Parole? — und „das Lager ist gefullt“ (? PN I 43, 33) gehoren wohl hierher

[9]) Der Name begegnet, ohne den Artikel, schon als der eines Konigs der 13 Dyn, vgl II, Nachtr

[10]) Vgl auch „das Schwert“ (PN II, Nachtr)

[11]) Auch „mein Herr“ (bzw „der Große) ist in meinem Herzen“ (PN I 184, 20, 57, 19, dieses ein Frauenname), womit beide Male auch Amon gemeint sein kann

[12]) Dasselbe wird auch von Month und von *hj*, dem gottlich verehrten Konig Amenophis I, gesagt

[13]) Desgl „auf den Re“ (PN I 252, 17), „auf den Schongesichtigen“ (PN I 252, 20), „auf den Herrn von Luksor“ (d h Amon, PN I 252, 16)

[14]) Vgl auch PN I 183, 25

[15]) Wortlich „meine Sattigung“

[16]) Vgl auch PN I 271, 8 „Chons ist mir der einzig Starke“ (?) Das Zeichen ist allerdings auffallend

Daß Amon in diesen Namen fast allein auftritt, ist bezeichnend fur die Stellung, die dieser Gott auch sonst in den Personennamen des Neuen Reiches einnimmt Er überragt alle anderen Gotter weit mehr als Ptah es im Alten oder Mittleren Reich getan hatte. Das geht auf seine Stellung als Reichsgott zuruck, mag aber noch dadurch verstärkt sein, daß ein großer Prozentsatz unserer Namen des Neuen Reiches aus den Grabern von Theben stammt. Auf etwa 160 mit Amon gebildete Namen kommen etwa 60, die den Namen des Re[1]), etwa 50, die den Namen der Mut oder des Ptah, etwa 40, die den Namen des Kriegsgottes Month und des thebanischen Mondgottes Chons, etwa 30, die den des Horus, etwa 20, die den der Hathor (meist unter ihrem Beinamen „Gold"), des Thot, des Min und des Seth[2]) enthalten. Es folgen, etwa gleich stark vertreten Suchos und Chnum, mit kleinem Abstand Isis, der Aton, Sachmet und Onuris An sie schließen sich von den großen ägyptischen Gottern endlich die Gottinnen Anukis, Neith, Uto, Bastet, Maʿat und *mḥj·t* und die Götter Atum (der bisher ganz fehlte), Upuat, Anubis und Nefertem Neben seiner Gemahlin Isis tritt Osiris noch ganz zuruck[3]) Bemerkenswert ist es, daß die Verbindung „Amon-Re" in den Personennamen des Neuen Reiches uberhaupt nicht vorkommt. Satis und Harsaphes, Bes und Nephthys begegnen kaum. Dagegen spielt der Mond *(iʿḥ)*, besonders in den Namen der 18 Dynastie, eine beträchtliche Rolle, und auch Beinamen, unter denen das Volk die großen Götter verehrte, wie „der Schöne" *(ʿn)*, „der Gute" *(nfr* und *pꜣ-nfr)*, „der Starke" *(pꜣ-nḫt)*, sowie „die Gute" *(nfr·t)* und vor allem „die Große" *(wr·t, wrl* und *tꜣ-wr·t)* werden mit Vorliebe verwendet An niederen Gottheiten sind 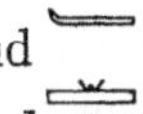 und 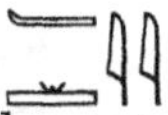, der als Gott verehrte Konig Amenophis I , sowie die in der 20 Dyn hervortretende Gottin *mdw·t* und der aus dem Brudermärchen bekannte Gott „Bata" zu erwahnen, sowie *wśr-ḥꜣ·t*, die göttlich verehrte Prozessionsbarke des Amon.

Man konnte meinen, daß die im Mittleren Reich so haufigen Personennamen, die, durch Verkurzung entstanden, allein einen Gottesnamen enthielten, von den Frommen des Neuen Reiches als „untragbar" wieder aufgegeben worden seien. Das ist aber durchaus nicht der Fall Namen wie Isis, Onnophris, *wśr-ḥꜣ·t*, Re (!), Horus, Chons, Thot sind sogar häufig Andere wie „der Starke", Mut, Min, Month, Renutet, „der Nil" *(ḥʿpj)*, Hathor[4]), Sachmet, Seth[5]) und sogar Amon kommen mehrfach vor[6]) Eine Erklarung dafur ist nicht ganz leicht zu finden. Am wahrscheinlichsten ist es mir, daß diese aus dem Mittleren Reich uberkommenen Namen gedankenlos weiter verwendet worden sind. Schlusse auf das religiose Empfinden der Ägypter des Neuen Reiches werden sie kaum zulassen.

Eine merkwurdige Erscheinung des Neuen Reiches bilden die in ihrer Bedeutung noch nicht geklarten Personennamen, die nicht aus einem, sondern aus zwei Gottesnamen bestehen. Bei Namen wie „Thot *-iʿḥ*" möchte man denken, daß ein Identitatssatz vorliegt „Thot ist der Mond", und dasselbe konnte allenfalls fur „Mut-Isis" (II, Nachtr.), „Horus-Min" (PN I 248, 19), „Baʿal-Month" (PN I 93, 24), „Ptah-Suchos"[7]), „Anubis-Re"[7]), „Seth-*pꜣ-ḥʿpj*" (PN I 429, 10) gelten, wenn sich auch schwer einsehen laßt, warum Seth der Nil, Anubis der Re, Ptah der Suchos sein sollten[8]). Und dazu versagt diese Erklarung offenbar bei Mut-Amon[9]) oder 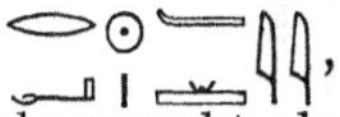, denn Mut ist die Gemahlin des Amon, und Re ist mit dem vergottlichten Konige Amenophis durchaus nicht identisch. In diesen letzten Beispielen konnen doch wohl nur Kurznamen vorliegen, die zwei Gottheiten zusammenfassen, also „Mut und Amon", „Re und Konig Amenophis", und man möchte an Verkurzungen denken von Namen wie dem selbst schon verkurzten *dj-imn-ḫnś·w* (PN I 431, 20) oder wie „den Isis und *mḥ·t* gegeben haben" (PN II, Nachtr.) oder „Amon und Horus haben ihn gegeben" (PN I, 30, 8 — spat!) oder endlich an solche wie „Amon und Horus haben gesagt: er wird leben!" (PN I 410, 2)[10]) Aber derartige Bildungen sind außerordentlich selten, und die beiden letzten Gruppen finden sich nicht vor der Spätzeit, in der gerade diese aus zwei Gottesnamen bestehenden Personennamen nicht mehr vorkommen Die Frage muß also einstweilen noch offen bleiben.

Die Aussagen uber die Gotter sind wenn moglich noch mannigfaltiger als im Mittleren Reich. Am häufigsten ist jetzt die, daß die Gottheit „stark", oder „siegreich" sei[11]), die mit dem kriegerischen Geschehen der Zeit in Zusammenhang gebracht werden mag, und hier tauchen jetzt neben dem weitaus gebräuchlichsten alten *nḫt* die Worte *ḳn* und *tnr* auf Die „Gnade" *(ḥtp)*, „Große" *(wr* und *ʿꜣ)* und „Gute" oder „Schönheit" *(nfr)* der Gotter sowie ihre „Dauer" *(mn)* wird wie fruher gepriesen. Daneben aber drängen sich die Festnamen vor, vor allem die, welche die Geburt des Gottes *(-mśj·w)* oder sein Erscheinen „am Feste"[12]), „in der Prozessions-Barke", in der

---

1) Einschließlich der mit *pꜣ-rʿ* gebildeten Namen

2) Von den Seth-Namen stammt etwa die Halfte aus Dyn 20

3) Die einzige Bildung ist „Osiris ist (mein ?) Vater" (PN I 50, 19)

4) Auch in der Verkurzung *hl*

5) Auch in der Schreibung 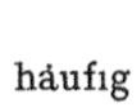

6) Merkwurdigerweise ist auch der Name „Nephthys" mehrmals belegt, wahrend die Nephthys in Zusammensetzungen nur ein einziges Mal erscheint Dasselbe gilt von Onnophris

7) Diese Namen begegnen vereinzelt schon im *MR*

8) Weitere Namen dieser Art sind „Min-Month", „Month-Amon", „Month-Min", „Re-Ptah" und „Chons-Amon" Im *MR* begegnet einmal „Seth-Re"

9) Oder ist *mw t(j)-imn* „Amon ist meine Mutter" zu lesen ?

10) Vgl PN I 410, 12

11) Auch „machtig" *(wśr)* erscheint noch ziemlich häufig als Aussage.

12) Neu ist es, daß in den Namen jetzt auch von Stadten wie Theben gesagt wird, daß sie „im Fest" seien

breiten Halle", „im Harim" *(ip3·t)*, „im Wustental" *(in·t)*, „in Theben" usw [1]) feiern. Auch die Namen mit *-m-ḥ3·t* sind noch immer haufig Gern sagt man jetzt auch einfach, daß der Gott oder die Göttin „erscheint" *(-ḫʿj·w, -ḫʿj·tj)* oder „erscheinen möge" *(ḫʿj-)* In Namen wie „sein Angreifer ist gefallen!" (PN I 135, 25) oder „Chnum verfolgt seine Angreifer!" (PN I, 275, 17) dringen Ausrufe, die bei religiosen Festen im *NR* erklangen, noch besonders eindrucksvoll an unser Ohr Der alte Ausdruck, daß der Gott ein „Schutz" des Kindes sei *(-m-s3·f)*, kommt aus der Mode[2]), und statt dessen kommen zwei Worte fur „schutzen", *nḥ* und *mkj* in Gebrauch. Von Amon sagt man jetzt, daß er „im Tempel" oder „im Tempel der Mut", seiner Gemahlin, vom Konige, daß er „im Tempel des Amon" erscheine.

Daneben aber sprießt eine Fulle von neuen meist ganz vereinzelten Aussagen auf, die die Freude der frommen Ägypter des Neuen Reiches, neue Namen zu bilden, in anschaulicher Weise bezeugen. Die Gottheit — und vor allen immer Amon — „macht gesund" *(śśnb)*[3]), „weidet" *(mni)*, „gibt" *(rdj)*, „sieht" *(nw)* oder „sieht alles" (PN I 380, 20)[4]), „laßt entstehen" *(śḫpr)*, „belebt" *(śʿnḫ)*, „erbarmt sich" *(nʿ)*, „ist wissend" *(rḫ)*, „ist zufrieden" *(hr* bzw *hr-ib)*, „laßt ubrig" (? *w3ḥ)*, „ist vortrefflich" *(mnḫ)*. Amon ist „der Einzige" *(p3-wʿj)*, „der Gute" *(p3-nfr)*, „das Steuerruder" *(ḥmw)*, „ein Stier" *(k3)*, „ein (oder mein ?) Herr" *(nb)*, „der Herr der beiden Lånder"; er ist „angenehm" *(nḏm)*, er „stimmt zu" *(hn)*, „erschafft" *(ḳd)*, „ist meine (Lebens)-Luft" *(p3·j-ṯ3w)*

Ein Vater nennt sein Kind „gib, Amon!" (PN I 25, 4), ein anderer „das Leben ist bei Amon" (PN I 103, 6), wieder andere, in leicht verschiedener Formulierung „die (Lebens-)Luft ist bei Amon" (PN I 121, 9; 420, 2; 431, 14) oder „ich habe Amon gesehen!" (PN I 143, 22) usw usw Religiose Bekenntnisse klingen auf in Namen wie „Horus ist der Beherrscher von ganz Ägypten" *(-ḥk3-idb·wj-twt w)*, „Chons ist der erste von allen Göttern" (PN I 271, 11) oder „es gibt kein Land, das fern von ihm ware" (PN I 169, 3) Sogar theologische Spekulation dringt in die Namen ein, wenn ein Mann seinem Sohn den Namen gibt „Ptah ist Amon" (PN I 139, 16)[5]) oder „Min ist Anubis" (PN II, Nachtr.)

Was das Verhaltnis der Menschen zu den Gottern angeht, so sind die Namen, die das Kind als „Sohn" oder „Tochter" einer Gottheit bezeichnen, wenn auch nicht annahernd so haufig wie im Mittleren Reich, noch durchaus im Gebrauch[6]) Daneben treten, wie schon erwahnt (S 234), die mit *b3k-* und *b3k·t-*[7]) „Diener" und „Dienerin" zusammengesetzten auf, und zwar in etwa gleicher Haufigkeit wie die „Sohn-" und „Tochter"-Namen Oft wird die „Zugehorigkeit" durch *p3-n-* bzw *t3-n·t-* wiedergegeben, aber auch das aus altem *nj-św-* bzw *nj-śj-* entstandene und fur beide Geschlechter gleich gebrauchte *nś-* findet sich im gleichen Sinne schon recht haufig verwendet Gern wird das Kind jetzt auch als von der Gottheit „geliebt" *(mrj-* bzw *mrj·t)* bezeichnet, Ausdruck einer starkeren, vertraulicheren Verbundenheit, die in der alteren Zeit noch seltener war[8]). Daß das Kind der Gottheit „ergeben" o à. sei, scheint ausgedruckt zu werden durch die Namen *św-* (bzw. *śj-)m-mr-n-imn* usw. (PN I, 302, 7ff), in denen das *m-mr* offenbar dem bisher nur bekannten *ḥr-mr*[9]) entspricht. Der Gedanke, daß das Kind von den Göttern „gegeben" wird, ist auch den Namen des Neuen Reiches nicht fremd, spielt aber eine untergeordnete Rolle[10]) Neu ist es, daß der Gedanke des „Errettens" *(šdj)* der Gottheit — aus Krankheit ? oder Gefahr ? — in den Namen auftritt Er ist noch nicht haufig belegt, wird aber in verschiedenen Formen abgewandelt[11])

War es allenfalls verstandlich, wie es dazu kam, daß ein Kind als „Sohn" oder „Tochter" einer Gottheit bezeichnet wurde, so haben wir keinerlei Vorstellung davon, was ein Ägypter des Neuen Reiches empfunden haben mag, wenn er seinen Sohn den „Bruder" des Re, des Horus oder des Thot (PN I 309, 4; 310, 5; II, Nachtr.)[12]), seine Tochter „die Schwester" der Nephthys (PN I 311, 21), des Horus (PN I 367, 17) oder des Re (PN I 309, 4)[13]) nannte Nur das konnen wir sagen, daß im Neuen Reich auch der Konig gelegentlich als „Bruder" eines Gottes, und zwar des Onuris[14]), bezeichnet worden ist. —

[1]) Auch „im Kornspeicher" *(-m-t3-šnw t)*!

[2]) PN I 298, 11 — wirklich *NR*?

[3]) Hier und im Folgenden werden jetzt ofters Infinitive mit *hr* gebraucht, die in der alteren Zeit im Namenbestand noch ganz selten waren

[4]) Vgl allerdings *imn-m-nw-nb* (PN II, Nachtr)!

[5]) Ob hierher auch die seltsamen Namen *ipw-m-rʿ* (PN I 23, 10) und *pwj-m-rʿ* (PN I 130, 23) gehoren ?

[6]) Und zwar mit den alten Worten *s3* und *s3 t* Ganz vereinzelt begegnen *šrj* (PN II, Nachtr) und *šrj t* (PN I 329, 15, 429, 16) Das spater gewohnliche *p3-šrj-n-* ist ein einziges Mal (PN I 118, 22 — ob richtig datiert ?) fur die 18 Dyn belegt Die Bildungen mit *s-* und *s t-n t-* verschwinden in der 18 Dyn

[7]) Auch *b3k-n-*, *b3k t-n t-* und *t3-b3k t-n t-*, *p3-b3k-* in Zusammensetzung mit einem Gottesnamen ist wohl nur zufallig nicht belegt

[8]) Auch der Ausdruck „Liebling" *(mrjtj)* der Gottheit kommt vereinzelt vor (PN I 162, 1) Vgl auch „Re liebt ihn" (PN I 157, 20), „Chons liebt sie" (PN I 158, 9) und „*śgr t* liebt sie" (so ist PN I 157, 21 zu lesen!)

[9]) Wb II, 96, 11

[10]) Einmal noch *dd(w)-* (PN I 401, 11), daneben je einmal *dj w-* („den . gibt") und *dj-śj-nb(w)* „moge Gold sie geben" o a Die spater so uberaus haufige Bildung mit *p3-dj-* und *t3-dj t-* fehlt noch fast ganz, die einzigen Ausnahmen PN I 123, 8 (?) und 124, 16

[11]) Bildungen mit *šdj-*, *šdj-wj-*, *šdj-św-* (dies am haufigsten), *p3-šdj(w)* und *-šdj ś* Vgl auch „moge Horus seine Stadt erretten!" (PN I 331, 2)

[12]) In der Spatzeit begegnet auch „der Bruder des Chons" (PN I 117, 8)! Vgl auch PN I 247, 11

[13]) Das zweite Zitat ist naturlich *śn(t)-n(t)-rʿ* zu lesen!

[14]) S Ranke, keilschriftl Mat , S 4, wo *ša Ḫāra* in *ša Anḫāra* zu verbessern ist — In den Pyramiden (Spruch 258, 309a) wird die Schlangengottin von Buto einmal als „Schwester" des Konigs bezeichnet Vgl dazu Hugo Muller, Die formale Entwicklung der Titulatur der ag Konige (1938), S 41

Wenn man bedenkt, daß im Neuen Reich eine unubersehbare Menge von Fremden, vor allem Syrern, als Händler und als Kriegsgefangene nach Agypten gekommen sind, daß man im Neuen Reich die agyptische Sprache mit syrischen Fremdwortern reichlich aufgestutzt hat und daß einige der syrischen Götter geradezu einen Kult in Ägypten erhalten haben, dann muß es Wunder nehmen, eine wie geringe Rolle die Gotter dieser Fremden in der Namengebung des Neuen Reiches spielen. Baʿal ist einigermaßen haufig, aber auch er nur zum kleinsten Teil in echt agyptischen Bildungen wie den schon erwahnten Namen Baʿal-Month oder in *pꜣ-dj-bʿl* „den Baʿal gegeben hat" und *bʿl-(ḥr-)ḫpš·f* „der Baʿal ist in (?) seinem Arm" Meist sind es mit seinem Namen zusammengesetzte Fremdnamen, die uns in hieroglyphischem Gewande uberliefert sind[1])

Dasselbe gilt von der ganz selten in Personennamen erscheinenden Göttin Anat[2]) und von dem syrischen Wettergott Reschef[3]) Astarte dagegen findet sich in so gut agyptischen Bildungen wie *ʿśtrt-m-ḥb* „Astarte (erscheint) am Feste" und sogar noch *spat* in *pꜣ-dj-ʿstr* (vgl Πετεαστάρτη) und *tꜣ-dj(·t)-ʿśtrt* „den (bzw die) Astarte gegeben hat"

Auch einige rein semitische Namen sind uns im *NR* in hieroglyphischem Gewande uberliefert[4]).

Daß in gut àgyptische Namen sonstige fremde Bildungselemente eindringen, ist sehr selten, aber es kommt vor. So haben wir [5]) „der große Sohn" o. a , 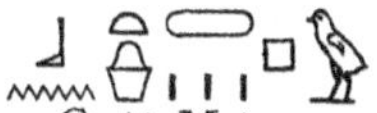 „es ist eine Tochter".

Einmal, zur Zeit der 18 Dynastie, scheint der indische Gott Mitra vorzukommen — dessen Name etwas später ja auch in einer hethitischen Urkunde begegnet[6]) — und zwar in dem hybriden Mannernamen *mtr-šm*, also mit dem semitischen Wort fur „(er)horen" in seiner akkadischen Form (ohne das ע) zusammengesetzt, „Mitra hat erhort" o a [7])

Neben denen der Gotter werden auch im Neuen Reich die Namen der regierenden Konige haufig zur Personennamenbildung verwendet. Wir begegnen ihnen fast allen, von Kamose bis auf Ramses IV., und es ist fur den Geist des Neuen Reiches bezeichnend, daß neben dem Herrscher selbst jetzt auch die Konigin gelegentlich in Personennamen vorkommt. So finden wir „Tuja" (PN I 397, 7) in der 18. und Naptera (PN I 201, 18) in der 19 Dynastie mit Namen genannt, wahrend in haufigeren Fallen der Eigenname durch „die Konigsgemahlin" (PN I 240, 13) oder „die Herrin" (PN I 243, 26; vgl auch 243, 9—12) ersetzt ist. Unter den Aussagen uber den Konig herrscht die der Starke (*nḫt*, seltener *wśr* und *ḳn*) und der Dauer (*-wꜣḥ·w, -mn·w, -r-nḥḥ*) durchaus vor, aber daneben findet sich eine ahnlich bunte Fulle von vereinzelten Aussagen wie bei den Personennamen, die einen Gottesnamen enthalten. Der König ist „reich an Jubilaen", „stark an Kraft", „ausdauernden Herzens", „reich an Jahren" Er ist „geliebt" von Amon oder Atum, von Re oder Seth, er erscheint „im Hause des Atum" oder „des Re", „des Amon", „des Ptah", „des Thot", „des Chons". Er ist „der Sohn des Atum", „des Ptah" oder „des Chepre", ja ist der Sonnengott selbst (PN I 384, 17)[8]). Er ist „groß" und „freundlich" (*ʿn*), er „lebt" und „ist gesund", er ist „in Theben" oder „in der Stadt" und er „erglanzt in Theben" Wie der der Gotter, so wird auch sein Geburtstag (*-mśj·w*) gefeiert „Ich habe seine Siege gesehen!" (PN I 143, 23) nennt ein glucklicher Vater, der mit dem Konig ins Feld gezogen ist, seinen Sohn Ein anderer ruft aus. „sieh ihn am Jubilaumsfest!" (PN I 138, 8) oder „sieh ihn[9]) (d. h den aus dem Feldzug heimgekehrten Konig) in Ägypten!" (PN II, Nachtr.), „moge er ewig stark sein!" (PN I 221, 27)[10]) oder „das Land ist in Furcht vor ihm" (PN I 377, 2).

Einmal begegnen wir im Neuen Reiche einem Manne, dessen Name den des *MR*-Gaufursten von Benihasan „Ameni" enthalt, als ob dieser ein Gott ware (PN I 31, 20)! Auch der Name Sesostris des Ersten kommt ähnlich verwendet vor (PN I 269, 3). Aus noch alterer Zeit scheint sich der Name des Konigs „Teti" der 6 Dynastie im Anfang des Neuen Reiches besonderer Beliebtheit erfreut zu haben, ohne daß ein Grund dafur deutlich ware. Ein Mann wird „Sohn des Teti" genannt (PN I 285, 3), und Namen wie „Teti ist groß", „Teti ist schon", „Teti lebt", „Teti ist am Feste", „Teti ist geboren", „Teti ist gesund" und sogar „Teti ist Re" (PN I 384, 13 bis 385, 10) gehoren geradezu zu den bezeichnenden Manner- und Frauennamen der zweiten Zwischenzeit und der fruhen

1) PN I 60, 15 16, 93, 23 25—27, 163, 12, 327, 17, 416, 19

2) In *bn-ʿnt* „der Sohn der Anat" und *bn t-ʿnt* „die Tochter der Anat" (letzteres der Name einer ag Prinzessin!) Daneben in den echt ag Bildungen *ʿnt-ḫʿj tj* „Anat ist erglanzt" (PN II, Nachtr) und *ʿnt-m-nḫ wt*(?) „Anat ist Beschutzerin"(?)

3) In  „die des Reschef" (PN II, Nachtr) Vgl auch PN I 97, 24

4) So *wrk t-ꜣl* (PN II, Nachtr) und *šm-bʿl* „Baʿal hat erhort" (PN I 327, 17) Vgl auch PN I 406, 14 — Was ist *rbi* in dem anscheinend semit Namen *šm-rbi* (f Griech), PN I 327, 18?

5) Wenn  (PN I 96, 24) als Variante hierzu aufzufassen ist, konnte auch in  (PN I 96, 27) ein solcher Mischname stecken „es ist ein Sohn!" — umso mehr als *bn t-pw* daneben vorkommt

6) Keilschrifttexte aus Boghazkoi I, 1, Rs 55

7) Burchardt, AZ 50, 122

8) Auch „die Sonne ist in der Stadt" (PN I 419, 20) wird sich auf den Konig beziehen Vgl die Amarna-Briefe, in denen der agypt Konig immer wieder als „die Sonne" bezeichnet wird

9) Auch sonst steht einfaches „er" anstelle des Konigsnamens, vgl PN I 302, 5 11 und wohl auch 302, 2 und 3

10) Daß der Konigsname allein als PN erscheint, findet sich bei *ʿꜣḫprkꜣrʿ*, *wśrmꜣʿ trʿ*, *mnḫprrʿ*, *śtḫjj* und *nbphtjrʿ*

18. Dynastie. Da ähnliche — und z. T. dieselben — Namen[1]) auch im Mittleren Reiche vorkommen, möchte man annehmen, daß ein örtlicher Kult dieses Königs durch das Mittlere Reich hindurch und bis in die 18. Dynastie hinein lebendig gewesen ist[2]).

Neben den religiös gefärbten Namen treten die Namen profanen Inhalts auch im Neuen Reich durchaus nicht zurück. Sie spielen eher eine noch größere Rolle als in der älteren Zeit, und auch hier läßt sich — neben der Beibehaltung von Namen des Mittleren Reiches, besonders zur Zeit der 18. Dynastie — die Variierung älterer und die Schöpfung neuer Namen reichlich beobachten. So finden wir einen Sohn „der nachher gekommen ist“ (d. h. Postumus? PN I 10, 14) oder „der wie die Sonne“[3]) oder „wie ein Stern“[4]) oder „in der (rechten) Stunde“[5]) gekommen ist neben ähnlichen älteren Bildungen. Unter den neugebildeten Namen sind etwa zu erwähnen „möget ihr sie bringen!“ (PN I 36, 12), „mir gehört sie“ (PN I 38, 20), „die gute Genossin“ (PN I 42, 5), „schön wie ein Stern“ (PN I 61, 17), „er wird nicht zweimal sein“ (PN I 96, 22)[6]), „eine Schöne ist gekommen“ (PN I 201, 12), „die Schönste davon“ (PN I 201, 16), „schön ist diese!“ (PN I 203, 9), „angenehm ist der Schweigende“ (PN I 215, 21), „der Schweigende bleibt bestehen“ (PN I 352, 7) oder „gedenke an Gutes!“ (PN I 319, 2), „möge sie auf mich hören!“ (PN I 323, 23) und „ich gedenke meines Vaters!“ (PN II, Nachtr.). Wie in der älteren Zeit, so finden sich auch jetzt einfache Ausrufe wie „eine schöne (Lebens-) Zeit!“ (PN I 71, 1), „ein gutes Heilmittel!“ (PN I 296, 5), „eine gute Landung!“ (PN I 300, 2; vgl. 299, 24), „ein Kind für uns!“ (PN II, Nachtr.), „eine Schöne für mich!“ (PN II, Nachtr.).

Neben einzelnen Städten wie This (PN I 391, 21) und vor allem Theben[7]) tauchen jetzt *dmỉ* „die Stadt“, ferner „das Land“ oder „die beiden Länder“ und auch „Ägypten“ in den Namen auf. So finden wir „die Stadt ist angenehm“ (PN I 215, 23) oder „wohlbehalten“ (PN I 399, 26), „das Land ist angenehm“ (PN II, Nachtr.), „ist schön“ (PN I 376, 21), ist „am Feste“ (PN I 376, 19)[8]), „beim Fisch- und Vogelfang“ (PN II, Nachtr.)[9]); „möge das Land (oder die beiden Länder) dauern!“ (PN I 150, 23. 24), „mögen die beiden Länder erglänzen!“ (PN I 265, 3) und „jedes Land ist siegreich“ o. ä. (PN I 211, 18).

Unter allen diesen Namen, die durchweg von guter Vorbedeutung sind oder doch Erfreuliches enthalten, fällt eine kleine Gruppe von Namen aus dem Ende des Neuen Reiches heraus, die uns an die bittere Not der Arbeitermassen und die Hungerstreiks unter den Königen der 20. Dynastie erinnern[10]). Als werde Einzelnen unter diesen Unglücklichen, deren Menge gedankenlos nach alter Sitte ihren Kindern frohklingende Namen gibt, die Maske vom Gesicht gerissen, so schreien uns die Namen „wozu ist er (nütze)?!“, „wozu ist sie (nütze)?!“ (PN I 14, 19; 15, 9) entgegen, und auch Namen wie „was ist er?!“ (PN II, Nachtr.), „was ist sie?!“ (PN I 45, 9), „was ist diese?!“ (PN II, Nachtr.) mögen eine ähnliche Bedeutung haben[11]).

Ganz ausnahmsweise können wir einmal einen loyalen Vater — höchst bürgerlich — bei der Namengebung seines Sohnes ertappen. Wenn ein Mann seinen Sohn „der Vertreter ist stark“ o. ä. (PN I 102, 8) nennt, so liegt es wohl nahe anzunehmen, daß der „Vertreter“ — ein in der Beamten-Hierarchie des Neuen Reiches bekanntlich sehr geläufiger Titel — der Vorgesetzte des Namengebers gewesen ist. Bei einem anderen Jungen aber, der „der Rindervorsteher dauert (oder möge dauern?)“ (PN II, Nachtr.) hieß, sind wir auf keine bloße Vermutung angewiesen. Wir wissen, daß sein Vater ein Hirt gewesen ist!

Die schon auf S. 236 teilweise besprochenen Herkunftsnamen nehmen im Neuen Reich beträchtlich an Menge zu, ebenso die Berufsnamen, und auch Namen von Tieren, Pflanzen, leblosen Gegenständen usw. sind, wie die Listen auf S. 182ff. zeigen, reichlich vertreten. Das Neue Reich ist verhältnismäßig reich an Eigenschaftsnamen wie „der mit dem großen Kopf“ (PN I 102, 20)[12]) und „die mit dem großen Kopf“ (PN I 394, 17), „der Süße“ (PN I 104, 24) und „die Süße“ (PN I 356, 13), „der Angenehme“ und „die Angenehme“ (PN I 114, 10; 364, 11), „der Blinde“ und „die Blinde“ (PN I 120, 7; 342, 11; 371, 2), „der Zwerg“ (PN I 204, 10. 400, 14. II, Nachtr.), „der Aufmerksame“ (PN I 306, 17), „der mit hohem Nacken“, „hohem Arm“[13]) bzw. „hoher Hand“ (PN I 332, 12. 20. 21)[14]), „der Dickbauch“ (PN I 418, 27), „der mit schöner Lebenszeit“ bzw. „schönem Geschick“ (PN II, Nachtr.),

---

[1]) PN I 384, 16. 19—22. 385, 3—5. 7—8. 10. Vgl. auch 431, 13 „Teti ist ein guter König“.

[2]) Der Name wird allerdings vom *MR* an, im Gegensatz zu den den Namen des Königs Teti enthaltenden PN des *AR* immer ohne Königsring geschrieben! Nur einmal fehlt der Ring auch im *AR*: PN I 385, 5.

[3]) Vgl. auch „er kommt (oder möge er kommen) wie die Sonne“ PN I 11, 6.

[4]) Dies auch weiblich: PN I 414, 14.

[5]) Oder heißt *m-wnw t* hier schon dasselbe wie später *m-tꜣ-wnw t* „jetzt“ bzw. „sofort“? Dann wäre aus dem *MR* PN I 9, 6 zu vergleichen.

[6]) D. h. es wird seinesgleichen nicht wieder geben?

[7]) Häufig, z. B. PN I 193, 13. II, Nachtr. Öfters tritt dafür *nꜥ t* „die (Haupt)stadt“ ein, z. B. PN I 422, 12. II, Nachtr.

[8]) Dieser Name schon im *MR*.

[9]) Andere ähnliche Namen mit noch unklarer Bedeutung PN I 376, 13—17. 20. 22—26.

[10]) Vgl. Erman (-Ranke), Ägypten, S. 141f.

[11]) Ob auch der Name *ỉw f-(r-?)bꜣk* (PN I 14, 6) „er wird arbeiten (müssen)“ (?) in diesen Kreis gehört?

[12]) Auch „der mit hohem Kopf“ kommt vor (PN I 429, 21) — aber was soll das heißen?

[13]) Auch weiblich, PN I 370, 15.

[14]) Was diese Bezeichnungen bedeuten, ist mir nicht recht klar.

„der Reiche" (PN I 71, 12) u. a. Einige wenige Namen wie „der Fürst der Menschen" (PN I 419, 13) oder „der Sohn von wem?" (PN I 428, 2) muten uns wie Spitznamen oder Spottnamen an, denen wir keine Gegenbeispiele aus der älteren Zeit zur Seite zu stellen haben Sie mögen der größeren geistigen Aufgelockertheit der Menschen des Neuen Reiches ihre Entstehung verdanken.

Die Gruppe der Kurznamen, die schon im Mittleren Reiche gegenüber dem Alten gewachsen war, ist im Neuen Reich wie eine Lawine angewachsen Es genügt im Allgemeinen, auf die Listen der Seiten 97ff hinzuweisen; ich möchte hier aber doch auf die erstaunliche Menge von Kurznamen aufmerksam machen, denen innerhalb des uns bekannten ägyptischen Namenschatzes kein Vollname entspricht. Das gilt besonders von sehr vielen der mit „Herr" *(nb)* oder „Herrin" *(nb·t* bzw. *ḥnw·t)* gebildeten Männer- und Frauennamen[1]), von denen eine Anzahl schon aus dem Mittleren Reich überliefert sind. Da sie alle aus zwei oder mehr Elementen bestehen, könnte man meinen, die vollen Formen seien gar zu lang und unbequem gewesen, um unverkürzt gelassen zu bleiben — aber völlig befriedigend scheint mir diese Erklärung nicht.

Die Kosenamen auf 𓇋 treten aus dem auf S. 130 erörterten Grunde zurück, die auf 𓄿 werden merklich seltener als in der älteren Zeit. Dagegen sind die auf 𓇌 sowie geminierende Formen annähernd gleich häufig wie früher.

KAPITEL IV.

DIE NAMEN DER SPÄTZEIT

Mit der 21. Dynastie, zu deren Beginn (um 1090 v. Chr.) das „Reich" in seine beiden alten Bestandteile, Ober- und Unterägypten, auseinanderfällt, beginnt auch für den ägyptischen Namenschatz ein neuer Abschnitt. Während der Dynastien 21 bis 24, einer dritten „Zwischenzeit" in der umwälzungsreichen Geschichte des ägyptischen Staates, finden sich noch Ausläufer der Art, wie wir sie im Neuen Reich kennengelernt haben. Aber mit der 25. Dynastie und vor allem unter der 26. (663—525), deren mächtige Könige der von den Griechen entscheidend beeinflußten Neuen Welt sich öffnen und Ägypten noch einmal zu einem Reich, dem „saïtischen" zusammenfassen, beginnt das, was wir uns gewöhnt haben als die „Spätzeit" im engeren Sinne zu bezeichnen.

Obwohl auch jetzt noch, wenn auch in bescheidenerem Maße, neue Bildungen sich finden, so ist das Kennzeichnende dieser Zeit doch eine auffallende Verarmung innerhalb des Namenschatzes Es sind vor allem einige wenige Bildungen, die immer und immer wiederholt werden und so die eigentliche Masse der „späten" ägyptischen Namen ausmachen. Sie sind an den Fingern einer Hand herzuzählen.

Die am allerhäufigsten vertretene Gruppe ist die, welche von einem Kinde aussagt, daß es von einer Gottheit „gegeben" worden sei[2]). Für diesen Gedanken werden zwei Bildungen verwendet, die beide im Neuen Reich noch nicht gebräuchlich waren. Die üblichere ist die mit *pꜣ-dj(·w)-* und *tꜣ-dj(·t)-* „der, welchen — oder die, welche — (Gott N.N.) gegeben hat". Sie lebt, wie die im Folgenden zu nennenden Namengruppen, bis in die römische Zeit hinein, und ihre Vertreter beginnen in der griechischen Wiedergabe mit πετε — bzw. τετε —[3]), z B πετεαμουνις „den Amon gegeben hat". Nicht ganz so häufig ist eine andere Bildung, in der die Gottheit als Subjekt erscheint, also *imn-ir-dj-św* (fem. *-śt)* „Amon ist es, der ihn (fem. sie) gegeben hat" oder *ꜣś·t-ir-dj-śt* „Isis ist es, die sie gegeben hat". Der letztere Name ist griechisch als εσορταις überliefert.

Fast ebenso zahlreich im Gebrauch ist eine zweite Gruppe von Namen, die ein Kind als einer bestimmten Gottheit „zugehörig" bezeichnen, und auch hierfür sind zwei verschiedene Bildungen vorhanden, die sich fast gleicher Beliebtheit erfreuen. Die eine benutzt das aus altem *nj-św-* bzw. *nj-śj-* zusammengewachsene und für Männer- und Frauennamen gleich gewordene Wörtchen *nś-* (PN I 173, 17ff.), das in der griechischen Wiedergabe als εσ — oder σ — erscheint, wie z. B. σμινις „der zum (Gott) Min Gehörige". Die andere benutzt das schon im Neuen Reich häufige „Possessivpraefix" *pꜣ-n-* bzw. *tꜣ-n(·t)-* „der von" bzw. „die von", früh sein *n* verloren hat, und griechisch durch πα- bzw τα- wiedergegeben wird, also παυσιρις „der des Osiris", ταησις „die der Isis" usw.

An dritter Stelle stehen die Namen, die nach alter, aus dem Mittleren Reich ererbter Sitte, das Kind als „Sohn" oder „Tochter" einer Gottheit, seltener auch einer bestimmten menschlichen Person, bezeichnen[4]). Sie benutzen

---

1) Vor allem für die überwiegende Menge dieser Namen, in denen das Wort „Herr" bzw „Herrin" unzweifelhaft sich auf eine Gottheit bezieht Nur bei einigen wenigen, so bei Namen von Prinzessinnen wie PN I 188, 10, 242, 25; 243, 3, 244, 3 10—12 15 liegen Bezeichnungen dieser Damen selbst, also unverkürzte Vollnamen, vor.

2) PN I 121, 18—126, 15 372, 13—374, 16 II, Nachtr

3) Auch πατε- und τατε- kommen vor

4) PN I 118, 7—119, 11 368, 7—370, 9 II, Nachtr.

meist[1]) das schon im Neuen Reich vereinzelt auftauchende Wort *šrj* „Sohn“ bzw. *šrj·t* „Tochter“, und zwar jetzt durchweg mit dem Artikel, also *pꜣ-šrj-n-*, *tꜣ-šrj·t-n(·t)* — „der Sohn (bzw die Tochter) von“. Es sind die in griechischer Wiedergabe mit ψεν — bzw. (τ)σεν — beginnenden Namen wie ψενπταις „der Sohn des Ptah“, σεναμουνις „die Tochter des Amon“, die noch in griechisch-romischer Zeit zu den haufigsten agyptischen Personennamen gehoren.

Hinter diesen drei Hauptgruppen, die den Namen der Spatzeit ihr eigentliches Geprage geben, treten alle anderen weit zurück. Aber es sind doch noch einige kleinere Gruppen zu nennen, zum Teil Uberbleibsel aus fruheren Epochen, zum Teil bezeichnende späte Neubildungen

Zu den ersteren gehoren die Namen, die die Gottheit als „lebendig“, „gut“[2]), „gnadig“, als „stark“ (*nḫt*[2]) und *wsr*) oder „an der Spitze stehend (?)“ bezeichnen oder von ihr aussagen, daß sie „gekommen ist“ (*-ijw* und besonders *-ij·tj*) Auch die Geburt des Gottes gibt noch ofters Anlaß zur Namengebung, wahrend die anderen Festnamen wie die mit *-m-in·t*, *-m-wsḫ·t*, *-m-wiꜣ*, *-m-ḥb* fast ganz verschwunden sind Dagegen sind Bildungen mit *bꜣk-* und *bꜣk·t-* „Diener“ und „Dienerin“ noch ofter im Gebrauch und werden vereinzelt durch neue Bildungen mit den ursprunglich die syrischen Sklaven bezeichnenden Worten *ḫr-* und *tꜣ-ḫr·t-* erganzt[3]). Auch daß das Kind von der Gottheit „geliebt“ und daß der Gott des Kindes „Schutz“ genannt wird (*-m-sꜣ·f*) kommt noch vor.

Neu dagegen sind die recht zahlreich vertretenen Namen, die die Gottheit bitten, Nachkommenschaft zu verleihen (*ṯs*-Gott N.N. — *pr·t*), die aussagen, daß der Atem[4]) des Kindes „in den Handen“ der Gottheit[5]) sei (*pꜣ·f-ṯꜣw* bzw. *pꜣ·š-ṯꜣw-m-ꜥwj*-Gott N N), oder verkunden, daß die Gottheit — offenbar bei einem vor der Geburt nachgesuchten Orakel — verheißen habe, das Kind werde leben (*ḏd*-Gott N N *-iw·f* bzw *-iw·š-ꜥnḫ*) Verraten die letzteren schon etwas von dem furchtsamen Menschen der Spatzeit, der sich um das Leben des erhofften Kindes ängstigt, so zeugen andere Namenbildungen dieser Zeit deutlich von einer Furcht vor dämonischen Einwirkungen, die in der alteren Zeit und auch noch im Neuen Reich in ahnlicher Weise nie zum Ausdruck gekommen war. So finden sich Namen wie „moge die Gottheit das bose Auge toten!“ (*ḫdb*-Gott N.N *-ir·t-bin·t*) oder „das bose Auge entfernen“ o. ä. (*štꜣ*-Gott N N.[6]) *-irt-bin·t*), das letzte eine Bildung, von der eine Kurzform ⲥⲧⲓⲗⲃⲟⲟⲛⲉ bis ins Koptische lebendig geblieben ist[7]). Auch die Namen mit der Aussage, daß ein Gott das Kind „errette“ (*nḥm-šw-*, fem *šj-*[8])), oder daß das Kind sich hinter der Gottheit „verberge“ (*kꜣp·f-*, fem. *kꜣp·š-ḥꜣ-*) gehoren in den Kreis dieser Vorstellungen hinein

Neu ist es auch, daß von der Gottheit gesagt wird, sie sei „zufrieden“ (*hr-* bzw. *hr-ib-* und *-hr·tj*), „vortrefflich“ (*mnḫ-* und *nꜣ-mnḫ-* oder *mnḫ-ib-*), „suß“ (*nḏm*), oder sie sei „heil“ (*wḏꜣ-*) — ohne daß wir recht sehen, was mit dem Letzteren eigentlich genauer gemeint sei —, oder daß sie Alter, Gesundheit, Lebensluft, „Gluck“, (*wꜣš*), das Leben, aber auch einen Gefahrten oder eine Gefahrtin „gebe“ (*dj*-Gott N.N. — *iꜣw·t* usw). Wenn es unter diesen letzten Namen gelegentlich heißt, der Gott moge „das Konigtum“ oder „ein Jubilaum“ geben, so werden das Ausrufe sein, die bei einem Königsfest der Spatzeit erklungen sind Die merkwurdige Gruppe, deren Namen zu sagen scheinen, „man hat ihn (fem sie) der Gottheit hingeworfen“ (PN I 262, 16ff) beziehen sich vielleicht auf Findelkinder, die man in oder vor einem Tempel ausgesetzt hatte.

Einige dieser spaten Namen, zum Teil aus der 3 „Zwischenzeit“, lassen noch einmal Tone echter Frommigkeit erklingen, wie „das Brot des Amon ist meine Sattigung“ (PN I 299, 8), „moge Bastet den Schiffern Heil geben!“[9]) (PN I 39, 2), „Gott N N ist seine (oder ihre) Starke“ (*-tꜣ·f*, fem *tꜣ·š-nḫt·t*), „Horus hat uns nicht verlassen!“ (PN I 418, 18)[10]), „moge Amon seinen (bzw. ihren) Weg beginnen!“ (PN I 329, 22f) oder das schóne *mn-ꜥꜣ-r-wsir* „es gibt keinen Großeren als Osiris!“ (PN II, Nachtr.)

Etwas, was in den fruheren Zeiten nie geschehen war, treffen wir jetzt in der Spatzeit an: daß Personennamen auf geschichtliche Ereignisse Bezug nehmen. Wenn schon in dem oben genannten Namen „móge Amon die Fernen wieder herauffuhren!“ eine solche Beziehung vorliegen mag, so spricht sie ganz unverkennbar aus Namen wie *in-imn-nꜣ·f* (bzw *nꜣ·š*)*-nb·w* „moge Amon[11]) seine (bzw. ihre) Herren zurückbringen[12])!“. Wie ich an anderer Stelle[13]) gezeigt habe, tauchen diese Bildungen erst in der 25 Dynastie auf und werden als geschichtlichen Hintergrund jene unglückliche Zeit voraussetzen, in der Ägypten den Nubiern bzw den Assyrern unterworfen war, also seiner

[1]) Daneben kommen, wenn auch weit seltener, auch die alten Bildungen mit *sꜣ-* und *sꜣ t-* noch vor

[2]) Dazu die sprachlichen Neubildungen mit *nꜣ-nfr-* und *nꜣ-nḫt-*

[3]) Auch die neuen Bildungen mit *pꜣ-iw-n-* oder *pꜣ-iwiw-n-*, eigentlich „der Hund von“ im Sinne des unterwurfigen Dieners sowie die mit *rmṯ-n t* oder *tꜣ-rmṯ-n(t)* (PN I 229, 19 u 364, 23), die wohl auch etwas wie „Dienerin“ bezeichnen, sind hier zu erwahnen

[4]) *Ṯꜣw* eigentlich wohl „die (Lebens-)Luft“

[5]) Auch vom Konig heißt es einmal (PN I 136, 12), er sei „in den Handen der Neith“.

[6]) Diese Namen konnen aus PN I 323, 3 „moge der Amon *-pꜣ-irtj* es entfernen!“ o a erschlossen werden

[7]) Auch der mir unklare Name PN I 70, 23 gehort hierher

[8]) Auch die gleichbedeutenden Bildungen mit *šdj-šw* (bzw *šj*)- sind in der Spatzeit besonders beliebt, aber *šdj* findet sich als Namenelement schon seit dem *AR*

[9]) Wortlich „das Heil fur die Schiffer machen“

[10]) Vgl auch „Amon hat (mich) nicht verlassen!“ (PN I 418, 17)

[11]) Auch Ptah kommt in dieser Zusammensetzung vor

[12]) Vgl auch „mogen seine Herren leben!“ (PN II, Nachtr)

[13]) Mitteil Inst Kairo 12 (1943), 133, Anm 1

rechtmäßigen „Herren" entbehrte. Der Wunsch, daß während seiner Lebenszeit diese Herren, also einheimisch ägyptische Herrscher, wiederkehren, wird dem Kinde mit seinem Namen gewissermaßen in die Wiege gelegt und wird von denen, die den Regierungsantritt Psammetichs des Ersten erlebt haben, gewiß als erfüllt angesehen worden sein. Diese Namen sind so sehr mit augenblicklichem Sinngehalt gefüllt, daß sie nach der 26. Dynastie spurlos wieder verschwinden[1]).

Einmal können wir einen Vater belauschen, der seine fromme Gelehrsamkeit dadurch zum Ausdruck brachte, daß er seinem Kinde einen mit mythologischer Anspielung gefüllten Namen gab. Er nannte seine Tochter mit dem etwas langatmigen Namen „Tefnut war froh, als sie gefunden worden war", und Wilhelm Spiegelberg hat darin gewiß mit Recht einen Hinweis auf den von ihm bearbeiteten Mythus gefunden, nach dem die löwengestaltige Göttin Ägypten nur ungern verlassen hatte und, als sie in der Fremde aufgefunden war, mit Freude wieder in ihre Heimat zurückkehrte.

Neben diesen in der Luft der ägyptischen Spätzeit erwachsenen Namen steht eine verhältnismäßig kleine Anzahl von anderen, die wie aus uralter Zeit herübergeweht erscheinen und uns aufs Äußerste überraschen würden, hätten sie nicht in anderen Erscheinungen der „Spätzeit" ihre Parallelen. Es ist bekannt, daß unter der 26. Dynastie in allerlei Äußerlichkeiten das Bild der Glanzzeit des Alten Reiches scheinbar wieder ins Leben zurückgerufen worden ist. Uralte Titel werden wieder hervorgesucht, die alten Sprach- und Hieroglyphenformen in den Inschriften nachgeahmt, die Plastik wie die Reliefs suchen ihre Vorbilder in denen des Alten Reichs, und so werden wirklich auch Personennamen wieder aufgefrischt, die seit Jahrtausenden in Vergessenheit geraten waren. Bildungen mit *nj-wj-*, mit *nj-ꜥnḫ* und *nj-* allein, mit *ḫwj-wj-*, *šḫm-ꜥnḫ-*, *nfr-ššm-* und *nfr-kꜣ-*, mit *-m-ꜣḫ·t* und *-m-ṯnn·t*, mit *ḥm-*, *špšš-* und *dwꜣ-* tauchen auf einmal auf, die großenteils schon im Mittleren Reich nicht mehr in Gebrauch gewesen waren. Ihrer Zahl nach allerdings bilden diese „restaurierten" Namen unter der Masse der Namen der Spätzeit einen verschwindend kleinen Bruchteil, und einige von ihnen erweisen sich deutlich als Hofnamen, die, mit dem Namen des regierenden Königs zusammengesetzt, von hohen Beamten getragen und wohl erst bei deren Dienstantritt oder bei der Thronbesteigung des Königs angenommen worden sind[2]). Es ist kaum anzunehmen, daß diese künstlich neu belebten Namen in die breite Masse des Volkes eingedrungen sind, aber hier fehlen noch genauere Untersuchungen, deren Ergebnis für unsere Vorstellung von Art und Umfang der so oft besprochenen „Restauration" nicht ohne Interesse sein würde.

In der Schar der Götter, die die religiösen Namen der Spätzeit bevölkern, treten alle alten Bekannten wieder auf, aber in der Häufigkeit ihrer Verwendung haben neue bemerkenswerte Verschiebungen stattgefunden. Weitaus an erster Stelle steht wie im Neuen Reich noch immer Amon, aber neben ihn ist Horus getreten, und erst dann folgen Chons und Mut, die in Theben als Sohn und Gemahlin des Amon verehrt werden. An fünfter Stelle aber hat Isis sich eingeschoben, die zauberkundige Göttin, die noch im Neuen Reich den fünfzehnten Platz eingenommen hatte, jetzt aber deutlich auf dem Siegeslauf erscheint, der sie in kurzer Zeit zu der ägyptischen Göttin schlechthin machen und auch in die mittelländische Welt eindringen lassen wird. Es folgen, ungefähr gleichmäßig stark vertreten, Ptah und die katzenköpfige Bastet, die seit der 22. Dynastie, deren Könige in Bubastis residierten, an allgemeiner Verehrung gewonnen hat. Und nun drängt eine Gottheit sich vor, die im Alten Reich schon eine gewisse, wenn auch bescheidene, Rolle gespielt hatte, im Mittleren und Neuen Reich aber wieder fehlte: der als heiliges Tier des Ptah verehrte Apisstier. Seine Feste müssen in der Spätzeit große Bedeutung gehabt haben, und besonders das Auftreten eines neuen Apis hat jetzt — ähnlich wie das des Phönix in der Zeit zwischen Altem und Mittlerem Reich — in mehreren Namen seinen Niederschlag gefunden[3]). Dann erst folgt, merkwürdigerweise, Neith, die große Göttin der Residenzstadt Sais, und ihr steht gleich — wenigstens wenn wir seine Bezeichnung als Onnofris mitrechnen — der von seiner Gemahlin so weit überflügelte alte Totengott Osiris. Erst jetzt kommt Re, der einmal ganz vorn gestanden hatte, und unmittelbar hinter ihm Min, die Hathor — zugleich unter ihrem Namen „Gold" —, Thot und Sachmet. Die nun folgende Gruppe von sechs gleich stark vertretenen Gottheiten enthält neben dem schon im Neuen Reich beliebten Nefertem, der an verschiedenen Orten verehrten löwenköpfigen *mḥj·t* und dem Monde *(iꜥḥ)*, den jetzt erst zum Volksgott herabgesunkenen Atum und die typischen Spätzeitgötter Harpokrates und Somtus (bzw. Harsomtus), die göttlichen Kinder der Isis bzw. der Hathor von Dendera, die mit Vorliebe zum Schutzherrn der Neugeborenen ausersehen wurden. Dann erst reihen die alten großen Götter Chnum, Onuris und Uto sich ein, nach ihnen die Rechtsgöttin *mꜣꜥ·t* und der krummbeinige Liebesgott Bes, Nephthys und die „große Zauberin" *(wr·t-ḥkꜣ·w)* zusammen mit dem personifizierten „Zauber" *(ḥkꜣ)*, und endlich Sothis und Nun, der

---

[1]) Auch der Name „Chnum verfolgt seine Angreifer" (PN I 275, 17) ist vielleicht hier zu erwähnen, er bezieht sich aber wohl eher auf eine Handlung bei einem Götterfest wie „sein Angreifer ist gefallen" im *NR* (vgl. S. 208 u. Schäfer, Mysterien des Osiris, S. 32).

[2]) So z. B. PN I 73, 3, 136, 11, 172, 9, 194, 14, 200, 6, 266, 1.

[3]) „Der Apis ist gekommen!" (PN I 237, 5. 6), „der Apis hat sich verjüngt!" (PN I 237, 16), „Ptah hat den Apis heraufgebracht!" und „man hat den Apis nach Memphis heraufgebracht (PN I 70, 14 und 16), „man hat den Apis gefunden!" (PN I 351, 6).

Urozean, Tefnut und die Nilpferdgöttin Thoëris An heiligen Tieren sind noch der Bock zu nennen, der schon im Alten Reiche in Namen vorkam, jetzt aber immer mit dem Beinamen „Herr von Mendes" *(bꜣ-nb-ḏd·t)* genannt wird, die Kuh *iḥ·t* und vor allem der dem Thot heilige Ibis, dessen Mehrzahl „die Ibisse", *(nꜣ-hb·w)* sogar den Singular an Häufigkeit übertrifft

An sie schließt sich eine sehr große Anzahl von göttlichen Wesen, die nur vereinzelt im Namen erscheinen, z B. zahlreiche örtliche Sonderformen des Amon und des Horus, zahlreiche verselbständigte Götterbeiworte wie „der Vortreffliche", *(mnḫ* und *pꜣ-mnḫ)*, „der Lebendige" *(ʿnḫ)*, „der Reiche" *(ʿšꜣ-iḫ·t)* „der Schöngesichtige" *(nfr-ḥr)*, „der Große von Edfu", „der Schöne" *(pꜣ-ʿn)*, „die Herrin der Sykomore" *(nb·t-nh·t)*, „die Starke" *(tꜣ-wśr·t)* usw. Ferner allerlei heilige Tiere wie der Mnevis-Stier von Heliopolis, der „wildblickende Löwe", „das Geierweibchen" *(nr·t)*, die Kuh *ḥsꜣ·t* und schließlich sogar das heilige Auge *(wḏꜣ·t)* des Thot oder der Sachmet und das Gesicht *(pꜣ-hr)* der Mut Neben dieser Unmenge von göttlichen Gestalten, von denen die Welt der späten Ägypter wimmelt, erscheint auch, als gäbe es nur einen einzigen, „der Gott" *(nṯr* und *pꜣ-nṯr)*, andererseits aber auch, anscheinend die Vielen zusammenfassend, „die Götter" und „die (göttlichen) Kräfte" *(nꜣ-nḫt·w)*.

Ein Gott fehlt, der noch in der 20 Dynastie besonders hervorgetreten war, das ist Seth Er ist inzwischen, als Feind des guten Gottes Osiris im Mythus, zum bösen Gott schlechthin geworden und aus dem ägyptischen Namenschatz für immer verschwunden[1])

Es ist bemerkenswert, daß der seit dem ausgehenden Alten Reich nachweisbare Brauch, einen Menschen mit dem Namen einer Gottheit zu nennen, auch in der Spätzeit, und zwar im ausgedehntesten Maße, beibehalten wird. Nur ganz selten läßt es sich dabei nachweisen, daß die Abkürzung eines längeren Namens vorliegt, und es mag wohl sein, daß diese ursprünglichen Kurznamen schon so eingebürgert waren, daß man sie gar nicht mehr als solche empfand und sie mehr oder weniger gedankenlos von Geschlecht zu Geschlecht forterbte

Neben denen der Götter behaupten die Namen der Könige ihren Platz in der Namengebung. Vor allem die der Könige der 26 Dynastie erscheinen in zahlreichen Zusammensetzungen Neben den schon erwähnten neu hervorgesuchten Elementen des Alten Reiches und einigen anderen, die schon im Mittleren und Neuen Reiche in diesen Verbindungen gebräuchlich waren, treten noch einmal eine größere Anzahl von neuen Zusammensetzungen auf. So heißt es jetzt gern vom König, daß er „der Sohn der Neith" und ebenso des Ptah oder des Re, oder daß er von Ptah oder Neith und ebenso auch von Amon oder Re oder von „den Göttern" „geliebt" sei, daß er „in Memphis" sei, oder es wird ihm gewünscht, daß er „in Buto", „im *rśn·t*-Tempel" oder „bis in Ewigkeit" „bleiben" *(mn)* möge

Auch die unmittelbare Beziehung auf das Neugeborene kommt gelegentlich zum Ausdruck, so wenn es von dem Töchterchen heißt, daß es dem König „zugehöre" *(tꜣ-n·t-)* oder er „für es lebe" *(ʿnḫ-n·ś-)* und vom Sohn, daß der König „seine Stärke" *(-tꜣ·f-nḫt·t)* sei. Namen endlich wie „der König verschont die beiden Länder" *(-śnfr-tꜣ·wj)* und „wir haben den König gesehen!" *(mꜣ·n·n-)* sind wohl als Ausrufe bei Königsfesten zu denken. Auch Königsnamen allein, und zwar die Geburtsnamen sowohl wie die Thronnamen, werden häufig von Privatleuten getragen. Es fällt auf, daß auch die Namen älterer Könige, so Amenemhets des Dritten[2]), des Haremheb[3]) und Ramses des Zweiten[4]) und verkürzt sogar der Name des Sahure[5]) in Namen begegnen[6]). Ihre Träger stammen wohl aus Orten, an denen diese Könige ihr Grab oder ihren Palast gehabt haben. Die regierenden Königinnen dagegen sind aus den Namen der Privatpersonen verschwunden[7]).

Während eigentliche Kurznamen — abgesehen von den schon erwähnten alleinstehenden Götter- und Königsnamen — in der Spätzeit, verglichen mit den früheren Epochen, auffallend selten sind und auch Kosenamen eine nur geringe Rolle spielen, sind die Namen profanen Inhalts noch einmal reich vertreten und treiben mancherlei neue Blüten. Das zeigt sich vor allem bei den Wortnamen wie „die Kinderreiche" *(ʿšꜣ·t-šrj·w)*, „der Diener des Mischkrugs" (?) (PN I 90, 20 und 104, 22), „der Pavian" *(pꜣ-iʿnj)*, „der Wasserholer" *(pꜣ-inj-mw)*, „der Räucherer" *(pꜣ-ir-kꜣp)*, „der Pförtner" *(pꜣ-irj-ʿꜣ)*, „der mit der großen Sohle" *(pꜣ-ʿꜣ-ṯb·t)*, „der Hund" und „die Hündin" *(pꜣ-whr, tꜣ-whr·t)*, „die Säbelantilope" *(pꜣ-mꜣḥḏ)*, „das Sklavenkind" *(pꜣ-mś-ḥm* bzw. *-ḥm·t)*, „der vom neunten Monatstage" *(pꜣ-n-św-pśḏ)*, „der kleine Bruder" *(pꜣ-śn-kj)*, „die Handbreite" *(pꜣ-šśp)*, „die Zwillingsschwester"

[1]) Sein letztes Vorkommen in Namen scheint in die Zeit der 21 und 22 Dyn zu fallen, vgl PN I 91, 14, 321, 31, 322, 3, 381, 22 — Eine Ausnahme wurde der in der Ammonsoase lebende „Fürst der (beiden ?) Fremdländer", also ein Nichtägypter, *śth-ir-di ś(w)* im 4 Jhdt machen, wenn die Lesung seines Namens (ÄZ 69, 19 und 20) sicher wäre Dieser wird einmal 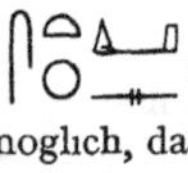, einmal 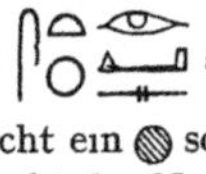 geschrieben Danach scheint es mir möglich, daß in ◯ nicht ein ◍ sondern die Pupille mit der Lesung *ir* zu erkennen und nicht der Name des Seth, sondern der einer Göttin (Sothis ? vgl Wb IV 348 unten) in dem Namen enthalten ist

[2]) Vatikan, Marucchi, S 378 — oder ist das „Griech " ?

[3]) PN I 211, 6 und 248, 8 ?

[4]) PN I 85, 16 (Dyn 22ff) Vgl 218, 6 (Dyn 22f)

[5]) PN I 300, 5

[6]) Wie sind die Namen  (PN I 251, 2) und  (PN II, Nachtr) zu verstehen ?

[7]) Nur der Name *šp-n-wp t* macht hier eine Ausnahme! Ob die Tochter Osorkons III gemeint ist ?

(tꜣ-ḥtr·t), „das Lotosbündel“ *(gꜣw t-sšn·w)*, „die (Frau) von Koptos“ *(tꜣ-n·t-gbtjw)* und manche andere. Aber auch bei Ausrufen und Satznamen findet sich noch allerlei Neues und Eigenartiges. So etwa die Namen „hier ist er!“ *(iw·f-dj)*, „wir sind (nun) einige!“ (?) *(iw·n-nhꜣ)*, „ich bin groß geworden!“ *(ꜥꜣ·kwj)*, „dies ist Schicksal!“ *(šꜣj-nn)*, „dies ist eine Schöne!“ *(nfr·t-tꜣj)*, „die gute Botschaft!“ *(tꜣ-wp·t-nfr·t)*, „wer ist es?“ *(m-pw)*, „Friede für Ägypten!“ *(? ḥtp-n-km·t)*, „möge sie für ihre Mutter leben!“ *(ꜥnḫ·š-n-mw·t·š)*[1], „man kommt in Frieden!“ *(twtw-ij-m-ḥtp)*. Eine der Spätzeit eigentümliche Gruppe endlich bilden die Namen, in denen der (oder die) „Vorgesetzte“ *(ḥrj* und *ḥrj·t)*[2] bzw der „Herr“ *(nb)* des Kindes eine Rolle spielen Es wird ihnen gewünscht, daß sie „leben“[3], „heil sind“[4], „stark“[5] oder „freundlich“[6] sind, und es wird von ihnen gesagt, daß sie „gelobt“[7], ja daß sie „göttlich“ sind[8]. Was wir uns unter solchen „Herren“ oder „Vorgesetzten“ des Kindes eigentlich vorzustellen haben, wird allerdings nicht recht klar.

KAPITEL V.

DIE NAMEN DER GRIECHISCH-RÖMISCHEN ZEIT

War schon unsere Kenntnis der Namen der früheren Zeiten lückenhaft und oft durch zufällige Erhaltung aus bestimmten Gegenden Ägyptens einseitig beeinflußt, so müssen wir den uns zur Zeit greifbaren Namenschatz aus der Zeit der griechischen und römischen Herrschaft mit noch mehr Vorsicht benutzen, wenn wir aus ihm allgemeine Folgerungen ziehen wollen Aus mehreren Gründen Einmal, weil in den Sammlungen des ägyptischen Wörterbuchs zwischen „Spät“ und „Griechisch“ nicht immer ganz streng geschieden worden ist. Sodann aber, weil ein großer Teil der Texte dieser Zeit, vor allem die überaus zahlreichen Geschäftsurkunden, in demotischer Schrift abgefaßt worden sind, die ich nicht selbständig habe benutzen können Ich habe mich also an Veröffentlichungen halten müssen, in denen zuverlässige Namenlisten vorliegen[9]) Endlich konnten auch die zahlreichen in Umschreibungen aus griechischen Texten der gleichen Zeit erhaltenen Namen hier nicht mit herangezogen werden. Was sich trotz allen diesen Einschränkungen über die ägyptischen Namen der griechisch-römischen Zeit sagen läßt, ist etwa Folgendes

Ganz auffallend ist zunächst, daß, im Gegensatz noch zu der „Spätzeit“, neue Namenbildungen überhaupt nicht mehr nachweisbar sind Die schöpferische Kraft der Sprache ist erloschen

Unter den Namen religiösen Inhalts bleiben weitaus am häufigsten die auf S. 243 besprochenen Bildungen, die schon früher so stark hervorgetreten waren. Was daneben noch vorkommt, ist ganz gering und deckt sich meist mit den besprochenen sonstigen Bildungen der Spätzeit Wenn wirklich vereinzelt Neubildungen aufzutreten scheinen[10]), so liegt das gewiß daran, daß wir die entsprechenden Formen der Spätzeit zufällig noch nicht belegen können

Es ist auffallend — und mir nicht erklärlich —, daß unter den zur Namenbildung verwendeten Göttern jetzt Horus weitaus an der Spitze steht, selbst abgesehen von seinen zahlreichen Beinamen[11]) Ihm folgt, mit größerem Abstand, Amon, dann Thot, Chons, Isis und Bastet, und erst nach Min, Month und *mḥj·t* folgt, mit Suchos zusammen, Osiris, von dem man ein sehr viel zahlreicheres Vorkommen erwartet hätte. Allerdings gibt das insofern ein etwas schiefes Bild, als es nur für die Häufigkeit verschiedener Zusammensetzungen mit dem Namen des Osiris gilt, und die normalen Bildungen παυσιρις, ψενοσιρις, πετεοσιρις, denen sich σενοσιρις, ταυσιρις, τετεοσιρις anschließen, zu den am häufigsten getragenen Namen dieser Zeit gehören[12])

Die Sitte, ein Kind einfach nach dem (ursprünglich durch Kürzung entstandenen) Namen einer Gottheit zu nennen, ist, genau wie in der Spätzeit, noch ganz allgemein. Auch daß zwei Götter oder göttliche Wesen als Name erscheinen, ist noch recht gebräuchlich[13]) Dagegen ist es bemerkenswert, daß die Namen der ptolemaischen und

---

[1]) Vgl auch das mir noch unverständliche *ptr-ph-nꜣj*, PN I 138, 7

[2]) Auch *špš t* kommt vereinzelt ähnlich vor PN I 376, 3

[3]) PN I 64, 26, 66, 22

[4]) PN I 88, 20 22 (!)

[5]) PN I 127, 14, 170, 21 Ob diese beiden Namen hierher gehören, ist mir allerdings nicht ganz sicher

[6]) PN I 182, 15 (lies *nꜣ-ꜥn-nꜣ š-ḥrj w)*

[7]) Beim König? Vgl PN I 127, 18, 376, 2

[8]) PN I 127, 17, 128, 12

[9]) Vor allem Griffith's Rylands Papyri und die zahlreichen Arbeiten von W Spiegelberg (s die Literaturverzeichnisse)

[10]) So z B *pꜣ-rm-n-mw t* PN II, Nachtr , *fḫ-mnṯ w* PN I 142, 23, *hm-nṯr-n-mw t* PN I 239, 23

[11]) Außer Harpokrates, Harsiesis, Harpsenesis, Harsomtus, Harendotes und Harachte (?) begegnen noch *ḥr-wr*, *ḥr-pꜣ-rꜥ*, *ḥr-m-ḫbj t*, *ḥr-nb-ḫm*, *ḥr-ḥphp* Was unter *tꜣ-rj t-n t-ḥr(w)*, PN II, Nachtr , zu verstehen ist, weiß ich nicht

[12]) Vgl die Zitate in Preisigkes Namenbuch

[13]) Zu den auf S 239 aufgezählten kommen noch *pꜣ-ꜥḥm-pꜣ-bik*, *pꜣ-ꜥḥm-pꜣ-ḥf*, *pꜣ-hb-inpw*, Horus-Imuthes, Imuthes-Horus, Horus-Onnofris.

römischen Fremdherrscher zur Bildung von Personennamen nicht ein einziges Mal herangezogen worden sind. Das widersprach offenbar dem Stolz der Ägypter, die trotz aller völkischen Kraftlosigkeit nur mit Unmut das Joch der Unterdrücker trugen[1]). Dagegen werden ältere ägyptische Königsnamen gelegentlich hervorgesucht, und ohne weitere Zusätze[2]), den Kindern beigelegt, vor allem die der letzten mächtigen einheimischen Dynastie: Psammetich der Erste und der Dritte, Hophra und Amasis, aber auch Scheschonk kommt vor und sogar Thutmosis und Sesostris, die wohl alle drei wegen ihrer Großtaten noch in der Erinnerung des Volkes lebten[3]).

Für die Namen profanen Inhalts gilt dasselbe wie für die mit religiösem Inhalt. Auch hier werden scheinbare Neubildungen wie *br* „der Blinde“, *tꜣ-br·t* „die Blinde“, *bśbś* „die *bśbś*-Gans“, *pꜣ-wr-djw* „der Größte der Fünf“[4]) *tꜣ-(n·t-) iwnn* „die zum Heiligtum Gehörige“ und andere nur zufällig als solche erscheinen, weil uns ältere Belege noch nicht bekannt sind. Im Ganzen scheint der Vorrat an solchen Namen profanen Inhalts abgenommen zu haben. Dasselbe ist deutlich bei den Kurznamen der Fall, und an Kosenamen ist kaum mehr eine einzige sichere Form zu nennen[5]). Mit der Fähigkeit neue Namen zu schöpfen sind auch sie, die in der älteren Zeit so zahlreiche Blüten getrieben hatten, verdorrt und abgestorben.

Sehr bemerkenswert ist es endlich, daß in den mehr als dreihundert Jahren ptolemäisch-römischer Herrschaft von einem Einströmen griechischer und römischer Personennamen nicht die Rede ist. Die wenigen Beispiele, welche die Listen am Ende des Buches aufzählen, verschwinden in der Menge von Namen einheimischen Ursprungs, und ein guter Teil von ihnen mag nicht von Ägyptern, sondern von in Ägypten ansässigen Ausländern getragen worden sein. War die politische Macht auch gebrochen, die Schöpferkraft der Sprache erloschen — die Nachkommen stolzer Vorfahren, welche einst fast die ganze Welt beherrschten, hielten sich streng abgeschlossen und rein von der Befleckung durch die „Barbaren“, die sich in der Weltherrschaft ablösten.

In der christlichen Zeit Ägyptens ist das anders geworden. In ihr treten die einheimisch-ägyptischen Namen weit zurück hinter der Menge von fremden Eindringlingen, vor allem griechischer und hebräischer, daneben aber auch römischer und arabischer Herkunft[6]). Aber diese Namen der Kopten, die Gustav Heuser gesammelt und untersucht hat[7]), gehören nicht mehr in den Rahmen dieses Buches hinein.

---

[1]) Vgl. Schäfer, Propyläen-Kunst³, S. 114.

[2]) Einmal begegnet merkwürdigerweise *pśmṯk-mn(w)* „Psammetich ist geblieben“.

[3]) Dafür, daß Amenemhêt III. im Fajjum, wo sein Totentempel stand, sogar von Griechen noch als Gott verehrt worden ist, vgl. ÄZ 42 (1905), 111ff. u. 43, 85. Ob der Name *mn-kꜣ-rʿ* sich wirklich auf Mykerinos bezieht? Vgl. Möller, Die beiden Totenpapyrus Rhind, S. 7, Anm. 5.

[4]) Titel des Oberpriesters des Thot in Hermopolis.

[5]) PN I 37, 3.

[6]) In den koptischen Rechtsurkunden des 8. Jhdts. aus Djême bilden die echt ägyptischen Namen nur einen kleinen Teil des gesamten Namenbestands!

[7]) G. Heuser, Die koptischen Personennamen ägyptischen Ursprungs (Diss. Heidelberg), Heidelberg 1928 und G. Heuser, Die Personennamen der Kopten (= Studien zur Epigraphik und Papyruskunde, herausg. v. Fr. Bilabel, Band I, Schrift 2), Heidelberg 1929.

4. ABSCHNITT

DIE STELLUNG DER ÄGYPTISCHEN NAMEN INNERHALB DER PERSONENNAMEN ANDERER VÖLKER

I. ALLGEMEINES.

Wenn wir die ägyptischen Personennamen noch einmal als Ganzes überschauen und sie den Personennamen der übrigen Völker der Erde gegenüberstellen, so haben sie mit dem Namenschatz dieser Völker zweierlei gemeinsam: das, was wir als „Wortnamen" bezeichnet haben, und das Vorhandensein von Kurznamen und Kosenamen neben den Vollnamen.

Namen, welche aus einem einzigen Substantiv oder substantivierten Adjektiv bestehen, finden wir bei allen Völkern, wohin wir auch blicken, und zu allen Zeiten. Und auch die gleichen Einzelgruppen dieser Wortnamen finden wir immer wieder, die Eigenschaftsnamen sowohl wie die Zahlnamen, Tier- wie Pflanzennamen und Namen unbelebter Gegenstände, vor allem aber Berufsnamen und Herkunftsnamen. Wir brauchen nur die Namenbücher der verschiedenen Völker aufzuschlagen. Dasselbe gilt von den, sei es durch einfache Verkürzung, sei es durch Verkürzung mit Anfügung von besonderen Endungen entstandenen Kurz- oder Kosenamen[1]).

Die zweite Hauptgruppe der ägyptischen Personennamen dagegen, die der Satznamen, ist sehr viel weniger weit verbreitet. In den europäischen Sprachen der Gegenwart hat sie wohl ihre Vertreter, aber diese sind verhältnismäßig spärlich und gehören nirgends zu dem ältesten Bestand des Namenschatzes. Ich denke zunächst an die im Italienischen, Französischen, Englischen und Deutschen als Familiennamen erhaltenen Bildungen wie Frangipane, Sparagnapane, Chanteclair, Taillefer, Doolittle, Drinkwater, Shakespeare, Griepenkerl, Regenbogen, Riefenstahl, Störtebecker, Spannuth usw. usw., die im Mittelalter als Bezeichnungen von Handwerkern, Soldaten, Spielleuten usw. auftreten, und über deren Entstehung — ob Aussagesatz in der ersten Person Singularis „ich greife den Kerl", oder Imperativ „greif den Kerl!" — noch immer keine Einigkeit erzielt zu sein scheint[2]).

Ferner sind deutliche Imperativnamen wie Furchtegott, Gotthilf, Traugott oder auch als Familiennamen erhaltene wie Bleibtreu, Seumenicht zu nennen, die ihre späte Herkunft an der Stirn tragen, Namen meist religiösen Inhalts, die nach Edward Schröder nach der Mitte des 16. Jahrhunderts in den Pfarrhäusern Ostmitteldeutschlands aufgekommen sind, und bei denen sich also die Herkunft aus einer geschichtlich auch sonst nachweisbaren religiösen Bewegung feststellen läßt[3])

In den älteren indoeuropäischen Sprachen wie im Lateinischen und Griechischen, aber auch im Indischen sowie im türkischen und finnisch-ugrischen Sprachbereich fehlt die Erscheinung der Satznamen ganz. Sie findet sich dagegen in der großen Gruppe von Sprachen, die wir als „semitische" Sprachen bezeichnen, d. h. im Akkadischen, Hebräischen, Südarabischen, Nordarabischen, Aramäischen, Abessinischen usw., und zwar gerade als ein uralter Bestandteil ihres Namenschatzes[4]), von dem die jüngsten Stufen dieser Sprachen nur noch Reste erhalten haben. Es ist wohl anzunehmen, daß dieser gemeinsame Besitz auf jene „Urzeit" zurückgeht, in der die semitischen Bestandteile der geschichtlichen ägyptischen Sprache sich von den ältesten Vorläufern der „semitischen" Sprachen noch nicht getrennt hatten[5]).

[1]) Für die griechischen, lateinischen u. deutschen Personennamen vgl. die kurzen Zusammenstellungen bei F. Solmsen, Indogermanische Eigennamen als Spiegel der Kulturgeschichte (Heidelberg 1922), S. 111—207, mit ausführlicher Angabe der älteren Literatur. Fürs Hebräische M. Noth, Die israelitischen Personennamen im Rahmen der gemeinsemitischen Namenbildung, 1928.

[2]) Vgl. Ranke, Grundsätzliches, S. 5, Anm. 1. — Wahrscheinlich haben sich ursprüngliche Aussagesätze und ursprüngliche Imperative in diesen Namengruppen vermischt. — Auch in den slavischen Sprachen findet sich seit altkirchenslavischer Zeit Ähnliches wie z. B. Mišti-drugŭ „räche den Genossen!" u. a., vgl. Miklosich, Denkschr. Wiener Akad. 1860, 24, Berneker, Festschrift für Kuhn 1916, 176ff. — Diese Bildungen beginnen im Spätlateinischen, vgl. Suchier, „Grundriß der romanischen Philologie" I², 831ff.

[3]) Vgl. Ranke, Grundsätzliches S. 5, Anm. 1.

[4]) Vgl. hierzu und zu der vermutlichen Entstehung dieser Namenform meinen Sitzungsbericht für die Heidelberger Akademie von 1937 „Grundsätzliches zum Verständnis der ägyptischen Personennamen in Satzform".

[5]) Ob ein Teil des ägyptischen Namenschatzes zu der afrikanischen Komponente des Ägyptischen gehört, läßt sich aus Mangel an altem afrikanischem Vergleichsmaterial nicht feststellen. Immerhin scheint es bemerkenswert, daß gerade einige der heutigen afrikanischen Sprachen auch Satznamen aufweisen. Vgl. H. A. Wieschhoff, The social significance of names among the Ibo of Nigeria (American Anthropologist 43, 2) 1941.

Leider steht uns zu einem eingehenden Vergleich mit dem ägyptischen Namenmaterial nur éine altsemitische Sprache zur Verfügung, das ist das Akkadische. Keine der übrigen ist uns aus annähernd gleich alter Zeit überliefert wie das Ägyptische[1]), und auch beim Hebräischen und Südarabischen, deren älteste Zeugnisse immerhin aus dem ersten vorchristlichen Jahrtausend stammen, ist das Vergleichsmaterial gegenüber der Fülle des Ägyptischen doch außerordentlich beschränkt. Im Akkadischen aber, das uns als das Musterbeispiel einer altsemitischen Sprache dienen kann, fließen die Quellen ähnlich reich wie im Ägyptischen und geben uns Kunde über einen Zeitraum von etwa 2700 vor Chr. bis in die hellenistische Zeit, also über mehr als zweitausend Jahre.

Zudem besitzen wir über die akkadischen Personennamen nicht nur zahlreiche Einzeluntersuchungen und eine Menge von Namenlisten sondern auch eine neuere zusammenfassende Arbeit von J. J. Stamm[2]), die den ungeheuren Stoff in sehr verdienstlicher Weise gesichtet und benutzbar gemacht hat. Auf diese Arbeit habe ich mich bei den folgenden Auseinandersetzungen im Wesentlichen gestützt.

II. VERGLEICH DER ÄGYPTISCHEN MIT DEN AKKADISCHEN[3]) PERSONENNAMEN.

Den Vergleich der ägyptischen mit den akkadischen Personennamen beginne ich mit der Feststellung von Ähnlichkeiten allgemeiner Art, die sich in der Namengebung auf beiden Seiten finden.

Hier ist zunächst die Sitte der Namengebung selbst bei, bzw. unmittelbar vor oder nach der Geburt zu nennen, die uns hier wie dort[4]) zwar nicht häufig aber doch einwandfrei bezeugt ist. Diese Tatsache ist wichtig für das Verständnis der Satznamen, die wir uns danach in Ägypten sowohl wie in Babylonien und Assyrien als ursprünglich bei der Geburt gesprochene Sätze zu denken haben.

Gemeinsam ist beiden Gebieten auch, daß neben diesen „Geburtsnamen" — wenn wir sie einmal so nennen wollen — gelegentlich Namen auftreten, die erst im weiteren Verlauf des Lebens ihrem Träger beigelegt oder von ihm selbst angenommen worden sind. Im Ägyptischen gilt das vor allem von Personennamen, die den Namen eines Königs enthalten und nach einem Regierungswechsel durch Einsetzung des neuen Königsnamens an Stelle des alten eine Änderung erfahren. Für das Akkadische siehe Stamm, S. 11 mit Anm. 3 und S. 19.

Ferner finden wir hier wie dort, daß das Verständnis für die Bedeutung der Vollnamen durch Jahrtausende lebendig bleibt[5]). Die Weiterverwendung alter Namen ist auf beiden Gebieten beschränkt. Sinnvolle Namen werden in den verschiedenen Zeiten immer wieder neu geschaffen, geraten allmählich außer Gebrauch und werden durch neugebildete ersetzt, so daß die Form eines Namens vielfach eine annähernde zeitliche Festlegung gestattet. Auch die Mode spielt dabei, genau wie bei uns, eine gewisse Rolle.

Dazu kommt inhaltlich die gleiche Zweiteilung der Wortnamen sowohl wie der Satznamen in solche profanen und solche religiösen Inhalts und die Tatsache, daß im Lauf der Geschichte die Namen religiösen Inhalts allmählich zunehmen[6]).

Auch im Akkadischen finden wir neben vollen Namen Kurznamen (Stamm, S. 275ff.)[7]) und verkürzte Vollnamen (Stamm, S. 77 *Šalim-pāliḫšu* neben *Šalim-pāliḫ-Marduk)*. Wir finden Verkürzungen durch Fortlassen einer Präposition sowohl wie verschiedene andere Verkürzungen (Stamm, S. 116) und Verstümmelungen (Stamm, S. 247 oben). Wir finden Koseformen durch Gemination (Stamm, S. 112: *Aḫaḫa, Aḫuḫatum)* und sekundäre weibliche Bildungen wie Belijatum zu Bēlija (Stamm, S. 247). Auch im Akkadischen werden in Knabennamen mit Vorliebe männliche, in Mädchennamen weibliche Gottheiten verwendet (Stamm, S. 67, Anm. 1 und 2), aber es gibt, wie im Ägyptischen, auch Ausnahmen. Auch hier spielen Namen, die sich auf ein Fest beziehen, eine große Rolle (Stamm, S. 203f.).

Auch im Akkadischen finden wir einen, offenbar verkürzten Namen, der aus zwei Götternamen allein besteht: *Sin-u-Šamaš* „Sin und Šamaš" (Stamm, S. 135), wie wir sie im Ägyptischen des öfteren gefunden haben (vgl. S. 239).

---

[1]) Interessant wäre auch der Vergleich mit der Namengebung eines nichtsemitischen Volkes, der Sumerer. Hier ist zwar eine Fülle von Namen aus dem dritten vorchristlichen Jahrtausend bekannt, aber die Bearbeitung durch Engelbert Huber (Die Personennamen in den Keilschrifturkunden aus der Zeit der Könige von Ur und Nisin, 1907) ist längst veraltet, und es fehlt an einer neuen Untersuchung, auf die man sich stützen könnte. Eine solche Untersuchung ist dringend notwendig!

[2]) J. J. Stamm, Die akkadische Namengebung, Leipzig (Hinrichs), 1939. Dort auch ein eingehendes Verzeichnis der Namenlisten und Einzeluntersuchungen.

[3]) Ich fasse in diesem kurzen Überblick die babylonischen und assyrischen Personennamen vom Anfang bis zum Ende ihrer Geschichte mit Stamm als eine Einheit zusammen. Für tiefer gehende Einzeluntersuchungen wäre eine zeitliche — und z. T. wohl auch örtliche — Scheidung eine unerläßliche Vorbedingung.

[4]) Stamm, S. 8/9. Ranke, Grundsätzliches, S. 9ff.

[5]) Stamm, S. 14.

[6]) Im Akkadischen ist das wenigstens für die Frauennamen mit Sicherheit nachzuweisen, vgl. Stamm S. 124.

[7]) Ein großer Teil der von Stamm (S. 16 u. 274f.) unter dem Titel „satzlose Ellipsen" angeführten Namen werden in Wirklichkeit als Kurznamen aufzufassen sein. So die Gruppe Ṣilli-Gott N. N. im Vergleich zu Ṭāb-ṣilli-Gott N. N. und Rapaš-ṣilli-Gott N. N., Šār-Gott N. N. im Vergleich zu Ṭab-šār-Gott N. N. u. a.

Auch im Akkadischen werden *bēlu* und *bēltu* „Herr" und „Herrin" zur Namenbildung verwendet, wie im Ägyptischen *nb* und *nb·t* (Stamm, S. 307)

Auch hier wird der Mensch seit alters häufig als „Diener" *(Warad-)* oder „Magd" *(Amat-)* einer Gottheit bezeichnet, von einer gewissen Zeit an aber auch als ihr „Sohn" *(Mār-)* oder ihre „Tochter" (Stamm, S. 262) Das Letztere geschieht etwa um dieselbe Zeit, in der die Ägypter anfangen, ihre Kinder ebenfalls „Sohn" bzw. „Tochter" einer Gottheit zu nennen, und es bleibt fraglich, ob hier ein geschichtlicher Zusammenhang vorliegt oder nicht[1]).

Merkwürdigerweise wird auf ägyptischer Seite gelegentlich ein Mensch auch als „Bruder" bzw „Schwester" einer Gottheit bezeichnet. So haben wir *śn-n-rʿ* „der Bruder des Re"[2]), *śn* (bzw. *śn·t)-ḏḥwtj* „der Bruder (bzw die Schwester) des Thot", *pꜣ-śn-n-ḫns·w* „der Bruder des (Gottes) Chons" und *tꜣ-śn·t-n·t-ḥr(·w)* „die Schwester des Horus". Akkadisch[3]) kommt Derartiges nicht vor, und wenn wir Namen begegnen wie *Ilīma-aḫi* „mein Gott ist mein Bruder" oder *Šamaš-atta-talīmu* „Šamaš, du bist ein lieber Bruder", so liegt die Erklärung für diese Bildungen vielleicht in Namen wie *Aḫi-ēdi-Šamaš* „Šamaš ist ein Bruder für den Verlassenen"[4]), — und sie haben mit den angeführten ägyptischen Namen nichts zu tun.

Auch im Akkadischen gilt der Gott als „Schutz" *(Andulli-)* des Menschen (Stamm, S. 221) wie im Ägyptischen *(-m-sꜣ·j* bzw. *-m-sꜣ·f)*.

Was die Wortnamen angeht, so sehen wir auf beiden Seiten fast genau die gleichen Gruppen. Auch im Akkadischen finden sich Tiernamen (Stamm, S 253)[5]) und Pflanzennamen (Stamm, S 255f), Herkunfts- und Berufsnamen (Stamm, S. 268—91), Namen von Schmucksachen (Stamm S. 256)[6]) und solche, die einen Körperfehler bezeichnen (Stamm S. 264 f.). Ebenso Namen, die sich auf den Tag oder Monat der Geburt (Stamm S. 271) oder auf die Vorstellung einer Wiedergeburt (Stamm S. 278 f.) beziehen.

Unter den akkadischen Satznamen findet sich eine Gruppe, die für den Vergleich mit den ägyptischen Namen besonders wichtig ist, nämlich diejenigen, die sich deutlich als Bitten vor der Geburt erkennen lassen. Im Ägyptischen kann man an sich zweifeln, ob *prj-śn* „ein Bruder kommt heraus" bedeutet oder „möge ein Bruder herauskommen!" Im Akkadischen kann *Aḫam-lurši* nur „möge ich einen Bruder bekommen!" heißen. Ebenso steht es mit den völlig eindeutigen Namen *Sin-aḫam-šubši* „Sin, laß einen Bruder da sein!", *Nabû-aḫa-rēmanni* „Nabu, schenke mir einen Bruder!", *Šumum-līṣi* „möge ein Erbe herauskommen!", *Ana-nūr-Šamši-līṣi*[7]) „möge er an das Licht der Sonne herauskommen!" Auch *Lū-aḫūa* „möge ich einen Bruder haben!" gehört hierher. Bei den vielen wörtlichen Übereinstimmungen, die wir im Folgenden noch kennen lernen werden, gewinnt die Möglichkeit, daß hier auch im Ägyptischen eine Optativauffassung[8]) die richtige ist, eine Stütze.

Eine andere auf beiden Seiten vorkommende Gruppe von Satznamen wird durch solche gebildet, die vom Verschaffen des Rechts durch die Gottheit oder durch den König sprechen (Stamm, S. 191f.). So stehen neben ägyptisch *inj-śnfrw-iš·t·f* „möge (König) Snofru seine[9]) Habe wiederbringen!", *kꜣkꜣj-ḥꜣ-iš·t·f*[10]) „(König) Kakai (steht schützend) hinter seiner Habe" akkadisch *Uta-mīšaram* „ich habe das Recht gefunden", *Usūšir-dīni* „er hat gerechtes Urteil über mich gesprochen", *Idīn-Ellil* „(der Gott) Ellil hat Recht verschafft".

Auch Namen, die sich auf die Einholung eines Orakels vor der Geburt beziehen, finden sich auf beiden Seiten[11]). Mit ägyptischem *ḏd-imn-*[12]) *iw·f-ʿnḫ* „Amon hat gesagt · er wird leben!", *ḏd-ꜣś·t-*[12])*iw·ś-ʿnḫ* „Isis hat gesagt · sie wird leben!" sind akkadisch zu vergleichen *Iqbi-ul-ini*, *ᶠTaqbu-ul-tēni* „er (sie) hat gesprochen und (es) nicht geändert", *Ikūn-pī-Adad* „das Wort des (Gottes) Adad hat sich bewahrheitet", *Ḫadanšu-likšud* „möge sein Termin eintreffen!"[13]).

Auf beiden Seiten finden sich in Satznamen neben den häufigen Singularsuffixen der ersten und der dritten Person auch solche mit Suffixen oder mit Verbalformen der ersten Person Pluralis, bei denen eine Mehrzahl als Sprechende vorausgesetzt wird, sei es, daß wir dabei an die beiden Eltern, an die Geschwister des Neugeborenen oder wen sonst zu denken haben. So steht neben *Šamaš-abi* und *Sin-abūšu* „Šamaš (bzw Sin) ist mein (bzw sein) Vater" auch *Šamaš-abūni* „Šamaš ist unser Vater". Und so finden wir z. B. *Aḫam-nirši* „wir haben einen Bruder"

---

1) Vgl meinen Aufsatz „Menschen als Götterkinder in Ägypten" in Corolla Curtius (1937), S 180ff

2) Der PN I 309, 4 erwähnte Frauenname wird *śn(t)-n(t)-rʿ* „die Schwester des Re" zu lesen sein

3) Die Stellen, an denen Stamm die im Folgenden erwähnten akkadischen Namen bespricht, sind aus der auf S 325ff seines Buches gegebenen Liste zu ersehen

4) Ebenso Sin-aḫi-wēdi, Stamm (S 102 und 251[5]) denkt an Namen von Waisenkindern, — vgl auch Aḫāt-kūbi (Stamm, S 306)

5) Daß „Personen nicht nach Raubtieren benannt werden" (Stamm, S 255), ist ein lapsus calami Stamm zitiert selbst dabium und dabitum (Bär und Bärin), šēlibum (Fuchs) — Übrigens begegnen auch im Akkadischen Tiernamen mit angefügter Koseendung, vgl Stamm S 243 mit den ägyptischen Beispielen oben auf S 183

6) Namen nach sonstigen unbelebten Gegenständen scheinen im Ägypt allerdings sehr viel häufiger zu sein als im Akkad, wo Stamm außer den Namen von Schmucksachen nur noch einige Namen von Steinen und Mineralen anführt

7) Auch einfach Ana-šamšim-līṣi und ebenso Ana-nūr-Sin (an das Licht des Mondgottes) -līṣi kommt vor Bei dem letzten Namen könnte es sich um eine Geburt in der Nacht handeln

8) Wie ich sie schon Grundsätzliches, S 26f, vorgeschlagen habe

9) D h des Kindes

10) Auch *kꜣ-hꜣ-iš wt f* „der Stier (d h der König) steht hinter seiner Habe" kommt vor

11) Stamm S 206, vgl 147 ff ! Für das Ägyptische s oben S 244.

12) Und viele andere Gottheiten

13) Beachte allerdings Stamms Bedenken, S 206

u ä [1]) (Stamm, S. 130), *Marduk-šarrāni* „Marduk ist unser Konig“, *Šarrum-ilūni* „der Kónig ist unser Gott“, *Ninlil-ilatni* „Ninlil ist unsere Göttin“, *Adad-rē᾽ûni* „Adad ist unser Hirte“, *Lībūr-šadûni* „möge unser Berg heiter sein!“, *Ai-aḫūnu* „wo ist unser Bruder?“ und andererseits Namen wie *Ē-nibāš* „mogen wir nicht beschämt werden!“ u. ä., *Ša-Šamaš-anīni* „wir gehören dem Šamaš“, *Nisḫur-Enlil* „wir suchten Enlil“ usw. Entsprechend erscheint im Ägyptischen neben haufigen Namen wie *ʿnḫ-n·j-ptḥ* „Ptah lebt (oder lebe) fur mich“ und *ʿnḫ-n·f-inp·w* „Anubis lebt (oder lebe) für ihn“ auch einmal *ʿnḫ-n·n-mrjrʿ* „(Konig) Merirē lebt (oder lebe) fur uns!“, *ʿnḫ-nb·n-mrjrʿ* „unser Herr Merire lebt (oder lebe)“ *bwpw-ḥr(·w)-ḫꜣʿ·n* „Horus hat uns nicht verlassen“, *nb·n-pw* „es ist unser Herr“[2]), sowie  „Ptah ist unser Gebieter“ und *mꜣ·n·n-wꜣḥibrʿ* „wir haben (Kónig) Apries gesehen“. Bei den ägyptischen Namen[3]) möchte ich annehmen, daß sie zum Teil auf Ausrufe bei einem Gotter- oder Königsfest zuruckgehen, und dasselbe könnte auch fur einige der akkadischen Namen zutreffen.

Auch Bildungen mit dem Suffix der dritten Person Pluralis, wie immer diese zu verstehen sein mögen, kommen auf beiden Seiten vor. So stehen ägyptische Namen wie *pꜣ-rʿ-pꜣ·w-jt* „der Re ist ihr Vater“, *śnb·w-r-ꜣw* „mögen sie alle gesund sein!“, *pꜣ-ḥkꜣ-m-śꜣ·śn* „der Herrscher verfolgt sie[4])“, *kꜣ-m-ḥrj-ib·śn* „der Stier ist mitten unter ihnen[4])“, *n-mn·śn* „sie sind nicht geblieben“, *nn-ḫmj·śn* „sie wissen wohl“, *ḏfꜣ·t·śn* „ihre Speise (?)“ u a.[5]) akkadischen Namen gegenuber wie *Aššur-rē᾽ûšunu* „Assur ist ihr Hirte“, *Marduk-bēlšunu* „Marduk ist ihr[6]) Herr“, *Nabû-dābibšunu* „Nabu ist ihr Streiter“[7]), *Nabu-ēribšunu* „Nabu hat sie (die Bruder?) ersetzt“, *Aššur-šallimšunu* „Assur, erhalte sie (die Bruder?) unversehrt!“, *Ištar-ana-šumišina* — nach Stamm: „Istar, um ihret (der Schwestern) willen (hilf!)“ und andererseits *Šunu-aḫḫēja* „sie sind meine Bruder“, *Šunūma-ilum* „sie sind Gott“[8]), *Ṭāb-eṭēršunu* „schön ist ihr (der Götter) Retten“. Es ist auffallend, daß Namen wie *Bēlšunu* und *Bēlatsunu (Bēlessunu)* „ihr Herr“ bzw. „ihre Herrin“ im Akkadischen ebenso beliebt sind wie die gleichbedeutenden Namen *nb·śn* (später *pꜣ·w-ḥrj)* und *ḥnw·t·śn* (später *tꜣ·w-ḥnw·t)* im Ägyptischen[9]), während vollere Formen, aus denen diese abgekurzt sein könnten, auf beiden Seiten[10]) ganz selten sind[11]).

Aber uber das Gesagte hinaus begegnet uns eine Anzahl von Einzelbildungen, die in Form und Inhalt sich so völlig decken, daß wir einen ägyptischen Namen wörtlich in einen akkadischen ubersetzen können und umgekehrt. So entsprechen einander·

Ägyptisch	Akkadisch	Übersetzung
iw-n-ḥr(·w)	*Kalbi-Marduk*	„der Hund[12]) des Horus (bzw.) Marduk)“
it-nfr	*Abum-ṭābum*	„der gute Vater“[13])
m-pw	*Mannašu*[14])	„wer ists?“
mꜣꜣ·n·j-imn	*Āmur-Sin*[15])	„ich habe Amon (bzw.Sin) gesehen“
mꜣ·n·j-nḫt·w·f	*Līti-Aššur-āmur*	„ich habe seine[16]) (bzw. Assurs) Siege gesehen“
nj-Gott N.N.	*Šū-Gott N.N.*	„der zum Gott N.N. Gehörige“
nj·t-Göttin N.N	*Šāt-Gott N.N.*	„die zum Gott N.N. Gehörige“
nj-wj-nṯr	*Jā᾽um-ilum*	„mein ist der Gott“
nśw·t-r-nḥḥ	*Šarru-lū-dāri*	„der Kónig (daure) ewiglich!“
śn-jt	*Aḫi-abi*[17])	„der Vatersbruder“
śn-nfr	*Aḫum-ṭābum*	„der gute Bruder“[13])
śn-n-mw·t	*Aḫi-ummišu*	„der Mutterbruder[18])
śn·t-jt·s	*Aḫāt-abiša*	„die Schwester ihres Vaters“
km	*Ṣalmu*	„der Schwarze“

[1]) Ganz ähnlich ägypt *iw f-n n-śn* „er ist ein Bruder fur uns“

[2]) Neben häufigem *nb j-pw* „es ist mein Herr“ In beiden Fällen konnen ubr Kurznamen (fur „Gott NN ist mein — bzw unser — Herr“) vorliegen

[3]) Was bedeutet *ḫbw n-n ś*, PN I 268, 18? Vgl auch *ʿnḫ·n-r-ꜣw* „mogen wir alle leben!“ *śn t n-pw* „unsere Schwester ist es!“ und *wśr n* „mogen wir stark sein!“(?)

[4]) Die beiden Namen beziehen sich auf den Konig und seine Feinde

[5]) Vgl auch die mir unverständlichen Namen PN I 34, 21 u 40, 3

[6]) D h der anderen Gotter?

[7]) Stamm ubersetzt „Nabu streitet fur sie (die Frommen)“

[8]) Sinn? Stamm (S 298) denkt an „die Bruder“

[9]) Hier sind auch die Namen *itj śn* „ihr Furst“, *nb w śn* „ihre Herren“, *tꜣ w-ḥrj t* „ihre Vorgesetzte“ zu erwähnen *Tꜣ śn-nfr t* (PN I 376, 5) heißt wohl „die Schonste von ihnen“ und mag die Bezeichnung eines Kindchens sein, das schon ältere Geschwister vorfand So auch *pꜣ w-nḏm* „der Angenehmste von ihnen“ Die Bedeutung von 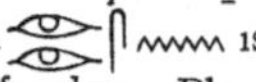 ist noch immer unklar Fur Namen, in denen das Suffix der 3 Pluralis sich auf die landfremden Herrscher zu beziehen scheint, s S 224

[10]) Vgl Stamm S 245

[11]) Vielleicht liegen bei einfachem Bēlšunu usw doch Vollnamen vor, die das Kind (als „Herrn“ seiner Bruder?) selbst bezeichnen, vgl Stamm S 244

[12]) D h der unterwurfige Diener

[13]) Bei den akkadischen Namen ist die Ubersetzung „der Vater (bzw Bruder) ist gut“ ausgeschlossen

[14]) Auch weiblich Mannaši

[15]) Zum Sinn vgl Naplus-Ea-balātu „das Anschauen des (Gottes) Ea ist Leben“

[16]) D h Amons, dem auf akkadischer Seite Assur entspricht

[17]) Vgl hebr אֲחִאָב

[18]) Akkad wortlich „der Bruder seiner Mutter“.

Sehr ähnlichen Inhalt zeigen ferner:

Ägyptisch	Akkadisch
ij-mrj „ein Geliebter kommt“	*Kašid-dādu* „ein Liebling ist da“
ij-śnb „ein Gesunder kommt“	*Balṭu-kašid* „ein Gesunder ist da“
imn-ḥr-mnj·t „Amon weidet“	*Irʿanni-Marduk*[1]) „Marduk hat mich geweidet“
wn-imn „Amon existiert (?)“[2])	*Ibašši-ilum* „es gibt einen Gott“[3])
ptḥ-(ḥr-)śḫpr·j[4]) „Ptah läßt mich da sein“	*Marduk-mušabši* „Marduk laßt da sein“
wḏ-imn[5])-*ʿnḫ·f* „Amon hat befohlen, daß er lebe“	*Sin-balāṭa-ēriš*[6]) „Sin hat das Lebendigsein gefordert“
fnḏ-r-nfr „die Nase zum Guten!“	*Ikšud-appašu* „seine Nase ist da!“
nj-wj-NN „ich gehore dem (Gott oder Konig) NN“	*Ša*-N.N. *-nīnu* (bzw.) *anīni* „wir gehören dem (Gott) N.N.“
nfr-śn t „schon ist das Fest des sechsten Tages“	*Ṭāb-ūmu-XXKAM* „der 20. Tag ist gut“[7])
nṯr·j-n·j-m-ḏw „mein Gott ist mir ein Berg“[8])	Gott N.N. *-šadûni*[9]) „Gott N.N. ist unser Berg“
nḏm-mnnfr „Memphis ist angenehm“	*Sippar-ṭāb* „(die Stadt) Sippar ist gut“
nḏm-ṯ3w·ś „angenehm ist ihr[10]) Windhauch“	*Ṭāb-šār-ili* „angenehm ist der Windhauch des Gottes“
f *s3·t-tḫj* „die Tochter des *tḫj*-Festes“	*Mār-isinni* „der Sohn des Festes“
śfḫ-wj-ptḥ „möge Ptah mich (er-)lösen!“	*Sin-pāṭer*[11]) „Sin (er-)lost“
k3j-ś·wt-htḥr „hoch sind die Throne der Hathor“	f *Šaqât-kussâša* „ihr Thron ist hoch“[12])
k3j-gb3, *k3j-ḏr·t* „langhandig, langen Arms“ o à.	*Arik-idi-Ellil* „der Arm des Ellil ist lang“
k3p·f(ś)-ḫ3-Gott N.N. „er (sie) verbirgt sich hinter Gott N.N.“[13])	*Arkāt-ili-damqā* „hinter Gott zu sein, ist schon“
t3-m-hb „das Land feiert ein Fest“	f *Tarēš-mātum* „das Land jubelt“[14])
t3-śmn(·w) „das Land ist befestigt worden (?)“	f *Takūn-mātum* „das Land ist stabil geworden“[15])
ṯs-Gott N.N. *-pr·t* „Gott N.N. verleiht (eigentlich knotet) Nachkommenschaft“	*Nabû-kāṣir-šumi* „Nebo fugt den Erben fest“
ḏ3ḏ3·j[16]) „der mit dem (großen) Kopf“	f *Qaqqadānītum* „die mit dem (großen) Kopf“

Gegenuber diesen zahlreichen Ähnlichkeiten zwischen ägyptischen und akkadischen Namen treten die Verschiedenheiten zuruck, aber auch sie sind vorhanden und verdienen ein besonderes Interesse.

Dem Akkadischen fehlt die im Ägyptischen so häufige und auffallende Sitte, daß mehrere Geschwister den gleichen Namen tragen, und im Zusammenhang damit steht offenbar die Tatsache, daß unterscheidende Beiworte wie „der Ältere“ und „der Jungere“[17]), „der Schwarze“ und „der Rote“, „der Zwerg“ oder „der Krummbeinige“ usw. im Akkadischen ganz zu fehlen scheinen.

---

[1]) Vgl auch *Šamaš-rēʾūa* „Šamaš ist mein Hirte“, *Adad-rēʾûni* bzw *-rēʾûšu* „Adad ist unser (bzw sein) Hirte“

[2]) Vgl auch *pth-wn f* und *pth-wnn f*

[3]) Auch *Ibašši-ilāni* „es gibt Gotter“

[4]) So ist PN I 319, 7 zu lesen!

[5]) Ebenso Ptah und Mut, die Namen sind alle *spat*

[6]) Auch Nabû-balāṭa-iḳbi

[7]) Auch *Ūmu XXKAM-rabi* „der 20 Tag ist groß“ u *Ūmu XIXKAM-nāsir* „der 19 Tag beschutzt“ Vgl hebr שַׁבְּתַי, חַגַּי „der zum Fest (bzw zum Sabbath) Gehorige“

[8]) Die Vorstellung, der Gott sei ein (schutzender?) Berg, kommt in ag PN nur hier vor Im Akk ist sie haufig Vgl auch *Lībūr-šadūni* „moge unser Berg heiter sein!“

[9]) Vgl Stamm S 211

[10]) Der Gottin

[11]) Vgl auch *Sin-pāšer* u *Sin-mupaššer* in derselben Bedeutung

[12]) Ein verkurzter Vollname, in dem das Suffix etwa den Namen der Istar ersetzt

[13]) Die Bildung ist in der Spatzeit häufig, vgl S 244

[14]) Vgl auch *Erēssum-mātum* „das Land jubelt ihm zu“. Ein ahnl ag Name PN I 376, 24

[15]) Vgl auch *Tatūr-mātum* „das Land ist (wieder) normal geworden“

[16]) Noch im Kopt lebendig als ϫⲓϫⲱⲓ.

[17]) Und sogar „der Mittlere“!

Auch der im Ägyptischen oft begegnende Brauch, daß ein und derselbe Name von Männern und Frauen getragen werden kann, ist im älteren Akkadischen äußerst selten[1]) — ohne daß ich dafür, bei der Gleichartigkeit der Namenbildungen auf beiden Seiten, die so häufig auf das Geschlecht des Trägers keinen Bezug nehmen, einen einleuchtenden Grund angeben könnte.

Bemerkenswert ist ferner, daß der Gebrauch eines Gottesnamens allein als Kurzname, so daß also der Name eines Menschen und der eines Gottes vollständig gleich lauten — eine Sitte, die in Ägypten sich nach dem Zusammenbruch des alten Reiches durchsetzt[2]) — im Akkadischen grundsätzlich vermieden wird[3]).

Während im Ägyptischen Vater und Sohn, Mutter und Tochter sehr häufig den gleichen Namen tragen und auch dann gern als „der (die) Ältere" und „der (die) Jüngere" von einander unterschieden werden, ist das im Akkadischen durchaus nicht der Fall. So oft auch ein Enkel den Namen des Großvaters erhält, so streng wird darauf gehalten, daß Vater und Sohn verschiedene Namen tragen. Hier spielt gewiß die Vorstellung von einer Wiedergeburt des Ahnen im Enkel eine Rolle, deren Wirkung sich in Ägypten[4]) nicht so lange gehalten hat wie in Mesopotamien[5]).

Was nun die Vorstellungen angeht, die in den Namen ihren Niederschlag gefunden haben, so fehlen im älteren Ägyptischen[6]) ganz die Namen, die von einem „Erhören" *(sḏm)* der Gottheit sprechen. Erst im Neuen Reich, in einer Zeit also, in der fremde Einflüsse auch sonst spürbar sind, begegnet einmal *sḏm-rʿ* (I, 220, 5) und ein paarmal *sḏm-imn*, also „Re (bzw. Amon) erhört (oder möge erhören)"[7]) In griechischer Zeit wird dann der Gedanke wieder aufgenommen in *ḥr* (bzw *ḏḥwtj)-(ḥr-)sḏm*, „Horus (bzw Thot) erhört", Namen, die uns auch in griechischer Wiedergabe als αρσυθμις bzw. θοτσυτομ erhalten sind. Im Akkadischen[8]) sind entsprechende Namen dagegen alt und häufig *(-išme, -išmeanni, -išmēšu, -šimanni* usw, Stamm S. 189), und es ist beachtenswert, daß die Frommen des Neuen Reiches in Ägypten gerade solche Bildungen wie *mtr-šm, bʿl-šm* „Mithras (bzw. Baal) hat erhört"[9]) aus der syrischen Provinz übernommen haben.

Auch die akkadischen Namen, die vom „Vertrauen" auf die Gottheit sprechen, wie *Taklāku-ana-N N.* „ich vertraue auf (Gott) N.N.", *ᶠAtkalši-ul-abāš* „ich vertraue auf sie und ward nicht zuschanden" haben ebenso wie die, welche von einem Beschämtwerden des Menschen durch die Gottheit sprechen wie *Nabû-šarḫa-ubāš* „Nebo beschämt den Stolzen" im Ägyptischen kein Gegenstück.

Das Gleiche gilt vom „Aufrichten" des „Gerechten" in Namen wie *Aššur-zuqupanni* „Assur, richte mich auf!", oder *Nabû-zuqup-kēnu* „Nabu, richte den Gerechten auf!" — wie überhaupt der in akkadischen Namen so häufige Begriff des „Gerechten"[10]) in den ägyptischen Namen fehlt.

Auffallend scheint es zunächst, daß im Akkadischen zahlreiche Imperativ-Namen bekannt sind — es sind Wünsche, die einen Anruf an die Gottheit enthalten, wie *Bēl-qāta-ṣabtanni* „Bel, faß mich bei der Hand!", *Nusku-taqīš-bulliṭ*, „Nusku, du hast geschenkt, erhalte (nun auch) am Leben!", *Bēl-šimanni* „Bel, erhöre mich!", *Bēl-ēda-pitin*, „Bel, stärke den Verlassenen!"[11]) —, während im Ägyptischen sichere Imperativformen in Namen äußerst selten sind[12]). Hier kann uns aber die vokallose Schreibung des Ägyptischen möglicherweise einen Streich spielen. Das erste Glied in Namen wie *ḥtp-imn* könnte z. B. theoretisch ebenso gut ein Imperativ sein „sei gnädig, Amon!" wie eine *sḏm·f*-Form, als die wir es aufzufassen pflegen.

Ähnlich steht es mit dem Umstand, daß das Akkadische viel mehr Namen aufzuweisen scheint, die den Ausdruck „mein Gott" *(ili)* enthalten als das Ägyptische. Aber hier ist zu bedenken, daß die Hieroglyphenschrift das Suffix der 1 Ps sg. sehr oft ungeschrieben läßt[13]), und daß wir nicht mit Sicherheit sagen können, ob z. B 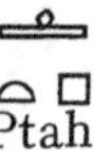 als „Gott ist gnädig" oder „mein Gott ist gnädig", ob  als „Ptah ist mein Gott" oder „Ptah ist (wirklich) ein Gott" o. a. aufzufassen ist. Es ist bemerkenswert, daß die mit *ili* „mein Gott" und *ilum* „der (Schutz-) Gott" zusammengesetzten akkadischen Namen ausschließlich männliche Träger haben[14]), während die ägyptischen Bildungen mit 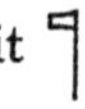 sich bei beiden Geschlechtern finden[15]).

[1]) Seit der Kassitenzeit wird das anders, vgl Stamm S 124 Altbabylonische Ausnahmen sind z B *Sin-rabi* „(der Gott) Sin ist groß", *Rēš-Šamaš* (Bedeutung unklar, s Stamm S 263), *Sin-imguranni* „Sin hat mir willfahren"

[2]) S o S 233f

[3]) Stamm S 117 u Anm 3

[4]) Daß auch in Ag der Enkel häufig den Namen des Großvaters trägt, sei hier nur angemerkt

[5]) Zur Benennung des Kindes nach dem Großvater vgl auch Adolf Bach, Deutsche Namenkunde (1943), S 546ff u oben S 206f

[6]) Der einzige aus der Zeit vor dem *NR* erhaltene Name, der mit *sḏm* gebildet ist, 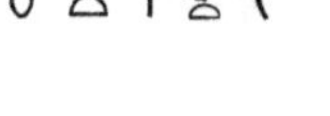 (f *AR)* ist mir in Bildung und Bedeutung unklar.

[7]) Jetzt findet sich auch der wohl ein Beiwort des Amon enthaltende Kurzname *pꜣ-sḏm-nḥ t* „der die Bitte erhört"

[8]) Und ebenso im Hebräischen, Ostkanaanäischen, Südarabischen

[9]) Das Fehlen des *ʿAjin* in der Wiedergabe von *šmʿ* weist auf ein akkadisches Vorbild

[10]) *Kēnu* von Stamm auch als „der Echte" aufgefaßt (S 154f)

[11]) Zahlreiche weitere Beispiele bei Stamm, S 119f , 166ff , 176ff

[12]) Vgl oben S 40

[13]) In PN ist es bei *nṯr* „Gott" nur ein einziges Mal ausgeschrieben, und zwar in *nṯr j-n(j)-m-ḏw* „mein Gott ist mir ein Berg" (m *MR)*

[14]) Wie mir Herr Stamm mitteilt, ist das männl Geschlecht des „Schutzgottes" dafür verantwortlich

[15]) Frauen z B PN I 160, 22 164, 28 165, 19. 214, 15 19.

Aber alle diese Unterschiede sind, den zahlreichen und das Grundsatzliche betreffenden Ähnlichkeiten gegenüber, fast belanglos

Anders wurde es stehen, wenn J J. Stamm darin Recht hatte, daß eine große Anzahl von akkadischen Satznamen als vom Namenträger, d. h also vom Kinde gesprochen zu denken waren Das wurde einen grundlegenden Unterschied in der Namengebung bedeuten, dem im Ägyptischen, nach meiner bisherigen Auffassung wenigstens, nichts Ähnliches entspricht, und der nach dem bisher Ausgeführten uberaus merkwurdig ware. Aber ehe dies zugegeben werden kann, ist es nötig, das von Stamm herbeigezogene Beweismaterial einer genaueren Prufung zu unterziehen.

Ich muß dafur etwas weiter ausholen. Es war mir langst aufgefallen, daß in dem großen Schatz von agyptischen Personennamen, die wir jetzt uberschauen — es sind weit mehr als zwolftausend — kein Name[1]) vorkommt, der ein Suffix der 2 Pers. Sing enthielte Ich habe mir das damit erklärt, daß eine Anrede an das Kind in einem Augenblick, da es noch weder horen noch sprechen kann, dem realistisch empfindenden Ägypter unmoglich erschienen sei Ähnlich glaubte ich das fast vollige Fehlen von Imperativnamen verstehen zu sollen

Nun ist zunächst zu bedenken, daß das Vorhandensein von Imperativnamen an sich nicht etwa mit Sicherheit auf eine Anrede an das Kind schließen laßt Ein Name wie *ptr-św-m-hbśd* „sieh ihn am Jubilaumsfest!“ kennzeichnet sich z. B. deutlich als Ausruf bei einem Feste, wie ich sie auf S 218 besprochen habe, und hat mit einer Anrede an das Kind nichts zu tun[2]). Ebenso konnten einige akkadische Namen zu verstehen sein, die Stamm (S. 203f.) als „Mahnungen an den Namenstrager“ auffaßt, wie *Anam-nu''id* „preise den Anu!“, *Kurub-Šamaš* „segne den Šamaš!“[3]), *Pilaḫ-Sin-* „verehre Sin!“ Andere freilich wie *Uṣur-awāt-Šamaš* „Beobachte das Wort des Šamaš!“, *Dugul-pān-ili* „diene Gott!“, *ˀLā-teggi-ana-Ištar* „saume nicht gegen Ištar!“, *Iliš-tikal* „vertraue auf den Gott!“, *Ištar-lā-tašiāṭ* „vernachlässige Istar nicht!“, *Qibīšumma-tikal* „sage es ihm (dem Gott) und hab dann Vertrauen!“ lassen sich so kaum erklären und sehen wirklich wie Mahnungen aus, die an das Kind gerichtet sind[4]). Ja, es scheint sogar Namen mit einem Suffix der 2 Pers Sing.[5]) gegeben zu haben, die an das Kind[6]) gerichtete Sätze enthalten Ich kenne freilich bisher nur einen einzigen, *Ilak-nu''id*, der neben dem schon erwähnten *Anam-nu''id* wohl nicht anders als durch „preise deinen Gott!“ ubersetzt werden kann und sich kaum als Ausruf bei einem Feste verstehen läßt. Eine direkte Anrede an das Kind steckt wohl auch in den Namen *Attama-aḫi* und *Aḫūa-atta*, die beide „du bist mein Bruder“ bedeuten, und ebenso vielleicht in *Atta-šū* „du bist es“. Dagegen *Atta-ilumma* „du bist der Gott!“ kann ich trotz des mir unverständlichen *Anāku-ilumma* „ich bin der Gott“ unmöglich für eine Anrede an das Neugeborene halten, wie es Stamm S. 102 wenigstens in Erwägung zieht[7]).

Hier ist also, wie es scheint, wirklich ein Unterschied festzustellen, der seinen Ursprung in einem verschiedenen Geiste der Ägypter auf der einen, der Babylonier und Assyrer auf der anderen Seite haben muß. Das Kind kann bei den Letzteren in der Namengebung bei der Geburt angeredet werden, als ob es die an es gerichteten Worte schon zu verstehen vermöchte!

Etwas grundsätzlich Anderes freilich wäre es, wenn in gewissen Fallen der zum Namen werdende Satz dem Kinde bei der Geburt in den Mund gelegt worden wäre, als habe es nicht nur horen, sondern auch schon sprechen konnen! Dr Stamm denkt sich, wie er mir mitteilt, die Sache so, daß die entsprechenden Sätze zwar zunächst von einem Erwachsenen — etwa von einem der Eltern — gesprochen worden seien, aber gewissermaßen stellvertretend fur das Kind, das dann spater, verstehend geworden, in seinem Namen selbst ein Bekenntnis furs Leben gefunden hatte Die Frage ist, ob die tatsachlich vorhandenen Namen uns zwingen, einen solchen doch einigermaßen verwickelten Tatbestand[8]) anzunehmen

Nach Stamms Auffassung (S 25) sind als vom Kinde selbst gesprochen viele derjenigen Namen und Namengruppen anzusehen, die ein Suffix der 1 Pers Sing enthalten, d. h. also die im Ichton sprechen. Alle derartigen Namen, die ja auch im Ägyptischen überaus häufig sind, habe ich[9]) als von Vater oder Mutter gesprochen und auf

---

[1]) Die einzige Ausnahme scheint der aus einem demotischen Text der 26 Dyn uberlieferte (Kurz-?)Name *pꜣ k-jt* „dein Vater. .“ zu sein, PN I 128, 23 Vgl auch den mir unverstandlichen Namen PN I 129, 1

[2]) Auch der Frauenname *mi-r ṯ* (PN I 145, 28) „komm doch!“ wird sich auf eine Gottin, nicht auf das Kind beziehen

[3]) Vgl Stamm, S 204

[4]) Ganz merkwurdig sind *Ana-Šamaš-ter* (bzw *terri*), wenn Stamms Übersetzung „erstatte dem Šamaš (das dir erwiesene Gute) zuruck!“ richtig ist

[5]) Vgl auch den sumerisch bezeugten Namen *Šeš-zu-me-en* „ich bin dein Bruder“, Stamm S 129, Anm 5

[6]) Vgl auch den Sklavennamen *Ša-bēli-atta* „du gehorst dem Herrn“.

[7]) Stamm erklart (S 283) *ilum* in akk Namen als eine „Bezeichnung fur den (vergotterten) Verstorbenen“ Mir wollen seine Argumente nicht zwingend erscheinen — Nur nebenbei erwahne ich, daß Pronomina und Suffixe der 2 P Sg in akk Namen auch auf Gottheiten bezogen vorkommen, was im Ag merkwurdigerweise nie der Fall ist So haben wir *Nabû-alsīka-ul-abāš* „O Nabu, ich rief dich an und wurde nicht beschamt!“, *Nabû-ana-kāša-atkal*, „O Nabu, auf dich vertraue ich“, *Nabû-nūrka-lūmur* „O Nabu, moge ich dein Licht sehen!“, *Pāliḫka-liblut* „dein Verehrer moge gesund sein!“, *Šamaš-atta-talīmu*, „Šamaš, du bist ein lieber Bruder“

[8]) Herr Stamm verweist auf „die Gebetsformulare fur den Leidenden, in denen der Priester sich stellvertretend der 1 Person bedient“.

[9]) Grundsatzliches, S 24.

diese selbst bezogen aufgefaßt, während ich die Namen mit Formen der 3 Pers. Sing. zwar auch von Vater oder Mutter gesprochen, aber auf das Kind bezogen angesehen habe. Bei der großen formalen und inhaltlichen Ähnlichkeit der Namen auf beiden Seiten wäre es nun in der Tat sehr merkwürdig, wenn es sich in diesem Punkte auf akkadischem Gebiet ganz anders verhielte als auf ägyptischem.

Überschauen wir zunächst die Gruppen von Namen, die Stamm (S. 23ff) als vom Kinde gesprochen ansehen zu müssen glaubt. Ich gebe einige Beispiele, die ganze Gruppen repräsentieren:

1. Gott N N.-*rēmanni*, „Gott N.N., erbarme dich meiner!"
2. *Irēmanni-ilu*, „Gott hat sich meiner erbarmt".
3. *Ana-Sin-taklāku*, „ich vertraue auf Sin".
4. *Alsīšu-abluṭ* bzw. f *Alsiš-ablut*, „ich rief ihn (bzw. sie) an und wurde gesund".
5. *Šūzib-Adad* bzw. *Šūzibinni-Ištar* „rette, o Adad!" bzw. „Rette mich, Ištar!"

Zu 1) behauptet Stamm, diese Bildungen seien als vom Kinde gesprochen „sichergestellt", da bei Knaben immer ein Gott, bei Mädchen aber eine Göttin angerufen werde. Also könne keine Bitte des Vaters[1]) vor der Geburt vorliegen Ich sehe hier keinen logischen Zwang Zunächst ist, wie Stamm selbst zugibt[2]), das „immer" nicht zutreffend, sondern diese „Regel" hat nicht allzu wenige Ausnahmen. Aber selbst wenn die Regel ohne Ausnahme wäre, was hindert uns, diese Sätze als Ausspruch der Mutter unmittelbar nach der Geburt aufzufassen, als das Geschlecht des Kindes schon bekannt war?

Zu 2) erwähnt Stamm die Namen *Irēmšu*-Gott N N, „Gott N.N. hat sich seiner erbarmt" — aber warum soll sich das erstere nicht auf die Mutter, das letztere auf das Kind beziehen?

Für 3), 4) und 5) gilt das Gleiche Die allgemeine Aussage (3) sowohl wie der dankende (4) oder flehende (5) Ausruf scheinen mir im Munde der Mutter durchaus verständlich, sei es unmittelbar nach der Geburt gesprochen, sei es noch während der Wehen

Ebensowenig wie bei diesen Namengruppen ein Zwang vorliegt, das Kind als Sprecher zu denken, ebensowenig scheint mir das der Fall bei einem Namen wie *Aja-wēdam-gimli* „Aja, erweise dem Verlassenen Gnade!" Man braucht nur anzunehmen, daß der Vater des Kindes vor der Geburt gestorben und der Sohn[3]) der Witwe nun ohne männlichen Schutz geblieben war.

Auch Namen wie *Ili* (bzw *Bēli*)-*ibnianni* „mein Gott (bzw. mein Herr) hat mich geschaffen", *Ili-ibbanni*, „mein Gott hat mich benannt", oder *Sin-īpiranni*, „Sin hat mich versorgt", und *Ir'anni-Marduk*, „Marduk hat mich geweidet", können, wie mir scheint[4]) als fromme Äußerungen der Mutter aufgefaßt werden.

Alles in Allem scheint mir der Nachweis, daß bestimmte akkadische Satznamen als „dem Kinde in den Mund gelegt" aufgefaßt werden müssen, nicht erbracht zu sein, und ich sehe keinen Grund, nun etwa für das Ägyptische Gleiches zu fordern und Namen wie *wr-n·j-ptḥ* „(der Gott) Ptah ist groß für mich", oder *nṯr·j-n·j-m-ḏw*, „mein Gott ist ein (schützender) Berg für mich" usw. als von dem so benannten Kinde selbst und nicht von der Mutter gesprochen aufzufassen.

Es ist also auf beiden Seiten, der ägyptischen sowohl wie der akkadischen, eine sehr große Ähnlichkeit in der Namengebung im Allgemeinen wie im Namenschatz im Besonderen festzustellen. Sie wird sich kaum anders erklären lassen, als daß ein Erbe aus gemeinsamer Vergangenheit vorliegt. Im Einzelnen werden in geschichtlicher Zeit Einflüsse hinüber und herüber stattgefunden haben. Sie zu verfolgen, erfordert eine besondere Untersuchung, die den Rahmen dieses Abschnitts sprengen würde.

---

1) Stamm erschwert sich die Vorstellung im Allgemeinen dadurch, daß er zu wenig an die Mutter als die Sprecherin dieser Sätze denkt

2) S 26, Anm 1 67, Anm 1 und 2.

3) Übrigens liegt hier einer der Männernamen vor, in denen eine Göttin angerufen wird!

4) Gegen Stamm S 28.

EXKURS 1

Zu den Bildungen der Form .

Veranlaßt durch Zweifel an der Richtigkeit meiner Lesung von Namen wie als *ḫʿj·f-ptḥ* — und nicht *ptḥ-ḫʿj·f* —, lediglich auf Grund des griechischen Χεφρην als Wiedergabe des Königsnamens [1]), die mir Elmar Edel nachträglich geäußert hat, sehe ich mich nach eingehender Überlegung und wiederholtem Durchsprechen des ganzen Fragenkomplexes mit Dr. Edel genötigt, meine auf S. 31f. vorgetragene Auffassung abzuändern.

Gegen den Wert der griechischen Wiedergabe für die Aussprache des bekannten Königsnamens „Chefren" im Alten Reich lassen sich nämlich gewichtige Gründe anführen.

1. Da in der ägyptischen Sprache eine Satzform *śḏm·f* + Subjekt so gut wie unbekannt ist, könnte in *ḫʿj·f-ptḥ* nur ein Nominalsatz vorliegen. Dem würde aber die Bedeutung eines solchen Satzes ‚Ptah ist sein Glanz' oder ‚sein Glanz ist (der des) Ptah' durchaus widersprechen. Von einem Menschenkinde würde ein Ägypter des Alten Reiches niemals gesagt haben, ein Gott sei sein ‚Glanz' oder gar, sein ‚Glanz' sei der eines Gottes. Die Satzform Subjekt + *śḏm·f* dagegen ist in der ägyptischen Sprache zu allen Zeiten geläufig. Eine Lesung des Namens als *ptḥ-ḫʿj·f* würde also keine Bedenken haben, und inhaltlich würde er sich mit seiner Bedeutung ‚Ptah, er erglänzt' o. ä. ohne weiteres ähnlichen Namen religiösen Inhalts an die Seite stellen.

2. Sodann aber läßt sich der Königsname seiner Bildung nach nicht trennen von einer ziemlich großen Gruppe von Personennamen der Form Subjekt + *śḏm·f*, in denen der Name eines Gottes oder Königs mit Betonung vorangestellt und dann durch das Suffix einer Verbalform wieder aufgenommen wird. Solche Namen sind z. B. , , (vgl.) ‚Chnum, er lebt — bzw. belohnt, dauert', (vgl.) ‚Min — bzw. Chefren — ist beseelt' o. ä.[2]), ‚Horus, er schützt' usw. Daß in diesen Personennamen der Name der Gottheit — oder eines Königs — an erster Stelle zu lesen ist, zeigt schon die Schreibung der zu derselben Gruppe gehörenden Namen ‚die Schöne ist da' o. a., ‚mein Ka schlägt' und ‚mein Ka kämpft', da das Beiwort der Göttin Hathor ‚die Schöne' ebenso wie das Wort für den ‚Ka' in den Personennamen niemals ‚aus Ehrfurcht' vorangeschrieben wird. In den meisten dieser Namen ist die suffigierte Form eindeutig als Verbalform zu erkennen, aber auch in den Namen, in denen eine Übersetzung theoretisch zweifelhaft ist, werden die Worte *ʿnḫ·f*, *ḫʿj·f*, *ḫwj·f* durch ‚er lebt', ‚er erglänzt', ‚er schützt' usw. und nicht durch ‚sein Leben', ‚sein Glanz', ‚sein Schutz' usw. übersetzt werden müssen. Namen wie ‚Chnum ist sein Leben' würden ebenfalls ihrer Bedeutung wegen aus der Reihe der Personennamen des Alten Reiches herausfallen, und für das Element *ḫwj·f* ergibt sich die verbale Bedeutung aus der vollen Form des Namens des Königs ‚Cheops' *ẖnm·w-ḫwj·f-wj*, die nur durch ‚Chnum, er beschützt mich' o. ä. übersetzt werden kann.

Wenn nun aber der dieselbe Bildung aufweisende Königsname nach dem oben Ausgeführten im Alten Reich *rʿ-ḫʿj·f* ausgesprochen worden sein muß — wie erklärt sich dann seine Wiedergabe durch Χεφρη(ν), die die suffigierte Form am Anfang, den Gottesnamen aber am Ende ausgesprochen zeigt?

Eine Antwort auf diese Frage bietet die merkwürdige Schreibung , die sich in dem zur Hyksoszeit beschriebenen Papyrus Westcar (IX, 4) für den Namen des Königs Chefren findet, und in der an Stelle der Verbalform eine suffigierte Nominalform auftritt. Hier liegt also ein Nominalsatz vor, der ebenso gut *rʿ-ḫʿ·w·f* ‚Re ist sein Glanz' wie *ḫʿ·w·f-rʿ* ‚sein Glanz ist (der des) Re' gelesen bzw. übersetzt werden kann. Ich möchte vermuten, daß wir in der letzten Lesung die Lesung der Hyksoszeit zu erkennen haben, der die griechische Wiedergabe durch

---

[1]) Herodot II, 127, vgl. Κεφρην, Diodor I, 64.

[2]) Vgl. meine Bemerkungen ÄZ 75, S. 133 u. Anm. 2.

Χεφρη(ν) genau entsprechen wird. Wir hätten dann in Χεφρη(ν) nur die Umschreibung einer späten, mißverstandenen Lesung des alten Königsnamens, dessen Klang im Laufe der Jahrhunderte vergessen, und dessen ursprünglicher Sinn verlorengegangen war.

Ein Parallelfall zu einer solchen überraschenden Umdeutung des Sinnes und Änderung in der Lesung eines alten Namens scheint in der — auch im Papyrus Westcar (IV, 17) begegnenden — Schreibung  für den Namen eines Prinzen der 4. Dynastie vorzuliegen. Hier ist anscheinend das in Personennamen des Alten Reiches nie vorkommende 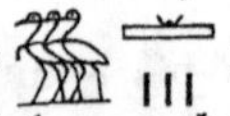 für ein älteres  eingesetzt, der Sinn aus ‚Re, er ist beseelt' o. ä. in ‚sein Ruhm (o. ä.) ist (der des) Re' umgedeutet und die Lesung aus *rʿ-bꜣ·f* in *bꜣ·w·f-rʿ* geändert worden[1]).

Ein dritter, wenigstens ähnlich gelagerter, Fall ist der Name des wegen seiner Lehrsprüche berühmten Prinzen der 4. Dynastie, der in verschiedenen Texten des Neuen Reiches 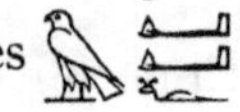 u. ä. geschrieben wird, während er im Alten Reich als  erscheint. Hier braucht zwar eine wesentlich veränderte Lesung nicht vorzuliegen, wohl aber haben wir wieder eine Umdeutung des Sinnes zu konstatieren, indem aus einem alten *ḥr(·w)-ḏdj·f* ‚Horus, er dauert' o. ä. ein ‚Horus, er gibt' o. a. gemacht worden ist[2])[3]).

Wir können also aus der griechischen Form Χεφρην über die ursprüngliche Aussprache der genannten Namen gar nichts schließen und müssen uns mit der merkwürdigen Tatsache abfinden, daß Aussprache und Bedeutung des Namens des großen Erbauers der zweiten Pyramide von Gise in den Jahrhunderten nach dem Zusammenbruch des Alten Reiches in Vergessenheit geraten waren, und daß eine andere Aussprache sich durchsetzte, die dann später allein den Griechen bekannt geworden ist[4]).

EXKURS 2

Zur Schreibung der Namen.

(vgl. oben S. 12ff.)

Ich vergaß — worauf Walter Federn mich aufmerksam macht —, daran zu erinnern, daß in einigen Fällen die Schreibung eines Personennamens, und zwar zum Teil auf einem und demselben Denkmal, auffallend stark variiert. So begegnet z. B. auf den Särgen und Grabbeigaben des Vaters der Königin Teje der Name dieses Mannes, den wir gewöhnlich ‚Jua' o. ä. gelesen finden, in nicht weniger als 11 verschiedenen Schreibungen[5]). Auch der seiner Frau ‚Tua' zeigt mehrere Varianten[6]). Dasselbe gilt von dem Namen des Wesirs *(pꜣ-)rʿ-mśj-św*, der auf seinem bei Gurob gefundenen Sarge in 13 verschiedenen Varianten erscheint! Wenn G. Brunton in seiner Besprechung des letzteren diese Verschiedenheit darauf zurückführt, daß die Möglichkeit eines Fehlers in der Aussprache des Namens verhindert werden sollte, so will mir das nicht recht einleuchten. Dazu finden sich solche gehäufte Schreibungsvarianten doch zu selten — und wie sollte diese Erklärung gerade für die Schreibungen des Namens ‚Jua' zutreffen? Ich denke, die Erklärung liegt allein in der Freude der ägyptischen Schreiber am Variieren an sich, die wir etwas respektlos als ‚Spielerei' zu bezeichnen pflegen[7])[8]).

---

1) Ein Prinzenname *rʿ-bꜣ·f ist zwar aus dem AR bisher nicht überliefert, wohl aber ein  *ḥr(·w)-bꜣ·f* und zwar als Name eines Prinzen der 4. Dyn. Vgl. Borchardt, ÄZ 36 (1898), S. 96, No. 10.

2) Die Stellen bei E. Brunner-Traut, ÄZ 76, 7.

3) Ein Element *dd·f* ‚er gibt' o. a. ist der Namenbildung des AR ebenso fremd wie ein *ḫʿ·w·f* ‚sein Glanz' oder ein *bꜣ·w·f* ‚sein Ruhm'.

4) Vgl. zum Vorstehenden meinen auf der Sitzung der American Oriental Society im April 1949 gehaltenen Vortrag, der JAOS 70, S. 65 ff. veröffentlicht worden ist.

5) Tomb of Iouiya and Touiyou, S. XIII f.

6) Ebenda, S. XIII.

7) Annales du Service 43, 148.

8) Vgl. auch, für die Pyramidentexte, die Bemerkungen von E. Drioton, Annales 49, 57 ff. — G. Fecht macht mich hierzu auf eine Parallele aus griech. Zeit aufmerksam, wo in einem Zauberpapyrus (Preisendanz, Pap. Graecae Magicae II, 135 ff.) der Name der Mutter des Zaubernden in 6 verschiedenen Schreibungen begegnet.

NACHTRÄGE ZU BAND I

1 *ꜣꜣj*

m *D 6* Gardiner-Sethe, Letters to the dead, Tf 1, Z 11.

2 *ꜣꜥꜥj*

f *MR* JEA 14, T 20, 2

3 *ꜣw*

m *NR* Borchardt, Statuen 856

4 *ꜣb·t-ḥp*

f *Spät* Sitz.-Ber. Münchner Ak. Wiss. 1928, 2, 56

5 *ꜣbj·j (?)* (vgl. I, 1, 24)

f *NR* Budge, Fitzwilliam Museum, 85

6 *ꜣbtw·n (?)*

m *D 20* Wilbour Pap. A 70, 41

7 *ꜣbdwj* (vgl. I, 2,4)

m *AR* Murray, Saqqara Mast. I, Tf 23, Mitte

8 *ꜣpìm*

m *MR* Černý Archiv orientalný, 7, 388, fig 5 (Asiat)

9 *ꜣnr(ꜣl)* (vgl. I, 2, 14)

f *D 18* Theben, Grab 295 (Schott)

10 *ꜣrj*

m *AR* Mogensen, Glyptothèque Tf 93, A 667

11 *ꜣrśjn(·t)* (= I, 43, 18)

f *Griech.* Bessarione, 1904, S 49

12 *ꜣrtḫśśś* u. ä.[1]) (= Αρταξερξης)

m *D 27* ÄZ 49, 80 (pers. König)

13 *ꜣḫ-ìb(·j?)*

m *AR* Petrie, Gizeh and Rifeh, Tf 7 A

14 *ꜣḫ-mrw(·t)-nśw·t* ‚herrlich ist die Liebe des Königs‘ o. ä. (vgl. I, 2, 26)

m *AR* Porter-Moss, Memphis, S 40

15 *ꜣḫr*

f *Spät* Borchardt, Statuen 649

1) Vgl. Burchardt, Kanaan. Fremdw. 6.

16 *ꜣḫtbw*, aram. אחתבו

f *D 27* ÄZ 49, Tf VIII, 2 u S 73f

17 *ꜣś·t šrj·t*, *ꜣś·t* ‚die Jüngere‘

f *Spät* Lieblein, Denkmäler, Tf IV, No 14

18 *ꜣś·t tꜣ šrj·t*, *ꜣś·t* ‚die Jüngere‘

f *NR* Lieblein 1995 = Recueil 10, 123

19 *ꜣś·t-m-p(r)-mś(·t)* , ‚Isis ist im Geburtshaus‘

f *Spät* Coll. Desnoyers 50 (Uschebti)

20 *ꜣś·t-mn(?)*[1])

f *Spät* Steindorff, Walters Tf 119, 729

21 *ꜣś·t-(ḥr-)śꜥnḫ* ‚Isis erhält am Leben‘

f *Spät* Daressy, Divinités 38954

22 *ꜣśkr(?)*

f *Spät* Marucchi, Guide du Musée Égyptien du Vatican (1927), S 51

23 *ꜣśt·j(?)*

f *AR* Mariette, Mastabas, S 443

24 *ꜣk·t* (vgl I, 4, 15)

f *MR* Reisner, Kerma II, S 523, No 47

25 u. a. siehe *ìtjwḥj*

26 *ꜣṯ·t-kꜣ·w·ś* [2]) ‚die von ihren Kas Aufgezogene‘ (vgl. I, 4, 17. 414, 7. 416, 12 u. Wb. I 23,9)

f *D 5* Junker, Giza III, 177, 12 u Abb 28, 2 Reihe.

27 *ì-ꜣś·t* ‚o Isis!‘

f *MR* Bull. Inst. 37, 112.

28 *ì-ìb*

m *D 20* Wilbour Pap. A 7, 16. 26, 48

29 *ì-ìb·j (?)* ‚o mein Herz!‘ (?)

m *MR* Annales 38, 626

1) Oder gehören die 2 Zeichen vor noch zum Namen? Etwa *dj-ꜣś·t-mn?*

2) Siehe Wb I 23, 9ff.

1 *i-imw (?)* (vgl. I, 26, 10 und I, 5, 5)

f *MR spät* Mélanges Maspero I, Tafel zu S 907/8, links

2 *i-ḥp* ‚o Apis!'

m *Spät* Borchardt, Statuen IV, 1106

3 *i-ḥr·j* [1]) ‚o Horus!'

m *MR* Bull Inst 37, 112

4 *i-ḫnts (?)* , Var.

f *Spät* Annales I, 285 (= Daressy, Divinités 39220)

5 *i-śn* ‚o Bruder!' (?)

m *D 20* Wilbour Pap A 6, x+4 u 10

6 *i-šzb (?)* u. a.

m *NR* Borchardt, Statuen 1256

7 *i-ḫwj·f (?)* ‚(der Gott) *i*[2]) schützt' o. a. (?)

m *D 6* Sethe, Urk I², 113, 16

8 *iz·t* (vgl. I, 4 ff.)

f *D 6* Junker, Giza 8, 24, Abb 6

9 *izz* (vgl I, 5, 27)

f *NR* Theben, Grab 294 (Schott)

10 *izz·t* (vgl I, 5, 27)

f *AR/MR* Brit Mus 120 [1372]

11 *izm·t* (vgl I, 6, 23)

f *AR/MR* Dunham, Naga ed Der Stelae, S 27

12 *izm·j* (vgl. I, 6, 24)

f *NR* Lieblein 2236 (Turin)

13 *izr·w* (vgl. I, 6, 28)

m *MR* Louvre C 173 (Gayet, Stèles Tf 29)

14 *izs·t* ‚die Kahle' (vgl. I, 7, 3. 5)

f *D 6* Gardiner-Sethe, Letters to the dead, Tf 1, Z 6

15 *izšj (?)*

m *MR* Gardiner-Peet, Sinai No 163 (Černý, Semites 385), Asiat

[1]) Eine Schwester heißt !

[2]) G Lefebvre hält für den Namen einer Gottheit, vgl Clère, Notes 111, Anm 2

16 *ii (?)* ,

m *D 20* Wilbour Pap A 24, 16 36

17 *ij-ʿnḫ·f*

m *AR* Schäfer (Wreszinski), Atlas III, 54

18 *ij-wj-imn* ‚willkommen, Amon!'

m *NR* Bull de l'Inst 38, 224

19 *ij-wj-mn·tw* ‚willkommen, Month!' (vgl. I, 8, 19—21)

m *NR* Theben, Grab 172 (Schott)

20 *ij-wj-kz-mśj (·w)* (?) (vgl. I, 8, 20 und 338, 5)

m *MR (?)* Sammlung v Bissing, III, fig 14

21 *ij-wn* ‚möge *wn* kommen!' (?)

m *AR* Mogensen, Glyptothèque, Tf 95, A 679 (3 mal)

22 *ij-m-nʾ·t* ‚der aus der Stadt gekommen ist' (?)

m *D 20* Wilbour Pap A 81, 32

23 *ij-(m-?)nʾ·t·f* ‚der aus seiner Stadt gekommen ist' (? vgl das vorige)

m *D 20* Wilbour Pap A 48, 29

24 *ij-m-mrjj* ‚der als Geliebter gekommen ist' (vgl. I, 9, 14 ff.)

m *AR* Junker, Giza VI, 98

25 *ij-m-nfr (?)* ‚der als ein Schöner gekommen ist'

f *NR* Theben (Der el Medine), Grab 8 (Vandier d'Abbadie, Mém Inst Fr d'Arch Or, 73, 12)

26 *ij-mw·t*

f *NR spät*, Marucchi, Monumenta, 113

27 *ij-mrjj(·t?)* (vgl. I, 9, 14)

f *MR* Lieblein 287 (London)

28 *ij-n(·j)-ḥr(·w)* ‚möge Horus zu mir kommen!' o. a. (vgl. I, 10, 2 ff.)

m *Spät (?)* Golénischeff, Erem Imp, S 81 = Lieblein 2537

29 *ij-n·j-ḏḥwtj*[1]) ‚möge Thot zu mir kommen!' (vgl. I, 10, 1 ff)

m *D 6* Kairo 1419 (Borchardt, Denkm *AR* I, S. 96)

[1]) Zur Schreibung vgl I, 408, 7 und Boylan, Thot the Hermes of Egypt (1922), S 3 n 1 Sie war bisher nur aus El Bersche bekannt

1 *ij-r-wꜣ* (vgl. I, 11, 12?)
m *Spät* Steindorff, Walters Tf 55, 291

2 *ij-ḥb* (vgl. I 11,14)
m *MR* Kairo 20114, e 3[1])

3 *ij-ḥr-ḫrw(·j)* ‚der auf meinen Ruf gekommen ist'
m *AR* Junker, Giza V, S 155

4 *ij-sꜣ* ‚ein Sohn kommt' o ä.
m *MR/NR* LD Text 4, 54, Z 13

5 *ij-sꜣ·t* ‚eine Tochter kommt' o. ä.
f *MR/NR* LD Text 4, 54, Z 6

6 *ij-sꜣṯ·f* (vgl. I, 298, 19)
m *D 6* v Bissing, Gemnikai II, S 17, Wand G

7 *ij-kjj* ‚ein Anderer kommt' o ä (vgl. I, 10, 19)
m *AR* Junker, Giza 7, 72

8 *ij·t-n-n'·t*
f *MR* Lieblein 186 (Wien)

9 *ij(·t)-m-nfr(·t?)* ‚die als Schone (?) gekommen ist' (vgl. I, 414, 13)
f *D 18* Lieblein 2005 = Mariette, Catal 1110

10 *ij·t-nfr·tj* ‚die als Schöne gekommen ist'
f *NR* Coll Hoffmann, 35

11 *ij·f* (vgl. I, 11, 6) ‚er kommt' o.ä.
m *NR (?)* Koefoed-Petersen, Recueil 55, 718

12 *ij·w-šnb·w* ‚sie kommen, indem sie gesund sind' o. a. (vgl. I, 414, 13 u. 15, 23)
m *MR* Borchardt, Statuen, 467

13 *iʿb·w*
m *MR* Louvre E 10975 (Boreux, Guide 475f)

14 demot. *iʿḥ-m-sꜣ·f* ‚der Mond ist sein Schutz'
m *Griech* Spiegelberg, Demot Denkm 2, 280, 23

15 *iʿḥmš-mn-(m-)inb-ḥḏ* , ‚Amasis dauert in Memphis' o. ä. (vgl. I, 73, 4 und *nfribrʿ-mn-(m-) mnnfr)*
m *D 26* Brugsch, Thes V, 997, Recueil 21, 66

1) Defektive Schreibung von *ij-n-hb* I, 9, 23

16 *iʿḥmš-mn-m-ḥw·t-ʿꜣ·t* ‚Amasis bleibt im Palast' o. ä. (vgl *iʿḥmš-mn-m-inb-ḥḏ)*
m *Spät* Berlin 7737

17 *iʿḥ·jj*[1])
f *NR* Archiv Aeg Arch 1, 258.

18 *iʿḥ·j-pꜣ-ʿꜣ-ʿꜣ (?)* ‚der Mond ist der sehr Große' (?)
m *Spät* Koefoed-Petersen, Recueil 27, 209

19 *iw-pꜣ-n·j* [2]) ‚dieser gehört mir' (vgl. *pꜣ-n·j)*
m *AR* Mariette, Mastabas, S 406

20 *iw·f-ʿꜣ-n-ptḥ (?)*[3]) (vgl. I, 14, 4)
m *Spät* Borchardt, Quellen II, Blatt 2, 1 Reihe

21 *iw·f-n-nꜣ-nb·w* ‚er gehort den Herren'
m *NR* Gardiner, Ramess Adm Doc 9, 2

22 *iw·f-r-bꜣk (?)* ‚er wird dienstbar sein' (?)
m *NR* Lieblein 762 (Liverpool)

23 *iw·f-r-šn(·j?)* ‚er wird (m ?)ein Bruder sein' (vgl. I, 14, 11. 23)
m *MR*, *spät* Rio de Janeiro NE 11 (2448)[4])

24 *iw·f-ḥsj (?)*
m *D 2?* Firth-Quibell, Step-Pyr, Tf 107, 6

25 *iw·š-m-ḥs·t-mw·t(?)* , u. ä. ‚sie ist in der Gunst der (Göttin) Mut' (?)
f *D 21* Brooklyn Mus, Totenbuch

26 *iw-n(·j?)-kꜣ·f* ‚sein Ka kommt zu mir' (? vgl. I, 10, 1ff.)
m *AR* Lutz, Statues Tf 31a—b

27 *iw-nfr·t* [5]) ‚eine Schöne kommt' o. ä. (vgl. I, 15. 21[6])
f *D 20f* Černý, Late Ramess Letters 19, 7 32, 15

1) Oder *iʿḥ·ḥ·jj?*
2) Mariette las allerdings , was aber keinen Sinn zu geben scheint
3) Oder ist *ir·f-ʿꜣ-n-pth* (I, 40, 9) zu verbessern? Vgl Borchardt, Quellen II, S 102, Anm 8
4) Nach Clère, Notes 109, vgl ib Anm. 2
5) Var ohne
6) Die dort gegebene Stelle Kairo 20441a gehort hierher!

1 *iw-rd·f-šnb (?)* (vgl. I, 16, 1)

m *MR* Bull Inst 37, 109

2 *iwwtj*

f *AR* Petrie, Dendereh, Tf 9, unten links 10, oben links

3 *iw-(n-)ḥr(·w)*[1] ‚der Hund (d.h. Diener) des Horus'

m *Spät* Daressy, Divinités 38077

4 *iwiw* (vgl. I, 16, 16) ‚der *iwiw*-Hund'(?)

m *MR* Lieblein 332 (Liverpool)

5 *iwjj·t* [2]

f *MR* JEA 25, Tf 20 No 2, 2 Reg

6 *iwnj·t(?)* ‚die Frau aus Heliopolis' (? vgl. I, 17, 25)

f *MR* Lieblein 186 (Wien)

7 *iw-wrj (?)*

f *D 18* Stele in Compiègne (J J Clère)

8 *iwḥ·w-ip·t (?)*

m *D 5* Borchardt, Neuserre, S 122

9 *iwḥ·w-ppj (?)* (vgl. Wb I, 57, 15)

m *D 5* Epron etc, Ti, Tf 18

10 *iwt·j*

m *AR* Borchardt, Denkm des *AR*, S 167

11 *ib* (vgl. I, 19, 4ff)

m *AR/MR* Mogensen, Glyptothèque, Tf 96, A 680 (2mal)

12 *ib(·j)-iʿj(·w)-šnb* ‚*ib(·j)-iʿj(·w)* ist gesund' o. ä.

m *MR* Kairo 24029 p 1

13 *ib-nb·w-nb·tj (?)*

f *AR* Borchardt (Sethe) Sahure II Text S 117 (Prinzessin)

14 *ib·w* (vgl. I, 171, 1)

m *MR* Lieblein 1779 = Mariette, Cat 827

15 *ibꜣ*

m *MR* Recueil 25, 138 (kollat), Lieblein 1785 = Mariette, Catal 837

16 *ibj* (vgl. I, 20, 15)

m *D 19* Syria 18, 189 u Tf 30 (Asiat)

17 *ib-ib (?)*

m *Spät (?)* Sammlung v Bissing, III, fig 15

18 *ib-jmmw (?)*

m *MR* Sethe, Ächtung S 45, e 2, vgl Weill in Mélanges Dussaud 949f

19 *ibn(?)* (vgl. I, 21, 11)

f *MR* Lieblein 2526

20 *ibni* (vgl. I, 21, 11)

m *D 19* Syria 18, 193 u Tf 30 (Asiat)

21 *ibr*

f *D 25* Mélanges Maspero I, 426, Z 16 (Königin-Mutter).

22 *ibšꜣ (?)* (vgl. hebr. אבשי)

m *MR* Newberry, Benihasan I, Tf 28 (Asiat), vgl Weill in Mélanges Dussaud 949

23 *ib-šm (?)*

m *MR* Kêmi I, 92f (vgl Weill, Mélanges Dussaud 949 u Montet, Byblos et l'Egypte 174 u 212 u JEA 19, Tf 10, 2, König in Byblos)

24 *ibkr* (vgl. I, 21, 13)

m *NR* Steindorff, Aniba II, 248 u 224

25 *ibtw (?)*

f *MR* Bull Inst 37, 113

26 *ip-ʿnḫ·f* ‚*ip* lebt' (vgl I, 21, 30; 22, 16; 23, 13)

m *MR* Quibell-Hayter, Teti Pyr, S 16

27 *ipj wr* ‚*ipj* ‚der Ältere' (vgl. I, 22, 15 und Zusätze)

m *AR* Lutz, Statues Tf. 23

28 *ipj-ḥꜣ-iš·wt·f* ‚*ipj*[1]) (steht schützend) hinter seiner Habe' (vgl I, 22, 17ff.)

m *AR/MR* Chicago, Or Inst 12072 (bemalter Holzsarg), abgekürzt (2 mal)

29 *ipjj-mn(·w)* ‚*ipj* bleibt' (?)

m *NR* Mogensen, Glyptothèque, Tf 105, A 715

---

[1]) Vgl griech ἰυυρις und *pꜣ-iw-n-ḥr(·w)*, I, 100, 9

[2]) Hierher gehört auch die weibliche Form von I 16, 16

[1]) Der Name zeigt, daß in *ipj* ein Königsname (ob Phiops?) versteckt sein muß!

1 *ỉpw-rś(·w)* ‚*ỉpw* ist (wieder) erwacht‘ (vgl I, 29, 13)

m *MR* Borchardt, Statuen 4, 994

2 *ỉpw·t* (vgl. I, 24, 3)

f *D 6* Gauthier I, 146 (Königin-Mutter)
MR, früh JEA 23, Tf 20

3 *ỉprj (?)*

m *AR* Mogensen, Atlas 667

4 *ỉpt* (vgl. I, 24, 16ff.)

m *AR* Murray, Saqqara Mastabas I, Tf 7, Mitte unten, Borchardt, Neuserre S 122

5 *ỉmȝ-ỉb-nṯr* ‚der Gott ist freundlich‘ o a.

f *D 1/2* Petrie, Tombs of the Courtiers 2, 5

6 *ỉmȝ-ỉb-ḥr(·w)-ʿḥȝ* ‚der Horus *ʿḥȝ* ist freundlich‘ o. ä.

f *D 1/2* Petrie, Roy Tombs II, 3, 20 3 A 9, 11, 12, 13

7 *ỉmȝ-ỉpj* ‚*ỉpj* ist freundlich‘ (?)

m *MR* Montet, Byblos et l'Égypte 197.

8 *ỉmȝ-ỉnp·w* ‚Anubis ist freundlich‘ o. ä.

m *D 6* JEA 14, Tf 20, 3 (mit ‚schönem Namen‘ *mwrj*)

9 *ỉmȝ-ỉnḥr·t* ‚Onuris ist freundlich‘ o. ä.

f *AR/MR*, Dunham, Naga ed Dêr Stelae, Taf 9, 1

10 *ỉmȝ-mrjj-rʿ* ‚(König) *mrjjrʿ* ist freundlich‘ o. ä.

m *D 6* Jéquier, Mon fun de Pepi II, S 59.

11 *ỉmȝ-ḥmn* ‚(der Gott) *ḥmn* ist freundlich‘ o. a.

m *AR/MR* Brit. Mus 120 [1372]

12 *ỉm(j?)* (vgl. I, 25, 3 u. 17)

f *D 11* LD II 149f (Königsmutter)

13 *ỉmj-ỉb* ‚der Liebling‘

m *D 5* Annales 38, Tf 96

14 *ỉmj-rȝ-mšʿ* ‚der Truppenvorsteher‘ (vgl. I, 100, 18 und griech. λεμησας)

D 13 Königsname, Gauthier, Livre des Rois II, S. 17f.

15 *ỉmw·ś (?)* 1) (vgl. I, 26, 4)

f *MR* Engelbach-Gunn, Harageh, Tf 16, 2 u 73

16 *ỉmbjj-ś (?)* 2) Var

m *AR* Selim Hassan, Giza I, 91 92 94 95

17 *ỉmn-ỉnj-św* ‚Amon ist es, der ihn[3] (wieder ?)gebracht hat‘

m *D 20* Wilbour Pap A 46, 21

18 *ỉmn-ỉrj-ỉr·t (?)*

m *Spät* Brit Mus Guide 1924, S 86

19 *ỉmn-wȝḏ* ‚Amon ist frisch‘ o. ä

m *D 18* Theben, Grab 125 (Schott)

20 *ỉmn-wr* ‚Amon ist groß‘ o. ä (vgl. I, 27, 5. 80, 17. 18)

m *NR* Fisher, D A N, unveröff

21 *ỉmn-pȝ-nḫt* ‚Amon ist der Siegreiche‘ o. a.

m *D 20* Wilbour Pap A 24 35

22 *ỉmn-pȝ·j-nḫt* ‚Amon ist meine Stärke‘

m *MR, spät* Lieblein 1859 = Mariette, Cat. 945

23 *ỉmn-m-ỉp·w* ‚Amon ist in Achmim‘[4])

m *D 18* Borchardt, Statuen 814.

24 *ỉmn-m-nw-nb* ‚Amon (existiert? hilft?) zu jeder Zeit‘ (vgl. I, 28, 7)

m *NR* Chicago, Oriental Institute, Uschebti 10757

25 *ỉmn-m-ś·t*

m *NR (?)* Fisher, D A N 1266—67 (unveröff)

26 *ỉmn-mnỉw* ‚Amon ist Hirte‘ (vgl. I, 30, 11. 139, 11. 151, 5. 6.)

m *D 20* Wilbour Pap A 37, 2

27 *ỉmn-mr-św* ‚Amon ist es, der ihn[5]) liebt‘ (vgl. I, 157, 17)

m *NR* Golénischeff, Erem Imp S 378

---

1) Ob ‚ihr Schiff‘? Vgl Wb 1, 78, 8ff

2) Einmal (S 92) irrig (?) geschrieben!

3) Den König?

4) Oder liegt eine fehlerhafte Schreibung von I, 27, 18 vor?

5) Den König

1 *imn-r-nḥḥ*  ‚Amon daure ewig!'

m *D 18* Theben, Grab 161 (Schott)

2 **imn-rś(·w)* ‚Amon ist erwacht' o. ä., erhalten in Griech. αμενρωσις, vgl. Spiegelberg, ÄZ 54 (1918), 126, Anm. 1.

3 *imn-hd·w (?)* 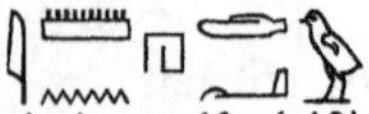 [1]) ‚Amon ist ein (siegreicher) Angreifer' (?)

m *NR* Theben, Grab 85 (Schott)

4 *imn-ḥr-pꜣ-mšꜥ*  ‚Amon ist beim (?) Heere'

m *D 26* LD III, 254 = Couyat-Montet, Hammamât No 93, S 69

5 *imn-ḥr-mꜣꜥw* 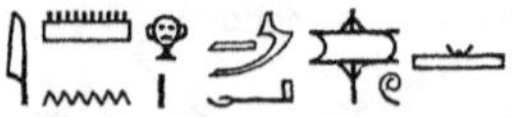

m *NR* Gardiner, Ramess Adm Doc 4, 12—13

6 *imn-(ḥr-)śꜥnḫ*  ‚Amon macht lebendig'

m *D 20* Wilbour Pap A 67, 38

7 *imnḥtp·w-ij(·w)* 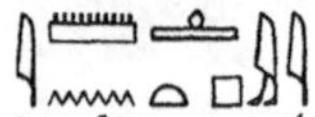 ‚(der vergottete) Amenophis ist gekommen' (vgl. I, 30, 15)

m *Spät* Lieblein 1354 ('Prince of Wales Mummy'), vgl Birch, Account 189

8 *imn-ḥtp·w-iw-intw (?)* 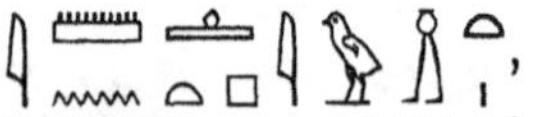, Var.  und 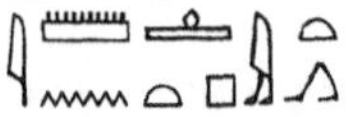

m *Spät* Budge, Fitzwilliam Mus 60 u 62

9 *imn·jj ḥm·t* 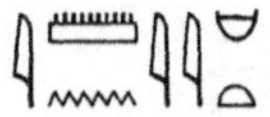 ‚*imn·jj*, die Frau'

f *MR* Lieblein 328 (London)

10 *imn·jj ḥrj-ib* 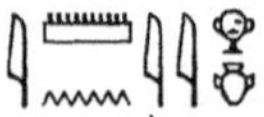 ‚*imn·jj*, der Mittlere' (vgl. I, 31, 14 15)

m *MR* Roeder, Naos 70036, S 124

11 *imr(?)-ḫꜥj·tj* , . . . ist erschienen'

f! *D 20* Wilbour Pap A 77, 25

12 *imṯ·t*  (vgl. I, 32, 18. 17)

f *AR* Koefoed-Petersen, Recueil 77, 21

13 *inj-imn-nꜣ·j-nb·w* 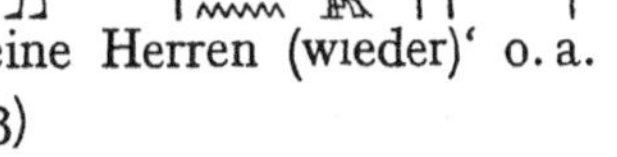 ‚Amon bringe meine Herren (wieder)' o. a. (vgl. I, 33, 22—23)

f *Spät* Brooklyn, Stele 07-422

1) So ist PN I 30, 3 zu lesen!

14 *inj-inḥr·t* 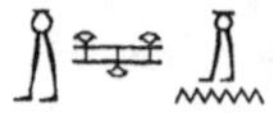 (vgl. I, 35, 23)

m *AR/MR* Dunham, Naga ed Dêr Stelae, Tf 4, 1 Bull Mus F A Boston No 185, S 40

15 *inj-jt·f nḏś*  ‚*inj-it·f*, der Jüngere'

m *AR/MR*, Dunham, Naga ed Dêr Stelae, Tf 15, 1

16 *inj-jt·f-mśj(·w)*  ‚*inj-jtf* ist geboren' o. ä.

m *MR/NR* Winlock, Rise and Fall, Tf 47, Petrie, Qurneh, Tf 30, 3 (genannt)[1])

17 *inj-jt·f-śnb(·w)* 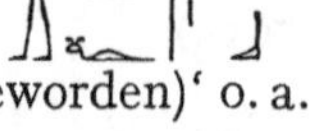 ‚*inj-jt·f* ist (wieder) gesund (geworden)' o. a.

m *MR* Weigall, Lower Nubia, S 97

18 *inj-ꜥnḫ* 

m *AR/MR* Petrie-Brunton, Sedment I, Tf 28

19 *inj-ḥr(·w)-ḏr-tꜣ·wj*  ‚Horus dringt vor bis zum Ende der beiden Länder'

m *MR* Bull Inst 37, 110

20 *in-ḥr(·t)-ir(?)*  [2]) (vgl. I, 35, 11)

m *MR* Louvre C 173 (Gayet, Stèles Tf 29)

21 *inḥr·t-iḳr* 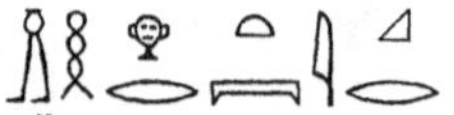 ‚Onuris ist vortrefflich' o. ä.

m *AR* Wilbour, Notebooks 2 K 16 (mit ‚schönem Namen' 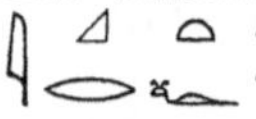).

22 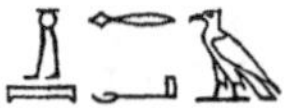 siehe *ꜥꜣ-inḥr(·t)*

23 *inḥr·t-ḥḳꜣ*  ‚Onuris ist Herrscher'

m *AR/MR*, Dunham, Naga ed-Dêr Stelae, Tf 13, 1

24 *inj-św-mḥj·t(-r)-br-pꜣ-nfw*   ‚möge (die Göttin) *mḥj·t* ihn[3]) aus dem Bösen (?)[4]) herausbringen!'

f *Spät* Lieblein 2414

25 *inj·t* 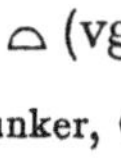 (vgl. I, 36, 3ff.)

f *AR* Junker, Giza VI, 204

1) Petrie gibt *mśtšr-* — Winlock (a a O S 135) liest *mśdšr* u übersetzt ‚das rote Kind' — ob richtig?

2) Oder 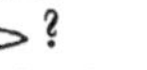 ?

3) Den König? oder *śj* zu lesen und auf die Namenträgerin zu beziehen?

4) Vgl Wb III 252, 1.

1 *inj·t·j* (vgl. I, 38, 23)
f *AR* Junker, Giza VI, 204

2 *in-śnb(·w)*
m *MR* Lieblein 450 (Stockholm)

3 *in·j* (vgl. I, 36, 16 u. 19)
f *AR* Annales 43, 489 (als ‚ihr schöner Name' bezeichnet), Mariette, Cat. d'Abydos, S. 94, No. 538 (Königin)

4 *inij (?)* sic
m *NR* v. Bissing, Fayencegefäße 3722

5 *inw(?)-mn(·w)* siehe I, 151, 16!

6 *inwt* (vgl. I, 281, 1. 2)
f *MR* JEA 23, Tf. 3

7 *inp·w-ḥtp·w* ‚Anubis hat sich gnädig erwiesen'
m *AR, früh* Garstang, Mahasna 19, 11 f.

8 *inš·j*[1])
m *AR* Jéquier, Mon. fun. Pepi II, S. 62

9 *ink-św* ‚mir gehört er!' (vgl. I, 38, 10)
m *MR* Lieblein 203
NR (?) Berlin, Hierat. Pap. III, 34

10 *ink-św-nḏm (?)*
f (!) *D 20* JEA 13, Tf. 14, 4. 9. 12

11 *intn (?)*
m *MR* Kêmi 92 (*ḥ3tj-ʿ* von Byblos)

12 *intrš* Var.
m *D 19* Petrie, Kahun, Gurob and Hawara, Tf. 19

13 *in-tšb* [2]) (vgl. I, 38, 11. 25)
m *NR* Kairo 25807 (Prinz von Karchemisch)

14 *indj* (vgl. I, 38, 26)
m *AR/MR*, Dunham, Naga ed-Dêr Stelae, Tf. 28, 2

15 *ir-ʿ3 (?)* (vgl. I, 40, 8 ff. 16)
m *Spät* Berlin 936

16 *ir-wḏ3-nfw*[3])
m *Spät* Daressy, Divinités 39103

17 *irj-ḥr(·w)-wḏ3-(n-?)nfw* ‚möge Horus das Heil für die Schiffer machen!' (? vgl. I, 39, 17)
m *Spät* Golénischeff, Erem. Imp., S. 36 = Lieblein 2548

18 *irj-ḫnś·w-wḏ3-*. . . . .[1])
m *Spät* Daressy, Divinités 38373

19 *ir* (vgl. *p3-ir*)
m *D 20* Wilbour Pap. A 89, 32

20 *ir·t-ʿnn (?)*
f *NR* Bulletin of the City Art Museum of St. Louis, 6 (1921), 26

21 *ir·j* (vgl. I, 41, 1)
m *AR* Junker, Giza VIII, 72

22 *irj* (vgl. I, 41, 1 u. 23)
m *AR* Macramallah, Idout, Tf. 9, A

23 *irj*
m *NR* Florenz, Uschebti 1965 (S. 13)

24 *irj-m3ʿ·t (?)*
m *AR* Borchardt, Denkm. des *AR*, S. 144 u. Bl. 35 (2 mal).

25 *ir-mr (?)*
m *MR/NR* Borchardt, Quellen 2, Blatt 2, 3. Reihe

26 *irj(·w)·n-b3* , ‚den der (heilige) Bock geschaffen hat'
m *AR* v. Bissing, Gemnikai, Koefoed-Petersen, Recueil 31, 13

27 *ir(·w?)-k3-k3(·j?)*
m *D 5* Bologna 1901

28 *irw*
m *D 6* Möller, Hierat. Pap. Berlin III, Tf. II, 3. 1 u. Tf. III, Rückseite.

29 *irw*
m *D 25* Urk. 3, 130, Z. 106 (Nubier)

30 *ir·t-ptḥ* (vgl. I, 195, 6!)
m *AR* Mariette, Mastabas, S. 301 (Var.[2]) von *nfr-irj·t-ptḥ*), Philadelphia, Univ. Museum 2300 (auch genannt *irjj*)

31 *ir·t-nb·w*
f *AR/MR* Quibell, Excav. at Saqqara 1905—06, S. 8 (mit ‚schönem Namen').

---

[1]) Oder *in(r)·j*?
[2]) Der Name enthält den churrischen Gottesnamen Teschup, vgl. Gardiner, Onomastica I, 132* und Barnett-Černý, JEA 33.
[3]) Abkürzung für I, 39, 22 o. a.

[1]) Die bei Daressy folgenden Zeichen sind so gewiß nicht richtig!
[2]) Ob Schreibfehler?

1 *ir·t-ḥmn*
f *AR/MR* Brit Mus 1372 (I, 54)[1])

2 *ir·t-ḫntj-tnn·t*
m *AR* Mariette, Mast, S 337

3 *ir·t·ś* (vgl. I, 195, 11)
f *AR/MR*, Dunham, Naga ed Dêr Stelae, Tf 19, 2

4 *ir·t-śbk*
f *AR/MR* Brit Mus 1372 (I, 54)

5 *ir·t-k3(·j?)* [2]) (vgl. I, 40, 21)
f *AR* Mogensen, Glyptothèque, Tf 95, A 679

6 *irtj (?)* , Var. (vgl. I, 42, 18)
m *AR*, Koefoed-Petersen, Recueil 38, 22 (Kurzform für *nj-ʿnḫ-irtj-pjpj*)

7 *ir·tj(?)-'r·w* (vgl. I, 42, 14); vgl. griech. ιθορως
f *Spät* Borchardt, Statuen 1044 (1148)

8 *ir·tj(?)-b3śt·t*[3])
f *D 22* Mitt Kairo 12, S 34 (Königin)

9 *ir·tj-r-w3 (?)*
f *Spät* Steindorff, Walters Tf 118, 541

10 *irj·t-ʿ3·t* u. ä. (vgl. I, 41, 24)
f *NR* Wilbour Note Books 2 D 67 (nach Rosellini); Champoll, Not I, 850
(Beides der Name derselben Frau, in Grab r, Porter-Moss I, 188)

11 *irj(·t)-mw·t* ‚die Gefährtin der (Göttin) Mut' (?)[4])
f *D 20 f* Černý, Late Ramess Letters 2, 6 8, 10

12 *irj(·t?)-ḥnw·t-mt(r)* ‚die Genossin der (Göttin) *ḥnw·t-mtr*' (vgl. I, 243, 16)
f *NR* Philad D A N Grab 148 (unveröff)

13 *irj* (vgl. I, 39, 6)
m *NR* Lieblein 2124 = Mariette, Catal 1166

14 *irʿ (?)*
m *D 20* Wilbour Pap A 86, 8 12 87, 20

15 *ir-ʿn (?)*
m *D 20* Wilbour Pap A 55, 16

1) Clère (Notes 109) übersetzt ‚celle que *ḥmn* a créée' Ich möchte eher denken, daß es sich um eine Kurzform zu **nfr-irj·t-ḥmn* handelt, vgl I 195, 6 10
2) Ob ‚die welche mein Ka gemacht hat'? Oder Kurzname?
3) Wohl Kurzname, vgl I, 42, 14
4) Oder ‚der Mutter'?

16 *irwḏ3nj (?)* , u. a.
m *NR (?)* Fisher, D A N, Grab 306 (unveröff)

17 *irnś (?)* (vgl. I, 174, 3?)
m *AR* Koefoed-Petersen, Recueil 37, 19 (3 mal; mit ‚schönem Namen' *n-itj*)

18 *ir n-śn(?)* (vgl. I, 39, 24—27)
m *D 4* Borchardt, Denkm des *AR*, S 52 u Bl 13, 1391

19 *irr-rdj·f (?)* ‚der Schöpfer giebt' o a (Fecht)
m *MR* Recueil 25, 137, kollat

20 *irr(?)-k3(?)* (vgl I, 40, 21)
m *AR* Macramallah, Idout, S 5, Anm 5 B

21 *irr·t*
f *AR* Fakhry, Sept tombeaux, 5

22 *irrj*
m *AR/MR*, Dunham, Naga ed Dêr Stelae, Tf 10, 2 (‚sein schöner Name bei Ptah-Soker ist *ir* ').

23 *irt·j* (vgl. I, 43, 23)
m *AR* Mariette, Mastabas, S 406

24 *ir·tw-nfr* (vgl. I, 40, 27 u. 43, 26)
f *D 19* Theben, Grab 1.

25 *irt·ś*
f *MR (?)* Koefoed-Petersen, Recueil 52, 1680

26 *irṯ* [1]) (vgl. I, 43, 29)
m *NR* Steindorff, Walters Tf 119, 725

27 *ir-dj-ś(w)* , u. ä. (vgl die mit zusammengesetzten ägypt. Namen der Spätzeit!)
m *D 25* Urk III 104, Z 7 (Nubier!) Daressy, Divinités 38261, London, Univ Coll Mus (Bronze-Harpokrates)

28 *iḥf·j śrj(?)*
m *NR* Univ Coll Mus. Reihe 530 (bemalte Stele)

29 *iḥnm*
m *MR* Gardiner-Peet, Sinai No 163 (Černý, Semites 385), Asiat

30 *iḥ3-nj·t* ‚(die Göttin) Neith kämpft' o. ä.
f *D 1/2* Petrie, Roy Tombs III, 26, 51

1) Vgl auch ÄZ 66, 7*, 8, 11 — was aber vielleicht nicht PN ist (Glanville ÄZ 68, 27) sondern ‚der Mann aus Arad' bedeutet

1 *ỉḥꜣ-ḳn* ‚der starke Kämpfer'[1]) (vgl. I, 44, 11)
m *D 20* Wilbour Pap A 77, 35

2 *ỉḥꜣ-kꜣ(·j)* ‚mein Ka möge kämpfen' (? vgl. 44, 15)
m *D 2(?)* Firth-Quibell, Step-Pyr, Tf 107, 1

3 *ỉḥꜣ·t-tꜣ-nb(·t)-ꜥnḫ* ‚(die Göttin) *ỉḥꜣ·t*[2] ist die Herrin des Lebens' (?)
f *D 26* Kairo 1233 (Borchardt, Statuen IV, 122)

4 *ỉḥjj-ḫwj·f-wj*[3]) ‚möge (der Gott) *ỉḥjj* mich schützen!' o. ä.
m *D 6* Sethe, Urk I, 148, 6

5 *ỉḥt* (vgl. I, 418, 24?)
m *D 20* Wilbour Pap A 52, 22

6 *ỉḫ* (vgl. I, 45, 10)
m *MR* Engelbach-Gunn, Harageh, Tf 20, 42 (Skarab)

7 *ỉḫ-ntf* ‚was ist er?!' (vgl. *ỉḫ-ntś*)
m *D 20* Wilbour Pap A 8, 42 27, 8 13 31, 36 usw

8 *ỉḫ-śḏm(·j)* ‚möchte ich doch hören!' (?)[4])
m Dyn 5 Schäfer (Wreszinski), Atlas III, 69, Mitte oben

9 *ỉḫ-tꜣj* ‚was ist diese?!' o. ä. (vgl. I, 15, 9. 45, 9)
f *D 20 f* Černý, Late Ramess Letters 8, 14

10 *jḫjj* (vgl. I, 45, 10)
m *AR* Quibell-Hayter, Teti Pyramid, S 22

11 *ỉḫj* (vgl. I, 45, 10)
f *NR* Vatikan 3 (Holzsarg)

12 siehe *ỉ ḫwj·f (?)*

13 *ỉḫmnš* = Αχαιμενης
m *D 27* ÄZ 49, 78 (pers König)

14 *ỉśr* , Var. ‚die Tamariske' (vgl. I, 46, 24. 25)
m *AR/MR*, Dunham, Naga ed Dêr Stelae, Tf 29, 2

15 *ỉssj-...* [5]) ‚(König) Asosi erglänzt'?
m *AR* Borchardt, Denkm des *AR*, S 120 (1438).

16 *ỉśjj*
m *AR* Mariette, Mastabas, S 105

17 *ỉśw·j* (vgl. I, 46, 12ff.?)
m *D 6* Davies, Deir-el Gebrâwi II, Tf 12

18 *ỉśprt*
m Urk 3, 102 (nubischer König)

19 *ỉśk* (vgl. I, 46, 28ff.)
m *NR* Duringe, Cannes, Tf 2 u S 7

20 *ỉḳ·j* (vgl. I, 47, 12ff.)
m *MR* Bull Inst 37, 107 (2 mal) = Alliot, Tell Edfou 1935, Tf 17, 3

21 *ỉḳr šrj* ‚*ỉḳr*, der Jüngere'
m *MR* Lieblein 276 (London)

22 *ỉḳr-ḥtḥr* , Var. ‚Hathor ist vortrefflich' o. a.
m (?) *D 12* Firth and Gunn, Teti Pyramid Cemeteries I, 278

23 *ỉḳr-šnb(·w)*
m *MR* Lieblein 276 (London)

24 *ỉḳr w*
m *D 6* Berlin, Hierat Pap III, Taf IV, Str. A, Z 5

25 *ỉḳrtj*
m *D 6* Scharona Pap a Vs. 4, 12 Rs 2, 11

26 *ỉkꜣ*
m *AR* Mackay, Bahrein and Hemamieh, Tf 21.

27 *ỉkrỉ (?)* (vgl. I, 371, 14f.)
m *Spät* Daressy, Divinités 38067.

28 *ỉt mꜣ·t*
f *MR* Kairo 20553c.

29 *ỉt-nfr·w-mśj (?)* (vgl. I, 49, 10f. u. 165, 8)
f *MR* Lieblein 1451 (St Petersburg)

30 *ỉt-nfr·w-šnb* (vgl. I, 48, 9f.)
f *MR* Brooklyn 39 602 (= Lieblein S 638, 1617)

31 *ỉt-n-ḫrd (?)*
m *MR* Kairo 20520 1 1 (Asiat) Vgl auch Kairo 352a

32 *ỉt-nꜥj* ‚der Vater hat sich erbarmt' (?)
m *D 20* Wilbour Pap A 70, 32.

---

1) Vielleicht auch Gottesbeiwort — dann Kurzname.
2) Wohl die Wb 1, 217, 7 genannte, bisher erst aus ptolem. Texten bekannte ‚Kämpferin'
3) Zur Bildung vgl den Königsnamen *ḫnm(·w)-ḫwj·f-wj* (Cheops), Sethe, Urk I, 8, 7
4) Dr. Fecht schlägt vor *ỉḫ-śḏm(j j)* ‚möge ich doch erhört werden!'
5) Ob *issj-ḫꜥj[·f]?* Mar. Mast S 456 gibt .

1 *it·f-śnb(·w)*  ,sein Vater ist gesund' o. ä. (vgl I, 51, 16; u. *śnb-it)*

m *MR* Berlin P 10 470, Seite 2, 3 8 (Mitteilung von E Edel)

2 *it·w-r-nḥḥ*  ,mögen die Väter ewig (dauern)!' o ä.

m *AR/MR* Dunham, Stelae, Tf 28, 1

3 *itȝj (?)*  (vgl. I, 49, 27)

f *AR* LD II, 114 l ('schoner Name' einer ).

4 *itj ꜥȝ* 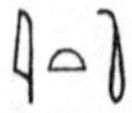 ,*itj*, der Ältere' (vgl. I, 49, 16)

m *AR/MR* Dunham, Stelae, Tf 26, 1

5 *itj·t* 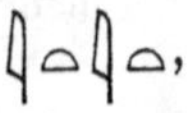, Var.  (vgl. I, 52, 16!)

f *AR* Jéquier, Pyram de Neit et Apouit, 56

6 *itj*  (vgl. I, 50, 3; 416, 9)

m *AR* Annales 43, 503

7 *itjwhj (?)* 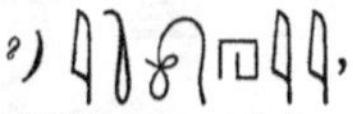, Var ,   u. ä.

m *Spat* Couyat-Montet, Hammamat No 13 50 106 146 148 164 266 (Perser) Vgl Posener, Prem dom perse 119 (e)

8 *itj-nb (?)* 

m *Spat* Brit Mus. Guide 1924, 98

9 *itjw* 

m *AR* Junker, Giza 5, S 20 u Abb 21

10 *itjw·t* 

f *AR* Junker, Giza VIII, 25 26[1])

11 *itm(·w)-m-ḥȝ·t* dem. 

m *Spat* Spiegelberg, Demot Denkmaler II, S 279, 14

22 *itm(·w)-m-tȝ-nb* 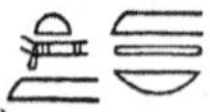 u. à. ,Atum ist in jedem Lande'[2])

m *NR* Musée ég 2, 98.

13 *itm(·w)-nḫt(·w)* ,  ,Atum ist stark' (vgl. I, 51, 25)

m *D 20* Wilbour Pap A 47, 20 30

14 *itm(·w)-rḫ-ś(w)* dem. 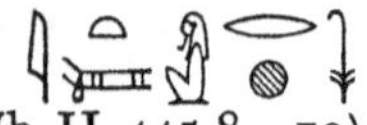 ,Atum ist wissend' (vgl. Wb II 445,8—10)

m *Spat* Spiegelberg, Demot Denkm II, S 279, 13

15 *itm(·w)-(ḥr-)nw-nb(·t)*  3) ,Atum sieht Alles' (vgl. I, 380, 20)

f *NR* Leiden V 26

1) Danach ist I 5, 25 zu streichen!
2) Vgl Z² zu 380,22!
3) Das Zeichen wird fur  stehen und eine irrtumliche Wiedergabe der hieratischen Vorlage darstellen, vgl Moller, Hierat Pal II 85 mit 306!

16 *iṯ* 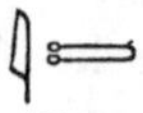

m *AR*, *spat* Lieblein 1398

17 *iṯ·t* 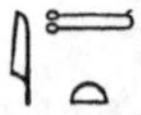 (vgl I, 416, 12)

f *AR* Junker, Giza 7, S 244 u Abb 101
MR (?) Eremitage 4876 (Travaux Dép Or III 97, T. 2)

18 *idj·t*  ,das Madchen'[1])

f *AR* Macramallah, Idout, S 38, Anm 2

19 *idw·t*  (vgl. I, 53, 17) ,das Mädchen'[2])

f *AR* Macramallah, Idout, S 7 11 14 etc , ,schoner Name' einer Prinzessin, die mit ,großem Namen' *śšśš t* hieß)

20 *idḫ·w* 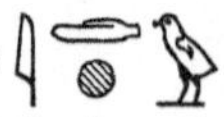

m *AR* Junker, Giza V, 20 u Abb 7

21 *iddj* 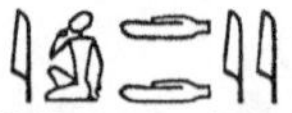 (vgl I, 54, 19. 20)

m *MR* Daressy, Ostraca Tf 63 unten, Z 24

22 *ji (?)*  (vgl. I, 55, 18)

f *NR* Theben Grab 295 (Schott), Beiname einer (Name zerstort)

23 *jꜥm* 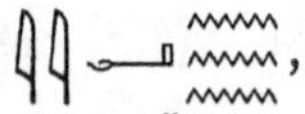, 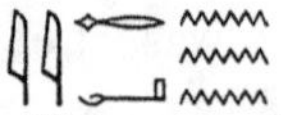

m *NR*, *fruh* ÄZ 50, 7 (Hyksoskonig)

24 *jꜥḳb-hr* 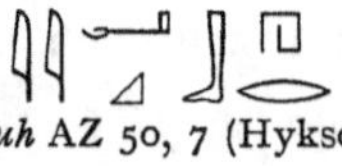 (vgl. hebr. יעקב)

m *NR*, *fruh* AZ 50, 7 (Hyksoskonig)

25 *jpj*  (vgl. I, 55,25)

m *NR* Bulletin de l'Inst 27 (1927), Tf 3

26 *jpšm-ib* 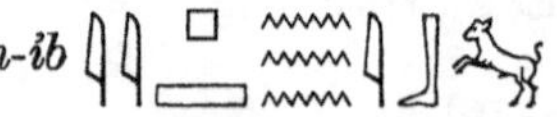

m *MR* Kêmi I, 92—93, vgl Weill, Mélanges Dussaud 949 = Montet, Byblos et l'Egypte 174 (Konig in Byblos)

27 *jpṯ-hr (?)* 3)

m *MR/NR* Annales 36, 175 u Tf IV, 140

28 *jḥ (?)* 4)

m *NR* Philad , Fisher, D A N 1131—33 (Grabkegel, unveroff)

29 *jḥmj* 

m *D 20* Wilbour Pap A 36, 5

30 *jḥnm* 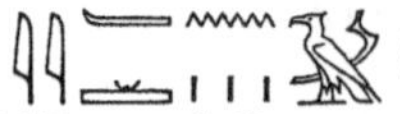 (vgl. hebr. חֲנַמְאֵל)

m *NR* ('Dyn 19') Chicago, Oriental Institute, Case K 14

31 *jśi (?)* 

m *NR* Dorpat (P S B A 16, 154)

32 *jgrkś* 

m *D 19* Syria 8, 195 u Tf 30 (Asiat)

1) Vgl Wb I 152, 12
2) ? Vgl Wb I 151, 12
3) Semitischer Name? Steindorff vergleicht den Hyksosnamen *jꜥpk-hr*, Newberry, Scarabs Tf 23, 1—3.
4) Ob fur [illegible] ??

1 *jtʿbʿr* (=ידעבעל ?)[1]
m *NR* Burchardt, Fremdworte 241

2 *jṯmw (?)*
m *AR* Aberdeen (Cat. Reid) 1046

3 *ʿ(·j?)-ṯmꜣ* ‚mein Arm ist stark' o. a. (? vgl. *ṯmꜣ-ʿ* Wb. 5, 367, 6ff.)
m *AR* Duell, Mereruka I, Tf. 87 (Nr. 38)

4 *ʿwj*
m *MR*, *spät* Bessarione 9 (1900/1), S. 17, Fig. 6 (2 mal!)

5 *ʿꜣ-ʿꜣ* ‚groß ist der Große'? (vgl. I, 57, 9)
m *MR* Roeder, Naos 70036, S. 125

6 *ʿꜣ-m-nʾ·t* ‚der Große ist in der Stadt (d. h. Theben)'
m *D 20* Wilbour Pap. A 81, 4. 82, 23

7 *ʿꜣ-mꜣj* ‚der Löwe (d. h. der König) ist groß'
m *D 20* Wilbour Pap. A 65, 48. 71, 11

8 *ʿꜣ-mnḫ·t-ỉmn* ‚groß ist die Vortrefflichkeit des Amon' (?)
f *Spät* Birch, Account 192

9 *ʿꜣ-mrw·t·ś* [2] ‚groß ist ihre Liebe' (vgl. I, 57, 22)
f *MR* Lieblein 1451 (St. Petersburg)

10 *ʿꜣ-n(m?)-gꜣw·t* [3] (vgl. *wrš-m-gꜣb*)
m *D 20* Wilbour Pap. A 77, 43.

11 *ʿꜣnw (?)* (vgl. I, 62, 9. 10)
m *NR* Steindorff, Aniba II, 187. 248

12 *ʿꜣ-ḥtp·ś* [4] ‚groß ist ihre Gnade' (vgl. *ʿꜣ-ḥtp·f*)
f *D 18* Theben, Grab 161 (Schott)

13 *ʿꜣ-ḫꜣ (?)*
m *D 26* Lieblein 2342

14 *ʿꜣ-ḫʿ·w*
m *NR* Koefoed-Petersen, Recueil 55, 970b = Mogensen, Glypt., Tf. 104, 707

15 *ʿꜣ-ḫpr·w-mśj(·w)* ‚Amenophis II ist geboren!'
m *D 18* Lieblein 1927 = PSBA 1889, 96

[1]) So Burchardt.
[2]) So ist gewiß zu verbessern!
[3]) Vgl. *gꜣw* ‚niederstürzen', Wb. 5, 153, 13.
[4]) So 2 mal!

16 *ʿꜣ-šfj·t-ỉw* ‚(der Gott) *ʿꜣ-šfj·t*[1]) ist gekommen'
m *NR* Gardiner, Ramesside Admin. Docum., 1, 1

17 *ʿꜣ-šfj·t-nḫt* ‚(der Gott) *ʿꜣ-šfj·t*[1]) ist stark' o. ä.
m *NR* Gardiner, Ramess. Adm. Doc., 3, 14. 6, 7

18 *ʿꜣ-šfj·t-ḥr-ỉb* ‚(der Gott) *ʿꜣ-šfj·t*[1] ist zufrieden'
m *NR* Gardiner, Ramess. Adm. Doc., 4, 3. 5, 2. 6, 10f.

19 *ʿꜣ* ‚der Esel' (vgl. *tꜣ-ʿꜣ·t*)
m *D 20* Wilbour Pap. A 6, x + 3. 11, 34. 17, 20. 21 usw.

20 *ʿꜣ-ḳn* ‚der starke Esel' (?)[2])
m *MR/NR* Nur als Königsname belegt, in einem Text der Spätzeit, Borchardt, Quellen II, Blatt 2, Reihe 3, 12

21 *ʿꜣm-n·j* ‚ein Asiat für mich!' (?)
m *MR* Kairo 20712b

22 *ʿꜣk (?)*
m *D 26* Berlin ÄZ 31, 84, Z. 8 u. S. 86

23 *ʿꜣk-šnb(·w)*
m *Spät* Brugsch, Thes. V, 1063

24 *ʿꜣt*
m *D 5* Junker, Giza III, 182, 4

25 *ʿꜣdb (?)*
m *MR* Lieblein, Denkmäler 19

26 *ʿb-pḏ·t (?)* (vgl. I, 416, 24?)
m *D 20* Wilbour Pap. A 31, 39. 48, 34. 67, 28

27 *ʿb-nn (?)*
m *MR*, *spät* Bessarione 9 (1900/01), S. 17, Fig. 6

28 *ʿbjw (?)*[3])
m *D 6* Jéquier, Mon. fun. de Pepi II, Tf. 57

29 *ʿbd-mw·t* ‚der Diener der (Göttin) Mut'[4])
m *Spät* Vatikan, Uschebti ohne No. (2 mal)

30 *ʿbdt* [5])
m? *NR* Fisher, D. A. N. Grab 302 (unveröff.)

[1]) Für *ʿꜣ-šfj·t* ‚der Hochangesehene' als Beiwort verschiedener Götter, bes. des Amon, siehe Wb. 4, 458.
[2]) Oder liegt doch eine ungenaue Schreibung des Hyksoskönigsnamens *ʿꜣ-ḳn-n-rʿ* vor? Vgl. Borchardt, a. a. O., S. 106, Anm. 3.
[3]) Oder fehlt vorn etwas?
[4]) Hybride Bildung, das hebräische Wort עבד enthaltend.

[5]) Wohl Femininbildung zu dem semitischen Kurznamen עבד, vgl. I 60, 10.

1 *ꜥm* (vgl. I, 60, 28)

m *MR/NR* Burchardt, Fremdworte 258, Mélanges Dussaud, S. 840, ÄZ 50, 7 (Hyksoskönig)

2 *ꜥm(mw?)-nnšj*

m *MR* Pap Sinuhe B 30, OB3 33 usw Siehe Clère in Mélanges Dussaud, S 835ff

3 *ꜥmrj* (vgl. I, 61, 4)

m *MR* Roeder, Naos 70036, § 444

4 *ꜥn-ꜥnḫ·j*[1]) (vgl. I, 61, 10)

m *D 6* Gardiner-Sethe, Letters to the Dead, Tf 1, Z. 10 11. 13
f *D 6* Ebenda Z 7.

5 *ꜥn-m-wiꜣ* ‚der Schöne ist in der (Prozessions-)Barke‘

f? *D 20* Wilbour Pap A 42, 11

6 *ꜥn(?)-m-ḥ·t-nṯr* [?] ‚der Schöne (?) ist im Tempel‘ (vgl. I, 915, 10)

m *D 20* Wilbour Pap A 32, 24

7 *ꜥn-rkj (?)* (vgl. I, 425, 11?)

m *D 20* JEA 26, Tf 5, 9

8 *ꜥn-ḥꜣ·t*[2])

m *D 18* Borchardt, Statuen 623

9 *ꜥn-ḥtḥr* ‚schön (oder freundlich) ist Hathor‘

f! *D 20* Wilbour Pap A 69, 31

10 *ꜥn-ḥtr*[3])

D 18 AZ 66, 6*, 4, 2, 7*, 9, 10

11 *ꜥn-ḫrj-sṯḫ* ‚es ist schön bei (?) Seth‘ (vgl. I, 61, 29 u. 62, 1)

m *D 20* Wilbour Pap A 26, 22 30, 22

12 *ꜥn-sṯḫ* ‚schön (oder freundlich) ist Seth‘

m *D 20* Wilbour Pap A 67, 35

13 *ꜥn-ṯꜣ* (= I, 62, 7. 11?)

m *Spät* Berlin 936

14 *ꜥnw* (vgl. I, 62, 10)

m *AR* Annales 35, 149, Abydos, Königsliste 52 (Beiname eines Königs *snfr-kꜣ*)

15 *dem* *ꜥn·w-ꜣš·t* (vgl. I, 62, 2. 3)

m *Griech* Spiegelberg, Demot Stud 8, 32

16 *ꜥn·n·š*

f *MR* Bull Inst 37, 112.

17 *ꜥnnꜣ (?)*

m *D 18, spät* Cranbrook Academy of Art, Grabrelief (Mitteilung von John Cooney)

18 *ꜥnḫ-iwt (? iwt-ꜥnḫ ?)*

m? *AR* Tell Edfou I, 27 (Stele)

19 *ꜥnḫ-ipj* ‚möge *ip·j* leben!‘

m *MR* Lieblein 217 (Florenz)

20 *ꜥnḫ-inḥr·t* ‚möge Onuris leben!‘ o. ä.

m *Spät* Steindorff, Walters Tf 118, 529

21 *ꜥnḫ-ir-kꜣ* u. ä.

m *D 5* Bologna 1901

22 *ꜥnḫ-ir·tj-ttj* ‚es leben die beiden Augen des (Königs) Teti‘ o. a.[1]) (vgl. *nj-ꜥnḫ-ir·tj-ppjpj*)

m *D 6* Quibell, Saqqara I, Tf 11 (mit Beinamen *ḫt·j*)

23 *ꜥnḫ-isj* ‚(König) *isj*[2]) möge leben‘ o. ä.

m *AR* Borchardt, Neuserre S 75, Brit Mus Stelae I, Tf 20

24 *ꜥnḫ-itj* ‚(König) *itj* lebt‘ o. ä.

m *AR* ÄZ 50, 6

25 *ꜥnḫ-wśrkn* ‚möge Osorkon leben!‘ o. ä.

m *Spät* Coll Hoffmann, 124

26 *ꜥnḫ-wḏꜣ (?)*

m *AR* Junker, Giza VIII, 124 (mit ‚schönem Namen‘ *iṯj*)

27 *ꜥnḫ-m-irtj*

f *Spät* Steindorff, Walters Tf 118, 364

28 *ꜥnḫ(·j)-m-ꜥ-nṯr(·j?)* ‚mein Leben ist in der Hand des (?meines?) Gottes‘ (vgl. I, 63,26 ff.)

m *AR* Mariette, Mast, S 198

29 *ꜥnḫ-mn(·w)*[3]) , ‚(der Gott) Min lebt (lebe?)‘

m *AR/MR* Liverpool Annals 4, 114
Spät Vatikan, Marucchi 202

30 *ꜥnḫ-mn (?)*

m NR Gardiner, Late Egyptian Stories, 90, 12

---

[1]) Oder ist nicht doch einfach *ꜥnḫ·j* zu lesen? Vgl. PN I, 68, 3

[2]) Fur *ꜥn-m-ḥꜣ t?*

[3]) ‚Mit schönem Pferdegespann‘, wohl Königsbeiwort

---

[1]) Vgl Wb 1, 194, 15 ‚die Augen leben‘ = ‚sich freuen‘ o ä

[2]) Nach Sethe, ÄZ 50, 3 ein ephemerer Usurpator etwa aus der Mitte von *D 5*

[3]) I, 64, 15 ist anders zu lesen, siehe Zusätze!

1 ʿ*nḫ-mnṯ·w* ,es lebe (der Gott) Month' o. ä. (vgl. I, 65, 24 66, 1)

m (?) *MR* Louvre C 173 (Gayet, Stèles Tf 29)

2 ʿ*nḫ-mr-św* ,es lebt, der ihn liebt' (vgl. I, 64, 17 mit Zus.[2])

m *AR* Junker, Mél Maspero I, S 268, Abb 1

3 ʿ*nḫ-mrjj-rʿ* (2. Name eines *špśś-kꜣ mrjjrʿ*)

m *AR* Bankfield Museum Notes, fig 3

4 ʿ*nḫ-n-mw·t* (?) (vgl. I, 64, 23)

m *Spät* Lieblein, Denkmäler, 61

5 ʿ*nḫ-nꜣ·f-nb·w* ,mögen seine Herren leben!' (vgl. I, 33, 22. 23. 34, 22)

m *Spät* Kairo 716 (Borchardt, Statuen 3)

6 ʿ*nḫ-n·j-pjpj* ,möge (König) Phiops für mich leben!' (?)[1])

m *D 6* de Morgan, Cat des mon, 173 (schöner Name eines *śꜣb-nj*).

7 ʿ*nḫ-n·j-rʿḫʿ·j·f* so! ,möge Chefren für mich leben' o. ä.

m *D 4* Gauthier, Livre des rois I, S 94 (Enkel des Chefren)

8 ʿ*nḫ-n·j-ḫnś·w* (?[2]) ,möge Chons für mich leben!' o. ä.

m *Spät* (?) Fisher, D A N 706 (Uschebtis, unveröff)

9 ʿ*nḫ-njt* ,(die Göttin) Neith lebt' o. ä.

f *D 1/2* Petrie, Roy Tombs I, 33, 11

10 ʿ*nḫ-nw·t* (?)

m *Spät* Daressy, Divinités 38081

11 ʿ*nḫ-n·ś-mrjjrʿ* ,möge (König) *mrjjrʿ* für sie leben!' o. ä. (vgl. I, 65, 12)

f *AR* Mariette, Abydos I, 2 = Sethe, Urk I 117, 14

12 ʿ*nḫ-nb·f* ,sein Herr lebt' o. ä.

m *AR/MR* Brit Mus 120 [1372]

13 ʿ*nḫ-rʿnfr·f* ,es lebe (König) *rʿnfr·f*'

m *AR* ÄZ 50, 2

[1]) Oder ist *nj-ʿnḫ-pjpj* (I, 171, 9) zu lesen?
[2]) Oder ist ʿ*nḫ-ḫnś·w* zu lesen? Vgl I, 66, 7

14 ʿ*nḫ-nfrkꜣrʿ-dr-śnḏ* ,es lebt (König) Phiops II, der die Furcht vertrieben hat' o ä [1])

m *D 6* Jéquier, Tomb de contemp de Pépi II, S 110—11

15 ʿ*nḫ-n·n-pjpj*[2]) ,möge (König) Phiops für uns leben!'

m *MR* Porter-Moss, Topogr Bibliogr V, 197 (auch *mn-pjpj* genannt)

16 ʿ*nḫ-n·n-mw·t* ,möge (die Göttin) Mut für uns leben!'

f *NR* Florenz, Uschebti 8562

17 ʿ*nḫ-nḫt·t-ìmn* ,es lebt die Stärke des Amon' o. ä.

m *D 20* Wilbour Pap. A 26, 42

18 *ʿ*nḫ-ḥr(·w)-nfr*[3]) ,es lebt der gute Horus' o. ä., vielleicht erhalten in aramäisch ענחרנפי Spiegelberg, Aegypt. Sprachgut, S 10.

19 ʿ*nḫ-ḫwj* ,möge der Beschützer leben!' o. a.

m *MR?* Lieblein, S 941, 217 (Florenz)

20 ʿ*nḫ-śn(·j)* ,möge mein Bruder leben!' (vgl. I 308, 14)

m *MR* Lieblein 217 (Florenz)

21 ʿ*nḫ-śnb·f* (?)

m *MR* Lieblein 374 (Paris)

22 ʿ*nḫ-kꜣ(·j?)* ,mein Ka lebt' (? oder Kurzname? Vgl. I, 68, 18)

m *D 1* Petrie, Royal Tombs II, Tf 19, 153

23 ʿ*nḫ-kꜣ·ś* ,möge ihr Ka leben!' o. ä. (vgl. I, 66, 18.)

f *AR* Selim Hassan, Giza II, S 17 u 23 u Tf 6

24 ʿ*nḫ-rʿḏd·f* oder *rʿḏd·f-ʿnḫ(·w)* , ,möge (König) *rʿḏd·f*-leben!'

m *AR* Selim Hasan, Giza II, S 190, Junker, Giza III, 179 V, 10.

25 ʿ*nḫ-*... so!

f *MR* Recueil 25, 137 unten, kollat

[1]) Ich vermute, daß es sich um éinen Namen handelt, nicht um zwei, wie Clère, Notes S 110 u 113 annimmt!
[2]) So zu lesen? Vgl PNI 65, 7 und 159, 27 (!)
[3]) Vgl das ägyptisch allerdings noch nicht nachgewiesene πετεαρνουφις

1 ʿnḫ-. š
m! *AR* Lutz, Eg. Statues, 15

2 ʿnḫw-kꜣ·w[1])
m *D 6* v. Bissing, Gemnikai Bd. II, S. 16, 99

3 ʿnḫ·f-r-nḥḥ ‚möge er[2]) ewig leben!'
m *NR* Brooklyn 37. 1486 L

4 *ʿnḫ-ḫꜣbś (?) erhalten in aramäisch ענחחבס Spiegelberg, Aegypt. Sprachgut, S. 10.

5 ʿnḫ·jj·t (vgl. I, 68, 5. 14)
f *MR* Lieblein 287 (London)

6 ʿnḫtj (?)
m *AR* Jéquier, Mon. fun. de Pepi II, Tf. 57

7 ʿnḳ·t-nfr·t ‚(die Göttin) Anukis ist gut (bzw. schön)' (?)
f *MR/NR* LD Text 4, 54, Z. 7

8 ʿnt (vgl. ʿnt-hr)
m *NR, früh* ÄZ 50, 7 (Hyksoskönig)

9 ʿnt-rm (?) 'die (Göttin) Anat ist hoch (?)'
f *NR* Totenbuch Brit. Mus. 10466 (Shorter, Cat. Eg. Rel. Pap. S. 11)

10 ʿnt-hr [3]) ‚die (Göttin) Anat ..'
m *NR, früh* ÄZ 50, 7 (Hyksoskönig)

11 ʿnt-ḫʿj·tj ‚(die Göttin) Anat ist erschienen' (vgl. I, 96, 17)
f *D 20* Wilbour Pap. A 65, 27

12 ʿntj-mś(j·w) [4]) ‚(der Gott) ʿntj ist geboren'
NR Pap. Anast. 6, 28 (= Gardiner, Miscellanies, S. 74), Gardiner, Ramess. Admin. Doc. 10, 12, 12, 9, 13, 8

13 ʿndw
m *NR* Newberry, Fun. Stat. S. 8 (Beiname eines ḏḥwtj)

14 ʿr
m *NR* Florenz, Uschebti 572

15 ʿhʿ-ʿ (?)
m *MR* Bull. Inst. 37, 109

16 ʿh (?) (vgl. I, 71, 3)
f *NR* Fisher, D. A. N. 1632 (unveröff.)

1) ob ʿnḫ-wj-kꜣ·w ‚wie lebendig sind die Kas'?
2) Gemeint ist wohl der König, vgl. I, 184, 26. 213, 2
3) Zu hr macht mich E. Edel auf Albright, Journ. Bibl. Lit. 35, 191 u. 51 aufmerksam
4) Zu diesem Zeichen vgl. ÄZ 47, 44ff.

17 ʿš ‚der (Bier-)Krug'[1])
m *D 20* Wilbour Pap. A 77, 7

18 ʿš-m-ḥb (?) ‚ʿš ist im Feste' (?)
m *NR* Pellegrini, Coni, No. 31 (Tav. II), Fisher, D. A. N. 410 (Grabkegel, unveröff.)

19 ʿšꜣ·w u. ä. (vgl. I, 71, 14)
m *MR* Roeder, Naos 70036, S. 124, Annales 36, 182 u. Taf. II, 68, Mélanges Maspero I, Tafel zu S. 907 18, rechts

20 ʿšꜣ·t-m-ḥbśd [2]) u. ä. ‚die Menge ist beim ḥbśd-Fest'
m *D 20* Wilbour Pap. A 8, 20. 6, x + 15. 79, 42 usw.

21 ʿšꜣ·t-ḳn·tw (?) (vgl. I, 71, 16!)
m *D 20* Wilbour Pap. B 25, 20

22 ʿḳ-ḥr(·w)-nḫt ‚möge ḥr(·w)-nḫt eintreten (untergehen?)' o. ä. (vgl. I, 71, 23)
m *MR* Kairo 20499 b 5—6

23 ʿkꜣj (vgl. I, 71, 26)
m *MR* Roeder, Naos 70036, S. 125

24 ʿkbr (vgl. hebr. עכבור ,,Maus")
m *NR* Lieblein 952 (mit Beinamen rʿ-mśj·w) = Burchardt, Fremdworte 289 und (?) Brit. Mus., Guide Sculpture 1909, fig. p. 197 (mit Beinamen rʿmśśw-nḫt)

25 ʿt (?)
f[3]) *D 19* Recueil 25, 135 (kollat.)

26 ʿṯjf (?)
m *D 20* Wilbour Pap. A 57, 23. 67, 46. 68, 6

27 ʿḏꜣ (vgl. I, 72, 11)
m *MR* Roeder, Naos 70036, S. 124

28 ʿḏd (vgl. I, 72, 14) ‚der Jüngling'
m *D 20* Wilbour Pap. A 46, 33

29 ʿḏd-šrj ‚der kleine Junge'
m *D 20* Wilbour Pap. A 62, 17

30 ʿḏd(·t)-ʿꜣ(·t) so! ‚das große Mädchen' o. ä. (vgl. I, 72, 14)
f! *D 20* JEA 26, Tf. 5, 10

31 ʿḏd(·t)-šrj(·t) ‚das kleine Mädchen'[4])
f *D 20* Wilbour Pap. A 48. 24

1) Wb. 1, 228, 7
2) Der Name , PN I, 71, 13, ist wohl mit diesem identisch!
3) Das Det. scheint ein Mann zu sein, aber deutlich śn·t·f!
4) Mit Deutzeichen der Frau. Vgl. Wb. 1, 242, 19

1 wꜣḥibrꜥ-mn(·w) u. ä. ‚(König) Apries dauert' o. a.
m Spät Sotheby, Auktionskat 1935, Tf II, S 6 (‚schöner Name' eines smꜣ-tꜣ wj-tꜣ f-nḫt·t), Daressy, Divinités 38363

2 dem wꜣḥibrꜥ-sꜣ-njt ‚(König) Apries ist ein Sohn der (Göttin) Neith'
m Spät Spiegelberg, Demot Denkm II, S 242 b 4

3 wꜣḥibrꜥ-tnj(·w) ‚(König) Apries ist alt geworden'[1]) (vgl I, 13, 1 u. 10?)
m D 27 Posener, Domination Perse, S (100) und (102)

4 wꜣḥ-wꜣḏ (?)
m MR Annales 36, 168

5 wꜣḥ-kꜣ ḥrj-ib ‚wꜣḥ-kꜣ, der Mittlere'
m MR Steckeweh-Steindorff, Qâw S 9

6 wꜣš-kꜣ(·j?) ‚mein (?) kꜣ ist glücklich' o. ä.
m D 1/2 Petrie, Roy Tombs II, 133

7 wꜣš-rꜥḫꜥj·f ‚(König) Chefren ist mächtig' (o a.)
m AR Brit Mus [157]

8 wꜣš·š·j
m D 6 Capart, Rue de Tombeaux, Tf 15

9 wꜣtꜣtꜣ (?)
m NR Naville, Deir-el Bahari, XI Dyn, Tf IX, B

10 wꜣḏ-pḫ·š (?)
f AR Selim Hassan, Giza II, S 68

11 wꜣḏ-n-irw (?)
m MR Boreux, Guide, S 475

12 wꜣḏ-štj-ḥb ‚frisch ist der ‘Festduft'' o ä. (vgl. 1, 74, 15ff. u 322, 20f.)
m AR/MR Dunham, Stelae, Tf 4, 1

13 wꜣḏkꜣrꜥ-[...] ‚König wꜣḏkꜣrꜥ ist [gesund' o. a.]
m AR/MR Sethe, Urk I, 306, vgl Gott Gel Anz 1912, S 721

14 wꜣḏj·t
f Spät Uschebti, Como 8—10

15 wꜣḏj·t-ij·tj ‚die (Göttin) Uto ist gekommen'
f Spät Unveröff. Sarg eines ḥr in Cairo (nach Wilbour).

1) Oder ist Wb 5, 311, 3 zu vergleichen?

16 wꜣḏ·tjfj-n·j (?) ‚einer der mir gedeihen wird' (?)
m D 2? Firth-Quibell, Step Pyramid, Tf 90, 3 (Prinz)

17 wiꜣ-m-sꜣ·š ‚die wiꜣ-Barke ist ihr Schutz'
f MR Berlin Kahun Pap 10004 (nach Hoffmann, Theoph Pers., S 43)

18 wii ḫrd ‚wii, der Jüngere' (vgl. I, 76, 5)
m MR Annales 37, 127f

19 wꜥ·jj (vgl. I, 76, 20)
m AR Murray, Saqq Mast I, Tf 7 links

20 wꜥb-št-nfr(·t?)
f D 20 Wilbour Pap A 78, 13 87, 11

21 wꜥb-kꜣ·w-rꜥḏd f ‚die Kas des (Königs) rꜥḏd f sind rein'
m D 4 Bisson de la Roque, Abou Roache III (1924), Tf 11 (Prinz)

22 wꜥb-ḏḥwtj ‚Thot ist rein'[1]) (? vgl. I, 76, 27)
m MR/NR Borchardt, Statuen IV, 976

23 wꜥbw·t (?)
f D 6 Gardiner-Sethe, Letters to the Dead, Tf 1, Z 4

24 ww·j[2]) (vgl. I, 77, 5)
m AR Borchardt, Denkm des AR, S 167 (480)

25 wbꜣ-bꜣj (?)
m Spät Schott, Bücher gegen Seth, S 2

26 wbḫ-ḥtḥr ‚Hathor ist leuchtend'
f! D 20 Wilbour Pap A 67, 40

27 wpj-mš(j w) ‚wpj (= wp-wꜣ·wt) ist geboren'
m D 18 Lieblein 2005

28 wpwꜣ·wt-nḫt nḫn ‚wp-wꜣ·wt-nḫt ‚der Kleine' o. a
m D 11 ‚Rom 3' = Mitt Inst Kairo 4, 187[3])

29 wn-ḥr-š·t·š (?) (vgl. I, 79, 6?)
f D 22 Borchardt, Statuen 741

30 wn-kꜣ·f ‚sein Ka . '[4])
m AR Mogensen, Glyptothèque, Tf 93, A 667

1) Oder ‚der wꜥb-Priester des Thot'?
2) Ob ?!
3) Ein älterer Bruder heißt wpwꜣ wt-nḫt
4) ‚Öffnet'? ‚eilt'?, ‚existiert'?

1 *wn-tꜣ-wꜣ·t* [1])
m *D 19* Legrain, Statues II, 42158

2 *wn·tś-nḫt (?)*[2]) ‚sie besitzt Stärke‘ (?)
f *Spät* Koefoed-Petersen, Recueil, 66

3 *wn-ḏḥwtj-[ḥr ?-]śḏm* ‚der Gott Thot erhört‘ (?)
m *Griech* Amer Journ Sem Lang 48 (1931), 48f

4 *wn·f-mj-p·t* ‚er existiert wie der Himmel‘ o a.[3])
f! *D 18* Theben, Grab 125 (Schott)

5 *wn·w-ḏbꜣ·w-n-ḏd·t* ‚es gibt Belohnungen für (in?) *ḏd·t*‘ (?)
m *D 21* Orientalia 17, 544

6 *wnj·f-ḏd·śn* ‚er eilt, wenn sie (es) sagen‘ (?)[4])
m *D 19* JEA 21, Tf 18 u. S 149f

7 *wn·j*
m *NR, spät* Lieblein 1076 = 2416 = Mariette, Cat 1300

8 *wnn-wꜣ·t·ś* [5]) (vgl. I, 78, 19)
f *MR/NR* LD Text 4, 54, Z 9

9 *wnnfr-nḫt* ‚Onnofris ist stark‘
m *NR* Gardiner, Ramess Adm Doc 3, 14

10 *wnn·ś* (vgl. I, 79, 3. 202, 2)
f *AR* Borchardt, Denkm, Bl 34, 1451

11 *wnš·j*
f *D 20* Wilbour Pap 46, 36

12 *wnt·t-pj (?)*
f *MR* Kairo 1054 (Borchardt, Statuen IV)

13 *wr-ꜥꜣ* u. ä. (vgl. I, 117, 14!)
m *D 20f* Wilbour Pap A 53, 2 56, 21, PSBA 28 (1906), 280

14 *wr(?)-wnnfr* ‚Onnofris ist groß‘ (? vgl I, 81, 4. 7)
Spät Lieblein 2451 (Boulaq)

15 *wr-wr(?)*
m *NR* Florenz, Uschebti 1947 (S 15)

---

[1]) Es fehlt wohl nichts
[2]) Für *wn-mdj ś-nḫt* (vgl I, 78, 28)?
[3]) Ein Gott ist gewiß gemeint, ob Ausruf bei einem Fest?
[4]) So Dunham, a a O, S 150, Anm 1 Ob ‚er beachtet nicht, was sie sagen (*ḏd t śn*)‘? Vgl Wb 1, 313 unten
[5]) Oder ist zu lesen?

16 *wr-bꜣ-bꜣ* ‚die Seele des (heiligen) Bocks ist groß‘ (vgl. I, 80, 26)
m *AR* Annales 42, 107

17 *wr-mr (?)*
m *NR* Borchardt, Quellen 2, Blatt 2, 2 Reihe

18 *wr-nb-mꜣꜥ·t*[1]) oder *nb-mꜣꜥ·t-wr* ‚groß ist der Herr des Rechts‘ oder ‚ein Herr des Rechts ist der Große‘[2])
m *AR* Junker, Giza VI, 204

19 *wr-rwḏ·w*[3]) (vgl. I, 221, 25)
m *D 5* Junker, Giza III, 177, 2 (verkürzt *rwḏ w*, ib 187)

20 *wr-ḥtḥr* ‚Hathor ist groß‘
f *AR* Selim Hasan, Giza I, 105

21 *wr-ḥs(·t?)*
f *NR* Koefoed-Petersen, Recueil 54, 968

22 *wr-ḥtp*
m *MR/NR* Borchardt, Quellen 2, Blatt 2, 3 Reihe

23 *wr-sbk* ‚(der Gott) Suchos ist groß‘ (vgl. I, 303, 27)
m *MR* Steindorff, Walters, Tf 41, 282

24 *wr-kꜣ·w-nḫt(·w)* ‚der Größte der Stiere[4]) ist stark‘
m *D 20* Wilbour Pap A 16, 16 20 19, 40

25 *wr-dmi* (vgl. *pꜣ-nb-dmi*)
m *D 20* Wilbour Pap A 89, 28

26 *wr(?)-ḏd* (vgl. I, 82, 6?)
m *D 20* Wilbour Pap A 75, 33

27 *wrm* (vgl. I, 104, 8. 131, 6. 7. 373, 5)
m *D 20* Wilbour Pap A 80, 40

28 *wrnr-ꜥnḫ* (vgl. S. 160 f.)
f *NR* Lieblein 2071 = Recueil 2, 174.

29 *wrr*
m *D 20* Wilbour Pap A 27, 41

---

[1]) Vgl I, 81, 12 13
[2]) So Junker a a O
[3]) ‚Der mit großen Sehnen‘ (Wb 2, 410, 5)? Oder Kurzname?
[4]) Beiwort eines Stiergottes? Vgl Wb 5, 97, 16.

1 *wrš-m-gȝb (?)* (vgl. *ʿȝ-n-gȝw·t*)
m *D 20* Wilbour Pap A 58, 22

2 *wrktr*
m *D 21* Wenamun 1, 16

3 *whj-ḏś-św*
m *D 20* Wilbour Pap A 22, 30

4 *whm-fnḏ(·j?)* Var.
m *MR* Lacau, Sarcophages 28113.

5 *wḥʿ* ‚der Fisch- u Vogelfänger‘
m *NR* Bull Soc Egyptol à l'Univ d'Etat de Leningrad 2, 28

6 *wḫjw*
m *AR* Quibell-Hayter, Teti Pyramid, S 23

7 *wśir-ir-dj-ś(w)* 'Osiris ist es, der ihn gegeben hat'
m *Spät* Daressy, Divinités 38033 38186

8 **wśir-wnnfr* erhalten in aramaisch **אסרונפר**, Spiegelberg, Aegypt Sprachgut, S. 7

9 *wśr-inp·w* Var ‚Anubis ist stark‘ o. a.
m *D 5* Junker, Giza III, T III u. S 208

10 *wśr-pȝ·w (?)*
m *D 18* Theben, Grab 125 (Mitt von S Schott)

11 *wśr-nb(w)* ‚'Gold' (d. i. Hathor) ist stark‘ (vgl I, 86, 1)
m *MR* Lieblein 874 (Wien)

12 *wśr-nḫt*
m *NR* Nantes, Ostracon (Bibl égyptol 4, 130/1)

13 *wśr-ḥȝ·t-ḥr(w)* (vgl. I, 86, 5)
m *MR* Bull Inst 1/2

14 *wśr-ḥr-miw·ś* ‚(die Barke) *wśr(-ḥȝ·t)*[1] ist auf ihrem Wasser‘
f *MR/NR* LD Text 4, 54, Z 8

15 *wśr-ḥr-ḫpš·f* , ‚Stärke ist in (?) seinem Arm‘ (vgl. *ḳn·t-ḥr-ḫpš·f*)
m *D 20* Wilbour Pap A 25, 18 44, 10 usw

[1]) So ist gewiß die Abkurzung (?) *wśr* zu verstehen!

16 *wśrḫʿwrʿ-nḫt* ‚Sethnacht ist stark‘ o. a
m *D 20* Naville, XIth dyn temple I, 45

17 *wśr·ś (?)* [1])
m *MR* Leiden V 67 (Denkm II, Tf 36, 49)

18 *wśr-śnfrw* ‚Snofru ist stark‘ o. a. (?)
m *MR* Lieblein 287 (London)

19 *wśr·t-kȝ·w*
f *NR* Lieblein 650 (Neapel)

20 *wśś*
m *D 6* Junker, Giza 8, 24, Abb 6

21 *wśb·t-m-nʾ·t* 'die (Gottin ?) *wśbt* ist in der Stadt'
m *D 20* Wilbour Pap A 56, 27 69, 20

22 *wśtht*
m *D 22* Burchardt, Fremdworte 320

23 *wkm* (vgl. PN I, 87, 20)
m *MR* Annales 39, 213, fig 1

24 *wḏȝ-ḥȝ-ttj* ‚Gesundheit ist (als Schutz) hinter (König) Teti‘ o. a.
m *AR* Capart, Rue de tombeaux, Tf 94 (auch *nfr-ššm-ptḥ* und *šš j* genannt)

25 *wḏȝ-ḥr(w)-mśn(w) (?)*
f *MR* Bull Inst 37, 112

26 *wḏȝ·f*
m *Spät* Birch, Account, 193

27 *wḏȝ·t* (vgl. I, 88, 14 u. 418, 8)
f *D 6* Jéquier, Tomb de partic 115, Mitte links

28 *wḏʿ-nṯr* ‚möge der Gott richten‘ (?)
m *D 5* Junker, Giza III, 179, 14

29 *bȝ-ʿnḫ·w* ‚der (heilige) Bock ist wieder aufgelebt‘ (?)[2])
m *AR* Borchardt, Denkmaler S 29, 1363

30 *bȝ-bȝ·f* ‚der (heilige) Bock ist beseelt‘ o. ä.
m *AR* LD Text I, 66—9, Porter-Moss, Memphis S 27

31 *bȝ-pnwt (?)*
f *AR* Macramallah, Idout, S 23 u Tf 17 links

[1]) Ob *wśr-mn·w*? Bei der Fluchtigkeit der Inschrift kaum zu entscheiden

[2]) Auf das Fest des Wiederfindens eines heiligen Bockes (etwa von Mendes) bezuglich? Zur Schreibung vgl S 152, Anm 10.

1 *bꜣ-nṯr(·w)*, ,der Bock ist gottlich' (?), griech βινωθρις
m *D 2* Konigslisten Abydos 11, Sakkara 5, Statue Kairo 1 (Konigsname)

2 *bꜣ*[1]*)-kꜣ(·j)*
m *D 4* Gauthier, Livre des Rois I, 85 (Prinz)

3 *bꜣ·w-nṯr*
m *D 1* Konigsliste Sakkara 3 (Konigsname)

4 *bꜣ·w-rś·w* sic
m *MR*, *spat* Louvre C 17[2])

5 *bꜣ·f* (vgl *bꜣ·ś* I, 90, 2)
m *AR/MR* Liverpool Annals 4, 113

6 *bꜣꜥrf (?)*
m *NR* Brussel, Capart, Mon ég du Musée de Bruxelles, fasc 1 (1906), S 12

7 *bꜣśt·t-wrl (?)* (vgl. S. 160f.)
f (?) *NR* Steindorff, Aniba II, 239 u 248

8 *bꜣśt·t-nfr·t* ,Bastet ist schon (gut)' o. ä.
f *D 19* Borchardt, Statuen 582

9 *bꜣk-wr* (vgl. I, 90, 15)
m *NR* Steindorff, Aniba II, 248 u 63

10 *bꜣk-n-ii (?)* ,der Diener des *ii* (?)' (vgl I, 16, 16)
m *D 20* Wilbour Pap A 95, 42

11 *bꜣk-n-bꜣj (?)* ,der Diener des *bꜣj (?)*'
m *D 20* Wilbour Pap A 30, 39

12 *bꜣk-n-ṯꜣ-ꜥ* ,der Diener des *ṯꜣ-ꜥ*'[3]) (vgl *ṯꜣ-ꜥ*)
m *D 20* Wilbour Pap A 68, 22

13 *bꜣk·w*
m *D 6*[4]) Jéquier, Mon fun de Pepi II, S 61

14 *bꜣk(·t?)-rn·ś* (vgl. I, 91, 11 u. 17)
f *Spat* Brit Mus Guide 1924, 97, Birch, Account 188 u 191

15 *bꜣkrj (?)*[5])
f *Spat* Birch, Account 190

16 *bj* (vgl I, 93, 7)
m *D 18* Theben, Grab 125 (Mitt von S Schott)

1) Oder *ḫnm(·w)*?
2) Nach Clère (Notes 110), der auch Ubersetzungen versucht
3) Hierher gehoren wohl auch I, 91, 15 u 16! Vgl auch 415, 23?
4) ,en surcharge'
5) Ob *bꜣk(·t)-irj*?

17 *bꜥwj (?)*
f *MR* Lieblein 186 (Wien)

18 *bꜥnw(?)-ttj*
m *AR* Budge, Eg Sculpture, Tf 4

19 *bꜥr-(ḥr-)ḫpš·f* ,Baal ist in (?) seinem Arm'
m *D 20* Wilbour Pap A 66, 28

20 *bꜥrr (?)* (vgl. I, 93, 25)
f *NR* Mém Miss I, 370 (= Lieblein 2295)

21 *bw-ḥtp (?)*
m *Spat* Daressy, Divinités, 38381

22 *bwꜣjꜣ (?)* (vgl. I, 94, 22)
f *NR* Chicago, Oriental Inst, Case K 14

23 *bwj*
m *AR/MR*, Dunham, Stelae, Tf 33, 1 (auch *bwj ḥrj-ib* genannt)

24 *bwj ḥrj-ib* ,*bwj*, der Mittlere' (vgl. 1, 94, 23)
m *AR/MR* Dunham, Stelae, Tf 33, 1 (abgekurzt *bwj*)

25 *bwiw* (vgl. I, 94, 22ff)
f *NR* Lieblein 797 (Turin)

26 *bwt-ḫsꜣ*[1])
f? *D 20* Wilbour Pap A 78, 17

27 *bwt(j?)-grg (?)* ,mein (?) Abscheu ist die Luge'
m *NR* Nantes, Ostracon (Bibl égyptol 4, 130/1)

28 *bb wr* ,*bb*, der Altere'
m *AR* Borchardt, Denkm des *AR*, S 166

29 *bb-ḥḏ (?)*
m *NR* Borchardt, Statuen 4, 975

30 *bb·j-m-ḥs·t* ,*bb·j* ist in Gunst'
m *MR/NR* LD Text 4, 54, Z 13 (Sklave[2])

31 *bbj-rś·tj* ,*bbj* ist (wieder) erwacht' (vgl I, 95, 22)
f *MR* Lieblein 1628 (Coll Amherst)

32 *bbj-śnb·t*
f *MR/NR* JEA 34, Tf VIII A 3, 5

33 *bbnm (?)* (=βνων?)
m *NR*, *fruh* Turiner Konigspap X, 123

1) Vgl Wb 3, 332, 9—14
2) Der Name seines Herrn ist *bb·j*!

1 *bb·t·j*
f *AR* Petrie, Diospolis parva, Tf 31 (= Philadelphia 4732)

2 *bn-iw*[1])-*ḥss·f*
m *NR* Daressy, Divinités, 38411

3 *bn-irj* [2])
m *D 20* JEA 26, Tf 5, 8—9

4 *bn-itn* [3])
m *D 19* Mariette, Abydos II, 50 (mit dem Zusatz ‚von *ḏrbšn*‘, Beiname eines *rʿmśś-mr-imn-mr-mj-rʿ*)

5 *bn-ʿnt* , ‚der Sohn der (Gottin) Anat‘ (vgl. I 96,17)
m *NR* Louvre, Ostrakon 2226, 3, Pap Turin 4, 3 (nach Burchardt, Fremdworte No 343)

6 *bn-św-m-ipꜣ·t* u. ä.[4]) ‚er ist nicht in der *ipꜣ·t*‘ (vgl. I, 422, 11?)
m *D 20* Wilbour Pap A 36, 10 87, 4 90, 23 usw

7 *bn-thꜣ-mj·t (?)* (vgl. I 94,20)
f *Spat* Borchardt, Statuen 1269

8 *bn-thꜣ-hr(·w)* ,
m *Spat* Florenz 7245 (Statue)

9 *bnj* (vgl. I, 96, 23)
m *NR* Fisher, D A N, Grab 156 (unveroff)

10 *bnw-iw* u. ä. ‚der Phonix ist gekommen‘, siehe I, 97, 10.

11 *bn·t* (vgl. I, 97, 6. 15. 17)
f *MR* Lieblein S 936, 131 (in dem Doppelnamen? *ik·t-bn·t*)

12 *bhn·w*
f *AR* Brit Mus [1330]

13 *bḫn*
m *AR* Mariette, Mastabas, S 546

14 *bḥs·tj* [5])
m *D 6* Gardiner-Sethe, Letters to the dead Tf 1, Z 2 3 11

15 *bḫt*[6]) (vgl. I, 94, 11)
f *MR* Rec 32, 152.

[1]) So? Vgl Erman, Neuag Gramm § 23
[2]) Was folgt, ist nicht sicher lesbar, scheint aber der Name der Mutter zu sein
[3]) Burchardt (Altkan Fremdw II, 34) denkt an בן־און und vergleicht hebr אוֹנִי
[4]) Einmal — ob irrig? — 92, 3!
[5]) Ob auch I, 98, 6, so zu lesen ist?
[6]) Vgl S 126

16 *bḫn·w* (vgl. I, 98, 9ff.)
m *AR* LD II, 117a Daressy, Mera 557

17 *bt*
f *AR/MR* Petrie, Dendereh Tf 11 unten, Mitte

18 *bt-m-ḥb* ‚(der Gott) *bt*[1]) ist im Feste!‘
m *D 20* Wilbour Pap A 40, 36 52, 46 65, 37 77, 38

19 *bt-ḥtp·w* ‚(der Gott) *bt* hat sich gnadig erwiesen‘
m *D 20* Wilbour Pap A 77, 45

20 *btj* [2]) ‚der Spelt‘ (wohl = I, 99,5)
f *MR* Lieblein 1670 = Mariette, Catal 1426

21 *pꜣ-ꜣb-m-ḥb* ‚der Erbetene ist im Feste‘
m *D 20* Wilbour Pap A 48, 27

22 *pꜣ-ꜣb-ḫʿj(·w)* u. ä ‚der Erbetene[3]) ist aufgeleuchtet‘
m *D 20* Wilbour Pap A 36, 42 37, 6 41, 46 usw

23 *pꜣ-ꜣbꜣb* [4])
m *D 20* Wilbour Pap A 86, 14

24 *pꜣ-ꜣḫ-mn·w* (vgl. I, 2, 25)
m *D 20 f* Černý, Late Ramess Letters 37, 9

25 *pꜣ-ꜣšḫ (?)* [5]) ‚die Sichel‘ (?)
m *Spat* Daressy, Divinités 38373

26 *pꜣ-ijn* (vgl. I, 100, 4)
m *NR* Borchardt, Statuen 921

27 *pꜣ-ijr* ‚der Hirsch‘ (?)[6]) (vgl. I, 11, 17)
m *MR/NR* Philadelphia 29—87—462 (unveroff)

28 *pꜣ-iw* ‚der *iw*-Hund‘ (vgl I, 100, 9)
m *D 20* Wilbour Pap A 25, 14 27, 39 28, 4 usw

[1]) Ein Tempel dieses Gottes, des ‘Bata’ des Zweibrudermarchens, der eine Form des Osiris gewesen zu sein scheint, , wird ebenda 38, 36, vor einem Tempel des Seth, erwähnt Vgl auch 99, 11 ( ) und B 3, 4
[2]) Vgl Wb 1, 486[14]
[3]) Ob der Mond gemeint ist?
[4]) Vgl Wb 1, 8, 3 Ob ‚der sehr Erwunschte‘ Beiwort eines Gottes ist?
[5]) Lies ? Vgl Wb 1, 19, 18
[6]) = אַיָּל? Oder ‚der Widder‘? Vgl Wb I, 38, 16

1 *p3-imjr3-iḥ·w-mn(·w)* ‚der Rindervorsteher bleibt bestehen' o. a.
m *D 20* Wilbour Pap A 71, 28[1])

2 *p3-imj-r3-šnw·tj* ‚der Vorsteher der beiden Kornspeicher' (vgl. I, 101, 1)
m *D 20* Wilbour Pap A 28, 35 39 32, 33 41, 28

3 *p3-ir-iʿḥ* ‚den der Mond gemacht hat' (vgl I, 101, 8ff.)
m *Spät* Mariette, Cat 1239 = Lieblein 2417

4 *p3-ir-ʿn*
m *D 20* Wilbour Pap A 76, 5 80, 9

5 *p3-ir-ʿn* (vgl *ir-ʿn*)
m *D 20* Wilbour Pap A 93, 26

6 *p3-ir-šd*
m *D 26* (mit ‚schönem Namen' *psmṯk-mrj-nt*) Mém Mon Piot 25, Tf 5 u S 9

7 *p3-iḥw* (vgl. I 107,13)
m *D 20* Wilbour Pap A 81, 28 u 42

8 *p3-iḥ·w (?)* (vgl I, 101, 24ff.)
f (!) *NR* Brooklyn 37 1486 L

9 *p3-iḥw-ḏḥwtj (?)* (vgl. I 173, 2 ?)
m *NR* Boylan, Thot 173, 2

10 *p3-isr (?)* [2])
m *NR* Recueil 17, 150, Kol V

11 *p3-iššr* ‚der Assyrer'
m *D 18* Naville, Deir-el Bah XIth Dyn III, S 18
Griech Spiegelberg, Demot Studien I, S 67ff — Eg. Expl Fund Archaeol Report 1903—4, S 11

12 *p3-idḥw* (vgl. das Folgende)
m *D 20* Wilbour Pap A 44, 45

13 *p3-idḥw-mḥ(·w)* ‚das Delta ist angefüllt' (? vgl das vorige)
m *D 20* Wilbour Pap A 39, 4 5

14 *p3-ʿ3-m-pr* so! ‚der Große ist im Hause (d. h. Tempel)'
m *D 20* Wilbour Pap A 21, 37, 29, 38 54, 36

15 *p3-ʿ3-m-nn-nśw·t* ‚der Große ist in Ehnas'
m *D 20* Wilbour Pap A 7, 8 18, 21 27, 9[3])

16 *p3-ʿ3-m-ḳʿḥ* ‚der Große ist in *ḳʿḥ*'
m *NR, spät* Koefoed-Petersen, Recueil 86, 62

17 *p3-ʿ3-m-t3-ip·t* ‚der Große ist im Harim'
m *NR* Gardiner, Ramess Adm Doc 9, 12, 11, 13

18 *p3-ʿ3(-n ?)-rmṯ (?)*
m *D 20* Wilbour Pap A 85, 31 87, 35 86, 1

19 *p3-ʿ3-ḥr-iḥ (?)*
m *Spät* Kêmi 5, 70

20 *p3-ʿ3-kw(?)-ḥr(·w)*
m *D 20* Wilbour Pap A 63, 32 71, 44

21 *p3-ʿ3*[1]) ‚der Esel'
m *NR* Mariette, Catal 1174

22 *p3-ʿn-bt* ‚der Schöne ist (der Gott) *bt*'
m *D 20* Wilbour Pap A 89, 25

23 *p3-ʿn-hr* ‚der Schöne ist zufrieden' o. a.
m *D 20* Wilbour Pap A 83, 21 91, 39 46 45 usw

24 *p3-ʿnḫ-mr(?)-mnṯ·w* (vgl. I, 103, 6 ?)
m *Spät* Recueil 7, 128

25 *p3-ʿr-ḫ3 (?)*
m *Griech* Brüssel B 23 (Photogr Heidelberg)

26 *p3-ʿḏb (?)* (vgl. I, 19 u. 18. 126, 14? 253, 14?)
m *Spät* Daressy, Divinités 38378

27 *p3-w3ḥ-imn*
m *Spät* Daressy, Divinités 38692

28 *p3-w3ḥ-wśir*
m *Spät* Steindorff, Walters Tf 118, 541

29 *p3-w3ḥ-b3śt·t (?)*
m *Spät* v Bissing, Metallgefäße 3467

30 *p3-wʿr* ‚der Flüchtling'
m *D 20* Wilbour Pap A 52, 24

---

[1]) Der Träger des Namens ist ein Hirt!
[2]) Vgl Gauthier, Dict géogr I, 105 oben
[3]) An den beiden ersten Stellen ohne ⊗! Gardiners Ergänzung dieses Zeichens 27, 9 ist also zu beanstanden

---

[1]) Zur Schreibung vgl I, 113, 13

1 *pꜣ-wbḫ (?)*[1] (vgl I, 419, 1)
m *D 20* Wilbour Pap A 26, 20 67, 13

2 *pꜣ-wn-ḥꜣ·t-wśir* ‚das Licht ist vor Osiris‘ (vgl I, 103, 27)
m *Spät* Spätere Aufschrift auf einer *NR* Gruppe im Los Angeles Country Museum (Mitteilung von G Steindorff)

3 *pꜣ-wr-(m-)ḥb* ‚der Große ist im Fest‘
m *D 20* Wilbour Pap A 22, 38 28, 17 60, 10 usw

4 *pꜣ-wrš* ‚der Wächter‘
m *D 20 f* Mél Masp I, Parchemin du Louvre 1577, Z 12/13

5 *pꜣ-bꜣk-pꜣ-n-rwḏ (?)*
m *Spät* Spiegelberg, Demot Denkm II, S 331, B 2

6 *pꜣ-bꜣk-ḫwj-tꜣ·wj* ‚der Diener des (Gottes) *ḫwj-tꜣ·wj*‘
m *Spät* ÄZ 77, 28, Abb 2

7 *pꜣ-bꜣk-tꜣ-dj·t-hr-ib*
m *Spät* Coll. Desnoyers, 45 (Uschebti)

8 **pꜣ-bik* erhalten in griech. πβηκις u. ä.

9 *pꜣ-bḫn-ḥtp·w* ‚das Schloß[2]) hat sich gnädig erwiesen‘ o. a.
m *D 20* Wilbour Pap A 40, 25

10 *pꜣ-pw* ‚dieser ist es!‘ (?)
m *NR (?)* Borchardt, Statuen 671

11 *pꜣpw (?)*
m *Spät* Uschebti, Semitic Museum, Harvard Univ

12 *pꜣ-fꜣj* (vgl. I, 143, 1)
m *D 20* Wilbour Pap A 6, 9

13 *pꜣ-m-imn (?)* (vgl. I, 105, 10?)
m *NR* Florenz, Uschebti 8560 (S 17), 2 mal!

14 *pꜣ-mnš* ‚das *mnš*-Schiff‘ (?)[3])
m *Spät* Budge, Fitzwilliam Mus 81

15 *pꜣ-mrw-pꜣ-ḳn (?)* (vgl I, 105, 9. 119, 23)
m *NR* Lieblein 2245 = Mariette, Catal 1221

16 *pꜣ-mḥ·f-pꜣ-nb* [4])
m *D 20* Wilbour Pap A 26, 45

17 *pꜣ-msḥ* ‚das Krokodil‘, aramäisch פמסח (Spiegelberg, Aegypt Sprachgut, S. 13), griechisch πεμσαις u. a. (vgl I, 164, 14 ff.)
m *Spät* Spiegelberg, a a O [1])

18 *pꜣ-mś-pr* ‚das Kind des Hauses‘ (vgl. I, 105, 12—14)
m *Spät* Lieblein 1060 (London)

19 *pꜣ-mškꜣ* ‚der *(i)mškꜣ*-Fisch‘[2])
m *D 20* Wilbour Pap A 70, 14

20 *pꜣ-mkj* (vgl. *tꜣ-mkj·t)*
m *D 20* Wilbour Pap A 44, 38

21 *pꜣ-mdw-špśj-nḫt(·w)* ‚der ehrwürdige Stab ist stark‘ (vgl. I, 105, 16)
m *D 20* Pap Harris A 4, 19, 7, 14[3])

22 *pꜣ-n-ꜣbw*[4]) ‚der von Elefantine‘
m *NR* Lieblein 1977 (Musée Guimet)

23 *pꜣ-(n-?)iʿḥ* ‚der zum Mond Gehörige‘ (?)
m *NR (?)* Annales 36, 182 u Tf V, 157

24 *pꜣ-n-iwn (?)*
m *D 20* Wilbour Pap A 34, 49 35, 3 5 7 usw

25 *pꜣ-n-iwnw* ‚der (Mann) von Heliopolis‘
m *NR* Jéquier, Pyramide d'Aba, 30

26 *pꜣ-n-ib-nḏm* ‚der mit freundlichem Herzen‘ (?)
m *D 20* Wilbour Pap A 54, 28 57, 43 45 usw.

27 *pꜣ-n-idḥ·w* ‚der (Mann) vom Delta‘ (vgl. *pꜣ-n-pꜣ-idḥ·w)*
m *D 20* Wilbour Pap A 78, 10

28 ^dem^ *pꜣ-n-ʿw (?)*
m *Griech* Spiegelberg, Demot Stud 8, 6 (Var von *pꜣ-n-mꜣʿ t)*.

29 *pꜣ-n-wꜣḥ*
m *NR* Borchardt, Statuen IV, 1003, Lieblein 1967 (Statue aus Gurna)

30 *pꜣ-(n-)wjꜣ (?)* ‚der (Diener o ä.) des Sonnenschiffes‘ (?)
m *D 20* Kairo 1221 (Borchardt, Statuen 4)

---

[1]) Ob *pꜣ-wbḫ* ‚der Leuchtende‘ ein Beiwort des Sonnengottes ist? Dann hier Kurzname Oder ist *pꜣ-(n-)wbḫ t* zu lesen?
[2]) Was ist gemeint?
[3]) Oder = *pꜣ-mnḫ* I, 105, 8 (Kurzform zu *pꜣ-dj-pꜣ-mnḫ)*?
[4]) Vgl Wb 2, 243, 9 und PN I, 163, 21

[1]) Spiegelberg führt Maspero als Gewährsmann an, aber woher stammt das Zitat?
[2]) Vgl Wb I 88, 10
[3]) Nach Clère, Notes 110
[4]) So gegen ÄZ 54, 104!

1 *pꜣ-(n-?)wjꜣ-n-ʿḏ(d?)* (vgl. I, 103, 20 21)
m *Spät* Lieblein 2294 (Stockholm)

2 *pꜣ-(n-?)bj* u a.
m *D 20 f* Černý, Late Rameß Letters 1,2—3 8, 9 30, 3

3 *pꜣ-n-bj (?)* (vgl. I, 133, 7. 8)
m *NR* Lieblein 830 ('Boulaq')

4 *pꜣ-n-bwꜣ* 1) u. ä.2) ‚der (Diener) des Vornehmen' (?)
m *D 20* Wilbour Pap A 28, 40 56, 20 62, 13

5 *pꜣ-n-pꜣ-ỉr(?)*
m *NR* Mitt Kairo 12, 60

6 *pꜣ-n-pꜣ-ỉdḥ·w* ‚der vom Deltagebiet' (vgl. *pꜣ-n-ỉdḥ·w)*
m *D 20* Wilbour Pap A 26, 17 70, 53

7 *pꜣ-n-pꜣ-wḏꜣ*, Var. ‚der (Sohn?) des *pꜣ-wḏꜣ*'
m *Spät* Steindorff, Walters Tf 119, 588 A u C

8 *pꜣ-(n-)mw (?)* (vgl. I, 107, 16)
m *Spät* Koefoed-Petersen, Recueil 87, 1038

9 *pꜣ-n-pꜣ-nꜣ-nṯrw* ‚der (Sohn) des *pꜣ-nꜣ-nṯr·w*'
m *Spät* Bull Inst d'Ég 20, 239

10 *pꜣ-n-pꜣ-nb (?)* (vgl. I, 107, 18)
m *D 18* Borchardt, Quellen II, Blatt 2, Reihe 2, 12

11 *pꜣ-n-pꜣ-rwḏ* ‚der (Mann) vom Uferbezirk'3)
m *D 20* Wilbour Pap A 38, 9 27

12 *pꜣ-n-mjw*, var. ‚der zum (göttlichen) Kater Gehörige' (vgl. I, 105, 7)
m *Spät* Boston, MFA

13 **pꜣ-(n-)mw·t* ‚der zur (Göttin) Mut Gehörige', vielleicht erhalten in aramäisch פמת (Sachau, Aram. Pap., S. 254, 2) und griechisch παμυθης (Spiegelberg, Äg. Sprachgut, S. 13).

1) Lies oder (so Gardiner)

2) Zweimal (62, 3 u 11)!

3) Vgl Wb 2, 413, 7.

14 *pꜣ-n-mr* ‚der vom Teich' (? vgl. I, 108, 13)
m *D 20 f* Černý, Late Rameß Letters 56, 6

15 *pꜣ-n-mr (?)*, (vgl. I, 108, 13)
m *Griech* Kêmi 8, Tf 10 15 16 20

16 *pꜣ-(n-?)mrw·t* u. ä.
m *NR* Gardiner, Rameß Admin Doc 2, 16, 3, 9, 5, 9

17 *pꜣ-n-mrwr(?)*, Var. ‚der zu Mandulis Gehörige' (?)
m *Spät* Daressy, Divinités, 39322

18 *pꜣ-(n-)nꜣ-nṯr·w* ‚der zu den Göttern Gehörige'
m *Spät* Bull de l'Inst d'Egypte 20, 239

19 *pꜣ-n-nb(·t)-n(·t)-ʿḫ·t*, ‚der (Diener) der Herrin des Feuerbeckens (?)'1)
m *D 20* Wilbour Pap A 86, 9 91, 27

20 *pꜣ-(n-?)rnm·t*
m *D 20* Wilbour Pap A 30, 30

21 *pꜣ-n-hb* ‚der zum (heiligen) Ibis Gehörige'
m *Spät* Uschebti im Besitz von Dr J D Whitall, Philadelphia

22 *pꜣ-n-ḥtḥr* dem. ‚der zu Hathor Gehörige', griech. παθυρις
m *D 30* Junker, Pap Lonsdorfer I, S 24

23 *pꜣ-n-ḥp* ‚der zum Apis Gehörige', aramäisch פחפי (Spiegelberg, Aegypt Sprachgut, S. 11), griechisch πααπις
m *Spät* Spiegelberg, Ägypt Sprachgut, S 11[2])

24 *pꜣ-[n-]*[3])*ḥrj-ỉb-tꜣ-ḥ·t-nḫt(·w)* ‚der (Gott) im Tempel (von Medinet Habu) ist stark' o. ä. Vgl. Z² zu I, 111, 23f.
m *D 20* JEA 26, 129

25 *pꜣ-n-ḥr(·w)-(r-)ḥꜣ·t·f* (vgl. I, 29, 24 und 249, 14)
m *D 20 f* Mélanges Maspero I, Parchemin du Louvre 1577, Z 10

1) Vgl Wb 1, 224, 1 und Hathor als , Wilbour Pap A 98, 24 B 13, 6 u 22, 21 f (ohne Hathor)

2) Woher stammt das Zitat?

3) steht hier wohl für *pꜣ*

1 *pꜣ-n-ḥkś* , ‚der zum *ḥkś*-Tier Gehorige‘ (?)[1])
m *Spat* Lieblein, Denkmäler, Tf III, No 13, VII, No 24

2 *pꜣ-n-sj (?)* , , ‚der zum (heiligen) Widder Gehorige‘ (?)
m *Griech* Kêmi 8, Tf 10 15 16 20

3 *pꜣ-n-śtꜣw* (vgl. I, 186, 16. 189, 14. 321, 16)
m *D 20* Wilbour Pap A 66, 34

4 *pꜣ-n-sth* ‚der (Diener) des Seth‘
m *D 20* Wilbour Pap A 52, 43

5 *pꜣ-n-š-n-ꜥb (?)* sic sic
m *NR* Bulletin de l'Inst 27 (1927) S 194

6 *pꜣ-n-kꜣ-rwḏ* ‚der zum . Stier Gehörige‘
m *Spat* Steindorff, Walters Tf 118, 441

7 *pꜣ-(n-)kꜣš* , ‚der (Mann) von Nubien‘ griech. παχυσις (vgl. I, 102, 4 u. 371, 7)
m *Spat* Lieblein, Denkmäler Tf III, No 13 (2 mal), VII, No 24 (= Lieblein 2461)

8 *pꜣ-(n-)km* ‚der zum schwarzen (Stier) Gehörige‘ (vgl 126, 11)
m *Griech* Kêmi 8, Tf 24

9 *pꜣ-(n-?)krm*
m *Spat* Daressy, Divinités, 39306

10 **pꜣ-n-grg-ꜣś·t* ‚der von (der Stadt) *grg-ꜣś·t*‘, erhalten in griech. πακερκεησις.

11 **pꜣ-n-grg-ptḥ* ‚der von (der Stadt) *grg-ptḥ*‘, erhalten in aramäisch פקרקפתח, Spiegelberg, Aegypt. Sprachgut, S. 14

12 *pꜣ-n-tꜣ-iꜣd·t-tꜣ·wj* ‚der von der Viehweide der beiden Lander‘[2]) (?)
m *D 20* Wilbour Pap A 71, 8

13 *pꜣ-n-tꜣ-wśḫ·t (?)* ‚der zur breiten Halle Gehörige‘ (?)
m *NR* ÄZ 66, 8*, 12, 2

14 *pꜣ-n(·j)* ‚dieser für mich!‘ (? vgl. *iw-pꜣ-n·j*)
m *AR* Borchardt, Denkm des *AR*, S. 220, 1516, Daressy, Mera 527

---

1) Vgl Wb 3, 175, 12.
2) Vgl Wb 1, 35,20

15 *pꜣ-nw*
m *D 18* Ann 25, 95 u Tf 4

16 *pꜣ-nb-ꜥꜣ-pꜣ-rwḏ*
m *NR* Gardiner, Ramess Adm Doc, 13, 9

17 *pꜣ-nb-ꜥḳ·w*[1])
m *D 20 f* Černý, Late Ramess Letters 24, 1

18 *pꜣ-nb-pꜣ-ṯꜣw (?)* [2]) so! [3])
m *D 20* Wilbour Pap A

19 *pꜣ-nb-śḫn·w* [4])
m *D 20* Wilbour Pap A 78, 20 85, 27

20 *pꜣ-nb-dmi(?)* [5]) (vgl. *wr-dmi*)
m *D 20* Wilbour Pap A 47, 21

21 *pꜣ-nbj* ‚der Goldschmied‘
m *NR* Bull Soc Egyptol à l'Univ d'État de Leningrad 2, 28

22 *pꜣ-nfr-ꜥḥꜥ* ‚der mit glucklicher Lebenszeit‘[6]) (? vgl. *pꜣ-nfr-šꜣj·t*)
m *D 20* Wilbour Pap A 69, 27

23 *pꜣ-nfr-m-nb(·j)* ‚der Schone ist mein Herr‘ (vgl I, 113, 8)
m *D 20 f* Černý, Late Ramess Letters 17, 16

24 *pꜣ-nfr-šꜣj·t* ‚der mit glucklichem Geschick‘ (vgl. *pꜣ-nfr-ꜥḥꜥ* und PN I, 117, 23 367, 19)
m *D 20* Wilbour Pap A 72, 1

25 *pꜣ-nm(w)* , ‚der Zwerg‘ (vgl I, 204, 10)
m *D 18* AZ 66, 2*, 5, 3, 4*, 13, 6, 5*, 14, 4 u o [7])

26 *pꜣ-nrš-nś (?)*
f! *Spat* AZ 28, 36

27 *pꜣ-nḫw-(m-)ḥb* , so! ‚der Beschutzer ist im Feste‘ (vgl. I, 15 f)
m *D 20* Wilbour Pap A 57,3 65, 38

---

1) ‚Der Herr der Einkunfte‘ o a ?
2) getilgt ?
3) ‚Der Herr (ist) die Luft‘ ? Vgl *pꜣ-rꜥ-pꜣ-ṯꜣw*
4) Gardiner, in der Anm zur Stelle, erinnert an
5) ‚Der Herr der Stadt (oder der Stadte?)‘, wohl Beiwort eines Gottes, vgl *hnw·t-dmi·w*, PN I, 244, 16
6) Ob Gottesbeiname ?
7) Vgl Glanville, AZ 68, 13, 22

1 *pꜣ-nḫw-nḫt(·w)* ,der Beschützer ist stark'
m *D 20* Wilbour Pap A 81, 34

2 *pꜣ-nḫt-ḫnś·w* ,Chons ist der Starke' (vgl. I, 113, 18ff.)
m *NR (Spät?)* Mitt Kairo 12, 65

3 *pꜣ-nḫt(·t?)* [1]
m *D 20* Wilbour Pap A 57, 25

4 *pꜣ-nḫt- tj*
m *D 20* Wilbour Pap A 50, 27

5 *pꜣ-nś* (vgl. I, 114, 1)
m *Spät* Lieblein 2465 (Kopenhagen)

6 *pꜣ-nṯr(-ḥr?)-nw* [2] ,der Gott sieht' (? vgl. I, 113, 7. 419, 1)
m *Spät* Neith-Bronze im Besitz des Herrn A Andriesse, Amsterdam

7 *pꜣ-rꜥ-pꜣ-ṯꜣw* ,der Re ist die Luft' (? vgl. *pꜣ-nb-pꜣ-ṯꜣw*)
m *D 20* Wilbour Pap A 48, 16

8 *pꜣ-rꜥ-m-nꜣ·t* ,der Re ist in der Stadt'[3]
m *Spät* Borchardt, Statuen III, 664

9 *pꜣ-rꜥ-(ḥr-) śḫpr* ,der Re läßt entstehen'
m *D 20* Wilbour Pap A 88, 26

10 *pꜣ-rꜥ-ḫꜥj(·w)* , ,der Re ist erglänzt'
m *D 20* Wilbour Pap A 18, 23 B 6, 7

11 *pꜣ-rwṯ*
m *D 20* Wilbour Pap A 18, 26 27, 10

12 *pꜣ-rm-[n-]tḫ·t* ,der Mann der Trunkenheit' (?)
m *Griech* Recueil 15, 159, No 8

13 *pꜣ-rmnwtj* [4]
m *D 20* Wilbour Pap A 55, 21 22

14 *pꜣ-rḫtj* ,der Wäscher'
m *NR* Lieblein 1974 (Musée Guimet)

15 *pꜣ-hd-nḫt* (vgl. I, 231, 20)
m *D 20* Wilbour Pap A 78, 6

16 *pꜣ-ḥjrt (??)*
m *Spät* Mogensen, Glyptothèque, Tf 115, A 761 = Koefoed-Petersen, Recueil 66 oben

17 *pꜣ-ḥwj-* . (vgl. I, 234, 22?)
m *D 20* Wilbour Pap A 92, 13

18 *pꜣ-(n-?)ḥmśj-nfr*
m *NR* Anthes, Dêr-el Medine

19 *pꜣ-ḥm-nṯr-n-mw·t*, siehe I, 239, 23 u Zusatz²

20 *pꜣ-ḥnw* u ä. (vgl. I, 419, 14)
m *D 20* Wilbour Pap A 28, 13 31 31, 43 47

21 *pꜣ-ḥr-nfr* *pꜣ-ḫm* , , ,*pꜣ-ḥr-nfr* ,der Kleine' (vgl I, 115, 23)
Griech Annales 17, 2–4 (auch *ꜣprnꜣs pꜣ-ḫm* genannt, vgl I, 2 6)

22 *pꜣ-ḥrp* ,das Schwert'[1]
m *D 20* Wilbour Pap A 51 48

23 *pꜣ-ḫḫi (?)*
m *NR* Miscellanea Gregoriana, S 123

24 *pꜣ-ḫꜣꜥ-św (?)* (vgl I, 116, 9)
m *Spät* Totenbuch in Berlin (nach Wilbour, Note Book 22, Nr 74a)

25 *pꜣ-ḫꜥś (?)*
m *Griech* Kêmi 8, Tf 24 25

26 **pꜣ-ḫmt-irj·w* (,die 3 Gefährten') erhalten in griech. πχεμτερηυς

27 *pꜣ-šbꜣ-ḫꜥj(·w)-n-ip·t* , Var. u. ä. ,der Stern ist in Luxor aufgegangen' (vgl. I, 117, 1)
m *D 21ff* Brooklyn Museum, Sarg (nach Federn)

28 *pꜣ-šmn* ,die *šmn*-Gans'[2]
m *NR* Uschebti im Besitz von A Mansur, New York

29 *pꜣ-šn·j* (vgl. I, 117, 6)
m *D 20f* Černý, Late Ramess Letters 58, 14.

30 *pꜣ-šḫr(?)*[3]*-m-nꜣ·t*
m *NR* Gardiner, Ramess Adm Docum , 1, 9, 4, 5, 6, 5

---

[1]) Dr Fecht denkt an koptisch ΝΘϢΤΘ und möchte „der Starke" o. a übersetzen
[2]) Der Graveur hat sich offenbar versehen, das gehört vor *nw* Vgl auch 419, 11
[3]) D h in Theben
[4]) Oder (Gardiner)

---

[1]) Wb 3, 149, 6
[2]) Vgl I 307, 6 Oder Kurzname? vgl I 92, 22
[3]) Ob für *pꜣ-ir-šḫr*, griech πισιχις, = Chons (G Fecht)?

1 *pꜣ-šg?* u. a (vgl. I, 321, 10) *pšg?*
m *D 20f* Černý, Late Ramess Letters 60, 10 61, 2 5 62, 1

2 *pꜣ-šmw (?)* [1]) ‚das Kraut' (?)
m *D 20* Wilbour Pap A 75, 42

3 *pꜣ-šḏm* (vgl I, 117, 22, oder griech. πασυθμις?)
m *Griech* Steindorff, Walters Tf 46, 286, Z 4 u 5

4 *pꜣ-šb·t-mw·t-wbḫ·t (?)*
f *Spät* Berlin, Hierat Pap 2, 3031

siehe *pꜣ-šrj-n-tꜣ-iḥ·t* I, 119, 9.

5 *pꜣ-šrj-n-wn (?)* (vgl I, 325, 20) ‚der Sohn des Existierenden'.
m *Spät* Lieblein 1354 (‚Prince of Wales Mummy') = Birch Account 192

6 *pꜣ-šrj-(n-)wr·t* ‚der Sohn der großen (Göttin)'
m *D 30* Junker, Pap Lonsdorfer I, S 24

7 *pꜣ-šrj-n-pꜣ-mꜣj*[2]), erhalten in aramäisch פשנפמוי, Sachau, Aram. Pap , S. 232, Z. 8 und griech. ψενπμουις (Schubart).

8 **pꜣ-šrj-n-nb-tḫ(·t)* ‚der Sohn des Herrn der Trunkenheit', erhalten in Griech. ψεννεβτιχε, Spiegelberg, Ägyptolog Mitt. (1925), S. 7, als Beiname eines διονυσιος.

9 *dem* *pꜣ-šrj-n-gb(k)* ‚der Sohn des (Gottes) Geb', griech. ψενκηβκις Griech Griffith, Rylands III, 267, A. 1.

10 *pꜣ-šrj-(-n-tꜣ-)iḥ(·t)-nfr(·t)* sic ‚der Sohn der schönen Kuh(göttin)' (vgl. I, 119, 10)
m *Spät* Daressy, Divinités 38060

11 *pꜣ-šrj(-n)-tꜣ(?)-nb·t-nh·t* ‚der Sohn der Herrin der Sykomore' (?)
m *Spät* Kairo 667 (Borchardt, Statuen III)

12 * *pꜣ-šrj-n-tꜣ-ḥfꜣ·t* ‚der Sohn der *tꜣ-ḥfꜣ·t*'
m erhalten in griech ψεντφως kopt ПϢЄΝТϨΒⲰ Möller, Mumienetikette, S 13 u 34 u Spiegelberg, Eigennamen S 60, Nr 429.

13 *pꜣ-šrj-(n-)tꜣ-ḳrj* ‚der Sohn der *tꜣ-ḳrj*' (vgl I, 370, 17)
m *Griech* Spiegelberg, Demot Stud 8, 20

[1]) Vgl I 307, 6 Oder Kurzname? vgl I 92, 22
[2]) Vgl PN I, 105, 5

14 *pꜣ-šrj-(n-)ḏḥwtj* ‚der Sohn des Thot', griech. ψενθωυτης u.a.
m *D 22 (?)* Steindorff, Walters Tf 111, 42

15 *pꜣ-ḳꜣj-nh·t (?)*
m *Spät* Louvre 1412 (Holzstele)

16 *pꜣ-ḳnr(ḳl?)*
m *NR* Gardiner, Ramess Adm Doc 6, 2

17 *pꜣ-ḳrj* [1]) ‚der Vagabund'
m *D 20* Wilbour Pap A 26, 39 77, 54

18 *pꜣ-ḳrkj (?)*[2]) ?
m *Spät* Bull de l'Inst d'Egypte 20, 239

19 *pꜣ-ḳkr*
m *D 20* Wilbour Pap A 78, 19

20 *pꜣ-ḳḏ (?)* ?[3])
m *D 20* Wilbour Pap A 92, 14

21 *pꜣ-ki*
m *D 20* Wilbour Pap A 88, 9 11

22 *pꜣ-knr·j* [4]) (vgl. *knrj* und I, 346, 11f.)
m *D 20* Wilbour Pap A 30, 7

23 *pꜣ-kr* , Var (vgl I, 120, 9)
m *Spät* Daressy, Divinités 39290

24 *pꜣ-krj*
m *D 20* Wilbour Pap A 69, 48

25 *pꜣ-tri* u. a. ‚der Geachtete'
m *D 20* Wilbour Pap A 84, 26. 85, 9 u 11

26 *pꜣ-trꜥ(?ptrꜥ?)*
m *D 20f* Černý, Late Ramess Letters 11, 8

27 *pꜣ-ṯꜣw-m-nꜥ·t* ‚die (Lebens-) Luft ist in der Stadt'[5]) (vgl. I, 121, 8)
m *D 20* Wilbour Pap A 67, 9 93, 11

28 *pꜣ-ṯꜣw-mdj-mnṯ(w)* ‚die Luft ist bei Month' (vgl. I, 121, 9. 10)
m *D 20* Steindorff, Aniba II, 246

[1]) Vgl Wb 5, 59, 8
[2]) Ob *pꜣ-kr kjj* ‚*pꜣ-kr*, der Andere'?
[3]) Für verschiedene Bedeutungen von *ḳḏ* siehe Wb 5 82, 7ff.
[4]) Ohne Determinativ, aber offenbar PN
[5]) D h in Theben

1 *pꜣ-ṯꜣw-ḥt·f* ‚die (Lebens-)Luft ist bei (?) ihm' (vgl. I, 420,2[1])
m *D 20* Wilbour Pap A 82, 21[1])

2 *pꜣ-ṯpr* ‚der Schreiber' (סֹפֵר) (?)[2])
m *D 20* Wilbour Pap A 22, 42

3 *pꜣ-ṯfj*
m *NR (?)* Fisher, D A N, Grab 306 (unveröff.)

4 *pꜣ-ṯrʿḥ*
m *D 20* Wilbour Pap A 48, 35

5 *pꜣ-ṯṯ (?)* u. a. ‚der Sperling' (? vgl I 395, 19)
m *D 20* Wilbour Pap A 85, 25 91, 18 97, 10 25

6 *pꜣ-ṯṯ*
m *D 20* Wilbour Pap A 83, 11

7 *pꜣ-dj-ꜣś·t-pḳn (?)*
f[3]) *Spät* Annales 39, 628

8 *pꜣ-dj-ꜣś·t(?)-mḥ·t* ‚den Isis und *mḥ·t* gegeben haben' (? vgl. I, 121, 18. 123, 20)
m *NR*[4]) Golénischeff, Erem Imp, S 153 = Lieblein 2543

9 *pꜣ-dj-ỉmn-ʿꜣ-n-ḫnś·w* [5])
m *Spät* Lausanne, bemalte Stele (Mitteilung von Jean Capart)

10 *pꜣ-dj-ỉmn-nśw·t*
m *Spät* Steindorff, Walters Tf 119, 729[6])

11 *pꜣ-dj-ỉmn-nś·tj(?)*
m *Spät* Philadelphia L 121—58

12 *pꜣ-dj-ỉmn-śnfr (?)*
m *Spät* Koefoed-Petersen, Recueil, 24, 210

13 *pꜣ-dj-ʿꜣ·t (?)*
m *Spät* Koefoed-Petersen, Recueil 22, 164

14 *pꜣ-dj-ʿnḫ* ‚den der Lebendige gegeben hat' (vgl I, 122, 20)
m *Spät* Recueil 10, 196

15 *pꜣ-di-ʿś·t (?)*[1])
m *Spät* Pierret, Inscr Louvre II (Ét ég 8), 121 = Lieblein 2391.

16 *pꜣ-dj-ʿštr(t)* griech. πετεαστάρτη ‚den Astarte gegeben hat'
m *Spät* Annales 39, 628

17 *pꜣ-dj-wn* ‚den der Existierende gegeben hat' (vgl. I, 325,20)
m *Spät* Lieblein 1081 (Boulaq)

18 *pꜣ-dj-wnw·t* ‚den (die Göttin) *wnw·t*[2]) gegeben hat'
m *Spät* Lieblein 1306 (Turin)

19 *pꜣ-dj-wśir-nb-ʿnḫ* ‚den Osiris, der Herr des Lebens, gegeben hat'
m *Spät* Steindorff, Walters Tf 118, 521

20 **pꜣ-dj-bꜣ-nb-ḏd·t* ‚den der Bock von Mendes gegeben hat'. Erhalten in phönizisch פטבנבדט (Bull. Inst. Fr 38 [1939], S 29) und griech. πετεμενδ(ης).

21 *pꜣ-dj-pꜣ-bꜣḳ-wr ...(?)* ‚den der große (?) Ölbaum gegeben hat' (?)
m *D 26* Borchardt, Statuen IV, 1053

22 *pꜣ-dj-pꜣ-nb ʿꜣ* ‚*pꜣ-dj-pꜣ-nb* ‚der Ältere'
m *Spät* Koefoed-Petersen, Recueil, 25, 606

23 *pꜣ-dj-pp·t* (vgl. I, 123, 12)
m *Spät* Uschebti in Privatbesitz, Philadelphia

24 *pꜣ-dj-mn ʿꜣ* Var. ‚*pꜣ-dj-mn(·w)*, der Ältere'
m *Spät* Eremitage 2972 (Travaux Dép Or III, 98, T 2)

25 *pꜣ-dj-njt-śn*
m *Spät* Borchardt, Statuen 5 (Nachweise bei A Volten, Band 5), S 37

26 *pꜣ-dj-nfr-tm* u. a. ‚der, den Nefertem gegeben hat', griech. πετενεφθιμις
m *Spät* Daressy, Divinités, 39316, 39100 Berlin, Totenbuch, nach Wilbour, Note Book 22, nr 61

27 *pꜣ-dj-nfr-ḥtp-pꜣ-kꜣ-rš(?)*
m *Spät* Coll Hoffmann, 122

28 *pꜣ-dj-nmš..(?)*[3])
m *Spät* Steindorff, Walters Tf 118, 519 A u B

---

[1]) Vgl die Kurzschreibung (?) *ṯꜣw-ḥtj* ebenda Zeile 20
[2]) Vgl Wb 5, 364, 9
[3]) So?! Besser ist wohl *pꜣdjꜣś t pꜣ-kn* „*pꜣdjꜣś t* der Starke" zu lesen
[4]) Ob nicht nach *D 20*?
[5]) Ob irrig für ‚den der große Amon und Chons gegeben haben'? (Fecht)
[6]) Uschebti! Ob für PN I 122, 6?

[1]) Ob für das folgende?
[2]) D 1 Hathor, vgl Wb 1, 317, 12
[3]) Steindorff liest Pede-Neshmet, vgl PN I, 124, 13

1 *pꜣ-dj-rnnwt·t (?)* griech. πετερμουτις
m *Spät* Vatican, Marucchi 212

2 *pꜣ-dj-ḥr(w)-mḥ(·t?)* (vgl. I, 248, 24 u. 125, 6)
m *Spät* Daressy, Divinités, 38955

3 *pꜣ-dj-ḥr(·w)-nb-p* ‚den Horus, der Herr von P, gegeben hat' (vgl. I, 125, 8)
m *Spät* Steindorff, Walters Tf 119, 636

4 *pꜣ-dj-ḥr(·w)-rꜥ* ‚den Horus und Re gegeben haben'[1])
m *Spät* Kairo 969 (Borchardt, Statuen IV) Lieblein 1239 (München)

5 *pꜣ-dj-ẖrbš* ‚den *ẖrbš* gegeben hat' (?)[2])
Spät Recueil 21, S 68, Serap No 29

6 *pꜣ-dj-sḫm·t (?)* ‚den (die Göttin) Sachmet gegeben hat', griech πετεσαχμις
m *Spät* Koefoed-Petersen, Recueil 22, 167

7 *pꜣ-dj-štj·t* ‚den *štj·t*[3]) gegeben hat'
m *Spät* Steindorff, Walters Tf 119, 636

8 *pꜣ-dj-ṯs . .*
m *Spät* Daressy, Divinités 38951

9 *pꜣ-djj* (vgl I, 121, 17)
m *Spät* Borchardt, Statuen 986

10 *pꜣ-dgꜣ-r-dnj·wt(?)*, der auf das Geschrei[4]) hinblickt' (?)
m *NR* Lieblein 1082 (Boulaq)

11 *pꜣ-ḏw*
m *D 20* Wilbour Pap A 76, 6

12 *pꜣ·j-jt-ḫnš·w* ‚Chons ist mein Vater'
m *NR* Borchardt, Statuen 771

13 *pꜣ·j-nḫ(·w)-m-nꜥ·t* ‚mein Beschützer ist in der Stadt'
m *D 20* Wilbour Pap A 78, 18

14 *pꜣ·j-[sbtj?-]m-wꜣś·t (?)* so! ‚mein Wall[5]) ist in Theben' (?) (vgl I, 127, 6)
m *NR* Koefoed-Petersen, Recueil, 60, 589

15 *pꜣ·f-ἰrj*[1])
m *D 20* Wilbour Pap A 59, 2

16 *pꜣ·f-ꜥrbtj (?)*
m *Spät* Statuette im Handel (Mitteilung von J J Clère)

17 *pꜣ·f-nfr-rś·w (?)* (vgl. I, 127, 15)
m *Spät* Daressy, Divinités, 38077

18 *pꜣ·f-rw-rw (?)* (vgl. I, 127, 16?)
m *Spät* Birch, Account, 193

19 *pꜣ·f-kbt (?)* [2])
m *Spät* Berlin 7675 (Mitteilung von G Roeder)

20 *pꜣ·f-ṯꜣw-(m-)ꜥ·wj-sḫm·t (?)*
m *Spät* Daressy, Divinités, 39127

21 *pꜣ·f-ṯꜣw-(m-)ꜥ·wj-km (?)* ? (unsicher, vielleicht nur = I, 128, 1?) (vgl. I, 126, 11) ‚sein Atem ist in den Händen des *km* (?)'
m *Spät* Daressy, Divinités, 39321

22 *pꜣ·s-ṯꜣw-[m-]ꜥ·wj-bꜣśt·t* ‚ihr Atem ist in den Händen der Bastet' (vgl. I, 128, 14ff.)
f *Spät* Gulbenkian Collection No 21

23 **pꜣj·w-ṯꜣw-(m-)ꜥ·wj-njt* ‚ihr Atem ist in den Händen der Neith' o a, erhalten in aram. פוטעונית)

24 *pꜣw·tj (?)-m-ḥb* ‚der Urgott ist im Feste' (?)[3])
m *D 19* Recueil 25, 135, kollat

25 *pꜣj* (vgl I 129,4)
m *AR* Wiedemann-Portner, Karlsruhe, S 6

26 *pꜣḫ·t-m-ḥꜣ·t* [4]) ‚(die Göttin) Pacht ist an der Spitze' (?)
f *D 12* Mélanges Maspero I, 930

27 *pꜣšjṯꜥj (?)*
f *D 18* Ann 25, 94 u Tf 4

28 *pꜣtn (?)*
m *AR* Lutz, Eg Statues, Tf 20/21

29 *pἰꜣ-nfr (?)*
m *NR* Coll Hoffmann, 24/5

---

[1]) ? Oder für *pꜣ-dj-ḥr(·w)-pꜣ-rꜥ*?
[2]) Vgl Spiegelberg, Ägypt Sprachgut, S 10, Nr 20
[3]) Vgl Wb 4, 559?
[4]) Vgl Wb 5, 466, II Ob Beiwort eines Gottes?
[5]) D h der König, vgl Wb 4, 96, 4

[1]) ‚Sein Genosse' — ob Kurzname?
[2]) Ob Name?
[3]) Vgl Wb I, 496/7
[4]) So ist anstatt ⓠ zu lesen! Vgl PN I, 129, 12

1 *pjpj-m-sꜣ(·j?)* ‚*pjpj* ist mein Schutz‘ (?)[1])
f *MR*, *Spät* Brooklyn 37 1345 L

siehe *ˁnḫ-n·n-pjpj*.

2 *pjpj-śnb·j* [2])
m *AR/MR*, Dunham, Stelae, S 77

3 *pw-ỉnp(·w) (?)*
m *Spät* Couyat-Montet, Hammamat, S 63, No 78 (aus Kyrene?)[3])

4 *pwrn (?)* (vgl. *tꜣ-pwrn*)
m *D 20* Wilbour Pap A 59, 5

5 *pp (?)*
f *NR* Louvre 52 (Grabstein)

6 *ppnḥ(?pnpḥ?[4]))*
m *Spät* Borchardt, Statuen III, 882

7 *pnk(?)*
m *Spät* Daressy, Divinités, 38048

8 *pngr (?)* , Var.
m *NR* Kairo 637 (Borchardt, Statuen II)

siehe I, 121, 17 und Z²

9 *pr-ỉmn-ḥrw (?)*[5])
m *Spät* Marucchi, Monumenta, 41.

10 *pr-m-nfr·t*
m *AR* Quibell, Ramess, Tf 35

11 *pr-mꜣw*
m *AR* Quibell-Hayter, Teti Pyramid S 22.

12 *prj-ỉb·śn (?)*
m *D 2* Königsname

13 *prj-ˁnḫ·ś* ‚möge ihr Leben herauskommen!‘ (?)
f *AR* Selim Hasan, Giza I, 109

14 *prj-pꜣ-ṯꜣw-m-ỉpꜣ·t* ‚die (Lebens-)Luft kommt aus Luxor‘ o. ä.
m *D 20* ÄZ 53, 91 (abgekürzt *prj-pꜣ-ṯꜣw*)

15 *prj-m-wꜣḫ·t*
m *MR/NR* Annales 36, 169 171

[1]) Vgl *pth-m-sꜣ j(?)*
[2]) Dahinter steht das Det !
[3]) Vgl v Zeissl, Aeth u Ass, S 71
[4]) Ob *pꜣ-n-pth* zu lesen ist? Vgl I, 108, 2
[5]) Ob *pꜣ-(n-)ỉmn-hr(·w)* ‚der zu Amon und Horus Gehörige‘?

16 *prj-m-nmt·wt·f (?)*
m *MR* Bull Inst 37, 107

17 *prj·t(?)*[1]) (vgl. I, 134, 14)
f *AR/MR* Dunham, Stelae, Tf 20, 2

18 *prˁ (?)*
m *NR* Weigall, Antiquities of Lower Nubia 115

19 *prt·j*
m *AR* Jéquier, Pyram de Neit 58, Fig 36

20 *prṯj* [2])
m *D 19* Syria 18, 195 u Tf 30

siehe *pꜣ-ḥꜣ* I, 115, 9 und Z².

21 *pḥḥỉ*
m *NR* Koefoed-Petersen, Misc Gregor S 123

22 *pḥś*
m *NR*, *Spät* Athen ohne No (Perlenstickerei von einer Mumie)

23 *pḥtj-n(m?)-ỉmn* ‚Stärke ist in Amon‘ (?)
m *D 20* Wilbour Pap A 70, 18

24 *pḥtś*
m *D 5* Junker, Giza III, 182

25 *pḫkn (?)*
m *Spät* Daressy, Divinités, 38047

26 *psj*
m *AR/MR* Liverpool Annals 4, 115

27 *pss·j*
m *D 5* Bologna 1901.

28 *pśmṯk-mn(·w)-n(m?)-rśn·t* , Var ‚Psammetich dauert in der *rśn·t*‘
m *D 26* Borchardt, Statuen 4, 1275 u 1277

29 *pśmṯk-mrj-rˁ* u. ä. ‚Psammetich ist ein von Re Geliebter‘
m *D 26* Steindorff, Walters Tf 117, 175, Florenz, Uschebti 1887

30 *psmṯk-nb-tꜣ (?)* (?)
m *Spät* Daressy, Divinités 38133

[1]) Vgl aber I 308, 23
[2]) Nach Posener a a O begegnet auf dem Ostrakon Petrie No 2 verso, Z 4 ein Ausdruck *prṯj*, ebenfalls mit dem Auge determiniert

1 *psmṯk-s3-ptḥ* dem. ‚Psammetich ist ein Sohn des Ptah' (vgl. I, 136/7)
m *Spät* Spiegelberg, Demot Denkm II, 31054, 62

2 *pšš-bs-ˁ3s (?)* (vgl. I, 137, 5f. u. 122, 19)
m *Spät* Daressy, Divinités 39271

3 *pšḏ-ir (?)* , Var. (vgl. I, 137, 9 u. 11)
f *Spät* Bremen, Städt Mus B 619 (Mitteilung von R Bredemeyer)

4 *ptjj*
f *NR (D 20)* Totenbuch Brit Mus 9953 (Shorter, Cat Eg Rel Pap p 3)

5 *ptr ˁ3 (?)* ‚*ptr*, der Ältere' (?) (vgl. I, 138, 2)
m *D 20 f* Černý, Late Ramess Letters 11, 8

6 *ptr-św(?)-m-km·t* [1] ‚sieh ihn (?) in Ägypten' (vgl. I, 138, 8!)
m *D 20* Wilbour Pap A 84, 24

7 *ptlm* = πτολεμαιος
f *Griech* Brit Mus Guide Sculpt 1909, No 975 [985]

8 *ptḥ-im·f (?)* [2] ‚Ptah ist in ihm' (?)
m *MR* Pap Kahun 13, 14, vgl Stolk, Ptah N 33

9 *ptḥ-inj-św* u. a ‚Ptah ist es, der ihn[3] (wieder-?)gebracht hat' (vgl. I, 152, 3)
f! *D 19* Acta Orientalia 10, 86 88

10 *ptḥ-ˁnḫ(·w)* ‚Ptah ist lebendig' (?)
m *AR* Jéquier, Tomb de Partic Tf 7 oben links

11 *ptḥ-w3ḥ·w* (oder *w3ḥ-ptḥ?*)
m *MR/NR* Borchardt, Statuen 869

12 *ptḥ-p3-nḫw* (?) ‚Ptah ist der Beschutzer' (vgl. I, 113, 14)
m *NR* Wilbour, Note Books 2 E 22

13 *ptḥ-p3-ḳd(·w)* ‚Ptah ist der Bildner'
m *NR* Leiden V 26, unten

14 *ptḥ-m-s3(·j?)* [4] ‚Ptah ist mein Schutz' (?)
m *MR, spät* Brooklyn 37 1345 L
f *MR, spät* Brooklyn 37 1345 L

[1]) Gardiner gibt ohne? Der Text ist wohl nicht in Ordnung
[2]) Hoffmann (S 53) ubersetzte ‚es ist Ptah'
[3]) Den König?
[4]) So ist auf derselben Stele 3 mal geschrieben (Mitteilung von Cooney) Ob die Suffixe *·f* bzw *·ś* aus Nachlassigkeit weggelassen sind?

15 *ptḥ-m-ḏḥwtj*[1]) ‚Ptah ist Thot'(?)
m *NR* Gardiner, Hierat Pap Brit Mus, 3rd Series, S. 39f.

16 *ptḥ-mn(·w?)* , , ‚Ptah ist meine Festung'
m *D 20* Wilbour Pap A 30, 45 31, 12 42, 34 54, 19

17 *ptḥ-mr-imn* ‚Ptah ist von Amon geliebt' (?)
m *Spät* Steindorff, Walters Tf 114, 162

siehe *nj-mśw(·t)-ptḥ*

18 *ptḥ-nb-nfr·t* ‚Ptah ist der Herr (Besitzer) von Gutem' (vgl I, 140, 12 13)
m *AR, spät* Junker, Giza VI, 226/7 (auch geannnt *mḥ·j*).

19 *ptḥ-rˁ (?)* siehe I, 228,1 und Z[2]!

20 *ptḥ-rḫ* (vgl. I, 141,2)
m *NR* Lieblein 2256

21 *ptḥ-ḫrtj (ˁntj?)*
m *MR* Stolk, Ptah 171

22 *ptḥ-t3j (?)*
m *NR* Lieblein 732 (Boulaq)

23 *ptḥ-dj-i3w·t* ‚Ptah ist es, der das Alter gibt'
m *D 19* Acta orientalia 10, 88

siehe *i3w-ptḥ*, I, 6, 9!

24 *ptḥ·j* (vgl I, 142, 4)
m *NR* Wilbour Pap A 69, 17, Lieblein 1980 (Lyon, Stele 89)

25 *ptḥ·w*
m *Spät* Daressy, Divinités, 38531

26 *pdk-iht (?)* ,
m *Spät* Borchardt, Statuen 3, 662

27 *fśw* ‚der Bäcker'[2])
m *AR* Junker, Giza

28 *ftj* (vgl. I, 143, 15)
f *AR/MR* Dunham, Stelae, S 68

29 *ftk (?)* [3])
m *AR* LD II, 77 Mitte

[1]) Gardiner gibt nur die Umschreibung!
[2]) No 27 ist zu streichen!
[3]) Ob *t3* fehlt? Vgl I, 142, 26

1 *fdw-śn·w (‚4 Brüder') erhalten in Griech. φθοσνευς.

2 fdḳj·t

f D 11 Clère-Vandier, S 28

3 m-mr·ś (?)

f MR Lacau, Sarcoph I, 28028 (wechselt mit ḫnś·w)

4 m-nḏm·t (vgl. I, 148, 8?)

f NR Philadelphia 14368/9 (= Mac Gregor Collection, Tf 51).

5 m-tꜣ-ỉntj (?)

m D 20 Wilbour Pap A 59, 4

6 mꜣj-(ḥꜣ?-)ỉḫ·w·t·f ‚der Löwe[1]) (steht schützend) hinter seiner Habe' (?)

m D 20 Wilbour Pap A 66, 20

7 mꜣꜥ·t

f (?) D 11 Polotsky, 11 Dynastie, S VII

8 mꜣꜥ·t-m-ḥb ‚die (Göttin) mꜣꜥ·t ist im Fest'

f Spät (D 21) Totenbuch Brit Mus 9904 (Shorter, Cat Eg Rel Pap, p 2)

9 mꜣꜥ·t-ḫrw (?), Var. ‚die Gerechtfertigte' (?)[2])

f AR Junker, Giza V, 184 u 185, Abb 57

10 mꜣꜥ·t-kꜣ (kꜣ-mꜣꜥ·t?) (vgl I, 145, 7)

f D 18 Theben, Grab 169 (nach S Schott)

11 mꜣ·w (?) (vgl. I, 143, 25 26)

m AR Koefoed-Petersen, Recueil, 39, 24

12 mꜣwt-rm·w (?)

f NR Lieblein 698

13 mỉnw (?) ‚der Hirt' (?)

m MR Lieblein 249 (S 81 unten)

14 mỉnw ḥrj-ỉb ‚mỉnw, der Mittlere'

m D 6 AZ 13, Tf I, 1 (nach Clère)

15 mjtj (vgl. I, 145, 26?)

f MR Bull Inst 37, 112

16 mꜥw (?) (vgl I, 146, 24)

m AR Mackay, Bahrein and Hemamieh, Tf 23, Mitte

17 mw-ꜣś·t

f Spät Coll Hoffmann, 118

1) D h wohl der König, vgl I, 338, 8 u 342, 19

2) Anders Junker, a a O Was bedeutet das ?

18 mw-rj (?)

m AR/MR JEA 14, Tf 20, 3 (schöner Name eines ỉmj-ỉnp·w)

19 mw-wꜥb·t-ꜥnḫ·t (?)

f MR Bull Inst 37, 110

20 mw·t-ꜣś·t [1])

f D 20 Wilbour Pap A 77, 3 17 20 usw

21 mw·t-ỉw·ś-ꜥnḫ (?)[2]) (vgl. I, 410, 16)

f Spät Lieblein 2386

22 mw·t(·j?)-ꜥnḫ·tj, Var. so! und so! ‚die (meine?) Mutter ist wieder lebendig geworden' (vgl. I, 50, 17)

f MR Louvre C 173 (Gayet, Stèles Tf 29)

23 mw·t-wbn·t-(ḥr-?)nw [3]) 'die aufleuchtende (Göttin) Mut sieht'

f NR Borchardt, Statuen 975

24 mw·t-pj-pw (?) (vgl. I, 147, 14)

m NR Lieblein 1068 (vgl AZ 74, 110[2])

25 mw·t-m-ỉpꜣ·t, ‚(die Göttin) Mut ist im Harim'

f NR Wilbour Pap A 17, 47 36, 2 92, 5 usw, Philadelphia 1889

siehe Zus.[2] zu 148, 2.

26 mw·t-mw·t·f ‚Mut ist seine[4]) Mutter' (? vgl. I, 148, 21)

f! D 20 Wilbour Pap A 27, 46

27 mw t-mnw·j (?), ‚(die Göttin) Mut ist meine (?) Festung'

f D 20 Wilbour Pap A 67, 15 70, 6

28 mw·t-mn·tj, var.

f Griech OLZ 1914, 97/98

29 mw·t(ḥr?)-śꜥnḫ ‚(die Göttin) Mut erhält am Leben'

f D 20 Wilbour Pap A 33, 38

30 mm (mꜣmj?) (vgl. I, 145, 12. 149, 14)

m NR Syria XII (1931), Tf VI u S 10f XIII (1932), S 24/5, Kêmi 7, 182

1) Kaum ‚Isis ist meine Mutter'

2) Ob wirklich so? Dann Kurzname

3) Ob ‚alles' zu ergänzen ist? Vgl I.

4) Des Königs? oder des Gottes Chons? Die an sich auch mögliche Übersetzung ‚die Mutter seiner Mutter' scheint noch weniger Sinn zu geben Oder sollte das 'sein' auf den Vater des Kindes gehen, mit dessen (eben verstorbener?) Großmutter es identifiziert wird (G. Fecht)?

1 *mmj* (vgl I, 149, 18ff)
f *NR* Lieblein 2124 = Mariette, Catal 1166

2 *mmj̠t* (?) (oder ?)
m *AR* Koefoed-Petersen, Recueil 32, 1448

3 *mn-ỉʿḥmś-(m-)ỉnb(·w)* 'möge Amasis in Memphis bleiben!' o. ä.
m *D 26* Brugsch, Thes V, 947

4 *mn-ỉb* ‚der Standhafte' o. ä.
m *AR* Wreszinski (— Schäfer), Atlas III, Tf 31 unten rechts

5 *mn-pjpj* ‚möge (König) Phiops bleiben', o. a.
m *MR* Porter-Moss, Topogr Bibliogr V, 197 (auch *ʿnḫ-n n-pjpj* genannt)

6 *mn-pśmṯk* ‚Psammetich bleibt' o. ä. (vgl. I, 136, 13)
m *D 26* Kairo 1278 (Borchardt, Statuen IV)

7 *mnmꜣʿ·trʿ-m-ḥb* ‚Sethos I ist im Feste' o. a
m *NR* Porter-Moss, Bibl, V, 67

8 *mn-n'·t(?)* ‚möge die Stadt bleiben!' (?)
f *MR* Mogensen, Glyptothèque, Tf 97, A 685 (2 mal)

9 *mn-nfr*
f *MR (?)* Brit Mus [201], Leiden, Grabstein des *ḥr-m-ḥb*

10 *mnḫpr·w-m-ỉpꜣ·t* ‚Thutmosis IV ist im Frauenhause'
m *D 18* Frankfort-Pendlebury, The City of Akhenaten II, Tf 58, 7

11 *mn-sꜣ*
m ? *MR* Oldenburg 1 (nach Hoffmann, Theoph Pers, S 44)

12 *mn-sn·t* (?)
f *MR (?)* Bull Metrop Mus 1914, 239, fig 2

13 *mn-ś·t*
f *MR* Annales 38, 29

14 *mn-kꜣ·w-kꜣkꜣj* ‚die Kas des (Königs) *kꜣkꜣj* dauern' (vgl. den Königsnamen *mn-kꜣ·w-rʿ*) *o a.*
m *D 5* Annales 42, 118

15 *mn-ʿꜣ-r-wśỉr*, Var. ‚es gibt keinen Größeren als Osiris'
m *Spät* Borchardt, Statuen IV, 960[1])

[1]) Die Annales 22, 261 gegebene ‚Variante' beruht doch wohl auf einem Versehen! PN I, 18, 23 wäre dann zu streichen

16 *mn-wʿ-ỉnn-mꜣʿ·t* ‚es gibt keinen Einzigen[1]) außer der *mꜣʿ·t*'
m *D 20* Peet, Pap Mayer A 11, 21 u 13 C q — verbessert nach JEA 27, 110 und n 2

17 *mn(·w) wr* ‚*mn(·w)*, der Ältere' (vgl. I, 151, 14)
m *MR* Lieblein 461 (Wien)

18 *mn(·w)-bꜣ·f* [2]) ‚(der Gott) Min ist beseelt' o a. (vgl. ÄZ 75, 133, Anm. 2)
m *AR/MR* Ashmolean Mus 1911 477 (mit ‚schönem Namen')

19 *mn·w-m-ỉnp·w* (?) ‚Min ist Anubis' (?)
m *NR* Lieblein, S 974, 921

20 *mn(·w)-rʿ* (vgl. I, 152, 7!)
m *Spät* Recueil 9, 87 (Beiname eines *pꜣ-dj-nfrḥtp*)

21 *mn-śnw·f* (?) (vgl. I, 150, 18)
m *NR* Steindorff, Aniba II, 117

22 *mn·j* (vgl. I, 151, 2)
f *D 18* Louvre C 72

23 *mnỉw·t* [3]) ‚der Hafen' o. ä.
f *NR* Kopenhagen, Thorwaldsen Museum 345

24 *mnʿ(·t)-nḫt·tj* 'die Amme ist stark' (vgl. I, 151, 8)
m *NR* Pap Dêr-el Medîne 1, 4 7 13, verso 4 12

25 *mnʿ·t-ḥtp·tj* ‚die Amme hat sich freundlich erwiesen' o ä.
f *D 12* JEA 14, Tf 20, 1 u S 240, Abb 2

26 *mnwj* (?)
f *D 18* Winlock, Three Princesses, S 41

27 *mnht*
f *D 18* Winlock, Three Princesses, p 41

28 *mnḫ-ỉb-ḥr(·w)* ‚Horus[4]) ist vortrefflichen Herzens'
m *Spät* Koefoed-Petersen, Recueil 19

29 *mnḫ-ỉmn* (?) (?) ‚vortrefflich ist Amon' (oder = 169, A20?)
m(?) *Spät* Nantes (De Rougé, Pl V, B)

[1]) Nämlich in der so benannten Namensträgerin (so Gardiner)?
[2]) So ist nach Mitteilung von Miss Rosalind Moss Liverpool Annals 4, 120 zu verbessern!
[3]) So! Offenbar ein Irrtum des Steinmetzen, der ein in seiner Vorlage mechanisch übertrug — vgl Wb 2, 74, 14 und Möller, Hierat Palaeogr II, 374!
[4]) Gemeint ist wohl der regierende König, vgl I, 153, 6ff Dem Namen folgt merkwürdigerweise (3 mal!) das Zeichen des schlagenden Mannes

1 *mnḫ-ḥtḥr* ‚Hathor ist vortrefflich' o. a (vgl. I, 153, 11 ff)
f *AR/MR* Quibell, Saqqara II, Tf 7, 4

2 *mnḫbwtjw (?)* , Var. , [1])
m *AR/MR* Boston, Museum of Fine Arts

3 *mntj*
m *MR* Kairo 20208 a (anscheinend Kosename für einen *mnṯw-wśr*)

siehe *ʿnḫ-mnṯ·w*

4 *mnṯ·w-wr*[2]) ‚Month ist groß'
m *NR* Fisher, D A N 1041 (unveröff)

5 *mnṯ·w-m-iwn (?)* (vgl. I, 154, 3?)
m *D 20* Wilbour Pap A 32, 17

6 *mnṯw-m-ʿḥ(·t)?* [3]) ‚Month ist im Palast'
f *MR* Lieblein, S 946, 309

7 *mnṯ·w-m-mḥj·t(?)* , Var. ‚Month ist der Nordwind' (?)[4])
m *Spät* Bull Inst 12, 92 93

8 *mnṯ·w-(m-?)ḥ3·t·f* ‚Month ist vor ihm' (?)
m *D 20* Wilbour Pap A 68, 42

9 *mnṯ·w-ḥr-ḫnj·t* ‚Month ist auf der Ruderfahrt'
f *MR* Wilbour Note Books 2 D 56 = 2 F 19

10 *mnṯ·w-(ḥr-)śʿnḫ* ‚Month erhält am Leben' (vgl. I, 301, 5)
m *D 20* Wilbour Pap A

11 *mnṯ·w-ḫnt-ḥr(·w) (?)* ?
m *MR* Kairo 20184

12 *mnṯ·w-śwt* ‚er ist Month' (?) (vgl. I, 155, 4)
f *MR* Grabstein im Besitz des Dompredigers Martin, Magdeburg (Mitteilung von G Roeder)

13 *mn-k3·w (?)* [5])
m *NR* Gardiner, Late Egyptian Stories 94, 11

[1]) Die beabsichtigte Reihenfolge der Zeichen ist unklar.
[2]) Oder *wr-mnṯ·w*, siehe I, 81, 7
[3]) Ob richtig? Nach Wb I, 244, 22 ist *ʿḥ t* erst seit Ende *D 18* belegt
[4]) Vgl den Luftgott Amon, Sethe Amon § 200? Oder ist *mnṯ w-m-ḥ3 t* zu lesen? Vgl ÄZ 65, 131!
[5]) Ob 'dauernd an Speisen' als Beiname eines Gottes?

14 *mnṯḥt*.
f *NR* Burchardt, Fremdworte 459

15 *mr-iwn (?)*
m *D 20* Wilbour Pap A 37, 36 38, 18

16 *mr-imn-m3ʿ* ‚Amon liebt den (günstigen) Wind'
m *D 20* Wilbour Pap A 69, 30

17 *mr-ʿnḫ·f* , (vgl. I, 156, 12)
m *AR* Mastaba, unveröff (Selim Hassan), Sammlung v Bissing I, Fig. 4

18 *mr-p3-rʿ*
m *D 20* Wilbour Pap A 62, 8 68, 5

19 *mr-m-i3m* ‚der Geliebte (?) ist der (im?) *i3m*-Baum' (?)
f? *D 20* Wilbour Pap A 77, 22

20 *mr-m3·f* (vgl. I, 156, 18!)
f *AR/MR* Stele Kairo 1622 (Clère)

21 *mr-m3ʿ·t* (vgl. I, 160, 19)
m *D 20* Wilbour Pap A 99, 9

22 *mr-n-ṯ3 (?)*
f *Griech* Recueil 25, 128 (kollat)

23 *mr-nḫw (?)*
m *NR* Quibell-Hayter, Teti Pyramid, North Side, S 11.

24 *mr-nḫt*
m *MR* Lieblein 203 ('Boulaq')

25 *mr-nt-w3ḥibrʿ* ‚die (Göttin) Neith liebt (den König) Apries'
m *D 26* Steindorff, Walters Tf 46, 285

26 *mr-rn·ś (?)* [1])
f *AR/MR* Dunham, Stelae, Tf 11, 1 (‚schöner Name' einer *knj·t*).

27 *mr-ḥtḥr* (vgl. I, 157, 10)
f? *D 20* Wilbour Pap A 47, 32

28 *mr-ḥtp-ttj (?)*
Quibell-Hayter, Teti Pyramid, North Side, p 8

29 *mr-ḫwfw* u. ä. (vgl. 161, 8)
m *AR* Junker, Giza VI, 244 u 247, Fakhry, Sept tombeaux S 19ff

[1]) So deutlich! Ob Fehler des Steinmetzen für (vgl. I, 159, 3)?

1 *mr-kȝ (?)*
m *AR* Selim Hasan, Giza II, 76 u 84.

2 *mr-tȝš (?)*
m *AR* Lutz, Eg Statues, S 24—26

3 *mr-nṯr-šȝḥwrʿ* ,möge der Gott den (König) Sahure lieben!' o. a.
m *AR* Borchardt, Neuserre 137

4 *mr-šj-ttj(?)* so! ,*ttj* liebt sie' o. a. (? vgl. I, 421, 10)
f *AR/MR* Mogensen, Glyptothèque, Tf 96, A 680

5 *mr·t-ḥr(·w) wr·t* ,*mr·t-ḥr(·w)*, die Ältere' (vgl. I, 159, 8)
f *MR* Bull Inst 37, 105

6 *mr·t-šḫt* ,die von der Feldgöttin Geliebte'
f *MR* Borchardt, Statuen 4, 1054

7 *mr(·t)-kȝ-n-nšw·t*
f *MR/NR* Wreszinski, Bericht, 75 u Tf 34

8 *mr·t-ttj-ij·tj (?)* ,eine von (König) Teti Geliebte ist gekommen' (?)
f *AR* Quibell, Saqqara II, Tf 10, 1

9 *mr[jj]-ipj* ,der von *ipj* Geliebte'
m *AR/MR* Dunham, Stelae, S 65

10 *mrjj-inḥr(·t)*, Var. ,der von Onuris Geliebte', griech. μαιενουρις
m *MR* Louvre C 173 (Gayet, Stèles, Tf 29, linke Kol 9 u 15), Lieblein 249.
Spät, v Bissing, Archiv f Orientforschung 10 (1935—36), S. 135, Abb 2

11 *mrjj-ʿn·tj* ,der von *ʿntj* Geliebte'
m *AR* Jéquier, Pyram de Neit et Apouit, 55

12 *mrj-m-wȝš·t* ,der Geliebte ist in Theben'
m *D 20* Wilbour Pap A 86, 23

13 *mrj-nb·f* 1) ,der von seinem Herrn Geliebte'
m *NR* Borchardt, Neuserre, S 161

14 *mrjrʿ-ḥȝ-iš·t·f* ,(König) *mrjrʿ* (steht schützend) hinter seiner Habe'
m *AR* Brit Mus 55724 (Kopfstütze)

1) Var , vgl. Erman, Gramm.[4] § 391 a

15 *mrj-šbk* ,der von Suchos Geliebte'
m *D 20* Wilbour Pap A 66, 32

16 *mrj-šḫ·t* ,der von der Feldgöttin Geliebte'
m *D 20* Wilbour Pap A 71, 27

17 *mrj-šth* ,der von Seth Geliebte'
m *D 20* Wilbour Pap A 41, 3 48, 22 61, 12

18 *mrjj-ttj* 'der von (König) Teti Geliebte'
m *AR* Mém de l'Inst III, 523f

19 *mrjj·f* (vgl. I, 160, 16)
m *AR* LD II, 30

20 *mrw·f* (vgl. I, 162, 13)
m *MR* Lieblein, S 935, 80

21 *mrw·t(·j?)-n·š* , ,meine Liebe gehört ihr' (? vgl. aber I, 159, 3)
f *AR* Wreszinski(-Schäfer), Atlas III, Tf 115B = Mitt Inst. Kairo 8, 21, Junker, Giza V, S 142, Abb 38.

22 *mrbjw-imn (?)*
m *D 25* Urk III 104, Z. 6 u 7 (Nubier). Siehe auch I 163,3

23 *mrr-ȝš·t (?)* 1)
m *MR* Brit Mus 144 (II 20)

24 *mrr-ptḥ (?)*2) so!
f *NR* Koefoed-Petersen, Recueil 52, 717 = Mogensen, Glyptothèque, Tf 104, 709

25 *mrr-nb·f* ,der seinen Herrn (den sein Herr?) liebt'3)
m *D 5* Borchardt, Neuserre, S 138

26 *mrmr*
m *AR* Macramallah, Idout, S 14

27 *mr-kjj* ,der Andere ist krank' o. ä. (?) vgl. I, 163, 11?
m *AR* Junker, Giza III, 179, 10 u Abb 28, 3 Reihe

28 *mrtj t*
f *D 18* Winlock, 3 Princesses, p 41

1) Der Name erscheint als Var zu *mrj-ȝš·t!*
2) Ob irrig für *mr·t-ptḥ* (I, 158, 22)?
3) Oder enthält das Siegel keinen Personennamen?

1 *mhrj* [1]) [2]), [3]) u. ä.
m *D 20* Wilbour Pap A 54, 32 68, 10, 35 89, 38

2 *mḥ-ỉmn-m(n)-pꜣ-ỉr-r·f* (!) etc. ‚möge Amon den packen, der gegen ihn (Böses) getan hat!‘
m *Spät* Mitt Kairo 12 (1942), S 31

3 *mḥ-ʿ (?)*[4]) (vgl. I, 163, 14)
m *AR* Sethe, Urk I, 158, 20

4 *mḥ-wśḫ(·t)*
f *D 22* Borchardt, Statuen 741

5 *mḥ-śbk (?)*[5]) (vgl. I, 163, 18)
f *MR* Agram 4

6 *mḥj(·t)* (vgl. I, 163, 30. 164, 1 und 163, 26)
f *D 20* Wilbour Pap A 28, 38 30, 24 usw

7 *mḥ·t-n(·j)?*
f *MR* Bull Inst 37, 113

8 *mḥj* ‚der Flachs‘
m *NR* Gardiner, Pap Chester Beatty I C 2, Z 5

9 *mḥḥ·j* [6]) u. ä. (vgl. I, 164, 10)
m *NR* Recueil 2, 179f

10 *mś·j*
m *D 18* Naville, XIth Dynasty Temple II, Tf IX, D

11 *mśj-mꜣʿ·t (?)*
f *NR* Theben, Grab 18 (Schott)

12 *mś-nḫt*
f *NR (?)* Berlin 4653 (Uschebti)

13 *mś·n-kꜣ(·j)* ‚den mein Ka erzeugt hat‘ (vgl I 294,6)
m *D 2* Gunn-Quibell, Step-Pyramid, Tf 91, 1 (Prinz)

14 *mś-rś(·w)*
f *NR*, früh Lieblein 1922 (Boulaq)

[1]) Var mit einem
[2]) Die letzten beiden Zeichen sind nicht ganz sicher
[3]) Vgl Wb 2, 116, 5 Ob *mhr-sth* zu lesen? ! Vgl *mhr-bʿr* I, 163, 12!
[4]) Oder ist *mh* ‚die Elle‘ zu lesen?
[5]) Oder steht *śbk-mh* für *śbk-m-hb* (I, 304, 5)?
[6]) Hierher gehören die entsprechenden Schreibungen von I, 163, 25!

15 *mś-šntꜣj·t* ‚das Kind der (Göttin) *šntꜣj·t*‘ (?)[1])
m *Spät* Brooklyn 05 401

16 *mś·t-ꜣś·t* [2]) ‚das Kind der Isis‘ (?) (vgl. I, 164, 19)
f *Spät* Annales 43, 347ff

17 *mś·t-ḥr(·w)* (vgl. I, 165, 19)
f *NR* Lieblein 2536

18 *mśḳhrtj* (vgl. I, 165, 22)
m *D 21* LD III, 247a

19 *mś·t n·j (?)* ‚die ich geboren habe‘ (?)
f *D 6* De Morgan, Cat des Mon I, 171f (‚schöner Name‘ einer *dmj*)

20 *mśdj-khꜣ* ‚der das Gebrüll haßt(?)[3])
m *AR* Koefoed-Petersen, Recueil 76, 25

21 *mškn*
D 20 De Rougé, Inscr hiérogl II, 144, 47 (Libyer)

22 *mštj*
m *MR* Brit Mus, Guide Sculpture 1909, S 71

23 *mkrš* Var.
m *D 22* AZ 76, 40 (Nubier)

24 *mtjw* (vgl. I, 167, 9)
m *D 5* Junker, Giza III, 183, 6 u Abb 28, 3 Reihe

25 *mtr-šm* ‚(der Gott) Mithra hat erhört‘ (?) (vgl. I 327, 17.18)
m *D 19* (?) Burchardt, Fremdworte 544

26 *mdḥ·w*[4])
f! *MR* Lieblein 93

27 *mdw·t-ỉj·tj* ‚die (Göttin) *mdw·t*[5]) ist gekommen‘
f? *D 20* Wilbour Pap A 30, 23

28 *mdw·t-bn-nk(·t)*
f? *D 20* Wilbour Pap A 36, 22

[1]) Vgl Wb 4, 518,1ff
[2]) Cryptographisch für *, nach Drioton, a a O
[3]) Oder Imperativ? Vgl Prisse I, 4
[4]) An *mdḥw* ‚der Zimmermann‘ wird man des Geschlechts wegen kaum denken dürfen
[5]) Diese Göttin der ‚Tiefe‘ (vgl Wb 2, 184) scheint bisher nicht bekannt zu sein

1 *mdw·t-m-wiꜣ* ‚die (Göttin) *mdw·t* ist in der (Prozessions-)Barke‘
f ? *D 20* Wilbour Pap A 30, 21 31, 10 36, 38

2 *mdw·t-(ḥr-?)sʿnḫ* ‚die (Göttin) *mdw·t* macht lebendig‘ (?)
f ? *D 20* Wilbour Pap A 42, 35

3 *mdrj*
m *NR* Coll Hoffmann, 25/6

4 *mdd-kꜣ(·j ?)* ‚mein Ka trifft‘ (?)
m *D 2* Petrie, Roy Tombs II, 158, 159, Grabstein aus Abu Roasch (Montet)

5 *mdd-ṯb·t-it·f (?)*
m *MR* Montet, Byblos et l'Egypte 197 (aus Byblos)

6 *n-itj (?)* (vgl. I, 52, 21)
m *AR* Koefoed-Petersen, Recueil 37, 19 (2 mal, ‚schöner Name‘ eines *irns*)

7 *n-ʿḥm·s*
f[1]) *D 5* Borchardt, Neuserrê S 124, Abb 104

8 *n(n)-rn·s* [2]) ‚sie hat keinen Namen‘ o. a. (vgl. I, 204, 25).
f *AR/MR* Brit Mus 1372 (I, 54)

9 *n-ḫfʿ·f* ‚er[3]) hat nicht gepackt‘ o. ä.
m *AR* Borchardt, Denkm des *AR*, Bl 36, 1462

10 *n-spr(j ?)* (vgl. I, 306, 13)
m *AR* Coll Dattari 284

11 *n-tšn·s (?)*
f *AR/MR* Amer Journ Sem Lang 38 (1921), 56 ff

12 *nʾ·t-bw-smḥ(?)* [4])
m Zeit ? Gardiner, Late Egyptian Stories, S 90, 11

13 *nʾ·t-ḫʿj·tj* ‚die Stadt ist erglänzt‘ o. ä.
f *D 20* Wilbour Pap A 46, 19

14 *nꜣ-ꜣs·t (?)* (vgl. *nꜣ-mnḫ-ꜣs·t*)
f *Spät* Marucchi, Monumenta, 116

15 *nꜣ-ir t s-nfr (?)* [5]) ‚schön ist, was sie getan hat‘
f *Spät* Statuette im Handel (mitgeteilt von J J Clère)

[1]) Die Zeichen stehen rechts hinter einer Frau — ob Name?
[2]) So Maystre — ob richtig?
[3]) Der Dämon?
[4]) Name eines ‚Geists‘ im Märchen!
[5]) Lies ! (?)

16 *nꜣ-ʿꜣ-tꜣ·f-nḫt(·t)* [1]) ‚groß ist seine Stärke‘ (vgl. I, 169, 16; 182, 18 und Z[2])
m *Spät* Lieblein 1354 ('Prince of Wales Mummy') = Birch, Account 193

17 *nꜣ-mnḫ-rʿ* ‚Re ist vortrefflich‘ (vgl I, 153, 11. 169, 21)
m *D 22 f* Lieblein 1125

18 *nꜣ-mnḫ·s* ‚vortrefflich ist sie‘ (vgl I, 169, 19 22)
f *Spät* Marseille 48 (Holzstele)

19 *nꜣ-nfr-bꜣst·t* siehe *tꜣ-nfr-bꜣst·t*.

20 *nꜣ-nfr-rʿ (?)* dem ‚Re ist schön‘ (vgl. I, 169, 27. 28)
m *Spät* Spiegelberg, Demot Denkm, II, 31054 a 8

21 *nꜣ-nfr-kꜣ-ptḥ* dem ‚schön (bzw. gut) ist der Ka des Ptah‘
m *Spät* Griffith, High Priests of Memphis, S 29

22 dem *nꜣ-nḫt-f-ʾr·w* ‚er ist (sei ?) stark gegen sie‘
m *Griech* Spiegelberg, Demot Denkm II, S 289, Kol 4, 12

23 *nꜣ-sḫpr-ḥʿpj* ‚der Nil läßt entstehen‘[2]) (vgl. I, 170, 16 ?)
m *Spät*, Bull de l'Inst d'Egypte 20, 239

24 *nꜣ-sḫp(r)-n-sḫm·t* (vgl I, 170, 16)
m *Spät* Lieblein 2324

25 *nꜣ-sgꜣ (?)*
m *D 20* Wilbour Pap A 75, 25

26 *nꜣ·w-mrtj (?)*
m *Spät* Statuette im Handel (Mitteilung von J J Clère), 2 mal

27 *nꜣ·w(?)-nfr* (vgl. I, 169, 23 ff.)
f *D 20* JEA 26, Tf 5, 4[3]) 6.

28 *nꜣ-šʿj·t (?)*
f *NR* Lieblein 953 (London)

29 *nj-ib-im (?)* ‚Besitzer eines Herzens ist (der Gott ?) *im*‘ (vgl. I, 170, 30. 171, 1)
m *AR* Junker, Giza V, 141

[1]) So ist natürlich zu verbessern!
[2]) Oder Kurzname?
[3]) An Stelle dieses Namens erscheint ebenda Tf 5, 10 u 6, 15—16 !

1 *nj-ʿnḫ-ir·tj(?)-pjpj* 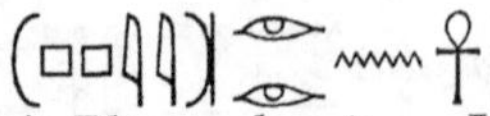 ‚die Augen des (Königs) Phiops besitzen Leben' o. ä. (vgl. *ʿnḫ-ir·tj-ttj*)

m *AR* Koefoed-Petersen, Recueil 38, 22 (abgekürzt *ir tj*), Jéquier, Mon fun de Pépi II, Tf 59

2 *nj-ʿnḫ-wśrk3·f*[1])  ‚König Weserkaf besitzt Leben'

m *D 5* Borchardt, Neuserre, S 71

3 *nj-ʿnḫ-nśw·t* 

m *5 Dyn* Relief, 1939 im Besitz von Dr Jacob Hirsch, New York (Photogr Philad)

4 *nj-ʿnḫ-ḥnw*  ‚*ḥnw* (die Barke des Sokaris) besitzt Leben'

m *AR* Sethe, Urk I 165, 5, Borchardt, Denkm des *AR* I, S. 166.

5 *nj-ʿnḫ-ḫnś·w (?)*  ‚Chons (?) besitzt Leben' (vgl I, 413, 18)

m *AR* Borchardt, Denkm des *AR*, S 138 u Bl 34 (Kairo 1452)

6 *nj-ʿnḫ-*  ‚Besitzer von Leben ist...'

m *AR* Leiden D 94

7 *nj-ʿntj* 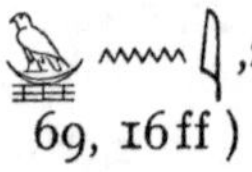 ‚zu (dem Gott) *ʿntj* gehörig' (vgl. I, 69, 16ff)

m *AR* Schafer (Wreszinski), Atlas III, 54, drei Reliefs im Besitz von Dr Jacob Hirsch, New York (Photogr Philadelphia)

8 *nj-ʿntj(?)-pw*  ‚er gehört zum (Gotte) *ʿntj (?)*'

m *MR* Annales 36, 181 u Tf 4, 130

9 *nj-wj-imn-p3-ṯ3w-n-ʿnḫ*  ‚ich gehöre Amon, dem Lebenshauch'

m *D 21* Erman, Ein Fall abgek Justiz, S 15

10 *nj-wj-rdj*  ‚ich gehöre zum 'Geber'' (vgl. I, 172, 10)

m *AR* Selim Hasan, Giza II, S 191 u Tf 74 [2])

11 *nj-wj-ḫwfw*  ‚ich gehöre zu Cheops' (vgl. I, 172, 10)

m *D 6* Boston 27 4444[3])

12 *nj-wj-śtḫ (?)*  [4])  ‚ich gehöre dem Seth' (?) (vgl. I, 172, 10)

m *NR* Berlin 21503

13 *nj-wʿb-ptḥ (?)*  ‚Besitzer von Reinheit ist Ptah'[1]) (? vgl. I, 172, 15ff.)

m *AR* Kairo 1683

14 *nj-m3ʿ·t-nṯr* 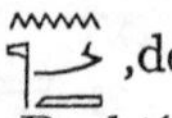 ‚der Gott (d. h. der König?) besitzt das Recht' o. a.

m *D 5* Junker, Giza III, S 133 oben links

15 *nj-mnḫ-inp·w* 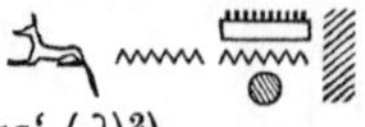 ‚Besitzer von *mnḫ* ist Anubis' (?)[2])

m *AR* Mastaba des *špśś-pth*

16 *nj(·t)-njt*  ‚die zur Neith Gehörige' (vgl. PN I, 181, 4ff)

f *D 1/2* Petrie, Roy Tombs I, 32, 15

17 *nj-nfr·t-nśw(·t)* 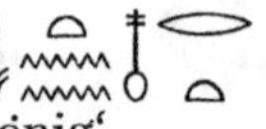 ‚Besitzer von Schönem ist der König'

f *D 4* Borchardt, Denkmäler des AR, 1451 (Blatt 34)

18 *njnś (?)* 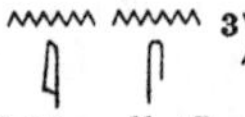 [3])

f *AR/MR* Miscell Gregor S 456 u 464

19 *nj-htj* 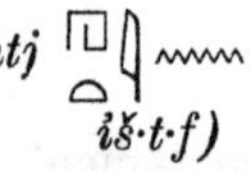 ‚der zu *htj* Gehörige' (vgl. *htj-ḥ3-iś·t·f*)

m *D 2 (?)* Firth-Gunn, Step-Pyr, Taf 91, 7

20 *nj-ḥbśd-nfrk3rʿ* 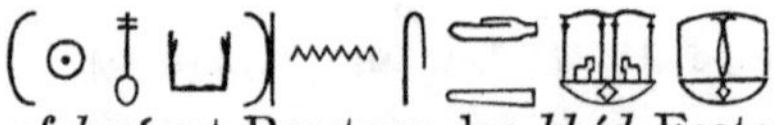 [4]) ‚(König) *nfrk3rʿ* ist Besitzer des *ḥbśd* Festes'

m *D 6* Annales 33, 144

21 *nj-ḥp* ‚der zum Apis Gehörige' siehe Zusatz zu 173, 2.

22 *nj-ḥmw·t-ptḥ*[5]) 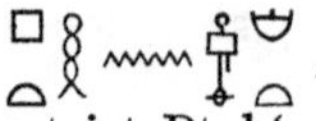 ‚ein Besitzer von Kunstfertigkeit ist Ptah'

m *AR* Koefoed-Petersen, Recueil 36 = Mogensen, Monuments Tf 94, A 675

23 *nj-ḥr(·w)* ,  ‚der zum Horus Gehörige'

m *AR/MR*, siehe I, 208, 23

24 *nj-ḥr-rʿ* 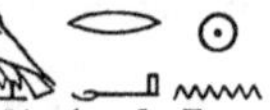 ‚der zu Horus und Re Gehörige' (?) (vgl. I, 249, 15)

m *MR* Bull Inst 37, 111

25 *nj-ḫrtj (?)*  ‚der zum (Gott) *ḫrtj* Gehörige' (?)

m *AR* Ptahhotep, Res Acc, Tf. 33, unten

26 *nś-i3·t-wr·t* 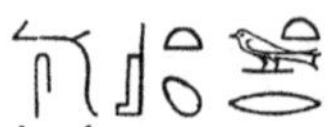 ‚die zur großen Isis Gehörige'

f *Spät* Koefoed-Petersen, Recueil 23, 1352

---

1) Wenn nicht *wśrk3·f-ʿnḫ(w)* zu lesen ist!

2) I, 423, 6 ist nun zu streichen

3) I, 423, 7 ist nun zu streichen

4) So ist, wie mir Anthes mitteilt, zu lesen, nicht  (gegen Berl. Äg Inschr 2, 620)!

1) So Sethe bei Hoffmann, Theoph Pers, S 59

2) So Sethe bei Hoffmann, Theoph Pers, S 59

3) Auch 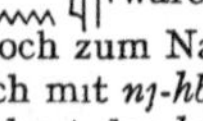 wäre möglich, vielleicht gehört auch das vorhergehende  noch zum Namen, siehe Clère zur Stelle

4) Identisch mit *nj-ḥbśd-pjpj*, I, 173, 1! Vgl Kees, Vezirat, S 45

5) Oder gehört das *ḥmwt* nicht zum Namen?

1 *nj-św-iwn* ‚er gehört zum *iwn*-Pfeiler'
m *AR* Petrie, Deshasheh Tf 6

2 *nś-inḥr·t-ir-dj-ś* Var.
f *Spät* Annales 3, 147, 21.

3 *nś-wjꜣ·wj (?)* ‚der zu den beiden Schiffen Gehörige'[1]) (vgl. I, 174, 8)
m *Spät* Daressy, Divinités, 38081 38954

4 *nś-wḏꜣ (?)*
f *Spät* Nantes (De Rougé, Pl V 3)

5 *nś-bḫ[n]...*[2]) (vgl. I, 111, 19?)
f *Spät* Daressy, Divinités, 39151

6 *nś-pꜣ-ˁꜣ* (vgl. I, 174, 19)
m *NR*, *spät* Lieblein 2300

7 *nś-pꜣ-ˁꜣ-ś* .
m *NR*, *spät* Lieblein 2304 (Helsingfors)

8 *nś-pꜣ-wr-šfj·t (?)* [3]) ‚er gehört zu dem (Gotte?) *wr-šfj·t (?)*'
m *Spät* Budge, Fitzwilliam Museum 10ff.

9 *nś-pꜣ-mdw-špśj* ‚er gehört dem herrlichen Stabe' (vgl. I, 175, 1)
m *D 20f* Černý, Late Ramess Letters 59, 2
Spät Spiegelberg, Demot Denkm III, S 41

10 *nś-pwn·tjw (?)*
f *Spät* Wilbour Note-Book 30 (Hou)

11 *nś-ptr (?)*
f *Spät* Daressy, Divinités, 38917 bis

12 *nś-mw·t-ˁꜣ·t-nrw* ‚sie gehört zur (Göttin) Mut, der an Schrecken großen'
f *Spät* Archaeological Report (Eg Explor Fund) 1894/95, S 35, Sarg in Boston

13 *nś-mrw·t* (vgl I, 176, 16f.)
f *D 6* Jéquier, Tomb de partic, S 36 (mit ‚schönem Namen' *nśt·j* bzw.)

14 *nś-n-pr-mw·t* ‚sie gehört zum Tempel der Mut' (vgl. I, 176, 18)
f *D 26* Statue im Besitz von A Varille, vgl P Tresson, Kêmi IV, Tf 7

[1]) Gemeint sind wohl die beiden Schiffe des Sonnengottes.
[2]) Für Namen, die *bḫn* enthalten, siehe Annales 38, 150
[3]) Nach Lieblein (2371)

15 *nj-śj-rdj(·w)*[1]) (vgl I, 178, 1)
f *AR* Junker, Giza 7, 95

16 *nj-św-ḥtḥr-ꜣḫtj (?)* ‚der zu Hathor und *ꜣḫtj* Gehörige' (?) [2])
m *AR* Sethe, Urk I, 25, 15 28, 3

17 *nś-ḥp* [3]) ‚der zum Apis Gehörige'
m (?) *Spät* Daressy, Divinités 39088

18 *nj-śj-ḫnw* [4]) ‚sie gehört dem Beschützer' (vgl. I, 178, 3. 4)
f *AR* Selim Hassan, Giza II, S 91 u Tf 27

19 *nś-ḥr-(m-)wjꜣ*
m *Spät* Daressy, Divinités, 39279 (vgl T 61).

20 *nś-ḥs·t-mw·t (?)*
f *NR (?)* Wilbour Note-Books 2 I, 17

21 *nś-ḫwj* (vgl. 423, 2) ‚er gehört dem Beschützer'
m *AR* Junker, Giza I, 224

22 *nś-ḫꜣ·t (?)*[5]) ‚der zur Göttin des Gaus von Mendes Gehörige'
m *Spät* Borchardt, Statuen 730

23 *nś-ḳr (?)*
f *Spät* Lieblein 2391

24 *nś-tꜣ-wr·t* ‚der zu Thoeris Gehörige' (vgl. I, 174, 11)
m *D 20* Wilbour Pap A 18, 27 19, 3

25 *nś-tꜣ-wḏꜣ·t* (vgl. I, 179, 12) ‚der zum heiligen Auge Gehörige'
f *Spät* Brit Mus Guide 1924, S 91

26 *nś-tꜣ-n·t-imj-rꜣ-niw·t (?)*
f *Dyn 24* Pianchi 34 (Urk 3, 18, 11)

27 *nj-św·t-ptḥ* ‚Besitzer von Thronsitzen ist Ptah'
m *AR* Selim Hassan, Giza II, S 172 u Tf 62

28 *nj-špśśkꜣ·f* ‚der zu (König) Schepseskaf Gehörige' (oder Kurzname)
m *AR* Jéquier, Mastabat el-Faraˁûn, Tf 12

29 *nj-kꜣ-wḏ-ˁnḫ (?)*
m *D 4* Brit Mus [1223]

[1]) So Lesung von Junker — ob richtig?
[2]) Anders Hoffmann ‚Theoph Pers. (S 5) ‚zugehörig zu Hathor, der Glänzenden' und (S 58) ‚er gehört zu Hathor-Jachet'
[3]) Der Index hat dafür *nś-ptḥ!*
[4]) So, nicht , wie Selim Hassan liest, deutlich auf Tf 27!
[5]) Zur Lesung vgl Ann 24, 161, Gauthier, Dict Géogr 4, 194

1 *nj-kꜣ-ḥr(·w)* ‚Horus besitzt einen Ka' o ä. (vgl. I, 180, 25)
f *D 4* Gauthier, Livre des rois I, 93 (Frau eines Prinzen)

2 *nj-kꜣ·w-ḥnw (?)* [1]) ‚die *ḥn·w* (Barke) besitzt Kas' (?)
m *D 5* Borchardt, Neuserre, S 72

3 *nj-kꜣiw* [2])
m *AR* Macramallah, Idout, S 20

4 *nj-ḏ·t-ptḥ (?)* ‚Ptah ist Besitzer der Ewigkeit (?)'
m *AR* Selim Hassan, Giza II, S 9 u 11, Fig 11

5 *nj·t-ḥr(·w)* ‚die zu Horus Gehörige' (vgl. I, 249, 6!)
f *D 4* Gauthier, Livre des Rois I, 85 (Prinzessin)

6 *nj·t-tḫ* (vgl I, 189, 22 u Wb 5 325, 18)
f *AR/MR* Petrie, Dendereh, Tf 11, rechts oben

7 *njt-irw* ‚Neith sei gegen sie!' o. ä.[3])
f *Spät* Lieblein 1028

8 *njt-m-tꜣ?-ḥꜣ·tj-wꜣḥibrꜥ* ‚die (Göttin) Neith ist im Herzen des Apries' (?)
f *D 26* Berlin 13784/5

9 *njt-ḥkꜣ(·j)* (*ḥkꜣ·j-njt?*) ‚Neith ist mein Zauber' (?)
f *D 1—2* Petrie, Royal Tombs II, 27, 97

10 *nꜥ-wꜣj·t (?)* ‚möge die Ferne sich erbarmen!' (?) (vgl. I, 208, 12)
f *Spät* Daressy, Divinités 38305

11 *nꜥ-(n·?)f-iꜥḥ* ‚der Mond erbarme sich seiner' o. ä. (vgl. I, 182, 16f.)
m *Spät* Steindorff, Walters Tf 118, 551

12 *nꜥrn(?)*
m *NR* Burchardt, Fremdw 560

13 *nwj* , [4]) (vgl. I, 182, 21)
m *AR/MR* Philadelphia 29—66—624.

---

[1]) Vorher zerstört, aber kaum zum Namen gehörig
[2]) Ob richtig?
[3]) So M Guentch-Ogloueff, Bull de l'Inst fr 40, 119 Vielleicht eher als Kurzname zu fassen von Namen wie I, 3, 10
[4]) Ob beide Schreibungen den gleichen Namen wiedergeben? Eine 3 Schreibung ebenda scheint zu sein

14 *nwt*
m *D 6* Scharona Pap a, Rs 7, 12

15 *nb(·j)-iw* ‚mein Herr ist gekommen' (vgl. I, 183, 6)
m *MR* Lieblein 406 (Wien)

16 *nb(·j?)-ꜥn-ib* ‚der (mein?) Herr ist freundlich' o. a. (vgl. I, 183, 24)
m *D 20* Wilbour Pap A 35, 49 36, 36 48, 28 usw

17 *nb-wdf (?)* (vgl. Wb I 388, 12ff.)
m *D 20* Wilbour Pap A 34, 2 23 40

18 *nb·j-pw-pjpj* u a. ‚(König) Phiops ist mein Herr' (vgl. I, 184, 15ff.)
m *D 6* Jéquier, Tomb de particuliers 54 (genannt): 105 (‚schöner Name' eines).

19 *nb(·j)-pw-ḥr(·w)* ‚Horus ist mein Herr'
m *AR/MR* Petrie, Dendereh Tf 10 A = 15

20 *nb-pḥtj-rꜥ* (vgl. I, 150, 14)
D 18 Lieblein 1965

21 *nb(·j?)-m-śwḥ·t (?)* ‚der (mein?) Herr (d i. der König?) ist im Ei' (?)
m *AR* Petrie-Brunton, Sedment II, Tf 80, vgl S 4

22 *nb-n-p·t*
m *NR* Bulletin de l'Inst 27 (1927), Tf 7 (= Theben, Grab 219)

23 *nb-ḥꜣ·t*
m *AR/MR* Urk I, 229, 7

24 *nb-s-ḥḥ·w* [1])
m *D 18* Bull de l'Inst 38 (1939), 226

25 *nb(·j?)-św* ‚er ist mein Herr' (?) (vgl. I, 186, 9f.)
m *MR* Lieblein 409 (Wien) 783 (Vatikan). 1639 (St Petersburg)

26 *nb-śtw·t* [2]),
m *D 20* Wilbour Pap A 83, 3 95, 27

27 *nb-kꜣ*
m *MR/NR* Annales 36, 182 u Tf V, 153

28 *nb-kꜣ·w-ḥr(·w)* ‚ein Besitzer von Kas ist Horus'
m *AR* Annales 38, 512

---

[1]) Ob Beiname eines Gottes oder Königs (‚der Herr von Millionen Mann')?
[2]) Zu der bisher erst aus griech Zeit belegten Schreibung vgl. Wb 4, 331 ‚Der Herr der Strahlen' als Beiwort des Sonnengottes, hier Kurzname

1 *nb-tḫn·w*
m *NR*, *früh* Stelenbruchstück in Philadelphia, Univ Mus

2 *nb-ṯḫn·w*
m *MR* Reisner, Kerma II, S 529, no 58

3 *nbw·f*[1])
m *D 5* Selim Hassan, Giza II, Tf 76

4 *nb(?)·f-ꜥnḫ(·w)* ,sein Herr (?) lebt' (vgl. I, 64, 26 mit Z[2])
m *AR* Macramallah, Idout, Tf 9, B

5 *nb·w-nḫt(·w)* u. a. ,die Herren sind stark'(?)
m *D 20* Wilbour Pap A 37, 1 41, 45 54, 30

6 *nb·w-ḥtp(·w)* ,die Herren sind gnädig' (?)
m *NR* Petrie-Brunton, Sedment II, Tf 76, 4

7 *nb(·t)-iwn·t (?)* ?
f! *D 20* Wilbour Pap A 41, 43

8 *nb·t-ib*
f *NR* Lieblein 2532

9 *nb·t-irj-r-ꜣw* ,ihrer aller Herrin' (vgl. I, 183, 14)
f *MR* Griffith, Kahun Papyri Tf 14, 36 21, 2 (nach Gunn, vgl Bull Inst 30, 892)

10 *nb·t-w*
f *D 18* Urk 4, 147, 12, 150, 16, 152, 14 15, 602, 9 (Königin), vgl Gardiner, JEA 27, 31, n 2

11 *nb(·t)-wḏꜣ·t* ,
f *Spät* Como 14, Kairo 722 (Borchardt, Statuen III)
f *Griech* Spiegelberg, Demot Denkm I, S 30, Recueil 4, 112 9, 87

12 *nb·t(·j?)-m-iwnw·t* ,meine (?) Herrin ist eine Heliopolitanerin' (vgl. Wb I, 54, 9)
f *AR* Lieblein 23

13 *nb·t(·j)-m-p·t* ,meine Herrin ist im Himmel'
f *AR* Chicago, Or Inst 10622

14 *nb(·t)-mḥj·t*
f *Spät* Borchardt, Statuen 700.

15 *nb·t-mšj·t*
f *MR* Borchardt, Statuen 406

[1]) Wohl ,sein Herr' (vgl Wb II 227,5), also Kurzname? Vgl. auch *nb·šn*

16 *nb(·t)-nꜥ·t*
f *MR* Lieblein 287 (London)

17 *nb(·t)-ršw·t* vgl. griech. νεβρασι
f *Griech* Rowe, Cyrenaica S 75

18 *nb·tḥw·t- tꜣj (?)* sic!
f *Spät* Vatikan 1 (Holzsarg)

19 *nb·t-ḥtp-ḥr (?)-sꜥnḫ* (?) ,die (Göttin) *nb·t-ḥtp* macht lebendig'
f? *D 20* Wilbour Pap A 42, 25

20 *nb·t-šbꜣ·w (?)* [1]), sic (vgl. I, 186, 26?)
f *MR* Alliot, Tell Edfou 1935, S 30 unten = Bull Inst 37, 104 und 108

21 *nb(·t)-ḏnḥj·t(?)*
f *Spät* Archaeologia 36, Tf 15 (S 174)

22 *nb·t·š*
f *D 18* AZ 68, Tf II

23 *nb(·w)-ib* [2]) (vgl. I, 190, 9. 189,25).
f *AR* Lieblein 1389

24 *nb(·w)-nb·tj* (vgl. I, 189, 25)
f *AR* Mariette, Mast, S 225 (Königin)

25 *nb·w-irj*
f *MR* Petrie, A Season in Egypt, Tf 11, No 286 (Graffito in Assuan)

26 *nb(·w)-wnw·t* ,Gold (ist die Göttin? *wnw·t*' (?)[3])
f *MR* Newberry, El Bersheh I, S 37

27 *nb(·w)-wꜣḏ-n·š*[4])
f *MR* Bull Inst 37, 113

28 *nb(·w)-m-inḥ·wj* ,'Gold' ist in den beiden Augenbrauen' (?)
f *D 18* Stuttgart, Spiegelberg-Portner No 27

29 *nb(·w)-m-wꜣś·t* ,'Gold' ist in Theben'
f *NR* Theben, Grab 260 (Schott)

30 *nb(·w)-nfr-hrw (nfr-hrw-nb·w?)*
f *NR* Steindorff Aniba II, 247.

31 *nb(·w)-ḥr-sꜣ·w*
f *MR* Lieblein 1636 (St. Petersburg)

[1]) Das auf S 152 ist wohl ein Druckfehler!
[2]) Vgl Wb 5, 577, 12?
[3]) Vgl Anthes, Hatnub, S 87, Anm. 4.
[4]) Besser *wꜣḏ-n·š-nb w*?

1 *nb(·w)-ḥs-ḳb (?)*
m *MR/NR* LD Text 4, 54, Z 13.

2 *nbwj·t*
f *AR/MR* Philadelphia 29—66—678

3 *nfw·j (?)* (vgl. I, 193, 9)
m *NR* Gardiner, Beatty I, Tf 30, H 3.

4 *nfnf (?)* (vgl. I, 193, 6)
f *NR* Kopenhagen, Thorvaldsen Museum 345 (vgl Lieblein 2185)

5 *nfr-ỉw-ḥthr (?)* ,schon ist es, daß Hathor kommt'
f *AR* Boston 27 444b.

6 *nfrỉbrʿ-mn(·w)-(m-)mnnfr* ,(König) *nfrỉbrʿ* dauert in Memphis' o. ä (vgl I, 73,4 und *ỉʿḥmś-mn(·w)-(m-)mn-nfr)*
m *Dyn 26* Brugsch, Thes V, 947

7 *nfrỉbrʿ-nb-ḫʿ·w* ,Psammetich III. ist ein Herr des Glanzes" (vgl. I, 194, 14ff)
m *Spät* Golénischeff, Erem Imp, S 167 = Lieblein 2549

8 *nfrỉbrʿ-nb-ḳn(·t)* ,(König) Psammetich III ist ein Herr der Kraft'
m *Spät* v Bissing, Steingefäße 18736 (,schoner Name' eines *pꜣ-dj-smꜣtꜣ·wj)*

9 *nfr-ỉb-ḏ·t*
m *NR* Borchardt, Statuen 856

10 *nfr-ỉmnt·t* ,der Westen ist schon'
m *MR* JEA 25, Tf 21, 3

11 *nfr-ỉr(·w)-kꜣ-rʿ*),gut ist der, den der Ka des Re' gemacht hat'(?) (vgl. I, 40, 22ff.)[1]
m *D 5* bisher nur als Konigsname belegt.

12 *nfr-ỉr(·t?)-mn·w* (vgl. I, 195, 6ff.) ,gut ist, was (der Gott) Min tut'
m *D 6* Annales 36, 44

13 *nfr-ʿnḳ·t* f *AR* ,schön ist (die Gottin) Anukis' o. ä.
f *AR* Bull Inst 37, 96.

14 *nfr-ʿḫ·w* 'schön sind die Feuerbecken'
m *MR* JEA 23, Tf 1.

[1]) D h der Konig Fur diese Auffassung von Dr Fecht vgl. Z[2] zu 62,26

15 *nfr-wꜣ·t·ś* ,ihr[1]) Weg ist schön' o. ä. (vgl. I, 195, 18)
f *AR* Junker, Giza VI, 177 179 + 272 u Tf 16

16 *nfr-wꜣḏ·ś* ,es ist schön, wenn sie gedeiht'(?) (vgl. I, 74, 20)
f *AR/MR*, Mogensen, Glyptothèque Tf 96, A 680

17 *nfr-wj-kꜣ(·j)* ,wie gut ist mein Ka!'
m *AR* Mackay, Bahrein und Hemamieh, XXIV Tf 24

18 *nfr-wn·t (?)* (vgl I, 423, 26)
m *MR* Engelbach-Gunn, Harageh, Tf 65, 1 (mit ,schonem Namen' *ỉḥꜣ*)

19 *nfr-bꜣ·w (?)*
f *AR/MR* Kairo 1603 (Wb Zettel)

20 *nfr-bd·t* ,der Spelt ist gut' (?)
f *AR/MR* Brit Mus 1372 (I, 54)

21 *nfr-mk·t* (vgl. I, 166, 24ff.)
m *AR* Mogensen, Glypt, Tf 93, A 667.

22 *nfr-njt* ,(die Göttin) Neith ist gut' o.a.
f *D 26* Daressy, Divinités, 39303.

23 *nfr-rnp·wt-snwśr·t* ,die Jahre des Sesostris sind schön' (vgl. den Kurznamen I, 197, 19)
m *MR* Brit Mus Guide, Sculpture (1909), Tf XI.

24 *nfr-ḥw·t-nṯr* , Var. ,schon ist der Tempel'
f *AR/MR* Dunham, Stelae, Tf 2, 1

25 *nfr-ḥr-ʿntj* ,schön ist das Antlitz des (Gottes) *ʿntj*' o. ä.
m *AR* LD Erg, Tf 43

26 *nfr-ḥr-ptḥ-n-mrjjrʿ (?)* so! ,das Antlitz des Ptah ist gut fur *Mrjjr*ʿ" (?)
m *AR* LD II, 115c

27 *nfr-[ḥr?-]mr-wꜣś·t*
m *NR* Lieblein 563.

28 *nfr-ḥr-mśn·tj(?)* ,gut ist Horus, der Harpunierer (?)'
f *MR* Bull Inst 37, 112

29 *nfr-ḥtp-bꜣ* ,schön ist die Gnade des (göttlichen) Bocks' o.a.
m *D 2?* Firth-Quibell, Step Pyramid, Tf 91, 2

[1]) Es ist wohl eine Gottin gemeint

1 *nfr-ḫꜣb.t*
f *AR/MR* Steindorff, Walters, Tf. 42, 279

2 *nfr-ḫw·w šrj·t (?)* (?) ‚*nfr-ḫw·w*, die Jüngere (?)' (vgl. I, 199, 9)
f *AR* Boston 27. 444b

3 *nfr-śmn*
m *AR* Duell, Mereruka I, Tf. 87, No. 35

4 *nfr-śšm wr* ‚*nfr-śšm*, der Ältere' (vgl. I, 200, 4)
m *AR* Lieblein 1392 (Coll. Grant).

5 *nfr-śšm·f* ‚schön ist sein Leiten' o. ä.[1]) (vgl. I, 200, 7ff. u. 10)
m *AR* Murray, Saqqara Mast. I, Tf. 10

6 *nfr-śḏm·f (?)* [2]) ‚es ist gut, wenn er hört' (?)
m *AR* Boston 12. 1483

7 *nfrkꜣrꜥ-ḥbśd* (vgl. I, 132, 5)
m *AR* Jéquier, Mél. Maspero I, 110

8 *nfr-kꜣw·ś* (vgl. I, 200, 21) ‚ihre Kas sind schön'
f *AR* Selim Hassan, Giza I, 99

9 *nfr-ṯbꜣw (?)*
m *AR/MR* Dunham, Stelae, Tf. 16, 2

10 *nfr·t-wꜥj·tj* ‚die Schöne ist einzig' o. a.
f *D 18* Theben, Grab 161 (Schott)

11 *nfr·t-mꜣꜥ·t* (vgl. I, 202, 7)
f *MR*, *spät* Bull. de l'Inst. 30, 109

12 *nfr·t-n-ḏ·t*
f *NR* Vatican, Marucchi 179

13 *nfr·t-n·j* ‚eine Schöne für mich!' (?)
f *D 18* Theben, Grab 161 (Schott).

14 *nfr·t-njt*
f *NR (?)* Vatican, Marucchi 206

15 *nfr·t-nśw·t nḏś* ‚*nfr·t-nśw·t*, der Jüngere')[3]) (vgl. I 202, 14)
m *AR* Selim Hassan, Giza II, 87 u. Tf. 27

16 *nfr·t-rś*
f *NR* Fisher, D. A. N. 1800

1) ‚Es ist gut, wenn er leitet'?
2) Nach Mitteilung von Dunham wäre die Kaulquabbe, nicht zu lesen! Vgl. aber I, 203, 4
3) Der Vater heißt *nfr·t-nśw·t!*

17 *nfr·t-ḥꜣ-nb·tj* [1]) ‚die Schöne (steht) hinter dem *nb·tj!*'
f *D 5* Borchardt, Sahure I, Bl. 48 vgl. mit II, S. 116f. (Königin)

18 *nfr(·t)-ḥꜣ-rꜥḫꜥjf* ‚die Schöne (steht schützend) hinter Chefren!' o. ä. (vgl. I, 197, 26) 202, 20ff. 424, 11)
f *AR* Hierogl. Texts Brit. Mus. I, 7

19 *nfr·t-tꜣj(?)*
f *AR* LD II, 114 k. l. (mit ‚schönem Namen')

20 *nfr·w-iꜥḥ* (vgl. I, 203, 21ff.)
f *D 18* LD Text IV, 52

21 *nfr·w-nb(·w)* (vgl. I, 203, 21ff)
f *MR* Lieblein 441 (London)

22 *nfr·w-šḫw (?)*, Var.
m *NR* Florenz, Uschebti 1869 (S. 22)

23 *nfr·r·w*
f *D 18* ÄZ 43, 30, Z. 30

24 *nmś* ‚das Kopftuch'
m *AR/MR* Grabstein, früher bei Moharreb Todrus, Luxor (Mitteilung von E. Edel)

25 *nn nḫn(·t)* ‚*nn*, die Kleine'
f *D 13* Borchardt, Statuen 887

26 *nn-it·f* ‚er hat keinen Vater'
m *MR* Bisson de la Roque, Tod S. 116.

27 *nn-rj-r-ib (?)*[2])
f *MR/NR* LD Text 4, 54, Z. 8

28 *nn-ḫr-mn·t·ś (?)*
f *NR* Mélanges Maspero I, 658.

29 *n·n-pꜣ* ‚uns (gehört) dieser!' (vgl. I, 206, 17)
m *AR* Wiedemann-Pörtner, Karlsruhe, Tf. 1 u. S. 6

30 *nn-tnj (?)* (vgl. I 206, 17)
m *AR* Mogensen, Glyptothèque, Tf. 93, A 667

31 *nn-nśw·t (?)* [3]) (vgl. I, 206, 6)
f *NR* Mariette, Catal. 1140

32 *nn·jj (?)*
m *AR/MR*, Brit. Mus. Quarterly XII (1938), pl. 45

1) Die Ergänzung des fast ganz zerstörten Namens nach Sethe, a. a. O.
2) Der Name ist so gewiß nicht in Ordnung
3) So nach Mariette, gewiß für .

1 *nnšj (?)* (vgl. aber II, 270,2)
m *MR* Sinuhe (B) 30 (Asiat)

2 *nngj* (vgl. I, 430, 7?)
m *D 5* Junker, Giza III, 183, 10

3 *nntk (?)*
m *AR* LD II, 36a

4 *nḫt·w (nḫ·wt?)*[1]
m *AR* Sethe, Urk I, 158, 18

5 *nḥj-mśj(·w)* ‚(der Gott) *nḥj* ist geboren‘ (vgl I, 207, 18)
m Wilbour Note Books 2 E 5

6 *nḥjꜣ·t (?)*
f *MR, spät* Bessarione 9 (1900—01), S 17, fig 6

7 *nḥjj-mrj*
m *MR* Louvre C 27[2]).

8 *nḥjj-ḫnt (?)* (vgl. I, 207, 21f.)
f *MR* Mariette, Catal 775

9 *nḥb (?)*
f *NR* Lieblein 1996

10 *nḥm-bꜣśt·t* ‚möge Bastet erretten!‘ o. ä. (vgl. I, 208, 7)
f *Spät* Daressy, Divinités, 38924

11 *nḥm-ś(·t)-rꜥ*[3]) ‚Re hat sie errettet‘ (vgl. 208, 16!)
f *Spät* Recueil 7, 120

12 *nḥm·t-ꜥ (?)* u ä. (vgl. I, 208, 8. 424, 18)
f *NR* Theben, Grab 161 (Schott), 2 mal

13 *nḥm·j* (vgl. I, 424, 18?)
m *NR* Chicago, Or Inst 12292

14 *nḥr-ḥjj-?*
m *AR* Quibell-Hayter, Teti Pyramid, S 21

15 *nḥr·w*[4])
f *AR* Hildesheim 2971.

[1]) Vgl. I, 207, 2
[2]) Nach Clère, Notes 113, 50
[3]) Ob so richtig?
[4]) So ist nach G Roeder zu lesen.

16 *nḥśj·t-ꜥnḫ·t-nn·j*[1]), Var.
f *MR* Borchardt, Denkm. des *AR* I, S 168, 1481.

17 *nḫ*
m *NR* JEA 21, Tf. 15/16, 19 23.

18 *nḫḫ·wt* (?)
m *D 6* Jéquier, Tomb de particuliers, 52 (3 mal) 54

19 *nḫt-iw (?)* ‚ein Starker ist gekommen‘ (?)
m *MR* Revue égyptol 1907, 219

20 *nḫt-ꜥꜣ* ‚der Große ist stark‘
m *D 20* Wilbour Pap A 42, 28 46, 31 52, 53 usw

21 *nšt*[2])*-ꜥnḫ·ś* ‚ihr Leben ist stark‘ (?)
f *MR/NR* LD Text 4, 52 links

22 *nḫt-wr* ‚der Große ist stark‘ (?)[3])
m *D 18* Theben, Grab 125 (Schott)

23 *nḫt-wḥꜣ*
m *NR* Lieblein 2040 = Mariette, Catal 1076

24 *nḫt-m-wꜣś·t* ‚der Starke ist in Theben‘
m *D 20* Wilbour Pap A 69, 28

25 *nḫt-njt* ‚(die Göttin) Neith ist stark‘ o ä.
f *D 1/2* Petrie, Roy Tombs II, 27 95

26 *nḫt(?)-nfr* ‚der Schöne (Gute) ist stark‘ (?) griech. νεχθνουφις
m *D 20* Wilbour Pap A 31, 20

27 *nḫt-nfrkꜣrꜥ* ‚(König) *nfrkꜣrꜥ* ist stark‘
m *AR* Annales 35, 138 (mit Kurznamen *ḫtwj*)

28 *nḫt-ḥtḥr* ‚Hathor ist stark‘ o. ä.
f *MR* de Buck-Gardiner, Coffin Texts I, S XVIII.

29 *nḫt-ḥr(·w)-ꜣr·w* u. ä. ‚Horus ist siegreich über sie‘ o. ä.
m *Spät (?)* Fisher, D A N, Grab 306

30 *nḫt-ḥr-(m-)ꜣḫbj·t* ‚Horus in Chemmis ist stark‘ o ä.
m *Spät* Daressy, Divinités 38030.

[1]) Ob alles ein Name? Nach der Darstellung ist die Frau eine Negerin!
[2]) Für *nḫt*?
[3]) Vielleicht besser ‚*nḫt* ‚der Ältere‘, dann zu I, 209, 17.

1 *nḫt-šk w(?)* ,stark sind die Krieger' o. a [1])
m *MR* Louvre C 173 (Gayet, Stèles Tf 29).

2 *nḫt-šft*
m *D 20* Wilbour Pap A 69, 10

3 *nḫt-k3(·j?)* ,mein Ka ist stark' o.a. (vgl. I, 424, 21 und 211, 16. 17)
m *AR* Boston M F A 34, 57

4 *nḫt-k3·w* ,die Stiere sind stark'
m *AR/MR* Petrie-Brunton, Sedment I, Tf 25
MR Mogensen, Glyptothèque, Tf 62, A 493

5 *nḫt-km·t* ,Agypten ist stark (bzw. siegreich)'
m *D 20* Wilbour Pap A 56, 11 59, 44

6 *nḫt-tw (?)*
m *NR* Lieblein 2166 (Wien)

7 [dem] *nḫt·w* (?) griech. νεχθωυς (Bilingue)
m *Griech* Spiegelberg, Demot Stud 8, 24

8 *nḫt·f-p·t (?)*
m *Spät* Koefoed-Petersen, Recueil 16, a b c

9 *nḫt·f-t3-nb* ,er schützt[2]) jedes Land' (vgl. I, 211, 18)
m *D 18* Theben, Grab 8 (Schott)

10 *nḫt·t* (vgl. 211, 25)
f *MR* Lacau, Sarcophages I, 28055, vgl S 146 u Anm 1[3])

11 *nšj·t (?)* (vgl. I, 424, 24[4])
f *AR* Jéquier, Pyram de Neit et Apouit, 56

12 *nśw*
m *MR* de Buck-Gardiner, Coffin Texts, S XVIII

13 *nśw(·t)-bj(·t)* (vgl. I, 414, 12)
m *NR* ÄZ 50, 124 (auch genannt *ij-mi-šbj*), Florenz, Uschebti 6635 (?)
Spät Fabretti, Museo di Torino I, S 232, No 1854 (Var von *ij-mj-šbj*)

14 *nśw·t-ḥjj (?)* [5]) (vgl. I, 234, 1)
m *NR* Lieblein 2532 = Baillet, Coll Desnoyers 37ff

15 *nśw·tj (?)* , [6])
m *D 5* Junker, Giza III, 182/3 u Abb 30, 2 u 3 Reihe

[1]) Vielleicht ,mögen die Krieger siegreich sein!'
[2]) Vgl Wb 2, 315, 4
[3]) Der Sarg eines *nḫt* scheint später für eine (*im3ḫjj·t!*) *nḫt·t* benutzt worden zu sein
[4]) Dort auch *nšj t* zu lesen?
[5]) Oder gehört das zum Titel? Dann = I, 234, 1!
[6]) Dies korrigiert zu

16 *nš-šn*
m *Spät* Marucchi, Monumenta, 67

17 *nš·t* ,
f *D 6* Jéquier, Tomb de particuliers 34ff. 91 (,schöner Name' einer *nj-šj-mrw t*, Var *nšt·j*)

18 *nš·t·j* ,
f *D 6* Jéquier, Tomb de partic 36, fig 38 (,schöner Name' einer *nš-mrw t*) u 91 (Var von *nš t*)

19 *nstibsknn*
m *D 25* Urk 3, 104, Z 6 (Nubier)

20 *nš* (vgl. I, 213, 7)
m *D 20* Wilbour Pap A 15, 12 17, 14 usw

21 *nšj* (vgl I, 213, 8)
f *MR/NR* LD Text 4, 54, Z 7

22 *nk3w-mn(·w)-m-inb-ḥḏ* ,(König) Necho bleibt in Memphis' o. a.
D 26 Berlin 11641 (vgl Ausf Verz [2], S 277)

23 *nk3w-šnb(w)* ,(König) Necho sei gesund!' o a
m *D 26* Steindorff, Walters No 528

24 *nkttj (?)-m-p·t* , Var.
f *NR* Lieblein 2539

25 *nṯr(·j?)-pw-nśw·t* ,der König ist (mein?) Gott' (vgl. I, 214, 13)
m *D 5* Junker, Giza III, 51

26 *nṯr-mrj-m3ʿ·t(?)*
m *AR* Murray, Saqqarah Mast I, Tf 7, Mitte rechts

27 *nṯr-n(·j?)-mn(·w)?*[1]) ,Min ist mir Gott' (?) (vgl. I, 214, 21)
m *AR/MR* Liverpool Annals 4, 113.

28 *ndn (?)*
f *AR* Jéquier, Pyramide d'Oudjebten 24, Fig 30.

29 *nḏ3·j*
m *AR* Macramallah, Idout, S 24

30 *nḏm-ʿnḫ-ptḥ (?)* (vgl I, 215, 11)
m *Spät* Lieblein 1143

31 *nḏm-šš3·t* ,(die Göttin) *šš3·t* ist freundlich'
m *AR* London Flinders Petrie Collection (nach Murray, Names Tf 13).

[1]) Oder *nṯr·n-mn(·w)* ,Min ist unser Gott'?

1 *nḏm·t-ṯꜣw*
f *NR* Dêr-el Medîne, Grab 219

2 *nḏm·j* (vgl. I, 216, 3)
m *D 6* Jéquier, Mon fun de Pépi II, Tf 100

3 *nḏm·w wr* ‚*nḏm·w*, der Ältere‘ (vgl. I, 216, 4. 5)
m *AR* Boston, M F.A. 37-662

4 *r-ḥꜣ·t* (vgl. I, 202, 16)
m *Spät* Bull Inst 12, 92 93

5 *rꜣ·ỉj* (vgl. I, 216, 23. 28)
m *NR* Philadelphia T 302

6 *rꜣ-ꜥꜣ*
m *D 6* Jéquier, Tomb de particuliers, 108, fig 122, rechts oben

7 *rjjn*
m *MR* Kémi I, 92 (Vater des Fürsten von Byblos)

8 *rjś-nḫt(·w)*
m *D 20* Wilbour Pap A 31, 31

9 *rꜥ-ỉỉr-dj-św* ‚Re ist es, der ihn gegeben hat‘
m *Spät* PSBA 1888, 530 (München)

10 *rꜥ-wr šrj* ‚*rꜥ-wr*, der Jüngere‘
m *AR* Selim Hassan, Giza II, S 26 u Tf 7.

11 *rꜥ-wr km* ‚*rꜥ-wr*, der Schwarze‘
m *AR* Borchardt, Neuserre, S 145

12 *rꜥ-m-nš(m?)·t* ‚Re ist in der *nšm·t*-Barke‘ (?)
f *D 18* Theben, Grab 125 (Schott)

13 *rꜥmśjśw-wśr-ḫr-ḫpš·f* , [1] ‚Ramses ist stark in seinem Arm‘ (?) (vgl I, 218, 8. 425, 6)
m *D 20* Wilbour Pap A 14, 9

14 *rꜥmśjśw-m-ḥb* ‚Ramses (erscheint o. a.) am Feste‘
m *D 20* Wilbour Pap B 18, 29

15 *rꜥmśjśw-mr-ỉmn-mr-mj-rꜥ* ‚Ramses *mr-ỉmn* ist geliebt wie Re‘ (?)
m *D 19* Mariette, Abydos II, 50 (genannt *bn-ỉṯn* von *ḏrbśn*)

16 *rꜥmśjśw-nb-nfr* ‚Ramses ist ein guter Herr‘ (?)
m *D 20* Wilbour Pap A 27, 42 38, 20 48, 15

17 *rꜥmśjśw-(ḫr-?)śḫpr* ‚(König) Ramses läßt entstehen‘ o. ä
m *D 20* Wilbour Pap A 70, 4

18 *rꜥ-nḫt(·w)* ‚Re ist stark‘
m *NR(?)* Philadelphia T 148

19 *rꜥ-ḥr-kꜣ·j (?)* [1] (vgl. I, 217, 20)
m *AR* Jéquier, Tomb de particuliers, 121—125 (mit ‘schönem Namen’).

20 *rꜥ(·t?)-tꜣ·wj*
f *D 20* Wilbour Pap A 32, 14

21 *rwꜣ (?)*
m *MR* Gardiner-Peet, Sinai, Tf 22, 81 unten (Asiat)

22 *rwtj (?)*[2]
f (?) *NR* LD Text 5, 115.

23 *rpj*
m *D 20* Wilbour Pap A 60, 29

24 *rpw·t-nb·tj* ‚die Prinzessin des Königs‘[3] (vgl. I, 222, 5)
f *AR* Annales 42, 119

25 *rn·f-ḥsj (?)*
m *Spät* Steindorff, Walters Tf 119, 656 B

26 *rnn-dḥ·wt (?)* [4]
f *D 18 (?)* LD Text IV, 54

27 *rnnj (?)* (vgl. I, 234, 16 u. 233, 4)
m *D 18* Lieblein 572
f *D 18* Lieblein 572

28 *rr* ‚der Eber‘
m *D 20* JEA 26, Tf 5, 8

29 *rrj (?)*
m *D 20* Wilbour Pap A 35, 19

30 *rrm(?)* , Var.
m *AR*, *spät* Boston 39—1—16 und 17

31 *rs (?)*
m *D 18* Liverpool Annals 3, 137

---

[1]) Vorher geht an beiden Stellen , sollte es sich um einen ‚Priester des Ramses‘ *wśr-ḫr-ḫpš·f* handeln?!

[1]) So 7 mal!
[2]) Oder sollte das Zeichen *mtj·t* (Wb. 2, 34) vorliegen?
[3]) Vgl Sethe, Pyram Komm IV, 72
[4]) Ob *rḫw* zu lesen ist (vgl Wb 5, 480)?

1 *rś* (vgl. I, 226, 18)
f *NR* Mariette, Catal 1079

2 *rśś*
m *D 20* Wilbour Pap A 17, 19 22, 15 usw

3 *ršw·t (?)-* .. (vgl. I, 227, 12)
f *Spät* Recueil 8, 160

4 *ršw·tw-(m?-)ḫnj·t(?)* ‚man freut sich über die Ruderfahrt' (? vgl. I, 227, 12)
m *D 20* Wilbour Pap A 55, 15

5 *rḳjj*
m *AR/MR* Couyat-Montet, Hammamât N 76 Firth-Gunn, Teti Pyr Cem 211 = Tf 76, 1

6 *rḳwj*
f *D 18, früh* ÄZ 68, 44

7 *rk* (vgl. I, 227, 15. 16)
f *NR* Lieblein 650 (Neapel)

8 *rg·t*
f *NR* Totenbuch Brit Mus 9988 (Shorter, Cat Eg Rel. Pap, S 4)

9 *rt (?)*
m *AR* Quibell-Hayter, Teti Pyramid, S 22

10 *rd·w(?)-iḥw (?)*
f *AR* Petrie, Dendereh, Tf 10, unter der Mitte

11 *rdj-wj*
m *D 6* Scharona Pap a, Rs 4, 9

12 *rdj-nj-b3śt·t(?)* (vgl. I, 228, 3)
f *Spät* Daressy, Divinités 38365

13 *rdj·n·f-ḥtp (?)* [1] ‚er hat Gnade gegeben' (?)
m *AR* Petrie, Deshasheh, Tf. 22 u 25

14 *rdj-njt* ‚möge Neith geben!' (vgl. I, 228, 5)
f(?) *D 1—2* Petrie, Royal Tombs I, Tf 31, 9

15 *rdj-rdj (?)*
m *MR/NR* Annales 36, 183 u Tf. V, 176

16 *rdj-ẖnm(·w)* ‚möge Chum geben' o. ä. (?)
m *D 1/2* Petrie, Abydos I, 13. 151

17 *rdj·śn* (vgl. I, 228, 14)
m *AR/MR* Philadelphia D 4954 5152 (Dendera)

[1]) Dies scheint eine Vergleichung der Tafeln zu ergeben, siehe auch S 10, 17.

18 *rdj·w* (vgl. I, 228, 12)
m *AR* Jéquier, Pyram de Neit et Apouit, 58, fig 35

19 *rdj·t n-ptḥ* ‚die Ptah gegeben hat'
f *MR* Newberry, Scarabs, Tf XIV, no 18 (Prinzessin)

20 *rd·d (?)*
m *MR* Lieblein 1430 (St Petersburg)

21 *rdd·t*
f *MR* Bull Inst 37, 103

22 *rdj (?)*[1])
f *AR, früh* Turin 3065, Statue (Prinzessin) = Capart, Recueil de mon ég du Musée de Bruxelles, fasc. 1, S 6

23 *h3j-km·t* ‚Ägypten zieht hinab' (?)
m *D 20* Wilbour Pap A 70, 47

24 *h3b·tw (?)*
f *MR* Bull Inst 37, 112

25 *hnj* (vgl I, 229, 28)
m *D 18* ÄZ 66, 2*, 4, 1

26 *hnn* (vgl. I, 230, 1?)
m *NR* ÄZ 66, 6*, 2, 7

27 *hr-m3ꜥ (?)* , Var.
m *NR* Gardiner, Ramess Adm Doc 9, 6 15

28 *hr(·t)-ib-t3-mw·t-ir-dj-ś(·t)* , Var. ‚(die Göttin) *hr·t-ib*, die Mutter, ist es, die sie gegeben hat (vgl. I, 230, 10)
f *Spät* Daressy, Divinités 38361

29 *hrw-pn-nfr (?)* ‚dieser Tag ist schön!' (?) (vgl. I, 231, 4)
m *AR* Halifax (Bankfield) Museum Notes 4, fig 2

30 *hrm (?)* (vgl. I, 231, 8?)
f *Griech* Spiegelberg, Demot Denkm I, S 15

31 *hrnj (?)*
m *D 20* Wilbour Pap A 54, 6

32 *hrkr*[2]) (vgl. I, 231, 9!)
f *D 19* Recueil 25, 135 (kollat)

[1]) Vgl Sethe, Verbum I, 356
[2]) Was steht zwischen *śn·t·f* und dem Namen? (Oder steckt darin der Anfang des Namens?)

siehe *nj-ḥtj*.

1 *ḥtj-ḥꜣ-iš·t·f* ,*ḥtj* (steht schützend) hinter seiner Habe'[1] (vgl. I, 231, 15 u. 25 und *nj-ḥtj*)
m *AR* Jéquier, Pyr. de Neit et Apouit 56

2 *ḥtš (?)*
m (?) *Spät* Daressy, Divinités, 39315.

3 *ḥtr*
m *AR* Brooklyn 37. 1491 L

4 *ḥd-nfr* (vgl. I, 231, 20)
m *D 20* Wilbour Pap. A 32, 16. 36, 26.

5 *ḥd-sbk* ,Suchos greift an' o. ä.
m *D 20* Wilbour Pap. A 91, 17

6 *ḥꜣ-iš·wt·f* (vgl. I, 231, 25. 338, 8)
m *AR/MR* Borchardt, Statuen 3, 786

7 *ḥꜣ-ꜥnḫ·s šrj·t* ,*ḥꜣ-ꜥnḫ·s*, die Jüngere' (vgl. I, 232, 3)
f *MR* Lieblein 1639 (St. Petersburg)

8 *ḥꜣ-ḥr(·w)-m-sḫtwj (?)* [2]) (vgl. I, 186, 15)
m *AR/MR* Petrie-Brunton, Sedment I, Tf. 27.

9 *ḥꜣ-ḥr-mr·t (?)*
f *MR* Lieblein 1746 (Musée Guimet)

10 *ḥꜣ·j*
m *AR* Borchardt, Denkm. des *AR*, S. 95

11 *ḥꜣ·t-ꜥnḫ (?)*
f *MR* Koefoed-Petersen, Recueil 47, 961

12 *ḥꜣ·t-nfr* (vgl. I, 232, 17)
m *AR* Junker, Giza 8, 177

13 *ḥꜣ·t-ḥḥ (?)*
m *Spät* Daressy, Divinités, 39315

14 *ḥꜣ·t-sbꜣ (?)*
m *D 20* Wilbour Pap. A 69, 7

15 *ḥꜣ·t·jj (?)* (vgl. I, 233, 1ff.)
m *NR* PSBA 7 (1885), 203

16 *ḥꜣmjj·t* (vgl. I, 425, 19)
f *MR* JEA 25, Pl. XX, 2.

[1]) Kaum ein ,Doppelname'! Aber was ist *ḥtj*?

[2]) Sedment II, Tf. 80 gibt (ob ungenau?)

17 *ḥꜣr*
m *MR–NR* Annales 36, 171

18 *ḥꜣgj ḥrj-ib* ,*ḥꜣgj*, der Mittlere'[1]) (vgl. I, 233,15)
m *AR/MR* Brit. Mus. 1486 (I, 52)

19 *ḥj* (vgl. I, 233, 16)
m *AR* Wiedemann-Portner, Karlsruhe, Tf. 1 u. S. 6

20 *ḥj pꜣ-nḥsj* ,*ḥj*, der Südländer'[2])
m *NR* JEA 21 (1935), Tf. 13/14, 9—10. 15/16, 24. 28 (hier ohne den Zusatz *pꜣ-nḥsj*!)

21 *ḥj-nfr·t* (vgl. I, 233, 25)
f *NR* Lieblein 1988 = Turin, Catal. 1592

22 *ḥj·t-m-ḥꜣ·t* u. a. ,(die Göttin) *ḥj·t*[3]) ist an der Spitze' o. a.
f *Griech.* Bull. de l'Inst. 30, 122—25

23 *ḥꜥꜣ* [4]) ,der Knabe'
m *MR (?)* Weigall, Report, Tf. 64 oben

24 *ḥw-irjm (?)*
f *D 20* JEA 26, Tf. 5, 10

25 *ḥw-ꜥnḫ·f* ,möge er leben!'
m *D 6* Duell, Mereruka, Tf. 99

26 *ḥw(?)-m-pr·s* siehe *ḥḥ(?)-m-pr·s*

27 *ḥw·t-ṯꜣw* (vgl. I 234, 21f.)
f *AR* Jéquier, Oudjebten, S. 16

28 *ḥtḥr-m-wiꜣ* ,Hathor ist in der Prozessionsbarke'
f(?) *D 20* Wilbour Pap. A 47, 24. 48, 12

29 *ḥtḥr-(ḥr-)sꜥnḫ* ,Hathor erhält am Leben'
f *D 20* Wilbour Pap. A 59, 22. 62, 7.

30 *ḥb* (vgl. I, 236, 10ff.)
m *MR* Lieblein 1638 (St. Petersburg)

31 *ḥbj·t* [5]) ,die zum Fest Gehörige' (?)
f *MR* JEA 25, Tf. 20 No. 2, 3. Reg.

[1]) Mit ,schönem Namen' *s-n-bnw*
[2]) Der Mann ist ein *wꜥb*-Priester!
[3]) Name einer besgestaltigen Gottheit, vgl. Wb. 3, 37, 1
[4]) Vgl. Wb. 3, 42[1]
[5]) Hierher gehört das *MR* Zitat von I, 236, 15

1 *ḥtp·f* u. ä. (vgl I, 259, 10)
m *D 1* Petrie, Roy Tombs II. Tf 26, 63, *AR* LD II, 10, unten

2 *ḥtpj·w (?)* (vgl. I, 260, 9)
m *MR* Daressy, Ostraca Tf 62 unten, Z 15, 63 unten, Z 7

3 *ḥḏ* ‚Silber'
f *MR* Engelbach-Gunn, Harageh, Tf 16, 2 u 73

4 *ḥḏ-ỉrj*
f *MR* JEA 14, Tf 22, 4, Louvre C 6

5 *ḥḏ-ḥtp*[1]*-ỉrj*
f *MR* Bull Inst 30, 889
MR/NR LD Text 4, 54, Z 9

6 *ḥḏw·j* (vgl I, 261, 15)
f *AR/MR* Dunham, Stelae, Tf 12, 1

7 *ḫꜣ-n-*
m *NR* Anthes, Dêr-el Medîne

8 *ḫꜣỉs (?)* , Var.
m *AR* LD II, 114 e (als ‚schöner Name' bezeichnet)

9 *ḫꜣꜥ-bꜣśt·t (?)* (vgl. I, 262, 11 ff)
f *Spät* Recueil 7, 192

10 *ḫꜣꜥ-ś(w)-(n-)wśỉr* ‚man hat ihn dem Osiris hingelegt' o. ä.
m *Spät* Daressy, Divinités 39038

11 *ḫꜣꜥ-ś(·t)-n-ḥꜥpj* ‚man hat sie dem Nil(gott) hingelegt' o. a.[2])
f *Spät* Berlin 785

12 *ḫjn*
m *NR, früh* ÄZ 50, 7 (Hyksoskönig)

13 *ḫꜥj-bꜣśt·t* ‚möge Bastet erglänzen!' o. a.
f *NR, spät* Lieblein S 976, 975 (Beiname einer *tꜣ-kꜣr·t)*

14 *ḫꜥj-m-nꜥ·t* (vgl *ḫꜥj-m-nꜥ·t·f)*
m *D 20* Wilbour Pap A 85, 7

15 *ḫꜥj-m-nꜥ·t·f* (vgl. *ḫꜥj-m-nꜥ·t)*
m *D 20* Wilbour Pap A 90, 40

16 *ḫꜥj-m-ḥb* ‚der Glänzende (erscheint) am Feste'[3])
m *D 20* Wilbour Pap A 67, 25

17 *ḫꜥj-(m-?)ẖ·t·f* ‚der Glänzende[1]) ist (in) seinem[2]) Leibe' (?)
m *D 20* Wilbour Pap A 86, 29

18 *ḫꜥjkꜣ·wr'-nb-nṯr·w* ‚Sesostris III. ist der Herr der Götter'
m *MR* Weigall, Lower Nubia, S 125

19 *ḫꜥw-śbꜣ·w-ḫꜥj(·w)* , ‚der Glanz der Sterne ist aufgegangen' (?)
m *D 20* Wilbour Pap A 78, 15 84, 13 17 40 91, 21

20 *ḫꜥjw*
m *MR* Alliot, Tell Edfou 1935, S 35 u Tf 19, 3

21 *ḫwꜣw·t(?)*
f *AR* Junker, Giza V, 146

22 *ḫwj(·w?)-ỉnp·w* ‚den (der Gott) Anubis schützt (?)'
m *D 2(?)* Firth-Quibell, Step-Pyr, Tf 107, 4 5

23 *ḫwj-wj-ỉśj* , ‚möge *ỉśj* mich schützen!"
m *MR* Bull-Inst 37, 98 u n 1

24 *ḫwj-nb* ‚,Gold (d i. die Göttin Hathor) schützt" (vgl. I, 267, 8).
f *MR* Mogensen, Glyptothèque, Tf 97, A 684 (= Koefoed-Petersen, Recueil 51, 965)

25 *ḫwj-nḫt (?)*
m *AR/MR* Philadelphia 29—66—645

26 *ḫwj(·w?)-rꜥ* ‚den Re schützt' (? vgl. I, 266, 8 u. 13—16)
m *AR* Selim Hassan, Giza II, S 186 u Tf 70 (auch genannt bzw)

27 *ḫwj-śj-śḫm·t*[3]) ‚möge Sachmet sie schützen!' o ä. (vgl. I, 267, 8)
f *MR* Sammlung Amherst 553 (Catal London 1921)

28 *ḫwj(·w)·n-ptḥ-mrjjrꜥ* ‚einer, den Ptah geschützt hat, ist (König) Merire' (vgl. I, 266, 23)
m *AR* Sethe, Urk I 95, 5

29 *ḫwj(·w)·n-ḫwfw* ‚den (der König) Cheops geschützt hat'
m *AR* Boston 37 638.

1) Zu *ḥḏ-ḥtp*, dem Gott der Webekunst, vgl Wb 3, 212, 14 sowie Kees, Götterglaube 101, 1 und Farbensymbolik, S 445 Ob Kees' Übersetzung ‚Weiß ‚frieden' das Richtige trifft?
2) Vgl Z[2] zu 267, 16ff
3) Oder ‚der im Fest erglänzt', Gottesbeiwort als Kurzname?

1) D h der Sonnengott? Vgl Wb 3, 242, 3
2) Des Königs?
3) Oder *śḫm t-ḫwj·ś* ‚S möge schützen'?

1 *ḫwj(·w)·n-ḥr(·w)-mrjjrʿ* ,einer, den Horus geschutzt hat, ist (Konig) Merireʿ
m *AR* Sethe, Urk I 95, 6

2 *ḫwj·t-bꜣ*[1]) ,die der Bock schutzt' (vgl I, 267, 25)
f *AR* Jéquier, Oudjebten, S 16

3 *ḫwj·t(?)-bꜣ·w-ỉwnw·jw* ,die von den Seelen von Heliopolis Geschutzte' (?)[2])
f *AR* Junker, Giza VI, 211 u 212

4 *ḫwj(·t?)·n-ḫnw* ,die (quam) die Sokaris-Barke beschutzt hat' (?)
f *MR* de Buck-Gardiner, Coffin Texts I, S XVIII

5 *ḫwfw-dj-n·f-ʿnḫ (?)* ,(Konig) Cheops ist es, der ihm Leben gegeben hat' (?)[3])
m *AR*, *spat* Junker, Giza 8, 52f

6 *ḫbdd(m)* , auch [4])
m *MR* Gardiner-Peet, Sinai, Tf 37, 112, S Edge oben und W. Face unten und Tf 27, 92 S Edge (,Bruder des Fursten von *rṯnw*')

7 *ḫprkꜣrʿ-m-ḥꜣ·t* ,Sesostris I ist an der Spitze' o a.
m *MR* Paris, Mus Guimet E 11324 (Var *ḫpr-kꜣ-rʿ*), Rennes Mus, Grabstein (Maspero, Etudes de Mythol III (= Bibl Eg 7, 174)

8 *ḫf-ḫnś(·w)* (vgl. I, 67, 9)
m *Griech* Ann 20, S 55 (als Variante zu *ʿnḫ f-ḫnś w*' vgl die griech Wiedergabe bei I, 67,9)

9 *ḫmn·t (?)*
f *AR* Mariette, Mast, S 313[5])

10 **ḫmt-śn·w* (,3 Bruder') erhalten in Griech χεμτσνευς, χεμτσνης u. vielen Varianten.

11 *ḫmt·j (?)*
m *AR* Daressy, Mera 548

12 *ḫnj*
m *D 19* Louvre E 14355 = Syria 18, 197 u Tf 30 (Asiat)

13 *ḫnwj*
m *MR* Daressy, Ostraca Tf 63 unten, Z 7 15

14 *ḫnwt*
f *AR* Fisher, Minor Cemetery, S 153 (genannt *ỉntj*)

15 *ḫnw·t* [1]) ,die Musikantin' (?)
m *D 5* Bologna 1901

16 *ḫnw·t·j* , Var. [2]) (vgl. I, 270, 6. 7)
f *MR* Lacau, Sarcophages 28017 (wechselt mit)

17 *ḫnś·w-wśr* [3]) ,Chons ist stark (o. ä.)'
m *MR* Brit Mus [643]

18 *ḫnśw-pꜣḫrd (?)* vgl griech. πετεχεσποχρατης
m *Spat* Daressy, Divinités 38268

19 *ḫnś·w-(m-)ḥꜣ·t-nṯr-nb* ,Chons ist an der Spitze aller Gotter'[4])
n *NR* Kairo 771 (Borchardt, Statuen III)

20 *ḫnś·w-mj-*
m *Spat* Borchardt, Kairo 913

21 *ḫnś w-mḥ*[5])
m *D 22* (?) Berlin 23732 (Bronzefigur, vgl K Bosse, Die menschl Figur No 81)

22 *ḫntj·t-bꜣ·w* (vgl. I, 292, 23)
m *AR* Louvre C 169

23 *ḫnd·w*
m *AR*, *spat* Abydos, Konigsliste 45 (Beiname eines Konigs *nfr-kꜣ-rʿ*)

24 *ḫndr*
m *NR*, *fruh* AZ 50, 7 (Hyksoskonig)

25 *ḫr-wn (?)*
m *Spat* Lieblein, Denkmaler, T III, No 14 (2 mal)

26 *ḫr-n-bꜣk*
m *Spat* Bull Inst d'Ég 20, 233 239

27 *ḫs(ꜣ)w* [6])
m *D 6* Berlin, Inschr I, 41/42 (Prinz)

28 *ḫšjrš* , u. ä. (= Ξερξης), keilschr. *ḫišiʾarši*
m *D 27* AZ 49, 80 (pers Konig)

---

[1]) Oder *ḫnm·w* Chnum ?
[2]) So Junker, a a O
[3]) Ob nicht doch *ḫwfw-ʿnḫ·f* ,Cheops lebt' zu lesen ist ? !
[4]) Vgl Černý, Archiv orientalný 7, 385f, Weill, Mél Dussaud 957 Wohl ein Fremdname!
[5]) Nach Mariette, offenbar irrig, als ein 'prenomen' eines *nj-kꜣ·w-rʿ* bezeichnet Ob eine seiner Frauen ? Vgl *mjj t*

[1]) Die Frau tragt einen Stab (?) in der Rechten Der Name ist von I 270, 6 zu trennen
[2]) Mit dem Zusatz . Vgl II, S 12
[3]) Oder *wśr-ḫnś·w*, vgl I 86, 9
[4]) Das einzige bisher bekannte Beispiel einer volleren Form der haufigen Namen ,Gott *NN-m-ḥꜣ t*' !
[5]) Ob Verkurzung fur *ḫnś w-m-ḥꜣ·t* oder *ḫnś w-m-ḥb*?
[6]) Vgl Wb 3, 332,9

1 *ḫtj* (vgl. I, 274, 14)
m *D 6* Quibell, Saqqara, I, Tf 11 (Beiname eines *ʿnḫ-ir tj-itj)*

2 *ḫtj-ʿnḫ(·w)* [1] ‚*ḫtj* lebt' o. a.
m *MR* Newberry, Bersheh I, Tf 15

3 *ḫtw-m-pr·f-m-dd-n·f-nṯr-ʿ3* [2] ‚*ḫtw* ist in seinem Hause durch die Gnade[3]) des großen Gottes'
m *D 12* Louvre C 166

4 *ḫ3rj*
m *AR* Duell, Mast of Mereruka pl 140

5 *ḫn-ʿnḫ*
m *AR/MR* Liverpool Annals 4, 118 119 (mit ‚schonem Namen' *ḫnj)*

6 *ḫnj*
m *AR/MR* Liverpool Annals 4, 116 117 119 (‚schoner Name' eines *ḫn-ʿnḫ)*

7 *ḫnj-ʿnḫ·w (?)*
m *AR/MR* Liverpool Annals 4, 107

8 *ḫnm·w nḫn* ‚*ḫnm·w*, der Jungere'[4]) (vgl. I, 275, 5)
m *AR* Junker, Giza VI, S 190 u 193, Abb 70

9 *ḫnm(·w)-b3·f* ‚Chnum ist beseelt' o. à (vgl. *b3·f-b3)*
m *AR* Selim Hassan, Excav V, 75 (nach Junker, Giza 7, 245)

10 *ḫnm·w-m-wsḫ·t* [5]) ‚(der Gott) Chnum ist in der Halle'
m *D 18* Gardiner-Sethe, Letters to the Dead, Tf 9, 2

11 *ḫnm·w-ḫwj·f-wj* u. à ‚Chnum schutzt mich'
m *D 4* Gauthier, Livre des Rois I, 74 (Konig 'Cheops')

12 *ḫnm-ntj (?)* (vgl. I, 276, 19)
m *AR* Junker, Giza VI, 98

13 *ḫnmś*
m *AR/MR* JEA 8, 191, Tf XVIII

14 *ḫn·t* [6]) (vgl. I, 275, 1 u 4)
m *AR* Junker, Giza 8, 26

---

[1]) Derselbe Mann heißt Tf 11 !
[2]) Wirklich alles zum Namen gehorig?
[3]) Wortlich ‚wie (es) ihm der große Gott (d h der Konig) gibt' So Clère, Notes 111, 30
[4]) Er ist Sohn eines *ḫnm·w*!
[5]) Vgl PN I 275, 18!
[6]) Es konnte eine Kurzform zu Namen wie *ḫnj·i-nfr(·t)* vorliegen.

15 *ḫntj* (vgl I, 275, 4)
m (?) *AR/MR* Quibell, Saqqara 1905—06, S 8

16 *ḫnd* [1])
m *D 5* Steindorff, Ti Tf 133

17 *ḫrd-n·n (?)* ‚ein Kind fur uns!' (?, vgl. I, 277, 15)
m *D 18* Lieblein 316 (Florenz)

18 *ḫ(r)d·t*[2]) ‚das (weibliche) Kind' (vgl. I, 277,13)
f *AR* Mackay, Bahrein and Hemamije, Tf 28 links

19 *ḫkr·ś (?)* [? 3])
f *MR/NR* LD 4 Text 4, 52

20 *ḫsḫs-św* ‚er ist ein ganz Schwacher' o. a
f(?) *D 20* Wilbour Pap A 31, 32

21 *ḫt·wj*
m *AR* Annales 35, 138 (Beiname eines *nḫt-nfrk3rʿ)*

22 *ḫdb-. .-ir·t-bin·t* ‚möge . . den bosen Blick töten!' o. a (vgl. I, 278, 17ff.)
f *Spat* Nantes, de Rougé, Tf V B

23 *s-n-ʿnḫ* ‚der Mann des Lebendigen' (?)
m *AR* Junker, Photo 5137 (nach personl Mitteilung)

24 *s-n-bnw* ‚der Mann des (heiligen Vogels) *bnw*' (‚schoner Name' eines *ḥ3gj-ḥ3j-ib)*
m *AR/MR* Brit Mus [1486]

25 **s-n-ḫnś·w* ‚der Mann des Chons'
m *MR* erhalten in *s3·t-snḫnś·w*, N² zu I 293, 8

26 *s-n-ḫs-śrw (?)* [4])
m *MR* Lieblein 287 (London)

27 *s-n(·j)?* ‚ein Edler für mich!' (? vgl I, 278, 25)
m *MR* Sotheby Catal Egypt Ant 1930, Tf I

28 *s-n(·j) ḫrd* ‚*s-n·j*, das Kind' (vgl. I, 278, 25)
m *D 12* Sotheby, Catal Eg Antiqu 1930, Tf I

---

[1]) Ob Name?
[2]) Vgl Wb 3, 396 unten
[3]) Dieselbe Form hat das Zeichen im Titel
[4]) Vgl vom Haar einer Frau, Wb 4, 191

1 *s-nḫt (?)*[1])
m *D 11* Budge, Eg Sculptures, Tf 7

2 *s-š(w)-nj-ḏ·tf* ,er ist ein Mann seines Stiftungsguts' (vgl. *ks-šw-nb·f)*
m *AR* Junker, Giza III, 182 (vgl V, 22)

3 *s(·t)-n(·t)(?)-bšt(?)* (vgl. I, 98, 23. 24)
f *AR* Boston 06 1888

4 *s·t*[2])*-n·t-mꜣʿ·t* ,die Frau (o. a.) der (Göttin) *mꜣʿ·t*'
f *MR/NR* LD Text 4, 54, Z 6

5 *s·t-n·t-nfr* ,die Frau des Guten' o. ä.
f *AR/MR* Dunham, Stelae, Tf 27 1

6 *sꜣ-ꜣš·t nḫn* ,*sꜣ-ꜣš·t*, der Jüngere'
m *MR* Lieblein 857 (London)

7 *sꜣ-inḥr(·t) nḫn* ,*sꜣ-inḥr(·t)*, der Jüngere' (vgl. I, 280, 26)
m *MR* Louvre C 173 (Gayet, Stèles Tf 29)

8 *sꜣ-irj-ʿ* (vgl. I, 281, 13?)
m *AR* LD II 103a

9 *sꜣ-bꜣk·w*
m *NR* Mariette, Catal 1123

10 *sꜣ-mdw (?)* ,der Sohn des (heiligen) Stabes'(?)
m *MR* Lieblein 1637 (St Petersburg)

11 *sꜣ-n·j nḫn* ,*sꜣ-n·j*, der Jüngere'[3])
m *AR* Junker, Giza V, S 182

12 *sꜣ-nb·t* ,der Sohn der Goldenen'[4])
m *MR* Koefoed-Petersen, Recueil, 46 D

13 *sꜣ-nr·t* ,Sohn der Geiergöttin' (vgl. Wb. 2, 277, 3)[5])
m *Spät* Koefoed-Petersen, Recueil 21, 167

14 *sꜣ-nḫb·t* ,der Sohn der (Göttin) Nechbet'
m *MR/NR* Brüssel E 6254

15 *sꜣ-hn-ꜣ* ,der Sohn des *hn-iꜣ(·t)*?[6])
m *Spät* Borchardt, Statuen 1279

[1]) Anscheinend (trotz der Umkehrung) Beischrift zu dem Diener. Ob *s[-n]-nḫt*?

[2]) ist sonst allerdings nur als Schreibung von *sꜣ t* ,Tochter' (was hier wegen des folgenden *n·t* unwahrscheinlich ist) bekannt!

[3]) Junker liest *sꜣ nḫn* und übersetzt ,kleiner Sohn', ,Söhnchen'.

[4]) D i Hathor

[5]) Hierher auch I, 283, 1?

[6]) Vgl I 229, 19 u. Wb I, 26

16 *sꜣ-ḥp·w mꜣ*
m *MR* ÄZ 59, 46 u Umschrift S 10

17 *sꜣ-ḥr(·w)-nḫt(w)* ,der Sohn des *ḥr(·w)-nḫt(·w)*
m *D 12* Gardiner-Peet, Sinai Inscr, Tf 10, No 25 (m ,schönem Namen' *hr-n-tꜣ-mh)*

18 *sꜣ-šnbšwmʿ·j* ,der Sohn des *šnb-šw-m-ʿ·j*'
m *MR* Lieblein 374 (Paris)

19 *sꜣ-šḫꜣ·t-ḥr(·w)* ,der Sohn der (Göttin) *šḫꜣ·t-ḥr(·w)*'[1]) (vgl. I, 319, 5)
m *D 12* Garstang, Third Eg dyn, Tf 33 D 1 (unten links)

20 *sꜣ-špš·t* ,der Sohn der Haremsfrau' (?)
m *D 20* Mariette, Cat 76

21 *sꜣ-tꜣ-minw·t (?)* ,der Sohn der Hirtin' (?)[2])
m *D 20* JEA 26, Tf Va

22 *sꜣ·t-ijmḥtp* ,die Tochter des *ij-m-ḥtp*' (vgl. I, 280, 12)
f *MR* Lieblein 1636 (St Petersburg)

23 *sꜣ·t-iwn·t* ,die Tochter von Dendera'[3])
f *MR* Lieblein 130 (London)

24 *sꜣ·t-im·t (?)* (vgl. I, 286, 1) ,die Tochter der *im·t*'[4]))
f *D 18* Borchardt, Statuen 452

25 *sꜣ·t-impj (?)* (vgl. I, 286, 4. 5 und 26, 11)
f *MR* Engelbach, Harageh, Tf 65, 2

26 *sꜣ·t-in* ,die Tochter des (Gottes) *in*' (vgl. I, 32, 25ff.)
f *MR* Brugsch, Thesaurus V, 1220

27 *sꜣ·t-inj*
f *D 6* Firth-Gunn, Teti Pyr Cem II, Tf 21 A (Kurzname einer)

28 *sꜣ·t-inj-ttj*
f *D 6* Firth and Gunn, Teti Pyr Cem I, 203 u II, Tf 20 C, 21 A (Var).

29 *sꜣ·t-wr·t (?)* ,die Tochter der Großen' (?) (vgl. I, 287, 26)
f *D 11* PSBA 1891, 41 (Königin)

[1]) Eine Form der Hathor, vgl Wb 4, 235

[2]) Vgl I 367, 10 u Gardiner, JEA 26, Tf Va, Anm 10a u S 24

[3]) D h die ,Frau aus Dendera'? Oder irrig für *sꜣ·t-nb·t-iwn·t*?

[4]) Der Name ist allerdings bisher nicht belegt

1 *s3·t-wḏ3*
f *MR* Lieblein 287 (London)

2 *s3·t-pjpj*
f *D 12* Capart, Recueil de mon II, Tf 57

3 *s3·t-pwn·t* , ,die Tochter von (dem Lande) *pwn·t*'
f *MR* Kairo 20722, Brooklyn Mus, Siegelzylinder

4 *s3·t-mšw·t*
f *MR* Recueil 25, 135 (kollat.)

5 *s3(·t)-nb(·t)-n'·t* ,die Tochter der 'Stadtherrin'[1]) ? (vgl. I, 282, 18!)
f *MR* Lieblein 287 (London)

6 *s3·t-nḫb·t (?)* ,die Tochter der (Göttin) Nechbet'
f *MR* Recueil 7, 180

7 *s3·t-rmntj (?)* (vgl. 283, 10!)
f *NR* Lieblein 720 (Bulaq)

8 *s3·t-ḥrr(·t?)* ,die Tochter der (Göttin?) *ḥrr·t (?)*[2])
f *MR* Annales 36, 167

9 *s3·t(·j?)-šj* ,(m?)eine Tochter ist sie!'
f *MR* Kairo 20617b e

10 *s3·t-šbk·w* (so?) ,die Tochter des *šbk·w*' (vgl. I, 293, 10 u. 306, 3)
f *MR* Lieblein 93

11 *s3·t-šr·j* ,die Tochter des *šr·j*' (vgl I, 317,5?)
f *MR* Lieblein 287 (London)

12 *s3·t-šrfk3(·j)* 'die Tochter des *šrfk3·j*, (vgl. I 317, 13)
f *MR* JEA 23, Tf 1

13 *s3·t-šḥtpib* , (vgl. I, 293, 23) ,die Tochter des *šḥtpib*'
f *MR* Roeder, Naos 70036, S 124 u 125

14 *s3·t-šmš*
f *MR* JEA 25, Tf 21, 3

15 *s3·t-šdḫnšw* ,die Tochter des *šdḫnš·w*' (vgl. I, 331, 3)
f *NR* Sphinx 22, 103.

[1]) Beiwort einer Göttin?
[2]) Vgl Wb 3, 150

16 *s3·t-šd·t·j* ,die Tochter des (Gottes) von *šd·t*'
f *MR* Brit Mus 568 (II, 4)

17 *s3·t(?)-ḏ3ḏ3·t (?)*
f *Spät* Daressy, Divinités 38381

18 *s3w·j*
m *AR* Jéquier, Pyram de Neit et Apouit, 56 (mit ,schönem Namen' *idm(?)-m-šnj)*

19 siehe Zusatz[2] zu 428, 6.

20 *s3t-š*[1]) (vgl. I, 298, 19)
m! *AR* LD Erg, Tf 24

21 *sb3 (?)*
m *Spät* Lieblein 2481 = Mariette, Cat 7, Daressy, Divinités 38390

22 *sm3-3š·t* , Var. [2]) (vgl. I, 296,9)
f *Spät* Lieblein 2496 (Florenz)

23 *sm3(?)-wdn·t*
m *D 6* Duell, Mereruka, Tf 88

24 *sm3j·t-mw·t wr(·t)* ,*sm3j·t-mw·t*, die Ältere' (? vgl. I, 296, 9!)
m! *MR* Kairo 20282d

25 *snbšj (?sbnšj?)* [3])
m *D 6* Capart, Rue de Tomb, Tf 71 links

26 *sns* (vgl. I, 297, 17)
m *MR* Mariette, Catal 912

27 *sn·t·j*
f *MR* Hoffmann, Theoph Pers, S 61 (Var von *sn·t)*

28 *sḥ·t* [4])
f *AR* Wiedemann-Portner, Karlsruhe Tf 5, Mitte u S 29

29 *sš-ḳd* [5]) ,der Maler'
m *NR* Louvre Paris, Stele (?) in Privatbesitz (Vandier)

30 *sšp-šd (?)*
f *Spät* Brit Mus Guide 1924, S 97

[1]) Ob die Zeichen zum Namen gehören?
[2]) Hierher gehört I, 307, 27!
[3]) So
[4]) Ob *sḥj·t* ,die zur Halle Gehörige'? Vgl aber auch Wb 3, 464, 2
[5]) Ob Name? Wenn Titel, müßte der Name versehentlich ausgelassen sein Der Mann ist , sein Sohn ist !

1 *skr(?)-m-ḥꜣ·t* ,Sokaris (?)[1]) ist an der Spitze' o. a.
m *AR* Lieblein 1405

2 *š·t-nfr(·t)* siehe *wʿb-š·t-nfr(·t)*

3 *št·j* (vgl. I, 12. 13)
m *MR* Lieblein 859 (London)

4 *šꜣj·j-(m-?)-iꜣw·t·f(?)* sic ,meine Sättigung ist . .' (vgl. I, 299, 7 u. Wb IV 15, 13!)
m *D 20 f* Mél. Masp. I, Parchemin du Louvre 1577, Z. 12

5 *šꜣj(·j?)-m-kꜣ·w·š* ,ich sättige mich an ihrer Speise' (?)
f *NR* Bulletin de l'Inst. 27 (1927), Tf. 3

6 *šꜣj-wj-kꜣ(·j)* ,möge mein Ka mich sättigen!' o. ä.
m *D 6* LD II, 117b = PSBA 15 (1892/3), Tf. IV (S. 494), XII, vgl. ÄZ 13 (1875), 71

7 *šꜣj-wj-kꜣ(·j) nḏš* ,*šꜣj-wj-kꜣ(·j)*, der Jüngere'
m *D 6* Elkab, Graffito nach Clère, Notes 112

8 *šꜣj-dwꜣ·t-nṯr-m-ptr-imn* ,die Gottesverehrerin sättigt sich am Anblick Amons' (vgl. I, 299, 9)
f *D 23 ff* Rio de Janeiro, Sarg 525—6, nach Clère, Notes 112, 37

9 *šꜣw·f* (vgl. I, 299, 5 ff.)
m *D 20* Wilbour Pap. A 81, 30. 40

10 *šꜣbš (?)*
m *AR/MR* Chronique d'Egypte 1943, S. 26

11 *šꜣḥwrʿ-mr-nṯr* (oder *mr-nṯr-šꜣḥwrʿ?*) ,Sahure ist ein von dem (Sonnen-?) Gotte Geliebter'
m *D 5* Borchardt, Neuserre, S. 137

12 *šꜣḫ-ib*
f *MR* Revue égyptol. 1907, 219

13 *šꜣḫ·w* (vgl. I, 300, 7)
m *AR/MR* Liverpool Annals 4, 115

14 *šꜣt*
m *D 1/2* Petrie, Roy. Tombs I, 25. II, 134.

1) Oder *ḥnw* ,die Sokarisbarke'?

15 *šiḫ (?)* (?)
m *D 18* ÄZ 38, 16 u. 17, Anm. 4

16 *šjw* [1]) ,der Widder'
m *D 20* Wilbour Pap. A 18, 21. B 15, 13

17 *šʿꜣ·w (?)*
m *MR* Lieblein 1641 (St. Petersburg)

18 *šʿnḫ-ptḥ-pjpj* ,möge Ptah (König) Phiops am Leben erhalten!' (vgl. I, 301, 3)
m *D 6* Jéquier, Mon. fun. Pépi II, Tf. 70 u. S. 58, Annales 16, 212 No. 1⁰ (mit Beinamen *ššm·j* und *šš·j*)

19 *šʿnḫ·j-ptḥ (?)* (vgl. I, 301, 19)
m *MR* Lieblein 1698

20 *šw-pꜣ-rʿ* ,er ist der Re' (?) (vgl. I, 301, 24)
m *D 20* Steindorff, Aniba II, 247

21 *šw-m-nb(·j?)* ,er ist mein (?) Herr'
m *NR (D 20)* Totenbuch, Brit. Mus. 9953, (Shorter, Cat. Eg. Rel.-Pap. p. 3)

22 *šw-n-mw·t* ,er gehört der Mut' (?)
f *NR* Lieblein 1980 (Lyon, Stele 89)

23 *šw*[2])*-nfr·w* 'eine Zeit (ein Tag?) des Glükkes' o. ä.
m *Spät* Koefoed-Petersen, Recueil, 86, 62

24 *šwšr-dd-š(j)(?)* ,
f *Spät* Rev. de l'anc. Ég., 2, 134. 133

25 *šwtw-tꜣ(·j)-ḥs(·t?)* , Var. ,*šwtw* ist meine Belohnung' (?) (vgl. I, 303, 3)
m *NR* Lieblein 831 (Boulaq)

26 *šb(?)* [3])
m *D 25* Urk. 3, 107, Z. 20 (Nubier)

27 *šbꜣ-ḫʿj(w)* ,ein Stern ist aufgegangen'
m *NR* Steindorff, Aniba II, 217 u. 252, vgl. Weigall, Antiquities of Lower Nubia, S. 113

28 *šbꜣ·w-ḫʿj·w* ,die Sterne sind aufgegangen'(?)
m *D 19* JEA 34, 9

1) Nach Gardiner (Anm. zur Stelle) gehört hierher auch die (fehlerhafte) Schreibung 20, 26
2) So gewiß richtig mit Dr. G. Fecht, vgl. Wb IV 57, 8ff.
3) Siehe I 303,7.

1 *śbꜣḳ·w (?)*[1]

m *AR* Jéquier, Tomb. de particuliers, S. 78 79 80

2 *śbj-bʿl (?)* so! so!
,Baal ist zurückgekehrt' (?)[2]

m *NR* ÄZ 66, 6*, 4, 3. 5*, 16, 2

3 *śbk-inj-św* ,Suchos ist es, der ihn gebracht hat'

m *D 20* Wilbour Pap. A 75, 41 90, 11

4 *śbk-ḥnw* (vgl. I, 305, 2)

m *MR* Bull. Inst. 37, 102 = Alliot, Tell Edfou 1935, S. 29 u. Tf. 16, 1

5 *śbk-ḫʿj(·w)* o. ä. ,Suchos ist erglänzt'

m *D 20* Wilbour Pap. A 36, 15 62, 9 97, 41

6 *śbk·w* (vgl. I, 306, 4)

f *MR* Lieblein 53 (London)

7 siehe Zusatz[2] zu 296, 6!

8 *śpr(·j)-r-nfr* ,meine Rippe (ist) zum Guten (gerichtet)' o. ä. (vgl. I, 306, 13 u. 135, 24)

m *AR* Quibell, Excav. III, Tf. 66

9 *spiḫ(?)* (vgl. I 306, 12)

m *D 25* Urk. 3, 107, Z. 20 (Nubier)

10 *śmʿn* (=שִׁמְעוֹן?)

m *D 19* Louvre E 14354 = Syria 18, 191 u. Tf. 30 (Asiat)

11 *smn* siehe *śmn.*

12 *śmn·w (?)*

m *MR* Engelbach-Gunn, Harageh, Tf. 20, 35 (Skarab.)

13 *śmr*[3]) ,der Kammerherr' (o. a.)

m *MR* Annales 36, 178 No. 170 173 u. Tf. V 183(?)

14 *śmḥ(j)* , Var. ,der Linke (d. h. Linkshändige)'[4])

m *AR/MR* Dunham, Stelae, Tf. 30, 1

15 *śmḳn*

m *NR, früh* ÄZ 50, 8 (Hyksoskönig)

[1]) Ob Kurzform für *śbꜣk-wj-* ,möge . . mich glücklich stimmen!' ? Vgl. Wb. 4, 86

[2]) Offenbar ein syrischer Name, der mit שוב zurückkehren, sich wieder zuwenden gebildet ist (beachte das Determinativ!) Vgl. hebr. שׁוּבָאֵל und Noth, Israelit. Personennamen S. 199

[3]) Oder *śmr wr* ,*śmr*, der Ältere' ?

[4]) So Dunham, a. a. O. S. 100

16 *śmdn·t (?)*[1]) (vgl. I, 308,5. 423,4. 428, 26)

m *D 6* Annales 43, 509

17 *śn-mꜣʿ·t (?)*[2]) (vgl. I 279, 11?)

m *AR* Berlin 1108 B unten (= Inschr. I, 109)

18 *śn-św (?)* ,er ist ein Bruder!' (?)

m *Griech.* Borchardt, Statuen 836

19 *śn-n-ifd(·t?) (?)* so! (vgl. II 277, 1 u. Wb. I 71)

m *AR/MR* Liverpool Annals 4, 104 (,schöner Name' eines *śnb-pjpj*)

20 *śn(·j?)-n-ʿḫ-n·f-ib (?)*[3])

f *MR/NR* LD Text 4, 54, Z. 8

21 *śn-n-ḥr(·w)* (vgl. I, 309, 4) ,der Bruder des Horus', vgl. assyr. *pišanḫūru*[4])

m *NR* Lieblein 2135 = Recueil 9, 38

22 *śn·j-ḥ(t)p wr·t* ,*śn·j-ḥ(t)*[5])*p(·w)*, die Ältere'

f *MR* Kairo 20262 d 10—11

23 *śn(·j)-ḫnj(·w)* ,mein Bruder hat sich niedergelassen (Halt gemacht?)' o. ä.

m *MR* Lieblein 1638 (St. Petersburg)

24 *śn(·j?)-ḫrj-kꜣ* ,mein Bruder ist Besitzer eines *kꜣ*' (? vgl. I, 277, 5)

m? *MR* Quibell-Hayter, Teti Pyramid, S. 16

25 **śn-śnwj* ,der Bruder von Zweien', erhalten in griech. σονσναυ, σονσνευς u. ä.

26 *śn·f-ʿnḫ(·w)* ,sein Bruder lebt' o. ä.

m *D 6* Sethe, Urk. I 206, 10

27 *śn·n* ,unser Bruder' (?)

f (!) *MR* Borchardt, Statuen 4 39

28 *śn·w-wr (?)*

m *MR* Lieblein 1638 (St. Petersburg)

29 *śn·t (?)* (vgl. I, 316, 14!)

f *MR* Lieblein 211 (Wien)

30 *śnb nḫn* ,*śnb*, der Jüngere'

m *MR* Florenz, Cat. 1545

31 *śnb-ir·ś (?)*

m *MR* Lieblein 1451 (St. Petersburg)

[1]) Ob identisch mit 308, 5?

[2]) Der Name ist nur mit Tinte aufgeschrieben

[3]) Der Name ist so gewiß nicht in Ordnung!

[4]) Ranke, Keilschr. Mat., S. 32 (dort falsch erklärt!)

[5]) So ist wohl zu berichtigen bzw. zu ergänzen! Vgl. I, 309, 16.

1 *śnb-iš·t·f (?)* [1] ‚möge seine Habe wohlbehalten sein!‘ (?)
f *MR*, *spät* Bessarione 9 (1900/01) S 17, fig 6

2 *śnb-it* so! ‚der Vater ist gesund‘ o. ä. (vgl. I, 313, 27!)
f *AR* Sethe, Urk I 228, 14

3 *śnb-it·f* ‚möge sein Vater gesund sein!‘ o. a. (vgl I, 312, 23)
m *MR* JEA 25, Tf 21, No 3 rechts unten

4 *śnb-mnkꜣ·wrꜥ* ‚möge Mykerinos gesund sein!‘ o ä. (vgl. I, 150, 22)
m *MR* Brugsch, Thesaurus V, 1216bb

5 *śnb-nb·ś* ‚möge ihr Herr gesund sein!‘ (vgl. I, 313, 11).
f *MR* Lieblein 1452 (Asiatin!), St Petersburg, Mélanges Maspero I, Tafel zu S 907/8 rechts (Name einer asiat Dienerin!)

6 *śnb-rn·j* ‚möge mein Name gesund sein!‘ (vgl. I, 222, 26)
m *MR* Bull Inst 37, 113

7 *śnb-rn(·j)śnb(·w)* ‚möge *rn(·j)śnb(·w)* gesund sein!‘[2])
m *MR* Revue égyptol 1907, 220

8 *śnb-rś* (vgl. I, 226, 25)
f *MR* Bull Inst 37, 105

9 *śnb-ḥꜣ-iś(·t)·f* [3]) ‚Gesundheit sei hinter seiner Habe!‘ o a. (?) (vgl. I, 338, 8 342, 19)
m *MR* Annales 39, 192 u Tf 26

10 *śnb-sꜣnb·w* ‚*sꜣnb·w* sei gesund‘ (?)[4])
m *MR* Lieblein 1451 (St Petersburg)

11 *śnb-sꜣ·ś* ‚möge ihr Sohn gesund sein!‘ o.a.
m *MR* Lieblein 1637 (St Petersburg)

12 *śnb·śn* (= I, 314, 18?)
f *MR* (?) Sammlung v Bissing, III, fig 14

13 *śnb·j-išj (?)*
f *MR* Lieblein 1463

14 *śnb·f-n-snwśr·t* ‚möge er gesund sein für Sesostris!‘ (?)
m *MR* Brooklyn Museum

1) Oder ? Hierdurch wird das angebliche *śnb-imn* (I, 312 18) erledigt!
2) Der Mann ist Diener einer *rn(·j)-śnb*, vgl *kmś-śnb(·w)*
3) Das Zeichen steht in der gleichen Inschrift für *śnb* (in der Formel *ꜥnḫ-wḏꜣ-śnb*)
4) Oder ‚des *śnb* Sohn *sꜣ-nb·w*‘?

15 *śnfr-wj-śbk* ‚möge Suchos mich schön machen!‘ o. a. (vgl. I, 315, 16f.)
m *MR* Lieblein 293 (Liverpool)

16 *śnfrw-bꜣ·f* ‚(König) Snofru ist beseelt‘ o. a.
m *AR* Brit Mus 1324

17 *śnḫt (?)* (vgl. I, 316, 13)
m *MR* Lieblein 337 = Sharpe, Inscr Sec Series 63

18 *śn·tj*
f *MR* Annuaire de l'Instit Philol Hist Orient Bruxelles III (1935), 567

19 *śn-gr-kꜣ (?)*
m *MR* Quibell-Hayter, Teti Pyramid, North Side, p 16

20 *śnḏ* , , vgl griech. σεθενης
m *D 2* Königslisten Abydos 13, Sakkara 7, Berlin 8433

21 *śr-śnb(·w)* , ‚*śr* ist gesund‘[1]) o. ä. (vgl. I, 316, 25)
m *MR* Kairo 20051c 20603a 2

22 *śrj* (vgl I, 316, 23)
m *D 20 f* Černý, Late Ramesside Letters, 57, 11

23 *śrj* , , (vgl. I, 316, 23 317, 8)
m *D 20* Wilbour Pap A 77 52 91, 15 97, 28

24 *śrwk·t (?)* [2])
f *MR* Engelbach-Gunn, Harageh, Tf 16, 1 u 74, 3 u 4

25 *śrm·t-ḥpt (?)* ? so! Var. ? [3])
f *Griech* Philadelphia E 3413

26 *śrr* (vgl. I, 317, 15?)
m *D 20* Wilbour Pap A 15, 3

27 *śrd (? śꜣ-rwḏ?)*
m *Spät* Steindorff, Walters, Tf 118, 511

28 *śhr-wśir (?)*
m? *Spät* Mariette, Cat 1287

29 *śhw·ś* (vgl. I, 317, 24?)
f *AR/MR* Dunham, Stelae, Tf 33, 2

30 *śhg·j*
f *MR* Lieblein, S 955, 457 (Florenz)

1) Kaum ‚der Fürst ist gesund‘!
2) Ob hier Beiwort ist (vgl II, 10)?
3) Ob *śrm t-iḫ t*? Vgl *pḫḫ n śrm t*, Wb 1, 544?

1 śḫfnr [1)]
f AR, früh Quibell, Archaic Mastabas, Tf 26 (Prinzessin)

2 śḫꜣ·j (?)-n(m?)-it(·j?) ‚ich gedenke meines Vaters'(?)
m D 20f Černý, Late Ramess Letters 55, 16 56, 3

3 śḫm (vgl. I, 319, 10ff)
m AR Junker, Giza 7, 220

4 śḫm-kꜣ(·j) nḫn ‚śḫm-kꜣ(·j) ‚der Jüngere'[2)]
m AR Murray, Saqqara Mast I, Tf 7

5 śšm·w nḫn ‚śšm·w, der Jüngere'
m AR Junker, Giza 8, 25

6 śkb (?)[3)] (vgl. I, 321, 1?)
f D 25 Borchardt, Statuen 565 (vgl Lieblein 1406?)

7 sgrsntj
AR/MR Roeder, Debôd, S 115 (2 mal) (nubischer Fürst?) Vgl Säve-Söderberg, Aeg u Nubien, S 43

8 śtj-...-kꜣ·w(?)
f NR Pap Sall 4 Rs 1

9 śt·t-kꜣ (?) (vgl. I, 298, 23)
m AR Wilbour Note-Books, 3 C, Assuan (= Photo in Wilbour Collect)

10 śtrwn-śnb (?)
m MR Mogensen, Glyptothèque, Tf 97, A 685

11 śtẖ-ꜣb(·w?) ‚Seth ist erwünscht'? (vgl. I, 138, 10)
m D 20 Wilbour Pap A 25, 47

12 śtẖ-ir-dj-ś(w) ‚es ist Seth, der ihn gegeben hat'
m Spät AZ 69, 20

13 śtẖ-m-nʿ m(?) (vgl. śtẖ-nʿm)
m D 20 Wilbour Pap A 47, 31

14 śtẖ-m-ḥḳꜣ ‚Seth ist Herrscher'
m D 20 Wilbour Pap A 68, 16

15 śtẖ-(m-)mn(·w) (vgl. mw·t-m-mnw I 147, 19).
m D 20 Wilbour Pap A 22, 28

1) Nach Smith, Sculpture, Tf 32a deutlich das Zeichen der Kaulquappe (ḥfn)
2) Sohn eines śḫm-kꜣ(·j)
3) Oder śbꜣk?

16 śtẖ-mn-śdr (?) [1)]
m D 20 Wilbour Pap A 71, 32

17 śtẖ-nʿm [2)] ‚Seth ist freundlich' o. ä. (vgl. śtẖ-m-nʿm und hebr. אבינעם)
m D 20 Wilbour Pap A 70, 51

18 śtẖ-ḥr(·w) ‚Seth ist zufrieden' (vgl. tꜣ-wr·t-ḥr·tj)
m D 20 Wilbour Pap A 27, 7 28, 36 40, 40 usw

19 śtẖ-(ḥr-)śʿnḫ ‚Seth erhält am Leben'
m D 20 Wilbour Pap A 30, 35 47, 22

20 śtẖ-ḥtp(·w) ‚Seth hat sich gnädig erwiesen'
m D 20 Wilbour Pap A 26, 21.

21 śtẖ-ḫʿj(·w) ‚Seth ist erglänzt'
m D 20 Wilbour Pap A 23, 13 28, 2 36, 43 usw

22 śtẖ-śdj (?)
m D 20 Wilbour Pap A 22, 25

23 śtẖ-śdj-św ‚Seth ist es, der ihn errettet hat'
m D 20 Wilbour Pap A 63, 37 66, 14 71, 6

24 śtj·j (vgl. I, 322, 19. 21)
m D 6 Jéquier, Tomb de particuliers, 86 (Opfertafel, unten)

25 śtw [3)]
f AR/MR Dunham, Stelae, S 65

26 śtf
m AR Ptahhetep, Res Acc, Tf 35, unten

27 śdt
m D 20 Wilbour Pap A 65, 45 93, 13

28 śdt·j (vgl. I, 323, 12?)
m D 20 Wilbour Pap A 18, 29 19, 13 37, 8 usw

29 śd-ḥtp(·w) oder (Fecht) śḥtp-wꜣdj t o. ä ?
m D 1 Petrie, Roy Tombs I, 37 38 40 41

30 śdꜣwtj (?)-bitj
m D 12 München, Dyroff-Poertner No 4

31 śdm-imn-ḥnʿ-ꜣś·t (?) ‚mögen Amon und Isis hören' (vgl. I, 323, 19)
f Spät Birch, Account 191

1) Oder ? (Gardiner)
2) Vgl Wb 2, 20, 13
3) Vgl Wb IV 357, 8, wohl Kurzname?

1 *šdm-ḥr(·w)-ḫrw(·j?)* ‚Horus erhört die (meine?) Stimme' o. ä.
m *D 20f* Mél. Masp. I, Parchemin du Louvre 1577, Z. 21.)

2 *šdm-..*
m *AR* LD II, 89c

3 *šdn.* (?)
m *MR/NR* Brüssel E 6254

4 *šꜣ* [1]) (vgl. I, 324, 13)
m *NR* Theben, Grab 85 (Schott)

5 *šꜣj-nn* ‚dies ist Schicksal' (?)
m *Spät* Budge, Lady Meux Coll., Tf. 6

6 *šꜣb·t* ‚die *šꜣb·t* Pflanze'[2])
f *AR/MR* Brooklyn 37. 1346 L

7 *šjj*, Var. (vgl. I, 324, 9 u. 10)
m *AR*, *spät* Jéquier, Tomb de partic., Tf. 6

8 *šꜥ-n-nfr·w* (?), Var.
m *Griech.* Daressy, Textes magiques, 9443.

9 *šwšw* (*ššw?*) [3])
m[4]) *D 18* Naville, Deir-el-Bahari I, Tf. 17, C (= II, Tf. 20)

10 *šwdd* (?)
m *MR* Weigall, Lower Nubia, S. 83

11 *šbj·t* (vgl. I, 325, 17ff.?)
f *NR* Kairo, Papyrus (Photogr. Schott)

12 *šp-ỉnr-bt* (?)
m (?) *Spät* Annales 39, 456

13 *šp-n*[5])*-ỉbd* VI (?)
f *Spät* Lausanne, bemalte Stele (Mitteilung von Jean Capart)

14 *šp-(n-)ỉmn* (vgl. I, 325, 18)
f *Spät* v. Bissing, Metallgefäße 3455

15 *šp-n-ỉmn*
m *Spät* auf Bronzegefäß des 6. Jahrhd. in Haus auf Cypern[6])

16 *šp-n-rnn·t*
f *Spät* Daressy, Divinités, 38372.

1) Das vorhergehende gehört wohl zum Titel.
2) Ein Fruchtbaum? Vgl. Wb. 4, 410
3) Name eines Vogels?
4) Hiernach ist, worauf J. J. Clère mich hinweist, Eg. Expl. Fund, Arch. Rep. 1904/5, S. 9 zu berichtigen!
5) Hier und in den folgenden Namen ist es fraglich, ob *šp-n-* oder *šp n-* zu umschreiben ist
6) Mitteilung von Mr. McFadden (Cyprus excav. of Univ. Mus., Philad.), 21. XI. 39 [Sohn eines *psmṯk*)

17 *šp-(n-)šd* (?)
f *Spät* Birch, Account 193

18 *špšj-ỉr(w?)-ptḥ* ‚herrlich ist der, den Ptah erschaffen hat' (vgl. Z² zu 62,26)
m *AR* Borchardt, Neuserre 146

19 *špšj-wꜥb-ḥtḥr* [1]) ‚herrlich ist der Priester der Hathor' (?)[2])
m *AR* Sethe, Urk. I, 25, 16 u. 28, 2

20 *špšj-ptḥ* ‚Ptah ist herrlich' o. ä. (vgl. I, 326, 11)
m *AR* Brit. Mus. 1324

21 *špšj-dd* (?) (vgl. unten *špšš-ḏd*)
m *D 5* Selim Hassan, Giza II, S. 190

22 *špšj·t-ỉmn·t*
f *Spät* Budge, Fitzwilliam Museum, 64

23 *špšj·t-mw·t*
f ! *D 20* Wilbour Pap. A 77, 23

24 *špšj·t* (?)
f *AR/MR* Liverpool Annals 4, 108

25 *špš·wt*
f *MR* Lieblein 209

26 *špšš-wꜥb-ḥtḥr* ‚herrlich ist der Priester der Hathor' (?)[3]) (vgl. I, 326, 24)
m *AR* Sethe, Urk. I, 28, 4 u. 25, 14

27 *špšš-kꜣ·w-mrjjrꜥ* ‚herrlich sind die Kas des (Königs) *mrjjrꜥ*' o. ä.
m *AR* Halifax Bankfield Museum Notes 4, 3 (auch *ꜥnḫ-mrjjrꜥ* genannt) Vgl. Firth and Gunn, Teti Pyr. Cem. I, 102 Anm.

28 *špšš-ḏd* ‚herrlich ist der *ḏd*-Pfeiler' (vgl. oben *špšj-dd*)
f *D 5* Relief, 1939 im Besitz von Dr. Jacob Hirsch, New York (Photogr. Philad.)

29 *šm*
m *NR* Steindorff, Aniba II, 187. 157

30 *šmꜣ* ‚der Nomade' (?)[4]) (vgl. I, 327, 19ff. 428, 10.429, 15)
m *D 11* Petrie, Tombs of the Courtiers, Tf. 22—23

1) Sethe gibt nur !
2) So Hoffmann, Theoph. Pers., S. 58
3) So Hoffmann, Theoph. Pers., S. 58
4) Wb. 4, 470.

1 *šmn (?)*
m *NR* Bruckmann, Collection Barracco, Tf VIII

2 *šn*
m *D 12* Sotheby, Catal Egypt Antiqu. 1930, Tf I (mehrmals)

3 *šnj (?)*
m *NR* Theben, Grab 17 (Schott)

4 *šrj-ỉmn (?)*[1] ‚der Sohn des Amon' (?)
m *Griech* Rowe, Cyrenaica p 64 u Tf 14, 1

5 *šrj-rꜥ* ‚der Sohn des Re' (vgl. I, 329, 15)
m *NR* Mariette, Catal 1429

6 *šrj·t-n(·t)-ꜣś·t* ‚die Tochter der Isis' (vgl. I, 329, 15)
f *Spät (?)* Lieblein 2272 2307 (St Petersburg)

7 *šrỉ* (vgl I, 329, 13)
m *NR* Golénischeff, Erem Imp S 378
f *NR* Theben, Grab 12 (Schott)

8 *šrkbjm*[2])
m (?) *Spät* Recueil 17 (1895), 120 (Karer)

9 *šrdn*[3]) ‚der *šrdn*-Mann' (?)
m *D 20* Wilbour Pap A 17, 40 18, 3 32 usw

10 *šḥ*
f *Spät* Duringe, Cannes, Tf 3 u S 10

11 *šsp-wśỉr-n-ỉr-ꜣś·t (?)*[4])
m *Spät* Mitt Kairo 12, 31

12 *šḳꜣm*
m *MR* Černý, Archiv orientalný, 7, 388, fig 5 (Asiat)

13 *šḳr·t* ‚die Haremsfrau' (vgl. I, 277, 22)
f *AR* Jéquier, Pyram de Neit et Apouit, 57 oben rechts

14 *šdj-ꜣś·t*
m *NR* Sphinx 22, 99

15 *šdj-wj* (vgl. I, 330, 16 ff.)
m *MR* Kairo 20088 c 13

16 *šdj-m-nꜥ·t* ‚der Erretter (?) ist in der Stadt'
m *D 20* Wilbour Pap A 67, 10

17 *šdj-m-dwꜣw (?)* so! u. a.[1])
m *D 20* Wilbour Pap. A 6, x + 6 35, 44 6 x + 6

18 *šdj-mw·t·f* ‚der seine Mutter errettet hat'(?)
m *AR/MR* Revue d'Egyptol 7 (Clère)

19 *šdj-n-wꜣḥ-św(?)* so!
m *NR* Roeder, Naos 70041, S 137

20 *šdj-sbk* (? vgl. I, 330, 22), ‚möge Suchos erretten!'
m *D 20* Wilbour Pap A 44, 51
f *MR* Agram 4

21 *šdj(·w?)-śtẖ* ‚den Seth errettet hat' (?) ‚möge Seth erretten!' (?)
m *D 20* Wilbour Pap A 48, 50

22 *šd·t·j* (vgl. I, 331, 23)
f *D 18* Mariette, Catal 1110

23 *šdj·t·jj-r-nḥḥ* ‚der Gott von *šdj·t* (Krokodilopolis) daure ewiglich!'
m *MR* Lieblein 374 (Paris)

24 *šdw (?)*
m *MR* Lieblein 1638 (St Petersburg)

25 *ḳꜣj*
m *AR* Murray, Saqqara Mast I, Tf 7, Mitte unten und Mitte links

26 *ḳꜣj (?)* (vgl I, 333, 4ff. 429, 20)
m *AR* Wiedemann-Portner, Karlsruhe, Tf II u S 11

27 *ḳꜣj-ꜥ* ‚der mit hohem Arm' o. a.
m *D 1* de Morgan, Recherches II, Fig 799 (Königsname)

28 *ḳꜣj-ptḥ* ‚hoch ist Ptah'
m *AR* Koefoed-Petersen, Recueil 35 B

29 *ḳꜣj-njt* ‚(die Göttin) Neith ist hoch erhaben' o. ä. (vgl. PN I, 332, 7ff.)
f *D 1/2* Petrie, Roy Tombs II 27, 123

---

[1]) Die Lesung scheint mir zweifelhaft, da außer PN I 329, 15 u 429, 16 und den beiden folgenden Namen keine ähnlichen Bildungen belegt sind Ob eine Kurzschreibung für *pꜣ-šrj-n-ỉmn* vorliegt?
[2]) Ob *šrkb-jm*?
[3]) So nach Gardiner's Anm zu 3, x + 17 Der Name scheint allerdings bisher nicht belegt zu sein, während der von Gardiner abgelehnte mit dem Artikel versehen, wenigstens einmal (PN I, 117, 24) vorkommt
[4]) Ob dies alles zum Namen gehört, ist nicht ganz sicher

[1]) Ob Variante für das als Frauenname (!) belegte PN I, 330, 23?! So nach Gardiner, Anm zu 6 x + 6

1 *ḳꜣfr·tj (?)* (vgl. I, 429, 22)
f *NR* Jéquier, Pyram d'Aba Tf 19, 6

2 *ḳꜣrdš*
m *Griech* Borchardt, Statuen 1230

3 *ḳiš·t·t* ‚die Frau aus Cusae' (?) (vgl. I, 333, 13 ff.)
f *D 6* Jéquier, Pyramide d'Oudjebten 24, Fig 30

4 *ḳbr*
f *D 26* AZ 31, 84 unten

5 *ḳbḥ·w* (vgl. I, 333, 27)
m *D 1* Königslisten Abydos 8, Sakkara 2 (Königsname)

6 *ḳfnꜣ*[1])
f *NR* Jéquier, Pyramide d'Aba, Tf XVII, 10 = Annales 30, Tf 5

7 *ḳfrṯ (?)*
f *NR* Lieblein 1068 (Liverpool)

8 *ḳn-rʿmśjśw* ‚stark ist (König) Ramses'
m *D 20* Wilbour Pap A 85, 12

9 *ḳn-(ḥr-?)śʿnḫ* ‚der Starke erhält am Leben'
m *D 20* Wilbour Pap A 46, 6 53, 17

10 *ḳn-ḫpri-śtḫ* u. a. ‚stark ist das Wesen des Seth' o. ä.
m *D 20* Wilbour Pap A 70, 45 72, 3

11 *ḳnj·t-ḏḥwtj* [2])
m *NR* Boylan, Thot 175, 5

12 *ḳnb·j*
m *MR* Heidelberg 10

13 *ḳnb·tj*
m *NR* Totenbuch Brit Mus 10466 (Shorter, Cat Eg Rel Pap, p 11)

14 *ḳnr (?)-śtḫ* ‚Seth ist stark' (?)
m *D 20* Wilbour Pap A 26, 40

15 *ḳn-ḳn*
f *AR* Florenz, Schiaparelli S 190, 1496 (1815)

16 *ḳri-nfr* (vgl. I, 336, 1)
m *D 20 f* Černý, Late Ramess Letters 2, 6

[1]) Vgl *kfn* ‚Gebäck', Wb. 5, 32.
[2]) Ob richtig?

17 *ḳrj-ḥr(·w)* ‚Horus ist . (vgl. I, 336, 1)[1])
m *NR* Lieblein 951 (= Brit Mus 327)

18 *ḳrj·š*[2])*-(r-)wꜣḏj·t* ‚möge sie zu (der Göttin) Uto kommen!'(?)
f *Spät* Daressy, Divinités 38950

19 *ḳrr-ir(?)*
m *AR/MR* Dunham, Stelae Tf 29, 1 (‚schöner Name' eines *rwḏ-m-kbh*)

20 *ḳrr(ꜣ?)* (vgl. I, 336, 8?)
m *Spät* Daressy, Divinités, 39104

21 *ḳrr·j*, Var.
m *D 6* Ann 36, 42

22 *ḳḥ* u. ä.[3])
m *D 20* Wilbour Pap A 66, 44 B 25, 23

23 *ḳḳw-irj (?)*[4]), Var.
f *Spät* Bénédite, Miroirs 44078

24 *ḳḳbj*
m *MR* Gardiner-Peet, Sinai, Tf 37, W Face, unten (Asiat)

25 *ḳd-nfr·t*
f *AR* Fisher, Minor Cemeteries Tf 51 (2 mal)

26 *ḳd-ḥꜣ·t·f*
m *NR* Pap Turin, Pleyte u Rossi 29, 1

27 *ḳd·j* (vgl I, 337, 11)
m *D 6* v Bissing, Gemnikai, Tf 10

28 *ḳdj* , u. a
m *NR* Müller, Egyptol Res II, 168 f
f *NR* P Bologna 1086, 11 (nach Gardiner, Onom I 136*

29 *ḳd·w·t* (vgl. I, 327, 18)
f *AR/MR* Liverpool Annals 4, 110

30 *ḳdrʿ*
m *D 19* Louvre E 14355 = Syria 18, 192 a Tf 30 (Asiat)

31 *ḳḏrdj*
m *NR* Pap Anast I 23, 6, vgl Burchardt, Fremdworte 960 u Albright, Syll Orthogr XXI B 2!

[1]) Dort *krj-śtḫ* zu lesen? Oder ist *krj* wirklich ein Titel (Wb. 5, 57 18)?!
[2]) Daressy hat ; vgl aber I 335, 25 u 28 f
[3]) Vgl Wb 5, 66, 12—14.
[4]) Vgl I 79, 16 f?

1 *kꜣ(·j)-ỉrj-š(·w)(?)* (vgl I, 338, 22)
m *AR* Borchardt, Neuserre 73, 21
m *D 19 f*[1]) Pap Chester Beatty IV, Vs 3, 7, vgl Gardiner's Text S 40

2 *kꜣ(·j)-ỉḥ* (?)[2]) (vgl I, 44, 15 und 338, 26)
m *AR* Boston 27, 444 A

3 *kꜣ(·j)-whm(w) n(·j)* ‚mein Ka ist es, den ich wiederholt habe' (vgl. I, 340, 14. 341, 2)
m *AR/MR* Mogensen, Glyptothèque, Tf 96, A 680

4 *kꜣ(·j)-m-mdw(·j) (?)*
m *AR* Koefoed-Petersen, Recueil, 38, 1549 (2mal), vgl JEA 27, 10 u PSBA 11, No 8

5 *kꜣ(·j)-m-rd·wj(·j)* ‚mein Ka ist in meinen Füßen' (?)[3])
m *AR* Wreszinski(-Schäfer), Atlas III, Tf 115B

6 *kꜣ(·j)-m-sꜣ·š* ‚mein Ka ist ihr Schutz' (vgl. I, 339, 26)
f *D 12* Louvre C 6

7 *kꜣ(·j)-m-šnw(·j?)* ‚mein Ka sind meine Brüder' (?)
m *AR* Firth and Gunn, Teti Pyr Cem I, 157, Anm 2 und II, Tf 62

8 *kꜣ(·j)-m-štj(·j)* [4]) ‚mein Ka ist mein Stellvertreter' (?)
m *AR* Kairo, Journ 67571 (Photogr in Boston)

9 *kꜣ·j-n·j (?)* ‚mein Ka gehört mir' (?)
D 1 f Petrie, R T II, Tf 27, 112

10 *kꜣ(·j)-nb·j* ‚mein Ka ist mein Herr' (? Vgl I, 430, 6)
m *AR* Fahry, Sept tombeaux 26f

11 *kꜣ·j-ḥp wr* ‚*kꜣ·j-ḥp*, der Ältere'
m *AR* Borchardt, Denkm des *AR*, S 18, 1338

12 *kꜣ(·j)-ḥtp(·w)* ‚mein Ka hat sich gnädig erwiesen'
m *D 5* Borchardt, Neuserre, S 31 u 128

13 *kꜣ(·j)-ḫntjw (?)* (vgl. *ḫntjw-kꜣ*, I, 273, 12!)
m *AR* Borchardt, Denkm des *AR*, S 24, 1352

14 *kꜣ(·j)-ḫr-rꜥ ḥrj-ỉb* [1]) ‚*kꜣ(·j)-ḫr-rꜥ*, der Mittlere'
m *AR* LD II, 93d

15 *kꜣ(·j?)-sꜣ(·j?)* ‚mein Ka ist mein Schutz' (?)
m *D 1/2* Petrie, Roy Tombs I, 11 16 II, 157

16 *kꜣ(·j?)-šḫntj (?)* (vgl. I, 320, 4!)
m *AR* Mogensen, Glyptothèque, Tf 91, A 657

17 *kꜣ·š-ḫr-ỉt·š* ‚ihr Ka ist auf ihrem Vater' (?)
f *AR* Mogensen, Glyptothèque, Tf 94, A 675

18 *kꜣ·š-ỉt·š (?)* ‚ihr Ka ist ihr Vater' (?)[2])
f *AR* Boston 13, 4333, 13, 4337 (2 mal!)

19 *kꜣ-n-ỉwtj (?)*, Var. ‚der Stier des Besitz- losen' (?[3])
m *Spät* Annales 39, 628

20 *kꜣ-nfr* (vgl. I, 338, 6)
m *D 20* Wilbour Pap A 70, 30 77, 10

21 *kꜣ-ḥrj(·w)* u ä ‚der Stier ist kampfbereit' (vgl. I, 338, 12 u 2)
m *D 18*, *früh* Amsterdam, van Leer Cat No 19, Statuette in Privatbesitz, Chester[4]), Coll Hoffmann, 32

22 *kꜣ (?)* (vgl I, 349, 16?)
m *D 20* Wilbour Pap A 32, 32

23 *kꜣ-šṯḥ*
m *D 20* Wilbour Pap A 52, 28 57, 24

24 *kꜣw·t (?)* (vgl. I, 342, 1?)
f *MR* Recueil 25, 134 (kollat)

25 *kꜣpw*
m *AR* Mackay, Bahrein and Hemamieh, Tf 21 oben

26 *kꜣp·n·j(?)-sj* [5]) ‚ich habe sie (wie einen Vogel) gefangen' (?)
f *D 18* Sethe, Urk 4, 11, 8

27 *kꜣnw (?)* ‚der Weingarten' (?)[6])
f *AR* Borchardt, Denkm des *AR*, S 156

---

1) Späte Überlieferung eines alten Namens Gardiner vergleicht , PN I, 347, 19
2) Vielleicht fehlt ein Zeichen
3) Vgl Sethe, Pyr 18b?
4) Vgl Wb IV, 58

1) So ist nach Sethe (bei Hoffmann, Theoph Pers, S 60) zu lesen!
2) der ihres Vaters??
3) So nach einer Vermutung von W Federn, der Wb I 46, 10 vergleicht
4) Mitteilung von Blackman 1936
5) So nach einer Vermutung von Elmar Edel
6) Vgl Wb 5, 107, 6

1 *kirj* ,der Gärtner'[1])
m *MR* Lieblein 1754 (Marseille)

2 *kirr (krr?)*
m *D 26* Berlin 13784/5[2])

3 *kiḥś (?)*[3])
f *MR* Louvre C 173 (Gayet, Stèles Tf 29)

4 *kiśnj (?)* (Var ?)
f *MR* Borchardt, Statuen III, 705

5 *ki-stj (?)*
f *MR* Bull Inst 37, 105

6 *kiki (?)* (vgl. I, 348, 31ff.)
m *AR/MR* Dunham, Stelae, Tf 31

7 *kikij-bi·f* ,(der König) *kikij* ist beseelt' o. ä.
m *AR* Borchardt, Neuserre S 74 u 84

8 *kitj*
f *MR* Lieblein 1635 (St Petersburg)

9 *kitj śr·t* '*kitj*, die Kleine'(?, vgl. I, 342, 20)
f *MR/NR* LD Text 4, 54, Z 9

10 *kitb·t (?)*
f *Spät* Brit Mus Guide 1924, S 86

11 *kirj-św* ,er ist ein *kirj*-Tier'[4]) (?) (vgl I, 419, 24)
m *D 20* JEA 26, Tf 5, 8

12 *kwi (?)* (vgl. I, 343, 25 26)
f *NR* Lieblein 649

13 *kwsr (?)*
m *NR* Leiden Pap J 348 (= Gardiner, Miscellanies, S 132ff, vs 6, 1 8, 1 usw

14 *kbb*
f *MR* Lieblein 272 (London)

15 *kprr·t (?)*[5])
f *MR* Louvre C 173 (Gayet, Stèles, Tf 29)

16 *kpr-tkr* (so?), Var.
f *D 26* Berlin 13784/5 (Karer)[6])

17 *kmbḏ*, u. ä. = Καμβυσης
m *D 27* AZ 49, 78 (Perserkönig)

18 *kmś-śnb(·w)* ,*kmś* ist gesund' o. ä.[1])
m *MR* Kairo 20571 C 2

19 *kmtj·t (?)* [2])
f *MR* Recueil 25, 132, kollat

20 *knmśw*[3])
m *MR* Engelbach-Gunn, Tf 16,1 u 74,3 u 4

21 *knnks (?)*
m *Spät* Vatican, Marucchi, p 224

22 *knr·j* (vgl. *pi-knrj* und I, 346, 12)
m *D 20* Wilbour Pap A 15, 4 32, 51

23 *kr* (vgl. I, 346, 17?)
m *D 20* Wilbour Pap A 10,7 42,16 66,22 B 24, 14

24 *krj*
m *MR* Am Journ Sem Lang 43, 295

25 *krj*
m *D 20* Wilbour Pap A 58, 23 92, 18

26 *kri*
m *D 20* Wilbour Pap A 37, 12

27 *krij* (vgl. I, 346, 27ff.)
m *D 20* Wilbour Pap A 89, 17

28 *krʿ*
m *D 20* Wilbour Pap A 85, 17 20 87, 18

29 *krʿ (?)*
f *Spät* Daressy, Divinités, 39283

30 *krb* [4]) (vgl. I, 347, 4)
m *D 20* Wilbour Pap A 32, 35

31 *krt (?)* (vgl. I, 347, 17?)
m *NR* Lieblein 2152 (Musée Guimet)

32 *kḥś·w* [5])
m *MR* Annales 36, 168 u Tf. II, 46

---

1) Vgl Wb 5, 108
2) Neith-Statuette mit karischer Bilingue
3) Ob identisch mit *kiśḥ*, I, 342, 18?
4) Nach Volten, Studien z Weisheitsbuch des Ani (1937), S 157f wäre *kirj* das Kamel!
5) Clère dachte (brieflich) an *pḫr·t* statt *prr·t* mit Verschreibung aus dem Hieratischen — kaum wahrscheinlich!
6) Neithbronze mit karischer Bilingue

1) Der Vater des Mannes heißt *kmś*! — Vgl *śnb-rnśnb*
2) Oder ?
3) Ob dialektische Form für *ḫnmśw* (I, 270, 13)? Und ob dazu die gelegentliche Entwicklung eines altäg zu Ϭ im Koptischen (*ḫiʿ* > ϬⲰ, *ḫnp* > ϬⲞⲖⲠ, vgl auch *nḫb* > *Elkab*) zu vergleichen ist?!
4) Ob semitisch *klb* ,der Hund'? Vgl hebr כָּלֵב ,hundswütig, toll', Noth Israelit Pers. Namen S 230.
5) Vgl *ghśw* u *ghś·t* I, 352, 18f ?

1 *ks-ś(w)-nb·f* ‚er ist ein Soldat seines Herrn' (Junker) (vgl. *s-ś(w)-nj-ḏt·f)*
m *AR* Junker, Giza V, 21 u Abb 8, S 45

2 *kśỉ* [1]) (vgl. I 348, 15)
m *D 19* Louvre E 14355 = Syria 18, 193 u Tf 30 (Asiat)

3 *kśrw (?)* (vgl. I, 348, 23)
f *MR* JEA 14, Tf 20, 2

4 *kśś*
m *D 20f* Černý, Late Ramess Letters 42, 16

5 *kšj* (vgl. I, 348, 26)
m *NR* Theben, Grab 55 (Schott)

6 *kk-ḥr(·w) (?)*[2])
m *Spät* Archiv f Orientf 10, 134 135 u Abb 2

7 *gwš·t* ‚die Schielende' (?)[3])
f *MR* Louvre C 39 (vgl Clère, Notes 112, 43)

8 *gm-ỉr (??)*
m *Spät* Vatikan 189 (Denkstein)

9 *gmj (?)* (vgl. I, 351, 10. 11)
f *Griech* Wilbour Note Books, 2 Q, 10

10 *gm(·j?)-nḫw* ‚ich habe einen Beschützer gefunden' (?)
m *D 20f* Mél Maspero, Parchemin du Louvre 1577, Z 14

11 *gmj(·t)-ḫȝʿ·tj* ‚gefunden (?) indem sie hingelegt worden ist' (?)[4])
f! *D 20* Wilbour Pap A 84, 35

12 *gmj·n·j-ḥr-ỉmnt·t* ‚ich habe im Westen gefunden'[5])
f *NR* Journ Eg Arch 21, 140ff u Tf 13/14, 4 14, 15/16, 21

13 *gmš*
m *D 18* Philadelphia 31—27—118

14 *gng·t (?)*
f *AR/MR* Brit Mus [1372]

15 *grm* [6])
m *NR* Pap Mayer A 2, 14

16 *grr*
m *D 18* Theben, Grab 161 (Schott)

[1]) Ob ‚der Kassit'?
[2]) Vgl I, 348, 32 349, 4ff u Preisigke Κεκευβας
[3]) Vgl Wb 5, 160, 11
[4]) Name eines Findelkindes? Vgl die Namen I, 262, 19ff
[5]) Vgl Ranke, Grundsätzliches, S 30
[6]) Wohl semitischer Name, vgl Burchardt, Fremdworte 1062

17 *grg-tȝ·wj*
m *NR* Davies, Five Theben Tombs, T 39 (vgl S 42)

18 dem *grgrn*
m *Griech* AZ 77 46—47

19 *gḥjj*
m *MR* Liverpool Annals 4, 111

20 *gḥś·ȝ* [1])
m *AR*, *spät* Liverpool Annals 4, 102 (mit ‚schönem Namen' *nb·jj*).

21 *ggs·j (?)*
m *D 5* Borchardt, Sahure II, Bl 57 u 58

22 *t-ỉj(·w)* ‚Brot ist gekommen!' (vgl. I, 353, 9 10)
m *D 18* Steindorff, Walters Tf 52, 281

23 *tȝ-ỉb·t (?)*
f *Spät* v Bissing, Archiv f Orientf 10 (1935—6), S 135, Abb 2.

24 *tȝ-ỉbḥ·t-rʿ*[2])
f *Spät* Florenz, Frauenstatue (vgl K Bosse, Die menschliche Figur No 168)

25 *tȝ-ỉp·t-m-ḫbj·t* ‚die (Göttin) *ỉp·t* ist in Chemmis'
f *Spät* ÄZ 28, 107

26 *tȝ-ỉn (?)* (vgl. I, 353, 17. 18?)
f *Spät* Birch, Account 193

27 *tȝ-ỉrjj·ś*[3])
f *Spät* Lieblein, Denkmäler, Tf VIII, No 25

28 *tȝ-ỉrśś*
f *D 20* Wilbour Pap A 40, 17

29 *tȝ-ỉs(·t?)* (?)
f *NR* Jéquier, Pyramide d'Aba, 31

30 *tȝ-ỉktj (?)*
f *NR (?)* Mitt Kairo 12, 68

31 *tȝ-ỉdj(·t)-rʿ(·t?)-tȝ·wj* ‚die die *rʿ(·t?)-tȝ·wj* gegeben hat' (vgl. I, 354, 12!)
f *D 20* Wilbour Pap A 36, 25

32 *tȝ-ỉdj(·t)-śtẖ* ‚die Seth gegeben hat'
f *D 20* Wilbour Pap A 41, 19

[1]) Ob zu lesen ist? Vgl I 352, 18
[2]) Die hierogl Schreibung ist nicht veröffentlicht!
[3]) Dr Fecht denkt an *tȝ-(n t)-ỉrjj-ś(t)* ‚die zu ihrem Schöpfer Gehörige'

1 *tꜣ-ỉdrj (?)* [1)]
f *NR* Theben, Grab 224 (Schott)

2 *tꜣ-ʿꜣ·t (?)* (= I, 354, 13?)
f *Spät* PSBA 30, 21

3 *tꜣ-ʿꜣ(·t)-ỉrjw* u. ä [2)]
f *D 20* Wilbour Pap A 59, 33 41

4 *tꜣ-ʿꜣ(·t)-wꜣỉw (?)* , , (vgl. I, 354, 14ff)
f *NR, spät* Lieblein 2308 (Coll Amherst)

5 *tꜣ-ʿꜣ(·t)-šdj(·t)-šw* ,die Große ist es, die ihn errettet hat'
f(?) *D 20* Wilbour Pap A 36, 8 41, 12

6 *tꜣ-ʿj (?)* (vgl I, 354, 18f)
f? *NR* Brit Mus Guide 1922, S 8 (Uschebti)

7 *tꜣ-ʿꜣ·t* ,die Eselin' (vgl *ʿꜣ* und I, 354, 13)
f *D 20* Wilbour Pap A 36, 13 52, 8

8 *tꜣ-ʿꜣm(·t)* ,die Asiatin' (vgl I, 59, 3)
f *Spät* Cleveland Museum 3940 20[3]), vgl Bull Clevel Mus 12, Nr 9, Titelblatt

9 *tꜣ-ʿwꜣww (?)*
f *D 20* Wilbour Pap A 53, 19

10 *tꜣ-ʿn(·t)* (vgl I, 354, 22ff. 430, 19)
f *NR* Philadelphia T 289

11 *tꜣ-ʿnḫ(·t?)* (vgl. I, 358, 23)
f *Spät(?)* Florenz, Uschebti 1949 (S 8)

12 *tꜣ-ʿšꜣ·t (?)* (vgl. I, 355, 3?)
f *NR* Amélineau, Les Nouvelles Fouilles d'Abydos, 1895–1896, p 51

13 *tꜣ-wbḫ·t* (vgl. I, 77, 14)
f *D 20* f – Mélanges Maspero I, Parchemin du Louvre 1577, Z 11

14 *tꜣ-wr·t-ꜣb(·t)-št* ,Thoeris ist, die sie[4]) gewunscht hat' o. a
f *D 20* Wilbour Pap A 66, 38

15 *tꜣ-wr·t-wꜣḥ(·t)-šw* ,Thoeris ist es, die ihn[5]) erhalten hat'
f? *D 20* Wilbour Pap A 42, 13

16 *tꜣ-wr·t-mr(·t)-št* ,Thoëris ist es, die sie liebt'
f *D 20* Wilbour Pap A 59, 17

17 *tꜣ-wr·t-ḫʿj·tj* u. ä. ,Thoeris ist erschienen'
f *D 20* Wilbour Pap A 59, 38, Lieblein 1068 (= Recueil 10, 131)

18 *tꜣ-wr·t-šdj(·t)-šw* o. ä. ,Thoëris ist es, die ihn[1]) errettet hat'
f(?) *D 20* Wilbour Pap A 27,6 36,6 41,21 u s w
D 21 f Kairo 1259 (Borchardt, Statuen IV)

19 *tꜣ-wḏꜣ(·t)-ḫr(·t)* [2])
f *D 20* Wilbour Pap A 42, 22

20 *tꜣ-bꜣk·t-(n·t-)bš* [3]) ,die Dienerin des (Gottes) Bes'
f *Spät* AZ 71, 86

21 *tꜣ-bꜣgj·t* ,die Müde' o ä.
f! *D 20* Wilbour Pap A 91, 47

22 *tꜣ-bỉꜣ·t-rʿ (?)* [4]) (vgl. I, 356, 10)
f *Spät* K Bosse, Dissert No 168

23 **tꜣ-bỉk·t* erhalten in griech τβηκις

24 *tꜣ-bšj·t* [5])
f *NR(?)* Philadelphia T 286

25 *tꜣ-pwrn (?)* (vgl. *pwrn)*
f! *D 20* Wilbour Pap A 78, 7

26 *tꜣ-pw-šrj(·t)(-n·t)-ḫꜣʿ-šw* ,diese ist eine Tochter des *ḫꜣʿ-šw* (vgl I, 262, 19ff)
f *NR, spät* Koefoed-Petersen, Recueil 86, 299 (S 86)

27 *tꜣ-pnꜣ (?)* (vgl. I, 356, 20ff)
m(?) *Spät* Florenz, Cat 1666 = Lieblein, S 980, 1253

28 *tꜣ-pr·t*
f *D 26* AZ 28, 10

29 *tꜣ-prj(·t?)*
f *D 20* Wilbour Pap A 25, 19

30 *tꜣ-prš(·t)*
f(?) *D 20* Wilbour Pap A 32, 24

---

[1]) Nach Abschrift von Davies, in der die letzten 4 Zeichen leicht schraffiert sind
[2]) Ob ,die von großer Gestalt', Beiwort einer Göttin als Kurzname?
[3]) Das Stück ist eine Fälschung nach einem Relief der 4 Dynastie, mit einer Inschrift, die ein Vorbild der Spätzeit nachahmt!
[4]) Die Namensträgerin
[5]) Den König?

[1]) Den König? Oder steht *šw* für *šj*?
[2]) G Fecht übersetzt ,die an Besitz (o a) Unversehrte' u vergleicht Wb I 400,17
[3]) So ist doch wohl anstatt des unmöglichen zu lesen!
[4]) So deutlich auf der Photographie!
[5]) Vgl Wb I, 476, 7?

1 *tꜣ-pś(·t)* ..siehe *tꜣ-(n·t)-pś*.

2 *tꜣ-mnḫ-ꜣś·t* (= *nꜣ-mnḫ-ꜣś·t*, vgl. I, 169, 20) ‚vortrefflich ist Isis' (vgl. I, 357, 11!)
f *Spät* Koefoed-Petersen, Recueil 61

3 *tꜣ-mr(·t)-ḫnśw* ‚die von Chons Geliebte' o. ä. (vgl I, 357, 14)
f *Spät* Lieblein 2423 = Mariette, Catal 1247

4 *tꜣ-mr·tj (?)* (vgl I, 357, 12. 13)
f *Spät* Steindorff, Walters Tf 118, 390 A

5 *tꜣ-mḥ·t (?)* (vgl. I, 360, 16?)
f *NR* Koefoed-Petersen, Recueil 55, 970

6 *tꜣ-(n·t)-iwnj·t* ‚die (Dienerin) der (Göttin) *iwnj·t*'
f *Griech* ÄZ 54, 108

7 *tꜣ-n·t-iwn·tj(·t)*, Var. ‚die (Dienerin o ä.) der (Göttin) von Dendera'
f *Spät* ÄZ 54, 107

8 *tꜣ-(n·t)ipꜣ·t-mn(·w)*, Var. ‚die vom Harem des (Gottes) Min'
f *NR*, *spät* Lieblein 1089 (Boulaq)

9 *tꜣ-(n·t-)imn-nꜣ·t* (vgl. I, 29, 12) ‚die zum Amon der Stadt (Theben) Gehörige'
f *D 20* JEA 26, Tf 6, 20 u S 24

10 *tꜣ-n·t-iś (?)*
f *Spät* LD Text IV, 46 a

11 *tꜣ-(n·t-)wn (?)* (vgl. I, 106, 26; 359, 5)
f *Griech* Daressy, Textes magiques, 9445

12 *tꜣ-(n·t-)wr(·t)-ḥkꜣ(·w)* ‚die zur (Göttin) *wr·t-ḥkꜣ·w* Gehörige'
f *NR* Steindorff, Aniba II, 154 u 251

13 siehe Z² zu I, 355, 23!

14 *tꜣ-(n·t-?)wśḫ·t(?)-tꜣ·wj*
f *D 19* Theben Grab 1

15 *tꜣ-n·t-wśrkn (?)* siehe *tꜣ-n·t-śrkn*.

16 *tꜣ-(n·t-)wḏꜣ·t-rꜥ* ‚die zum Auge des Re Gehörige'
f *D 21/22* Pap Kairo, Schott Phot 666

17 *tꜣ-(n·t-)bꜣ-ꜥnp(·t)*, Var. u. a. ‚die (Dienerin o ä) des Bockes von Mendes'
f *Spät* Maspero, Sarcoph d'époque pers et ptol, S 4 8 10ff

18 *tꜣ-n·t-bw (?)* (vgl I, 107, 9)
f *MR* Lieblein 1638 (St Petersburg)

19 *tꜣ-(n·t-)pꜣ-(n-)imn* ‚die (Tochter?) des *pꜣ-n-imn*'
f *Spät* Marucchi, Monumenta, 101

20 **tꜣ-n·t-pꜣ-jm* ‚die zum Meer (See) Gehörige', erhalten in griech. ταφιωμις, was als Beiname einer ποταμιαινα vorkommt; vgl Spiegelberg, Ägyptol. Mitt. (1925) S. 7. Vgl. *imn-pꜣ-jm*.

21 *tꜣ-(n·t-)pꜣ-mt(r)* ‚die zur Flut Gehörige' (?vgl. I, 365, 20)
f *NR* Theben, Grab 148

22 **tꜣ-(n·t-)pꜣ-(n-)ḫnm·w* ‚die (Tochter) des *pꜣ-(n-)ḫnm·w*', erhalten in aramäisch תפחנום, Sachau, Aram. Pap., S, 257, 4

23 *tꜣ-n·t-pꜣ-nw* u ä. (vgl I, 430, 23?) ‚die (Dienerin) des Sehenden' (?)
f? *D 20* Wilbour Pap A 41, 8 42, 5

24 **tꜣ-n(·t)-pꜣ-ḥr-nfr* ‚die (Dienerin o. ä) des *pꜣ-ḥr-nfr*', erhalten in Griech. ταφενουφις?[1])

25 *tꜣ-(n·t)-pꜣ-dj*
f *D 26* ÄZ 74, 10

26 *tꜣ-(n·t?)-pś*..[2]) ...[3])
f *NR*, *spät* Černý, Late Rامess Letters 11, 8 72, 3

27 *tꜣ-(n·t?-)mꜣꜥ·t* ‚die zur Wahrheit Gehörige' o ä. (?)
f *Spät* Berlin 893

28 *tꜣ-n·t-mw·t-gbtjw* ‚die zur (Göttin) Mut von Koptos Gehörige'
f *Spät (?)* ÄZ 54, 109

29 *tꜣ-n·t-mr(·t?)-wr·t*
f *Spät (NR?)* Lieblein 2182 (Kopenhagen)

30 *tꜣ-n·t-nb·t-ḥw·t* ‚die (Dienerin) der Nephthys'
f *D 20* JEA 26, Tf 7, 13.

31 *tꜣ-(n·t?-)nn·t (?)*
f *NR* Florenz, Uschebti 6601 (S 248)

---

[1]) Oder ‚die mit dem schönen Antlitz'? So Spiegelberg, ÄZ 54, 107, Anm 1

[2]) Vgl Art Krug, Wb 1, 553?

[3]) Ein unklares Zeichen Vgl die Worte Wb I 553,2 u 3!

1 *tꜣ-(n·t-)nnw·t*[1]) ,die (Dienerin) der (Göttin) *nnw·t*‘ (?)
f *MR* Genf D 52

2 *tꜣ-(n·t)-ršp (?)* ,die (Dienerin) des (Gottes) Reschef‘
f *Griech* OLZ 11 (1908), 401

3 *tꜣ-n·t-ḫnn* ,die zu *ḫnn* Gehörige‘ (vgl. I, 362, 9)
f *D 21* Lieblein 2544, 44 (Dêr-el Bahari)

4 *tꜣ-(n·t-?)ḥrj·t*
f *NR* Brugsch, Thes V, 1069

5 *tꜣ-(n·t-)ẖnm·w* ,die zum (Gotte) Chnum Gehörige‘ aramäisch תחנום (Sachau, Aram. Pap. S. 58, 7. 2; griech. ταχνουμις
f *Spät* Lieblein 2485 = Berlin 7588

6 *tꜣ-n·t(?)-śꜣj (?)*
f *Spät* ÄZ 54, 109[2])

7 *tꜣ-(n·t-)śn·tj* ,die zu den beiden Schwestern[3]) Gehörige‘
f *Röm Kaiserzeit* Mond-Myers, Bucheum I, Tf 43, 13, Z 14

8 *tꜣ-n·t-śrkn*[4])
f *NR* Kairo, Papyrus (Photogr Schott)

9 *tꜣ-(n·t-)šp·n-njt* (vgl I 368,4)
f *Spät* Kairo 1279 (Borchardt, Statuen IV)

10 *tꜣ-(n·t-)šp·n-ḫnś·w* (vgl I, 325, 17ff)
f *Spät* Lieblein 1092 (Boulaq)

11 *tꜣ-n·t-ḳꜣj-bnr (?)* , Var
f *NR, spät* Papyrus, vormals im Besitz von A Varille

12 *tꜣ-(n·t-)gr*
f *NR* (Asiatin) Bull Inst d'Ég 19, 86

13 *tꜣ-n·t-gḥś(·t)* ,die (Dienerin) der (heiligen)[5]) Gazelle‘
f *D 20* Wilbour Pap A 59, 40

14 *tꜣ-n·t-tꜣ-bwꜣ(·t)* ,die (Dienerin) der Vornehmen‘[1])
f! *D 20* Wilbour Pap A 90, 39

15 *tꜣ-n·t-tꜣ-bḫn·t* ,die zum (heiligen) Pylon Gehörige‘
f *D 20f* Černý, Late Ramess Letters 73, 8

16 *tꜣ-(n·t-)tꜣ-n·t-ḥr(·w)* ,die (Tochter) der *tꜣ-n·t-ḥr(·w)*‘ (vgl. I, 362, 10)
f *D 26* Lieblein 2344

17 *tꜣ-n·t-tꜣ-ḫnj·t* [2])
f *NR(?)* Philadelphia, D A N 1419 1422

18 *tꜣ-(n·t-)tḫj* ,die zum *tḫj*-Fest Gehörige‘ o. ä. (vgl. I, 294, 18)[3]) griech. τατιχις
f *Spät* Como 1, S 212

19 *tꜣ-nb(·t)-ʿnḫ* (oder: *tꜣ-nt-nb-ʿnḫ?*)
f *D 26* Borchardt, Statuen 1233

20 *tꜣ-nfr-bꜣśt·t* (vgl. das folgende)
f *Spät* Daressy, Divinités, 39147

21 *tꜣ-nfr-t-bꜣśt·t* (vgl. das vorige)
f *Spät* Annales 39, 629

22 *tꜣ-nfr-dj·t (?)*
f *Spät* Daressy, Divinités, 39078

23 *tꜣ-nn·t (?)* ,das Kind‘ (vgl. I, 413, 15!)
f *D 18* Steindorff, Walters Tf 52, 281

24 *tꜣ-nḫt(·t)-m-pr-ꜣś·t* ,die Starke ist im Tempel der Isis‘ (vgl I, 113, 18—20)
f *Spät* Roeder, Naos 70028

25 *tꜣ-nd (?)*
f *Spät* Birch, Account 190

26 *tꜣ-nḏm(·t)-ṯꜣw*[4]) [5]) (vgl I, 364, 12)
f *NR* Dêr-el Medine, Grab 355 (Czerný)

27 *tꜣ-rwj (?)* (vgl. I, 364, 16. 382, 12f.)
f *NR* H W Müller, Felsengräber, Tf 26

28 *tꜣ-rmṯ(?)-pꜣ-n-pꜣ-wḏꜣ (?)* , Var. (vgl I, 364, 23)
f *Spät* Daressy, Divinités, 38518

29 *tꜣ-rmṯ-n(·t)-ḫnśw* ,die Frau des (Gottes) Chons‘ o. a. (vgl. I, 364, 23)
f *Spät* Daressy, Divinités, 38965

---

1) Lies *rnnw·t t?* Vgl Erman bei Hoffmann, Theoph Pers, S 59
2) Spiegelberg übersetzt ,die, welche satt wird‘!
3) D h Isis u Nephthys, vgl Wb 4, 151, 14 15
4) Wohl für *tꜣ-n t-wśrkn* ,die (Dienerin o a) des Osorkon‘
5) Vgl Kees, Götterglaube S 25

1) Vgl allerdings 2 andere Worte *bwꜣ·t* Wb 1, 454/5
2) Vgl Wb 3 288, 11?
3) Vgl auch Vandier in Rev d'Egyptol 2, 62, 4
4) Oder *nfw?*
5) ,Die mit angenehmem Lufthauch‘ o a, wohl Beiname einer Göttin, also Kurzname

1 *tꜣ-ḥꜣ·t-ḫntj-tꜣ*
f *NR* Philadelphia, D A N 1171 (unveröff.)

2 *tꜣ-ḥnw·t-pꜣ-ṯꜣw* [1])
f *D 20* Pap Harris A 6, 3

3 *tꜣ-ḥnw·t-mḥj·t* (vgl. I, 360, 16)[2])
f *NR* Philadelphia D A N 1649

4 *tꜣ-ḫw·t (?)* (vgl. I, 366, 24)
f *Spät* Borchardt, Statuen 730

5 *tꜣ-ḫb·t (?)* (vgl. I, 366, 18ff.)
f *D 21* Annales 8, 21

6 **tꜣ-ḫmt-ḫbr·w* (‚die 4 Gefährtinnen' ?) erhalten in Griech. τχεντχβερις u. ä.

7 *tꜣ-ḫnr·t* ‚die Haremsdame' (?) (vgl. I, 367, 2)
f *NR* Lieblein 1211 (München)

8 *tꜣ-ḫr(·t)wr·t* (vgl. I, 367, 3)
f *NR*, *spät* PSBA 1889, 74

9 *tꜣ-ḫr(·t)-(n·t-)mn·w* so? ‚die Dienerin des Min' (vgl. I, 367, 4)
so?
f *Spät* Lieblein 1354 ('Prince of Wales Mummy')

10 *tꜣ-šr (?)*
f *NR* Lieblein 2153 (Musée Guimet)

11 *tꜣ-šhr(·t)* [3]) ‚das *šhr·t*-Mineral'[4]) (?)
f! *D 20* Wilbour Pap A 86, 26 91, 44 95, 25 96, 4

12 *tꜣ-šk·t* ‚das weibliche Eselsfüllen' (vgl. *šk·t* und *pꜣ-šk*)
f *D 20* Wilbour Pap A 36, 23

13 *tꜣ-šmš (?)* .. (vgl. I, 368, 4)
f *Spät* Daressy, Divinités 38245

14 **tꜣ-šrj·t-n(·t)-pꜣ-wnš* (vgl. *pꜣ-wnš*) ‚die Tochter des *pꜣ-wnš*'
f erhalten in griech σενφουνσις, Möller, Mumienet 129

15 **tꜣ-šrj·t-n(·t)-pꜣ-šrj-n-tꜣ-ḥfꜣ·t* ‚die Tochter des Sohnes des *ḥfꜣ·t*'
f erhalten in griech σενψεντφως, Möller, Mumienet 34

16 *tꜣ-šrj·t-(n·t-)ḥr-pꜣ-(n-)iꜣ·t* ‚die Tochter des *ḥr-pꜣ-n-iꜣ t*'
f *Spät* Lieblein 1354 (London)

17 *tꜣ-šrj·t-n·t-ḥrnḫt* , abgekürzt ‚die Tochter des *ḥr-nḫt*' (vgl. I 249,10)
f *Spät* Lieblein 2482 = Mariette, Cat 1309

18 *tꜣ-šrj·t-(n·t-)tꜣ-iḥ·t*[1]) ‚die Tochter der (Göttin) *iḥ·t*'
Spät Berlin, Totenpapyrus (nach Wilbour Note book 22, m. 1468)

19 *tꜣ-šrj·t-(n·t-)twt (?)*
f *Griech* Bessarione 1904, S 49

20 *tꜣ-šk(·t)*
f! *D 20* Wilbour Pap A 77, 49

21 *tꜣ-kꜣj·t* u. ä. (vgl. I, 370, 15)
f *NR* Lieblein 2171 (Louvre), Philadelphia, D A N 843—4

22 *tꜣ-kꜣj(·t)-wꜣḏ-iw (?)* ‚die (Göttin) mit hohem Scepter ist gekommen' (?)
f *Spät* Koefoed-Petersen, Recueil, 87, 1044

23 *tꜣ-kn(·t)* ‚die Starke' (?)[2])
f *D 22* JEA 27, Tf 11, Z 15

24 *tꜣ-kri(·t)* ‚die Vagabundin' (?)
f *D 20* Wilbour Pap A 32, 18

25 *tꜣ-krn·t (?)*
f *Spät* Recueil 8, 67.

26 *tꜣ-khr(·t)*
f *D 20* Wilbour Pap A 31, 51

27 *tꜣ-kꜣw (?)*
f *NR* Florenz, Uschebti 8574 (S 251)

28 *tꜣ-kꜣrj(·t)* ‚die Gärtnerin'[3])
f? *D 20* Wilbour Pap A 45, 25 58, 7

29 *tꜣ-kꜣš(·t)* ‚die Nuberin', griech. τεκυσις. Vgl I, 102,4 u. Zus.[2]
f *NR (Spät?)* Spiegelberg, Eigennamen 26*
Griech ebenda

---

[1]) ‚Die Herrin des Windes', also Kurzname
[2]) ‚Die Herrin des Nordwinds', also Kurzname
[3]) Wohl eher ein schlecht gemachtes als ‚a very badly made' (Gardiner)!
[4]) Wb IV, 208, 16ff.

---

[1]) Vgl I 37013 und Wb 1, 117, 10f
[2]) Eher wohl Kurzname
[3]) Vgl. Wb 5, 108, 13ff

1 *tꜣ-krỉ(·t?)* (vgl. *krỉ(·t)* und I, 371, 14!)
f *D 20* Wilbour Pap A 41, 44

2 *tꜣ-krj(·t?)* (vgl. I, 371, 14)
f *D 20* Wilbour Pap A 27, 18 47

3 *tꜣ-krj(t)*
f *D 20* Wilbour Pap A 52, 23

4 *tꜣ-krj(t)* (vgl. I, 371, 14 f)
f *D 20* Wilbour Pap A 37, 25

5 *tꜣ-kk (?)* (vgl. *kk-ḥr·w)*
f *NR?* Philadelphia DAN, T 288

6 *tꜣ-gm·n(?)-ꜣś·t*, Var. (vgl. I, 371, 22).
f *Spät* Mitt Kairo 12, S 31

7 *tꜣ-gm-nb-n-ḥr (?)* (vgl. I, 371, 23. 24)
f *Spät* Birch, Account 194

8 *tꜣ-gm·ś (?)*, u. ä. (vgl. I, 371, 20 ff)
f *Spät* Koefoed-Petersen, Recueil 20b, Borchardt, Statuen 882, Florenz, Catal 1666

9 *tꜣ-grḥj(?)* (vgl. I, 371, 12)
f *Spät* Philadelphia 29—84—598

10 *tꜣ-ṯṯ·t (?)* ‚der (weibliche) Skorpion' (?)[1]
f *Spät* Daressy, Divinités, 39331

11 *tꜣ-dj(·t)-ꜣś·t-gb(tjw)* ‚die die Isis von Koptos gegeben hat'
f *Spät* London, Univ Coll Mus, ‚Kasten 570'

12 *tꜣ-dj(·t)-ỉmn-rꜥ (?)* ‚die Amon-Re gegeben hat'
f *NR* Florenz, Uschebti 6592 (S 251)

13 *tꜣ-dj(·t)-ỉtm* ‚die Atum gegeben hat'
f *Spät* od *Griech* Berlin, Totenbuch, nach Wilbour Note Book 22, nr 1472

14 *tꜣ-dj(·t)-whr(·t?)* ‚die der Hund (die Hündin?) gegeben hat'
f *Spät* Spiegelberg, Demot Denkm III, S 53

15 *tꜣ-dj(·t)-ḥꜣ·t-mḥj·t* ‚die (die Göttin) *ḥꜣ·t-mḥj·t* gegeben hat'
f *Spät* Brooklyn, Uschebti

[1]) Vgl Wb. 5, 413, 5

16 *tꜣ-dj(·t)-ḥtḥr* ‚die Hathor gegeben hat' griech. τετεαθυρις
f *Spät* Daressy, Divinités, 39151.

17 *tꜣ-dj(·t)-ḥr(·w)-pꜣ-wr (?)* ‚die Horus, der Ältere, gegeben hat' (?) (vgl. aber I, 374, 9!)
f *Spät* Daressy, Divinités, 38256

18 *tꜣ-dj(·t)-šhdd·t* ‚die *šhdd·t* gegeben hat' (vgl. I, 126, 10)[1])
f *Spät* Coll Hoffmann, 134

19 *tꜣ-dj·t-gś·t (?)*
f *Griech* Daressy, Divinités, 39324

20 *tꜣ-dj-rj (?)*
f *Spät* Bulletin de l'Inst 12, 93

21 *tꜣ-dḫr·t (?)*
f *Spät* Äg Inschr Berlin II, 360 (Inv 21512)

22 *tꜣ-ḏꜣ (?)*
f *D 20* Wilbour Pap A 26, 43

23 *tꜣ-ḏꜣr·tj(?)*
f *NR* Petrie-Brunton, Sedment II, Tf 80, vgl S 23

24 *tꜣ·j-ỉrj(·t)*, griech. ταειρε? (Fecht) ‚meine Gefährtin'
f *D 20* Wilbour Pap A 57, 21

25 *tꜣ·j-mw·t-nfr(·t)* ‚meine Mutter ist gut' o. ä. Vgl. I, 357, 8
f *D 20* JEA 26, Tf 7, 13

26 *tꜣ·j-nḫt·t-m-nꜥ·t* ‚meine Stärke ist in der Stadt (Theben)'
m! *D 20* Wilbour Pap A 23, 15

27 *tꜣj-kꜣj·ś (?)* (vgl. I, 370, 16!)
f *Spät* Cleveland, Mus of Art 30 14 (Uschebti)

28 *tꜣ-m-rśf·w* ‚das Land ist beim Vogel- u. Fischfang'
f *NR* Borchardt, Statuen 4, 977

29 *tꜣ-mjjn (?)*
f *Spät* Ann Arch Anthrop 16, T 49

30 *tꜣ-nḏm(·w?)* ‚das Land befindet sich wohl' o. ä.
m *D 18* Ann 25, 95 u Tf 4

[1]) Zu dieser Göttin macht W Federn mich auf Ann 15, 284ff und Oric Bates, The Eastern Libyans, S 185 aufmerksam

1 *tꜣ-ḫr-rdwj·fj* [1] ‚das Land ist unter seinen Fußen' (vgl. I, 377, 2)
m *D 20* Wilbour Pap A 80, 36

2 *tꜣ-ỉmn*
m *NR* Steindorff, Aniba II, 232 u 251

3 siehe *ṯtꜣjj·t*.

4 *tjww (?)*
f *Spät* Daressy, Divinités, 39322

5 *tjmỉ (?)*
f *MR/NR* LD Text 4, 54, Z 9

6 *tjt* (vgl. I, 378, 25)
m *MR/NR* LD Text 4, 54, Z 14

7 *tỉtj šrj* ‚*tỉtj*, der Jungere' (vgl. I, 378, 26)
m *MR* Lieblein 1639 (St Petersburg)

8 *tꜥ*
m *D 17* AZ 50, 120 (Konig)

9 *tꜥmṯ*
f *D 18* Sethe, Urk, 4, 11, 9 (wohl Syrerin[2])

10 *twt-ḥr(·w)* dem. (vgl I, 379, 17)
m *Spät* Spiegelberg, Demot Denkm III, S 53

11 *twtw* , babylonisch Dudu, Duddu[3])
m *D 18* Davies, Amarna VI, S 7—15

12 *tp (?)*
f *MR* Lieblein 423 ('Boulaq')

13 *tp·j* (vgl. I, 380, 10)
f *D 6* De Morgan, Cat des Mon I, 172 (‚schoner Name' einer *tp-m-nfr·t*)
MR Mogensen, Glyptothèque, Tf 100, A 692 (= Lieblein 939, 175?), Roeder, Naos 70036, S 124

14 *tpp·j (?)* [4])
f *AR* Borchardt, Denkmaler 1480

15 *tpgr*
m *D 19* Louvre E 14355 = Syria 18, 194 u Tf 30 (Asiat)

16 *tf* [5])
f *Spät* Steindorff, Walters Tf 119, 637

17 *tf (?)*
m(?) *D 20* Wilbour Pap A 77, 19.

---

1) Hierher gehort gewiß I, 430, 27!
2) Vgl Burchardt, Fremdworte 1078
3) Vgl AZ 56, 69ff
4) Das gehort wohl nicht zu dem Titel !
5) Ob fur *tfn·t*, I 380, 17?

18 siehe *ỉt·w-r-nḥḥ*

19 *tn (?)* , Var (vgl. I, 381, 5)
m *D 18* AZ 66, 6*, 4, 4, 5*, 16, 4

20 *tnj* (vgl I, 381, 8)
m *NR* Lieblein 2122 = Mariette, Catal 1158, Philadelphia T 285

21 *tnn* (vgl. I, 381, 13f.)
f *Spät* Lieblein 2249 (Boulaq)

22 *tnn* (vgl. I, 381, 11ff)
f *Spät* Birch, Account 193

23 *tnn-nḥb·w-ḫns·w (?)* (vgl. I, 208, 2 und Z[2])
m *NR* JEA 27 (1941), Tf II, Brit Mus Guide 1909 (Sculpt), S 205, Exh No 745

24 *tnn-ns (?)*
f *MR* Kairo 20617e

25 *tnr(tl)-ptḥ* ‚Ptah ist stark'
m *NR* JEA 21 (1935), Tf 15/16, 22

26 *tnr-mw·t* ‚(die Göttin) Mut ist stark'
f(?) *D 20* Wilbour Pap A 30, 32

27 *tnr-ḥr(·w)* ‚Horus ist stark' (vgl. I, 381, 19ff)
m *D 19/20* JEA 33 (1947), S 54, Nr 19

28 *tnr-ḫns·w* ‚Chons ist stark'
D 20 Wilbour Pap A 90, 28

29 *tnr-ḥr-ḫpš·f* ‚Stärke[1]) ist in (?) seinem Arm' (vgl. *wsr-ḥr-ḫpš·f*)
m *D 20* Wilbour Pap A 32, 12 40, 38

30 *tntj* (vgl. I, 392, 10?)
m *D 6* Duell, Mereruka, Tf 88

31 *trj (?)* (vgl. I, 382, 12f.)
f *MR* H W. Muller, Felsengraber, Tf 26 oben

32 *trjwš* , , usw. (= Δαρειος)
m *D 27* ÄZ 49, 79 (pers Konig)

33 *trw (?)*
f *Spät* Annales 39, 628

---

1) Oder ‚der Starke', d h Seth oder ein anderer Gott?

1 *trr·w* (vgl. I, 382, 17f.)
m *AR*, *spät* Abydos, Königsliste 49 (Beiname eines Königs *nfr-kꜣ-rꜥ*)

2 *trḫj (?)*
f(?) *Spät* JEA 14, 245

3 *thj (?)* (vgl. I, 94, 19f.)
m *NR* Koefoed-Petersen, Recueil, 55, 970 = Mogensen, Glyptothèque, Tf 104, 707

4 *thj-mwt (?)* (vgl. I, 94, 19f.)
f *Spät* Daressy, Divinités, 39315

5 *thj·tf (?)*
m *D 20f* Mél Masp I, Parchemin du Louvre 1577, Z 9

6 *ts (?)* (vgl I, 383, 7)
m *D 18* ÄZ 66, 6*, 4, 3

7 *tś* (vgl I, 383, 7)
m *NR* Jéquier, Pyramide d'Aba, Pl XVII, 10 (= Annales 30, Tf 5)

8 *tstn*
m *D 19* Louvre E 14355 = Syria 18, 194 u Tf 30 (Asiat)

9 *tšḥr·t(?)*
f *Griech* Toulouse 1190 (Recueil 25, 138, kollat)

10 *tkrt (?)*
m *D 25* Urk 3, 104, Z 8 (Nubier)

11 *tt* (vgl. I, 383, 19ff. ?)[1]
m *D 20f* Wilbour Pap A 17, 25

12 *ttꜣ (?)*
f *NR* Neapel, Stele (Lieblein 649)

13 *ttj-wꜣḏ·t (?)* (vgl I, 385, 3)
f *MR* Brugsch, Thesaurus V, 1220

14 *ttj-wśjr* ‚Teti ist Osiris' (?)
m *D 18 (?)* Wilbour Note Books 2 D 54

15 *ttj-m-nṯr* ‚*ttj* ist Gott'
f *NR* Theben, Grab 53 (Schott)

16 *ttj-ḥꜣ-iš.t f* ‚(König) Teti schützt seine Habe' o. a.
m *AR* Quibell, Saqqara II, Tf 8, 1 u 2

17 *ttj-ḥr(·w)-dwꜣ-nṯr·w* [2])
m *D 12* Firth-Gunn, Teti Pyr Cemeteries I, 284

[1]) Oder = *ts·wj* (I, 377, 7)?
[2]) Clère's Übersetzung (Notes 112, 45) ‚*ttj* adore les dieux' scheint mir wegen der Schreibung (Horus!?) unmöglich

18 *ttj-sꜣ-śbk*[1]) ‚Teti ist ein Sohn des (Gottes) Suchos' (?)
m *AR/MR* Berlin, Äg Inschr I, 133

19 *ttj-. . .*
m *AR(?)* Quibell, Saqqara 1906—7, Tf 7, 3 (Mitt von J J. Clère)

20 *ttj* (vgl. I, 385, 20)
m *D 18* ÄZ 66, 2*, 4, 1, 6*, 4, 8 u o

21 *ttj·t*
f *MR* Annales 13, 177 (‚schöner Name' einer *sṯw·t*)

22 *ṯꜣj·f-nḫt(·w)?*
m *D 20* Wilbour Pap A 67, 22

23 *ṯꜣw-ij(·w)* ‚die (Lebens-)Luft ist gekommen' (?)
m *D 6* Bull Inst 37, 96

24 *ṯꜣw-mšꜥ (?)*
m *D 20* Wilbour Pap A 65, 24

25 *ṯꜣw-n-ij-mr* ‚die (Lebens-)Luft für *ij-mr*'
f *MR/NR* LD Text 4, 54, 7

26 *ṯꜣw-n-iptw* ‚die (Lebens-)Luft für *iptw*' (vgl. I, 24, 18 u. 20)
f *MR/NR* LD Text, 4, 54, Z 7

27 *ṯꜣw-n-mw·t(·j?)* ‚die (Lebens-)Luft für meine Mutter!' (?)
MR/NR LD Text 4, 54, Z 8

28 *ṯꜣw-ḫt·f* ‚die (Lebens-)Luft ist bei ihm' (vgl. *pꜣ-ṯꜣw-ḫt·f* und I, 193, 26. 431, 14)
m *D 26* Wilbour Pap A 82, 20[2])

29 *ṯꜣ-n-mj* ‘Katzenjunges’? (Fecht) (vgl I, 386, 27ff. u. Wb V 340 B).
m *D 26* Borchardt, Statuen 665

30 *ṯꜣ-n-hb·w* (vgl. I 386,30!) ‘Ibisjunges’? (Fecht)
m *D 26* Couyat-Montet, Hammamat, Tf 22

31 *ṯꜣj* (vgl. I, 388, 11?)
m *NR* JEA 14, 244, fig 4

[1]) Oder ist ‚des *ttj* Sohn *śbk* zu lesen?
[2]) Wohl nur Kurzschreibung für das vollere *pꜣ-ṯꜣw-ḫt·f*, ebenda Zeile 21!

1 *ṯꜣ·w-n-ỉnb-ḥḏ*, Var. [1])
f *Spät (?)* Quibell, Saqqara II, S 78 u Tf 32, 4

2 *ṯꜣw·t* (vgl. I, 389, 5)
f *AR/MR* Philadelphia 29—66—678

3 *ṯꜣw·w* (vgl. I, 388, 15)
m *MR (?)* Annales 36, 165

4 *ṯꜣs-*[2])*mꜣꜥ·t-pr·t* ,(die Göttin) *mꜣꜥ·t* möge Nachkommen verleihen!' o. a. (vgl. I, 393, 24ff.)
f *D 25* Couyat-Montet, Hammamât, No 70

5 *ṯꜣs-sḫm·t-pr·t* ,(die Göttin) Sachmet möge Nachkommen verleihen!' o. à.
f *D 25* Couyat-Montet, Hammamât No 70

6 *ṯꜣs-ḥr(·w)*
m *AR/MR* Brit Mus 1372 (I, 54)

7 *ṯꜣs·t*
f *AR* Boston 39—1—16 (17?)

8 *ṯꜣtj-n'·t (?)* (vgl. I, 389, 15ff.?)
m *Spät* Steindorff, Walters Tf 113, 146 B

9 *ṯwṯs*
m *D 19* Kuentz, Bat de Qadech, (vgl Burchardt, Fremdworte 1144)

10 *ṯm-mrr·jj-šnb(·w)* (?, so!) ,*ṯm-mrr·jj* ist (wieder) gesund geworden' o. a. (vgl. I, 390, 32)
m *AR/MR* Dunham, Stelae, Tf 24, 2

11 *ṯmꜣm (?)* (?)
m *D 20f* Černý, Late Ramess Letters 59, 11f

12 *ṯm·jj* (vgl. I, 391, 1)
m *AR* Davies, Deir-el Gebrawi II, Tf 26, Northwall, B
AR/MR Grab von Moꜥalla (Vandier)

13 *ṯn* (vgl. I, 391, 15)
m *D 18* Lieblein 572

14 *ṯnj-pḏ·t (?)*
m *NR* Steindorff, Aniba II, 246

15 *ṯnỉꜣ* (vgl. I, 391, 16)
m *AR/MR* Brit Mus [647] = Hierogl Texts I, 28 (mit ,schönem' Namen *pnj*)

---

1) Zum Namen gehörig?
2) Zur Lesung von als *ṯꜣs* siehe E Edel, Diss S 51 u 87

16 *ṯnꜥ·t (?)-ỉb* (vgl. I, 392, 9!)
f *MR* Louvre C 58

17 *ṯnn* (vgl. I, 392, 4)
m *MR* Alliot, Tell Edfou 1935, S 31 (= Bull Inst 37, 104)

18 *ṯrj* (vgl I, 392, 17f.)
m *AR/MR* Liverpool Annals 4, 111 Brit Mus [1372]

19 *ṯrjꜣꜣ·t (?)*
f *AR/MR* Brit Mus 1372 (I, 54)

20 *ṯrb* [1])
m *D 20* Wilbour Pap A 17, 40

21 *ṯhmꜣw*, Var.
m *D 11* Roeder, Debad bis Bab Kalabsche, S 104 u 107

22 *ṯḥwtj*
f *Spät* ÄZ 44, 54

23 *ṯś·jj*
m *MR* Avignon 26.

24 *ṯss(·w)-ḫmn* ,den (der Gott) *ḫmn* erhebt' o a.[2]) (vgl I, 394, 16)
m *AR/MR* Brit Mus 1372 (I, 54)

25 *ṯss(·w)-ḥr(·w)* ,den Horus erhebt' o. à.
m *AR/MR* Brit Mus 1372 (I, 54)

26 *ṯṯꜣjj·t*, Var. (4 mal) (vgl. *ṯṯꜣꜣ*, Wb. 5, 411,II[3]))
f *AR/MR* Borchardt, Denkm. des *AR*, Bl 24, 1425[4])

27 *ṯt·j-ỉḳr* ,*ṯt·j*, der vortreffliche' (?)
m *AR/MR* Liverpool Annals 4, 117 (,schöner Name' eines , so 3 mal)[5])

28 *ṯtwj* (vgl I, 395, 8)
m *AR* Ptahtetep, Res Acc, Tf 35, links

29 *ṯtwj·t* (vgl. I, 395, 9)
f *MR* Chicago, Or Inst 378

30 *ṯtt·jj* (vgl. I, 395, 16)
m *AR* Jéquier, Pyram de Neit et Apouit 56

31 *ṯt* ,der Sperling' (vgl I, 395, 19!)
m *D 20* Wilbour Pap A, 36, 49

---

1) Dr Fecht denkt an *ṯꜣ-rbw* „Löwenjunges" u vergleicht *rw-ꜣbw* Wb II 403 u griech σιλβοεις, σαλβοις u a
2) Zur Übersetzung vgl Clère, Notes 112, Anm 2
3) Die Frau wird als bezeichnet!
4) Ob *ṯtṯ t*, *ṯtṯ·t* zu lesen ist? Vgl aber *ṯtṯj*
5) Er wird auch einfach *ṯt j* genannt.

1 *ṯtj* (vgl I, 395, 26)
m *MR* Borchardt, Statuen 534

2 *dj-ꜣś·t* (vgl I, 396, 8ff)
f *Spät* Recueil 7, 190 (Wien)

3 *dj-ꜣś·t-śnb* ‚möge Isis Gesundheit verleihen!‘
f *Spät* Borchardt, Statuen 882

4 *dj-ỉmn-pꜣ-wḏꜣ* Var. ‚möge Amon das Heil geben!‘ (vgl. I, 396, 20)
m *Spät* Lieblein 1352 (‘Prince of Wales Mummy’)

5 *dj-wśỉr*
f *Spät* Lieblein 2272 (St Petersburg)

6 *dj-ptḥ-ꜥnḫ·ś* ‚Ptah gebe, daß sie lebt‘ o. a. (vgl I, 396, 19)
f *MR* Lieblein 383 (London)

7 *dj-mꜣꜥ·t-pꜣ-ꜥnḫ* ‚möge (die Göttin) *mꜣꜥ·t* das Leben geben!‘ (vgl. I, 396, 20)
f *Spät* Lieblein 2322 (St Petersburg)

8 *dj-mw·t-ꜥnḫ·ś* ‚möge Mut geben, daß sie lebt!‘
f *Spät* Berliner Aeg Inschr II, 360 (Inv 21512)

9 *dj-n·j-ḥt(ḥr)-ỉrj(·t)* [1] ‚Hathor gebe mir eine Gefährtin!‘ o. a (vgl. I, 396, 21ff.)
f *D 20* JEA 26, Tf 6, 16 u S 25, Anm d

10 *dj(?)-n·f-bꜣśt·t*
m *Spät* Steindorff, Walters Tf 118, 217 (links oben)

11 *dj-ḥr(w)* (vgl I, 228, 6)
f *Spät* Marucchi, Monumenta 89

12 *dj-ḫnś·w-pꜣ-śnb* [2] ‚Chons gebe die Gesundheit!‘ (vgl. I, 396, 17)
m *Spät* Lieblein 2426 = Mariette, Cat 1284

13 *dj-ś(j)-ỉmn* ‚möge Amon sie geben!‘ o. a.
f *Spät* Steindorff, Walters Tf 114, 162

14 *dj·f-pꜣ-ṯꜣw* ‚möge er[3]) die (Lebens-) Luft geben!‘
m *D 20* Wilbour Pap A 62, 28

[1]) Die Zeichen sind über nachträglich zugefügt Ob *tꜣ-ỉrj t* zu lesen ist?
[2]) So ist gewiß zu lesen!
[3]) Ein Gott oder der König

15 *dj·w-śkr* ‚der von (dem Gott) Sokaris Gegebene‘
m *AR* Bull Inst 37, 96 (‚schöner Name‘ eines *ỉpjj*)

16 *djwj (?)*
f *D 18* Borchardt, Statuen 989

17 *dj·w-ḥrj·w-rnp·t*[1])
m *AR* G Jéquier, Tombeaux de particuliers S 54, Fig 60

18 *dwꜣ (?)* u. ä. siehe *śbꜣ*, I, 303, 9.

19 *dwꜣ-mn(·w)* ‚der Verehrer des Min‘ (?, vgl I 398, 19f.)
m *AR/MR* Liverpool Annals 4, 112

20 *dwꜣ-ḥp* ‚der Verehrer des Apis‘(?)
m *AR* Mariette, Mast, S 336ff

21 *dwꜣ (?)-śtḫ* ‚der Verehrer des Seth‘(?)
m *D 20* Wilbour Pap A 61, 13

22 *dwꜣ·t-nb(·w)* ‚die Verehrerin von ‘Gold’‘(?)
f *AR* Borchardt, Statuen 44

23 *dwꜣ·t-śnfrw* ‚die Verehrerin des (Königs) Snofru‘(?)
m! *AR* Brit Mus [1324]

24 *dbḥ·j*
m *D 5* Bologna 1921

25 *dbḥ·n(·j)-ṯꜣ-n-mw·t·f* ‚ich habe einen Knaben für seine Mutter erbeten‘
m *MR* Rio de Janeiro, ME 18 (2436)[2])

26 *dp·t-ꜥś (?)*
m *Spät* Borchardt, Statuen 4, 1085

27 *dnrg(dlg)* ‚der Schwerhörige(?)‘ (vgl I, 400, 14 u. 16)
m *D 20* Wilbour Pap A 40, 41

28 *dr-śnḏ* u. a. (vgl I, 400, 18)
m *AR* Jéquier, Tomb de partic 110 115[3]), Berlin 15701 23720; Statuengruppe ‚Haag, v Bissing‘

29 *drp* [4])
f *NR* Kairo, Papyrus (Photogr Schott)

[1]) ‚Die 5 Epagomenen‘ (Lesung nach E Edel) — wie zu verstehen?!
[2]) Vgl Clère, Notes 113, 50 und die anschließenden Bemerkungen!
[3]) Vgl auch *ꜥnḫ-nfrkꜣrꜥ-dr-śnḏ!*
[4]) So 2 mal!

1 *dḫ-pḥ-św*[1]) (vgl. I, 135, 25)
m *D 20* Wilbour Pap. A 16, 22

2 *dśj*
m *AR* Annales 43, 505

3 *dšr-šnj* ‚der Rothaarige' (vgl. I, 400, 23)
m *AR* Kairo 1316. 1353 (Borchardt, Denkm. *AR* I, S. 8 u. 25).

4 *dgꜣ·j-n-bꜣśt·t* (?) ‚ich blicke auf (die Göttin) Bastet'
f *Spät* Koefoed-Petersen, Recueil, 87, 1043

5 *dgj·t* (?) [2])
f *AR/MR* Petrie, Dendereh, Tf. 6, unten, Mitte

6 *dgm* [3]) (vgl. Wb. V, 500, 5)
m *D 6* Jéquier, Tomb. de particuliers, 118 (mit ‚schönem Namen')

7 siehe *dj-ꜣś·t*

8 *ddj-wr(·t)* (‚*dd·j*, die Ältere')
f *AR* Tell Edfou I, 29

9 *dd·w šrj* ‚*dd·w*, der Jüngere' (vgl. I, 402, 13)
m *MR* Lieblein 1639 (St. Petersburg)

10 *dd·w-iꜥḥ* ‚den der Mond(gott) gibt'
m *MR* Steindorff, Aniba II, 173 (mit Beinamen)

11 *dd(·w)-ḥr(·w)* ‚den Horus giebt'
m *MR* Bull. Inst. 37, 112

12 *dd(·w)-ḥkn·w* (?) , Var. (vgl. I, 257, 4. 5) ‚den der Gott *ḥknw* gibt' (?)[4])
m *AR* Mogensen, Glyptothèque, Tf. 94, A 675; Junker, Giza III, 182 u. Abb. 27 l. oben

13 *dd(·w)-snwśr·t* (?) ‚den Sesostris gibt'
m *MR* Lieblein 215 ('Boulaq')

14 *dd(·w)-šf·t-ḥr(·w)*?
m *MR* Borchardt, Statuen 403

15 *dd·śn* (vgl. I, 404, 6)
m(?) *MR* Louvre C 237

[1]) ‚Der seinen Angreifer niederwirft', Beiwort eines Gottes als Kurzname?
[2]) Ob Vogelname? Vgl. Wb. 5, 499, 5
[3]) Ob = I, 400, 1?
[4]) Der Gottesname (Wb. 3, 179, 20) ist bisher allerdings nicht vor *D 19* belegt!

16 *dd(·w)-špśj* (?) ‚den der Herrliche gibt' (? vgl. I, 326, 4)
m *AR* Selim Hassan, Giza II, 193 u. Tf. 74.

17 *dd·t-iśj* ‚die (der Gott?) *iśj*[1]) gibt' (vgl. I, 281, 7. 287, 5)
f *MR* Annales 36, 181. 184? u. Tf. IV, 123

18 *dd·t-ẖnm·w* [ ] ‚die (der Gott) Chnum gibt'
f *D 12* H. W. Müller, Felsengräber, Tf. 24

19 *dd·t-ṯnn* ‚die *ṯnn*(?) giebt (vgl. I, 403, 20?)
f *MR* Bull. Inst. 37, 104[2])

20 *ddḥḏw* (?)
m *AR* Ptahhetep, Res. Acc., Tf. 36, unten.

21 *ḏꜣj-mr·w* (?)
m *AR* Jéquier, Mon. fun. Pepi II, Tf. 59

22 *ḏꜣw* (?)[3]) (vgl. I, 404, 24)
m *AR* Junker, Giza 7, 90

23 *ḏi* (?)
f *D 20* Wilbour Pap. A 41, 16

24 *ḏꜥḏꜥb* , ‚die *ḏꜥḏꜥb* Pflanze'(?)
m *D 20* Wilbour Pap. A 24, 6. 32, 39

25 *ḏfꜣ(·j?)-ib(·j?) nḫn* ‚*ḏfꜣ(·j?)-ib(j?)*[4]), der Jüngere'
m *AR* New York, Metr. Mus.

26 *ḏfꜣ(·j)-bꜣśt·t* ‚(die Göttin) Bastet ist meine Speise' (vgl. I, 406, 18)
m *D 2* Annales 28, 159, A 10

27 *ḏfꜣ(·j)-nn·t*
m *D 3* Bissing-Bruckmann, Denkmäler, Tf. 14

28 *ḏfꜣ-dd* (?*dd-ḏfꜣ*?) , Var.
m *AR* Mackay, Bahrein and Hemamieh, Tf. 19—21

29 *ḏfꜣ t·ś* (vgl. I, 406, 22. 432, 5)
f *D 6* Jéquier, Tomb. de particuliers, 86, fig. 97 rechts unten.

30 *ḏmr* (?)
f *NR* Brit. Mus. Guide 1922, S. 8 (Uschebti)

[1]) Vgl. Bull. Inst. 37, 132
[2]) Im gleichen Text begegnet ein !
[3]) Oder ist *wḏꜣ* zu lesen?
[4]) ‚mein Herz ist meine Speise'? Vgl. I, 406, 18. Oder *ḏfꜣ-ib* ‚Herzensspeise' (Fecht)?

1 *ḏnrgt (ḏlgt)* [1])
f (?) *NR* Berlin Inv 21447 (Ostrakon, Mitteilung von Anthes).

2 *ḏr·tj*
m *Spät* Daressy, Divinités, 38294

3 *ḏḥwtj-irj* [2])
m *MR* Louvre C 63 (nach Bull. Inst 30, 889, Anm. 3)

4 *ḏḥwtj-ir-rḫ-św* dem. , dem. u. ä. ‚Thot ist es, der ihn kennt', griech. ϑοτορχης [3])
m *Griech* ÄZ 54, 124; Griffith, Rylands III, 463

5 *ḏḥwtj-mśj-św* ‚Thot ist es, der ihn erzeugt hat'
m *NR* Boylan, Thot 177

6 *ḏḥwtj-riś(·w)* dem ‚Thot ist erwacht' o. ä., griech. ϑοτρωισις.
m *Griech* Spiegelberg, ÄZ 54 (1918), 126.

7 *ḏd-imn·t-iw·ś-ʿnḫ* ‚(die Göttin) *imn t* hat gesagt: sie wird leben!'
f *spät* Marucchi, Monumenta, hinter S 136

8 *ḏd-itm-iw·f-ʿnḫ* ‚Atum hat gesagt: er wird leben!'
m *Spät* Cleveland Mus 3949 20[4])

9 *ḏd-w3ḏj·t[-iw·f]-ʿnḫ* ‚Uto hat gesagt: er wird leben'
m *Spät* Daressy, Divinités, 38229

10 *ḏd-w3ḏj·t-. . .-dj.ś*
f *Spät* Athen 3 (Hockerstatue)

11 *ḏd-wr(·t)-iw·ś-ʿnḫ* ‚die Große (Hathor?) hat gesagt: sie wird leben!'
f *Spät* Philadelphia E 14992

12 *ḏd(?)-b3śt·t-rwḏ (?)* (?)
f *Spät* Daressy, Divinités, 38238 (Königin)

13 **ḏd-p3-nṯr-iw·f-ʿnḫ* ‚der Gott hat gesagt: er wird leben!', erhalten in hebr. צפנתפענה, dem Ehrennamen, den Joseph nach Gen. 41, 45 in Ägypten erhält; vgl. zuletzt Spiegelberg, ÄZ 42 (1905), 84.

14 *ḏd-m3ʿ·t* (vgl. I, 410, 13)
f *Spät* Lieblein 2465 (Kopenhagen).

15 *ḏd-mw·t-t3·š-m3ʿ·t (?)*
f Florenz, Uschebti 6599 (S 253)

16 *ḏd-mḥj·t-iw·f-ʿnḫ* so! so! ‚(die Göttin) *mḥj·t* hat gesagt: er wird leben!' (vgl. I, 411, 5)
m *Spät* Vatikan 120 (Reliefragm)

17 *ḏd-nfr·t*
m *AR* Junker, Giza VI, 153

18 *ḏd-rʿ-iw·f-ʿnḫ* ‚Re hat gesagt: er wird leben' (zur Schreibung vgl. I, 410, 8)
m *Spät* Koefoed-Petersen, Recueil, 86, 922

19 *ḏd-rʿ-mr (?)*
m *Spät* Borchardt, Statuen 891

20 *ḏd-ḥp-iwf-ʿnḫ* ‚Apis hat gesagt: er wird leben'
m *Spät* Daressy, Divinités, 39301

21 *ḏd-ḥr(·w)*
m *Spät* Stele in Boudoin College (Mitteilung Dunham)

22 *ḏd-in·w (?)*
m *Spät* Daressy, Divinités, 38031

23 *ḏdj-ttj* ‚möge (König) Teti dauern!' (vgl. I, 413, 1)
m *AR* ÄZ 64, 138.

24 *ḏd-ḏḥwtj* ‚möge Thot dauern!' (vgl. I, 412, 12)
m *D 19*[1]) Pap Anastasi I, 7, 6, vgl Pap Chester Beatty IV vs 3, 6 (hier verderbt in).

25 *ḏd·j* (vgl. I, 412, 20)
m *MR* Bull Inst 37, 108

26 *ḏdd-mn(·w)*
m *D 5* Chicago 10491.

Unlesbares und Zerstörtes

27
m *MR* Brit Mus. 200

28
m *MR* Brit Mus. 200

---

1) Der Name ist unägyptisch Ob semitisch *צלקת ? vgl hebr. צֶלֶק
2) Mit Lacau zu verbessern in .
3) Oder besser ‚Thot ist wissend', vgl Wb II 445,10 (Fecht)?
4) Vgl. *ti-ʿim·t*, S 324. 8

1) Überlieferung eines alten Namens, vgl. Gardiner's Text zu Pap Chester Beatty, S. 40.

1 
m *MR* Brit Mus 200

2 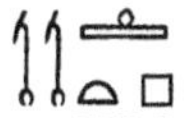
m *MR* Lieblein 440 (London)

3 
f *AR/MR* Liverpool Annals 4, 103.

4 *//////-f-kꜣ-jrj·s* 
AR Borchardt, Neuserre S. 73 Nr 21.

5 */////-ḥp-kꜣw (ḥp-kꜣw·/////?)* 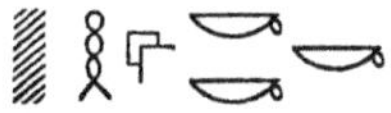 (vgl. I, 238, 21. 239, 4)
AR Borchardt, Neuserre S 73, Nr. 20

6 . . .-*ḥtp(·w)* 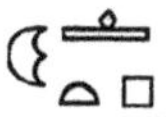
m *AR* Duell, Mereruka I, Tf 87, no. 40

7 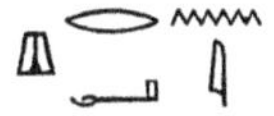 [1)]
m *AR* LD Erg , Tf 23a

8 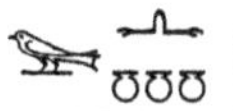 (vgl. I, 287, 27!)
m *AR* Annales 43, 496 499 (als ‚großer Name' bezeichnet).

---

1) Nach G Fecht *ḫrj-ʿ-n j* ‚ein Gehilfe für mich!' (vgl Wb III 393)

ZUSÄTZE UND BERICHTIGUNGEN ZU BAND I

XXIII, 144, 19 lies 76 anstatt 58!

XXX, 358, 16 ist zu streichen, vgl I 430, 18

XXXI 405, 19 ist zu streichen! Der Name ist PN I 432, 2 richtig gesondert aufgefuhrt

1, 5 auch f *MR* Steindorff, Walters Tf 111, 52

1, 6 *MR* auch Bull Inst 37, 102

1, 7 wie die Var ( ) zeigt, scheint *sw t-ib-n-ḫwfw* ‚Freude fur Cheops!' oder *nj-sw t-ib-ḫwfw* ‚ein Besitzer von Freude ist Cheops' zu lesen zu sein Junker, Giza V, S 19 u 91 u Abb 29 A

1, 11. Gise jetzt Junker, Giza II, 183, Abb 30

1, 16. hierher gehort das Zitat Kairo 20127f von 1, 19 (trotz des offenbar falschlich gesetzten)!

1, 19 das Zitat Kairo 20127f gehort zu 1, 16! Das muß auf einem Versehen des Steinmetzen beruhen

1, 20 auch (?) f *AR*, Borchardt, Denkm, S 213

1, 22 lies 110q anstatt 110, 9!

1, 26 Kairo 1406 u 1459 jetzt Borchardt, Denkm des *AR*, S 68 u 148

2, 1 jetzt Junker, Giza VI, 244/5

2, 2. die Namen *sbdt j* (LD Erg u Mereruka) und *sbd·j* (Annales) sind zu trennen!

2, 13 zu als Abkurzung des Namens Amon s Erman, ÄZ 44 (1908), 105ff

2, 16 = αριαραϑης vgl Posener, Prem domin Perse 122

2, 20 = αρταμης vgl Posener, Prem domin Perse 119 (f)

2, 26 jetzt Borchardt, Denkm des *AR*, S 98

3, 1 die Schreibung des Namens ist (nach Photogr Heidelberg) ganz deutlich — nur unsicher, welcher Vogel gemeint ist

3, 3 auch *D 6*, Wreszinski (Schafer), Atlas III, Tf 106B

3, 8 auch f *AR* Jéquier, Pyram de Neit et Apouit 56

3, 13 auch Ransom Williams, Per-Neb, Tf 5

3, 19 wohl erhalten in aramaisch אסרטיס (so anstatt אסוטיס ?!), Sachau, Aram Pap S 219

4, 2 lies *nḫt(·t)*!

4, 6 auch Lieblein 2467 (Kopenhagen), Koln, Wallraff-Richartz Museum, Uschebti No 10 (Bonner Jahrbucher 1884, 113)

4, 10 lies *ıś t-rš(w) tj*! Aramaisch אסרשות, Sachau, Aram Pap) S 63, Zeile 3 Ob hierher auch אסכשית (ib, S 96, Z 7, gehort?!

4, 11· auch Budge, Fitzwilliam Mus 80, auch *D 20* Wilbour Pap A 77, 29

4, 13 *NR* auch Chicago, Field Mus, Totenb des *ḫnś·w-rnp* Auch *Spat* Newberry, Fun Stat, S 288f

4, 16· auch f *D 18* Lieblein 2005 = Mariette Catal 1110

5, 6 lies Vatikan 99, Hockerstatue, ptol! — Vgl I 237, 3!

5, 7 auch *AR* Roder, Uhemka, Tf 12

5, 14 ‚*i* ist ein Geliebter des Ptah'(?)

5,17 auch Borchardt, Statuen 723

5, 20 auch (!) Annales 36, Tf II, No 58 (Steindorff las zweifelnd), auch *Spat* Mumienhulle im Museum in S Francesco bei Fiesole (Mitteilung von B v Bothmer)

5, 25 nach Junker, Giza VIII, 25 ist *itjw·t* zu lesen!

6, 2 *NR* auch Leiden K 9 (vgl Zus ² zu 55, 2), m *NR* auch Mitt D Inst Kairo 8, 162, Z 8

6, 4 nach Junker, Giza V, 20 u Abb 21 ist *itjw* zu lesen!

6, 6 ‚der Alte'!

6, 7 ob *isw* ‚Preis!'? Vgl den Anruf ÄZ 64, 25, 70

6, 9 Kairo 1454 u 1466 jetzt Borchardt, Denkm, S 141 u 155 Vgl auch Lieblein 1375 Ob ‚Preis des Ptah'? Vgl *dws-ptḥ* usw

6, 10 lies *iswj-nfr* ‚ein schones Alter!'

6, 17 Gise jetzt Junker, Giza I, 222

6, 19 auch m *MR* Engelbach-Gunn, Harageh, Tf 72 links, Mogensen, Glyptothèque Tf 98 A 688 dos unten

6, 23 auch , Engelbach-Gunn, Harageh, Tf 64, 2, auch *AR/MR* Philadelphia 29-66-627

6, 25 *AR/MR* , Vandier, Rev d'Egyptol 2 (1935), 55ff

7, 1 auch Mém Miss I, 200, der Name bedeutet wohl ‚die Perucke' oder ‚das Kopftuch' vgl Wb 1, 11, 17 18 — Besser vielleicht *iir t(·j)* ‚der Peruckenmacher', vgl Ann 42 (1943), 26 Anm 1

7, 3-6 vgl die wichtigen Bemerkungen von Clère, Notes, 104!

7, 4 auch Bull. Boston No 199, S. 76.

7, 5. auch als Variante zu Lieblein 2525 (Agram); also identisch mit I, 7 3! — Kairo 20308 k steht , vgl *iss·t* N²

7, 6 ist zu streichen!

7, 17 m auch *Spät* Lieblein 2418 = Mariette, Catal 1259, f *Spät* Florenz, Uschebti 5490

7, 22 Leiden *D 127* ist *MR*, nicht *NR*! Ob ‚*ij*, die von ihrem Herrn Geliebte'? Die Schreibung ist deutlich (v Wijngaarden)

7, 25 lies *iiw* (wie 27 u 28)? Vgl Weill, Journ As 229 (1937), S 32, Anm

7, 26 auch f, JEA 25, Tf 20 No 2, 3 Reg Vgl ubr I 26, 7

8, 4 hierher auch 16, 12!

8, 8 AR auch Kairo, Mus, unveroff (‚schoner Name' eines *'ꜣ-kꜣ w-pjpj) AR/MR* auch Liverpool Annals 4, 106 (mit ‚schonem Namen'), hierher gehort auch PN I 55, 7!

8, 11 m *MR* auch Recueil 25, 135 (kollat)

8, 12 auch f, *MR*, *spät* Louvre C 40 (nach Clère, Notes)

8, 13 auch Grabstein im Besitz des Dompredigers Martin, Magdeburg (Mitteilung von G Roeder) Sinn ‚moge mein Herz zu ihm kommen!' o a

8,15 ‚moge eine Lebendige kommen!' o a

8, 20 auch Bull de l'Inst 38 (1939) 219 Hierher wohl auch I 26, 20

8, 25 lies ‚o a' anstatt ‚u à'

8, 26. ‚der aus der Festung zuruckgekommen ist' (?) Vgl Wb I 95, 10

9, 2 m *AR* auch LD II, 113d e (auch genannt *'nḫ-pjpj*), Davies, Sheikh Said, Tf 28 (‚schoner Name' eines *ttj-'nḫ*), *AR* Schreibung auch Junker, Giza VI, 239 (2 mal!), *MR*, *spät* auch , Bessarione 9 (1900/01), S 17, fig 6 — *Spät* auch Daressy, Divinités 38202, auch Lieblein 2384 (Beiname eines *ḥr-sꜣ-ꜣś t)* — Was bedeutet das vor *ij- m-ḥtp*, Berlin 7731 (*MR*)? Die Schreibung ist spat, so auf einer Stele ohne No im Vatikan — Die Zitate Ann 15 und 19 gehoren unter f *Griech*!

9, 8. lies *ij(t)-m-tꜣ-p t* ‚die aus dem Himmel gekommen ist' — aber wer ist gemeint?

9, 9 auch Theben, Grab 200 (Schott)

9, 11 auch Fabretti etc, Museo di Torino I, 232 No 1854 (Var von !)[1] — Vgl auch I 427, 5

9, 12 jetzt Junker, Giza III, 178, 7 u Abb 28, 4 Reihe (‚moge Wasser kommen!'?)

9, 14 m auch *MR/NR* , LD Text 4, 53, der Frauenname ist wohl *ij-mr·t* zu lesen

9, 20 auch *AR*, Selim Hassan, Giza I 109, fig 182

9, 22 vielleicht nicht Eigenname! Vgl Junker, Mitt Kairo 9, 11, Anm 1

9,24 auch Lieblein 1406 Der Name wird ‚der zur Ruderfahrt gekommen (d h am Fest der ‚Ruderfahrt' geboren) ist' zu ubersetzen sein

10, 3 vgl die merkwurdige Schreibung bei Firth-Quibell, Step-Pyramid, Tf 106, 1 — *D 5* auch Mariette, Mastabas S 381

10, 5 auch *D 20* Wilbour Pap A 46, 25 — Das Zitat aus dem *NR* gehort zu 10,8! — *NR* auch Florenz, Uschebti 1938

10, 6 gehort wohl als abweichende Schreibung zu 10, 5!

10, 7 auch Wiedemann-Poertner, Karlsruhe, S 3, Louvre A 120 Die Bedeutung ist vielleicht ‚moge Gutes kommen!' o a

10, 8 hierher auch die f *NR* Stelle von 10, 5! Bedeutung ‚die kommt (*ij t*), indem sie schon ist'?

10, 9 der Text stammt aus dem Anfang der 1 Zwischenzeit Ob *ij-mw·t nḫn*? Vgl PN II, 10

10, 10 vgl *nšš* ‚Speichel' (Wb 2, 342, 11)? — Das ? hinter *AR* ist zu streichen

10, 16 die Schreibungen stehen wohl fur *ij-m-ḥtp*, so sicher die aus der Spatzeit!

10, 16 anstatt ‚vgl' lies ‚wohl fur'

10, 20 auch f, Koefoed-Petersen, Recueil 49 = Mogensen, Glyptothèque, Tf 97, A 685

10, 22 u 23 hier wird wohl ‚*ij*, der Nomade o à' zu lesen sein, vgl Zusatz zu 327, 19 — Auch Wilbour Note Books 3c, Assuan (Photo in Wilbour Coll) Hildesh 2142 jetzt bei Junker, Giza 7, 111 — Kairo 1578 ist nach dem Berl Wb *D 6* (Mitteilung v G Roeder) — Zu Anm 3 siehe jetzt Schafer (Wreszinski), Atlas III, Tf 22, IVa!

11, 1. jetzt Junker, Giza V, 19, auch Illustr London News 28 9 1940, S 413, fig 4 — Junker ubersetzt ‚mein Ka ist gekommen'

11, 3 jetzt Junker, Giza III, 182, 1 u Abb 30 rechts (5 Dyn), ob *ij-twꜣ* ‚moge ein Stutzender kommen!'? Vgl Wb 5, 248,12

11, 4 auch Mogensen, Glyptothèque, Tf 94, A 675

11, 5 auch Gardiner-Peet, Sinai, Tf 37, S Edge unten.

11, 7. ‚die kommen, in dem sie schon (gut) sind'?

11, 10 *AR* jetzt Junker, Giza VI, 192, auch *D 26* Lieblein 2356 (Bulaq) Es handelt sich gewiß um einen Kurznamen

11, 12. wohl Beiwort einer Gottin, also Kurzname Vgl ubr. Junker, Reden S. 23

---

[1] Vgl die keilschriftl Umschreibung *insibja* und Spiegelberg, ÄZ 50, 124.

11, 13. Schreibung auch (so!) Mogensen, Glyptothèque, Tf 97, A 687, , Recueil 25, 128, kollat

11, 17 auch *D 20f* Mélanges Maspero I, Parchemin de Louvre 1577, Z 15/16

11, 19 m auch *AR* Leipzig, Statuengruppe (stehend) Ob ‚der mein Herz erfreut hat' ? — Die weibl Zitate beruhen gewiß auf defektiven Schreibungen u gehoren zu 11, 23! —Vergl ubr 19, 4.

11, 21: anscheinend *iʿꜣ-ḫ·t-w*! Sinn unklar

11, 23 auch f *AR* Borchardt, Denkm, Bl 43, 1495, hierher auch die weibl Formen von 11, 19

12, 1 auch m *AR* Annales 43, 504

12, 2 auch f *AR*, Jéquier, Pyramides de Neit et Apouit 57 oben links

12, 9 auch Bull Inst 37, 103

12, 13 f *D 11* auch ÄZ 72, 120, auch (?) m *Spat* Florenz, Uschebti 1848

12,14 vgl so! London, Univ Coll Mus, Bronze-Harpokrates

12, 15· aramäisch אחרטיס, Sachau, Aram Papyri S 205 Vgl Ranke, Keilschr Mat, S 27 und OLZ 1912, 3 Die hierogl Schreibung auch Munchen, Antiquarium 44

12, 16· ‚der Mond ist aufgegangen' — oder *wbn-iʿḥ* ‚moge der Mond aufgehen!' ?

12, 19. f *MR/NR* auch geschrieben, Hoffmann, Theoph Pers S 38 (Kalksteinstatue im Handel), m *NR* auch Kairo 867 = Borchardt, Statuen III (auch genannt *mš*), aram אחמס (nach E Edel) Der Zusatz zu f *NR*, Stuttgart, bedeutet 'genannt die Kleine'

13, 4 der Name ist griechisch erhalten in dem Ortsnamen περχμασσινηιτ, Goodspeed Papyri 9 (vgl Griffith, Rylands Pap III, S 230[2])

13, 6. = 194, 6!

13, 9· lies *nḫt(·t)*!

13, 12. ob fur ?

13, 17f · vgl 43, 7!

13, 19 vgl 285, 17

13, 20 auch PSBA 25, 136 (Prinz)

13, 21. vielmehr: *iw-n·f-ḫ·t-(i)t·f* ‚ihm gehort die Habe seines Vaters' ![1])

13, 24· lies !

14, 9. oder *iw·f-n n-śn* ‚er ist ein Bruder fur uns' ?

[1]) So nach Edel, der z B die Schreibung Sethe Urk I, 2, 17 zum Vergleich heranzieht.

14, 10 auch , *D 18*, Fisher, D A N 1376 (unveroff.)

14, 15 eine Var hat !

14, 21 auch Koefoed-Petersen, Recueil 62 B — Vgl I 17, 18

14, 22· die Schreibung in Kairo 20035a ist deutlich — es wird aber wohl ein Fehler fur *sꜣ·f* vorliegen!

14, 25 auch Borchardt, Statuen IV, 1044 — Hierher wohl auch [1]) Slg Amherst, Stele 447 (Spiegelberg, vgl Lieblein 2389).

15, 4 f *MR* auch Recueil 25, 132, kollat

15, 6· ‚*NR, fruh*' ist zu streichen! Beide Zitate sind *MR*.

15, 19 20 ob *iw·n f* bzw *iw·n ś*?

15, 21 das Zitat aus Kairo 20441a ist *iw-nfr(·t)* zu lesen, vgl jetzt Nachtr [2]

15,22· auch f *MR/NR* Steindorff, Aniba II, 248 u 166

15, 25 m *MR* auch Roeder, Naos 70036

15, 26 ‚er kommt zu mir' o ä ?

15, 27 jetzt Junker Giza 7, 26, vgl 8, 22 Mit Junker ist *ptḥ-iw f-nj* zu lesen ‚Ptah ist zu mir gekommen'

16, 1. oder ‚*iw·f* (vgl 15, 29) ist gesund' ?

16, 3· auch (?) *MR* , Var Steindorff, Walters Tf 112, 58

16, 8· *AR* jetzt Junker, Giza V, 19, *NR* auch Theben, Grab 125 (Schott) Ob ‚der *iw*-Hund' ?

16, 9 auch m *NR* Lieblein, Denkmaler, 27

16, 10 auch m *AR* Brit Mus 1324

16, 12· gehort zu 8, 4!

16, 13 auch Lieblein 1927 = PSBA 1889, 96

16, 15 m auch *AR/MR*, Kairo 792 (Borchardt, Statuen III, 96)

16, 23 das f ist zu streichen!

16, 30 jetzt Borchardt, Denkm des A R, Bl 42, 1492 Lies *iw-pꜣ-n j* ‚dieser gehort mir!'

17, 2 auch , f *Spat*, Coll Hoffmann, 119

17, 6 f auch Mackay, Bahrein u Hemamieh, Tf 10 20—24

17, 8 dieser ist identisch mit I, 17, 10, vgl Kees, ÄZ 72, 43f — Derselbe Name wohl auch *AR* Junker, Giza II, 169

17, 10. ist hier zu streichen! Vgl 14, 21

17, 12 vgl auch Burchardt, Fremdworte 46 Nach Wb I 78, 6 ist *im* ein Teil am Wagen

[1]) Wohl irrige Lesung.

17, 25· ,die Heliopolitanerin'?

17, 26· auch *AR/MR* , Liverpool Annals 4, 115

17, 29 m *NR* auch Jéquier, Pyramide d'Aba, Pl XXII, 19, XVII, 1 (dort irrig (?) 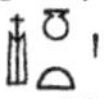 ! vgl S 26), auch m *Spat* Bull Inst d'Eg 20, 239 — Ob f *MR iwnw(·t)* zu lesen u zu 18, 2 zu stellen ist (,die Heliopolitanerin')? Vgl auch Bull Inst 30, 112 — In *AR*  konnte auch ein *nj-wj-iwn* ,ich gehore zum *iwn'* (vgl I 172, 10) stecken

18, 2 auch f *MR* Steindorff, Walters Tf 12, 50 Ob ,die Heliopolitanerin'?

18, 3 lies f anstatt *m*!

18, 4 auch (?) Kairo 20279, a

18, 6· ob *iw n-nhj* ,wir sind (nun) Einige!' etwa bei der Geburt des 3 Kindes?

18, 12 nach Albright, Vocalization of Egyptian syllabic orthography, S 35 E 3 ist *urḫija* ,a common Hurrian hypocoristicon' Vgl Gelb-Purvis-Mac Rae, Nuzi Personal names (1943), S 166 (62 Zitate!) u 273

18, 20 (cf S XIX!) f auch *AR/MR*, Koefoed-Petersen, Recueil, Tf IV

18, 23· ist zu streichen! Siehe statt dessen *mn-ʿ3-r-wšir*, Band II

18, 27 fehlt ,*MR*'

19, 2. *AR/MR* auch Liverpool Ann 4, 115

19, 8 der Grabstein jetzt Mogensen, Glyptothèque, Tf 100, A 692

19, 8 u 9 besser vielleicht ,mein Herz (sehnt sich) nach ihm (ihr)', vgl Luddekens, Totenklage S 82 f

19, 15· auch m *D 20*, Wilbour Pap A 75, 37 Bedeutung ,das Bockchen'

19, 16 m *MR* auch Montet, Byblos et l'Égypte, 212 (Furst von Byblos)

19, 17 lies *iʿb?* und vgl Wb 1, 40, 8?

20, 10 m *AR* auch Selim Hassan, Giza II, S 189 u Tf 72, auch genannt 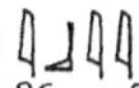 (ib, fig 219 hinter S 190) und *ḫwj(·w?)-rʿ* (ib S 186 u Tf 70), f *AR* auch Lieblein 1406, Bull de l'Inst 37, 96 — Bei f *AR* lies ,einer *mrr(t)*' anstatt ,eines *mrr*'

20, 17 auch Selim Hassan, Giza II, Fig 219 hinter S 190, auch genannt 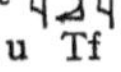 (ib S 189 u Tf 72) und *ḫwj(w?)-rʿ* (ib S 186 u Tf 70), f auch *D 18* Lieblein 2005 = Mariette, Catal 1110, Ann 43, 496 (,schoner Name' einer *nb t)*

20, 20 auch m *AR* Junker, Giza VIII, 124

20, 23 auch f *AR*, Bull Mus Fine Arts, Boston No 185, S 40, f *D 18* auch 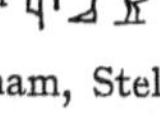 Borchardt, Statuen IV, 953

20, 24· nach Dunham, Stelae S 56 konnte das Determ durch die Ähnlichkeit der Aussprache von *ibw* und *ꜥbw* erklart werden

21, 8. f *MR* auch Schmidt, Museum Munterianum, 21

21, 11· vgl Lieblein 2526 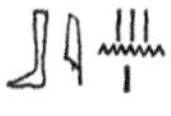 (f, *MR*)?

21, 14· auch m (?) *D 11*, Clère-Vandier, S 28, 8 und 29, 2

21, 15· vgl Wb I 64, 6—9

21, 18 fehlt ,*MR*'

21, 22 auch 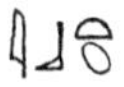 Budge, Lady Meux Coll, Tf I

22, 6 auch *AR/MR* Liverpool Annals 4, 108 (,schoner Name' einer *špš t-kꜣ w)*

22, 8· auch Lieblein 2468 (Boulaq, Sarg) Bedeutung doch wohl ,die große *ip·t*', also Kurzname, vgl 4, 1 u 44, 4

22, 9. auch (?) 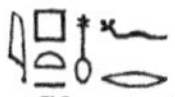 Koefoed-Petersen, Recueil 52 717 = Mogensen, Glyptothèque, Tf 104, 709

22, 15 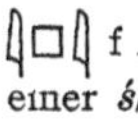 f *AR* auch Archiv f Or Forschung VI, 1930 (Beiname einer *šhtp)*, m *AR* auch Quibell, Saqqara I, Tf 13 (mit ,schonem Namen' 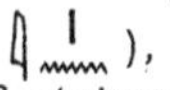), m *Spat* auch Steindorff, Walters Tf 116, 171 C *AR*, *spat* auch als Kurzform fur *ipj-ḥr-ššnb f*, Bessarione 9 (1900—1907), S 7, fig 3

22, 17 auch  und, als Kurzname, 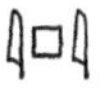 Quibell, Saqqara II, S 16.

22, 20· veroff Bessarione 9 (1900—01), S 7, fig 3 Besser wohl ,*AR*, *spat*' Der Mann wird mit Kurznamen *ipj* genannt!

22, 24 auch m *AR* Bull Inst 37, 96 (mit ,schonem Namen'  ), de Morgan, Cat des Mon 173, f *MR* auch Engelbach-Gunn, Harageh Tf 72 links — Anstatt Louvre 10367 lies 10366 (vgl Revue d'Egyptol I, 101, Anm 5), der Mann heißt dort auch *imn-m-ipꜣ t*, vgl PN I 27, 18 und Anm.

23, 5· lies 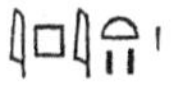!

23, 7 lies *ipw šr* ,*ipw* der Furst' o a

23, 8 auch  Mariette, Cat d'Abydos 751

23, 10. Rucks Petersb Proph 45 und Berlin P 3029, Rs 5—7 kommen *ipw-m-rʿ* und 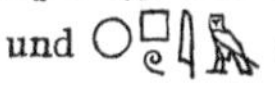 als Varianten des gleichen Namens vor!

23, 14 auch , LD Text IV, 51

23, 16 auch *AR* Junker, Giza VIII, 66 (nur Umschrift)

23, 19 wenn Marseille 31 wirklich f, ist vielleicht *ipw wr(·t)* ,*ipw* die Ältere' zu lesen

23, 23 vgl AZ 57, 77!

23, 26 auch m *NR*, Quibell-Hayter, Teti Pyramid, North Side, Pl 9

23, 27 auch Mem 5, 606 (Var ), auch Revue d' Egyptologie I (1933), S 101 (Var von *imn-m-ipꜣ t)*

24, 6 auch f *AR* Junker, Giza VI, 222

24, 7 m auch *Spat*, Louvre B 85 (Beiname eines *šr)* Vgl Zusatz zu 222, 20

24, 8 auch Kosename eines *ptḥ-ḥtp(·w)*, siehe Stolk, Ptah, S 126

24, 10 m auch *NR* Lieblein 2012 = Mariette, Catal 1117

24, 12 auch (?) *Griech*  Var  und  Daressy, Textes magiques S 2—3

24, 17 teilweise *ipt t* zu lesen und zu 24, 21 zu stellen!

24, 18 LD II, 103a als Kosename von *ptḥ-ḥtp(·w)* Vgl Erman, Reden u Rufe S 9

24, 20 auch (?)[1] m *D 11*, Clère-Vandier, S 30, C 4

25, 4 ‚gib, Amon!'

25, 8 auch Jéquier, Tomb de particuliers, 125 Zu Kairo 1638 ist hinzuzufugen ‚m schonem Namen ' Der Name ist auch geschrieben (Kairo 1638), vgl den Namen des nubischen Landes Wb I 81, 8

25, 8ff vgl I, 6, 19ff

25, 10 *MR* auch [2], Heidelberg 560

25, 12 auch *AR/MR* Dunham, Naga-ed-Dêr Stelae, Tf 6, 1

25, 17 m *AR* auch Selim Hasan, Giza II, S 175 u Tf 72 (‚schoner Name' eines *ymn-wỉ-kȝ ỉ*), auch (?) Annales 38,514, f *AR* auch Lieblein 1406, f *MR* auch Engelbach-Gunn, Harageh Tf 71

25, 21. lies *ỉmỉš* und vgl 32, 13

25, 23 auch Steckeweh-Steindorff, Qâw, Tf 27 oben rechts

25, 25. lies (vgl 26, 2) — der Rest ist *mȝʿ-ḫrw* (Clère Notes)!

26, 1 ‚Syrerin' ist hinzuzufugen

26, 2· m *MR* auch , Ann 34,49, f *MR* auch Lieblein 1748 (Musée Guimet)

26, 4 auch zu *MR* Daressy, Ostraca Tf 63 unten, Z 23, auch m *AR/MR* , Philadelphia 29—66—665

26, 6 auch *AR/MR* Grab von Moʿalla (Vandier)

26, 9 hierher wohl auch 328, 2!

26, 18 *Spat* auch Daressy, Divinités 38703

26, 19 die Lesung (32, 14 gibt eine andere!) ist nicht sicher

26, 20 gehort wohl zu 8, 20, vgl Z²

26, 21 auch , *griech* αμεννευς (Bilingue), Spiegelberg, Demot Stud 8, 23 u ÄZ 64 (1929), 84

26, 23 wie mir A Shorter mitteilte, ist vielmehr zu lesen! 35, 24 ist als Kurzname dazu zu stellen Also ‚Amon ist es, der die *šf w* bringt (gebracht hat)'? Vgl Wb 4, 455, 2!

26, 24 im Griechischen auch die verkurzte Form αμυρταιος, der aramaisch אמרטיס (Sachau, Aram Pap, S 128, Z 1) entspricht In der keilschriftl Transkription laßt sich nicht entscheiden, ob I, 26, 24 oder 12, 15 vorliegt, vgl Ranke, Keilschr Mat, S 27 u Anm 1

[1]) Dann wäre I 24, 20 auch *ipỉỉ t* zu lesen Hierher jedenfalls das letzte Zitat von I 22, 24

[2]) Das Zeichen hat die hieratische Form

26, 26 auch , Paris, Bibl nat 80

27, 2 ob ‚Amon ist es, der ihn (den Sohn) ubrig gelassen hat'? Vgl Wb I 256, 1

27, 3 lies *imn-wʿỉ(·w)* ‚Amon ist der Einzige', vgl auch I, 415, 5

27, 4 lies *imn-wʿỉ(w)*? dann zu 27, 3

27, 8 ist zu streichen (siehe die Publikation in Bessarione, Serie 2, vol 3 (1902), p 40, Pl II, Nr 33)

27, 9 die beiden Schreibungen sind von G Farina verglichen worden Ob auch 27, 15 hierher gehort?? Die Statue hat im Katalog die No 3024

27,15· auch Borchardt, Statuen IV, 960 Vgl auch P N I, 400, 9!

Bei Kamal wird der Name auch geschrieben Ob nicht doch 27, 9 beabsichtigt ist (mißverstandene hierat Vorlage)?

27, 18 *D 18* auch Louvre C 65 (ÄZ 73, 45, ‚genannt *pȝ-nḥśỉ*')

27, 19-21 zum Gott *imn-m-ipȝ·t* (‚Amon im Harim' bzw ‚Amon in Luxor') siehe Sethe, Amon und die acht Urgotter, § 111

27, 21 ist *nḫt-imn-(m-)ipȝ·t* zu lesen, vgl 209, 23!

27, 22 *Spat* auch Louvre, Holzsarg 1621 (‚schoner Name' eines *nḫt-ḫnś w-ir w*)

28, 1 *Spat* auch New York, Metrop Mus 26 7 854 (‚bronze group')

28, 6 zur Lesung siehe Z² zu 163, 15—17!

28, 7 zu erganzen [ ], vgl II, N²

28, 8 der Name des Besitzers von Benihasan, Grab 2 (Newberry, Benihasan I, Tf VIIff) hat die Varianten (Tf 9 u 13), (Tf 16) und (Tf 8) Die anderen von Newberry auf S 11 angegebenen Varianten kann ich in der Publikation nicht finden! — *NR* auch Leiden P 18, R 7—10 (Var *ḥȝ t·ỉ*)

28, 10 auch *D 20* Wilbour Pap A 41, 36 48, 19 68, 1 Kairo, Papyrus (Photogr Schott) Ob ‚Amon ist an der Spitze des Heeres'?! Vgl auch PN I, 425, 17 Auch (?) Kairo 971 (Borchardt, Statuen III)

28, 18 *hr* (anstatt m) wird zu erganzen sein vgl 22, 2

28, 20 Auch [1] Lieblein 1640 (Helsingfors) — Zu den spaten Schreibungen vgl G Nagel, Un papyrus funéraire de la fin du Nouvel Empire (= BIFAO XIX, 1929), S 6

29, 4 ob (29, 2)?

29, 5 ob ‚Amon, der Lowe', als Kurzname? Oder *imn-(ḥr-)mȝ* ‚Amon sieht'?

29, 6 auch Leiden V 8 (Clère, Notes)

[1]) So ist wohl zu verbessern!

29, 7 auch (?) Florenz, Uschebti 8609 u 8570 u 8571

29, 11 lies sic !

29, 12 auch *D 20* Wilbour Pap A 27, 36 60, 19, vgl *tꜣ-(n·t-)ỉmn·t*, auch Recueil 21, 54 (abgekurzt *n'·t-nḫt!*)

29, 14 dazu 138, 10! Ob alle diese Namen *nb(·ỉ)-ỉmn* zu lesen sind, laßt sich nicht entscheiden

29, 15 m *NR* auch Tell Edfou II, 36

29, 19 ‚der gute Amon ist sein Herr'

30, 2 oder *rḫ-ỉmn* (226, 6)?

30, 3 der Name ist zu streichen! Statt ist zu lesen, siehe unten *ỉmr-ḥd·w*

30, 4: auch Steindorff, Aniba II, 248

30, 5 auch Wilbour Pap A 19, 17 44, 39 48, 5

30, 12 m *NR* auch Lieblein 2158 (genannt), Annales 10, 197 (m Beinamen *hpw*), AZ 44, 90 (m Beinamen *hỉ*), keilschr auch Amanḫatpa, AZ 62, 63

30, 15 ist zu andern! Der Name ist einmal geschrieben [1]), einmal ? so?!)

30, 19 auch *Spat* Birch, Account 189

31, 1 besser wohl ‚Amon schutzt', vgl Exkurs 1 (II, 257f)

31, 5 lies etc

31, 6 oder *kd-ỉmn* (vgl 337, 4)?

31, 7 lies *nḫt(t)*!

31, 13· auch *AR*, *spat* Jéquier, Pyramide d'Oujebten 24, auch *Spat*, Annales 39, 533

31, 17 der Name ist zu streichen Wie mir J Capart mitteilte, steht da!

32, 7 jetzt Junker, Giza VI, 232—235 Junker liest *mỉnw* Ist das richtig, so ware I, 151,5 zu vergleichen

32, 9 Clère (Notes 104) liest *ỉmntt-wśr t(ỉ)* ‚Amentet est forte' und gibt eine weitere Schreibung (nach Černý)

32, 11 auch LD II, 115 l

32, 13 das Fragezeichen ist zu streichen (vgl Capart, Memphis, fig 227) — aber liegt wirklich ein Name vor? Vgl ubr I, 25, 21

32, 14 die Lesung (26, 19 gibt eine andere!) ist nicht sicher

32, 16 auch m *MR* Steindorff, Walters Tf 112, 50

32, 18 jetzt Borchardt, Denkm des *AR*, S 221f

1) So, nicht

2) Oder ?

32, 19 *AR* auch Quibell, Saqqara I, Tf 13 (‚schoner Name' eines).

32, 20 auch AZ 66,3* 7, 14, 5*, 14, 10 u o

32, 21 *D 18* auch Theben, Grab 125 (Schott)

32, 22 hinter *ỉn* fehlt ein?

33, 4 f *AR* auch Kairo 1450 (Borchardt, Denkm, S 136 u Bl 34) und 1507 (Borchardt, S 213), f *MR* auch Lacau, Sarcoph 28017 (auch genannt *ḫnwtỉ*), in (LD II, 10b) wird, wenn die Schreibung richtig ist, ein anderer Name stecken, auch ist als *ỉnỉ ṯꜣỉ* ‚*ỉnỉ*, der Mann' abzutrennen m *NR* ist anstatt ‚Uschebtikasten' ‚Statuette' zu lesen (Cat 2569)

33, 6· lies *'nḫ-ỉnỉ* ‚(Konig) *ỉnỉ*[1]) moge leben!' o ä — Woher stammt die Schreibung ? (Kairo 1336 = Mar Mast, S 255!)

33, 22 auch (?) [2]) Daressy, Divinités 38979 — Auch ? [3]) (Var), ib 39367[4])

33, 23. auch so! Gipsabguß einer gefalschten Stele der Spatzeit *(D 22?)* im Univ Mus, Philadelphia

34, 1 *AR/MR* auch Liverpool Annals 4, 104 (mit ‚schonem Namen'), *MR* auch Kairo 20594b (‚schoner Name' eines *sꜣ-rrw t)*

34, 1 und 5 sind Schreibungen des gleichen Namens, wofur Erman AZ 39, 147 einen Beleg aus dem Ende des *AR* beibringt Zur Bedeutung ‚der den Vater Bringende' zitiert er also ‚der seinen Vater und seine Mutter mit seinem Stab (?) gebracht hat' als Beiwort des Horus im Totenbuch (ed Nav 92, 4) Der Name *ỉnỉ-ỉt f* ist aber nicht zu trennen von dem Frauennamen *ỉnỉ t-ỉt ś* ‚die ihren Vater gebracht hat', und man ware versucht *ỉnỉ*, wie so oft mit ‚wieder, zuruck bringen' zu ubersetzen und anzunehmen, das Kind habe Vater bzw Mutter ‚wiedergebracht', d h Vater bzw Mutter seien in dem Kinde von Neuem aufgelebt, wenn nicht — *ỉnỉ-ỉt f* mehrfach auch als Frauenname belegt ware! Vergl im Ubrigen S 206 ff Kurz geschrieben Berlin 13272

34, 5 f auch *MR* Lyon 96

1) Kosename des Konigs *nỉ-wśr-r'* der 5 Dyn, vgl Sethe, Urk IV, 608, I 4

2) Oder sollten doch verschiedene Namen vorliegen? Auf folgt ein dem ahnliches Zeichen

3) Daressy las

4) Die seltsame Statuette stammt, gegen Daressy, gewiß nicht aus ptolem Zeit!

34, 10 m auch 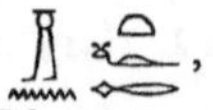, Zw *AR* u *MR*, Dunham, Naga-ed-Dêr Stelae, Tf 15, 1 — Auch die Auffassung *initj* ‘*3* (bzw ‘*3*·*t*) ‚*initj*, der (bzw die) Ältere‘ ware moglich

34, 11 auch *AR*/*MR*, Revue d'Egyptol II (1935), S 55.

34, 17 nach S Schott steht da 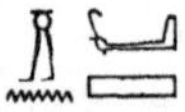.

34, 18 auch Wilbour Pap A 31, 26 41, 7 usw

34, 20 ‚(der Gott ?) *inj-pḥ f* ist stark‘, vgl Wb I 536, 18f

34, 22: lies ‚Ptah moge seine Herren (zuruck)bringen!‘

34, 23 vgl *w*‘·*t* als Teil des Palastes (?), Wb I 278, 4

35, 7 jetzt Borchardt, Denkm des *AR*, S 127

35, 7 ob *inj-hthr-nfr(t)* ‚moge Hathor Gutes bringen!‘ ? Vgl Wb II 258 unten

35, 8 lies Louvre C 205!

35, 9 das Zitat f *NR* ist zu streichen und (als defektive Schreibung) zu 36, 5 zu setzen Die Namen sind *inj(·w)* (bzw *inj t)-ḥ*‘*pj* ‚den (bzw die) der Nil gebracht hat‘ zu lesen

35, 10· auch *MR* Kairo 1248 (Borchardt, Statuen IV)

35, 11. vgl 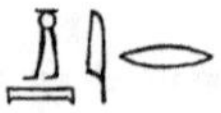 Lieblein 249

35, 14. auch  Florenz, Uschebti 1955

35, 16· m *AR*/*MR* auch  Brit Mus Quarterly, 12 (1938), Tf 45

35, 17· vgl Bulletin de l'Inst 27, 164, auch *D 20* 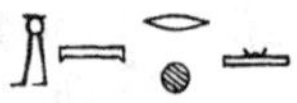 u a Wilbour Pap A 35, 30 52, 26 B 22, 31

35, 18 dahinter ist einzufugen 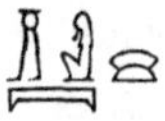 u a siehe *ḥ*‘*j-inhr·t*

35, 23· auch Fisher, Minor cemetery, Tf 53—55 und (?) Junker, Giza III, 41 Die Lesung wird in *śnfr·w-inj-iš·t f* (so auch Balcz, AZ 67, 10) zu andern sein Der Sinn des Namens ist dann ‚Snofru ist es, der seine (des Kindes) Habe gebracht hat‘

35, 24 vgl 26, 23!

36, 3. *MR* auch 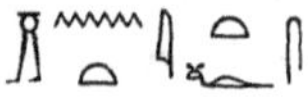,  Bull Inst 37, 99 98

36, 1 Junker (Giza 5, 20) ubersetzt ‚der seinen Ka bringt (gebracht hat ?)‘

36, 5· hierher (als defektive Schreibung) das Zitat f *NR* von 35, 9 und (als schlechte Schreibung) auch 38, 8! Zur Bedeutung siehe Zus [2] zu 35, 9 — *NR* auch Ann 9, 96

36, 6 ‚die Opfer dargebracht hat‘ o a ?

36, 7· auch 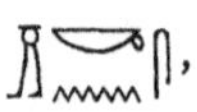, , ,  Junker, Giza V, 141, auch  Mogensen, Glyptotèque Tf 96, A 680 = Koefoed-Petersen, Recueil Tf. IV

36, 11· ob 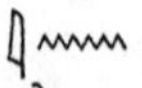 fur  ? ‚moge er seinen Vater (wieder)bringen!‘ o a ?

36, 12· ob ‚bringt sie her!‘, etwa von der Mutter zu den helfenden Frauen gesagt ?

36, 15 auch LD II, 117 h i k m u

36, 26 auch *MR* Quibell-Hayter, Teti Pyramid S 15 (mit vollem Namen *inp-m-ḥ3 t*, vgl Z [2] zu I 37, 9)

37, 1 m auch  Lieblein 731 (‚Boulaq‘)

37, 4 auch (?)  Lieblein, S 936, 157

37, 9· *MR* auch Quibell-Hayter, Teti pyramid, North Side, p 15 (abgekurzt *inp*) m *NR* auch  Turajeff, Altertumer aus der Sammlung Prachow (russisch), Tf 14

37, 15 ob ‚schon ist der Strick (oder *w3 t* ‘der Weg‘ ?) des Anubis‘ ? Vgl Wb 1, 244

37, 21. vgl *Spat* 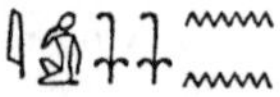 Daressy, Divinités 38364 bis

37, 25 auch m *AR* Murray, Sakkara Mastabas I, Tf 7, unten — Ob Kurzname zu **inn(·w)* + Gott NN ? Vgl 319, 23

38, 1. *D 20* auch  Wilbour Pap A 28, 46 46, 15

38,7· ob ‚das Konigskopftuch‘, Wb 1, 98, 11 ?

38, 8. wie mir G Farina bestatigte, steht wirklich   auf der Stele Das ist aber gewiß ein Fehler fur , und ebenso wird der *in*-Fisch eine schlechte Schreibung sein Der Name wird zu 36, 5 gehoren und ‚die der Nil bringt‘ zu ubersetzen sein

38, 13, Anm 1 lies ‚vgl *inḥ·t* das Biergefaß (Wb I 99, 15) ?‘

38, 15 auch Junker, Giza 7, 143 (Kosename eines ‘*nḫ-m-*‘*-hr)*

38, 17· die Wiedergabe des 2 Zeichens durch  ist durchaus unsicher Vgl aber f *AR* , Macramallah, Idout, S 20 Zur Bedeutung stehen Wb I 99, 18 ‚das Bein‘ und 100, 1 ‚eine Pflanze‘ zur Wahl.

38, 18· geschrieben , ob das  zum Namen gehort ?[1])

38, 23 f *AR* auch Fisher, Minor Cemetery, S 153 (Beiname *-njś·tw-m-* einer *ḥnw·t)*

39, 2 auch f, Mogensen, Glyptothèque, Tf 104, A 708

39, 6. *NR* auch f Recueil 25, 122

39, 7 nach Albright, Vocalization, S 33 A5=arija, ‘a common Hurrian hypocoristicon‘ Vgl Gelb-Purvis-MacRae, Nuzi Personal Names, S 24f (35 Zitate) — Vgl auch AZ 64,55

39, 8· auch *AR*, Macramallah, Idout, S 10.

39, 13: auch m *AR*, Jéquier, Mon fun Pepi II, S 61, *MR* de Buck-Gardiner, Coffin Texts I, S XVIII

---

1) Die meisten PN des Textes haben das Determinativ, aber nicht alle! — G Fecht will *nj-ink* „zu mir Gehorig(er)" lesen und sieht in der Schreibung eine Var. zu  Wb II 197,7

39, 14· *D 20* auch Wilbour Pap A 96, 41.

39, 16 lies *ir(j)·n-imn*, , nach Peet, Tomb Robberies, II, Pl V

39, 18· auch (?) Murray, Saqqara Mastabas I, Tf 10

39, 20. auch f *Spat* , Florenz, Uschebti 5604

39, 21. vgl *Spat* Daressy, Divinités 38174?

39, 22 vgl *ir-wḏ3-nfw*, N[2]

39, 23 lies [1]), nach Schäfer, ÄZ 43, 50 ist nicht Pianchi sondern eine allgemeine Bezeichnung der nubischen Konige Also etwa ,*moge p3-ʿnḫ* ihn schlagen!' (?)

39, 24 ff : lies *ir(·w)·n-NN* ,den Gott NN gemacht hat'

39, 24· auch Boston 13, 4333 (mit ,schonem Namen'), ÄZ 63, 59, auch genannt und *nj-ʿnḫ-pjpj*, Junker, Giza VIII, 151, auch genannt – Sethe (ÄZ 57, 77) ubersetzte ,vom Horizontbewohner geschaffen' Vgl auch Junker, Gotterlehre, S 26

39, 26 jetzt Junker, Giza III, 159

39, 28 hinter f ist '*NR*' einzusetzen, f *NR* auch (?) Theben, Grab 17, 2 mal (Schott)

39, 29: auch Lieblein 1933 (St Petersburg, Stele 44)

40, 4 Leiden M 45 ist vielmehr zu lesen (v Wijngaarden) – Auch Cairo entr No 65444

40, 6· veroff Bessarione 9 (1900/1), S 17, fig 6

40, 8 ff ob ,moge er Großes *(ʿ3·t)* [bzw Gutes *(nfr t)*] tun fur den Gott NN!'? Zu diesen Bildungen vgl Spiegelberg, Demot Denkm II, S 279

40, 9: hierher vielleicht auch 40, 13!

40, 13. ob nicht statt zu lesen ist? Dann zu 40, 9 Vgl aber Lieblein 1051 (Louvre, Apisstele!).

40, 14. Marucchi: wahrscheinlich = Vatican 141

40, 18: ,den er gemacht hat' (?)

40, 19: *AR* auch , Borchardt, Denkm des *AR*, S 78, 1412; anscheinend mit Beinamen *šnb-pjpj*, ebenso *AR/MR* Tell Edfou I, 55, 56 Hierher gehort auch PN I 174, 3, wo die Übersetzung zu streichen ist – Bedeutung wohl ,den sie (eine Gottin) gemacht hat'

40, 21. jetzt Giza V, Abb 44.

40, 24 auch , Dunham, Stelae, S 65 Vgl Wb 5, 125, 5

40, 26 f auch *AR/MR* Quibell, Saqqara I, S 8, Nr 153 (,schoner Name' einer *irj·t-nb w)*, f *AR/MR* auch[1]) Dunham, Naga ed Der Stelae, S 47 (,schoner Name' einer *smj·t-k3)*

40, 27 auch Koefoed-Petersen, Recueil 58, 898

40, 28· lies Louvre C 108!

40, 29 auch f *D 6* Gardiner, Letters to the Dead Tf 1, Z 2 12

41, 1 auch ÄZ 63, 59 (auch *ir·n-3ḫtj* und mit ,schonem Namen' *nj-ʿnḫ-pjpj* genannt)

41, 2· jetzt Borchardt, Denkm des *AR*, S 195

41, 6 m auch Philadelphia, Univ Mus 2309 (Beiname eines *ir·t-ptḥ)*, m auch *Spat* Borchardt, Statuen 4, 1106

41, 8· f *Spat* auch Lieblein 2428 = Recueil 11, 93

41, 9· auch m Annuaire de l'Inst Philol Hist Orient Bruxelles III (1935), 393, 394, auch m *NR*, *Spat* Mogensen, Glyptothèque, Tf 110, A 743

41, 18· vgl auch Reisner, Mycerinus Tf A 8? Vgl auch 40, 21

41, 19: S 115 Mitte, rechts

42,1 ob ,noch ein Kamerad!' o á ?

42, 5. auch JEA 21, Pl XIII, Z 1

42, 9–14· vgl Guentsch-Ogloueff, Atti del XIX Congr Intern des Orient, Roma 1935, S 139–145

42, 11· *Spat* mit Beinamen *šbk-ḥtp(·w)*, Newberry, Funer Statuettes, S 301

42, 14: vgl *ir·tj(?)-b3št·t*, Nachtr [2]

42, 17 auch (?) Mariette, Cat 1240, auch Steindorff, Walters Tf 114, 165 A

42, 20· auch *D 18* (Černý, Notes)

43, 13· auch *AR* Jéquier, Mon fun Pepi II, Tf 59

43, 16· vgl Philadelphia, D A N 1602 (unveroff)

43, 18. siehe auch , Nachträge[2]

43, 19· auch , Peet, Tomb robberies II, Pl XXVI, 2 A, 3

43, 25· ,die blaue Farbe', vgl Wb I 116, 10

43, 27: auch , Var LD III, 283 h Couyat-Montet, Hammamat No 95 Vgl No 72 und LD III, 283 o 9 – Vgl auch I, 2, 20

43, 29 auch , m *NR* (?), Coll Hoffmann, 91 (Uschebti)

43, 32 ,Jubel, Freude' (? vgl Wb I 117, 16)

---

[1]) Fur Schafers Erganzung scheint der Raum zu fehlen

[1]) Die Lesung ist nach Dunham nicht ganz sicher

43, 33 ,das Lager ist angefullt' o a Ob Name eines auf dem Feldzug geborenen Kindes?

43, 34 ,der Tanzer' (? Wb I 118, 16)

44, 3. auch Wilbour Note Books, 2 Q 10

44, 4 besser ,die große *iḥ t*', also Kurzname? Vgl 4, 1 u 22, 8

44, 6: schon *D 1* als Konigsname, ,der Kampfer', auch *AR/MR* Engelbach-Gunn, Harageh, Tf 65 (,schoner Name' eines *nfr-wnt?)*

44, 8 auch *D 20* Wilbour Pap A 52, 18 44 55, 37 u 41

44, 8 11 12 diese Namen sind wohl besser als ,der Kampfer ist groß, stark, gnadig' zu fassen, wobei ,der Kampfer' der Beiname eines Gottes sein wird Vgl das Vorkommen von 44, 11 als Frauenname (!) und 44, 10

44, 11 die Stelle Hild 1275/76 ist nach G Roeder ,ausgemeißelt, aber unzweifelhaft'

44, 15 auch Davies, Ptahhetep II, Tf 33 Lies *'ḥ3-wj-k3(j)* ,wie kämpft mein Ka'(?) vgl PN I, 338, 26

44, 17 auch Recueil 12, 17

44, 18 jetzt Borchardt, Denkm des *AR*, S 81

44, 20 Junker jetzt Giza V, 20, Kairo 1449 jetzt Borchardt, Denkm des *AR* I, 135

44, 25 Sethe (pers Mitteilg) wollte *-m-rw·t* lesen Vgl Urk I 209, 15

44, 26 auch Engelbach-Gunn, Harageh, Tf 8, 6 und 77, 3, Annales 37, 110 — Kairo 1483 jetzt Borchardt, Denkm des *AR*, S 174ff (auch genannt *'nḫ-mrjjr'!*) Ob *nj-św-iḥjj* zu lesen ist?

44, 27. auch Jéquier, Mon fun Pepi II, Tf 57 (vgl I, XX)

45, 9· die Ubersetzung ist kaum richtig!

45, 15 auch Mariette, Mast, S 271 (Beiname eines *wš-ptḥ)*

45, 17 auch Borchardt, Neuserre, S 72

45, 18 Kairo 1501 jetzt Borchardt, Denkm des *AR*, S 206

45, 22: vgl *k3k3j-b3 t*, N² Deutlich auch Junker, Giza 7, 245

46, 7 m *MR* auch (?) Bull Inst 37, 110 u 149

46, 8. auch Bull Inst 37, 112, Kairo 1516 jetzt Borchardt, Denkm des *AR* I, S 220

46, 15. ob *AR?*

46, 16 lies *'nḫ-iwḏ(·w)·š* u vgl I, 63, 13! (In *iš·wj* steckt ein Wort fur Zwerg o a vgl I, 63, 2 und Junker, Giza III, S 179)

46, 18 veroff Bessarione 9 (1900—01), S 17, fig 6

46, 19 jetzt Borchardt, Denkm des *AR*, S 55 u Blatt 14

46, 24· ,der zur Tamariske Gehorige' o a

46, 28· auch , Cannes, Museum, n 2 (Catalog Duringe) (wohl dieselbe Person wie Florenz 1510, wahrend dieser ist und die Opferformel an Osiris Chentechtai richtet, ist der in Cannes:).

47, 3· auch Junker, Giza II, 128

47, 5 auch Junker, Giza V, Abb 48, lies *išp t?*

47, 11 auch Orientalia 19 (1950), S 49, auch *AR/MR*, Brit Mus 1372 (I, 54)

47, 13 Lange-Schafer geben !

47, 14 auch *D 19* Syria 18, 190 u Tf 30, auch Louvre E 14354 (Liste von Fremden, Mitteilung von Posener) — Der Name ist wohl churrisch, vgl AZ 64, 55 Albright (Vocalization S 34, III, 16) liest Aqiya, 'a common Hurrian hypocoristicon' Vgl auch Gelb-Purves-MacRae, Nuzi personal names (1943), S 14f (76 Zitate!)

47, 17 auch , Weigall, Report, Tf 58 unten, 3 10 16

47, 19 lies *ikr(·t) m3 t* ,*ikr(t)* ,die Neue' o a

47, 21 vielmehr ,schoner Name' eines *in-ḥr(t) ikr*, s Wilbour Note Books 2 K 16.

47, 23· *AR* auch Jéquier, Pyramide d'Oudjebten 22, Fig 28

48, 15 f *MR* auch Louvre C 40 (Černý, Notes)

48, 16 auch f Louvre C 40, als Var von 48, 15 (Černý, Notes)

48, 18 auch [1] Recueil 16, 126, CXIII (= Daressy, Divinités 38238)

48, 19 lies ,Libyer' anstatt ,Nubier'!

48, 25 auch *MR*, *spat* , Stele der Sammlung Michailidis, Kairo (J J Clère)

49, 1: auch f *AR* Junker, Giza VI, 202

49, 2 die Anm ist zu streichen

49, 7. auch f *AR* Bull Inst 37, 104, *Spat* auch Spiegelberg, Demot Denkm I, S 64

49, 13 = 416, 9!

49, 14. ist mit 49, 17 zusammenzuziehen!

49, 17. auch f *AR/MR* Dunham, Stelae, Tf 28, 1

49, 26. zur Bedeutung siehe Grdseloff, Annales 42, 54

50, 2 Kairo 20001 gehort zu *AR/MR!* m *AR/MR* auch Dunham, Stelae No 32 ('schoner Name 'eines *pjpj-šnb w*)

50, 5 Gise jetzt Junker, Giza VI, 229

50, 10. jetzt Brooklyn 37 25 L Veroff Sethe, Urk I, 191f Der Mann heißt mit ,schonem Namen' mit ,großem Namen' *šmnḫ-wj-ptḥ!*

50, 12 auch Kairo 7 (Borchardt, Statuen I)

50, 14 auch , Journ Amer Or Soc 56, 168

50, 16 die Ubersetzung ist ganz unsicher Lies *it-'3?* oder *it·f-'3?*

---

[1]) Ob ?

50, 13—51, 20 ist nach Dévaud (Kêmi I, 142) immer *ỉtj* anstatt *ỉtỉ* zu lesen, soweit nicht *ỉtj·f* ,sein Vater' vorliegt In einigen Fallen (wie 50, 22, 51, 3 6) mag auch *ỉtj(j)* ,mein Vater' zu lesen sein

51, 8 auch (?) Theben, Grab 125 (Schott)

51, 11 so nach Roeders Abschrift! Der Sohn hat den ungewohnlichen Namen *nḥḥ-n-ỉt f!*

51, 16 auch JEA 25, Tf 21, No 3 unten links

51, 19 auch *D 20* Wilbour Pap B 16, 23

51, 22 auch *D 26*, Kairo 807 (Borchardt, Statuen III), auch Lieblein 2393

52, 2 auch , Petrie, Sedment II, Tf 53

52, 5 m *MR* auch Revue égyptol 1907, 222, VIII

52, 12 anstatt 'Kairo 1500' lies 'Kairo 1514' = Borchardt, Denkm des *AR*, S 218

52, 21 jetzt Junker, Giza II, 167

52, 22 23 ob *ỉt; t* ,die Diebin' ?

52, 29 auch *AR/MR*, Dunham, Stelae, Tf 19, 2 — Auch ,schoner Name' eines Junker, Giza 8

53, 4 auch Annales 26, 193 = Capart, Documents I, Tf 13, Junker jetzt Giza V, 134ff u Abb 36 40 (Schreibung !), *AR* auch Sethe, Urk I 206, 18

53, 12· auch , Borchardt, Denkm des *AR*, S 220, Kairo 1500 jetzt Borchardt, Denkm des *AR* I, 205 u Bl 43

53, 17 ,der Jungling' o a ? Vgl Wb 1, 151

53, 19· auch Lieblein (Marseille), 2 mal

54, 1 auch Semitic Museum, Harvard Univ , Opfertafel (Var).

54, 3 m auch[1]) *AR/MR*, Dunham, Stelae, Tf 33, 2

54, 5 jetzt Borchardt, Denkm des *AR*, S 133

54, 8 und 10 f auch *AR/MR*, Dunham, Stelae, Tf 27, 1

54, 9 f *MR* auch Louvre C 173 (Gayet, Stèles Tf 29) — Vgl auch *AR/MR* , JEA 16, 19!

54, 10 auch Brit Mus 1191 (auch genannt), Davies, Ptahhetep II, Tf 32 u 34 (auch *ptḥḥtp* genannt), auch LD II, 113g + 114a, vgl Sethe, Urk I, 115 (auch genannt *šnn j)* Derselbe Wreszinski, Bericht 71 — *MR* auch , Bull Inst 37, 102 u Anm 7

54, 18 *ỉdgj(·t)* ,die mit dem *ỉdg*-Kleid' ? Vgl Wb I 155, 14

54, 19 f *MR* auch , BIFAO 30, 111, desgl f *AR/MR* Philadelphia 29—66—671

54, 20 auch Lieblein 277 (London)

55, 2 ist zu streichen! Leiden K 9 steht nach v Wijngaarden vielmehr (also I 6, 2)

1) Die Lesung ist nicht vollig gesichert, vgl Dunham a. a. O. S 107

55, 7 *AR* auch m Schafer (Wreszinski), Atlas III, Tf 115 B, m auch *AR/MR*(,schoner Name' eines *mrw* bzw *mrw j)*

55, 9· m auch Dunham, Stelae, Tf 5, 1

55, 19. auch f *D 20* Wilbour Pap A 44, 46, m ebenda 91, 12

56, 3· auch *D 21* PSBA 28, 179

56, 8 Var Burchardt (Fremdworte 224) stellt den Namen mit keilschriftlich *ianḫamu* zusammen

56, 25 Weill, Mélanges Dussaud 955 liest , was ist richtig?

56, 27 *MR* auch Steindorff, Walters Tf 90, 37 C Ob *ʿ·š-n-k;(·j)* ,ihr(en) Arm fur meinen Ka!' ?

57, 2. 'Vatikan 227' (= Marucchi, S 363/4) ist nicht m sondern f *MR*! — Die weibl Formen werden fur *ʿ;(t)* stehen, das sonst ganz fehlen wurde!

57, 7 f *MR* auch Koefoed-Petersen, Recueil 51, 965 = Mogensen, Glyptothèque, Tf 97, 684, auch *D 21* ( ) Totb Brit Mus 10014 (Shorter, Cat Eg Rel Pap, S 5), auch *D 20* Wilbour Pap A 71, 24

57, 8 auch Lieblein 249, Louvre C 173 (Gayet, Stèles Tf 29, mittl Kol), Bull de l'Inst 30, 112

57, 10· vielmehr 1887!

57, 15. auch m *Spat* , Archaeologia 36, Tf 15 (S 174)

57, 16 *D 20* auch , Wilbour Pap A 26, 50

57, 18 es wird wohl *ʿ;-ptḥ-(m-)mnnfr* herzustellen sein ,Ptah ist groß in Memphis'

57, 19 lies *ʿ;-m-ỉb(j)* ,der Große (= Amon?) ist in meinem Herzen' u vgl I, 27, 17 Vgl auch Mariette, Cat 1243 (= Lieblein 2277)?

57, 23 lies *ʿ;-nrw*[1]), auch — Černý, L Ramess Letters 56, 7—8 10, Gardiner, Ramess Adm Doc 2,14 3,12 5,18 (auch u a)

57, 29 auch f *D 18*, Theben, Grab 161 (Schott) Vgl *ʿ;-ḥtp·š*

58, 1 auch (so!), Wreszinski(-Schäfer), Atlas III, Tf 115 u Mitt Inst Kairo 8, 21

58, 11 lies *ʿ;-šfj t-nḫt(w)* ,(der Gott) *ʿ;-šfj·t*[2]) ist stark'

58, 13 auch f *MR* Koefoed-Petersen, Recueil 51, 965 = Mogensen, Glyptothèque, Tf 97, 684

58, 16. *D 20* (Wilbour Pap A 32, 5), also *ʿ; t-m-n'·t* ,die Große ist in der Stadt'

58, 17. auch Berlin 45 als Kosename eines *šbk-ʿ;* Auch f *MR/NR* LD Text 4, 52 unten rechts

1) ,Groß an Schrecken', Beiwort eines Gottes oder des Konigs, hier als Kurzname

2) Der ,Großmachtige' o. ä., Beiwort des Amon, vgl. Wb 4, 458, 17.

58, 25 vgl Wb I 167, 6

59, 2 f *MR* auch , , Roeder, Naos 70036, S 124 — Die weibl Formen gehoren naturlich zu 59, 3!

59, 3 auch , *AR/MR*, Dunham, Stelae, Tf 34 — ‚*NR (?)*' ist zu streichen Die Stele gehort ins spate *MR*

59, 4 die naheliegende Lesung ‚die Asiatin *dd t*' ist ausgeschlossen, da es sich um die Tochter einer Ägypterin handelt, deren andere Tochter *ttj* u *htp·tj* heißen Ob in eine Gottin steckt ‚die von *ˁim t* Gegebene'?

59, 5 auch de Buck-Gardiner, Coffin Texts I, S XVIII — Vgl den Namen der Konigin *(D 11)*, Naville, 11th dyn Temple I, Tf 17 E

59, 13 auch Vatican 131

59, 22 f auch *AR/MR* , Grab von Moˁalla (Vandier) Was bedeutet ‚das Horn der Stiere'?

59, 21 · ‚das Horn'? Oder Kurzname

59, 25 auch (? identisch mit?) Louvre N 466 (= Pierret, Catal salle hist No 25)

60, 1 ‚der Geschickte'? Vgl Wb I 177, 5

60, 2 · ‚die Prahlerei'?

60, 4 ‚ich habe geprahlt'?

60, 11 vgl auch JEA 25, Tf VII u S 31

60, 13. zu *ˁpr(t)-š·t* (so ist zu lesen!) vgl auch AZ 61, 91 u Anm 3

60, 19 Kairo 1331 jetzt Borchardt, Denkmäler des *AR*, S 15

60, 28 vgl jetzt Clère in Mélanges Dussaud, S 840! — Auch PSBA 23 Tf 3 zu S 233

60, 30 = עמי־אתה? Siehe Sethe, ebenda

61, 4. ‚die Milchkuh', vgl Wb I 187, 4

61, 6 auch Wilbour Note Books, 2 F 56

61, 10 lies *ˁnḫ-t*?

61, 14 vgl Brugsch, Thesaurus V, 890, genannt *pɜ-(n-)mn(·w)* und Lieblein 1084 (genannt), auch demot, Spiegelberg, Demot Denkm I, S 30 (m Bein *pɜ-mn?)*

61, 17 · oder ‚der Schone (ein Gott) ist wie ein Stern'?

61, 27 auch u a Wilbour Pap A 13,24 15,18 26,13 usw

61, 29 *D 20* auch u Wilbour Pap A 93,6 92,32

62, 1. ich vermute, daß zu lesen ist, vgl Gardiner zu Wilbour Pap A, 75, 28, wo irrig geschrieben ist Der Name bedeutet ‚der Schone ist unter dem Weidenbaum' oder ‚schon ist (der Gott) *ḥrj-tr·t*' Vgl auch den Gottesnamen *ṯr·t j*, Wb 5, 386, 4 und Kees, Gotterglaube, S 87

62, 2 vielmehr ‚Amon wendet sich (gnadig) zuruck'

62, 5 besser ‚die Gottin *ḥj·t*'? Vgl Wb 3, 238, 7

62, 6 lies *nḫt t*

62, 7 auch *f* ( ) Berlin 773

62, 8 auch *(NR)* , Mogensen, Glyptothèque, Tf 104, A 708

62, 9 · auch , Ann 34, 51 53, auch Coll Desnoyers 41

62, 10 es ist uberall zu lesen

62, 12 · vielmehr ‚er wendet sich (gnadig) zuruck'.

62, 26 · auch ‚es lebt, den Ptah gemacht hat (d h der Konig?)!' Lies *ˁnḫ-ir(·w)-ptḥ* Dr Fecht macht mich dazu auf Preisigke 470 χαερεχνου(μις) aufmerksam, das wohl nur als *ˁnḫ-ir-ẖnm(w)* gefasst werden kann und diese alte Namensform auch fur die Spatzeit belegt

63, 1 *ˁnḫ-ir(·w) š* ‚es lebe der, den sie (eine Gottin) gemacht hat (d h der Konig?)!'

63, 2. lies *ˁnḫ-rˁḏd·f* ‚es lebe (Konig) *rˁḏd f*!' Das Wort *isww* ist vom Namen zu trennen, vgl Junker, Giza V, 10

63, 5 auch Daressy, Divinités 38124

63, 7 auch Sphinx 22, 83

63, 8 auch Relief, 5 Dyn, 1939 im Besitz von Dr Jacob Hirsch, New York (Photogr Philadelphia)

63, 12: hierher auch 87, 3!

63, 13. auch (vgl Erman, Gramm [4] § 424), *D 5*, Junker, Giza III, 179, 16 u Abb 27 rechts (Zwerg) Lies *ˁnḫ-wḏ(·w) š* bzw *ˁnḫ-iwḏ(·w)·š* Auch Fakhry, Sept Tombeaux 4 Hierher gehort wohl auch 417, 4!

63, 17. griech χαποχρατης vgl Griffith, Rylands III, 206, n 53

63, 18. *Spat* auch ? Daressy, Divinités 38277

63, 25. hierher gehort ein Teil der Zitate von 138, 20!

64, 3 lies ‚m' anstatt ‚f'! Kairo 1508 jetzt Borchardt, Denkm des *AR*, S 213f u Bl 44 Ob der Gott wirklich *skr* ist? eher *ḫrtj*!?

64, 4 · auch Borchardt, Denkm des *AR* I, 182ff

64, 5 · jetzt Junker, Giza V, Tf 5b

64, 8 9 · ob ‚der Lebendige (d i der Konig?) ist an der Spitze' o a bzw ‚in der Vorhalle (des Tempels, Wb 3, 307, 10ff)'?

64, 9 nach Wb 3, 307, 10ff ist *ḫntj*, Vorhalle, Hypostyl ‚masculinum!

64, 10 ‚Leben (der Lebendige?) ist in der *ṯnn·t*', vgl 103, 5! — *AR* auch Bologna 1901

64, 11 Kairo 1464 (Borchardt, Denkm S 152 u Bl 37) steht wirklich , Kairo 1465 (Borch, ebenda S 153), das aus demselben Grabe stammt, hat ein uber das hineinkorrigiert, also *nj-ˁnḫ-msˁ·t* ‚(die Gottin) *msˁ·t* besitzt Leben' Vgl PN I 64,21 22 Oder *ˁnḫ-n(·j)-msˁ·t* ‚moge die *msˁ t* fur mich leben!'? Vgl. PN I 64, 22

64, 13. *NR* auch , Florenz, Uschebti 8536

64, 14 Lieblein 2364 hat ! Ob *ˁnḫ-tı-nfr·t*??

64, 15 der Name ist geschrieben (Borchardt, Denkmaler, S 134 u Blatt 32), gehort also zu I, 171, 12!

64, 17 lies *ˁnḫ-mr-šı* ,es lebt, der sie liebt' o a Vgl *ˁnḫ-mr-św*, Nachtrage[2]

64, 21 ist zu streichen! Die richtige Lesung steht 65, 2

64, 26 lies *ˁnḫ-nb f* ,moge sein Herr leben!' Auch *AR* u a Mém Miss I, 191, LD II, 117w, Lieblein 1372, Annales 34, 134f Die archaisierende Schreibung auch bei 88,22

64, 28 lies (mit ,schonem Namen' *ˁnḫ w)* u vgl Junker ÄZ 63, 60

65, 2 · auch , *AR/MR*, Dunham, Stelae, Tf 2, 2 und Tf 16, 1 (mit ,schonem Namen' *nnı)*

65, 4 · Kairo 1410 jetzt Borchardt, Denkm des *AR*, S 74, der Mann heißt auch *šn ı-mn(·w)*, auch Selim Hasan, Giza II, S 196 u Tf 75 Vgl auch Borchardt, Neferirkere S 54

65, 5 · auch Kairo 1083 (Borchardt, Statuen IV)

65, 6 jetzt Junker, Giza III, 133 unten links — Besser wohl *nfr·t-ˁnḫ* ,die mit schonem Leben' ?!

65, 10 jetzt Borchardt, Denkm des *AR*, S 26

65, 17 18· wohl besser ,Leben sei an seiner Nase!' Vgl den Wunsch ,Hathor gebe Leben an deine Nase!' in Sinuhes Brief an den Konig (Z 270)

65, 20· auch , JEA 25, Pl XXI, 4 → Die angefuhrten fem -Formen gehoren zu 68, 17!

65, 24 auch Sotheby Catalogue 1939, July 11—12, Tf 1

65, 25 aramaisch ענחחפי (Spiegelberg, Ägypt Sprachgut, S 10) griech χααπ

66, 5 auch 1) Steindorff, Walters Tf 117, 175

66, 8 auch Lieblein 2490 (Boulaq), auch *Spat* Daressy, Divinités 39331

66, 9 lies *ˁnḫ-wı-snwšr t* ,wie lebendig ist S' o a Hierher gehoren auch die Schreibungen von 279, 4!

66, 10 ÄZ 41 steht so! ! Der Name (,es lebt der Sohn des Herrn des Lebens' ?) scheint mir verdachtig

66, 18. auch Borchardt, Denkmaler des *AR* I, 7, 1312

66, 19 Kairo 1326 = Mar Mast S 261! Es ist bemerkenswert, daß die Schreibung (Borchardt, Denkm, Blatt 4, 1326) als Variante von und (ebenda, S 105) erscheint, also nicht etwa *ˁnḫ-n ı-kıkı* zu lesen ist! — Auch vgl Engelbach, Annales 34, 157

1) So ist Steindorff, ib No 175, n 3 zu verbessern!

66, 20. vgl auch so? Lieblein 2254 (Boulaq) Oder ist *ˁnḫ-hb w* ,es leben die (heiligen) Ibisse' zu lesen? Vgl 64, 20

66, 21· wohl fehlerhaft fur 66, 22

66, 22 auch Kairo 1275 (Borchardt, Statuen IV)

66, 28 lies *ˁnḫ-dd·t·š* ,es lebe die, welche sie (die Gottin) gegeben hat!' ?

67, 2 *AR* auch LD II, 116a; auch Borchardt, Denkm des *AR* 1463 — Der Name im Pap Abbot ist eine Abkurzung von *ˁnḫ·f-n-ı͗mn*, vgl Clère, Notes, S 104

67, 3 auch Kairo 20276, 20331

67, 9 *Spat* auch Steindorff Walters Tf 118, 227. — *Griech* auch als Beiname eines *pı-dı-wšı͗r* Ann 20, 53 100 209 Die genauere griech Umschreibung χαπονχωνσις bei Preisigke

67, 10 auch mit Weglassung des , Borchardt, Quellen II, S 102, Anm 5, auch Steindorff, Walters Tf 54, 275

67, 13: *Spat* auch (?) 1) Philadelphia, D A N 1898 unveroff), *Griech* ογχασις Es begegnet als Beiname einer ζωϊς, vgl Spiegelb, Aegyptol Mitt (1925), S 7

67, 14 auch Kairo 20436c, 20436h (sicher nach Lacau, Bull Inst 30, 890, Anm 2), auch Recueil 25, 138, kollat

67, 15 auch *NR (?)* Philad, D A N 1596 (unveroff).

67,16· Schreibung ! Lesung unsicher

68, 3 in *AR* auch LD Text II, 160, in auch *NR* Lieblein 2125 = Mariette, Catal 1148

68, 7· auch Lieblein 1451 (St Petersburg)

68, 12 ob ,mogen die Gefährten leben!' ?

68, 17 hierher auch die weibl Formen von 65, 20!

68, 18. jetzt Borchardt, Denkm des *AR*, S 156

68, 23 auch Lyon 96, auch (?) Brooklyn 37 1345 L (*MR, spat)*

68, 25 auch Lieblein 155 (London), 1644 (Kopenhagen), Lieblein, Denkmaler 81, Revue égyptol 1907, 220

69, 6. ,Anukis ist die Starke' o á

69, 12 u 13 geben den gleichen Namen!

69, 13 auch Lieblein 1907 (Wien)

69, 14 f (?) auch Louvre C 173 (Gayet, Stèles Tf 29)

69, 19. auch Annales 36, 181 und Tf II, 37

69, 21 jetzt Borchardt, Denkm des *AR*, S 226 Der Name auch Mél. Maspero I, S 931 u Anm 4 (Dyn 5)

1) Vielleicht folgte noch etwas.

70, 2 lies ,m *D 6'* u vgl Junker, Giza 6, 240

70, 6 auch (?) Steckeweh-Steindorff, Qâw, S 9 unten

70, 11. ,die *ʿndj·t*-Schale', vgl Wb I 208, 2

70, 15 *ʿr(·w)-ḥp-ỉm* ,sie haben den Apis dorthin gebracht' o a

71, 3 Schreibung auch , Koefoed-Petersen, Recueil 52, 717 = Mogensen, Glyptothèque Tf 104, A 709

71, 6 lies , nach Mitteilung von O Koefoed-Petersen Ein Uschebti derselben Frau, Heidelberg 2084, gibt die Variante Es wird also *ʿstrt-ỉj w* (fur *ʿstrt-ỉj·tj* ,Astarte ist gekommen' ?) zu lesen sein

71, 12· auch *Spat* Berlin 2096 (Lieblein 2376), Borchardt, Quellen II, Blatt 2, Reihe 1, 11 u 15 — Vgl ib S 102, Anm 4, Koefoed-Petersen, Recueil 21, 1464a

71, 13 *D 20* auch u á Wilbour Pap A 71, 13 93, 4 Zu lesen ist gewiß *ʿšꜣ t-(m-)ḥbśd* ,die Menge ist beim Jubilaumsfest'

71, 16 *D 20* auch Wilbour Pap A 21, 35 22, 4 23, 16

71, 19 ,die Kinderreiche'

71, 23· ob ,Horus (als Sonne) geht unter' o a ?

71, 29 auch Wiedemann, Agram = Lieblein 2539

71, 30 m auch H W Muller, Felsengraber A 34

72, 13 ist zu streichen! Die Lesung ist (= I, 72, 11 + Zusatz!), vgl Peet, Tomb Robberies II, Tf 24, Z 22

72, 14 auch f JEA 26, Pl Va

72, 23 auch f *D 20f* Mél Masp I, Parchemin de Louvre 1577, Z 22

72, 26 auch *MR/NR* , Engelbach-Gunn, Harageh Tf 20, 88 (Skarab)

72, 27 ,der Freundliche' o à — Auch *NR* Borchardt, Statuen IV, 977

72, 28 phonizisch וחפרע, Bull Inst Fr 38 (1939), S 37 Griechisch ουαφρης (Septuaginta, Preisigke), ουαφρις (Manetho), απριης (Herodot)

73, 3 auch LD III, 277 *b d f* (,schoner Name' eines *pꜣ-kꜣpw*), zu beachten ist die aram Variante וחפרימחי (mit י anstatt ע !), die nach Sachau (a a O S 45) sicher sein soll

73, 4 ob Kurzname? Vgl *mn-ỉʿḥmś* (bzw *nfribrʿ)-(m-)mnnfr!*

73, 9 fehlt ,m'!

73, 12 lies *pꜣ-šrj-n-tꜣ-ỉh t*

73, 13 auch Lieblein, Denkmaler, 15, auch (?) Daressy, Divinités 38128

73, 15 ob Ausruf ,wie dauernd!' ? oder Abkurzung von *wꜣḥ-wj-św* o a

73, 20 lies u siehe Hildesheim, Mastaba, Nordwand, unten

73, 23· f auch (also *wꜣḥ t-kꜣ!*) Lieblein, S 949, 350, so sind naturlich die weibl Formen alle zu lesen

73, 24 ein Name?

74, 4 auch m, Steckeweh-Steindorff, Qâw S 9

74, 10 auch , Jéquier, Tomb de particuliers 25 — Der *wꜣš-ptḥ* Mariette, Mast S 271 wird auch *ỉsj* genannt!

74, 14 auch m *NR* Steindorff Aniba II, 88 248, die weibl Formen gehoren wohl zu 74, 29

74, 16 besser vielleicht ,wie frisch ist sie!' Ob eine Gottin? Vgl *wꜣḏ wj pꜣ hkꜣ nfr* als Anfang eines Jubelliedes beim Opet-Fest, Wolf, Das schone Fest von Opet, S 64, No 36

74, 18 m auch *Spat* (kryptographisch), Annales 43, 347ff — Ob ,ein Glucklicher ist geboren'? Vgl Wb I 266, 10

74, 23 auch f *Spat*, Vatican 143

74, 24 die weibl Formen gehoren wohl zu 75, 6!

74, 29 auch *Spat* Florenz, Uschebti 5941

75, 1 *wꜣḏ·t(j t)?* ,die (Frau) aus dem Gau von Aphroditopolis'?

75, 2 die ,Var' sowie die Anm 1 sind nach neuerer Mitteilung von van Wijngaarden zu streichen!

75, 9 die u a geschriebenen Namen werden *ḥtp-wꜣḏj·t* (vgl Zus ²) ,moge Uto gnadig sein!' gelesen werden mussen Dazu gehoren ferner *AR* Junker, Giza VI, 242; Var u a (*AR/MR*) Petrie-Brunton, Sedment I, Tf 23 (Name eines Mannes!), ferner Lieblein 79 u 856 Auch der Engelbach-Gunn, Harageh, Tf 67 begegnende Name gehort wohl hierher und ist gewiß nicht *ḥtp-wḥ t* (vgl Gunn, a a O S 20, Anm 10) zu lesen Eine Gottin *wḥ·t* ist nicht bekannt — Dagegen *wꜣḏj t-htp·tj* auch Lieblein 1370 Zu Gise siehe jetzt Junker, Giza II, Abb 18 (die Tochter)

75, 14 m *AR* auch Davies, Deir-el Gebrawi II, Tf 10, Mitte oben

75, 18 lies *wꜣḏ·ś!*

75, 19 jetzt Borchardt, Denkm des *AR* I, S 213, lies *wꜣḏj t?*

75, 24 die weibl -Formen gehoren wohl zu 75,25 Ob dies defektive Schreibungen fur 75, 26 u 27 *wỉꜣ j·t* ,die zur Prozessionsbarke Gehorige' sind?

75, 26 auch MR Reisner, Kerma II, S 529, Fig 345, no 60

76, 26 lies ,m' anstatt ,f'! Das ist Determinativ Ob *wʿb* Titel und *nb* der Name? Vgl I, 183, 1

76, 31 ist *wʿb t* zu lesen und zu 76, 23 bzw 29 zu stellen, vgl Clère, Notes

77, 10 auch (?) *NR* Lieblein 2105 (Coll Amherst)

77, 14· wie mir J Černý mitteilt, begegnet auch die Schreibung

77, 15 auch *Spat* Lieblein 1334 (Turin) Also ,das Kraut' o a, vgl Wb 1, 296, 11 12

77, 16· auch Selim Hassan, Giza II, Fig 219 hinter S 190 u Tf 74 (Kurzform von *wp-m-nfr t)* — Junker jetzt Giza V, 20

77, 23 auch Wreszinski, Wien, S 63

77, 25 lies ,Vatikan 120' (Grabrelief) Ob 2 Namen (Marucchi, S 58)? Außer dem sind alle Zeichen vollstandig deutlich!

77, 26· fehlt ,*MR*'

78, 3: auch Selim Hassan, Giza II, Tf 70 u 71, mit Kurznamen, ib Fig 219 hinter S 190 u Tf 74

78, 4 auch (?) *NR* Wiedemann, Agram = Lieblein 2536, f *MR* auch Koefoed-Petersen, Recueil 50, 966

78, 5 dieselbe Frau Theben, Grab 125 (Schott)

78, 11. auch Lieblein 175 (Naos, ,Boulaq') = Roder, Naos 70036, S 125

78, 14 nach Lacau (Mél Maspero I, 933) sind und Koseformen von *wp-wꜣ·wt-m-ḥꜣ·t!*

78, 15 hierher 418, 4!

78, 17· ob das richtig ist? Vgl 78, 18

78,19 ,der den Weg offnet' — Gottesbeiname?

78,23 hierher auch I, 151, 18!

79, 2. jetzt Junker, Giza V, 20

79, 3 die erste Stelle ist wohl zu streichen[1]) Hinter f ist ein ? zu setzen

79, 4 ,es gibt einen Beschutzer!'?

79, 5 *MR* auch Lieblein 1710 (Boulaq) Das Beispiel f *NR* gehort zu 79, 8!

79, 6 ,ich habe sie gewunscht'

79, 8 hierher das Zitat f *NR* von 79, 5!

79, 9 so (! nicht) auch Borchardt, Denkmaler I, 1309 1310 — Als Name eines libyschen Prinzen Sethe, Urk 1, 167, 17

79, 13 m *AR* auch Mogensen, Glyptothèque, Tf 93, A 667

79, 19 aramaisch נפרו Sachau, Aram Pap, S 219, Z 1 — Davies, Ptahhetep II, Tf 18 steht ,aber mit Raum fur ein zweites zwischen und ! Die richtige Schreibung ib Tf 19 Die Schreibung ist also zu streichen — *Spat* auch als Name eines Nubiers Urk 3, 108, Z 23 — Zur Ubersetzung des Namens macht Clère (Notes, S 104) auf Gardiner, J A O S 56, 190 aufmerksam (,der welcher bestandig gut ist')

[1]) Die Abtrennung des Namens ist mir nicht ganz sicher

79, 24 nicht ,*Spat*' sondern ,*MR*, *spat*', die Stele ist veroff Bessarione 9 (1900/01) S 17, Fig 6 Vielleicht ging dem noch ein Zeichen voraus

80, 1 auch f *NR* Lieblein 1979 = PSBA 1886, 223 (Lyon)

80, 4 auch *D 20* Wilbour Pap A 66,17 70,12, auch Jéquier, Deux Pyramides S 69

80, 9 auch Annales 36, 177, No 161

80, 10 auch Lieblein 1779 = Mariette, Cat 827

80, 13 auch m *AR* Junker, Giza VI, 202

80, 14 auch Davies, Ptahhetep II, Tf 5

80, 20 die Namen und mussen wohl als Kurzform und Koseform von einander getrennt werden, vgl die Beobachtung von Junker ÄZ 63, 56 Anm 2!

80, 21 auch Hier Texts, Brit Mus VI, Tf 5 u 7 Die Lesung ist wohl *wr-ir(w)·n-ptḥ* ,groß ist der, den Ptah gemacht hat (d h der Konig)' Vgl ubr Junker, Gotterlehre, S 26

80, 22 auch (?) Brugsch, Thesaurus V, 1062

80, 24 ist *wr(t)-wꜣḥ(t)-św* zu lesen und zu 82, 12 zu stellen!

80, 25 auch (?) Selim Hasan, Giza II, S 197 u Tf 76

80, 27 auch Junker, Giza VI, 202 — Kairo 20284c ist wohl auch m, nicht f!

80, 29 ob hier der Name eines Gottes fehlt, also ein Kurzname vorliegt? Ein Name ,groß an Ruhm ist mein Ka' ware doch sehr auffallend! Vgl aber I 339, 10ff

81, 3· ,groß ist der Lowe'?

81, 10 Louvre C 39 hat nach Mitteilung von J Vandier die Varianten und

81, 15 ,das ist ein Großer!' o ä Vgl *tf-nn* I 431,5

81, 20 jetzt Steckeweh-Steindorff, Qâw Tf 17b

81, 24 jetzt Junker, Giza VI, 97 — Ob *wr-šśm(j)* ,der Große ist mein Leiter' o a ?

81, 26 jetzt Junker, Giza 6, 242/3, auch Junker, Giza 7, 72, auch LD II, 117r

82, 3 lies Duell, Mereruka I, Tf 87, Nr 34

82, 6 lies *wr-ḏdd-bꜣ!* ,groß ist es (o a), daß der Bock dauert', vgl 201, 9 und Firth-Gunn, Teti Pyr Cem I, 157, Anm 3

82, 10. ob abgekurzt aus **ir t-wr t-'r w* ,das Auge der Großen ist gegen sie (gerichtet)' o a ? Vgl 246, 5 und 42,11!

82, 12 auch *wr t-wꜣḥ(t)-św* ,die Große ist es, die ihn (den Konig?) erhalten hat' Hierher auch I, 80, 24

82, 14 u Anm 2· ob der Doppelname in ,*sꜣ·t-hthr* die Altere' und *hnw·t(·j)-pw* zu trennen ist? Vgl 244, 18

82, 17: auch Spiegelberg, Sitzungsber Bayr Akad 1925, 2 Abh, S 20, No 2.

82, 20: Junker jetzt Giza V, 20; VI, 32 u 195 — *MR* auch Annales 36, 182 u Tf III, 75

82, 28: lies *wrl-ḥtp·(t)j* ,(die Gottin) *wrl* hat sich gnadig erwiesen' o ä

83, 3· auch , Koefoed-Petersen, Recueil 54, 968 (2 mal)

83, 5 lies MR Wien, Wreszinski S 15!

83, 21· auch (?) , m *Spat (D 26)*, Annales 39, 122

83, 24. ,(Nubier)' ist hinzuzufugen!

83, 26: *AR/MR* auch Dunham, Stelae Tf 32

83, 27· auch Vandier, Rev d'Egyptol 2 (1935), 45

83, 28. *AR*, *spat* auch Lieblein 1398 — Ist Dendereh Tf 10 *idw* richtig?

84, 4: der Name ist besser zu streichen, da jedes einzelne Zeichen, bis auf die Pluralstriche, unsicher ist Vgl die Photogr ÄZ 38, 43

84, 13: auch Junker, Giza III, 129 131. 133.

84, 19: vgl 165, 22!

85, 3. vgl Kees, ÄZ 58, S 86.

85, 6: m *D 18* auch Theben, Grab 161 (Schott)

85, 7. derselbe Mann Theben, Grab 125 (Schott), auch Lieblein 1925 (Florenz, Catal 1789), auch *MR/NR*, Stele No 18 im Mus von Khartum (J J Clère).

85, 13: hierher auch 139, 7!

85, 14: auch *Dyn 22* Var Lieblein 2290 (Boulaq)

85, 16· keilschriftlich *w[ašmua]ria-naḫta*, ÄZ 58, 137

85, 17: auch[1]) , Quibell-Hayter, Teti Pyramid, North Side, S 11

85, 18 *NR* auch Theben, Grab 148

85, 19 der Name ist wohl *wśr·śn* zu lesen, vgl die Schreibung Kairo 20152c und PN I, 81, 21

85, 23. auch Recueil 7, 180

85, 24· auch m *MR* , Bull Inst 37, 104 112 und Alliot, Tell Edfou (Le Caire 1935), Tf 15, 1 —*NR* auch Theben, Grab 51 (m Beinamen *nfr-nb f*)

86, 2—5: *wśr-ḥ3·t* muß hier Beiwort des Amon sein, vgl Wb 1, 362, 3

86, 6· wohl auch Daressy, Divinités 38245

86, 7: lies anstatt ! — Auch Wilbour Pap A 82, 9

86, 8 ob Kurzschreibung fur *wśr-ḥr-ḫpš f?* Vgl N²

86, 9 auch Recueil 7, 120, B, auch (?) *MR* Brit Mus [643]

86, 10 *NR* auch u a, Mélanges Maspero I, 658ff und 658, Anm 2

86, 11. auch Wilbour Pap A 68, 29

86, 18: *wśr-k3-r'* ist der Name des Hyksoskonigs *ḫndr*, vgl Burchardt-Pieper, Konigsnamen, S 44

86, 21. Davies, Deir-el Gebrawi I, Tf 11 unten links steht [ ]! Also zu 86, 22 zu ziehen!

87, 1· ,Reichtumer sind auf den Platzen (Thronen?)' (?) Vgl Wb 1, 363, 1 2

87, 2 auch Spiegelberg, Dem Denkm I, S 62

87, 3· ist zu I 63, 12 zu stellen!

87, 4 *D 20* auch Wilbour Pap A 27, 16 47, 18

87, 10· vgl 126, 10 und Wiedemann, P S B A 11, 221

87, 14. ob hierher auch (f *MR*), Roder, Naos 70036, S 125?

87, 21 nach K Bosse, Statuen S 32 ,Ende Dyn 25' Der Name ist also wohl nubisch

87, 23. der Name begegnet auch *MR/NR* als Name eines Sklaven, LD Text 4, 54, Z 14!

87, 24· auch Lieblein 387 (London) — Vgl ubr Wb I 377, 9

87, 26 Borchardt, Denkm des *AR*, S 166 u 167, liest ! Der Name gehort also zu 87, 27.

87, 27 auch (?) Kairo 1479 u 1480 (Borchardt, Denkm des *AR*)

87, 28 auch f *AR/MR* , Philadelphia 29—66—623

88, 1. Kairo 1451 (Borchardt, Denkm, S 137 u Bl 34) steht ! Kairo 1371 u 1456 jetzt Borchardt, Denkm S 33 u 145

88, 2 ob ,die gute Schlange' (Wb 1, 378, 4), also Kurzname?

88, 9 12 13 nach Gunn ware der Gottesname am Anfang zu lesen, also *imn-wḏ-'nḫ·f* ,Amon ist es, der befohlen hat, daß er lebe' usw

88, 14 *AR* auch Borchardt, Denkm, Blatt 21, 1419

88, 16· auch Florenz, Uschebti 8600 Die Ubersetzung ist zu streichen, es liegt ein Kurzname vor, vgl 179, 12!

88, 17 auch *AR/MR*, Brit Mus 1372 (I, 54)

88, 19: auch Tf 21, C 5 (mit Beinamen *ḏd-ḥr*)

---

[1]) Oder ist *Nḫb·t* zu lesen?

88, 22 lies *wḏꜣ-nb.ś* ‚möge ihr Herr heil sein!' o. ä. Vgl. 88,20. Zur Schreibung vgl. 64, 26. Es liegt anscheinend ein Versehen des Schreibers vor, der für *wḏꜣ-rn·ś* irrtümlich einmal (Gauthier, S. 177 oben) einen ihm geläufigen, uns bisher nicht bekannten, Namen einsetzte.

88, 23. lies ‚Vatikan 189 (Denkstein)'. Auch , Duringe, Cannes, Tf. 4, 2 u. S. 12 *(D 25)*.

88, 26. *Spät* auch geschrieben ; Philadelphia E 1390. *Griech.* οτευρις und wohl auch die aus den Genetiven zu erschließende Form οτυρις.

89, 1: zu Mus. Guimet E 1329 ist hinzuzufügen (mit ‚schönem Namen' *nfrîbr'-nb-pḥtj*)!

89, 3. Florenz, Uschebti vielmehr 5602!

89, 7: auch (?) m. *MR* ? Mélanges Maspero I, Tafel zu S. 907/8, rechts. — Ob hierher auch m. *AR* Junker, Giza 7, 90? Vgl. *ḏꜣw*.

89, 9 auch Jéquier, Pyram. d'Oujebten S. 9 u. Tf. 13 (Königsgemahlin). Ob *w ḏb·t·n(·j)*?

89, 14 auch Davis, Tomb of Siptah, S. XVIII f. (auch genannt *r'mśśw-ḫ'j w-m-nṯr w*).

90, 2: Zitat *D 26* = Kairo 1233 (Borchardt, Statuen IV, 122).

90, 7: lies Leiden V 31 anstatt 33!

91, 6 *D 20* auch Wilbour Pap. A 31, 3.

91, 14 lies ‚*NR*' anstatt ‚*Spät (?)*'; auch , *D 20*, Wilbour Pap. A 26, 49. 48, 4.

91, 19. auch Steindorff, Aniba II, 247. — Es ist natürlich *bꜣk(t)* und ‚die Dienerin' zu lesen!

91, 15 u. 16 ist zu ändern! Siehe *bꜣk-n-tꜣ-'*!

92, 2 das Beispiel *D 18* (vgl. auch Borchardt, Statuen 4, 1107) ist Femininum! *D 21* lies Mém. Miss. I, 557, Zeile 4 v. u. — Auch Černý, Late Ramess. Letters 12, 8, auch Bull. Metrop. Mus. (1935), Nov., Sect. II, S. 18ff. (Kurzname für *bꜣk-îmn*) u. 1937, Jan., Sect. II, S. 32f.

92, 15 auch , JEA 21 (1935), Tf. 13/14, 14. 15/16, 16. 18. 20.

92, 23 auch Annales 36, 125.

93, 4 auch Mogensen, Glyptothèque, Tf. 104, 707 (2 mal), auch *D 20ff.* Černý, Late Ramess. Letters 12, 8.

93, 9 m. *MR* auch Annales 36, 182 u. Tf. V, 146, f. *MR* auch Louvre C 173 (Gayet, Stèles Tf. 2a).

93, 10. ob Leiden P 67 hierher gehört, ist sehr fraglich, der Text scheint undeutlich geschrieben zu sein. Boeser (ÄZ 42, 81) schreibt und , van Wijngaarden (brieflich) und !

93, 14: *D 6* auch Kurzname eines *ḫ'j-bꜣ·w-ẖnm·w*, Annales 34, 76f.

93, 15: vgl. Wb. I 442, 9.

93, 18. fehlt ‚*MR*'.

93, 24: *D 20* auch . Bedeutung vielleicht ‚Month ist Baal'.

94, 3: auch [1] Cleveland, Mus. of Art 377. 14 (Pap. fragm.).

94, 6 auch f. Junker, Giza III, 177, 11 u. Abb. 28, 2. Reihe, auch so! Petrie, Medum Tf. 12.

94, 7: ‚er ist nicht stark', Sinn?

94, 8 ist zu streichen! Der Text hat *bw-rḫ f* (Clère, Notes).

94, 9 auch Revue égyptol. 1907, 220.

95, 1: ‚der *bw t*-Fisch'. Vgl. Wb. 1, 453.

95, 11: auch Borchardt, Neuserre, S. 72, Mariette, Mast., S. 105, — dort Beiname (Kosename?) eines *śnḏm-îb*.

95, 13: das Fragezeichen und die Anmerkung sind zu streichen! — Auch Vandier, Revue d'Egyptol. 2 (1935), 55.

95, 16: m. *AR* lies *mrr·w* anstatt *mrw*; das Zitat Zw. *AR* u. *MR* ist zu streichen!

95, 17 auch Lieblein 1639 (St. Petersburg).

95, 18. oder ist ein Determinativ zu *bbj*?

95, 19: auch (?) , Birch, Account 193.

95, 22: vgl. *bbj-rś-'n*, Nachtr.[2]

96, 20. das ? ist zu streichen!

96, 20. 21: vielleicht ‚man wird die (heilige) Katze — bzw. den Horus — nicht (ungestraft?) antasten', vgl. Wb. 5, 319, 20. 320, 7 und Erman, Neuäg. Gramm.[2] § 764. — Ob in u. 96, 18 u. 19 eine schlechte Schreibung für *bn-îw w-thj* vorliegt?

96, 21: vgl. Lieblein 2386!

96, 23: oder *bn'*? Vgl. Burchardt, Fremdworte 343.

96, 27. besser ‚es ist ein Sohn!'? Vgl. I, 97, 6.

96, 28: vgl. Wb. 4, 234, 12? Ob *bn-nb·j-m-śḫꜣ·w-n·f* ‚mein Herr ist nicht einer, den man vergißt'?

97, 5. vgl. I 94, 7 u. 94, 18.

97, 10 auch (?) Kêmi VI, S. 128; auch ÄZ 78, 54. — Der Name ist *bnw-îw* zu lesen ‚der Phönix ist gekommen'.

97, 11 ob ‚der Phönix von Heliopolis'?

97, 12. auch New York, Metrop. Mus. 15, 2. 4.

97, 17. Kairo 20581 a und b 1 und 2 steht (ohne)!

---

[1] Unklares Zeichen

97, 20 lies , vgl Kuentz, Bataille de Qadesh

97, 21· Leiden f ist *Dyn 18*

97, 22 fur weitere Schreibungen siehe Burchardt, Fremdworte No 346 u 383!

98, 1· *D 20* auch Wilbour Pap A 71, 25

98, 3. ‚(Nubier)' ist hinzuzufugen!

98, 6. lies ? Vgl N²

98, 9 ff. vgl Sethe, Bau- und Denkmalsteine S 903 f, wonach *bḥn ȷ* ‚der Spaher, der Wachsame' bedeutet

98, 9· lies, nach Sethe, u vergl auch *AR/MR*, , Liverpool Annals 4, 108

98, 10. auch und Annales 38, 150

98, 11 auch Annales 38, 150

98,14: auch *D 20* Wilbour Pap B 6, 20 — *Spat* auch Lieblein 2271 = Mariette, Catal 1227

98, 23· auch Lieblein 1927 = PSBA 1889, 96

98, 23 u 24 beides *bw-šr t* zu lesen! (?)

98, 27 auch *f NR* Lieblein 2069 (Louvre)

99, 5 wohl ‚der Spelt', vgl N²

99, 14· auch *MR* Lieblein 1779 = Mariette, Cat 827, *D 18* auch Borchardt, Statuen 4, 953

99, 22 auch *AR* Daressy, Mera 541

99, 25 '(vgl *pꜣ-ἰsbȷ*)' ist zu streichen Der Name ist wohl Kurzname, vgl 99, 26

99, 28 auch u a (Wilbour Pap A 42,9 59,15 76,8 usw), also ‚der Erbetene ist stark' o ä ‚vgl *pꜣ-sb(w)-ḥ'ȷ(w)*

100, 1· ein mit *pꜣ-* gebildeter Name als Frauenname ist sehr auffallend!

100, 3 '*(pꜣ-sbȷ?)*' ist zu streichen Der Name bedeutet wohl ‚der Linke'?

100, 6 vgl 414, 15

100, 8 auch Gardiner, Beatty I, Tf 30, H 2

100, 10. *D 20* auch Wilbour Pap A 26, 30

100, 15 vgl 415, 6

100, 16 das ? ist zu streichen, Schreibung auch , ptolem Statuentorso im Art Mus in Cleveland, Ohio

100, 18 vgl *ἰmȷ-rꜣ-mš'* II, 263, 14

101, 1. auch Gardiner, Ramess Adm Doc 13, 7 15

101, 5· auch Borchardt, Quellen 2, Blatt 2, Reihe 3, 2

101, 15· wohl auch Daressy, Divinités 38241 (mit ‚schonem Namen' *nfrἰbr'm-sḫ t)* — oder ist dort *pꜣ-šp* (I, 118, 2) zu lesen? oder gar *pꜣ-ἰr-nȷt*??

101, 17 auch (?) , Gardiner, Ramess Adm Doc 4, 12, ebenso Spiegelberg, Graffiti 715 (Beiname eines *mrȷȷ-šḫm·t)*

101, 22 Brit Mus Guide 1909, S 195 hat .

102, 4 auch , Pap des Antiquar in Munchen (nach Spiegelberg, Eigennamen 27*) Also *pꜣ-kšš ȷ* zu lesen! Vgl auch *tꜣ-kšš(·ȷ)·t*

102, 6· Kurzname, vgl *pꜣȷ-ȷt-ḫnš w*, N²!

102, 7 hierher wohl auch das offenbar verlesene 129, 2!

102, 11· m *NR* (!) auch Borchardt, Statuen IV, 1161

102, 12 auch (?) , Annales 39, 494

102, 20. auch Wilbour Pap A 31, 16

102, 23 auch Gardiner, Ramess Adm Doc, 13, 12

103, 1 auch *D 20* Wilbour Pap A 15, 14

103, 3 ‚das Leben ist es, das Apis gemacht hat' (?)

103, 9 auch Brit Mus, Statue [501] (Mitteilung von A Shorter)

103, 17 vgl Petrie, Dendereh Tf 26 A 9,

103, 22 *D 20* auch , also *pꜣ-w'ȷ-m-ἰmn*, Wilbour Pap A 17, 25 27 49 (ohne 17, 28 23,7 36, 17 usw)

103, 27 die Schreibung bei Mogensen, Inscr hier ist, wie mir die Verfasserin noch mitteilte, in zu ändern! — Andere Schreibungen Annales 37, 139 u Tf VII, Daressy, Divinités 39151 38954 — Man beachte jetzt den unverkurzten Vollnamen *pꜣ-wn-ḥꜣ·t-wἰr* II, 279, 2

104, 3 aramaisch פונש (Spiegelberg, Ägypt. Sprachgut, S 11), griechisch φουνσις, πουνσις (Moller, Mumien-Etik S 34 147), πουωνς (Aphroditepap 1577, 7)

104, 4 *D 20* auch , Wilbour Pap A 75, 31

104, 8 hierher gehoren auch 131, 6 u 7! Weitere Schreibungen aus der Zeit des Nektanebos bei Schott, Bucher gegen Seth, S 3 — Der Mann ist Nubier, vgl Urk III 7, Z 8

104, 9· auch *D 20* Wilbour Pap. A 41, 25 48,39.

104, 11 · vgl Bulletin de l'Inst 27, S 164

104, 12 vgl Spiegelberg, Eigennamen, S 54*[1]) und koptisch ⲡⲉⲧϩⲟⲟⲣ!

104, 13: auch Brugsch, Thes V, 916

104, 25 ob ⲡⲃⲗ̅ⲗⲉ?

105, 5 *griech* φμοϊς Dies als Beiname eines Mannes, der in einem demot Text *lrn* (d h λεων) heißt, vgl Spiegelb, Ägyptol Mitt (1925), S 7

105, 7 *griech* πεμους, kopt ⲡⲉⲙⲟⲩ, vgl Griffith, Rylands III, 202, n 6

105, 9 wie Clère (Notes, S 105) gesehen hat, gehort dies mit 419, 2 zusammen und ist *pꜣ-mri* ‚der Pferdeknecht' zu lesen, vgl Bruyère, Deir-el Médineh 1927, 39

105, 20 ‚der zu *ꜣḫ-mnw* Gehorige' Mit *ꜣḫ-mnw* kann der Konig gemeint sein aber auch ein Teil des Karnaktempels, vgl Wb I 14, 12f

105, 21 *Griech* einmal φανησις nach Spiegelberg, ÄZ 54, 104, Anm 5 Vgl Preisigke, Namenbuch.

106, 4 auch , Bull Inst d'Eg 20, 239

106, 9 auch Brit Mus Guide 1924, S 96

106, 11 lies No 545 (S 20)

106, 12 auch Kairo 711 (Borchardt, Statuen III)

107, 8 auch *Spat* , Daressy, Divinités 38413

107, 9 lies ‚*Spat*' anstatt ‚*NR*'

107, 10 *Spat* auch (?) , Wien, Stele 146

107, 12 auch (2 mal) Lieblein 2294 = Sphinx 6, 52

107, 13 auch Wilbour Pap A 81, 20

107, 14 veroff ÄZ 38, 38 Wie mir Sir A Gardiner mitteilt, ist nach Černý vielmehr zu lesen (es folgt *n pꜣ ḥr*)! Der Name ist also zu streichen und das Zitat bei 107,20 anzufugen

107, 17 auch Wilbour Pap A 82, 13, wohl auch B 25, 3 ( ).

107, 19 auch Bulletin de l'Inst 27, 192

107, 22. auch Wilbour Pap A 53, 1 25 Bedeutung also ‚der (Mann) vom Sudland' o a *(pꜣ-n-pꜣ-ḫnt)* — Auch Bulletin de l'Inst 28, 177

108, 2 auch *NR* Lieblein 2131 = Mariette, Catal 1160 u 1138

108, 3 *D 21/22* auch Shorter, Cat Eg Rel Pap, S 6, *Griech* auch , Spiegelberg, Demot Stud 8, 6 (Var *pꜣ-n-ꜥw?)* Vergl auch Lieblein 2300

[1]) Ob in ποωρις mit Spiegelberg wirklich ein ag. *pꜣ-whr* zu erkennen ist, wage ich nicht zu entscheiden.

108, 6 · ‚der vom Wasser der Mut', d h ‚der der Mut Ergebene' (vgl Wb II 52,17)?

108, 8 *Griech* auch (Beiname eines *ꜥn-m-ḥr)*, Spiegelberg, Demot Denkm I, S 30, 2, vgl Lieblein 1084 Ebenso Brugsch, Thesaurus V, 890 — Aram פמן, Spiegelberg, Agypt Sprachgut, S 13

108, 10 vgl auch *D 22* JEA 27, Tf 11, Z 14 Griechisch entspricht παμενχης.

108, 11 · auch *D 22* , Beiname eines *pꜣ-ḫr-n-ḫnś w* Steindorff, Walters Tf 116, 170 A

108, 13 auch (?) Černý, Late Ramesside Letters 56, 6

108, 16 ob ‚der zur Mutter des Apis Gehorige'?

108, 18 *griech* πανεφρεμμις u a — Zu *nfr(t)-ỉꜣm(·t)* ‚schon an Anmut' als Beiwort der Isis vgl Spiegelberg, Demot Pap Straßburg, S 18, Anm 2

108, 20 *Griech* auch Recueil 15, 159, No 8 Griechisch πανας, nach Spiegelberg, AZ 54, 105 Vgl auch AZ 76, 82 u Spiegelberg, Demot Denkm I (Cat gén 1904), S 94 — Ob freilich die Gleichung sicher ist? Man mochte (mit E Edel) wegen *nỉ'ỉ*, ⲛⲉ und ψουσεννης eher an griech πανε, πανης u φανης, kopt ⲫⲁⲛⲏ (Steindorff-Crum, Rechtsurk 59, 3) denken

109, 1 E Edel macht mich hierzu auf Griffith, Rylands III, 161, Anm 10 aufmerksam

109, 8 *NR* auch Gardiner, Ramess Administr Doc 3, 6 12, ·10, 4, 11, 12 u o — *D 20* auch Wilbour Pap A 41, 13 75, 36 — *D 21* auch Shorter, Catal Eg Rel Pap, S 7 — *Spat* auch Birch, Account 195 Der Name ist also vom spateren *NR* ab gebrauchlich

109, 12 vgl ÄZ 77,47

109, 17 vgl *griech* παθερμουθις u Spiegelberg, Demot Studien I, 12* No 84.

109, 18 auch *D 18* , Theben, Grab 161 (Schott)

109, 25. aramaisch vielleicht erhalten in פחה, Spiegelberg, Agypt Sprachgut, S 11

110, 2: oder sollte *ṯꜣj-ḥꜥpj* (I 388, 2) zu lesen sein (W Federn)?

110, 4. vielmehr 1846 (S 263)!

110, 7 auch *(Spat?)*, Berlin, Totenbuch, nach Wilbour Note Book 22, u 1451 (115)

110, 9 · auch Černý, Late Ramesside Letters, 38, 9

110, 12 vgl *griech* παχμουνις, Preisigke

110, 15 · auch , Coll Hoffmann, 91 (Uschebti)

110, 17 aramaisch פחנם[1]), Sachau, Aram Pap, S 90, Z 5 und 12

110, 23: unsicher, Boeser liest *pꜣ-nḥśj*

110, 24: die Apisstele 306 hat jetzt die No 2860

[1]) Zur Schreibung ohne ו vgl. Zusatz[2] zu 126, 4.

110, 26: vgl auch 126, 8!

110, 28 *Spat* auch Brit Mus Guide 1924, S 92 u Tf 17 — ‚Der zum Bruder des Horus Gehorige'?

111, 4: auch *D 20* Wilbour Pap A 17, 15

111, 12 hierogl auch , ÄZ 46, 142, Anm 3!

111, 23 24: vgl Spiegelberg, ÄZ 54 (1918), 126, wo *pꜣ-n-tꜣ-ḥ·t* als ‚der (Gott) des Tempels' aufgefaßt und mit dem ‚Lagergott' *pꜣ-n-pꜣ-iḥꜣy* (vgl I, 107, 13) verglichen wird Nach Černý, JEA 26, 129 ist *tꜣ-ḥ t* eine Abkurzung fur den Namen des Tempels von Medinet Habu, *pꜣ-n-tꜣ-ḥ t* also ein Beiname des dort verehrten Gottes Amon

112, 4: aramäisch פתו, Sachau, Aram Pap S 232, Z 4 5 7

112, 14: auch *Griech* Rowe, Cyrenaica, S 64 u Tf 14, 1

112, 15 *griech* παθωτης

113, 8: vgl Černý, L Ramess Letters 17, 16

113, 9 auch Černý, L Ramess Letters 42, 11 43, 9 Bedeutung ‚der (dieser?) sehr Schone'?

113, 12: veroff Bergmann, Jahrb d Kunsthist Sammlungen I, 1—40 II, 1—20 (1883 u 84)

113, 13: *D 18* auch Louvre C 65 (AZ 73, 45, Beiname eines *imn-m-ipꜣ t)* — *D 20* auch , Wilbour Pap A 15,12 u o — *Spat* auch Recueil 22, 175, CXVI (Beiname eines *nfribrꜥ- śnb·w)*

113, 14: nach Lieblein 1300 ist *ḥr-sꜣ-sꜣ t* zu lesen anstatt *sꜣ-sꜣ t*!

113, 19 auch Wilbour Pap A 48, 41

113, 21 auch Spiegelberg, AZ 54 (1918), 126, Anm 1

114, 2 besser wohl *pꜣ-(n-)nś-kꜣyśwty* ‚der (Sohn) des *nś-kꜣyśwty*'

114, 4 auch , , Bull Inst d'Ég 20, 234 239 Zum Namen vgl I 68, 22

114, 5 *f* (!) *MR* auch Paris, Trocadéro, Musée de l'homme 10919 (Mitteilung von G Roder) *m* auch JEA 27, Tf 9 A

114, 6 lies ‚*pꜣ-nty-n-ḏꜣ·t* ist erwacht'?

114, 7 fehlt ‚*Griech*'! Griffith, Rylands III, 290, Anm 2 denkt an ‚he that wards off scourging'

114, 11: auch (?) Weigall, Lower Nubia, S 115

114, 15 lies No 1838 (S 19)

114, 16: auch Wilbour Pap A 26, 38 38, 11

114, 17: auch Lieblein 927 (Boulaq), (Privatmann?) Černý, Late Ramess Letters 59, 4 — *D 20* auch so! Wilbour Pap A 24, 31 33, 25 (Privatleute).

114, 22 auch (?) Lieblein 2158 — Boulaq (Beiname eines *imn-htp w)*

114, 24 auch Mém Miss 5, Tf 2, hinter S 540 (mit Beinamen *knn)* — Zu Anm 1 siehe Spiegelberg, ÄZ 54, 107

115, 9 auch (?) Berlin 7675 (Mitteilung von G Roeder)

115, 11 *Spat* auch Bremen, Stadt Mus B 619 (Mitteilung von R Bredemeyer) *Griech* auch Kamal, Stèles ptol 22114, 4 (auch genannt *ḫnty-iy-m-ḥtp)*

115, 12 auch *D 20* Wilbour Pap A 96, 40

115, 16 *Griech* auch , Spiegelberg, Demot Denkm I, S 30 (genannt *pꜣ-dy-hr-mhn*?) 31103

115, 22: auch Černý, Late Ramesside Letters 30, 4

115, 24: *Spat* auch Como 33

115, 25: auch , m *NR* Steindorff Aniba II, 249 u 221

116, 2 auch Gardiner, Ramess Adm Doc 4, 14; auch *Griech* u ä Daressy, Textes magiques 9443

116, 4: auch Porter-Moss, Bibl I, S 182 (mit Beinamen *bnꜣ)*

116, 9 auch Vatican, Marucchi, S 239, Recueil 4, 38, Bonner Jahrbucher 78, 100 etc

116, 10 *pꜣ ḥy* ‚der Hohe' ist ein Beiname des Sonnengottes, vgl ÄZ 38, 23

116, 11 auch Wilbour Pap A 76,21 91,19 — Es ist wohl *pꜣ-ḥy-hꜣ·t* zu lesen und dies als Gotterbeiwort ‚der mit erhabener Stirn' o ä zu verstehen Also Kurzform zu Namen wie 422, 26

116, 12 lies so! nach Lange-Schafer 4, Tf 13, ein unter ? kann ich nicht sehen, statt dessen einen wagrechten Strich daruber Auf der Wiener Stele (vgl Lieblein 409) steht nach Mitteilung von G Thausing .

116, 16 auch Kairo 1276 (Borchardt, Statuen IV)

116, 17 auch *Spat*, , var , , Daressy, Textes magiques, S 16—17

116, 18 auch *D 22* Steindorff, Walters Tf 116, 17A (auch genannt *pꜣ-[n-]mnṯ w)*

116, 19 jetzt JEA 23, 186

116, 25: auch Lieblein 826 (Neapel), auch (?) Budge, By Nile and Tigris II, Tf bei S 344

117, 1 *pꜣ-śbꜣ-ḫꜥy(·w)-n-n'·t* ‚der Stern ist fur die (besser m ‚in der'?) Stadt (d h. Theben) aufgegangen'? *Griechisch* ψουσεννης

117, 4. auch Gardiner, Ramess Adm Doc 6, 7

117, 11: ‚der (Gott) 'Herzerfreuer' ist stark' o. ä.

117, 12 auch , Koefoed-Petersen, Recueil, 59, 1553

117, 13· auch *MR/NR*, Borchardt, Quellen II, Blatt 2, 3 Reihe

117, 14 u 16· es ist *wr* (nicht *šr*) zu lesen, vgl Clère, Notes, S 105

117, 18. nach Mitteilung von G Farina ist — also *tꜣ-šrp(t)*, — zu lesen!

117, 20 *D 20* auch (Wilbour Pap A 28, 49) neben (ib 28, 32) Also sicher *pꜣ-šk* ,das Eselsfullen' Vgl *tꜣ-šk t*

118, 1· besser wohl *pꜣ-šw-(ḥr-)wbn* ,die Sonne leuchtet'!

118, 4· ,die Buchrolle", vgl Wb IV 461, 12ff

118, 5· *NR* auch , Ostr Gardiner 37 Verso, Tf V, 5

118, 7 auch (?) Sphinx 22, 107

118, 11 auch , Mond-Myers, Bucheum I 50, 29 32 Der Name ist koptisch erhalten in ⲡϣⲉⲛⲁⲡⲁϩⲓ, vgl Spiegelberg, AZ 42, 59

118, 16· aramaisch פשנפור[1]), Sachau, Aram Pap, S 232, Z 7

118, 18. auch u a Lieblein 2514

118, 22. das Zitat *D 18* ist zu streichen!

118, 24 auch Steindorff, Walters Tf. 118, 390 A.

119, 1 auch Kairo 664 (Borchardt, Statuen III)

119, 5 lies ,Vatikan 209 (Grabstein)'

119, 6 auch , Borchardt, Quellen II, Blatt 2, 1 Reihe

119, 9 *Spat* auch Marucchi, Monumenta 1 u 6.

119, 10, *Spat* lies *wꜣḥibrꜥ-(m-)ḫbj t* u ,Vatican 93' anstatt ,ohne No'

119, 13 m auch Brit Mus 282 (VII, 19), Var von *šd*

119, 16 auch Kairo 717 (Borchardt, Statuen III)

119, 19 das steht wirklich da! Es ist aber gewiß *pꜣ-šd-bꜣšt t* (wie 119, 15) zu lesen Der Steinmetz wird an den Namen *šdj-šw-bꜣšt t* (331, 6) gedacht haben

120, 2 Leiden V 26 (unten) ist *ptḥ-pꜣ-kd(·w)* zu lesen!

120, 5 *Spat* auch New York, Metrop Mus 26 7 854 (Bronzegruppe), Birch Account 189 — Auch Budge, Fitzwilliam Mus 60

120, 9 auch Wilbour Pap A 59, 36

[1]) So ist trotz des kleinen Zwischenraums zwischen פ und ו gewiß zu verbinden!

120, 11 auch[1]) *D 20* , Wilbour Pap A 58, 13 u 26

120, 16 auch Koefoed-Petersen, Recueil 76, 1554

120, 18 ob ungenaue Schreibung fur 121, 9?

120, 19 wohl *pꜣ-tꜣ-(m-)ḥrr wt* ,das Land ist in Blumen'

120, 23 auch Wilbour Note Books 2 M 17

120, 24 auch Ostracon Edgerton 10, 2 (Mitteilung von J Černý)

121, 2· vgl I 260, 20 u Anm!

121, 6 auch *D 20* Wilbour Pap A 38, 13 46, 48 97, 5

121, 9 Schreibung auch (als Var) Gardiner, Beatty I, Tf 28, E 1, hierher auch 120, 18?

121, 9 u 10 es ist fraglich, ob anstatt *mdj* nicht besser *m-ꜥ* zu lesen ist, vgl Erman, Neuag Gramm² § 622 und die Namen PN I 127, 23ff mit Z²

121, 10 *Spat* auch u ä, Rio de Janeiro, Sarg 529 u 530 (veroff Arch Mus Nac 1926)

121, 17 auch *D 20* , Var JEA 26, Tf 6, 20 und S 25, f — Aramaisch wahrscheinlich wiedergegeben durch פטי, Spiegelberg, Agypt Sprachgut, S 12, *Spat* auch Borchardt, Statuen IV, 986

121, 18 aramaisch פטאסי (Sachau, Aram Pap, S 255, 16 Spiegelberg, Äg Sprachgut S 11) und פטסי (Sachau, a a O S 86, Kol 1, 5 — Phonizisch פטסי, Bulletin Inst 38 (1939), S 37 — Griechisch auch πατεησις, πετησις, πατησις.

121, 23· aramáisch פטמון (Spiegelberg, Agypt Sprachgut, S 12), vgl die griechischen Nebenformen πετεμουνις u a

122, 2 auch Sitzungsber Bayer Akad 1927, S 33 u 56 Vgl I 105, 24

122, 3 auch Annales 37, 140 u Tf VII

122, 6 *Spat* auch Marucchi, Monumenta 110, vgl auch Koefoed-Petersen, Recueil 22, 167?

122, 9 Leiden M 52 ist wohl ,Dyn 21ff'!

122, 10 *Spat* auch Koefoed-Petersen, Recueil 23, 1352, auch Spiegelberg, Demot Denkm I, S 25 (rom Zeit)

122, 14 auch (?) Athen 3 (Hockerstatue)

122,15 aramaisch פטתום, Spiegelberg, Agypt Sprachgut, S. 13

122, 17 fehlt ,*Spat*'

122, 19 auch Lieblein 2391

[1]) Das Fragezeichen ist zu streichen!

123, 1· aramaisch פטוסרי, Spiegelberg, Agypt Sprachgut, S 11

123, 2 *Spat* auch Koefoed-Petersen, Recueil, 24, 210

123, 4 vgl Daressy, Divinités 38364 bis ?

123, 8 ob anstatt ?

123, 10 fehlt ‚*Spat*'

123, 11· der Name erscheint hieroglyphisch (D 22 ?) als u a, Kairo entr No 65444 (Mitteilung von R Engelbach), Annales 39, 275 und Taf 39 — Demotisch Spiegelberg, Demot Denkm II, S 242 unten

123, 12 auch Kairo 1292 = Borchardt, Statuen IV (mit ‚schonem Namen' *pśmṯk-m-ꜣḫ t*)

123, 13· fehlt ‚m' — Aramaisch פת[ט]פתח, Spiegelberg, Agypt Sprachgut S 13

123, 15 die Gleichung mit assyr *putumḫēše* (so ist nach Edel anstatt *putumḫēšu* zu lesen) laßt sich kaum halten Das Wort *mꜣj-hsꜣ* wird griech durch μιυσις (bzw μιυσιος) wiedergegeben (siehe Z² zu I 144, 11), hatte also einen o-Laut in der Tonsilbe

123, 17· auch *NR* Philadelphia, D A N 1765, *Dyn 21f* auch Shorter, Cat Eg Rel Pap, S 10, auch Semitic Museum, Harvard Univ (Sarg)

123, 18 aramaisch פטמן[1]) Bauer u Meißner, Ein aram Pachtvertrag aus dem 7 Jahre Darius' I (Sitzungsber Berl Ak, ph-hist Kl, 1936), S 423

124, 1 fehlt ‚*Spat*' ‚Den die *mhnj·t*-Schlange gegeben hat', vgl Wb II 129, 3 ff Oder ist die als Gottin personifizierte *mḥn t* von Sais gemeint ? Vgl Wb II 126, 9 f

124, 5· aramaisch פטנאסי, Spiegelberg, Agypt Sprachgut, S 12

124, 7 auch Daressy, Divinités 38204

124, 8 auch Annales 39, 450

124, 9 *pꜣ-dj-nb t-ỉmꜣ w* ‚den die *nb t-ỉmꜣ w* gegeben hat' Zu Hathor als ‚Herrin der Dattelpalmen (?)' vgl Kees, Gotterglaube, S 86

124, 10 zu Urk 3, 104 ist (Nubier!) hinzuzufugen

124, 11 fehlt ‚*Spat*'

124, 12 aramaisch פטנפחתף, Sachau, Aram Pap, S 184 u Spiegelberg, Ag Sprachgut, S 12, No 33 — *Griech* auch Daressy, Textes magiques 9446

124, 13 auch , Daressy, Divinités 39324

124, 14 das Zitat ist falsch!

124, 15 aramaisch פטנתר, Sachau, Aram Pap, S 216, 1, Z 3 Vgl Spiegelberg, Aggypt Sprachgut, S 12

124, 24 Schreibung auch Daressy, Divinités 38702 Der Name wird aramaisch wiedergegeben durch פטחרפחרט, Spiegelberg, Agypt Sprachgut, S 12

125, 3 auch *Spat* , Daressy, Divinités, 39312

125, 5 fehlt ‚*Spat*'

125, 6 auch (?) , Griech, Spiegelberg, Dem Denkm I, S 30 (Beiname eines *pꜣ-hm-nṯr*)

125, 8 auch , *m Spat*, Daressy, Divinités, 38250

125, 13 fehlt ‚*Spat*'.

125, 16 ob *hr-mdnj t* (Gauthier, Dict Géogr III, 56) zu lesen ist ? Vgl auch Z² zu 125, 17

125, 17 lies *pꜣ-dj-hr-mtnw* ‚den der Horus von Atfîh gegeben hat' (vgl Gauthier, Dict Géogr III, 25), also = 125, 7! Ob hierher auch 125, 16 gehort ?

125, 18 fehlt ‚m'

125, 21: auch Lieblein 1322 (Beiname eines)

126, 4 aramaisch פטחנם, Sachau, Aram Pap, S 91, Z 9, Spiegelberg, Ägypt Sprachgut, S 11

126, 5 auch v Bissing, Steingefaße 18736 (mit ‚schonem Namen' *nfrỉbrʿ-nb-kn·t*)

126, 6 auch Lieblein 2389 (Amherst)

126, 8 auch *Spat*, wie die aramaische Umschreibung פטסבק (Spiegelberg, Agypt Sprachgut, S 13) zeigt[1])

126, 9 auch Golénischeff, Erem Imp, S 21 = Lieblein 2557, (?) Daressy, Divinités 39316

126, 10 auch Daressy, Divinités 38182

126, 16 Variante , Lieblein 2353

126, 26 auch Wilbour Pap A 36, 11

127, 1 lies *pꜣ j-nb-m-ʿḏd* ‚mein Herr ist ein Knabe' o a und vgl 249, 3!

127, 17 auch Golénischeff, Erem Imp, S 81 = Lieblein 2537 Ob ‚sein Vorgesetzter ist gottlich' ?

127, 18 lies Kopenhagen E 157, auch (2 mal), Koefoed-Petersen, Recueil 14, 84 Ob *pꜣ f-hrj-hsj w* ‚sein Vorgesetzter ist gelobt' ? Vgl aber I, 376, 2 und Anm

127, 22 die Lesung *pꜣ-f-tꜣw* ist zu streichen, Griffith (Rylands III, 206 u 54) denkt an ⲡϥⲉⲛⲧ, der Wurm'

127, 23ff ob diese Namen in Griech φθουμινις, φθουμωνθης mit Varr erhalten sind ? Die Laute p und f mußten dann zusammengefallen und das m — wie so haufig in der ag Schreibung — ausgefallen sein — Clère (Notes S 106) macht auf Posener, Domination Perse, S 11 aufmerksam, wonach nicht *m* sondern *ḥr* ausgefallen ware

127, 26 auch Daressy, Divinités, 39220

[1]) Wenn dies nicht fur *pꜣ-dj-ỉmn* steht, vgl *ḫatpimunu*

[1]) Das ק fur k ist allerdings sehr auffallend!

128, 2 dazu Posener, Domination Perse, S 11

128, 12· auch , Stele in Boudoin College (Mitteilung von D Dunham) ‚ihre Vorgesetzte ist göttlich'

128, 13· auch D 25, Möller, Metallkunst, Tf 33

128, 16 auch , Gipsabguß einer gefälschten Stele der Spätzeit (D 22 ?) im Univ Museum, Philadelphia

128, 20 *Spät* auch , Watzinger, Griech Holzsarkophage S 65, Abb 123

129, 2 ist so unmöglich Der Name ist wohl *pꜣ-ỉtn-m-ḥb* zu lesen! Vgl 102, 7

129, 12 ist zu streichen! Siehe *pꜣḫ t-m-hꜣ t*

129, 16 Kairo 1516 jetzt Borchardt, Denkm des *AR*, S 220

129, 28 die fem Formen gehören wohl zu 129, 29

130, 9 m auch v Bissing, Steingefäße 18451

130, 12· der schlagende Mann ist zu streichen! Der Name ist hethitisch

130, 14 f! MR auch Lieblein 1779 = Mariette, Cat 827

130, 17· fehlt ‚*Spät*'

130, 23 vgl Z² zu I 23, 10!

131, 3 fehlt ‚*D 26*'

131, 4. nach Clère, Notes S 105 ist das Zitat aus dem *NR* zu streichen (Der Text hat)

131, 6 u 7 gehören zu 104, 8!

131, 8 *Spät* auch Borchardt, Quellen II, Blatt 2, Reihe 1, 12 und 14, vgl ib S 102, Anm 1, wonach der Name desselben Mannes Louvre Serap 96, 12 *pꜣ-sp-šn* also *pꜣ-pꜣ* geschrieben wird! Vgl auch ib, Anm 3!

131, 9 ist zu streichen! (Unrichtige Lesung von I 101, 15, vgl J E A 27, 10)

131, 17 auch AR/MR Dunham, Stelae S 45 (mit ‚schönem Namen')

131, 18 f *NR* auch Stelenbruchstück eines *nfr-rnp t*, im Handel (Vandier) — Die Belege aus Pap Sall 2 gehen wohl auf die 1 Zwischenzeit zurück!

131, 19 auch Jéquier, Tomb de particuliers 54 (vgl I, S XXII) und Jéquier, Mon fun II, S 59 Anstatt ist immer zu lesen (vgl Dunham, Stelae, S 111), also *ỉmꜣ-pjpj* oder *pjpj-ỉmꜣ* Derselbe Wesir heißt auch , vgl Kees, Nachr Gött Ges d Wiss N F, Bd 4, No 2, S 44

131, 20 auch L D II, 113d (genannt *ỉj-m-ḥtp*) 117k (‚schöner Name' eines *ḥtp*), Blackman, Meir IV, S 18 (Beiname eines *ḥpj*)

132, 1 lies ‚(mit schönem Namen *nfr-kꜣ*)' Vgl Junker, *ÄZ* 63, 60

132, 3 für **pjpj-m-mnnfr* (‚König Phiops ist in Memphis') ? Der andere Name ist vielleicht *šnb-ỉt j* zu lesen

132, 5 besser *mr-pjpj-ḥbšd* ‚(König) Phiops liebt das *ḥbšd*-Fest' ? Vgl *nfrkꜣrꜥ-ḥbšd* Nachtr ²

132, 6 lies ‚schöner Name eines auch *mrjjrꜥ-nfr* genannten *kꜣr*'

132, 11 anscheinend Beiname eines *ỉr(·w)·n·š*, Borchardt, Statuen des *AR*, S 78, auch Liverpool Annals 4, 104 (m ‚schönem Namen' *šn-ỉfd*), Annales 47, 508 (auch *mrjrꜥ-šnb*, *ttj-šnb* und *mr·w* genannt!)

132, 13. auch Jéquier, Mon fun Pepi II, S 59

132, 20: jetzt Junker, Giza V, 20; vgl I, 420, 8

132, 21 *AR* auch Brit Mus 647 [84], Hierogl Texts I, 28 (‚schöner Name' eines *tnỉꜣ*)

132, 23 besser *pꜣ-n-ỉꜣj* ‚der Sohn des *ỉꜣj*' (vgl I, 6, 2) ? Vgl 105, 25

133, 6: *AR* auch Jéquier, Tomb de particuliers

133, 10: fehlt ‚*NR*'

133, 16 lies m *NR*!

133, 22 wie Clère (Notes 105) zeigt, ist dies eine Abkürzung von *prj-pꜣ-ṯꜣw-m-ỉpꜣ·t* ‚die (Lebens) Luft kommt aus Luxor' o ä Clère vergleicht PN I 121, 8 und zitiert *ÄZ* 53, 91

133, 26· auch C Ransom-Williams, The decoration of the Tomb of Per-nēb, passim — Auch Selim Hasan, Giza I, 109 II, 48 u 60f, Murray, Saqq Mast I, Tf 7, Davies, Deir-el Gebrawi II, Tf 19, vorletzte Reihe

133, 29 Kairo 1506 jetzt Borchardt, Denkm, S 211 u Bl 44 — Zu Z¹ ist zu bemerken, daß nach dem Wb *nḏ* ‚Beschützer' immer ohne geschrieben wird!

133, 30· ‚das ganze Haus'

134, 1. auch Junker, Giza 7, 220

134, 9. der Name ist wohl nur *wḏꜣ-šw* (89, 4)!

134, 12 auch Junker, Giza 5, 20

134, 13 auch als Beiname (der Hauptname zerstört), Var , Theben, Grab 295 (Schott), auch (?) Wilbour Pap A 16, 21

134, 14 lies ‚*AR/MR*' anstatt ‚MR' Der Name gehört zu 328, 23 und ist *šnꜥ j* zu lesen Vgl Clère (Notes S 105), der weitere Beispiele aus der 6 Dyn zitiert

134, 15 f auch Aberdeen (Catal Reid) 1040

134, 17. f *MR* auch Lieblein 79

134, 18 auch *AR* Junker, Giza 8, 26

134, 22. auch f *AR/MR* Philadelphia 29—66—678

134, 28 auch Borchardt, Denkm des *AR*, S 30, 1366 u Blatt 7

135, 7 es ist wohl *prj-nfr t* ‚eine Schöne möge herauskommen!' zu lesen, vgl 420, 10 Die Schreibung ist, wie mir E Bacchi mitteilt, Die No ist in 1849 zu verbessern!

135, 12 veröff Hierogl Texts III, Tf. 18 — aber ob wirklich Name?

135, 17 auch *D 19* Louvre E 14355 (Posener), Syria 18, 195 und Tf 30

135, 21: auch , *NR*, Coll. Hoffmann 33

135, 25 zu Mém 5 ist hinzuzufugen 299, 3 11 300, Z 13 18 29 (mit Beinamen *tnn*)

135, 29 auch (?) (?), *AR/MR*, Koefoed-Petersen, Recueil, Tf IV

136, 8 aramaisch פסמשך, Spiegelberg, Ag Sprachgut, S 14, vgl Bull Inst. Fr 38 (1939), S 37 Assyrisch Pišamelki, Neubabylonisch Pisameski — Die demot Schreibung zeigt, daß der Name als ,der Mann des *mṯk*' aufgefaßt wurde (vgl Spiegelberg, OLZ 1905, 559ff), wozu 367, 8 *(tꜣ-s t-n·t-mṯk)* das weibliche Gegenstuck bildet Vgl auch Capart, Chronique d'Egypte 31, 100 mit der merkwurdigen Schreibung ! Der Name scheint einmal als Frauenname belegt (Studies Griffith, S 292), obwohl kein *pśmṯk* enthaltender Vollname als Frauenname bekannt zu sein scheint Andererseits will mir an der betr Stelle *mś-pśmṯk* als Name des Großvaters nicht recht einleuchten Eine endgultige Entscheidung ist kaum zu treffen

136, 9 doch wohl ,*Spat*' anstatt ,*Griech*'!

136, 11 auch Kairo 1292 = Borchardt, Statuen IV (,schoner Name' eines *pꜣ-dj-pp)*

136, 13· ob *mn-n j-psmṯk* zu lesen ist?!

136, 19 auch (!) Lieblein, Ag Denkm, S 16

136, 21: auch Daressy, Divinités 38618, auch ! Spiegelberg, Demot Denkm II, 242b.

137, 8. auch Selim Hasan, Giza I, 73 83

137, 9 vgl (f *Spat)* II, 287, 3

137, 10 fehlt ,f *MR/NR*' Das Zeichen hinter ist in der Publikation Das ist Deutzeichen dieses Namens einer Sklavin Also ,der (mein?) Rucken an (gegen?) meinen Vater'??

137, 18. der Name ist *p t·j*- zu lesen und gehort auf S 99 (Clère)! Nach Clère, Notes 105 hat der Text ein hinter dem , und es ist also ,mein Himmel (d h die Konigin?) dauert' o á zu ubersetzen *(mn·tw* fur *mn tj)*

137, 19. auch fem, und auch geschrieben, siehe Clère, Notes 105

137, 25 Turin 91 ist *NR*!

138, 3 dieselbe Frau wird einmal , einmal genannt Ob *sꜣ t-śbk* der Name ihrer Mutter ist? (Ihr Mann heißt ,des *ḥtp-śḫm t* Sohn *kmj*')

138, 6 Anthes (Mitt Kairo 12, 31) bringt noch die Variante Seine Vermutung, es handle sich um Schreibungen des Namens *pꜣ-dj-imn* scheint mir aber wenig Wahrscheinlichkeit zu haben

138, 7 ,siehe den, der dies erreicht hat!'?

138, 9. auch Kairo 20311g

138, 13 wohl besser *iwt-n·j-pth* ,moge Ptah zu mir kommen!' o a Vgl I, 10, 3ff (und 245, 25?)

138, 20 *AR* auch Borchardt, Neuserre 146, (mit schonem Namen *itj*) Jéquier, Tomb de partic Tf 7 — Die Schreibungen des *MR* und *NR* gehoren sicher unter 63,25 *(ʿnḫ-ptḥ)*! Die Schreibung Mariette, Mast S 306 ist verdächtig und nachzuprufen!

138, 21 der Name ist so geschrieben !

139, 3 Lange-Schafer geben *ʿꜣm·f* (,sein Asiate'?) ! Nachprufung am Original wäre erwunscht

139, 5 vielleicht besser *wnḫ-wj-pth* ,moge Ptah mich kleiden!' Vgl 80, 2

139, 7 auch , Lieblein 10 (London), Jéquier, Tomb de partic 117

139, 8· jetzt Borchardt, Denkm des *AR*, S 198 und Bl 42 Auch LD II, 102a, Mariette, Mast S 270 oben rechts — Das ? ist zu streichen, vgl II, 257.

139, 14 auch JEA 25, Tf 20, No 2, 2 Reg

139, 15· auch *NR* Borchardt, Quellen II, Blatt 2, 2 Reihe (2 mal)

139, 16 der Text hat !

139, 18· vgl die merkwurdige Schreibung Chicago, Or Inst, Case K 14

140, 1· auch *AR* Junker, Giza 8, 100 Auch *MR/NR* Borchardt, Quellen II, Reihe 3, 11, vgl S 104, Anm 9 (auch genannt) Auch *NR* Lieblein 2070 (Coll Amherst), genannt .

140, 2· das ? bei *D* 11 ist zu streichen! Jetzt Borchardt, Quellen II, Blatt 2, Reihe 4, 13.

140, 3· auch *Griech* [1] Steindorff, Walters, Tf. 118, 361

140, 4· auch Sotheby, Catal vom 1 12 1930, Tf I (Clère)

140, 6 zur Gleichung siehe aber Gardiner in PSBA 31, 42[2]) und Ranke in *ÄZ* 73, 93

140, 11 ob *iꜣ(w)-n*[3]*)-pth*, Preis dem Ptah' (Fecht)? Vgl (I, 6, 9) und *dwꜣ-n(·j?)-pth* neben *dwꜣ-pth* Allerdings ist dagegen der Frauenname *dwꜣ·t-pth* zu beachten!

141, 2· ,Ptah ist es, der ihn kennt' (Partic)? Vgl aber Wb II 445

141, 5 m *AR* auch Davies, Ptahhetep II, Tf 26 (,großer Name' eines Mannes, der mit ,schonem Namen' *tjw* heißt, Tf 32 auch *idw* genannt) und Kairo 1332 — Im *AR* auch mit Kosenamen *iptj*, vgl Erman, Reden und Rufe S 9, Junker, Giza V, S 49f

141, 6. lies Tf 32 und 34!

---

1) Was soll das folgende ?

2) Gardiner dachte an =

3) Fur die Umstellung der Zeichen siehe Edel, Gramm.

141, 8. auch Borchardt, Denkm des *AR*, S 6, 1308 und Kuentz, Obélisques, S 1

141, 9 auch *D 20* Wilbour Pap A 48, 47

141, 11 das Zitat des *AR* ist zu streichen! — *MR*, *spat* auch Brooklyn 37 1345L (Mitteilung von J Cooney)?

141, 12 auch Boston 13, 3085 und 4332 — Das Zitat aus Mariette, Mast bezieht sich auf eine Frau!

141, 14 m *MR* auch Annales 36, 182 und Tf III, 100 — Die (nach Borchardt sichere) Schreibung mit der schwangeren Frau in Kairo 20110 laßt sich wohl nur als spielende Angleichung an *šbkꜣ* ‚schwangern‘ erklären

142, 4 = Lieblein 899

142, 6 ob fur *fꜣj-ỉḫ·t* ‚der Opfertrager (d h der Konig?)‘ Vgl Wb 1, 573, 11 und 3, 319, 15

142, 8 m *AR* auch Selim Hasan, Giza I, S 97 (Beiname eines *šdfꜣ·w-ptḥ*), wohl auch Borchardt, Denkm 1489 (‚schoner Name‘ eines *nfr-ḥr-šnfrw*) Vgl PN I 429, 12

142, 14. fur ‚Marseille‘ siehe jetzt Gauthier-Laurent, Revue d'Egyptol I (1933), 75f (Clère)

142, 17 auch Liverpool Annals 4, 115

142, 19· veroff Revue archéologique 1899, 231ff

142, 20. die fem Formen gehoren wohl zu 142,21! Oder ist 142,21 *fnḏ(j)·t* (also fem zu 142, 22) ‚die mit der (großen?) Nase‘ zu lesen?!

142, 21· auch Koefoed-Petersen, Recueil 50, 966 = Mogensen, Glyptothèque, Tf 97, 683

142, 22 ‚der mit der (großen) Nase‘, vgl lateinisch Naso

142, 23 ‚moge Month losen!‘ (auf die Entbindung bezogen?) Vgl I, 199, 20ff

142, 26 auch *LD* II, 96 Erg 40, auch Junker, Giza 8, 111 (‚schoner Name‘ eines *kꜣ·j-ḥr-ptḥ*), 86

143, 2 ist zu streichen, das gehort nicht zum Namen Vgl Junker, Giza 8, 111

143, 5· ist zu streichen (lies)

143, 6 nur Berlin 12748, 9 (nicht auch 3) Theben, Grab 8 durfte zu streichen sein, vgl Vandier d'Abbadie, La Chapelle de Khâ (Mém Inst Franç d'Arch Orient 73), p 12

143, 7: m *MR* auch Annales 36, 182 und Tf IV, 127, Lieblein 1745 (Musée Guimet)

143, 12: auch *spater (NR?)*: PSBA 29, 311

143, 23· auch Bruyère, Deir-el Médineh 1930, S 3, auch (abgekurzt? fehlerhaft?) Lieblein 684 (London)

143, 24 besser *mꜣ·n-wꜣḥỉbrʿ*, ‚wir sehen[1]) (Konig) Apries!‘ Vgl. den Anruf der Asiaten an Sahure *mꜣ·n nfr·w·k* ‚wir sehen deine Schonheit!‘ (Urk I, 169) und zu als spate Schreibung des Suffixes der 1 Pers Plur Wb 2, 194 unten.

[1]) Oder ‚laßt uns sehen!‘?

144, 4 *D 20* auch Wilbour Pap B 14, 27

144, 8 auch *D 20* (so!) Wilbour Pap A 14, 24

144, 16 auch *AR* Junker, Giza VI, S 110

144, 17 auch (?) Wilbour Note Books, 2 I, 16,

144, 19 auch Junker, Giza V, 20 — Auch *AR/MR* Dunham, Stelae S 90f (Var) — Ob auch *MR* Kairo 20556c und 20666a?

144, 21· auch *Spat*, v Bissing, Steingefaße 18736

144, 22 *MR/NR* jetzt Borchardt, Quellen 2, Blatt 2, 3 Reihe *Spat* auch Borchardt, Statuen 4, 986 Der Name wird *ḥr(w)-m-mꜣʿḫrw* zu lesen sein, vgl N[1] zu 144, 22

144, 23· zur Lesung *ḫnš·w-m-mꜣʿ-ḫrw* vgl N[1] zu 144, 21

144, 24. auch m (!) *AR/MR* Polotsky, Inschr der 11 Dyn, S VII, Clère-Vandier No 14, m (!) *D 11* auch New York, Metrop Mus 14 2 7 — In allen Fällen handelt es sich um Kurznamen

145, 4· Berlin Pap 9785, veroff *ÄZ* 43, 38ff

145, 6. siehe Junker, Giza III, 133 unten rechts, wohl Kurzung von *nj-mꜣʿt-ḥp*, siehe ib 143, Anm 2

145, 8 auch , Lieblein 2257 (Boulaq)

145, 12. jetzt Borchardt, Denkm des *AR*, S 122

145, 13· auch Kairo 608 (Borchardt, Statuen II)

145, 15 lies *mꜣtj(t)-m-ḥꜣ·t* und vgl Wb 2, 34, 1

145, 24 ob = ‚die Katze‘? und zu 145, 26 zu stellen?

145, 25 auch Bologna 1901 — Mar Mast, S 313 ist *mjjt* offenbar irrig als ein ‚prenom‘ eines *nj-kꜣ w-rʿ* bezeichnet Ob Name einer seiner Frauen? Vgl *ḫmn·t*

145, 26 wohl auch *D 20* Wilbour Pap A 77, 24

145, 28 wohl Anruf an eine Gottin Vgl ‚Komm doch, Amonre!‘, LD III, 72 (sudl Memnonstele Z 2)

146, 1 f auch , Koefoed-Petersen, Recueil 11, 8

146, 9 auch Lieblein 2101 (Boulaq)

147, 1 ist wohl *mw-ḥr-ỉb(j)* ‚Wasser auf mein Herz!‘ o a zu lesen und zu 147, 2 zu stellen!

147, 3 wirklich Mannername?! Bei ist die Zeit festzustellen — ob *nḥb t?!*

147, 8 auch und Urk 4, 1010,14 und 1011, 15

147, 10. wohl auch *NR* Florenz, Uschebti 1971, S 21, auch Borchardt, Statuen 689

147, 11. auch (?) *D 20* , Wilbour Pap A 44, 23.

147, 16· auch *Griech*, Rowe, Cyrenaica, S 64 und Tf 14, 1

147, 19: auch *Römisch*, Brit Mus Guide 1924, S 96

147, 22. *D 20* auch Wilbour Pap A 30, 33 (fem ! vgl meine Bemerkung zu 235, 6) 80,43 90,36

148, 2. auch (?) *AR/MR* Dunham, Stelae Tf 28, 2, vgl S 94, *NR* Benson-Gourlay, Temple of Mut, Tf 27 und S 359/60, Rendic. Accad linc. 1903, 88

148, 3. auch (f *Spät*) Lieblein 1076 = 2416 Es ist also *mw·t-m-pr-mś(·t)* ‚(die Göttin) Mut ist im Geburtshause' zu lesen, vgl *ꜣś·t-m-pr-mś(·t)* Vgl auch Brit Mus Guide 1924, S 88

148, 6 ob ‚die Mutter der Waise' als Beiwort einer Göttin? Dann Kurzname

148, 9 ob wirklich, nicht? Dann Fehler des Steinmetzen!

148, 10 hierher wohl auch 148, 22

148, 12 die Schreibungen sind gewiss *ḥtp-mw·t* zu lesen, siehe I, 258, 10 — *Spät* auch Sphinx 22, 96

148, 14 auch *NR, spät* Lieblein 2309 (Berlin)

148, 16 auch *Spät*, Var ! Lieblein 2315, vgl 145, 27!

148, 19 ob ‚meine Mutter und mein Vater'? Oder ‚mein Vater ist meine Mutter'?, d h die Mutter war bei der Geburt gestorben? Die Lesung der Zeichen ist nach Mitteilung von W Wolf ‚klar und ohne jeden Zweifel'

148, 20 hinter Kahun II, 10, 19 ist einzufugen (mit ‚schönem Namen' *tt*)

148, 21 lies *nj-wj-mw t j* ‚ich gehöre meiner Mutter'? Vgl I 423, 6 und 7

148, 22 gehört wohl zu 148, 10

149, 3: auch JEA 23, Tf 2 3

149, 6. auch Lieblein 2057 (Kopenhagen, Var) *NR* auch Koefoed-Petersen, Recueil 54, 968

149, 27 auch f Koefoed-Petersen, Recueil 49 = Mogensen, Glyptothèque, Tf 97, A 685, auch (?)[1] Daressy, Ostraca, Tf 63 unten, Z 23 — Vgl das Tier *mmw* Mitt Inst Kairo 8, 39

150, 7. auch PSBA 28, 179

150, 10. siehe Junker, Giza 8, 162

150, 13. auch, Sethe, Urk 4, 1200, 13 und 1196, 17 (Kurzname eines *mn-ḫpr-rꜥ-śnb w)*

150, 15 auch Sethe, Urk 4, 1196, 17 und 1200, 13 (auch genannt *mn-ḫpr)*

[1]) Oder ist *mmmw* zu lesen? Vgl. I, 149, 28.

150, 18 auch Recueil 2, 189 (Turin)

150, 20 *Griech* μονκορης, vgl *ÄZ* 53, 129 und Anm 2

150, 21· Hoffmann, Theoph Pers S 23, zitiert auch eine Schreibung aus dem *MR*

150, 24 ist *śmn-tꜣ·wj* zu lesen und zu 307, 11 zu stellen

150, 26 die Übersetzung ist zu streichen Es liegt ein abgekurzter Name vor, vgl I, 420, 26 (= Boston 27 444 A, Name eines Dieners, geschrieben)

150, 27 vgl I, 432, 3 4

151, 2 m *MR* auch Revue égyptol 1907, 219 (oder = I, 152, 17?) — f *MR* auch (?) Lieblein 229 (Paris)

151, 4 auch (?) m *MR*, JEA 25, Tf 21, No 3r u Mogensen, Atlas 692[1])

151, 5 auch m *MR* Louvre C 173 (Gayet, Stèles Tf 29, Mittl Kol 5 und 8) Clère (Notes 105) gibt 2 weitere Zitate fur m *D 6* — Die Übersetzung ‚der Hirt' ist zuzufugen Die weiblichen Namen werden als *mniw(·t)* ‚die Hirtin' abzutrennen sein

151, 6 auch Černý, Late Ramesside Letters 72, 2

151, 8· ob *mnꜥ t-nḫt(·t)* ‚die starke Amme'? Vgl aber *mnꜥ-nḫt*!

151, 14 Urk 4, 465, 15 ist zu streichen (der Mann heißt *mn·w-nḫt(w)*, vgl 466, 4—13)!

151, 16· Var und, siehe Borchardt, Denkm des *AR*, 1402 Der Name ist wohl *inj-wj-mn·w* ‚möge Min mich (zurück) bringen!' zu lesen Vgl I, 415, 19 Kairo 1403 ist zu streichen

151, 18 gehört zu I, 78, 23!

151, 20. lies ‚*D 11*' anstatt ‚*MR* (?)', jetzt Borchardt, Quellen II, Blatt 2, Reihe 4, 9 — *MR* auch Lieblein 872 (Wien), *NR* auch Budge, Fitzwilliam Mus S 77

151, 22 wohl ungenau fur 151, 23!

151, 25 auch Lieblein 1636 (Petersburg)

152, 1 ‚Min und Mut'? Oder *mn·w-mw t(j)* ‚Min ist meine Mutter'?

152, 3 ‚Min ist es, der ihn (den Sohn? den König?) gebracht hat'

152, 4: Schreibung auch Lieblein 2100 = Recueil 7, 129, *Spät* auch Berlin 2096 (Lieblein 2376)

152, 6 vgl auch u *(D 18)*, Borchardt, Statuen 613

152, 7. auch *Spät* Borchardt, Statuen 715

152, 9 *AR* auch Annales 36, 44, *MR* auch Daressy, Ostraca Tf. 63 unten, Z 19

152, 10 es wird wohl ‚*mn·w-htp·w*, (der) aus Hatnub (stammt)' zu verstehen (vgl Anm 2!), der unwahrscheinliche Name also zu streichen sein!

[1]) Es scheint aber noch etwas zu folgen!

152, 16 *D 18* auch London, Univ Coll Mus, Holzuschebti

153, 7 derselbe Mann Koefoed-Petersen, Recueil 62, 111 1037, 11 = Mogensen, Glyptothèque, Tf 114

153, 10 auch Lieblein, Denkmaler 16

153, 12 auch 80! , Grabstein in Privatbesitz, Magdeburg (Roeder) Vgl auch 29, 1 und Anm !

153, 15 auch JEA 23, Tf 2

153, 20· zu m *MR* Berlin 7313 ist hinzuzufugen ,abgekurzt fur *mnṯw -ḥtp(w)*'

153, 27· ein *mnṯw-wśr* Kairo 20208 e scheint *(ib.a)* mit Kosenamen *mntj* zu heißen!

154, 4. auch *D 20* Wilbour Pap A 32, 9

154, 7· ob das Kairo 646 (Borchardt, Statuen II) folgende (so 4 mal!) Abkurzung von *śnb* ist, ,der noch lebt' ?

154, 11· *Griech* auch Pap Rhind S 12, I, 2 14 I, 12 usw (Var *s3 f)*

154, 19 auch Wilbour Pap A 68, 37

154, 21. zu m *MR* ist hinzuzufugen, Berlin 7313 (abgekurzt)'

155, 1. f auch Louvre C 173 (Gayet, Stèles Tf 29) — Turin 107 gehort nach Lieblein 204 zu ,m', nicht zu ,f'

155, 4· m auch Lieblein 277 (London) Daressy, Ostraca Tf 63 unten, Z 6 — f auch 80! , Grabstein im Besitz des Dompredigers Martin, Magdeburg (Mitteilung von Roeder)

155, 8 auch , Koefoed-Petersen, Recueil 54, 968

155, 12· auch m *AR* Halifax (Bankfield) Museum Notes

155, 15 ist zu streichen (Clère, Notes 105)!

155, 16· auch Lieblein 650 (Neapel), auch Steindorff, Aniba II, 183.

155, 17· auch m *D 26* Brugsch, Thes V, 1063 Nach Junker, Giza II, 112ff ware *mr-ib* auch als Name eines *k3·j-pw-nśw·t* belegt

155, 18· auch (?) Florenz, Uschebti 5427, mit ,schonem Namen' *psmṯk-mr-ptḥ* Ob ,Liebling des Ptah' ?

155, 20 auch Weigall, Lower Nubia, S 77 und 139, Recueil 25, 137 (kollat.).

155, 21. f *NR* gehort wohl zu 158, 15

155, 23 auch Recueil 7, 119, Z 2 v u

155, 24· ,Amon liebt das Loblied' ?

155, 25. auch , *AR/MR*, Dunham, Stelae, Tf 4, 1.

156, 3· *D 20* auch Wilbour Pap A 86, 32

156, 4. auch Junker, Giza 8, 132 Der Name ist *wḫ-mrj-ʿnḫ·f* ,*wḫ* ist es, der will, daß er lebt' zu lesen, vgl I, 339, 8

156, 7 vgl Lieblein 2460

156, 8 auch Jéquier, Tomb de particuliers 118 (,schoner Name' eines *dgm*)

156, 9 auch m *AR* Gise, Reisner G 234, A und Selim Hasan, Giza II, 76 und 84

156, 11 auch , Como 31 und 32

156, 12 auch JEA 24, 1

156, 14 auch Lieblein 2340, *ÄZ* 28, 10

156, 16· auch *D 20* Wilbour Pap. A 45, 6 53, 13 18

156, 19. ob *mrj-(m-) mnnfr* ,der Geliebte (d h Amon?) ist in Memphis' ?

156, 21 doch wohl *mrj-mśj(·w)* ,ein Geliebter ist geboren!' wie 160, 21

156, 23 auch Bull Inst 37, 110 (2 mal), Grabstein bei Moh Todrus, Luxor, Z 8 (Mitteilung von E Edel)

157, 3. f *AR* wohl *mr(·t)-nfr·t*!

157, 4 lies *mr(·t)·n ś*? Vgl 159, 3

157, 8· f *NR* wohl zu 159, 7

157, 12. Sethe (bei Hoffmann, Theoph Personennamen, S 61) ubersetzte ,geliebt ist das Gesicht des Ptah'

151, 17 auch , Chicago, Oriental Institute, Case K 6 (bemalter Sarg)

157, 18 auch *NR* Kairo 864 = Borchardt, Statuen III, S 128 (Beiname eines *s3-imn*), auch Lieblein 1965 = Recueil 7, 118 (Beiname eines *s3-imn*), Lieblein 2229 (Turin)

157, 21· auch und Fisher, D A N Grab 35 (unveroff), ,ihn', d h den Konig? Oder ist *mr-śj ,śgr t* moge sie (die Namenträgerin) lieben' zu lesen? Und wie verhalt sich 157, 27 dazu?

157, 23 24 lies *mr j-śnb·f* (bzw *śnb ś)* ,ich wunsche, daß er (bzw sie) lebt'! Hierher auch 159, 28

157, 24: auch , JEA 25, Tf 21, No. 3 r u und S 163, n 6

157, 25 hierher das Zitat aus Spiegelberg, Graffiti von 161, 10!

157, 27 zu den Zitaten aus dem *NR* gehoren auch 421, 11 und 157, 21 (zur Schreibung des letzteren vgl Gardiner, Late Egyptian Stories, S 100) Es wird sich hier um einen allein aus den Namen der thebanischen Schlangengottin bestehenden Kurznamen handeln — Bei den Zitaten aus dem *MR* dagegen mochte ich eher an *mr·ś-gr* ,sie liebt das Schweigen' denken und eine Bildung wie in *mr ś-śnb* und *mr·ś-tḫ* (I, 158, 10f) annehmen — Vgl auch Clère, Notes S. 106

158, 1. lies ,Vatikan 209 (Grabstein)'

158, 6 oder *mrj-śj-ʿnḫ* ,moge das Leben sie lieben!' o á? So z B Junker, Giza 8, 20.

158, 13: auch *D 1* Petrie, Royal Tombs II, Tf. 27, 106.

158, 15 hierher auch 155, 21 f *NR*

158, 18 Schreibung auch , Borchardt, Neuserre S 31 und 128 (Prinzessin!)

158, 20. Brit Mus 314 ist *NR*, nicht ‚*Spat*'!

158, 22· auch (?) *AR* , Junker, Giza VI, 240

158, 25· auch Athen 30 (spates *AR*)

159, 1 auch geschrieben, Kairo 1653

159, 3 hierher vielleicht auch 157, 4 Übersetzung wohl besser ‚die welche sie[1]) gewollt hat'

159, 6. ob *mr·t-šnḏm·t?* Vgl Wb 4, 188, 1

159, 9 wohl Abkurzung von 159, 10!

159, 11 lies *mrjtj-wšj-imn* (161, 26)?

159, 18 ob *mrj·t-tw* ‚diese ist eine Geliebte'?

159, 20 Borchardt, Denkm des *AR* scheint als Variante von *mr·t·j* zu stehen!

159, 21 m *AR* auch Brit Mus 1191 (auch *id·w* genannt)

159, 26 auch *D 20* Wilbour Pap A 17, 46

159, 28· gehort zu 157, 23!

160, 1 hinter m *MR* Pap Kahun II, Tf 16 ist hinzuzufugen. ‚(mit Beinamen *kbj*)' — Auch f *AR* Selim Hasan, Giza II, S 91 und Tf 27 — Auch f *AR*/*MR* Dunham, Stelae Tf 11, 2

160, 4. jetzt Junker, Giza VI, 242/43. lies *mrj(·t)-sḫ(·tj)*?

160, 7. ist hinzuzufugen, (auch genannt , vgl Wien, Wreszinski, S. 136)'

160, 11· auch Theben, Grab 106 (genannt *ḥl*)

160, 13 ist zu streichen! Vgl Clère, Notes 106

160, 19 *D 20* auch Wilbour Pap A 29,31 37,33

160, 21 hierher wohl auch 156, 21!

160, 23. keilschriftlich *mairija*, Recueil Champollion, S 379 und 377, auch Theben, Grab 116 (mit Beinamen *hl*), auch f *NR* Archiv Äg Arch 1, 35, *Spat* auch Mogensen, Glyptothèque, Tf 109, A 734

160, 24 Schreibung auch , LD II, 116a, auch Halifax (Bankfield) Museum Notes 4 fig 3 (auch genannt *špšš-kȝ w-mrjj-rꜥ*), auch Borchardt, Denkm des *AR*, S 174ff (auch genannt)

161, 3· auch LD II, 117 r, Annales 43, 507 (auch *ttj-šnb* und *mrw* genannt)

161, 5 *D18* auch Davies, Cones, ebenso *Spat* ÄZ 28,58. Hierher gehort 421, 8!

[1]) Die Mutter?

161, 9 wohl *mrjj(t)-šj* ‚eine Geliebte ist sie!'

161, 10 das Zitat aus Spiegelberg, Graffiti gehort zu 157, 25!

161, 25 auch Recueil 2, 193 (Turin), Borchardt, Statuen III, 916

161, 26· hierher vielleicht auch 159, 11

162, 2· ist zu streichen! Der Name der Ahnfrau war schon vergessen, und sie wird einfach als ‚seine geliebte Frau, die Selige' bezeichnet

162, 3· auch Totb Brit Mus 10466 (Shorter, Cat Eg Rel Pap, p 11)

162, 7 m *AR* auch Annales 43, 506 (auch *ttj-šnb*, *mrjjrꜥ-šnb* und *pjpj-šnb* genannt)

162, 8 auch Jéquier, Tomb de partic 116, fig. 131 Die Schreibung Lutz, Tomb Steles 32 ist wohl nicht *mrw·j* zu lesen, das wird Determ -Ersatz sein — Vgl auch I, 163, 6

162, 9 jetzt Junker, Giza VI, S 117, ob ‚*mrw*, der Taube'[1])? Vgl 424, 23

162, 11 auch Selim Hasan, Giza I, 63, Coll Dattari 283, 286 Auch f Junker, Giza 8, 124 Bedeutung wohl ‚mein Ka liebt mich (oder moge mich lieben)'

162, 12 ob *mr(j)-rw* zu lesen (so Edel) und in eine Schreibung von *rw* ‚der Lowe' zu sehen ist? Vgl I, 397, 5 (?)

162, 14 zu Lacau, Sarcoph 28011 ist hinzuzufugen ‚auch *šn·t* genannt'

162, 17. auch m *AR* Ptahhotep, Research Acc, Tf 35, auch m *NR*, Lieblein 2252 (Boulaq)

162, 19 ist zu streichen! Der Text hat , I, 157, 27. Danach ist auch Clère, Notes 106, Anm 1 zu streichen

162, 21 auch *NR* Annales 38, 635

162, 23 auch Kairo 369 (Borchardt, Statuen I)?, Reisner, Naga-ed Dêr III, S 161, fig 59

162, 25: Kairo 1478 steht hinter *ir-n* zweimal der sitzende Mann, als ob der Name des Vaters gemeint sei!

163, 4. vielmehr 2094, das Fragezeichen ist zu streichen

163, 6. die Schreibungen = *mrrw* und = *mrw* entsprechen wohl 2 verschiedenen Namen!

163, 8 es ist vielmehr und zu lesen!

163, 9 (Negerin!), vgl *ÄZ* 42, 29

163, 14 Kairo 1449 (Borchardt, Denkm, Blatt 32) ist nicht m sondern f! Ob *mḥ t* zu lesen?

[1]) Oder ‚der Jungling'?

163, 15—17: es scheint die Bezeichnung ‚Liebling (*mḥ-ỉb*, *fem* *mḥ·t-ỉb*?) der Gottheit' vorzuliegen. Das Wort *mḥ-ỉb* wird auch sonst im *MR* mit geschrieben, siehe Hoffmann, PN, S. 48. Die formell auch mögliche Fassung als Gott-NN-*m-mḥ-ỉb(ỉ)* ‚Gott NN ist mein Vertrauter' o. ä. ist aus inhaltlichen Gründen nicht wahrscheinlich. — Die gleiche Bildung 28, 6!

163, 20 auch Lieblein 2244 (Louvre). 2307 (St. Petersburg).

163, 21: nach Clère, Notes 106 ist statt zu lesen, das ‚*nḫt*' also zu streichen!

163, 22 lies *mḥ·f-(m-) pꜣ-mỉw* ‚er packt den Kater' o. ä.?

163, 23 *AR* auch Junker, Giza VI, 226 (Beiname eines *ptḥ-nb-nfr·t*), Jéquier, Tomb. de partic. 71—75. — Vgl. auch [1]) (Doppelname?) Boston 13, 4338.

163, 25: die Schreibungen , u. ä. sind auszusondern und *mḥḥ·ỉ* zu lesen, siehe dieses!

163, 27. auch , *D 2*?, Firth-Quibell, Step-Pyramid, Tf. 106, 5.

163, 29 auch ? Junker, Giza 8, 73. Ob *mḥ-wỉ-sḫtỉ*? ‚möge *sḫtỉ* mich füllen!' Die Schreibung auf dem Freiburger Relief ist nicht in Frage gestellt.

164, 1: ob *mḥỉ·t-m-wꜣwꜣ·t* ‚der Nordwind ist in Nubien'?

164, 3 wohl auch [2]) , Daressy, Divinités 38427.

164, 5. *D 22* auch JEA 27, Tf. 10, Z. 4. 10. 12, Z. 20. 22. 24. *Spät* auch , Daressy, Divinités, 38480.

164, 7 Louvre D 27 ist auch *NR*, nicht *MR*!

164, 9 lies *nḫt(·t)*!

164, 11. *mḫꜣ(t)-ỉb* ‚die das Herz freundlich stimmt' o. ä., vgl. Wb 2, 130, 15 und Belegstellen.

164, 12. *mḫw* ist zu streichen! Die Namen gehören zu *ḫm·w* 269, 16.

164, 14. auch *D 1* u. ä., Petrie, Royal Tombs I, 10, 4. 3. 5. — Vgl. die griech. und aram. Formen mit dem Artikel πεμσαις und פמסה ÄZ 42, 59.

164, 15 lies m. *MR* Kairo 20025 c. d. k (!). q. v.

164, 16 Gise jetzt Junker, Giza III, 177, 13 und Abb. 28, 2. Reihe.

164, 18 f. *NR* gehört wohl zu 165, 16.

164, 19 auch , Mumie im Museum in Elefantine. — Griech. μεσιησις. — Vgl. auch *mś(·t)-sꜣ·t* N².

164, 24: auch *D 20* Wilbour Pap. A 59, 25.

164, 26 ob *mś-(ḥr-) nw* ‚*mś* (= Ramses?) sieht'?

165, 1. auch Berlin 823.

———

1) Ein Sohn heißt *nfr·ỉ*.

2) Zur Schreibung vgl. ib. 38428. 38446. 38589.

165, 2 auch (*spätes*) *AR* , Lutz, Eg. Statues, 20.

165, 2 u. 3 vgl. ‚Nachkommenschaft', Wb 2, 140, 14.

165, 3: lies , das ‚u. ä.' ist zu streichen! Auch Basel, Mus. für Völkerkunde, Gauthier, Livre des Rois I, 80ff. (Prinzessin).

165, 6 auch Steindorff, Aniba II, 101.

165, 8 *AR* auch ÄZ 64, 138. — *NR* = ÄZ 44, 90 (Beiname eines *ḏḥwtỉ-mśỉ w*).

165, 22: vgl. 84, 19!

165, 27. jetzt Boston, Mus. of Fine Arts.

165, 31. m. auch Kairo 687 = Borchardt, Statuen III (auch genannt *ỉʿḥ-mś*).

166, 2. 3 ‚gute Reise' bzw. ‚glückliche Reise!'? Anders Spiegelberg, a. a. O.

166, 5. lies ? aber vgl. Spiegelberg, a. a. O.

166, 10: ist wohl *kmỉỉ t* zu lesen und zu 334, 10 zu stellen.

166, 11: lies *km·w*? Vgl. 334, 7.

166, 15 auch , Philadelphia E 11531 (Uschebti).

167, 1. lies *mk-mt*?

167, 3: auch , , geschrieben Junker, Giza VI, S. 209. Junker will *ỉmỉ-ś t-kꜣ·ỉ* ‚Stellvertreter meines Ka' lesen, vgl. ebenda S. 32.

167, 7 f. auch Lieblein 1748 (Musée Guimet).

167, 14: ‚siehe, er ist neu' (?), vgl. Sethe in Blackman, Meir 4, S. 40. Dort auch ein anderer Lesungsversuch.

167, 16 jetzt Borchardt, Denkm. des *AR*, S. 56. — Auch *MR* Musée ég. II, Tf. 7.

167, 17 ist wohl *mṯn·w* zu lesen, vgl. 167, 19.

167, 21 die Form *muttallu* ist zu streichen!

167, 22. es steht da , also *ḫmṯrm* (?)

167, 23. auch Boston 06. 1888.

167, 24 auch genannt *ḥtp-sḫtỉ*!

167, 26 jetzt Junker, Giza II, 166.

167, 27 auch Sethe, Urk. I, 229, 14. 18 (Kairo), Selim Hasan, Giza I (vgl. Junker, Mitt. Kairo 3, 123).

167, 29. *md·t-nḫt(·t)* ‚eine starke Rede'?

168, 6 besser wohl auch ‚die Kopfbinde', und mit 168, 5 zusammenstellen!

168, 11: Borchardts Auffassung (Denkm. des *AR*, S. 134, Anm.) ‚wohl nur Bemerkung des Zeichners, die der Steinhauer als Name auffaßte' ist gewiß nicht haltbar. Er macht selbst auf den *MR* Namen *nn-rn f* (PN I, 204, 25) aufmerksam.

168, 13 ‚die (Lebens)-Luft ist nicht vorübergegangen'?

168, 16: jetzt Junker, Giza II, 194 Lies ‚er ist nicht gestorben!'

168,17 B Gunn will *n-rḫ(w) f* lesen und übersetzen ‚he is not known'

168, 20. Junker jetzt Giza V, 21

169, 1· auch Junker, Giza III, 177, 7 und Abb 28 oben — Ob in *AR* auch ? ? Murray, Saqq Mast I, Tf 7 unten?

169, 2. jetzt Borchardt, Denkm des *AR*, S 134 und Bl 32

169, 3 ‚es gibt kein Land, das fern von ihm (dem König? Amon?) wäre!'

169, 5: auch LD Erg. Tf 31.

169, 7 jetzt Junker, Giza V, 20

169, 13: ‚was Bastet tut, ist gut', vgl 169, 14

169, 14· auch Coll Desnoyer 50 Die Bedeutung ist wohl ‚was sie tut, ist gut', vgl 169, 13

169, 16 weitere Beispiele AZ 44, 110

169, 20. m *Spät* auch Edinburgh, No 444 (Catalog v Murray) — Zur Schreibung vgl AZ 44, 110

169, 24 auch Lieblein 2246 (Boulaq)

169, 26 auch (?) Lieblein 1193 1193a

169, 28. auch Lieblein 2426 = (?) Mariette, Cat 1284

170, 3 Var JEA 25,143, vgl auch JEA 6, 51 No 20 Der Name scheint unäg zu sein

170, 4. m auch Lutz, Eg Statues, S 1, (Graffito), Jéquier, Deux pyramides du *ME*, S 14, ? JEA 33 (1947), S 54, Nr 15

170, 5 auch *D 20* Wilbour Pap A 70, 24

170, 16 ? Kairo 1269 (Borchardt, Statuen IV, 137/8)[1])

170, 17 lies *nf*, dies auch Steindorff, Aniba II, 215 und 249

170, 18 auch Golénischeff, Ermitage Imp, S 22 = Lieblein 2558, sic Daressy, Divinités 38072 Vgl auch I, 170, 22!

170, 22. vgl I, 170, 18!

170, 29 ‚der Liebling'

171, 1. oder ‚zu den Herzen des Königs gehörig', d h ‚Liebling des Königs'? — Petrie, Dendereh Tf 8 oben ist der ‚schöne Name' nicht *bbj* sondern *bb-ikr*!

171, 6 8 15 18 172, 3 4 6 18. das *(t?)* ist zu streichen, vgl Clère, Notes 106

---

[1]) Ob ‚ihre Geschöpfe' (Wb. 4, 242, 18)?

171, 6 jetzt Borchardt, Denkm. des *AR*, S 49.

171, 7· auch Annales 38, 507

171, 9· auch ÄZ 63, 59 (‚schöner Name' eines auch genannten *ir n-šḫtj*)

171, 12. hierher auch 64, 15!

171, 17 lies anstatt !

171, 18 auch Borchardt, Denkm des *AR*, S 23, 1348

172, 1 lies *nj-ʿnḫ-ʿntj* und vgl Junker, Giza VI, 240 (der Mann heißt mit Kosenamen) Für *nj-ʿnḫ-skr* siehe N².

172, 4· auch m *D* 1/2 Garstang, Mahasna and Bet-Khallâf 10, 11

172, 6 ist zu streichen, siehe I, 329, 8 mit Zusatz in Band II

172, 8: lies *nj-ʿnḫ-dwꜣ·w* ‚(der Gott) *dwꜣ·w* besitzt Leben' und vgl. Annales 41, 214

172, 12· vgl. auch Scharff, OLZ 31 (1928), 79

172, 13 auch Jéquier, Mon fun Pepi II, S 62.

172, 14. Gise jetzt Junker, Giza 2, 118

172, 16 auch *MR* Borchardt, Statuen 704. — Der Name König Amenemhêts III ist griech in λαμαρης überliefert

172, 18. auch (?) [1]) Junker, Giza VI, 244/45

172, 19· Gise jetzt Junker, Giza III, 133 unten rechts Vgl. auch Bull Inst 37, 94 und 96 (D 6)

172, 20 auch Kairo 58 und 88 (Borchardt, Statuen I)

172, 21 Gise jetzt Junker, Giza II, 166

172, 22· auch *AR* Hildesheim, Mastaba, Südwand unten — Vgl ubr ÄZ 54, 49

172, 25 lies *nj-ḥb-nšw(t)*, der Aeltere und vgl 422, 21!

173, 1 auch Jéquier, tomb de particuliers, 22, id, Mon fun Pepi II, 61 Der Mann heißt auch *nj-ḥbšd-nfrkꜣrʿ*, siehe dieses!

173, 2 auch Selim Hassan, Giza II, S 48 und Tf 17, auch Philadelphia 32—42—53 (Prinz, Dyn 4) Lesung wohl *nj-ḥp* ‚der zum Apis Gehörige', aber vgl I, 425, 30 (also hier Kurzname?)!

173, 3 auch [2]) Daressy, Mera, S 540

173, 5· lies anstatt !

173, 10 auch Relief 5 Dyn, 1939 im Besitz von Dr Jacob Hirsch, New York (Photo Philadelphia), auch Junker, Giza 8, 28, Scharona Pap a Vs 3, 6, Rs 4, 10

173, 12. Gise, Junker 679 jetzt Junker, Giza 8, 172 — *NR* auch Theben, Grab 251 (Schott)

173, 15. ob *nj-šw-šḫ tj-ḥtḥr* ‚er gehört dem *šḫ·tj* und der Hathor'?

173, 18 ‚*Griech*' ist zu streichen! Beide Zitate sind ‚*Spät*'

---

[1]) Ob am Schluß das zerstört ist?

[2]) So ist wohl anstatt Daressy's zu lesen!

174, 1: auch Berlin, Am-Duat-Pap., nach Wilbour Note Book 22, nr. 1466.

174, 2: auch *NR*, *spät* , Mitt. deutsch. Inst., 7, 34. — Der Mann Urk. 3, 108 ist Nubier!

174, 6: auch (!) Kairo 1031 (Borchardt, Statuen IV). — Was soll ‚er gehört dem *ʿnḫ·f-n-mȝʿ t*‘ (der Name ist übr. nicht belegt) bedeuten?

174, 11: f. auch Lieblein 2458 (Kopenhagen).

174, 12: lies *ḥkȝ·w*!

174, 13: auch Stockholm 77, veröff. ÄZ 47, 111.

174, 15: Pellegrini (S. 15, No. 80) las ! Was ist richtig? (Vgl. I, 88, 16!)

174, 19: ‚der Große von Ṯrʿ ist ein Beiname des Horus, vgl. Kuhtmann, Ostgrenze, S. 43 f.

174, 21: auch *Spät* . Stele in Boudoin College (Mitteilung Dunham), auch Lieblein 1076 (Boulaq). — Vgl. auch ? Steindorff, Walters Tf. 119, 575.

175, 1: assyrisch išpimātu, aramäisch אספמט, Sachau, Aram. Pap. Index, S. 275. Ob in אשפמד (ib., S. 248, 7 u. 12) und אספמת (Spiegelberg, Ägypt. Sprachgut, S. 19) wirklich andere Wiedergaben desselben Namens stecken?

175, 7: *NR*, *spät* auch Lieblein 1076 (Boulaq), *Spät* auch Mariette, Catal. 1300 = Lieblein 2416.

175, 12: auch , genannt auch Lieblein 1086 (Boulaq), vgl. I, 232, 6.

175, 19: ‚er gehört dem Stier mit erhobenem Arm (= Min?)‘.

175, 21: lies , also *nś-pȝ-krm*, nach Gardiner, Late Egyptian Stories, S. 76 (‚nearly certain‘).

176, 1: D *20—21* auch Totb. Brit. Mus. 10093 (Shorter, Cat. Eg. Rel. Pap., p. 10).

176, 5: *AR* auch , mehrfach, auch *MR* Annuaire de l' Inst. Philol. Hist. Orient. Bruxelles III (1935), 568, aram. viell. in אסתת, Sachau, Aram. Pap., S. 78, K. 4, Z. 21. — Die Zitate sind in *nj-św-ptḥ* und *nj-śj-ptḥ* zu trennen! — *AR* auch Junker, Giza 8, 172 (m. ‚schönem Namen‘), ebenda S. 169 wird *nj-św-ptḥ* als ‚großer Name‘ bezeichnet.

176, 10: der Name ist als der eines Mannes in aramäischer Umschreibung als אסמת erhalten, Spiegelberg, Ägypt. Sprachgut, S. 7.

176, 12: aramäisch אסמן, Spiegelberg, Ägypt. Sprachgut, S. 7. — Auch Annales 17, 90, Z. 9?

176, 16: 17. die Namen sind wohl ‚er gehört der Liebe des Ptah (bzw. Horus)‘ o. ä. zu übersetzen, vgl. den Kurznamen des *AR* *nj-śj-mr·wt* (N²).

176, 19: auch [1] Lieblein 2392 (Wien).

177, 15: auch *Spät*, Budge, Lady Meux Coll., Tf. 6.

177, 16: *D 18* auch Lieblein 1994 (Florenz, Cat. 1555).

177, 20: auch Koefoed-Petersen, Recueil, 29, 653, 3.

177, 21: auch Lefèbvre, Petosiris III, S. 15, vgl. auch Mariette, Catal. 1229.

177, 24: Gise jetzt Junker, Giza II, 183, Abb. 30.

178, 2: auch Lieblein 1081 (Boulaq). 1247 (Wien).

178, 5: auch m. (?) , Fußende eines Sarges, U. S. National Museum, Washington, auch m. Roeder, Naos 70043, § 510, auch f. Steindorff, Walters Taf. 113, 146 B.

178, 7: aramäisch אסחור, Spiegelberg, Ägypt. Sprachgut, S. 19. — Auch *D 20 f* Černý, Late Ramess. Letters 53, 9 f. — *D 26* auch Koefoed-Petersen, Recueil G 2, 1037, 11 = Mogensen, Glyptothèque Tf. 114. — f. *Spät* auch Mogensen, Glyptothèque, Tf. 115, A 762. Griech. auch Kamal, Tables d'offr. 23162 (Beiname eines *hp-mn w*).

178, 10: auch f. Marucchi, Monumenta 66, auch f. *D 22* Steindorff, Walters Tf. 114, 160 A.

178, 22: m. auch Lieblein 2307 (St. Petersburg).

179, 1: aramäisch אסחנוס, Spiegelberg, Ägypt. Sprachgut, S. 7.

179, 3: *śʿnḫ(w)·n·ś* ‚den sie am Leben erhalten hat‘, gehört zu 301, 8!

179, 5: auch Černý, L. Ramess. Letters 55, 8.

179, 9: vgl. Junker, Giza VI, 244/45.

179, 10: lies ‚*Griech.*‘ anstatt ‚*Spät*‘! — Auch Brugsch, Thes. V, 908 (genannt *pȝ-dj-bȝśt t*).

179, 11: vgl. *wʿj t* als Bez. der Hathor und der Urausschlange Wb. I, 278, 6. 7.

179, 12: ‚sie gehört dem herrlichen *wḏȝ t*-Auge‘ o. ä. — Auch Lieblein, Denkmäler S. 56.

179, 19: auch Marucchi, Monumenta 101.

179, 20: auch Mém. Miss. I, 370.

179, 21: lies m. *Spät* Vatikan 189 (Denkstein).

179, 23: auch *Spät* Annuaire de l'Inst. Philol. Hist. Orient. Bruxelles III (1935) 394.

179, 24: ob *ns-ṯr(tj)*? Vgl. Wb. 5, 386, 4. Oder ist Wb. 5, 386, 12 zu vergleichen?

179, 25: lies doch *ṯsj(·w)·n·ś*?!

180, 1: die Klammern und das ‚vgl.‘ sind zu streichen, auch *NR*, Gardiner, Ramess. Adm. Doc., 12, 16.

[1] Frau mit Sistrum.

180, 2 ‚er gehort dem *ḏd*-Pfeiler'

180, 14 (lies *kꜣ·j-nj-nśw·t*, vgl I, 340, 9) jetzt Junker, Giza III, 151ff — Auch Gauthier, Livre des Rois I, 70

180, 16 auch ( ), Abydos, Konigsliste 48.

180, 19 auch Chicago, Oriental Inst. 10643

180, 20 auch m *MR* Lieblein 281 (London)

180, 21 auch m Basel, Volkerkunde-Museum (Kalksteinfragment)

180, 23 zu Mariette, Mast 313 vgl *mjjt* und *ḫmnt*!

180, 24 f *AR* auch Selim Hassan, Giza I, 73, auch m *AR* Petrie, Gizeh and Rifeh, Tf 7a — Ob hierher auch 425, 26?

180, 25 auch Annales 39, Pl LXIX, Fakhry, Sept tombeaux 5, New York, Metrop Mus [1])

180, 27 lies *nj-kꜣ w-ḏd-špśj* ‚Besitzer von Kas ist der herrliche *ḏd*-Pfeiler'

180, 28 jetzt Borchardt, Denkm des *AR*, S 145

181, 1· ‚der (weibliche) Liebling'

181, 7: Ubersetzung ganz unsicher! Die verschiedenen Schreibungen sind zu beachten, vgl auch 181, 9 Hoffmann (Theoph Pers S 59) denkt bei (so Kairo 20171 e 20556 b) an *ḥḏ* als Bezeichnung einer Gottin (Hathor?) Sethe, ib wollte (Kairo 20051 p) ‚doch wohl eher' mit ‚Besitzerin von Gold u Silber' ubersetzen

181, 10 jetzt Borchardt, Denkm des *AR*, Bl 16, 1399 (Var); vgl auch Jéquier, Tomb des partic 115, Mitte links

181, 12· auch (?) f *AR/MR* Petrie, Dendereh, Tf 11, unten links (2 mal)

181, 17 *AR* jetzt Junker, Giza 6, 239/40 (Kosename eines *nj-ꜥnḫ-ꜥntj*), auch Murray, Saqq Mastabas I, Tf 7

181, 24 *AR* auch Jéquier, Tomb de particuliers, 75

181, 25 vgl Νιτηιτις Preisigke Νιτητις Herodot III, 1, auch Coll Hoffmann 74

181, 26. auch , Daressy, Divinités, 38081

181, 27 auch ‚mit ‚schonem Namen' *šp-n-wp·t* (Prinzessin), ÁZ 35, 17, Z 3 Griech. νιτωκρις (Konigin des ausgehenden *AR* in Manethos Liste[2])

182, 1 auch Kairo 665, Gulbenkian Collection, nr. 19 ( ).

182, 8· auch f Annales 36, 182 u Tf IV, 111

182, 9 f *Spat* auch Archiv Aeg Arch 1, 100 (dieselbe Schreibung in Florenz, Schiap 1808), Annales 39, 629, Daressy, Divinités 38256 — Ob ‚sie ist barmherzig'?

182, 13 auch , m *MR* JEA 25, Tf 21, No 3 unten links

182, 15 lies *nꜣ-ꜥn* (ΝΑΝΟΥ)-*nꜣ'ś-ḥrj w* ‚ihre Vorgesetzten sind gutig' o a

182, 17· auch ÁZ 31, S 88, C, Recueil 8, 64 Hierher gehort wohl auch PN I, 62, 3! — Vgl auch Steindorff, Walters Tf 118, 511

182, 18· lies *nꜣ-ꜥꜣ-tꜣ'f-nḫt·t* ‚seine Stárke ist groß', u vgl 169, 16!

182, 20 auch (?) Selim Hassan, Giza II, S 44 unten links und Tf 13 Vielleicht sind die Namen besser *nj-wj* zu lesen und als Kurzformen zu I, 172, 10f aufzufassen

182, 21 auch *AR* Daressy, Mera 541

182, 29 vgl Sethe, Pyr 719d u Kommentar

183, 1 *AR* auch Petrie, Deshasheh, Tf 24 — auch m *Spat* Florenz, Uschebti 1874 (S 265)

183, 2· auch f Lieblein 2526

183, 13 ‚der Herr von ihnen', vgl Annales 30, 889

183, 14 auch *MR/NR* Bull de l'Inst 30, 885ff (Konig!) Auch M M A 22 3 308, Wilbour, Notebooks 2 *D 56* — Zur Bedeutung ‚(er ist?) ihrer Aller Herr" vgl Clère, Notes 106

183, 16 vgl Wb I 114, 16

183, 17 ist, wie mir J D Cooney zeigt, zu streichen Der Text (jetzt in Brooklyn, Abbott Collection 37 29 L) hat !

183, 18. lies *nb-iš·t(·j)* und vgl Sethe, Urk I 31, 13 (Hinweis von Edel)

183, 19 m *AR/MR* auch Philadelphia 29—60—643

183, 22 ‚Herr einer Herde von tausend (Stuck)'? Vgl Hoffmann, Theoph Personenn S 27

183, 24 *NR* auch , Gardiner, Ramess Adm Doc 5, 12, 6, 15

183, 25 vgl Lieblein 2292 (Marseille)

183, 27. auch *AR/MR* Liverpool Annals 4, 113

183, 28 '(Prinz)' ist hinzuzufugen

184, 1· auch , ÁZ 66, 6*, 5, 1 6

184, 9. auch Recueil 2, 193 (Turin)

184, 14 die Übersetzung ist zu streichen Der Name ist Kurzname, vgl 184, 15—17

184, 23· jetzt Borchardt, Denkm des *AR*, S 220

184, 24 es ist gewiß bzw zu lesen! Vgl 345, 16ff

---

[1]) Der Name des Vaters ist 180'

[2]) Geschrieben im Turiner Pap, Farina Tf 4 u. S. 32,

184, 25 lies Louvre C 205! Die Variante hat (ohne)!

185, 3 auch Lieblein 2157 (Boulaq)

185, 6. auch ÄZ 66, 2*, 5, 4

185, 7 auch (m *D 18*), ÄZ 43, 28 Der Name ist keilschr als *nimmaḫe* erhalten, vgl Albright, JNES V (1946), S 27

185, 8· die Lesung *nb·j-mśj(·w)* wird gesichert durch die Schreibung , Theben, Grab 125 (Schott) u JEA 25, Tf 21, 5 — *NR* auch Totb Brit Mus 10281 (JEA 20, 33)

185, 11. ‚ein Herr für die Kinder!' (?)

185, 14· auch Petrie-Brunton, Sedment II, Tf 52

185, 18· vgl Clère, Notes 106

185, 22: es ist gewiß zu lesen! Vgl 346, 10

185, 27 auch *D 22*, ÄZ 74, 73 (mit Kurznamen)

186, 6 ist zu streichen!

186, 8. m *NR* auch u a Coll Desnoyers, S 34

186, 10 ob *nb(·j)-nsw-nḫt* ‚der starke König ist mein Herr'? Die zweimalige Schreibung von ohne spricht doch wohl entscheidend gegen *św* — Die Anm ist zu streichen!

186, 13: *MR* auch Mogensen, Glyptothèque, Tf 73, A 565—67.

186, 14· Brit Mus. 282 lies VII statt VI!

186, 15 auch Legrain, Statues 42039.

186, 22: f *NR* gehört zu 189, 20!

186, 25 auch Lieblein 1983 (Marseille, Stele 33)

186, 26· auch *Spät* Lieblein 1211 (München)

187, 2 auch (?) *MR* Wilbour Note Books, 2 K 36

187, 4 m *AR* auch Borchardt, Denkm des *AR*, S 225, Lieblein 438 (London), Jéquier, Tomb des partic 105 (m ‚schönem Namen' *nb·j-pw-pjpj*) u öfter — Hierher gehört auch 192, 21!

187, 5. *AR* auch Junker, Giza III, 208, auch *AR/MR* Liverpool Annals 4, 102 (‚schöner Name' eines *ghśi*) — *NR* auch Lieblein 711 (Boulaq), auch Lieblein, Denkmäler 16 — Hierher gehört auch 192, 22!

187, 6. auch *AR* Lieblein 1405

187, 9 auch Annales 36, 182 u. Tf IV, 116.

187, 11: vgl Z² zu 251, 20

187, 14 wohl (wie auch Clère, Notes 106 meint) *nb j-nfr* und identisch mit 185, 18

187, 17. auch Annales 43, 496 (mit ‚schönem Namen').

187, 27: vielleicht ist *nb·t-nh·t*, Herrin der Sykomore' (= Hathor) zu lesen, vgl 188, 22

187, 29 zu Hathor als *nb·t-imi·w* vgl Sethe, Urgeschichte 18 Ob ‚Hathor von Momemphis ist der Nordwind'?

188, 2 auch f Lieblein I, 249 (= Louvre, Stele 32)

188, 5 mit Clère (Notes 106) wohl zu 183, 16 zu stellen ‚Herr der *irwt*-Bäume' ist ein Beiname des Suchos

188, 8 auch Lieblein 1636 (St Petersburg)

188, 14 auch *AR* , Borchardt, Denkm des *AR*, S 105

188, 18 auch *D 18* Lieblein 2002 = Mariette, Cat 1106

188, 22. auch *AR/MR*, Liverpool Annals 4, 113 — *NR* auch Recueil 9, 37, 6 II (mit Beinamen *nht*)

188, 24 vgl Clère, Notes 106, dessen Erklärung über das in ähnlichen Namen ich mich aber nicht anschließen kann

189, 2· auch JEA 14, 244, fig 7

189, 11. mit Sethe (Ächtung, S 56 Anm) ist hier wohl überall *nb·t-kpnj* zu lesen

189, 12 auch (?) P S B A 27, 302

189, 16 auch Lieblein 1720 (‚Boulaq, Stèle').

189, 17. auch Kairo 20086 m

189, 19 *NR* auch Berlin 20368, Bull de l'Inst 38 (1939), 227 (*D 18*).

189, 20· Schreibung auch , siehe die Stellen bei 186, 22.

190, 1 lies *hknw(?)-nb·tj* und vgl 257, 4 u 5

190, 2: besser *ḥtp-nb·tj*?

190, 3 f *AR* auch Petrie, Medum Tf 18ff — Ob *nj(·t)-nb(·w)* ‚die zu 'Gold' Gehörige' ist? Vgl Z² zu 192, 6 — Sethe (bei Hoffmann, Theoph Pers S 63) meinte, doch wohl zu unrecht, die *AR* Schreibung gehöre wegen des ausgeschriebenen nicht hierher

190, 10 auch Quibell, Excav. at Saqqara 1905—06 (Le Caire 1907), S 8 (mit ‚schönem Namen').

190, 11 *nb-iir-ś(t)-n·j* ‚'Gold' ist es, die sie mir gemacht hat' (?) Vgl 190, 13

190, 14: jetzt Junker, Giza 7, 254, vgl I 65, 24

190, 18. vgl L D Text IV, 54, unten (Zeit?)

190, 21· auch(?) , f *NR*, Bulletin de l'Inst. 27 (1927), Tf 3

190, 22· auch (?) *MR* Lieblein 1640 (Helsingfors)

190, 23 *MR/NR* auch Steindorff, Aniba II, 89 178.

191, 3. *D 19* auch [1] Ostrakon Nash 1, 5 (Mitteilung von J Černý)

191, 5 auch , f *MR/NR*, LD Text 4, 52

---

[1] Vgl Wb 2, 297.

191, 6 Leiden V 77 (bei Boeser unter Stelen des *NR*) ist doch wohl *MR*!

191, 7: auch u a Bull Inst 37, 103 104 107, auch London, Univ Coll, Reihe 560 (Stele)

191, 13 auch Steindorff, Aniba II, 247

191, 17· ob nicht ein Fehler fur vorliegt? Vgl 191, 23

191, 20 auch [1] Lieblein 1640 (Helsingfors)

191, 23: auch *MR/NR*, LD Text 4, 53

191, 24· hierher wohl auch 192, 8!

191, 25 auch *NR*, Coll Hoffmann, 34

191, 26 auch Brit Mus [1282]

192, 1· auch *MR/NR*, LD Text 4, 54, Z 6

192, 4 lies Fl, Uschebti 1970 (S 21)!

192, 6: ob der Name abzutrennen und *nj-kꜣ-nb(·w)* ,'Gold' ist Besitzerin eines Ka' zu ubersetzen ist? Vgl allerdings 190, 3 und Z².

192, 8: gehort wohl zu 191, 24

192, 10 *nḫt-nbkꜣwrꜥ* (so!) jetzt H W Muller, Felsengraber, Tf 33 Es ist ein zweiter Name des Fursten *sꜣ-rnp·wt* II von Elefantine, vgl ib S 105 und ÄZ 45, 139

192, 11: lies *dwꜣ·t-nb(·w)* und vgl 398, 22

192, 13 vgl 253, 8 Z².

192, 16: auch , Revue archéol 1899 (trois série, tome 34), 322

192, 21 gehort zu 187, 4!

192, 22. gehort zu 187, 5!

192, 23: gehort hinter 187, 5!

192, 24· auch Mogensen, Glyptothèque Tf 95, A 679, auch (?) Mém Miss I, 199 — Es wird vielmehr ,der Schmelzer', ,der Gießer' zu ubersetzen sein

192, 25 auch (?) Selim Hassan, Giza II, S 197 u Tf 76 — Vgl Mackay, Bahrein and Hemamije, Tf 23 oben?

193, 2. auch *MR*, Lieblein 155 (London)

193, 4 jetzt JEA 15 (1929), Tf 33, 2 u S 165

193, 6 vgl Lieblein 2185 (Kopenhagen)!

193, 7: das? ist zu streichen!

193, 12· auch Mélanges Maspero I, Tafel zu S 907/8, rechts

193, 14. lies *ṯꜣw-mḥj·t-[m-]ḥb?* Jetzt Černý, Late Ramess Letters 9, 10

[1]) So ist naturlich zu lesen!

193, 15—22 ob ,(Lebens-)Luft fur NN!'?

193, 20 gehort zu 388, 20!

193, 23 ob verkurzt (bzw verschrieben) fur 193, 15?

193, 25 das Zitat ist zu streichen (vgl I 421 27), aber die Stellen in Z¹ einzutragen

194, 1 der Name Royal Tombs II ist geschrieben

194, 2: auch Dunham, Stelae S 72 — Übersetzung ,der Sudländer' statt ,Neger'

194, 5 ist gewiß durchweg *nfr(·t)-ij(·tj)* zu lesen und zu 201, 12 zu stellen!

194, 7 ob teilweise Abkurzungen eines volleren Namens? Vgl II, 298, 5 (*nfr-iw ḥtḥr*)

194, 14· auch Daressy, Divinités 38241 (,schoner Name' eines *pꜣ-ir-kp*[?]

194, 16 lies Vatikan 2 (Steinsarg)

194, 17 vgl Borchardt, Statuen III, S 5—7 Der Name ist 3 mal mit, einmal ohne geschrieben Es ist wohl *nfr-nfribrꜥ* (vgl 197, 7) zu lesen

194, 18 *AR* jetzt Junker, Giza 5, Abb 64

194, 19 auch , Daressy, Divinités, 39082

194, 20 auch Daressy, Divinités 39303 (,schoner Name' eines *nḫt-ḥr-ḥb*)

195, 1 auch f *NR*, Bruckmann, Collection Barracco, Pl VIII

195, 6 auch Mariette, Mast, S 299 und 301 (Var *ir·t-ptḥ*) [1])

195, 7 u 9 die Fragezeichen sind zu streichen Vgl den Ausruf *nfr-(wj-)irj t·n-ḥr(·w)* ,wie gut ist, was Horus getan hat!', Sethe, Pyr 903c

195, 10· lies !

195, 13—15 alles ein Name?

195, 13· *D 20* auch (Wilbour Pap A 29, 2 30, 40. 42, 29), also ,schon ist das *ꜥb t*-Fest'!

195, 16 auch Steindorff Aniba II, 57, 204, 250

195, 18 jetzt Junker, Giza V, S 154

195, 25 auch *MR/NR*, Carnarvon-Carter, Thebes, S 50

195, 26 auch Bull Inst 37, 107

195, 27 zur Bedeutung vgl Junker, Giza VI, 192

195, 29 LD II, 57c auch *bꜣ·w-ptḥ* genannt! — Schreibung auch LD II, 55 oben links u 58a

196, 4· lies **nfr-pꜣ-rꜥ*, erhalten in griechisch νεφερπρης. Der Name ist mir in ägyptischen Texten noch nicht begegnet

196, 6 auch , Petrie, A Season in Egypt, Tf 17, 637.

[1]) Ob Schreibfehler?

196, 8 ,schon ist die Prozession!' oder ,schon ist das Fest des 26 Monatstags!' Vgl Wb 1, 525, 7 u 15 — Die Zitate des *NR* sind hiervon zu trennen u bedeuten ,schon ist die *pr·t*-Jahreszeit'!

196, 9 lies *pšdn·tjw* (Wb I 559, 21) ,das Neumondsfest', auch (?) Peet, Cemeteries of Abydos III, S 38 fig 19

196, 12 ist der Name einer Frau! Zu lesen vielleicht besser *nfr(·t)-m-p·t* ,die Schone (= Hathor) ist im Himmel' (oder ,ist der Himmel'?), vgl I 424,10 Jetzt Borchardt, Denkm, S 137 u Bl 34

196, 13 ob fur *nfr-m-mr·f* ,der Schone ist auf seinem Teiche'?

196, 16 lies *šn·t* anstatt *ššn·t* (Wb 4, 153, 4ff) u vgl 199, 25 mit Z[1] — Die Namen mit und ohne *m* sind zu trennen!

196, 23 wohl *nfr(·t)-mnh·t* ,die mit schoner Kleidung'

196, 24· wohl *nfr(·t)-mnd·t* ,die mit schoner Brust'

196, 25. wohl *nfr(·t)-mnd·wt* ,die mit schonen Brusten' Man sollte allerdings den Dual erwarten

196, 29· auch Steindorff, Aniba II, 89 u 250, auch Lieblein 2151 (Musée Guimet)

197, 3 m *AR* auch Junker, Giza VI, 201 (Variante) Junker erwagt die Lesungen *nj-nfr* ,der zu (dem Gott) *nfr* Gehorige' und *nfr-n j* ,es geht mir gut', Schreibung auch *AR*/*MR*, Revue d'Egyptol 2 (1935), 53

197, 4 ob *nfr-nı-ij(·w)* ,schon sind die Kommenden'?

197, 7 ,schoner Name' eines *ir-ʿı-hr(·w)* Derselbe Mann Daressy, Divinités 38236 Hierher wohl auch 194, 17

197, 13 jetzt Junker, Giza III, 178, 3 u Abb 27, Mitte

197, 17 ,schon ist das *rwd*-Gemach', fur *rwd* als ,Teil des Grabes' s Wb 2, 413, 3

197, 18. *AR* auch Junker, Giza III, 208 u Tf II unten ,Mera' jetzt Duell, Mereruka II, Tf 87 rechts oben Auch Boston 27 445

197, 19· Kurzname, vgl II, 298, 23; die Übersetzung ist also zu streichen

197, 22 lies *nfr-r(w)d* ,schon ist die Treppe'[1]) Oder ,der mit schoner Treppe' als Gottesbeiwort, dann Kurzname

197, 23: Gise jetzt Junker, Giza VI, 192, auch Mogensen, Glyptothèque Tf 94, A 675 Vgl auch Junker, Giza III, 182 u Abb 27 links

197, 24 auch Lieblein 50 (= Mariette, Cat d'Abydos 534), Boston Bull 32, 11 fig 10 — Die Übersetzung ist zu streichen, vielleicht liegt ein Kurzname vor von einer Bildung mit *hjj* ,Jubel', das nach Wb 2, 483 bisher allerdings nicht vor *MR* belegt ist

197, 26· auch Lieblein 2 — Hierher auch 424, 11!

1) Ob die ,Treppe' des Osiris bei Abydos gemeint ist? Oder die des Min?

198, 6 der *AR* Name wird mit Sethe (vgl Borchardt, Sahure II, S 79 und Hoffmann, Theoph Pers S 63) von den ubrigen zu trennen und als *nfr-hr(·j)* aufzufassen sein Ob dies allerdings ,es ist schon fur mich' heißen kann, ist mir zweifelhaft Vielleicht ,ich freue mich' o a (eig ,mein Gesicht ist schon')?

198, 8 auch *AR* Wreszinski, Atlas III, Tf 115 B

198, 9 oder *nj-ptḥ-nfr-hr* ,zu Ptah, dem Schongesichtigen gehorend'? Vgl Selim Hassan, Giza II, S 191

198, 10 zur Determinierung mit dem Krokodil siehe Hoffmann, Theoph Pers S 15

198, 11 ,m' ist hinzuzufugen Vgl Borchardt, Denkmaler 1487, S 189 und 1489, S 190 Der Mann (ein Prinz) hieß mit ,schonem Namen' *ff(j)*

198, 13 auch Lieblein 1089 (Boulaq)

198, 14. auch f *AR*, Macramallah, Idout, S 20

198, 18 = Murray, Saqqarah Mast I, Tf 2 und Borchardt, Denkm d *AR*, S 48

198, 21· auch Gardiner, Chester Beatty Pap No III, Recto 10, 21

198, 22 auch Borchardt, Denkm, Bl 43, 1494 So auch LD II, 27

199, 1· auch *D 20* Wilbour Pap A 22, 13

199, 2 auch m *NR*, AZ 50, 76, Wilbour Pap A 7, 10 usw B 23, 20

199, 3 ist wohl [1]) ,schon ist das Erscheinungsfest', o ä

199, 5 der *nfr-hʿ·w* Blackman, Meir III, S 18 gehort nach Borchardt, Quellen II, S 114 in die 5 Dynastie! — f auch *NR* Lieblein 2013 = Mariette, Catal 1123

199, 8—10 oder ,schon ist es, daß Ptah schutzt' usw

199, 9· besser wol (mit Fecht), *nfr-hww-wj-hthr* 'schon ist, daß Hathor mich schutzt'!

199, 10 jetzt Borchardt, Denkm des *AR*, S 226

199, 12 vgl 319, 8!

199, 13 jetzt Borchardt, Denkm des *AR*, S 155

199, 14 m *AR* auch Macramallah, Idout, S 10 23, Boston 13, 4338. *MR* auch Quibell-Hayter, Teti Pyramid, S 16

199, 18 anstatt ,m' ist ,f' zu lesen!

199, 22 auch Philadelphia E 40—19—1.

199, 23· auch Quibell, Saqqara II, Tf 21ff

200, 1· auch m *AR* Murray, Saqqarah Mast. I, Tf 7, Mitte rechts

200, 4 auch Macramallah, Idout, S 22

1) Nach Mitteilung von Roeder ist diese Lesung moglich.

200, 5 ff ob ‚schon ist das Leiten des ‘? Hoffmann (Theoph Pers S 15) dachte an *šśm w* ‚das Kultbild‘, das aber nach dem Wb erst seit *D 18* belegt ist, und bei dem man alt die Ausschreibung mit erwarten sollte

200, 8 es ist hinzuzufugen (mit Beinamen *ššj*)

200, 11 jetzt Borchardt, Denkmaler des *AR*, Blatt 41, 1490 u Bl 42, 1491

200, 12 ob ‚das Nachtlager (oder der Beischlaf?) ist schon‘? Vgl Wb 4, 392, 12 u 15

200, 15· lies

200, 16. Junker jetzt Giza V, 20 — Zu Meir lies (‚schoner Name‘ eines *pjpj-ʿnḫ hrj-ib)* u vgl Junker, AZ 63, 60

200, 17 auch Vatican, Marucchi 212

200, 23 das Zitat aus Kahun ist gewiß auch fem und gehort mit den andern zu 203, 9! Übersetzung ‚schon ist diese!‘

200, 24 Gise 626 jetzt Junker, Giza 8, 26 u 24, Abb 6 Danach ist die Schreibung Vgl auch Mariette, Mast S 406 unten (ob richtig?) Sethe meinte (bei Hoffmann, Theoph Pers 63), die *AR* Schreibung gehore wegen des ausgeschriebenen nicht hierher — doch wohl zu unrecht!

200, 26. auch *NR*, Daressy, Textes magiques, 9403 S 13

201, 6. auch Mitteil D Inst Kairo 8, 21

201, 9. lies *nfr-ḏdd-ptḥ*, nach Edel ‚schon ist es, daß Ptah dauert‘, vgl 82, 6 u Gunn, Teti Pyr Cem I, S 157, Anm 3

201, 10. auch *D 1* Petrie, Roy Tombs I, Tf 31, 36 37

201, 11· (= Rev de l'anc Ég 1, Tf 2)

201, 12. auch Mariette, Abydos II, 41 (Beiname einer). Hierher wohl auch 194, 5!

201, 13 die Schreibungen gehoren zu 202, 13

201, 16. wie Friedrich OLZ 27 (1924) 705, Anm 2 mitteilt, ist der Name der Gemahlin Ramses' II in Kbo I, 29 *Na-at-te-ra* geschrieben! Wenn das richtig ist, mochte ich einen Irrtum des Schreibers annehmen, der die sehr ahnlichen Zeichen *ap* und *at* vertauschte Bo 74e steht (worauf mich E Edel aufmerksam macht) richtig *Na-ap-te-* /// — Auch *Spat* Ann Arch Anthrop 16, 7 52

201, 23· auch *MR/NR* , LD Text 4, 52 Mitte und 54, 3 2

202, 2. jetzt Borchardt, Denkm des *AR*, S 55

202, 5 auch (?) , Lieblein 1983 (Marseille, Stele 33)

202, 12 jetzt Borchardt, Denkm des *AR*, S 126 — Die Übersetzung ist zu streichen Statt dessen, mit Edel, *nfrt-n-it š* ‚eine Schone fur ihren Vater!‘

202, 13 ‚die mit schonem Schritt‘, Beiwort einer Gottin?

202, 14 Kairo 1451 jetzt Borchardt, Denkm des *AR*, Bl 34 u S 137 — Auch in *AR* Selim Hassan, Giza II, S 91 u. Tf 27 — Zu lesen ist wohl *nj-nfr t-nśwt* ‚Besitzer von Gutem ist der Konig‘ o a

202, 17 ‚die Schonste der Frauen‘?

202, 28 die Übersetzung ist zu streichen Ich verstehe den Namen nicht

203, 1 jetzt Steckeweh-Steindorff, Qâw, Tf 17b

203, 2 jetzt Junker, Giza III, Abb 28, 2 Reihe

203, 4 auch , Brit Mus 1136 Ob *nfrt-śḏmtj* ‚die Schone ist gehort (erhort?) worden‘?

203, 5 auch Berlin 23720, auch , Statuengruppe im Haag (v Bissing)

203, 6 ob doch ‚die mit schonen Kas‘? Vgl PN II, S 299, 8 — Auch Mackay, Bahrein and Hemamieh, Tf 20

203, 7 Petrie, Dendereh, Tf 11 ist *AR/MR*

203, 9 vielmehr ‚schon ist diese!‘ Hierher gehort auch 200, 23 (das mannl Zitat gewiß irrig!)

203, 11 f *AR* jetzt Junker, Giza III, 143

203, 12 auch f *AR/MR* Brit Mus 1372 (I, 54).

203, 13 auch *MR* Lieblein 387 (London) — Vgl auch (= *nfrrj?*) Lieblein 2126 = Mariette, Catal 1140

203, 14 *AR* auch , Borchardt, Denkm 1347k, Jéquier, Pyramides de Neit et Apouit, S 56 — *NR* auch f Lieblein 685 (London) — Vgl auch Pap Chester Beatty IV Vs 3, 6 (Abkurzung fur *nfr-rḥw* I, 197, 20?) u Revue d'Egyptol 3, 171

203, 17 Kairo 1351 jetzt Borchardt, Denkm des *AR*, S 24 — *AR* auch [1]) Mogensen, Glypt Tf 94, A 673

203, 18 f *NR*, fruh auch Steindorff, Aniba II, 249 u. 160

203, 21 auch Lieblein 181 (London)

203, 26 auch Bulletin of the City Art Museum of St Louis, 6 (1921), 26

204, 2 ob Doppelname? Vgl I 229, 13

204, 3 auch *D 26* Lieblein 2343

204, 4 lies (Konigin)

---

[1]) Das folgende (?) gehort wohl nicht mehr zum Namen, ob ‚Sohn des Schreibers‘?!

204, 5 *MR* auch (?) Lieblein 387 (London)

204, 7: *NR* auch (?) Lieblein, Denkmäler, 16

204, 8 *D 20f* auch Černý, L. Ramess. Letters 20, 7

204, 21: auch *AR/MR* nach Clère, Notes 106. Übersetzung vielleicht besser ‚er wird sich nicht entfernen'

204, 22: lies *nn-wꜣj[·f]-r f* ‚er (der Gott) entfernt sich nicht von ihm (dem Kind)' ?

204, 23. auch *AR* Junker, Giza 7, 32. Für das *AR* schwankt Junker zwischen ‚er ist nicht gestorben' u. ‚er wird nicht sterben'

204, 26: ob *nn-rḫ śn-śj* ‚sie kennen sie nicht' o. a.?

204, 27 ‚sie wird wissen' ?

204, 28 ‚sie werden wissen' ?

205, 1 ist *n-śḏr-kꜣ(·j)* und zu I 169, 1 zu stellen! Vgl. Junker, Giza II, 111. — Vgl. Gunn, Studies in Egyptian Syntax, S. 88

205, 4: vgl. auch 205, 26!

205, 9 f. *MR* auch Annales 36, 182 u. Tf. I, 5, f. *MR/NR* LD Text 4, 54 oben

205, 13 auch m. *AR*, Jéquier, Tomb. de particuliers, 112 oben

205, 22 lies *nn·t?* Jetzt Černý, Late Ramess. Letters 2, 5

205, 24 auch Mogensen, Glyptothèque, Tf. 104, 708

205, 26 auch Petrie-Brunton, Sedment I, Tf. 1, 21. Auch f. *AR/MR* Dunham, Stelae Tf. 16, 21 (‚schöner Name' einer *ʿnḫ-n ś-pjpj*) — Der Deshasheh Tf. 22 u. 25 Genannte heißt mit ‚schönem Namen' . — m. *MR* auch de Morgan, Cat. I 17, 90 bis. — *D 6* auch Kurzname (Var.) von , Porter-Moss III, 187. Nach G. Fecht gehen alle diese Formen auf einen zu erschließenden Vollnamen *nj-ỉnk-pjpj* ‚ich gehöre zu Phiops' zurück. Vgl. I 172, 13 u. Z[2] zu I 206, 15

206, 8. ist mit Anm. 1 zu streichen! Vgl. 23, 23

206, 11 auch , Brit. Mus. Quarterly 12 (1938), Tf. 45

206, 14: ‚das Kind' o. a. Siehe Wb. 2, 215, 20ff.

206, 15 auch Mém. Miss. I, 196 (mit ‚schönem Namen' *pjpj-nn*)

206, 22 u. 26 vgl. Erman, ÄZ 44, 107f.

206, 23 auch Lieblein 736 (Boulaq)

206, 26 gehört zu 206, 22!

207, 1: wohl zu 206, 22 gehörig!

207, 9: auch m. *AR* Scharona Pap. a Rs. 4, 12, m. *MR* Ann. 36, 182 u. Tf. IV, 128

207, 17: ob für *nḫj(·t)·n(·j)*?, 207, 27?

207, 19. die weibl. Zitate gehören natürlich zu 207, 26!

207, 21 22 wohl besser ‚der Erbetene ist in meiner Hand! (vgl. *śnb-św-m-ʿ·j*) und ‚der Erbetene ist gesund', wobei ‚der Erbetene' auf das neugeborene Kind geht. Bei 22 könnte allerdings auch ‚*nḫjj* ist gesund' gemeint sein, aber nicht ein Gott *nḫjj* sondern ein Mann des Namens, wie 207, 19. Vgl. 207, 10. 11, Zusatz[2]. Vgl. übr. Clère, Notes 113

207, 27 hierher auch 207, 17?

208, 1 lies f. *MR*, spät Vatikan 227 (Stele)

208, 2 der volle Name heißt siehe JEA 27 (1941), Tf. II. — Vgl. auch Wb. 2, 293 und PN I 381, 14

208, 17 f. (nicht m.), also ist *ś(·t)* statt *ś(w)* zu umschreiben

208, 18 auch , Var. Theben, Grab 161 (Schott)

208, 19 das ? ist zu streichen, vgl. jetzt Borchardt, Quellen 2, Blatt 2, 4. Reihe. Derselbe Name wird auch ebenda Reihe 2, 13 (also in der 18. Dyn.) vorliegen[1])

208, 20 vielmehr *MR/NR*!

208, 21: lies *nh(·w)·nj-n·j* ‚den ich mir erbeten habe'!

208, 23 hier sind verschiedene Namen zusammengefallen! u. ä. im *AR* ist gewiß *nj-ḥr(.w)* ‚der zu Horus Gehörige', vgl. 172, 23. 173, 8 u. a.

209, 2 lies anstatt ! ‚Die Ewigkeit dem, der ihn (den König?, den Sohn'?) gegeben hat!' ?

209, 14 auch JEA 24, 1

209, 17 auch m. *D 18* Theben, Grab 125 (Schott)

209, 21 auch Recueil 3, 120 (Turin). Ob *nḫt-ʿꜣ* ‚stark ist der Große' ?!

209, 22: *NR* auch Lieblein 2017 (Boulaq), Annales 30, Tf. 5 —

209, 23. ob ‚Amon ist stark in Luxor' ? hierher auch 27, 21!

210, 2: ob so richtig? Kairo 20341 wird ein Sohn des auch geschrieben! Vgl. dort Zeile 6ff. mit 13 u. 16

210, 4 ob *nḫt(·t)-ʿnḫ·tj* ‚die Starke ist lebendig' o. a.?

210, 8 die Frau bei Gauthier, Cercueils 41050 scheint auf der Innenseite des Sarges *ỉr tj-'r'w* genannt zu werden — ob Beiname? Vgl. dazu Gauthiers Bemerkungen ib. S. 186f.

210, 11: genau so geschrieben auch Daressy, Ostraka Tf. 63 unten, 3. 13

210, 14 wohl fehlerhaft für *nḫt-mꜣʿ·t* vgl. I, 424, 20!

210, 22 lies *nḫt-nb·wj* anstatt *nḫt-nb·tj*!

211, 2 ‚stark ist der (Schutzgott) *ḥnb*', lies Wb. 3, 113, 5 anstatt 3, 112!

---

[1]) Das ist dort wohl irrig zugefügt, wie das zweite in Zeile 1, 1!

211, 3: aram נחתחור, vgl Borchardt, Kleinigkeiten, S 47[1])

211, 4: auch Koefoed-Petersen, Recueil S 19 (einmal als ‚schöner Name' bezeichnet) — Auch Daressy, Divinités 39275

211, 6: *Spät* auch Daressy, Divinités 39303 (mit ‚schönem Namen' *nfrỉbrʿ-sꜣ-nỉt*), auch Daressy, Divinités 38250 — Ob *nḫt-ḥr-m-hbỉ t* ‚stark ist Horus in Behbêt' ? Vgl Roeder, ÄZ 46, 73, der den Namen des Königs der 30 Dyn νεχθαρεβης so auffaßt, vgl auch Spiegelberg, ÄZ 64, 89 Auffallend wäre es allerdings, daß *hbỉ·t* in diesem Namen nie in der gewöhnlichen Weise (Wb 3, 60, 19) ausgeschrieben wäre! Die Schreibungen sehen aus, als handle es sich um König Haremhab — Hierher 248, 8

211, 7 auch Dyn 20 Wilbour Pap A 47, 16 95, 22 Die Bedeutung ist wohl ‚Sieg ist in seinem Arm' o ä

211, 8: auch *D 20* Wilbour Pap A 72, 16

211, 9 auch Daressy, Divinités, 38064

211, 11: merkwürdig ist die Darstellung eines großen Zeichens auf der Scheintür (innerhalb eines Türgewandes?), das offenbar auf den Namen des Grabbesitzers anspielt! (Hinweis von S Schott)

211, 13 *NR* auch f Theben, Grab 53 (Schott)

211, 19 lies *ḥrỉ-ỉb*!

211, 24 ist wohl *nḫt-kd w* ‚stark ist der Töpfer(-Gott)' zu lesen, gemeint ist gewiß Chnum, vgl 276, 1

212, 4 f auch Lieblein 334 (Liverpool)

212, 5: vgl Lieblein 249

212, 9: *AR* auch Jéquier, Mon fun Pepi II, S 62, Pyram de Neit et Apouit S 56 — *NR* auch Lieblein 698

212, 11 m *MR* auch Louvre C 173 (Gayet, Stèles Tf 29, mittl Kol 7, linke Kol 12)

212, 12 *MR* auch (?) Daressy, Ostraca Tf 63 unten, Z 17

212, 15 *griech* auch νεκφερως, νεχφεραυς, Viereck-Zucker, Papyri etc aus Philadelphia (1926) 1537, 2 1635 R I, 1 usw — Der Name ist, aus ptolem Zeit, auch demotisch belegt, siehe Spiegelberg, Demot Denkm II, S 289, Kol 2, 12

212, 16 lies *nḫt(·t)·f-bꜣšt·t*

212, 17. auch Daressy, Divinités 38180, auch , Äg Inschr Berlin II, 553 Es ist also *nḫt-tꜣ·f-mw t* ‚seine Mutter ist stark' (oder ‚möge stark sein') zu lesen, vgl Anthes, Mitt Kairo 12, 45, Anm 3

212, 21: lies LD II, 83 b!

212, 25 auch *AR* Jéquier, Tomb de partic, S 36 (‚schöner Name' eines *nỉ-šỉ-mrw·t)*

213, 3 auch Archiv Äg Arch 1, 261

[1]) Dort in Umschrift gegeben.

213, 4 lies *-tꜣ·f-nḫt(·t)*

213, 7 u 9f auch Annales 29, 8 sowie Acta Orientalia 10, 86 Das Relief befand sich zuletzt im Besitz von W A van Leer, Amsterdam

213, 8. auch (?) Pellegrini, Coni No 91 (Tav IV)

213, 12 auch *AR/MR* JEA 14, Tf 20, 3

213, 16 nach Griffith ‚Rylands Pap III, 243, Anm 7 archaisierende Wiederaufnahme von *nỉ-kꜣ·w*, PN I 180, 18

214, 6: auch Lieblein 1638 (St Petersburg)

214, 8 auch Annales 36, 164

214, 11 ob *nṯr(·ỉ)-wꜣỉ(·w)-r·ỉ* ‚mein Gott hat sich von mir entfernt'? Erman (bei Hoffmann, Theoph Pers, S 51) dachte an ‚der Gott ist zu mir gekommen'?? Vgl Wb 1, 246, 11

214, 12 auch LD Erg, Tf 41

214, 13 die Fragezeichen sind zu streichen, siehe 424, 26!

214, 16 Kairo jetzt Borchardt, Denkm des *AR*, S 130, 137 228 Gise jetzt Junker, Giza III, 208

214, 23 lies *MR* und *NR*! Vgl jetzt Borchardt, Quellen 2, Blatt 2, Reihe 2 und 4 Die Schreibung ist ohne !

215, 1: auch Liverpool Annals 4, S 113

215, 5 lies V 58, nicht V 94

215, 6: jetzt Hildesheim 3086, vgl Junker, Giza V, 153 Der Name ist gewiß mit 215, 7 identisch

215, 7 ob ‚die Beschützerin ist im Himmel' (vgl Wb II, 375, 7)? Vgl auch Coll Dattari (Auction 1912) 286? Junker (Giza V, 152) dachte wohl zu unrecht an ‚Geschenk des Himmels'

215, 8 *AR* auch LD II, 116a, Davies, Sheikh Said, Tf 19 links Auch *D 1/2* Garstang, Mahasna and Bet Khallaf 10, 15, vgl *nḏm-ỉb* u a

215, 9 ob *nḏm-ỉb(·ỉ)*? ‚mein Herz ist fröhlich'? Sonst sind die weibl Formen *nḏm(·t)-ỉb* ‚die Fröhliche' zu lesen

215, 11 m *AR* auch Murray, Saqqara Moast I, Tf 17, 4, f *Griech* gehört wohl zu 215, 25 — Auch *D 3* Garstang, Mahasna and Bet Khallaf 26, 7

215, 13. hierher auch 216, 1

215, 15. *NR* auch Borchardt, Statuen 4, 1152 — Hierher gewiß auch 216, 2

216, 1: gehört zu 215, 13! Das ·*t* hinter *nḏm* ist gewiß fehlerhaft

216, 2: gehört zu 215, 15! Das ·*t* hinter *nḏm* ist gewiß fehlerhaft.

216, 3: auch *AR/MR* Lutz, Stelae No 28

216, 4 auch *AR*, Boston 37, 642 (5 Dyn) vgl I, S XXVI!

216, 11 jetzt Mogensen, Glyptothèque, Tf 100, A 692

216, 14: auch f *D 18* P S B A 12, 99 (Clère)

216, 29 f auch Lieblein 731 (Boulaq)

217, 4 m auch (*D 20*) (‚Schwein'), JEA 26, Pl V a; — Ob *rrj* ‚der Eber' bzw *rrj·t* ‚die Sau' ? Vgl Wb 2, 438 7 8

217, 7 auch Kairo 807 = Borchardt, Statuen III (Beiname eines); auch f *NR* Theben, Grab 72, Schott (Raummangel!)

217, 8 ‚schon ist die Gnade des Re' o á

217, 14 auch Louvre C 228

217, 20 *r'-m-kȝ('j)* ‚Re ist mein Ka', vgl 339, 13!

217, 21. lies *mȝ' t-r'* und vgl 145, 5!

217, 22 auch , Hildesheim 9! (Nicht *rḫ*, wie Roeder im Katalog meint, das gehort zu *wr*). Der Name ist wohl identisch mit 217, 19, vgl Z¹ zu 144, 21!

218, 3· auch Lieblein 952 (Beiname eines *'kbr*), auch f *NR*! Lieblein 766 (Paris, Bibl Imp)

218, 9 ‚Ramses ist kuhn' o a ? Vgl Wb 1, 528, 18 (Fur *prj-'-ib* nach Fecht)

218, 11 ‚mehrfach' ist zu streichen! Die gegebenen Zitate beziehen sich alle auf denselben ‚Truchsess' (ebenso Lyon, Grabstein 60), der nach Mariette, Abydos II, 50 auch *mr-iwnw* genannt wurde — Ein anderer des gleichen Namens Brit Mus 796 — *D 20* auch Wilbour Pap A 85, 15

219, 4 auch JEA 33 (1947), S 54, No 19

219, 10 auch m *NR* Steindorff, Aniba II, 23 u Tf 10, 31b — Auch f *NR* (?) Lieblein 2479 = Mariette, Cat 1314 Babylonisch *ria-napa*, KMÁV S 18 Das Haus dieses Mannes scheint, wie mir Edel zeigt, gefunden worden zu sein Vgl Peet-Woolley, City of Akhenaten I, Tf 9, 3

219, 11 Theben Grab 1 (nach S Schott *D 19*!)

219, 15 der Name ist, zum mindesten teilweise, *htp-r'* zu lesen, vgl die Schreibung , Junker, Giza VI, 202

220, 2· lies ‚Re schutzt' o a

220, 5. lies ! Ob *r'-(ḥr-)sḏm* ‚Re erhórt' ?

220, 7 auch , J E A 21 (1935), Tf 13/14, 4 13

220, 14· auch (?) Gardiner-Peet, Sinai No 81 (Černý, Semites 384), Asiat

220, 15 auch m *MR* Annales 36, 182 u Tf II, 64

221, 5: auch m Var Steindorff Aniba II, 187ff u. 250

221, 13 oder *rwḏ-ib('j)* ‚mein Herz ist (sei) fest' ?

221, 14 auch *AR/MR* Brit Mus 96 (159)

221, 16 auch *AR* , Selim Hassan, Giza I, 109

221, 21· *AR* auch m Brit Mus 1268

221, 25: jetzt Junker, Giza III, 187 (Kurzform von *wr-rwḏ·w)* und Abb 28 oben, Abb 32

221, 26 lies *rdw·t* ‚die *rdw·t*-Pflanze' Oder ist zu lesen ? Vgl Wb 2, 469, 2

222, 5: Vgl *rpw·t-nb·tj* II, 302, 24

222, 8 auch Lieblein 833 (Boulaq), auch Lieblein 2084 = Mariette, Cat. 1146

222, 10· der Mann ist Nubier!

222, 16 hinter Kairo 20571 a und (so!) 20748 c g ist hinzuzufugen (mit ‚schonem Namen' *kmś)*

222, 19 lies *rmṯ('t)-n('t)-bȝśt t* ‚die Frau (o á) der Bastet' u vgl 364, 23!

222, 20 es wird *rn(j) ipp j* zu lesen und *ipp·j* als Beiname des *śr* aufzufassen sein

222, 23· Louvre C 228 = *MR* ?

222, 24. auch Louvre C 173 (Gayet, Stèles Tf 29), mehrmals

222, 25 f auch *D 20*, JEA 26, Pl Va (wechselnd mit !) Stele (?) in Privatbesitz, Paris (Vandier)

222, 26 ‚*spat* Vatikan' etc ist zu streichen! (Die Stele ist *MR*)

223, 16 auch Mélanges Maspero I, Tafel zu S 907/8, rechts (= Lieblein 1452)

223, 17 auch Brooklyn 37 1345 L (*MR*, *spat)* Vgl I 223, 6

223, 23 f auch Mélanges Maspero I, Tafel zu S 907/908, links

224, 7 auch m Kairo 20161 c (auch Lacau, Bull Inst 30, 890)

224, 9 gehort zu 224, 17!

224, 11 f *AR* auch Lutz, Eg Statues, S 21, m auch *NR* , Koefoed-Petersen, Recueil 52, 717 = Mogensen, Glyptothèque, Tf 104, A 707

224, 14 auch (?)[1] f *MR* , H W Muller, Felsengraber, Tf 24

224, 17 auch f *MR* Kairo 20607 — Hierher auch 224, 9

224, 23. Dyn 21 ff auch Recueil 7, 192

[1]) Oder zu 224, 16 gehorig ?

225, 3· m *AR* auch Mogensen, Glyptothèque Tf 93, A 667 — Auch f *AR* Borchardt, Denkm des *AR*, S 202 (‚schoner Name' einer *rrw't)*.

225, 6 auch f *MR/NR* , LD Text 4, 54, Z 6.

225, 8  auch Lieblein 281 (London)

225, 9 Kairo 1498 (Borchardt, Denkm des *AR* S 202 u 203) wird mit, schonem Namen' einmal 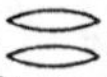, einmal 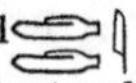 genannt Das erstere (bei dem Borchardt ein ‚so'! gibt) ist wohl richtig, das zweite daraus verlesen! Aber was soll das an einer dritten Stelle (nach Borchardt) stehende  ?!

225, 14· auch Junker, Giza II, 194

225, 15· lies Louvre N 843 (Statuette)

225, 18 lies Dendereh Tf 11c anstatt 11 B! — m *AR/MR* auch Dunham, Stelae, Tf 2, 2

225, 22 var  (dieselbe Person, s Mar Mon divers Tf 105) (Porter-Moss, Bibl 3, 201, liest *n̠trwj-mś*), auch () Berlin 1446

225, 24 auch m *AR/MR*, 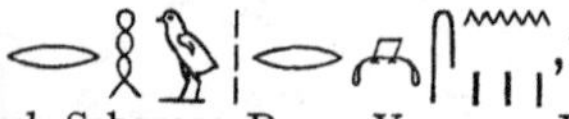, Liverpool Annals 4, 107, ahnlich Scharona Pap a Vs 4, 17 Rs 7

226, 1. auch , Samml Gymnasium Pyritz (5 Programm, 1890)

226, 5 oder *rḫ-ỉḫ't?*

226, 8 auch 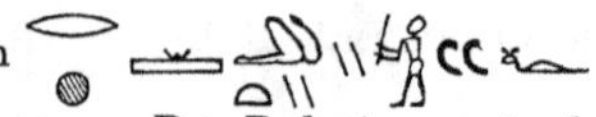 u á Wilbour Pap A 41, 33 71,42 Die Bedeutung ist ‚der seine (eigene) Kraft kennt' o a (vgl Wb 2, 443, 24), also Konigsbeiwort als Kurzname

226, 9 vgl den Ausdruck *rḫ mj r'* Recueil 29, 166, Z 29

226, 12 auch *AR* Jéquier, Tomb de particuliers, 115 oben links

226, 25 f auch  Bull Inst 37, 103.

227, 11 ob verkurzt aus *ṯ/n't-ršw'tj-d̠r-gm('w)'ś* (380, 17)?

227, 13 auch 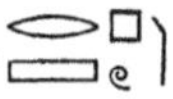 Wilbour Pap A 41, 5

227, 15· auch Steindorff, Aniba II, 88 u 250

227, 25 in der letzten Schreibung auch LD Text V, 115, auch   Bull de l'Inst 27, 179 (Var  ib S 180, Anm 4)

228, 1 auch *AR* (3 Dyn) [1]), Annales 28, 167, fig 8 — Der *MR* Name ist vielleicht besser *ptḥ-r'* zu lesen! So Hoffmann, Theoph Pers 67

228, 2· auch 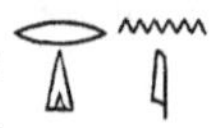 Junker, Giza V, 21 u Abb 14a

1) So, nicht , nach Brief von Gunn vom 10 7 39, ‚vgl die Schreibung von 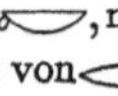 in fig 17 und vielleicht 21 auf S 169'

228, 3· *MR* auch f, Reisner, Kerma II, p 523, No 44 (Prinzessin)

228, 7 auch , Lieblein 81 (Stockholm)

228, 7—9 die Lesung *rdj-wj-NN* ‚NN gibt mich' ist wegen der Varr ohne [illegible] sowohl wie wegen mangelnden Sinnes aufzugeben Wie aber das 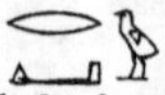 bzw  in diesen Namen aufgefaßt werden soll, bleibt fraglich E Edel erinnert mich an die Endung [illegible] als altere Form fur spateres  im Partiz Pass Perf, Erman Gramm[4] § 391a (vgl Gardiner, Gramm § 361), wo  und 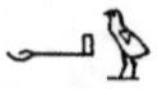 — aber ohne geschriebenes  — zitiert werden Dann ware ‚der von NN Gegebene' zu ubersetzen Aber es bliebe auffallend, daß dem  entsprechende weibliche Bildungen in PN [228, 7—9]. bisher nicht belegt zu sein scheinen — Ob die ohne  geschriebenen Namen wie  (I 397, 5)   (397, 8), hierher gehoren, bleibt zweifelhaft Sie konnten auch Abkurzungen von Namen wie *dj-ptḥ-śnb* (I 396, 11) sein, deren Bildung bis in die Spatzeit in Gebrauch geblieben ist

228, 8 auch *AR*  Jéquier, Mon fun Pepi II, S 59

228, 12 auch *AR*  Annales 43, 492

228, 16 auch so!  JEA 25, Tf 21, 3.

228, 17 auch  Lieblein 1639 (St Petersburg), Bull Inst. 37,113

228, 18. lies LD III, 13c links! — auch Brussel E 6254

228, 19 lies *rdj t n ś-n j* ‚die (quam) sie mir gegeben hat' und vgl 228,18, auch 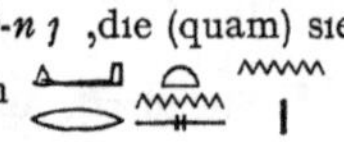 Borchardt, Statuen IV, 957

228, 23 auch *Spat* Lieblein, Denkmaler, T III, No 14.

228, 25: auch *D* 5, Bologna 1901

229, 2: *D 20* auch 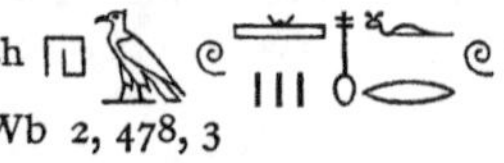 Wilbour Pap B 23, 4 — Vgl Wb 2, 478, 3

229, 16 geschrieben . Das [illegible] steht fur [illegible] wie Urk. 4, 1015, 1.

229, 18.  auch *D 20* Wilbour Pap A 8, 52

229, 19· auch (?) 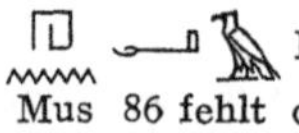 Kairo 1279 (Borchardt, Statuen IV); bei Brit Mus 86 fehlt der Zusatz: ‚mit 'schonem Namen' *ḫnmibr'-mn'w'* — Bedeutung ‚der den Rucken *(ỉs't)* beugt'? W Federn macht mich dazu auf Kuentz, Mon Piot 33, 33 Anm 2 u auf Edgerton-Wilson, Texts in Medinet Habu (Studies in Anc Or Civ 12), S 48 und pl 44, 16 aufmerksam

229, 21 u 27 diese beiden Namen enthalten wohl das gleiche Element *hn*, dessen Bedeutung noch unklar bleibt, das aber von dem *hn(n)* von 229, 22—26 wohl zu trennen ist

229, 22—25 es ist uberall *hn'n-* (fur alteres *hnn'n)* zu umschreiben und ‚Gott NN hat zugestimmt' (namlich bei einer Orakelbefragung) zu ubersetzen Die Schreibung von 229, 22, mit gewiß falschem [illegible] ist nachzuprufen. 229, 24 ist ‚verkurzter Vollname' ‚er hat zugestimmt'.

229, 23 Var . Vgl. auch Daressy, Divinités 38052?

229, 26 wohl für *hn n-nḫt w* ‚die (Gottes-)Kräfte haben zugestimmt', mit Verschmelzung der 3 zu 2 n

229, 32 = Lieblein 629

230, 4 der Mann heißt mit ‚schönem Namen' *ḫtt'j*, Davies, Deir-el Gebrawi II, Tf. 28

230, 5. ‚der Zufriedene', die fem. Formen sind wohl *ḥr(.t)-ib* ‚die Zufriedene' zu lesen, vgl. 230, 21 u. 22 — Gise jetzt Junker, Giza II, 166

230, 11 auch Steindorff, Walters Tf. 118, 541!

230, 12. f auch Spiegelberg, Demot. Denkm., I, S. 69, 22160

230, 12 20 u. 24 sind wohl alles Schreibungen desselben Namens *ḥr-bꜣśt't* ‚möge Bastet zufrieden sein!'

230, 13. auch Spiegelberg, Dem. Denkm., I, S. 10

230, 14: auch Lieblein 1257 (London)

230, 16 auch Mariette, Cat. 1240 — Der Name gehört wohl (ohne Lesung des) zu 230, 25

230, 17 lies *ḥr·ś-nś*[1]) und vgl. , var. , Daressy, Textes magiques, 9405

230, 19. vgl. auch *Spät* ÄZ 77 28, Abb. 2

230, 20 hierher wohl auch 230, 24!

230, 22 wohl nur fehlerhafte Schreibung für 230, 10

230, 24 ist wohl *ḥr-bꜣśt·t* zu lesen und zu 230, 20 zu stellen

230, 25 hierher wohl auch 230, 16 (ohne Lesung des)!

231, 4. m. *NR* auch , , , Steindorff, Aniba II, 246, 247

231, 13 ob ‚der zum *ḥꜣkr*-Fest Gehörige (d. h. an ihm Geborene)'? Vgl. Wb. 2, 482, 2ff. u. PN I, 231, 12

231, 15 der LD II, 23 u. 25 Genannte heißt auch *ḥtp-śšꜣ t* (vgl. de Rougé, Recherches S. 43) Junker, Vorbericht = Junker, Giza 8, 17

231, 18 nach Lefebvre, Revue d'Égypt. I, 100ff. ist Louvre E 10366 , also *ḥmṯꜣṯ* o. a. zu lesen (Clère, Notes 106)

231, 20 auch Wilbour Pap. A 14, 8, Toronto Theban Ostraca, S. 12, B 13 — Ob ‚ein siegreicher Angriff!' als Name eines im Feldlager geborenen Kindes?

231, 23. auch *MR—NR* Annales 36, 183 u. Tf. IV, 125

231, 25. vollständig auch Annales 43, 489, Quibell, Saqqara II, S. 18 u. Tf. 8, 1 2

1) *ḥr* ‚zufrieden sein' mit *n* ist allerdings nach Wb. II, 497 selten!

232, 2 vgl. auch *ḥn-ʿnḫ·f* II, 305, 25

232, 6 auch Como 5, S. 217 (2 mal), auch Lieblein 1086 (auch genannt vgl. dieses), auch (?) Lieblein 1093 (2 mal)

232, 7 *AR* auch Jéquier, Tomb. de partic. S. 101 unten, auch (?) Borchardt, Denkm. des *AR*, S. 213

232, 9 Leiden M 11 ist veröff. bei Leemans, Monumenten IV, Tf. I—V

232, 10 hierher wohl auch (*D 6*), Annales 43, 512

232, 13 f auch *D 18*, Lieblein 572

232, 16 auch auf einer Stele in Cannes (Mitteilung A. Varille)

232, 18 die Schreibung gibt vielleicht einen anderen Namen wieder als die beiden folgenden, die etwa ‚das Beste von Getreide' o. a. bedeuten könnten Vgl. Wb. 3, 21, 6ff. u. 2, 261, 4

232, 19. auch *MR* Lieblein 1710 (Boulaq)

232, 23 *D 19* auch Annales 6, 70 (mit Beinamen bzw.). — Auch *D 20* Wilbour Pap. A 78, 3

232, 24 *AR* auch Boston 13, 4349 Schreibung Boston 13, 4338, ebenso Jéquier, Tomb. de partic. S. 115 oben rechts

233, 11 auch Steindorff, Walters Tf. 116, 171 C — Ob *hꜣ.t-ḥꜣ.t*?

233, 12. wohl auch , Florenz, Uschebti 5941 (S. 266) Und beide = I, 234, 7!

233, 13 nach J. J. Clère ist kein Zeichen unsicher!

233, 15 auch *AR/MR* Dunham, Stelae, Tf. 11, 2 — Vgl. *ḥꜣg* ‚sich freuen', Wb. III, 34, 18-20

233, 16 auch Revue d'Egyptol. 2 (1936), S. 55 Es ist also *hjj(·t)* zu lesen

233, 20. nach Clère, Notes 106 steht Louvre C 66—67 das *śrj* bald vor bald nach dem Determin. und ist 2 mal ganz weggelassen

233, 21. auch Lieblein 2005 = Mariette, Catal. 1110

233, 22. vgl. J. Černý, Le culte d'Amenophis I, Bull. de l'Inst. 27, 159ff.

234, 2. auch *D 20* Wilbour Pap. A 51, 50

234, 4. auch Steindorff, Walters Tf. 119, 588 A u. C

234, 8 auch *D 20* Wilbour Pap. A 37, 10 Vgl. auch A Vs. 1, 9 Die Übersetzung ist zu streichen Es wird ein Kurzname ‚der hohe Nil' oder ein Ausruf ‚ein hoher Nil!' vorliegen

234, 9 auch *D 20* Wilbour Pap B 25,13 — Auch NR Mond-Myers Bucheum III, Tf 54, 49 (?) — Bedeutung wohl besser ‚ein großer Nil‘, vgl 234, 8

234, 14 *D 18* jetzt Steckeweh, Fürstengräber von Qaw, Tf 17b u S 53, lies *ḥḥ* anstatt *hw' Ḥḥ* ist offenbar eine Göttin — ob Hathor?

234, 17 lies Louvre C 73!

234, 18 auch Louvre C 73

234, 21 ‚die die Südleute schlägt‘, wohl Beiwort eines Königs als Kurzname

234, 22 vgl Wb 3, 48, 10 u 11 — Clère (Notes 106f) vergleicht f *MR/NR* *ḥwj-š* Louvre C 17 — Das in dem Zitat Kairo 20066 ist zu streichen!

234, 24 auch *AR* Daressy, Mera 542 — Auch *NR* Theben, Grab 340 (Schott)

234, 28 ‚das Mondhaus‘ (= Mondstation?) — ob Beziehung auf ein Mondfest?!

235, 3 auch JEA 21 (1935), Tf 15/16, 25

235, 5 anscheinend Nisbeform ‚der zum *ḥw·t* Gehörige‘ S Schott macht mich dazu auf Pyr 669 a u b aufmerksam, wo als Bezeichnung eines feindlichen Wesens in einem Schlangenzauber vorkommt Vgl Sethe, Pyr Komm 2, S 192f

235, 6 an den Stellen in Wilbour Pap A (7, 21, 16, 33 35, 17, 12, 36, 19), in denen dieser Name mit determiniert erscheint, liegen gewiß durchweg Frauennamen vor, es handelt sich um eine Flüchtigkeit des Schreibers Auch Brit Mus 570 handelt es sich gewiß um eine versehentliche Auslassung des durch den Schreiber bzw Steinmetzen!

235, 11. auch Borchardt, Statuen IV, 1085

235, 12 f *AR* auch Lacau, Mél Maspero I, 931 u Anm 5, Reisner, Naga-ed Dêr III, S 161, fig 59 — *Spät* auch Koefoed-Petersen, Recueil 24, 210, Steindorff, Walters Tf 54, 275

235, 13 *D 20* auch Wilbour Pap A 32,15 78, 4

236, 10 lies *hbśd-ʿꜣ* ‚ein großes Jubiläum!‘ Der Mann heißt mit ‚schönem Namen‘ *ḥr-n-tꜣ-mhw* (vgl 249, 8)

236, 17 auch (?)[1]) Murray, Saqqara Mast I, Tf 27, links unten Vgl den *ḥbꜣ*-Fisch Wb III 62, 13

236, 18 auch Jéquier, Tomb de particuliers, 113

236, 19 lies Tf 32 u 34! — Auch *MR*, Lieblein 334 (Liverpool)

236, 21 jetzt Junker, Giza I, S 221 (Abb 51 unten links) 226 252 (Abb 63 unten rechts) 254 Das letzte Zeichen sieht an der einen Stelle einem Wurfholz ähnlich

---

[1]) Die vorangehenden Zeichen scheinen (gegen Murray, Names, Tf. X) zum Titel zu gehören

237, 1 auch m *AR* Borchardt, Denkm des *AR*, Blatt 18, 1409 (Var *hp j*), Ptahhetep, Res Acc Tf 34, Lieblein 33 — Auch f *AR/MR* Petrie, Dendereh, Tf 11

237, 2 auch , Daressy, Divinités 39127, AZ 74, 42

237, 5 aram חפין (AZ 50, 122), griech απιευς

237, 9 auch , Daressy, Divinités, 38180, 38263

237, 10 auch Daressy, Divinités, 38531

237, 13· zu Brit Mus 23 ist hinzuzufügen ‚mit ‚schönem Namen‘ *ḥnś w-tꜣ·f-nḫt(t)*, Lieblein 1259

237, 23 auch m *AR*, Borchardt, Denkm des *AR*, S 72, 1409 (Var 6 mal [1]))

237, 24. f auch Lieblein, Denkmäler, 19

238, 4· m *AR* auch Kairo 1637

238, 7: lies Louvre C 205! Das letzte Zeichen ist nach Mitteilung von Vandier sicher !

238, 8 auch BIFAO 30, 111

238, 10. auch Recueil 25, 134

238, 14 im *NR* ist nach Wb 3, 70 auch als Schreibung für den Apistier belegt! f *AR/MR* auch Steindorff, Walters Tf 42, 280

239, 6. f *AR/MR* auch , Philad 29—66—694, auch f *Spät* Steindorff, Walters Tf 118, 551

239, 14 auch , Reisner, Naga-ed-Dêr III, S 161, fig 59, (9)

239, 18 vgl Junker, Giza I, 148

239, 22 der Name ist mir für das *AR* verdächtig, der Text ist nachzuprüfen! — Erman wollte *ḥm-nṯr(·j)* ‚der göttliche Diener‘ lesen, vgl Hoffmann, Theoph Personenn S 56

239, 23. vgl Spiegelberg, Demot Stud 8, 13

239, 29 lies *hmj*? u vgl Z² zu I 344, 28 u 345, 1

240, 1 m *AR* auch ‚schöner Name‘ eines *ḥm-ʿnḫ*, Jéquier, Tomb de particuliers 22, fig 28

240, 2 auch Kairo 1556 = Musée Egyptien II, Tf 11 Die Stellen im Ti (dazu Steindorff Tf 88) alle ohne , mit Ausnahme von Tf 95

240, 9. besser wohl *śbk-m-hmw* ‚Suchos ist ein Steuerruder‘! Vgl 28, 16 u 275, 16

240, 10. auch (?) [1]) Lieblein 249 — Vgl Mitt Inst Kairo 8, 39

---

[1]) Zum Ersatz des schwierigen Deutzeichens?

240, 10—11 · auch (?) Louvre C 173 (Gayet, Stèles Tf 29), 4 mal

240, 23 auch Weigall, Report, Tf 66, Shrine (2 mal)

240, 26 auch *AR/MR*, Brit Mus [1372]

241, 3 auch AZ 68, Tf II

241, 4 vgl auch Clère, Textes de la prem pér interm, S 8

241, 6 *AR* auch Lieblein 1398

241, 8 ob ‚frischen Herzens' o á (vgl Wb 3, 102 unten)? Vgl auch 241, 16 mit N[2] — Die Stellen f *MR* gehoren zu 241, 16!

241, 16: ob wirklich masc?

241, 20 auch (?) Grabstein, 1939 im Besitz von Dr Jacob Hirsch, New York (Photogr Phila), auch Reisner, Naga ed-Dêr III, S 161, fig 59

241, 22 auch *AR/MR* 1) Kairo 795 (Borchardt, Statuen III)

241, 23 · m *MR* auch ( ) Mogensen, Glyptothèque, Tf 101, A 699 Die Stellen f *MR* gehoren wohl zu 241, 27

241, 27 f *AR/MR* auch Philad 29—66—644

242, 4 . das Zitat ‚Stuttgart' ist nach Clère, Notes 107 zu streichen!

242, 11 · jetzt Mogensen, Glyptothèque, Tf 100, A 692; die Fragezeichen sind zu streichen

242, 15 · auch *D 6*, Scharona Pap a Rs 5, 4; *MR* auch m (!) Revue d'Egyptol I (1933), 77

242, 18: f *AR* auch , Bull de l'Inst 37, 94 u 96

242, 23. lies Louvre C 221!

242, 27. ‚die Herrin ist einzig'

243, 2: auch , Var Theben, Grab 295 (Schott)

243, 6: Kairo 1506 jetzt Borchardt, Denkm des *AR*, S 211 u Bl. 44

243, 9: ib auch

243, 10: auch Vatikan 17 (Prinzessin).

243, 13: auch (?) *Spat*, , Ann Arch. Anthrop 16, T 68

243, 15 · auch Recueil 2, 193, auch u á. Mitt Kairo 12, 65 — *D 20* auch Wilbour Pap A 18, 14

1) lies ?

243, 16 auch Lieblein 1068 (Liverpool), AZ 74, 110, Anm 2, Philadelphia T 158 (2 mal)

243, 18 auch (? oder = ?) Lieblein 1752 (Coll de Grant Bey)

243, 21. gehort zu 426, 4! Vgl Zusatze[2]

243, 25 *D 21* auch Lieblein 2544, 1 (Dêr-el Bahari)

243, 29 auch mit den Varr , , Bologna 1901

244, 1: *AR* auch Lieblein 1372 (?) 1380 (?). 1388 (?), *AR/MR* auch Dunham, Stelae Tf 32 — Schreibung im *AR* auch Junker, Giza VI, S 106 — Zur Bedeutung siehe Grdseloff, Annales 42, 54.

244, 2 auch die Lesung *hnw·t·ś* ist moglich, vgl Z[2] zu I 243, 29

244, 12 · *D 20f* auch Černý, L Ramess Letters 62, 15 67, 12

244, 17 · auch v Bissing, Fayencegefaße 3721

244, 18 auch , Lieblein S 935, 80

244, 22. auch m *AR* Jéquier, Mon fun Pepi II, S 62

244, 23 · auch , Wilbour, Note-Books, 2 K, 14

244, 25 Kairo 1499 jetzt Borchardt, Denkm des *AR*, S 204

245, 6 auch Annales 12, 97 (‚schoner Name' eines *Ppjj-nḫt*, mit *ḥn·jj·t* wechselnd)

245, 12. f *AR* auch Annales 38, 35 — Lies *ḥnj·t*?

245, 13 auch (?) *AR* (?) , Sotheby Catalogue, 1939, July 11—12, Tf 2

245, 18: assyr *ḫûru* (Ranke, Keilschr Mat, S 29), aram חור Sachau, Aram Pap, S 96, Z 7, Sitzungsber Berl Ak, ph -hist Kl 1936, S 422 — Das Zitat Mar Mast, S 343 ist zu streichen (vgl H Th Mohr, Mastaba, S 37)! — *MR* auch Beiname eines *dd w-iʿḥ*, Steindorff, Aniba II, 173, *Spat* auch Lieblein 1322 (mit Beinamen *pꜣ-dj-ḫnś·w)*

245, 19 *NR* auch Černý, Late Ramesside Letters, 18, 14

246, 1 · lies *inj-ḥr(·w)-ḏrw* (oder *ḥr-inj-ḏrw)* und vgl *inj-ḥr(·w)-ḏrw-tꜣ·wj*, N[2]

246, 4 auch Daressy, Divinités 38236 Lies *irj-ʿꜣ-ḥr(·w)*?

246, 5. ist wohl *ḥr(·w)-'r·w* als Abkurzung zu 42, 11 o ä Vgl auch 82, 10

246, 6. der Name zeigt folgende Varianten , , und Die Nummern der Kanopen sind 149/50 und 153/54.

246, 9 *MR* auch Bull Inst 37, 102 108, n 2 (genannt *ḥtp-nḏm* .) 150, Revue égyptol 1907, 220.

246, 10 wohl besser Kurzname ‚Horus, der Kraftreiche'

246, 11 ob *ḥr(w)-(ḥr-)ʿn-wšb t* ‚Horus tritt ein'? Vgl Wb I, 189, 5 6.

246, 12 *f MR* auch Berlin 7280 Auch m *Spät* Daressy, Divinités 38032

246, 13 auch Kairo 696 (Borchardt, Statuen III)

246, 17· *Spät* auch Spiegelberg, Demot Denkm II, S 242 unten.

246, 19: auch Lieblein 1687 (= Mariette, Cat 370)

246, 23 aramäisch חרוט, Spiegelberg, Ägypt Sprachgut, S 8, phönikisch חרוץ, Bull Inst Fr 38 (1939), S 29 Auch neubabylonisch *ḫarmaṣu*, Babylon Exped Philadelphia X (1904), 28,3 (Edel) — Auch (?) (so 2 mal) Lieblein 1598 (Musée Guimet, Stèle 4500)

247, 1. ob *ʿnḫ-ḥr(·w)-bjtj* ‚möge Horus, der König von Unterägypten, leben!' o a ?

247, 9 auch *Spät* Lieblein 2175 (Louvre) = Etudes égypt 8, 109

247, 11. lies *pꜣ-šn-ḥr(·w)* ‚der Bruder des Horus' und vgl. 117, 8?

247, 15 aramäisch חרחבי (Bilinguis!), Spiegelberg, Ägypt Sprachgut, S 9, griechisch αρχηβις u ä — *Spät* auch , Varr , Roeder, Naos 70043, S 141f

248, 3: auch m *NR* Weigall, Antiquities of Lower Nubia, S. 115

248, 7 f *MR* auch Kairo 20553c, *Spät* auch Darressy, Divinités 39104

248, 8 gehört zu 211, 6!

248, 10. *AR/MR* auch Wreszinski, Bericht 81.

248, 19. das Zitat aus LD Text I ist zu streichen! Es stammt nicht aus dem *AR*, sondern aus Dyn 19

248, 21: lies Louvre C 228 (ob *MR*?)

249, 1: m *Spät* auch Rec trav 4, 112, 928 und Como 14

249, 3: lies *ḥr(·w)-m-ʿḏd* ‚Horus ist ein Knabe' o ä u vgl 127, 1!

249, 6 wirklich m? ! Vgl *nj·t-ḥr(w)*

249, 9 aramäisch חרנופי, Sachau, Aram Pap, S 56, Z 5 — *Spät* auch Daressy, Divinités 38378 38749

249, 10· auch *D 6* , Var Alliot, Tell Edfou 1935, S 26 27 Tell Edfou I, S 49f

249, 11 m *AR/MR* auch , Kairo, Stele aus Dendera.

249, 17 *Spät* auch Stele in Boudoin College (Mitteilung von Dunham)

249, 18. wie J J Clère mir zeigt, wird der Name desselben Mannes — offenbar des Gleichklangs beider Namen wegen (Fecht) — demotisch *ḥr-m-ḥb* geschrieben! Vgl Spiegelberg, Demot. Inschr (Cat Kairo), S 67

250, 7: m *AR* auch Jéquier, Tomb de particuliers 93, fig 107[1])

250, 9 die genaue Bedeutung von ‚ist in seinem Hause' bleibt noch zu klären Aber es ist wichtig, daß der hierat Text, in dem der so Genannte erwähnt wird, im Grabe des großen *ḥr-ḥtp·w* gefunden worden ist, dessen Texte Maspero in den ‚Trois Années de fouilles' (Mém Miss I, 133ff) veröffentlicht hat (Mitteilung von B Gunn)

250, 12 auch demotisch, Spiegelberg, Demot Denkm II, S 331, 22

250, 13 *D 21* auch abgekürzt *sꜣ-ꜣś t*, Borchardt, Quellen III, Bl 2, Reihe 1, 13 und S 102, Anm 2 *Spät* auch Lieblein 2385 (genannt *ij-m-ḥtp*), auch Daressy, Divinités 38970

250, 16 auch Borchardt, Statuen 888

251, 3: vgl auch Spiegelberg, Demot Stud 8, 10f

251, 3 u 4· lies *nḫt(t)*!

251, 4: auch Mogensen, Glyptothèque 710 — Ob auch Daressy, Textes magiques 9443?

251, 8. m *NR* auch Kairo 807 — Borchardt, Statuen III (mit Beinamen).

251, 14· auch Theben, Grab 125 (Schott)

251, 20 auch Liverpool Annals 4, 109 120 (‚schöner Name' eines) Auch ib 4, 105 110 usw (in Achmim heimischer Name) — Die Lesung ist wohl *nb·wj*, vgl I 187, 11.

251, 22· auch m *D 18*, , Roeder, Naos 70039, S 131

251, 24 die Frage ist zu bejahen nach Louvre, Apisstele 19 und 95, wo und als Varr des Namens des gleichen Mannes belegt sind Vgl auch Clère, Notes 107.

252, 4 *ḥrj-mr·w* ‚der auf den Seen' o a, Gottesbeiwort?

252, 5 ‚das Antlitz des Amon wendet sich wieder zu' (?) Jetzt Černý, Late Ramess Letters S 78

252, 7: lies Louvre C 73!

252, 8. m auch Borchardt, Statuen IV, 1106

252, 11 die Zitate sind zu scheiden in *ḥr-ḥp* und *ḥr-ḥʿpj (?)!* Das erste gehört wohl zu 252, 8

252, 15: vgl den gleichnamigen Ort auf der Westseite von Theben ÄZ 44, 90

252, 16· lies (nach Borchardt, Denkm des *AR*, S 219)?

252, 18: auch Lieblein 2152 (Musée Guimet)

252, 21 auch , u a, Borchardt, Statuen III, 714 IV, 1275

---

1) Die Form ist abzutrennen!

252, 23. auch [hieroglyphs] Lieblein 1640 (Helsingfors)

252, 25 auch f Lieblein S 941, 215 (Boulaq)

252, 27. ‚der Mittlere', die fem Formen sind ḥrj(·t)-ib ‚die Mittlere' zu lesen

253, 1. auch [hieroglyphs] Engelbach-Gunn, Harageh, Tf 68, [hieroglyphs] Quibell, Saqqara II, S 6 — Auch Dyn 20 [hieroglyphs] Wilbour Pap A 8, 40, 9, 20 39

253, 6 [hieroglyphs] auch Kairo, Totb Pap 133 (D 21), auch [hieroglyphs], unp Fun Pap Cairo (Enciclop ital 13, Tf 118 hinter S 577)

253, 8 die Übersetzung ist zu streichen! Der Name ist mit [hieroglyph] determiniert und einer Frau beigeschrieben (Boser, Denkmaler IV, Tf 14, unten links) Ob das [hieroglyph] nicht zum Namen gehort und einfach [hieroglyphs] (vgl 192, 13) zu lesen ist?

253, 9· auch D 20 Wilbour Pap A 82, 14

253, 15· auch AR/MR Boston 25 676 (Dunham, Stelae)

253, 24 auch m D 6, Tell Edfou I, 29 (vermutlich = I, 245, 18)

253, 25 fur zahlreiche Varianten des Namens s Kuentz, Bull Inst fr d'Arch or 34 (1934), S 145f Kuentz will den Namen als eine Kurzform zu [hieroglyphs] auffassen — ob mit Recht?

253, 27 auch [hieroglyphs] (Var [hieroglyphs]), Koefoed-Petersen, Recueil 13, [hieroglyphs], Spiegelberg, Demot Denkm III, S 53, wohl auch [hieroglyphs] Daressy, Divinités, 39301 und vielleicht verstummelt [hieroglyphs], ÁZ 77, 28, Abb 2 — Der Name enthalt die beiden Gotternamen Horus u Bes (griech αρβησις, αρβης) und hatte trotz der unetymolog Schreibungen hinter I, 247,5 eingereiht werden mussen! — Vgl auch Kuentz, Bull Inst fr d'Arch or 34 (1934), S 145f

254, 2 ÁZ 46, 75 ist hinzuzufugen

254, 4 auch [hieroglyphs] u a D 20f Černý, Late Ramesside Letters, 3, 8, 51, 1, 60, 9, 61, 2

254, 10· ḥḥ-(m-)nḫw ‚ḥḥ ist Beschutzer'?

254, 19 auch Gulbenkian Collection No 24, Burlington Fine Arts Club Exhib of Anc Eg Art, Catal (1922), Tf 17

254, 23 die weiblichen Belege sind wohl als ḥs(·t)·n-ptḥ ‚eine, die Ptah gelobt hat' aufzufassen, vgl I, 254, 26

254, 24 auch Borchardt, Denkm des AR, S 22, 1347b (dort [hieroglyphs], ob richtig?)

254, 29 auch MR (?), Engelbach-Gunn, Tf 77, 4

255, 3 jetzt Junker, Giza III, 131. 133 143

255, 8. f AR/MR auch [hieroglyphs] Philad 29—66—693

255, 13 ḥs(·t)·f-m-iwnw ‚sein Lob (seine Gunst?) ist in Heliopolis' Das Suffix wird auf einen Gott oder den Konig gehen Vgl 255, 14.

255, 14: ḥs(·t)·f ‚sein Lob (seine Gunst?) wahre ewig', vgl 255, 13

255, 16. jetzt Borchardt, Denkm des AR S 78f

255, 17: Kairo 1407 jetzt Borchardt, Denkm des AR, S 69f

255, 21. ob es sich nicht doch eher um ein Fest der Lebenden als um ein Totenfest handelt? Also ‚(die Stadt) ḥśr·t' etc

255, 22. jetzt Borchardt, Denkm des AR, S 198 u Bl 42

256, 3 AR auch Mackay, Bahrein and Hemamieh, Tf 20

256, 10 auch [hieroglyphs], Var [hieroglyphs], Roeder, Naos 70039, S 129 131

256, 11 auch D 20 [hieroglyphs] Wilbour Pap A 28,5, [hieroglyphs], [hieroglyphs] Steindorff, Aniba II, 251 247

256, 13 NR auch [hieroglyphs] u a Borchardt, Statuen 1014

256, 18· auch ([hieroglyphs]) Koefoed-Petersen, Recueil, 50, 966 = Mogensen, Glyptothèque, Tf 97, 683 — Die Übersetzung ist zu streichen, da ein Kurzname vorliegt, vgl 385, 9!

256, 21 auch [hieroglyphs] Brugsch, Thes V, 947

256, 25· auch [hieroglyphs], Var [hieroglyphs], Lieblein 1066 (Leiden), [hieroglyphs] Sphinx 22, 107, [hieroglyphs] Koefoed-Petersen, Recueil 25, 156

256, 27: das [hieroglyph] ist zu streichen!

257, 3. f AR auch Borchardt, Denkm des AR, S 83, f AR/MR Tell Edfou I, 55 56

257, 4. auch [hieroglyphs][1]) [hieroglyphs] LD II, 41b — Vgl Wb III 178, 4

257, 22· [hieroglyph] auch D 1 Petrie, Roy Tombs I, Tf 23, 40, m AR auch LD II, 117k (mit ‚schonem Namen' ʿnḫ-pjpj)

257, 26· der Davies, Ptahhetep II, Tf 18 Genannte heißt auch mtṯj?

257, 27 auch (?) [hieroglyphs] Junker, Giza 6, 204

257, 28 Gise jetzt Junker, Giza 2, 183, Abb 3

258, 2: lies ‚MR'!

258, 4 hierher auch 260, 4!

258, 8. ob šd(w)·f ‚sein Retter' (vgl Kairo 20539)? Der Sinn des Namens ist mir noch unklar Vgl aber I, 429, 18

258, 9 auch AR Junker, Giza 6, 31

258, 10. [hieroglyphs] auch NR, spat Vatikan 167 (Holz-Innensarg)

---

[1]) So, ohne [hieroglyph]!

258, 12 *AR (D2?)* auch Firth-Quibell , Tf 107, zu S 137, auch *D 3 (?)* Garstang, Mahasna and Bet Khallaf 10, 9

258, 19 f *MR* auch Annales 36, 183 u Tf V, 160

258, 23 *AR* auch [1] Mogensen, Glyptothèque, Tf 95 A 679 — Dendereh Tf 11, Mitte steht ! Tf 11, Beba III steht [2]!

258, 24 auch (?) , Dyn 1 Petrie, Royal Tombs II Tf 26, 70 — Kairo 1304 jetzt Borchardt, Denkm des *AR*, S 5 u Bl 1

259, 2 Kairo 1451 (Borchardt, Denkm des *AR*, S 137 u Bl 34) ist *ḥtp-ḥr-nfr·t* auch Name einer Frau!

259, 3 f *AR* auch Selim Hassan, Giza II, S 210 u Tf 80 (genannt *ḥnw·t) Spat* lies ‚Vatikan 215 z 215 A', die Varr haben u (so 4 mal!) — Hoffmann, Theoph Pers S 11, wollte, gewiß zu unrecht, die Schreibungen mit u ohne verschieden übersetzen ist die gewöhnliche *AR* Schreibung für *ḥr š* ‚ihr Gesicht'

259, 10 die Übersetzung ist zu streichen! Es liegt ein Kurzname vor

259, 11 oder *ḥtp-šj* ‚sie ist gnädig' ? ?

259, 12 die Schreibung ist voranzusetzen

259, 16· hierher auch 319, 17!

259, 17 auch , H W Müller, Felsengräber, Tf 7 u Abb 6, Tf 19 links

259, 18 der LD II, 23 (u 25!) Genannte heißt auch *htj*, vgl de Rougé, Recherches, S 43

259, 19 Junker jetzt Giza III, 208, V, 21, Schreibung auch und Sethe, Urk I 206, 13 u 207, 2

260, 1· vgl Petrie, Deshasheh Tf 22 u 25 (mit ‚schönem Namen' *nnjj*)!

260, 3 *AR*, Gise jetzt Junker, Giza VI, 204

260, 4 gehört zu 258, 4 Das gibt nur eine Andeutung des Vokals, wie ihn *ḥatpimunu* (258, 1) u ἐτπεσουχος (259, 12) zeigen

260, 9 auch (?) griech *ḥtp·w* = εφθευς für ετφευς, Spiegelberg, Demot Stud 8, 26 Vgl Preisigke ετφευς, ατπευς

260, 13 auch *AR/MR*, Brit Mus 1372 (I, 54)

260, 16 *AR/MR* auch , Dunham Stelae, Tf 26

260, 17 *NR* auch Theben, Grab 339 (Schott)

260, 19. es wird *ḥtpw·t* zu lesen sein, vgl. die Schreibung , Müller, Felsengräber, S 41 (nach persönl Mitteilung)

260, 22 auch f! *MR* Lieblein 533 (Turin)

261, 6 auch Junker, Giza V, 21 u Abb 20

261, 7· steht gewiß für *ḥdb-bꜣšt·t-'r·w* (261, 9), die beiden *b* sind zusammengefallen

261, 9 = Daressy, Divinités 39312, übrigens f, nicht m! Als Frauenname ib 38266 — Ob *ḥdb* für *ẖdb* (vgl 278, 16ff) steht, also ‚möge Bastet sie (die Dämonen o a) töten?' Aber eine Konstruktion von *ẖdb* mit *r* ist sonst nicht bekannt

261, 18 hierher auch , Scharff, Vor- u Frühzeit II, No 152 *(rn·f nfr ḫwj-njt?) AR*, früh — Vgl auch Mitt Inst Kairo 8, 39

262, 3· auch Jéquier, Pyram de Neit et Apouit, 56

262, 5: ‚1000 an schönen Tagen!' (?)

262, 6 7 auch Florenz, Uschebti 2089 (S 29)

262, 14: auch Florenz, Uschebti 8612 (S 29)

262, 16—21. es liegen wohl durchweg *šdm·f*-Formen im Plural vor, wie 18, 19 und 21 zeigen Das *n* wird häufig nicht geschrieben Also *ḫꜣ'(w)-š(·t)-n-ꜣš·t* ‚man hat sie der Isis überlassen (hingelegt?)' usw Vgl Griffith, Rylands 3, S 209, Anm 3 ‚she is abandoned to Isis' Ob es sich um ‚Findelkinder' handelt, die vor dem Tempel des Isis u s w ausgesetzt waren?

262, 19 auch , Lieblein 876 (Wien)

262, 24· hierher auch 262, 23 Vgl *ꜣḫ·t-ḫꜣ·wj* als Fest u als Name des 5 Tages des Mondmonats, Wb 1, 125, 6 7

262, 25 m auch (?) Pellegrini, coni no 115

263, 2 ob *ḫꜣ-m-tt·š* ‚1000 von ihren ' ?

263, 3 auch und , Rec 3, 105, IV u Duringe, Cannes

263,4· vgl 416,17!

263, 10 auch Budge, Lady Meux Coll, Tf 9

263, 16 lies *ḫ'j-m-š·t* ‚der auf dem Thron erglänzt', Gottes- oder Königsbeiwort als Kurzname

263, 21. Turin 80 lies und vgl Lieblein 2078 u. Recueil 3,108!

263, 22 auch Recueil 25, 137 (kollat).

264, 3 lies *ḥd(·t)!*

264, 5 lies *tr(·t)!*

264, 6 auch Mariette, Mastabas S 112 (Königin)

264, 8 auch *AR* LD II, 89c rechts Vgl I 265, 14

264, 9· auch Annales 39, 390f

[1] Oder ist dies *hthr-ḥtp·tj?*

[2] Das ist wohl Determinativ-Ersatz.

264, 14 auch Lieblein 938 (Bulaq). — Hierher auch 265, 24!

264, 15: auch m *D 18*, Maciver-Woolley, Buhen, Tf 35u S 88

264, 16. auch Brugsch, Thes V, 934ff., [1] Koefoed-Petersen, Recueil 87, 1044; Spiegelberg, Demot Denkm I, S 53

264, 17 auch JEA 14, T 21, 1

264, 20. auch Borchardt, Denkmaler 1486, S 188

264, 22 auch ( ) Aberdeen (Catal Reid) 1569

265, 9: auch *Spat*, Mogensen, Glyptothèque, Tf 109, A 734

265, 13. auch Steindorff, Ti, Tf 72 Zur Lesung siehe II, 257

265, 14: auch Annales 36, 44

265, 16: auch *MR (?)* Wilbour Note Books, 2c, 51

265, 18 auch (?) Brit Mus [1324]

265, 21: vgl Lieblein 2132 (= Mariette, Catal 1161)?

265, 23. auch *D 20* Wilbour Pap A 82, 47

265, 24 auch Lieblein 2233 (Turin) — Die Namen gehoren zu 264, 14!

265, 25 offenbar ein Kurzname ,die Waffen (*ḫ*ʿ*w)* des Horus'

265, 26 f *MR* wohl zu 267, 16!

266, 2 auch Quibell-Hayter, Teti Pyramid, North Side, p 16

266, 3. *AR/MR* auch (?) Annales 37, 117 u Tafel, Tell Edfou I, 39

266, 5 auch Coll Desnoyers 41

266, 7 lies *wr-ḫww-ptḥ* ,es ist etwas Großes, daß Ptah schutzt[2])!'

266, 15· auch Jéquier, Tomb de particuliers, 32

266, 16 auch *MR* Mariette, Cat d'Abydos 689

266, 23 Schreibung *AR* auch Chicago, Or Inst, Alab Täfelchen — Vgl jetzt die vollere Form *ḫwj n-ptḥ-mrjjrʿ*!

266, 24· auch Boston, M F A 133140, Prinz *D 4* (vgl AZ 75, 90)

[1]) Folgt sitzender Gott mit Stierkopf
[2]) Vgl Firth and Gunn, Teti Pyramid Cem I, 157, Anm 2

266, 25 vgl jetzt die volle Form *ḫwj n-ḥr(·w)-mrjjrʿ*!

267, 8 oder sollte die 2 Schreibung als *ḫwj·ś-nb(·w)* ,'Gold' ist ihr Schutz' als besonderer Name von der ersten zu trennen sein?! Fur das Zweite kame auch ,'Gold' schutzt' (vgl *ḫʿj·ś-nb-(w)* 192, 3) in Betracht

267, 15 auch Borchardt, Denkm des *AR* 1448, auch m *MR* Basel, Volkerkunde-Museum, Denkstein (Mitteilung von B v Bothmer), Mogensen, Glyptothèque Tf 95, A 679

267, 16 auch *AR/MR* Dunham, Stelae, Tf 29, 1

267, 18 zur Schreibung vgl Wb 3, 237, 6 mit 246, 12!

267, 20· auch Petrie, Gizeh and Rifeh, Tf 7a oben rechts

267, 21 oder ,die ihren Vater geschutzt hat'? Die Frau ist Libyerin

267, 22. nach Junker, Giza VI, 192 ist mit Sicherheit zu lesen, also *ḫwj·t·n-ḥr(·w)* ,die Horus geschutzt hat' (vgl I, 266, 25)!

267, 24 anstatt wird zu lesen sein und eine halbhieratische Form vorliegen, vgl Moller, Pal I 207, die aus dem Westcar entnommene Form Was bedeuten soll, bleibt unklar

268, 3 auch *AR/MR* Dunham, Stelae, No 67, Tf 27, 1, f ebenda Tf 30, 1

268, 6 auch LD II, 18 Kairo 1451 (= Borchardt, Denkm S 137 u. Bl 34) ist es Name einer Frau! — Lesung u Ubersetzung sind unsicher Ob *mrj-nṯr·w-ḫwfw* ,mogen die Gotter den Cheops lieben!'?

268, 7 jetzt Junker, Giza VI, 192

268, 10· vgl jetzt Junker, Giza 7, Tf 27b

268, 11 ob *wnḫ j*? Vgl 80, 2

268, 12 lies *nj-św-ḫwj* ,er gehort zu dem Schutzer' u vgl I, 423, 2! Anstatt (so Annales) ist gewiß zu lesen Dagegen findet sich *(D 5)* Junker, Giza III, 143 und im *MR* PSBA 25, 135 Hierher gewiß auch 270, 5!

268, 15: lies ,nubische Prinzessin'

268, 22 so jetzt Borchardt, Denkm des *AR*, Bl 50, unten Ob *ḫpr-n j*? Kaum *nj-ḫpr*!

269, 8 auch geschrieben, jetzt Junker, Giza VI, 231/2

269, 10 ist zu streichen (lies *n-ḫfʿ f*)!

269, 16 auch *AR*, *spat* , Lieblein 1406

269, 18 auch *AR* Jéquier, Mon funér de Pepi II, S 60 — Übersetzung ,sie kennen nicht' o a, vgl 204, 28

269, 19 auch , Relief *AR* (v Bissing)

269, 26 *AR* auch Sethe, Urk I, 157, 3 5, vgl LD II, 26c bis und d

269, 30 u 270, 1 lies *ḥnj t* ‚die Tänzerin' o ä und vgl Wb 3, 288, 9.

270, 1· hierher auch von 271, 19! Ferner Junker, Giza 7, 224

270, 4 *AR* auch Mariette, Mast, S 409 („schöner Name' eines Mannes, der mit ‚großem Namen' *nfr-šśm-šš'·t* hieß) Auch Firth-Gunn, Teti Pyr Cem 186 („schöner Name' eines *kꜣ·j-nb·f*), ebenda 216 und Kuentz, Obélisques 17006 (mit ‚schönem Namen' *ṯmj*) Auch *AR*/*MR* Liverpool Annals 112 — Die Übersetzung ist in ‚der Sackträger' zu ändern, vgl Wb III 286, 17

270, 5 gehört wohl zu 268, 12!

270, 6 lies ‚die Sackträgerin', auch Selim Hassan, Giza II, S 210 u, Tf 80 (Beiname einer *ḥtp-ḥr·ś*), auch Fisher, Minor Cemetery, S 153 (mit Beinamen — *njś·tw m — ἰntj*)

270, 10. Gise jetzt Junker, Giza VI, 98

270, 13 siehe auch *knmśw*, N² ?

270, 15 oder sollte auch hier eine Schreibung für die Koseendung ·*w* vorliegen (vgl 270, 14f)?

270, 16 aramäisch חנס, Spiegelberg, Ägypt Sprachgut, S 8, griech χωνσις

270, 20 wohl auch Daressy, Divinités 38836 ( ), auch Steindorff, Walters Tf 114, 161 C u. 161 Db — Die Bedeutung ist wohl ‚Chons ist es, der Großes getan hat'

270, 22 *Spät (?)* auch Berlin, Totenbuch, nach Wilbour Note Book 22, no 58

271, 1 vollständig *D 20f* , also ‚Chons (ist) der (Lebens-)Hauch', Černý, L Ramess Letters 15, 3

271, 2: auch Pap Kairo, Schott Phot 11 4 Die Bedeutung ist wohl ‚Chons ist ein Jüngling' o a Vgl 249, 3

271, 6 (mit Anm) auch in *D 20* Wilbour Pap. A 28, 34

271, 8 ob *ḫnś w-n j-wꜥj-nḫt* ‚Chons ist für mich der starke Einzige' o ä ?

271, 11 *NR* auch , Kairo 771 (Borchardt, Statuen III) Auch JEA 27, 70 Übersetzung vielleicht besser ‚Chons ist der Erste (*ḥꜣwtj*) unter den Göttern!', vgl Wb 3, 20, 20

271, 13 lies· f *D 13* Louvre C 13 (Prinzessin) Der Name ist , also *ḫnś·w-ḫwj·f-śj* ‚Chons schützt sie'. Danach ist ‚après coup' so! hinzugefügt (Mitteilung von Vandier) Das Ganze sieht also wie ein ‚Doppelname' aus

271, 16· auch Lieblein 1259 („schöner Name' eines *ḥp-mn·w*).

271, 17 auch Marucchi, Monumenta, 100

271, 19 die Schreibung gehört zu 270, 1 und ist von den Schreibungen mit zu trennen!

272, 3: Recueil 8, 160 liest ! Was ist richtig?

272, 4. Sethe wollte (1934, brieflich) ‚ihr Vater ist geehrt' übersetzen

272, 7· auch *AR* u a Quibell Saqqara 1905—06, S 6

272, 10 lies *ḫntj-mr* (Beiname des Suchos, vgl Hoffmann, Theoph Pers, S 64)

272, 13· Sethe wollte (1934, brieflich) ‚geehrter als ein Ka' übersetzen.

272, 15· das Zitat aus dem *AR* ist zu streichen, vgl I 198, 10!

272, 19 auch JEA 25, Tf 20, No 1, 2/3

272, 20 auch *AR* Borchardt, Denkm des *AR* 1469 1471 1474

272, 21 der Grabstein desselben Mannes, der bei Engelbach-Gunn, Harageh, Tf 72, 3 veröffentlicht ist, zeigt, daß meine Vermutung in Anm 2 richtig war Der Mann hieß *śnb* (siehe die Inschriften neben den liegenden Schakalen!) und war der Sohn eines *ḫntjḫtj-m-sꜣ·f* Der Name I, 272, 21 ist also zu streichen! — Vgl aber Mogensen, Glyptothèque, Tf 98, A 688 dos

273, 5 nach Sethe (bei Hoffmann, Theoph Pers, S 30) ‚vorn sind die Sitze der Hathor'

273, 6 *AR* auch Urk 1, 205 und Firth-Gunn, Teti Pyr Cemet I, 99 (mit ‚schönem Namen' *iḫḫj*)

273, 7 zur Lesung und (noch unklaren) Bedeutung des Namens s Junker, Giza 7, 70 — Sethe wollte (1934, brieflich) ‚ihre Kas sind geehrt' übersetzen Vgl 427, 12

273, 10 lies *irj·t-ḫntj-ṯnn t!* Kurzname zu Bildungen wie 195, 6

273, 12 vgl Z² zu I 340, 19!

273, 13 auch verkürzt Junker, Giza III, 177

273, 15· vgl Wb 3, 313, 24, 25

273, 20 in *Spät* auch Lieblein, Denkmäler, 27 — Der Name ist doch wohl *ḫrj* ‚der Syrer' (273, 24) bzw *ḫrj t* ‚die Syrerin' (274, 1) zu lesen Vgl die Schreibungen von 116, 17 u 367, 3

273, 22 auch Spiegelberg, Demot Denkm, II, S 315

273, 23 auch Brooklyn, Stele, 07-422.

274, 1. Berlin Pap 9784, veröff ÄZ 42, 28

274, 8. jetzt Borchardt, Denkm des *AR* S 166

274, 22: keilschriftlich *ḫattušili(š)*.

274, 30 auch , Liverpool Annals 4, 119 (mit ‚schönem Namen' *ḫn·j*)

275, 5: m *AR* auch Annales 35, 143 — Hierher 427, 18!

275, 10 lies *bꜣ-ʿnḫ·w?* Jetzt Borchardt, Denkm A R I, No 1363

275, 12. jetzt Junker, Giza 7, 154, der Name ist mit Junker, wie die Var zeigt, vielmehr *bꜣ f-bꜣ* (richtiger *bꜣ-bꜣ f*) zu lesen. Ubersetzung wohl besser ,der Bock ist beseelt' o ä Damit wurden Junkers religionsgeschichtliche Folgerungen aus den mit *bꜣ·f* gebildeten Namen hinfallen

275, 15 auch JEA 23, S 34

275, 16 ,Chnum ist mein Steuer'?

275, 17 vgl dazu A M Badawi, Der Gott Chnum (Berliner Diss 1937), S 60f und die interessante Anm 1 auf S 61 Daß das *św* des Namens sich auf den Namentrager bezieht, halte ich nicht fur wahrscheinlich

275, 19. 6 Dyn auch v Bissing, Gemnikai I, Tf 5.

276, 1: auch de Buck-Gardiner, Coffin Texts I, S XVIII.

276, 5 Kairo 1447 jetzt Borchardt, Denkm des *AR* S 131 u Bl 33

276, 6 auch m *D 1/2* Petrie, Roy Tombs I, 42.

276, 9· auch Fondation Piot 25, 67 — Ob *ḫnm·w-kꜣ(·j)* bzw *kꜣ(j)-ḫnm·w* ,(der Gott) Chnum ist mein Ka'?[1]) Vgl I 339, 10 ff

276, 13 es liegen wohl 2 Namen vor, etwa ,des *ḫnmwj* Sohn *htp*'!

76, 14. die Berliner Stele veroff AZ 49, 69ff

276, 19: jetzt Junker, Giza 8, 168 (dort *ḫnmwntj* gelesen), auch Boston 13, 4333, vgl ib 6, 98 b u Abb 38b

277, 5 auch Louvre C 173 (Gayet, Stèles Tf 29) Die Bedeutung ist wohl ,Besitzerin eines Ka', vgl Blackmann, Meir II, S 22, Anm 2 und Sethe, Urk I, 221, 18 (aus Mêr!)

277, 13 auch Berlin, Totenbuch, nach Wilbour Note Book 22, no 1455

277, 15. das 2 Zitat jetzt Sethe, Urk I 298, 6

277, 17. der Name wird auch von der Mutter des Gottes Imuthes getragen, vgl Drioton in Studies Griffith, S 291ff Ob daraus zu schließen ist, daß ihn schon die Mutter des Imhotep in der 3 Dyn getragen hat?

278, 5: auch f *AR/MR* Petrie-Brunton, Sedment I, Tf 23 unten rechts

278, 8 lies *ḥt·jj-m-p·t(·j)* ,*ḥt·jj* ist mein Himmel'? u vgl Sinuhe B 185

278, 13· auch m *AR* Quibell-Hayter, Teti Pyramid, S 22, auch m *D 6*, Var .

278, 14: auch Davies, Deir-el Gebrawi II, Tf 28 (,schoner Name' eines *hnk w)*

278, 16 vgl auch f *Spat* Steindorff, Walters Tf 113, 146 B

278, 21· auch Petrie, Dendereh 11 B

278, 23· vgl Annales 38, 252f (G Brunton)

---

1) Anders Hoffmann, Theoph Pers S. 60

278, 25· lies ! Ob fur ? Vgl *sꜣ·t-s-n j* ebenda Zeile 11

279, 1 auch Engelbach-Gunn, Harageh, Tf 70 (Variante von *ʿnḫ-snwśr·t)*, auch *D 11*, Sethe, Achtung S 6402 (mit Beinamen oder) — *MR* auch Lieblein 191 (London) — Die weiblichen Formen werden als Kurznamen aufzufassen sein, vgl 279, 4 9

279, 4 teils *ʿnḫ-snwśr t*, teils *ʿnḫ-wj-snwśr·t* (wie I, 66,9) zu lesen!

279, 8 gewiß nur Schreibung fur *śnb·w!*

279, 11 die Stelle aus LD Text IV ist *MR/NR*!

279, 12· auch Annuaire de l'Inst Philol Hist Orient Bruxelles III (1935), 568

279, 13 vgl m *D 13* Borchardt, Statuen 887

279, 16 lies (E Edel)

280, 6 jetzt Borchardt, Denkm des *AR*, S 151 u Bl 36

280, 8 *NR* auch (so mehrfach!) Kairo 1115 (Borchardt, Statuen IV) — *Spat* auch Borchardt, Quellen II, Blatt 2, Reihe 1, 13, als Abkurzung von *ḥr-sꜣ-ꜣś·t* (vgl S 102, Anm 2!)

280, 10. auch (?) Lieblein 857 (London)[1])

280, 13· *MR* auch Recueil 25, 137 u 138, kollat; auch *Spat* Lieblein 2458, griech σιγοις? (Fecht)

280, 22 *NR* auch Kairo 864 = Borchardt, Statuen III, 128 (mit Beinamen *mr-św)*

280, 24 auch Lieblein 179

281, 1 u 2 sind wohl verschiedene Schreibungen des gleichen Namens.

281, 5. ob *sꜣ-iʿh?*

281, 12. auch *D 20* Wilbour Pap B 24, 20

281, 14: wohl besser ,Sohn des *wꜣḏ-ḥꜣ t*'! Der Name *wꜣḏ-ḥꜣ·t* steckt vielleicht in 20581 b 6, wenn dort ,der Sohn des *wꜣḏ-ḥꜣ·t*, namlich *bwbw*' zu lesen ist

281, 20: nach Clère, Notes 107 ist der zerbrochene Name in *in-jt·f-nḫn* zu erganzen

282, 1. auch *D 20* Wilbour Pap A 48, 46

282, 10: auch *AR*, Bologna 1901

282, 17· auch f Avignon 6 und 7! Ob fur ??

282, 20 ob nicht Blume statt Fisch zu lesen ist? Da die hierat Form der Lotosblume im *MR* nicht bekannt zu sein scheint, ist nicht festzustellen, ob ein Verschreiben aus der Vorlage zugrunde liegen kann Eine ,Herrin der Lotosblumen' kann ich allerdings nicht nachweisen

---

1) Neben einem *sꜣ-ꜣś·t* und einem *sꜣ-ꜣś·t śrj*

283, 2· *D 20* auch so! Wilbour Pap A 79, 17 Vgl auch *Spät* Daressy, Divinités 39097

283, 5 ob *s3-n-it·f* ‚ein Sohn für seinen Vater'? Vgl Z² zu 289, 23

283, 9 auch *D 20* so! Wilbour Pap A 44, 37.

283, 13 der Fürst von Elefantine heißt mit zweitem Namen *nḫt-nbk3·wr*, vgl H W Müller, Felsengräber S 78 u S 105 und ÄZ 45, 139

283, 17 vgl Lieblein 328 (London)

283, 25 auch Annuaire de l'Inst Philol Hist Orient III (1935), 568.

284, 11. 'Vatikan, Stele' ist zu streichen! (die Stele ist *MR*, vgl Marucchi S 366)

285, 14· auch (?) , JEA 25, Tf 20 No 2, 3 Reg

285, 20 auch , Leiden, Kastensarg, Lieblein 170 (Bulaq)

286, 2 ‚Tochter des (Gottes) *imj*'?

286, 5· auch *AR/MR* Engelbach-Gunn, Harageh, Tf 65,2

286, 6 *NR* anscheinend auch geschrieben, Theben Grab 340 (Hinweis von S Schott)[1].

286, 13 u 17· gehören zusammen!

286, 14 Schreibungen auch , Lange-Schäfer, Grabsteine 3, S 91.

286, 16 = Firth-Gunn, Teti Pyr Cem II, pl 21

286, 21· lies 114, 7 und 8!

287, 1 wohl besser ‚die Tochter davon', vgl 117, 7

287, 5· auch , Bull Inst 37, 112, 113

287, 20 jetzt Borchardt, Denkm des *AR*, S 71

287, 27 lies *AR/MR* und vgl Z² *n-nww-wr (?)!*

288, 15 auch ÄZ 68, Tf II, Mitte (die rechte der beiden Töchter)

289, 1. auch Lieblein 2186 (St Petersburg)

289, 4 für *mfk3·t* als Beiwort der Hathor vgl Mariette, Denderah II, 8a

289, 5· auch *D 18* Theben, Grab 125 (Schott)

289, 14 auch Recueil 3, 120 (Turin), vgl auch [2]) Lieblein 277 (London)

[1]) In demselben Grabe steht 4 mal über Frauen, wo man ‚seine Tochter' erwartet, gegenüber 4 mal .

[2]) Oder ist *šdtj* zu lesen?

289, 23 lies *s3·t-n-mw·t·f* ‚eine Tochter für seine Mutter!' und vgl Clère, Notes 113

290, 2 nach Mitteilung von J Vandier (7 12 43) steht da

290, 7· Vandier (Mitteilung vom 18 11 43) liest *s3·t-nb·t-iwn·t* Ob *s3·t-nb·t-iwn·tjw?* Aber wer ist die ‚Herrin der Trogodyten'? Vgl auch Clère, Notes 107

291, 9. auch Lieblein 1639 (St Petersburg), Lieblein 783 (Vatikan 128b)

291, 13 nach Annales 35, 203, wo eine Frau (*MR*) vorkommt, wird auch hier *s3·t-mr-ḥtḥr* zu lesen sein

291, 17. lies *s3·t-ḥtḥr-iwnwj·t* ‚die Tochter der heliopolitanischen Hathor'

291, 22 auch Kairo 20356 Auch Mace-Winlock, Senebtisi, S 37 (2 Name einer *šnbtjšj*)

291, 25 ‚die Tochter des *ḥmj*', vgl 240, 23 362, 7

291, 28. auch *AR* (6 Dyn) Bull Inst 37, 96

292, 2 auch Lieblein 422 (Boulaq), Illustr London News 1930 (19 April), S. 677, fig 6

292, 3 das Fragezeichen hinter ‚Frau' ist zu tilgen Der Name erscheint auf demselben Stein wieder als *s3·t-nḫt-ḥr(·w)* (also so zu lesen!)

292, 18 mit Clère, Notes 107 (vgl 111, No 30) ist zu lesen!

292, 20 der Grabstein jetzt Mogensen, Glyptothèque, Tf 100, A 692 (2mal!)

293, 1: auch Lieblein 478 (Liverpool)

293, 6 lies Kairo 1446 (statt 1444) u siehe Borchardt, Denkm des *AR*, Bl 32 u S 129/30 — Der Name ist derselbe wie 293, 5 ‚die Tochter eines Edlen für mich!' Auch Sotheby, Catal Egypt Ant 1930, Tf I

293, 8 nach Clère, Notes 107 ist vielmehr ‚die Tochter des *s-n-ḫnś·w*' zu lesen!

294, 9· ‚die Tochter der (göttlichen) Stiere'?

294, 16. auch (?) Kairo 20187 *e* und *h*!

294, 21. auch *MR*, *spät* Jéquier, Mastabat Faraoun Tf 12

294, 22. Schreibung auch H W Müller, Felsengräber Abb 42 — Vgl auch f *AR/MR* Revue d'Egyptol 2 (1935), 57 und PN I 403, 20

295, 1 auch Recueil 25 133 (kollat)

295, 14: auch Lieblein 650 (Neapel). Ob *s3·t-tj?!*

295, 17 lies *s3 n(·j)* „ein Sohn für mich!"

295, 28 die Übersetzung und Anm. 2 sind zu streichen. Die Zeichen sind, wie mir G. Roeder bestätigt, über jeden Zweifel erhaben. Lesung und Bedeutung sind mir dunkel. Ist das merkwürdige I, 212, 21 zu vergleichen?

296, 1 ob besser *sp(·t)-wr·t* „die große Tenne"? Die Frau ist eine Müllerin!

296, 2—5 es wird überall das Wort *sp* „Heilmittel" (Wb. III 438, 17) vorliegen. Also „ein H. für mich!", „ein H. für die Müde (?)", „ein H. für die Mutter", „ein gutes H." Das Wort *sp* war in diesem Sinne allerdings bisher nicht vor dem *MR* belegt.

296, 6: auch Engelbach-Gunn, Harageh, Tf. 72, 3 links, Variante (!), ib. rechts.

296, 10: aramäisch סמתו (Spiegelberg, Ägypt. Sprachgut, S. 10), griechisch σομτους u. a.

296, 11 auch Daressy, Divinités, 39379.

296, 13: lies *nḫt(·t)!* — Auch Sotheby, Auktionskat. 1935, Tf. II, S. 6 (mit „schönem Namen" *sms-ts·wj-ts·f-nḫt·t)*.

296, 14: wie E. Edel gesehen hat, ist vielmehr zu lesen, also „der Aton ist seine Sättigung", vgl. I 299, 6ff. Vgl. auch Clère, Notes 107, der „il se rassasie du Disque solaire" übersetzt.

296, 15 es wird auch *smj·t(j)* zu lesen sein, vgl. 296, 18 u. 19.

296, 18 ist eine abkürzende Variante des folgenden Namens.

296, 19 die Schreibung mit *ḫrd* findet sich II, 9 über dem Bilde des Mannes und am Ende der Inschrift. In II, 8, Zeile 2 ist bei dem Namen desselben Mannes der Zusatz weggelassen.

296, 21 *MR* auch Hoffmann, Theoph. Pers., S. 61 (mit Variante *sn·t·j)*. — Auch Var. Roeder, Naos 70036.

296, 27. lies *sn·t-ḥnm·w!* und vgl. Lieblein 335 (London).

297, 2 auch Daressy, Ostraka Tf. 63 unten, Z. 10.

297, 3 Lacau S. 50 oben steht ! Ebenso S. 45. 55. — Auch Lieblein 1440 (Zeit?).

297, 8 ob = *šnb·t?!* Kairo 1536 u. 1537 (Borchardt, Denkm.) sind Dyn. 6, Berlin 7764 ebenfalls!

297, 17 vgl. Wb. IV 171, 4 als Berufsbezeichnung.

297, 28 jetzt Borchardt, Denkm. des *AR*, S. 29, auch *NR (D 18)*, Liverpool (Katalog Peet, [1932]), T. 4.

298, 1. Kairo 1506 jetzt Borchardt, Denkm. S. 211 u. Bl. 44, das Zeichen hinter dem Namen sieht dort nicht wie eine Blume aus, eher wie eine Gabel ! — Auch Macramallah, Idout Tf. 7. 14 etc. („großer Name" einer Prinzessin, deren „schöner Name" *idw·t* war. — Zur „*sššš* Blume" vgl. Wb. III 486, 17.

298, 10 lies '*D 11*' anstatt '*MR (?)*', jetzt Borchardt, Quellen II, Blatt 2, Reihe 4, 7.

298, 11 *NR* jetzt Borchardt, Quellen 2, Blatt 2, 2. Reihe (2 mal).

298, 14 und 15: beides sind gewiß Schreibungen desselben Namens.

298, 17. ob *sṯ·w* „der (Wasser-)Spender"? Vgl. Hoffmann, Theoph. Pers., S. 61.

298, 19 lies *sṯ·f!* „er spendet"?

298, 20 auch Florenz, Uschebti 1881 (S. 262).

298, 23 Junker (Giza VI, 32) will den Namen *štj-k3(·j)* „der Stellvertreter meines Ka" lesen, vgl. ebenda S. 209 u. Giza VII, 224; Schreibung auch (Junker).

299, 11. auch Dyn. 1, Petrie, Royal Tombs I, Tf. 27, 64—67. — Kairo 1517 jetzt Borchardt, Denkm. des *AR* S. 220. — Vgl. auch das mir noch unverständliche Sethe, Urk. 1, 158, 22 — ob „das scheckige (Vieh)" —?

299, 12 auch [1] de Morgan, Catal. des Mon. I, 173 (mit „schönem Namen" *ʿnḫ-n·j-pjpj)*.

299, 13 ob *nj-ʿ3(·w)-s3b?* (Fecht), vgl. 140, 11!

299, 14: jetzt Borchardt, Denkm. des *AR*, S. 201 f.

299, 16 auch Junker, Giza 7, 137, Abb. 51.

299, 23 auch Steindorff, Aniba II, 229 u. 251.

300, 2 auch Wilbour Pap. A 15, 2. 56, 7. 37. Zu übersetzen wohl besser „eine gute Landung!" o. a. Gemeint ist gewiß die glückliche Ankunft des Kindes. Auch Recueil 25, 136 (kollat.).

300, 10 vgl. auch *AR* als „schöner Name" eines, Junker, Giza 7, 224.

300, 19 ob die Lesung richtig ist? Es steckt doch wohl das Fest des 6. Monatstages darin, das nach Wb. 4, 153 gewöhnlich *šnwt* gelesen wird!

300, 19, Anm. 1 es ist vielmehr zu lesen „seine Frau *šiš·t (?)*". Dann folgt „*ij-hb* (also nicht 11, 14, sondern defektive Schreibung von 9, 23!), erzeugt von *prjtj*".

301, 1 hierher wohl auch 301, 6!

301, 2 Kairo 1445 jetzt Borchardt, Denkm. des *AR* S. 128. — *AR* auch Borchardt, ib. S. 19, 1339.

301, 3: auch LD II, 115c und Lieblein 43.

301, 4. auch *NR* Gardiner, Ramess. Adm. Doc. 3, 3.

[1] So de Morgan.

301, 6. auch *AR* ( ) Jéquier, Pyramide d'Oudjebten 22, Fig 28 Die Schreibung der 12 Dyn ist zu streichen! Der Name gehort doch wohl zu 301, 2, zum siehe II, S 16 Auch *D 6* Gardiner-Sethe, Letters to the dead, Tf 1, Z 13, Junker, Giza 8, 154 Es wird *s'nḫ(·w)·n-ptḥ* ‚den Ptah am Leben erhalten hat' zu lesen sein

301, 8. gehort wohl zu *nj-šw-s'nḫ* (179, 3)!

301, 9 das Beispiel *MR*, Stuttgart gehort vielmehr zu 228, 16, s JEA 25, 161, n 7

301, 10. auch *NR* Mariette, Catal 1429; Roeder, Naos 70041, S 136

301, 11 Kairo 1541 jetzt Borchardt, Denkm des *AR*, S 244 u Bl 52

301, 13 m auch *D 20 f* Černý, Late Ramess Letters 55, 12 56, 2

301, 16 jetzt Borchardt, Denkm des *AR*, S 147 u Bl 36

301, 18 besser zu streichen! Die Lesung in der sehr fluchtig ausgefuhrten Inschrift ist nicht gesichert

301, 23· auch Lieblein, Denkmäler, 61.

302, 3. derselbe Satz im Text Pap Amherst 9

302, 7—10 E Edel macht mich zum Vergleich auf Budge, Book of the Dead, Kap 122,6 *nj wj mr n wśir* aufmerksam.

302, 19· f auch Lieblein 698

302, 20: auch Lieblein 546 (Turin)

302, 21. ‚das Kugelchen', ‚die Perle', vgl 428, 24

302, 23: jetzt Steindorff Aniba II, 181 — dort als ‚19 Dyn' bezeichnet! — Auch *D 20* JEA 26, Tf 7a

303, 1: ob = ‚*št* (d i Seth) ist groß'? Vgl 321, 19

303, 5· jetzt Borchardt, Denkm des *AR*, S 137 u Bl 34

303, 6. lies *šḏ*ꜣ*j-ḥr* ‚das Vergnugen' o a [1]) Auch m *MR*, *spat* Stele in der Sammlung Michailidis, Kairo (J J Clère)

303, 9 oder sollten die *NR*-Schreibungen *dwꜣ* bzw *dwꜣ w* zu lesen sein? Vgl I, 398, 11ff

303, 10. lies Vatikan, Kanopen 133/4 u 136/7!

303, 17 u 18 gehoren zusammen!

303, 20. das Fragezeichen ist zu streichen — f *MR* auch Annales 36, 183 u Tf V, 147 — auch *m Spat* Borchardt, Statuen 669, griech σουχος

303, 21. der Name ist zu streichen![2])

304, 4 auch m *Spat* dem Annales 37, 66 Die Uschebtis desselben Mannes haben statt dessen (ib S 64f u Tf VI A)!

[1]) Vgl Wb 4, 379, 9ff

[2]) Kairo 202371 ist wohl *ḏḥwtj-wnn·f ir-n šbk*, *inp-wnn·f* zu lesen 20237 k steht wohl *ḥtp ir n šbk*, *inp-ḥtp ir·n šbk-'ꜣ*.

304, 7. Kairo 20537 steht *šbk-m-sꜣ·f* als Name einer Frau; das ist aber gewiß ein Fehler des Steinmetzen! Anders Hoffmann, Theoph Pers, S 43

304, 9· das Fragezeichen kann gestrichen werden, auch Lieblein 1677 (Dublin)

304, 10· auch(?) *AR/MR* Kairo 792 (Borchardt, Statuen III)

304, 15 m auch *AR/MR* Petrie, Dendereh, Tf 9, unten rechts

304, 17 der Name ist zu streichen Wie mir Miß Florence Mackenzie mitteilt, ist der in der Sammlung des Univ College in London befindliche Stein schon seit etwa 30 Jahren so zerstört, daß eine Verifizierung des unwahrscheinlichen Namens unmoglich ist

304, 19: auch Steindorff, Walters Tf 41, 282

305, 6 m *AR* auch Annales 43, 492

305, 11 die Schreibungen und beziehen sich offenbar auf die gleiche Frau

306, 6 ob *šbtj(·j)-m-ptḥ* ‚meine (Schutz-)Mauer ist Ptah'? Vgl *pꜣ·j-šbtj-wꜣš t*, PN II

306, 7 wenn *sbṯ f* zu lesen ist ‚er lacht', ware vielleicht hebr יִצְחָק zu vergleichen

306, 13 jetzt Junker, Giza III, 178, 6 u Abb 28, 4 Reihe

306, 14· jetzt Borchardt, Denkm des *AR*, S 27, 1358 (das Deutzeichen ist sehr schmal — Art Holz?)

306, 17: ‚der Aufmerksame' o ä.

306, 22· *AR* auch (?) Mariette, Mast, S 209ff (Mariette liest ; siehe aber Grdseloff, Annales 39, 390)

306, 25 Kairo 1507 jetzt Borchardt, Denkm des *AR* S 212, *AR* auch Macramallah, Idout, S 26

306, 27 vgl Wb IV 118, 6—8

307, 3 m (?) auch , Reisner, Kerma IV, S 509, No 30

307, 9 lies *ptḥ-šmn*, also Kurzform zu Namen wie der folgende.

307, 10 lies *ptḥ-šmn-pśmṯk* ‚Ptah ist es, der (den Konig) Psammetich festgesetzt hat' o ä und vgl die merkwurdige Schreibung mit anstatt Chronique d'Egypte No 31 (1941), S 100!

307, 11 hierher auch 150, 24!

307, 16· jetzt Brooklyn (?) 37 25 L und Sethe, Urk. I, 191f, *šmnḫ-wj-ptḥ* ist der ‚große Name', *ítwš-* der ‚schone Name' des Mannes!

307, 22 jetzt Junker, Giza V, S 91

307, 23 das Fragezeichen ist zu streichen — Zur Lesung vgl Borchardt, Fremdworte 782

307, 24 m auch Gardiner-Peet, Sinai, Tf 37, S Edge, unten.

307, 25 auch *AR*, *spat* Lieblein 1398, Mém Miss I, 193, Grab von Mo'alla (Vandier)

307, 27 lies *smꜣ-tꜣ·t!* Siehe Nachträge II, vgl auch Coll. Hoffmann 75?

308, 6 *Spat* auch PSBA 1889, 74 — f *MR* gehort zu 311, 12

308, 12. auch *f* Bull Inst. 37, 113, ob *šn'j-íb(·j)*?

308, 14· auch f *MR*, Berlin 22709, unveroff (Mitteilung von B v Bothmer)

308, 15: 6 Dyn, jetzt Boston 27 444

308, 16 auch (?) Pellegrini, Coni No 117 (Tav IV)

308, 17 f gehort zu 311, 17!

308, 20 auch , also doch wohl ,mein Bruder *(śn·j)* ist der Mond', Theben Grab 295 (Schott)

308, 22 auch (Var) Borchardt, Denkmaler des *AR*, S 74/75, 1410 (mit Beinamen[1]) *ʿnḫ-rʿ-nfr·f)* Hierher gehort wohl auch 310, 13! — Auch (auf Ostrakan u Stuck Leinwand, New York, nach Mitteilung von W C Hayes)!

308, 24 u 309, 1: vgl Junker, Giza II, 194

309, 4· das 2 Zitat ist *śn(·t)-rʿ* zu lesen! Die Namen bedeuten ,der Bruder (bzw die Schwester) des Reʿ Vgl II, 240 251 und I, 310, 5 311, 26

309, 5 f *NR* auch Theben, Grab 125 (Schott), f *NR* gehort wohl zu 311, 22

309, 6· auch Berlin 20368

309, 8· ob *śn-ndś·w* ,der Bruder der Kleinen'? Das ist gewiß Ersatz des Deutzeichens Vgl Tf 10 A, wo das wohl zu *idd f* gehort (dasselbe *idd·f* auch Tf 13!)

309, 9 auch Junker, Giza III, 178, 5 u Abb 28, 4 Reihe

309, 15· lies anstatt ! — *AR* jetzt Borchardt, Denkm des *AR*, S 244 u Bl 52, lies .

310, 5: auch Theben, Grab 125 (Schott)

310, 13. Var Borchardt, Denkm des *AR* 1410e, der Name ist wohl identisch mit I, 308, 22

310, 20· f *NR* auch Theben, Grab 125 (Schott)

310, 21 *AR* auch Daressy, Mera 535, *NR* auch Bull Metrop Mus Eg Exped 1935/36, S 36, fig 47 u Anm 24, f *NR* auch Steindorff, Aniba II, 187 u 251, Lieblein 2544, 46 gibt zu m *D 21* die Variante . Es ist mir sehr zweifelhaft, ob die 310, 21 zusammengestellten Formen alle denselben Namen wiedergeben und als *śn·nw* ,der Zweite' aufgefaßt werden durfen Ein großer Teil der u ä Geschriebenen sind gewiß nur Kurz- bezw Koseformen zu Vollnamen, die mit *śn-* beginnen — Bei den Frauennamen wird *śn nw(·t)* ,die Zweite' vorliegen

[1]) Die Titel sind verschieden, aber es scheint doch derselbe Mann zu sein, fur den die Scheintur gemacht worden ist.

310, 23 *MR* auch Reisner, Kerma II, S 523, no 48a Vgl auch Mariette, Mast, S 317! Auch (so!) Borchardt, Denkm des *AR*, S 18, 1337

311, 2 auch , *D 6* (Clère, Notes 107)

311, 4 f *MR* auch , var , Reisner, Kerma IV, S 509, no 32a—c

311, 6 vgl Sethe, Urk I, 94f

311, 11 wohl *śnw śrj* ,*śnw*, der Jungere' — *špś* (Urk 2, 57, 13 63, 14) gehort wohl nicht zum Namen

311, 13 auch [1]) Berlin 22455 (*AR, spat*) — Gise jetzt Junker, Giza V, passim

311, 16 Louvre C 228 = *MR*?

311, 17 hierher auch 308, 17, f *MR*

311, 19 auch Lieblein 310

311, 21 *śn(·t)-n(t)-nb·th t* ,die Schwester der Nephthys' Vgl 309, 4 u 311, 26!

311, 22 hierher auch 309, 5 f *NR*, auch Steindorff, Walters Tf 52

311, 26 ,die Schwester des Thot', vgl 311, 21 Zus [2]

312, 1 auch *AR*, Borchardt, Denkm 1362, S 28, Jéquier, Tomb de partic 48, Jéquier, Mastabat Faraoun 29, fig 24

312, 2 auch Lieblein 356 (London)

312, 7 auch m! Lieblein, S 948, 340 = Mariette, Cat 908

312, 13 f ist wohl *śn''(·t)* zu lesen

312, 14· auch Lieblein 406 (Wien) Der Frauenname ist doch wohl *śn''(·t)-ib* zu lesen Bedeutung ,der (bzw die) das Herz erfreut hat'? Vgl auch Wb IV 156, 16

312, 15 m *AR* auch Kurzname fur *w-śnb(·w)*, Junker, Giza V, S 6, m *MR* auch Annales 11, 38 (Var *śnb·j*), f *MR* gehort wohl zu 313, 27

312, 17 auch *AR/MR* Quibell, Saqqara II, S 18 u 77

312, 18 ist zu streichen! Auf einer spaten Stele des *MR* im Vatikan (Bessarione, S 17, fig 6) begegnet eine Frau die wohl mit 312, 18 identisch ist.

312, 20 vgl 319, 22!

312, 23 es wird zu lesen sein, siehe II, 316, 3

[1]) Ob das anstelle des weiblichen Determinativs steht?

312, 24 m *AR* (vgl (PN I, XXIX) auch Junker, Giza VI, 244/45, geschrieben . — Vielleicht als heilwunschender Ausruf ‚Gesundheit! Leben!', vgl die entsprechende Begrußung des *innj* durch den Konig, Urk 4, 59

312, 27 auch JEA 25, Pl XXI, 3

313, 2· ob graph Var von (313, 1)? f *MR* auch JEA 25, Tf 21, 3

313, 7 lies *śnb·j-n śn* ‚moge ich fur sie gesund sein!' o a ? Oder ist 313, 5—7 als ‚Gesundheit fur mich (bzw ihn, sie)!' zu verstehen?

313, 10 die Vatikanstele hat *śmśj-śnb-nbw (?)*

313, 11. *AR* jetzt Borchardt, Denkm des *AR*, S 17, *MR* auch Lieblein 1452 (St Petersburg)

313, 14 ob *śnb-r-ḏbꜣ(·j)* ‚ein Gesunder zum Ersatz fur mich' o á ?

313, 18 Variante PSBA 1891, 41

313, 25 der Name ist zu streichen Es handelt sich gewiß um 2 Namen, *śnb·j* und *ḫnś w*[1])

313, 26 lies *śnb-it(·j)* ‚moge mein Vater gesund sein!'? Der ‚schone Name' wird *nfr-mn·w-pjpj* zu lesen sein! Vgl auch Tf 7, unter der Mitte

313, 27: vgl *śnb-it* (f *AR*), Nachtr[2]! f *MR* auch Pap. Berlin 10470, I, 11 (Mitteilung Edel)

314, 3· f *MR* auch Grabstein im Privatbesitz, Magdeburg (Roeder)

314, 6 vgl als Frauenname Theben, Grab 17, *NR* (Schott)!

314, 8: nach Clère, Notes 107 ist das Zeichen hinter vielmehr eine besondere Form der gebarenden Frau Aber wie ist der Name zu verstehen?

314, 18 auch Sammlung v Bissing, III, fig 14, also ‚sie sind gesund' o a An sich konnte auch als *śnb·ś-n(·j)* ‚moge sie gesund sein fur mich!' o a aufzufassen sein, vgl 314, 9!

315, 7 auch Lieblein 1779 = Mariette, Catal 827!

315, 20 beachte die seltsame (dreimalige) Schreibung Borchardt, Denkm A R, Blatt 4, 1328!

315, 21· oder *ḥtp-śnfrw'* — Auch Fisher, Minor Cemetery, Tf 53 — Kairo 1315 jetzt Borchardt, Denkm *AR* S 8

[1]) ‚Des *śnb·j* Sohn *ḫnś·w*'? Was der dem Ganzen vorangestellte Name im Text zu bedeuten hat, weiß ich nicht

316, 2 ob geminierende Koseform? Oder *śn·n* bzw *śn(·t)·n* ‚unser Bruder' bzw ‚unsere Schwester'?

316, 6 *AR* auch LD II, 114a (+113g), vgl Sethe, Urk I, 115 (auch genannt *idw)* Derselbe Wreszinski, Bericht 71.

316, 8 *AR* auch Brit Mus 52941 (Kopfstutze) *MR* auch Engelbach-Gunn, Harageh Tf 71 74, 2

316, 13 ob *śnḫt(w)·n-imn* ‚den Amon stark gemacht hat'?

316, 15 auch Theben, Grab 295 (Schott) Ob ‚der Weihrauch'?

316, 21 auch Mariette, Mast, S 105, auch genannt

316, 23 ist zu streichen! Der Text hat als Variante zu ! Vgl aber die Zusatze

316, 24 auch Mitt Kairo 12, 60

316, 25 auch *Spat* Louvre B 85[1]) (mit Beinamen *ippj)*

317, 3 auch Borchardt, Statuen IV, 1009, 1020 Vgl auch Hilton Price, Catal of Eg Antiqu No 1622

317, 10 der Frauenname ist doch wohl *śrwḫ(·t)-ib* zu lesen Bedeutung. ‚der (bzw die) das Herz behandelt (d h erfreut, gesund gemacht o a) hat'

317, 12 zur Lesung vgl die ansprechende Vermutung von Glanville, AZ 68, S 26, 76! Vgl aber auch Syria 18, 189 194 (Posener)!

317, 25· f auch JEA 25, Tf 20, No 2, 2 Reg

317, 27. vgl Wb 4, 221, 9?

317, 28 auch f *AR* (auch genannt) v Bissing, Archiv f Orientforschung VI (1930)

318, 2 der Name ist zu streichen! (gehort zu 318, 1)

318, 4 jetzt Borchardt, Quellen II, Blatt 2, Reihe 4, 2, auch JEA 23, Tf 1

318, 5 ‚die des Horus gedenkt' ist der Name einer Kuh, die als Amme oder Mutter des Horus bzw des Konigs verehrt wurde, vgl Wb 4, 235, 8 9 und Kees, Gotterglaube S 75 u 210

318, 7 das Berliner und das Pariser Zitat beziehen sich auf denselben Mann Der Name ist (wie im Louvre, das? ist zu streichen!) nach Mitteilung von B v Bothmer auch auf Berlin 1189 geschrieben, es handelt sich also wohl um 2 verschiedene Namen, vgl 215,11

318, 14 auch f *MR* Brugsch, Thes V, 1220, die Anm 1 wird also wohl zu streichen sein!

318, 20 *śḥd t-nfr(·t)* ‚der schone Schrein o a' (?) Vgl Wb 4, 228, 2 3

319, 6 wohl *wśrmꜣꜥtrꜥ-(ḥr-)śḫpr* ‚Ramses II laßt entstehen' o a

[1]) Hocker, Photogr Heidelberg

319, 7: lies *ptḥ-(ḥr-)šḫpr·j* ‚Ptah erschafft mich' o. a. (?) Vgl. I, 199, 12! Oder ‚Ptah ist es, der mich erschaffen hat'?

319, 8 vgl. 199, 12!

319, 11 *AR* auch Selim Hassan, Giza II, S. 38 u. 44 u. Tf. 10 (mit verkürztem Namen *šḫm-ptḥ*)

319, 13 auch Selim Hassan, Giza II, S. 38 u. Tf. 10 (Kurzform für *šḫm-ʿnḫ-ptḥ*)[1])

319, 17. auch Lyon 86

319, 18 das ‚(·j)' ist zu streichen, es liegt gewiß ein Kurzname vor, siehe 319, 19

319, 22: ‚Sachmet ist es, die sie (wieder-?) gebracht hat', die Anm. ist zu streichen. Vgl. I, 312, 20?

319, 26 vgl. *D 19* Borchardt, Statuen 582 u. 1093

320, 3 ist zu streichen! Der Name gehört zu 239, 7, vgl. Clère, Notes 107

320, 5: lies *šḫntj-wj-kꜣ·j*? Die Scheintür jetzt Mogensen, Glyptothèque, Tf. 95, A 679 ‚möge mein Ka mich vorwärts kommen lassen!'

320, 11. f. *MR* auch Lieblein 374 (Paris). Zu Anm. 2: der Mann, ein ‚Schreiber', heißt

320, 13 ob *šśnb-ib(·j)* ‚der mein Herz gesund macht' o. ä.?

320, 17. Kairo 1403 jetzt Borchardt, Denkm. des *AR*, S. 63

320, 20 ist zu streichen! Es ist vielmehr zu lesen, wie 430, 6 richtig gegeben ist. Das ist Titel

320, 23 Hoffmann (Theoph. Pers., S. 9) denkt an den Keltergott *šsmw* — doch wohl mit Unrecht!

320, 24 auch und , Mogensen, Glyptothèque, Tf. 94, A 674

321, 3 jetzt Steindorff, Walters Tf. 55, 290

321, 8 auch *D 20* Wilbour Pap. A 10, 9

321, 16 die Bedeutung dieses Namens ist noch immer unklar. Spiegelbergs Vorschlag ‚der vor dem bösen Blick Gefeite' (ÄZ 59, 153) will nicht recht befriedigen

321, 17 ob = keilschriftlich *šu-ta*, *šu-ú-ta* (Knudtzon, Amarna 288, 19. 22. 234, 14)? — die Schreibung (Gauthier, Livre des Rois III, 138 No. XXXIX) ist bisher nur als Kosename (?) Sethos' I. belegt

321, 22 lies u. vgl. Borchardt, Denkm. des *AR*, S. 198 u. Bl. 42

321, 24 als Frauenname offenbar Kurzform

321, 26 auch Wilbour Pap. A 37, 46. 78, 45

321, 27 ‚die das (mein?) Herz tröstet' o. a. Vgl. Wb. IV 343, 3

[1]) Auf dem oberen Türsturz erscheint der volle Name, irrtümlich durch eine waagerechte Linie zerschnitten. Auf dem unteren Sturz und den Pfeilern die Kurzform

321, 28 jetzt Aeg. Inschr. II, 260

321, 31. *D 20* auch Wilbour Pap. A 18, 4. 27, 14. 31, 6 und ebenda 23, 20. 25, 96, 33 usw. Auch JEA 26, Tf. 7a

322, 1. jetzt Golénischeff, Pap. hiérat., Tf. 16, 57

322, 2. auch *MR* Recueil 25, 138, kollat.

322, 3: auch Wilbour Pap. A 18, 19

322, 5 auch Gardiner, Ramess. Adm. Doc. 6, 16, Schreibung *D 20* auch ohne *ḥr*, Wilbour Pap. A 17, 38. 29, 39. 35, 18 usw.

322, 6 auch Wilbour Pap. A 30, 42. 31, 21 (Privatleute)

322, 8. auch [1]) Louvre A 70 (Pierret, Inscr. II, 43)

322, 16 auch (?) Lieblein, S. 950, 360

322, 17 ist von 322, 22 nicht zu trennen! Vgl. Wb. 4, 348 unten

322, 18 die späten Formen werden von der des *AR* zu trennen und zu 322, 22 zu stellen sein

322, 20 vielleicht eine Abkürzung für *nfr-śtj-rꜣ* ‚schön ist der Mundgeruch' o. ä., vgl. Schaedel, ÄZ 71, 87

322, 22 vgl. Nachtr. zu 322, 18!

322, 23 lies . Die zweite Stelle ist zu streichen, dort ist vielmehr *ḥtp-śtj·t* zu lesen (das 2. gehört zu *msʿ t-ḫrw*)!

322, 24 auch Dunham, Stelae, Tf. 21, 1

323, 1 es liegt wohl ein Kurzname vor, bei dem der Gottesname ausgelassen ist, also ‚möge . . den bösen Blick entfernen!' o. a. Vgl. 323, 3!

323, 3: ‚möge Amon *pꜣ-iꜣtj* ihn (den bösen Blick) entfernen!' o. a.

323, 5 ‚sie haben das *wdꜣ·t*-Auge entfernt' o. a.? griech. στοτουητις u. a. Vgl. Griffith, Rylands III, 282, 3

323, 6 auch Roeder, Naos 70036, S. 124

323, 12 auch LD II, 20

323, 18 auch Černý, L. Ramess. Letters 8, 10. 30, 4. Vgl. auch Burchardt, Fremdworte 828

323, 19 f. *NR* auch Steindorff, Aniba II, 247

323, 20 ‚der die Rufenden hört', Beiwort, wohl des Amon, also Kurzname

323, 24. *MR* auch Lieblein, S. 941, 217 (Florenz)

[1]) Zur Lesung des ‘Isisbluts’ als *śtḫ* vgl. Gauthier, Livre des Rois III, S. 17 und Gardiner-Calverley, Temple of Sethos, passim.

324, 7· m auch Lieblein 260 (Wien), die Bedeutung scheint ‚der (bzw die) einen Fluch spricht' o a zu sein, vgl Wb 1, 247, 14

324, 18 19 ob *šȝ(ꜥw)-imn-im f* bzw *šȝ(ꜥt)-imn-im'š* ‚der mit dem (die mit der) Amon angefangen hat'?

324, 19· auch Porter-Moss, Bibl V, 205

324, 21 *šȝꜥ(ꜥt)-ḫprj*, vgl Wb 4, 406, 5 7 — aber welche Form ist *ḫprj* > χπηρις?

324, 22 auch *AR/MR* Brooklyn 37 1346 L

325, 10 der Name ist wohl persisch, vgl Griffith, Rylands III, S 139f, Anm 13

325, 17 auch Daressy, Divinités 3844), Marucchi, Monumenta 28 — Vgl griech σποννησις.

325, 17ff sind die mit *šp-n-* beginnenden Namen Kurzformen fur Bildungen wie *šsp'n-imn-tȝ'š-ḥrj't?* Auf Turin 820 steht (wonach I, 329, 23 zu berichtigen ist)!

325, 19· auch AZ 35, 17, Z 3 als ‚schoner Name' einer Prinzessin *njt-ikr't*

325, 20 auch Lieblein, Denkmaler S 13 u Tf VII, No 23, auch Birch, Account 194

325, 21· *Spat* auch Daressy, Divinités, 38081, auch ib 39320

325, 23· *Spat* auch Koefoed-Petersen, Recueil, 86 923

325, 24 auch Bull de l'Inst d'Egypte 20, 241

325, 25· *Spat* auch JEA 14, 245, auch m Nantes, de Rougé Tf 5 B

325, 28 zum *šp(n?)*-Fisch siehe AZ 60, 80, Anm 10

326, 2 lies *wr(ꜥt)* und ‚die Ältere'

326, 3· ob statt ? ? Vgl 326, 6

326, 6 hierher vielleicht 326, 3!

326, 7. jetzt Borchardt, Denkm des *AR*, S 98

326, 9f lies *špšj-pw-ḏd-špšj* ‚herrlich ist der herrliche *ḏd*-Pfeiler' o a vgl Sethe, Nominalsatz 82, § 124

326, 13. 'herrlich ist das Antlitz ihres Vaters'?

326, 15 auch f *MR* Lacau, Sarcoph I, 280, 6 (Var *špšj- pw-mn'w)*; auch ib 28019

326, 18. jetzt Borchardt, Denkm, A R S 198 u Bl 42

326, 24 jetzt Borchardt, Denkm des *AR*, S 94; ‚herrlich ist die Wasserspende' o á Wohl Festname

326, 25 auch Borchardt, Denkm des *AR* S 51, 1390

327, 2. auch *Spat*, Gulbenkian Collection No 19, *NR* auch Borchardt, Statuen 4, 1115 1204

327, 7 auch *AR/MR* Liverpool Annals 4, 108 (mit ‚schonem Namen'). Zur Bedeutung siehe auch Junker, Giza 8, 25

327, 13 hinter Kahun 12, 8 ist anzufugen (mit Beinamen).

327, 16 auch (?) m *NR* Steindorff, Aniba II, 157 u 251

327, 19. ‚der (landfremde) Wanderer, der Nomade' o a Vgl Wb 4, 470, und vergl Zusatz[2] zu 10, 22ff

327, 20: *AR/MR* auch Quibell, Saqqara 1905—06, S 6

327, 21 das Det ist ein knieender Mann mit auf dem Rucken gebundenen Handen! Vgl Dunham, Stelae, Tf 19, 2 u S 114

327, 23 ist als ganz unsicher zu streichen

328, 1. lies . Ob ‚moge brennen, der ihm (dem Seth?) entgeht!'?

328, 2. ist wohl zu lesen u zu 26, 9 zu stellen!

328, 3 auch ?, Brit Mus [1382] Ob die von Burchardt, Kanaan Fremdworte 852 u 853 vorgenommene Trennung in 2 Namen *(šmri* und *šmrj)* richtig ist, scheint fraglich

328, 4· auch f *MR* (lies *šmš't?)*, de Buck-Gardiner, Coffin Texts I, S XVIII, auch *NR* Shorter, Cat Eg Rel Pap, S 4

328, 16· ‚(der Gott?) *šmšw* ist bei seinem Aufgang'

328, 23 auch *AR/MR* JEA 14, Tf 20, 3, Sethe, Urk I, 263, 4 u a, vgl Clère, Notes d'onomastique zu 134, 14

328, 29 u 30· ich vermute, daß beide Namen identisch sind (‚dessen Geruch krank ist'?) Hierher gehoren auch *AR/MR* Philad 29—66—678 und *D 12* (Sesostris I) , Chronique d'Egypte N 11 (1931), 135 = Catalogue Sotheby 1930, Tf I

329, 6 Gise jetzt Junker, Giza II, 167

329, 7· auch (?) Lieblein 1779 = Mariette, Cat 827

329, 8 jetzt Kopenhagen, siehe Mogensen, Glyptothèque, Tf 95, A 679

329, 10· nach Clère, Notes 107 ist (Var) zu lesen und II, 3 in III, 3 zu andern!

329, 13 auch Borchardt, Denkm des *AR*, S 42, 1384 — Das Zitat aus Stuttgart gehort zu 329, 14!

329, 14· auch Borchardt, Denkm. des *AR*, S 43, 1384d — Hierher gehort auch das *NR*-Zitat aus Stuttgart von 329, 13!

329, 15 auch [1]) Wilbour Pap A 46, 26 59, 13, Theben, Grab 158 und vgl I, 429, 16

329, 17· ob ‚der Bach' (Wb 4, 528, 13)?

329, 22ff . nach dem Wb (4, 533, 13) ist allerdings bisher nur die Redensart *šsp-wr·t* belegt gewesen — oder ist dort *ḥr·t* zu lesen?

329, 23: neben *šsp-îmn-tr·š-ḥr·t* erscheint einmal unverstandlicher Weise Speleers S 89, Mitte Siehe ubr den Zusatz zu 325, 17ff

329, 25 auch Engelbach-Gunn, Harageh, Tf 19, 1

329, 26 auch Quibell, Ramess, Tf 35 unten Es handelt sich also anscheinend um einen Pflanzennamen

330, 1 vgl Gauthier, Livre des Rois I, S 4 u Anm 6

330, 4 auch f *AR* Junker, Giza VI, 242/43

330, 7· auch Quibell-Hayter, Teti Pyramid, S 23

330, 11 vgl Wb 4, 562, 16! Wohl *šdȝ-šbd* ‚der die Litanei des Monatsfestes vorliest' (vgl z B Sethe, Urk I, 302, 14) — ob Priestertitel?

330, 12. auch Lieblein, Denkmäler, Tf. III, No 14

330, 23: die Lesung ist ganz unsicher Die Texte haben nur , u a Es wird also *šdȝ(·t)-m-dwȝ·t* ‚die (!) aus der *dwȝ t* Errettete' zu lesen sein, vgl Anm 2 — Vgl auch Wilbour Pap A 71, 46

330, 24· begegnet auch als ungenaue Schreibung von *šd-šw-nfrtm*, siehe Nachträge zu 331, 8!

331, 3. auch *D 20* Wilbour Pap A 47, 3

331, 4. auch (Mitteilung von Capart) Vgl ubr Erman, AZ 44, 108f!

331, 6. auch , u á Koefoed-Petersen, Recueil, 16, 83

331, 8. der Name wird auch einfach geschrieben (wie I, 330, 24!), siehe Borchardt, Quellen II, Blatt 2, Reihe 1, 9 und S 101

331, 10 auch *D 20 f* Černý, Late Rameside Letters, 48, 8, 49, 9, 50, 5 10

331, 13: auch fur *šd-š·t-ḏḥwtj* ‚Thot errettet sie' f Boylan, Thot 175, 4.

331, 15 Junker jetzt Giza V, 21 — *AR* auch Lieblein 32—33, auch f *AR* Borchardt, Denkm *AR* S 72, 1409

331, 17: ‚der von Ptah Errettete'

331, 18 zur Bedeutung vgl Montet, Revue égyptol II, 64

331, 20 wohl auch Junker, Giza III, 208

331, 23 auch Como 25

332, 2· Vatican Nr 131, ohne Frage *NR*.

332, 4 f *kȝj(·t)*, zu 332, 22

332, 5 ‚mit hohem Traggestell', Gotterbeiwort vgl Wb V 1, 18.

332, 10 lies *AR* anstatt *MR*! Vgl Borchardt, Quellen II, 114

332, 12· *kȝj(·t)-nhb t* ‚die Hochnackige', vgl Wb V 3, 5.

332, 17 gehort zu 332, 23!

332, 18 lies 66?

332, 23 ‚die mit hohen Flaggenmasten'

332, 24 *NR* m auch Koefoed-Petersen, Recueil 55, 970 B = Mogensen, Glyptothèque, Tf 104, 707

333, 9 auch Liverpool Annals 4, 102 (Achmim, *AR spat*), auch Brit Mus [134]

333, 10· die Fragezeichen sind zu streichen!

333, 11· auch f (?) *MR* Louvre C 173 (Gayet, Stèles Tf 29) — f *NR*, *spat* auch , Var Louvre P 3191 (Buch vom Atmen)

333, 20. vgl die *kwkw*-Fruchte Wb V 21, 14-15 (NR!)

334, 2 auch *NR* Bologna, Kminek-Szedlo 1892 (= Recueil 1, 204), Annales 35, 88

334, 5· die Stelle Kairo 20712b ist zu lesen! Also *ʿšm-n·j* ‚ein Asiat fur mich!' (?)

334, 10. hierher gehort wohl auch 166, 10!

334, 17· auch *MR* Recueil 25, 135 (kollat)

334, 21 lies Kanopen 123—126! — Auch Marucchi, Monumenta 127

334, 23. auch Wilbour Pap A 23, 18 44, 41 Also *kn(·t)-ḥr-ḫpš·f* ‚Kraft (oder. der Starke?) ist in seinem Arm', vgl *kn-m-ḫpš·f*, was doch wohl gleichbedeutend ist

334, 24 Schreibung auch Černý, Late Ramess Letters 54, 16

334, 25. lies *kn-(ḥr-)šʿnḫ* ‚der Starke erhält am Leben'?

335, 3 auch Gardiner-Peet, Sinai no 163 (Černý, Sémites 385), Asiat.

335, 8 auch BIFAO 28, S 189 u Tf II

335, 10. Varianten bei Erman, Abgek Justiz, S 18 Siehe auch Černý, Late Ramess Letters

335, 13 lies (mit Dunham, S 33) *knj·t* ‚die gelbe Farbe', die Frau heißt mit ‚schonem Namen' *mr(t)-rn·š*

---

[1]) Lies nach Gardiner, zur Stelle.

335, 20 zum persischen Äquivalent vgl Posener, Prem domin Perse 119 (g) Die Anmerkung 1 — vgl dazu Posener S 126 (d) — ist zu streichen!

335, 24 wohl ‚der landfremde Vagabund', vgl *krj*, Wb 5, 59, 9

335, 25 Clère ‚Notes 107 gibt 3 Beispiele fur Schreibungen mit  aus *D 25*

335, 27· auch 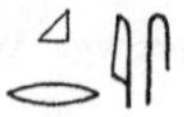 Acta Orientalia 7, Tf 1

336, 8 auch  Wilbour Pap A 22, 37, griech χρουρις u a

336, 9. lies *nḫt(·t)*

336, 13 nach Sethe, AZ 58, 152 nicht Γεώργιος sondern Κόραξ

336, 22 hier steht wohl Verschiedenes zusammen Die ersten beiden Schreibungen werden *kзh* 'die Erde' (Wb 5,12,9 ff) sein, während die dritte einen Fremdnamen *kḥ* wiedergibt

337, 1· lies *kd·w* ‚der Topfer, Maurer‘ Auch die Schreibungen von 337, 12 gehoren wohl hierher

337, 2 auch Chicago, Oriental Institute 11107 (Grabstein Dyn 20), auch  Bull de l'Inst 27 (1927), 191 — Vgl auch Peet, Tomb Robberies II, Tf VI, 3, 1 u I, S 62

337, 5: es ist ‚m' anstatt ‚f' zu lesen und die Anm zu streichen!

337, 7. jetzt Junker, Giza VI, 90f

337, 15 auch *AR/MR* Brit Mus 1372 (I, 54)

337, 17. Kairo 1449 (siehe Borchardt, Denkm des *AR*, Bl 32) kommt der Name *kd·jj* als m und f vor!

337, 20 auch Philadelphia L 121—86

337, 21  auch m *MR/NR*, Stele im Mus von Khartum N 18 (J J Clère)

338, 1 ein anderes Bruchstuck eines Denksteins in Turin zeigt, nach Mitteilung von Scamuzzi, die Schreibung ; beide Stucke stammen aus Gebelên

338, 6: lies *kз!*

338, 15: auch f *AR* LD II, 105a 109, auch m *AR* Mariette, Mast, S 192

338, 19· auch  Jéquier, Tomb. de particuliers, 108, fig 122, rechts oben

338, 20 auch 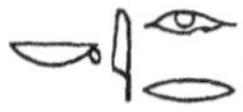 Mogensen, Glyptothèque, Tf 93, A 667

338, 26· oder ‚mein Ka moge streiten!‘ Vgl Pap Westcar 7, 17ff — Auch Borchardt, Denkm *AR* 1381—83

338, 27: Alliot (Bull Inst 37, 152, 49) schlägt vor 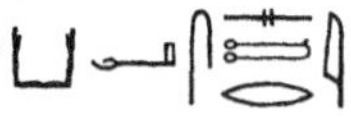
.

339, 3 hierher auch 429, 24!

339, 6 Kairo 1398 jetzt Borchardt, Denkm des *AR*, S 58 u Bl 15, 1398; dort  als Var von !

339, 8 auch Mém Miss I, 191, Brit Mus 1223; Junker, Giza III, 177, 5 u Abb 28 oben Vgl I, 88, 9ff und 156, 4!

339, 9 hierher wohl auch  Selim Hassan, Giza II, S 191 u Tf 75f

339, 11 Schreibung auch 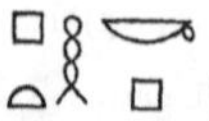 Junker, Giza VI, 221

339, 12 nach Junker, Giza II, 112ff ist *kзj-pw-nśw·t* auch als Name eines *mrj-ib* belegt Vgl auch ib III, 141, auch 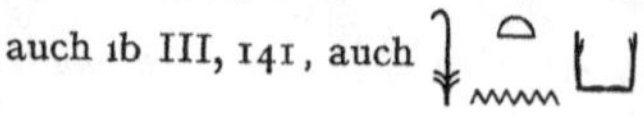 Sethe, Urk 1, 206, 12

339, 15 Gise jetzt Junker, Giza III, 177, 1 u Abb 28 oben, VII, 150 u Tf 29c

339, 17 auch  LD II, 116a,  u a Junker, Giza IV, S 4

339, 20 hierher auch 429, 26?

339, 24 der Name ist doch wohl mit 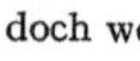 abgeschlossen!

339, 25 auch  (ob vollständig?), Junker, Giza III, Abb 28, 1 Reihe

340, 3 auch Lieblein, S 941, 215 (Stele)

340, 7 jetzt Junker, Giza 7, 72 Auch *D 2* (?), Firth-Quibell, Step Pyramid Tf 91, 3, auch ! (mit ‚schonem Namen', *ḫnw*), Firth-Gunn, Teti Pyr Cem I, 186 Der Name gehort mit 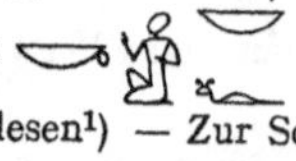 (I, 430, 6) zusammen und ist *kз j-nb(w)·f* zu lesen[1]) — Zur Schreibung *nb* vgl 183, 1 18 u a

340, 10 *AR* auch , Sethe, Urk 1, 148, 17 (Beiname eines *ḏзtjj*) — Auch *AR/MR* Koefoed-Petersen, Recueil ‚Tf IV — *Spät* auch 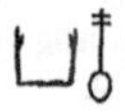 Daressy, Divinités 39156, griech κονουφις u a

340, 13. auch  Mackay, Bahrein and Hemamije, Tf 22

340, 15 Gise jetzt Junker, Giza VI, 95f Auch die Schreibung 
 kommt vor — Junkers Auffassung (S 96), daß die Worte *n nṯr* ʿз mit zum Namen gehoren, kann ich mich nicht anschließen, sie werden vielmehr mit *imзḫ* zu verbinden sein

340, 16 Borchardt, Denkm des *AR* 1338 erscheint ein 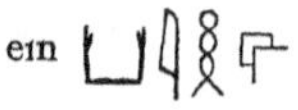
 (‚*kз·j-ḥp*, der Ältere‘?) als Variante von einfachem *kз·j-ḥp*, ib 1305! — Vgl auch 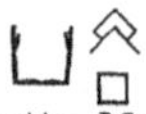 und 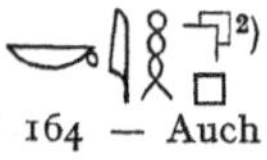[2]) als Varianten eines Namens Mariette, Mast S 164 — Auch *AR/MR* Liverpool Annals 4, 114 (mit ‚schonem Namen‘ *ttj*) 116 (mit ‚schonem Namen‘ [340, 16] *ṯtj-ikr*)[3]), *MR/NR* jetzt Borchardt, Quellen II, Bl 2, 3 Reihe

---

[1]) Anders Gunn, a a O S 186, Anm

[2]) So, nicht 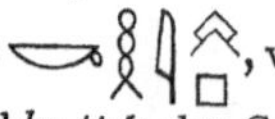, wie Engelbach (Annales 34, 158) schreibt.

[3]) Beide sind *ḥr tp* ʿз des Gaus von Achmim, nach Newberry Gräber 24 u 26.

340, 17 Kairo jetzt Borchardt, Denkm *AR* 218, Gise jetzt Junker, Giza III, 177, 8 u Abb 30 Mitte

340, 19 Kairo 1352 liest Borchardt (Denkm des *AR*, S 24) ! Anscheinend derselbe erscheint 1356 (S 26) geschrieben (seine Frau 1352 , 1356) – Auch , Mackay, Bahrein and Hemamije, passim

340, 20: ist zu streichen! Siehe *kꜣ·j-ḫr-rꜥ ḥrj-ib*

340, 21 vgl jetzt Junker, Giza VIII, 111, woraus hervorgeht, daß *kꜣ·j-ḫr-ptḥ* der ‚große', *ftk-t* der ‚schone' Name des Mannes ist Das *nfr* ist zu streichen!

340, 22 auch Junker, Giza III, 208, 9 u Tf II, 2 Reihe — Sollte *kꜣ(·j)-šsm(·j)* ‚mein Ka ist mein Fuhrer' zu verstehen sein? Vgl *kꜣ(·j)-m-rdwj(·j)*

341, 1 u Anm mit Junker, Giza VII, 161 ist wohl besser *kꜣ(·j)-š(w)dꜣ(·w)* ‚mein Ka ist heilgemacht worden' (o a) zu verstehen

341, 11 auch *MR* Lieblein 856 (London)

341, 18 auch *D 20* Wilbour Pap B 8, 26

341, 19 f *D 18* auch Theben, Grab 161 (Schott)

342, 6. auch Lieblein 2392 (Wien), so! Schott, Bucher gegen Seth, S 2, Brit Mus Guide 1924, S 92

342, 7· auch (!) Recueil 7, 120, *Spat* auch v Bissing, Metallgefaße 3450 3451

342, 8· auch , Var Kairo 665 (Borchardt, Statuen III)

342, 9. auch Koefoed-Petersen, Recueil 86, 298

342, 13 ob *kꜣnw* ‚der Garten' (Wb 5, 107)? Oder *kꜣnw-n·j* ‚ein Garten (bzw Weinberg) fur mich!'?

342, 16· jetzt Junker, Giza III, 183, 5 u Abb 28, 3 Reihe

342, 18. auch Louvre C 173 (Gayet, Stèles Tf 29), 2 mal, vgl *kꜣhš*, Nachtr 2

342, 19 der Text zeigt hinter dem Konigsnamen ein deutliches , es wird sich aber um eine Verschreibung aus der hierat Vorlage handeln Vgl Moller, Hierat Pal I, 279

343, 2 f zu 343, 13?

343, 6 auch *D 20* Wilbour Pap A 57, 41

343, 10 auch Gardiner, Ramess Adm Doc, 3, 4—5

343, 14 siehe jetzt Borchardt, Denkm des *AR*, Bl 13 Ob *kjtj·šn* ‚die andre von ihnen', d h ‚noch eine (Tochter)!'?

343, 23 ob *kꜣ(·j)-(m-)ꜥwj·fj* ‚mein Ka ist in seinen Händen'??

343, 25· *MR* auch Lieblein 260 (Wien), vgl aber auch *wkj*!

344, 2 lies *kšr*? u vgl Weill in Mélanges Dussaud, 950

344, 15 auch *NR* , Var Lieblein 2041 = Mariette, Catal 1076 Als Bedeutung kommt fur diesen und den folgenden Namen auch ‚der (bzw die) Sparsame (oder Knauserige)' (Wb 5, 120, 10 11) in Betracht

344, 28 f *MR* auch de Morgan, Cat des Mon, 87, n 44 begegnet auch als Var von (I, 345, 1), vgl Sethe, Verbum II, § 538 — ob also auch *kmj* zu lesen?

344, 29 auch Mitt Inst Kairo 8, 21! Also *kꜣ(·j)-m-rd·wj(·j)*?

345, 1 auch als Var von (f *MR*), vgl Sethe, Verbum II, § 538

345, 13. Wortname unbekannter Bedeutung, wohl eine Eigenschaft wiedergebend

345, 16 hierher wohl auch 184, 24!

345, 17 auch f Wilbour, Note Books, 2 D 54

345, 28 auch m *MR* Reisner, Kerma II, S 523, Abb 344 no 48a b

346, 10 hierher wohl auch 185, 22!

346, 11 f auch Theben, Grab 295 (Schott), auch als Var zu Lieblein 1646 (St Petersburg)

346, 18 der Mann ist Nubier

346, 19 vgl Burchardt, Fremdworte 1003. 2,9?

346, 20 Name eines Nubiers

346, 22 der Mann ist Nubier

346, 23 wohl *kr-hb* zu lesen!

346, 27 auch *Spat*, Vatican, Marucchi, S 224

346, 28. m *D 20* auch Wilbour Pap A 15, 13 53, 8

347, 7 Varianten , , so! u ä Auf der Außenseite des Sarges (ob am korrektesten?) also *krk-htjtj*?

347, 9 auch m *NR* Budge, Fitzwilliam Museum, 86.

347, 28 auch Berlin, Ttbuch, nach Wilbour, Notebook 22, No 1469 — Vgl auch Spiegelberg, Demot Studien 8, 26

347, 29 auch Lieblein 2497 = Mariette, Cat 8

347, 31 auch Recueil 25, 138, kollat

348, 4: auch f Grabstein *D 1–2* im Kestner Museum, Hannover

348, 14: Schreibung auch (Schott)

348, 15: Černý (L Rames Letters 32, 12) liest jetzt und gibt als Var (vgl I, 348, 13), der Mann ist ein *mḏ*

348, 16: auch Capart, Rue Tf 42

348, 23: vgl m *MR* Boston, Skarabäus (Mitt von Dunham)

348, 31 m *MR* auch Brugsch, Thes V, 1220, f *MR* auch Lieblein 277 (London)

349, 1: der Name konnte im *AR* auch *kꜣkꜣj* zu lesen sein, vgl als Schreibung für den König Annales 34, 157

349, 14 auch Mariette, Mon div, Tf 76 (Var).

349, 17. auch sic! Lieblein 2185 (= Kopenhagen, Thorwaldsen Museum 345, nach Photogr)

349, 26 jetzt Junker, Giza VI, 232

349, 28 auch m *MR* JEA 23, Tf 3

349, 30 auch Weigall, Lower Nubia, S 142

349, 31. auch Steindorff, Aniba II, 183 u 251

350, 10: auch Murray, Saqqara Mast. I, Tf 7, Mitte rechts — Der Kopf hier und in 350, 11 ist Determinativ, vgl Wb 5, 159f.

350, 12: auch Bull de l'Inst 30, 114; auch Lieblein 79 (London)

350, 13: lies ?

351, 1: auch m *Spät* Vatikan 189 bzw 128c (Denkstein)

351, 6: auch Mogensen, Glyptothèque, Tf 104, 710, unten

351, 24: *MR* auch Quibell-Hayter, Teti Pyr, S 16

351, 25: auch Florenz, Uschebti 1847 (S. 259).

351, 26. Übersetzung nach Griffith (Rylands III, S 217, n. 8) ‚Horus hat einen Diener für sich gefunden'!

352, 2: f auch *D 22 ff.* Recueil 25, 134 (kollat)

352, 11: lies , vgl Kuentz Bat de Qadech

352, 13. auch Mond-Myers, Bucheum, T 43, 13, Z 14 und T. 45, 17, 2 3 (röm Kaiserzeit)

352, 14 Kairo 1405 jetzt Borchardt, Denkm des *AR*, S 67

352, 19 auch Louvre C 173, Lieblein 249 (S 81 links)

352, 20 m auch Daressy, Divinités 38239 bis

352, 22 auch Borchardt, Denkmäler des *AR*, Bl 35, 1455

353, 4 m auch *D 20*, Wilbour Pap A 29, 35

353, 9. wol Kurzname für 353, 10

353, 10: besser wohl: ‚Brot sind Kinder für mich!' (Fecht)

353, 13 *Griech* auch Mogensen, Glyptothèque, Tf 76, 587

353, 15: auch *D 20* Wilbour Pap A 35, 46

353, 20 auch Lieblein, S 981, 1267

354, 1 lies *tꜣ-w-ỉr-t-ỉr-w* ‚ihr[1]) Auge ist gegen sie[2]) gerichtet'; auch Lieblein 1048 (Louvre, Apisstele Vgl I 42, 9 11 12 — Auch Berlin 8438, 3 (ÄZ 31, 84)

354, 3 auch *D 20* Wilbour Pap A 37, 4 — Bei ‚*Spät*' ist zu Mém Miss 5, 643 651 653 hinzuzufügen: (Var von *dj-nj-bꜣšt t-ỉrj-t*)

354, 5. auch Urk 4, 1067, 11 Es handelt sich doch wohl um einen nicht äg Namen *tỉrj*, vgl Burchardt, Fremdworte 1073

354, 11 *tꜣ-ỉdj(-t)* Kurzname, vgl den folgenden Namen

354, 12 *tꜣ-ỉdj-t-š* ‚die (quam) sie gegeben hat', vgl *tꜣ-ỉdj-t-rˁ-tꜣ-wj* (bzw *šth*), II 323, 31f

354, 22 besser wohl *tꜣ-(n-t-)ˁn-(m-)pꜣ-wỉꜣ* ‚die (Tochter) des *ˁn-m-pꜣ-wỉꜣ*, vgl 430, 19

355, 5 *Spät* auch (?) Lieblein 2328 (Turin 2694); Como 28

355, 6 ob *tꜣ-wꜣḥ(-t)-wšỉr* ‚die Osiris übrig gelassen hat' o a ?

355, 11: wohl *tꜣ-(n-t-)wn-bꜣšt-t* ‚die (Tochter) des *wn-bꜣšt-t*', vgl I 78, 21 ff

355, 12: auch *Spät* ÄZ 64, 79 (genannt *tꜣ-n-t-ḥp*) Vgl auch Philadelphia T 148

355, 16 auch *D 20* [3]) Wilbour Pap A 36, 7 Vgl auch die flüchtige Schreibung ebenda 28, 33. 46, 30 — Auch , Steindorff, Aniba II, 214 u 251

[1]) Gemeint sind mehrere Götter

[2]) Die feindlichen Dämonen o ä

[3]) Zur Schreibung für vgl die Zwischenstufe , Wb. 2, 496.

355, 17· auch (?) Borchardt, Statuen 4, 1093

355, 23· auch u. a. Kairo, Papyrus (Photogr. Schott)

356, 1 ‚die (Göttin) *bꜣ(·t)* ist gekommen'. Für *bꜣ·t* als Beinamen der Hathor siehe Wb. 1, 412, 11. Vgl. auch *Griech.* Spiegelberg, Demot. Denkm. I, S. 67, 22094. Der Verweis auf S. 104, 19 ist zu streichen.

356, 3 auch *NR* Mariette, Catal. 1429, Roeder, Naos 70041, § 487

356, 8· auch , u. a., Mitt. Kairo 12, S. 36 (genannt *tꜣ-mj·t)*

356, 9· auch , Var. Louvre N 669, Totenstatuette aus Holz (= Pierret, Catal., Salle histor. No. 21)

356, 25 wohl ‚*D. 21 f.*' statt ‚*NR*'!

357, 4· auch Lieblein 2441 = Mar. Cat. 1281

357, 5. auch u. ä. Mitt. Kairo 12, 36 (Beiname einer *tꜣ-bꜣk t-n·t-ꜥšꜣ t-kj)*, auch Lieblein 1927 = PSBA 1889, 96.

357, 8 auch Lieblein 1082 (Boulaq), Florenz, Uschebtis S. 249/50 (mehrere Beispiele), Theben, Grab 127 (Schott)

357, 10 *Spät* auch Florenz, Uschebti 1864 (261)

357, 11· ob schlechte Schreibung für *nꜣ-mnḫ š* (vgl. I, 169, 20)?

357, 13. auch Mariette, Catal. 1174

357, 18 auch Theben, Grab 260 (Schott)

357, 19 nach Clère, Notes 107 ist in ‚f. *D. 18* Louvre C 59 (!)' zu verbessern. Die Schreibung ist . Derselbe Name Recueil 3, 124

357, 22 ob *tꜣ-n·t-ḫnś·w* zu lesen? Vgl. 362, 15 und Lieblein 2544, 53

358, 4 *Griech.* ταμουνις. — Bei Kamal, Stèles 22124 lies. mit Beinamen *tꜣ-n·t-ṯhn·t!*

358, 5 griech. ταμευνωπις

358, 10· fehlt ‚*Spät*'

358, 17. *Griech.* (nach Spiegelberg, ÄZ 54, 108) τιεσρις, τισρις, τασρις. – Auch *spät* Spiegelberg, Demot. Denkm. II, 105

358, 22: auch Theben, Grab 122 (Schott).

359, 5· ob ‚die (Tochter) des *wn-bś*'? Ein Name *wn-bś* ist bisher nicht belegt, vgl. aber 78, 21 u. 23

359, 14· auch Borchardt, Statuen 1172.

359, 19 *NR* auch Lieblein 2243 (Musée Guimet), das ? ist also zu streichen!

360, 5· auch Lieblein, Denkmäler, 70

360, 6· nach Spiegelberg (ÄZ 54, 109) ‚die der Frucht' d. i. die Fruchtbare (?). — Auch Birch, Account 190

360, 17· der Name scheint Wilbour Pap. A 37, 19 von einem Manne getragen zu werden! (?)

360, 19· ‚die zu den Gotteskräften Gehörige'

360, 21. Spiegelberg (ÄZ 54, 109) dachte an ‚die mit Blumen Geschmückte'

360, 22 auch ÄZ 54, 107. — Auch *Griech.* JEA 20, Tf. II, 1

361, 1 auch Golénischeff, Erem. Imp., S. 153 = Lieblein 2543. *Npj* steht für *npr*, also wohl ‚die zum Korngott Gehörige'.

361, 2 auch Florenz, Uschebti 1819 (S. 266), auch (?) Daressy Divinités, 38245

361, 3 u. Anm. 2 hier sind möglicherweise 2 verschiedene Namen zusammengeworfen. Die zweite Schreibung entspricht sicher einem *tꜣ-(n·t-) nfr(t)-ḥr* ‚die (Dienerin) der Schöngesichtigen[1]), also τανεφερως. In der ersten konnte auch ein Kurzname ‚die Schöngesichtige' stecken, also τνεφερως, vgl. übr. Spiegelberg, ÄZ 54, 109

361, 5 ‚die zu den (heiligen) Affen Gehörige' o. a., vgl. Wb. 2, 261,17

361, 7 auch Wilbour Pap. A 26, 41 (gewiss fem., vgl. meine Bemerkung zu 235, 6)

361, 12 auch Lieblein 2034 = Mariette, Catal. 1070

361, 14 lies ‚Beiname einer *njnj*!', auch *Spät (?)* , Coll. Hoffmann 75

361, 16 auch Coll. Hoffmann, 119 (?)

361, 17· *Griech.* auch Mond-Myers, Bucheum, T. 49, 28. Griech. ταιβις, vgl. auch ταφιβις

361, 18 auch Recueil 9, 87. Der Name bedeutet ‚die zum (heiligen) Ibisweibchen Gehörige' o. ä. Gemeint ist wohl Hathor, vgl. Wb. II 487, 5

361, 20· auch (?) Florenz, Uschebti 2112 (S. 32)

362, 1 auch *Spät (NR?)* Lieblein 2182 (Kopenhagen)

362, 5 zu streichen! Vgl. Annales 34, 121 ff.

362, 6. aramäisch תחפי Spiegelberg, Ägypt. Sprachgut, S. 15. — Auch (Beiname einer *tꜣ-wnš·t)* ÄZ 64, 79.

---

[1]) D. h. Hathor, siehe Wb. 2, 255, 9

362, 10 *Griech* auch , Var.  Steindorff, Walters Tf 46, 286, Z 4 u 5

363, 1 auch  Annales 37, 18

364, 1 auch 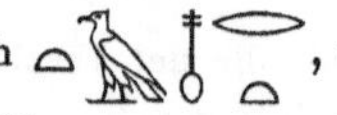, var 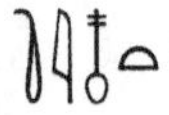 Steindorff Aniba II, 200 u 251

364, 2 auch  Uschebti im Besitz von Dr J D Whitall, Philadelphia

364, 4 Schreibung auch  Lieblein 751 — Auch *MR* Schmidt, Mus Munterianum 21

364, 7 auch 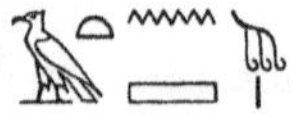 Lieblein 2438 = Mariette, Cat 1276

364, 9 auch , ,  JEA 25, Tf 21, 3

364, 11· ‚die Angenehme' o a

364, 14 auch *MR*  Lieblein, S 939, 183 = Recueil 3, 123

364, 15 ist zu streichen! Gehört zu 364, 14, vgl Clère, Notes 108

364, 20 wohl Triphis, also Kurzname, vgl AZ 62 (1927), 91 Vgl auch 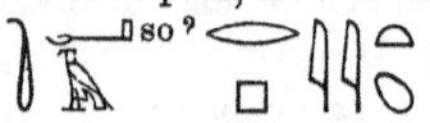 Marucchi, Monumenta, 120

364, 23· auch *Griech* 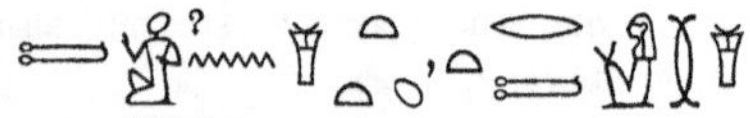 Annales 17, 2 3,  Koefoed-Petersen, Recueil 26 Vgl auch 222, 19!

365, 5 Kurzname, vgl 430, 25

365, 9 auch  Daressy, Divinités, 38589

365, 18 auch Lieblein 678 (London)

365, 19 *NR* auch 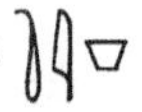 Steindorff, Aniba II, 247

365, 20 ib auch . Vgl auch (abgekürzt?)  Philadelphia T 148 ‚Die Herrin der Flut' ist das Beiwort einer Göttin

366, 3· auch *D 20*  Wilbour Pap A 17, 16 47, 7 (Der Name ist sicher der einer Frau! vgl meine Bemerkung zu 235, 6) Auch Vatikan, Marucchi 201 Griech ϑρηρις

366, 5 für *tꜣ-ḫrd(·t)*? Ein Femin von *ḫrd* scheint allerdings nicht bekannt zu sein

366, 6 griech ϑασιης

366, 8 *Griech* auch Spiegelberg, Dem Denkm I, S 53

366, 11· auch  Mitt Kairo 12 (1943), S 26.

366, 12 auch *Spät*  LD Text I, 144, A 2,  Brooklyn, Uschebti

366, 14 aramäisch תחבס, Spiegelberg, Ägypt Sprachgut, S 15

366, 19f vgl auch  Lieblein 2349 (Florenz),  Berlin, Totenbuch (nach Wilbour, Notebook 22, 596)

366, 19, Anm auch an *tꜣ-ḫꜣjb·t* ‚der Schatten' konnte man denken

366, 21 auch (?)  Kairo 730 (Borchardt, Statuen III), auch Daressy, Divinités 38428

366, 26 *Spät* auch  Koefoed-Petersen, Recueil 64, 972 A, Lieblein 2457 (Kopenhagen) Ob ‚die Freundin'? Vgl Wb 3, 292, 15

367, 8 auch AŻ, 19, 68

367, 12 lies Vatikan 131 (Statue, ptol)

367, 17· 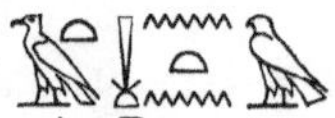 *Spät* auch New York, Metrop Mus 07. 229 1 A—B

367, 20 *tꜣ-šꜣʿ(·t)-m-ḫpr* ‚die zuerst entstanden ist', Beiwort einer Göttin als Kurzname, vgl Wb 4, 407, 4

367, 22· auch 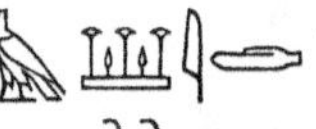 Vatican, Marucchi 239 (Uschebti),  Daressy, Divinités 38896 — Vgl auch I, 126, 10?

367, 24 auch Vatican 141a, auch *Spät*  Steindorff Walters Tf 55, 291

368, 4  auch Recueil 30, 79 (Beiname eines *ḏd-mw·t-iw·s-ʿnḫ*)

368, 9 auch  Florenz, Uschebti 4610 (S 261), auch Como 26 u 27

368, 22 auch  v Bissing, Metallgefäße 3448

369, 7 vgl Gauthier, Dict Géogr III, 71

369, 10 ‚die Tochter des Gatten'?

369, 14 lies 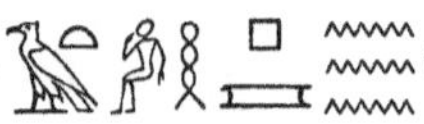!

369, 19 auch 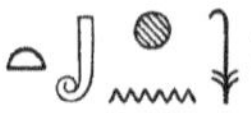 Marucchi, Monumenta S 100

369, 21 vgl  Steindorff, Walters Tf 114, 159 A *(D 22)*

370, 2 *tꜣ-ỉr(t?)-nʿ* ‚die Barmherzigkeit übt' o a sieht eher wie das Beiwort einer Göttin aus!

370, 6 auch 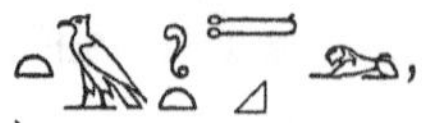, Var 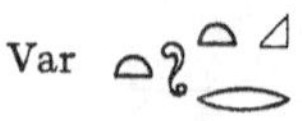 Recueil 12, 7 (Wien)

370, 14 auch *D 19 (?)*, Pap Kairo, Schott, Phot b 14

370, 17 vgl *pꜣ-šrj-(n-)tꜣ-krj*, N[2]

370, 18. lies *tꜣ-krj(ꜣt)* ‚die Vagabundin' u vgl I, 327, 23 und Wb 5, 59, 8 9 Auch Recueil 2, 193

370, 22: auch *D 20f* Černý, L Ramess Letters 2, 6

371, 2 auch Bull de l'Inst 38 (1939), 229 *(D 18)*; auch *D 20* Wilbour Pap A 30, 18 35, 37 82, 7 (fem ! vgl meine Bemerkung zu 235, 6)

371, 5 auch Lieblein 2243 (Musée Guimet) und Lieblein S 976, 975 (genannt *ḥꜥj-bꜣšt't)*, *kꜣr t* ist gewiß identisch mit und die vollere Form von *kꜣj* (I, 370, 21) und bedeutet ‚die Dirne' oder ein derberes Wort

371, 7 auch Maspero, Études de Mythologie IV, 263

371, 12· auch , Var Acta Orientalia 8, S 206 214, , Var (so ?) Archaeologia 36 (1855), Tf 15 u S 174 [1])

371, 21 *Spät* auch Daressy, Divinités 38518 = Steindorff, Walters Tf 19, 588 A u C — Ob ‚die Gefundene' = Findelkind ? — Nach Fecht = griech ταχμηις u a

371, 22 vgl *tꜣ-gmn(?)-sꜣ't*, Nachtr [2]

371, 23 auch Kairo 726 (Borchardt, Statuen III), auch Daressy, Divinités 38266

371, 26 Nr 136, nicht 185

372, 2—7 auch *tꜣ-(n t-)-* ist möglich

372, 8· auch , Spiegelberg, Dem Denkm I, S 69, 22160

372, 17. auch Annales 38, 13

372, 22 lies f *Spät* Vatikan 14 (Holzsarg)

372, 25 auch[1]) , Var etc Kartonnagesarg, *D 21*, Art Museum, Reading, Pa

373, 1 aramäisch תטוסרי, Spiegelberg, Ägypt Sprachgut, S 15

373, 2 auch Lieblein 1266 (Boulaq)

373, 5 = Daressy, Divinités 38428 Vgl Wb I, 333, 1 ? — Zu *pꜣ-wrm* als Gottesname vgl Spiegelberg in JEA 15, 81 f

373, 6 dieselbe auch Heidelberg 2080 u 2081, auch Sammlung v Bissing III, Abb 15

373, 14 das Zitat Newberry, Fun Stat 47086—47110 ist gewiß *D 21*, wenn nicht später! — Schreibung auch Kairo, Papyrus (Photogr Schott)

[1]) Griech τχαλιβις (Fecht)

373, 15 lies 'Vatikan 99, Hockerstatue, ptol'! Vgl griech πετεμαρεης (Fecht)

374, 3 wohl *tꜣ-dj(t)-ḥꜣ t-mḥj t* zu lesen, vgl Wb 3, 21 ‚die (die Göttin) *ḥꜣ't-mḥj't* gegeben hat'

374, 10 auch Spiegelberg, Dem Denkm I, S 66

374, 11· *Spät* auch Daressy, Divinités, 38521

374, 12 geschrieben auch Mumie in Providence, Mus of the Rhode Island School of designs, aus Slg Hearst (Mitteilung Dunham)

375, 15 lies *tꜣ-n't-ktm t* ‚die von Gold' ?[1]) Vgl Spiegelberg, ÄZ 54, 107

375, 16 ob für *tꜣ-n't-tfn t* ‚die zu (der Göttin) Tefêne Gehörige' ?

375, 21 lies *tꜣ f-nḫt't*, griech (τ)εφναχϑης, *Griech* auch Kamal, Stèles ptol 22130 (Beiname einer *ḏd-ḥr)*, *Spät* auch Steindorff, Walters Tf 46, 285

375, 22· muß doch wohl Frauenname sein!

375, 24 auch (?) f *MR*, Revue égyptol 1907, 220

376, 5 auch Lieblein 1646 (St Petersburg)

376, 6 lies *tꜣ w-ꜥꜣ-ḫrd (šrj?)* ‚ihre Großen haben sich verjüngt'(?)

376, 9 auch (dieselbe Person ?) Florenz, Uschebti 6146 (S 248), auch Leiden Pap T 3, auch *(D 20)* JEA 26, Tf 7, 12

376, 19 m *MR* auch Lieblein 383 (London), *NR* auch ‚Grabstein des *ḥr-m-ḥb*'

376, 20 auch , Steindorff, Aniba II, 183 240 251, der Name bedeutet wohl· ‚das Land läßt sie (die Königin ?) gedeihen'

376, 24 *tꜣ-ršj'w* ‚das Land freut sich', vgl 376, 19

377, 3 ob *tꜣ-šmn(w)* ‚das Land ist fest gegründet' o a ?

377, 5 auch m *NR* Steindorff, Aniba II, 235 u 251

377, 7 auch *D 20* Wilbour Pap A 52, 42 95, 28

377, 16 auch JEA 25, Tf 21, 3 unten links und S 167, Anm 11 (!)

377, 17 auch Turin 91 (= Rec 4, 141)

377, 22 auch *AR* Borchardt, Neuserre S 153, Berlin P 9874 — m *NR* auch Borchardt, Quellen II, S 104 u Anm 4 (Beiname eines *ptḥ-m-ḥꜣ't)*

378, 2· auch m Kairo 1286 (Borchardt, Statuen IV)

378, 14 gehört vor 358, 14! Lies *tꜣ-n't* und vgl auch 358, 18 359, 2. 360, 22 usw

[1]) Beiname einer Göttin ? Also Kurzname ?

378, 22: auch (?) Engelbach-Gunn, Harageh, Tf 76, 1.

379, 4 auch *(D 4—5)* Fakhry, Sept tombeaux 8

379, 8 m auch *D 20* Wilbour Pap A 62, 10

379, 15—16: m auch *Spät* Kairo 712 (Borchardt, Statuen III) Hierher wohl auch das ‚*Griech*' Zitat von 383, 23!

379, 21 ob *ṯb·t-wśir-ṯsj·ś-'m·ś?* ‘die Sohle des Osiris hat sie gepackt’?

380, 3: auch Borchardt, Denkm des *AR*, Bl 19, 1415, de Morgan, Cat des Monum I, 172 (mit ‚schönem Namen‘ *tpj*)

380, rechts oben: ist zu streichen

380, 15 jetzt Junker, Giza V, 22.

380, 17: lies ‚*Griech*' anstatt ‚*Spät?*'

380, 20: wohl *itm-(ḥr-)nw-nb(·t)* ‚Atum sieht alles'

380, 22: ist gewiß mit W Federn *itm-m-ts-nb* ‚(der Sonnengott) Atum ist in jedem Land‘ zu lesen Vgl die Varianten bei Montet, Les reliques de l'art Syrien dans l'Egypte du Nouvel Empire 140f

381, 12: auch (?) Kairo 20713e

381, 18 m auch Kairo 1210 (Borchardt, Statuen IV) — Vgl auch 381, 26, Z²!

381, 24: m auch (?) geschrieben, Koefoed-Petersen, Recueil, S 12, Brit Mus Guide Sculpt 1909, S 178 — m *D 20* auch Wilbour Pap A 71, 21

381, 28 auch Gardiner-Weigall, Topograph Catalogue No 222 (Beiname eines *ḥkś-mś'·t-r'-nḫt·w)*

382, 30 auch Bull de l'Inst 37, 153 (auf S 102 steht !); auch f Annales 36, 183 u Tf III, 95

383, 3: hier sind 2 verschiedene Namen zusammengeworfen Zum zweiten vgl die ‚wohlriechende Pflanze *ṯḫw*‘, Wb 5, 325, 10ff

383, 11: auch *Spät*, Daressy, Divinités, 38704

383, 19 auch f *MR/NR* Annales 36, 175

383, 20: f *MR* lies ‚Beiname einer‘ (statt eines)!

383, 21 auch *AR* Wreszinski(-Schäfer), Atlas 3, Tf 19 (‚schöner Name‘ einer *nḏ·t-m-p·t)*

383, 23 auch m *NR* Moskau, Ostrakon (Co-Re Ac Sc USSR 1930, 148) — Das ‚*Griech*' Zitat gehört wohl zu 379, 15 16

384, 4 f *AR* auch LD III, 110 o (‚schöner Name‘ einer *mrt-it·ś)* — m auch *Spät* Daressy, Divinités 38050

384, 5: auch Wilbour, Note Books, 2 D 54

384, 8. auch f *NR* Theben, Grab 224 (Schott).

384, 10 lies *inj-ttj* (Kurzname) und vgl I 35, 23!

384, 15 zu Davies, Sheikh Said, Tf 28 ist hinzuzufügen (mit ‚schönem Namen‘ *ij-m-ḥtp)* Derselbe Name auch Macramallah, Idout, Tf 5, B u S 10 LD II, 117a—d f (Schreibung); Daressy, Mera 561, v Bissing, Gemnikai Tf 10 u 21

384, 16: auch *AR* Jéquier, Pyram de Neit et Apouit, S 58 Mitte links, Annales 43, 504 Der Name ist *'nḫ-ttj* zu lesen, vgl *(Spät)*, Como 15, — f *MR* auch Revue Egyptol 1907, 219 u JEA 25, Tf 21, No 4

384, 17: auch Archiv Äg Arch 1, 169

385, 5: auch f *NR* Bruckmann, Coll Barracco, Tf 8

385, 9: ist *MR*, nicht *D 6*

385, 10 auch m *AR* Annales 43, 507 auch *mrjjr'-śnb*, *pjpj-śnb* u *mr·w* genannt!), f *NR* auch Stelenbruchstück, 1939 im Besitz von John Khayat, Brooklyn, Theben, Grab 127 (Schott)

385, 25 m *NR* auch JEA 21, Pl XIII, Z 12.

385, 26 streiche das Fragezeichen hinter ‘*NR*’, auch *D 20f* Černý, Late Ramess Letters 51, 6

385, 27 auch Lieblein 1406

386, 20 lies ; der schlagende Mann ist zu streichen Es handelt sich vielleicht um 2 verschiedene Namen. Vgl Kuentz, Bat de Qadech

386, 22 auch (?) Philadelphia, D A N 1171

386, 24 lies und ‘*D 20*’ Der Mann heißt mit Beinamen *wśrḫ'·wr'-nḫt·w*

386, 25 auch m *D 20* Wilbour Pap A 14, 15 28, 7 48, 1 usw, Gardiner, Ramess Adm Doc 9, 12, auch (?) *Spät* Daressy, Divinités 38204

386, 30 auch Kairo 1279 (Borchardt, Statuen IV), auch Couyat-Montet, Hammamât No 93, S 68

387, 1 auch u a PSBA 1888, 530 (München) Vgl 388, 12?

387, 9 auch (als Variante), Theben, Grab 158 Vgl 388, 13 — Der Name wird keilschriftlich durch *zi-na-pa* (= zinâpa) wiedergegeben, vgl Edel, INES 7 (1948), S. 21f Bedeutung ‚das schöne Vögelchen‘?

387, 12 m *Spät* auch so! Brit Mus [1682], f auch Lieblein 1077 (Boulaq) 2418 (= Mariette, Catal 1259)

387, 12ff. vgl Spiegelberg, Revue de l'Egypte Anc I, 219 und ÄZ 64, 84 Zur Bedeutung vgl auch Gardiner, Hierat Pap Brit Mus III, S 4, n 6 und Late Egypt Stories, S 38a

387, 13· auch [1] Borchardt, Statuen III, 665, auch *Griech* dem. Spiegelberg, Demot Stud 8, 23 und ÄZ 64 (1929), 84f Aram שמו (Spiegelberg, ÄZ 64, 84 ‚ohne Beleg) *Griech* Σαμωους (Bilingue), Σαμαυς, ob auch Θαμωυς, Θαμως?

387, 16. vgl Rev de l'anc Ég, 1, 218ff

387, 17. auch (!), Var u a ‚Kairo 730 (Borchardt, Statuen III)

387, 18 m *Spat* auch Daressy, Divinités, 38266, (?) ib 38574

387, 22 auch Lieblein 2451 (Boulaq), vgl auch Daressy, Divinités 38064

388, 2. aram שחפימו, Spiegelberg, Äg Sprachgut, S 14 — *Griech* auch u a Philadelphia E 3413, Daressy, Divinités 38590

388, 4 auch Daressy, Divinités 39145

388, 5: vgl 394, 27!

388, 8 auch *AR*, Tell Edfou I, 29

388, 9 auch *D 6*, Stele aus Edfu, Mitteilung Bruyère

388, 11 m *MR* auch Roeder, Naos S 124 — Der *MR*-Frauenname ist von den übrigen zu trennen, er ist vielleicht eine Koseform zu Namen wie 386, 29

388, 12 vgl 387, 1

388, 13 vgl 387, 9

388, 15 *MR* auch Engelbach-Gunn, Harageh, Tf 77, 1, Bull de l'Inst 37, 99—100 (Var) Alliot, Tell Edfou 1935, S 29

388, 18 lies !

388, 20 hierher auch 193, 22!

389, 3· auch Philadelphia, D A N 1269 u 1301

389, 5 auch LD II, 114c und f—1, Tell Edfou I, 29

389, 8. *ṯ-n·j* ‚ein Junges für mich!' Die weibl Form ist wohl *ṯ(·t)-n·j* zu lesen, vgl 389, 13

389, 11. ist zu streichen!

389, 24· auch JEA 21, Pl XIII, Z 11

390, 8 *NR* auch (?) Ann Arch Anthrop (18 D) 16, T. 45

390, 12· besser *ṯwrr*?

390, 17 auch Annales 37, 125f

390, 19· Schreibung auch , vgl Weill in Mélanges Dussaud 950, entspricht hebr זבולן?

390, 27 nach Borchardt, Denkmäler, Blatt 5, 1332 ist nur erhalten!

390, 32 vgl Wreszinski, Bericht 64 und Tf 23 24 Vgl auch *tm-mrrj-śnb·w*

390, 32, Anm 3 nach Dunham, Stelae, S 85 ist auch in Stele 72 (so! nicht 56) , nicht , zu lesen Vgl jetzt auch II, 331,9

391, 1· derselbe Mann Firth-Gunn, Teti Pyr Cemeteries, S 216 (‚schöner Name' eines *ḥnw)*

391, 4 *NR* auch Maciver-Mace, el Amrah and Abydos, Tf 40, 11, *D 18* auch Steindorff, Walters Tf 52, 281

391, 7 auch Bruyère, Deir-el Medineh 1930, S 138 (Var von *ṯ-ṯmḥ·t)*

391, 10 vgl Wb V 369, 8

391, 16 *AR* auch Junker, Giza 7, 87, *NR* auch f Theben, Grab 12 (Mitt von S Schott)

391, 24 auch *Spat*, dem Spiegelberg, Dem Denkm, II, 50012 A 21 23

392, 7 lies *ṯ-n-rwḏ(rd?)* u vgl 386, 27ff? Aber auch 413, 13 ist zu vergleichen

392, 13 die Schreibung auch m *AR*, Wreszinski(-Schafer), Atlas III, Tf 115, B, desgl die Schreibung Mariette, Mast, S 104 (= Lieblein 85) — begegnet auch als Var von Borchardt, Denkm des *AR* I No 1356, vgl mit 1352

392, 19 jetzt Černý, Late Ramess Letters, S 79 Anscheinend Beiname eines *ḏḥwtj-mśj(·w)*, siehe ebenda S XXIII — Mehr Varianten bei Erman, Abgek Justiz, S 17

393, 3· lies *ṯj-(n-?)rd* u vgl I 392, 7?

393, 5· auch (?) m Recueil 25, 132, Z 1

393, 8. ob ⲡⲧⲥⲁⲣⲕⲉⲥ, der Starkknochige', Spiegelberg, Eigennamen 33* zu vergleichen ist?

393, 12· das Fragezeichen hinter m ist zu streichen!

393, 14: ‚er freut sich' o ä? Vgl Wb V 389, 5.

---

[1]) Ein ‚Priester der Statuen des Königs Psammetich'

[2]) Zur Schreibung vgl I, 387, 18!

393, 21 siehe auch Mariette, Mast *D 55*, S 327

393, 22 u 24ff lies *ṯꜣś* u vgl Edel, Phraseologie § 47 B

393, 24 auch Daressy, Divinités, 38164

394, 5 auch Borchardt, Statuen IV, 1048

394, 7 lies *ṯꜣs·t* u vgl Junker, Giza 8, 136

394, 12 jetzt Junker, Giza I, 254

394, 27· wohl Kurzname, vgl 388, 5

395, 5 Var bei Lacau 28004 auch (so 3 mal S 11)! — *AR/MR* auch Liverpool Annals 4, 114 (‚schöner Name' eines *kꜣ-ḥp*) Auch f *AR/MR* Petrie, Dendereh Tf 8 B

395, 6· Gise jetzt Junker, Giza 6, 31

395, 9 das zweite Zitat jetzt Hildesheim 3180

395, 17 auch *AR*, Macramallah, Idout, S 23 31, Annales 43, 504

395, 19· lies f anstatt m (Clère)!

395, 21 hierher 390, 15!

395, 22 die Gleichung mit *dudu* beruht auf einem Irrtum und ist zu streichen Vgl , N²

395, 24· m *AR/MR* auch Budge, Egyptian Sculpture in the Brit Mus, Tf 8, Z 4

395, 28 lies 1868 (S 252)!

396, 3 auch *AR* , Var Selim Hassan, Giza II, S 55 u 58

396, 3—5, 400, 14 16 wegen der Schreibung mit dem Ohr und des Fehlens des Zeichens des Zwergen ist mit Clère (Notes 108) vielleicht besser ‚der (die) Langohrige' o a zu übersetzen

396, 5 vgl auch *AR/MR* Petrie, Dendereh Tf 7 A

396, 7 auch , Var Lieblein 2294 (Stockholm)

396, 9· auch Lieblein 2318 = Mém Miss I, 389 ff

397, 5 anstatt *rrw* wird *rw* zu lesen sein Lesung und Sinn bleiben unklar Ob 399, 20 zu vergleichen ist?

397, 19 auch Lieblein 2500 = Etudes égypt 8, 123, auch Lieblein 2425 = Mariette, Cat 1274

397, 21 auch Stuttgart, Spiegelberg-Poertner No 62 (*MR, spät*), vgl Clère, Notes 108

397, 25· auch Steindorff, Walters Tf 118, 442

398, 2 das Fragezeichen hinter f ist zu streichen

398, 11 veröff Brit Mus Guide (Sculpture) 1909, Tf 23 unten links

398, 12 und 17—20· die Übersetzung durch ‚preise (mir) den Gott NN!' ist gewiß falsch, vgl 398, 22!

398, 14 ‚Preis ist auf ihrem See' (?)

398, 17 ob im Hinblick auf I, 398, 22 die Namen *dwꜣ-rꜥ* usw und *dwꜣ-n(j)-rꜥ* nicht doch als ‚Verehrer des Re' usw aufzufassen sind? 398, 16 mit (Koseendung?) bleibt allerdings auffallend — Anstatt 'Kairo 1500' lies 'Kairo 1511', jetzt Borchardt, Denkm *AR* S 216

398, 20 = Kairo 1680?

398, 26 lies *dwꜣ·w-r-nḥḥ* ‚der Morgen ewiglich!'? Zur Schreibung siehe Wb 5, 422 oben Aber was ist der Sinn?! Oder doch ‚Lobpreis ewiglich!'?

399, 2 wohl *AR/MR*

399, 3 f (?) *MR(AR?)* auch auf Kalksteinbruchstück, 1939 im Besitz von John Khayat, Brooklyn — Leiden *D 127* ist *MR*, nicht *NR*!

399, 8 auch British Museum Quarterly 12 (1938), Tf 45

399, 10 auch Lieblein 10 (London), vgl f[1] Grabstein der Frühzeit im Kestner-Museum, Hannover

399, 20 wird *dfḏj* zu lesen und zu 23 zu stellen sein

399, 24· Kairo 1506 jetzt Borchardt, Denkm, S 211 u Bl 44

400, 1 jetzt Junker, Giza V, S 186 u Abb 58, die Lesung *dmg* ist gesichert

400, 10—12·, der Anteil der Isis' usw, vgl I, 374, 20ff u 356, 23ff Aber was ist der Sinn dieser Namen?

400, 14 lies *dng* (Wb 5, 470, 6) ‚der Langohrige'(?), vgl 396, 3-5

400, 15 vgl I, XXIV zu 179, 9 und Junker, Giza VI, S 244b

400, 18 vgl *dr-šnḏ*, II, 332, 28

400, 23 *AR/MR* auch Wreszinski, Bericht, 64 u Tf 24

400, 27 auch (3 mal) und (?) Lieblein 1444 (St Petersburg)

401, 13 die beiden Striche hinter sind zu tilgen!

401, 22 das ‚wohl' ist zu streichen! Vgl AZ 76, 3 Lies *ḥr(·w)-ḏd·f*

402, 1· Kairo 1498 (Borchardt, Denkm des *AR*, S 202/3) ist wohl besser zu lesen, siehe dieses, m *AR* Jéquier, Tomb de particuliers 90 (‚schöner Name' eines), f AR auch Tell Edfou I, 29 Auch m *NR* Theben, Grab 200 (Schott)

402, 3 auch f *D 6*, Stele aus Edfu (Mitteilung von Bruyère)

402, 9 jetzt Steindorff, Walters Tf 55, 290

402, 13 f *MR* auch Lieblein 873 (Wien) — Auch m *AR (?)* Mackay, Bahrein and Hemamieh Tf 20

402, 15 auch (?) [2] Lieblein 1640 (Helsingfors)

402, 24 bei f *MR* liegt wohl ein Versehen vor!

[1] Es gehen noch 2 Zeichen voraus — ob zum Namen gehörig?
[2] Das wird zu streichen sein!

403, 7 lies 'Vatikan 120 (Relief)'

403, 11 ob hier die Schreibungen mit bzw (= Mut) und (= Nechbet) zu trennen sind? Letzteres z B Brit Mus III, 20, Kairo 20538 I d

403, 13 auch Recueil 3, 120 (Turin)

403, 15 ein Gott *nhtj* scheint nicht bekannt zu sein, vgl aber den schon im *AR* belegten Gott *ḫntj-nh·t[·f]*, Sethe bei Borchardt, Sahure II, S 129

403, 17. hierher auch 404, 6?

404, 6 lies *dd(·t) š* zu 403, 17?

404, 7 auch *AR* Petrie, Deshasheh, Tf 24 Lieblein 175 (Naos, Bulaq)

404, 11· die *MR*-Form scheint *ḏꜣj-š* ‚der den See uberquert hat' zu heißen Ob die *AR*-Form dasselbe bedeutet oder ein zweiter Name *ḏꜣj-šꜣ* anzunehmen ist?

405, 5 f gehort wohl zu 405, 8

405, 15 auch Fakhry, Sept tombeaux, 24

405, 17 m *AR* auch (?) Junker, Giza VI, 202

405, 19· auch m *MR* Lieblein 387 (London)

405, 21 *griech* τιθοης, σισοις, vgl Spiegelberg, Neue Urk z ag Tierkult, S 9 u Anm 3 — Auch Konigsname *D 2* (nach Abydos 14); vgl auch *NR* Lieblein 797 (Turin)

405, 22: Giza II, S 91 u Tf 27 Vgl f *MR* Lieblein 328 (London)

405, 26 zur Bedeutung vgl Montet, Revue égyptol II, 64

405, 27 ‚der die Nacht gesucht hat'? Vgl ÄZ 39, 65

406, 3· auch Jéquier, Oudjebten, S 16

406, 15. f *AR* auch Mackay, Bahrein and Hemamieh, Tf 22 unten rechts

406, 18 vgl *ḏfꜣ(·j?)-ib(j?)*, Nachtr 2

406, 21: auch Mackay, Bahrein and Hemamieh, Tf 23

406, 22. auch Brit Mus [1156] Bedeutung ‚ihre Speise'?

406, 26 auch de Morgan, Cat des mon, I, 171 f (mit 'schonem Namen' *mś(t)nj)*

407, 1: Kairo 1501 jetzt Borchardt, Denkm des *AR*, S 205

407, 2 Anm 1 zum Chamaeleon in Agypten vgl Keimer, Bulletin de l'Inst 36, S 85ff. und J Vandier d'Abbadie, Ostraca No 2235 u Tf 32 Junker, Giza 5, 80 n 4 sagt ‚sicher ein Chamaleon' Keimer, Mitt Inst Kairo 8, 39 spricht von einer ‚großen Wusteneidechse'

407, 3 auch Recueil 25, 133 (kollat)

407, 13. m *NR* auch Newberry, Fun Stat, S 8 (mit Beinamen *ʿndw)*

407, 15 m auch Var OLZ 1914, 97, auch *Spat* Koefoed-Petersen, Recueil 87

407, 17 *Griech* θοτορχης, vgl Spiegelberg, AZ 54 (1918), 124f

407, 18· lies ‚gegeben hat', keilschriftlich *tiḫutarta'is*, *tiḫutartêsi*

407, 23 lies !

407, 25 auch Lieblein 2326 (St Petersburg) = Lieblein, Ág Denkmaler S 16

408, 2 *Spat* auch New York, Metrop Mus 26 7 1278, *NR* auch Boylan, Thot 158, 7

408, 5 in *D 21 f* anscheinend mit Beinamen *ṯrij* (I, 392, 19), siehe Černý, Late Ramess Letters, S XXIII Ob auch *griech* τουτμας Lutz, Tomb Steles, Tf 42?

408, 6, Ende lies *sn·w* anstatt *sš·w* und siehe I, 297, 6 — Der Name ist wohl *nfr-ḏhwtj* zu lesen

408, 7: m *MR* auch (Var), Lacau, Sarcoph 28111, auch m *Spat*, Koefoed-Petersen, Recueil, 87

408, 13 ob *ḏhwtj-(hr-)ršrš* ‚Thot freut sich'? Vgl I, 4, 10

408, 17 auch Borchardt, Sahure I, 124

409, 22. auch Coll Hoffmann, 118

410, 13. der ‚Totenkasten' ist veroffentlicht Bessarione 9 (1900/01), S 26, fig 11

410, 15: f muß auf einem Irrtum beruhen!

411, 5· auch Berlin, Totenbuch, nach Wilbour Note Book 22, nr 9

411, 12 aramaisch צחא, Sachau, Aram Pap, S 88, Z 6 usw und צחה, Spiegelberg, Agypt Sprachgut, S 14 — Die Schreibung auch Daressy, Divinités 38168 — m *Spat* lies *pꜣ-iʿnj* anstatt *iʿnj*

411, 14· der Holzsarg des Vatikan tragt die No 216, Datierung *D 22!*

411, 17 *griech* τεαρεφωνυχος, siehe Spiegelberg, Neue Urk z ag Tierkult S 9 (ohne Stellenangabe!) — Der Sarg im Vatikan hat die No 220 A, Datierung wohl auch *D 22!*

412, 3· auch Mitt Kairo 12, 65

412, 5 *D 21 f* (?) auch , Var Pap Kairo, Schott Phot C 2

412, 8 auch *D 21* Berlin 22461

412, 10. auch Manchester 4738 (cf Gize-Rifeh, pl X,E).

412, 14 u 15· wohl beides der gleiche Name *ḏdj-wꜥj* ,moge der Einzige dauern!' Zur Schreibung mit 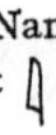 (die im Wb fehlt) vgl I, 132, 13 161, 4 300, 6

412, 20 m *AR* auch Selim Hassan, Giza I, 86 88, Jéquier, Pyr de Neit et Apouit 58 oben rechts

413, 3. lies *ḥr(w)-ḏd f* und vgl 401, 22, als spate Schreibung desselben Namens! — Auch  Junker, Giza 7, 26

413, 13. lies *ns-tꜣ·w-(n-)ḫnś·w-(ḥr-)rd* ,die Kinder (?) des Chons[1]) wachsen (oder *rwḏ* sind stark?)' ? Vgl I, 170, 22 388, 23 387, 5 419, 29

413, 15 ob 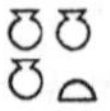 ,das Kind' ?

414, 1 auch Bull Inst 37, 108

414, 2. Blackman las spater (JEA 27, 84 und 89, n 42) *sḫ-imn-kꜣ-nḫt* 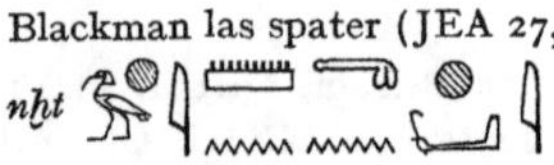

414, 3 Blackman liest jetzt (JEA 27, 84 und 89, n 42), *sḫ-ptḥ-kꜣ-nḫt* 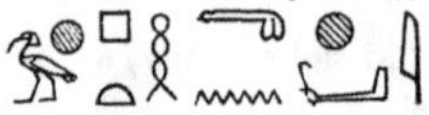.

414, 5. lies *sḫ-nb(j)* ,mein Herr ist herrlich' o à Das gehort zu 

414, 7 lies Giza II, S 17 u Tf 6

414, 15: vgl PN I 100, 6

414, 19· lies Giza II, S 163 u Tf 58

414, 20 jetzt Jéquier, Pyramide d'Oudjebten 30

415, 6 auch (?) Kairo 687 (Borchardt, Statuen III), geschrieben auch 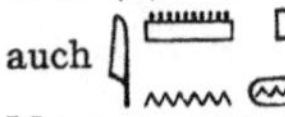 u 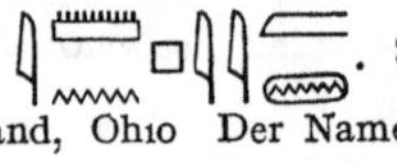. Statuentorso im Museum von Cleveland, Ohio Der Name bedeutet wohl ,Amon ist das Meer' Vgl auch Spiegelberg, Demot Pap (Cat gén 1908), Text S 276, Anm 1 Kuentz (a a O, S 55) zitiert αμφιωμις, αμφιωμης als griech Umschreibung des Namens

415, 14· ist zu streichen!

415, 15 wohl kein besonderer Zusatz, sondern ,Sohn des *nfr*' (194, 1) also hier zu streichen! Vgl das folgende

415, 16: wohl einfach ,Sohn des s' (278, 21), also hier zu streichen! Vgl das vorige

415, 18: die Erganzung ist gewiß nicht richtig!

415, 20 lies *ij-n j-in-dj·f* ,moge *in-dj f*[2]) zu mir kommen!' u vgl I, 10, 1 ff

415, 24: jetzt JEA 27, Tf 11, Z 13

415, 25: jetzt Jéquier, Mon Fun de Pépi II, Tf 59

416, 2. jetzt Junker, Giza V, 158 u Abb 48, Varr 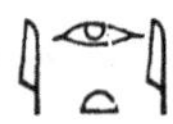 u  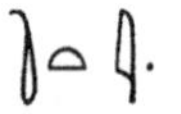.

1) D h die bei Mondschein Geborenen?

2) Zu diesem Namen einer Schlange siehe Wb I, 91, 10

416, 6 auch AZ 64, 138 und Wreszinski, Von Kairo bis Wadi Halfa, S 103, Firth-Gunn, Teti Pyr Cem I, 99 (,schoner Name' eines *ḫntj-kꜣ·j*)

416, 7 fur *iꜥj-(m-)ḫꜣḫ* (Wb 3, 233 13)?

416, 11· lies *iṯ-ib(·j)?*

416, 18 ist nach Clère, Notes 108 zu streichen! Der Name gehort zu 255, 6

416, 19 Burchardt, (Fremdworte 241) vergleicht Hebr בעלידע, ידעיה u ידיעאל also ידעבעל?

416, 22 auch , *D 20*, Wilbour Pap A 15, 8 16, 18 usw B 16, 19

416, 24 ,ꜥb ist in der Halle', vgl die Gottin *ꜥbw·t·t*, Wb I 174, 4?

416, 26 vgl *ꜥfꜣj*, Wb I 182, 7

416, 29 auch  Borchardt, Quellen II, Blatt 2, Reihe 4, 6

417, 1. auch  Kairo 20570, vgl auch I, 207, 10 f u Zusatz[2]

417, 4 ist wohl  zu lesen und zu 63, 13 zu stellen!

417, 5 auch 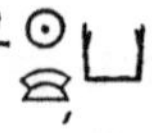, Borchardt, Quellen II, Blatt 2, Reihe 4, 4

417, 6 auch Borchardt, Quellen II, Blatt 2, Reihe 4, 5

417, 7 vgl das mir unverstandliche 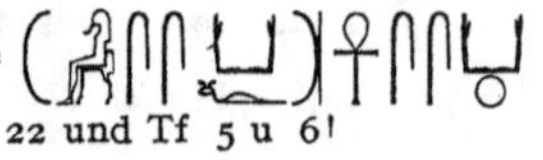 Selim Hassan, Giza II, S 17 u 22 und Tf 5 u 6!

417, 14 ,moge der Himmel wohlbehalten sein!' (? Wb 1, 238, 9) — oder ist Wb 1, 238, 22 zu vergleichen?

417, 15· auch  Černý, Late Ramesside Letters, 24, 3 (Syrer) Vgl Hebr עָזוּר usw, Noth, Israelit Personennamen S 154

417, 16 fehlt ,*AR*'!

417, 20 Giza II, S 16, ,der Einzige (d h der Konig?) dauert' o á Die Anm ist zu streichen

417, 23. besser *imꜣ-pw-wr* ,der Große ist ein Freundlicher' o ä ?

418, 1 hierher auch 420, 25!

418, 4 gehort zu 78, 15! Der Vergleich mit I, 88, 1 ist zu streichen.

418, 5 zu *wtṯ(·w)* als Gottesbeiname vgl Wb 1, 382, 10 Vgl auch *wtṯ* als Bezeichnung des Osiris, Wb I 381, 9 — Lies Giza II, S 1

418, 7 ist zu streichen!

418, 8 ,mit schonem Namen *ḥjj·t*' ist hinzuzufugen

418, 10 in *šmꜣ* steckt wohl ein altes Wort fur ,bitten', ,anflehen'

418, 12 ist zu streichen! Nach Černý (Clère, Notes 108) ist wahrscheinlich 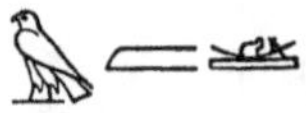 zu lesen

418, 13: der Diener des *smj*' (d h des Amon!)

418, 15: Giza II, S. 191 u. Tf. 74

418, 17. fehlt ‚*D 22*‘, jetzt JEA 27, Tf. 11, Z. 13

418, 26: wohl *pꜣ-ꜥꜣ-(m-)bḫn.t* ‚der Große ist im Pylon‘, vgl. 102, 15ff.

418, 27: hierher wohl auch … Wilbour Pap. A 70, 48. Die Bedeutung ist wohl ‚der Dickbauch‘ o. a.

419, 1: lies *pꜣ-wbḫ-(ḥr-)nw* ‚der Leuchtende[1]) sieht‘, vgl. Z² zu 419, 11.

419, 11: *D 20* auch … Wilbour Pap. A 82, 15, wohl für *pꜣ-rḫ-(ḥr-)nw* ‚der Wissende sieht‘, vgl. Z² zu 419, 1.

419, 16. ‘Amon ist der Erhabene‘

419, 20: ‚die Sonne‘ ist gewiß der König, vgl. Wb. 4, 431, 11.

419, 28: nach Clère (Notes 109) vielleicht ‚der Lahme‘ o. a. (vgl. Wb. 5, 388, 10). Clère zitiert Couyat-Montet, Hammamat 70 u. 78—79, wo … bzw. … als Beiname eines *kr·f-r-imn* begegnet!

419, 29: ob *pꜣ-(n-)ṯꜣw*? Vgl. I, 413, 13.

420, 4: auch … Borchardt, Statuen III, Kairo 771.

420, 7. auch LD II, 46 links, JEA 56, 994

420, 18: Heid. 1015 ist nicht ‚*Spät*‘ sondern etwa Dyn. 21. Der Name wird ‚was ist es?‘ o. ä. bedeuten. Vgl. denselben Ausdruck zur Vermeidung eines Namens (wie das amerikanische ‘what’s his name’) Anastasi I, 10, 8 verglichen mit 14, 8. 18, 1. 26, 9 und vgl. auch 45, 92 u. Wb. 2, 4, 7.

420, 19: auch *AR* … Kairo, entr. No. 56994.

420, 21: auch … Černý, L. Ramess. Letters 55, 4. 56, 15f.; … Fisher, D. A. N., Grab 148 z. 286 und … ebenda, Grab 306 (unveröff.)

420, 25. vielmehr Boston, M.F.A. 12. 1515! — Der Name gehört zu 418, 1.

420, 26: jetzt Boston 27, 444.

421, 4. lies *mnṯ·w-m-ḥ·t-nṯr* ‚Month ist im Tempel‘ u. vgl. II, 290, 5.

421, 5: Giza II, S. 16 u. Tf. 7.

421, 8. ist *mrj-rmṯ.f* zu lesen und zu 161, 5 zu stellen!

421, 11: gehört zu 157, 27!

421, 12. besser ‚der Lebendige‘?

421, 14. lies f anstatt m! Also wohl *mrjj(.t)-itj* ‚die von *itj* Geliebte‘ Selim Hassan, S. 177.

421, 15: auch … u. a. Wilbour Pap. A 39, 14. 43, 25. 57, 14. 72, 20. 74, 28.

[1]) D. h. der Sonnengott.

421, 17: jetzt Jéquier, Mon. fun. Pepi II, Tf. 57.

421, 20: ob *ꜣb-m-ꜣdw* ‚der Panther (oder der Elefant?) ist in Wut‘?!

421, 21: ob ‚Fülle ist in Theben‘?

421, 24. lies *mh-ḥr(.w)-m(n)-pꜣ-irj-ꜥr·f* ‚Horus packt (oder packe) den, der feindlich gegen ihn handelt‘. Vgl. Wb. 1, 109, 35, jetzt JEA 27, Tf. 11, Z. 15.

421, 26: lies 275, 17 anstatt 125, 35!

422, 3: vgl. das Verbum *msꜣ* Wb. 2, 136, 3!

422, 13. Blackmann liest jetzt (JEA 27, Tf. 11, Z. 13) …, also *nꜣ·w-šnw-mḥ(·w)* ‚ihre Bäume sind voll‘ o. ä. Vgl. I 211, 5 und Wb. 2, 117, 10.

422, 15. ob für *nj-ib·j* ‚mein Liebling‘?

422, 23: Giza II, S. 53, fig. 48 u. Tf. 16, lies ‘f!’ statt m.

422, 26: ‚der zu (dem Gotte) *pꜣ-ḫj-ḫꜣ·t*[1]) Gehörige‘

423, 3: jetzt JEA 27, Tf. 11, Z. 15, ‚der zur (vergöttlichten?) Tempeltür[2]) Gehörige‘? Oder liegt eine ungenaue Schreibung für die Webegöttin (Wb. 5, 232, 1) vor?

423, 4: ‚der zum 15. Monatstag Gehörige (d. h. an ihm Geborene)‘, vgl. Wb. IV 147, 1.

423, 5. vielmehr Boston, M.F.A. 12. 1515!

423, 6: lies *nj-wj-rdj* ‚ich gehöre zum Geber‘ (?)

423, 7: lies *nj-wj-ḫwfw* ‚ich gehöre zu Cheops‘

423, 18: jetzt JEA 27, Tf. 11, Z. 15.

423, 25: ist zu streichen; vgl. 388, 19.

423, 26: vielmehr Giza I, 68. 69! — *AR/MR* auch (?) Engelbach-Gunn, Harageh, Tf. 65, 1 (mit ‚schönem Namen‘ *iḥꜣ*)

424, 5: Junker (Giza 7, S. 37) liest *nfr·š-rjš·š* = ‘sie ist schön, wenn sie erwacht‘? — Selim Hassan, Giza II, S. 205 u. Tf. 78.

424, 7: gehört gewiß zu *nfr-ḥtp·š*, S. 198, 19!

424, 8: Giza II, S. 191 u. Tf. 74.

424, 9: ob … zum Namen gehört? Sonst zu 201, 16.

424, 11: gehört zu 197, 26!

424, 18: lies 208, 3!

424, 22: Vandier d’Abbadie, Mém. Inst. Franç. d’Arch. Or. 73, 13 liest … statt … (*nḫt·f-tꜣ-nb*)

424, 23: besser ‚der Taube‘ o. ä. anstatt ‚der Jüngling‘?

424, 24: auch Jéquier, Tomb. de part., S. 36. Wohl Kosename zu Bildungen wie I 173ff. Vgl. 180, 3ff.

425, 1: ist zu streichen. Es ist vielmehr *nḏ·t-p·t* zu lesen. Vgl. 215, 6 und Photographie und Forschung, Juni 1936, S. 222, Abb. VI.

425, 6: fehlt ‚*NR*‘. — Auch in *D 19* … Quibell, Saqqarah II, S. 4c Tf. 37, 2 u. 3.

[1]) D. h. ‚der Hochgemute‘? Wb. 3, 237, 13.
[2]) Wb. 5, 231, 10.

425, 7 ,Re ist (zum Schutz) hinter mir!' Auch Smith, Sculpture S 351f — Selim Hassan, Giza II, S 191 u Tf 74

425, 8 ist zu streichen! Lies *rwḏ-sꜣ·w·ś.*

425, 10 der Name ist wohl *rmn-wj-kꜣ(·j)* ,moge mein Ka mich stutzen' o a zu lesen Dies ist der ,große Name', der ,schone Name' ist (Selim Hassan, S 175 u Tf 62)

425, 13 · Giza II, S 38 u Tf 12

425, 19. auch Selim Hassan, Giza I, 73 80

425, 20 auch Junker, Giza 7, 254

425, 21 lies ,schoner Name' anstatt ,Beiname'

425, 28 besser *ḥrd-pw-ptḥ* ,Ptah ist ein Kind' ?

425, 30 lies *nj-ḥp-nb·tj* und vgl 173, 2!

426, 4 auch Wilbour Pap A 27,5 41, 2 44,27 Hierher gehort auch 243, 21

426, 5 ob *hnw·t-m-ipꜣ·t* ,die Herrin (d h die Konigin ?) ist im Harim (oder in Luxor ?)' ?

426, 11 ist zu streichen! Gehort zu 247, 15

426, 22. wohl *nj-hs·t-ptḥ* ,Ptah besitzt Gunst' o á Zur Schreibung vgl 173, 4

426, 23 Reisner hat ?. Es wird wohl zu lesen sein wie 2337 Z, siehe I, 261, 25! — Vgl auch[1]) Selim Hassan, Giza II, S 91 u Tf 27

426, 24. ob Name einer Gottin ?

426, 25 fehlt '*AR*'

426, 27 vgl auch I, 276, 6 mit Anm 1 Daß der Name auch *Spat* noch lebendig war, zeigen die griech Umschreibungen ατπαχνουβις, ατπεχνουβις, ατπεχνουμις!

426, 30 ,moge der (Gott) von Krokodilopolis sie (die Feinde ?) niederwerfen!' o a Vgl Z² zu 261, 17 Zum Deutzeichen (eig der Liegende!) s Wb 3, 205

426, 31 · ob *wḏb·t(j)* ? Vgl 89, 9

427, 8 fehlt ,*AR*'

427, 10 Giza II, S 91 u Tf 27, auch Junker, Giza III, 177 als Verkurzung von '

427, 13 auch *D 20* Wilbour Pap A 46, 36

427, 18 gehort zu 275, 5!

427, 23 auch Junker, Giza VI, S 117

428, 4 fehlt !

428, 6 Vandier, Revue d'Egyptol 2 (1935), S 57 liest . Ob *sꜣ(w)-ṯn* ,hutet Euch!' ? Oder *sꜣ(t)-ṯn(j)* (I, 294, 22) ?

428, 9. lies Revue d'Eg 1935, S 60f

428, 13 Giza II, S 99

428, 15 ,der Lieblingsort des Horus', vgl Wb 4, 4, 4 — Kurzname ?

428, 16 Giza II, S 17

428, 18 Giza II, vor S 107

428, 21 Giza II, S 15

428, 24 ,das Goldkugelchen' oder ,die Goldperle', es ist wohl zu lesen

428, 25 auch *D 18/19* Ostracon (4474) Moskau (Co-Re Ac Sc USSR 1930, 148)

428, 26 auch Koefoed-Petersen, Recueil 36 Der Name bedeutet ,die zum 15 Monatstag Gehorige', d h an ihm Geborene — Selim Hassan (Giza II, S 96, Anm 2) vergleicht die arabischen Namen Gumʿa und ʿId

428, 27 derselbe Name wohl auch Černý, Late Ramess Letters 57, 11

429, 2 *śḫntj-wj-śšꜣ·t* ,moge (die Gottin) *śšꜣ·t* mich befordern' o a ?

429, 8 ,der meinen Besitz vervollständigt' o à

429, 15 auch f *AR* Brit Mus, Kupferspiegel aus El-Kab, Jéquier, Tomb de particul 76

429, 16 vgl 329, 15!

429, 18 wohl Kurzname vgl *ḥtp-m-šd(w·?) f*, I 258, 8 und Z²

429, 21 auch Černý, Late Ramess Letters 24, 1 Der Name ist griechisch durch κατυτις, κατοιτης wiedergegeben, koptisch in ⲔⲀϪⲰϪ erhalten

429, 24 gehort zu 339, 3!

429, 25 ob ,der Stier (d i der Konig) ist in ihrer Stadt' ? Lies Borchardt, Stelen 4, 1142!

429, 26 ob zu 339, 20 ?

430, 2 Giza II, S 17 u Tf 6 Ob ,mein Ka ist an der Spitze (aller anderen Kas)' gemeint ist ? Vgl 430, 9

430, 6 vgl die Bemerkung zu 320, 20! Zur Stelle in Hildesheim siehe Roeder, Die Mastaba des Uhemka, Tf 12, Mitte unten Vgl auch PN I, 340, 7, was auch *kꜣ·j-nb f* zu lesen ist!

430, 9 auch Brit Mus 1181

430, 11 Giza II, S 17 u Tf 6

430, 18 nach Clère sind die Varr bzw. , beide mit folgendem geschrieben Es wird also *tꜣ-inn(t)-wj* oder *tꜣ-(n t)-inn-wj* zu lesen sein

[1]) Die Schreibung scheint nach d Photographie , davor allerdings ein kleines ähnliches Zeichen Ob Berufsbezeichnung ? Selims Lesung (S 88) ist unmoglich

430, 19 lies vielmehr ,die (Tochter) des *ʿn-ḥtp(·w)*ʿ und vgl I, 61, 26f u 354, 22

430, 20 jetzt JEA 27, Tf 11, Z 16, lies *ṯꜣ-(nꜣt-) ptr-imn* ,die (Tochter) des *ptr-imn*ʿ und vgl I, 138, 6

430, 27 lies  anstatt  , ,das Land (liegt) unter seinen Fußen'

431, 4 lies *tꜣ·w-nḏm(·t)* ,die Angenehm(st)e von ihnen' o a

431, 5 *it(·j)-nn* ,dies ist (mein) Vater!' oder *it f-nn* ,dies ist sein Vater!' Vgl *wr-nn*

431, 8 Variante 

1) Oben rechts zerstort

2) Rundes Zeichen, unten rechts zerstort, sicher kein !

431, 25 ob *nj-ʿnḫ-* 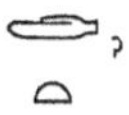 1)

431, 18 jetzt 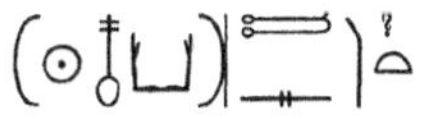 Jéquier, Mon fun Pepi II, Tf 59

431, 20 ,mogen Amon und Chons geben!', Kurzname

431, 27 jetzt JEA 27, Tf 11, Z 13 — Auch *Spat*  Borchardt, Statuen 4, 1044

432, 2 vgl *ḏꜣḏꜣ·t* ,die Harfe', Wb V 533,5

432, 3 auch Selim Hassan, Giza I, 63

432, 4 Giza II, S 53 u Tf 16

1) Dr Fecht schlagt vor *nj-ʿnḫ-ḏr t* ,die heilige Hand besitzt Leben' zu lesen und verweist auf die Bemerkung von H Stock bei Schott, Hieroglyphen, S 119 Anm 1, der den Konigsnamen 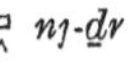 *nj-ḏr t* lesen mochte

LISTEN[1]

I. Umschreibungen ägyptischer Personennamen

1. Keilschriftliche Umschreibungen

amanappa 27, 18, II, 102
amanmaša 29, 8
amanḫatpa XX zu 30, 12
amanḫatpi 30, 12, II, 13
amūnutapunaḫti 31, 7
amurṭeše (?) 26, 24
w[ašmua]rianaḫta 85, 16, +Z^2
dudu, duddu 395, 22, +Z^2; II, 329, 11
ḫaja 233, 18; II, 127, 130
ḫapimenna 237, 13
ḫāramašši 249, 1
ḫarmaṣu 246, 23, +Z^2
ḫatpimūnu 258, 1, 260, 4, +Z^2
ḫūru 245, 18, +Z^2
iptiḫarṭēšu 138, 16
kuniḫūru 334, 21
mairija 160, 23, +Z^2
maja 146, 10; II, 130
mantimeḫē 154, 7
naḫtiḫuruanseni 211, 5
naptera[2]) 201, 16, II, 127, 9
nimmaḫē 185, 7, +Z^2
niḫtiešarau 424, 19
paḫamnata, paḫanate 115, 16
paḫura 116, 17
pariḫnawa 419, 11
paṭaniesiꜣ 124, 5
pawira 104, 4
piḫura 116, 17
pisameski 136, 8, +Z^2
pišamelki 136, 8, +Z^2
pišanḫūru II, 315, 21
piwiri 104, 4
puṭumḫeše 123, 15, +Z^2
riamašeša 218, 6, II, 218, 11
rianap II, 71, 3
rianapa 219, 10, +Z^2, II, 71, 3
saḫpimau 388, 2
ṣiḫaꜣ 411, 12
šutaḫapšap 322, 6; II, 8, 96, 102
taḫmaja 140, 6, II, 130
teje II, 130
tihutarṭesi u. a. 407, 18, +Z^2
uṣiḫanša 89, 2
zinapa 387, 9, +Z^2

2. Hebraische Umschreibungen

אבינעם II, 317, 17
אַבְשַׁי II, 262, 27
אַחְאָב II, 252, 17
אַיָּל II, 183, 4
אסנת II, 226, 6
(?) בן־אזן II, 277, 3
בעלידע 416, 19, +Z^2
זבולן 390, 19, +Z^2
חָבֵר II, 305, 1, Anm.
חַגַּי II, 253, 7
חֲנַמְאל II, 268, 30
(?) ידעאל II, 269, 1. 416, 19, +Z^2
יעקב II, 268, 24
עבד II, 269, Anm.
עכבור II, 272, 24
פּוֹטִיפְרַע 133, 11
פִּינְחָס 133, 13; II 193, 4
פמסח II, 224, 17
צפנתפענח II, 334, 13
(?) צלק Z^1 zu 407, 12
שַׁבְּתַי II, 253, 7
שִׁמְעוֹן II, 315, 10

3. Aramaische Umschreibungen

אבשי II, 262, 22
אחמס 12, 19, +Z^2
אחרטיס 12, 15, +Z^2
אחתבו II, 259, 16
אמרטיס 26, 24, +Z^2
אסרונפר II, 275, 8
אסחור 178, 7, +Z^2
אסחנום 179, 1, +Z^2
אסמן 176, 12, +Z^2
אסמת 176, 10, +Z^2
אספמט 175, 1, +Z^2
אסרטיס 3, 19, +Z^2
אסרשות 4, 10, +Z^2
אסתח 176, 5, +Z^2
וחפרימחי 73, 3, +Z^2
ונפר 79, 19, +Z^2
חור 245, 18, +Z^2
חכרטיסו II, 308, 13
חפיו 237, 5, +Z^2
חפימו II, 305, 3
חפימן 237, 13
חרוט 246, 23, +Z^2
חרחבי 297, 15, +Z^2
נחתחור 211, 3, +Z^2
סמתו 296, 10, +Z^2
ענחחפי 65, 65, +Z^2
ענחרנפי II, 271, 18
ענחחבס II, 272, 4
פוטעונית II, 285, 28
פונש 104, 3, +Z^2
(?) פחה 109, 25, +Z^2
פחנס 110, 7, +Z^2
פחפי II, 280, 23
פטאסי 121, 18, +Z^2
פטוסרי 123, 1, +Z^2
פטי 121, 17, +Z^2
פטחנס 126, 4, +Z^2
פטחרפחרט 124, 24, +Z^2
פטמן 123, 18, +Z^2
פטמון 121, 23, +Z^2
פטנאסי 124, 5, +Z^2
פטנפחתף 124, 12, +Z^2
פטנתר 124, 15, +Z^2

---

[1]) Den Zitaten aus dem 2 Band ist eine II vorangesetzt

[2]) Die genauen Schreibungen sind napte(ra) (Bo 74/c) und Nattera (vgl Friedrich, OLZ 27,704)

פטסי 121, 18, $+Z^2$
פ[ט]פתח 123, 13, $+Z^2$
פטסבק 126, 8, $+Z^2$
פטתום 122, 15, $+Z^2$
פמן 108, 8, $+Z^2$
פמסח II, 279, 17
פמת II, 280, 13
פפטעונית 128, 2,
פקרקרפתח II, 281, 11
פשנפור 118, 16, $+Z^2$
פשנפמוי II, 283, 7
פתו 112, 4, $+Z^2$
צחה׳צחא 411, 12, $+Z^2$
שמו 387, 13, $+Z^2$
תחבס 366, 14, $+Z^2$
תחנום II, 326, 6
תחפי 362, 6, $+Z^2$
תטוסרי 373, 1, $+Z^2$
תפחנום II, 325, 22

4. Phonizische Umschreibungen

וחפרע 72, 28, $+Z^2$
חלבס 253, 27
חרוץ 246, 23, $+Z^2$
פטבנבטט II, 284, 20
פטסי 121, 18, $+Z^2$

5 Griechische Umschreibungen

αγχοριμφις u. Varr. 65, 21
αθυμις II, 112.
αθωθης II, 168
αμασις, αμωσις 12, 19
αμενεμμης 28, 8
αμεννευς 26, 21
αμενωθης 30, 12; II, 13
αμενωφις 27, 18; II, 102, 4
αμονορταισις u. Varr. 26, 24; II, 227
αμυρταιος 26, 24, $+Z^2$
αμφιωμις u. a. 415, 6, $+Z^2$
ανουβις II, 112
απαης 57, 15
απαθης 57, 15
απιευς 237, 5, $+Z^2$
απις II, 112
απριης 72, 8, $+Z^2$
απυγχις 14, 5
απωφις 170, 7, $+Z^2$
αραπαθης 246, 10
αρβησις u. a. 253, 27, $+Z^2$
αρενδωτης 249, 13
αριευς 245, 21
αρμαις 248, 7, II, 127, 4
αρμαχις 247, 12
αρμαχορος 247, 22
αρμινις 248, 19
αρμουις 247, 7
αρνουφις 249, 9; II, 72
αρπαησις 247, 8
αρποχρατης II, 306, 15
αρσιησις 250, 13
αρσυθμις 250, 19; II, 254
αρυωτης 246, 23; II, 71; 220, 12
αρφεβηχις 247, 6
αρχηβις 287, 15, $+Z^2$
αρχυψις 247, 9
ατπαχναυμις u. a. 426, 27, $+Z^2$
αφωφις II, 162
αχθοης 277, 26; II, 130
βινωθρις II, 276, 1
βνων II, 276, 31
εποηρις 22, 8; II, 71, 6. 8
επωνυχος 14, 5
εριανουπις 230, 9
εριευς 230, 5; 245, 21
ερμινις 248, 19
εσθωτης 180, 1
εσμινις 76, 12
εσοηρις 4, 1; 174, 11; II, 71, 6
εσορταις 3, 19, II, 243
εσπμητις 175, 1
εσπνουθις 175, 6
εσπταις 176, 5
εστφηνις 179, 7
ετπεμουνις 258, 1; II, 13
ετπεσουχος 259, 12; 260, 4, $+Z^2$
ετφευς 260, 9, $+Z^2$
εφθευς 260, 9, $+Z^2$
εφναχθης siehe τεφναχθης
θαμινις 360, 13
θαμωυς u a. 387, 13, $+Z^2$
θατρης 366, 8
θαυβαστις 359, 9
θερμουθις u. Varr. 365, 2
θιθοης 405, 21, $+Z^2$
θνεφερως u. Varr. 361, 3, Anm. 2
θοτευς 407, 15
θοτμηνις 408, 4
θοτμωσις 408, 5
θοτναχθης 408, 7; II, 71, 2
θοτομους 408, 3
θοτορταιος u. Varr. 407, 18
θοτορχης II, 334, 4
θοτρωισις II, 334, 6
θοτσυτομ 408, 20, II, 254
ιθορως 42, 10
ιμουθης 9, 2
ιναρως 42, 11; II, 96
ισις II, 112
καλασιρις 352, 13
καλιβις 352, 12
κατοιτης u á. 429, 21, $+Z^2$
κοβαετησις 333, 22, Anm.
κολανθης 336, 7
κολλουθης 336, 14 15, 347, 28
κομοαπις 351, 6
κρουρις 336, 8, $+Z^2$
λαμαρης 172, 16, $+Z^2$
μαιενουρις II, 291, 10
μανεθως II, 96, 5
μισφρης II, 128
μεντεμης 154, 7
μουθις II, 112
ναομσησις 208, 10
ναχθμινις II, 71, 2
νεβρασι II, 297, 17
νεκτενιβις 210, 23
νεκφερως 212, 15, $+Z^2$
νεστνιφις 210, 23
νεστοηρις II, 219, 5
νεφερπρης 196, 4
νεφερσουχος 199, 19
νεφερως 198, 6
νεφερωτης 198, 14
νεχθανουπις 209, 25; II, 219, 5
νεχθαρεβης 211, 6, $+Z^2$
νεχθμινις 210, 17; II, 219, 5
νεχθμωνθης 210, 19, II, 219, 5
νεχθνουφις II, 300, 26
νεχθοσιρις 210, 6
νεχθσαφθις 211, 14
νεχθφερως 212, 15
νεχθχωνσις 211, 8
νεχθωυς II, 301, 7
νεχουτης 170, 1
νεχφεραυς 212, 15, $+Z^2$
νεχω 213, 16
νιστερως XXV zu 209 hinter 20
νιτητις u. a 181, 25, $+Z^2$
νιτωκρις 181, 27, $+Z^2$; II, 71
ογχασις 67, 13, $+Z^2$
οννωφρις 79, 19; II, 12
ορσενουφις 83, 7
ορσυθμις 250, 19
οσοροηρις 84, 23
οτευρις II, 71
ουαφρης u. a. 72, 28, $+Z^2$

ουσερχερης II, 89
πααπις II, 280, 23
παβηκις 107, 8
παγανις, παγωνις 106, 26
παης 109, 25
παησις 105, 21
παθερμουθις 109, 17, +Z²
παθυτης 112, 15, +Z²
πακηβκις 111, 12
πακυσις II, 281, 7
παμενχης 108, 10, +Z²
παμινις 108, 8
παμουνις 106, 8
πανας 108, 20, +Z²
πανε, πανης 108, 20, +Z²
παμωνθης 108, 11
παμυθης II, 280, 13
πανεφερεμμις 108, 18, +Z²
πανεχωτης 108, 19
πανουρις 106, 12
παστωους 109, 8ff., Anm.
πασως 111, 10
πατανουβε 122, 11
παταπις 124, 17
πατεησις, πατησις 121, 18, +Z²
πατινις 112, 8; II, 193, 2
πατους 112, 9
πατραονσνουφις 122, 12
πατσεους 111, 26
παυρις 110, 7
παυσιρις 107, 5; II, 96; 243, 247
παχνουμις 110, 17
παχρατης 110, 18
παχωμιος u. Varr. 103, 15
πβηκις u. ä. II, 279
πεθεκας 125, 19
πεκυσις 102, 4
πελαιας 100, 16
πεμους 105, 9, +Z²
πεμσαις II, 279, 17
πεχυτης 109, 7
πνεφερως 113, 10
πορτις 104, 7
ποωρις II, 353, Anm.
πετεαμενωφις 122, 4
πετεαμουνις 121, 23; II, 283
πετεαρενδωτης 125, 11
πετεαρμαις 125, 2
πετεαρνουφις II, 71
πετεαροηρις 124, 21
πετεαρποχρατης 124, 24
πετεαρπρης 124, 23
πετεαρσεμθους 125, 15
πετεαρχηβις 125, 3
πετεαρψενησις 125, 1
πετεβηκις 123, 7
πετειμουθης 121, 20
πετεησις 121, 18, +Z²
πετεμαρεης 373, 15, +Z²
πετεμενχης 123, 19
πετεμεστους 122, 6
πετεμινις 123, 18
πετεμουνις 121, 23, +Z²
πετεμουτις 123, 17
πετενεντηρις 124, 2
πετενεφθιμις II, 284, 26
πετενεφωτης 124, 12
πετενηθις 124, 6
πετενιησις 124, 5
πετεοσιρις II, 247
πετερμουτις II, 285, 1
πετεσαχμις II, 285, 6
πετεσουχος 126, 8
πετευρις 124, 19
πετεχεσποχρατης II, 310, 17
πετεχεσπισιχις 126, 3
πετεχνουμις 126, 4
πετεχωνσις 125, 21
πετεως 124, 18
πετης 121, 17
πετοβαστις 123, 5
πετονουρις 122, 10
πετοσιρις 123, 1
πετοσορονωφρις 123, 2
πινυρις II, 96
ποκρουρις 120, 1
πουνσις 104, 3, +Z²
πχορχωνσις 116, 18; II, 96, 6
πχωιφις 120, 5
ραμεσσης 218, 6; II, 218, 11
σαμωους 387, 13, +Z²
σαχπηρις 324, 21, +Z²
σεβτιτις 325, 10
σεθενης 316, 20, +Z²
σεναθυρις 369, 13
σεναμουνις 368, 10; II, 244
σενανουπις 368, 11
σεναπαθις 368, 12
σεναρσιησις 369, 17
σενησις 368, 7
σενθυσυτμις 378, 9
σενμινις 369, 3
σενμουθης 369, 2
σενμωνθης 368, 17; II, 96
σενοβαστις 368, 15
σενοσιρις II, 247
σενπετεμινις 368, 20
σενποηρις 368, 16
σενσουχος 369, 21
σενψεντφως II, 327, 15
σενφουνσις II, 327, 14
σενχνουβις 369, 20
σενχωνσις 369, 19
σενυρις 369, 16; II, 96
σενψεντφως II 327, 15
σερενψαις 368, 19
σεσογχις 330, 6
σεσωστρις II, 226
σεταβους 274, 18
σισοις 405, 21, +Z²
σισουχος 289, 11
σμενδης 174, 17
σμινις 176, 12; II, 243
σναχομνευς 177, 2
σομτους 296, 10, +Z²
σονσναυ u. a II, 315, 25
σοχωτης 305, 6
σπεμμινις 325, 23; II, 96, 3
σποννησις 235, 13, +Z²
σποτους 176, 1
στοτουητις 323, 5, +Z²
ταβησις 359, 15
ταγομβης 359, 5. ταειρη II, 328, 24
ταησις 357, 20; II, 96, 243
ταθωτις u. Varr. 363, 14
ταιμουθης 357, 21
τακελωθις 394, 25
τακμηις 371, 2, +Z²
τακοιβις 363, 8
ταμουνις 358, 4, +Z²
τανεφερως 361, 3, +Z²
τανεχατις 360, 19
τατετριφις 374, 16
τατους 363, 12
ταυβασθις 359, 9
ταυρις 362, 10
ταυσιρις 359, 7; II, 247
ταφενουφις II, 325, 24
ταφιωμις II, 325, 20
ταχνουμις II, 326, 5
ταχωνσις 362, 15
τβηκις II, 324, 23
τεαρεφανυχος 411, 17, +Z²
τεκυσις 371, 7
τεσενουφις 383, 11
τεστεφυγχις 409, Anm. 2 r.
τετεαθυρις II, 328, 16
τετειμουθης 372, 17
τετευρις 374, 5
τετοβαστις 373, 3
τετοσιρις u. a. 373, 1; II, 247
(τ)εφναχθης 375, 21, +Z²

τεως 411, 12
τηιονχωνσις 400, 11
τιεσρις u. a. 358, 17, + Z²
τιθοης 405, 21, + Z²
τνεφερως 361, 3, + Z²
τουανσις, τονωνσις 355, 12
τχεντχβερις II, 327, 6
φανης 108, 20, + Z²
φανησις 105, 21, + Z²
φαφις 115, 14
φεντμους 239, 23
φθουμινις 127, 23ff., + Z²
φθουμωνθης 127, + Z²
φμοις 105, 5, + Z²
φιβις 115, 4
φιωψ II, 162
φουνσις 104, 3, + Z²
χααπ 65, 25, + Z²
χαερεχνου(μις) 62, 26, + Z²
χαλβης 253, 27
χαποχρατης II, 203
χαποχωνσις 67, 9; II, 347
χεμτσνευς u. Varr. II, 310, 10
χενσθωτης 271, 17
χεφρην II, 31, 257, 258
χιμναραυς 3, 10
χπηρις 324, 21, + Z²
χρατης 277, 13
ψαμμητιχος 136, 8
ψεμμενχης 118, 21
ψεμμινις 118, 20
ψεμμωνθης 118, 22
ψεναπαθης 118, 11
ψεναπις 119, 2; II, 96
ψενατυμις 118, 10
ψενενουπις 118, 9
ψενεφθας 118, 18
ψενησις 118, 7; II, 96
ψενκηβκις II, 283, 9
ψενμουθης 118, 19
ψεννεβτιχε II, 283, 8
ψενοβαστις 118, 15
ψενοσειρις u. a. 118, 14; II, 247
ψενπμουις II, 283, 7
ψενποηρις 118, 16
ψενπρης 118, 17
ψενπταις 118, 18; II, 244
ψεντανευς 119, 11
ψεντφως II, 283, 12
ψενυρις 119, 3
ψινταης 119, 9
ψουσεννης 108, 20; 117, 1, + Z²
ωρος u. Varr. 245, 18; II, 112

6. Koptische Umschreibungen

ⲀⲚⲞⲨⲠ II, 12
ⲈⲂⲰⲚϨ 14, 5
ⲈⲤⲞⲨⲈⲢⲈ 174, 11
ⲔⲀⲖⲀϢⲒⲢⲈ 352, 13
ⲔⲀⲘⲈⲚⲦⲈⲂⲰⲚⲬ 411, 3
ⲔⲀϪⲰϪ 429, 21, + Z²
ⲔⲖⲞⲨϪ 336, 14.15; 347, 28
ⲔⲞⲨϪⲒ 350, 1; II, 179, 5
ⲚⲀⲂⲈⲢϨⲞ 198, 6
ⲚⲀϨⲢⲞⲞⲨ XX zu 42, 11
ⲚⲒϢⲦⲈⲢⲰⲞⲨ XXV zu 209
ⲠⲀⲂⲚ̄ⲚⲈ 104, 24
ⲠⲀⲎⲤⲈ 105, 21
ⲠⲀⲘⲒⲚ 108, 8
ⲠⲀⲘⲰⲚ 106, 8
ⲠⲀⲚϨⲞⲨⲢⲈ 106, 12
ⲠⲀⲦⲎⲤⲈ 121, 18
ⲠⲀⲦⲒⲚⲈ 112, 8; II, 193, 2
ⲠⲀⲦⲞⲨⲤⲒⲢⲈ 123, 1
ⲠⲀϢⲀⲚⲈ 110, 13
ⲠⲀϨⲰⲘ 103, 15
ⲠⲂⲖ̄ⲖⲈ 97, 27; 104, 25, + Z²
ⲠⲈⲔⲰϢ, ⲠⲈⲐⲰϢ 102, 4
ⲠⲈⲖⲀⲈⲒ 106, 16
ⲠⲈⲘⲞⲨ 105, 7, + Z²
ⲠⲈⲨϨⲞⲢ 104, 12, + Z²
ⲠⲒϦⲞⲂ 115, 14
ⲠⲤⲀⲚⲔⲞⲨⲒ 117, 9
ⲠⲤⲎϬ 117, 20
ⲠⲞⲨⲈⲢⲦⲈⲒⲞⲨ 104, 7
ⲠϢⲈⲚⲀⲠⲀϨⲒ 118, 11, + Z²
ⲠϢⲈⲚⲈⲦⲰⲘ 118, 10
ⲠϢⲈⲚⲦϨⲂⲰ II, 283, 12
ⲠϢⲰⲤ 117, 24
ⲪⲀⲚⲎ 108, 20, + Z²
ⲪⲒⲂ 115, 4
ⲠϨⲞϤ 115, 14
ⲠϤⲈⲚⲦ 127, 22, + Z²
ⲠϪⲀϪ II, 184
ⲠϪⲰϪ 126, 22
ⲢⲀⲈⲒⲤ 226, 18
ⲢⲈⲚⲠⲚⲀⲂⲢⲈ 224, 11
ⲤⲈⲚⲮⲀⲒⲦⲞⲤ 368, 19
ⲤⲦⲒⲀⲂⲞⲞⲚⲈ 323, 1; II, 244
ⲦⲀϨⲞ 411, 12
ⲦⲀⲨⲤⲒⲢⲀ 359, 7
ⲦⲂⲀⲤⲂⲤ̄ 356, 16; II, 185
ⲦⲂⲈⲖⲈ, ⲦⲂⲈⲖⲎ 356, 14
ⲦⲂⲎⲚⲈ II, 185
ⲦⲈⲔⲰϢ, ⲦⲈϬⲰϢⲈ 371, 7
ⲦⲈⲢⲘⲞⲨⲄⲈ 365, 2
ⲦⲘⲀⲦⲞⲒ 357, 18
ⲦⲚⲀⲪⲈⲢⲰ 361, 3 Anm. 2
ⲦⲤⲈⲚⲈⲤⲞⲚⲦⲈ 368, 21
ⲦⲤⲈⲚϨⲰⲢ 369, 16
ⲦⲞⲨⲀⲢⲒⲞⲤ, ⲦⲞⲨϨⲰⲢ 355, 30
ⲦϨⲀⲦⲢⲈ u. Varr. 366, 8
ⲞⲨⲈⲚⲞⲂ̄Ⲣ u. Varr. 79, 19
ⲞⲨⲈⲢϢⲈⲚⲞⲨϤⲈ 83, 7
ⲰⲢⲈⲒⲈⲨ 245, 21
ϢⲈⲦⲰⲢ 331, 1
ϨⲀⲖ 273, 20
ϨⲈⲢⲞⲨⲞϪ 246, 23; II, 220, 12
ϨⲖ̄ϢⲒⲢⲈ 116, 21; II, 193, 7
ϨⲰⲢ 245, 18; II, 12
ϪⲒϪⲰⲒ II, 180, 8; 253, 16
ϪⲚ̄ϨⲰⲢ 369, 16
ϬⲢⲞⲘⲠⲈ II, 185

II. Fremde Namen in hieroglyphischer Umschreibung

1. Hettitische und churrische Namen

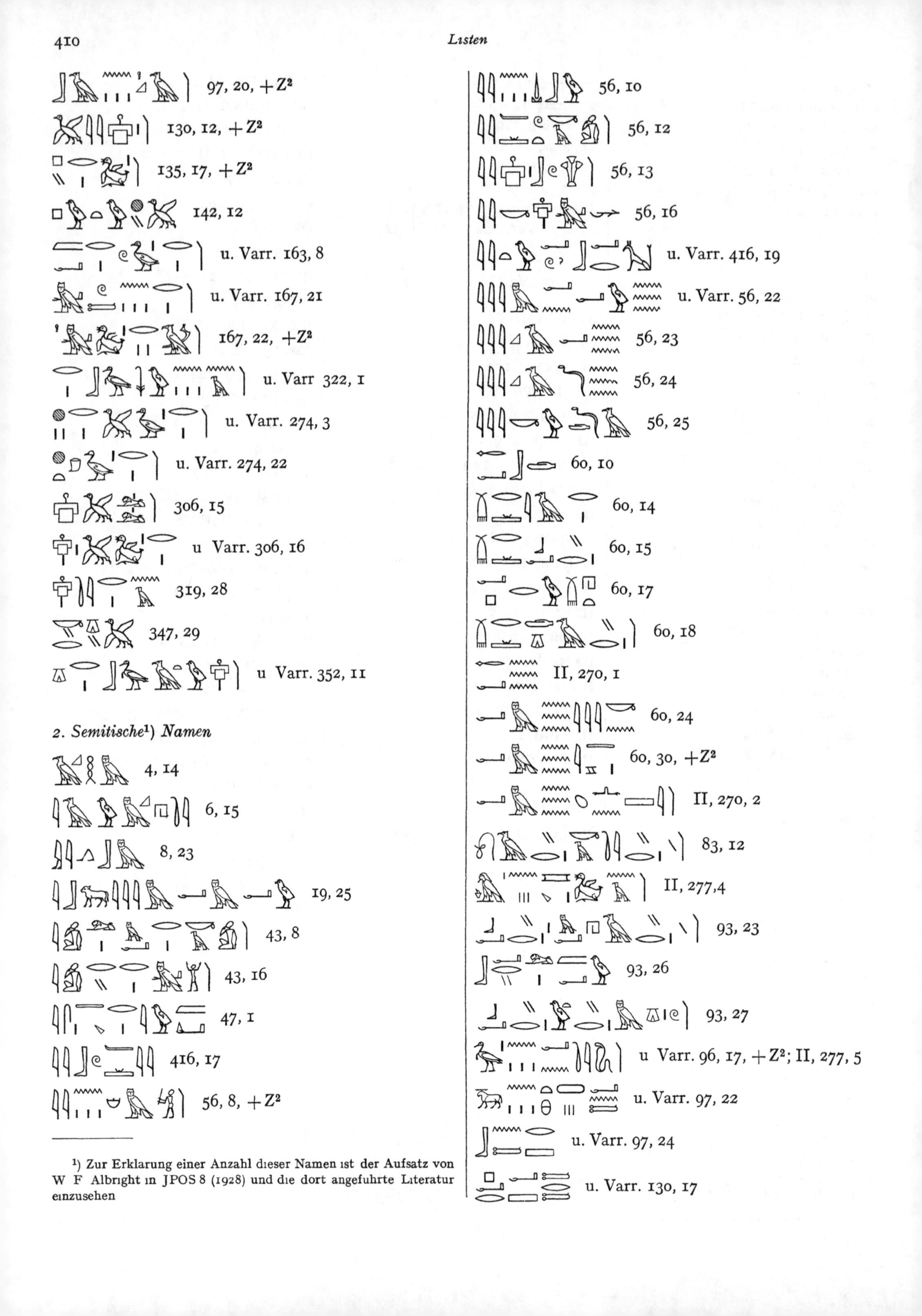

97, 20, $+Z^2$

130, 12, $+Z^2$

135, 17, $+Z^2$

142, 12

u. Varr. 163, 8

u. Varr. 167, 21

167, 22, $+Z^2$

u. Varr 322, 1

u. Varr. 274, 3

u. Varr. 274, 22

306, 15

u Varr. 306, 16

319, 28

347, 29

u Varr. 352, 11

2. Semitische[1]) *Namen*

4, 14

6, 15

8, 23

19, 25

43, 8

43, 16

47, 1

416, 17

56, 8, $+Z^2$

56, 10

56, 12

56, 13

56, 16

u. Varr. 416, 19

u. Varr. 56, 22

56, 23

56, 24

56, 25

60, 10

60, 14

60, 15

60, 17

60, 18

II, 270, 1

60, 24

60, 30, $+Z^2$

II, 270, 2

83, 12

II, 277,4

93, 23

93, 26

93, 27

u Varr. 96, 17, $+Z^2$; II, 277, 5

u. Varr. 97, 22

u. Varr. 97, 24

u. Varr. 130, 17

[1]) Zur Erklarung einer Anzahl dieser Namen ist der Aufsatz von W F Albright in JPOS 8 (1928) und die dort angefuhrte Literatur einzusehen

[hieroglyphs] 163, 12
[hieroglyphs] 145, 14
[hieroglyphs] 167, 12; II, 292, 25
[hieroglyphs] 229, 17
[hieroglyphs] 262, 9
[hieroglyphs] u. ä. II, 315, 2
[hieroglyphs] 323, 7
[hieroglyphs] 327, 17
[hieroglyphs] u. Varr. 327, 18
[hieroglyphs] 328, 20
[hieroglyphs] u. Varr. 344, 2
[hieroglyphs] 344, 31
[hieroglyphs] 346, 19
[hieroglyphs] 406, 14
[hieroglyphs] 390, 19
[hieroglyphs] u. Varr. 394, 23.

3. Nubische und sonstige afrikanische Namen

[hieroglyphs] 6, 16
[hieroglyphs] 31, 8
[hieroglyphs] 43, 22
[hieroglyphs] u. Varr. 43, 31
[hieroglyphs] II, 267, 18
[hieroglyphs] u. Varr. 48, 19
[hieroglyphs] 87, 21, $+ Z^2$
[hieroglyphs] 94, 1
[hieroglyphs] 98, 3, Z. 2

[hieroglyphs] u. Varr. 104, 8 $+ Z^2$
[hieroglyphs] 137, 17
[hieroglyphs] 163, 3; II, 291, 22
[hieroglyphs] 163, 9, $+ Z^2$
[hieroglyphs] u. ä. II, 292, 23
[hieroglyphs] II, 301, 19
[hieroglyphs] 222, 10, Z. 2
[hieroglyphs] [1]) 254, 7
[hieroglyphs] II, 317, 7
[hieroglyphs] 299, 3
[hieroglyphs] 303, 7
[hieroglyphs] 306, 12
[hieroglyphs] 322, 15
[hieroglyphs] II, 318, 16
[hieroglyphs] 328, 24
[hieroglyphs] u. Varr. 333, 29
[hieroglyphs] 334, 12
[hieroglyphs] 346, 15
[hieroglyphs] 346, 18
[hieroglyphs] 346, 22

4 Libysche Namen

[hieroglyphs] 18, 19
[hieroglyphs] 18, 32
[hieroglyphs] u. ä. 48, 19, $+ Z^2$
[hieroglyphs] u. Varr. 76, 9
[hieroglyphs] 76, 11

---
[1]) Mann aus ʿPunt

84, 16

u Varr 87, 2

94, 1

144, 15

149, 10

u. Varr. 163, 2

u. Varr. 165, 22

166, 6

167, 30

234, 1

u. Varr. 330, 6

343, 17

u. Varr. 346, 7

389, 6

u. Varr. 394, 25

5. *Persische Namen*

u. Varr. 2, 16

2, 20

u. Varr. 43, 27, + Z[2]

56, 14

u. ä. II, 310, 29

157, 26

u. Varr. 335, 70

343, 29

u. ä. II 322, 17

6. *Griechische Namen*

(απολλωνιο) 2, 6

(απολλωνιδης) 2, 7

(αρσινοης) 43, 18, N 2

(αλεξικλης) 2, 17

(αριστονικος) 2, 18

(αρτεμις) 2, 19

(απολλωνιος) 24, 13

u. Varr. (αρσινοη) 43, 18

u. Varr. (αριστονικος) 43, 20

u. Varr. (απολλωνιος) 24, 13, 60, 22.

(αρτεμιδωρα) 70, 20

u. Varr. (φιλαμμων) 130, 10

u. Varr. (πυρρα) 134, 26

(πυρριδης) 135, 8

(φιλινος) 135, 9

(περσαις) 135, 13

u. Varr. (πτολεμαιος) 137, 28

(μενεκρατεια) 153, 18

u. Varr. (μοσχιων) 165, 23

(λαουσις[1])) 225, 16

(λυσιμαχος) 227, 9

u. Varr. (ηρακλεια ?) 231, 9

(ωριαινα) 253, 22

(σωκρατης) 302, 28

(σλῃις[1])) 329, 17

[1]) Griechisch ?

- u. ä. (κοραξ?) 336, 13, +Z²
- (γεωργος) 343, 20
- (τηλεμαχος?) 382, 16
- (δημητρια) 400, 2
- (διοσκοριδης? τεισικρατης?) 400, 22
- (θεοδωρα) 401, 1

7. *Lateinische Namen*

- (Flavii) 135, 2
- (Labienus?, Rufinus?) 222, 4
- (Lucilius) 227, 21
- (Curtius?) 347, 27

8. *Fremdnamen verschiedenen Ursprungs*

- 6, 16
- 17, 2
- 18, 27
- 38, 11
- 43, 6
- u. Varr. 43, 31
- II, 266, 29
- 46, 29
- 46, 36
- 48, 18
- 56, 1
- 56, 5
- 56, 6
- u. Varr. 56, 9
- 416, 18
- 56, 15
- 56, 20
- 56, 21
- 59, 18
- 59, 20
- 60, 8
- 60, 11
- 71, 27
- dem 76, 8
- u. Varr. 76, 13
- 82, 8
- 82, 27
- 98, 29
- 99, 20
- 135, 14
- 135, 15
- 135, 16
- 135, 18
- 137, 16
- 152, 14
- 153, 2
- 153, 19
- 155, 9
- 163, 9
- 163, 10

166, 4

167, 5

167, 8

167, 15

167, 25

208, 25

217, 3

221, 28

221, 29

225, 10

226, 15

227, 17

227, 18

236, 7

I. 236, 8

262, 26

(Hyksoskönig) II, 309, 12

268, 20

II, 310, 6

274, 13

297, 13

297, 14

297, 15

297, 16

297, 18

303, 13

315, 15

u. Varr. 317, 12

329, 19

II, 319, 8 [1])

II, 319, 11

332, 25

429, 22

336, 11

II, 320, 30

344, 13

u. a. II, 322, 16 [1])

345, 19

346, 26

347, 1

347, 5

347, 6

347, 7

347, 12

348, 18

348, 22

348, 29

431, 12

393, 9

394, 24

II, 339, 1

---

[1]) Mann aus *pwn t*

[1]) Karer.

www.ingramcontent.com/pod-product-compliance
Lightning Source LLC
Chambersburg PA
CBHW080753300426
44114CB00020B/2723
* 9 7 8 1 6 6 6 7 5 5 1 1 4 *